Johannes W. Pichler

# INTERNATIONALE ENTWICKLUNGEN IN DEN PATIENTENRECHTEN

Schriften zur Rechtspolitik

Publikationsreihe des Österreichischen Instituts für Rechtspolitik
am Internationalen Forschungszentrum, Salzburg
Herausgegeben von Johannes W. Pichler

Band 4

Johannes W. Pichler

# INTERNATIONALE ENTWICKLUNGEN IN DEN PATIENTENRECHTEN

Herrn Präsidenten
Prof. Adamovich
mit ergebenen Grüßen!
[illegible]

BÖHLAU VERLAG WIEN · KÖLN · WEIMAR

Für die Ermöglichung der Publikation gilt es dem Fonds zur Förderung der wissenschaftlichen Forschung sowie dem Verband der Versicherungsunternehmen Österreichs für das Sponsoring des Gesamtprojektes zu danken.

Die Deutsche Bibliothek – CIP-Einheitsaufnahme
**Pichler, Johannes W.:**
Internationale Entwicklungen in den Patientenrechten /
Johannes W. Pichler. - Wien ; Köln ; Weimar : Böhlau, 1992
(Schriften zur Rechtspolitik ; Bd. 4)
ISBN 3-205-05488-1
NE: GT

ISBN 3-205-05488-1



Druck: Rema-Print, Wien

# Schriften zur Rechtspolitik

Publikationsreihe des Österreichischen Instituts für Rechtspolitik
am Internationalen Forschungszentrum, Salzburg
Herausgegeben von Johannes W. Pichler

---

Band 1: Johannes W. Pichler (Hrsg.), Was kann eine wissenschaftliche Rechtspolitik leisten? Symposium anläßlich der Eröffnung des Österreichischen Instituts für Rechtspolitik (15. Juni 1989), 1991.

Band 2: Johannes W. Pichler / Theo Quené (Hrsg.), Sozialpartnerschaft und Rechtspolitik. Veränderungschancen am Hintergrund des Modells des Niederländischen Sozial-Ökonomischen Rates (SER), 1990.

Band 3: Johannes W. Pichler (Hrsg.), Einführung in die Patientenrechtspolitik, 1990.

Band 4: Johannes W. Pichler, Internationale Entwicklungen in den Patientenrechten, 1992.

Band 5: Franz Bydlinski / Theo Mayer-Maly / Johannes W. Pichler (Hrsg.), Renaissance der Idee der Kodifikation: Das Neue Niederländische Bürgerliche Gesetzbuch 1992, 1991.

Band 6: Bernd-Christian Funk / Monika Gimpel-Hinteregger, Die Gewährleistung der persönlichen Freiheit im österreichischen Recht, erscheint 1992.

Band 7: Johannes W. Pichler / Karim J. Giese, Rechtsakzeptanz, erscheint 1992.

BÖHLAU

BÖHLAU VERLAG Ges. m. b. H. und Co. KG.
Sachsenplatz 4–6, Postfach 87, A-1201 Wien

Für
Christa, Julia, Pauli und Johannes

# Inhalt

# Begleitwort des Projektsponsors

In Österreich und in anderen europäischen Staaten ist seit einigen Jahren die Tendenz festzustellen, gesellschaftliche Verhältnisse rechtlich verbindlichen Regeln zu unterwerfen. Der „mündig" gewordene Bürger bewirkt durch seine Verhaltens- und Einstellungsänderungen den Ausbau von Rechten. Er möchte als Konsument, zahlender Dienstleistungsempfänger usw. die Rolle eines Vertragspartners einnehmen und nicht anonymen Systemen und Bürokratien hilflos gegenüberstehen. Während in etlichen Bereichen schon vor Jahren beachtliche Erfolge auf diesem Gebiet erzielt werden konnten, kam das österreichische Gesundheitswesen lange Zeit über Ansätze nicht hinaus. Ärzte und Krankenanstalten sehen bisweilen noch heute im Patienten weit weniger einen Vertragspartner, als einen sozialversicherten Nutznießer, der als unterversicherter Subventionsfall gilt. Der dadurch verursachte Budgetabgang ist aus Steuermitteln abzudecken. Übersehen wird dabei die große Bereitschaft vieler Österreicher zur Eigenvorsorge im Gesundheitswesen.

Die private Krankenversicherung ist mit 2,8 Mill. Versicherten (davon 1,2 Mill. Sonderklasseversicherte) die größte Patientenorganisation Österreichs – ihre Mitglieder stellen nicht nur Ansprüche, sie sind auch bereit, für die Verwirklichung ihrer Ansprüche auf freiwilliger Basis zusätzliche wirtschaftliche Leistungen (Krankenversicherungsprämien) zu erbringen.

Ansprüche und Rechte der Patienten sind seit jeher ein Anliegen der privaten Krankenversicherung – primär in Form von besonderen Leistungen der Krankenanstalten und der dort tätigen Ärzte als Gegenleistung für die auf der Sonderklasse zur Verfügung zu stellenden Sondergebühren und Honorare.

Da in etlichen europäischen Staaten der Trend zur Modernisierung bzw. zum Ausbau von Bürgerrechten und insbesondere Patientenrechten zu beobachten ist, unterstützten die privaten Krankenversicherungsunternehmen die Forschungen des Österreichischen Instituts für Rechtspolitik, die darauf zielen, die internationalen Entwicklungen in den Patientenrechten freizulegen, um auf diese Weise für ein modernes österreichisches Patientenrecht Denkanstöße und Baumaterialien bereitzustellen.

Die Ergebnisse der wissenschaftlichen Forschungen wurden in der vorliegenden Studie „Internationale Entwicklungen in den Patientenrechten" von Johannes W. *Pichler* zusammengefaßt. Die Forschungsergebnisse stellen eine konsequente Fortsetzung der Linie der PKV dar, den Menschen in den Mittelpunkt der Betrachtungen zu stellen und nicht seine Krankheiten oder Krankheitssymptome.

Die Mittel und Wege, um dieses Ziel zu erreichen, sind nicht „gegen jemanden" gerichtet, sondern ausschließlich für die Patienten gedacht.

Patientenrechte gedeihen in einem Klima des Miteinander. Partnerschaftliches Verhalten zwischen den im Spital Tätigen bringt auch ein partnerschaftliches Verständnis für den Patienten mit sich. Deshalb ist es so wichtig, den Patienten in die medizinische oder pflegerische Entscheidung miteinzubeziehen. Demzufolge ist das Recht des Patienten auf Auskunftserteilung über seine Situation, die Risken einer Behandlungsmaßnahme und deren Alternativen kein funktionsloser Formalismus, sondern Ausdruck partnerschaftlichen Verständnisses.

Ausgehend davon können am wirksamsten die in der vorliegenden Studie angeführten patientenrechtlichen Instrumentarien zur Lösung von Spannungen im Krankenbehandlungs- und -pflegewesen eingesetzt werden. Damit hat die PKV einen weiteren entscheidenden Schritt gesetzt, die Interessen ihrer Versicherten zu vertreten.

*Generaldirektor KR Herbert Schimetschek*

Vorsitzender des Vorstandes des Austria Versicherungsverein auf Gegenseitigkeit
Vorsitzender des Vorstandes der Austria Österreichische Versicherung Aktiengesellschaft
Vizepräsident des Verbandes der Versicherungsunternehmen Österreichs

# Vorbemerkung

Es ist an sich nicht gut, wenn Wissenschaft in die Schere von Zeitdruck und limitierten Ressourcen gerät. Mit dieser Realität hat aber zu leben, wer auf bestehende und drängende Probleme eingehen, wer aktuell dienstbar werden will. Ganz besonders leiden darunter Wissenschaftsdisziplinen, die sich auf das Feld der Problemalltagswelt begeben. Dort herrscht eine Komplexität, die sich weder um die spezifischen Zuständigkeiten einzelner Disziplinen und deren Methoden, noch um die wechselnden Interdisziplinaritätserfordernisse kümmert.

Vor diesem doppelten Dilemma steht die Rechtspolitik, wo immer sie ihre Forschung beginnt. Der Rechtshistoriker, für den Rechtspolitik nichts anderes als die historische Kontinuität darstellt, ist mit diesem Dilemma jedoch schon vertraut.

So ergeht es folglich auch dem, der sich auf das noch gar nicht endgültig definierte Feld der Patientenrechte begibt. Standortsicherheit gibt es da nur die eine: Man versucht, sich aus den Vorgaben des Arztrechtes zu befreien und die vorhandene oder sich eben entwikkelnde Rechtsausstattung aus dem Blickwinkel der Rechte des Patienten zu sehen.

Das Untersuchungsfeld reicht von der Funktionsphilosophie der Medizin bis zur Kommunikationsphilosophie des Rechts, von Organisationstheorie bis hin zur Individualpsychologie, von Zivilrecht bis Strafrecht, von alternativen Rechtskulturen bis hin zu den Menschenrechten, um nur einige Berührungsfelder herauszugreifen. Ich stehe nicht an, hier schon einzubekennen, daß bisweilen die Kompetenz des Juristen deutlich überschritten wird, aber eben überschritten werden muß.

Setzt man sich zum Ziel, die recht junge Rechtsgeschichte der Patientenrechte in eine einigermaßen anschauliche Form bringen zu wollen, dann wirkt der eingangs erwähnte, durch Zeit und Mittel auferlegte Zwang insofern heilsam, als er den Druck zur Entscheidung, die freilich immer der Subjektivität geziehen werden kann, das Wesentliche vom minder Wichtigen zu scheiden, verstärkt. Folglich verbietet es sich auch, wozu der Jurist neigt, im Mikroskopischen zu verweilen. Eine Makroskopie erfordert eine zügige Selektion dessen, was in der internationalen Entwicklung an Neuem, Modellfähigem, Alternativem, Tastendem zu finden ist.

Danken möchte ich allen Freunden und Kollegen an den Universitäten Oslo, Stockholm, Helsinki, Kopenhagen, Utrecht, an unzähligen amerikanischen Universitäten und an der Library of Congress in Washington, für die tatkräftige Forschungsunterstützung.

Es liegt auf der Hand, daß bei einem derartig weit gespannten Projekt ohne tüchtige Forschungsassistenz kein Ergebnis zu erzielen wäre. Daher möchte ich mich bei all jenen Kolleginnen und Kollegen allerherzlichst und aufrichtig bedanken, die das Forschungsprojekt mitgetragen haben und einzelne Rechtsordnungen auf ihre Patientenrechtsentwicklungen hin vorsondiert haben: Dr. Ulrike *Aichhorn*, cand. iur. Heidi *Dawes*, Mag. Karim *Giese* und Dr. Philip *de Goederen* haben mein Problem zu ihrem eigenen gemacht. Ich freue mich auf die weitere Forschungszusammenarbeit.

Die Hilfe bei der Endredaktion, die ständige Gesprächsbereitschaft und die Organisationsunterstützung, die mir Ulrike *Aichhorn* und Karim *Giese* angedeihen ließen, waren mir von allergrößtem Wert. Ich möchte hier die Gelegenheit nutzen, beiden ganz besonders herzlich für die Mithilfe am Aufbau des Österreichischen Instituts für Rechtspolitik zu danken.

Ganz besondere Aufmerksamkeit und hoher Respekt gebührt aber dem Sponsor dieses Projektes, dem Verband der Versicherungsunternehmen Österreichs, für das uneigennützige Erkennen der Gemeinwohlrelevanz rechtspolitischer Forschung, für die erwiesene Großzügigkeit und die strikte Nichteinmischung in den Forschungsgang. Namentlich gilt es, für ihr Verständnis für die Wissenschaft und für ihre noble Art, dem Vorsitzenden des Verbandes, Herrn Generaldirektor Herbert *Schimetschek* und Herrn Vorstandsdirektor Dr. Heinz *Dopplinger* herzlichst zu danken.

*Johannes W. Pichler*

(Redaktionsschluß Sommer 1991)

# Einleitung

## Zum Standort und zu den Prämissen

Es mag durchaus Strategien geben, die unter Verzicht auf den Einsatz von Recht den Bedürfnissen der Mehrheit der Patienten „gerechter" werden als die Patientenrechte. Eine Renaissance der Ethik[1], Qualitätssicherung[2] und Qualitätsverbesserung, Selbstkontrolle sowie interne Patientenschadenermittlungssysteme[3], Supervision oder eine ganz neue Art der Kommunikationsschulung, wie sie der dänische Ethische Rat[4] in didaktisch ansprechender, multimedialer Form anbietet[5], können bisweilen, wie es vor- und außerrechtlichen Elementen ganz oft vergönnt ist, wirksamer Hilfe und Remedur bieten als im Recht gefrorene Konfliktlösungsversuche. Sie können, müssen aber nicht. Andererseits müssen die von der Rechtsordnung bereitgestellten Konfliktlösungsstrategien ebensowenig notwendigerweise effizient werden. Aber sie tragen doch zumindest die Qualität in sich, von dem, der sie in Anspruch nehmen will, auch einseitig instrumentalisiert werden zu können.

---

1 Von den vielen Schriften seien hier nur erwähnt Eser, A./Lutterotti, M. von/Sporken, P. (Hrsg.), Lexikon Medizin – Ethik – Recht, Freiburg/Brsg.-Basel-Wien 1989; Rotter, H., Die Würde des Lebens. Fragen medizinischer Ethik, Innsbruck-Wien 1987; Masen, J. K./McCall Smith, R. A., Law and Medical Ethics, 2. Aufl., London 1987; Skegg, P. D. G., Law, Ethics, and Medicine, Oxford 1984 und Giesen, D., Biotechnologie, Verantwortung und Achtung vor dem menschlichen Leben, in: Staat, Kirche, Wissenschaft in einer pluralistischen Gesellschaft. Festschrift für Paul Mikat, Berlin 1989, S. 55 ff.

2 Siehe dazu die jüngste, für eine Gesetzgebungsvorbereitung gedachte norwegische Analyse, Helsedirektoratet (Hrsg.), Sikring av kvalitet i helsetjenesten, Oslo 1991 und die Problembeschreibung aus patientenrechtlicher Sicht bei Falkum, E./Nilsson, E. G., Pasienthenvendelser og – klager som grunnlag for laering og kvalitetssikring i helsevesenet, Oslo 1991.

3 Dazu das rezenteste Konzept von Molven, O., Pasientskader ved somatiske sykehus. Reglene om melding i et kvalitetssikrings-, pasientinformasjons- og rettssikerhetsperspektiv (= Diakonhjemmets høgskolesenter, Forskningsrapport nr.35), Oslo 1991.

4 Siehe letztes Kapitel.

5 Det Etiske Råd (Hrsg.), Video: Kommunikation på afdelningen, København 1991 und die ergänzende, gleichbetitelte Broschüre.

Ohne den Versuch zu wagen, sich auf die Prävalenz eines der beiden Wege festzulegen und damit den anderen geringzuschätzen, soll hier der Entwicklung von Patientenrechten im engeren Sinn des Begriffs nachgegangen werden, worunter der Jurist solche Ansprüche des Patienten versteht, die in irgendeinem Zusammenhang zur Rechtsordnung stehen. Ganz deutlich sei aber das Wissen darum angemeldet, daß Rechte aus ihrem Text und Programm heraus wenig über die Realverfassung erkennen lassen. Ein Blick auf das soziale Umfeld kann hier erst Klarheit schaffen.

Patientenrechte sind ein noch weitgehend offenes, in rechtspolitischer Diskussion verfangenes[6] Thema. Wer immer sich diesem nähert, formt es noch mit. An einer eben geschriebenen Rechtsgeschichte zu arbeiten, macht die Arbeit aber besonders reizvoll.

Allerdings gilt es ein Gebot zu respektieren: In noch nicht abgeschlossenen Prozessen ist eine deutliche Zurückhaltung in der Bewertung geboten. Das kann der vorliegenden Arbeit die Kritik einbringen, stark berichtend und beschreibend zu sein.

Solange ihr aber nicht der Vorwurf gemacht wird, neutralistisch unverbindlich[7] zu sein, ist dieser Preis in Kauf zu nehmen, da er geringer wiegt als der am anderen Ende der Skala gegen die Rechtspolitik im allgemeinen lauernde Grundverdacht[8], in der Camouflage des Wissenschafters Politik machen zu wollen.

Patientenrechte sind im eigentlichen Sinn kein neues Recht. Sie sind auch jetzt schon in fast allen Ländern da. Gut versteckt in der Judikatur. Verstreut über alle Rechtsbereiche. Neu hinzu treten also nur Normen über Implementations- und Unterstützungsstrategien. All denen, die, so wie ich selbst, Sorge vor der Gesetzesflut und deren Auswirkung auf die Rechtsakzeptanz und die Rechtskenntnis haben, muß man folgendes vorausschicken: Patientenrechte zielen auf Sicherung vorhandener,

---

6 Im Überblick siehe Pichler, J. W. (Hrsg.), Einführung in die Patientenrechtspolitik (= Schriften zur Rechtspolitik, Bd. 3) Wien-Köln 1990, S. 7 ff; ders., Patientenrechte, in: Gesellschaft und Politik. Zeitschrift für soziales und wirtschaftliches Engagement, 2/91, S. 39 ff.

7 Siehe zu den Anforderungen nach Beziehen ethischer Positionen in der Rechtspolitik, Klecatsky, H. R., Was muß eine wissenschaftliche Rechtspolitik leisten, in: Pichler, J. W. (Hrsg.), Was kann eine wissenschaftliche Rechtspolitik leisten? (= Schriften zur Rechtspolitik, Bd. 1), Wien-Köln-Weimar 1991, S. 21 ff.

8 Pichler, J. W., Was will eine wissenschaftliche Rechtspolitik leisten?, in: Pichler, J. W. (Hrsg.), Was kann eine wissenschaftliche Rechtspolitik leisten, S. 17 f.

aber verschütteter Grundansprüche, auf bessere Rechtskenntnis, auf Rechtsbewußtseinsschaffung, auf die Beseitigung verwaschener Positionen, die ja erst der Quell von Zwist sind. In der Patientenrechtsdiskussion[9] und Patientenrechtspolitik[10] spürt man denn auch ganz deutlich, daß Emotionalität die Rationalität[11] überlagert. Daß Patientenrecht ein Wust von neuem, hyperregulatorischen, alles komplizierenden, alles hemmenden, neue Sanktionen erfindenden Recht sein müsse, fürchten die einen. Daß es nachgerade alle Probleme im Behandlungs- und Pflegebereich lösen könne, hoffen die anderen. Recht, so eben auch Patientenrecht, kann aber weder die Hoffnungen der einen erfüllen noch die Befürchtungen der anderen begründet erscheinen lassen. Es ist sicher nicht mehr als einer der vielen Schritte der auch im Recht sich manifestierenden Evolution.

Patientenrechtscodices kommen durchwegs mit einer Handvoll Paragraphen aus. Der jüngste[12], die finnische Regierungsvorlage[13] eines Patientenrechtsgesetzes, einer Charta, im Stil eines Rahmenrechts, findet mit siebzehn (!) Paragraphen das Auslangen. Hier wäre in der Tat die pejorative Semantik von der Verrechtlichung durch eine bessere Übersetzung des englischen Begriffs „belegalization", Be-rechtlichung zu ersetzen.

Die Gesamtentwicklung im internationalen Raum sowie internationale Rekommendationen weisen ganz eindeutig in die Richtung der Abkehr von der mittelbaren Begünstigung des Patienten über Pflichten Dritter hin zu einem Auf- und Ausbau von subjektiven Ansprüchen bis hin zur Verkündung von Chartas der Patientenrechte und zur Kodifikation eigenständiger Patientenrechte.

---

9 Überblick bei Pichler, J. W., Patientenrechte, in: Gesellschaft und Politik, 2/1991, S. 39 ff.

10 Siehe Pichler, J. W., Einführung in die Patientenrechtspolitik, in: Pichler, J. W. (Hrsg.), Einführung in die Patientenrechtspolitik, Wien-Köln 1990, S. 7 ff.

11 Dazu Pichler, J. W., Der Wertewandel im Vorfeld der Patientenrechte, in: Schmölz, F. M./Weingartner, P. (Hrsg.), Werte in den Wissenschaften, Innsbruck-Wien 1991, S. 165 ff.

12 Der Text findet sich in V.2.2. (Patientenrechtskodifikationen), der Urentwurfstext im Dokumententeil.

13 Hallituksen esitys Eduskunnalle laiksi potilaan asemasta ja oikeuksista; Regeringens proposition till Riksdagen med förslag till lag om patientens ställning och rättigheter, RP 185/91, Helsinki 1991.

Trefflich gibt der Motivenbericht des finnischen Patientenrechtsgesetzes den Tenor und die Änderung der Rechtsphilosophie sowie der Rechtstechnik im Medizinbereich wieder:

„Das Gesetz führt (sinngemäß: nur) die zentralen Rechtsgrundsätze[14] für die Pflege und Behandlung von Patienten auf. Das Gesetz will den Rechtsschutz des Patienten präzisieren und stärken und den Aufbau vertrauensvoller Pflegebeziehungen innerhalb eines vielschichtigen Gesundheitswesens, das allzu technisiert worden ist, fördern.(. . .) Daneben soll der Patient selbstverständlich weiterhin alle Rechtsschutzmittel in Anspruch nehmen können, die ihm schon bisher zur Verfügung standen.(. . .) Indem die Rechte des Patienten verbessert werden, wird auch die Rechtssicherheit innerhalb des Gesundheitswesens verbessert.(. . .) Für eine Verbindlichmachung der Pflege- und Behandlungsggrundsätze spricht die Tatsache, daß das Gesundheitswesen in steigendem Maße technisiert und differenziert wurde und daß die Betreuungseinheiten allzugroß geworden sind. Innerhalb des Gesundheitswesens passieren immer häufiger Situationen, in denen die Rechte des Patienten – und zwar sowohl die persönliche Integrität als auch das Selbstbestimmungsrecht – verletzt oder aufs Spiel gesetzt werden. Mit Rücksicht auf die Patienten und das Behandlungs- und Pflegepersonal ist es aber indiziert, daß Konflikte und Meinungsverschiedenheiten aus Pflege und Behandlung möglichst einfühlsam an der jeweiligen Betreuungseinheit gelöst werden.(. . .) Daher ist es nicht zweckmäßig die Patientenrechte in diesem Gesetz weitausladend zu regulieren.“[15]

Damit ist die Abkehr von der traditionellen, insbesondere der deutschen Annäherungsweise an den Themenkreis über das Arztrecht[16] und Medizinrecht eingeleitet. Die profunden deutschen dogmatischen und rechtsvergleichenden Arbeiten, etwa die von Dieter *Giesen*[17], Adolf

---

14 Ganz so wie Bydlinski, F., Fundamentale Rechtsgrundsätze. Zur rechtsethischen Verfassung der Sozietät, Wien-New York 1988 und ders., Rechtsgesinnung als Aufgabe, in: Canaris, C.-W./Diederichsen, U. (Hrsg.), Festschrift für Karl Larenz, München 1983, S. 1 ff diese versteht.

15 Ebda, S. 2 ff.

16 Heinrich Honsell hat einen Kommentar zum deutschen Arztrecht mit einem zu den Patientenrechten vermittelnden Arztrechtskonzept angekündigt; man darf darauf mit Spannung warten.

17 Giesen, D., Arzthaftungsrecht. Die zivilrechtliche Haftung aus medizinrechtlicher Behandlung in der Bundesrepublik Deutschland, in Österreich und der Schweiz, 3. Aufl., Tübingen 1990; ders., Arzthaftungsrecht im Umbruch II. Die ärztliche Aufklärungspflicht in der Rechtsprechung seit 1974, in: Juristenzeitung 1982, S. 391 ff;

*Laufs*[18] oder Erwin *Deutsch,*[19] aber auch die vieler anderer, können nicht hoch genug geschätzt werden und der Rückgriff auf diese Arbeiten ist unverzichtbar. Eine Fülle von medizinrechtlichen Arbeiten reagiert auf neue oder in ihrer Rechtsrelevanz neu empfundene Phänomene im Medizinbereich. Schon ein kleiner exemplarischer Einblick zeigt die Problembreite: Aids allein löst eine ganze Reihe von Teil- und Detailfragen aus[20]; die durch den technischen Fortschritt erzwungenen Reaktionen des Rechts, etwa im Bereich der Fortpflanzungsmedizin, führen zu vielfältigen Reflexionen[21]; das Recht rund um die Nutzung explantierter Körpersubstanzen[22] ist als solches überhaupt erst thema-

---

ders., Ethische und rechtliche Probleme am Ende des Lebens, in: Juristenzeitung 1990, S. 929 ff; ders., International Medical Malpractice Law, Tübingen-Dordrecht-Boston-London 1988; ders., „Zwischen Patientenwohl und Patientenwille", in: Juristenzeitung 1982, S. 282 ff.

18 In Auswahl: Laufs, A., Die Entwicklung des Arztrechts 1982/83, in: Neue Juristische Wochenschrift 17 (1983), S. 1345 ff; ders., Aids und Arztrecht, in: Neue Juristische Wochenschrift 21 (1987), S. 2257 ff; ders., Arztrecht (= Schriftenreihe der Neuen Juristischen Wochenschrift, Heft 29), 4. Aufl., München 1988; ders., Die Entwicklung des Arztrechts 1988/89, in: Neue Juristische Wochenschrift 23 (1989), S. 1523 ff; ders., Die Entwicklung des Arztrechts 1989/90, in: Neue Juristische Wochenschrift 24 (1990), S. 1507 ff; ders., Die Entwicklung des Arztrechts 1990/91, in: Neue Juristische Wochenschrift 25 (1991), S. 1516 ff.

19 In Auswahl: Deutsch, E., Medizin und Forschung vor Gericht, Karlsruhe 1978; ders., Der Zeitpunkt der ärztlichen Aufklärung und die antizipierte Einwilligung des Patienten, in: Neue Juristische Wochenschrift 1979, S. 1905 ff; ders., Das therapeutische Privileg des Arztes: Nichtaufklärung zugunsten der Patienten, in: Neue Juristische Wochenschrift 1980, S. 1305 ff; ders., Eine Gesetzeslücke. Der Vertrag des Patienten mit dem Arzt. Ergänzungen des BGB erforderlich, in: Niedersächsisches Ärzteblatt 1981, S. 161 ff; ders., Neuere internationale Entwicklungen des Arztrechts und der Arzthaftung, in: Versicherungsrecht 29 (1982), S. 713 ff; ders., Neue Aufklärungsprobleme im Arztrecht, in: Neue Juristische Wochenschrift 1982, S. 2585 ff; ders., Die rechtlichen Grundlagen und die Funktionen der Ethik-Kommissionen, in: Versicherungsrecht 1989, S. 429 ff.

20 Siehe dazu etwa Hagstrøm, V., Aids som juridisk problem, Oslo 1988; Eberbach, W., Rechtsprobleme der HTLV-III-Infektion (AIDS). Straf- und zivilrechtliche Aspekte gefährlicher ansteckender Krankheiten, Berlin-Heidelberg, New York-Tokio 1986.

21 Dazu Eser, A./Koch, H. G./Wiesenbart, T. (Hrsg.), Regelungen der Fortpflanzungsmedizin und Humangenetik, Bd. 1, Frankfurt/M.-New York 1990; Bernat, Funk, Hopf, Huber, Schick, in: Bernat, E. (Hrsg.), Fortpflanzungsmedizin. Wertung und Gesetzgebung, Wien 1991; siehe auch Posch, W., Das Recht der künstlichen Humanreproduktion im Wandel, in: Bernat, E. (Hrsg.), Lebensbeginn durch Menschenhand, Graz 1985, S. 203 ff.

22 Dazu Taupitz, J., Wem gebührt der Schatz im menschlichen Körper? – Zur Beteili-

tisiert; in der Alternativmedizin beginnen allmählich die rechtlichen Implikationen entdeckt zu werden[23]; das Arzneimittelrecht steht vor der Internationalisierung[24]; Haftungsansprüche geraten bei fortschreitender Verstaatlichung des Gesundheitswesens im Zusammenhang mit der Problematik des Organisationsverschuldens oder in der Frage der Zulassung von mangelhaften Arzneimitteln oder der Setzung sonstiger hoheitlicher Akte im Gesundheitswesen in den Bereich des öffentlich-rechtlichen Schadenersatzes[25]. Wie Erwin *Bernat*[26] zu Recht festhält, stecken alle diese Fragen von Arztethik und Arztrecht in Österreich noch in den Kinderschuhen. Einiges aufzuholen haben sich Gerhard *Aigner*, Herbert *Emberger* und Klaudia *Fössl-Emberger*[27] mit Erfolg zum Ziel gesetzt.

Alle erwähnten Ansätze dokumentieren ein Spannungsverhältnis zwischen der Behandlerseite und dem Patienten. Hier soll das Schwergewicht – nicht zuletzt in Hinblick auf die österreichische Rechtsentwicklung – durch die Änderung des Blickwinkels anders gewichtet werden. Das Substrat verlagert sich nämlich. Der Ansatz wendet sich, man kommt von Reflexrechten zu subjektiven Ansprüchen: Nicht die Pflichten des Personals, der Institutionen und des Gesundheitswesens, sondern positiv formulierte Rechte des Patienten bilden den Normanknüpfungspunkt. Zusätzlich geraten die Patientenrechte in den Sog der generellen Tendenz des Verbraucherrechts, wie ihn Dieter *Hart* und Wolfgang *Köck*[28] treffend beschreiben, nämlich als

---

gung des Patienten an der kommerziellen Nutzung seiner Körpersubstanzen, in: Archiv für die civilistische Praxis 191 (1991), S. 201 ff.

23 Taupitz, J., Der Heilpraktiker aus der Sicht des Haftungsrechts: „Arzt", „Mini-Arzt" oder „Laie"?, in: Neue Juristische Wochenschrift 44 (1991), S. 1505 ff.

24 Hart, D./Reich, N., Integration und Recht des Arzneimittelmarktes in der EG. Eine Untersuchung zum Produkt- und Marktrecht der Gemeinschaft und ausgewählter Mitgliedstaaten (= Schriftenreihe des Zentrums für Europäische Rechtspolitik (ZERP), Bd. 13), Baden-Baden 1990.

25 Siehe Hagstrøm, V., Offentligrettslig erstatningsansvar. Studier i spesiell og alminnelig erstatningsrett, Oslo 1987; Bengtsson, B., Stakestånd vid myndighetsutövning, Bde. 1 und 2, Stockholm 1976-1978; Skovgaard, H., Offentlige myndigheders erstatningsansvar, København 1983.

26 Bernat, E., Rezension zu Eser, A./Lutterotti, M. von/Sporken, P. (Hrsg.), Lexikon Medizin – Ethik – Recht, in: Geschichte und Gegenwart Heft 4, 1991, S. 330.

27 Aigner, G./Emberger, H./Fössl-Emberger, K. (Hrsg.), Die Haftung des Arztes. Justiz- und Verwaltungsstrafrecht, Wien 1991.

28 Hart, D./Köck, W., Zum Stand der Verbraucherrechtsentwicklung, in: Zeitschrift für Rechtspolitik 1991, S. 61 ff.

einen Prozeß der Materialisierung, der Vermischung unterschiedlicher konzeptioneller Ansätze (policy-mix), der Erweiterung der Gegenstände, der Unschärfe der Konturen des Rechtsgebiets als solchem und schließlich der Europäisierung[29].

Dieser Ansatz hat aber noch zwei andere Wurzeln: Einmal gilt das Bemühen, die in den Patientenrechten besonders deutlich sichtbar werdende Wertordnung freizulegen, was nicht unwesentlich von Franz *Bydlinskis*[30] Postulat von der Rechtsgesinnung als Aufgabe geprägt ist. Zum andern soll deutlicher der Lebenssachverhalt und der Kontext des Krankseins die Rechtsentwicklungsbeobachtung dominieren. Hiebei wird Anleihe bei Hans Petter *Graver*[31] genommen, der das Abstellen auf die menschliche Dimension als die fällige Überwindung der von Juristen erfundenen Wirklichkeit (juristskapte virkeligheten) sieht.

Zudem hat sich die Betrachtung der Patientenrechte als ein geschlossenes Lebenssachverhaltsrecht international schon verfestigt. Einmal mehr scheint die Fernwirkung des zunächst nur menschenrechtsprogrammhaft wirkenden internationalen Rechts, das der Europäischen Gemeinschaften, des Europarates und des „Menschenrechtskonventionseuropas", der World Health Organisation, der Vereinten Nationen ihren beabsichtigten Erfolg erreicht zu haben. Auch in Österreich hat sich in kürzester Zeit der politische Konsens[32] zugunsten der Patientenrechte und ihrer Kodifikation entwickelt.

Sich gegen die Patientenrechte und ihre Kodifikation[33] zu sperren, geschehe es auch mit scheinbar noch so schlüssigen Argumenten[34],

---

29 Ebda, S. 67.

30 Bydlinski, F., Rechtsgesinnung.

31 Graver, H. P., Den juristskapte virkelighet, Oslo 1989.

32 Siehe das Regierungsübereinkommen und den Koalitionspakt vom 17. Dezember 1990 und die Festlegung des für das Gesundheitswesen zuständigen Bundesministers Ettl, H., Der Patient als Mittelpunkt der Patientenrechte, in: Enquete Patientenrechte, Kammer für Arbeiter und Angestellte, Wien 1991, S. 7 ff.

33 Zum Kodifikationsproblem jüngst Mayer-Maly, Th., Resümee, in: Bydlinski, F./ Mayer-Maly, Th./Pichler, J. W. (Hrsg.), Renaissance der Idee der Kodifikation: Das Neue Niederländische Bürgerliche Gesetzbuch 1992 (= Schriften zur Rechtspolitik, Bd. 5), Wien-Köln-Weimar 1991, S. 153 ff.

34 Siehe dazu etwa Kopetzki, Ch., Bestandsaufnahme der Patientenrechte in Österreich, in: Österreichische Juristenkommission, Kritik und Fortschritt im Rechtsstaat (17. Tagung der ÖJK vom 24.– 27. Mai 1990 in Weißenbach am Attersee), Wien 1991, S. 34 ff.

ließe anbetrachts der internationalen Aufträge und der hier zu dokumentierenden Dynamik ein Land nur in Zeitverzug geraten. Entgehen wird es den sachlogischen und freiheitsrechtlichen und mithin politischen Erforderlichkeiten nicht.

Wenn etwa Theo *Öhlinger*[35] die Logik des Systems der Rechtsordnung der Nützlichkeit des Informationswertes eines Patientenrechtsgesetzes überordnet, dann zielt diese Sicht nur auf e i n e der möglichen Funktionen, die das Recht erfüllen kann. Vor allem eröffnet sich dabei ein Verständnis, das das Recht nur als regulatorisches Recht anerkennt. Die Politik scheint hier schon einen Schritt weiter zu sein. Der österreichische Gesundheitsminister[36] favorisiert die für die österreichische Rechtswissenschaft tatsächlich ungewohnte Form einer „Charta" als Rahmenrecht der Patientenrechte.

*Öhlinger*[37] erkennt aber, daß die Alternative zur tatsächlich problematischen Regulation eines auf Menschlichkeit angewiesenen Verhältnisses dennoch nicht im „rechtsfreien Raum" liegen kann und hält seiner eigenen, einem „Patientengesetz" skeptisch gegenüberstehenden, Position[38] entgegen, daß klaren Rechtsregeln durchaus eine präventive, konfliktvermeidende und Sicherheit vermittelnde Wirkung zukommt. Wenn man allerdings gleich so weit geht, wie *Öhlinger* dies tut[39], daß man nicht durchsetzbares Recht, soft law, im Bereich der Patientenrechte für opportun hält, nährt man die Kritik[40], daß die Entwicklung von Patientenrechten ein politisches Salvierungsmanöver sei, das dem Patienten keine meßbaren Vorteile bringe; Recht, so muß sich dieser Kritikansatz wohl verstehen, sei kein Präventionsinstrument, sondern eines zur Regelung schon entstandener Konflikte.

Der Diskurs läßt sich vom Prinzip her ganz anders führen.

Daß gerade für sensible Bereiche, in denen zwischenmenschliche Beziehungen zum Charakteristikum des Rechtsverhältnisses zählen, die Idee der jüngeren Rechtssoziologie und Rechtstheorie von der Selbstregulierung und Selbstreferenz[41], von reflexivem und responsivem Recht und die Wiederentdeckung autonomer Regelkreise einer Umsetzung in die Anwendung harrt, legen die Medizinsoziologen Bo *Carlsson* und Åke *Isacsson*[42] am Beispiel des Gesundheitsrechts in

---

35 Öhlinger, Th., Ein Menschenrecht auf Gesundheit? Sinn und Funktion eines sozialen Grundrechtes, in: Martinek, O. (Hrsg.), Arbeit, Recht und Gesellschaft. Festschrift Walter Schwarz zum 65. Geburtstag, Wien 1991, S. 778.

kaum zu entkräftender Schlüssigkeit anhand der schwedischen Disziplinarrechtsjudikatur dar. Die österreichische Rechtsdogmatik wird wohl ebenso dazulernen, wie es in anderen Ländern schon gelungen ist.

Die Kritik beschränkt sich aber gar nicht nur auf die Frage der Kodifikation als solche. Darauf wird noch einzugehen sein; hier soll nur zu Einleitungszwecken und für die Schärfung des rechtspolitischen Blicks ein Aufriß angeboten werden.

1. Aus rechtsphilosophischem, teils rechtsökonomischem Ansatz, aber von Ärzten, Pflegepersonal und den für die Anstaltenökonomie Verantwortlichen dankbar angenommen, kommt der fundamentalistische Vorwurf der Verrechtlichung. Dieses Argument wirkt derzeit in jeder Grundsatzdiskussion wie ein Fallbeil. Deregulation liegt in der Zeit. Mit jeder Verrechtlichung werde nämlich Freiheit vernichtet, so ist die Grundannahme.

2. Aus integrativem Ansatz kommt ferner das personale Argument. Im konkreten Anwendungsbereich werde nämlich ein auf menschliche Interaktion verwiesenes Verhältnis gestört; manche gehen noch weiter und behaupten zerstört.

3. Aus ökonomischem Ansatz kommt schließlich die Grenz(un)nutzen-Befürchtung. Am bündigsten formuliert sie das hochrenommierte Stockholmer Krankenwesen-Planungsinstitut[43]: Die medizinische und technische Entwicklung garantiere heutzutage weitestgehend Sicherheit in Diagnose und Behandlung. Der Wille, das Beste für den Patienten zu tun, sei ohnedies vorhanden. Aus Sorge vor Sanktionen durch Institute und Institutionen des Patientenrechts könnten Maßnahmen ergriffen und Behandlungen beschritten werden, die für den Patienten von nur marginalem Nutzen sein, dahingegen aber beachtliche Kostensteigerungen mit sich bringen könnten[44].

---

36 Ettl, H., Der Patient als Mittelpunkt, S. 8.

37 Öhlinger, Th., Menschenrecht auf Gesundheit, S. 779 f.

38 Ebda, S. 778.

39 Ebda, S. 780.

40 So sinngemäß Kopetzki, Ch., Bestandsaufnahme der Patientenrechte, S. 57.

41 Teubner, G., Recht als autopoietisches System, Frankfurt/M. 1989, siehe dort die Verweise auf frühere Arbeiten zu Teubners Lehre.

42 Carlsson, B./Isacsson, Å., Hälsa, kommunikativt handlande och konfliktlösning. En studie av patientens ställning och av Hälso- och sjukvårdens ansvarsnämnd (= Scandinavian Studies in the Sociology of Law, Bd. 2), Lund 1989.

43 Sjukvårdens Planerings- och Rationaliseringsinstitut (SPRI).

4. Aus funktionalistischem Ansatz endlich kommt das Argument, eigentlich eine verdeckte Drohung, daß ein durch Patientenrechte gefördertes Erstarken der Patienten zu einer Defensivmedizin amerikanischen Zuschnitts führen müsse. Nur allzugern wird argumentiert: daß der Arzt um jede erkennbare Krisenhilfe einen Bogen machen wird; daß er mehr Sorgfalt als auf die Behandlung darauf verwenden wird, heute keine Beweisstücke von morgen gegen sich zu produzieren; daß Arzt und Personal sich in fernöstlicher Unverbindlichkeit üben werden.

Manches an dieser Kritik vermag zu bestehen. Will man Wirkung und mögliche Kontraproduktivität gegeneinander abwägen, so muß man die Duplik in eben derselben gebotenen Kürze gegenüberstellen.

Natürlich ist nicht von der Hand zu weisen, daß mit verstärkter Durchsetzbarkeit patientenrechtlicher Ansprüche ein Umdenkprozeß in Gang kommt, der unter anderem auch zu einer Minderung ärztlicher Risikobereitschaft und Experimentierfreude führen kann. Aber erstens eben nur kann und nicht muß und zweitens eben nur unter anderem. Der Ertrag auf der Patientenseite wiegt – und zwar mit allen individuellen wie politischen Implikationen – doch schwer. In der Demokratie scheint es nur allzu verständlich, daß sich um der besseren Organisation und Durchsetzbarkeit seiner Rechte willen politisch formiert, wer sich subjektiv unterlegen fühlt. Genau das tut der Patient nun einmal in der ganzen westlichen Welt, dafür mag hier zunächst der Verweis auf Evidenz als Beweisführung genügen. Patientenorganisationen und -vereine werden die Rechtspolitik in ihrem Sinne gestalten. Das ist keine Standortbestimmung, sondern ein ebenfalls noch zu belegendes, empirisch abgesichertes Faktum.

Im übrigen stützt auch die Rechtstatsachenforschung die Auffassung von der prinzipiellen Unterlegenheit des Patienten[45]. Ist nämlich die Normenausstattung des Zivilrechts meist durchaus passabel, so wird in der Literatur durchgehend angemeldet, daß das Beweisrecht, in Kombination mit den Usancen und berufsständischen Attitüden der Sachverständigengutachter, die Ansprüche des Patienten – und zwar ganz

---

44 SPRI (Hrsg.), Med rätt mått mätt? Reflektioner kring hälso- och sjukvårdens produktivitet och effektivitet, Spri rapport 1988:238, Stockholm 1988 und SPRI (Hrsg.), Kvalitetssäkring – Att mäta, värdera och utveckla sjukvårdens kvalitet, Spri rapport 1987:230, Stockholm 1987.

45 Siehe Speiser, H., Einflüsse auf die Rechtsposition des Patienten, in: Österreichische Juristenzeitung 43 (1988), S. 744 ff.

offensichtlich vermeintliche und wirkliche – in gleicher Weise überlagert. Daß es sich dabei um ein Problem der Rechtsordnung insgesamt handelt, wird daraus klar erkennbar, daß die Erfolgsquoten von Rechtsstreitigkeiten bei ziemlich gleicher Ausgangs- und Streittypenlage in Ländern mit fortgeschrittenem Patientenrechtsbewußtsein und dementsprechender Klagskultur oder gar einer verschuldensunabhängigen Schadenskompensation patientengünstiger sind.

Wer Patientenrechte unter Einsatz des Arguments der drohenden Defensivmedizin ablehnt, verkennt deren Hauptstoßrichtung und Hauptwirkebene. Außerdem wird nicht erkannt, daß uns ohne kommunikationsfördernde, ja kommunikationserzwingende Instrumente im Gesundheits- und Krankenwesen unvermeidlich über die sich von West nach Ost rasch verschärfende Arzthaftungsjudikatur der amerikanische Weg einer „medical malpractice crisis“ ereilen wird. Just zur Eindämmung dieser amerikanischen Fehlentwicklung wurde in Amerika die dynamische Entwicklung von Patientenrechten von der Politik gefördert. Nicht von wild gewordenen Patientenorganisationen, sondern vom Dachverband der amerikanischen Krankenhäuser, der American Hospital Association (AHA) kam erstmals die Idee einer Bill of Patients Rights[46]. Die Krankenanstaltenträger wollten von sich aus Humanitäts- und Qualitätsgarantien verkünden.

Von hier aus läßt sich leicht die Brücke zur Kritik aus der behaupteten Desintegration von Patient und Personal schlagen.

Die Medizinsoziologie gibt darauf diffizile Antworten[47]. Eine rezente Arbeit, die schon im Titel „Gesundheit, kommunikatives Handeln und Konfliktlösung“ das Wesentliche aussagt, geht ausführlich auf den Wissenschaftsdisput der deutschen Soziologie und Rechtssoziologie zwischen Gunter *Teubner*, Klaus *Eder* und Hellmut *Willke*[48] über die Funktion und die Chancen von Recht, insbesondere im Bereich des Gesundheits- und Patientenrechts, ein. Ausgewiesen wird, daß die Frage der Produktivität oder Kontraproduktivität des Rechts gerade bei den Patientenrechten eine des „Wie“, also nach dem Konzept von Reflexivität oder Responsivität der Patientenrechte und keine des „Ob“ ist.

---

46 Text im Dokumententeil; dazu ausführlich in V.2.1.

47 Jüngst am Institut für Gesellschaftsmedizin in Lund; Carlsson, B./Isacsson, Å., Hälsa, kommunikativt handlande och konfliktlösning.

48 Dazu ebda, S. 24 ff.

Zum selben Ergebnis gelangt auf ganz anderer Ebene und mit anderer Methode die Organisationspsychologie und Kommunikationswissenschaft[49]. Kommunikationssysteme, Supervisionsprogramme und grievance-resolving-channels, die für eine durch und durch positive Verrechtlichung tauglich sind, werden zum Kerninstrumentarium der Patientenrechte. Das Kostenargument wird hohl; die unmittelbaren Kosten für Patientenschutzinstitutionen, wie Ombudsmann, Patientenanwälte und Patientenrepräsentanten betragen 32 Cents per Patient und Tag an einer Institution[50]. Geradezu schmal nimmt sich das aus im Vergleich zu den einsparbaren Prozeßkosten – zugegeben zu den amerikanischen, aber nehmen wir nur die jüngeren Entwicklungen in den Niederlanden, der Bundesrepublik Deutschland und wir werden den Vergleich nicht voreilig geringschätzen.

Schwieriger schon oder gar nicht, ist das Argument des patientenrechtsbedingten Behandlungskostenauftriebs zu entkräften. Steigende Anspruchshaltung auf der einen und Absicherungsstreben auf der anderen Seite könnten tatsächlich zu Buche schlagen. Prinzipiell ist der Richtigkeit des Arguments einmal gegenüberzustellen, daß Rechte nicht deshalb vorenthalten werden können, weil sie allenfalls kostenrelevant werden könnten. Das würde die gesamte Menschenrechtsdynamik und die Bemühungen um alle nicht gerade kostenneutralen sozialen Grundrechte in Frage stellen.

Aber auch auf deren Einsicht, denen die Menschenrechte weniger oder anderes bedeuten, muß man nicht gleich verzichten. Nicht nur politische, sondern auch ökonomische Klugheit ist einforderbar. Gibt eine Gesellschaft ungeheure Beträge für ihr Gesundheitswesen aus und erntet dabei einen mäßigen Zufriedenheitsgrad beim „Consumer" – unter diesem Aspekt sieht die transatlantische Consumerism-Bewegung den unleugbaren Patientenunmut – so verlohnt eine Steigerung der Zufriedenheitsrate jedenfalls dann die Inkaufnahme einer Kostensteigerungsrate, wenn erstere beträchtlich und zweitere erträglich ist. Diese „Günstigkeit" wird aber für die Patientenrechte durchgehend behauptet. Der wirkliche Kostenschub in der Medizin gehe, so ist die allge-

---

49 Ziegenfuss, J. T., Patient/Client/Employee Complaint Programs, An Organizational Systems Model, Springfield 1985; ders., Patient's Rights & Organizational Models: Socio-Technical Systems Research on Mental Health Programs, Washington D. C. 1983.

50 Ziegenfuss, J. T., Patient/Client/Employee Complaint Programs, S. 190 ff.

meine Behauptung in der patientenrechtsfreundlichen Literatur, auf das Konto jener technischen, apparativen und sonstigen entfremdenden, anonymisierenden, non-holistischen Errungenschaften, die die Forderung nach Patientenrechten erst auslösen. Die Grenzkostenrechnung als Provokations- und Disqualifikationsinstrument einzusetzen, empfehle sich daher unter umgekehrten Vorzeichen für die nur marginalen Fortschritt produzierende, am menschlichen Maß vorbeigehende, nocebo-Medizin. Man sieht, mit Schuldzuweisungen wird für die Entwicklung wenig zu gewinnen oder zu verhindern sein.

Schließlich gilt es noch kurz auf das Verrechtlichungsargument[51] einzugehen. Die europäischen Länder, die jetzt aktuell in die Patientenrechtsentwicklung eintreten, wie Österreich, leiden kaum an einer überzogenen Bürgerrechtsbewegung. Die Gefahr, daß Recht zu Unrecht und Wohltat zur Plage werden könnte, besteht in den Patientenrechten sicherlich noch länger nicht.

Einbuße im Dispositionsrahmen der Freiheitsrechte erleiden nur anonyme Systeme und Bürokratien, deren Sachzwänge, gleichgültig, ob behauptete oder wirkliche, aber den individuellen Grundfreiheiten nachzureihen sind. Verrechtlichung muß wohl etwas anderes meinen als Rechte und Freiheitsgarantien für Bürger, hier Patienten, zu kodifizieren und zu sichern. Dem Kalkül des Gesundheitsrechtlers Asbjørn *Kjønstad*[52], daß die Rechtsordnung auf die Verschiebung im Gesundheitwesen, hin zu einem erstens vermehrt öffentlichen und zweitens immer unüberschaubarer werdenden Bereich, reagieren muß, weil ein Sicherheitsvakuum entstanden ist, für das sich niemand verantwortlich fühlt, ist wohl wenig entgegenzusetzen.

Was in der Patientenrechtsentwicklung Dogma zu sein scheint, ist jedoch, daß eine maßvolle, integrative, kommunikative Rechtspolitik zu suchen ist. Die Balance[53], die es in den Patientenrechten vernünftigerweise zu finden gilt, ist die zwischen den berechtigten Ansprüchen der Person und den ebenso berechtigten Ansprüchen der Gesellschaft. Die Rechte der Person gipfeln im Selbstbestimmungsrecht, das seine Kon-

---

51 Siehe dazu auch Forster, R., Patientenrechte in der Psychiatrie (= Forschungsbericht Nr.4. 2. 14 des Ludwig-Boltzmann-Instituts für Medizinsoziologie), Wien 1989.

52 Kjønstad, A., Helserett, 2. Aufl, Oslo 1987.

53 Siehe dazu Leenen, H. J. J./Pinet, G./Prims, A. V., Trends in Health Legislation in Europe, Regional Office for Europe of the World Health Organization, Paris-New York 1986.

kretisierung aus dem allgemeinen Grundrecht auf Gesundheitspflege erfährt. Das Recht auf Gesundheitspflege ist ein soziales Recht, das Recht auf Selbstbestimmung ein individuelles. Individuelle Rechte umfassen den Schutz der individuellen Privatsphäre und Freiheit, soziale Rechte sollen den Einzelnen berechtigen, am gesamtgesellschaftlichen Fortschritt teilzuhaben.

Folglich verbietet es sich, das Recht des Patienten nur aus dem Blickwinkel der Gesundheitspflege oder nur aus dem des Konsumenten zu sehen. Ausgleich tut also not. Den kann in einer Gesellschaft, die sich auf das Legalitätsprinzip stützt, nur die Rechtsordnung festschreiben. Damit geht aber der Vorwurf der Verrechtlichung im Thema der Patientenrechte ins Leere.

Wo spießt es sich nun wirklich? Der Grund liegt im Konflikt zwischen zwei völlig unterschiedlichen Denkweisen von Autorität und Autonomie[54].

Die erstere ist die der Experten, in unserem Fall des medizinischen, technischen, organisatorischen und ökonomischen „Lagers“, die die Gesundheitsbedürfnisse zu kennen und sich daran überwiegend orientieren zu müssen vermeinten. Arzt, Pflegepersonal und Organisation fühlen sich in ihrer Berufsausübung verpflichtet, dem Wissenschaftsstand konform, den Usancen und der Courtoisie des Berufsstandes entsprechend und innerhalb dessen, was der jeweilige ethische Standard zuläßt, ökonomisch zu handeln. Allgemein wird dies auch als das paternalistische Denkmodell bezeichnet, dem sich, wie allen Paternalismen, der Zeitgeist entgegenstellt.

Die andere Sicht ist die der Autonomisten. Diese halten unbeirrbar am Bild des grundsätzlich zu allen Entscheidungen befähigten und freien Menschen fest. Demnach übt dieser auch noch als klientelisierter Patient grundsätzlich seine Selbstbestimmungsrechte aus. Nur ganz ausnahmsweise und auch da nur unter der Generalvermutung des geringsten Ausmaßes, tritt der Patient die Entscheidung darüber, was für ihn das Beste sei, an Dritte ab. Dort, wo der Mensch/Patient durch seinen Gesundheitszustand in einem so hohen Maße beeinträchtigt wird, daß er kaum mehr in der Lage sein mag, selbst über sein Leben zu bestimmen, bedarf er erst recht der bestmöglichen Rahmenbedingungen,

54 Katz, J., The Silent World of Doctor and Patient, New York 1984; Appelbaum, P. S./Lidz, C. W./Meisel, A., Informed Consent, Legal Theory and Clinical Practice, New York-Oxford 1987.

um das jeweilige Maximum an Selbstbestimmung, nicht zuletzt der Förderung seines Selbstwertgefühls wegen, aufrechtzuerhalten. Ist der Patient von seiner physischen oder psychischen Situation her aber gar vollends außerstande, seinen Willen zu bekunden, so ist sein vermuteter Wille von einem Dritten wahrzunehmen. Das ist dann aber auch nicht der behandelnde Arzt allein, sondern ein bestellter Kurator, Sachwalter oder Patientenanwalt[55], der zur Mitentscheidung berufen ist.

Der Patient erscheint aufgrund seiner strukturellen Verletzlichkeit als schwächster Teil des Gesundheitswesens. Mit zunehmendem Grad der Verletzlichkeit und Ausgeliefertheit, wie diese durch die neuen, insbesondere urbanen Familienstrukturen vermehrt produziert werden – Langzeitpflegefälle, Behinderte, Alte werden immer mehr institutionalisiert und hospitalisiert – bedarf, so ist der Tenor der Patientenrechtsliteratur, der Patient des dynamischen Schutzes durch die Rechtsordnung.

An die Seite des Patienten stellen sich neuerdings in Einhelligkeit Juristen und Politiker. Es herrscht Konsens über die Bedrohung der Personalität durch die evidente Anonymisierung. Das aus dieser Allianz entstehende Recht verläßt allerdings die traditionellen Gebots- oder Verbotsstrukturen. Die „moderneren“ unter den Patientenrechtsgesetzen zielen alle darauf, über die komplexen Strukturen hinweg, die durch Hypertechnisierung, Apparatisierung und Spezialisierung entstanden sind, Beziehungs- und Kommunikationssysteme zu errichten, Garantien zu verkünden, die den Patienten selbstwertmäßig „aufrüsten“ und zur Kommunikation fähig machen sollen. Die EG-Krankenhauskommission bringt dies in ihrem Entwurf einer Charter für Krankenhauspatienten[56] sinngemäß so zum Ausdruck: Man muß dem Patienten bewußt machen, daß er ein Recht auf Rechte hat[57].

---

55 So auch das österreichische Unterbringungsgesetz, BGBl. 155/1990; siehe auch 1202 der Beilagen zu den Stenographischen Protokollen des Nationalrates XVII. GP über das Bundesgesetz über die Unterbringung psychisch Kranker in Krankenanstalten; siehe auch Kopetzki, Ch., Die Regierungsvorlage zum Bundesgesetz über die Rechtsfürsorge für psychisch Kranke in Krankenanstalten – eine systematische Analyse, in: Verein für Sachwalterschaft. Nachrichten aus dem Rechtsreferat, Rundbrief Nr.4/5, Wien 1989, S. 193 ff.

56 EG Hospital Committee, European Charter on Rights of Patients in Hospitals, 1979; Text im Dokumententeil.

57 Ebda, Punkt 5: „In allen Krankenhäusern sollten Bedingungen dafür geschaffen werden, daß diese Rechte respektiert werden und darüber hinaus dem Patienten bewußt gemacht wird, daß er seine Rechte auch geltend machen kann“.

Schließlich eint zu einer Beschützerunion auch die Erkenntnis, daß der Kostenbegrenzungsdruck zu systembedingten Überforderungen des Personals führt, unter denen dieses selbst leidet, aber dieses Leiden erfahrungsgemäß an die noch Schwächeren im System, die Patienten, weiterreicht. Alles, was an Vorfällen in Lainz passieren sollte, hätte man zehn Jahre vor Lainz schon nachlesen[58], besser vorauslesen, können.

Wo die Politik die Entfaltung genereller Patientenrechte nicht rasch fördert, lassen sich die Folgen erahnen: Einerseits gerät man dann mangels geordneter, allgemeiner, neu organisierter und auch kollektiver Befriedungswege zu einer individuellen Rechtsdurchsetzungsdynamik über bestehendes, in Europa bisher vergleichsweise wenig beschrittenes Zivil- respektive Haftungsrecht. Das bedeutete den analogen Weg zu einer medical-malpractice-crisis amerikanischen Zuschnitts.

Andererseits steigt im Falle weiteren Ignorierens vom Bürger über Patientenorganisationen signalisierter Wünsche einmal mehr das Unbehagen gegen die Politik. Der Bürger meldet nämlich immer selbstbewußter an, daß er es ist, der das Gesundheits- und Krankenpflegewesen mit ungeheuren Leistungen finanziert und er folglich einen Anspruch hat, von diesem relativ optimal, gewiß nicht maximal, befriedigt zu werden. Was die Politik also im Falle des Unterlassens der Ausbildung und Verankerung von Patientenrechten, die natürlich auch ihren Preis haben, produziert, sind soziale Kosten.

Mehrere, recht unterschiedliche Wege, die Stellung des Patienten zu verbessern, werden im internationalen Raum beschritten. Wohlgemeint sind sie alle. Im Effekt wirken sie aber doch recht unterschiedlich, zum Teil sind sie geradezu iatrogen. Als „iatrogen" erscheint alles, was das Verhältnis von Patient zu Arzt und Pflegepersonal belastet, Kommunikation stört oder gar zerstört und Integration verhindert – ohne einen erkennbar überwiegenden Nutzen für den Patienten zu bringen. Damit ist schlüssigerweise für unseren Zweck auch schon die Entscheidung über die Prämissen dessen getroffen, was ein Trend, eine Entwicklung, ist oder sein könnte.

Freilich, diese Entscheidung ist subjektiv. Selbstverständlich haftet man für culpa in eligendo.

Am Hintergrund dieses Einbekenntnisses scheint sich also ein Patientenrechtstrend dort abzuzeichnen, wo

---

58 Bei Vladeck, B. C., Unloving Care: The Nursing Home Tragedy, New York 1980.

– erstens die Menschenrechte konkludenterweise oder erklärtermaßen zum Grundauftrag der Patientenrechtspolitik erwählt werden,
– zweitens die Autonomie des Patienten eine Stärkung erfährt,
– drittens rechtlich verbindlich gemachte Kommunikations- und Integrationsstrategien die streitverhindernde und die Befriedungsfunktion des Rechts über seine bloß nachträgliche Konfliktbegrenzungs- oder Streitbeendigungsfunktion stellen, und
– wo viertens schließlich die Durchsetzung der Ansprüche des Patienten auf neue, den Ausgleich und nicht die Schuldfeststellung suchende Grundlagen gestellt wird.

Damit sind auch schon zwei iatrogene Entwicklungen, Antitrends der Patientenrechte, ausgemacht. Es sind dies jene Strategien, die auf die Sanktionswucht des Rechts setzen und daher nach verstärktem Einsatz von herkömmlichem Schadenersatzrecht und Strafrecht zur Domestikation des Gesundheits- und Krankenpflegebereichs verlangen.

Das Strafrecht muß, mehr noch als in den übrigen gesellschaftlichen Bereichen, die ultima ratio im medizinischen Bereich bleiben[59]. Für den Bereich des Patientenrechts, der deutlicher als jeder andere auf Kommunikation angewiesen ist, zählt diese Einsicht zu den Dogmen der Kriminologie. Insofern liegt auch ganz fehl, wer meint, daß Patientenrechte das Instrument seien, das ein „Lainz“ ein für allemal verhindern könnte.

Nicht viel besser fährt, wer den „bloß“ zivilrechtlichen Weg, also eine verschärfte Arzthaftungsjudikatur für d e n patientenrechtlichen Problemlöser hält. Es scheint, daß einzelne europäische Länder sich auf den Weg in eine medical-malpractice-crisis und im Gefolge in den der Defensivmedizin einzuschwenken anschicken und Österreich mit bloßer Hinwendung zu einem Produkthaftungsanalogon[60] ohne „weiche“ Kompensationsinstrumente im Medizinbereich noch schneller an diesem fragwürdigen Ziel angelangt sein wird.

Dort, wo das Konfliktmodell entwickelt wurde und seine Blüte und Hybris in einem erlebte, in der neuen Welt, hat es seine Philippika

---

59 Siehe Lahti, R., Rechtfertigungs- und Entschuldigungsprobleme im Bereich medizinischer Tätigkeit, in: Eser, A./Fletcher, G. P. (Hrsg.), Rechtfertigung und Entschuldigung. Rechtsvergleichende Perspektiven, Bd. 2, Freiburg i. Br. 1987, S. 1415 ff.

60 So gefordert von Rieder, S., Die Patientenrechte aus der Sicht des Anstalten-Referenten, in: Pichler, J. W. (Hrsg.), Einführung in die Patientenrechtspolitik, S. 92; ders., am Juristentag 1990 Weißenbach; ders., am Forum Alpbach 1990 u.ö.

schon erlitten. Just deshalb kommen von dort die meisten Tastversuche nach neuen, vermittelnden, kalmierenden und eben aus diesem Grund die Gesamtstellung des Patienten vor und während der Behandlung kräftig aufwertenden Instrumenten.

## Was diese Arbeit sein will und was sie nicht leisten kann

1. Diese Arbeit will keine Rechtsvergleichung im eigentlichen Sinn sein und stellt sich daher auch nicht deren innerdisziplinären Anforderungen. Zu weit wäre auszuholen, um in allen berührten Bereichen von Zivilrecht über Verwaltungsrecht, vorbei an Strafrecht und bis hin zum Organisationsrecht, die multilateralen Korrelationen herzustellen[61].

Sie will vielmehr sich zu „Entwicklungen" verdichtende Verlaufslinien, über die Grenzen jeweiliger nationaler Rechtsordnungen hinweg, freizulegen versuchen, um sie rasch den Gesetzgebern zur weiteren Erwägung und Nutzanwendung anzutragen.

2. Daher muß eine Entscheidung darüber getroffen werden, was eine Entwicklung als solche ist oder sein könnte. Diese Entscheidung ist subjektiv und trotz des Anspruchs, den Geboten wissenschaftlicher Redlichkeit gerecht zu werden, ohne die eben offengelegten Prämissen nicht zu treffen. Um hier nicht in die überholte und überdies wenig hilfreiche Diskussion von der Wertfreiheit der Wissenschaft zurückzuverfallen, galt es, die Prämissen hier ganz bündig darzubieten und im Kapitel über die Philosophie der Patientenrechte dann als begründet oder zumindest begründbar sichtbar zu machen.

Ganz bewußt wird die rechtsgenetische Methode bevorzugt. Daß der rechtsgeschichtliche – genauer gesagt der einer rechtlichen Zeitgeschichte – Befund einer rechtspolitischen Nutzanwendung[62] dienen will und kann, sollte nicht zum Vorwurf gereichen. Rechtsgeschichte ist geronnene Rechtspolitik und Rechtspolitik ist mithin nichts anderes als das tastende Kontinuum der Rechtsgeschichte.

---

61 Mit den Ressourcen des jungen Österreichischen Instituts für Rechtspolitik wäre diese Aufgabenstellung auch gar nicht zu bewältigen gewesen.

62 Zu einer „angewandten Rechtsgeschichte" Pichler, J. W., Ansätze zu einer neuen Juristenausbildung, in: Pichler, J. W./Mayer-Maly, Th. (Hrsg.), Wohnen und Recht (= Recht und Wirklichkeit, Bd. 1), Salzburg 1983, S. 9 ff.

3. Mit diesen Vorgaben kann diese Arbeit keine dogmatikzentrierte Darstellung der jeweiligen nationalen Patientenrechte bieten. Sie muß sich der genetischen Sicht bedienen, historisch vertikale Prozesse zu Lasten horizontaler Deskription von einzelnen Rechtsinstituten in den Vordergrund stellen. Ferner muß sie der rechtspolitisch relevanten, systemübergreifenden Begründung mehr Raum bieten als der Logik der jeweils geltenden Rechtsordnung und jener der Judikatur. Zwar gilt uneingeschränkt der Lehrsatz, daß viel de lege lata aufzuarbeiten ist, um de lege ferenda verdienstlich werden zu können. Allein, in einem so weiten Feld, wie es die Patientenrechte darstellen, gilt es erst einmal generalisierende Vorstudien und Vormaterialien freizulegen. Dies, um der einschlägigen Rechtspolitik grundsätzliche Entscheidungshilfen zu bieten.

4. Daher ist ein ausführliches Eingehen in die jeweiligen Rechtskonzepte stärker auf die Suche nach den Motiven, Einreden, Gegenkonzepten und auf die gesellschaftlichen Interdependenzen verwiesen als auf die legistische Bewältigung selbst. Letztere ist zu stark an die Systematik der nationalen positiven Rechtsordnung gebunden. Die Vorgangsweise sei anhand einer ganz jungen Arbeit zur ärztlichen Schweigepflicht[63] dargestellt: Die ärztliche Schweigepflicht ist sowohl im Strafrecht als auch im Verwaltungsrecht sanktioniert. Sie deswegen auf zwei Schienen zu deskribieren, verbietet sich vom teleologischen Aspekt dennoch.

Freilich, bei einer Darstellung der Patientenrechtsentwicklungen fällt die Abgrenzung des Rechtswissenschaftlichen zum Sozialwissenschaftlichen, Politologischen, Soziologischen, Organisationspsychologischen nicht leicht.

Aber auch da ermutigt die Erfahrung des Rechtshistorikers. Den Versuch, Verlaufsdynamik darzustellen, kann man nur unter Einbeziehung aller Aufschluß bietenden Aspekte wagen. Metajuristisches steht da meist gleichgewichtig neben Juristischem.

Vor der gleichen Ausgangslage steht die Rechtspolitik. Sie steht ja von vorneherein unter dem Verdacht mangelnder Rechtswissenschaftlichkeit. In der Tat, ihr Baumaterial ist wirklich keineswegs nur innerjuristischer Art. Dieses zu ordnen, kann rasch politisch geziehen werden. Man befindet sich aber auch hier in nobler Gefahrengemeinschaft. Auch die Menschenrechtler sind in Fragen der Menschenrechtsdyna-

---

63 Klaus, A., Ärztliche Schweigepflicht. Ihr Inhalt und ihre Grenzen, Wien 1991, S. 3.

mik auf Prämissen, auf Grundwerte, auf die Philosophie und die Gesellschaftslehre angewiesen.

5. Muß in diesem Konzept also die Makroschau der Mikrosicht vorgezogen werden, so erklärt sich auch die unumgängliche Überlastigkeit einzelner Untersuchungsgebiete, insbesondere des transatlantischen. Es verlohnt deutlich mehr, dort Entwicklungen nachzugehen, wo solche in großem Schwung begonnen haben und noch verlaufen, als dort, wo sich ähnliche Phänomene zaghaft zeigen. Dies sei hier an ein paar Beispielen veranschaulicht.

Etwa: Österreich hat in jüngster Zeit deutlich aufgeholt, den Schutz von Mentalpatienten in der Rechtsordnung auszubauen. Es nähert sich mit seinem Unterbringungsgesetz[64] einerseits dem patientenrechtlichen Standard (der des Sachbewaltungsrechts bleibt außer Betrachtung, weil er einer ganz anderen Rechtsschicht angehört) einiger anderer Länder, schafft aber zugleich den Sprung in neue Strukturen. Originell ist die Konstruktion der Patientenanwaltschaft in der Definition ihres Aufgabenkreises wie auch im Bestellungsverfahren, demzufolge freie, akkreditierte Patientenvereine ein Vorschlagsrecht für Patientenanwälte haben und dem örtlich zuständigen Gerichtspräsidenten das Bestellungsrecht zukommt. Darstellenswert sind also nicht all jene Entwicklungen, die deutlich hinter solchen Schrittmachermodellen zurückbleiben, sondern die originelleren Fortentwicklungen.

Oder: Die skandinavischen Gesetzgeber haben nicht länger hingenommen, daß im Patientenschadensbereich die herkömmlichen Maximen des Schadenersatzrechts de facto versagen, weil Kausalität und Verschulden nachzuweisen in der Komplexität des Behandlungsverhältnisses im Regelfall zum Scheitern verurteilt ist. Man wollte auch keine Beweislastumkehr einführen. Also entschied man sich zu einem Patientendirektversicherungssystem, das das Verschuldenshaftungsprinzip überwindet. Es ist hier in der Einleitung nicht zu erörtern, ob und welche Prinzipien der Verantwortlichkeit man preisgibt und welcher der Preis oder Ertrag hiefür ist. Vielmehr soll sich aus diesem Beispiel das Konzept verdeutlichen, daß diesem skandinavischen System, als jüngster Entwicklung, in der Darstellung der Vorzug vor jenen Ansätzen gebührt, in denen über die Verschärfung der Arzthaftungsjudikatur die materielle Gerechtigkeit für Patienten gefördert werden soll.

Oder: Die deutsche Judikatur setzt neue Maßstäbe für die ärztliche

---

64 Österr. BGBl. 155/1990.

Aufklärungspflicht und in der Informed Consent Doktrin. Man begnügt sich aber mit der Präzisierung des Arztrechts und auch damit, daß sich solcherweise Patientenrechte e contrario, negatorisch und als Randprodukt ergeben. Weil diese Entwicklung hinter der anderer Länder zurückbleibt und keine Patientenrechtsentwicklung im eigentlichen Sinn ist, ist ihr deutlich weniger an Aufmerksamkeit und Umfang zu widmen als positiv orientierten, kommunikationsfördernden und integrationsförderlichen Patientenrechtsentwicklungen.

Oder: Die amerikanischen Patients' Bills of Rights werden, auch wenn sie oftmals „nur" als lex imperfecta, mehr Staatszielbestimmung und soft-law-act denn als Anspruchsgrundlage formuliert werden, breiten Raum in der Darstellung erhalten. Dies deshalb, weil sie die Philosophie, den Beginn und die Richtung der Patientenrechtsentwicklung dokumentieren. In ihnen liegt nicht nur der tastende Beginn der amerikanischen Patientenrechtsgeschichte, sondern zugleich auch die Wurzel europäischer Nachziehprozesse. Ihr Wert als Dokumentationsmaterial einer Entwicklung, wie als Ideenmaterial einer Patientenrechtspolitik, kann nicht hoch genug veranschlagt werden.

6. Erwähnungsbedürftig ist auch, daß das Privatrecht innerhalb der Entwicklung der Patientenrechte seine klassisch dominante Bedeutung abzubauen scheint. Dies rührt einerseits daher, daß die Aufgaben des Gesundheitswesens ob ihrer Dimension – und im übrigen ganz entgegen allen politischen Programmen von Privatisierung und Reprivatisierung – mehr und mehr in den Sog der Staatlichkeit geraten. Selbst dort, wo gerne der Hort der Privatautonomie und der Individualfreiheit gewähnt wird, nämlich in den Vereinigten Staaten, erkennt und akzeptiert man die abnehmende Funktionstüchtigkeit des Zivilrechts im Rahmen der Patientenrechte. Reduziert sich nämlich das Behandlungsverhältnis auf ein ausschließlich obligationenrechtliches, dann wird das Benefiz der Freiheit – Vertragsfreiheit, Gestaltungsfreiheit, Freiheit vom Kontrahierungszwang – rasch zur Last und die Kontraproduktivität überwiegt alsbald die Produktivität.

Das Zivilrecht kann nämlich Unzufriedenheit im vorhinein nicht mildern oder mindern. Es ist rekuperatorisch, restitutorisch angelegt, seine Präventivkraft ist gering. Wird das Behandlungsverhältnis auf seinen juristischen Grundgehalt reduziert, wird es zu einem „Leistungsverhältnis". Wird dieses gestört, dann greift das Recht der Leistungsstörung. Besserungsauftrag, wo noch Reparables bleibt, Kaufpreisminderung, in unserem Zusammenhang Honorarminderung, wo es an bedungener oder erwartbarer Qualität gebricht, Haftung und Schadenersatz, wo Irreparables abgegolten werden soll.

Wegen dieser für den sensiblen Behandlungs- und Pflegebereich offenkundigen Schwäche, daß die Leistungsstörung fast unvermeidlicherweise zur Beziehungsstörung und in Summe eben zur Defensivmedizin führt, ist man gerade in Amerika seit den frühen sechziger Jahren darangegangen, im Bereich der Patientenrechte nach kommunikativem Recht und Recht in Befriedungsfunktion zu suchen. Auch uns bewegt daher in der Darstellung die Suche nach diesem mehr als nach Traditionellem; nicht aus vager Transatlantikgläubigkeit, sondern wegen der dort sich ausbreitenden Fülle an Experimenten dominiert auch darin die Beobachtung und Darstellung der amerikanischen Rechtsordnung.

Dieses vertiefte Forschungsinteresse an Rechtsinstrumenten, die der Konfliktprävention und Qualitätssicherung dienen, sollte freilich nicht leichtfertig und vordergründig diskreditiert werden[65]. Wo erst einmal Rechtsansprüche oder Schadenersatzansprüche entstanden sind, dienen gerade jene patientenrechtlichen adversariellen Instrumentarien und Institutionen, denen breiter Raum gewidmet wird, dazu, diese rigid durchzusetzen und nicht, sie einzuebnen, abzuverhandeln oder sie vergessen zu machen[66]. Es ergibt sich diese Akzentuierung eben aus der in der patientenrechtlichen Literatur gut dokumentierten Rechtswirklichkeit. Gerade aus der auf der Grundlage der traditionellen Rechtsinstitute in aller Welt durchgehend als recht unbefriedigend dargestellten realen Position des Patienten rührt die international beobachtbare Suche nach kompensatorischem, aufwertenden, dem Patienten beitretenden und ihn so stärkenden Rechtsinstrumentar[67].

7. Die sich überschlagenden Entwicklungen am Gesundheitssektor, insbesondere die durch die Verschiebung des Krankheits- und Patien-

---

65 Kopetzki, Ch., Bestandsaufnahme der Patientenrechte, S. 35 ff.

66 Was Kopetzki, ebda, ohne die ziemlich ausgeschriebenen Beweggründe für die unterschiedlichen internationalen patientenrechtlichen Tastversuche zu beherzigen, andeutend vermutet.

67 Die Kopetzki suspekt erscheinende Kommunikationsförderung baut als Postulat auf jenen Erkenntnissen auf, die belegen, daß Gleichrangigkeit der Kommunikationspartner, die auch durch Substitution und Nebenintervention, auch die der Rechtsordnung, herbeigeführt werden kann, das Kommunikationsergebnis entscheidend verbessert; zum gesamten Problemkreis aufschlußreich English summary von Carlsson, B./Isacsson, Å., Hälsa, kommunikativt handlande och konfliktlösning, S. 297 ff.

tenbildes in einer überalternden Gesellschaft bedingten, lassen die Patientenrechte überdies zusätzlich noch in einem ganz anderen Spannungsverhältnis als dem des Arzt-Patienten-Behandlungsverhältnisses erkennen. Den jüngsten Patientenrechtsentwicklungen[68] zufolge leiten sich denn auch alle subjektiven Patientenrechte und die Rechtsstellung des Patienten von einem neuen, mit einem Durchsetzungsanspruch ausgestatteten sozialen Grundrecht auf Gesundheits- und Krankenfürsorge ab. Eine solcherart notwendigerweise zu findende Hierarchie der Zugangsansprüche und -voraussetzungen erzeugt ein patientenrechtliches Spannungsfeld zwischen potentiellen Patienten untereinander. Auch diese weitere Verlagerung vom Zivilrecht zum öffentlichen Recht kennzeichnet die Forschungsmaterie. Mithin prägt auch dies die Schwerpunktbildung der Arbeit.

8. Überhaupt gilt es, durchgehend zwischen vielem zu selektieren. Wenn es ein erklärtes Ziel dieser Arbeit ist, Gesetzgebern Grundlagenmaterial aufbereiten, Anregungen geben und Optionen liefern zu wollen, dann muß wohl das Schwergewicht einer solchen Arbeit in bisweilen punktartiger Präsentation einzelner Modelle und deren jeweiliger ratio legis liegen. Dann muß freilich zugleich aber auch ein weiterer Schwerpunkt auf der modellhaften Dokumentation der legistischen Leistungen anderer Länder liegen: Dem soll eine Auswahl an Texten in einem separaten Anhang dienen. Damit ist aber klar, daß der Auswahl und damit der Subjektivität die Priorität vor einer in diesem Gebiet ohnedies nicht leistbaren Vollständigkeit gebührt. Ob dabei die richtigen Entscheidungen und Gewichtungen getroffen wurden, wird nicht zuletzt nach dem jeweiligen Standort des Betrachters wohl unterschiedlich beurteilt werden.

Diesem Dilemma kann, wer sich mit rechtlicher Zeitgeschichte oder Rechtspolitik beschäftigt und sich folglich auf das Feld von aktuellen Wertkonflikten, Interessenkollisionen und, was für die Erklärung der Verve in der zu erwartenden Kritik nicht vernachlässigt werden darf, auf das von Emotionen begibt, nie entrinnen.

---

68 Im Konzept dargelegt von Eskeland, S., Utredning om ny lov om pasientrettigheter. Noen hovedpunkter, Vortrag anläßlich der: Konferanse om etikk og prioriteringer i helsevesenet den 31. Oktober 1990, Oslo. Eskeland wird seinen im Auftrag des norwegischen Sozialministeriums (Sosialdepartementet) erstellten Entwurf eines norwegischen Patientenrechtsgesetzes 1992 vorlegen. Anbetrachts der schon vorliegenden und auch ausgewerteten Vorarbeiten von Ståle Eskeland ist zu erwarten, daß dieser Entwurf Eskeland einen neuen Standard in den Patientenrechten vorlegt.

# I. Philosophie der Patientenrechte

## 1. Paternalismus versus Autonomie und Selbstbestimmung

Zwischen Medizinern und den Pflegeberufen einerseits und Juristen auf der gegenüberliegenden Seite, birgt der Begriff der Patientenrechte von vorneherein Konfliktpotential in sich[69], obwohl beide Gruppen den Anspruch erheben, die Interessensphäre des Patienten wohlwollend wahrzunehmen. Als Ursache dieser perspektivischen Auffassungsunterschiede erscheinen in erster Linie die fundamental verschiedenen Standpunkte der beiden Gruppen. Die Juristen befinden sich formal im Argumentationsvorteil, weil sie sich auf ein Mandat der Patientenschaft berufen, die evidenterweise, und dies in aller Welt, Rechte anmahnt.

Aber auch die Mediziner, das Pflegepersonal und die Gesundheitsbürokratie, ermitteln für sich einen mittelbaren Auftrag. Sie berufen sich darauf, sich primär an den über Wissenschaft und Erfahrung objektivierbaren Gesundheitsbedürfnissen des Patienten orientieren zu müssen[70]. Die Juristen dagegen nehmen für ihre Argumentationslinie Anleihe bei den objektivierten Menschenrechten und den subjektiven Ansprüchen der Patienten. Für sie wiegt der Wert der Autonomie und die Freiheit des Patienten, die sich im weitesten Selbstbestimmungsrecht äußert, schwerer[71].

Die Diskussion über Patientenrechte scheint daher auch in den beginnenden neunziger Jahren in erster Linie immer noch eine philosophische, ethische, somit metajuristische und rechtspolitische zu sein[72]. Erst in zweiter Linie ist sie eine juristisch dogmatische[73].

Wir stehen vor einer Reihe von Konzepten, die allesamt in sich jeweils geschlossen und logisch erscheinen. Die bisweilen recht emotio-

---

69 Vgl. dazu bereits Forster, K. (Hrsg.), Offene Fragen zwischen Ärzten und Juristen. Studien und Berichte der Katholischen Akademie in Bayern, Würzburg 1963.

70 Siehe Beauchamp, T. L./Childress, J. F., Principles of Biomedical Ethics, 3. Aufl., New York-Oxford 1989, S. 168 ff.

71 Leenen, H. J. J./Pinet, G./Prims, A. V., Trends in Health Legislation, S. 9 ff.

72 Pichler, J. W., Patientenrechtspolitik, S. 7 ff.

73 Anders aber Kopetzki, Ch., Bestandsaufnahme der Patientenrechte, S. 35 f.

nell geführte Auseinandersetzung kreist folglich um die Prämissen, die den jeweiligen Ansatz bedingen:

## *1.1. Paternalistischer Ansatz*

### 1.1.1. ARZT, AUTORITÄT UND AKZEPTANZ

In einer Gesellschaftsordnung, in der Gesundheit zentralstes Rechtsgut der Gemeinschaft ist[74], kommt einer Gruppe, von der man sich erhofft, daß sie nicht nur über das Wissen, sondern zugleich noch über die Möglichkeiten verfügt, vor potentiellen und tatsächlichen Gefährdungen dieses Rechtsguts zu schützen, ein wesentlicher Stellenwert zu. Zeigt sich dieses Wissen in bestimmter Exklusivität und trifft dieser Zustand auf entsprechende gesellschaftliche Akzeptanz, so muß man von Autorität im Sinne einer legitimierten Machtposition sprechen. Nach *Weber*[75] lassen sich generell drei Hauptgruppen von Autoritätserscheinungen unterscheiden[76]. Diese Typologie läßt sich auch im Bereich des Arzt-Patienten-Verhältnisses in Form einer traditionellen[77], charismatischen[78] und legalen[79] Autorität erkennen. Verstärkt werden diese so-

---

74 Alle Demoskopien weisen das Interesse an Fragen der Gesundheit an vorderer Stelle der Bedürfnisse und Wünsche westlicher Wohlstandsgesellschaften aus. Zumeist liegt es knapp vor oder knapp hinter dem ökologischen Interessen- und Themenkreis, der aber letztlich auch nur in einem Gesundheitsbedürfnis wurzelt; vgl. Fachvereinigung der Verwaltungsleiter deutscher Krankenanstalten (Hrsg.), Menschen im Krankenhaus. Repräsentative Umfragen über Meinungen und Erfahrungen von Patienten und Besuchern durch drei Jahrzehnte, Mülheim/Ruhr 1988, S. 109.

75 Weber, M., Legitimate Order and Types of Authority, in: Parsons, T./Shils, E./ Naegele, D. (Hrsg.), Theories in Society, Bd. 1, New York 1961, S. 229 ff.

76 Zwar hat Weber diese Typologie der möglichen Natur und Erscheinungsform von Autorität in der Gesellschaft weder für den Bereich der Medizin noch für die speziellen Zusammenhänge von Wissen, Macht und Autorität entworfen. Dennoch liefert diese Typologie zumindest einen soziologischen Erklärungsansatz für die tradierte Rolle des Arztes im Arzt-Patienten-Verhältnis.

77 Bei der traditionellen Autorität liegt die Akzeptanz in der Geschichte und einem überlieferten Brauch begründet, etwa wenn der Arztberuf grundsätzlich von der gesellschaftlichen Oberschicht ausgeübt wurde; vgl. dazu Elliott, P., The Sociology of Profession, London 1972.

78 Bei der charismatischen Form der Autorität findet die Akzeptanz ihre Begründung in den frühen, archaischen Zeiten, als die Rolle des Priesters und des Mediziners

ziologisch bedingten Erscheinungsformen der Autorität durch ein wesentliches psychologisches Moment im Arzt-Patient-Verhältnis. Die Akzeptanz und Toleranz der ärztlichen Autorität durch den Patienten beruht immer auch auf dem Wunsch, daß der Arzt und Mediziner den Patienten vom Schmerz und von Beeinträchtigungen des Gesundheitszustandes befreien kann[80] und der Patient die Anstalt so rasch wie möglich verlassen werden könne[81].

Vom paternalistischen Ansatz[82] her zeigt sich das Arzt-Patienten-Verhältnis als Folge entsprechenden Wissens und dessen Akzeptanz, somit traditionell als einseitiges, von der Autorität des Arztes geprägtes Verhältnis[83]. Ärzteschaft und Pflegepersonal fühlen sich in erster Linie zu ethischem Handeln und den Usancen sowie der Courtoisie des Berufsstandes[84] verpflichtet. Das bringt eine Reihe von unerkannten oder minder reflektierten Implikationen an Subjektivität und einen Freiraum nicht überprüfbarer Selbstverantwortlichkeit mit sich[85]. Erst in zweiter Linie erkennt man die rechtlichen Determinanten, zu denen

---

noch ineinander verkettet waren. Das Charisma entsprang dabei außergewöhnlichen, fast übermenschlichen Qualitäten und mystischer Macht. Obwohl Charisma individuell bedingt ist, werden anschließend solche Eigenschaften oftmals der Aura einer ganzen Gruppe zugeordnet; vgl. dazu Osmond, H., God and the Doctor, in: New England Journal of Medicine (10) 1980, S. 555 ff.

79 Die legale Autorität ist jene, wie sie heute in wohlorganisierten Bürokratien am häufigsten in Erscheinung tritt und durch Recht und Gesetz statuiert wird. Im Bereich der Medizin geschieht dies durch einen medizinischen Ausbildungsstand und die Vergabe von Lizenzen für Spitäler, Langzeitpflegeeinrichtungen und andere Gesundheitseinrichtungen; vgl. dazu Haug, M./Lavin, B., Consumerism in Medicine. Challenging Physician Authority, Beverly Hills-London-New Delhi 1983, S. 11.

80 So ist zumindest die Erwartung, die der Patient durch Folgsamkeit miterfüllen zu können vermeint oder sich gar daran klammert.

81 Konner, M., Becomming a Doctor, New York 1988, S. 371.

82 Vgl. Gert, B./Culver, C. M., Paternalistic Behaviour, in: Philosophy and Public Affairs 6 (1976), S. 44 ff.

83 Vor diesen Verhältnissen warnte aber früh bereits insbesondere Friedson; vgl. Friedson, E., The Profession of Medicine, New York 1970, S. 335 f: „The relation of the expert to modern society seems in fact to be one of the central problems of our time, for at its heart lie the issues of democracy and freedom and the degree to which ordinary men can shape the character of their own lives".

84 Hippokratischer Eid; Florence Nightingale Pledge for Nurses.

85 Eser, A., Die Rolle des Rechts im Verhältnis von Arzt und Patient, in: Kaufmann, F.-X. (Hrsg.), Ärztliches Handeln zwischen Paragraphen und Vertrauen, Düsseldorf 1984, S. 112 ff.

durch Judikatur und Gesetzgebung durchaus auch das wissenschaftskonforme Handeln und Behandeln zählen. Die Organisation des Gesundheitswesens verlangt darüber hinaus innerhalb dessen, was die jeweiligen ethischen Standards zulassen, ökonomisch zu handeln[86].

Das führt zu wenig erkannten und aus Systemgründen auch wenig erörterten Phänomenen, die hier ob der wissenschaftlichen Ungesichertheit nur angedeutet werden können. Asbjørn *Kjønstad* hat dieses, nobel wie witzig formuliert[87], als Kennzeichen öffentlicher Sozialversicherungssysteme anklingen lassen: Ärzte an Anstalten sehen im Patienten keinen Vertragspartner, sondern einen Destinatar, einen Nutznießer, der das System, dem der Arzt sich als seinem Arbeitgeber verpflichtet fühlt, belastet; in der Tat, er ist ja auch Begünstigter aus einem Vertrag zu seinen Gunsten[88]. In Österreich hat dies zusätzlich noch seinen realen, banalen ökonomischen Hintergrund: Im Regelfall stellt sich der sozialversicherte Patient für den Behandler und die Anstalt als unterversicherter Subventionsfall dar. Der durch ihn verursachte Budgetabgang ist aus allgemeinen Steuermitteln abzudecken. Das Wissen darum regiert freilich gewiß nicht den einzelnen Behandlungsfall, prägt aber das Rollenverständnis. Meldet der Patient dann noch besondere Wünsche, durchaus legitimer Art an, dann steht rasch der Vorwurf der Anspruchshaltung oder Begehrlichkeitsneurose der Patientenschaft zur Diskussion[89].

Nicht sehr viel anders verhält es sich in Österreich im Standard-Verhältnis des Patienten zum niedergelassenen Arzt. Dessen Leistung ist evident unterdotiert. Dieser Fehler im System, der freilich wiederum aus der Unterversicherung im Hinblick auf die erwartete Leistung resultiert, schafft Unbehagen, das in Summe wiederum auf das Rollenverhalten durchschlägt und die generelle Beziehung wenig begünstigt.

Das hat weitreichende Konsequenzen unausgesprochener, auf tieferen Bewußtseinsschichten ablaufender Art. Es führt dazu, daß Medizi-

---

86 Vgl. Laufs, A., Die Entwicklung des Arztrechts 1990/91, in: Neue Juristische Wochenschrift 25 (1991), S. 1516.

87 Kjønstad, A., Patientenrechte. Referat gehalten beim Forum Alpach am 19. August 1990 (im Druck).

88 Vgl. die juristisch-dogmatische Diskussion über das Vertragsverhältnis zwischen Sozialversicherung – Arzt – Patient: Völkl-Torggler, S., Die Rechtsnatur des ärztlichen Behandlungsvertrages, in: Juristische Blätter 1984, S. 72 ff.

89 Kux, K., „Patientenrechtler unterwegs", in: Österreichische Ärztezeitung 4 (1990), S. 43 f.

ner ihre Patienten „leiten“. Legitimiert wird dies von der Prämisse aus[90], Patienten würden vermeintlich in erster Linie Bedürfnisse haben und nicht Rechte, wie die Rechte auf Information und Partizipation, beanspruchen wollen. Darin wurzelt wiederum die Dominanz der Behandlungs- und Heilberufe[91]. Sich dem Standpunkt der Gleichberechtigung zu verschließen, hat aber auch noch andere Gründe. (In manchen Fällen spielt dabei natürlich im Unterbewußtsein auch die Angst vor der Auseinandersetzung mit dem Patienten mit[92]):

Der Patient könne nämlich kein gleichberechtigter Partner sein, weil es ihm – unabhängig von seiner physischen oder psychischen Schwächung – an Voraussetzungen mangle. Gut darstellbar ist diese Argumentation anhand der Diskussion rund um die Philosophie der Informationsrechte[93]:

– Patienten verstünden komplexere Informationen, die sie erhalten, nicht[94].

– Informationen, die die Patienten erhalten, könnten nachteilig und schädlich für den Patienten sein[95].

Thor Øivind *Jensen*[96] vermerkt, daß diese Attitüde sich im Behandlungsbereich residual hält: Eine derartige Haltung ist auf anderen Gebieten des Gemeinwesens weder mehr üblich noch auch vertretbar.

---

90 Siehe Annas, G. J., The Rights of the Patients. The Basic ACLU Guide to Patient Rights, 2. erw. Aufl., Carbondale-Edwardsville 1989, S. 3.

91 National Society of Patient Representatives of the American Hospital Association (Hrsg.), Patient Representation in Contemporary Health Care, Chicago 1985, S. 1 ff.

92 Vgl. Wiseman, A., Ärzte-Ängste, Innsbruck 1989.

93 Dazu auch die Studie „Patientenaufklärung in Deutschland“, Aufklärung zwischen Utopie und Wirklichkeit, zit. bei Ehlers, A. P. F., Die ärztliche Aufklärung vor medizinischen Eingriffen, Köln-Berlin 1987, S. 107 ff.

94 Siehe zu dieser Position etwa die Argumentation bei Ingelfinger, F. J., Informed (but Uneducated) Consent, in: New England Journal of Medicine 287 (1977), S. 465 f: „The changes are remote that the subject really understands what he had really consented to (. . .) it is moreover quite unlikely that any patient-subject can see himself accurately within the broad context of the situation to weigh the inconveniences and hazards that will have to undergo against the improvements that the research project may bring to the management of his disease in general and to his own case in particular“.

95 Siehe Appelbaum, P. S./Lidz, C. W./Meisel, A., Informed Consent, S. 138.

96 Jensen, T. Øivind, Hvem eier pasientenes problem?, Brukerperspektiv på forvaltningen (= Publikasjon nr. 13, Institutt for offentlig administrasjon og organisasjonskunnskap), Bergen 1985, S. 34.

Natürlich versuchen sich die paternalistischen Sichtweisen in ihren Ansätzen auch auf empirische Beobachtungen und Studien zu stützen. Eine der besseren dieser Art, wenn auch aufgrund der befragten Personenanzahl nur sehr eingeschränkt repräsentativ, untersucht 50 Patienten eine Stunde nach Einweisung in ein Krankenhaus und nach dem Aufklärungsgespräch mit dem Arzt[97]:

Die befragten Patienten haben dabei einer Teilnahme an einem Forschungsprojekt grundsätzlich zugestimmt, haben das Zustimmungsformular gelesen und unterzeichnet. Aufgrund eines 19 Fragen beinhaltenden Kataloges wurde eruiert, daß sich 52% der Patienten als adäquat unterrichtet erachteten. Allerdings verfügte nur eine Minderheit – wie die Untersuchenden schließen – über ausreichendes Wissen über das Verfahren (34%), den Zweck (22%) und die Risiken (20%) des Forschungsprojektes.

Aus der wenig erwiesenen, mehr behaupteten mangelnden Fähigkeit, Informationen zu verstehen, rechtfertigt man im Paternalismus den Vorrang der Auffassungen des Behandlungskaders[98].

Studien, wie die oben genannte, haben aber eine grundsätzliche Fehlerquelle. Weder wird die tatsächlich mündlich erfolgte Informationsbekanntgabe an den Patienten beobachtet noch in ihren Qualitätsanforderungen standardisiert oder normiert. Eine solche Studie muß daher davon ausgehen, daß die Information, die schließlich hinsichtlich ihrer Aufnahmeverwertung gemessen wird, ausreichend übermittelt wurde. Alles, was als Differenz zwischen ausreichender Übermittlung und Rückmeldung an Verstandenhaben zutagetritt, müsse folglich mit mangelndem Verständnisvermögen erklärt werden. Dabei ist gar nicht gesagt, daß ein Patient, der die Informationen nicht wiedergeben kann, sie deswegen zur Zeit der Informationsbekanntgabe nicht verstanden haben sollte. Letztlich dienen viele dieser Studien dazu, um das Argument, der Patient kann die Informationen des Arztes einfach nicht verstehen, zu stärken.

Andere Studien stellen mitunter auf den Entscheidungsprozeß beim Patienten ab. So kommt eine Studie zu dem Ergebnis, daß 94% der Patienten bereits vor der Informationsbekanntgabe durch den Arzt eine

---

97 Schultz, A. L./Pardee, G. P./Ensinck, J. W., Are Research Subjects Really Informed?, in: Western Journal for Medicine 123 (1975), S. 76 ff.

98 Culver, C. M./Gert, B., Philosophy in Medicine. Conceptual and Ethical Issues in Medicine and Psychiatry, New York-Oxford 1982, S. 130 ff.

Entscheidung fällen und nur 4% der Patienten ihre Meinung im Anschluß an die Bekanntgabe der Information änderten[99].

So wird dann gerne der Schluß gezogen, daß es an sich wenig Sinn hat, den Patienten Informationen mitzuteilen, die zum einen nicht verstanden werden und zum anderen nicht wesentlich zur Entscheidung beitragen. Daher sei die Pflicht des Arztes, den Patienten zu informieren, gar nicht zielführend[100].

Daneben stützen sich die paternalistisch orientierten Kritiken aber auch auf die Möglichkeit tatsächlicher Schäden beim Patienten durch die Informationsbekanntgabe. Die wiederkehrenden Argumente lassen sich bündig auf einen Nenner bringen: Die Ärzte wüßten ausreichend, was dem Patientenwohl nütze, Anwälte hätten zu diesem Verhältnis keinen Zugang[101].

Insbesondere zeige sich die Grenze dort ganz deutlich, wo neben der Aufklärungspflicht des Arztes auch die Pflicht besteht, den Patienten durch die Diagnose oder die Behandlungsrisiken nicht zu erschrecken oder zu verängstigen. Diese Pflicht leitet sich traditionell aus dem besonderen Vertrauensverhältnis zwischen Arzt und Patienten ab und ist unter der Bezeichnung „therapeutisches Privileg", das, wie noch ausführlich zu zeigen sein wird, ein Privileg des Patienten, und nicht des Arztes ist, bekannt. Zur Interpretation der Anwendbarkeit und Inanspruchnahme sei ausschließlich der Anwender selbst ermächtigt, es sei dies eine forum internum Entscheidung; allein der behandelnde Arzt selbst könne und müsse die Reaktionen eines Patienten abschätzen[102]. Leben freilich muß aber dann der Patient mit der einmal getroffenen Entscheidung[103].

Die paternalistische Linie kann sich folglich auch mit der vermeintlich von den Juristen „erfundenen" autonomistischen Linie nur schwer

---

99 Faden, R. R./Beauchamp, T. L., Decisionmaking and Informed Consent: A Study of the Impact of Disclosed Information, in: Social Indicators Research 7 (1980), S. 314 ff.

100 Siehe Friedson, E., The Profession of Medicine, S. 368 ff.

101 Etwa Katz, R. L., Informed Consent – Is It Bad Medicine?, in: Western Journal of Medicine 126 (1977), S. 426 f: „I would propose that we provide patients with reasonable explanations of what we feel is appropriate and not permit lawyers or administrators to set the rules".

102 Carnerie, F., Crisis and Informed Consent: Analysis of a Law-Medicine Malocclusion, in: American Journal of Law and Medicine 12 (1987), S. 60 f.

103 Siegel, B., Love, Medicine, and Miracles, New York 1986, S. 52.

abfinden. Die Kritik gegen die Informed Consent Doktrin wird daher offen gehandelt; man möchte zum Simple Consent zurück[104]. Das bedeutet die vermutete Einwilligung zur Behandlung durch den Patienten ohne vorherige umfassende Information. Bei der informierten Zustimmung handle es sich ohnedies nur um eine „rechtliche Fiktion“[105].

Dabei gilt es in diesem Darstellungszusammenhang, streng jene juristisch klar umrissenen Tatbestände von der hier erörterten Attitüde auseinanderzuhalten, in denen das Informationsrecht (das später in seinem rechtlichen Gehalt noch zu besprechen sein wird) ausnahmsweise eingeschränkt wird. In diesen Fällen, deren einige bei Lotta *Westerhäll*[106] in ihrem Wesensgehalt ausgeleuchtet werden, geht es um ganz konkrete Abwägungsfragen von Selbstgefährdungsgefahr oder Behandlungserfolgsvereitelungsgefahr. Es konkurrieren also in dieser Fallgruppe ganz offenkundig Rechte des Patienten miteinander.

Die tendenzielle, allgemeine, paternalistisch bezeichnete Zurückhaltung bei der Weitergabe von Information hat ihre Ursachen sowohl im Mangel an Zeit als auch in der Furcht vor möglichen Folgen, vor allem aber darin, daß der Patient nicht als ein mit selbständigen Rechten ausgestatteter Partner betrachtet wird. Die Annahme, daß der Patient von Grund auf passiv und unselbständig sei, und seine Interessen ohnehin vom Personal vertreten werden und sie/er dort in guten Händen sei, wird von medizinisch Tätigen, die den paternalistischen Ansatz teilen, allgemein vertreten[107]. Jemand, dem man nicht zutraut, seine eigenen Interessen wahrzunehmen und eigenverantwortliche Entscheidungen treffen zu können, müsse dann erst gar nicht notwendigerweise informiert werden, da er die Information für sinnhafte Entscheidungen eben nicht verwerten könne[108].

Demoskopische Studien verdeutlichen das ärztliche Verhalten: Eine Meinungsumfrage unter Ärzten hatte zum Ergebnis, daß nur 11% bereit sind – durchaus wohlmeinend, versteht sich – ihre Patienten über das Bestehen einer unheilbaren Krankheit aufzuklären. Auf der Seite der Patienten scheint aber der Wunsch nach Information sehr deutlich

---

104 Siehe Appelbaum, P. S./Lidz, C. W./Meisel, A., Informed Consent, S. 140 f.

105 Siehe Annas, G. J., Judging Medicine, Clifton (N. J.) 1988, S. 31.

106 Westerhäll, L., Socialrättsliga uppsatser (= Acta Societatis Juridicae Lundensis, Bd. 83), Lund 1986, S. 48 ff.

107 Siehe Annas, G. J., Judging Medicine, S. 4 ff.

108 Jensen, T. Øivind, Pasientenes problem? Brukerperspektiv, S. 34.

vorhanden zu sein. Denn umgekehrt gaben 94% aller Todkranken an, gerne früher gewußt zu haben, wie es um sie steht[109]. Aber nur durch eine umfassende Aufklärung wird das Selbstbestimmungsrecht und die Entscheidungsfreiheit des Kranken gewahrt. Also geht die „barmherzige Lüge“ in den vorausgehenden Annahmen fehl[110].

Natürlich birgt der Informed Consent durchaus auch ein mitunter schwerwiegenderes Problem in sich, als dies Rechtsordnungen in präzisen, juristisch bündig wirkenden Regeln glauben machen wollen. Für den Arzt zeigt es sich im Dilemma, wie weit er eigentlich gehen kann, wenn er dem Patienten die möglichen Risiken einer Behandlung darstellt, ab wann er durch eine gezielte Informationsverdichtung seine angepeilte Behandlungsstrategie als allein zielführende auslobt und so möglicherweise den Patienten manipuliert. Gewiß, es ist dies eine moralisch-ethische Frage, die in den Bereich der intellektuellen Redlichkeit und des ärztlichen Gewissens fällt. Aber die Gerichte dringen längst schon in den Bereich des Nachvollziehens solcher Entscheidungsabläufe ein und junktimieren in der Rekonstruktion die Individualstrategie an ein erwartbares Durchschnittsaufklärungsverhalten. Die Darstellung des Verhältnisses zwischen erwünschter Wirkung und möglicher in Kauf zu nehmender Nebenwirkung spielt sich oftmals außerhalb der Erfaßbarkeit von Beweisregeln im juristischen Sinne ab. Die mögliche, durchaus wohlwollender und subjektiver Überzeugung vom Richtigen entspringende Lenkung des Patienten läßt sich kaum aktenfest protokollieren und mithin im nachhinein auch nur schwer rekonstruieren. Gerade das schärft die Kritik der Paternalisten gegen die Prämissen der dynamischen Judikatur zum Informed Consent[111].

Im Alltag, am Krankenbett, gilt es zumeist rasch zu entscheiden. Im Entscheidungsmoment wird die Frage, wie weit die Informationsweitergabe gehen kann, kaum als rechtliche, sondern eher als ethische erkannt[112]. Aber in diesem Bereich sind Ärzte sicherlich ebensowenig Experten, wie die nachträglich eindringenden Juristen, sondern vielmehr betroffene Partei innerhalb eines Vertrauensverhältnisses. Obwohl im

---

109 Haug, M./Lavin, B., Consumerism in Medicine, S. 28.

110 Vgl. Gerle, B./Lundin, G./Sandblom, P., The Patient with Inoperable Cancer from Psychiatric and Social Standpoint, in: Cancer 13 (1960), S. 1206 ff.

111 Vgl. die neuesten deutschen Entwicklungen zum Informed Consent, Laufs, A., Die Entwicklung des Arztrechts 1990/91, in: Neue Juristische Wochenschrift 25 (1991), S. 1516 ff.

112 Appelbaum, P. S./Lidz, C. W./Meisel, A., Informed Consent, S. 151 ff.

allgemeinen eine Tendenz festzustellen ist, die technisch-medizinischen Fachkenntnisse der Ärzte auch im Bereich von moralisch-ethischen Problemfeldern auszubauen und zu erweitern, sind Ärzte jedenfalls im Bereich dieses speziellen Gebietes derzeit nicht spezifisch ausgebildet, um einen Anspruch legitimieren zu können, substitutorisch Entscheidungen für den Patienten zu treffen[113].

## 1.1.2. DAS DRÄNGEN DES PATIENTEN NACH MEHR MITBESTIMMUNG VERSUS DIE FREIHEIT DES ARZTES

Die schwedische Diskussion der siebziger Jahre gibt Einblick in die Befürchtungen der Auswirkungen aus zu scharf betriebenen Haltungsänderungen. Zwar gab es eine allseitige Überzeugung, daß die Stellung des Patienten zu stärken sei. Allein, in subjektive Ansprüche des Patienten wollte man diese Entwicklung nicht münden lassen. Also griff man zur Strategie einer Verstärkung der Schutzbefohlenheit, deren Wahrnehmung wegen man auch scharf aussehende Kontrollinstrumente kreierte. Aber den integrierten Paternalismus überwand man nicht.

Man formulierte die Ansprüche des Patienten als Pflichten des Personals: „Das Gesundheits- und Krankenpflegepersonal hat sich zu bemühen, dem Patienten eine sachkundige und sorgfältige Pflege angedeihen zu lassen. Es soll so weit wie möglich die Pflege in Kooperation mit dem Patienten anlegen und durchführen . . .", „es soll zusehen, daß der Patient Informationen erhält"[114]. Obwohl in den späten siebziger Jahren die Diskussion um die Rechte des Patienten noch weit hinter den heutigen Positionen lag, war man sich durchaus eines möglichen Konzepts der subjektiven Rechte des Patienten schon gefühlsmäßig bewußt. Man hat sich nur dagegen ausgesprochen. Der Motivenbericht hält denn auch unmißverständlich fest, daß „die Rechte des Patienten im Gesundheits- und Krankenpflegewesen derzeit in unserer (Schwedens; Anm.) Gesetzgebung nicht generell geregelt sind. Die Stellung des Patienten ergibt sich indirekt aus Bestimmungen über (. . .) die

---

113 Veatch, R. M., Generalization of Expertise, in: Hastings Center Studies 1(2) (1973), S. 29 ff.

114 Auszug aus § 5 Lag om tillsyn över hälso- och sjukvårdspersonalen m. fl. (SFS 1980:11; letzte Fassung SFS 1985:563, sog. Tillsynslagen (Aufsichtsgesetz)).

Pflichten des Personals“[115]. Mehr als diese Pflichten festschreiben wollte man auch gar nicht.

Diese ohnedies, trotz dahingehender Forderungen, nicht weiter definierten Pflichten des Personals als „Kodifikation der Patientenrechte“[116] zu betrachten, kann nur als terminologischer Fehlgriff bezeichnet werden. Denn übersehen hat man die Philosophie des eigenen Konzepts nicht: „Die schwedische Krankenpflegegesetzgebung baut indes nicht auf eine Systematik, die die Rechtsstellung des Patienten zum Ausgangspunkt wählt. Die Rechte des Patienten treten im wesentlichen als die andere Seite der Pflichten (. . .) des Personals zutage“[117]. Man erwäge daher eine neue Gesetzgebung in diesem Problembereich. Beim Problembewußtsein ist es aber geblieben. Und beim paternalistischen Konzept in einem.

Die Forderungen nach Patientenrechten gipfeln bei Einzelnen in der Forderung nach maximaler Information[118]. Patienten, in welcher Form auch immer sie Beratung und Pflege durch einen Arzt erhalten, auch wenn sie in keiner Weise über ein medizinisches Fachwissen verfügen, brauchen und bedürfen eines Mitspracherechtes, wenn es darum geht, was mit ihnen während einer Behandlung geschieht[119]. Erst dann, so ist der theoretische Ansatz, werde das traditionelle Verhältnis in ein gleichberechtigtes und kommunikatives Verhältnis umgewandelt. Dabei versteht sich die Aufklärung als Unterbreitung all derjeniger Informationen, welche sowohl die Vorteile, als auch die denkbar möglichen Risiken einer Behandlungsmethode umreißen, anhand derer der Patient schließlich auch seine Zustimmung geben kann, aber keinesfalls muß[120]. Stimmt der Patient einer Behandlung nicht zu und verletzt folglich der Arzt die körperliche Integrität des Patienten, so kann dies jedenfalls straf- und zivilrechtliche Konsequenzen haben[121].

---

115 Regeringens proposition 1978/79:220 om samhällets tillsyn över hälso- och sjukvårdspersonalen m. fl., Stockholm 1979, S. 20.

116 Ebda, S. 43; Spezialmotive zu § 5 obzit. Gesetzes.

117 Ebda.

118 Haug, M./Lavin, B., Consumerism in Medicine, S. 23 f.

119 Stone, G. C., Patient Compliance and the Role of Expert, in: Journal of Social Issues 35 (1979), S. 34 ff.

120 Dazu ausführlich: Appelbaum, P. S./Lidz, C. W./Meisel, A., Informed Consent, S. 140 ff.

121 Moskop, J. C., The Nature and Limits of the Physician's Authority, in: Staum, M. S./Larsen, D. E. (Hrsg.), Doctors, Patients, and Society: Power and Authority in Medical Care, Waterloo (Ontario) 1981, S. 29 ff.

Das aber konkurriert mit dem Anspruch des Arztes, seinem ärztlichen Gewissen, seiner Erfahrung und dem Wissenschaftsstand gemäß zu behandeln[122].

Ein Recht des Patienten auf Information stellt insgesamt aber nur einen Teilbereich der Forderung nach rechtlich normierten Patientenrechten dar; Patientenrechte neu und umfassend gesetzlich zu normieren, war bereits ein Anliegen in den siebziger Jahren, insbesondere in den USA[123] und mit nur geringer Verspätung zeigten sich ähnliche Bestrebungen in Europa[124]. Das tradierte Bild des „wissenden" Arztes schwindet allmählich, der Patient erscheint umso deutlicher im Vordergrund, nicht mehr als Rechtsobjekt, sondern als eine Person mit eigenständigen Rechten und Ansprüchen, mit Gefühlen und Bedürfnissen[125].

Daß die ethische Verpflichtung der Heil- und Pflegeberufe dem Patienten und dem eigenen Berufsstand gegenüber alleine zur Sicherung der Patientenrechte nicht ausreicht[126], bedarf nicht eines überstrapazierten Verweises nach Lainz. Diese österreichischen Erfahrungen machten durchaus auch andere Staaten. Auch in den USA entsprang die Notwendigkeit einer Patient's Bill of Rights nicht nur den eben erwähnten allgemeinen autonomistischen Entwicklungstendenzen, sondern es gab auch dort einige ungeheuerliche Anlaßfälle, die die Jurisprudenz und die Rechtspolitik in Bewegung brachten:

In Boston wurden Heimbewohnern einer Pflegeeinrichtung Krebszellen aus reiner Böswilligkeit injiziert[127], in Tuskegee wurden schwarze Amerikaner mit Syphilis vom Public Health Service nicht behandelt, um die Langzeitwirkungen dieser Krankheit zu erforschen, in einer Anstalt für geisteskranke junge Menschen wurden Patienten absichtlich mit Hepatitis infiziert, um anschließend die Wirksamkeit eines neuen Impfstoffes zu testen[128], an mexikostämmige Amerikanerinnen wurden

122 Vgl. zu den Standespflichten und zur Berufsfreiheit, Laufs, A., Die Entwicklung des Arztrechts 1982/83, S. 1345 f.

123 Vgl. die Entwicklung von der privaten Patient's Bill of Rights der American Hospital Association 1973 bis hin zu verschiedenen bundesstaatlichen Patientenrechtskodifikationen Ende der siebziger und Anfang der achtziger Jahre.

124 Leenen, H. J. J., Patient's Rights in Europe, in: Health Policy 8 (1987), S. 34 ff.

125 Wallwork, E., Attitudes in Medical Ethics, Pittsburgh 1979, S. 125 ff.

126 Zur Frage der Entbehrlichkeit des Rechts bei ethischer Gewissensbindung vgl. Eser, A., Rolle des Rechts, S. 124 ff.

127 Katz, J., Experimentation with Human Beings, New York 1972.

Placebos anstatt Antibabypillen ausgegeben, um psychogenetische Nebenwirkungen zu erforschen[129]. Norwegen hatte seinen *Reitgjerdet*-Fall, Florida eine Serie von Morden in Pflegeheimen.

### 1.1.3. ETHIK VERSUS RECHT

Die beiden letzten Jahrzehnte zeugen von einem Anstieg grundsätzlicher moralischer und ethischer Fragestellungen in der Medizin. Ethik scheint bisweilen dem Rechtskonzept überlegen, weil Recht von seiner Struktur her ein minimalistisches Grundkonzept verfolgt. Die genuin medizinische Ethik ist allerdings nicht mehr in der Lage, die im Bereich der Medizin anfallenden ethischen Problem- und Fragestellungen zu beantworten[130]. Immer häufiger hängt die Antwort auf diese Probleme und Fragen schlicht von allgemeinen moralischen und ethischen Vorstellungen in einer Gesellschaft ab. Fragen, die die Abtreibung betreffen, Fragen hinsichtlich des Einsatzes von Lebenserhaltungssystemen und die in Amerika und den Niederlanden weit mehr im Zentrum stehende Frage von Sterbehilfe[131] und einem „Right to Die"[132], setzen für eine seriöse Diskussion kaum mehr übliche Spezialkenntnisse in der Medizin voraus[133]. Zwar wird weiterhin innerhalb des Medizinerstandes eine vermeintlich autonome ethische Diskussionen über diese Bereiche geführt. Da die Diskussionen aber immer mehr auch von patientenrechtlichem Gewicht erscheinen, nehmen sowohl eine interessierte Öffentlichkeit als auch politische Institutionen nunmehr regen Anteil daran[134].

---

128 Beecher, H. K., Ethics and Clinical Research, in: New England Journal of Medicine 274 (1966), S. 1354 ff.

129 Veatch, R. M., Experimental Pregnancy: The Ethical Complexities of Experimentation with Oral Contraceptives, in: Hastings Center Report 1 (1972), S. 17 ff.

130 Vgl. National Society of Patient Representatives of the American Hospital Association (Hrsg.), Patient Representation in Contemporary Health Care, S. 15 ff.

131 Centrale Raad voor Volksgezondheid (Hrsg.), Advies inzake Euthanasie, Zoetermeer 1982.

132 Vgl. Condie, C. J., Comparison of the Living Will Statutes of the Fifty States, in: Journal of Contemporary Law 1988, S. 105 ff.

133 Veatch, R. M., Generalisation of Expertise, S. 29 ff.

134 Fox, R. C., Ethical and Existential Developments in Contemporaneous American Medicine: Their Implications for Culture and Society, The Milbank Memorial Fund Quarterly/Health and Society 52 (1974), S. 445 ff.

Begleitet wird der inner- und außerhalb der Medizin geführte Diskurs hinsichtlich rein ethischer Fragenkreise durch einen zweiten Diskurs: Das Verhältnis von Ethik und Recht und die Wechselwirkung zwischen sozialen und rechtlichen Normen. Dieser ist kein speziell im Gesundheitswesen geführter, sondern ein allgemeiner Diskurs[135]. Decken sich soziale und rechtliche Normen, so trägt das dazu bei, daß Menschen, welchen die Rechtsordnung oder spezielle Gesetze sogar überwiegend unbekannt sind[136], trotzdem rechtskonform handeln. Dann liegt die Verhaltenssteuerung im sozialen Ordnungsgefüge[137]. Zeigt sich aber in einem Bereich, daß die sozialen Normen einen Modernitätsrückstand aufweisen, so obliegt es dem Gesetzgeber, durch Rechtsregeln den Rückstand wettzumachen – sei es durch ein neues Gesetz oder durch Schaffung entsprechenden Bewußtseins[138].

Schreibt man dem Recht die Fähigkeit zu, Bewußtseinsschaffungsprozesse auszulösen[139], dann kann Recht soziale Normen langfristig durchaus beeinträchtigen.

Eine pluralistische, auf immer weniger Konsense gestützte Gesellschaft neigt deutlich mehr dazu, gesellschaftliche Verhältnisse rechtlich verbindlichen Regeln zu unterwerfen und die Lebenswelt zu kolonisieren[140]. Da aber Recht und Moral auch zweifellos große gemeinsame Aufgaben[141] zu bewältigen haben, zeigen sich in der Realität zahlreiche Gebiete im Schnittpunkt zwischen Recht und Moral[142], auf welche der

---

135 Vgl. bereits Geiger, Th., Über Moral und Recht, Berlin 1979.

136 Daher kritisch, Kaufmann, F.-X., Was heißt Verrechtlichung, S. 9 ff.

137 Hirsch, E. E., Rechtssoziologie für Juristen, Berlin 1984, S. 102.

138 Umgekehrt weist natürlich zum Teil auch die Rechtsordnung selbst diesen Modernitätsrückstand auf. Siehe dazu ausführlicher Irwin, M. J., A Sociological Evaluation of the Development of Sociology of Law, New York 1986, S. 47 ff.

139 Vgl. beispielsweise Bydlinski, F., Fundamentale Rechtsgrundsätze, S. 5; Ryffel, H., Bedingende Faktoren der Effektivität des Rechts, in: Jahrbuch für Rechtssoziologie und Rechtstheorie 3 (1972), S. 273 ff; Herdegen, M., Gewissensfreiheit und Normativität des positiven Rechts, Berlin-New York 1989, S. 1 ff; Weinberger, O., Gesetzgebung und Motivation, in: Tammelo, I./Mock, E. (Hrsg.), Rechtstheorie und Gesetzgebung, FS für Robert Weimar, Frankfurt am Main-Bern-New York 1986, S. 117.

140 Vgl. Habermas, J., Theorie des kommunikativen Handelns, Bd. 2, Frankfurt am Main 1981.

141 Bydlinski, F./Mayer-Maly, Th. (Hrsg.), Rechtsethik und Rechtspraxis, Innsbruck-Wien 1990, S. 23 ff.

142 Zur ärztlichen Berufsethik vgl. Laufs, A., Arztrecht 1988/89, S. 1522 f.

Weg der Verrechtlichung wenig oder kaum anwendbar erscheint. Weiters, so wird argumentiert, sollte vor allem dort eine ethische Normgebung angewendet werden[143], wo die Qualitätsänderung des Rechts zu immer noch stärkerer Trennung von Recht und Moral, somit Anspruch und Vertrauen, führen werde[144]. Die Patientenrechte werden gerne als eines dieser Felder ausgemacht[145]. Letztlich wird aber doch auf formelle Rechte rekurriert: Verhaltensänderungen, Einstellungsänderungen und der Ausbau von Rechten wirken auch im Gesundheitswesen zusammen und aufeinander ein. Die beste Art, Haltungsänderungen herbeizuführen, liegt möglicherweise in der „Markierung", Verdeutlichung, Sichtbarmachung von formellen Rechten[146], denn die Frage nach der Produktivität oder Kontraproduktivität des Rechts ist bei den Patientenrechten mehr eine Frage des Wie, somit eine Frage nach der Reflexivität, Responsivität, als eine Frage des Ob[147].

In verschiedenen Ländern wird trotzdem versucht, über ethische Prämissenbildungen, über die sich natürlich auch eine Rechtsordnung nie hinwegsetzen und auf deren Komplementärfunktion keinesfalls verzichtet werden kann, vorzuarbeiten und Lösungen anzustreben:

In Dänemark, Norwegen und Schweden wurden mit Gesetz nationale Ethische Komitees (Etiske Råd), die von den Ethikkommissionen auf Basis der Deklarationen von Helsinki und Tokio klar abgeschichtet sind, eingerichtet. Diese Ethikkomitees sollen verschiedenste Themen aufgreifen und sie einer öffentlichen Debatte zuführen. Somit soll geklärt werden, ob ein Konsens in den Grundhaltungen geschaffen werden kann, der möglicherweise einmal in ein Gesetz umgearbeitet werden kann[148]. Da sowohl der technische Fortschritt innerhalb der Medizin als auch ethische Ansichten hierüber einer geradezu rasanten Entwicklung unterliegen, ist eine Gesetzgebung auf diesem Gebiet möglicherweise stets weit hinter der technischen Realität und Ethik mithin dynamischer als Recht.

---

143 Vgl. dazu Veatch, R. M., The Patient as Partner. A Theory of Human-Experimentation Ethics, Indianapolis 1987, S. 1.

144 Kaufmann, F.-X., Was heißt Verrechtlichung, S. 9 ff.

145 Jensen, T. Øivind, Pasientenes problem? – Brukerperspektiv, S. 36.

146 Ebda.

147 Zum Funktionskonzept im Gesundheitsrecht grundlegend Carlsson, B./Isacsson, Å., Hälsa, kommunikativt handlande och konfliktlösning.

148 Vgl. The Danish Council of Ethics, Protection of Human Gametes, Fertilized Ova, Embryos and Fetuses (= Second Annual Report 1989), Copenhagen 1990.

Von Ethikkommissionen ergangene Empfehlungen als Ausdruck einer Kollektivethik haben aber trotzdem immer auch erstens Wirksamkeitsgrenzen und zweitens Akzeptanzdefizite.

Ärzte bestehen auf ihrer Individualethik, die gerne mit Gewissen übersetzt wird[149] und bleiben skeptisch, wenn ihr Freiraum, und sei es auch nur durch ethische Rekommendationen, beschränkt werden soll.

Also fällt man wieder auf die Erörterung der Verbindlichmachung gesellschaftlicher Konsense zurück und damit auf die Frage des Einsatzes von rechtlichen Regeln.

Adolf *Laufs*, der an sich der bisherigen deutschen arztrechtlichen Spruchpraxis zu den Rechten der Patienten zustimmt, ist aber im Sinne einer behutsamen Rechtspolitik dafür, die verantwortliche Freiheit des Arztes nicht durch übermäßiges juristisches Regelwerk zu überziehen[150]. Genau das scheint der zentrale Punkt zu sein.

Die Patientenrechtsdiskussion erweist, daß rechtlichen Bestimmungen gegenüber tiefes Mißtrauen seitens der Ärzteschaft und der Anstaltenrepräsentanten entgegengebracht wird. Medizinsoziologen legen noch gerne dazu, daß die Adressatenschaft die rechtlichen Bestimmungen ganz einfach nicht kenne und mithin nicht in Anspruch nehmen würde[151]. Gerade im Behandlungsbereich empfehle es sich daher, über eine allgemeine, öffentliche Debatte, ethische Normen ohne rechtliche Regulierung zur Entfaltung kommen zu lassen.

Die Argumentation aus ärztlicher Sicht schiebt zu wenig reflektierterweise Pragmatismen und Systemfunktionalismen in den Vordergrund:

Gerade das Recht auf Information erscheine in Form rechtlicher Regulierungsmaßnahmen ungeeignet. Aus Gründen der Subtilität und Komplexität der Informationsprobleme könnten Gesetze schon vom Reaktionskonzept her nur ungenügend angelegt sein. Sie könnten höchstens oftmals einschränkende Wirkung haben, wo Individualisierung angebracht wäre[152].

---

149 Vgl. die Deklaration von Lissabon des Weltärztebundes über die Rechte des Patienten: „Ein Arzt sollte immer, auch angesichts faktischer, ethischer oder rechtlicher Schwierigkeiten, seinem Gewissen folgen (...)“; dazu Deutsch, E., Neuere internationale Entwicklungen des Arztrechts und der Arzthaftung.

150 Laufs, A., Arztrecht, S. 22.

151 Lauridsen, P. Stuer, Etiske normer contra regulering gennem retsregler, in: Pedersen, O. Bøjstrup (Hrsg.), Patienten og samfundet – etiske normer eller retlig regulering, Dansk Sygehus Institut, København 1987, S. 77 ff.

Bei Informationen an Patienten sei aber nicht nur der Inhalt von Bedeutung, sondern auch die Art und Weise, wie die Information erfolge[153]. Aus diesem Grund könne auf diesem Gebiet ein Gesetz nicht hilfreich wirken. Nur eine ständige Überwachung der Haltung und eine exaktere Betonung der einzelnen fachlichen Haltungsaspekte während der medizinischen Ausbildung kann zu einer Besserung führen[154].

Aus noch einem Grund müßten rechtliche Bestimmungen als Regulierungsmittel für das Arzt-Patienten-Verhältnis als ungeeignet betrachtet werden: Patientenrechtsgesetze könnten auch nicht mehr als allgemeine ethische Prinzipien zum Ausdruck bringen, wie etwa die Tatsache, daß der Arzt zum besten Nutzen für den Patienten zu handeln habe, daß er dies aber nur innerhalb der ihm zur Verfügung stehenden Ressourcen zu vertreten habe[155]. Dies aber sei dann nichts anderes als gesatzte Trivialität[156].

### 1.1.4. DIE REALITÄT DES ARZT-PATIENTEN-VERHÄLTNISSES

Ärzte bemerken mit der entsprechend pejorativen Semantik die Expansion eines „Consumerism"[157] bei ihren Patienten. Das meint in der amerikanischen Verwendung der Begrifflichkeit eine Haltung, die Ansprüche an die Qualität, Promptheit, Preisadäquanz und die Gewährleistung stellt. In negativster Darstellung wird damit der „consumeristische" Patient[158] als jener charakterisiert, der sich Gesundheit erkaufen will und wie ein Käufer am Markt auftritt[159]. Aber auch in Europa ten-

---

152 Andersen, D., Etiske normer contra regulering gennem retsregler, in: Pedersen, O. Bøjstrup (Hrsg.), Patienten og samtfundet – etiske normer eller retlig regulering, Dansk Sygehus Institut, København 1987, S. 79 ff.

153 Vgl. dazu das „Event Model" vs. „Process Model" bei Appelbaum, P. S./Lidz, C. W./Meisel, A., Informed Consent, S. 151 ff.

154 Ebda.

155 Siehe Dokumententeil Council of Europe, Committee of Experts on Legal Problems in the Medical Field (CJ/SP-ME(83), Finnish Bill on the Rights of Patients and its Explanatory Memorandum: Section 2: „Patients are entitled to the care required by their state of health within the limits of the resources available to the health services at the time".

156 Lauridsen, P. Stuer, Etiske normer contra regulering, S. 77 ff.

157 Reeder, L. G., Patient-Client as Consumer: Some Observations on the Changing Professional-Client Relationsship, in: Turner, G. P./Mapa, J. (Hrsg.), Humanizing Hospital Care, Toronto 1979, S. 135 ff.

diert man zu einer ähnlichen Begrifflichkeit: „‚Patients‘ means users of health care services, whether ill or not.“[160]

Eine im Jahre 1983 veröffentlichte demoskopische Studie aus den USA erhob den Eindruck hinsichtlich der Wert- und Haltungsänderungen bei der Patientenschaft. 58% der Ärzte stimmten in dieser Befragung mit der Ansicht überein, daß Patienten heute wesentlich mehr vom Arzt verlangen als in der Vergangenheit[161]. Es glaubt, allerdings handelt es sich dabei um eine deutliche Minderheit bei den befragten Ärzten, ein Teil der Ärzte, den Konsumentenstandpunkt der Patienten hinsichtlich eines Rechtes auf Information und Entscheidungsmöglichkeit akzeptieren zu können. Nur 19% der befragten Ärzte meinen, daß Patienten durchaus ein Recht darauf haben, Einsicht in ihre Krankenberichte zu nehmen, und nur 22% stimmten zu, daß Patienten auch ein Recht haben, die endgültige Entscheidung hinsichtlich ihrer Behandlung zu fällen[162].

Interessant bei diesen Daten ist, daß Ärzte ganz erheblich weniger bereit sind, Informationen an den Patienten weiterzugeben als dies die erwachende Öffentlichkeit wünscht, andererseits wünschen die befragten Ärzte, daß der Patient mehr Verantwortung bei Entscheidungen tragen soll als das dieselbe Öffentlichkeit eigentlich will[163]. Grundsätzlich ist auch ein Drittel der befragten Ärzte bereit, die Herausforderung durch den Patienten zu akzeptieren, allerdings geben nur 8% der Befragten an, dies auch tatsächlich in ihrem Verhalten umzusetzen, was bedeutete, sich aktiv mit den Bedürfnissen und Wünschen des Patienten in einem Gespräch auseinanderzusetzen. Aber immerhin 40% erklären, sich zumindest in dieser Richtung versuchen zu wollen[164].

Einige europäische Daten lassen das Arzt-Patient-Pflegepersonal-

---

158 Vgl. Trojan, A., Demokratisierung des Gesundheitswesens durch Mitwirkung Betroffener, in: Lundt, S. (Hrsg.), Rebellion gegen das Valiumzeitalter, Berlin 1981, S. 219 ff.

159 Letztlich ist dies der Ausfluß erhöhter Kosten-Transparenz beim Patienten mangels eines allgemeinen Sozialversicherungsnetzes in den USA.

160 Siehe Dokumententeil Meeting of the Drafting Committee for a Declaration on the Rights of Patients European section of the WHO, Draft Declaration on the Rights of Patients, Amsterdam, 4-6 July 1989.

161 Haug, M./Lavin, B., Consumerism in Medicine, S. 74 ff.

162 Ebda, S. 75.

163 Ebda.

164 Ebda, S. 77 f.

Verhältnis in einem keineswegs weniger paternalistischen Licht erscheinen.

Skandinavische Erfahrungen[165] mit der Weckung des Patientenselbstbewußtseins und der Förderung von Wissen durch Aufklärung der Patienten über ihre Rechte lassen den Widerstand der Ärzteschaft erkennen: Die Verteilung einer Patientenaufklärungs-Broschüre wurde in einer norwegischen Provinz von der Ärzteschaft überhaupt vereitelt. Die Argumente dokumentieren klassischen Paternalismus, der sich mit dem Wohl des Patienten camoufliert, sich aber bisweilen in großer Offenheit auch enttarnt: Die Patienten würden durch die Broschüre verängstigt, außerdem würde zusätzliche Arbeit entstehen. Aus demselben Erfahrungsmaterial lassen sich aber weitere Aufschlüsse über das Bewußtsein des Anstaltenpersonals hinsichtlich der Förderung von Patientenrechten gewinnen.

Krankenschwestern, Hilfsschwestern und Pfleger standen der Weckung des Patientenwissens und -bewußtseins positiv gegenüber. Reserviert hingegen deklarierten sich die Ärzte gegen die Aufklärung über das Recht auf Einsicht in das Krankenjournal. Sie begründeten, daß das Journal ein Arbeitswerkzeug des Arztes ist, welches folglich auch von ihm zu verwalten ist. Ein regionaler Ärzteverein war der Ansicht, daß Journaleinsicht sich auf das Arzt-Patienten-Verhältnis ungünstig auswirken könnte, und daher dieser Punkt wegen seiner aufwiegelnden Wirkung aus der Informationsbroschüre entfernt werden müsse. Außerdem meinten die Ärzte, daß dem Personal, vor allem den Ärzten, durch das Recht auf die volle Einsichtnahme in den Krankenbericht Mehrarbeit erwachsen würde.

Wie man im Paternalismus die Förderung der Patientenrechte einschätzt, geht schlüssigerweise aus einem Berichtszitat hervor: „Wir sind daher der Ansicht, daß der Patient möglicherweise nur verlieren kann, wenn seine Rechte zu sehr betont werden“[166].

Von besonderem Gewicht ist diese norwegische Experimentstudie nicht nur für den Aufschluß über die Realität an Anstalten, sondern auch, was die geäußerten Befürchtungen der einzelnen Berufsgrup-

---

165 Froestad, J., Skriftlig informasjon til pasientene om deres rettigheter under deres sykehusopphold. Evaluering av et forsøksprosjekt. Brukerperspektiv på forvaltningen (= Publikation nr. 17, Institut for offentlig administrasjon og ornisasjonskunnskap), Bergen 1986, S. 28 ff.

166 Ebda, S. 29.

pen bei der Durchführung der Patienteninformationskampagne[167] anbelangt. Denn die erwartete Mehrarbeit entstand lediglich durch die Austeilung der Broschüre und des Fragebogens, nicht aber aufgrund von zusätzlichen Fragen, Klagen oder Wunsch nach Journaleinsicht. Ein Teil der Zeit verging damit, die Patienten über die Broschüre zu informieren und sie zu motivieren, diese zu lesen. Vereinzelt nahm Personal sich sogar die Zeit, die Broschüre mit den Patienten durchzugehen[168]. Vor allem Krankenschwestern kümmerten sich um die Verteilung der Broschüre. Der Umgang mit den Patienten änderte sich aufgrund der Broschüre jedenfalls unmittelbar nicht, aber die Übermittlung der Broschüre wurde als günstige Gelegenheit erkannt, um mit den Patienten in Kontakt zu kommen. Nur eine sehr geringe Anzahl des Personals meinte, aufgrund der in der Broschüre enthaltenen Information mit den eigenen fachlichen Ansichten über die Bedürfnisse der Patienten in Konflikt gekommen zu sein. Die meisten dieser Einreden kamen wiederum von den Ärzten.

### 1.1.5. DER PATERNALISMUS IN DEN ORGANISATIONSSTRUKTUREN

Das Ideal der Heil- und Pflegeberufe ist es, leidenden und hilfsbedürftigen Menschen zu helfen. Das Anliegen, die Pflege von Patienten oder den Schutz des Patienten, also Patientenrechte, zu verbessern, müßte folglich ein genuines Begleitideal sein.

Thor Øivind *Jensen* ortet, daß sich zwischen Ideal und Alltag ein ernüchterndes System schiebt. Das Recht, über den eigenen Körper entscheiden zu können, wird unter organisatorischem Prätext dem Patienten entzogen und von einem unpersönlichen und schlecht organisierten System übernommen[169].

Die heutigen Probleme[170] liegen für *Jensen* zum Teil in der ungenügenden oder schlechten Organisation des Gesundheitswesens, insbesonders in der der Krankenhäuser[171]. Hierbei stellt die traditionelle Kultur des Gesundheitswesens den Kern der Probleme dar: „Diese

167 Ebda, S. 32 ff.

168 Ebda, S. 33.

169 Jensen, T. Øivind, Pasientenes problem? – Brukerperspektiv, S. 33 ff.

170 Vgl. dazu auch Berger, E., et al., Systemanalyse des Gesundheitswesens in Österreich, Wien 1978.

besteht nämlich aus einer Reihe von grundlegenden und unausgesprochenen Denkweisen, welche darauf bauen, daß ihre Klienten keinerlei Eigeninteressen haben (. . .) In der Rolle des Patienten verliert der Einzelne seine elementaren Bürgerrechte"[172].

Für die Organisation und Administration sollte aber die Teilnahme des Patienten an der Behandlung eine Optimierungsstrategie, ein Entgegenkommen von seiten des Patienten sein. Die Teilnahme des Patienten ist in der Vorstellung des Systems eher eine therapeutische Strategie, denn ein Menschenrecht[173].

*Jensens* Beobachtungen und Schlüssen gilt aber noch weitere Aufmerksamkeit: Die unterschiedlichen Auffassungen und Meinungsverschiedenheiten innerhalb des Gesundheitswesens werden völlig anders behandelt als divergierende Interessen in anderen Lebensbereichen[174]. *Jensen* mißt dies am Beispiel des Berufslebens. In allen wichtigen Lebensbereichen können Beschwerden und Kritik angebracht werden, ohne daß dies notwendigerweise persönlich aufgefaßt oder als Vorwurf fachlicher Inkompetenz gewertet werden muß. Auf allen wichtigen Gebieten gibt es Interessenorganisationen, Komitees, Ausschüsse, Schiedsgerichte, Aufsichtsorgane und nicht zuletzt Gesetze. Dahingegen ist im Gesundheitswesen der Patient faktisch unterrepräsentiert[175].

Naturgemäß sind die Interessen der Verbraucher von jenen der Produzenten verschieden. Heute werden die Verbraucherinteressen als selbständige, legitime und von jenen des Produzenten verschiedene Interessen akzeptiert[176]. In der öffentlichen Verwaltung aber ist dies nicht der Fall. Die Rechte der Klienten werden nur im Rahmen der allgemeinen Wahlen ernstgenommen. Im übrigen verursachen bereits Diskussion und die Aufklärung über bestehende Patientenrechte

---

171 Dazu unter dem überzogen gewählten Titel, Schöne, K., Menschenfalle Krankenhaus, Wien 1989.

172 Jensen, T. Øivind, Pasientenes problem? – Brukerperspektiv, S. 33.

173 Ebda.

174 Vgl. dazu auch Annas, G. J., Judging Medicine, S. 4 ff.

175 Vgl. daher die auch auf andere Gebiete übergreifenden Ansätze zur Konzeptuierung von Beschwerdeprogrammen bei Ziegenfuss, J. T., Patient/Client/Employee Complaint Programs.

176 Vgl. Haug, M./Lavin, B., Practitioner or Patient – Who's in Charge?, in: Journal of Health and Social Behavior 22 (1981), S. 212 ff.

insgesamt Unbehagen und nicht erst die konkrete Inanspruchnahme[177]. Daß dann aber die Patientenrechte, wenn sie gar die Patientenschaft in den Rang eines Mitbestimmungspartners heben, bei den Organisationsträgern auf Widerstand stoßen, erscheint naheliegend[178].

## *1.2. Autonomieorientierter Ansatz*

Der autonomieorientierte Ansatz geht davon aus, daß jeder Mensch auf ethischer Ebene über ein Recht auf seine menschliche Autonomie und auf rechtlicher Ebene über ein Recht auf Selbstbestimmung verfügt. Dieser Ansatz betont die Eigenverantwortlichkeit. Begrenzt erscheint das Recht auf Selbstbestimmung nur in dem Maße, als der Mensch Teil einer Gemeinschaft ist und daher auch auf die Selbstbestimmung anderer Menschen und bestimmte öffentliche Interessen Rücksicht zu nehmen ist.

Im Gesundheitswesen und in der Gesundheitsvorsorge ist neuerdings das Recht auf Selbstbestimmung unter dem Prätext der Menschenrechte der zentrale Anknüpfungspunkt.

### 1.2.1. SELBSTBESTIMMUNG ALS MENSCHENRECHT

Die auf den Gesundheitsbereich anwendbaren Menschenrechte[179] werden gängig in zwei Kategorien der Menschenrechte unterteilt[180], die politischen und bürgerlichen Rechten (individuelle Menschenrechte) einerseits und die wirtschaftlichen, sozialen und kulturellen

---

177 Jensen, T. Øivind, Pasientenes problem? – Brukerperspektiv, S. 35.

178 Siehe dazu Anbäcken, O., Patientmedverkan och organisationsstruktur (= Linköping Studies in Management and Economics, Bd. 11), Linköping 1985, S. 3 ff.

179 Vgl. insbesondere die Allgemeine Erklärung der Menschenrechte, Res. der GV der VN 217(III) 10. 12. 1948; Internationaler Pakt über bürgerliche und politische Rechte, New York 19. 12. 1966; Internationaler Pakt über die wirtschaftlichen, sozialen und kulturellen Rechte, New York 19. 12. 1966; Europäische Menschenrechtskonvention, Straßburg 5. 11. 1950; Europäische Sozialcharta, Turin 18. 10. 1961.

180 So auch Roscam Abbing, H. D. C., International Organizations in Europe and the Right to Health Care, Amsterdam 1979, S. 9 ff.

Rechte (soziale Menschenrechte) andererseits. Individuelle Menschenrechte zielen auf den Schutz der individuellen Freiheit und Privatsphäre, somit auf die Selbstbestimmung des Einzelnen. Soziale Grundrechte sollen den Einzelnen berechtigen, am gesamtgesellschaftlichen Fortschritt Anteil zu nehmen[181]. *Leenen*[182] sieht die sozialen Menschenrechte im Patientenrechtsbereich als die Rechte zur Partizipation.

Insgesamt scheint im Gesundheitswesen innerhalb allgemeiner gesellschaftlich verfügbarer Ressourcen das Recht auf Selbstbestimmung im Sinne eines Menschenrechts der zentrale Anknüpfungspunkt zu sein[183]: Unter Selbstbestimmung ist dabei die Freiheit des Einzelnen zu verstehen, ihn selbst betreffende Entscheidungen allein und ohne Einflußnahme Dritter zu treffen[184].

Das Selbstbestimmungsrecht des Patienten steht ihm unabhängig von seinem Gesundheitszustand bzw. Krankheitsbild zu. Es resultiert aus der Würde des Menschen und steht diesem von vorneherein zu. Udo *Fiebig*[185] hält das Selbstbestimmungsrecht weder für ein medizinisches noch ein juristisches, sondern ein philosophisches Problem. Weder die Medizin noch die Rechtsprechung vermögen am Selbstbestimmungsrecht etwas zu ändern. Das Argument, daß der Patient aufgrund seines Zustandes der Ausübbarkeit dieses Rechtes ganz oder teilweise entbehren muß[186], läßt sich nicht mit Zweckmäßigkeitserwägungen rechtfertigen. Der Patient ist Individuum und geht nicht im Verhältnis Arzt-Patient, Pflegepersonal-Pflegling, Krankenkasse-Versicherter auf.

In Hinblick auf die Patientenrechte findet sich bisweilen auch ein naturrechtlicher Standpunkt, daß Patientenrechte – wie im übrigen alle anderen Menschenrechte auch – nicht vom menschlichen Verhalten, noch vom Gesetz, noch von wirtschaftlichen Determinanten und erst recht nicht von der Politik abhängen. Die Patientenrechte als Men-

---

181 Leenen, H. J. J./Pinet, G./Prims, A. V., Trends in Health Legislation, S. 9 ff.

182 Leenen, H. J. J., Sociale grondrechten en gezondheidszorg, Hilversum 1966.

183 Natürlich unter Berücksichtigung der immanenten Grenzen der Selbstbestimmung, dazu Leenen, H. J. J./Pinet, G./Prims, A. V., Trends in Health Legislation, S. 9 f.; Roscam Abbing, H. D. C., International Organizations in Europe, S. 9 ff.

184 Malek, K./Endriß, R., Patientenrechte. Ein Ratgeber für den Umgang mit Arzt und Krankenhaus, Freiburg i. B. 1984, S. 125 ff.

185 Fiebig, U., Freiheit für Patient und Arzt. Das Selbstbestimmungsrecht des Patienten als Postulat der Menschenwürde, Stuttgart 1985, S. 17.

186 Parsons, T., Definitions of Health and Illness in the Light of American Values and Social Structure, in: Jaco, E. G. (Hrsg.), Patients, Physicians and Illness, New York 1958, S. 107 ff.

schenrechte und somit als Abstraktionen bestimmter Ideale sind dem Menschen inhärent und leiten sich so wie die durch Verfassungen oder Konventionen nur positivierten Menschenrechte von höherem Recht als dem menschlichen Recht ab und statuieren somit auch den Rahmen in der Festlegung dieser Rechte durch den Gesetzgeber[187].

Die weniger naturrechtlich ausgerichtete Betrachtungsweise geht davon aus, daß das Konzept der Menschenrechte nicht durch präpositives Recht festgelegt wird, sondern durch die kulturspezifische Praxis. Unabhängig davon, was als Basis der Menschenrechte betrachtet wird, beeinflussen das Gesetz, die Wirtschaft und die Politik auf jeden Fall die Menschenrechte, daneben aber auch die Handlungen eines Menschen oder einer Gruppe von Menschen – somit das menschliche Verhalten an sich – gegenüber anderen Menschen, welches entweder zur Sicherung oder Verletzung der Menschenrechte beiträgt[188].

Dennoch ist das Selbstbestimmungsrecht als Individualrecht nicht schrankenlos. Nach dem deutschen Art 2 GG wird es etwa insoferne beschränkt, als es nicht die Rechte anderer verletzen darf. Zum anderen besteht der Auftrag durch die Grundrechtsordnung, den Patienten auch vor sich selbst zu schützen[189].

Aus dem Selbstbestimmungsrecht resultiert, daß der Patient nicht Objekt medizinischen bzw. ärztlichen Handelns ist, sondern daß das Arzt-Patienten-Verhältnis auf Gleichrangigkeit beruht. Es besteht ein Subjekt-Subjekt-Verhältnis, in dem dem Arzt besondere Verantwortung zukommt[190]. Der Patient muß aktiv in den Behandlungsprozeß miteinbezogen werden. Dies kommt positiviert etwa in § 25 des norwegischen Ärztegesetzes[191] oder in § 2a des schwedischen Gesundheits- und Krankenpflegegesetzes[192] zum Ausdruck. Diese Normen besagen sinngemäß gleichlautend, daß das Behandlungspersonal die Behandlung und Pflege, so weit dies nur möglich ist, im Zusammenwirken mit dem Patienten zu planen und durchzuführen habe.

Insbesondere wird der Anspruch auf die Einwilligung als Ausdruck

187 Wood, W. S., Behavior Modification and Civil Rights, in: Krapfl, J. E./Vargas, E. A. (Hrsg.), Behaviorism and Ethics, Kalamazoo (Mich.) 1977, S. 385 ff.

188 Vgl. Skinner, B. F., About Behaviorism, New York 1974.

189 Fiebig, U., Freiheit für Patient und Arzt, S. 19.

190 Ebda, S. 24.

191 Legeloven 1980.

192 Hälso- och sjukvårdslagen SFS 1982:763; in der geltenden Fassung SFS 1985:1091.

des Selbstbestimmungsrechts gewertet[193]: Ein ärztlicher Eingriff stellt folglich nur dann keine tatbestandsmäßige Körperverletzung dar, wenn die Einwilligung des Patienten vorliegt. Dieses Recht auf Selbstbestimmung kann er aber nur aufgrund gründlicher Aufklärung und umfassender Information wahrnehmen[194]. Rudolf *Groß*[195] sieht als umfassend bereitzustellende Informationen für das rechtswirksame Zustandekommen einer Einwilligung unabdingbar folgende drei Aufklärungsblöcke:

1. Unterrichtung über die Krankheit und ihre Prognose.
2. Unterrichtung über therapeutische Möglichkeiten und Alternativen.
3. Unterrichtung über behandlungstypische Risken und Folgen.

Das Spektrum der Konfrontation des Patienten mit der Wahrheit ist breit gefächert. Die Information kann teilweise, verklausuliert, schonend, stufenweise, durch bedeutsames Schweigen auf Fragen, unmittelbar, offen oder brutal vermittelt werden[196]. Je verklausulierter die Aufklärung angeboten wird, desto mehr entfernt sich der Arzt von den oberstgerichtlichen Anforderungsparametern. Die direkte, brutale Aufklärung kann hingegen dem Patienten Schaden zufügen. Darin liegt der gegenteilige Interventionspunkt. *Groß*[197] führt als Horrorbeispiel hiefür ein Merkblatt für Kranke eines amerikanischen Zentrums für Knochenmarktransplantation an, das mit dem Satz beginnt: „Sie haben eine akute Leukämie, an der Sie mit einiger Sicherheit innerhalb von 2 Jahren sterben werden."

## 1.2.2. VERLETZLICHKEIT DES PATIENTEN

Ist ein Mensch krank und somit physisch oder mental in seinem Gesundheitszustand beeinträchtigt, zeigt er sich aufgrund seiner speziel-

---

193 Parliamentary Assembly of the Council of Europe, Report on the Rights of the Sick and Dying, Doc. 3699, 26. January 1976, S. 11.

194 Dazu ausführlich Kern, B.-R./Laufs, A., Die ärztliche Aufklärungspflicht. Unter besonderer Berücksichtigung der richterlichen Spruchpraxis, Berlin-Heidelberg-New York 1983.

195 Groß, R., Medizinische Probleme der Selbstbestimmung des Patienten, in: Doerr, W./Jacob, W./Laufs, A. (Hrsg.), Recht und Ethik in der Medizin, Berlin-Heidelberg-New York 1982, S. 43.

196 Ebda, S. 46.

197 Ebda, S. 48.

len Bedürfnisse abhängig. Die Abhängigkeit von Anstalten erzeugt eine eigene Form der Verletzlichkeit: „Institutionalisation, of its very nature, creates vulnerability“[198].

Diese Abhängigkeit des Patienten von der Gesundheitsfürsorge und den Sozialeinrichtungen[199] steigt, je weniger Beistand durch Familie, Freunde oder andere institutionelle Hilfe geboten wird. Der Patient ist dann auch umso mehr gefährdet, Opfer von Vernachlässigung und Mißhandlung zu werden[200]. Zusätzlich muß bedacht werden, daß der isolierte Patient gerade im Bereich der Kommunikation größte Schwierigkeiten hat[201]. Häufig können elementare Wünsche und Bedürfnisse nicht vermittelt werden.

Patienten werden in der für sie fast immer problematischen Situation wenig ermutigt, ihren Bedürfnissen und Wünschen Ausdruck zu verleihen. Der Patient verliert neben Verlusten der Selbstbestimmung auch sein Selbstwertgefühl[202].

Weiters hat sich der Patient in jeder Gesundheitsfürsorgeinstitution statuierten Regeln, die unter organisatorischem Prätext Beschränkungen der Freiheit des Patienten mit sich bringen, etwa Besuchsrechtslimitierungen, zu unterwerfen. Er verliert dadurch zusätzliche Macht, über sein Leben zu bestimmen und versinkt bisweilen in Isolation, Frustration, Depression und Minderwertigkeit. Mitunter führt dies zu Aggressionsäußerungen, die bei mangelnder Einsicht in die Belastbarkeitsbedingungen als Querulanz ausgelegt werden. Meist jedoch, so resümiert eine schwedische politologische Forschungsarbeit über die Machtverteilung in der Alltagsgesellschaft, verliert sich der institutionalisierte Patient in „stiller Ohnmacht“ (tysta vanmakt)[203].

Teil der patientenrechtlichen Philosophie ist es daher, dem Patienten die kompensatorische Funktion des Rechts zu erschließen. Die profundeste und jüngste Analyse zu diesem Themenkreis ist eine kanadische,

---

198 Ontario Ministry of the Attorney General (Hrsg.), You've Got a Friend. Report of the Review of Advocacy for Vulnerable Adults, Ontario 1987, S. 55.

199 Vgl. Schmeling-Kludas, C., Die Arzt-Patient-Beziehung im Stationsalltag, Weinheim-Basel-Cambridge-New York 1988, S. 9 ff.

200 Vladeck, B. C., Unloving Care, New York 1980.

201 National Society of Patient Representatives of the American Hospital Association (Hrsg.), Patient Representation, S. 8.

202 Henry, J., Culture against Man, New York 1963.

203 Petterson, O./Westholm, A./Blomberg, G., Medborgarnas makt, Stockholm 1989.

mit dem nur scheinbar populistischen Titel „You've Got a Friend“ aus 1987[204]. Die Rechtsordnung soll deshalb Kompensationskraft entfalten, weil Patienten in Institutionen Rechte zu verlieren pflegen, die jedem gesunden Menschen ungeschmälert und selbstverständlich zur Verfügung stehen[205]. Oftmals sind sich Patienten dessen gar nicht bewußt, daß sie auch als Patienten über bestimmte Rechte – auch in einer Institution – verfügen, andere Patienten wiederum können sich dieser Rechte auch durchaus bewußt sein, sind aber – aufgrund des speziellen Gesundheitszustandes – nicht in der Lage, diese Rechte auszuüben. Letztlich schwingt für den Patienten auch immer ein bestimmtes Maß an Furcht und Angst mit, als lästiger Patient bestimmten Restriktionen ausgesetzt zu werden. Als einzige Möglichkeit bietet sich oftmals nur ein Anpassungsprozeß an[206].

Natürlich ist man sich auch im autonomieorientierten Ansatz bewußt, daß der autonome und selbstbewußte Patient mitunter nur ein Idealbild des Patienten darstellt. Trotzdem bekennt sich dieser Ansatz zu fundamentalen Rechten des Menschen, gerade wenn der Mensch Patient ist. Erst recht dann, wenn der Patient durch seinen Gesundheitszustand in einem so hohen Maße beeinträchtigt wird, daß er kaum mehr in der Lage sein mag, selbst über sein Leben zu bestimmen, bedarf es der bestmöglichen Rahmenbedingungen, um zumindest ein Minimum an Selbstbestimmung zu erhalten und zu fördern. Der Patient erscheint mit steigender Beeinträchtigung seiner Gesundheit als schwächster Teil des Gesundheitswesens. Dann aber bedarf, dies ist wohl eine Grundanforderung einer Rechtsordnung an ihre Funktion, der Patient aufgrund seiner Verletzlichkeit des besonderen Schutzes durch das Recht.

Im autonomistischen Ansatz will man außerhalb der Notkompetenz den Arzt als Partei im Behandlungsverhältnis gerade nicht den Willen der anderen Partei erahnen, erschließen oder interpretieren lassen. Eine solche Konfusion von Rechten widerspräche geradezu allgemeinen Rechtsgrundsätzen. Ausnahmsweise verfällt der autonomistische Ansatz seinerseits in einen Paternalismus, wenn argumentiert wird, daß man den Arzt gerade davor bewahren möchte, in einer für ihn schwer

---

204 Ontario Ministry of the Attorney General (Hrsg.), You've Got a Friend.
205 Leenen, H. J. J./Pinet, G./Prims, A. V., Trends in Health Legislation, S. 10.
206 National Society of Patient Representatives of the American Hospital Association (Hrsg.), Patient Representation, S. 9.

durchschaubaren Gemengelage von Rechten und Kompetenzen dem Vorwurf ausgesetzt zu sein, er habe als falsus procurator agiert. Folglich sei es nur ratsam, die Interessenrepräsentation säuberlich zu trennen[207].

Der Patient wird aber auch durch einen Mangel an Ressourcen von ungleicher Art gekennzeichnet, die im paternalistischen Ansatz zur Annahme führen, daß das Behandlungspersonal die Defizite substituiert, die aber im autonomistischen Ansatz gerade zum gegenteiligen Konsequenzkonzept führen. Die Defizite wirken nämlich im Innenverhältnis des Behandlungsverhältnisses. Folglich ist dem Patienten so viel an Kompensation über Recht und Institutionen anzubieten, bis das partnerschaftliche Verhältnis zwischen ihm und dem Behandlungssystem – also die Balance – wiederhergestellt ist.

Die die Balance störenden Faktoren sind bei *Anbäcken* folgende[208]:

1. Der Patient vermißt Kenntnisse und Information als Grundlage für seine eigenen Entscheidungen hinsichtlich seiner Situation.
2. Dem Patienten mangelt es an Autorität und Energie aufgrund seiner Krankheit; er ist hinsichtlich seiner Integrität von anderen abhängig.
3. Der Patient muß sich an das Arbeitstempo anderer anpassen.
4. Der Patient benötigt Sicherheit und Verständnis, die zu bieten aber aus einer Reihe von Gründen nicht geleistet werden können oder wollen.

Im autonomistischen Ansatz sieht man als Rechte zur Kompensation der Defizite explizite Patientenrechtskodifikationen mit subjektiven Ansprüchen an und als Institution zur Kompensation der genannten Defizite im Falle des Fehlens näherstehender Vertrauter die Patientenanwaltschaft[209].

### 1.2.3. AUTONOMIEORIENTIERTE KRITIK AM INFORMED CONSENT

Während paternalistische Denkmodelle sich eine informierte Einwilligung zur Behandlung durch den Patienten kaum vorstellen können und

207 Leenen, H. J. J./Pinet, G./Prims, A. V., Trends in Health Legislation, S. 10.

208 Anbäcken, O., Patientmedverkan och organisationsstruktur, S. 5.

209 Regan, J. J., When Nursing Home Patients Complain: The Ombudsmann or the Patient Advocate, in: Georgetown Law Journal 65 (1977), S. 691 ff.

aus diesen daher Kritik kommt, unterliegt das Prinzip der informierten Zustimmung auch der Kritik aus dem autonomistischen Denkmodell[210]. Letztere Kritik scheint sogar die schärfere zu sein, da autonomieorientierte Kritiker streng an der ethischen Theorie der individuellen Autonomie bei medizinischen Entscheidungen festhalten und auf die Diskrepanz zwischen Theorie, Idee, Anliegen und der Praxis hinweisen.

Die bekannteste Kritik bei Jay *Katz*[211] sieht durch die derzeitige Gesetzeslage keinen ausreichenden Schutz der individuellen Autonomie im weitest möglichen Sinne gegeben. *Katz* vertritt die Ansicht, daß die kontinuierliche Achtung vor dem medizinischen Paternalismus, was sich im Verständnis für das Maß an stillschweigend gebilligter ärztlicher Verschwiegenheit ausdrückt[212], das Anliegen der Informed Consent Doktrin unterläuft. Sieht er einerseits die gerichtliche Achtung vor dem ärztlichen Berufsstand manifest in der Zubilligung der Verwendung eines professionellen Standards bei der Informationsbekanntgabe, so verschärft sich für ihn die Autonomiemißachtung noch durch ein zweites Moment. Bedenklich seien nämlich die fomulierten Standards bestimmter Gerichte deshalb, weil sie den Standard der Informationsbekanntgabe auf objektive Richtlinien, was ein vernünftiger Patient, der „reasonable man“, als wichtige und wesentliche Information empfinden würde, abstellen.

Wesentlich für die Informed Consent Doktrin sei aber das Abstellen auf die subjektive Seite, was für den konkreten Patienten tatsächlich als wichtig und wesentlich anzusehen ist und wieviel der konkrete Patient verstanden hat[213]. Hier sei dazu nur so viel noch angemerkt, daß in Europa die Judikatur die Informed Consent Doktrin längst schon kräftig vorantreibt[214].

Der Argumentationsansatz von *Katz*, daß nämlich die derzeitige Ausformung der Informed Consent Doktrin die Ärzte nicht dazu zwinge, die Informationen mit dem Patienten zu teilen, läßt sich auch durch zahlreiche empirische Studien unterlegen. Auf diese hier einzu-

---

210 Appelbaum, P. S./Lidz, C. W./Meisel, A., Informed Consent, S. 131 ff.

211 Katz, J., The Silent World.

212 Vgl. Salgo v. Leland Stanford Jr. University Board of Trustees, 154 Cal. App.2d 560, 317 P.2d 170 (1957).

213 Appelbaum, P. S./Lidz, C. W./Meisel, A., Informed Consent, S. 131.

214 Vgl. insbesondere zur neuesten Entwicklung in Deutschland, Laufs, A., Arztrecht 1990/91, S. 1523 ff.

gehen scheint deshalb zu verlohnen, weil trotz dynamischem, über den deutschen Bundesgerichtshof leitbildhaft eindringenden Judikaturstandards, die Praxis – riskanterweise, aber wie die Rechtstatsachenforschung zur Klagshäufigkeit erweist, ziemlich ungeahndeterweise – hinter der Theorie zurückbleibt:

– Ärzte in Spitälern bieten ihren Patienten selten umfassende und verständliche Informationen über Diagnose und Behandlungsentscheidungen[215].

– Extramural behandelte Patienten erhalten an sich mehr Information, teilweise aber erst, nachdem die Behandlungsentscheidung gefallen ist. Die Zielrichtung geht deutlich auf gewünschte Übereinstimmung als echte Partizipation des Patienten[216].

– Umfragen zeigen deutlich und kontinuierlich, daß Patienten mehr Informationen wünschen als Ärzte üblicherweise geben[217].

Der Grund, warum Gerichte neben der eher rhetorischen Unterstützung der Patientenselbstbestimmung immer noch großteils dem medizinischen Standard folgen, läge darin, daß die Gerichte wohl im Grunde derselben Meinung sind, wie die Ärzteschaft, nämlich, daß der Patient nicht in der Lage ist, die medizinischen Informationen zu verstehen[218].

Besonders Augenmerk legt *Katz* in seiner Kritik auf die Rolle der Ärzte. In dieser langen Tradition der ärztlichen Rolle scheint kein Abbruch der langerworbenen Einstellungen durch die Informed Consent Doktrin festzustellen zu sein. Es scheine, daß, um eine Identifikation der Ärzte mit den ethischen Wurzeln der Doktrin zu erreichen, nur eine vorsichtige Umerziehung zielführend sei[219].

---

215 Lidz, C. W./Meisel, A./Zerubavel, E., et al., Informed Consent: A Study of Decisionmaking in Psychiatry, New York 1984.

216 Lidz, C. W./Meisel, A., Informed Consent and the Structure of Medical Care, in: President's Commission for the Study of Ethical Problems in Medicine and Biomedical and Behavioral Research, Making Health Care Decisions: The Ethical and Legal Implications of Informed Consent in the Patient-Practioner Relationship, Vol. 2, Appendices, Washington D. C. 1982, S. 211 ff.

217 Strull, W. M./Lo, B./Charles, G., Do Patients Want to Participate in Medical Decisionmaking?, in: Journal of American Medical Association 252 (1984), S. 2990 ff.

218 „Judges toyed briefly with the idea of patients' self-determination and largely cast it aside"; Katz, J., Informed Consent – A Fairy Tale? Law's Vision, in: University of Pittsburgh Law Review 39 (1977), S. 137 ff.

219 Vgl. Katz, J., The Silent World.

Die zweite Kritikschiene ist die interaktionistische. Sie geht über die autonomieorientierte Kritik hinaus noch einen Schritt weiter und erscheint provokant, da sie sowohl das Autonomie- als auch das Gesundungsziel zu vereinen sucht: Robert *Burt*[220] versucht den Blickpunkt weitaus deutlicher auf die Abläufe anstatt auf die Ergebnisse zu richten. Im Zentrum des Arzt-Patienten-Verhältnisses steht für ihn der Wert der Humanität. Irgendeine Form der Dominanz in diesem Verhältnis erachtet er als inkompatibel mit seinem Ansatz. Seine Überlegungen lassen sich wie folgt zusammenfassen:

– Eine absolut autonome Entscheidungsfindung ist unmöglich. Wie insgesamt in jedem sozialen Rahmen kann ein gegenseitiges Verhältnis, so wie es das Arzt-Patienten-Verhältnis auch darstellt, nicht zur Entscheidungsfällung verhelfen, sondern diese nur beeinflussen. Sowohl der Arzt als auch der Patient ändern sich nur dann, soferne sie die gegenseitigen Werte teilen. Dieser Vorgang ist in weitaus höherem Ausmaß emotional denn rational besetzt.

– Der Widerstand, der der notwendigen Gegenseitigkeit bei der Entscheidungsfällung entgegengebracht wird, rührt von einer bestimmten Angst her: Angst vor der Abhängigkeit, Angst vor der Machtlosigkeit, Angst vor der Unsicherheit, Angst vor dem Tod. Diese Angst wird durch einseitige Kontrolle zu überwinden versucht.

– Die Angst muß aber, anstatt durch die angestrebte Kontrolle, durch Interaktion und Zusammenarbeit mit Blickpunkt auf Unabhängigkeit und Humanität gelöst werden. Die Informed Consent Doktrin ist dabei problematisch. *Burt* schlägt vor, daß die beiden Parteien im Zweifel gelassen werden sollten, was von rechtlicher Seite von ihnen verlangt wird. Wird eine Klage wegen Verletzungen von Sorgfaltspflichten erhoben, sollte besser ein genereller Standard der Plausibilität (general standard of reasonableness) ohne vorher definierte Richtlinie zur Anwendung gebracht werden.

Dieses Modell von *Burt* wurde natürlich besonders von den Juristen kritisiert, da die Unsicherheit bezüglich der Rechtslage wohl im gesamten kaum wünschenswert sein könne[221].

Aber trotz dieser Einwände darf der Ansatz von *Burt* keineswegs ganz vernachlässigt werden. *Burt* führt vor Augen, was auch bei Jay

---

220 Burt, R., Taking Care of Strangers: The Rule of Law in Doctor-Patient Relations, New York 1979.

221 Siehe Appelbaum, P. S./Lidz, C. W./Meisel, A., Informed Consent, S. 142.

*Katz* anklingt, daß die angesprochenen Probleme eigentlich keine rechtlichen oder juristisch-dogmatischen sind. Im Gegenteil. Die Empirie zeigt, daß das Gesetz faktisch keinen Einfluß auf die tatsächliche Interaktion hat. Zwar kann das Gesetz Richtlinien für das gewünschte formale Ergebnis der Interaktion statuieren, aber es ist wohl eher hilflos wie nutzlos bei der Bewältigung der tatsächlichen Interaktionsarbeit zwischen Patient und Arzt. Das Autonomieangebot kann daher wohl nur als Rahmenauftrag durch die Rechtsordnung abgesichert werden.

## 1.2.4. PATIENTENRECHTE UND RECHTSORDNUNG

Wenn zwischen Regulierung mittels ethischer Normen oder durch die Rechtsordnung zu entscheiden ist, darf nicht übersehen werden, daß beide Formen in gleicher Weise Ausdruck einer hintergründigen Auffassung sind, die als Zeitgeist oder Gesellschaftsmoral bezeichnet werden können, die in jenem Zeitpunkt vorherrschen, in welchem diese Normen sich festzusetzen beginnen[222].

Der charakteristische Unterschied dieser beiden Bereiche liegt darin, daß auf dem Gebiet der Rechtsordnung eine Vorausberechnung und die Einmahnung eher möglich sind als auf ethischem Gebiet. Niels *Hansen*[223] läßt den Einwand, daß eine bessere Verständlichkeit von Normen auch im Patientenbereich weitere Rechtsunkenntnis nicht behebe, durchaus gelten. Dies sei aber bedeutungslos, da die Rechtsanwendung ohnehin unter Fachleuten geschehe. Für den Patienten von Gewicht sei hingegen, daß einschlägige Gesetze Ausdruck jener Auffassung sind, der sich der größte Teil der Bevölkerung zu jenem Zeitpunkt mehr oder weniger explizit angeschlossen hat.

Die Gründe der Zurückhaltung des Gesetzgebers auf dem Gebiet des Gesundheitswesens liegen wohl darin, daß man vermeint, dieses Gebiet, das zu einem hohen Grad mit Humanität und daher auch mit Emotionalität verbunden ist, nicht einfach durch Gesetze regeln zu können. Die Patientenrechtsdiskussion läßt jedoch Umdenkprozesse erkennen.

---

222 Hansen, N. A., Etiske normer contra regulering gennem retsregler, in: Pedersen, O. Bøjstrup (Hrsg.), Patienten og samfundet – etiske normer eller retlig regulering, Dansk Sygehus Institut, København 1987, S. 82 ff.

223 Ebda.

Die Position des Patienten in immer komplexeren, anonymeren, technisierten Behandlungsstrukturen drängt auf Klärung und Sicherung. Der Einwand der Vernichtung von Freiheit und Individualität geht zusehends mehr ins Leere. Analysen zeigen, daß konzipiert individuelle Behandlungen in der Realität nicht so individuell sind. Was Niels *Hansen* für die dänische Diskussion festhält, scheint allgemeinere Gültigkeit beanspruchen zu dürfen: Wenigstens Minimumstandards sollten verbindlich gemacht werden.

Man muß *Hansen* nicht beipflichten, wenn er meint, nur durch Gesetz sei Verläßlichkeit für patientenfreundliches Verhalten zu erwirken, um die Kodifikation von Patientenrechten zu begründen. Erstens sagt ein nicht internalisierter Rechtssatz wenig über seine Befolgung aus; zum anderen versagt erfahrungsgemäß die Sanktion in ihrer Funktion, wenn ob diffiziler menschlicher Situationen der Nachweis eines Verstoßes geradezu mißlingen muß. *Carlsson* und *Isacsson*[224] bieten einen guten Einblick in diese Problematik der mangelnden Produktivität und Effektivität oder gar Kontraproduktivität solcher Normstrukturen.

Besser begründen ließe sich die Sinnhaftigkeit der Patientenrechtskodifikation mit dem Hinweis, daß ethische Grundhaltungen auch bei einer Verdichtung des Rechtsangebotes nicht erübrigt werden; ferner damit, daß die Solidargruppe des Behandlungspersonals in ihrer Ablehnung von Patientenrechten eigentlich denen Vorschub leistet, die sich, auf die Gruppenideale bezogen, unsolidarisch verhalten. Die Bestimmungen in Patientenrechtskodifikationen können ja wohl kaum in Widerspruch zu allseits anerkannten Zielen stehen, sondern müssen das Spiegelbild allgemeiner ethischer Denkweisen im Gesundheitswesen sein.

---

224 Carlsson, B./Isacsson, A., Hälsa, kommunikativt handlande och konfliktlösning, S. 281 ff.

## 2. Autonomistische Dynamik und Rechtsbedarf

### *2.1. Antiautoritäre Strömungen*

Die Consumerism-Bewegung[225], die sich auch im Gesundheitsbereich, insbesondere in Amerika, engagiert hat, ist in einem breiteren Kontext von Studentenbewegung, civil-rights-movement, women's liberation, new careers-Bewegung, zu sehen[226]. Dabei ist natürlich nicht gemeint, daß all diese Strömungen eine Consumer-Bewegung in einer speziellen Weise bedingten, jedoch ist zu bemerken, daß gerade in der amerikanischen Gesellschaft der letzten Jahrzehnte generell ein neues Bewußtsein erwachte, welches den Menschen mit seinen individuellen Rechten und seiner menschlichen Würde in den Mittelpunkt rückte, so eben auch den Patienten in seiner strukturell unterprivilegierten Situation.

Ein derartig breites civil-rights-movement steht in Europa noch aus. Wir haben einerseits ein rechtlich stark gesichertes Feld von politischen Grund- und Freiheitsrechten innerhalb der Konventionsstaaten der Europäischen Menschenrechtskonvention. Dahingegen mangelt es in Europa bislang weithin an einer unter der Ansprechschwelle der judiziablen Menschenrechte liegenden Freiheitsbewegung oder besser Freiheitsbewußtseinsbewegung. In letztere Kategorie fiele zweifellos die Patientenrechtsbewegung in jenen Agenden, die auf qualitative und kommunikative Veränderungen zugunsten der Patientenschaft insgesamt zielen.

In Amerika wehrten sich diese aufkeimenden Bewegungen gemeinsam gegen bestimmte Formen von Autorität, denen keine allgemeingültige Akzeptanz mehr zuzukommen scheint. Unter diesem Gesichtspunkt geht daher auch die Consumerism-Bewegung allgemein, und im Bereich der Gesundheitsfürsorge im speziellen[227], mit obgenannten Trends durchaus einher, versucht die ganz spezielle Autorität im Arzt-Patienten-Verhältnis zu hinterfragen[228] und drängt auf Neudefinierung der Rolle des Patienten als Partner[229].

---

225 Vgl. für Deutschland Badura, B., Argumente für eine konsumentenzentrierte Gesundheitspolitik, in: Lundt, S. (Hrsg.), Rebellion gegen das Valiumzeitalter, Berlin 1981, S. 21 ff.

226 Haug, M./Lavin, B., Consumerism in Medicine, S. 17 f.

227 Zu Patientenrechtsbewegung und deren Zielrichtung in den Vereinigten Staaten vergleiche auch: Annas, G. J., The Rights of the Patients.

228 Forster, R., Zwischen Selbstbestimmung und Expertenherrschaft: Advokatorische Unterstützung für psychiatrische Patienten, in: Störfaktor 9 (1989), S. 78 ff.

## *2.2. Höherer Bildungsstandard*

Fördert Bildung grundsätzlich selektives und kritisches Denken, so ermutigt sie auch, gegebene Autoritätsverhältnisse wie das Arzt-Behandlungspersonal-Patienten-Verhältnis zu hinterfragen. Gleichzeitig bewirkt eine bessere und längere Ausbildung weitreichende Änderungen in der allgemeinen Struktur der ausgeübten Berufe. Mit dem Anstieg sozial höherwertig eingestufter Berufe verringert sich auch gleichzeitig der soziale Abstand zu den von jeher als sozial höherwertiger eingestuften Berufsgruppen, wie sie die Heil- und Pflegeberufe, insbesondere aber die Ärzteschaft, darstellen[230]. Damit steigt aber auch, in Überwindung sozialer Schranken, die Bereitschaft eines sich selbst in der Sozialleiter gleichwertig einstufenden Patienten, viel direkter und selbstbewußter in seinem Verhältnis zum Arzt zu kommunizieren[231].

Parallel zur Steigerung der Allgemeinbildung entwickeln sich weitgestreute und umfassende Informationsnetze mit vertretungspolitischen Institutionen, die auch auf den Informationsstand der Öffentlichkeit im Bereich der Medizin und der Gesundheitsfürsorge deutlichen Einfluß nehmen. So finden sich in der Literatur zahlreiche Publikationen, die sich mit Empfehlungen und Richtlinien im Umgang mit Ärzten und dem gesamten Gesundheitsfürsorgesystem auseinandersetzen. Das Spektrum reicht dabei von gezielten Frageanleitungen während einer ärztlichen Untersuchung bis hin zu der Frage, ob und wann es überhaupt empfehlenswert oder ratsam erscheint, einen Arzt zu konsultieren[232]. Aufwiegelnde, den Rechtsstreit fördernde Literatur, etwa Donald *Flaster*[233] oder Edward *Smith*[234], trägt nicht unwesentlich zur De-

---

229 MacStravic, A., The Patient as Partner: A Competitive Strategy in Health Care Marketing, in: Health & Hospital Services Administration 33 (1988), S. 15 ff.

230 Haug, M., The Erosion of Professional Authority: A Cross-Culturell Inquiry in the Case of the Physician, in: The Milbank Memorial Fund Quarterly/Health and Society 1976, S. 83 ff.

231 Cartwright, A., Human Relations and Hospital Care, London 1964.

232 Sneider, I., Patient Power – How to Have a Say During Your Hospital Stay, White Hall 1980; Belsky, M. S./Gross Leonhard, How to Choose and Use Your Doctor, New York 1975; Johnson, T. G., Doctor! What You Should Know about Health Care Before You Call a Physician, New York 1975; Levin, A., Talk Back to Your Doctor: How to Demand and Recognize High Quality Care, Garden City 1975.

233 Flaster, D., Malpractice. A Guide to the Legal Rights of Patients and Doctors, New York 1983.

234 Smith, E., Medical Malpractice. How to Find Out If You Are the Victim of Malpractice and How to Assert Your Legitimate Rights, New York 1982.

stabilisierung im herkömmlichen Behandlungsverhältnis bei. Auch das Fernsehen bietet von sogenannten „hospital soap operas“ bis hin zu sachlichen Dokumentationen von Krankheitsbildern und -erscheinungen Informationsschwerpunkte. Zeitungen führen oftmals verschiedenste Kolumnen und Beratungssparten für ihre Leser. Computerspiele simulieren Diagnose- und Therapieplanung mit Anamnesemenüs, die unter Einsatz von ausgefeilter artificial intelligence den Laien schon in die Grundschritte diagnostischer Empirie einweihen[235].

Auch fachspezifische Zeitschriften zum Gesundheitsthema, wie sie sich nunmehr in Europa etablieren, sind in Amerika längst hoch populär[236]. Dabei zeigt sich auch ein spezieller Themenschwerpunkt für den Neuigkeitengewichtigkeitswert verschiedener Zeitungen: Kunstfehlerprozesse, Fehlindikationen und Sorglosigkeiten im Bereich der Gesundheitsfürsorge pflegen am Titelblatt zu prangen. Diese Entwicklungen erschüttern zusehends den alten Glauben an den „umsichtigen“ und „wissenden“ Arzt, lassen Patienten vorsichtig und zweifelnd werden.

## *2.3. Urbanisation*

Urbanisationsprozesse verändern die Hospitalstrukturen nachhaltigst[237]. „Community clinics“, Tagespflegezentren, ambulante Erholungseinrichtungen entsprechen der städtischen Bevölkerungsstruktur. Dasselbe gilt für die Dienstleistungen und Servicedienste von Hospitälern. Auch medizinische Labors, Rehabilitationszentren und psychiatrische Kliniken können nur durch hohe Benützungsdichte existieren. Zur Folge hat dies jedenfalls, daß aufgrund der unterschiedlichen Verteilung von Personal und Einrichtungen im Gesundheitswesen, ein Unterschied in der Benützbarkeit von Gesundheitseinrichtungen für Stadt- und Landbewohner besteht. Letztlich scheint es auch für das medizinische Personal reizvoller zu sein, im städtischen Bereich und zugleich in größeren Institutionen zu arbeiten, da dies ein größeres Spektrum an beruflichen Möglichkeiten mit sich bringt.

---

235 Life and Death, (c) 1988 ISM, Inc. (c) 1988 The Software Toolworks.

236 Vgl. den amerikanischen „Prevention and Consumer Report“; aber auch bei uns etwa das Magazin „Medizin populär“.

237 Storch, J., Patients' Rights. Ethical and Legal Issues in the Health Care and Nursing, Canada 1982, S. 5 ff.

Eine andere Wirkung der zunehmenden Verstädterung der Bevölkerung, die eine beträchtliche Auswirkung auf das Gesundheitssystem hat, liegt im zunehmenden Verlust der familiären Sozialstrukturen. Die Kernfamilie (nuclear family) muß zunehmend ohne die ausgedehnten soziostrukturellen Rückkoppelungseffekte der Einbettung in einen Familialverband auskommen; Menschen, die alleine leben, benützen zusehends mehr das Gesundheitswesen und -fürsorgesystem als Familienersatz[238].

## *2.4. Bürokratisierung*

Auch das stetige Wachsen der verschiedensten, sich multiplizierenden Organisationen hat entsprechende Rückwirkungen auf das Gesundheitswesen. Ursprünglich kleine oder mittlere Organisationsformen haben sich mittlerweile zu anfälligen bürokratischen Strukturen ausgewachsen.

Zwar hat die Größe verschiedener Organisationsformen durchaus ihre möglicherweise ökonomischen Vorteile (economies of scale, Anzahl und Vielseitigkeit der Produkte oder Dienstleistungen), aber es verbergen sich auch unzählige Gefahren in einem solchen System[239]: Entfremdung, Rigidität, Mangel an Koordination, Ineffizienz, Widerstand gegen Veränderungen[240].

Auch das Gesundheitswesen ist von dieser Entwicklung stark betroffen. Gerade die Krankenanstalten als gewichtiger Träger des heutigen Gesundheitswesens leiden an komplexen bürokratischen Strukturen. Mit dieser Bürokratisierung geht aber auch ein beachtlicher Grad der Unpersönlichkeit und Dehumanisierung solcher Institutionen einher[241]. Die Anzahl der Patienten in Spitälern und die damit verbundenen Effektivitätsanforderungen gefährden das Angebot der dem einzelnen Patienten erweisbaren menschlichen und würdevollen Pflege[242].

---

238 Ebda, S. 5.

239 Vgl. Khandwalla, P. N., The Design of Organizations, New York 1977, S. 137 ff.

240 Lorber, A., Good Patients and Problem Patients: Conformity and Deviance in a General Hospital, in: Journal of Health & Social Behavior 16 (1975), S. 213.

241 Annas, G. J., The Hospital: A Human Rights Wasteland, in: Civil Liberties Review 1 (1974), S. 9.

242 Straus, R., Hospital Organization from the Viewpoint of Patient Centered Goals, in: Georgopoulos, B. S. (Hrsg.), Organization Research on Health Institutions, Ann Arbor 1972, S. 203 ff.

Janet *Storch*[243] findet diese patientenrechtsbeeinträchtigenden Strukturen aber keineswegs nur bei Krankenanstalten vor. Pflegeeinrichtungen, öffentliche Gesundheitseinrichtungen und auch Heimpflegeorganisationen sind von einem zunehmenden Maß an Bürokratisierung betroffen. Dies vor allem deshalb, da die Organisationen zusehends in zentralistische Dachorganisationen oder öffentliche Ämter eingegliedert werden. *Storch*[244] hält auch das Vordringen der öffentlichen Verwaltung in bislang privat oder über Vereine organisierte soziale Dienstleistungen für einen patientenrechtlichen Rückschlag, dem dann wiederum mit der Formung von kompensatorischem Patientenrecht entgegengetreten werden muß.

## *2.5. Änderungen der allgemeinen Wertvorstellungen*

In dem Maße, in dem die öffentliche Hand zunehmend in Bereichen wie dem Gesundheitswesen tätig wird und Verantwortungen dafür übernimmt, in dem Maße erwächst auch das Gefühl, daß diese öffentliche Hand noch mehr zum Wohl der Staatsbürger unternehmen müßte, daß etwa neben Patientenrechtsprogrammen erst recht noch zusätzliche humanitäre Programme benötigt würden.

Auch andere Änderungen der Wertvorstellungen[245] haben ihre Auswirkungen auf das Gesundheitswesen gebracht. Die wachsende Ablehnung von professioneller Autorität und institutionalisierter Autorität in der Gesellschaft ist auch im Gesundheitswesen vorzufinden. Im Bereich des Gesundheitswesens zeigt dies seine Wirkung darin, daß der Patient grundsätzlich mehr Bedürfnis nach Partizipation und Aktivität verspürt.

*Storch*[246] macht speziell im Gesundheitsbereich einen interessanten Prozeß aus, dessen Verlauf auch in anderen gesellschaftlichen Bereichen lohnenswert zu untersuchen wäre: Es verschiebt sich der Glaube an die Wohlfahrt zusehends in Richtung eines Glaubens an Recht und Gerechtigkeit.

---

243 Storch, J., Patients' Rights, S. 6 f.

244 Ebda, S. 8.

245 Vgl. die neueste politologische Bestandaufnahme; Inglehart, R., Kultureller Umbruch, Frankfurt-New York 1990.

246 Storch, J., Patients' Rights, S. 9 f.

## *2.6. Internalisierung des Zeitgeists*

Skeptiker, die nur auf die Durchsetzungsfähigkeit staatlicher, sanktionsbewährter Gesetze bauen, verstehen zumeist zuwenig von der in der Rechtsgeschichte gut dokumentierten Entfaltung von Rechtsfunktionen, deren unmittelbare Erzwingbarkeitsfunktion nur eine unter mehreren ist. Am einfachsten ablesbar ist dies für den Zeitgenossen an der unaufhaltsamen Wirksamkeit des internationalen Rechts, des Menschenrechtsprogrammes, das Kleingeister auch immer wieder mit der Frage nach der Judiziabilität in Frage stellen zu können vermeinen. Man sollte den Prozeß am Ergebnis messen und feststellen: Es wirkt. Nationale Verfassungsdienste schielen schon mehr auf internationale Aufträge und Zielvorgaben als auf das eigene Parlament.

Dieser allgemeine Exkurs ist für die Frage nach der Wirksamkeit der Patientenrechte deswegen bedeutsam, weil exakt die gleiche Skepsis bei der Frage nach den Durchsetzungsmöglichkeiten der Patientenrechte auftaucht.

1973 veröffentlichte die American Hospital Association (AHA) ein Statement der „Patients' Bill of Rights“[247]. Dieses Dokument formulierte Ziele und kannte nur wenige bindende Bestimmungen. Wo es bindende Bestimmungen zum Ausdruck brachte, konnte es nur auf vorhandenes Recht zurückgreifen oder, im Rahmen der Dispositionsfreiheit des Vertragsrechts, die Mitgliedsspitäler zur Zusicherung bestimmter Qualität anleiten. Trotzdem wurde dieses quasi-private Dokument die höchst wirksame Keimzelle aller weiteren Patientenrechtsgesetzgebungen, auch der in Europa[248]. Es waren also die Hauptbetroffenen der Patientenrechte, amerikanische Krankenanstalten, die über ihre Organisation die Akzeptanz von Rechten der Patienten verkündet haben.

Rasch wurde diese „Bill“ von zahlreichen amerikanischen Staaten legistisch aufgegriffen. In diesen Staaten muß das Dokument in jedem Spital veröffentlicht werden; seine Inhalte gelten dort, wo sie nicht durch Gesetzesverbindlichkeit anspruchsrechtlich abgesichert wurden, über das Zivilrecht aus der freiwillig übernommenen Zusicherung bestimmter Qualitätsgarantien. Aber selbst dort, wo die Durchsetzbarkeit punktuell Rechtsprobleme aufwirft[249], darf die allgemeine Wirkung des Intendierten nicht unterschätzt werden.

Zur Einstimmung auf den patientenrechtlichen Zeitgeist sei hier

---

247 Countryman, K. M./Gekas, A. B., Development and Implementation of a Pa-

schon ein erster Einblick in dieses Dokument und seine Intentionen angeboten. Die AHA-Bill umfaßt zwölf Patientenrechtsstatements, mehr Patientenrechtsphilosophien als kanonisierte Anspruchsgrundlagen, die aber dennoch der weiteren Gesetzgebung die Richtung lieferten. Sie können wie folgt bündig zusammengefaßt werden:

1. Das Recht auf rücksichtsvolle und respektvolle Pflege;
2. das Recht auf Information hinsichtlich Diagnose, Behandlung und erwartbarer Ergebnisse;
3. das Recht auf notwendige Informationen, um den zur Behandlung in Betracht gezogenen Maßnahmen zustimmen zu können;
4. das Recht auf Behandlungsverweigerung, soweit diese Möglichkeit gesetzlich vorgesehen ist;
5. das Recht auf Privatsphäre im Bereich der eigenen medizinischen Vorsorge;
6. das Recht auf Vertraulichkeit hinsichtlich aller die medizinische Betreuung betreffenden Aufzeichnungen;
7. das Recht auf Berücksichtigung, Erfüllung und Beantwortung vernünftiger Wünsche und Ersuchen;
8. das Recht auf Informationen hinsichtlich anderer Gesundheitsfürsorge und -behandlungsinstitutionen;
9. das Recht über geplante Experimente bei der vorzunehmenden Behandlung unterrichtet zu werden und das Recht, die Teilnahme an diesen Experimenten zu verweigern;
10. das Recht auf eine vernünftige Kontinuität der medizinischen Versorgung;
11. das Recht auf Kontrolle und Erklärung der Spitalskosten;
12. das Recht über die für Patienten relevanten Spitalsverhaltensregeln und -richtlinien informiert zu werden.

Auch in Kanada versuchte eine bündige, vier Punkte umfassende Charter der Consumers' Association of Canada (CAC)[250], die „Consumer Rights in Health Care“, die Patientenrechte erstens zu beschreiben und zweitens zu systematisieren:

Danach hat der Patient

1. das Recht informiert zu werden (insbesondere über präventive Ge-

---

tient's Bill of Rights in Hospitals, Chicago 1980.

248 Vgl. Hubinek, M./Voogd, H., Report on the Rights, S. 1 ff.

249 Siehe dazu Storch, J., Patients' Rights, S. 10 f.

250 Abgedruckt bei Storch, J., Patients' Rights, S. 186.

sundheitsvorsorge; über die Organisation des Gesundheitswesens; über die individuelle Diagnose und Behandlung; über die Kosten der medizinischen Versorgung);

2. das Recht respektiert zu werden (insbesondere bei der Vertraulichkeit von medizinischen Aufzeichnungen; bei der Verweigerung an der Teilnahme an Experimenten; durch Verweigerung von Behandlungen; beim würdevollen Tod);
3. das Recht an Entscheidungen hinsichtlich der eigenen Gesundheit zu partizipieren (insbesondere durch Konsumentenrepräsentation auf oberen und obersten Ebenen; durch Einbeziehung bei der direkten medizinischen Betreuung);
4. das Recht auf gleichen Zugang zur Gesundheitsfürsorge (insbesondere hinsichtlich qualifizierten Personals; hinsichtlich der Möglichkeit von Zweitgutachten; hinsichtlich der Sofortbehandlung in Notfällen).

# 3. Strukturelle Veränderungen im Gesundheitswesen

## *3.1. Chronische Krankheiten*

Auch im Bereich der Krankheiten ist ein eklatanter Panoramawechsel zu vermerken[251]. Chronisch-Kranke, Langzeitpatienten und Multimorbidität prägen das Bild. Heinrich *Schipperges*[252] prägt den Begriff von den „Invaliden auf dem Schlachtfeld der Zivilisation“.

Ein wesentlicher Faktor für den gegenwärtigen Consumerism ist daher sicherlich im neuen Krankheitenbild zu finden[253]. Waren früher deutlich infektiöse Krankheiten im Mittelpunkt, so hat sich heute eine wesentliche Verschiebung in Richtung auf chronische Krankheitserscheinungen ergeben. Hier besteht aber ein wesentlicher Zusammenhang. Je weniger Menschen an infektiösen Krankheiten in jüngeren Jahren an Tuberkulose, Diphterie oder Meningitis sterben und gleichzeitig die Menschen generell ein höheres Alter erreichen, umso dominanter tritt Multimorbidität auf, die zumeist erst das Alter eines Menschen mit sich bringt. Patienten, die an solchen Langzeitkrankheiten leiden, lernen meistens aus eigener Erfahrung, welche Therapien ihnen am meisten und besten helfen können, andere verlieren auch einfach den Glauben daran, daß die ärztliche Hilfe an ihrem gesundheitlichen Zustand etwas ändern kann. Grundsätzlich sind diese Patienten aber, da sie die Grenzen des Arztes und der Medizin an sich deutlich erkennen, wahrscheinlich diejenigen, die sich letztendlich im Arzt-Patienten-Verhältnis auf einen Konsumentenstandpunkt berufen, die mitbestimmen, mitwirken wollen und den ärztlichen Autoritätsanspruch immer weniger akzeptieren können[254].

## *3.2. Technische Fortschritte und Reaktionen darauf*

Die wachsende Technisierung der Medizin bedingt eine Anonymisierung und Inhumanisierung. Das Krankheitsverständnis des Patienten

---

251 Vgl. Schiffner, K., Möglichkeiten psychosozialen Handelns in der ärztlichen Praxis, in: Deutsches Ärzteblatt 1978, S. 579 ff.

252 Schipperges, H., Arzt und Patient in der Welt von morgen. Konturen einer modernen Medizin in Bewegung, Heidelberg 1983, S. 19.

253 Haug, M./Lavin, B., Consumerism in Medicine, S. 32 f.

254 Ebda.

selbst und auch der Blick der Öffentlichkeit auf den Gesundheitsbereich haben sich stark gewandelt. Aus einer kritischen Standortbestimmung ergibt sich über Korrekturversuche der Ruf nach Alternativen zum heutigen System[255].

Technische Fortschritte in der Medizin bringen auch strukturelle Änderungen in der Gesundheitsfürsorge mit sich[256]. Zum einen zeigt sich als Resultat extensiver Forschungen und Experimente, daß sich die medizinischen Fachbereiche zusehends in einzelne Spezialdisziplinen aufteilen. Mit den sich geradezu notwendigerweise ergebenden Differenzen in Diagnose und Therapie wird auch vom Patienten die Treffsicherheit hinterfragt.

Zum anderen verlagert der technische Fortschritt zwangsläufig die Behandlung in Spezialstationen. Der Patient entfremdet dadurch; er entbehrt seines ihm Sicherheit bietenden sozialen Milieus[257].

Der Patient kann auch nicht mehr durch einen Arzt in einer Weise behandelt werden, in der der Arzt die Möglichkeit hat, des Patienten Gesamtsituation, sein physisches und psychisches Befinden und sein soziales Umfeld zu erfassen[258] und dadurch eine geeignete und hilfreiche Behandlungsmethode, speziell auf den Patienten abgestimmt, zu finden[259].

Die Erweiterungen der medizinischen Kenntnisse und Technologien[260] wirken auf die Abläufe ein, die Abläufe wiederum verändern die Rolle und damit die Stellung des Patienten[261].

Die auf schneller und unzulänglicher Information fußende Einflußnahme durch den Patienten führt eher zu Problemen als zur Verwirklichung eines Menschenrechtes. Wenn Streß[262], Wartezeiten[263], unausgebildetes Personal, die Situation dann noch mitprägen, führt dies eindeutig zu einer zusätzlichen Belastung der ohnedies meist gespannten

---

255 Schipperges, H., Arzt und Patient, S. 22.
256 Haug, M./Lavin, B., Consumerism in Medicine, S. 33 f.
257 Zola, I. K., Structural Constraints in the Doctor-Patient Relationship, in: Eisenberg, L./Kleinmann, A. (Hrsg.), The Relevance of Social Science For Medicine, Dordrecht 1981, S. 241 ff.
258 Vgl. Schiffner, K., Möglichkeiten psychosozialen Handelns, S. 579 ff.
259 Reiser, S. J., Medicine and the Reign of Technology, Cambridge 1978.
260 McKeown, Th., The Role of Medicine: Dream, Mirage or Nemesis, London 1979.
261 Siehe dazu Anbäcken, O., Patientmedverkan och organisationsstruktur, S. 181 ff.
262 Widmer, M., Stress, Stressbewältigung und Arbeitszufriedenheit beim Krankenpflegepersonal (= Schriftenreihe des SKI, Bd. 40), Aarau 1988.
263 Froestad, J., Pasientproblemer og rettigheter.

Situation des Patienten. Patientenrechte müssen deshalb Strukturen definieren[264], die die optimale Anpassung des Systems und der Strukturen an die einzelne Patientensituation ermöglichen und die Mitwirkung des Patienten unterstützen[265].

Eine der interessantesten Studien, die die medizinischen Strukturveränderungen nicht nur in den patientenrechtlichen Kontext, sondern auch gleich in den Überbau, nämlich in den Kontext der Demokratie überhaupt, bringen, wurde von einer schwedischen Arbeitsgruppe erstellt. Schon der Titel, den man sinnhafterweise frei übersetzen muß, zeigt den generellen Partizipationsansatz: „Lokale Bürger(mit)bestimmung durch Verbraucherbeteiligung. Beispiele und Erfahrungen"[266]. Darin kommen patientenrechtliche Errungenschaften[267], wie das Recht der Eltern auf Pflegemitwirkung und deren Anspruch, als Serviceorgane positiv angenommen zu werden, die Beseitigung von Besuchszeitenbegrenzungen, der Anspruch auf maximal ambulante, extramurale Behandlung, Hauskrankenpflege, die Schaffung von bedürfnisgerechten Abteilungen, etwa für Kinder, als Strukturkorrekturen in den Rang eines Bürgerrechts. Der Patientenschaft als Gruppe mit politischen Interessen soll im Konzept der Bürgermitbestimmung als Gegenkraft zu den Strukturveränderungen in der Medizin eine völlig neue Rechtsstellung zukommen.

Wie ernst dieser politische Ansatz genommen wurde, erweist die daraufhin ergangene Gesetzesvorlage[268], deren parlamentarische Behandlung allerdings noch aussteht, über eine neue Machtbalance in den lokalen und Landesverwaltungen, insbesondere im Medizin- und Anstaltenwesen, über Patientenrepräsentationen als Form der Bürgersteuerung der Verwaltung (Aktivt folkstyre). Demnach soll die Patientenschaft in der öffentlichen Verwaltung, gleichsam in Form eines an der Behörde mit vollem Einsichts- und Mitbestimmungsrecht ausgestatteten Repräsentationskörpers, in den Krankenanstaltenreferaten verfassungssystemkonform integriert werden. Neben der Makrointegration

---

264 Ziegenfuss, J. T., Patients Rights & Organizational Models.

265 Anbäcken, O., Patientmedverkan och organisationsstruktur, S. 182.

266 SOU 1984:84, Lokalt folkstyre genom brukarmedverkan. Exempel och erfarenheter. Betänkande från 1983 års demokratiberedning, Stockholm 1984.

267 Ebda, S. 121 ff.

268 Aktivt folkstyre i kommuner och landsting, SOU 1985:28, Stockholm 1985; Aktivt folkstyre i kommuner och landsting, Regeringens proposition 1986/87:91, Stockholm 1987.

ins gesundheitspolitische Leitsystem soll in die Detailstrukturen eine Mikrointegration von Patientenangehörigen und Patientenvertretern in das Abteilungspersonal ermöglicht werden.

Damit gerät freilich zugleich die Behandlungs- und Pflegeeinheit in den Rang einer politischen Entität mit einem Programm. Die Annahme, daß dies effektivitätsförderlich wie humanisierend sei, wird aus Erkenntnissen der Gruppendynamik gespeist. Die Teilnahme des Pflegepersonals an der Entwicklung derartiger Programme erscheint bei *Anbäcken*[269] deshalb so außerordentlich wichtig, weil das Pflegepersonal in ständiger Nähe zu den Patienten steht, die Dienstleistungen ausführt und die größte Erfahrung im Umgang mit Patienten hat. Zur Weiterentwicklung ist dann aber auf der oberen Strukturebene eine von der Krankenhausleitung ausgehende Initiative und Änderung notwendig[270].

## *3.3. Medizinische Unsicherheit*

Zu den Strukturproblemen zählt auch auf den ersten Blick scheinbar „nur“ psychologisches. Unsicherheit ist nämlich keineswegs nur ein beim Patienten zu beobachtendes Phänomen, es prägt auch ärztliches Verhalten. Renee *Fox*[271] will diesem Faktum dadurch Rechnung tragen, daß die medizinische Ausbildung durchaus eine Art „training for uncertainty“ mitgeben sollte. Damit ist gemeint, daß Ärzte darauf vorbereitet werden müssen, daß die Medizin eigentlich mehr als eine Kunst – ein Verständnis, das europäische Rechtsordnungen über die Eliminierung des Begriffs Kunstfehler bekämpfen –, denn als eine Wissenschaft anzusehen ist. Allerdings möchte der Arzt dies keinesfalls dem Patienten zeigen, muß er doch, soferne der Patient die Unsicherheit des Arztes durchschaut, um seine Autorität im Arzt-Patienten-Verhältnis fürchten. Die Unsicherheit des Patienten, die die Unsicherheit des Arztes bei weitem übertrifft, wird durch den Arzt aufrechterhalten, um zum einen die eigene Unsicherheit zu überdecken, zum anderen aber auch, um weiterhin die Autorität und Kontrolle über den Patienten zu garantieren[272].

---

269 Anbäcken, O., Patientmedverkan och organisationsstruktur, S. 187.
270 Ebda, S. 187.
271 Fox, R. C., Training for Uncertainty, in: Merton, R. K./Reader, G. G./Kendall, P. L. (Hrsg.), The Student Physician, Cambridge (MA) 1957, S. 207 ff.

## *3.4. Entwicklung von Paraprofessionen und Selbsthilfe*

Eine weitere Entwicklung, die potentiell dazu geeignet ist, das Verhältnis des Patienten zum Arzt zu beeinflussen, ist das ständige Anwachsen von verschiedenen Paraprofessionen, die immer mehr in Bereiche hineinwachsen, die ursprünglicherweise zu den Arbeitstätigkeiten der Ärzte zählten. Das Spektrum reicht hierbei von der breiten Palette der Alternativmediziner[273] bis hin zu Berufsgruppen mit neu zu erwerbenden Zuständigkeiten im medizinischen Betrieb[274]. In Folge dieser Strukturveränderung einer aus dem Schwinden der Personalressourcen zu erklärenden Absenkung der Anforderungen an das Lizenzniveau für einzelne Behandlungstätigkeiten, verändert sich doch das Bild beim Patienten dahingehend, daß Medizin und Heilkunde an sich weniger mysteriös sein müssen als mitunter glauben gemacht werden soll.

Ein ähnliches Phänomen, das auch Rückwirkung auf das Arzt-Patienten-Verhältnis hat, ist die zunehmende präventive und palliative Selbsthilfe[275]. Dabei sind letztlich deutliche Änderungen in der Natur der Krankheiten mitentscheidend. Bei den vielen heute auftretenden chronischen Krankheiten, die einer Langzeitpflege bedürfen, haben Patienten oft Gelegenheiten, durch „trial and error“ die beste für sie geeignete Behandlungsmethode herauszufinden[276].

Bezeichnend für die patientenrechtlichen Implikationen der Strukturveränderungen ist, daß sich renommierte Repräsentanten der Sozialrechtswissenschaft ihrer annehmen, wie etwa Asbjørn *Kjønstad*[277].

---

272 Waitzkin, H. B./Stoeckle, J., Information Control and the Micro-Politics of Health Care: Summary of an Ongoing Research Project, in: Social Science and Medicine 10 (1976) S. 263 ff.

273 Siehe dazu die umfassende schwedische einschlägige Studie: Huvudbetänkande från alternativmedicin kommitén, Statens offentliga utredningar SOU 1989:60, Stockholm 1989.

274 Siehe die Diskussion über die Neuverteilung von Zuständigkeiten zwischen diplomiertem und nichtdiplomiertem Pflegepersonal, die geplante Verantwortlichkeits- und Funktionsaufwertung von nicht fertig ausgebildeten Ärzten in Österreich; siehe den jüngsten problematischen Reformentwurf zu § 2 Abs 3 des Ärztegesetzes durch den Obersten Sanitätsrat; auch Kopetzki, Ch., Turnusärzte und Famulanten, Wien 1990.

275 Zola, I. K., The Concept of Trouble and Sources of Medical Assistance, in: Social Science and Medicine 6 (1972), S. 373 ff.

276 Haug, M./Lavin, B., Consumerism in Medicine, S. 22.

277 Kjønstad, A., Helserett; ders., Rett og rettferdighet ved fordeling av helsetjenester,

Dann nämlich kommen die Postulate weiterer Strukturverschiebungen, wie jene zur Präventionsmedizin, Hilfe zur Selbsthilfe im Angebot mobiler, sozialer Dienste und Unterstützung im Wunsch nach größtmöglicher Beibehaltung angestammter Lebensgewohnheiten[278], in den Grundrechtekontext. Auch der, der dem skandinavischen Ansatz alles für Politik und alles mit allem zusammenhängend erklären zu wollen, skeptisch gegenübersteht, kann sich der treffsicheren Deskription der Zusammenhänge nicht entziehen. Beachtliche patientenrechtsrelevante Schlüsse über den allgemeinpolitischen Strukturzusammenhang im Gesundheitsrecht (Helserett) werden aus der Analyse gezogen[279] und die Primärpflege wird unversehens zum Auftrag nicht nur der Gesundheitspolitik, sondern geradesogut der Sozialpolitik, des Sozialversicherungsrechts, der Wohnbaupolitik, des Arbeitsrechts, des Lebensmittelrechts, der Antirauchergesetzgebung und ähnlicher Rechtsbereiche, die der traditionelle Medizinrechtler oder enger noch, der reine Arztrechtler, für Systembereiche hält, die er nur vom Hörensagen zu kennen braucht.

### *3.5. Spezialisierung*

Die rasch anwachsenden technologischen Fortschritte in der Medizin führten zu zunehmenden Spezialisierungen der medizinischen Berufe. Die OECD zählte bereits 1975 mehr als dreihundert verschiedene Berufstypen, die bei der Durchführung der Gesundheitsfürsorge beteiligt sind[280]. Formen der Spezialisierung haben auch durchaus Vorteile hinsichtlich der Behandlungsmethoden und der meßbaren Qualitität der Gesundheitsfürsorge. Für die Gesamtpersönlichkeit des Patienten allerdings zieht die zunehmende Spezialisierung auch einige negative Auswirkungen nach sich. Da sich das Fachwissen und die Kenntnisse von Spezialisten auf Detailwissen beschränken müssen, erfahren Patienten immer häufiger das Gefühl, daß sich das Fachpersonal nicht mehr für das Gesamtwohlbefinden (total well-being) des Patienten in-

---

i Samfunn, Rett, Rettferdighet, Festskrift til Torstein Eckhoffs 70-årsdag, Oslo 1986, S. 417 ff.

278 Kjønstad, A., Helserett, S. 16 ff.

279 Ebda, S. 17 ff.

280 Organization for Economic Cooperation and Development (OECD) (Hrsg.), New Directions in Education for Changing Health Care Systems, Paris 1975, S. 31.

teressieren kann. Auch bei steigender Informationswilligkeit können Patienten kaum Einblick in das spezialisierte Wissen von Spezialärzten erreichen, die Kluft zum Informed Consent erweitert sich fast unvermeidlicherweise[281]. Folglich sind trotz des Postulats zur Teilnahme immer weniger Patienten in der Lage, an einer Behandlung als gleichberechtigte Partner aktiv zu partizipieren. Also trägt auch dieser Aspekt des Strukturwandels zur Spannung im Verhältnis zwischen Arzt und Patient bei[282].

---

281 Vgl. aber Geisler, L., Arzt und Patient im Gespräch. Wirklichkeit und Wege, Frankfurt am Main 1987.

282 Storch, J., Patients' Rights, S. 7.

# 4. Das Arzt-Patienten-Verhältnis im Rollenverständnis

## *4.1. Der Arzt*

Das Arzt-Patienten-Verhältnis ist nur eine spezielle Ausformung eines Professionisten-Klienten-Verhältnisses. Solche Verhältnisse sind ihrer allgemeinen Struktur nach durch ein einseitiges Machtgefälle geprägt und wurzeln im wesentlichen zum einen im Spezialwissen des Experten und der durch den Wissensvorsprung entstehenden Macht über den Laien, zum anderen in der gesellschaftlichen Akzeptanz beim Entstehen von Professionalität im Sinne eines sich selbstverantwortlichen Berufsstandes. Die Tatsache, daß es in einer Gesellschaft nur einzelnen Berufssparten gelingt, sich als Professionsstand zu etablieren, anderen Berufssparten aber nicht, mag eine Begründung darin finden, daß es einer bestimmten Berufsgruppe mit ihrem Anspruch, ein Berufsstand zu sein, gelingt, die Öffentlichkeit von der Bedeutung ihres Berufes zu überzeugen und sie dazu bringt, ihr die erstrebte gesellschaftliche Position zuzubilligen und in der Folge auch zu akzeptieren[283]. Möglicherweise reüssiert eine Berufsgruppe auch durch die Errichtung eines Selbstkontrollmechanismus, etwa eines Standesrechts und adäquater Disziplinarinstrumente, welcher die allgemeine Ausübung des Berufes überwacht und gleichzeitig die Verantwortung für die Qualität der Dienstleistungen dieser Berufsgruppe übernimmt[284].

In *Larsons*[285] Analyse wird hinsichtlich des Entstehens von Berufsständen festgestellt, daß professionelle Praxis und theoretisches Wissen eine Form von „Eigentum" darstellen, wobei dieses durch Beschränkung monopolisiert wird, indem durch restriktiven Zugang zur Ausbildung der Wettbewerb beschnitten wird. *Bologh*[286] meint, daß medizinisches Wissen mehr als privates Eigentum der Ärzte, denn als gesamtgesellschaftliches Eigentum, auf das jeder Teil der Gesellschaft einen Anspruch hat, zu sehen ist.

---

283 Becker, H. S., The Nature of Profession (= 61. Yearbook of the National Society for the Study of Education, Part II), Chicago 1962, S. 1 ff.

284 Roth, J. A., Professionalism: The Sociologist's Decoy, in: Sociology of Work and Occupations 1 (1974), S. 6 ff.

285 Larson, M. S., The Rise of Professionalism, Berkeley-Los Angeles 1977.

286 Bologh, R. W., Grounding the Alienation of Self and Body, in: Sociology of Health and Illness 3(2) (1981), S. 188 ff.

Soziologen sind sich großteils darüber einig, daß die Hauptcharakteristik für einen sich entfaltenden Berufsstand in der Monopolisierung eines vertraulichen Spezialwissens liegt, das beispielsweise beim Arzt nur durch lange und umfangreiche akademische Ausbildung und Übung erworben werden kann. Daraus entsteht auch die Autonomie der Gruppe. Abgesichert wird dieser Anspruch durch eine Berufsethik, die von den Mitgliedern des Berufsstandes verlangt, ihre Dienste zum Besten ihrer Klienten zu verwenden. Dabei ist ein Berufsstand der Überzeugung, daß Selbstbestimmung des Berufsstandes der Verwirklichung einer Ethik des Altruismus zweckdienlicher ist als Überwachung, externe Supervision und Außenkontrolle des Berufsstandes. Insoweit ist die Funktion der Berufsstandsqualität der Ärzteschaft aus patientenrechtlicher Sicht erkannt[287].

Eine systematische Ausbildung[288] der Fähigkeit zum Gespräch[289] mit dem Klienten für Ärzte wird etwa in der BRD in der medizinischen Approbationsordnung verlangt, nicht aber in Österreich[290]. Die ärztliche Gesprächsausbildung ist vor allem im Fach Medizinische Psychologie integriert.

Ärztliches Handeln ist konzeptuell dialogisch ausgerichtet, niemals autonom. In der modernen Medizin zeichnet sich nun ein langsamer, aber stetiger „Paradigmenwechsel von der dualistischen zur holistischen Medizin"[291] ab. Ein ganzheitliches Medizinverständnis hat natürlich nicht nur eine ganzheitliche Ausbildung des Arztes zur Folge, sondern wirkt auch nachhaltig positiv auf das Arzt-Patienten-Verhältnis.

Das Arzt-Patient-Verhältnis ist von zahlreichen Faktoren bestimmt. Durch die Tatsache, daß der Patient zum Objekt des wissenschaftlichen oder beruflichen Interesses wird, besteht bereits ein starkes Machtgefälle zwischen Arzt und Patient, das durch den Wissensunterschied

---

287 Haug., M./Lavin, B., Consumerism in Medicine, S. 11.

288 Zu diesem Aspekt ausführlich Personal för framtidens hälso- och sjukvård. En rapport från HS-90:s projekt om personal- och utbildningsplanering, SOU 1984:50, Stockholm 1984.

289 Geisler, L., Arzt und Patient im Gespräch, S. 1.

290 Pribersky, A., Das Gespräch mit dem Patienten als Aufgabe des Arztes, in: Strotzka, H./Wimmer, H. (Hrsg.), Arzt-Patient Kommunikation im Krankenhaus (= Schriften zur Medizinsoziologie, Bd. 2), Wien 1986, S. 37 ff.

291 Rossmanith, S., Vom Monolog zum Dialog. Ausgewählte Aspekte der Arzt-Patient-Beziehung, in: Ringel, E./Rossmanith, S. (Hrsg.), Die Arzt-Patient-Beziehung. Ausgewählte Aspekte, Wien-München-Bern 1989, S. 11 ff.

noch verstärkt wird. Hinzu kommen noch der sog. Frame-Konflikt (= Interessen- und Erfahrungswelten stoßen aufeinander) und Sprachbarrieren[292].

Das zentrale Gespräch zwischen Arzt und Patient ist vor allem bei einer Visite im Krankenhaus problematisch, da das Gespräch zwischen den Ärzten das mit dem Patienten überlagert. Ruth *Wodak*[293] präsentiert ein Mustermodell, das seit über zehn Jahren in Ulm erprobt wird. Darin stehen die Bedürfnisse des Patienten im Mittelpunkt, seine Probleme werden besprochen, die Dauer der Visite ist länger als üblich. Generell wird dort die Visite von all jenen Bereichen entflochten, die nicht der Anwesenheit des Patienten bedürfen.

Seitens der Patienten wird den Ärzten gerne mangelnde Aufgeschlossenheit für ihre Probleme und Ängste vorgeworfen sowie der Mangel an Respekt vor der Person des Patienten in ihrer Gesamtheit. Umgekehrt beklagen Ärzte die mangelnde Kooperation (non-compliance) der Patienten, die etwa Anweisungen und Information mißachten oder gar vergessen[294].

## *4.2. Der Patient*

Das Rollenselbstverständnis des Patienten wird als patientenrechtliches Grundthema immer deutlicher erkannt und bewußt zu machen versucht. Lars *Östman*[295] versucht etwa für Schweden den Erkenntnisprozeß im Rollenverhalten und im Zusammenspiel von Patientenrolle und Patientenrecht über eine leicht faßliche Aufklärungsinformation positiv zu beeinflussen und zu erläutern, wie die Steuerungsmechanismen im Gesundheitswesen auf die unterschiedlichen Interessen abgestimmt werden können. In der amerikanischen und kanadischen Lite-

---

292 Wodak, R., „Und warum kommen sie denn?“ Soziolinguistische Überlegungen zur Kommunikation zwischen Arzt und Patient, in: Ringel, E./Rossmanith, S. (Hrsg.), Die Arzt-Patient-Beziehung. Ausgewählte Aspekte, Wien-München-Bern 1989, S. 33.

293 Ebda.

294 Wimmer, H., Das Gespräch mit dem Patienten. Über den Einfluß von Gesprächen auf die Beziehung zwischen Arzt und Patient und den Erfolg der ärztlichen Tätigkeit, in: Ringel, E./Rossmanith, S. (Hrsg.), Die Arzt-Patient-Beziehung. Ausgewählte Aspekte, Wien-München-Bern 1989, S. 50 ff.

295 Östman, L., Vad styr sjukvården? Om patientenroll och patienträtt i den nya hälso -och sjukvården, Stockholm 1983.

ratur findet sich für ein und denselben Personenkreis, aus einem völlig divergenten Konzept der Blickwinkel, sowohl die Bezeichnungen Patient als auch Konsument.

Weckt bei uns der Begriff Konsument von der Semantik her eher negative Assoziationen, so steht er in der Neuen Welt in einer positiven Tradition. Während der Begriff des Patienten generell jemanden bezeichnet, der aufgrund seines Zustandes sich in einer verletzlichen Position befindet und im gewissen Maße vom Krankenfürsorger abhängig ist, häufig ängstlich und unsicher erscheint, verbindet man mit dem Begriff des Konsumenten einen Nachfrager, der aktiv in die Gesundheitsfürsorge involviert ist und aktiv bei Entscheidungen auftritt. Der Konsument erscheint wissend, intelligent und individuell denkend. Der Konsument steht für den unabhängigen und selbstbestimmten Menschen in der Gesundheitsfürsorge[296].

Rückt man den Patienten in den Mittelpunkt der Gesundheitspolitik, so ist das noch nicht mit dem negativ belegten Schlagwort von der Patientendemokratie gleichzusetzen[297].

### 4.2.1. DIE KRANKENROLLE

Von den jeweiligen subjektiven Verhaltens- und Reaktionsweisen ausgehend, läßt sich patientensoziologisch eine Klassifikation vornehmen. *Löchen*[298] beschreibt, wie in psychiatrischen Kliniken verschiedene Patiententypen entstehen, die ein besseres Einteilungsschema bieten als das Typologisierungsschema nach der gestellten Diagnose. Demnach gibt es:

1. Den „Zurückgezogenen", der nicht weiters auffällt,
2. den „Häuslichen", der das Krankenhaus zu seinem Zuhause gemacht hat,
3. den „Spekulanten", der als guter Patient auftritt, sich aber Vorteile zu verschaffen sucht,
4. den „Reformator", der auf „gerechte" Normen setzt und Veränderungen herbeiführen möchte,

---

296 Storch, J., Patients' Rights, S. 13 f.

297 Anbäcken, O., Patientmedverkan och organisationsstruktur, S. 4.

298 Löchen, Y., Sociologens dilemma. Vetenskaplig distans eller samhällsförändring, Stockholm 1972.

5. den „Parade"-Patienten, der weder zu krank noch zu gesund, nicht zu still und nicht aufsässig sein darf[299].

Für die Patientenrechtsentwicklung ist aus dieser Distinktion allerdings wenig zu gewinnen, da sich daraus nur über die Binnenverteilung an Rechten Rückschlüsse gewinnen lassen. Es wäre geradezu kontraproduktiv, das individuelle Patientenverhalten in die Frage der Patientenrechtsentwicklung einzubinden. Man sollte wohl dabei bleiben, die Rolle der Patienten als Gesamtrolle zu beurteilen.

Die Medizinsoziologie, die sich mit der Rolle des Kranken auseinandersetzt, ist in vielen Ländern Bestandteil der medizinischen Ausbildung. In Österreich wird dieser Bereich im Rahmen eines Forschungsinstituts der Ludwig-Boltzmanngesellschaft behandelt. Da Gesundheit und Krankheit wesentlich von gesellschaftlichen Faktoren mitbestimmt werden, wäre ein Ausbau dieser Forschungsrichtung wünschenswert[300].

Talcott *Parsons*[301] stellte mit seiner allgemeinen funktionalen Perspektive einer Gesellschaftsordnung, welche darauf abzielt, das einmal statuierte Gesellschaftsgleichgewicht aufrechtzuerhalten, erstmals den Zusammenhang zwischen dem ungeteilten Wissen des Arztes und dem daraus abgeleiteten Recht und Anspruch des Arztes, das Arzt-Patienten-Verhältnis zu bestimmen und zu kontrollieren, her. Sein Konzept der Krankenrolle des Patienten, als dem bestimmenden und determinierenden Teil des gegenseitigen Verhältnisses, wurzelt im Gedanken, daß die Krankheit als ein Zustand anzusehen ist, der das Gleichgewicht des Sozialsystems außer Kraft setzt. Der Arzt wird als jenes Instrument betrachtet, das den Zustand des Gleichgewichts wiederherzustellen vermag. Der hilfesuchende Patient ist bereit zu kooperieren, den Anordnungen des Arztes zu folgen und so rasch wie möglich den Zustand der Gesundheit und damit die gewohnte soziale Rolle in seiner Umwelt wieder einzunehmen. Das abhängige Verhältnis des Patienten ist dabei aufgrund eines Wissensvorsprungs (competence gap) des Arztes dem Patienten gegenüber determiniert und bleibt auch unüberbrückbar[302].

---

302 Parsons, T., The Sick Role and the Role of the Physician Reconsidered, in: Milbank Memorial Fund Quarterly/Health and Society 53 (1975), S. 257 ff.

299 Siehe dazu Anbäcken, O., Patientmedverkan och organisationsstruktur, S. 63.

300 Strotzka, H./Wimmer, H. (Hrsg.), Arzt-Patient Kommunikation im Krankenhaus (= Schriften zur Medizinsoziologie, Bd. 2), Wien 1986, S. 3.

301 Parsons, T., The Social System, New York 1951.

## 4.2.2. SITUATIONSKONTEXT

Aber nicht nur der Wissensvorsprung alleine prägt das Arzt-Patienten-Verhältnis, auch die situationsbedingten Umstände sind in weiterer Folge entscheidende Faktoren für die Rollenverteilung. Manche Ärzte sind trotz des dem Verhältnis inhärenten Wissensvorsprungs unter Umständen vom Patienten abhängig. Gerade dort, wo unter der Ärzteschaft reger Konkurrenzkampf um (Privat-) Patienten herrscht, so etwa im städtischen Gebiet zwischen Ärzten und im Wettkampf mit anderen Gesundheitseinrichtungen, mag die Angst um den Verlust von Patientenbesuchen deutlichen Einfluß auf das Arzt-Patienten-Verhältnis haben. Konzentrieren sich Ärzte, die im Wettbewerb stehen, bei der Behandlung nicht auch auf die Wünsche und Anliegen ihrer Patienten, lehnen sie verschiedene Einwände des Patienten strikt ab, weisen Zweifel als unbegründet deutlich von sich und verordnen vielleicht sogar vom Patienten nicht nachvollziehbare Heilungstherapien, könnte das Fernbleiben dieser Patienten deutlichen Einfluß auf die Ökonomie des Arztes nehmen[303]. In einer Praxis, die hauptsächlich Pflichtversicherte betreut, hat der Arzt die Unzufriedenheit eines Patienten geringer zu spüren.

Ein anderer situationsbedingter Faktor für das Verhältnis zwischen Arzt und Patient ist natürlich zwangsläufig der Gesundheits- und Bewußtseins-zustand des Patienten. Dort, wo der Patient nicht bei Bewußtsein ist, im Delirium ist oder unter Schock steht, hat der Arzt volle und alleinige Kontrolle über den Patienten. Dies wird als Modell des Patienten als „Kind“ bezeichnet, im Gegensatz zum Patienten als „Heranwachsender“, wo der Patient wohl auch krank, aber durchaus bei vollem Bewußtsein ist, Vorstellungen und Gefühle hat, die der Arzt in Kauf nehmen muß, aber der Patient dabei Rat und Führung durch den Arzt sucht und diesen Empfehlungen Folge leistet. In einem dritten Modell, der Patient als „Erwachsener“, zeigt sich die Partnerschaft zwischen Patient und Arzt als eine gleichgewichtige Partnerschaft, in welcher „Waffengleichheit“ herrscht und

303 Haug, M./Lavin, B., Consumerism in Medicine, S. 13 f; siehe auch Friedson, E., Patient's Views of Medical Practice, New York 1961; ders.; Professional Dominance, New York 1970.

miteinander befriedigende Heilungsmethoden und Therapien ausgearbeitet werden[304].

### 4.2.3. DER PATIENT IN EINEM IHM FREMDEN SYSTEM

Für den Patienten bietet sich ein Krankenhaus im Regelfall als Neuland dar, dessen Bestimmungen und Regeln, Sprache und Kultur ihn fremdartig anmuten. Gleichzeitig ist er oftmals darauf in keiner Weise vorbereitet: Das Spital erscheint ihm als „alien system"[305].

Gesundheitspolitisch galt lange Zeit das Dogma, daß Spitäler Hauptaugenmerk auf Fortschritte im Bereich der Technologie und des Spitalssystems an sich legen; gesehen wurde dabei immer weniger, daß man nicht weiter in der Lage ist, für den Bereich Sorge zu tragen, der dem Dasein der Spitäler eigentlich zugrunde liegt – für den Patienten[306].

Stellt sich die Anstalt immer deutlicher als betriebswirtschaftlich orientierte Einrichtung mit Gewinninteressen dar, welche als primäres Anliegen die Effizienz und Kostenkalkulation pflegt, so zeigt sich die Rolle des Arztes im Spital in der Weise, daß er zwar Krankheiten und Verletzungen erkennt, Prioritäten zur Behandlung ins Auge faßt, den Gesundheitszustand auswertet und letztlich das Gesundheitsproblem unter Kontrolle bringt, den Patienten an dieser gesamten Vorgangsweise aber kaum teilhaben läßt – ihn eigentlich auch gar nicht teilhaben lassen kann, wenn alle Rationalitätskriterien aus der Ökonomie kommen und schon vorgegeben sind. Das Gesamtsystem, sowohl die Anstalt als auch der Arzt, bemerkt kaum das zunehmende und steigende Bewußtsein und zugleich das Unbehagen der Patienten; auch bleibt außer acht, welche Auswirkungen das vorherrschende System auf den Patienten hat und daß ein Verlust der Würde, steigendes Mißtrauen und Furcht sich gut dokumentieren lassen[307]. „Während der Hospitalisierung erfährt ein Mensch einen zweifachen Schock: Konfrontation

---

304 Szasz, T. S./Hollender, M. H., A Contribution to the Philosophy of Medicine: The Basic Models of the Doctor-Patient Relationship, in: American Medical Association Archives of Internal Medicine 97 (1956), S. 585 ff.

305 National Society of Patient Representatives of the American Hospital Association (Hrsg.), Patient Representation in Contemporary Health Care, S. 7.

mit einer Struktur, die die normalen Aktivitäten und Interaktionen hemmt und die Verarbeitung des Entzugs der Autonomie"[308].

In einer Spitalseinrichtung sind Patienten weitgehend isoliert, verletzlich und vor allem vom Spitalspersonal abhängig. Da Patienten meistens ausdrücklich vermeiden wollen, als Problemfall betrachtet zu werden, versuchen sie sich weitestgehend anzupassen und wenn möglich als sympathischer, geduldiger Patient zu erscheinen. Der Patient beginnt sein Verhalten sukzessive so einzurichten, wie er es als von ihm erwartet vermutet[309].

Ärzte oder Pflegepersonal erwarten zusätzlich, neben Glauben und Vertrauen des Patienten, auch Befolgung der Anweisungen durch den Patienten, welcher schließlich zur Überzeugung gelangen soll, daß er, soferne er diesen Anforderungen nachkommt, ein angenehmer Patient ist. Unterschwellig wird dem Patienten auch vermittelt, daß das Spitalspersonal bereits überarbeitet oder unterbesetzt ist, was dem Patienten gar die Qualität des „super patient" abverlangt[310].

Da trotz Erkennens der Notwendigkeit der Förderung der Mitbestimmung und Mitwirkung des Patienten dieselbe in der Praxis immer noch aussteht, bedarf es hierfür eines Mittlers (intermediary), welcher in der Lage ist Gespräche zu führen, zu erklären und zu klären und somit dem Patienten das Gesundheitswesen näherzubringen.

Der Patient im Krankenhaus fühlt häufig ein starkes, subjektives Unbehagen. Seine Versorgung und Pflege orientieren sich an medizinischen und pflegerischen Aspekten, seine psychischen und sozialen Bedürfnisse hingegen bleiben weitgehend ausgeklammert[311].

Als absolut notwendige Grundlage zur Verbesserung der Situation des Patienten einerseits und zur Kostendämpfung andererseits sieht *Wimmer* „die Rückbesinnung auf den ganzen Menschen"[312], also eine Integration von psychischen und sozialen Komponenten in die medizinischen Behandlung[313].

---

306 Annas, G. J., The Hospital, S. 9 ff.

307 National Society of Patient Representatives of the American Hospital Association (Hrsg.), Patient Representatives in Contemporary Health Care, S. 8.

308 Ebda.

309 Vgl. zu den Patiententypen, Löchen, Y., Sociologens dilemma, S. 1 ff.

310 National Society of Patient Representatives (Hrsg.), Patient Representatives in Contemporary Health Care, S. 8 f.

311 Wimmer, H., Die Bedeutung psychosozialer Betreuung von Patienten. Notwendigkeiten, Möglichkeiten, Folgen, in: Strotzka, H./Wimmer, H. (Hrsg.), Arzt-Pa-

Diese Forderung zu verwirklichen, kann die medizinsoziologische Forschung beitragen, etwa durch empirische Überprüfung von Möglichkeiten und Konsequenzen bei Berücksichtigung von Patienteninteressen. Eine dahingehende Untersuchungsreihe des Ludwig Boltzmann-Instituts für Medi-zinsoziologie über die Auswirkungen einer verstärkt auf Patientenbedürfnisse abgestimmten Betreuung im Krankenhaus (am Beispiel der Operationsvorbereitung) stellte drei Fragen[314]:

1. Welche sind die psychosozialen Bedürfnisse des Patienten?
2. Welche sind die Vorteile der Betreuung der Patienten bei Berücksichtigung seiner Bedürfnisse?
3. Welche Voraussetzungen sind für die Durchsetzung einer derartigen Betreuung auf breiter Basis notwendig?

Die Antworten darauf sind gewichtige Vormaterialien für eine Patientenrechtspolitik.

Für die psychosozialen Bedürfnisse eines Patienten im Krankenhaus ist von grundlegender Bedeutung, daß er seine Situation als bedrohlich empfindet und Angst hat. Diesen Zustand zu erleichtern und dem Patienten Sicherheit und Vertrauen zu geben, ist eine der Funktionen der Information. Erst wenn der Patient realitätsgerechte Erwartungen hat, können effektive Maßnahmen zur Angstreduktion und Situationsbewältigung gesetzt werden[315]. Diese wissenschaftliche Erkenntnis deckt sich mit dem Patientenrechtsdesiderat nach Information und Mitbestimmung.

Kommt man nun dem Bedürfnis des Patienten nach Information und Kommunikation stärker entgegen, so bewirkt dies allgemein eine bessere psychische Verfassung des Patienten und damit einen verkürzten Heilungsverlauf, was wiederum Kostensenkung bedeutet. Konkret weist Helga *Wimmer*[316] als Ergebnisse eines Modellprogramms an lungen- und gallenoperierten Patienten im postoperativen Stadium eine Verkürzung der Aufenthaltsdauer von 15% bzw. 17% aus, eine Reduktion im Medikamentenverbrauch, eine Verringerung der Komplika-

---

tient Kommunikation im Krankenhaus (= Schriften zur Medizinsoziologie, Bd. 2), Wien 1986, S. 5 ff.

312 Ebda, S. 6.

313 Schiffner, K., Möglichkeiten psychosozialen Handels, S. 579.

314 Wimmer, H., Die Bedeutung psychosozialer Betreuung von Patienten, S. 7.

315 Ebda, S. 8.

316 Ebda, S. 12 f.

tionsrate, eine geringere Beschwerdenrate bei den Patienten sowie eine deutliche Steigerung der Zufriedenheit.

Schließlich legt die Medizinsoziologie und -psychologie noch weitere Postulate frei. Voraussetzung für die Durchsetzung einer integrativen Patientenbetreuung in größerem Umfang ist zweifellos eine Aufgabenausweitung des Arztes, die eine Umgestaltung sowohl der ärztlichen Ausbildung als auch der Arbeitsbedingungen verlangt. Nur bei einer „Änderung der Organisation des Krankenhausbetriebes, die es erlaubt, menschliche Bedürfnisse anstatt technischer Abläufe in den Mittelpunkt zu rücken ... (wird) eine verstärkte und intensivierte Kommunikation zwischen Arzt und Patient ermöglicht“[317].

## *4.3. Perspektivenverschiebung im Arzt-Patienten-Verhältnis*

### 4.3.1. DIE ERWARTUNGEN DES PATIENTEN

Es gibt, je nach der Befindlichkeit, unterschiedliche Erwartungen. Der potentielle Patient (Konsument) erwartet als Gesunder, daß die Medizin auf der Höhe der Zeit steht und der Arzt sich des heiltechnischen und medikamentösen Arsenals optimal zu bedienen weiß. Ist er aber krank und mithin Patient im eigentlichen Sinn, so erwartet er, daß ihm der Arzt persönlich – und nicht als Team – zur Verfügung steht und er selbst als ganzer Mensch angenommen wird[318].

Die Medizin des ausgehenden 20. Jahrhunderts ist im Wandel von der naturwissenschaftlichen Medizin, die Krankheit als bloße Abweichung von der Norm sieht, hin zu einer „auch die Umwelt und Mitwelt umfassende(n) Heilkunde“[319]. Dies bedingt natürlich politische und ökonomische Begleiterscheinungen, wie eine Änderung in der Krankenversorgungs- und Sozialversicherungs-Gesetzgebung und eine enorme Kostenexplosion im Gesundheitswesen, die es zu kontrollieren gilt.

*Schipperges* sieht den Paradigmen- bzw. Panoramawechsel in den letzten 100 Jahren vor allem in drei Bereichen[320]:

---

317 Ebda, S. 15.
318 Schipperges, H., Arzt und Patient, S. 9.
319 Ebda, S. 17.
320 Ebda, S. 18 f.

1. Die Theorie der Medizin wandelte sich von der Heilkunde zur Heiltechnik.
2. Der Krankheitsbegriff hat sich vom bloßen Organdefekt über psychosoziale und psychosomatische Elemente ständig ausgeweitet. Somit wurden alte medizinische Normbegriffe aufgeweicht.
3. Die Sozialgesetzgebung hat sich so sehr verändert, daß nunmehr beinahe ein totales Versicherungssystem herrscht.

Um die patientenrechtlich richtigen Fragestellungen einzuschlagen, muß man sich nicht nur aus der Sicht der Ärzte, wie in den vorgehenden Kapiteln getan, sondern erst recht aus der Sicht der Patientenschaft der Frage stellen, was nun eigentlich die Veränderungen im Arzt-Patienten-Verhältnis ausgelöst hat.

Der wohl entscheidendste Faktor für diese Evolution im Arzt-Patienten-Verhältnis scheint in den bedeutenden Fortschritten in wissenschaftlichen und technologischen Bereichen der Medizin zu finden zu sein. Es zeigt sich, daß die institutionalisierte Gesundheitsfürsorge die Behandlung und Pflege daheim abgelöst hat. Ein gigantisches System von Einrichtungen, die es gewiß wieder – und nicht nur aus Gründen der Ökonomie – zu reduzieren gilt, hat die Heil- und Pflegeaufgabe übernommen: Kliniken, Pflegeinstitutionen und anderen Langzeitpflege- oder „chronic care"-Einrichtungen bis hin zu „high-technology tertiary care centers"[321].

Gesundheitsfürsorge wird überwiegend im Team durchgeführt. Aufgrund der Spezialisierung der einzelnen Mitglieder des Teams muß sich kaum ein einzelner Arzt mehr für das Gesamtwohlbefinden des Patienten verantwortlich fühlen und kaum einer in der Behandlungskette ist in der Lage, dem zweifelnden, von Ängsten befallenen Patienten augenblicklich entsprechende Informationen und Auskünfte über seinen Gesamtzustand zu geben; der Verweis auf ausständige Berichte, auf gutächtliche Stellungnahmen von Kollegen, auf die offizielle Route des Abteilungsleiters sind übliche Dilatorien[322].

Die erweiterten Möglichkeiten der Medizin brachten es auch mit sich, daß nicht nur die Frage der Behandlung oder Nichtbehandlung[323] zu beantworten ist, sondern auch die Frage, wie behandelt werden soll, welche Möglichkeit von mehreren gewählt werden soll.

---

321 National Society of Patient Representatives of the American Hospital Association (Hrsg.), Patient Representation in Contemporary Health Care, S. 2.
322 Ebda.

Allgemein eingebettet in eine Vielzahl von gesellschaftlichen Befreiungs- und Freiheitsströmungen der modernen westlichen Wohlstandsgesellschaft, in der die meisten Primärbedürfnisse der meisten Menschen befriedigt sind, hat sich, von Amerika ausgehend, eine Consumerism-Bewegung entfaltet, die auf die Qualität der Lebensumstände des Einzelnen abstellt[324].

Die Konsumentenbewegung im Bereich des Gesundheitswesens (health care consumer) bewirkte insgesamt neue Perspektiven für den Patienten im Gesundheitswesen und setzt sich zum Ziel, eigene Kontrolle über Entscheidungen hinsichtlich des Lebens, der Gesundheit und des Todes ausüben zu können[325]. Alleine die Bezeichnung „Patient", patiens = leidend, auch geduldig, drückt für sich indirekt schon Passivität und Angewiesenheit aus, während die Bezeichnung „Konsument" Unabhängigkeit im Bereich von Entscheidungen impliziert[326]. Patientenrechte werden daher vielfach auch als Konsumentenrechte oder Klientenrechte (clients rights) bezeichnet.

Diese neuen Erwartungen im Bereich des Arzt-Patienten-Verhältnisses gehen einher mit den Befürchtungen vor einem Umschwung des Gesundheitswesens, welches sich in distanzierter, kalter, inhumaner, entpersonalisierter Pflege ausdrückt. „Die Realität des Gesundheitswesens zeigt sich heute komplex und nicht notwendigermaßen patientenorientiert"[327].

Genau diesem Bereich, der Lücke zwischen den Erwartungen und der Realität, entspringen die Idee und das Anliegen der organisierten Patientenrepräsentation[328].

Das grundsätzliche Problem der Konsumenten als aktive Partizipanten in der Gesundheitsfürsorge liegt darin, daß es ihnen am entscheidenden Fachwissen meist fehlt. Verschärft wird die Ausgangssituation der Patienten dadurch, daß sie, soferne sie den Bereich des Gesundheitswesens betreten, sich zumeist in einer Zeit der persönlichen Unsi-

323 Appelbaum, P. S./Roth, L. H., Patients Who Refuse Treatment in Medical Hospitals, in: Journal of the American Medical Association 250 (1983), S. 1296 ff.

324 Annas, G. J., Rights of Patients, S. 1 ff.

325 Van De Heuval, W. J. A., The Role of the Consumer in Health Care Policy, in: Social Science and Medicine 14 (1980), S. 209 ff.

326 Storch, J., Patients' Rights, S. 13 f.

327 National Society of Patient Representatives of the American Hospital Association (Hrsg.), Patient Representation in Contemporary Health Care, S. 3.

328 Marks, J. H. (Hrsg.), Advocacy in Health Care. The Power of a Silent Constituency, Clifton (N. J.) 1986.

cherheit und Krise befinden, also in einer Position, in der sie besonders verletzlich und machtlos sind[329].

Unabhängig von den erwachenden Forderungen nach Veränderungen durch die Patienten/Konsumenten, erkannten aber auch die für die Anstalten Verantwortlichen, daß sie zusehends in eine Kollisionssituation zu ihrer Patientenschaft geraten, die es notwendig erscheinen ließ, Formen zu finden, die es ermöglichen, die Kommunikation mit den Patienten zu fördern[330]. Man gelangte also auch vom System her notgedrungenermaßen zur Idee der Patientenrechte.

## 4.3.2. CONSUMERISM

Die Möglichkeit, medizinische Kontrollen selbst durchzuführen, ist heutzutage in viel größerem Ausmaß gegeben. Man denke hier nur an Blutdruckmessungen, Bluttests, Schwangerschaftstests im kleinen, die neue Bewegung der sozialen Dienste und Hauskrankenpflege im großen. *Naisbitt*[331] und *Toffler*[332] sprechen von zwei konkurrierenden Strömungen, nämlich von der Entwicklung diffizilster und avanciertester Technologien in der Medizin (electronic cottage) und von den Selbsthilfebewegungen (self-help-movement).

Diese geänderte Erwartung an das System ist der Boden und Ausdruck der Erwartung einer kaum als solcher wahrgenommenen neuen politischen Kultur, alsbald vielleicht politischen Struktur zugleich. Auf diesem Hintergrund entstehen Interessenvereinigungen und Hilfsorganisationen als neue Träger politischer Artikulation[333]. Das Bedürfnis nach und die Zunahme von „Centers for Volontary Social Workers" hat sich in der ganzen Welt verstärkt[334]. Disziplin und Selbstlosigkeit, ein kollektives Gefühl für Verantwortung, sind die treibenden Kräfte, die hinter diesem Netzwerk liegen[335]. Innerhalb der Gesundheits-und

329 Carnerie, F., Crisis and Informed Consent, S. 55 ff.
330 Countryman, K. M./Gekas, A. B., Patient's Bill of Rights, S. 1 ff.
331 Naisbitt, J., Megatrends, New York 1982.
332 Toffler, A., The Third Wave, Auckland 1980, S. 282.
333 Anbäcken, O., Patientmedverkan och organisationsstruktur, S. 49.
334 Anbäcken, O., Visiting Four Health Institutes – a Japanese Studytrip, in: The Journal of Health Administration Education 3 (1985), S. 354 ff.
335 Ouchi, W. G., Teori „Z". Hur väst ska möta den japanska utmaningen, Södertälje 1982.

Krankenpflege wird also auch auf Patientenseite ethischen und moralischen Aspekten in steigendem Maße mehr Bedeutung zugemessen[336], was gewiß zu neuen Konsumenten- und Produzentenrollen führt.

Patientenvereine, Vereine der Angehörigen von Kranken, Vereine für die Erhaltung verschiedener ethischer Fragen innerhalb der Gesundheits- bzw. Krankenpflege, werden die Gesundheitspolitik sowie die Forschung nachhaltig beeinflussen[337].

### 4.3.3. SELBSTVERSTÄNDNIS DES CONSUMERISM

Dabei zeigt sich der organisierte Patient als "Konsument" in einer selbst- und zielbewußten Rolle, als eine Person, die im Sinne des „Let the Buyer Beware"[338], informiert und überlegt Dienstleistungen in Anspruch nimmt, dabei sorgsam Preise vergleicht, Qualitätsunterschiede feststellt und letztendlich die beste Wahl trifft.

Freilich, dieses auf die amerikanische Gesundheits-Marktwirtschaft hinkonditionierte Qualitätskonzept hat in den europäischen, durchwegs staatlichen Gesundheitsfürsorgesystemen eine weniger günstige Ausgangslage. Allerdings richtet sich auch bei uns das Hauptinteresse der Patientenvertetungsbewegung auf das tradierte Arzt-Patienten-Verhältnis mit der ihm inhärenten, asymmetrischen Autoritätsstruktur, welches einer grundsätzlichen Neugestaltung harrt. An die Stelle des alten Autoritätsmodelles, das auf einseitiges Agieren des Arztes abstellt, soll das neue Konzept eines Dialogmodells[339] treten, welches auf Dialog und Interaktion zwischen Patienten und Arzt basiert.

Eine norwegische Erhebung belegt die aus den Erwartungen heraus gehegten Detailwünsche und -forderungen der Gesundheitsdienstleistungs-„brukar", -verbraucher, müßte man wörtlich übersetzen[340]: Mehrere Untersuchungen über die Vorstellungen und über eventuelle

336 McFaul, T., Biomedical Issues for the Future, in: Fowles, J. (Hrsg.), Handbook of Futures Research, Westport 1978, S. 653 ff.

337 Anbäcken, O., Patientmedverkan och organisationsstruktur, S. 50.

338 Reeder, L. G., The Patient-Client as Consumer, S. 139.

339 Pratt, L. V., Reshaping the Consumer's Posture in Health Care, in: Gallagher, E. B. (Hrsg.), The Doctor-Patient Relationship in the Changing Health Scene, U. S. Department of Health, Education and Welfare (NIH), Washington D. C. 1978, S. 197 ff.

340 Stortingmelding nr. 41, Norwegen 1987-88, Oslo 1988, S. 77 f.

Unzufriedenheiten der Patienten mit dem Gesundheitswesen haben gezeigt, daß die Patienten ein gesetzlich verankertes Recht auf Gesundheitsdienstleistungen, gerechte Verteilung der Gesundheitsdienstleistungen, mehr Information, Recht auf Einwilligung zur Behandlung, Teilnahme an praktischen Aufgaben, kollektive Rechte, einzelne Klageordnungen, formelle Klageordnungen und bessere Schadenersatzmöglichkeiten bei Behandlungsschäden fordern.

Bei den Patienten steht der Wunsch nach einer internen Beschwerdeordnung in den einzelnen Krankenhäusern an vorderster Stelle. Die Patienten wünschen sich Einrichtungen in den einzelnen Krankenhäusern, an die sie sich mit Beschwerden wenden können. Während eines Krankenhausaufenthaltes entstehen vielfältige kleinere Probleme, die nicht bereits zu einer formellen Klage führen und auch zu keiner führen sollen.

Für die Diskussion über eine Kodifikation von Patientenrechten interessant ist dieses Ergebnis[341]: Voraussetzung für mehr Mitwirkung und Einflußnahme der Patienten ist eine Stärkung der rechtlichen Stellung der Patienten. Daher wird die rechtliche Verankerung der Interessen der Patienten gefordert. Es genügt nicht, das Bewußtsein der Patienten, etwa durch Information, zu vergrößern. Nach der zustimmenden Auffassung des norwegischen Sozialministeriums muß daher die Grundlage für ein gesteigertes Bewußtsein in erster Linie durch die Stärkung der rechtlichen Situation des Patienten bewirkt werden.

Eine explizite Beobachtung[342] verdient, vergleichbaren europäischen System berichtet zu werden: Obwohl die medizinische Behandlung in Norwegen qualitativ hochwertig und gut ist, versagen das Gesundheitswesen und dessen Aufsichtsbehörden vom Rechtskonzept her gänzlich, wenn Probleme oder Schädigungen von Patienten im Zuge eines Krankenhausaufenthaltes, einer Untersuchung, einer Behandlung oder eines operativen Eingriffes, entstehen[343]. Für die Patienten ist es schwierig, gehört zu werden und sich durchzusetzen. Wenn einmal ein Schaden entstanden ist, erhält der Patient kaum mehr Information. „Paradoxerweise erweckt es den Anschein, als ob die Wahrscheinlichkeit, daß der Behandler oder das Krankenhaus nichts mehr mit dem Pa-

341 Ebda.

342 Ebda.

343 Thune, G. H./Haug, A. O., Perspektiv på pasientenes rettslige stilling i Norge, Norsk Pasientforening, Oslo 1988, S. 33 ff.

tienten zu tun zu haben wünscht, proportional mit dem Schweregrad der Fehlbehandlung oder des Problems zunimmt"[344].

*Thune* und *Haug*[345] proponieren, daß auch in öffentlichen Gesundheitsfürsorgesystemen der Mensch genauso Verbraucher wie in allen anderen Lebensbereichen ist. Die Art der Verschleierung des Versicherungsvertragsverhältnisses legitimiere keine Minderberechtigung. Asbjørn *Kjønstad*[346] lastet den staatlichen Wohlfahrtssystemen als Manko an, daß sie das auch in ihnen inbegriffene Leistungsaustauschverhältnis zu Lasten der Stellung des Patienten nicht sichtbar werden lassen.

### 4.3.4. UNTERSUCHUNGEN ÜBER PATIENTEN/ KONSUMENTENEINSTELLUNGEN

Eine österreichische Studie präsentiert aussagekräftiges Datenmaterial über Patientenerwartungen. Im Vordergrund stand die Frage nach den Rechten des Patienten, die Information und Kenntnis darüber. Insgesamt wurden 970 Personen befragt, 528 in Österreich, 363 in Südtirol und 16 in den Niederlanden[347].

Die Visite, die für den Patienten Kontakt zum behandelnden Arzt ist und für ihn wichtige Information bringen soll, wird oftmals, sowohl vom Kranken als auch vom Arzt, in ihrer Dauer überschätzt. Beträgt die tatsächliche Kontaktzeit 3,7 Minuten, schätzen Patienten die Dauer bis zu 13 Minuten[348]. Neben dem Problem der Belastung durch die Krankheit und den unverständlichen Fachausdrücken ist die Visite für den Patienten noch dadurch erschwert, daß die Kommunikation nicht nur zwischen ihm und Arzt, sondern auch zwischen Ärzten und Pflegepersonal stattfindet. *Seidl* und *Walter* orten daher als eine der Patientenforderungen[349] eine stärkere Einbeziehung des Patienten in die Visite und eine vermehrte Berücksichtigung seiner psychischen Bedürfnisse.

Als Bestandteil der Krankenpflege ist auch der Kontakt zum Patien-

---

344 Ebda, S. 3.
345 Ebda, S. 32 ff.
346 Kjønstad, A., Patientenrechte.
347 Seidl, E./Walter, I., Der Patient und das Krankenhaus. Studien über Rechte, Information und Schlaf der Kranken, Wien-München-Bern 1984, S. 13.
348 Ebda, S. 22.
349 Ebda, S. 25.

ten und seinen Angehörigen zu sehen, die Kommunikation ist zentral in der Pflege[350]. Die Informationen, die vom Krankenpflegepersonal an den Patienten weitergeben werden, betreffen größtenteils organisatorische und praktische Dinge, etwa den Tagesablauf und die durchzuführenden Pflegehandlungen. Hier ist also eine klare Trennung zur Information durch den Arzt, die sich auf Diagnose und Therapie der Krankheit bezieht, gegeben.

Aber auch die privaten Bedürfnisse, wie der Schlaf des Patienten, liegen nun offener zutage. Die Erhebung an dreiundvierzig allgemeinen Krankenanstalten in Österreich aus dem Jahre 1982 weist aus, daß etwa 33% der Patienten um 4.30 Uhr oder noch früher geweckt werden, 37% um 5.30 Uhr[351]. Die nach Beendigung des Spitalsaufenthaltes durchgeführte Befragung erwies, daß 55,5% fanden, zu früh geweckt worden zu sein[352]. Generell wurden überwiegend Störungen von außen und nicht von der Krankheit her genannt. Ähnlich wie in einer schwedischen Studie, die vermeintliche, meist nur tradierte Organisationszwänge für die mehr als lästig empfundenen Schlafgewohnheitsstörungen ausmachte[353], wird auch bei *Seidl* und *Walter* hier ein hohes Potential für Querelenverringerung durch dementsprechende organisatorische Maßnahmen gesichtet.

Daß Patientenbefragungen während des Krankenhausaufenthaltes hingegen ergaben, daß nur 11,5% die Weckzeit als zu früh ansahen[354], läßt den Schluß angezeigt erscheinen, daß sich Patienten in die soziale Erwünschtheit einpassen.

An patientenrechtlicher Konsequenz ergibt sich bei *Seidl* und *Walter* die Forderung nach bedürfnisorientierterer Pflegeplanung, d. h. die besonders patientenorientierte, individuelle Form der Pflege zu intensivieren[355]. In einem Erstgespräch, in dem sich das Pflegepersonal über die Gewohnheiten des Patienten informiert, könnten die individuellen Bedürfnisse mit den organisatorischen harmonisiert werden. Den letzten Abschnitt des koordinierbaren Pflegeprozesses stellte dann das Entlassungsgespräch dar, das rechtzeitig vor der Beendigung eines Spitalsaufenthalts stattfinden sollte, in dem Patient und/oder Angehörige

350 Ebda, S. 37.
351 Ebda, S. 59.
352 Ebda, S. 64.
353 Att bo på institution, Socialstyrelsen redovisar 1987:12, Stockholm 1987.
354 Seidl, E./Walter, I., Der Patient und das Krankenhaus, S. 84 f.
355 Ebda, S. 94.

über das Verhalten nach der Entlassung und weitere Hilfsmittel wie das Angebot sozialer, mobiler Dienste, informiert werden[356].

*Haug* und *Lavin*[357] versuchen anhand von vier Maßstäben, die ihnen als Indikatoren für Konsumentendenken erscheinen, drei Erhebungen aus den Jahren 1976 und 1978 auszuwerten. Zwei dieser Erhebungen betreffen einen Bundesstaat im Mittleren Westen der USA, wobei eine Erhebung die Befragung von 640 Patienten, die andere eine Befragung von 88 Ärzten umfaßt. Die dritte Erhebung ist eine nationale Erhebung bei 1509 Patienten.

Die vier Meßfelder beziehen sich auf die Erwartungshaltungen hinsichtlich des Rechts auf Information und des Rechts auf Entscheidung, der Einstellung des Patienten zum Arzt und des Verhaltens des Patienten zum Arzt. Trotz des Kontexts eines Arzt-Patienten-Verhältnisses werden die Maßstäbe aus der allgemeinen Konsumentenbewußtseinsevaluation entnommen: Der Konsument will in erster Linie ausreichende Informationen über das Produkt oder die Dienstleistung, beansprucht das Recht auf die letztendliche Entscheidung, ob er kauft/annimmt oder nicht und verweigert die Duldung jeglicher Autoritätsansprüche eines Verkäufers; das sind die Ausgangsparameter. Das spezielle Produkt im Arzt-Patienten-Verhältnis ist dabei die Gesundheitsfürsorge, der Patient ist der Käufer, der Arzt der Verkäufer. Obwohl bei diesen ökonomischen Termini die zusätzlichen interpersonellen Aspekte, die bereits erörtert wurden, keinen Eingang finden, definieren sie doch das Essentielle im Behandlungsverhältnis.

Ein Großteil der befragten Personen will über ihren Gesundheitszustand so viel wie möglich wissen. Zwischen 71% und 83% der Befragten sind der Ansicht, sie sollten durchaus ein Recht und einen Anspruch darauf haben, in ihre Krankenberichte einzusehen. Allerdings findet sich auch ein Prozentsatz zwischen 3% und 7% der Befragten, der definitiv keinerlei Einsicht haben will und ein Anteil von 15% bis 22% der Befragten, der zumindest Zweifel hat, ob er dies tatsächlich will. Diejenigen Personen, die meinen, Patienten sollten keinen Einblick in den Krankenbericht erhalten, müßten diejenigen sein, die dem Arzt so umfassend vertrauen, daß sie die Richtigkeit der dargebotenen Informationen gar nicht einmal überprüfen wollen. Eine andere Erklärung wäre allerdings auch, daß sie über zu wenig Selbstvertrauen darüber verfü-

356 Ebda, S. 96.
357 Haug, M./Lavin, B., Consumerism in Medicine, S. 44 ff.

gen, daß sie die Fachsprache eines Krankenberichtes verstehen könnten. Auf der anderen Seite kann man diejenigen Patienten, die durchaus ein Recht auf Information beanspruchen, allerdings in der Praxis keinen Einblick in ihre Krankenberichte bekommen, als jene betrachten, die dem Arzt nicht vollkommen vertrauen, daß er ihnen die Wahrheit über ihren Gesundheitzustand weitergibt. Sie vertrauen daher vielmehr ihrem eigenen Wissen und daß sie in der Lage sind, die Berichte auch zu verstehen[358].

Eine norwegische Untersuchung[359] erweist, daß unter den Informationsbedürfnissen keineswegs nur die nach dem Gesundheitszustand zu finden sind, sondern auch die nach der Stellung, wohl auch Rechtsstellung, des Patienten, also auch nach dem Stand und Inhalt der Patientenrechte selbst.

Beklagt wurde auch der Mangel an Information bezüglich der Behandlungsrisiken, der Mangel an Auskunft darüber, wer die Behandlung durchführen wird und der Mangel an Auskunft über mögliche Prognosen. Patienten unter 30 Jahren sind durchschnittlich am wenigsten mit der Praxis der Informationsrechte zufrieden.

Interessant ist die Divergenz zu den erhobenen Daten von *Haug* und *Lavin*. In Jan *Froestads* Erhebung[360] wünschen nämlich nur 10% der Patienten, während ihres Krankenhausaufenthaltes in den Krankenbericht Einsicht zu nehmen, Frauen öfter als Männer. Dies eröffnet die Interpretation, daß entweder doch ein starkes consumeristisches Gefälle zwischen Amerika und Europa besteht oder daß bei einer Befragung in der Anstalt die Anpassung an erwünschte Haltungen das Antwortergebnis bestimmt.

Diejenigen, die keinen Einblick in das Journal nehmen wollten, waren der Ansicht, daß sie ohnehin genügend Information erhielten, daß sie schon ausreichend über ihre Krankheit informiert seien oder gaben an, daß sie dem Personal voll und ganz vertrauen würden. Allgemeine Neugierde, Mangel an konkreter Information und Kontrollieren des Personals wurden als Gründe für den Wunsch nach Einsicht in das Journal angeführt. Aber nur 4% fragten wirklich danach. Dafür wurden wiederum mehrere Gründe benannt. Manche kannten den Anspruch auf Einsicht in den Krankenbericht nicht, andere waren zu müde oder

358 Ebda, S. 66 f.
359 Froestad, J., Skriftlig informasjon, S. 16 f.
360 Ebda, S. 12 ff.

zu schwach, um ihr Recht geltend zu machen, manche meinten, daß die verwendeten Fachausdrücke ohnehin das Verständnis für die Aufzeichnungen auf ein Minimum reduzieren würden, andere gaben an, den Mut nicht aufgebracht zu haben, sich an das Personal zu wenden. Einigen Patienten wurde trotz unternommenen Versuchs die Einsichtnahme verweigert.

Ungefähr ein Viertel der Patienten gab an, daß sie mit den Zuständen während ihres Krankenhausaufenthaltes ausdrücklich unzufrieden waren. Die negativen Erfahrungen bezogen sich hauptsächlich auf mangelnde Information, Wartezeiten, Plazierung, Versorgungsroutinen, zu oberflächlichen Kontakt mit dem Personal, abweisende Haltung von seiten des Personals, Standard des Krankenhauses, Ausrüstung oder Einrichtung des Krankenhauses. Ein comsumeristischer Trend scheint sich zu entwickeln: Die Unzufriedenheitsrate war auch hier bei jüngeren Patienten höher als bei älteren. Die Unzufriedenheit war bei denjenigen Patienten am höchsten, die zur Untersuchung oder Beobachtung ins Krankenhaus gekommen waren. Bei denjenigen, die zur Vornahme eines operativen Eingriffes im Krankenhaus waren, war die Unzufriedenheitsrate gering. Dies läßt den Schluß zu, daß bei ernsteren Erkrankungen oder risikobeladeneren Behandlungsmaßnahmen die Verbraucherhaltung einer stärkeren Klientenhaltung weicht.

Schichtspezifisches, wenn auch im allgemeinen nicht weiter Unbekanntes, wurde gehoben: Der Informationsstand war bei den oberen Berufsklassen höher[361].

Nur 40% derjenigen, die unzufrieden waren, wandten sich deswegen an das Personal. Für diese Zurückhaltung wurden wiederum verschiedene Ursachen angeführt. Viele Patienten hatten generell gute Erfahrungen gemacht und wollten aus einer Querele heraus keine Beschwerden an das Personal richten. Manche meinten, daß dies ohnehin nichts nützen würde, andere fühlten sich dazu nicht stark genug oder hatten Angst, zur Last zu fallen. Nur 20% derjenigen, die sich tatsächlich beschwerten, meinten, daß die gezielte Patienteninformation und -ermunterung ausschlaggebend für die tatsächliche Anbringung der Beschwerde gewesen sei.

Jan *Froestads* Erklärung für die Differenz von empfundenem Patientenunbehagen und der Äußerung dieses, liegt in der lang erlernten Rolle des Patienten: „Die Patientenkultur ist außerdem eine typische

361 Ebda, S. 10.

Genügsamkeitskultur mit dem Postulat, Dankbarkeit zu zeigen und nicht zuviel zu fordern“[362].

Hinsichtlich der Einschätzung der Gewährung des Rechts auf Selbstbestimmung über die eigene Behandlung und Pflege, scheint bei *Haug* und *Lavin* fast die Hälfte der Befragten unentschlossen[363]. Nur ein Prozentsatz zwischen 26 und 37 der Befragten ist davon überzeugt, sie sollten auch dann die Entscheidungsprävalenz hinsichtlich der zu erfolgenden Behandlungsschritte selbst haben, wenn diese der Entscheidung des Arztes widerspricht. Hier wird eine augenfällige Diskrepanz sichtbar: Obwohl ein größerer Anteil der Befragten Einsicht in den entsprechenden Krankenbericht wünscht, sind nur weniger als 40% der Befragten auch bereit, dieses Wissen entsprechend zu einer autonomen Entscheidung selbst zu nützen[364].

Meistens besteht eine auffällige Divergenz zwischen der Einstellung eines Menschen und seinem tatsächlichen Verhalten. Obwohl hiefür eine Anzahl von Erklärungsmodellen denkbar erscheint, scheint die Hauptursache meistens im Situationskontext zu finden sein. Speziell für das Arzt-Patienten-Verhältnis bedeutet dies, daß, selbst wenn ein Patient grundsätzlich die Ansicht vertritt, im Falle eines Arztbesuches die Rolle des Arztes jedenfalls zu hinterfragen, beziehungsweise die Autorität des Arztes herauszufordern, es letztlich immer auf die besondere Situation ankommt, ob der Patient seine Einstellung auch in entsprechendes Verhalten umsetzt. Dabei kann besonders, wie vorhin bemerkt, die Häufigkeit und Ernsthaftigkeit einer Krankheit eine wesentliche Rolle spielen. Auch die Fachkenntnisse des Patienten oder die pädagogischen Kenntnisse eines Arztes im Umgang mit seinen Patienten wirken auf das tatsächliche Verhalten des Patienten zurück[365].

Bei den untersuchten Erhebungen zeigen sich deutliche Tendenzen in der generellen Einstellung der Befragten: In der regionalen Erhebung melden fast 60% der Befragten den Willen an, die Rolle des Arztes zu hinterfragen bzw. seine Autorität herauszufordern. In der nationalen Erhebung ist das Ergebnis nicht ganz so deutlich, aber die Tendenz geht in dieselbe Richtung. Zumindest ein Viertel der Befragten vertritt die Einstellung, im Umgang mit dem Arzt dessen Autorität zu hinter-

362 Ebda, S. 17.
363 Haug, M./Lavin, B., Consumerism in Medicine, S. 68 f.
364 Ebda.
365 Ebda, S. 70 ff.

fragen und ein weiteres Drittel der Befragten zeigt sich bei der Antwort zumindest unentschlossen[366].

Wenn Patienten sich nun tatsächlich in der Situation befinden, daß sie krank sind und einem Arzt gegenüber sitzen, verhalten sie sich offensichtlich anders, als sie es ihrer angemeldeten Einstellung nach vorhatten. Ungefähr die Hälfte der Befragten in beiden Erhebungen gibt an, noch nie während eines Arztbesuches auch tatsächlich eine Diagnose, eine Behandlung oder auch nur die Kosten der Behandlung hinterfragt zu haben. Nur – oder immerhin? – 28% der Befragten geben an, zumindest einige Situationen der Herausforderung ihres Arztes herbeigeführt zu haben, zwischen 13% und 24% berichten von mehreren solchen Situationen[367].

366 Ebda, S. 69.
367 Ebda.

# 5. Klientelisierungstypen und Institutionentypen

## *5.1. Klientelisierungstypen*

### 5.1.1. KINDER

Kinder werden als Patienten mit ganz speziellen Bedürfnissen[368] nur allmählich[369] wahrgenommen. Den sozialen Änderungen (wie etwa Drogenabhängigkeitsmuster, Schwangerschaftsabbruchsdemographie etc.) entsprechend, wird etwa im niederländischen Zivilrecht das Alter für die Vormundschaftspflichtigkeit der Behandlungsmaßnahmen bei Kindern herabgesetzt. Hier kommt es also richtungsweisend zu einer stärkeren Verschiebung der Rechtsausübung und Rechtsverfügung auf das direkte Verhältnis zwischen Kind und Arzt[370].

Im übrigen werden die Interessen der Kinder bislang allgemein zu deren Besten durch die vorgesehenen gesetzlichen Stellvertreter wahrgenommen. Gerade im Fall der Aufnahme in Institutionen und Anstalten werden Kinder aber von ihren Eltern und gesetzlichen Vertretern in der Regel getrennt. Im besonderen Interesse des Kindes liegt es daher, ungestört und jederzeit Kontakt zu den Eltern oder dem gesetzlichen Stellvertreter aufzunehmen[371].

Selbsthilfevereine bemühen sich massiv, die Mitaufnahme von Begleitpersonen selbstverständlich werden zu lassen. Österreich hat hier einige tastende Schritte schon gesetzt. Das Europäische Parlament hat zum Schutz der Interessen kranker Kinder bereits im Jahre 1986 eine Entschließung zu einer eigenen Europäischen Charta für Kinder in

---

368 Omsorg om barn på sjukhus, Socialstyrelsen redovisar 1982:1, Stockholm 1982.

369 Vgl. hinsichtlich der Informationsrechte jüngst umfassend McLean, S. A. M., A Patient's Right to Know, Aldershot 1989, S. 31 ff.

370 Vgl. dazu den Niederländischen Gesetzesvorschlag über den medizinischen Behandlungsvertrag, welcher nach informeller Auskunft des Koninklijke Nederlandsche maatschappij Tot Bevordering Der Geneeskunst demnächst als Teil des neuen Niederländischen Bürgerlichen Gesetzbuches von 1992 dem Parlament zur Beschlußfassung vorgelegt werden wird. Zum Neuen BGB siehe allg. Bydlinski, F./Mayer-Maly, Th./Pichler, J. W., Renaissance der Idee der Kodifikation.

371 Grotensohn, C., Was erwarten Familien im Kinderkrankenhaus, in: Die Schwester/Der Pfleger 12 (1989), S. 968.

Krankenhäusern verabschiedet[372]. Dort drückt sich die unübersehbar geänderte Philosophie in eigenständigen, ganz spezifischen Sonderrechten der Kinder explizit aus. Postuliert werden unter anderem:

– Das Recht auf kindergerechte Behandlung mit Takt, Höflichkeit und Verständnis sowie auf Unantastbarkeit der Intimsphäre;

– das Recht auf die erforderliche Behandlung, auch durch richterliche Verfügung, falls die Eltern oder ihre Stellvertreter diese aus religiösen Gründen, kultureller Rückständigkeit, aufgrund von Vorurteilen ablehnen oder nicht in der Lage sind, angesichts des Notfalls die geeigneten Schritte zu unternehmen;

– das Recht auf Behandlung in Tageskliniken ohne zusätzliche Kosten;

– das Recht des Kindes auf eine seinem Alter, seiner geistigen Entwicklung und seinem emotionellen und psychischen Zustand angepaßte Information über die gesamte medizinische Behandlung, die ihm zuteil wird sowie über deren positive Aussichten;

– das Recht (und die Möglichkeit) in Notfällen zu den Eltern oder deren Stellvertretern Kontakt aufzunehmen;

– das Recht auf Unterbringung im Krankenhaus zusammen mit anderen Kindern, wobei die Verlegung auf Erwachsenenstationen möglichst zu vermeiden ist.

Die 1. Europäische „Kind im Krankenhaus" Konferenz in Leiden verabschiedete im Mai 1988 eine in dieselbe Richtung weisende Charta für Kinder im Krankenhaus[373].

## 5.1.2. ALTE MENSCHEN

Unter den Patienten von heute, demographisch gesicherterweise aber erst recht unter denen von morgen, befinden sich anbetrachts der curricularen Überalterung zunehmend alte Menschen mit diffizilen Lebenskonstellationen und -bedingungen[374]. Diese Beobachtungen finden in jenen Ländern, die sich ganz besonders bemühen, Sicherungssysteme zum Schutz der gruppenspezifischen Patientenrechte zu erarbeiten, einen ganz besonderen Stellenwert.

---

372 Siehe Dokumententeil; Europäisches Parlament, Entschließung zu einer Europäischen Charta für Kinder in Krankenhäusern, Dok. A2-25/86.

373 Abgedruckt in: Die Schwester/Der Pfleger 12 (1989), S. 971.

374 Leva som äldre. Tolv intervjuer med forskare, författare, politiker m. fl., SOU 1985:3, Stockholm 1985.

Schwedische Arbeiten setzen auf den unterschiedlichsten Ebenen des vielschichtigen Problems an. Das Rechtsinstrumentarium wird dabei mehr noch für den Präventionsbereich[375] als den Korrektur- und Sicherungsbereich benutzt. Insbesondere die von *Schipperges*[376] angeführte Änderung der sektorisierten Problemregelung wird durch Kompetenzverschiebungen und Kompetenzneuzusammenfassung in der Aufgabe und Verantwortung für die Sorge um alte Menschen[377] angebahnt: Für unser Thema von Relevanz ist die Beobachtung, daß der soziale Blickwinkel noch von der traditionellen Perspektive des Anstaltenwesens überlagert ist, daß die politische Verantwortlichkeit undeutlich ist, daß die herkömmliche Verteilung der Arbeitsaufgaben in Pflegeeinrichtungen mehr an den administrativen Vorgaben, als am Bedarf der Patienten orientiert ist und schließlich, daß das Zusammenspiel zwischen den Institutionen der Krankenpflege und denen der Altenpflege, insbesondere der Hauskrankenpflege, so unterentwickelt ist, daß Patienten unnötig lange in Krankenanstalten bleiben müssen[378].

Einer gesonderten Betrachtung unterzog man in patientenrechtlicher Hinsicht die Pflege am Ende des Lebens[379]. Einen Bedarf an spezifischer Rechtsregulierung fand man nicht. Dahingegen wurde ein Programm entwickelt, das mit Sterbehilfe gar nichts zu tun hat, aber doch das Verhalten des Personals in den letzten Lebensstunden definiert[380].

Brauchbares Deskriptions- und Reaktionsmaterial können Kanada und Amerika liefern. In der kanadischen Provinz Ontario veranlaßte die zu erwartende Überalterung der Bevölkerung – neben weiteren Beobachtungen und Erkenntnissen – die Entwicklung eines Patientenanwaltschaftsprogramms für sogenannte erhöht verletzungsgefährdete Patienten (vulnerable adults): Im Zeitraum zwischen 1960 und 1980 hat die Anzahl der über 65 Jahre alten Menschen von 8% auf 10% der Gesamtbevölkerung Ontarios zugenommen. Derzeit beträgt die Anzahl der alten Menschen nach der Definition von vulnerable adults 11% der

---

375 Regeringens proposition 1987/88:176, Äldreomsorgen inför 90-talet, Stockholm 1988.

376 Schipperges, H., Arzt und Patient, S. 1 ff.

377 Ansvaret för äldreomsorgen. Rapport från äldredelegationen, Departementserier 1989:27, Stockholm 1989.

378 Ebda, S. 12 ff.

379 Vård i livets slutskede. Huvudbetänkande I livets slutskede, SOU 1979:59, Stockholm 1979.

380 Vård i livets slutskede – Underlag till vårdprogram Socialstyrelsen SoS-rapport 1989:2.

Bevölkerung[381]. Für das Jahr 2030 wird erwartet, daß der Prozentsatz gar auf 23% ansteigt. Generell findet sich ein Anteil von 7,3% älterer Menschen in den Pflege- und Altersheimen Ontarios[382].

In den Vereinigten Staaten[383] gibt es geschätzte 1,3 Millionen Pflegepatienten[384]. Die meisten dieser Bewohner sind alt: 86,4% sind über 65 Jahre, 55% sind über 80 Jahre alt. Das Durchschnittsalter der Pflegepatienten beträgt 81 Jahre[385]. Mehr als die Hälfte aller Bewohner hat keine nahen Verwandten (Eltern, Geschwister, Kinder)[386], nur ungefähr 12% dieser Bewohner haben lebende Ehegatten[387].

Unabhängig von den evidenten übrigen Bedürfnissen der Pflegepatienten wird berichtet, daß Pflegepatienten zum Teil inadäquate medizinische Unterstützung bekommen. Ein Bericht des Department of Health, Education and Welfare (HEW) behauptete, daß 47,9% der Pflegepatienten einer Physiotherapie, 35% der Bewohner einer „occupational therapy" und 13% einer Sprachtherapie bedürften, welche aber nicht angeboten werden[388].

Die Kosten der Pflegeinstitutionen zehren die finanziellen Ressourcen der Pflegepatienten aus und auf. 1975 mußte festgestellt werden, daß 47,5% aller Pflegepatienten, die Empfänger der Medicaid-Unterstützung sind, sich bei Eintritt in die Pflegeinstitution nicht unter der Armutsgrenze befanden, aber während des Aufenthaltes in den Pflegeeinrichtungen unter diese Grenze, die Voraussetzung der Medicaidunterstützung ist, rutschten[389]. Durchschnittlich 69% der Pflegepatienten verfügen über ein besonders geringes jährliches Einkommen[390].

---

381 Statistic by Office for Senior Citizens' Affairs, zit. in: Ontario Ministry of the Attorney General (Hrsg.), You've Got a Friend, S. 53 f.

382 Ebda.

383 Vgl. insbesondere National Senior Citizens Law Center (Hrsg.), Nursing Home Law. A Legal Services Practice Manual, Washington 1982.

384 National Center for Health Statistics, U. S. Dept. of Health, Education and Welfare (Hrsg.), Pub. No. (PHS) 79-1974, The National Nursing Home Survey: 1977 Summary of The United States 29, Washington D. C. 1979.

385 Ebda, S. 29.

386 Subcommittee on Long-Term Care of the Senate Special Comm. on Aging (Hrsg.), Nursing Home Care in the United States: Failure in Public Policy, Introductory Report, S. Rep. No. 93-1420 22, Washington 1974, S. 16.

387 National Center for Health Statistics (Hrsg.), The National Nursing Home Survey, S. 5.

388 Office of Long-Term Care, Public Health Service, U. S. Dept. of Health, Education, and Welfare (Hrsg.), Pub. No. 76-50021, Long-term Care Facility Improvment Study: Introductory Report 13, Washington D. C. 1975.

389 Congressional Budget Office (Hrsg.), Long-Term Care for the Elderly and Disabled, Washington 1977.

Viele der Pflegepatienten sind in ihrer Gesundheit schwerst beeinträchtigt. Krankheiten wie Kreislaufstörungen, mentale Krankheiten, Senilität und verschiedene chronische Krankenheiten, meist noch als Multimorbidität zutage tretend, sind der Regelfall[391]. Eine beachtliche Anzahl der Pflegepatienten kommt aus der Behandlung von Mentalhospitälern und wurde im Rahmen der Deinstitutionalisierung in Pflegeeinrichtungen überstellt[392].

Die Gesundheitsprobleme beschränken die Pflegeinstitutionen in der Durchführung der alltäglichen Handlungen. Die Pflegepatienten bedürfen der Assistenz bei: Baden (86%), Ankleiden (69%), Gebrauch der Toiletten (53%), Essen (33%) und Beweglichkeit (66%)[393].

Das Leben in Pflegeeinrichtungen ist mit Isolation verbunden. Mehr als 12% der Pflegepatienten bekommen überhaupt nie Besuch[394], nur wenige (10,6%) verbringen – außer aus medizinischen Gründen – eine Nacht außerhalb der Pflegeeinrichtung[395].

### 5.1.3. KÖRPERBEHINDERTE

Körperbehinderte Menschen werden als eigene Patientengruppe nur zum Teil wahrgenommen. Nur teilweise schaffen einige Länder daher spezielle Gesetze und Normen zum Schutz behinderter Menschen, andere Länder versuchen diesen speziellen Schutz durch die allgemeinen Sozialversicherungsgesetze zu gewährleisten[396].

Bemerkenswert sind in diesem Zusammenhang die skandinavischen Betrachtungsweisen. Dänemark, Norwegen und Schweden bemühen sich, spezielle Gesetze für behinderte Personen ganz absichtlich zu ver-

---

390 Ebda.

391 National Center for Health Statistics (Hrsg.), The National Nursing Home Survey, S. 31.

392 Subcommittee on Long-Term Care of the Senate Special Comm. on Aging (Hrsg.), Nursing Home Care in the Untied States: Failure in Public Policy: The Role of Nursing Homes in Caring for Discharged Mental Patients and the Birth of a For-Profit Boarding Home Industry, supporting paper No.7, Washington D. C. 1976.

393 National Center for Health Statistics (Hrsg.), The National Nursing Home Survey, S. 43.

394 Ebda, S. 57.

395 Ebda, S. 60.

396 Leenen, H. J. J./Pinet, G./Prims, A. V., Trends in Health Legislation, S. 37 f.

meiden und sie in die allgemeinen Gesetze für das Gesundheitswesen zu integrieren. Als vermittelnde Strategie formte man jedoch offizielle Vertretungs- und Beratungsgremien in Form von Behindertenräten auf Reichs- und Länderebene (Statens handikappsråd, Länshandikappsråd). Formal handelt es sich dabei um Verwaltungsbehörden, denen allerdings eine politische Funktion der Beobachtung, Forschung, Vermittlung und Planung zukommt[397]. Das Konzept, das diesem Weg zugrunde liegt, ist das der rechtlichen Nicht-Ausgrenzung, e contrario die Integration von behinderten Menschen in die Gesellschaft als gleiche und gleichberechtigte Bürger. Auch Finnland geht einen ähnlichen Weg[398].

Der Umfang dieser speziellen Patientengruppe ist in jedem Fall beachtlich und nur durch viel vertuschtes Leid nicht so deutlich sichtbar. Für eine seriöse Einschätzung bedürfte es jedoch einer Begriffsabgrenzung. Schwedische Zahlen sprechen von über einer Million mehr oder weniger behinderter Schweden[399], was bedeutete, daß jede(r) siebente Schwede(in) behindert ist. Greift man auf die kanadischen Evaluationen in der Provinz Ontario[400] zurück, so haben 13,6 % (937.000 Menschen) der erwachsenen Bevölkerung in Ontario leichte, mittelmäßige oder starke bleibende Körperschäden. Von niedrigen 4 % unter den jüngeren Menschen im Alter von 15–24 Jahren steigt die Rate der Körperschäden signifikant mit zunehmendem Alter. In der Gruppe der über 65 Jahre alten Menschen beträgt der Prozentsatz bereits 38,4 %.

### 5.1.4. MENTALPATIENTEN

Traditionell versteht sich die Gesellschaft darauf, geistig behinderte Menschen von der Gesellschaft in irgendeiner Form abzusondern, sie zu institutionalisieren, sie somit auch der Sicht ihrer Mitmenschen zu entziehen, sie unsichtbar zu machen und sie zu vergessen: Geistig behinderte Menschen werden isoliert[401].

---

397 Siehe Riktlinjer för Stockholms läns handikappsråd; rådets uppgifter, Stockholm 1984.

398 Leenen, H. J. J./Pinet, G./Prims, A. V., Trends in Health Legislation, S. 36 f.

399 Statens handikappsråd (Hrsg.), (Informationsfalter), Så här arbetar statens handikappsråd, Stockholm 1984.

400 Report of the Canadian Health and Disability Survey (1983-84), zit. in: Ontario Ministry of the Attorney General (Hrsg.), You've Got a Friend, S. 53.

401 Ziegenfuss, J. T., Patients Rights & Organizational Models, S. 12.

Betrachtungen und Analysen der erzielbaren Resultate von Isolation in Institutionen zeugen sehr deutlich davon, wie schädlich und unsensibel solche Institutionen für die soziale, aber auch für die physische Gesundheit der betroffenen Menschen im einzelnen sind. Sehr deutlich wird erkannt, daß zum einen die organisatorische Struktur, zum anderen aber auch die mit ihr verbundenen generellen Leitlinien überhaupt nicht in der Lage sind, die Ziele und Wunschvorstellungen für die Behandlung ihrer Klienten zu erfüllen. Es darf dabei natürlich auch nicht vergessen werden, daß es anfangs gar nicht die Intention dieser Institutionen war, konstruktive Hilfe für ihre Patienten zu leisten. Heute wird aber nunmehr genau diese konstruktive Hilfe gefordert[402]. Jetzt macht man diese Institutionen dafür verantwortlich, ihren neuen Aufgabenbereich nicht erfüllen zu können, ohne sehen zu wollen, daß es zur Durchführung dieser Aufgaben auch einer Umstrukturierung in der Organisation solcher Institutionen bedarf, um neuen Perspektiven, hier insbesondere dem Schutz der Patientenrechte, adäquat gerecht zu werden[403].

Neue Perspektiven erwachsen zusehends aus dem gesamtgesellschaftlichen Wachsen des Interesses für besonders gefährdete Patientengruppen in ihrer ganzen Vielfalt, unter diesen wiederum vor allem für die mental kranken Personen. Eine allgemeine Allianz zur Unterstützung benachteiligter Patientengruppen entsteht bei Rechtsanwälten, Sozialarbeitern und Sozialaktivisten. Zusammen wollen sie darauf hinwirken, neue Wege in der Gesundheitspolitik zu beschreiten und die Sicherung der einzelnen Rechte von bedürftigen Menschen zu fördern. Ausgangspunkt dieser Überlegungen ist dabei das Erkennen der existierenden Formen von Institutionen und das Wissen um den Mangel an Rechtsschutz für bedürftige Menschen in solchen Institutionen.

Neue Wege können nur durch Entstehen neuer Organisationsmodelle und einer weitreichenden Unterstützung für Patientenrechte erwirkt werden[404].

Historisch ist zu beobachten, daß gerade zwischen Organisation, Einrichtung und gesetzlichen Rechten der Patienten eine nur geringe Interaktion vorzufinden war. Nunmehr geht es um die Durchsetzung der größtmöglichen Freiheit und Unabhängigkeit für Behinderte (dis-

---

402 Ziegenfuss, J. T., Patients Rights Raises Questions for Psychiatry, Psychology and Law, in: International Journal of Social Psychiatry 1981, S. 37 ff.

403 Ziegenfuss, J. T., Patients' Rights & Organizational Models, S. 12.

404 Ebda, S. 1 ff.

advantaged persons); damit auch sie bestmögliche Voraussetzungen vorfinden, ein eigenständiges Leben führen zu können, eigenverantwortliche Entscheidungen treffen zu können. Dafür haben Patienten begonnen, ihre Bedürfnisse und die dazugehörenden Anspruchs- und Sicherungsrechte zu sondieren. Mentalpatienten bilden ihre eigenen Interessenvertretungen, verkünden ihre eigenen patientenrechtspolitischen Programme, etwa in einem Projekt über die bürgerlichen Rechte und Freiheiten von Mentalpatienten (Mental Patients Civil Liberties Project). Darin proponieren Mentalpatienten ihre speziell zu sichernden Rechte:

– mit Würde und Respekt behandelt zu werden;
– auf Privatsphäre;
– auf ein sicheres, sauberes und gesundes Milieu;
– auf Freisein von Absonderung und Einschränkungen; außer auf besondere ärztliche Anordnung, aufgrund spezieller Gründe und lediglich für einen bestimmten Zeitraum; niemals aber als Strafe;
– mit anderen Menschen außerhalb der Institution zu kommunizieren;
– handgefertigte Waren selbst zu verkaufen und den Erlös zu behalten;
– entlassen zu werden, sobald eine Spitalspflege nicht mehr notwendig erscheint;
– über die Behandlung in verständlicher Weise informiert zu werden;
– die Mitwirkung bei Schulungsvisiten oder Forschungszwecken verweigern zu können;
– über den Inhalt der Spitalsordnung aufgeklärt zu werden;
– auf volle Redefreiheit[405].

Der Kernbereich der Philosophie der Mentalpatientenrechte kann, auf vier Sachbereiche ausstrahlend, zusammengefaßt werden:

(1) Generelle Annäherung an die Bedürfnisse der Patienten;
(2) Einweisung zur Behandlung;
(3) die Behandlung selbst;
(4) die Entlassung.

Der erste Schwerpunkt betrifft die Forderung nach dem Recht auf Würde und Respekt bei der Behandlung des Patienten. Diese Forde-

---

405 Mental Patients Civil Liberties Project, vgl. Ziegenfuss, J. T., Patients' Rights & Organizational Models, S. 7.

rung bedeutet aber gleichzeitig eine Absage an die bisherige Behandlungsmethode. Mentalpatienten wurden nur allzu leicht zu Parias gemacht, zuerst identifiziert, dann etikettiert und schließlich ausgeschlossen und vergessen. Dabei wurde diesen Patienten in diesem vierstufigen Prozeß sowohl die Selbstachtung und Selbstwürde als auch der Respekt der Gemeinschaft entzogen. Waren solche Menschen einmal in öffentlichen oder privaten Spitälern untergebracht, waren sie auch von jeglicher möglichen Kommunikation abgeschnitten („out of sight, out of mind")[406].

Der zweite Schwerpunkt betrifft Modifikationen beim Aufnahmeprozeß in solche Spitäler. Da mit einer Einweisung in ein Spital durch die bevorstehende Deprivation massive Eingriffe in die Persönlichkeitssphäre verbunden sind, müssen auch zum Schutz des Patienten alle juristischen Hilfsmittel zur Verfügung stehen. Auch scheint es notwendig zu sein, bereits bei der Aufnahme oder Einweisung eine ausreichende Unterweisung über die herrschende Spitalsordnung zu erhalten, um sicherzustellen, daß unabsichtliche Verletzungen dieser Spitalsregeln vermieden werden können und damit auch verhindern zu können, daß diese Regelverstöße anschließend in der Bewertung des Patienten zu seinem Nachteil verwendet werden[407].

Der dritte Schwerpunkt wird in der Behandlung selbst gesehen. Der aktuelle Behandlungsprozeß steht zusehends mehr unter Kritik. Er sei von Ablehnung der Kommunikation als Teil der Therapie, mangelndem Versuch zum Informed Consent im Verhältnis zwischen Arzt und Patient, von Abschiebung und Einschränkung des Patienten geprägt. Die Rechte des Mentalpatienten müßten daher in ihrer Philosophie auf Teilnahme und Einbindung und Ermutigung zur Teilnahme abzielen[408].

In der Literatur findet das Problem der Mentalpatientenrechte immer deutlicheren Niederschlag.

Ein genereller Überblick über die Patientenrechtsliteratur bietet ein breites Spektrum an Themenschwerpunkten. Ausgehend von Schilderungen von lang tradierten Mißständen in Institutionen, konzentrieren sich die Fragestellungen in den letzten Jahrzehnten deutlich auf ein-

---

406 Ebda, S. 13.
407 Ebda; vgl. auch Mancuse, J. C., Mental Illness as Ceremony Violation, Report presented at the Community Imperative Conference, Washington D. C. 1978.
408 Ziegenfuss, J. T., Patients' Rights & Organizational Models, S. 14.

zelne Patientenrechte, hier vor allem auf Fragen, die die Einweisung in und Entlassung aus Anstalten, Partizipation bei Behandlungsentscheidungen, die Verwendung von verschiedenen Behandlungsmethoden und Informed Consent betreffen. In den letzten Jahren versucht man nun, das ganze Spektrum gemeinsam zu erfassen und widmet sich ganzen Programmentwürfen.

Erst in den letzten beiden Jahrzehnten setzte eine Art der organisierten rechtlichen Hilfe für Mentalpatienten ein, aber schon vorher finden sich zumindest in der Literatur Betrachtungen im Zusammenhang mit den Rechten der Patienten, wobei zwei verschiedene Rechtsebenen, die des Rechts auf Behandlung und die des Selbstbestimmungsrechts, miteinander konkurrieren. Immer schwingen hier die unterschiedlichen Perspektiven von Paternalismus und Autonomismus mit.

Der Blickwinkel allerdings verschiebt sich zusehends zur wachsenden Sensibilisierung für eine faire Behandlung unter vollem Respekt vor den Bürgerrechten[409]. *Fields*[410] umschrieb die Problemkreise bereits in Form von patientenrechtlichen Fragestellungen: Gibt es ein Recht auf Behandlung? Und was entspricht einer adäquaten Behandlung? Ist die Mitarbeit des Patienten ein rechtlich gesicherter Bestandteil der Therapie?

*Treffert*[411] wies auf das Theorie-Praxis Problem der Patientenrechte frühzeitig hin. Es gibt zu viele Patienten, die trotz der Patientenrechte in der Praxis keinen Schutz finden („died with their rights on"). Andere wiederum betrachteten die Bemühungen um Patientenrechte förmlich als Krieg gegen die „state hospital psychiatry"[412] oder meinten, daß die Rechte der Patienten eine Art Statistikparameter seien und nur als Maßeinheit für das Ausmaß der Vernachlässigung, nicht aber für die Beseitigung der Vernachlässigung der Patienten, dienten[413]. Die letztere Entwicklung läuft darauf hinaus, daß der Schutz der Patienten-

---

409 Bazelon, D., The Right to Treatment: The Courts Role, in: Hospital and Community Psychiatry 20 (1969), S. 129 ff; Leaf, P., Wyatt v. Stickney; Assessing the Impact in Alabama, in: Hospital and Community Psychiatry 28 (1977), S. 351 ff.

410 Fields, S., Patients Rights II. Lawyer Test the Limits, in: Innovations 1 (1974), S. 16 f.

411 Treffert, D. A., The Practical Limits of Patients' Rights, in: Psychiatric Annals 5 (1975), S. 158 ff.

412 McGarry, A. L., The Holy Legal War Against State Hospital Psychiatry, in: New England Journal of Medicine 294 (1976), S. 318 ff.

413 Schmolling, P., Civil Rights for Mental Patients: The Road to Neglect, in: Hospital and Community Psychiatry 26 (1975), S. 168 ff.

rechte wohl eine Art Gleichgewicht zwischen den Rechten und Behandlungsbedürfnissen der Patienten schaffen soll[414].

In den achtziger Jahren zeichnen sich zwei spezifische Richtungen hinsichtlich der Mentalpatientenrechte ab. Die eine bildet das Experimentieren mit verschiedenen Formen der Anwaltschaftsprogramme, sowohl internen als auch externen Programmen[415]. Die zweite Richtung führt auf die Frage zu, ob Patientenanwaltschaften auch die Qualität der Gesundheitsfürsorge sichern und fördern können[416].

Mit einer Zeitverzögerung, dafür aber intensiv, entwickelt sich das Problembewußtsein in Europa. Dabei erfährt die Patientenrechtspolitik nunmehr einen eigenartigen Knick: Man akzeptiert die erhöhte patientenrechtliche Schutzwürdigkeit von Mentalpatienten, meint damit aber genug zu tun und koppelt in der Praxis die erheblich größere „Rest"patientenschaft, unabhängig von der jeweiligen Schutzbedürftigkeit, rechtspolitisch ab.

Unter den jüngeren Modellen ragen zwei, das österreichische und das parlamentarisch noch unbehandelte norwegische[417], in ihrer Patientenrechtsphilosophie heraus, wobei das österreichische gegenüber dem norwegischen Modell den Vorzug für sich in Anspruch nehmen kann, sich in den Instrumentarien schon fixiert zu haben. Daher sei aus dem österreichischen Modell das Grundkonzept skizziert. Einzelne Strategien und Instrumente aus dem norwegischen Entwurf werden später, insbesondere bei den Anwaltschaftskonzepten, aufbereitet.

Das Schutz- und Begleitmodell einer Patientenanwaltschaft im österreichischen Unterbringungsgesetz soll nunmehr die Interessen, insbesondere aber die Rechte der psychisch kranken Patienten, wahren[418]. Daß nämlich zivil- und strafrechtliche Vorkehrungen zum

---

414 McPheeters, H. L., Implementing Standards to Assure the Rights of Mental Patients. Proceedings of a Symposium Atlanta, Georgia, June 1-3, 1977, Rockville (Maryland) 1977; Lamb, H. R., Securing Patients' Rights – Responsibly, in: Hospital and Community Psychiatry 32 (1981), S. 393 ff.

415 Ontario Ministry of the Attorney General (Hrsg.), You've Got a Friend, S. 1 ff.

416 Ontario Ministry of Health, Advocacy in Psychiatric Hospitals. Evaluation of the Psychiatric Patient Advocate Office, Ontario 1987, S. 1 ff.

417 Lov om psykisk helsevern uten eget samtykke, Norges offentlige utredninger NOU 1988:89, Stockholm 1989.

418 §§ 13 bis 16 (österr.) Bundesgesetz über die Unterbringung psychisch Kranker in Krankenanstalten, BGBl. 155/1990.

Schutz der aufgrund schwerwiegender Krankheiten oder Behinderungen ohnehin besonders benachteiligten Menschen und Patienten allgemein nicht ausreicht[419], mußte auch der österreichische Gesetzgeber schließlich erkennen[420]. Die Besonderheit am österreichischen Modell des Patientenanwalts nach dem Unterbringungsgesetz ist darin zu sehen, daß der Vorsteher des jeweiligen Bezirksgerichts unter mehreren namhaft gemachten Personen den nach seiner Auffassung geeignetsten Patientenanwalt auswählen kann. Der Patientenanwalt wird somit weder durch eine Anstaltsleitung selbst noch durch die Verwaltung bestellt, wie dies bei Ombudssystemen zu beobachten ist, sondern durch ein unabhängiges Gericht. Die Aufgaben und Pflichten des Patientenanwalts sieht das Gesetz in der Wahrnehmung von[421]:

- Schutz der Interessen und Wünsche der Patienten;
- Vertretung eines ohne Verlangen untergebrachten Kranken kraft Gesetz zur Wahrung seiner Rechte; es sei denn, der Patient bevollmächtigt eine dritte Person zur Wahrung seiner Rechte[422];
- Vertretung eines auf eigenes Verlangen Untergebrachten kraft seines Ersuchens zur Wahrung seiner Rechte;
- Informationspflicht gegenüber dem Patienten über beabsichtigte Vertretungshandlungen, es sei denn, es ist dies dem Patientenanwalt nicht zuzumuten oder die Informationen gefährdeten das Wohl des Patienten;
- Verschwiegenheits- und Geheimhaltungspflicht;
- Mitwirkung im Aufnahmeverfahren (insbesondere Anhörungsrechte);

419 Vgl. Kopetzki, Ch., Die zwangsweise Anhaltung in Österreich aus verfassungsrechtlicher Sicht, in: Recht und Psychiatrie 1986, S. 88 ff.

420 Das Unterbringungsgesetz bezieht sich allerdings nur auf die Unterbringung Kranker in Krankenanstalten, für die Freiheitsentziehungen und -beschränkungen in der Grauzone der Pflegeinstitutionen, Außenstellen, Pflegeplätze bleibt immer noch weiterer – auch bereits erkannter – Handlungsbedarf des Gesetzgebers bestehen; vgl. dazu den Bericht des Justizausschusses 1202 der Beilagen zu den Stenographischen Protokollen des Nationalrates XVII. GP.

421 (Österr.) Bundesgesetz über die Unterbringung psychisch Kranker in Krankenanstalten, BGBl. 155/1990.

422 Ist dieser ein Notar oder Rechtsanwalt, erlischt die Vertretungsbefugnis des Patientenanwalts; ist dies eine andere Person, bleibt die Vertretungsbefugnis des Patientenanwalts weiterhin bestehen, wenn der Patient nichts Gegenteiliges bestimmt. Das Gericht ist über die Bevollmächtigung zu verständigen.

– Kooperation mit anderen Vertretern des Patienten (insbesondere den Sachwaltern);
– Einsichtsrechte in die Krankengeschichte.

## 5.2. *Institutionentypen*

### 5.2.1. ORGANISATIONSINTERESSEN VERSUS PATIENTENINTERESSEN

Die Überbewertung traditioneller Organisationsstrukturen bietet dem Patienten, als schwächstem Teil im Gefüge, kaum Möglichkeiten zur Mitarbeit und Mitgestaltung am Gesamtmilieu der Gesundheitseinrichtungen. Und doch nimmt der Milieufaktor einen wesentlichen Platz im Gesundungsprozeß des Patienten ein[423]. Aus diesem Grund erscheint es notwendig, moderne Strukturen zu finden und aufzubauen, die zum einen im Interesse des Patienten problemorientiert gestaltbar sind und zum anderen mit den Rechten, Ansprüchen und Erwartungen des Patienten korrelieren[424]. Organisationsstruktur und Patientenrechte müssen aufeinander wirken[425]. Darüber hinaus sind, dem Klientelisierungsgrad entsprechend, die Verantwortung der Organisation für zusätzliche Hilfestellungen und Unterstützungs- und Aktivierungsmechanismen zu verdichten.

Daher sind in Form einer empirischen Begleitforschung[426] die unterschiedlichen Patientensituationen in verschiedenen Entwicklungsstufen eingehend zu beleuchten, Auslösefaktoren von kurz- oder langfristig entstehenden Mißständen und Fehlentwicklungen in der Organisation zu erkennen und Lösungsvorschläge und -modelle zu erarbeiten[427]. Erst durch das Erkennen und die Darstellung von strukturellen Grundbedingungen des Verhältnisses Patient und Organisation lassen

---

423 Vgl. Präambel zur Patient's Bill of Rights der American Hospital Association: „The traditional physician-patient relationship takes a new dimension when care is rendered within an organizational structure. Legal precedent has established that the institution itself also has a responsibility to the patient".

424 Vgl. auch Hofer, M., Patientenbezogene Krankenhausorganisation, Berlin 1987.

425 Ziegenfuss, J. T., Patients Rights & Organizational Models, S. 1 ff.

426 Fachvereinigung der Verwaltungsleiter deutscher Krankenanstalten, Menschen im Krankenhaus, S. 1 ff.

sich Patientenrechte, insbesondere die Rechte im Bereich der Partizipation, Kooperation und Aktivierung, im Behandlungs- und Pflegeprozeß weiterentwickeln, verbessern und instrumentalisieren[428]. Sich im Krankenhaus wohl zu fühlen, gut zu wohnen, wie es eine schwedische Untersuchung nennt[429], wird meist als Luxus und überzogener Anspruch erachtet. Daß dies für den Genesungsprozeß mit allen Kostensenkungsimplikationen von essentieller Bedeutung ist, wird unterschätzt. Man fürchtet in der Diskussion, daß der Patient, erst gar der ältere, der sich zu wohl fühle, künstlich eine unnötig lange Verweildauer provozieren könnte.

Owe *Anbäcken*[430] entwirft ein Modell, das zunächst esoterisch und theoretisch wirkt. Dennoch soll es hier, wenn auch stark gekürzt, mitgeteilt werden, weil darin, unter Verzicht auf ge- und verbietende patientenrechtliche Normen, dahingegen unter Einsatz ausschließlich organisatorischer Konzepte, Patientenfreiheiten entwickelt werden. Einschränkend anzumerken scheint, daß die Mitarbeit als Betätigungsfreiheit nur dann akzeptabel ist, wenn die absolute Freiwilligkeit gesichert ist und kontrolliert wird, daß nicht durch umwegige Mechanismen diese Freiwilligkeit manipuliert wird. Wo Mitarbeit therapeutisch indiziert ist, fällt ihre Empfehlung unter die Bedingungen der Aufklärungsdoktrin.

Gutgewählt erscheinen *Anbäckens* Einleitungsschritte:

1. Die Patientensituationen sind grundsätzlich zu klassifizieren.
2. Bedürfnisse und Stellung des Patienten sind anschließend für jede Situation entsprechend zu evaluieren.
3. Notwendige Hilfeleistungen sind zu entwerfen, sodaß individuelle Hilflosigkeit ausgeglichen wird und aktive individuelle Mitarbeit an der eigenen Versorgung ermöglicht wird.
4. Organisationsbedingte Hindernisse und Kooperationen, in welchen sich eine Gruppe in einem Abhängigkeitsverhältnis zu anderen am Prozeß beteiligten Gruppen befindet, sind zu erforschen[431].

---

427 Vgl. Ludwig-Boltzmann-Institut für Medizinsoziologie (Hrsg.), WHO-Modellprojekt „Gesundheit und Krankenhaus" in Zusammenarbeit mit dem Ludwig-Boltzmann-Institut für Medizinsoziologie und der Krankenanstalt der Stadt Wien, Rudolfsstiftung; siehe dazu: Öffentliche Projektpräsentation, Gesundes Krankenhaus 1 und 2, Wien 1990.

428 Ziegenfuss, J. T., Patient/Client/Employee Complaint Programs, S. 170 ff.

429 Bo bra på sjukhem. Förbättring av befintliga långvårdsbyggnader, Spri-rapport 266, Stockholm 1989.

Das Erfassen unterschiedlicher Situationen von Klientengruppen im allgemeinen bildet nicht nur die Grundlage für eine an augenblickliche Fakten angepaßte Organisationsstruktur, sondern schafft auch Verständnis für die Entwicklungsrichtung und das Fundament für langfristige Zielsetzungen.

Es ergeben sich daher drei Bereiche, denen man in Zukunft mehr Aufmerksamkeit schenken muß[432]:

1. Der Bereich der Entwicklung einer Theorie über die Zusammenarbeit der Organisation mit deren Umgebung, wobei hier besonders auf Organisationen für ressourcenschwache Gruppen eingegangen werden soll, und darüber, wie Tätigkeitsbereiche und Arbeitsaufgaben die Grundlage für Organisationsstrukturen bilden; da den Bedürfnissen der einzelnen Klientengruppen nachgekommen werden soll, müssen verschiedene Organisationsstrukturen aufgebaut werden. Die Forschung sollte sich aber auch mit der Frage beschäftigen, wie die verschiedenartigen Organisationen durch integrierende Maßnahmen und Strukturen zusammengehalten werden sollen;

2. der Bereich der Forschung über Miteinbeziehung von ressourcenschwachen Klienten in den Arbeitsprozeß. Die Studiengebiete über dieses Thema sind vielfältig. Die Forderung nach Mitbestimmung und Zusammenarbeit der Klienten ist eine politische Zielsetzung, die sich auf alle Gebiete des Gemeinwesens erstreckt. Durch die reichhaltige Facettierung innerhalb der Krankenversorgung und der Pflege können von diesem Gebiet Schlüsse und Lehren auf andere Bereiche des menschlichen Zusammenlebens geschlossen werden;

3. der Bereich der Entwicklung von Methoden für die Auswertung von Tätigkeiten, die sich auf ressourcenschwache Gruppen beziehen.

*Organisationsmodelle*

Nach *Borgenhammar*[433] lassen sich grundsätzlich vier Modelle im Gesundheitswesen unterscheiden:

1. Das bio-mechanische Krankheitsmodell
2. Das psychodynamische Modell

---

430 Anbäcken, O., Patientmedverkan och organisationsstruktur, S. 1 ff.
431 Ebda, S. 7.
432 Ebda, S. 195 f.
433 Zit. bei Anbäcken, O., Patientmedverkan och organisationsstruktur, S. 1 ff.

3. Das Milieumodell
4. Das offensive Volksgesundheitsmodell

Das bio-mechanische Krankheitsmodell ist das gängige; Patienten werden nach dem erkrankten und daher zu „reparierenden“ Organ wahrgenommen und typologisiert: „die Galle von Zimmer 12“. Im psychodynamischen Modell werden die meisten Krankheiten als psychosomatisch angesehen. Dieses Modell konnte sich kaum durchsetzen, höchstens in Fällen, in denen die sozialen Ursachen deutlich hervortraten. Beim Milieumodell sieht man den Menschen als Teil des ständigen Zusammenspiels zwischen Milieu und Gemeinwesen. In diesem Fall sind die möglichen Maßnahmen vielfältig, wobei Gesundheitsversorgung und Pflege nur eine Korrekturmöglichkeit darstellen. Beim vierten Modell sind die Maßnahmen sowohl auf Vorbeugung als auch auf Gesundheitsversorgung gerichtet. Die Dienstleistungen bestehen aus zwei Faktoren, nämlich denen prophylaktischer Natur und jenen, die das Propagieren eines gesünderen Lebensstils beinhalten.

Es scheint, als hätten Gesundheitspolitik und Gesetzgeber sich in den vergangenen Jahren dazu entschlossen, dieses Modell als das für die Zukunft wegweisende und wichtigste ins Auge zu fassen, aus nationalökonomischer wie auch aus patientenbezogener Sicht. Dies erfordert allerdings erhöhte Organisationsbedürfnisse bei den Institutionen der Vorsorgemedizin und den Sozialversicherungen. Primary Health Care (primärvård) ist in Skandinavien ein Hoffnungsfeld der Forschungen zur Gesundheitspolitik.

Das offensive Volksgesundheitsmodell ist im heutigen Gesundheitssystem mit seiner Organisations- und Budgetplanung und dem Ressourcenplafond nicht mehr unterzubringen. Auch das fachliche Interesse an diesem Modell ist gering. In den Augen der Politiker wie der Experten vermag es keine „sichtbaren“ Erfolge zu verbuchen, es ist unspektakulär und ressortüberschreitend. Mithin steht es politisch unter ungünstigen Vorzeichen.

*Anbäcken*[434] wähnt zusätzlich noch eine Gefahr darin, daß Krankheiten aufgrund von sozialen und psychischen Ursachen in einer eigenen Klasse landen und daß die Versorgung von Kranken nach der Kategorisierung in interessante und weniger interessante Krankheiten unterschiedlich gewichtet wird. Technisch hochstehende Technologien wer-

---

434 Anbäcken, O., Patientmedverkan och organisationsstruktur, S. 51.

den innerhalb des Gesundheitswesens bevorzugt, da sie fachlich attraktiv sind und die Resultate rasch sichtbar – und wohl auch medial verwertbar – sind. Dadurch ist diese Art der medizinischen Versorgung auch politisch und ökonomisch interessanter und auch von der Tätigkeit des Wissenschafters her gesehen ansprechender. Die weniger interessanten Krankheiten sind meist mit schwerer Pflegearbeit verbunden und die Resultate sind völlig ungeeignet, öffentliches Interesse zu wekken.

### 5.2.2. SPITÄLER

Unter den Umorganisationsproblemen in patientenrechtlicher Hinsicht stehen für *Anbäcken* an vorderster Stelle der Ausbau von Service und die Institutionalisierung von – freiwilliger – Patientenmitarbeit. Hiefür bedarf es zunächst eines Modells für eine in das Krankenhauswesen eingebaute Evaluation und Qualitätskontrolle[435].

Durch die neuen medizinischen Erkenntnisse werden neue Voraussetzungen, Bedürfnisse und Situationen für die inneren Zustände im Krankenhauswesen geschaffen, die definiert werden müssen. Dabei muß der Patient als selbständige und am Prozeß aktiv teilnehmende Partei auftreten, um ein Faktor der Fortentwicklung sein zu können.

Sowohl Auswertung als auch Kontrolle müssen in das System des Pflegeprozesses eingebaut werden. In kurzen zeitlichen Abständen sollen Rapporte erstellt werden, an denen sowohl das Krankenhauspersonal als auch Patienten mitarbeiten sollen. Somit wird auf die Situation des Patienten gesondert eingegangen und bei Veränderungen werden Maßnahmen getroffen. Diese Entwicklung soll kontinuierlich in den Pflege- und Behandlungsprozeß eingebaut werden[436]. Nach einer ersten Zeit der Unruhe wird eine Stabilisierung eintreten, die eine gewisse Sicherheit und Geborgenheit schaffen wird, was für das Bestehen einer neuen Organisation absolut vonnöten ist.

Dies soll aber nicht „Flucht in die Geborgenheit" bedeuten. *Peters* und *Waterman*[437] meinen, daß fortschrittliche Unternehmenstheorien

---

435 Ebda, S. 169 ff.
436 Ebda, S. 169.
437 Peters, T. J./Waterman, R. H., På jakt efter mästerskapet. Vågen till det framgångsrika företaget, Södertalje 1983.

eher lehren, mit Unsicherheit umzugehen, anstatt diese zu vermeiden. *Anbäcken* hält diese Leitidee auch für Krankenhausbetriebe tauglich. Die Leitung des Krankenhauses soll lediglich Sicherungen einbauen, um Geschehnisse in der Umgebung registrieren und die Organisation danach anpassen zu können[438].

Die Patientenfreiheiten erprobende Experimentalarbeit wäre nach *Anbäcken* in mehreren Schritten anzulegen[439]. Zunächst wäre ein Versuchsprogramm zu entwerfen. Dieses besteht aus der Beschreibung der stetigen Entwicklung und Auswertung von Service und Patientenmitarbeit und deren praktischer Anwendung auf die lokalen Organisationseinheiten. Dies beinhaltet auch eine Präzisierung der Profilierungsmöglichkeiten. Durch die Profilierung soll die Organisationsstruktur, die den Pflege- und Versorgungsprozeß prägen soll, angepaßt werden. Je nach Grad der medizinischen Kenntnisse kann dabei mehr oder weniger Freiheit zugestanden werden[440]. Zu überprüfen ist die Übereinstimmung in folgenden Punkten:

1. Öffnungszeiten, Besuchszeiten, Telefonzeiten, usw.
2. Administrative Routinen
3. Ausformung von „Schlüsseldienstleistungen"
4. Leitungsstil, Routinen zur Arbeitsanleitung
5. Interne Ausbildung/Fortbildung von Personal
6. Investitionen in Drucksachen, Informationsmaterial, Unterrichtsmaterial, internes TV, Video, etc.

Dieses Programm mit allgemeinem Charakter bildet die Grundlage für die wichtigsten Elemente im Versorgungsprozeß. Es sind darin auch ethische Grundprinzipien bezüglich der Stellung der Patienten enthalten. Im Programm ist außerdem auf die unterschiedlichen Möglichkeiten der Miteinbeziehung der Patienten einzugehen[441].

Im nächsten Schritt sind die kennzeichnenden Merkmale der wichtigsten systemimmanenten Komponenten und die Handlungsmöglichkeiten der lokalen Organisationsebene (Klinik/Abteilung) zu erforschen. Zunächst gilt es, die kennzeichnenden Merkmale des Patienten im Hinblick auf die Organisation zu ergründen[442].

Zur Analyse sind Fragestellungen notwendig, wie: Was kennzeichnet

---

438 Anbäcken, O., Patientmedverkan och organisationsstruktur, S. 170.
439 Ebda, S. 171 ff.
440 Ebda, S. 172.
441 Ebda, S. 173.
442 Ebda, S. 175.

den Durchschnittspatienten? Wie sieht seine allgemeine Situation aus? Es muß die soziale Situation der Patienten und deren Konsequenzen für den Versorgungs- und Pflegeprozeß, die Kommunikation und die Information, analysiert werden.

Eine Darstellung der Kenntnisse des Durchschnittspatienten über Krankheit, Behandlungsformen und das System im allgemeinen sowie die tatsächliche und mögliche Mitwirkung des Patienten, ist zur Analyse notwendig.

Bei der Ergründung der Eigenschaften des Personals muß miteinbezogen werden, wodurch ein Synergieeffekt entstehen kann. Folglich muß in die Analyse alles miteinbezogen werden, was Motivation bzw. Demotivierung beim Personal auslöst, Weiter-, Fortbildung und andere Dinge, wie Arbeits- und Freizeitverhältnis, in Relation zueinander gestellt werden.

Zu untersuchen ist ferner die Auswirkung der Arbeitsteilung. Im Pflegeprozeß bedeutet dies, zu untersuchen[443] ob

1. der Patient von einer Untersuchung zur anderen transportiert wird und ob das Personal den Überblick über den gesamten Zustand des Patienten bewahrt oder verliert;
2. nur mehr Experten eingesetzt werden, wodurch eine Gesamtveränderung und Entwicklung in der Pflege und Versorgung erschwert wird, da dies nicht zum Aufgabengebiet von Experten gehört und von diesen keinerlei Mitarbeit vom Patienten erwartet, sondern eher abgelehnt wird;
3. die eigene Arbeit von anderen geplant wird und eventuell eine zu starke Arbeitsaufteilung stattgefunden hat;
4. Wartung und Pflege der Geräte von eigens dafür angestelltem Personal vorgenommen wird;
5. der Einzelne empfindet, daß er keine Kontrolle mehr über die Geräte hat.

In den nächsten Schritten soll das erwünschte innere Milieu skizziert werden. Dies soll in Form einer gesetzten Zielvorstellung geschehen und nicht durch Aufzeichnung einer Statistik über die bestehenden Verhältnisse ohne jegliche Änderungsvorschläge.

Ferner muß eine Grundsatzdiskussion stattfinden, in der die für den Heilungsprozeß ausschlaggebenden Faktoren gesucht werden sollen. Es sollen Hauptaufgaben der Organisation und deren zeitliche und ört-

443 Ebda, S. 177.

liche Folgen definiert werden[444]. In der Folge gilt es, die ethischen, ideologischen und menschlichen Faktoren, die zu den jeweiligen Qualitäten des Pflegeprozesses in Relation stehen, zu eruieren. Hierbei handelt es sich um Verschwiegenheitspflicht, Journaleinsicht, etc. Ferner sollten auch finanziell nicht vertretbare Untersuchungen und Behandlungen in den Kreis der Faktoren miteinbezogen werden. In diesem dritten Experimentalschritt soll auch eine Analyse über Ziele und Konflikte stattfinden.

Dieses Modell zur Entwicklung von Service und Patientenmitarbeit will als komplementäres Element zu den erweiterten medizinischen Kenntnissen betrachtet werden. Eine Zusammenarbeit aller dieser Faktoren verstärkt und verbessert die einzelnen Abläufe.

Die Selbständigkeit des Patienten kann nur allseits von Nutzen sein. Für den Patienten bedeutet es Freiheit, für die Versorgung innerhalb des Krankenwesens Ressourcenzuwachs[445].

### 5.2.3. LANGZEITPFLEGEANSTALTEN

Mit zunehmendem Alter geht auch ein deutlicher Anstieg der chronischen Krankheiten einher, welche als häufigster Grund zur Einweisung alter Menschen in Gesundheitspflegeeinrichtungen führen. Viele solcher alter Menschen bedürfen der Assistenz für alltägliche Handlungen, etwa zum Ankleiden, für die Hygiene und ähnliche Tätigkeiten. Je mehr Menschen über siebzig und achtzig Jahre alt werden, desto arbeits- und kostenintensiver wird der Bereich der Pflege und Betreuung[446]. Die Unterscheidung Patient und Pflegefall wird zu einer künstlichen Distinktion.

Das soziale Umfeld von institutionalisierten Pflegepatienten unterscheidet sich sehr wesentlich von dem gleichaltriger, nicht institutionalisierter Personen. Pflegepatienten sind im Verhältnis zur älteren Bevölkerung generell überproportional alleinstehend, verwitwet und kinderlos, darüber hinaus auch ärmer als die ältere Bevölkerung im allgemeinen[447].

---

444 Ebda, S. 178.

445 Ebda, S. 181.

446 Siehe dazu Socialstyrelsen (Hrsg.), Att vara patient inom långvården, Stockholm 1988.

447 Liv, K./Mossey, J., The Role of Payment Sources in Differentiating Nursing Home Residents, Services and Payments, in: Health Care Financing Review 1980, S. 51 ff.

In Pflegeeinrichtungen wird aber insgesamt – obwohl es natürlich auch Ausnahmen gibt – eine ziemlich heterogene Gruppe von Patienten mit Gesundheitsfürsorge versorgt. Die Reichweite erstreckt sich dabei von kurzen und intensiven Dienstleistungen zu Rehabilitationszwecken bis hin zur weitreichenden und kontinuierlichen Pflege von Patienten über Monate und Jahre hinweg. Einige Patienten sind jung und mitunter schwer körperbehindert, andere Patienten wiederum sehr alt und gebrechlich, mental aber durchaus zurechnungsfähig und bedürfen daher an sich nur bestimmter Assistenz und Unterstützung. Diese Gruppen von Patienten brauchen in weit höherem Ausmaß – vor allem aus psychologischen Gründen – die Partizipation am Leben in der Pflegeinstitution[448].

Es mag also schon von der Ausgangslage her für eine Pflegeeinrichtung gar nicht einfach sein, eine hochqualitative Pflege für ein dermaßen breites Spektrum an Patienten anzubieten. Die Mißstände und die Inadäquanz der Pflege in Langzeiteinrichtungen sind durch zahlreiche Dokumentationen hinlänglich bekannt[449].

Lainz, Reitgjerd und andere Mißhandlungsortskürzel symbolisieren systemimmanente Katastrophen. Solche Fälle der Tötung oder der groben Mißhandlung von Pflegepatienten oder krasse Fälle der Inadäquanz der Pflege schaffen allgemeine Betroffenheit. Schon auf weniger öffentliches Interesse – weil weniger sensationell – stoßen die Berichte über unzureichendes oder mangelhaft ausgebildetes, physisch und psychisch überlastetes Personal in diesen Einrichtungen, obwohl dies durchaus ein weit verbreitetes Problem darstellt. Wohl am wenigsten Interesse finden die alltäglichen, dehumanisierenden Zustände in einer Institution. Pflegepatienten sind an Routineabläufe der Institution gebunden, im allgemeinen bleibt daher wohl wenig Raum, um die Bedürfnisse der Bewohner tatsächlich zu befriedigen. Letztlich bedeutet Leben in einer Institution oftmals auch ein geringes Maß an Lebensqualität.

*Anderson*[450] beschreibt die Struktur einer Pflegeeinrichtung als eine

---

448 Institute of Medicine (Hrsg.), Improving the Quality of Care in Nursing Homes, Washington D. C. 1986, S. 8 f.

449 Monk, A./Kaye, L. W./Litwin, H., Resolving Grievances in the Nursing Home. A Study of the Ombudsmann Program, New York 1984.

450 Anderson, S. V., Developing the Ombudsmann Role in Health Care Services, in: Public Affairs Report 1(3) (1974), S. 1 ff.

streng bürokratische, in welcher alle Beschäftigten dieser Institution (Ärzte, Pflegepersonal und Administratoren) in einer deutlich hierarchischen Gliederung und in Form der delegierten Autorität arbeiten und somit eine Kette von Befehlsebenen bilden.

Eine Analyse von Bruce *Vladeck*[451] zeigt, daß diese Zu- und Umstände keine Zufälligkeiten darstellen, sondern vielmehr eine ganz natürliche Folgeerscheinung einer Politik der rationalen Kostenminimierung sind. Der Beweis von Vorfällen der Mißhandlung in Pflegeinstitutionen und die anschließende Erkenntnis, daß die Wurzeln in der öffentlichen Gesundheitspolitik zu finden sind, ließen *Vladeck* vorschlagen, daß Pflegeinstitutionen grundsätzlich geöffnet und Außenseitern, etwa ehrenamtlich Tätigen (volunteers), zugänglich gemacht werden sollten, um die nötige Wachsamkeit zu garantieren, die das System dringend benötigt.

*Kayser-Jones*[452] systematisierte die häufigst erwähnten Probleme in Pflegeeinrichtungen in 4 Kategorien:

1. Infantilisierung:
   Das beinhaltet Schelten, als wären die Insassen von Pflegeinstitutionen unverantwortlich, abhängig, eben Kinder.
2. Depersonalisation:
   Patienten werden einfach als „Nichtpersonen" behandelt, so als wären sie nicht da, so als würden sie nicht zählen; dies führt am Ende zum Verlust der Individualität und der Zugehörigkeit zum Sozialsystem. Dabei erscheinen Formen der Depersonalisation wie folgt:
   a. Symbolische Gesten, etwa, wenn Patienten um Hilfe bitten und einfach ignoriert werden,
   b. Routinearbeit, etwa, wenn Patienten über keine Auswahlmöglichkeit bei der Behandlung mehr verfügen und es ihnen abgesprochen wird, Wünsche zu äußern.
   c. Mangelhaft gewährter Schutz, etwa, wenn grundsätzliche Bedürfnisse nur langsam oder gar nicht ausgeführt werden.
3. Dehumanisierung:
   Dies zeichnet sich als extremste Form der Depersonalisation ab.
4. Schikanen.

*Kayser-Jones* idealtypisiert Pflegepatienten geradezu als potentielle

---

451 Vladeck, B., Unloving Care, S. 1 ff.

452 Kayser-Jones, J. S., Old, Alone and Neglected: Care of the Aged in Scotland and the United States, Berkeley 1981, S. 7.

Opfer (captive victims). Übergriffe lauern latent; verstärkter Rechtsschutz, der gewiß auch keine Sicherungsgarantie ist, ist dringlich.

In den letzten beiden Jahrzehnten bemühte man sich daher in den Vereinigten Staaten, eine Pflegeheimphilosophie und eine Anzahl verschiedener patientenrechtlicher Strategien – auch solche, welche durch die institutionalisierten alten Menschen selbst wahrgenommen werden können[453] – zu entwickeln, um die Bedingungen in Pflegeeinrichtungen zu verbessern. Diese Strategien umfaßten sowohl Gesetzgebungsakte als auch die Schaffung von Anwaltschaftsgruppen, Förderung von Vereinigungen von Freunden und Verwandten betroffener Menschen, einzelne spezielle Gesetze, die sich mit dem Schutz vor Mißhandlung von Patienten befassen und Pflegepatienten-Ombudsmannprogramme[454]. Allerdings zeigte sich, daß gerade durch die Formulierung einzelner Statuten und Richtlinien nur ein sehr geringfügiger Erfolg verzeichnet werden konnte[455]. Auf der Suche nach alternativen Formen für den Schutz von Insassen von Pflegeeinrichtungen rückten unter anderem daher Ombudsmannprogramme immer mehr ins Zentrum der Überlegungen.

Einer der Wege, die Qualität der Pflege in Langzeiteinrichtungen zusätzlich zu sichern, stellt die integrierte Präsenz der Öffentlichkeit in Form von Öffentlichkeitsombudsleuten in diesen Institutionen dar[456]. Da mit der Präsenz im allgemeinen auch der Eindruck einhergeht, daß sich jemand um die Pflegepatienten in der Einrichtung kümmert und für sie sorgt, wird das Personal stets daran erinnert, daß es Menschen mit all ihren Bedürfnissen sind, die sie pflegen, und nicht einfach „nur Patienten“, die der Gesundheitsfürsorge bedürfen. Gleichzeitig bewirkt die Präsenz der Öffentlichkeit, daß das Personal bemüht ist, überhaupt bessere Sorge für die Heimbewohner zu tragen, da es weiß, daß ansonsten verschiedene auftretende Probleme an die Öffentlichkeit gebracht werden können[457].

---

453 In von Patienten selbst konstituierten Patientenräten und -vereinen (family and resident councils), z. B. Colorado Rev. Stat. §25-1-120(4)(Supp.1980).

454 Hier und im weiteren wird die Rechtschreibempfehlung des Dudens übernommen. Es hat sich eine Volksethymologie durchgesetzt, die die historischen Wurzeln der Institution des Ombudsmann falsch wiedergibt. Omnibus mandatis wurde der – dann verkürzt bezeichnete – Ombudsmann tätig. Eine Rückkehr zu einer geschlechtsneutralen Berufsbezeichnung wäre angezeigt.

455 Monk, A./Kaye, L. W./Litwin, H., Resolving Grievances, S. 5.

456 National Senior Citizens Law Center (Hrsg.), Nursing Home Law, S. 75 f.

457 Barney, J., Community Presence as a Key to Quality of Life in Nursing Homes, in: American Journal of Public Health 64 (1972), S. 265 ff.

Die Rolle eines funktionierenden Ombudsmannprogrammes erschien auch umso wichtiger zu werden, als es sich erwies, daß andere Methoden der Regulierung einfach nicht wirkten oder trotz scheinbar passabler Normenausstattung den notwendigen Schutz für die betroffenen Menschen nicht entfalteten. *Regan*[458] beschreibt drei verschiedene Methoden, den Schutz von Pflegepatienten zu verbessern:

- Versuch, einheitliche Standards für die Pflegeeinrichtungen zu schaffen;
- Versuch, durch Subventionen und einer adäquaten Kostendekkungsformel Standards zu erwirken;
- Versuch, die Sicherung der Qualität der Gesundheitsfürsorge durch professionelle Kontrolleinrichtungen (Professional Standards Review Organizations (PSRO)) zu gewährleisten.

Die erste Methode geht davon aus, daß durch die Formulierung bestimmter Standards und Rahmenbedingungen eine hochwertige Gesundheitsfürsorge geschaffen werden kann[459]. Allerdings zeigte sich, daß die Legalstandards nicht über eine ausreichende Durchsetzungskraft verfügen. Regierungen schöpfen die rechtlichen Sanktionsmöglichkeiten bei Mißachtung von vorgeschriebenen Richtlinien, etwa Entziehung der Lizenz oder auch Vollzug von angedrohten strafrechtlichen Sanktionen, nicht aus[460].

Diese Beobachtung ist, was die Entwicklung der Patientenrechte anlangt, deshalb bedeutsam, weil sie die bloße Verdichtung des Rechtsangebots ohne Überwachung der Akzeptanz sinnlos erscheinen läßt. Besteht ein ernstes Unterangebot an Pflegeplätzen – was evidenterweise überall der Fall ist –, dann fiele die Schließung von „auffälligen“ Häusern lediglich der gleichen Gesundheitsinstitution zu, die die Substitution der wegfallenden Plätze zu bewältigen hat. Dies wird die Bereitschaft zum Normen- und Sanktionsvollzug stark relativieren.

Die zweite Methode geht davon aus, daß eine adäquate Gesundheitsfürsorge letzlich nur eine Frage der ausreichenden finanziellen Mittel ist.

Die dritte Methode will über peer reviewing der Gesundheitsfürsor-

---

458 Regan, J. J., When Nursing Home Patients Complain, S. 695 f.

459 Donabedian, A., Evaluating the Quality of Medical Care, in: Milbank Memorial Fund Quarterly 44 (1977), S. 176 ff.

460 Regan, J. J., Quality Assurance Systems in Nursing Homes, in: Journal of Urban Law 53 (1975), S. 53.

gedienste, also durch Selbstregulation, die Funktionstüchtigkeit sicherstellen. Der Erfolg dieses Modells wiederum hängt unvermeidlich an der Akzeptanz durch das Personal und die Ärzte. Zum andern erscheint die Wirksamkeit dieses Modell auch unter dem Aspekt des längst erkannten grundsätzlichen Unwillens, Strafsanktionen gegen eigene Kollegen in Gang zu setzen, fragwürdig[461].

Bei all diesen Aussichten fällt man letztlich doch wieder auf die vage Hoffnung zurück, über Rechtsaufträge wirksam zu werden. Versucht wird daher, insbesonders in Amerika, über eine reiche Gesetzgebung die Langzeitpflege zu verbessern. Für im Entstehen begriffenes Pflegeheimrecht[462] wäre vieles mit Modellcharakter zu finden:

Die gesetzlichen Vorschriften für amerikanische Pflegeinstitutionen – wie sie auf nationaler und staatlicher Ebene bestehen – verfolgen im wesentlichen zwei Ziele[463]:

(1) Klientenschutz: Gewährleistung der Sicherheit, der Adäquanz der Pflege und der Sicherung der gesetzlichen Rechte der Pflegepatienten;

(2) Kontrolle über den Einsatz der öffentlichen Unterstützungsgelder im Rahmen der Sozialprogramme (z. B. Medicaid, etc.).

Die gesetzlichen Vorschriften zur Sicherstellung der Qualität in Pflegeeinrichtungen umfassen dabei im wesentlichen drei Komponenten bzw. Schwerpunkte[464]:

– Entwicklung und Bekanntmachung von Richtlinien und Kriterien, denen Pflegeinstitutionen zu entsprechen haben, insbesondere die Mitbestimmungskonditionen;

– Entwicklung und Anwendung von Verfahren und Kriterien zur Überprüfung der Pflegeeinrichtungen (periodische Überprüfung,

---

461 Gosfield, A., PSRO's: The Law and the Health Consumer, Cambridge (Mass.) 1975, S. 16.

462 Vgl. den österr. Entwurf eines Pflegeheimgesetzes und dessen medizinische und pflegerische Mindeststandards für die Betreuung pflegebedürftiger Personen in Pflegeeinrichtungen. Im einzelnen enthält der Entwurf Bestimmungen zur Errichtungs- und Betriebsbewilligung und deren Zurücknahme, zur Heimordnung, zur ärztlichen Aufsicht, Betreuung und Behandlung, zur Dokumentation, zu nichtärztlichen Diensten, zur Hygiene, zum Ombudsrat, zur Verschwiegenheit und zur behördlichen Aufsicht.

463 Institute of Medicine (Hrsg.), Improving the Quality, S. 12.

464 Ebda.

Inspektion, Untersuchung von Beschwerden über mangelhafte Pflege, Vernachlässigungen oder Mißhandlungen von Pflegepatienten);

– Durchsetzungmaßnahmen zur Erfüllung der Richtlinien und Kriterien, im Falle der Nichterfüllung von Vorschriften.

Rechtspolitisch beachtlich ist, daß Bundesgesetzgeber und Ländergesetzgeber in Konkurrenz treten und innerhalb des Kompetenzrechts beide Ebenen ihre Möglichkeiten zur Sicherung der Patienten ausschöpfen[465]. Bei der Evaluation der Effekte der einzelnen Strategien gelangte man zu folgenden patientenrechtsrelevanten Erkenntnissen[466], die deshalb Beachtung verdienen, weil die amerikanische Rechtsphilosophie wohl kaum sozialistischer Vorfixierungen geziehen werden wird, deren sich rasch verdächtig macht, wer die Steuerbarkeit gesellschaftlicher Verhältnisse durch Recht nicht deutlich ablehnt:

1. Trotz der weitreichenden Vorschriften für Pflegeeinrichtungen bleiben Vollzugsdefizite. Daher bedarf es der Verbesserung der Langzeitpflege und gleichzeitig auch der Verbesserung der Lebensqualität in Langzeitpflegeeinrichtungen. Dazu braucht man einerseits eine Definition und Bewertung der Pflege- und Lebensqualität und darüber hinaus die entsprechende Entwicklung von Verfahren und objektiven Maßstäben, um Bewertungen durchführen zu können.

2. Grund zu Pessimismus hinsichtlich der Wirksamkeit rechtlicher Regulierung ist trotz einzelner Vollzugsdefizite fehl am Platz. Effektivere gesetzliche Vorschriften können die Qualität in Pflegeinstitutionen substantiell verbessern. Einen gangbaren Weg sieht man in den Vereinigten Staaten vor allem in der Verbesserung der nationalen, also der Bundesgesetzgebung, die das Rahmenrecht für die Ländergesetzgebung liefern soll.

3. Die vorhandenen gesetzlichen Vorschriften bedürfen kontinuierlich spezieller Verbesserungen.

4. Gesetzliche Vorschriften sind unerläßlich auch dann notwendig, wenn sie nicht durchgehend Qualität zu garantieren vermögen. Es bedarf neben der Rechtsordnung grundsätzlich eines kenntnisreichen und motivierten Managements, gut ausgebildeten, gut supervisionier-

465 Ebda, S. 21 ff.

ten und hochmotivierten Personals und der Unterstützung und Einbindung der Gesellschaft und der Patienten. Zwar sind diese Aspekte in den gesetzlichen Vorschriften großteils schon angesprochen, man sollte die Verbindlichkeit aber weiter rechtlich absichern.

5. Die gesetzlichen Bestimmungen müssen für Erweiterung offen, dynamisch und entwicklungsfähig in ihrer Gestaltung sein.

Als Beispiel für ein solches Unterfangen sei eine Formulierung aus dem „Protection and Advocacy for Mentally Ill Individuals Act“[467] angeboten: „The rights described (. . .) should be in addition to and not in derogation of any other statutory or constitutional rights“.

*Pflegequalität und Lebensqualität*

Die Zieldefinition der gesetzlichen Regelungen ist von den Prämissen der Pflege- und Lebensqualität geleitet.

Um eine hohe Pflegequalität für ein relativ breites Spektrum an Pflegepatienten zu schaffen, bedarf es des Erkennens und Bewertens der funktionellen, medizinischen, sozialen und psychologischen Bedürfnisse der Pflegepatienten. Um entsprechende Determinanten zu erkennen und entsprechende Planungsstufen zur jeweils individuellen Pflege jedes Patienten zu entwerfen, bedarf es des weiteren professioneller Kenntnisse und Urteilskraft. Dieser Prozeß ist periodisch zu überprüfen und Pflegepläne entsprechend zu korrigieren[468].

Die Planung und das Angebot der Pflege[469] ist nach dem funktionalen Status, dem medizinischen Zustand und den daraus resultierenden Bedürfnissen, dem mentalen und seelischen Status, dem sozialen Umfeld und den persönlichen Präferenzen des Patienten, allerdings aber auch nach den ökonomischen Grenzen, zu beurteilen. Zu dieser Beurteilung bedarf es eines Teams, das zumindest aus einer Pflegeschwester, einem Arzt, einem Sozialarbeiter und einem Physiotherapeuten besteht. Die Ergebnisse sind in der Weise im Krankenjournal des Patienten aufzuzeichnen, daß der Inhalt auch jeder anderen einsichtnehmenden Person verständlich ist.

---

466 Ebda, S. 13 f.
467 42 U. S. C. A. § 10841(2)(A).
468 Institute of Medicine (Hrsg.), Improving the Quality, S. 10.

Der Pflegeplan muß dann nach den speziellen Bedürfnissen des Pflegepatienten entwickelt werden und hat die Beteiligung des ganzen professionellen Personals zu umfassen. Dies vor allem deshalb, da an sich kein Aspekt der Pflege ausschließlich in den Fachbereich einer einzelnen Personalkategorie fällt. Die Pflege und Beobachtung des Pflegepatienten hat daher übergreifend zu erfolgen.

Zur Sicherung der Lebensqualität[470] ist Recht freilich nur mehr auf der Appellebene verwendbar; Wohlbefinden, Zufriedenheit mit dem Leben und das Gefühl von Selbstwert und Selbstachtung einer Person, können nur im mittelbaren Anspruch auf menschliche Respektbezeigung begünstigt werden.

In Rechtstexten ist daher vom Recht auf würdevolle Behandlung, Recht auf personale Integrität, Recht auf Berücksichtigung der Individualität und Privatheit die Rede. Dort, wo es judiziabel sein soll, etwa im schwedischen Recht[471] und im finnischen Entwurf des Patientenrechtsgesetzes[472], kann es nur als integraler Bestandteil des Pflegeauftrages formuliert werden. Wo es als Auftrag und Rahmenbedingung textiert wird, wird es durchaus als Direktanspruch formuliert, wie in der Charta der Krankenhauspatienten der EG, Art. 2: „Der Krankenhauspatient hat das Recht auf eine rücksichtsvolle Betreuung unter Respektierung seiner menschlichen Würde“[473].

Bei der Umsetzung kann die Rechtsordnung auf die Zielbestimmungen in Obersätzen rekurrieren; die Umsetzung selbst kann nur im Verbindlichmachen der Angebote an Strategien und Instrumenten bestehen, die üblicherweise die Selbstachtung zu fördern pflegen. Darin gibt es gesicherte Erkenntnisse: Die Lebensqualität von Pflegepatienten steigt auf jeden Fall mit dem Nahverhältnis zu anderen Personen, mit bestimmten Freiheiten und der Möglichkeit, Entscheidungen, die das eigene Leben betreffen, selbständig zu treffen.

Zum Negativen hin sind jedenfalls Indikatoren ausgemacht: Natürlich sind die Wahlmöglichkeiten in Pflegeeinrichtungen in bestimmter Weise eingeschränkt, aber sie müssen nicht in der Weise eingeschränkt werden, wie sie in vielen Pflegeinstitutionen vorzufinden sind. Verletzungen der Privatsphäre bei Besuchen von Familienmitgliedern und

---

469 Ebda, S. 49 f.
470 Andrews, M. P./Withey S., Social Indicators of Well-Being, New York 1976.
471 § 2a (1) 3 Hälso-och sjukvårdslagen.
472 Siehe Dokumententeil.

Freunden, bei der Behandlung oder wenn der Pflegepatient allein sein zu wünscht, führen zu einem Mangel an Selbstvertrauen.

Jedenfalls ist die Partizipation des Pflegepatienten an der persönlichen Pflege ein großer Schritt hinsichtlich der Gewährleistung seiner Autonomie. Aber es darf nicht vergessen werden, daß selbst auf den ersten Blick nicht so gravierende Beschränkungen, wie festgelegte Mahlzeiten, bestimmte Zeiten des Aufstehens und Schlafengehens, Nachteile für das Wohlbefinden der Person nach sich ziehen. Gibt es dabei zumindest kleinere Wahlmöglichkeiten, so steigert sich das Wohlbefinden der Pflegepatienten deutlich[474].

Möglichkeiten, sich durch Mitarbeit zu betätigen, wie es das Konzept von Owe *Anbäcken*[475] vorsieht, zielen auf die Förderung des Selbstwertgefühls[476].

*Qualitätsbewertungskriterien*

Was die Rechtsordnung ferner in sich auffangen, typisieren und verbindlich machen kann, sind Qualitätsbewertungskriterien[477]. Dabei finden sich Struktur-, Durchführungs- und Ergebniskomponenten.

Strukturelle Qualitätsbewertungskriterien[478] einer Pflegeeinrichtung sind:

- Ausbildung, Erfahrung, Anzahl des Pflegepersonals;
- organisatorische Zusammenstellung des Personals;
- Sicherheit und Adäquanz der Umwelt;
- Adäquanz der Ausrüstung und der verfügbaren Technologie.

Diese Kriterien einer Einrichtung sind an sich relativ gut zu beurteilen. Trotzdem besteht zwischen diesen strukturellen Aspekten und der Qualität der Pflege hauptsächlich nur ein potentieller Zusammenhang.

---

473 Siehe Dokumententeil.

474 Institute of Medicine (Hrsg.), Improving the Quality, S. 51; siehe auch die schwedische Studie Socialstyrelsen (Hrsg.), Att bo på institution, Socialstyrelsen redovisar 1987:12, Stockholm 1987.

475 Anbäcken, O., Patientmedverkan och organisationsstruktur, S. 171 ff.

476 Vgl. auch Spalding, J., A Consumer Perspective on Quality Care: The Residents' Point of View. Analysis of Residents' Discussions. National Citizens' Coalition for Nursing Home Reform, Washington D. C. 1985.

477 Institute of Medicine (Hrsg.), Improving the Quality, S. 53 ff; siehe auch Donabedian, A., Explorations in Quality Assessment and Monitoring: The Definitions of Quality and Approaches to Its Assessment (1); The Criteria and Standards of Quality (2), Ann Arbor (Michigan) 1980/1982.

Denn selbst wenn es aufgrund der strukturellen Bedingungen grundsätzlich möglich erscheint, eine hohe Qualität der Pflege zu gewährleisten, bedeutet dies aber noch nicht, daß die Pflege tatsächlich mit hoher Qualität ausgeführt wird.

Die Verwendung von strukturellen Kriterien geht von der Annahme aus, daß diese Elemente notwendige, gleichzeitig aber auch nur die Minimalerfordernisse für das Niveau der Dienstleistungen und deren Ergebnisse bedeuten. Allerdings wird nicht in allen Studien die Erkenntnis geteilt, daß die strukturellen Elemente und die Durchführung von Diensten sich gegenseitig wesentlich beeinflussen[479].

Es steht aber fest, daß die Umwelt (environmental circumstances) einer Einrichtung die persönliche Zufriedenheit sehr deutlich beeinflußt. Eine Umwelt, die die Autonomie, Integration und die persönliche Pflege fördert, hat auch positive Auswirkungen auf die Einstellung und das Verhalten des Personals[480].

Kriterien, die die Durchführung der Pflege betreffen, gehen davon aus, daß die Qualität der Pflege von den angebotenen Dienstleistungen, wie dieselben durchgeführt werden, und den dabei vorhandenen Ressourcen abhängt. Zwar variieren die bisher durchgeführten Studien – die meisten sind eher deskriptiv –, aber trotzdem sollten die zugrunde gelegten Durchführungsmaßstäbe nicht außer acht gelassen werden[481].

Ergebnisse als Qualitätsmaßstäbe werden insoferne bevorzugt ausgewertet, als sie am deutlichsten die Qualität der Pflege erkennen lassen. Dabei werden jedoch meistens die Struktur- und Durchführungsaspekte minder beachtet.

Zwei verschiedene Komponenten lassen sich bei den Ergebnissen unterscheiden: Subjektive und objektive.

Unter die objektiven Komponenten lassen sich beispielsweise die Veränderungen im mentalen oder funktionellen Zustand der Pflegepatienten einordnen.

### *Bewertung der Pflegequalität*

Die Entwicklung und der Gebrauch von Instrumentarien zur Messung der Qualität der Pflege scheinen überdringlich zu sein. Vor allem sind

478 Institute of Medicine (Hrsg.), Improving the Quality, S. 53 f.

479 Connelly, K./Cohen, P. K./Walsh, P., Periodic Medical Review: Assessing the Quality and Appropriateness of Care in Skilled Nursing Facilities, in: New England Journal of Medicine 296 (1977), S. 578 ff.

diese Instrumentarien in der Lage, positive Auswirkungen auf die Planung und Vorsorge der Pflege zu haben. Deshalb hat sich in den letzten fünfzehn Jahren ein Teil der Forschung diesem speziellen Thema gewidmet. Die folgenden Klassifikationssysteme sollen dazu dienen, die Qualität der Pflege zu sichern[483]:

*Funktionelle Fähigkeitsbewahrung*

Diese Maßstäbe stellen darauf ab, inwieweit ein Patient in der Lage ist, unabhängig und selbständig zu handeln. Verschiedenste Maßstäbe wurden hierfür entwickelt:

- Der „Katz Index of Activities of Daily Living" überprüft die Fähigkeit des Patienten in sechs Bereichen: Baden, Ankleiden, Bewegung von Bett zu Stuhl, Aufsuchen von Toiletten, Kontinenz und Nahrungsaufnahme;
- Der „Barthel Index" dient als Maßstab für die Selbstpflege- und -versorgungsmöglichkeiten;
- Die „Kenny Self-Care Evaluation" bewertet die funktionellen Fähigkeiten bei 17 Handlungen, die innerhalb von 6 Kategorien überprüft werden: „bed activities", Transfer, Bewegung, Hygiene, Ankleiden und Nahrungsaufnahme;
- Die „Linn's Rapid Disability Scale" mißt anhand von sechzehn Aktivitätenfeldern des täglichen Lebens die Schwere und die Häufigkeit von Fähigkeitsdefiziten.

Zahlreiche amerikanische Bundesstaaten verwenden bereits entsprechende, in der Rechtsordnung definierte Pflegepatientenklassifikationen (z. B. West Virginia, Ohio)[484].

Diese eben erwähnten Instrumente leisten vor allem deshalb einen wesentlichen Beitrag zur Sicherung der Qualität, da sie es ermöglichen, bestimmte Charakteristika von Pflegepatienten zu erkennen, etwa unterschiedliche Ebenen der Körperbehinderung und damit zur Entwick-

480 Institute of Medicine (Hrsg.), Improving the Quality, S. 54.
481 Ebda, S. 54 f.
483 Ebda, S. 57 ff.
484 Zahn, M./Schlenker, R./Johnson, J., An Analysis of Long-Term Care Payment Systems (Study Paper 2, Center for Health Services Research, University of Colorado Health Sciences Center), Denver 1984.

lung von Parametern für die Bedürfnisse an Rehabilitation, Assistenz und Unterstützung beitragen.

### *Interpretation und Gebrauch von Informationen zur Qualitätssicherung der Dienste und Patientenrechte*[485]

Zahlreiche amerikanische Pflegeinstitutionen nutzen bereits verschiedene standardisierte Maßstäbe, um entsprechende Pflegepatientendaten und -informationen zu sammeln, vor allem zum Zwecke der Bestimmung der notwendigen Dienstleistungen und interner Qualitätssicherung. Zwei Beispiele seien hier erwähnt:

(1) Das System der National Health Corporation (NHC): Die in der NHC zusammengeschlossenen Institutionen verwenden bereits seit über zehn Jahren ein computerisiertes Kontrollprogramm (Patient Assessment Computerized (PAC) System). Dieses ist in der Lage, soziodemographische, medizinische, funktionelle und soziale Daten aufzunehmen. Die Daten der Pflegepatienten werden monatlich erhoben und in Verbindung mit dem „Management Minutes System" gebracht[486]. Das System kann anschließend die tägliche Zeitkalkulation für die Pflege der einzelnen Patienten erstellen (aber auch Kostenkalkulationen, etc.). Nebenbei können die gespeicherten Daten aber auch für entsprechende Langzeitanalysen verwendet werden.

(2) Das Projekt der Hillhaven Foundation: Diese Stiftung entwikkelte das Patient Care Profile (PCP) System. Es enthält neunzehn Variable bezüglich des funktionellen Status und der Bedürfnisse der Pflegepatienten. Es erleichert die anfängliche Plazierung des Patienten und wird natürlich auch für die Kostenrechnung verwendet. Hauptzweck scheint aber die Möglichkeit des Systems zu sein, die Patienten aufgrund der Bewertung in Gruppen zu teilen – je nach mentalem Zustand und den entsprechend benötigten Diensten – und dadurch ein Optimum an Zufriedenheit mit den erhaltenen Diensten und vor allem der Verteilung der Ressourcen zu erreichen. Weiters wird das PCP dazu verwendet, die Effektivität der Pflege in ihrer Auswirkung auf die physischen Fähigkeiten der Patienten zu bewerten.

---

485 Institute of Medicine (Hrsg.), Improving the Quality, S. 61 ff.

486 Thomas, B., Proposed Criteria for Long-Term Care Quality and Cost Control Systems, New Hampshire 1975.

## 5.2.4. MENTALINSTITUTIONEN

Bei Institutionen für Mentalpatienten lassen sich zwei patientenrechtlich relevante Modelle unterscheiden, für die James T. *Ziegenfuss*[487] die die Rechte des Patienten sichernden und mit den Organisationsbedürfnissen in Einklang bringenden Strukturkonzepte erörtert, nämlich das tradierte, überholte medizinische Modell und das psychosozial-gemeinschaftstherapeutische Modell.

### *Medizinisches Modell*

Das medizinische Modell hält uns nicht lange auf; nur aus Kontrastgründen sei es skizziert. Es hat simple Prämissen[488]:

Die steigende Kritik am medizinischen Modell hat zu zahlreichen Formulierungen der Grundprinzipien dieses Modells geführt. Als Ausgangsbasis können die folgenden Thesen[489] herangezogen werden: Eine mentale Krankheit ist eine Krankheit, wie jede andere Krankheit auch. Mentale Probleme werden von einer Krankheit im Körper verursacht. Die Krankheit kann diagnostiziert werden. Psychiater und Psychoanalytiker können mental erkrankte Menschen von normalen Menschen unterscheiden. Ärzte sind imstande oder werden dazu imstande sein, mentale Erkrankungen heilen zu können. Die medikamentöse Behandlung ist das primäre Instrument, mentale Erkrankungen zu behandeln. Der einzelne Mensch hat keine Verantwortung für sein eigenes Verhalten. Der beste Weg, psychische Symptome zu verstehen, ist, sie unter Syndrome einzuordnen. Der Arzt, der Experte für die Behandlung von Krankheiten, ist in der Lage, den besten Plan zur Behandlung der Krankheit zu entwerfen. Der kranke Patient partizipiert nicht aktiv an der Behandlung seiner Krankheit. Der Ort, an dem die Krankheit behandelt werden kann, ist das Hospital.

Dieses Patientenbild hat eine unmittelbare Rückwirkung auf die Organisation der Behandlungsanstalt[490].

Die Prämissen des medizinischen Modells sind als Analogie zur phy-

---

487 Ziegenfuss, J. T., Patients' Rights and Organizational Models, S. 45 ff.
488 Ebda.
489 Dazu Blaney, P. H., Implications of the Medical Model and its Alternatives, in: American Journal of Psychiatry 132 (1975), S. 911 ff.
490 Ziegenfuss, J. T., Patients' Rights and Organizational Models, S. 53.

sischen Medizin zu betrachten. Daher ist es auch gar nicht verwunderlich, daß die Psychiatrie, als eine Spezialdisziplin der Medizin, das Hospital für seine Organisation benötigt. Ob dieses geeignet ist, den Notwendigkeiten zu entsprechen, wird in der Literatur hinterfragt[491]. Denn: Jedes Leugnen einer Sondersituation[492], die ein spezielles Sicherungsinstrumentarium erfordern könnte, führt dazu, daß die patientenrechtlichen Standards in diesem Modell für Mentalpatienten nicht anders als die der somatischen Patienten sind. Über diesen Ansatz gehen mittlerweile auch die europäischen Gesetzgeber hinweg[493].

Diesem Modell stellt nun *Ziegenfuss*[494] eines gegenüber, das anspruchsvollere patientenrechtliche Reaktionen auslöst. Er bezeichnet es als psychosozial-gemeinschaftstherapeutisches Modell.

*Psychosozial-gemeinschaftstherapeutisches Modell und Patientenrechte*

Das „Psychosocial Therapeutic Community“ Modell versucht, mehrere Wissenschaftsdisziplinen zur Lösung von Problemen heranzuziehen. Es ist bestrebt, in Gemeinschaftsbehandlungsgruppen umfassend und interdisziplinär die Medizin, die Psychologie, die Pädagogik, ja sogar Erkenntnisse aus dem Bereich des Managements und des Wirtschaftslebens, einzubringen. Eine erfolgreiche Synthese verschiedener Disziplinen soll den Wissenshorizont entsprechend erweitern und den Erfolg umso deutlicher sichern[495].

Überblicksmäßig stellen sich die vielen Prinzipien des Modells in der Literatur folgenderweise dar, wobei die Darstellung hier auf jene Punkte reduziert sein muß, die Organisations- und Sicherungsfragen berühren:

– Durch die Organisation der therapeutischen Gemeinschaften ergeben sich zahlreiche Entwicklungsprobleme, die die Änderung der Führung, der Entscheidungsfällung und der Autoritätsstrukturen betreffen.

491 Frank, K., Anti-Psychiatry Bibliography and Resource Guide, Vancouver 1974.
492 Vgl. Unsworth, C., The Politics of Mental Health Legislation, Oxford 1987.
493 Leenen, H. J. J./Pinet, G./Prims, A. V., Trends in Health Legislation, S. 33 ff.
494 Ziegenfuss, J. T., Patients' Rights and Organizational Models, S. 55 ff.
495 Auch Makiesky Barrow, S./Gutwirth, L., Community Treatment as the Least Restrictive Alternative: Costs and Benefits, in: Bloom, B. L./Asher, S. J., Psychiatric Patient Rights and Patient Advocacy. Issues and Evidence, Boulder 1982, S. 196 ff.

– Das Modell bedarf eines Prozesses, der den Widerstand gegen die Veränderung bei den verunsicherten Beschäftigten sowie auch bei den Patienten abbaut.

– Für die beschäftigten Schwestern und die anderen Helfer kann dieses Modell eine deutliche Änderung der Arbeit mit sich bringen, jedenfalls ein Mehr an Pflichten und Verantwortungen.

– Forschungen hinsichtlich der Patientenrechte zeugen davon, daß dieses Modell den Erforderlichkeiten für die Patientenrechte förderlich ist, besonders was den Bereich der Patientenpartizipation und der geteilten Entscheidungsfindung betrifft[496].

Anbetrachts des wachsenden Bedürfnisses, über ein Rahmenmodell zu verfügen, welches es auch erlaubt, die Patientenrechte in ausreichender Weise miteinzubeziehen und umfassend zu gewährleisten[497], bedarf es grundsätzlich auch eines neuen Modells in der Gesundheitsfürsorge. Im medizinischen Modell ist man jedenfalls nicht ausreichend in der Lage, die Rechtsschutzbedürfnisse der Patienten zu sichern.

Der fundamentale Grundsatz des psychosozial-gemeinschaftstherapeutischen Modells[498] liegt in der angestrebten Kontinuität der Behandlung von unterschiedlich erkrankten und therapierten Patienten („In-Patient", „Day-Patient", Klinik, soziale Gruppen). Dies erlaubt zum einen genügend Flexibilität, um das Gemeinschaftsleben zu stabilisieren und zum anderen therapeutische Unterstützung anzubieten. Im Unterschied zum tradierten medizinischen Modell ist der Mitbewohner einer therapeutischen Gemeinschaft ein verantwortungsvolles Mitglied einer sozialen Gruppe und wird grundsätzlich nicht als kranker Mensch behandelt. Im Sinne der Würde, des Respekts und der Redefreiheit orientiert sich dieses Konzept an den Grundrechten des Patienten[499]. Im einzelnen gibt es bestimmte Effekte, die die Möglichkeiten der Umsetzung der Sicherung dieser erhöhen oder vermindern können. Grundsätzlich erfordert eine neue Philosophie hinsichtlich der Patienten folgende Erkenntnisse:

– Erkennen des Einzelnen als verantwortlicher Teil einer sozialen Gruppe;

– Wissen um die Lebensumstände, in welchen Probleme auftauchen;

---

496 Ziegenfuss, J. T., Patients' Rights and Organizational Models, S. 66.
497 Beis, E. B., Mental Health and the Law, Rockville (Maryland) 1984.
498 Ebda, S. 75 ff.
499 McPheeters, H. L., Implementing Standards, S. 1 ff.

– verminderter Glaube an das Chronische einer Krankheit;
– Erkennen der Wichtigkeit der Förderung von Selbsthilfe und Unabhängigkeit.

Für die Umsetzung bedarf es auf mehreren Stufen der Konsequenz, zunächst auf der Stufe der unmittelbaren Umfeldbedingungen[500].

Eine grundsätzliche Forderung aus den Patientenrechten betrifft das Recht auf sichere und entsprechende Lebensbedingungen für die betroffenen Patienten[501]. Pflegeeinrichtungen mit Gittern an den Fenstern, verschlossenen Türen, nackten Wänden, erscheinen nicht mehr akzeptabel. Auch die Patienten bemerken zusehends die Rückwirkungen der Umgebung auf sie selbst. Selbstgestaltung der Umgebung ist daher eines der obersten Patientenrechtsgebote für Mentalpatienten. Institutionen verletzten dieses Recht ohne erkennbaren rationalen Grund; vermeintlich administrative Zwänge stellten sich dem Selbstbestimmungsrecht entgegen und vergeudeten im übrigen die Chance, die Aktivität in der Umweltgestaltung als Therapeutikum in den therapeutischen Prozeß miteinzubeziehen[502].

Gravierende Herausforderungen stellen sich auf der Stufe der organisatorischen Struktur[503]: Im medizinischen Modell zeigt sich die Struktur in der Organisation als Kette von Autoritätsverhältnissen. Das führt zu Auflehnungskonflikten[504]. Konflikte sind natürlich auch im therapeutischen Gemeinschaftsmodell nicht grundsätzlich ausgeschlossen. Da aber Autoritätskonflikte viel deutlicher verhindert werden, erscheinen andere Konfliktquellen als natürlicher und werden nicht als Auflehnung empfunden, sondern als Komponente des Zusammenlebens.

Die organisatorische Struktur mit den beispielsweisen kleinen Therapiegruppen, gemeinsamer Entscheidungsfindung und allgemeinen Richtlinien, erzeugt mehr das Gefühl eines demokratischen Zusammenlebens und kommt somit dem normalen Alltag am nächsten[505].

Die wirklich großen Patientenrechtsinnovationen sind aber erst im

---

500 Ziegenfuss, J. T., Patients' Rights and Organizational Models, S. 76 ff.

501 Goffman, I., Asylums: Essays on the Social Situations of Mental Patients and Other Inmates, Garden City (N. Y.) 1961.

502 Ziegenfuss, J. T., Patients' Rights & Organizational Models, S. 76 ff.

503 Ebda, S. 79 ff.

504 Dittrich, F., Der Pflegeberuf im Spannungsfeld zwischen Verantwortung und Unterordnung, in: Österreichische Krankenpflegezeitung, 34 (1981), S. 146 ff.

505 Ziegenfuss, J. T., Patients' Rights and Organizational Models, S. 79 ff.

Stadium des Programms[506]. Im Programm gibt es einige sehr wesentliche Unterschiede zum medizinischen Modell: Partizipation, Eigenverantwortung und Selbstbestimmung sind die autodynamischste Förderung der Patientenrechte durch Selbstwahrnehmung.

Als erstes betont das Programm die volle Partizipation aller Gemeinschaftsmitglieder im täglichen Leben der Gemeinschaft. Das Konzept beinhaltet dabei nicht nur Partizipation an sich, sondern auch, daß Patienten in der Planung und der Durchführung des täglichen Programmes mitwirken. Diese Teilung inkludiert auch die Verantwortung für Entscheidungen. Diese Form der demokratischen Führungsstruktur mit der Förderung der Partizipation und Verantwortung geht einher mit zwei bestimmten Rechten, dem Recht auf freie Meinungsäußerung und dem Recht auf Würde und Respekt. Ersteres ist sogar eine Notwendigkeit bei den täglichen Tätigkeiten. Aber auch bei Entscheidungen über die Behandlung wird erwartet, daß sich der Patient artikuliert. Dem Modell nach haben Ärzte und das übrige Personal zu Teilnahme und Fragen anzuregen.

Weiters sind noch zwei andere Patientenrechte hinsichtlich der Fragen der Entscheidung und Autorität in das Programm eingebunden. Bei Entscheidungen, die eine Veränderung des Behandlungsplanes bedeuten, werden die Überlegungen des Patienten in die Gesamtbetrachtungen gleichbedeutend eingebunden. Traditionell war man immer der Ansicht, daß nur und ausschließlich der ausgebildete Arzt in der Lage ist, zu beurteilen, was das Beste für den Patienten ist und daß daher auch nur der Arzt die notwendigen Entscheidungen hinsichtlich Einweisungen, Behandlung, Entlassung fällen kann.

Schließlich bedarf es der Umwälzung im Rollenverständnis des Personals und seiner Haltungen[507]. Die Einstellung des Personals ist stark von traditionellen Konzepten geprägt. Die Entwicklung des Spitalpersonals soll dabei, in Abkehr von strengen Hierarchieregeln, zur integrativen Form finden. Dabei soll sich der Aufgabenbereich des Personals wie folgt revolutionär neu definieren[508]:

– Das Personal ist verantwortlich, dem Patienten zu helfen und zu

506 Ebda, S. 82 ff.

507 Vgl. zum Rollenverständnisproblem und der effektiven Implementation von Patientenrechten: Ennis, B. J./Siegel, L., The Rights of Mental Patients: The Basic American Civil Liberties Union Guide to a Mental Patients' Rights, New York 1973, S. 11.

508 Ziegenfuss, J. T., Patients' Rights and Organizational Models, S. 87 ff.

assistieren, Alternativen zu finden um Bedürfnisse zu stillen und Probleme des täglichen Lebens zu lösen. Es bietet zunächst also nur Hilfe zur Selbsthilfe.

– Das Behandlungsteam besteht aus einer Gemeinschaft des Personals und der Patienten, wobei jeder Teilnehmer die gleichen Rechte und Verantwortungen hat und seine speziellen Kenntnisse anwenden kann.

– Das Personal soll weiters die Philosophie des sozialen Lernens zur Bewältigung der Lebensprobleme des Patienten einsetzen.

Die Prinzipien der therapeutischen Gemeinschaften können vom Konzept her den Einklang von notwendigen Behandlungsmaßnahmen mit den geforderten Patientenrechten besser als alle bisherigen Modelle erfüllen. Allerdings ist auch dieses Modell nicht das Ende der Entwicklung. Die Kritik an diesem Modell, daß es nur mit bestimmten Gruppen von Klienten arbeiten kann, ist zu akzeptieren.

Jedenfalls aber setzt das „Therapeutic Community" Modell mehr auf explizite Patientenrechte als alle anderen Konzepte. Es scheint auch, daß es konzeptuell als offenes System in der Lage ist, mit zusätzlichen und zukünftigen Rechtsansprüchen umzugehen.

# II. Patientenrechte

## 1. Die „Berechtlichung“ des Gesundheitswesens

Die Rechte des Patienten lassen sich grundsätzlich vom Recht auf Selbstbestimmung, welches die Autonomie des Individuums garantiert, ableiten. Dabei kommt man ohne eine Prämisse, die in der Patientenrechtsdiskussion oft – nicht erkannterweise – nicht restlos geteilt, von manchen aber gar mit Gegenprämissen mehr oder weniger paternalistischer, bisweilen zynischer Art, gleich ganz abgelehnt wird: Der Mensch ist prinzipiell in der Lage, für sich selbst Entscheidungen zu treffen.

Begrenzt wird das Recht auf Selbstbestimmung durch soziale Beschränkungen, näherhin durch den kollektiven Versorgungsanspruch mit Gesundheitsleistungen[509]. Natürlich relativiert man die Patientenrechte, wenn man, wie im finnischen Patientenrechtsgesetzesentwurf[510], die Inanspruchnahme der Rechte auf die Maßgabe der dem Gesundheitswesen zur Verfügung stehenden Ressourcen abstellt. Aber ohne eine Balance wird man nicht auskommen. Der Ausgleich, den es mit *Leenen, Pinet und Prims*[511] in den Patientenrechten vernünftigerweise zu finden gilt, ist der zwischen den berechtigten Ansprüchen der Person und den ebenso berechtigten Ansprüchen der Gesellschaft. Die Rechte der Person gipfeln im Selbstbestimmungsrecht, das seine Grenze an dem allgemeinen Grundrecht auf Gesundheitspflege[512] erfährt. Das Recht auf Gesundheitspflege ist ein soziales, das Recht auf Selbstbestimmung ein individuelles Recht. Individuelle Rechte umfassen den Schutz der individuellen Privatsphäre

---

509 Vgl. insbesondere Eskeland, S., Trenger vi en lov om pasientrettigheter, Prøverførelesning over selvvalgt emne for den juridiske doktorgrad, Oslo 1988, S. 1 ff.

510 Section 2; vgl. dazu Council of Europe, Committee of Experts on Legal Problems in the Medical Field (CJ/SP-ME), Finnish Bill on the Rights of Patients and its Explanatory Memorandum, 1983; eine nicht offizielle deutsche Übersetzung findet sich bei Lahti, R., Rechtfertigungs- und Entschuldigungsprobleme.

511 Leenen, H. J. J./Pinet, G./Prims, A. V., Trends in Health Legislation, S. 1 ff.

512 Dazu Öhlinger, Th., Das Menschenrecht auf Gesundheit in verfassungsrechtlicher Sicht, in: Gesundheit durch Forschung 2 (1990), S. 10 ff.

und Freiheit, soziale Rechte sollen den Einzelnen berechtigen, am gesamtgesellschaftlichen Fortschritt Anteil zu haben[513].

Die Einklagbarkeit von sozialen Ansprüchen ist denn auch einer der kritischen Punkte im Sozialwesen. Schweden geht hier die ersten Schritte, Behandlungsansprüche judiziabel zu machen[514].

Im Bereich des Gesundheitswesens scheint das Recht auf Selbstbestimmung überhaupt die Basis der Menschenrechte zu sein[515]. Soferne ein Mensch krank und schwach ist, ist er verletzlich und abhängig und umso leichter sind seine Rechte zu verletzen. Aber zentraler Blickpunkt in diesem Bereich muß sein, daß der Mensch aufgrund seiner Krankheit nicht seine Rechte verliert. Gerade eine kranke Person muß oftmals beweisen, daß sie durchaus in der Lage ist, ihre eigenen Entscheidungen zu fällen, ganz besonders, wenn ihre Entscheidung sich möglicherweise der Entscheidung des professionellen Behandlungspersonals entgegenstellt. Dann muß der Patient beweisen, daß er sein eigenes Schicksal in die Hand nehmen kann[516]. Dies soll durch das Prinzip der Einwilligung nach Aufklärung ausgedrückt werden. In weiterer Linie zeigt sich, daß es im Gesundheitswesen notwendig erscheint, das Recht auf Selbstbestimmung des Patienten nicht nur zu respektieren, sondern zu verstärken. Selbst dort, wo die Willensausübung stark eingeschränkt ist, etwa im Fall einer schweren Krankheit, muß das jeweilige Optimum an Selbstbestimmung gewährleistet bleiben. Da der Patient der schwächste Teil des Gesundheitswesens ist, muß die Rechtsordnung, aus ihrer ganz traditionellen und genuinen Aufgabe heraus, den relativ Schwächeren, aber erst gar den Schwächsten, schützen[517].

Bislang ging man den Weg, Patientenrechte aus den Pflichtenkatalogen der professionellen Berufe herauszulesen, durch Pflichtenverdeutlichung der medizinischen Berufsgruppen sogar mittelbare Patientenansprüche der rechtlich kaum durchsetzbaren Art zu formulieren. Von der Konstruktion und Optik her sind da die Patientenrechte

---

513 Daher spricht Leenen vom Grundrecht auf Partizipation; siehe dazu Leenen, H. J. J., Sociale grondrechten en gezondheidszorg.

514 Everitt, A./Grunewald, K., Att klaga på omsorger. Rättsfall enligt omsorgslagen, Stockholm 1988.

515 Leenen, H. J. J./Pinet, G./Prims, A. V., Trends in Health Legislation, S. 9.

516 Leenen, H. J. J., Handboek Gezondheidsrecht, 2. Aufl., Amsterdam 1988, S. 251.

517 Raschauer, B., Sozialstaat und Gesundheitswesen aus verfassungsrechtlicher Sicht, in: Österreichische Krankenanstalten Zeitung 3 (1986), S. 157.

aber doch nicht viel mehr als Korrelate, externes Ergebnis, Hoffnungserwerb[518]. Es ist im wesentlichen das Programm des amerikanischen Civil-rights-movements und des Consumerism, den Bürger im allgemeinen und den Patienten im besonderen als eigenberechtigt zu postulieren. Daher wenden sich auch alle neueren Patientenrechtscodices direkt an den Patienten als den Träger von Rechten, der seine Rechte von Fall zu Fall delegiert, die Delegation, so wie es ihrem Rechtswesen entspricht, aber zu jedem Zeitpunkt widerrufen kann[519]. *Leenen, Pinet und Prims*[520] bringen es auf das allgemeine Prinzip: Die Pflichten der Berufsgruppen sind von den Rechten der Patienten abzuleiten – und nicht umgekehrt.

Freilich stellt sich ein allgemeineres Problem der Kodifizierbarkeit der Patientenrechte, weil es sich hier stets um eine Querschnittsmaterie handelt. Christian *Kopetzki*[521] sieht fast unüberwindliche rechtstechnische Hemmnisse und die Gefahr, daß durch eine Kodifikation von den schon kanonisierten Patientenrechten am Ende weniger bleibt als vor der Kodifikation. Dabei wird aber übersehen, daß diese Komplikation von den Rechts- und Kompetenzordnungen[522] all jener Länder, die das Problem der Kodifikation von Patientenrechtsgesetzen zu meistern sich anschicken[523], schon gemeistert wurde. Deren Rechtsordnungen sind aber auch nicht simpler konstruiert, als die Rechtsordnung jener Länder, denen unter Berufung auf die rechtstechnischen Schwierigkeiten angeraten wird, diesen Schritt zu einer Patientenrechtskodifikation nicht zu tun.

Die niederländische Literatur betont natürlich auch seit langem

---

518 Ein denkbares Disziplinarverfahren nach dem Ärztegesetz räumt dem Patienten lediglich die Stellung eines Zeugen ein.

519 Beispielsweise Minnesota Nursing Home Resident Bill of Rights, Minnesota Statutes 144.651(7): „Patients and residents shall have the right to participate in the planning of their health care. This right includes the opportunity to request and participate in formal care conferences, and the right to include a family member or other chosen representative. In the event that the patient or resident cannot be present, a family member or other representative chosen by the patient or resident may be included in such conferences".

520 Leenen, H. J. J./Pinet, G./Prims, A. V., Trends in Health Legislation, S. 10.

521 Kopetzki, Ch., Bestandsaufnahme der Patientenrechte, S. 77 f.

522 Dazu Vissa ansvarsfrågor i hälso- och sjukvård. Betänkande av utredningen för översyn av vissa ansvarsfrågor inom hälso- och sjukvården, DsS 1984:12, Stockholm 1984.

523 Norwegen, Finnland, Niederlande.

schon, daß es an sich schwierig sei, die Rechte des Patienten in einem eigenen Gesetz zu kodifizieren[524]. Die Rechte des Patienten verteilen sich auf das große Gebiet des Gesundheitsrechtes und werden dort in verschiedene Rahmen eingepaßt und ausgearbeitet: Im Sozialversicherungsrecht bedürfen die Patientenrechte einer anderen Ausformung als in einer vertraglichen Behandlungsbeziehung, wobei dort wieder unterschieden werden muß zwischen Patienten in allgemeinen Krankenhäusern, psychiatrischen Kliniken, Pflegeeinrichtungen oder in der individuellen Arzt-Patienten-Beziehung. Darüber hinaus gehören die Patientenrechte unterschiedlichen Rechtsgebieten an: Teils sind sie zivilrechtlicher Art (etwa der Behandlungsvertrag zwischen Patient und Arzt), teils gehören sie zum Verwaltungsrecht, teils sind sie strafrechtlicher Art[525].

Ein bestimmtes Patientenrecht kann in seinen Teilaspekten wiederum verschiedenen Rechtsgebieten angehören. So beruht etwa der Informed Consent in den niederländischen Krankenhäusern sowohl auf dem zivilrechtlichen Behandlungsvertrag, auf dem verwaltungsrechtlichen Anerkennungsbescheid für den Status als Krankenhaus und auf dem Strafrecht, da für die Nichtstrafbarkeit eines medizinischen Eingriffes u. a. die Zustimmung des Patienten notwendig ist[526]. Darüber hinaus spielen noch Verfassungsrecht und internationale Verträge eine gewichtige Rolle[527].

Resignation vor solchen Problemen scheint allerdings nicht die unausweichliche Konsequenz. Nicht nur Österreich bedient sich mittlerweile immer mehr des Rahmenrechts[528] für die vielen Streulagen an Lebenssachverhalten und korrelierenden Kompetenzen. „Ram eller lag“[529], Rahmenrecht oder Detailgesetz, so müßte man dies wiedergeben, ist die dafür in der rechtsphilosophischen Diskussion entwickelte

---

524 Etwa Leenen, H. J. J., Gezondheidsrecht, S. 157 f.

525 Die rechtliche Situation des Patienten nach der derzeitigen materiellen Rechtslage und deren ausführliche Beurteilung harren in Österreich bislang einer umfassenden Detailanalyse und -evaluierung; vgl. dazu Kopetzki, Ch., Bestandsaufnahme der Patientenrechte, S. 35; Leenen schließt in seiner europaweiten Betrachtung der Patientenrechte jedenfalls, daß Patientenrechte derzeit sicherlich unterreguliert sind; dazu Leenen, H. J. J., Patients' Rights, S. 38.

526 Nicht anders verhält es sich in Österreich.

527 Etwa Leenen, H. J. J., Gezondheidsrecht, S. 157.

528 So jüngst in der Jugendwohlfahrt und im Pflegeheimwesen.

529 Siehe dazu Hyden, H., Ram eller lag? (= Ds C 1984:12), Stockholm 1984; siehe ders., Reflexiv rätt och reglering, in: Reflexiv rätt, Kopenhagen 1988, S. 22 ff.

Formel des schwedischen Gesetzgebers. Zum unüberwindlichen Problem kann die Frage der Kompetenztechnik einem mit einförmigem politischen Willen ausgestatteten Gesetzgeber nicht werden. Für Österreich müßte man – nicht ganz ohne Spott – anmerken, daß ein Verfassungsgesetzgeber, der Taxistandplätze verfassungsdicht zu regulieren versteht, mit anderen Kompetenzproblemen ebenso leicht fertig werden sollte.

In den Niederlanden hat man für eine allgemeine Regelung der Patientenrechte den zivilrechtlichen Weg gewählt[530]. Die zweite, ebenfalls auf der Hand liegende Möglichkeit, den Krankenhäusern durch verwaltungsrechtliche Normen patientenrechtliche Bestimmungen aufzuzwingen[531], wurde verworfen, da der Patient diese Rechte dann dem Krankenhaus oder den Behandelnden nicht direkt abverlangen kann.[532] 1987 wurde an einige Beratungsorgane ein Gesetzesvorschlag überreicht, der eine Änderung des Bürgerlichen Gesetzbuches, u. a. Gesetze in Zusammenhang mit der Aufnahme von Bestimmungen in einem eigenen Kapitel über den Behandlungsvertrag, enthält. Neben den zivilrechtlichen Regelungen bleiben – niederländischen Betrachtungen entsprechend – dennoch immer noch verwaltungsrechtliche Bestimmungen notwendig. Es können nicht alle Patientenrechte durch das Zivilrecht aufgefangen werden. Das gilt etwa für die Fälle der medizinischen Experimente mit Menschen, bei Ansprüchen, die sich nicht auf vertragliche Beziehungen zurückführen lassen und beim Schutz der privacy (Aufsicht über Datenbanken)[533].

Daß verschiedene andere Länder in Europa, etwa Norwegen und Finnland, bei der Kodifikation der Patientenrechte, im Gegensatz zu den Niederlanden, den verwaltungsrechtlichen Weg beschreiten, findet natürlich auch seine Begründung. Patientenrechte, die sich aus

530 Niederländischer Gesetzesvorschlag über den medizinischen Behandlungsvertrag, welcher nach informeller Auskunft des Koninklijke Nederlandsche Maatschappij Tot Bevordering Der Geneeskunst demnächst als Teil des Neuen Niederländischen Bürgerlichen Gesetzbuches von 1992 dem Parlament zur Beschlußfassung vorgelegt werden wird.

531 Diesen Weg beschreitet der Rest Europas, dazu Leenen, H. J. J., Patients' Rights, S. 34.

532 Vgl. beispielsweise auch in Österreich das Einsichtsrecht in die Krankengeschichte nach dem Krankenanstaltengesetz, Krückl, K., Der Anspruch des Patienten auf Einsicht in seine Krankengeschichte, in: Österreichische Juristenzeitung 11 (1983), S. 281 ff.

533 Leenen, H. J. J., Gezondheidsrecht, S. 158 f.

dem vertraglichen Behandlungsverhältnis im Zivilrecht ergeben, wurden durch die Gerichte bislang in ihrer Rechtsprechung zum Teil erst geschaffen und weiterentwickelt[534]. Trotzdem bleibt die Rechtsprechung bei der Anerkennung eingebrachter Ansprüche der Patienten spürbar restriktiv[535]. Da aber gerade ein ganz wesentlicher Teil der heute auftretenden Verletzungen der Patientenrechte darüber hinaus sich auch noch gar nicht auf einer Ebene befindet, die den Weg des Patienten sofort und unmittelbar zum Gericht empfehlenswert erscheinen lassen, wird versucht, im Verwaltungsrecht verankerte Patientenrechtskataloge – unabhängig von den rein zivilrechtlichen Aspekten – mit neuen Instrumentarien der Konfliktschlichtung zu schaffen[536]. Trotz dieser Alternativen zur Streitschlichtung bleiben natürlich gerichtliche Klagen immer möglich; letztlich wirken Patientenrechtskodifikationen im Verwaltungsrecht aber auch auf die vertraglichen Nebenpflichten aus dem Behandlungsvertrag ein.

Auf der Ebene staatlicher Gestion kommt eine Problemverschärfung hinzu: In den öffentlichen Dienstleistungsbereichen wird die Inanspruchnahme von Verbraucherrechten generell nicht gerne gesehen. Im Gesundheitswesen, wo die Stellung der Verbraucher (Patienten) erkanntermaßen besonders schwach ist, ist die Konzentration auf Patientenrechte mit heftigen negativen Reaktionen verbunden[537].

Zwei grundlegende Problembereiche sind nach skandinavischen Erfahrungen[538] insbesondere diese:

1. Das Problem der asymmetrischen sozialen Verteilung.

Wie andere öffentliche Systeme auch, neigt das Gesundheitswesen dazu, die am meisten effektive Hilfe jenen zu geben, die sie am wenigsten brauchen[539]. Das heißt, je gesünder und je vermögender jemand ist und je mehr Prestige er hat, desto besser sind die an ihn vom Gesundheitswesen geleisteten Dienste. *Jensen* entlastet das Faktum von böser Absicht: Der tragische Effekt ist nicht von den im Gesundheits-

---

534 Beispielsweise die Einsichtsrechte in die Krankengeschichten; Leenen, H. J. J., Patients' Rights, S. 33 ff.

535 Speiser, H., Rechtsposition des Patienten.

536 Vgl. dazu später die Ausführungen zu Ombudsmann, Patientenanwaltschaft, Patientenräte, etc.

537 Jensen, T. Øivind, Pasientenes problem? – Brukerperspektiv, S. 26 ff.

538 Ebda.

539 Jacobsen, K. D./Jensen, T. Øivind/Aarseth, T., Fordelingspolitikkens forvaltning, in: Sosiologi i dag 3 (1982), S. 29 ff.

wesen Tätigen gewollt, sondern knüpft sich an die sich dem Zugriff und der Steuerbarkeit durch den Einzelnen entziehenden Auswirkungen der organisatorischen Verhältnisse und Berufshaltungen.

Aufgrund dieser Tatsachen ist in der Allgemeinheit Frustration und eine Krisenstimmung aufgekommen. Das Verhältnis zwischen gestiegenem Verbrauch der Ressourcen und Verbesserung der Dienstleistungen in bezug auf diejenigen, die sie am meisten benötigen, ist schief gewichtet.

2. Ein anderes Problem knüpft sich daran, was Patienten widerfährt, wenn sie mit dem Gesundheitswesen in Berührung kommen.

*Jensen* spricht in einer auf den ersten Blick eigentümlich anmutenden Theorie von einem Eigentümer (nämlich dem Konsumenten) eines Problems, die aber ihre Logik entfaltet, wenn man sich die Frage stellt, wer das Problem in geeignetster Weise lösen kann und daher lösen soll: Jemandem „gehört" (ejer) ein Problem dann, wenn er selbst bestimmen kann[540],

1. ob ein Problem existiert,
2. was es betrifft,
3. was damit geschehen soll sowie dann,
4. daß er zwischen den verschiedenen Formen der Hilfeleistung wählen kann und
5. er den Kontakt initiieren, aufrechterhalten oder beenden kann.

Diese Definition betrifft alle Arten von Dienstleistungen. Dahinter steckt die Idee, daß dem Klienten so viel Integrität und so viele Rechte wie möglich gegeben werden sollen. Auf dem Gebiet des Gesundheitswesens kann das Eigentumsrecht an Problemen auf folgende Art konkretisiert werden:

1. zu wissen, welche Angebote innerhalb des Gesundheitswesens vorhanden sind,
2. zu wissen, welche Risiken man eingeht, wenn man sich eines Angebots bedient,
3. Wahlmöglichkeit zwischen den Angeboten zu haben,
4. zu wissen, was während des Aufenthaltes/der Behandlung vorgenommen werden wird,

540 Jensen, T. Øivind/Froestad, J., Klientinnflytelse i hjelpeapparatet, in: Sosialt Forum Sosialt Arbeid 7/8 (1984), S. 107 ff; siehe auch Peyrot, M. F., Problem Ownership: The Micro-Political Organization of Remedial Enterprise Association, (Unpublished) Paper, University of California 1982.

5. zu wissen und kontrollieren zu können, welche wichtigen Informationen das Gesundheitswesen über einen selbst gespeichert hat,
6. Möglichkeiten zur Überprüfung/Klage zu haben,
7. bei der Beurteilung über die Qualität der Dienstleistungen teilnehmen zu können.

Die norwegische Diskussion steht stellvertretend für die anderer Länder, in denen das Problembewußtsein sich erst entwickelt. *Thune* und *Haug*[541] sprechen explizit von wenig entwickelten Patientenrechten: Ärzten und anderem medizinischen Personal wurden zwar aufgrund verschiedenster Gesetze Pflichten auferlegt, diese entsprechen jedoch keineswegs den Rechten der Patienten. Patientenvertretungen und Patientenvereine wachsen auf diesem Boden des Unbehagens. James T. *Ziegenfuss*'[542] Beschreibung der amerikanischen Haltungen und Erfahrungen dürfen in diesem Zusammenhang der europäischen Rechtspolitik nicht vorenthalten bleiben: Man meinte in Amerika zunächst, das Problem schlicht und einfach ignorieren zu können und mutmaßte, daß sich die Patientenrechtsbewegung, wie jede Woge, brechen und im Sande verlaufen werde. Mittlerweile ist sie jedoch zum politischen Faktor im Gesundheitswesen geworden, den die Gesundheitspolitik als Systemstütze zu gewinnen verstanden hat[543].

Es schiene nicht unklug für die europäische Rechtsentwicklung, daraus Lehren zu ziehen und sorgfältigen Studien auf diesem Feld Nutzen abzugewinnen. Eine solche Studie wurde als Koproduktion zwischen einem norwegischen Krankenhaus und dem Institut für Administration und Organisationswissenschaften der Universität Bergen durchgeführt[544]. Die Untersuchung auf diesem Gebiet stellt eine europäische Pionierarbeit dar, da erstmals in dieser Form eine systematische Darstellung der Ansichten des Krankenhauspersonals auf Fragen bezüglich Patienteninformation und Patientenrechte erfolgte. Die Unter-

---

541 Thune, G. H./Haug, A. O., Perspektiv på pasientenes stilling.

542 Ziegenfuss, J. T., Patients' Rights and Professional Practice, New York 1983.

543 Ziegenfuss, J. T., Conflict Between Patients' Rights and Patients' Needs: An Organizational Systems Problem, in: Hospital Community Psychology 11 (1986), S. 1086 ff.

544 Froestad, J., Pasientinformasjon og pasientrettigheter – personalets syn, Brukerperspektiv på forvaltningen (= Publikasjon nr. 18, Institutt for offentlig administrasjon og organisasjonskunnskap), Bergen 1986.

suchung soll eine Grundlage zur Auswertung und für Änderungen in Krankenhäusern darstellen. Das Ergebnis hier voranzustellen scheint zu verlohnen.

Somatische Krankenhäuser waren lange Zeit ein „stummer“ Sektor, da sie zu einem Teil des Gesundheitswesens gehören, dem die Öffentlichkeit wenig Aufmerksamkeit schenkte. Die Medien berichteten hauptsächlich über Eröffnungen, Schließungen und Standortstreitigkeiten von Krankenhäusern, kaum über interne Zustände[545]. In den 70er Jahren stand vor allem die Psychiatrie im Kreuzfeuer der Kritik, wobei diverse Enthüllungen zu Dezentralisierung, Rückführung und Differenzierung von Angeboten führten. Erst danach wurde das allgemeine Krankenhauswesen Gegenstand öffentlicher Debatten[546]. Öffentliche Studien ergaben, daß die Situation von Patienten in den somatischen Krankenhäusern nicht weniger problematisch ist, als die von Mentalpatienten. Patienten erhalten zu wenig Information, können zu wenig Einfluß nehmen, haben Probleme bei der Einreichung von Klagen und bei der Überprüfung von Entscheidungen und geringe Aussicht auf Schadenersatz[547].

All diese Erkenntnisse drängten (und drängen) zur Frage, inwieweit die Probleme mit der Haltung und Einstellung des Krankenhauspersonals zusammenhängen. Das Grobergebnis zeigt, daß das Krankenhauspersonal generell der Ansicht ist, daß eine Partizipation des Patienten kein natürliches Recht und auch wenig wünschenswert sei. Aber es gibt Ansätze, in denen die Teilnahme des Patienten an Entscheidungen für wünschenswert gehalten wird. Diese sind aber nicht patientenrechtlichen Denkursprungs, sondern entspringen ökonomischen Optimierungserwägungen: Entscheidungsmitbestimmung führt zu einer verläßlicheren Einhaltung von Abreden, Patienten geben dem Behandler mehr Information und Behandlungseffekte verbessern sich[548].

---

545 Axelsen, T., Det tause sykehuset, Universitetsforlaget, Oslo 1981.

546 Froestad, J., Pasientinformasjon, pasientrettigheter, brukerperspektiv, S. 2.

547 Bomann-Larsen, P./Froestad, J./Jensen, T. Øivind, Pasienterfaringer under opphold på somatisk sykehus (= Publikasjon nr. 10 fra forskningsprosjektet: Brukerperspektiv på forvaltningen, Institutt for Administrasjon og Organisasjonsvitenkap), Bergen 1985.

548 Auch Jensen, T. Øivind/Froestad, J., Klientinnflytelse i hjelpeapparatet, S. 107 ff.

Die Untersuchung selbst bietet auch im Detail interessante Grunddaten für eine Patientenrechtspolitik[549].

Es wurden Fragebögen an Ärzte, Krankenschwestern und Hilfsschwestern versandt, wobei die Rücklaufquote 70% (!) betrug. Folgende Fragen wurden gestellt:

1. Was meint das Personal über das Niveau von Patienteninformation und Patientenmitbestimmung?
2. Wie erlebt das Krankenhauspersonal die Wünsche und Bedürfnisse der Patienten?
3. Wie sind die Ansichten des Krankenhauspersonals zu den verschiedenen Patientenrechten?
4. Welche Bedenken hat das Personal bezüglich einer Stärkung der formellen Patientenrechte?
5. In welchem Grad sind nach Ansicht des Krankenhauspersonals eine Erhöhung der Ressourcen Voraussetzung für die Stärkung von Patientenrechten?
6. Wie schätzt das Personal seine Kenntnisse und Wünsche bezüglich der Stärkung der formellen Rechte der Patienten ein?

Die entsprechenden Antworten zeigten, daß das Personal selbst mit der vorfindbaren Situation ebenfalls nicht zufrieden ist.

Die Suggestivfrage „Patienten erhalten heutzutage genügend Information“ fand nicht einmal bei einem Drittel des Krankenhauspersonals Zustimmung. Die restlichen zwei Drittel lassen unterschiedliche Muster nach Berufsgruppenzugehörigkeit erkennen. Während über die Hälfte der Ärzte die Frage positiv beantwortete, waren die Befürworter bei den mit den unmittelbaren Bedürfnissen des Patienten wohl sehr vertrauten Krankenschwestern nur 14%[550].

Die ebenfalls positiv angelegte Frage „Patienten erhalten heutzutage genügend Möglichkeiten zur Teilnahme während des Krankenhausaufenthaltes“ wurde wiederum von nur ungefähr einem Drittel bejaht. Auch hier waren die Ärzte mit zwei Dritteln der bejahenden Voten überrepräsentiert, während von den Krankenschwestern nur 13% (!) zuzustimmen vermochten[551].

Diese Erkenntnis läßt *Froestad* annehmen[552], daß vor allem von sei-

549 Froestad, J., Pasientinformasjon, pasientrettigheter, brukerperspektiv, S. 3 ff.
550 Ebda, S. 5.
551 Ebda, S. 5 f.
552 Ebda.

ten der Ärzte Widerstand auftreten wird, wenn die formellen Rechte der Patienten gestärkt und ausgebaut werden sollen. Die weiteren Fragenbatterien scheinen die Vermutung zu verdichten.

Zum Zweck der Erhebung der Einstellung des Personals hinsichtlich der Wünsche und Bedürfnisse der Patienten wurde folgende Annahme suggeriert: „Die meisten Patienten sind mit den erhaltenen Informationen zufrieden“[553]. Nicht einmal die Hälfte des Krankenhauspersonals stellte sich dieser Aussage positiv gegenüber. Wiederum waren zwischen den einzelnen Berufsgruppen große Unterschiede festzustellen. Während drei Viertel der Ärzte dieser Aussage zustimmten, waren die Krankenschwestern nur zu einem Drittel geneigt, diese Annahme zu bestätigen[554].

Die Negativ-Kontrollfrage „Viele Patienten möchten weniger Information erhalten als dies heutzutage der Fall ist“ beleuchtete das Stimmungsbild aber viel deutlicher. Nur zwei Prozent der Schwesternschaft konnten dieser Hypothese aufgrund ihrer Erfahrungen etwas abgewinnen. Daß „Nur wenige Patienten über die Behandlungsrisiken informiert werden möchten“, konnte bei den Ärzten nur zu 18%, bei den Schwestern gar nur zu 15% auf Akzeptanz stoßen. Ärzte und Krankenschwestern waren sich also schlüssigerweise darüber einig, daß Patienten mehr über Behandlungsrisiken zu wissen wünschten[555].

Nicht anders erging es der Provokation „Die meisten Patienten wünschen nicht in die Entscheidung über die Behandlung miteinbezogen zu werden“. Nur ein Fünftel des Krankenhauspersonals bejahte diese Aussage. Bei den Ärzten waren es 33%, bei den Krankenschwestern nur 11% und bei den Hilfsschwestern nur knapp 25%. Insgesamt konnte man also deutlich erkennen, daß die Mehrheit des Personals den Eindruck hatte, daß Patienten mehr Information und Einfluß über die Behandlung erhalten möchten. Trotzdem war der größte Teil der Ärzte der Ansicht, daß die meisten Patienten mit den ihnen gegebenen Informationen zufrieden waren, ein Drittel der Ärzte glaubte, daß Patienten bei Entscheidungen über die Behandlung nicht miteinbezogen werden möchten und ein Viertel meinte, daß Patienten nicht mehr Information erhalten möchten, als dies tatsächlich der Fall ist. Man hatte also generell den Eindruck, daß die Ärzte die Situation positiver beurteilten als

553 Ebda, S. 6 f.
554 Ebda.
555 Ebda, S. 8.

die anderen Berufsgruppen. Die Krankenschwestern hingegen bejahten durchgehend bei allen Fragen den Wunsch der Patienten nach mehr Information und Einflußnahme. Auch bei den folgenden Fragen bezüglich der formellen, konkreten Patientenrechte wiederholte sich dies[556].

„Eine Erweiterung der Informationspflicht durch das Personal würde mehr ängstliche Patienten schaffen und ist daher nicht im Interesse der Patienten“: Wiederum sind nur 14% des Krankenhauspersonals dieser Ansicht, aber auch bei dieser Frage sind die Ärzte mit 28% der Befürworter am stärksten vertreten, während nur 3% der Krankenschwestern dieser Behauptung zustimmten. Homogener war man in der Auslotung des Auslösefaktors: „Die Forderungen der Gesellschaft führen zu großem Druck beim Krankenhauspersonal nach Informationsgabe an Patienten“. Dieser Frage konnten sowohl bei den Ärzten als auch bei den Krankenschwestern 40% zustimmen[557].

„Der Arzt sollte Informationen bezüglich Diagnose und Behandlung zurückhalten, wenn er meint, daß die Information den Patienten beunruhigen könnte“ war eine Frage, der man sich nur zu 38% positiv anschließen konnte, was aber nicht weniger bedeutet als dies, daß über die Hälfte des Krankenhauspersonals glaubte, daß selbst in solch einem Fall der Patient Information erhalten sollte[558].

Das in Norwegen zum Erhebungszeitpunkt schon stark ausdiskutierte und positivierte Recht auf Einsicht in den Krankenbericht zeigt in der Frage der Förderung des Rechtsanspruchs ein zerrissenes Akzeptanzbild. Daß „das Personal zur Information an den Patienten bezüglich des Rechts auf Einsicht in den Krankenbericht verpflichtet sein sollte“ wurde zwar von insgesamt 62% des Krankenhauspersonales hingenommen. Unter den Ärzten betrug dieser Prozentsatz allerdings nur 25%, während zwei Drittel der Krankenschwestern und drei Viertel der Hilfsschwestern dieser Ansicht waren. So verwundert es nicht weiter, daß die ergänzende Frage „Krankenberichte sollten so abgefaßt werden, daß die Patienten deren Inhalt mit möglichst wenig Hilfe durch das Krankenhauspersonal verstehen können“, bei den Ärzten und Krankenschwestern auf die gleiche Ablehnungsquote von etwa 75% stößt[559].

Außer Diskussion stand die Akzeptanz des Rechts auf Mitwirkung an

---

556 Ebda, S. 9.
557 Ebda, S. 12.
558 Ebda, S. 12 f.
559 Ebda, S. 14.

der Behandlungsentscheidung. „Wenn verschiedene Behandlungsmethoden in Betracht kommen, sollte der Patient an der Entscheidung teilhaben“[560], fand die Zustimmung von 90% des Krankenhauspersonals, hierunter 93% der Ärzte, 91% der Krankenschwestern und 87% der Hilfsschwestern[561].

Diese Untersuchung unterstreicht und beweist die Annahme, daß die verschiedenen Berufsgruppen innerhalb des Krankenhauswesens ziemlich unterschiedliche Auffassungen bezüglich der heutigen Situation der Patienten und bezüglich der Fragen über Erweiterung und Formalisierung der Patientenrechte haben. Auffällig ist, daß vor allem Ärzte die Situation positiver einschätzten als die anderen Berufsgruppen und zugleich einer Erweiterung der Patientenrechte kritisch gegenüberstanden. Krankenschwestern hingegen nahmen einen positiveren Standpunkt ein, während Hilfsschwestern sich ambivalent verhielten.

Wodurch lassen sich diese Unterschiede in den Ansichten des Personals erklären, wo diese Berufsgruppen doch alle innerhalb derselben Organisation tätig sind? Sind die für die Krankenorganisation typischen Wesensmerkmale eine Erklärung hiefür? Die Krankenhäuser sind durch ausgeprägten hierarchischen Aufbau gekennzeichnet. Die unterschiedlichen Berufsgruppen sind einem Autoritätssystem eingegliedert, in welchem der Chefarzt an der Spitze steht. Ein bedeutendes Merkmal dieser Hierarchie erkennt Jan *Froestad*[562] darin, daß derjenige, der die größten technischen Kenntnisse besitzt, an der Spitze der Pyramide steht und somit von den Patienten am weitesten entfernt ist. Die Ärzte begegnen den Patienten hauptsächlich bei Visiten und während der Behandlung. Das Pflegepersonal hingegen hat intensiveren Kontakt mit den Patienten, es kennt daher ihre Probleme und Bedürfnisse. Lassen sich die Haltungsunterschiede durch den unterschiedlichen Grad an Nähe zu den Patienten erklären? Dies könnte auf jeden Fall eine Antwort darauf sein, warum Ärzte die Situation positiver beurteilten – sie stehen dem Alltag des Patienten ferner als das Pflegepersonal[563].

*Froestad* versucht auch ein anderes Erklärungsmodell. Bei den Ärzten sind die Spezialisierung und die forschungsorientierten Arbeiten prestigeträchtig. Diese fachbezogene Spezialisierung entfernt aber den

560 Ebda, S. 15.
561 Ebda.
562 Ebda, S. 22.
563 Ebda.

Arzt von der „Identifikation“ mit den Patienten. Innerhalb der Medizinsoziologie legt man großen Wert auf den Ausbildungsfaktor. Die Ärzte werden auf naturwissenschaftliche und reduktionistische Behandlungsmodelle hin„erzogen“. Somit verschwindet das Ganzheitsbild des Patienten. Die Ausbildung der Krankenschwestern und Pfleger hingegen vermittelt ein größeres Gesamtheitsbild und auch mehr Idealismus, persönlich Gutes zu tun.

Es ist für *Froestad* evident, daß ganz besonders die Ärzte dem Ausbau und der Formalisierung von Patientenrechten negativ gegenüberstehen[564]. Um den Grad der Bedenken hinsichtlich der Stärkung der formellen Rechte der Patienten[565] zu erheben, wurde eine eigene Fragenbatterie geschaffen „Eine Konzentration auf die formellen Patientenrechte würde das Vertrauensverhältnis zwischen Patient und Personal zerstören“ wurde als Annahme von nur 15% des Personals bejaht, wobei, dem roten Faden entsprechend, 28% der Ärzte, aber nur 4% der Krankenschwestern zustimmten. Immerhin, im Bereich der Signifikanz meldet keine der medizinischen Berufsgruppen an, daß aufgrund einer Stärkung der Rechte der Patienten das Vertrauensverhältnis zerstört werden könnte[566].

Die Frage „Ein Ausbau der formellen Rechte der Patienten würde beim Personal Unsicherheit erzeugen“[567] vermag ebensowenig Ängste zu dokumentieren. Gefragt, ob „Mehr Information und mehr Möglichkeiten zur Teilnahme dazu führen würden, daß die Patienten in dieser Hinsicht vom Personal zuviel fordern würden“[568], lassen die Ärzte zu 44% einen Arbeitslastenanstieg befürchten und die Frage „Wenn viele Patienten in ihre Krankengeschichte Einsicht nehmen wollten, würde dies die Arbeitssituation des Krankenhauspersonales erschweren“[569], stößt bei den Ärzten auf eine Zustimmungsquote von zwei Dritteln, bei den Schwestern stimmten dahingegen 50% Prozent zu.

Deutlich stützt aber ein Fragenfeld die Annahme, daß Ressentiments gegen die Patientenrechte und deren Positivierung und Kodifikation beim medizinischen Personal aus Unsicherheit und schlichtem Wis-

564 Ebda, S. 24.
565 Ebda, S. 16.
566 Ebda, S. 16 f.
567 Ebda, S. 17.
568 Ebda, S. 18.
569 Ebda, S. 20.

sensdefizit darüber resultieren. In der Patientenrechtsdiskussion geht man immer von der Annahme aus, nur die Patienten wüßten nicht, was ihre Rechte seien. Das Personal, so stellt sich heraus, stuft sich in der Wissensskala eindeutig ebenso als nicht informiert ein. „Das Personal benötigt mehr Kenntnisse über die Rechte der Patienten“ war eine Frage mit der höchsten Zustimmungsquote von 88%. Dabei liegen nun allerdings die Krankenschwestern bei 92%, während die Ärzte mit 61% von Unterinformierten für sich einen deutlich höheren Informationsstand reklamieren[570].

In der dem Personal unterschobenen Aussage „Das Personal wünscht, daß den Patienten mehr Einflußnahme geboten werden sollte“, erweist sich dann noch einmal, daß die Ärzte den Patientenrechten eher abweisend gegenüberstehen. Von den Ärzten waren nur 39% für eine Ausweitung der Patientenmitbestimmung, während die Pflegerschaft sich mit dieser Vorstellung zu 80% identifizieren konnte[571].

Die Studie von *Froestad* zeigt also doch recht unwiderlegbar, daß in der Patientenrechtsdebatte die Ärzte den Konterpart übernehmen, während die in Amerika ausgegebene Parole, daß das Pflegepersonal die natürliche Patientenanwaltschaft sei, auch in Europa demoskopisches Hinterland zu haben scheint.

## 2. Das Recht auf Gesundheitsfürsorge und gleichen Zugang zur Gesundheitspflege

Sprechen internationale Dokumente vom Recht auf Gesundheit[572], so meinen sie keinen Individualanspruch, sondern die Verpflichtung eines Staates, ein optimal versorgendes Gesundheitswesen zu schaffen[573].

---

570 Ebda, S. 21.

571 Ebda, S. 22.

572 Beispielsweise Teil 1 der Europäischen Sozialcharter: „The Contracting Parties accept as the aim of their policy (...) 11. Everyone has the right to benefit from any measures enabling him to enjoy the highest possible standard of health attainable“ und Art. 12 (1) der Internationalen Konvention der wirtschaftlichen, sozialen und kulturellen Rechte (1966): „Die Vertragstaaten anerkennen das Recht eines jeden auf das für ihn erreichbare Höchstmaß an körperlicher und geistiger Gesundheit“.

573 Siehe dazu Hälsa för alla i Norden år 2000, Socialstyrelsen, rapport. NHV 1983:1, Stockholm 1983.

Auf nationaler Ebene wird die Formulierung eines Rechts auf Gesundheit als soziales Grundrecht eher abgelehnt.

Ein Recht im Sinne eines Anspruchs auf Gesundheit kann es aber naturgemäß auch nicht geben[574]. Als soziales Grundrecht ließe sich aber ein Recht auf Schutz der Gesundheit etablieren. Der Staat hätte so „die Pflicht, Lebensbedingungen und Lebensvoraussetzungen für die Erhaltung und Wiederherstellung der Gesundheit des einzelnen zu schaffen und zu verbessern“[575]. Theo *Öhlinger*[576] versucht erstmals, nicht nur Sinn und Funktion eines sozialen Grundrechts auf Gesundheit der Struktur nach zu klären, sondern stellt sich auch der Frage der Erwünschtheit aus der Sicht des Menschenrechtlers. Allerdings gelangt *Öhlinger*[577] rasch zu den Barrieren, die der Durchsetzung aller sozialen Grundrechte entgegenstehen[578]. Es sind regelmäßig die Ressourcen, die die Anspruchsrechte limitieren.

Dementsprechend beobachten *Leenen*, *Pinet* und *Prims*[579] in der Realität auch, daß die Reaktion auf international bekräftigte Rechte und auf die gemeinte Integration des Gewollten und Deklarierten auseinanderläuft:

a. Ein Staat beehrt sich mit der Unterzeichnung einer internationalen Konvention, sieht dies aber als genügenden Ausdruck der Aufmerksamkeit an und unternimmt in der nationalen Rechtsordnung gar nichts. In dieser Gruppe erfreut Österreich sich der Gesellschaft Deutschlands, Dänemarks, der Schweiz und Großbritanniens.

b. Ein Staat betrachtet das Recht auf Gesundheitspflege als grundsätzliches Menschenrecht und inkorporiert es seiner Verfassung wie Ungarn, Italien, Niederlande, Spanien, Portugal.

c. Ein Staat inkorporiert dieses Recht explizit in der Gesundheitsrechtssetzung. Diesen Weg gingen etwa die frühere Deutsche Demokratische Republik im Krankenanstaltengesetz 1979, Finnland, Norwegen

---

574 Millis, J. S., Wisdom? Health? Can Society Guarantee Them?, in: Gorovitz, S., et al., Moral Problems in Medicine, Englewood Cliffs (N. J.) 1976, S. 486.

575 Fiebig, U., Freiheit für Patient und Arzt, S. 41.

576 Öhlinger, Th., Menschenrecht auf Gesundheit, S. 767 ff.

577 Ebda, S. 776 f.

578 Siehe dazu Matscher, F. (Hrsg.), Die Durchsetzung wirtschaftlicher und sozialer Grundrechte (= Schriften des Österreichischen Instituts für Menschenrechte, Bd. 3), Kehl-Straßburg 1991.

579 Leenen, H. J. J./Pinet, G./Prims, A. V., Trends in Health Legislation, S. 5 ff.

und Schweden in den jeweiligen Rahmengesetzgebungen des Gesundheitsrechts.

Der Zustand „Gesundheit“ wird in der Präambel der Satzung der WHO (Weltgesundheitsorganisation) als „Zustand des vollständigen körperlichen, geistigen und sozialen Wohlbefindens und nicht nur des Freiseins von Krankheit und Gebrechen“ verstanden[580]. Der Auffassung der UNO-Generalversammlung, daß ein Recht auf Gesundheit ein fundamentales Menschenrecht sei[581], treten Realisten[582] mit dem Argument entgegen, daß Krankheit und Tod zum menschlichen Sein gehörten und daß aus Programmsätzen herleitbare Forderungen nicht einlösbar seien. Um derlei Erwägungen hat sich allerdings das internationale Menschenrechtsprogramm von jeher wenig gekümmert und hat uns damit eine segensreiche Dynamik beschert. Insofern ist auch eine lex imperfecta durchaus geeignet, einen prinzipiellen Auftrag an Staaten zur Schaffung bestmöglicher Rahmenbedingungen zur Beibehaltung oder Wiederherstellung der Gesundheit zu adressieren.

Gesundheitsrecht und die daraus abgeleiteten Ansprüche erwachsen im wesentlichen aus zwei grundsätzlichen Prinzipien: Zum einen aus dem Staatsziel des Volksgesundheitswesens und der Gesundheitspflege und zum anderen aus dem Recht auf Selbstbestimmung. Das Recht auf Gesundheitspflege ist ein soziales Recht, das Recht auf Selbstbestimmung ein individuelles. Individuelle Rechte umfassen den Schutz der individuellen Privatsphäre und Freiheit, soziale Rechte sollen den Einzelnen berechtigen, am gesamtgesellschaftlichen Fortschritt Anteil zu haben[583]. Aufgrund der bestehenden Unterschiede in der Natur der Individual- und Sozialrechte ergeben sich auch wesentliche Unterschiede, sowohl in ihrer Definition als auch in ihrer rechtlichen Verankerung. Während die Individualrechte absolut in ihrer Natur sind, hängen die Sozialrechte deutlich von den gesellschaftlichen Ressourcen ab. In Hinblick auf das Gesundheitswesen läßt sich also festhalten, daß die Garantien des Gesundheitswesens von den verfügbaren Ressourcen der Gesellschaft abhängen.

---

580 Deutsche Übersetzung, in: Berber, F., Völkerrecht, Dokumentensammlung, Bd. I, Friedensrecht, München 1967, S. 196 ff.

581 Resolution 23.41 vom 19. 12. 1968.

582 Fiebig, U., Freiheit für Patient und Arzt, S. 45.

583 Roscam Abbing, H. D. C., International Organizations in Europe, S. 9 f.

Diese beiden Kategorien von Rechten repräsentieren aber zwei Aspekte der menschlichen Existenz und ergänzen sich gegenseitig. Soziale Rechte müssen darauf zielen, individuelle Rechte zu achten. Die individuellen Rechte wiederum müssen in Beziehung zur gesellschaftlichen Partnerschaft gesetzt werden. *Leenen, Pinet* und *Prims* melden in einer Extrapolation an[584], daß für eine Person das Recht auf Leben als individuelles Recht dann keine Bedeutung hat, soferne sie nicht genug an Ressourcen im Sinne eines sozialen Rechts hat. Umgekehrt haben die sozialen Rechte keine Bedeutung, soferne trotz ihrer Garantie die individuellen Rechte verletzt werden.

Während ein Übermaß an individuellen Rechten soziale Gerechtigkeit be- oder verhindern kann, bedeutet ein Übermaß an sozialen Rechten mitunter Verletzungen der menschlichen Würde im Sinne eines Individualrechtes. Soziale und individuelle Rechte greifen ineinander. Wo soziale Grundrechte deutlicher betont werden, bedarf es auch des erhöhten Augenmerks hinsichtlich der individuellen Grundrechte und umgekehrt[585].

Sind die individuellen Rechte in verschiedenen Ländern in ungefähr gleicher Weise – aus der Sicht der Patientenrechtspolitik in oftmals gleich unbefriedigender Weise – garantiert, so differieren die sozialen Grundrechte jedenfalls aufgrund der Unterschiede der nationalen Ressourcen ganz kräftig.

Die Unterschiede dieser beiden Arten von Rechten zeigen sich auch in der Weise, wie sie rechtlich garantiert sind. Während es im Rahmen der Europäischen Menschenrechtskonvention möglich ist, Individualbeschwerden vor den Europäischen Menschenrechtsgerichtshof zu bringen und so den eigenen Staat zu belangen, sieht die Europäische Sozialcharter – soziale Grundrechte sind dort nur als Pflichten der Staaten formuliert – ein Berichtssystem vor, welches Staaten verpflichtet, alle zwei Jahre einen Bericht über gesetzte Maßnahmen an den Generalsekretär des Europarates zu erstatten. Die Unterschiedlichkeit der Funktion der Kontrollqualität ist evident.

Da das Recht auf Gesundheitspflege ein soziales Recht ist, gebietet es sich nicht, dieses Recht nur aus der Perspektive des Konsumenten oder

---

584 Leenen, H. J. J./Pinet, G./Prims, A. V., Trends in Health Legislation, S. 3.
585 Ebda.

Patienten zu sehen, da es im wesentlichen von der verfügbaren Gesundheitsfürsorge in einer Gesellschaft abhängt[586] und der Art, wie diese sie zur Verfügung stellt[587]. Dem trägt die Regierungsvorlage des finnischen Patientenrechtsgesetzes ganz explizit Rechnung, indem es die subjektiven Ansprüche ausdrücklich an die Verfügbarkeit von Ressourcen junktimiert:

„Section 2. Patients rights to proper care and treatment: Patients are entitled to the care required by their state of health within the limits of the resources available to the health services at the time“[588].

## *2.1. Qualität*

Obwohl die Qualität der Gesundheitsfürsorge durchaus im generellen Recht auf Gesundheitspflege impliziert ist, gibt es Staaten, die diese Bestimmung der Qualität für so wichtig erachten, daß sie dieselbe im Gesetz ausdrücklich vorsehen. Es bieten sich grundsätzlich zwei verschiedene Möglichkeiten, die Qualität der Gesundheitsfürsorge im Recht zu inkorporieren[589]. Alle europäischen Länder haben zumindest rechtliche Regelungen der Qualität im Umfeld der Bestimmungen für Behandelnde und Pflegende bzw. Gesundheitseinrichtungen. Einige wenige Länder Europas verfügen aber über eine spezielle Klausel hinsichtlich der Qualität der Gesundheitsfürsorge.

Exemplarisch belegt Schweden diesen Trend in seinem Gesundheits- und Krankenwesengesetz von 1982. In einem Zielparagraphen[590] kommt das übergreifende Ziel, aus dem sich die notwendige Harmonisierung der individuellen mit den kollektiven Ansprüchen ableitet, folgenderweise zum Ausdruck: „Das Ziel für das Gesundheits- und Krankenwesen ist eine gute (god) Gesundheit und die Pflege zu gleichen Bedingungen für die gesamte Bevölkerung“.

---

586 Andersson, I. S., Vårdtyngd, vårdkvalitet och vårdorganisation – vårdens villkor vid minskade resurser, Lund 1988.

587 Vgl. für Österreich daher das Allgemeine Sozialversicherungsgesetz, BGBl. 189/1955 mit den zahlreichen Novellierungen.

588 Siehe Dokumententeil.

589 Leenen, H. J. J./Pinet, G./Prims, A. V., Trends in Health Legislation, S. 5.

590 § 2 Hälso- och sjukvårdslagen, SFS 1982:763.

In den Motiven[591] dazu heißt es, daß die, sich in Streulage vieler Einzelvorschriften im Gesundheitsrecht befindlichen Detailziele einer eindeutigen Richtungsbestimmung bedürfen, da andernfalls Zielkonflikte zu befürchten seien. In der schon 1981(!) klar erkannten Entwicklung der auf die steigenden Anforderungen bemessen drastisch sinkenden Mittel, sei ein solcher Zielkonflikt aber nicht verkraftbar. Die sich aus der WHO-Definition der Gesundheit ergebenden Anforderungen, so wird in den Motiven weiter ausgeführt[592], zwängen den schwedischen Gesetzgeber zu einer Verschränkung der individuellen Ansprüche mit den kollektiven. Es mag hier durchaus einer der Gründe zu finden sein, warum Schweden, trotz dahingehend erkennbarer materieller Tendenzen, bislang letztlich kein Patientenrechtsgesetz formuliert hat.

Man hat aber dennoch die Auswirkungen aus dem Zielprogramm kanonisiert und präzisiert, was sich der einzelne Patient daraus erwarten darf. Man war sich schon drei Jahre nach dem Inkrafttreten des Gesundheits- und Krankenwesengesetzes des Trends zu den Patientenrechten bewußt[593] und hat daher in einer Novellierung[594] einen Anspruchsparagraphen nachgereicht. In diesem wird in seinem Kern folgendes statuiert:

„Anforderungen an das Gesundheits- und Krankenwesen:

§ 2a: Das Gesundheits- und Krankenwesen ist so anzulegen, daß es den Anspruch einer guten Pflege (god vård) erfüllt. Dies beinhaltet, daß es insbesondere

1. von guter Qualität zu sein und des Patienten Bedürfnis an Geborgenheit in Pflege und Behandlung zu erfüllen hat,
2. leicht zugänglich zu sein hat,
3. auf dem Respekt vor der Integrität und dem Selbstbestimmungsrecht des Patienten aufzubauen hat und
4. gute Beziehungen zwischen dem Patienten und dem Personal herstellen soll.

Pflege und Behandlung sind in weitestem Maße gemeinsam mit dem Patienten zu planen und durchzuführen. Dem Patienten ist Auskunft

591 Regeringens proposition 1981/82:97, Stockholm 1982 S. 26 ff.
592 Ebda, S. 113.
593 Regeringens Proposition 1984/85:181, Stockholm 1985.
594 Sveriges Författningssammling (SFS) 1985:560.

über seinen Gesundheitszustand und über die zur Verfügung stehenden Behandlungsmethoden zu geben (. . .)“[595].

In unserem Zusammenhang hier ist die Frage der leichten Zugänglichkeit besonders zu beleuchten. Die Frage der geographischen, flächendeckenden Versorgung ist dabei nicht so zentral wie der Anspruch auf optimale Organisation. Darin überschneiden sich aber geradezu verhängnisvoll die Individualinteressen mit den Ressourcen[596]. Einen Trend der neueren Ansprüche an das Gesundheitswesen vermeldet der zweite Teil der Novellierung in § 2b[597]. Längst nicht nur mehr Reparatur und Korrektur ist Aufgabe des schwedischen Gesundheits- und Krankenwesens, sondern Prävention. Der, und nun muß man wohl auch in Schweden vom consumer reden, consumer hat einen patientenrechtlichen Anspruch auf Information über Schadensverhütung und Vorbeugung. Jan *Sahlin*[598] ist beizupflichten, daß es sich dabei um eine Programmnorm handelt, die letztlich mehr der Kanalisierung der zur Verfügung stehenden Mittel dienen soll und dem allgemeinen Bewußtsein, daß die Vorbeugungsmaßnahmen einen anderen gesellschaftlichen Stellenwert erhalten müssen.

Die Einsicht, daß das Recht auf Gesundheitspflege aufgrund seiner Natur Beschränkungen, die sich durch Begrenzungen der Ressourcen ergeben, unterliegt, führt notwendigerweise zu weiteren Konsequenzen. Es ist folglich auch unmöglich, ein Recht auf Gesundheitsfürsorge, das nicht in den Rahmen des Möglichen und der ökonomischen Potenzen gestellt und damit relativiert wird, zu garantieren.

## *2.2. Das Recht auf Zugang zu Behandlung und Pflege*

Das Problem der Behandlungsunterversorgung scheint in jenen Ländern, die ein funktionstüchtiges System einer niedergelassenen Ärzteschaft haben, weniger zu drücken. Staus ergeben sich vereinzelt in der Großgerätemedizin und in der Transplantationsmedizin, dort aber nicht aufgrund eines Systemfehlers, sondern meist wegen eines Transplantatmangels. Gleich katastrophal ist aber weltweit wegen der drama-

595 Ebda.
596 Regeringens Proposition 1981/82:97, S. 117.
597 Ebda.
598 Sahlin, J., Hälso- och sjukvårdslagen, 2. Aufl., Stockholm 1986, S. 76.

tischen Überalterungsentwicklung die Pflegeunterversorgung. Insofern scheint ein Ausblick auf jene Länder, die dem Unterversorgungsproblem prinzipiell beizukommen versuchen, zu lohnen. Geht man der Rechtsentwicklung nach, so ist für uns freilich nur die Grundstruktur der Überlegungen relevant. Man muß die konzeptuellen Rechtsmodelle insbesondere in ihrer Analogiefähigkeit zur Versorgung mit Langzeitpflegeplätzen und Altenheimplätzen sehen.

Ståle *Eskeland*[599], der mit der Erstellung eines geschlossenen Entwurfs eines norwegischen Patientenrechtsgesetzes beauftragt ist, hat bisher schon intensiv zu den Patientenrechten gearbeitet. Seinem großen Konzept, in dem die Zugangsrechte in ein Totalpaket der Patientenrechte eingebettet sein sollen, ist mit Spannung entgegenzusehen. Ståle *Eskeland* könnte in seinem Gesamtentwurf für den norwegischen Gesetzgeber ein europäisches Grundmodell vorgeben.

*Eskeland* versteht[600] unter dem primärsten Patientenrecht das Recht auf Zugang zu Behandlung und Pflege. Hiefür gilt es aber, rechtspolitische Erörterungen anzustellen, wie unter dem Aspekt einer Nichtvermehrbarkeit der Ressourcen die vorhandenen Behandlungs- und Versorgungsplätze am bedarfsgerechtesten verteilt werden und der Zugang zu Gesundheitsleistungen adäquat geordnet werden soll. Man wird in der Tat wohl nur über einen objektivierten Dringlichkeitskatalog Zugangsränge verbindlich handhaben können.

Die skandinavischen Erörterungen dazu können einen Trend beleuchten:

Trotz der enormen Kostenexplosion auf dem Gebiet des Gesundheitswesens ist es in Skandinavien oftmals nicht möglich, Behandlung zu erhalten[601]. Das System, das von hohem Verstaatlichungscharakter geprägt ist, ruft den Eindruck hervor, in seinen Eigenbedürfnissen wichtiger zu sein als die Klienten/Patienten. Der norwegische Patientenverein konnte im Laufe seiner bisherigen Tätigkeit immer wieder beobachten, wie die Bedürfnisse der Patienten anderen Interessen weichen mußten und müssen[602].

Die grundsätzliche, rechtspolitische Frage ist daher die der Setzung von Prioritäten[603]. In einer Systemreformkommission, dem „Lønnin-

599 Eskeland, S., Trenger vi en lov om pasientrettigheter?.

600 Ebda.

601 Thune, G. H./Haug, A. O., Perspektiv på pasientenes stilling, S. 35.

602 Grønlie, M./Sørheim, S./Siem, H., Klagebehandling ved kontor for pasienthjelp, Norsk Pasientforening, Oslo 1988.

gutvalget“[604], wurde der Vorschlag gemacht, die einzelnen Patientengruppen in Prioritätenränge einzuordnen.

Ohne einen nationalen Gesundheitsplan[605], der eine Bedarfsgerechtigkeit der Verteilung der Ressourcen garantiert, kann aber auch eine objektive Prioritätenliste nur wenig fruchten. Daher hat das norwegische Sozialministerium die Erstellung eines nationalen Gesundheitsplans (Nasjonal helseplan) in Auftrag gegeben. Es wird sich allerdings erst zeigen, wie durchsetzungsfähig dieser Plan sein wird, nachdem die für das Gesundheitswesen zuständigen Behörden, aus einem Dezentralisierungskonzept heraus, die Zuständigkeit für das Gesundheitswesen an die einzelnen Provinzen und Gemeinden abgegeben haben[606]. Die zentrale Frage des Zugangsrechts ist daher für Asbjørn *Kjønstad*[607] eine politische wie rechtliche Frage, nämlich, wie die Gesundheitsdienstleistungen in einem Land insgesamt verteilt werden.

Einen Prinzipienkatalog zu finden, fällt nicht leicht, wonach

1. alle Güter des Gemeinwesens gerecht zwischen den Bürgern verteilt werden sollen,
2. die Verteilung nicht willkürlich erfolgen soll oder grob ungerecht,
3. bei der Verteilung keine Rücksicht auf äußere Umstände genommen werden soll.

Aber selbst dann, wenn ein solcher Prinzipienkatalog konsensfähig ist, ist damit auf der Anwendungsebene der Patientenansprüche noch nicht viel gewonnen. „Soll man nun dem Prinzip der „Warteschlange“ folgen, oder die Kränkesten, diejenigen mit den größten Heilungschancen, die interessantesten Fälle oder diejenigen, die für die Angehörigen die größte Belastung darstellen, zuerst behandeln?“[608].

Der nach Rängen zu ordnende Zugangsanspruch des Patienten, wer vor wem Priorität haben soll, welche Rechtsmittel dem „Wartepatienten“ zukommen, all das sind rechtspolitisch heikle Themen[609]. Die bislang ungeregelte Praxis ist diffus; es wird nach keinem festen Schema vorgegangen, Ärzte „bevorzugen“ Patienten nach unterschiedlichen

603 Thune, G. H./Haug, A. O., Perspektiv på pasientenes stilling, S. 36.
604 NOU 1987:23, Oslo 1987.
605 Thune, G. H./Haug, A. O., Perspektiv på pasientenes stilling, S. 36.
606 Ebda, S. 36 f.
607 Kjønstad, A., Helserett, S. 24.
608 Ebda, S. 25.
609 Froestad, J. Pasientproblemer og rettigheter, S. 4.

Gesichtspunkten. Ärzte haben aber zumeist keine systematische Übersicht über die soziale Situation der „Wartepatienten", wodurch sich manche Patienten aus der Warteschlange „herausschmuggeln" können, um sich an einen vorderen Platz zu begeben, andere in dieser über Gebühr lange verbleiben[610].

Anspruch auf gerechte Verteilung der Gesundheitsleistungen bedeutet auch, daß die Bevorzugung unter Einhaltung formeller Bestimmungen vor sich gehen sollte. In einer norwegischen Umfrage wurde festgestellt, daß ca. 50% der Patienten über ein Jahr lang auf ihre Behandlung warten, immerhin noch fast ein Viertel über zwei Jahre. In dieser Zeit muß der Patient seine Krankheit ertragen und ist in Ausübung seiner beruflichen Tätigkeit, in der Freizeit und im Familienleben, beeinträchtigt. Der Patient weiß auch meistens nicht, wann er behandelt werden wird.

Zwei Arten von Rechten, so lautet ein Vorschlag, sollten dem Wartepatienten zugestanden werden. Erstens eine Ranginformation und eine Rangprognose:

1. Der Patient sollte seinen Platz in der Warteliste erfahren, und über den ungefähren Zeitpunkt seiner Behandlung informiert werden.
2. Patienten, die sehr lange warten müssen, sollen von Zeit zu Zeit erfahren, auf welchem „Platz" innerhalb der Liste sie sich befinden[611].

Zweitens sollen dem Wartepatienten drei Verfahrensrechte garantiert werden:

1. Eine bescheidmäßige Begründung, weshalb der Patient auf Behandlung warten muß sowie die Rechtsbelehrung hinsichtlich der Kriterien, die die Regulierung der Warteschlange betreffen.
2. Patienten müssen gegen Entscheidungen bezüglich ihrer Plazierung innerhalb der Warteschlange Rechtsmittel einlegen können. Daher muß im Erstbescheid eine Rechtsmittelbelehrung enthalten sein.
3. Das Klagerecht muß real sein, d. h. die Klageinstanz muß zur Behandlung des Falles verpflichtet sein sowie den Bescheid abändern können.

## DAS NORWEGISCHE IST-ZUSTANDS-MODELL

Vieles davon ist unbeschadet der erwarteten Neu- und Gesamtregelung schon norwegische Rechtswirklichkeit über das Erlaßrecht[612]. Demnach

610 Ebda.
611 Ebda, S. 5.

hat jede klinische Abteilung einer Institution eine Warteliste zu führen, in der alle angemeldeten Patienten hinsichtlich ihrer Behandlungsbedürftigkeit innerhalb der Kategorien Pflegebedürftigkeit, prospektive Verweildauer, vermuteter klinischer Behandlungsaufwand, klassifiziert werden (§ 2(2)). Dieser Gesamtbedarf und seine Bedeckbarkeit oder Nichtbedeckbarkeit sind der Oberbehörde (§ 2(5 und 9)) anzuzeigen. Aus dem solchermaßen ersichtlich werdenden Gesamtbedarf an Behandlungs- oder Pflegedienstleistungen lassen sich Prognosen über den Zeitpunkt der Aufnahme von Behandlungs- oder Pflegedienstleistungen treffen. Patienten, deren unmittelbare Behandlung entweder nicht erforderlich ist oder deren Aufnahme aus Ressourcendefiziten nicht stattgegeben werden kann, ist ein verbindlicher Aufnahme- oder Behandlungszeitpunkt bekanntzugeben.

Die Warteliste ist stets auf dem letzten Stand zu halten. Jede Institution ist verpflichtet, in einer sog. „Sanierungsaktion" (§ 2(7)), die einmal jährlich durchzuführen ist, alle registrierten Patienten abzufragen, ob ihre Bedarfsanmeldung noch aktuell ist und die solchermaßen nachjustierte Warteliste nach Dringlichkeitskriterien abzubauen: Dabei wird jetzt auch schon der oben erwähnte Prioritätenkatalog angewendet. Kann eine Institution bei gegebener Dringlichkeit den Individualanspruch nicht befriedigen, hat sie von sich aus eine andere aufnahmefähige Institution zu organisieren oder dem Patienten unverzüglich bescheidmäßig die Unerfüllbarkeit seines Anspruchs mitzuteilen (§ 4(2)). Solcherart kann der Patient dann eine Überprüfung im Rechtsmittelweg erzwingen.

Der Unterschied dieser Übergangsregelung zur Neuregelung liegt also nicht in einer Nichtjudiziabilität des derzeitigen Anspruchs, sondern darin, daß die Rechtsmittelinstanz derzeit wieder nur auf dieselben faktischen Entscheidungsgrundlagen zurückgreifen könnte wie die erstentscheidende Anstalt. Dieser Umstand soll eben in einer Neuregelung, die die Leistungsverteilung an einen Gesamtplan bindet, unterbunden werden.

---

612 Mein herzlichster Dank für die Überlassung des Erlasses (Sosialdepartetement, Rundskriv I-43/90, Oslo 6. Aug. 1990) über Wartelisten und die Prioritierung von Patienten gilt Frau Direktorin Kari Holst.

## 3. Recht auf Achtung, Würde und Integrität

Das Recht auf Achtung und Würde findet in den internationalen Dokumenten im Zusammenhang mit den Patienten ganz besondere Beachtung. Da die internationale Entwicklung der Patientenrechte sehr deutlich auch auf allgemeine menschenrechtsrelevante Problemstellungen rekurriert, werden die den einzelnen Staaten anempfohlenen Schritte und Orientierungen in der Patientenrechtspolitik immer auch unter dem Aspekt der menschlichen Würde, der Selbstbestimmung und der Integrität abgestimmt.

Die Vollversammmlung des Krankenhaus-Ausschusses der EG bekennt sich zum Recht des Patienten auf eine rücksichtsvolle Betreuung unter Respektierung seiner menschlichen Würde[613] ebenso, wie die derzeit auf Initiative der European Section der WHO im Entstehen begriffene „Declaration on the Rights of Patients“[614]:

„2. The application of the Human Rights and values in Health Care.

2.1. Everyone has the right to respect of their person as a human being.

2.2. Everyone has the right to self-determination.

2.3. Everyone has the right to physical and mental integrity and to the security of their person.

2.4. Everyone has the right to respect for their privacy.

2.5. Everyone has the right to have their moral values, and religious and philosophical beliefs respected“.

Wenngleich das Recht auf Achtung und Würde gemeiniglich aber mehr den ethischen Verpflichtungen der Heil- und Pflegeberufe zugeordnet wird[615] und die die internationalen Dokumente unterzeichnenden Staaten zum Teil zumindest die Unterzeichnung für sich als ausreichenden Ausdruck und Bekenntnis zu Achtung und Würde in ihrer Patientenrechtspolitik betrachten, finden sich in den europäischen

---

613 Vollversammlung des Krankenhaus-Ausschusses der Europäischen Wirtschaftsgemeinschaft (1979) im Punkt 2. der Rechte des Krankenhauspatienten.

614 Siehe Dokumententeil Meeting of the Drafting Committee for a Declaration on the Rights of Patients, Amsterdam, 4.-6. July 1989.

615 Und sich daher vor allem auch in den Ethik-Kodices wiederfindet; z. B. Quebec Code of Ethics (Medical Act R. S. Q.,c. M-9; Professional Code R. S. Q.,c. C-26, s.27) Division III Duties and Responsibilities to the Patient § 1 General Provisions 2. 03. 01 The physician must practise his profession in a manner which respects the life, dignity and liberty of each individual.

Rechtsordnungen doch auch explizite gesetzliche Bestimmungen dazu. Naturgemäß sind diese schwer als Rechtsansprüche zu formulieren.

### *3.1. Recht auf würdevolle und sorgfältige Behandlung und Pflege*

Der schwedische Gesetzgeber hat das Konzept der Achtung und Würde als Dienstpflicht des Personals formuliert. Wer im Gesundheits- und Krankenpflegewesen tätig ist, „hat dem Patienten Umsicht und Respekt zu erweisen" (omtanke och respekt)[616]. Aus den Motiven[617] wird deutlich, daß dies ein Generalkonzept meint, in dem der Patient aus seinem Grundanspruch auf Würde und Integrität die behandlungs- und pflegeentscheidungsleitende Rolle einnimmt. Die Erläuternden Bemerkungen[618] unterstreichen, daß die Entscheidungshoheit im Krankheitsverlauf, innerhalb der Grenzen bestehenden Rechts, beim Patienten liegt. Welche einzelnen positiv formulierten Verhaltensattitüden daraus erfließen, bleibt freilich auch in der Lehre unbeantwortet[619]. Der Gesetzgeber war sich der Problematik der Unkanonisierbarkeit der Programmzielsetzungen durchaus bewußt, wenn er festhielt, es stehe nicht zur Debatte, die Aufträge an das Personal im Detail gesetzlich zu regeln[620]; es müsse genügen, die Zielrichtung vorzugeben und die Einhaltung der Disziplinarjudikatur zu übertragen.

Die meisten Rechtsordnungen beschränken sich auf die Verankerung der Pflichten gegenüber dem Patienten als Reflexrechte. In Ärztegesetzen und anderen medizinischen Berufsrechten werden Ärzte und das nichtärztliche Personal verpflichtet, ihre Tätigkeit sorgfältig auszuüben[621].

---

616 § 5 Tillsynslagen SFS 1980:11; jüngste Fassung SFS 1985:563.

617 Regeringens Proposition 1978/79:220, S. 43 ff.

618 Ebda, S. 20 ff.

619 Sahlin, J., Hälso- och sjukvårdslagen, übergeht an den einschlägigen Stellen eine nähere Einlassung zu dieser Gesetzespassage; siehe S. 51 ff und S. 228 ff; auch Carlsson, B./Isacsson, Å., Hälsa, kommunikativt handlande och konfliktlösning, gehen gerade auf diese Passage nicht ein.

620 Regeringens Proposition 1978/79:220, S. 43.

621 Beispielsweise § 22 (österr.) Ärztegesetz.

Sorgfältige Ausübung der Tätigkeit bedeutet, daß die Verantwortlichen den allgemein anerkannten Behandlungsprinzipien zu folgen haben; dies sowohl in fachlicher als auch in ethischer Hinsicht. Das Ziel der ärztlichen Tätigkeit liegt im Heilen von Krankheiten, im Lindern von Schmerzen und in seelischer Unterstützung des Patienten. Der Arzt muß Vorsicht walten lassen, um keine Risiken in bezug auf Schäden am Patienten aufkommen zu lassen. Hin und wieder muß jedoch ein größeres Risiko eingegangen werden, nämlich in Notfällen oder in Fällen ernsthafter Erkrankungen. Welche Risiken eingegangen werden dürfen, hängt von den Prognosen für den Patienten ab[622].

Eine die personale Würde respektierende Behandlung und Pflege ist naturgemäß schwer zu definieren und folglich ebenso schwer zu kanonisieren[623]. Im Negativen fällt die Beschreibung schon leichter: „... the perception of people as objects (thinging); the instrumental use and exploitation of patients and providers; coldness and indifference in social interaction; the repression and limitation of human freedom (loss of options); and social ostracism and alienation“[624].

Diesen in aller Welt beobachtbaren Risken für die Integrität des Patienten entgegenzuwirken, hat der schwedische Gesetzgeber dadurch versucht, daß er über den Grundanspruch auf Respekterbietung[625] einen differenzierten Auftrag an das ärztliche und Pflegepersonal erteilte: „Wer ... dem Personal angehört, hat sich zu bemühen, dem Patienten eine sachkundige und umsichtige (omsorgsfull) Pflege zuteil werden zu lassen (...) und so weit wie möglich die Pflege im Zusammenwirken mit dem Patienten anzulegen und durchzuführen“[626]. Jan *Sahlin*[627] streicht den Generalzweck des Regelsystems solcher Bestimmungen präzis heraus: Über Integritätsbestimmungen soll die Bedeutung der Rolle des Patienten im Behandlungsprozeß herausgehoben und diese wohl auch neu definiert werden. Der schwedische Gesetzgeber verzichtet denn auch auf keine Gelegenheit, die neue Ausgangslage für das Gesundheitswesen hervorzuheben: „Der

622 Kjønstad, A., Helserett, S. 27 ff.
623 Storch, J., Patients' Rights, S. 72.
624 Howard, J./Davis, F./Pope, C./Ruzek, S., Humanizing Health Care: The Implication of Technology, Centralization, and Self-Care, in: Medical Care 15 (1977), S. 327 ff.
625 Siehe oben: Recht auf Würde und Integrität.
626 § 205 Tillsysnlagen.
627 Sahlin, J., Hälso- och sjkuvårdslagen, S. 52.

Betrieb im Gesundheitswesen hat auf dem Respekt vor dem Selbstbestimmungsrecht und der Integrität des Patienten aufzubauen. Überhaupt bestimmt der Patient selbst über seine Behandlung"[628]. Der Patient kann allerdings aus dieser Betonung seiner Vorrangstellung keinen Anspruch auf eine Behandlung erheben, die zu den wissenschaftlichen Erkenntnissen und Pflegestandards in Widerspruch steht. Immerhin hat aber der schwedische Gesetzgeber die bis vor kurzem noch und vielerorts weiterhin als mit dem Stand der medizinischen Wissenschaft inkompatibel erachtete Alternativmedizin legaliter anerkannt und einen alternativmedizinischen Behandlungsanspruch konzediert[629].

## *3.2. Recht auf Privatsphäre*

Als eines der wesentlichsten Patientenrechte, das letztlich aus dem Recht auf Würde und Integrität herfließt, stellt sich ein Art Sammelinstitut dar, das im anglo-amerikanischen Rechtsraum mit Recht auf die Privatsphäre (privacy) umschrieben wird und sich mit einer Reihe von Ansprüchen überschneidet. Das Recht auf Privatsphäre meint etwa

– den Anspruch eines Patienten auf maximale Beibehaltung seiner angestammten Lebensgewohnheiten,

– das Recht auf die möglichst unbeeinträchtigte Fortsetzung seines Familienlebens im Sinne des Art.8 der Europäischen Menschenrechtskonvention,

– das Recht auf Geborgenheit (shelter) im Sinne amerikanischer Patientenrechtscodices,

– daß das Personal sich der Gesamtpersönlichkeit des Patienten besinnt,

– das Recht, vor unbefugten Auskünften über persönliche Daten geschützt zu werden,

– weiters, neben dem räumlichen Aspekt des Sichzurückziehenkönnens ein

– Recht auf Vertraulichkeit im weitesten Sinn des Wortes und nicht nur hinsichtlich der Vertraulichkeit der Informationen und Daten.

---

628 Regeringens Proposition 1981/82:97, S. 50.
629 Siehe Kapitel II.4.3.3. Alternativmedizin.

Während aber Vertraulichkeit vielfach nur auf das persönliche Verhältnis von Arzt und Patient begrifflich anwendbar verstanden wird, ist der Bereich der privacy in einem umfassenderen Kontext zu sehen. Es geht nicht nur um die Vertraulichkeit zwischen Arzt und Patient, sondern um die Privatsphäre im weiteren Sinne. Weiters ergeben sich die Verpflichtungen hier nicht nur für die Person, zu der ein Vertrauensverhältnis besteht, sondern auch für den Staat, für private Einrichtungen und für Mitbürger[630].

### 3.2.1. BEGRIFFSABGRENZUNG: MATERIELLE UND IMMATERIELLE PRIVACY

Alan *Westin* hat die Begriffsbildung der privacy maßgeblich geformt: „Privacy is the claim of individuals, groups or institutions to determine for themselves when, how and to what extent information about them is communicated. Viewed in terms of the relation of the individual to social participation, privacy is the voluntary and temporary withdrawal of a person from a general society through physical or psychological means, either in a state solitude or small group intimacy or, when among larger groups, in a condition of anonymity or reserve“[631].

Aus dieser Definition geht hervor, daß das Recht auf privacy zwei Aspekte hat, die in der Literatur oft nicht getrennt werden: eine materielle und eine immaterielle Seite.

Während die immaterielle Seite der privacy das Recht auf Geheimhaltung durch den Behandelnden oder durch den Verwalter persönlicher Daten betrifft, umschreibt die materielle Seite der privacy das Recht der Person auf räumliche Abgrenzung. Eine sehr bekannte Definition dieses Aspektes von privacy stammt von *Warren* und *Brandeis*, die dieses Recht als „the right to be alone“ definierten[632]. Die räumliche privacy ist vor allem in den Krankenhäusern problematisierbar, denn Gesundheitsfürsorgeeinrichtungen sind an sich kaum geeignet, die Privatsphäre des Patienten zu fördern. Patienten befin-

630 Leenen, H. J. J./Pinet, G./Prims, A. V., Trends in Health Legislation, S. 14 ff.
631 Westin, A., Privacy and Freedom, New York 1967, S. 5.
632 Warren, S. D./Brandeis, L. D., The Right to Privacy, in: Harvard Law Review 1980, S. 483.

den sich in einem Spital mehr in einem öffentlichen Bereich und sind den Fragen des medizinischen Personals ausgesetzt, wobei eine Vielzahl der Fragen höchst persönlicher Natur sind. Zusätzlich wird dieser Aspekt der Privatsphäre oftmals überhaupt ganz einfach übersehen[633].

*Materielle privacy: Das Recht sich zurückziehen zu können*

Wie erwähnt ist die privacy durch die Verwobenheit von materiellen und immaterielen Aspekten gekennzeichnet.

Der Terminus materielle privacy wurde in den Niederlanden vom Zentralen Rat für Volksgesundheit in die Diskussion eingebracht[634]. Man versuchte, den zum Teil verwirrenden Gebrauch der Begriffe zu ordnen. Der Zentrale Rat für Volksgesundheit unterschied in seinem Gutachten[635] mehrere Kategorien von Pflegesituationen (Kurz- und Langzeitpflege, psychiatrische Kliniken), die aufgrund ihrer jeweiligen Funktion andere Schwerpunkte der räumlichen privacy nötig hätten: Während bei einem kurzfristigen Aufenthalt in einem Krankenhaus das Schwergewicht der räumlichen privacy bei der Behandlung und Pflege liegt, wird bei Langzeitpflege-Patienten oder bei Patienten in psychiatrischen Anstalten die Wohnfunktion wichtiger sein[636].

*Räumliche privacy bei kurzfristigen Aufenthalten*

In einem allgemeinen Krankenhaus liegt das Interesse des Patienten eher auf der Behandlung, Versorgung und Gesundung als auf dem Aspekt des Wohnens und des Verbleibens. Das Bett mit dem Kästchen, um die notwendigen persönlichen Dinge aufzubewahren, ist der einzige eigene Platz, den ein Patient für die Dauer seines Aufenthaltes hat.

Was die Krankenzimmer betrifft, bietet ein Einbettzimmer das

---

633 Storch, J., Patients' Rights, S. 74.

634 Centrale Raad voor Volksgezondheid (Hrsg.), Deeladvies inzake bescherming van privacy van de patiënt, Zoetermeer 1981, S. 55 ff.

635 Ebda.

636 Beumer, F. J. A., Patiënt en recht, Deventer 1981, S. 28.

höchste Maß an räumlicher privacy. Begrenzte Mittel und organisatorische Schwierigkeiten stehen dem Angebot an solchen natürlich entgegen. Andererseits gibt es auch Patienten, die weniger ein Bedürfnis nach Alleinsein in einem Einbettzimmer haben und die größeren sozialen Kontaktmöglichkeiten in Zwei- oder Dreibettzimmern schätzen. Es muß also ein ausgewogenes Angebot von Ein- und Mehrbettzimmern geben, sodaß den privacy-Bedürfnissen des Einzelnen entgegengekommen werden kann[637].

Auch Lärm und Geräusche beeinflussen die privacy. Ein andauerndes Anhören-Müssen und Gehört-Werden ist nicht nur oft peinlich, sondern bedeutet einen Einbruch in die persönliche Lebenssphäre. Die Empfehlung des niederländischen Volksgesundheitsrates ging daher in Richtung eines geänderten Milieudesigns in Anstalten.

Eine ähnliche Problematik stellen die Weckzeiten dar: Bei der in den Hausordnungen immer wieder kritisierten Weckzeit zeigte ein Versuch am Allgemeinen Krankenhaus Eilbeck, daß man in Einzelfällen auch erst um 7 Uhr früh wecken kann[638]. In Hamburgs Krankenhäusern gilt generell, daß vor 5 Uhr früh nicht geweckt werden darf.

Letztlich gibt es unmotivierte, eingerissene Praktiken, die die privacy des Patienten unnötig antasten, ohne irgendjemandem einen erkennbaren Vorteil zuteil werden zu lassen. So sollten Ärzte und Pflegepersonal nicht ohne anzuklopfen[639] in das Zimmer des Patienten kommen oder Umkleidekabinen öffnen[640].

Art. 1653 n des niederländischen Entwurfes für das Bürgerliche Gesetzbuch schützt das Bedürfnis nach räumlicher Privatheit des Patienten nun auch im Zivilrecht. Der Behandelnde darf eine medizinische Maßnahme nicht durchführen, wenn diese durch Dritte miterlebt werden kann, es sei denn, der Patient hat dem ausdrücklich zuge-

---

637 Centrale Raad voor Volksgezondheid (Hrsg.), Bescherming van privacy van de patiënt, S. 57.

638 Steinmetz, F. (Hrsg.), Krank in Hamburg. Ein Ratgeber für Patienten in Hamburgs Krankenhäusern, Hamburg 1984, S. 145.

639 Dazu die amerikanischen Patientenrechtskodifikationen, z. B. Ohio Rev. Code Ann. §3721.13(A)(4): „The right (. . .) to have door closed and to have them not opened without knocking (. . .)."

640 Centrale Raad voor Volksgezondheid (Hrsg.), Bescherming van privacy van de patiënt, S. 57; auch Ginneken, P. P. J. N. van, Centrale Raad wil werking van grondrechten. Een heilloos leerstuk, in: Tijdschrift voor Gezondheidsrecht 5 (1983), S. 245.

stimmt[641]. Berufsausübende Dritte sind ausgenommen (Art. 1653 n Absatz 2). Das aber bedeutet, daß etwa die Anwesenheit von Studenten oder die von auszubildenden Jungärzten, die an sich mit der Behandlung nicht unmittelbar betraut sind oder sein können, der ausdrücklichen Zustimmung des Patienten bedarf[642]; Schweigen ist nicht als Zustimmung auszulegen.

*Räumliche privacy bei Langzeitpflege*

Viel wichtiger als bei kurzfristigen Aufenthalten in Krankenhäusern ist jedoch das Bedürfnis auf räumliche privacy bei einem langfristigen Verbleib in Pflegeeinrichtungen, Rehabilitationszentren und psychiatrischen Anstalten, wo das Schwergewicht der privacy bereits auf der Wohnfunktion liegt[643].

Der erste Aspekt dieser Wohnfunktion ist die Frage, ob die Möglichkeit besteht, einen eigenen Raum zu bewohnen und diesen selbst einzurichten[644] und selbst zu bestimmen, ob und wann man Kontakte mit anderen Personen wünscht[645]. Auf diese Weise wäre eine maxi-

---

641 Vgl. auch amerikanische Patientenrechtskodifikationen, z. B. 22 California Admin. Code §70707(7): "The right to full consideration of privacy concerning his (or her) medical care program. Case discussion, consultation, examination, and treatment are confidential and should be conducted discreetly. The patient has the right to be advised as to the reason for the presence of any individual".

642 Leenen, H. J. J., Wetsontwerb over rechten van de patiënt, in: Nederlands Juristenblad 43 (1987), S. 1384.

643 Centrale Raad voor Volksgezondheid (Hrsg.), Bescherming van privacy van de patiënt, S. 61.

644 Vgl. auch amerikanische Patientenrechtskodifikationen, z. B. Minnesota Stat. 144.651(16) Personal Privacy: „Patients and residents shall have the right to every consideration of their privacy, individuality, and cultural identity as related to their social, religious, and psychological well-being. Facility staff shall respect the privacy of a resident's room by knocking on the door and seeking consent before entering, except in an emergency or where clearly inadvisable".

645 Ebda, (18) Communication Privacy: „Patients and residents may associate and communicate privately with persons of their choice and enter and, except as provided by the Minnesota Commitment Act, leave the facility as they choose. Patients and residents shall have access, at their expense, to writing instruments, stationery, and postage. Personal Mail shall be sent without interference and received unopened unless medically or programmatically contraindicated and documented by the physician in the medical record. There shall be access to a telephone where patients and residents can make and receive calls as well as speak privately. Facilities

male privacy des Wohnens erreicht. Die Realität in den Langzeitpflege-Einrichtungen hinkt evidenterweise diesem Anspruch auf privacy des Wohnens jedoch nach[646].

*Ehepartner*

Eines der wichtigsten Probleme der privacy bei einer Langzeitpflege liegt in der Tatsache, daß ein langdauernder Aufenthalt auch eine langdauernde Trennung vom Lebenspartner mit sich bringt. Gerade für alte Menschen bedeutet die Trennung und die Aufnahme nur eines Partners einen ungeheuer schweren Eingriff, manche sprechen vom sozialen Tod.

Es ist deswegen notwendig, Möglichkeiten zu finden, den weniger oder nicht gebrechlichen Partner so nahe wie möglich an die Pflegeeinrichtung heranzubringen, wenn dieser dies wünscht[647].

Eine gemeinsame Aufnahme beider Ehepartner in einem Zwei-Bett-Zimmer ist unter gewissen Bedingungen auch möglich[648]: „(. . .) if both are residents of the same home, the right to share a room within tha capacity of the home, unless not medically advisable as documented in his medical record by the attending physician".

*Immaterielle privacy*

*Abgrenzung zur Geheimhaltungspflicht*

Das Recht auf immaterielle privacy wurzelt eigentlich im Recht auf Verschwiegenheit. Die Grundregeln der Schweigepflicht sind damit

---

which are unable to provide a private area shall make reasonable arrangements to accommodate the privacy of patients' or residents' calls. This right is limited where medically inadvisable, as documented by the attending physician in a patient's or resident's care record (. . .)."

646 Ebda, S. 61.

647 Vgl. dazu die amerikanischen Patientenrechtskodifikation, z. B. Ohio Rev. Code Ann. §3721.13(A)(21): „(. . .) the right to assured privacy for visits by the spouse (. . .)".

648 Vgl. dazu amerikanische Patientenrechtskodifikationen, z. B. Ohio Rev. Code Ann. §3721.13(A)(21).

auf das Recht der immateriellen privacy übertragbar. Das Berufsgeheimnis oder die Schweigepflicht beziehen sich allerdings nur auf die individuell Ausübenden in der Gesundheitsfürsorge und auf die individuelle Beziehung zwischen Patienten und Berufsausübenden.

Der Rechtsschutz des Patienten, der sich aus der Schweigepflicht des Arztes ergibt, wird immer dann ungenügend, wenn die Daten eines Patienten aus der Verfügungsgewalt des Behandelnden genommen werden und Dritten zur Verfügung gestellt werden können. Diese Situation ist aber gerade im heutigen automatisierten Informationswesen gegeben: Der durch Schweigepflicht gebundene Behandelnde und der Verfügungs- oder nur Zugriffsberechtigte sind nicht mehr ident.

Es müssen also neue Regeln und neue Mechanismen gefunden werden, um dieses Datenmaterial zu schützen und dessen Gebrauch und Einsicht zu regeln. Darüber hinaus liegt im Sammeln von persönlichen Daten in automatisierten Systemen eine spezifische Bedrohung der persönlichen Lebenssphäre. Die Kenntniserlangung über persönliche Daten ist durch das Individuum nur schwer beherrschbar und kontrollierbar. Ein besonderes Problem, das beim Sammeln und Ausarbeiten von privaten Daten eines Menschen entsteht, liegt darin, daß in Datenbanken durch die Verbindung von Daten ein Persönlichkeitsbild aufgebaut werden kann. Besonders problematisch ist der Aufbau einer solchen Schattenperson in Datenbanken bei psychologischen oder sozialen Daten. Oft werden auch aufgrund der vorliegenden Daten Beschlüsse gefaßt. Deswegen ist die Richtigkeit dieser Daten von großer Wichtigkeit[649].

Das Bedürfnis nach Zugang zu solchen Daten ist gestiegen, da immer mehr Personen bei der Behandlung eines individuellen Patienten oder bei der Beurteilung herangezogen werden müssen und deshalb der diesbezüglichen Informationen bedürfen.

Die Beschränkung dieser Einsichtsmöglichkeit ist einer der wichtigsten Aspekte des immateriellen privacy-Schutzes.

Durch die große Anzahl und leichte Abrufbarkeit dieser Daten tritt der Wunsch auf, sie für andere Zwecke, zuvorderst für wissenschaftliche Untersuchungen, zu gebrauchen. Durch diese nur skizzierten Entwicklungen entstand also ein Bedürfnis, um Regeln für den Schutz der privacy zu entwickeln, die neben dem Berufsgeheimnis

---

649 Leenen, H. J. J., Gezondheidsrecht, S. 225 f.

den Schutz und die Achtung vor der persönlichen Lebenssphäre gewährleisten sollen.

*Inhaltliche Gestaltung des Schutzes der immateriellen privacy*

Wie oben ausgeführt wurde, hat der Patient das Recht auf sein Geheimnis und der Behandelnde die Pflicht, dieses Geheimnis zu schützen. Durch die Einführung von Informationssystemen ändert sich diese juristische Grundregel nicht. In der Empfehlung des Ministerkomitees des Europarates[650] wurde auch die „pre-eminence of individuel rights and freedoms" verankert[651].

Die Tatsache, daß sowohl der Patient als auch der Behandelnde bei Informationssystemen zunehmend die Kontrolle über die Aufbewahrung und Verwendung von Daten verlieren, erhöht die Gefahr, daß die Rechte des Individuums nicht ausreichend geschützt werden. Für den Patienten geht es um einen Aspekt seines Selbstbestimmungsrechtes, für den Arzt um die Schweigepflicht. Der Arzt gerät durch die Einführung eines Informationssystems in ein Spannungsfeld zwischen beruflicher Schweigepflicht und der Tatsache, daß die tatsächliche Verwaltung der Daten, für dessen Geheimhaltung er straf-, zivil- und disziplinarrechtlich verantwortlich ist, bei einem Dritten ruht. Die holländische Lehre steht auf dem Standpunkt, daß ein Arzt deswegen nur dann Informationen an Informationssysteme weitergeben darf, wenn er der Überzeugung ist, daß der Geheimnisschutz gewährleistet ist; dem Patienten gegenüber bleibt der Arzt für die Verwendung dieser Daten verantwortlich[652].

Ausgangspunkt bleibt also, daß ein Mensch selbst das Recht hat, über seine persönlichen Daten und Fakten zu bestimmen. Das schließt zwar nicht aus, daß es andere gerechtfertigte Interessen gibt, es müssen aber taugliche Gründe sein, um in das Recht des Individuums, über seine persönlichen Daten selbst zu bestimmen und diese beschützt zu wissen, einzugreifen[653].

---

650 Siehe Dokumententeil Council of Europe, Committee of Ministers, Recommendation R (81)1 of the Committee of Ministers to Member States on Regulations for Automated Medical Data Banks.

651 Leenen, H. J. J., Gezondheidsrecht, S. 226.

652 Ebda, S. 227 f.

653 Ebda.

Das Recht auf Achtung der persönlichen Lebensspähre ist etwa in den Niederlanden ein Grundrecht mit Drittwirkung, das folglich auch auf der privatrechtlichen Ebene wirkt.

Beim Schutz der immateriellen privacy geht es also um die Frage, inwieweit der Einzelne ein Mitspracherecht über die Aufzeichnung von Daten hat, die ihn betreffen und über den Gebrauch dieser Daten außerhalb des Zusammenhangs, wofür diese Daten gegeben worden sind und welche Kriterien dabei herangezogen werden sollen[654].

Das Recht auf Selbstbestimmung und das Recht auf Schutz der persönlichen Lebenssphäre sind jedoch keine absoluten Rechte. Andere Werte und Interessen können sich dagegen stellen. Gesellschaftliche Aspekte können das Recht auf Selbstbestimmung einengen, etwa das Selbstbestimmungsrecht Dritter oder das Gemeinwohl[655].

Durch die Abhängigkeit des Menschen in der Gesundheitsfürsorge muß diese Interessenabwägung durch die Formulierung eingehender Kriterien dazu führen, daß die als zumutbar erachteten Einbrüche in die privacy soweit wie möglich begrenzt werden. Eine allgemeine, global formulierte Ausnahmebestimmung genügt nicht den grundgesetzlichen Bestimmungen, da dadurch das Recht ausgehöhlt werden könnte. *Roscam Abbing* spricht in diesem Zusammenhang vom Ausnahmeprinzip[656]. Aufgrund dieses Ausnahmeprinzipes müssen Ausnahmen vom Recht auf Schutz der persönlichen Lebenssphäre so eingeschränkt wie möglich interpretiert werden.

### *Inhaltliche Beschränkung der Registrierung*

Das Grundprinzip des Schutzes der immateriellen privacy beinhaltet die inhaltliche Beschränkung der Datensammlung. Das niederländische Modell scheint das problembezogenste zu sein.

Artikel 1653 i des Bürgerlichen Gesetzbuches (Gesetzesentwurf über den medizinischen Behandlungsvertrag) normiert die Pflicht des Behandelnden, Daten und Fakten des Patienten zu dokumentieren.

---

654 Roscam Abbing, H. D. C., Privacybescherming, medische (persoons) gegevens en wetenschapelijk onderzoek, Rijksuniversiteit Limburg, Vakgroep Gezondheidsrecht – Onderzoeksrapporten 9, Limburg 1988, S. 11 f.

655 Dazu grundsätzlich Roscam Abbing, H. D. C., International Organizations, S. 1 ff.

656 Ebda, S. 30 f.

Unter Dokumentieren wird nicht nur das Führen eines Krankenberichtes verstanden, sondern auch die Eingabe solcher Daten in einen Computer oder andere Datenverarbeitungssysteme.

Es darf nicht mehr recherchiert und nicht mehr in Systeme eingespeichert werden, als für den eigentlichen Zweck, nämlich die Behandlung, notwendig ist. Zwar ist das Sammeln von Daten und das Befragen von Patienten in der medizinischen Gesundheitsfürsorge unumgänglich, doch muß gerade wegen dieses notwendigen Charakters gewährleistet sein, daß Einbrüche in die privacy minimalisiert bleiben.

In der schon genannten Empfehlung des Ministerkomitees des Europäischen Rates wird normiert[657], daß „no data are collected other than those wich are relevant and propriate to the declared purpose (s)". Art. 4 Abs. 1 des niederländischen Personenregistrierungsgesetzes normiert die Grundregel, daß eine Registrierung von persönlichen Daten nur für einen Zweck angelegt werden darf, für den ein Interesse der Person redlicherweise anzunehmen ist, während Art. 5 Abs. 1 weiters bestimmt, daß eine solche Registration nur persönliche Daten und Fakten umfassen darf, die rechtmäßig und in Entsprechung zum Zweck angelegt wurden.

Für die Gesundheitsvorsorge ist die Norm noch strenger formuliert: Eine Registrierung von persönlichen Daten darf nur dann erfolgen, wenn dies für eine sorgfältige Aufgabenerfüllung notwendig ist (Art. 18 Abs. 1). Sie darf nur persönliche Daten umfassen, die für den Zweck der Registration notwendig sind (Art. 18 Abs. 2).

Daraus ergibt sich also, daß nicht notwendige Daten nicht registriert werden dürfen und nur das registriert werden darf, was von direktem Interesse für die Behandlung ist[658]. Daraus folgert das allgemeine Prinzip, daß der Zweck einer Registrierung vom Patienten genehmigt sein und eng umschrieben bleiben muß.

---

657 Siehe Dokumententeil Council of Europe, Committee of Ministers, Recommendation R (81)1 of the Committee of Ministers to Member States on Regulations for Automated Medical Data Banks, 4. 1. b.

658 Roscam Abbing, H. D. C., Privacybescherming, S. 36.

### *Das Recht auf Verweigerung der Datenaufzeichnung*

Das Recht, seine Zustimmung zur Aufzeichnung persönlicher Daten zu verweigern, ist als ausdrückliches Recht in den Niederlanden nicht verankert. Ein Teil der Lehre[659] leitet dieses Recht jedoch aus den Grundprinzipien der ArtArt. 10 und 11 des niederländischen Grundgesetzes ab, da es sich immerhin um die eigene Verfügungsgewalt des Individuums über dessen persönliche Daten handelt. Ein Patient könnte, etwa bei einer Geschlechtskrankheit, Einwände gegen eine Registrierung haben. Eine Weigerung zur Auskunfterteilung wäre auch dann begründet, wenn es um Daten oder Fakten geht, deren Kenntnis für eine Behandlung nicht notwendig sind, etwa Beruf des Vaters, Muttersprache, religiöses Bekenntnis.

Dennoch sind diesem Recht Grenzen gesteckt: Zum einen kann eine gesetzliche Vorschrift dieses Recht aufheben (etwa Anzeigepflicht bei ansteckenden Krankheiten). Zum anderen ist jedoch auch der Fall denkbar, daß ohne eine Aufzeichnung von Daten oder Fakten eine medizinische Behandlung nicht durchgeführt werden kann, etwa wenn das Ergebnis einer therapeutischen Behandlung nach einer gewissen Zeit kontrolliert werden muß[660].

### *Recht auf Korrektur und Aufnahme von Patientenerklärungen*

Das niederländische Gesetz über die Personenregistrierung kennt ein Verbesserungs- und Ergänzungsrecht (Art. 31). Das neue Zivilrecht[661] normiert darüber hinaus, daß der Behandelnde auf Ersuchen des Patienten eine durch den Patienten erstellte „Erklärung“, die sich auf seine Daten bezieht, dem Krankenbericht beilegen[662] muß. Der Inhalt dieser „Erklärung“ kann also über Verbesserungen und Ergänzungen hinausgehen.

Im norwegischen Ärztegesetz aus 1980 ist das Recht des Patienten auf Einsichtnahme in seinen Krankenbericht gesetzlich verankert. Dieses Einsichtsrecht ist auch hinsichtlich des Personenregistergeset-

659 Leenen, H. J. J., Gezondheidsrecht, S. 229.
660 Ebda.
661 Artikel 1653 i des (Entwurfes des) Bürgerlichen Gesetzbuches.
662 Art. 1653 i Absatz 2 leg. cit.

zes von Bedeutung, denn der Zweck der Einsichtnahme liegt darin, kontrollieren zu können, ob die Aufzeichnungen den Tatsachen entsprechen[663].

Bei Personenaufzeichnungen, die zu Forschungszwecken verwendet werden können, werden kaum für den Patienten selbst relevante Entscheidungen getroffen. Wenn diese Aufzeichnungen nicht der Wahrheit entsprechen, wird das Forschungsergebnis verändert bzw. falsch sein. Für den einzelnen Patienten ergeben sich jedoch keine tiefgreifenden Nachteile. Anders liegt der Fall, wenn aufgrund von Aufzeichnungen in Personenregistern Entscheidungen über jemanden getroffen werden, die diesem zum Nachteil gereichen. Dies wird jedoch bei Registern, die lediglich zur Führung von Statistiken, zu Forschungszwecken oder aufgrund allgemeiner beabsichtigter Planungen geführt werden, kaum der Fall sein. Daher hat der Einzelne in diesen Fällen auch kein Recht auf Einsichtnahme[664].

Wenn jedoch etwa ein Arzt sein gesammeltes Material auch zu Experiment- und Publikationszwecken zu verwenden gedenkt, handelt es sich nicht mehr um ein lediglich zu Forschungszwecken angefertigtes Register. Dann wird die Frage des Rechts auf Einsichtnahme aktuell[665].

### *Die Weitergabe von Daten oder Fakten an Dritte*

Die Weitergabe von Daten an Dritte erscheint nur dann unproblematisch, wenn diese Weitergabe mit dem Zweck der Registrierung zu vereinbaren oder durch gesetzliche Vorschrift notwendig ist oder mit Zustimmung des Registrierten erfolgt[666]. Die Weitergabe ist dann immer unzulässig, wenn die Daten oder Fakten unter das Berufsgeheimnis oder unter die Schweigepflicht fallen. Für die Gesundheitsfürsorge bedeutet das, daß auch für die interne Weitergabe medizinischer Daten immer die Zustimmung des Patienten notwendig sein soll[667].

---

663 Selmer, K., Lov om personvern, in: Iversen, I./Iversen, T. (Hrsg.), Klinisk forskning i etisk og juridisk lys, Oslo 1987, S. 39 ff.

664 Ebda, S. 42 f.

665 Ebda.

666 Art. 11 Abs. 1 des niederl. Gesetzes über die Personenregistrierung.

667 Leenen, H. J. J., Gezondheidsrecht, S. 231; Roscam Abbing, H. D. C., Privacybescherming, S. 37.

*Datenweitergabe für wissenschaftliche Untersuchungen*

Ein besonderes Problem bildet die Weitergabe von Daten für wissenschaftliche Untersuchungen. Handelt es sich dabei um anonyme Daten, die sich nicht auf eine bestimmte Person zurückführen lassen, so bestehen prinzipiell keine Bedenken hinsichtlich einer Weitergabe. Wenngleich dem Forschungsinteresse eine eigene Rechtsschutzdignität zukommt, so prävaliert es dennoch nicht schon von vornherein.

Für die Weitergabe von namentlichen Daten sieht daher das neue niederländische Recht[668] vor, daß ohne Zustimmung des Patienten keine Daten oder Fakten für wissenschaftliche oder statistische Untersuchungen herangezogen werden dürfen oder Einsicht in diese Daten gegeben werden darf. Die Zustimmung des Patienten braucht lediglich dann nicht eingeholt zu werden, wenn folgende Bedingungen kumulativ (!) gegeben sind,

- wenn die Einholung der Zustimmung des Patienten unmöglich ist,
- wenn die Untersuchung im allgemeinen Interesse liegt,
- wenn die Untersuchung ohne diese Daten nicht durchführbar ist und
- wenn die persönliche Lebenssphäre des Patienten nicht unverhältnismäßig beeinträchtigt wird[669].

Dabei handelt es sich um eine Kann-Bestimmung: Die Schweigepflicht des Arztes bleibt im Prinzip bestehen, aber der Arzt darf, wenn die genannten Bedingungen erfüllt werden, persönliche Daten eines Patienten für wissenschaftliche oder statistische Zwecke weitergeben[670]. Die Erläuternden Bemerkungen führen dazu aus: „Der Ausnahmefall ist in Artikel 1653 m geregelt und bezieht sich auf die Weitergabe von Daten eines Patienten durch den Behandelnden zum Zweck wissenschaftlicher oder statistischer Untersuchungen auf dem Gebiet der Gesundheitsfürsorge. Gedacht wird an Untersuchungen über Krankheitsursachen, über die Qualität der medizinischen Eingriffe, über die Effektivität von Programmen zur Verhinderung chro-

---

668 Art. 1653 m des Bürgerlichen Gesetzbuches über den Behandlungsvertrag (Entwurf).

669 Hermans, H. E. G. M./Faro, L. M. C., Het voorontwerp van wet op de patiëntenrechten, in: Sociaal Recht 6 (1987), S. 200; Leenen, H. J. J., Gezondheidsrecht, S. 232; Roscam Abbing, H. D. C., Privacybescherming, S. 37.

670 Leenen, H. J. J., Gezondheidsrecht, S. 232.

nischer Krankheiten. Bei diesen Untersuchungen werden Daten von Patienten in größtem Ausmaß analysiert. Ausgangspunkt bei der Weitergabe von persönlichen Daten von Patienten ist und bleibt, daß für diese Weitergabe um die Zustimmung des Patienten gebeten werden und diese erhalten werden muß. (. . .) Um einerseits die persönliche Lebenssphäre des Patienten zu schützen und andererseits solche Untersuchungen nicht zu behindern, wurde diese Konstruktion gewählt (. . .)"[671].

Der Nationale Rat für die Volksgesundheit hat im Rechtsentstehungsverfahren darauf hingewiesen, daß sehr viele Daten ohne eine explizite Zustimmung der Patienten für wissenschaftliche, statistische oder epidemiologische Zwecke weitergereicht werden. Um den Zustimmungsprozeß in Gang zu setzen, andererseits aber eine handhabbare Praxis zu finden, wurde ein Verfahren unter Verwendung von typisierten Zustimmungsformularen vorgeschlagen[672].

Ähnliche Probleme im Zusammenhang mit Patientendaten veranlaßten Norwegen zu einem eigenen Gesetz über den Schutz der privacy: Das norwegische Personenregistergesetz[673] legt die Maßstäbe äußerst streng an. So wird zur Führung von Personenregistern eine Konzession verlangt. Dies betrifft alle Register, die mit Hilfe der Datenverarbeitung geführt werden sowie traditionelle, manuelle Register, die sensible Aufzeichnungen, zu denen solche über Patientendaten zählen, enthalten. Als Kontrollorgan wurde eine Datenaufsichtsbehörde (datatilsynet) errichtet. Unter diese Bestimmungen fallen somit alle Patientenregister in öffentlichen Krankenhäusern, obwohl es zur dortigen Datenführung keiner speziellen Konzession bedarf. Abgeleitet wird dies aus dem Ärztegesetz, wonach der Arzt zur Führung geordneter Aufzeichnungen über seine Tätigkeit sowie zur Führung eines Krankenberichtes über jeden einzelnen Patienten verpflichtet ist. Privat praktizierende Ärzte, die zur Führung ihrer Karteien keine Datenverarbeitung verwenden, bedürfen keiner Konzession. Verwendet der Arzt über Patienten gesammeltes Material auch zu Forschungszwecken, ist das Einholen einer Konzession erforderlich.

In Deutschland stellt das Datenschutzrecht eine Querschnittsmate-

---

671 Roscam Abbing, H. D. C., Privacybescherming, S. 38.

672 Centrale Raad voor Volksgezondheid (Hrsg.), Advies inzake voorontwerp van wet betreffende de geneeskundige behandelingsovereenkomst, Zoetermeer 1987, S. 36.

673 Personenregistergesetz vom 9. Juni 1978.

rie dar und erstreckt sich sowohl auf das öffentliche Recht wie auf das Privatrecht. Der Regelungsbereich ist umfassend. Nach § 1 Abs. 2 Bundesdatenschutzgesetz (BDSG) sind solche personenbezogenen Daten geschützt, die in Dateien gespeichert, verändert, gelöscht oder aus Dateien übermittelt werden können. Im Bereich der medizinischen Forschung mit personenbezogenen Daten ergeben sich daraus Problemzonen, nicht zuletzt auch aufgrund der Kompetenzzersplitterung[674]. Das Gesetz trifft keine Unterscheidung zwischen Daten im Bereich der Medizin und sonstigen Bereichen.

Wenngleich eine Abwägung der Schutzgüter nicht im vorhinein generalisierend, sondern nur für konkrete Fälle und Falltypen erfolgen kann, glaubt Wolfgang *Kilian* aus den Urteilen des BGH für die verfassungsrechtliche Stellung der epidemiologischen Forschung folgenden Schluß ziehen zu können[675]: Dient sie dem Schutz der Volksgesundheit und damit einem privilegierten Rechtsgut, kann ihr der Vorrang vor konkurrierenden Individual- und Patienteninteressen eingeräumt werden.

Bei der Datenerhebung selbst besteht keine Mitwirkungsverpflichtung des Einzelnen. Für die Teilnahme an einer Untersuchung bzw. Befragung muß die Zustimmung (ausdrücklich, stillschweigend, schlüssig) des Probanden vorliegen. Bei Untersuchungen von Kindern unter sieben Jahren ist die Einwilligung der Eltern unbedingt erforderlich, für Minderjährige, die die entsprechende Reife besitzen, kann unter Umständen nach eingehender Belehrung die Zustimmung der Eltern durch die des minderjährigen Kindes ersetzt werden[676]. In Streitfällen entscheidet auf Antrag das Vormundschaftsgericht. Diese Phase der Erhebung von Daten unterliegt dem Zivilrecht, nicht aber dem Datenschutzrecht. Mit dem Speichern der erfaßten Informationen auf einem Datenträger kommt dann der Datenschutz zum Tragen.

Die Übermittlung von Patientendaten zu Forschungszwecken stets mit der generellen Annahme eines rechtfertigenden Notstandes[677] zu

---

674 Kilian, W., Rechtsfragen der medizinischen Forschung mit Patientendaten. Datenschutz und Forschungsfreiheit im Konflikt (= Beiträge zur juristischen Informatik, Bd. 9), Darmstadt 1983, S. 16.

675 Ebda, S. 33.

676 Ebda, S. 37.

677 § 34 deutsches StGB.

legitimieren, lehnt *Kilian* ab[678]. Er kommt zu dem Schluß, zu dem *Leenen* für die Niederlande kam, daß für eine Datenübermittlung die Zustimmung des geschützten Patienten unabdingbar ist. Der Arzt darf ohne diese Einwilligung lediglich absolut anonymisierte Daten, die keine persönliche Identifizierung ermöglichen, weitergeben.

Da dem Patienten die Verfügungsbefugnis über ihn betreffende Daten zukommt, kann sich ein Arzt nicht der Anweisung seines Patienten zur Offenbarung unter Hinweis auf das Arztgeheimnis entziehen. *Kilian* differenziert[679] aber zwischen Behandlungsdaten, die nur dem Patienten zuzuordnen sind und Diagnosedaten, die er als personenbezogene Daten von Arzt und Patient betrachtet. Ebenso wie die Zustimmung freiwillig erfolgt, kann der Proband seine Einwilligung jederzeit widerrufen. Durch einen Widerruf wird die zukünftige Weiterverarbeitung der Daten unzulässig. Bereits mit diesen Daten erstellte Analysen und Berichte müssen jedoch nicht geändert werden.

### 3.2.2. INTERNATIONALE ENTWICKLUNGEN

Auch auf internationalem Niveau wird bereits seit geraumer Zeit dem Schutz der privacy im Rahmen automatisierter, computerunterstützter Datenverarbeitungssysteme große Aufmerksamkeit geschenkt. Die Grundprinzipien des Schutzes persönlicher Daten wurden 1973 und 1974 durch das Ministerkomitee des Europarates festgelegt[680]. Sie wurden zuerst vom Europäischen Parlament angenommen[681] und dann in der Empfehlung des Europarates „zum Schutz von Personen hinsichtlich der automatisierten Verarbeitung von persönlichen Daten“[682] weiter detailliert.

#### *Empfehlung des Ministerkomitees des Europarates hinsichtlich einer Regelung für automatisierte medizinische Datenbanken (R (81)1)*

Die Empfehlung bezieht sich auf alle automatisierten medizinischen Datenbanken, die in Zusammenhang mit medizinischer Behandlung,

---

678 Kilian, W., Rechtsfragen, S. 45.

679 Ebda, S. 62.

680 Resolution (73) 22 für den privaten Bereich und Resolution (74) 29 für den öffentlichen Bereich.

681 Resolution über den Schutz der Rechte des Individuums im Hinblick auf die schnelle technische Entwicklung auf dem Gebiet der Informatik, Juni 1979.

Volksgesundheit, der Verwaltung medizinischer und anderer Einrichtungen der Gesundheitsfürsorge stehen, in denen persönliche Daten verwaltet werden, die sich auf identifizierte oder identifizierbare Personen beziehen.

Die Beobachtung folgender drei Grundprinzipien wird der staatlichen Gesetzgebung aufgetragen[683]:

Öffentlichkeit: Die Öffentlichkeit muß rechtzeitig über die Errichtung einer automatisierten Personenregistrierung informiert werden.

Richtigkeit der Informationsverarbeitung: Nur Personen, die auf dem Gebiet der Medizin oder Volksgesundheit tätig sind, sollen Zugang zu diesen Informationssystemen haben, wobei jeder nur jene Informationen erhalten soll, die für die Ausübung seiner speziellen Aufgabe strikt notwendig sind. Der Gebrauch von Daten für andere Zwecke der Behandlung, etwa für Ausbildungszwecke, wissenschaftliche Forschungen, medizinische Statistik und Publikationen, ist nur dann erlaubt, wenn die Daten anonym weitergegeben werden. Als Unterprinzip wird normiert, daß gespeicherte Informationen rechtmäßig verschafft worden sein müssen, im Zusammenhang mit dem Zweck der Datenbank stehen, richtig und wahr und auf dem neuesten Stand sein müssen.

Einsichtsrecht (Rechte der Registrierten): Die Registrierten haben ein Einsichtsrecht in die Datenbanken, das über den Arzt verschafft werden muß. Ausnahmen von diesem Einsichtsrecht können nur durch gesetzliche Vorschriften erlassen werden oder durch andere Regelungen, wenn es sich um Datenbanken handelt, die nur zu wissenschaftlichen oder statistischen Zwecken bestehen und wenn kein Einbruch (infringement) in die privacy des Registrierten zu befürchten ist. Auch den Informatikern, den Verwaltern der Datenbanken, wird eine Schweigepflicht auferlegt.

---

682 Siehe Dokumententeil Council of Europe, Committee of Ministers, Recommendation R (81)1 of the Committee of Ministers to Member States on Regulations for Automated Medical Data Banks.

683 Dazu auch Roscam Abbing, H. D. C., Privacybescherming, S. 50.

*Empfehlung des Ministerkomitees des Europarates hinsichtlich des Schutzes persönlicher Daten, die für wissenschaftliche und statistische Untersuchungen verwendet werden (R (83)10)*

Ausgangspunkt dieser Empfehlung ist die Abwägung zwischen den Bedürfnissen der Wissenschaft und dem Bedürfnis auf einen Schutz der privacy. Es wird empfohlen, so weit wie möglich von anonymen Daten auszugehen, wie auch Prozeduren und Techniken zu entwikkeln, um mit anonymen Daten Untersuchungen durchführen zu können[684].

Was die Zustimmung des Registrierten betrifft, wird empfohlen, den Betroffenen im vorhinein um Zustimmung zu fragen, oder – wenn das nicht möglich ist – diese zumindest nach der Zusammenstellung der relevanten Daten einzuholen. Der Betroffene kann seine Zustimmung verweigern oder die Verbesserung und Korrektur der Daten verlangen. Für Personen, die ihre Interessen nicht wirksam vertreten können, müssen spezielle Regelungen getroffen werden.

Auch hier gilt, daß die Daten nur für jene Zwecke verwendet werden dürfen, für die sie gegeben wurden und nur für jene Zwecke, die im Rahmen der Untersuchung liegen und für die der Patient seine Zustimmung erteilt hat. Wenn das Einholen einer Zustimmung zu viel Zeit kosten würde oder zu viele Personen um ihre Zustimmung gebeten werden müßten, muß der nationale Gesetzgeber für diese Fälle besondere Schutzmechanismen entwickeln.

Institutionen, die aus Gründen der Verwaltung und Administration persönliche Daten sammeln, dürfen diese Daten für wissenschaftliche Untersuchungen verwenden. Werden diese Daten jedoch in eigenen (Untersuchungs-) Dossiers abgelegt, dürfen diese Aufzeichnungen dem Personal der Behörde nicht zugänglich gemacht werden, es sei denn, daß der Betroffene zugestimmt hat. Für das Weiterreichen solcher Daten zum Zweck wissenschaftlicher Untersuchungen muß wiederum der nationale Gesetzgeber Schutzmechanismen entwickeln.

Die Korrektur von persönlichen Daten durch den Betroffenen darf nur dann verweigert werden, wenn es sich um rein statistische Zwecke handelt und die Resultate der Untersuchung sich nicht auf individuelle Personen rückführen lassen. Aber auch hinsichtlich dieser Untersuchungen gilt, daß die notwendigen Mechanismen zum Schutz der

---

684 Ebda, S. 51 ff.

privacy der Betroffenen entwickelt werden müssen. Die Publikation der persönlichen Daten darf nicht auf eine solche Weise erfolgen, daß durch diese Daten auf individuelle Personen rückgeschlossen werden kann[685].

*Empfehlung des Ministerkomitees des Europarates hinsichtlich des Schutzes persönlicher Daten, die für Zwecke der sozialen Sicherheit benötigt werden (R (86)1)*

Persönliche Daten dürfen von Instanzen der Sozialversicherungen nur in jenem Ausmaß gesammelt werden, als dies für eine ordentliche Aufgabenerfüllung notwendig ist. Auszugehen ist von der Annahme, daß die Daten so weit wie möglich von der betroffenen Person selbst zur Verfügung gestellt wurden. Stammen die Daten aus anderen Quellen und betreffen sie sensible Bereiche, muß die Zustimmung des Patienten eingeholt werden oder es müssen durch gesetzliche Bestimmungen des nationalen Gesetzgebers Schutzmechanismen gewährleistet sein[686].

Die Versicherungsträger dürfen untereinander ihre Daten austauschen, wenn dies für die Erfüllung der Aufgaben notwendig ist. Werden diese Daten für andere Zwecke verwendet, bedarf dieser Gebrauch der Zustimmung des Patienten, wenn nicht durch gesetzliche Bestimmungen anderes vorgesehen ist. Nicht einschränken darf der nationale Gesetzgeber jedoch die Rechte des Betroffenen auf Korrektur des über ihn gesammelten Datenmaterials.

## *3.3. Das Recht auf Vertraulichkeit, Verschwiegenheit und Geheimhaltung*

Verschwiegenheit, eines jener wenigen Patientenrechte, das für selbstverständlich gehalten wird, bildet das Fundament des Vertrauens, welches wiederum als die Basis der Arzt-Patienten-Beziehung gelten kann[687]. Die uneingeschränkte Schweigepflicht der Behandelnden

---

685 Ebda, S. 52 f.
686 Ebda, S. 53.
687 Dazu jüngst Klaus, A., Ärztliche Schweigepflicht, S. 9 ff.

Dritten gegenüber, also auch gegenüber der Familie des Patienten, umfaßt alles, was der Arzt durch seine Berufsausübung erfahren hat – auch die Tatsache, daß eine Behandlung durchgeführt wird. Eine Entbindung von der Schweigepflicht kann ausschließlich der Patient selbst vornehmen. Auch hoheitlicher Anschein, wie Sozialversicherungsträger ihn zu verbreiten pflegen, muß den Arzt unbeeindruckt lassen[688]. Auch Mitteilungen zwischen Ärzten dürfen im Rahmen eines Konsiliums nur das Notwendigste beinhalten und unterliegen generell ebenfalls der Schweigepflicht. Auch die Mitarbeiter eines Arztes wie Sekretär/in, Arzthelfer/in sind von der Pflicht zur Verschwiegenheit betroffen.

Grundregel beim Gebrauch medizinischer Daten ist, daß diese Daten nur für jenen Zweck gebraucht werden dürfen, für den sie dem Arzt zur Verfügung gestellt wurden. Das gilt sowohl für das Berufsgeheimnis als auch für andere Situationen, die in Beziehung zum Recht auf Geheimhaltung in der Gesundheitsfürsorge stehen. Es ist in der Gesundheitsfürsorge unvermeidlich, daß eine Person Daten über sich selbst und andere preisgibt. Der Patient tut dies unter dem Druck der Umstände und im Interesse der Behandlung. Dritte haben an diesen Daten kein eigenes Recht und sind daher verpflichtet, anvertraute Daten zu schützen.

Europaweit läßt sich ersehen, daß die Konstruktion der Regelungen über die Schweigepflicht allerdings variiert[689].

Im Regelfall wird die Verschwiegenheit in den Ärzte- und Berufsgesetzen[690], traditionell aber auch im Strafrecht geregelt[691]. In Schwe-

---

688 Vgl. aber die Ausnahmen des Berufsgeheimnises im (österr.) Ärztegesetz § 26 (2): Die im Abs. 1 vorgesehene Verpflichtung besteht nicht, wenn 1. die durch die Offenbarung des Geheimnisses bedrohte Person den Arzt von den Geheimnissen entbunden hat, 2. die Offenbarung des Geheimnisses nach Art und Inhalt durch Interessen der öffentlichen Gesundheitspflege oder der Rechtspflege gerechtfertigt ist, 3. nach gesetzlichen Vorschriften eine Meldung des Arztes über den Gesundheitszustand bestimmter Personen vorgeschrieben ist, 4. Mitteilungen oder Befunde des Arztes über Krankheiten und Gebrechen des Versicherten an Träger der Sozialversicherung erforderlich sind.

689 Dazu Leenen, H. J. J./Pinet, G./Prims, A. V., Trends in Health Legislations, S. 15 ff.

690 Vgl. § 26 (1) (österr.) Ärztegesetz: Der Arzt ist zur Wahrung der ihm in Ausübung seines Berufes anvertrauten oder bekanntgewordenen Geheimnisse verpflichtet; vgl. dazu auch den kanadischen Ontario Health Disciplines Act (1974), welcher den Tatbestand des Kunstfehlers (professional misconduct) mit der ". . . Weiter-

den wurde zu diesem Zweck überhaupt ein spezielles Geheimhaltungsgesetz (secretesslagen 1980) für den öffentlichen Sektor im generellen geschaffen und für den Gesundheitsbereich eine Spezialregelung in das Aufsichtsgesetz (tillsynslagen 1980) eingebaut.

Das Vertrauensverhältnis zwischen Patient und Arzt genießt darüber hinaus aber längst auch Schutz durch die Europäische Menschenrechtskonvention[692] und den jeweiligen nationalen Grundrechtsschutz, welcher ebenso den engen Zusammenhang zwischen ärztlicher Schweigepflicht und dem Schutz des allgemeinen Persönlichkeitsrechtes dynamisch betrachtet[693].

### 3.3.1. BERUFSGEHEIMNIS UND ÄRZTLICHE SCHWEIGEPFLICHT

Bisweilen herrscht das Mißverständnis, daß der Arzt ein Recht auf „sein" Berufsgeheimnis habe. Diese Auffassung geht an der Schutzkonstruktion vorbei. Das Recht auf Geheimhaltung kommt dem Pa-

---

gabe von Informationen, die den Zustand des Patienten oder die Behandlungsmaßnahmen betreffen, an andere Personen ohne die Zustimmung des Patienten und ohne gesetzliche Ermächtigung" umschreibt; (The Health Disciplines Act, S. O: 1974, c. 47, section 26); vgl. aber auch schon den Hippokratischen Eid: „Was immer ich sehe und höre bei der Behandlung oder außerhalb der Behandlung, im Leben der Menschen, so werde ich von dem, was niemals nach draußen ausgeplaudert werden soll, schweigen, indem ich alles derartige als solches betrachte, das nicht ausgesprochen werden darf".

691 Eine Detailpositivierung im Strafrecht erscheint manchen Rechtsordnungen deshalb von Gewicht, weil Ärzte dieses Recht auf Vertraulichkeit und Geheimhaltung, wohlgemerkt nicht ihres, sondern das des Patienten, oftmals vor Gericht verteidigen müssen; vgl. daher z. B. § 203 (dt.) StGB, welcher durch die Novelle vom 1. Januar 1975 eingeführt wurde und die geltende Rechtslage verbesserte; der Schutz des persönlichen Lebens- und Geheimbereichs wird als selbständiges Rechtsgut nunmehr anerkannt; in direktem Zusammenhang sind immer auch noch ergänzende Normen, wie das Zeugnisverweigerungsrecht der §§ 53 Abs 1 Nr 3 (dt.) StPO und 383 Abs. 1 Nr. 6 (dt.) ZPO bzw. das Auskunftsverweigerungsrecht in § 102 Abs. 1 Z. 3 c der (dt.) Abgabenordnung (BGBl 1976 I, 638) bzw. das Beschlagnahmeverbot gem. § 97 (dt.) StPO zu sehen.

692 Art. 8 (1) EMRK: Jedermann hat Anspruch auf Achtung seines Privat- und Familienlebens, seiner Wohnung und seines Briefverkehrs.

693 Vgl. bereits den Beschluß des Landessozialgerichtes Bremen 1957 zu ArtArt. 1 und 2 (dt.) GG, in: Neue Juristische Wochenschrift 1958, S. 278; siehe auch Staatscommissie Koopmans: Eindrapport Privacy en personenregistratie, 's Gravenhage 1976.

tienten zu. Der Behandelnde hat kein Recht auf Geheimhaltung, sondern eine Pflicht zur Geheimhaltung, anders formuliert: eine Pflicht zu schweigen[694].

Der Bruch der Geheimhaltungspflicht ist regelmäßig im Strafrecht und zusätzlich in den Berufsrechten sanktioniert. In den Niederlanden hat man die Rechtsverbindlichkeit untersucht: Da der Vorsatz oft nicht nachzuweisen ist und durch die öffentliche Verhandlung das – schon gebrochene – Geheimnis noch weiter angetastet würde, sind einschlägige Strafsachen kaum zu beobachten; überdies werden sie, wenn überhaupt, im Rahmen des Disziplinarrechtes abgehandelt[695].

Die wenige Judikatur zum Tatbestand des Bruchs der Schweigepflicht zeigt, daß die Pflicht zur Verschwiegenheit nicht nur Therapieform, Behandlungserfolg und Befinden des Patienten, sondern generell alles, was der Arzt im Zusammenhang mit der Behandlung erfahren hat, umfaßt. Also bedeutet schon die Angabe darüber, daß sich eine Person in Behandlung befindet bzw. es ihr „den Umständen entsprechend gut" gehe, bereits einen Bruch der Schweigepflicht[696]. Dieser Pflicht unterliegen auch alle berufsmäßigen Gehilfen, wobei allerdings im Regelfall nur jene Personen umfaßt sind, deren Aufgaben in direktem Zusammenhang mit der ärztlichen Tätigkeit stehen, so Sprechstundenhilfen, aber auch das gesamte Verwaltungspersonal. Besteht ein solcher Konnex nicht, etwa bei der Putzfrau, sind diese Personen aufgrund des Arbeitsvertrages zur Verschwiegenheit verpflichtet. Nicht nur der Einbindung in die genuine Schweigepflicht wegen, aber mit Auswirkung darauf, versucht der schwedische Gesetzgeber den Kreis des im Gesundheitswesen tätigen Personals (hälso- och sjukvårdspersonal) auf alle im Gesundheitswesen, an welcher Stelle auch immer Tätigen, einheitlich zu definieren[697].

Mitunter geraten in den staatlichen Gesundheitssystemen Ärzte in eine besondere Konkurrenzsituation, die zunächst darauf hindeutet, daß die Verschwiegenheitspflicht doppelt abverlangt wird: Beamtete

---

694 Decoster, C., Het medisch beroepsgeheim in en rondom het ziekenhuis, in: Vlaams Tijdschrift voor Gezondheidsrecht 5 (1987), S. 2 ff; Leenen, H. J. J., Gezondheidsrecht, S. 198; siehe auch Beumer, F. J. A., Patiënt en recht, S. 23.

695 Centrale Raad voor Volksgezondheit (Hrsg.), Bescherming van privacy van de patiënt, S. 9.

696 Malek, K./Endriß, R., Patientenrechte, S. 36.

697 Expertenkommission unter Vorsitz von Viking Falk und Kaj Wilow, sog. tillsynsutredningen.

Ärzte und Ärzte im öffentlichen Dienst unterliegen nämlich sowohl der vollen ärztlichen Schweigepflicht als auch der Amtsverschwiegenheit. Dies kann sich aber rasch zu einer Kollisionssituation wandeln, wenn im Rahmen der internen Auskunftspflicht in Kombination mit Weisungsgebundenheit Auskünfte abverlangt werden. Dies weckt für *Frank* den Verdacht[698], daß bisweilen „Ärzte dezent unter Druck gesetzt" würden und sich dann in Unkenntnis der Hierarchie der Rechte den Forderungen der Behörden nicht ausreichend widersetzten.

## 3.3.2. PERSONELLER KREIS

Die Schweigepflicht des Arztes gilt im Prinzip in bezug auf jeden. Abgesehen von besonderen Fällen und den gesetzlichen Ausnahmen, die die Schweigepflicht aufheben, muß als Grundprinzip angenommen werden, daß der Arzt seine Schweigepflicht niemals brechen darf. Das bedeutet, daß diese Geheimhaltungspflicht auch hinsichtlich Ehepartnern, Familienmitgliedern oder Nahestehenden des Patienten gilt[699]. Nun ist es Praxis, daß Familienmitglieder vom Arzt direkt informiert werden. Das Gebot des Augenmaßes scheint diese Übung zu legitimieren. Sie geht von der Vorannahme aus, daß der Patient seine Zustimmung gegeben hat oder jedenfalls geben würde. Weiters geht diese Übung von der Voranname intakter Beziehungen zwischen Patient und Angehörigen aus. Rechtlich besehen überschreitet der Arzt dadurch jedoch seine Befugnisse[700].

Der Arzt wird etwa beim Vorliegen einer ansteckenden Krankheit zusammen mit dem Patienten zunächst eine Verhaltenslinie ausarbeiten müssen, kann aber nicht von sich aus ohne Einwilligung des Patienten die Familie informieren.

Auch das elterliche Sorgerecht rechtfertigt nicht generell die Durchbrechung des Arztgeheimnisses. Minderjährige Jugendliche sind selbständige Geheimnisträger, eine Auskunft an Eltern, Familie, Schule, Arbeitgeber ist unzulässig. In den Niederlanden können Min-

698 Frank, W.-M., Dein Recht als Patient, München 1988, S. 11.

699 Leenen, H. J. J., Gezondheidsrecht, S. 200; Centrale Raad voor Volksgezondheid (Hrsg.), Bescherming van privacy van de patiënt, S. 11.

700 Dierkens, R., Beroepsgeheim en Recht, in: Vlaams Tidschrift voor Gezondheidsrecht (4) 1987, S. 261 ff; Leenen, H. J. J., Gezondheidsrecht, S. 200.

derjährige, die zur Wahrnehmung ihrer Interessen imstande sind, die Informierung des gesetzlichen Vertreters durch den Arzt und eine Einsicht des gesetzlichen Vertreters in den Krankenbericht verhindern[701] und dem Arzt damit eine konkretisierte Schweigepflicht auferlegen. Dadurch entsteht die eigenartige Pattstellung, daß der Behandelnde zwar der Zustimmung des gesetzlichen Vertreters zur Behandlung nach den Kriterien des Einwilligungsrechts bedarf, diesen aber nicht informieren darf. Die Zustimmung des gesetzlichen Vertreters kann damit eigentlich rechtswirksam gar nicht zustandekommen, denn eine Zustimmung ohne Information ist undenkbar[702]. Daraus ergibt sich also, daß im Fall der Verhinderung der Information durch den minderjährigen Patienten der Arzt eine Behandlung ohne Zustimmung des gesetzlichen Vertreters vornehmen darf. Die Schweigepflicht des Arztes, die durch den Minderjährigen auferlegt wird, steht höher als das vormundschaftsrechtliche Prinzip[703].

Die Schweigepflicht gilt auch noch nach dem Tod des Patienten. Da es sich um ein höchstpersönliches Recht des Patienten handelt, können auch die Erben den Arzt nicht von dessen Schweigepflicht befreien[704]. Hinsichtlich der ärztlichen Schweigepflicht gilt für den verstorbenen Patienten das gleiche Recht wie für den lebenden[705]. Lediglich das Einsichtsrecht in die Krankenunterlagen geht (bedingt) auf die Erben über.

Die Schweigepflicht gilt auch hinsichtlich anderer Ärzte, es sei denn, sie sind an der Behandlung beteiligt. Für diese kann man eine Zustimmung des Patienten unterstellen, außer es handelt sich um Tatsachen, die erkennbarerweise als Geheimnis anvertraut wurden[706].

Übernimmt ein Arzt die Praxis eines anderen, sah die langjährige deutsche Rechtsprechung die Übernahme bestehender Krankenunterlagen als zulässig an. Gänzlich unproblematisch ist das dennoch nicht[707]. Im Wege der Rechtssukzession ein Vertrauensverhältnis fort-

701 Artikel 1653 l Absatz 3 des Bürgerlichen Gesetzbuches (Entwurf).
702 Leenen, H. J. J., Rechten van de patiënt, S. 1382; Hermans, H. E. G. M./Faro, L. M. C., Patiëntenrechten, S. 200.
703 Leenen, H. J. J., Rechten van de patiënt, S. 1382.
704 Leenen, H. J. J., Gezondheidsrecht, S. 201.
705 BGH v. 31. 5. 1983, in: Neue Juristische Wochenschrift 1983, S. 2627 f.
706 Leenen, H. J. J., Gezondheidsrecht, S. 201.
707 Insbesondere Kuhlmann, G.-J., Übertragung einer Arztpraxis und ärztliche Schweigepflicht, in: Juristenzeitung 1974, S. 670 ff.

gesetzt zu erachten, geht an der inneren Kohäsion eines Vertrauensverhältnisses vorbei. Hat der Nachfolger aber einmal Einsicht in die Unterlagen genommen, so tritt er die Rechtsnachfolge an und es trifft ihn dann die Schweigepflicht im Ausmaß seines Vorgängers[708].

### 3.3.3. INHALTLICHER UMFANG DER SCHWEIGEPFLICHT

Was den Umfang der Schweigepflicht betrifft, gibt es in den nationalen Rechtsordnungen erhebliche Unterschiede. Fällt zumeist alles, was ein Arzt in Ausübung seines Berufes erfährt, unter die Schweigepflicht, so bleiben die Niederlande dahinter zurück. Der schweigeverpflichtete Arzt muß direkt zu demjenigen, dessen Geheimnisse er erfahren hat, in einer berufs- oder amtsmäßigen Beziehung stehen oder gestanden haben. Zudem sind nur solche Fakten geschützt, von denen gewiß ist oder redlicherweise angenommen werden muß, daß der Betroffene darüber eine Schweigepflicht des Arztes wünscht.

Konsens scheint darüber zu bestehen, daß eine Schweigepflicht auch über jene vertraulichen Informationen besteht, die nicht direkt mit dem Gesundheitszustand des Patienten zu tun haben, sondern etwa gesellschaftliche und psychosoziale Umstände des Patienten und seiner Familie betreffen[709], wie Wohnverhältnisse oder die Höhe des Einkommens[710].

Die niederländische Literatur ist größtenteils der Meinung, daß es im individuellen und auch im öffentlichen Interesse ist, daß sich ein Patient gegenüber dem Arzt immer frei aussprechen kann[711]. Eine strikte Beschränkung auf Angelegenheiten, die nur den Gesundheitszustand betreffen, erscheint schwierig und würde zu einer unsinnigen Kasuistik führen.

### 3.3.4. BRECHEN DER SCHWEIGEPFLICHT – ZUSTIMMUNG DES PATIENTEN

In den Niederlanden wird neben den bereits bestehenden strafrechtlichen Bestimmungen über die Schweigepflicht[712] durch das niederlän-

708 BGH, in: Neue Juristische Wochenschrift 1974, S. 602.
709 Centrale Raad voor Volksgezondheid (Hrsg.), Bescherming van privacy van de patiënt, S. 10.

dische Behandlungsvertragsrecht nun[713] auch eine vertragliche Verpflichtung zur Geheimhaltung verankert. Die Zustimmung des Patienten entbindet den Behandelnden von seiner Schweigepflicht. Ein Minderjähriger, der zur Wahrnehmung seiner Interessen imstande ist, kann die Information seines gesetzlichen Vertreters durch den Arzt und eine Einsicht seines gesetzlichen Vertreters in den Krankenbericht verhindern[714].

Die deutsche Doktrin zum Entschlagungsrecht spiegelt den allgemein beobachtbaren Standard wider: In einem Zivil- oder Strafprozeß steht dem Arzt ein Zeugnisverweigerungsrecht, das regelmäßig durch strafprozessuale Privilegien wie das Beschlagnahmeverbot ärztlicher Unterlagen ergänzt wird, zu. Eine Aussage ist nur zulässig, wenn der Patient den Arzt von seiner Schweigepflicht enthebt, die Einwilligung des Patienten offenbar angenommen werden kann, gesetzliche Offenbarungspflichten des Arztes vorliegen oder die Wahrnehmung von sog. berechtigten Interessen gegeben ist. Ein Strafverfolgungsinteresse allein kann jedoch grundsätzlich eine Schweigepflichtverletzung nicht rechtfertigen. Das Recht des Arztes auf Geheimhaltung hat jedoch dort seine Grenze, „wo die ärztliche Vertrauenssphäre zu strafbaren Handlungen mißbraucht wird“[715].

### 3.3.5. GESETZLICHE AUSNAHME

Daß die Meldeverpflichtung nach den diversen[716] nationalen Seuchennormen das Verschwiegenheitsgebot sistiert, ist erst in der Aids-Diskussion problematisiert worden. Wenn das Recht auf Geheimhal-

---

710 Laufs, A., Arztrecht, S. 140.

711 Leenen, H. J. J., Gezondheidsrecht, S. 205.

712 Art. 272 des niederländischen Strafgesetzbuches.

713 Artikel 1653 l des Bürgerlichen Gesetzbuches (Entwurf).

714 Artikel 1653 l Absatz 3 leg. cit.

715 Laufs, A., Arztrecht, S. 139.

716 Siehe exemplarisch für eine den Volksgesundheitsanspruch betonende Rechtsordnung die schwedischen Detailregeln. Socialstyrelsens föreskrifter och allmänna råd (SOSFS 1982:79) om landstingskommunernas anmäldningsskyldighet i fråga om vissa skador och sjukdomar som inträffat i hälso- och sjukvården; abgedruckt bei Wilow, K., Författningshandbok för personal inom hälso- och sjkvården, Stockholm 1989.

tung kein absolutes Recht ist und daher durch Gesetz im Interesse des allgemeinen Wohls aufgehoben werden kann[717], dann muß dies in gleicher Weise für das Seuchenrecht gelten und nationale Rechtsordnungen müssen dann mit Abwägungskriterien eine Entscheidung vorformen.

Neben den Seuchentatbeständen gibt es jedoch noch andere, die die Offenbarungspflicht des Arztes über die Schweigepflicht stellen, freilich immer nur soweit der Gesetzeszweck es erfordert. So kann eine Anzeigepflicht mit dem Interesse der Verbrechensverhinderung begründet werden[718]. Werden im Rahmen des Sozialversicherungsrechts ärztliche Auskunftspflichten normiert, so mahnt Adolf *Laufs* zu besonderer Wachsamkeit, daß „die Beteiligten die Grenzen des unabweisbar Erforderlichen einhalten"[719].

Die niederländische Lehre stellt das Recht auf Geheimhaltung über die Zwecke der Verbrechensaufklärung[720]. Ein Patient muß sich unter allen Umständen frei und ungehindert an Ärzte und Krankenhäuser wenden dürfen, ohne Angst vor einer Verfolgung aufgrund von Informationen aus der Anstalt haben zu müssen.

### 3.3.6. GEWISSENSKONFLIKT

Der Behandelnde kann auch bei Vorliegen eines ernsthaften Gewissenskonflikts seine Geheimhaltungspflicht brechen[721]. Trotz der generellen Schweigepflicht kann es nämlich nach den allgemeinen Rechtsgrundsätzen über die Abwägung widerstreitender Pflichten oder Interessen[722] zu einer Durchbrechung der Schweigepflicht kommen. Dies beispielsweise dann, wenn die Vertrauenssphäre zu Straftaten

---

717 Beispiele für diese gesetzlichen Ausnahmen im Bereich der Gesundheitsfürsorge der Niederlande sind: Das Gesetz über die Bekämpfung von Infektionskrankheiten, das Gesetz über den Schutz von Schülern und Lehrlingen gegen Ansteckungsgefahr, die Wasserleitungsverordnung, das Gesetz über die Leichenversorgung, das Gesetz über die Personenregistration. In Deutschland sind es das Bundesseuchengesetz, BGBl 1961 I, 1012, §§ 3, 8 und das Geschlechtskrankheitengesetz, BGBl 1953, I, 700, § 12 u. a.

718 In Deutschland §§ 138 und 139 StGB.

719 Laufs, A., Arztrecht, S. 147.

720 Beumer, F. J. A., Patiënt en recht, S. 26.

721 Ebda.

722 Laufs, A., Arztrecht, S. 138.

durch den Patienten mißbraucht wird oder wenn der Patient simuliert.

Für das Lösen eines solchen Gewissenskonfliktes bietet *Leenen* folgende, der Doktrin vom rechtfertigenden Notstand entlehnte, Kriterien, die additiv zu erfüllen sind, an[723]:

1. Es muß alles versucht worden sein, die Zustimmung des Betroffenen zu erlangen.
2. Wer der Schweigepflicht unterliegt, muß in dieser Situation einem ernsten Gewissenskonflikt ausgesetzt sein;
3. Es gibt keinen anderen Weg als durch das Brechen der Schweigepflicht das Problem aufzulösen;
4. Das Nichtbrechen der Schweigepflicht würde für andere einen schweren Schaden bedeuten;
5. Es muß sicher sein, daß durch das Brechen der Schweigepflicht Schaden von Dritten abgewehrt oder begrenzt wird.

Da diese Abwägungsregeln eben den Regeln der allgemein geltenden Rechtfertigungslehre entsprechen, muß der Behandelnde also beweisen, daß das Interesse, das durch den Bruch der Schweigepflicht geschützt wird, höher einzuschätzen ist, als das Interesse des Patienten auf Geheimhaltung[724].

### 3.3.7. BESONDERE SITUATIONEN

In den Niederlanden stufte man die Interessen des Patienten allerdings als hohes Rechtsgut ein. Daher wird ausdrücklich erörtert, daß die Verschwiegenheitspflicht von Ärzten und Anstalten bis auf ganz restriktiv definierte Ausnahmen auch gegenüber Ermittlungsbehörden gilt[725]. Es dürfen daher absolut keine Informationen an die Polizei weitergegeben werden, auch nicht die über die bloße Anwesenheit einer Person im Krankenhaus. Der Rat für Volksgesundheit steht auf dem Standpunkt, daß „Informationen über einen im Krankenhaus aufgenommenen Patienten an nicht-medizinische Einrichtungen (Polizei, Presse) durch einen behandelnden Arzt mit

723 Leenen, H. J. J., Gezondheidsrecht, S. 208.

724 Beumer, F. J. A., Patiënt en recht, S. 26.

725 Centrale Raad voor Volksgezondheid (Hrsg.), Bescherming van de privacy van de patiënt, S. 13.

allergrößter Zurückhaltung und nur in ständiger Rücksprache mit dem Verwaltungsdirektorium des Krankenhauses und nur mit Zustimmung des Patienten selbst erfolgen dürfen“[726].

Eine Ausnahme dieses Prinzips gibt es in den Niederlanden nur bei Verkehrsunfällen. Die niederländische Berufsvertretung der Ärzte[727] hat mit dem Staat eine Regelung hinsichtlich des Verhaltens von Ärzten bei Verkehrsunfällen getroffen: Bei solchen Unfällen darf der Arzt, aber er muß es nicht, auf Ersuchen der Polizei Fragen auf einem Formular beantworten, wenn die Anfrage nur leichte Körperverletzungen betrifft und der Name des Täters bereits feststeht. Der Arzt darf die Identität des Täters nur dann bekanntgeben, wenn es im Interesse einer medizinischen Hilfeleistung am Täter liegt, dieser möglicherweise schwer verletzt geflüchtet ist und dringend ärztlicher Hilfe bedürfte, nicht jedoch, wenn es nur um die Aufspürung eines Täters geht[728].

Auch in Deutschland stößt die im Gegensatz zu den Niederlanden bislang wenig problematisierte Unfallanzeigepflicht nun doch allmählich auf Kritik als Faktor der Durchlöcherung des Arztgeheimnisse ebenso wie auch die Praxis der an die Krankenversicherungen mitübermittelten Angabe der gestellten Diagnose am Krankenschein. Der Arzt darf aber keinesfalls Auskünfte oder Krankenunterlagen an ein staatliches Gesundheitsamt weitergeben, auch wenn dieses selbst zur Geheimhaltung verpflichtet wäre[729].

---

726 Ebda.
727 Kon. Ned. Maatschapij tot Bevordering der Geneeskunst.
728 Beumer, F. J. A., Patiënt en recht, S. 27.
729 Laufs, A., Arztrecht, S. 140 ff.

# 4. Das Recht auf Selbstbestimmung

## *4.1. Das Recht auf Partizipation*

Das Recht des Patienten, an Entscheidungen im Gesundheitswesen zu partizipieren, erfaßt zwei Aspekte: Entscheidungen, die die Gesundheit des Patienten selbst betreffen und Entscheidungen, die das Gesundheitswesen an sich betreffen.

### 4.1.1. DAS RECHT AUF PARTIZIPATION ALS PATIENT

Patienten werden immer noch als die eher passiv beteiligten Personen im Arzt-Patienten-Verhältnis betrachtet. Gerade die technischen Fortschritte in der medizinischen Technologie ließen historisch betrachtet den Arzt immer mehr als Gebenden und den Patienten als Nehmenden erscheinen. Allerdings erwacht als Reaktion darauf ein völlig neues Bewußtsein des Konsumenten: „Trotz der nie dagewesen Fortschritte im Bereich des Wissens und der Technologie (. . .) sind die Menschen niemals mehr desillusioniert und unzufriedener mit dem Gesundheitswesen gewesen (. . .) die Medizin steht vor einer Vertrauenskrise; diese Krise wird hauptsächlich durch die Abneigung der Ärzte, ihren Patienten entsprechende Informationen zu vermitteln und den Ideen der Patienten zuzuhören, erzeugt“[730].

Das Selbstbestimmungsrecht des Patienten erlaubt ihm, grundsätzlich frei zu entscheiden, ob, wann, wo, wie und durch wen er sich behandeln läßt. Der finnische Patientenrechtsgesetzentwurf formuliert dieses Selbstbestimmungsrecht explizit und weist auch gleich in eine gestaltende Richtung: „Patients right to self-determination. Decisions concerning the care of the patient shall be made in mutual understanding with the patient. In the event that the patient refuses treatment, the patient shall be treated in another medically acceptable manner insofar as this is possible“[731].

---

730 Brody, D. S., The Patients' Role in Clinical Decision-Making, in: Annals of Internal Medicine 93 (1980), S. 718 ff.

731 Siehe Dokumententeil finnischer Patientenrechtsentwurf, Section 6; siehe auch Kapitel II.5. Recht auf Information.

Dem Selbstbestimmungsrecht stimmen auf dem oberen Abstraktionsniveau selbstverständlich alle zu: In der Interviewsituation – allerdings mit allen Implikationen der sozialen Erwünschtheit – akzeptieren 93% der Ärzte und 91% der Krankenschwestern ein maximales Selbstbestimmungsrecht des Patienten[732].

In der gehandhabten Praxis, so erweist es die einschlägige Literatur durchgehend, steht das Krankenhauspersonal im allgemeinen und die Ärzteschaft im besonderen der Mitwirkung durch den Patienten an der Entscheidung über die Behandlung vorsichtig bis negativ gegenüber. Diese wird als Einmischung in das Fachgebiet des medizinischen Personals verstanden. Die negative Haltung wird regelmäßig damit begründet, daß der Patient zu wenig Fachwissen habe[733]. Dabei wird übergangen, daß auch ohne Fachwissen ein Miteinbeziehen des Patienten für die Behandlung sowohl wünschenswert als auch von Vorteil ist, da auf die Einzelsituation des Patienten oftmals ohne seine Miteinbeziehung gar nicht eingegangen werden kann.

Allerdings ist die Art der Patientenpartizipation mit Sicherheit immer auch von der Art der Krankheit abhängig. Je kränker und schwächer ein Patient ist, umso deutlicher erscheint im Arzt-Patienten-Verhältnis zum Teil die Notwendigkeit einer aktiven Leitung und Führung durch den Arzt. Trotzdem muß gerade in diesen Situationen die Rolle des Patienten weiter in Richtung einer vollständigen Partizipation im Arzt-Patienten-Verhältnis voranschreiten: Der Patient muß zur Partizipation ausdrücklich und nachdrücklich ermutigt werden[734]. Diese Doktrin deckt sich exakt mit der schwedischen Gesetzestextierung, daß das Personal von sich aus – und nicht etwa erst auf Drängen des Patienten hin – diesen in den Entscheidungs-, Behandlungs- und Pflegeprozeß einzubeziehen hat[735].

Um die Partizipation des Patienten sinnvoll zu machen, muß das medizinische Personal die aktive Rolle des Patienten notwendigermaßen vorweg anerkennen[736]. Es bedarf der Achtung des Patienten als Partner bei der Krankenpflege und der Behandlung[737]. Das Verhältnis

---

732 Froestad, J., Pasientinformasjon, pasientrettigheter, brukerperspektiv, S. 15.

733 Ingelfinger, F. J., Informed (but Uneducated) Consent, S. 465 ff.

734 Leenen, H. J. J/Pinet, G./Prims, A. V., Trends in Health Legislation, S. 10.

735 § 2a Tillsynslagen SFS 1980:11.

736 Davis, M. Z., The Organizational, Interactional, and Care Oriented Conditions for Patient Participation in Continuity of Care: A Framework for Staff Intervention, in: Social Science and Medicine 14A (1980), S. 44.

zueinander muß sich bei den wechselseitigen Entscheidungen manifestieren[738]. Medizinisches Personal muß dem Patienten das Gefühl geben, daß er autonom und selbstbestimmt ist, muß ihn ermutigen, seine Erwartungen kundzutun. Medizinisches Personal muß den Patienten mit Hilfe von Informationen über die auftauchenden Probleme, Behandlungsfortschritte und durch fachmännische Vorschläge aufklären. Anschließend können die nach der erfolgten Information unterbreiteten Vorschläge und Präferenzen des Patienten gehört werden[739].

Entscheidet sich eine Rechtsordnung für das Selbstbestimmungsrecht, so nimmt sie auch das Risiko in Kauf, daß Patienten Entscheidungen treffen, die ihrer Gesundheit nicht förderlich sind[740]. Es muß daher auch der Arzt das Recht haben, Vorschlägen des Patienten zur Behandlung nicht nachkommen zu müssen, wenn er der Überzeugung ist, daß diese Behandlungsmethode mehr Nachteile für den Patienten mit sich bringt[741].

Untersuchungen zeigen, daß ein steigender Prozentsatz zwischen 25% und 50% der Patienten nicht mehr mit den vorgeschriebenen Behandlungsmethoden einverstanden ist[742].

Setzt der schwedische Gesetzgeber auf die Mitwirkung der Patientenschaft als einen der maßgeblichsten Faktoren eines guten (god) Pflegewesens[743] und darauf, das „Selbstbestimmungsrecht des Patienten zu respektieren“[744], so muß jeder Pflege- und Versorgungsschritt

---

737 Veatch, R. M., The Patient as Partner, S. 1 ff.

738 Haug, M./Lavin, B., Consumerism in Medicine, S. 16 ff.

739 Brody, D. S., The Patients' Role, S. 719 ff.

740 22 California Admin. Code §70707(6): „The right to participate actively in decisions regarding his (or her) medical care. To the extent permitted by law, this includes the right to refuse treatment“.

741 Daher z. B. Colorado Rev. Stat §25-1-120(1)(f): „The right (. . .) to participate in the planning of all medical treatment, including the right to refuse medication and treatment, unless otherwise indicated by the physician, and to know the consequences of such actions“.

742 Brody, D. S., The Patients' Role, S. 721; Hayes-Bautista, D. E., Modifying the Treatment: Patient Compliance, Patient Control, and Medical Care, in: Social Science and Medicine 10 (1976), S. 233 ff.

743 Siehe dazu Anbäcken, O., Patientmedverkan och organisationsstruktur, S. 9 ff; Sahlin, J., Hälso- och sjukvårdslagen, S. 40 ff.

744 § 2a(1)1-3, hälso- och sjukvårdslagen.

möglichst in Abstimmung mit dem Patienten stattfinden[745]. Was der Gesetzestext für das Personal damit meint, wird in erläuternden Informationen[746] mit einfachen, patientenrechtlichen Sätzen umschrieben:

1. Der Patient muß über seinen Gesundheitszustand unterrichtet werden.
2. Es muß ihm der Zweck der Untersuchung bzw. Behandlung dargelegt werden.
3. Er muß Auskünfte hinsichtlich alternativer Untersuchungs- und Behandlungsmethoden erhalten.
4. Er muß auf Wunsch Einsicht in sein Krankenjournal erhalten, und er muß eine Erklärung dazu erhalten.
5. Er muß eine Aufnahme in ein Krankenhaus bzw. in ein Krankenheim verweigern dürfen.
6. Er muß nach Wunsch ein Krankenhaus verlassen dürfen.
7. Er muß die Einnahme von Medikamenten oder angehende Behandlungen verweigern dürfen.

In der Vorarbeit zum Gesetz[747] wird schon ganz deutlich herausgestrichen: „Alle, die sich an das Gesundheitswesen um Hilfeleistung wenden, sollen an Entscheidungen betreffend die Versorgung und Pflege teilnehmen können, genauso an der Tätigkeit, die die Folge einer Entscheidung ist, was unserer Auffassung nach zu positiven Ergebnissen hinsichtlich des Einsatzes und Selbstgefühls, der Auffassung der eigenen Rolle am Geschehen und den beruflichen und menschlichen Voraussetzungen zu Mitarbeit und Einflußnahme führt. Wir haben daher vorausgesetzt, daß die Versorgungsorganisation an die Bedürfnisse nach Selbstbestimmung und Mitwirkung der Patienten angepaßt wird. Es ist unerläßlich, auf die berechtigten Ansprüche auf Integrität der Patienten Rücksicht zu nehmen“[748].

Im Gesetz über die Aufsicht über das Personal im Gesundheitswesen (Tillsynslagen)[749] finden sich entsprechende Forderungen an das Personal betreffend die Zusammenarbeit und das Vertrauen bei

---

745 Anbäcken, O., Patientmedverkan och organisationsstruktur, S. 11 ff.

746 Den nya Hälso- och sjukvårdslagen, hrsgg. vom Landstingsförbundet, Stockholm 1982.

747 SOU 1979:78, Mål och medel för hälso- och sjukvården, Stockholm 1979, S. 44.

748 Siehe auch Anbäcken, O., Patientmedverkan och organisationsstruktur, S. 12.

749 § 13 Lagen om tillsyn över hälso- och sjukvårdspersonalen SFS 1980:11.

Pflege und Versorgung: „Das Gesetz über Pflege und Versorgung für den einzelnen Patienten soll soweit wie möglich in Form von naher und vertrauensvoller Zusammenarbeit zwischen Personal und dem Patienten geplant und durchgeführt werden. Der Patient hat ein Recht auf Auskunft bezüglich seines Gesundheitszustandes und die mögliche Behandlungsmethode".

Sinnhaftigkeit und Möglichkeiten der Zusammenarbeit mit dem Patienten sind in der Literatur reichlich beschrieben[750].

In einer schwedischen Studie[751] werden die Bedingungen der Patienten mit hauptsächlicher Betonung auf gleiche Ansprüche ohne Rücksicht auf Alter, Geschlecht und kulturelle oder geographische Unterschiede betrachtet. Dementsprechend beziehen sich die vorgeschlagenen Lösungen auf allgemeine Komfortansprüche, die zwar mit Patientenrechten korrelieren, aber nicht das Zentrum dieser ausmachen, wie längere Besuchszeiten, Telefonmöglichkeiten, größere Betonung der Verständlichkeit von Informationen[752].

In Skandinavien wird, unter dem Aspekt der Partizipation, auch das ohne irgendeine komplementäre Pflicht und freilich nicht in Kontraproduktivität zu den Organisationsabläufen stehen dürfende Recht, eher Angebot, zur Beschäftigung in Form von Mitarbeit diskutiert[753]. Der Patient sollte in kleinere, im Krankenhaus verrichtete Tätigkeiten miteinbezogen werden. So könnten viele Patienten ihr Bett selbst richten, könnten anderen Patienten das Essen bringen, Erledigungen besorgen usw. Durch Untersuchungen konnte festgestellt werden, daß über 90% der Patienten diese Aufgaben verrichten würden. Durch derartige Maßnahmen würde das Krankenhauspersonal entlastet und die Patienten beschäftigt werden. Folgen dieser Maßnahmen wären bessere Kontakte zwischen Patient und Personal, ein gestärktes

---

750 Yura, H./Walch, M. B., The Nursing Process: Assessing, Planning, Implementing, Evaluation, New York 1978; Abdellah, F./Levine, E., Better Patient Care Through Nursing Research, 2. Aufl., New York 1979; Paterson, J. G./Aderad, L., Humanistic Nursing, New York 1976; Quvarnström, U./Riis, U./Svensson, P. G., Omvårdnad, Utbildning, Upplysning, Linköping 1980; Heidenborg, I. E., How the Basic Human Needs of Patients Are Met. Analysis, Testing and Application of Maslows Motivation Theory for Patient Care, Uppsala 1981.

751 Hälso- och sjukvård inför 90-talet, Huvudrapport, SOU 1984:39, Stockholm 1984, Kap. 5.

752 Siehe auch Svalander, P. A., Att förnya sjukvårdens organisation, Stockholm 1979, S. 155.

753 Froestad, J., Pasientproblemer og rettigheter, S. 14.

Selbstwertgefühl beim Patienten, ein Entgegenwirken der passiven Patientenkultur, günstige therapeutische Wirkungen, Förderung der Mitwirkung an der eigenen Pflege und Behandlung sowie Entlastung des Personals, das sich mehr auf Pflege und Versorgung von immobileren Patienten konzentrieren könnte[754]. Natürlich darf nicht übersehen werden, daß andernorts solchen möglichen Entwicklungen zur „stillen" Pflichtenübernahme gerade entgegengesteuert wird[755].

Die Zustimmung und Einwilligung zur Behandlung hängt eng mit der Aufklärung zusammen[756]. Die Zustimmung kann nicht weiter reichen, als sich die Information erstreckt hat und eine ausreichende Information ist eine conditio sine qua non für das Zustandekommen einer rechtskonformen aufgeklärten Einwilligung[757]. Der Wille des Patienten, der in der Zustimmung zum Ausdruck kommt, bestimmt die Grenzen des ärztlichen Handelns[758]. Der Arzt hat kein eigenes Behandlungsrecht[759]. Erwachsene und handlungsfähige Personen bestimmen selbst, ob sie sich einer Behandlung unterziehen wollen[760]. Gegen den Willen eines Patienten eine Behandlung durchzuführen, ist unter Umständen sowohl strafbar als auch zu Schadenersatz verpflichtend[761]; es sei denn, daß besondere Gründe zur (Zwangs-) Behandlung vorliegen. Diese müssen jedoch gesetzlich begründet sein.

---

754 Ebda.

755 Minnesota Stat. Ann. §144.651(20): „Patients and residents shall not perform labor or services for the facility unless those activities are include for therapeutic purposes and appropriated goal-related in their individual medical record".

756 Leenen, H. J. J., Gezondheidsrecht, S. 170.

757 Meer, C. van der, Informed Consent – Een praktische Benadering, in: Medisch Contact 43 (1984), S. 1386.

758 Weber-Steinhaus, D., Ärztliche Berufshaftung als Sonderdelikt (= Medizin in Recht und Ethik, Bd. 21), Stuttgart 1990, S. 69.

759 Leenen, H. J. J., Gezondheidsrecht, S. 170; die Diskussion über das Einwilligungserfordernis beim AIDS-Test beispielsweise ist kontrovers. Für die Blutentnahme selbst bedarf es der Einwilligung des Betroffenen. Welchen Untersuchungen das Blut zugeführt wird, ist die freie Entscheidung des Patienten. Eigenmächtige Blutdiagnosen durch den Arzt sind nicht zulässig. Die Gegner dieser Auffassung argumentieren, daß bei Verdacht einer Aids-Infektion der Arzt einen Test durchführen muß und der Patient durch die Tatsache, daß er den Arzt aufsuchte, konkludent auch serologischen Maßnahmen zustimmt. Jedenfalls unzulässig ist die Ausforschungsdiagnostik. Fehlt jeder Verdachtsgrund auf eine Aids-Infektion bzw. lehnt der Patient den Test ausdrücklich ab, ist eine Blutuntersuchung rechtswidrig; dazu Laufs, A., Arztrecht, S. 77 ff.

760 Vgl. dazu aber die gesetzliche, gewillkürte und faktische Vertretung des Patienten

Dennoch kann die Zustimmung des Patienten auch konkludent erklärt werden[762]. Gerade bei üblichen therapeutischen Maßnahmen braucht der Patient nicht ausdrücklich seine Genehmigung zu erklären. Doch bei unüblichen oder schwerwiegenderen Eingriffen muß eine ausdrückliche Zustimmung des Patienten vorliegen. Bei einem medizinischen Experiment kann man eine stillschweigende Zustimmung auf keinem Fall unterstellen[763].

Die Einwilligung in die Behandlung selbst bedeutet jedoch nicht zugleich die Entscheidung über eine bestimmte Behandlungsmethode. Da der Arzt für die Wahl der Behandlung sowie für die Durchführung der Behandlung verantwortlich ist, haftet er im Falle nicht sachgemäßer Behandlung für entstandene Schäden[764]. Dies auch dann, wenn die Behandlung auf Ersuchen des Patienten durchgeführt wurde. Der Patient hat nicht nur das Recht, die Behandlung zu verweigern, sondern kann sie auch einschränken. Keine Behandlung kann über jenes Ausmaß hinausgehen, zu welchem der Patient seine Einwilligung gegeben hat.

*Freiwilligkeit*

Die Entscheidung, die der Patient fällt, hat freiwillig zu geschehen. Seine Zustimmung ist ungültig, soferne sie unter Zwang geschieht[765]. Zwar scheint es relativ einfach, die Freiwilligkeit einer Entscheidung als Kriterium zu statuieren, in der Praxis scheint sie aber mitunter problematisch. Verbaler Druck ist kaum faßbar. Daß der Arzt für die Therapie, die er mit seinem ärztlichen Gewissen in sich als eventuell allein richtige ausgemacht hat, dann auch wirbt, scheint dem Behandlungswesen immanent zu sein. Es gibt hierzu wohl deshalb auch keine gerichtlichen Entscheidungen[766]. Der skeptische Patient wird sich

---

bei Gross, J., Haftung für medizinische Behandlung im Privatrecht und im öffentlichen Recht der Schweiz, Bern 1987, S. 2 ff.

761 Weber-Steinhaus, D., Ärztliche Berufshaftung, S. 67 ff.

762 Deutsch, E./Matthies, K.-H., Arzthaftungsrecht. Grundlagen, Rechtsprechung, Gutachter- und Schlichtungsstellen, 3. Aufl., Köln 1988, S. 69.

763 Meer, C. van der, Informed Consent, S. 1386.

764 Gross, J., Haftung für medizinische Behandlung, S. 164 ff.

765 Weber-Steinhaus, D., Ärztliche Berufshaftung, S. 67 ff.

766 Appelbaum, P. S./Lidz, C. W./Meisel, A., Informed Consent, S. 62.

wohl einer second opinion bedienen müssen, um die vorgeschlagene Behandlungslinie in ihrer Sinnhaftigkeit überprüfen zu können.

*Ausnahmen: Gefahr im Verzug*

Im allgemeinen ist es dem Arzt bei Gefahr im Verzug gestattet, den Patienten ohne dessen ausdrückliche Einwilligung oder Zustimmung zu behandeln. Die Zustimmung des Patient wird unterstellt. Man geht davon aus, daß eine vernünftige Person, wäre sie in der Lage, der Behandlung zuzustimmen, diese Zustimmung anbetrachts der Situation auch tatsächlich geben würde[767].

Allerdings ist der Begriff der Gefahr im Verzug nicht eindeutig zu determinieren. Zum einen vermeiden es die Gerichte, den Begriff ganz eindeutig zu definieren und zum anderen – dort wo verschiedene Definitionen angestrebt wurden – zeigt sich ein Spektrum verschiedener Ausprägungen[768].

So haben amerikanische Gerichte die Ansicht vertreten, eine Not- oder Gefahrensituation herrsche dann, wenn eine unmittelbare, ernstliche und eindeutige Bedrohung von Leib und Leben (life and limb) bestehe[769].

Bei der Frage, welche Definition einer Gefahrensituation im Sinne der Entbindung von den strengen Kriterien der Informed Consent Doktrin tatsächlich anzuwenden ist, muß in die Erwägungen jedenfalls miteinbezogen werden, daß eine Behandlung ohne ausdrückliche Zustimmung des Patienten an sich den Werten der Doktrin widerspricht[770].

*Rechtmäßigkeit der Behandlung bei erfolgter Einwilligung*

Wenn der Patient zur Behandlung bzw. zum Eingriff seine Einwilligung gegeben hat, tritt im Fall einer externen Behandlungsfolge weder schadenersatzrechtliche noch strafrechtliche Haftung ein. Durch

767 Deutsch, E./Matthies, K.-H., Arzthaftungsrecht, S. 70.
768 Appelbaum, P. S./Lidz, C. W./Meisel, A., Informed Consent, S. 68.
769 Cunningham v. Yankton Clinic, P. A., 262 N. W.2d 508 (S. D. 1978).
770 Appelbaum, P. S./Lidz, C. W./Meisel, A., Informed Consent, S. 68.

die Einwilligung ist die Behandlung bzw. der Eingriff rechtmäßig geworden. Dies trifft natürlich nicht auf jene Fälle zu, in welchen der Arzt grob fahrlässig oder schuldhaft gehandelt hat. Hier wird der Arzt aufgrund der Einwilligung nicht vom Schadenersatz oder/und strafrechtlicher Verfolgung befreit[771].

*Neuordnung der rechtlichen Verankerung in den Niederlanden*

Das Recht auf Zustimmung des Patienten läßt sich traditionellerweise nach niederländischer Lehre und Rechtsprechung von Art. 11 des niederländischen Grundgesetzes ableiten, in dem das Recht auf Unantastbarkeit des menschlichen Körpers verankert ist[772]. Der Informed Consent hat jedoch auch eine strafrechtliche Wurzel: Art. 300 des niederländischen Strafgesetzbuches qualifiziert einen ärztlichen Eingriff ohne Zustimmung des Patienten als Mißhandlung[773].

Das neue Behandlungsvertragsrecht[774] bestimmt nunmehr darüber hinaus auch für das Zivilrecht, daß die Ausführung eines Behandlungsvertrages stets (und immer wieder aufs neue) der Zustimmung des Patienten bedarf. In der Lehre ist anerkannt[775], daß von einer einmal gegebenen Zustimmung des Patienten zum Behandlungsvertrag nicht ohne weiteres eine Zustimmung zu allen Eingriffen abzuleiten ist[776].

Dennoch ist eine ausdrückliche Zustimmung dann nicht notwendig, wenn es sich um keinen Eingriff handelt[777]. Strikte Regeln gibt es also nicht. In einigen Fällen kann man die Zustimmung unterstellen, in anderen nicht. Nicht unterstellen kann man die Zustimmung etwa bei Routine-Blutuntersuchungen und Aidstests[778].

---

771 Lødrup, P., Legers informationsplikt og pasientens samtykke, in: Iversen, I./Iversen, T. (Hrsg.), Klinisk forskning i etisk og juridisk lys, Oslo 1987, S. 36 f.

772 Leenen, H. J. J., Gezondheidsrecht, S. 169; Hermans, H. E. G. M./Faro, L. M. C., Patiëntenrechten, S. 199; Gevers, J. K. M., De rechter en het medisch handelen, Deventer 1984, S. 81 ff.

773 Ginneken, P. P. J. N. van, Patiënt meer rechten geven, S. 244.

774 Art. 1653 d des Bürgerlichen Gesetzbuches (Entwurf).

775 Hermans, H. E. G. M./Faro, L. M. C., Patiëntenrechten, S. 199 ff; Leenen, H. J. J., Rechten van mensen in de gezondheidszorg, Alphen a./d. Rijn-Brussel 1978, S. 152 ff.

776 Auch für Belgien: Nys, H., De toestemming van de patiënt, in: Vlaams Tijdschrift voor gezondheidsrecht 1984 (6), S. 251 ff.

Der Behandelnde muß auf Ersuchen des Patienten schriftlich festlegen, für welche Eingriffe und Verrichtungen eine Zustimmung erteilt wurde (Art. 1653 e). Dieser Artikel könnte e contrario so ausgelegt werden, daß eine schriftliche Festlegung einer Zustimmung ohne Ersuchen des Patienten nicht notwendig ist. Die niederländische Lehre[779] hält dem entgegen, daß auf alle Fälle eine Notiz über die erteilte Zustimmung im Krankenbericht festgehalten werden muß.

Im allgemeinen wird der Arzt gut daran tun, die Zustimmung des Patienten nicht zu unterstellen, da die Beweislast für die Erteilung der Zustimmung beim Arzt liegt. Dritte, etwa Familienmitglieder oder Ehegatten, können, außer im Rahmen der Ausübung des Vormundschaftsrechtes, keine Zustimmung für medizinische Eingriffe an Stelle des Patienten geben; sie können nicht in die Persönlichkeitsrechte des Patienten eintreten. Der Arzt kann zwar in diesen Fällen mit den Familienmitgliedern überlegen, wie eine Zustimmung des Patienten zu erlangen sei, doch wird der Familie damit kein Entscheidungsrecht über den Patienten zuerkannt[780].

Ebenso kann der Patient seine schon gegebene Zustimmung jederzeit wieder zurückziehen und die Behandlung verweigern.

In den Niederlanden wird, im Gegensatz etwa zu den USA, nur wenig mit Zustimmungsformularen (written consent)[781] gearbeitet. Man sieht die Formularpraxis eher als problematisch an[782]. Eine Unterschrift auf einem Papier besitzt wenig Aussagekraft: Als Beispiel, daß selbst die Unterschrift auf einem Zustimmungsformular wenig über das Zustandekommen eines informierten Konsenses aussagt, wird immer wieder die Studie von *Cassileth* (et al.) zitiert, wonach nur 60% der Patienten den Zweck und die Art der Untersuchung begriffen hatten, nur noch 55% einen Risikofaktor oder eine Komplikation zu nennen wußten, nur 40% die Information auf dem Zustimmungsformular gelesen hatten und überdies die meisten dieser Patienten der

777 Art 1653 d (3) leg. cit.

778 Leenen, H. J. J., Gezondheidsrecht, S. 172.

779 Leenen, H. J. J., Rechten van de patiënt, S. 1384.

780 Leenen, H. J. J., Gezondheidsrecht, S. 173.

781 Appelbaum, P. S./Lidz, C. W/Meisel, A., Informed Consent, S. 175 ff.

782 Ablehnend Leenen, H. J. J., Gezondheidsrecht, S. 173 f; bejahend Hermans, H. E. G. M./Faro, L. M. C., Patiëntenrechten, S. 199 ff; Meer, C. van der, Informed Consent, S. 1386.

Meinung waren, daß sie ihre Unterschrift nur deswegen zu geben hätten, um die Rechte des Arztes zu schützen[783].

Dennoch wird betont, daß das schriftliche Festlegen einer Zustimmung gerade bei schweren oder riskanten Eingriffen nützlich sein kann. Die schriftliche Information mittels Zustimmungsformulars bedarf jedoch der Bedenkzeit. Der Patient muß die Möglichkeit haben, seine Zustimmung zu überdenken und sich mit dem Behandelnden zu besprechen[784].

Darüber hinaus wird in den Niederlanden empfohlen, daß der Arzt die Zustimmung des Patienten im Krankendossier notiert, dies nicht nur aus beweisrechtlichen Gründen, sondern um später auch nachprüfbar zu machen, ob die Zustimmung unter dem Einfluß von Medikamenten oder einer partiellen Narkose zustande gekommen ist[785].

### 4.1.2. RECHT AUF PARTIZIPATION ALS KONSUMENT

Patienten im Sinne von Konsumenten sind in Europa[786] bislang nur sehr eingeschränkt in der Lage, kollektive Rechte auf Partizipation im Gesundheitswesen wahrzunehmen[787]. Daß sich dies ändern wird, läßt sich an der sich anbahnenden Entwicklung, wie der Bildung von Patientenvereinen, erahnen[788].

Spätestens in den sechziger Jahren konnte in den USA ein großer Schritt in Richtung Konsumentenmitbestimmung[789] festgestellt werden. Die Bevölkerung war wohlhabender, besser gebildet und hatte auch mehr Freizeit zur Verfügung. Sie begann aber auch mehr Mitbestimmung in verschiedenen gesellschaftlichen Bereichen zu fordern. Mit Beginn der siebziger Jahre häuften sich auch in Kanada die Pu-

---

783 Cassileth, B. R., et al., Informed Consent – Why Are its Goals Imperfectly Realized?, in: New England Medical Journal 1980 (302), S. 896 f.

784 Meer, C. van der, Informed Consent, S. 1386.

785 Leenen, H. J. J., Gezondheidsrecht, S. 174; Meer, C. van der, Informed Consent, S. 1388.

786 Leenen, H. J. J./Pinet, G./Prims, A. V., Trends in Health Legislation, S. 172 ff.

787 Siehe auch Froestad, J., Pasientproblemer og rettigheter, S. 15.

788 Dazu insbesondere die Tätigkeiten des norwegischen Patientenvereins, Grølie, M./Sørheim, S./Siem, H., Norsk Pasientforening, S. 7 ff.

789 Slavinsky, A. T./Romanoff, V., Consumer Participation, in: Journal of Nursing Adminstration 2 (1972), S. 14 ff.

blikationen zum Thema Konsumentenmitbestimmung. Ein Bericht, der durch das Community Health Centre veröffentlicht wurde, sprach sich für flächendeckende Repräsentationen von Konsumenten in allen Führungsgremien von Gesundheitseinrichtungen (Health-Centre Boards, Area Boards) aus, allerdings wurden hierfür keine entsprechenden Richtlinien erlassen. Auch versuchten später verschiedene Provinzberichte, solche Richtlinien zu formulieren. So etwa der „*Castonguay*-Report" in Quebec, der sich für eine Konsumentenmitbestimmung auf regionaler und lokaler Ebene aussprach. Der Bericht trat sogar für eine Mehrheit der ehrenamtlichen Mitglieder (non-professionals) in solchen Steuerungsgremien ein[790].

Es folgte eine ganz beträchtliche Anzahl weiterer Berichte hinsichtlich der Förderung der Konsumentenmitbestimmung, insgesamt waren aber die Erfolge in der Praxis eher gering. In Ontario finden sich 24 regionale Gesundheitsbeiräte (District Health Councils), in British Columbia ergibt sich eine Mitbestimmung in verschiedenen Beiräten, aber der Einfluß dieser Mitbestimmung ist nicht sehr nachhaltig. Teilweise scheint das Problem auch durch das mangelnde Interesse der Öffentlichkeit verursacht zu sein[791].

Eine durchaus vielversprechende Partizipation der Konsumenten findet sich in Quebec. Dort wurden durch Gesetz Konsumentenrepräsentationen auf lokaler Ebene eingeführt. Allerdings bedeutet die formale Macht für den Konsumenten keineswegs den tatsächlichen Einfluß auf bestimmte Entscheidungen des Gesundheitswesens. Trotzdem demonstriert das Quebec-Modell, daß langfristig gesehen die Zusammenarbeit zwischen Konsumenten und Institutionen zur Verwirklichung der Ziele der Gesundheitspolitik unumgänglich ist[792].

Insgesamt scheint in der Rolle des Konsumenten die Möglichkeit zu liegen, daß die Bedürfnisse und Notwendigkeiten im Gesundheitswesen besser erkannt werden. Das gilt ebenso für die Unzulänglichkeiten dieses Systems, denn es scheint die Möglichkeit gegeben zu sein, das Gesundheitssystem und seine Bürokratie in der notwendigen Weise zu beschränken, die Dienstleistungen den menschlichen

---

790 Castonguay, C., Reorganisation of Health and Social Services in Quebec, in: Canadian Journal of Public Health 62 (1971), S. 192 ff.

791 Hepworth, P. H., Community Multi-Service Centres, Ottawa 1976, S. 101.

792 Godbout, J., Is Consumer Control Possible in Health Care Services? The Quebec Case, in: International Journal of Health Services 11 (1981), S. 151 ff.

Bedürfnissen anzupassen und über den Standard der Leistungen zu wachen[793].

## *4.2. Das Recht auf einen würdevollen Tod – Behandlungsabbruch, Behandlunsgverzicht und Behandlungsverweigerung*

### 4.2.1. ALLGEMEINES UND PROBLEMSTELLUNG

Im Rahmen der Behandlungsrechte spricht man von Rechten auf angemessene und würdevolle Behandlung. Dies umfaßt einerseits das Recht auf Anwendung der neuesten zielführenden Methoden zur Erstellung einer Diagnose, um eine geeignete medizinische Pflege zur Anwendung zu bringen und andererseits den Anspruch darauf, den Schmerz einer Krankheit zu lindern, in Würde zu sterben[794]. Strittig ist allerdings der aus dem Recht in Würde zu sterben[795] abgeleitete Anspruch[796] des Patienten auf die Beendigung seines Leidens[797] – zumindest was die aktive Form der Sterbehilfe[798] anbelangt.

Hier soll gar nicht auf die skandinavische Diskussion[799] der letzten Jahre eingegangen werden, die rund um die Behandlung respektive den Behandlungsverzicht in jener allerletzten Phase aufgebaut hat, in der nur mehr streitig ist, wann der Todeszeitpunkt anzusetzen ist[800], ob mit dem Zeitpunkt des Eintritts des sogenannten Gehirntodes oder dem des definitiven, nicht reparablen Herzstillstandes. Diese

793 Storch, J., Patients' Rights, S. 106.

794 Burkart, M., Das Recht, in Würde zu sterben – ein Menschenrecht, Zürich 1983.

795 Eser, A., „Neues Recht des Sterbens? Einige grundsätzliche Betrachtungen“, in: Eser, A. (Hrsg.), Suizid und Euthanasie, Stuttgart 1976, S. 392 ff.

796 Dazu Wassermann, R., „Das Recht auf den eigenen Tod“, in: Deutsche Richterzeitung 1986, S. 291 ff.

797 Ruark, J. E., et al., Initiating and Withdrawing Life Support. Principles and Practice in Adult Medicine, in: New England Journal of Medicine 318/1 (1988), S. 25 ff.

798 Stürmer, M. W., Sterbehilfe, München 1989.

799 Det Etiske Råd (Hrsg.), Dødskriteriet. En redegørelse, København 1989; siehe auch Sanner, M., Hjärndöd. Psykologiska aspekter. Samtal med vårdpersonal, anhöriga och allmänhet, SOU 1984:81, Stockholm 1984.

800 Schweden hat dafür eine gesetzliche Kriteriendefinition unternommen: Lag om kriterier för bestämmande av människans död, SFS 1987:269.

Definition hat gewiß ungeheure juristische Folgewirkungen, insbesondere für die Doktrin der Transplantatentnahme, sie ist aber insgesamt keine Thematik der Patientenrechte und auch keine im Sinne der Diskussion des Rechts auf den würdevollen Tod.

Mit einem Recht, nicht leiden zu müssen, das unter umgekehrten Vorzeichen als das Recht auf einen würdevollen Tod definiert wird, sieht man sich sowohl auf individueller wie auch auf gesellschaftlicher Ebene ganz neuen, aber immer drängender geäußerten Fragestellungen gegenüber: Das individuelle Selbstbestimmungsrecht erstreckt sich in manchen Ländern schon de lege lata, in den meisten aber erst in der rechtspolitischen Diskussion durch diese Entwicklungen auch auf das Ende des eigenen Lebens.

Die Gesellschaft wird nun in der Wertediskussion mit den Folgen medizinischer und technologischer Innovation konfrontiert[801]. Denn aufgrund der Entwicklung der medizinischen Wissenschaft und der Technologie wurde zwar der Tod nicht beherrschbar, aber in immer weiterem Ausmaß die Verlängerung des Sterbeprozesses[802]. Der kalifornische Gesetzgeber hat dies ganz deutlich ausgesprochen[803]: „The Legislature (. . .) finds that modern medical technology has made possible the artifical prolongation of human life beyond natural limits. The Legislature further finds that, in the interest of protecting individual autonomy, such prolongation of life for persons (. . .) may cause a loss of patient dignity and unnecessary pain and suffering, while providing nothing medically necessary or beneficial to the patient“.

Das Problem, das hier angesprochen wird, ist das Faktum, daß das biologische, populistisch als das „nackte“ apostrophierte, Leben eines Menschen aufgrund des medizinischen Fortschritts zwar verlängert werden kann, der Organismus eines Menschen aber nicht mehr in der Lage ist, einem würdevollen Leben gerecht zu funktionieren. Nicht nur am Beginn des Lebens hat sich eine die Natur beliebig, mal begünstigend mal hemmend, korrigierende Technik und Philosophie[804]

---

801 Dazu Hubinek, M./Voogd, H., Report on the Rights, S. 15.

802 Veatch, R. M., Death, Dying, and the Biological Revolution. Our Last Quest for Responsibility, New Haven-London 1989.

803 „Legislative Findings“ des California Natural Death Act, Cal. Health & Safety §7186 (West Supp.1976).

804 Siehe zur jüngsten rechtspolitischen Debatte zwischen Hoerster (Forum: Ein Lebensrecht für die menschliche Leibesfrucht?, in: Juristische Schulung 1989, S. 172 ff; ders., Abtreibungsverbot – Religiöse Voraussetzungen und rechtspoliti-

etabliert, sondern auch am Ende des Lebens. So verschwimmen die herkömmlichen Lebens- und Todesbilder[805]. Das speist wiederum die Dammbruchphilosophie, daß die Idee des Lebensschutzes in kleinen Schritten ausgehöhlt wird. Diese ist in der Tat von der empirischen Beweisführung her weniger problematisch, als *Wils*[806] vermeint. Denn *Bydlinskis* Evidenzempirie[807] ist wohl nicht zu widerlegen.

Dem Leben „aus“ der Retorte kann aber auch das Leben „in“ der Retorte folgen. So kann mitunter, aber mit steigender Tendez, das nicht behebbare Leiden eines Menschen mit der künstlichen, nur technisch machbaren Verlängerung des Lebens erst potenziert werden[808]. In manchen Fällen ist eine Besserung des Zustandes nicht mehr zu erwarten, in anderen Fällen kann ein Patient den Wunsch äußern, sein Leiden nicht ertragen zu wollen. Dies führt zur Frage, wie und wann es vertretbar erscheint, dem Patienten in seinem möglichen Wunsch nach unmittelbarer und schmerzloser Befreiung von einem Leiden zu folgen[809].

Der erste amerikanische Natural Death Act macht die volle Entscheidungshoheit des Patienten darüber explizit zur Normbegründung:

„The legislature finds that adult persons have the fundamental right to control the decisions relating to the rendering of their own medical care, including the decision to have life-sustaining procedures withheld or withdrawn ...“[810].

---

sche Konsequenzen, in: Juristische Schulung 1991, S. 190 ff.) und Stürner (Die Unverfügbarkeit ungeborenen menschlichen Lebens und die menschliche Selbstbestimmung, in: Juristenzeitung 1990, S. 709 ff.) über den Einsatz der Argumentation aus dem mangelnden oder nicht dokumentierten Interesse versus den Schutz menschlichen Lebens an seinem Beginn Bydlinski, F., Lebensschutz und rechtsethische Begründungen, in: Juristische Blätter 1991, S. 477 ff.

805 Siehe Wils, J.-P., Euthanasie. Eine sozial-ethische Reflexion, in: Wils, J.-P./Mieth, D. (Hrsg.), Ethik ohne Chance. Erkundungen im technologischen Zeitalter, Tübingen 1991, S. 247 ff.

806 Ebda, S. 286.

807 Bydlinski, F., Lebensschutz, S. 483.

808 Vgl. den amerikanischen Fall der zweiundzwanzigjährigen Karen Ann Quinlan: In re Quinlan 70 N. J. 10, 355 A.2d 647 (1976); dazu Juchli, L./Lutterotti, M. v. (Hrsg.), Was kranke Menschen brauchen, Freiburg i. Br. 1987.

809 Jones, J. M., Toward an Ohio Natural Death Act: The Need for Living Will Legislation, in: Ohio State Law Journal 46 (1985), S. 1019 ff.

810 California Health & Safety Code §7186 (West Supp.1976).

Auch einer seriösen Frage, wie sie der Europarat unter dem Thema „Die Rechte der unheilbar Kranken und Sterbenden" zur Diskussion[811] gestellt hat, tritt man mit dem jede Erörterung der Grenzfälle von grob inhumaner Behandlung im Keime erstickenden Schlagwort „Euthanasie" entgegen. Man tut so, als stünden Ärzte nicht eingestandenermaßen oft vor der ihnen von Juristen auferlegten, aber ihnen eigentlich gar nicht zumutbaren oder nur unter Überbeanspruchung der Lösungskapazität der ärztlichen Ethik[812] zu entscheidenden Frage, bis wohin sie sinnvollerweise eine Behandlung denn fortzuführen hätten[813], ohne gegen das zutiefst menschliche Gebot der Barmherzigkeit[814] zu verstoßen[815]. Die Mediziner sind methodologisch offenkundig außerstande, und die Ethiker nicht minder, abzugrenzen[816], wo die bis vor kurzem noch unmögliche, mittlerweile aber technisch machbar gewordene, Lebensverlängerung „natürlich" oder eben nicht mehr „natürlich" ist und wo der Verzicht auf den Einsatz von das Lebensende hinausschiebenden Techniken ebenso als natürliches Ereignis zu sehen ist. Diese Frage wird in aller Welt – höchstverständlicherweise! – emotional, bisweilen auch ohne zureichende Klärung der Begriffe von natürlichem Leben, der Grenzen, der Sachverhalte und der Prämissen, diskutiert. Die Diskussion wird freilich durch Organisationen, die sich der Sterbehilfe förmlich verdingen und „Erlösungsphilosophen" noch verschärft.

In Schweden arbeitet man in einer breit besetzten Expertenkommission, die bei der obersten Gesundheitsbehörde installiert ist, nunmehr seit geraumer Zeit an einer authentischen Interpretation des erlaubten, strafrechtlich irrelevanten, Abbruchs einer Behandlung. Die Präsentation war für das letzte Quartal 1991 angekündigt, was es ermöglicht hätte, sie hier noch nachzutragen. Anbetrachts der Brisanz

---

811 Hubinek, M./Voogd, H., Report on the Rights, S. 1 ff.

812 Siehe zu diesem komplexen Fragenkreis von Recht, Berufsusance und Ethik Veatch, R. M., A Theory of Medical Ethics, New York 1981 und Beauchamp, T. L./McCullough, L. B., Medical Ethics. The Moral Responsibilities of Physicians, Englewood Cliffs 1984 und McLean, S. A. M./Maher, G., Medicine, Morals and the Law, Aldershot 1983.

813 Skegg, P. D. G., Law, Ethics, and Medicine, S. 141 ff.

814 Dazu Pellegrino, E./Thomasma, D. C., For the Patient's Good. The Restoration of Beneficence in Health Care, New York-Oxford 1988 und Giesen, D., „Zwischen Patientenwohl und Patientenwille", S. 282 ff.

815 Laufs, A., Arztrecht, S. 98.

816 Auer, A./Menzel, H./Eser, A., Zwischen Heilauftrag und Sterbehilfe, Köln 1977.

des Themas und der im Vorbegutachtungsverfahren angemeldeten Kritik wurde der Publikationstermin in das Frühjahr 1992 verlegt[817]. Man legt Wert darauf, daß diese Instruktion so sorgfältig gearbeitet sein soll und alle in den Grundrechten und im Strafrecht verankerten Grundsätze des Lebensschutzes strikt beobachten soll, damit keinesfalls der Vorwurf der Begünstigung der Euthanasie erhoben werden kann.

Die profundeste, mit einem akzeptablen Standpunkt, mit Augenmaß und Zurückhaltung betriebene Klärung der Entwicklungen in diesem Bereich hat Dieter *Giesen*[818] vorgelegt. Getragen vom Ernst und von der Sorge, daß unsere Zeit dazu neigt, über Leben zu disponieren, legt *Giesen* rechtsphilosophische und rechtsethische Markierungen vor. Mittlerweile ist auch die große Übersichtsarbeit von Albin *Eser* und Hans-Georg *Koch*[819] erschienen, in der in einer Vielzahl von ausgezeichneten Länderberichten eine flächendeckende internationale Dokumentation über das Sterbehilferecht angeboten wird.

Wenn hier zum weithin ausgeschriebenen Thema noch einmal berichtet werden soll, so geschieht dies, um die patientenrechtliche Grundstruktur der vielfältigen, schon in Rechtsform vorliegenden Regeln und deren ratio legislandi freizulegen. Daß dabei die niederländischen und die amerikanischen Rechtskonzepte in den Vordergrund rücken, liegt auf der Hand. Freilich soll hier nur eine Exemplifikation der möglichen Argumentationen versucht werden. Nur ein Großprojekt, wie das von Erwin *Bernat*[820] geleitete, kann hier ausführlicher Einblick bieten.

Bei Fragen der Sterbehilfe und der Hilfe zum Verzicht auf die Fortführung des Lebens, ist die Frage der Inhalte des Selbstbestimmungsrechts des Menschen zentral. Marga *Hubinek* stellt die kollidierenden Aspekte gegenüber, ohne auf eine Andeutung, auf die sich daraus ergebende Konsequenz, zu verzichten: „In Anbetracht der Rechte des Patienten stellt sich daher immer auch die Frage nach ihrer Reichweite. Zumindest drei Aspekte der Patientenrechte – das Recht auf

817 Was zu einer Darstellung in einer späteren Publikation zwingt.

818 Giesen, D., Probleme am Ende des Lebens, S. 929 ff.

819 Eser, A./Koch, H.-G. (Hrsg.), Materialien zur Sterbehilfe. Eine internationale Dokumentation, Freiburg/Brsg. 1991.

820 Bernat, E., Projekt: Ethik und Recht des Arzt-Patienten-Verhältnisses, getragen vom Fonds zur Förderung der wissenschaftlichen Forschung (FFWF), Wien; abgewickelt am Institut für Bürgerliches Recht, Universität Graz.

Freiheit, das Recht über die Behandlung zu entscheiden und das Recht nicht leiden zu müssen – weisen in Richtung eines Rechtes auf Sterbehilfe“[821]. Die österreichische, deutsche und schweizerische Rechtsordnung kennen den Begriff der Sterbehilfe (und auch den der Euthanasie) allerdings nicht[822]. Zu beachten ist aber, um Mißverständnissen vorzubeugen, daß die niederländischen und zum Teil die amerikanischen Diskurse über das Recht auf einen würdevollen Tod und über Sterbehilfe auf anderen Prämissen aufbauen, als etwa die deutschen Diskurse.

Beobachtenswert ist insbesondere die auf der Ebene der Europäischen Gemeinschaften und des Europäischen Parlaments diskutierte Rechtsentwicklung. Schon zu Beginn der achtziger Jahre wurde in einem Entschließungsantrag über eine Europäische Charta für die Rechte des Patienten[823] ein weitestgehendes Selbstbestimmungsrecht propagiert. Im weiteren wurde verlangt[824], daß aus Gründen der Rechtssicherheit für die Ärzteschaft eine Regelung, sowohl der aktiven als auch der passiven Sterbehilfe, auszuarbeiten sei, die von der freien Willensentscheidung des Patienten ausgeht. In einem weiteren Entschließungsantrag[825] wird gefordert, daß die Sterbehilfe nach dem niederländischen Beispiel unter Einhaltung bestimmter Bedingungen möglich sein müsse. Daher sollten die Mitgliedsstaaten aufgefordert werden, die Sterbehilfe aus dem Geltungsbereich der nationalen Strafgesetzgebung auszuklammern. Gleichzeitig sollten Bedingungen

---

821 Hubinek, M./Voogd, H., Report on the Rights, S. 15.

822 Die Strafgesetzbücher dieser dreier Länder kennen lediglich die Tötung auf Verlangen; sie wird mehr (§ 78 österr. StGB) oder weniger (Schweiz Art. 115) unter Strafe gestellt; daher müssen bei der rechtlichen Beurteilung der Sterbehilfe allgemeine Rechtsgrundsätze herangezogen werden, wobei verschiedene Prinzipien in Widerspruch geraten können: Das Prinzip des Fremdtötungsverbotes und das Prinzip der Straflosigkeit der Selbsttötung, selbst bei Mitwirkung Dritter, soferne noch nicht der Tatbestand der Tötung auf Verlangen erfüllt ist; das Selbstbestimmungsrecht des Menschen und die Menschenwürde als zwei wesentliche Prinzipien der Menschenrechte sind in diesem Zusammenhang darüber hinaus noch von zentraler Bedeutung.

823 Europäisches Parlament. Sitzungsdokumente 1980 – 1981; Dokument 1-715/80 vom 16. Dezember 1980.

824 Entschließungsantrag Frau van Hemeldonck, Europäisches Parlament. Sitzungsdokumente 1984 – 1985, Dokument 2-1126/84 vom 4. Dezember 1984.

825 Entschließungsantrag Herr de Gucht, Europäisches Parlament. Sitzungsdokumente 1984 – 1985, Dokument 2-1488/84 vom 21. Jänner 1985.

für die Sterbehilfe definiert werden, um den Patienten das Recht auf einen würdigen Tod einzuräumen und in diesem Zusammenhang Mißbräuche zu verhindern, ohne dabei aber zwischen aktiver und passiver Sterbehilfe zu unterscheiden. Damit waren vorangegangene, vor der Legalisierung der Euthanasie warnende Positionen[826] ungehört geblieben.

„Das Recht auf einen würdigen Tod", wie es in einem Entschließungsantrag zu einer Europäischen Charta für die Rechte des Kranken[827] postuliert wurde, kommt aber doch in jüngerer Zeit, offensichtlich aufgrund beharrlicher Widerstände[828] gegen eine schleichende Etablierung eines Euthanasie-Rechts, stärker in den Kontext der Sterbebetreuung und Sterbebegleitung. Es wird neben dem Vorschlag[829] der Einführung von Spezialkliniken für todkranke Patienten, wie sie die „hospices" im Vereinigten Königreich darstellen, ein Kodex gefordert, in dem die schmerzlindernde Pflege und die psychologische und moralische Betreuung der Patienten und ihrer nächsten Angehörigen geregelt wird.

Infolge der zuletzt genannten Forderungen wurde nunmehr 1991 vom Ausschuß für Umweltfragen, Volksgesundheit und Verbraucherschutz ein Entschließungsantrag[830] zur Sterbebegleitung vorgelegt, der es wert erscheint, vollinhaltlich angeboten zu werden:

„Das Europäische Parlament,

– unter Hinweis auf den Entschließungsantrag von Frau Hemeldonck zur Sterbebetreuung todkranker Patienten (Dok. B3-0006/89),

– unter Hinweis auf seine Entschließung vom 19. 01. 1984 zu einer "Europäischen Charta für die Rechte des Kranken",

– unter Hinweis auf seine Entschließung vom 13. 05. 1986 zu einer „Europäischen Charta für Kinder in Krankenhäusern",

– in Kenntnis des Berichts des Ausschusses für Umweltfragen, Volksgesundheit und Verbraucherschutz (A3-0109/91),

– in Erwägung folgender Gründe:

826 Europäisches Parlament. Sitzungsdokumente 1984 – 1985, Dokument 2-1059/84 vom 21. November 1984.

827 Amtsblatt der Europäischen Gemeinschaften, Nr. C 46/104 vom 20. 2. 1984.

828 Europäisches Parlament. Sitzungsdokumente 1987 – 1988, Serie B, Dokument B2-1193/87 vom 29. Oktober 1987.

829 Entschließungsantrag Frau van Hemeldonck, Europäisches Parlament. Sitzungsdokumente 1989 – 1990, Serie B, Dokument B3-0006/89 vom 25. 7. 1989.

830 Europäisches Parlament. Sitzungsdokumente, A3-0109/91 vom 30. April 1991.

A. Die Grundlage menschlichen Lebens ist die Würde und die Spiritualität; die menschliche Existenz läßt sich daher nicht auf die Körperfunktionen, d. h. die vegetativen Lebensvorgänge reduzieren.

B. Das Erlöschen der Hirnfunktion bedeutet den Tod des Individuums, selbst wenn die biologischen Funktionen fortbestehen.

C. Die Gehirntätigkeit bestimmt die Bewußtseinsebene, und die Bewußtseinsebene ist es, was den Menschen ausmacht.

D. Man muß sich davor hüten, um jeden Preis zu heilen zu versuchen, wenn die Krankheit nach dem derzeitigen medizinischen Wissensstand unheilbar ist, und eine aussichtslos gewordene Behandlung sollte nicht mit aller Gewalt fortgesetzt werden, wenn dadurch die persönliche Würde des Kranken verletzt wird.

E. In der Europäischen Charta für die Rechte des Kranken sollte das „Recht auf seinen würdigen Tod" (Ziffer 3 Buchstabe o) verankert werden.

F. In der Europäischen Charta für Kinder in Krankenhäusern sollte „das Recht, vor unnötigen medizinischen Behandlungen sowie vermeidbaren physischen und psychischen Leiden bewahrt zu werden" (Ziffer 4 Buchstabe l), verankert werden.

G. Körperliche Schmerzen sind sinnlos und unheilvoll und können die Menschenwürde verletzen.

H. Der Schmerz muß mit allen Mitteln und insbesondere durch vorschriftsmäßige Verabreichung geeigneter Medikamente wie Morphium und Morphiumderivate bekämpft werden.

I. Leider sterben heute in den Krankenhäusern viele Menschen allein.

J. Es ist unbedingt erforderlich, den Kranken jede sogenannte palliative Behandlung zukommen zu lassen, wenn eine Heilung nicht mehr möglich ist und die spezifische Therapie nicht mehr wirkt.

K. Diese palliative Behandlung ist nicht nur die Aufgabe medizinischer Einrichtungen, sondern auch die der Familie des Kranken, seiner Umgebung, seiner Freunde und der Gesellschaft insgesamt.

L. Das Verlangen, für immer einzuschlafen, bedeutet nicht die Verneinung des Lebens, sondern die Forderung, ein Dasein zu beenden, dem die Krankheit letztlich jede Würde genommen hat -

(Das Europäische Parlament, Anm.)

1. ist der Auffassung, daß es für die richtige Ausübung des Arztberufs erforderlich ist, das Pflegepersonal, Ärzte, Krankenschwestern/-

pfleger und Krankenpflegehelfer/innen so zu schulen, daß sie in der Lage sind,

a) Patienten mit akuten heilbaren Krankheiten zu behandeln und zu heilen;

b) Patienten mit chronischen Krankheiten zu behandeln und ihnen ein Leben unter möglichst angenehmen Bedingungen zu ermöglichen;

c) unheilbar Kranke, deren Krankheit auf keine spezifische Therapie mehr anspricht, angemessen zu pflegen;

d) Patienten, die den Tod unmittelbar vor Augen haben, einfühlsam und rücksichtsvoll zur Seite zu stehen;

2. fordert, daß die Kommission zu diesem Zweck im Rahmen bereits bestehender Programme den Austausch von Erfahrungen und Personal fördert, um die speziellen Kenntnisse auf dem Gebiet der palliativen Behandlung zu vertiefen und die entsprechenden Methoden zu verbessern;

3. fordert, schnellstens auf allen Krankenhausstationen in der Europäischen Gemeinschaft Pflegebereiche für palliative Behandlung und später in allen Einrichtungen, in denen Schwerkranke betreut werden, spezielle Zimmer für palliative Behandlung einzurichten;

4. fordert die Kommission auf, eine Untersuchung zur Situation der Krankenhäuser in der Europäischen Gemeinschaft unter dem besonderen Aspekt dieser Art der Behandlung durchzuführen;

5. fordert, bei der Bewilligung von Zuschüssen zum Bau von Krankenhäusern im Rahmen des Europäischen Fonds für regionale Entwicklung die Einrichtung von Zimmern und später von Pflegebereichen für palliative Behandlung sowie das Vorhandensein von Strukturen zu berücksichtigen, die es ermöglichen, daß die Schwerkranken bis zuletzt von ihrer Familie und/oder denen, die sie lieben, begleitet werden;

6. fordert, daß alles getan wird, um die medizinische Betreuung zu Hause zu begünstigen, wann immer dies medizinisch möglich ist;

7. fordert, die freien Wohlfahrtsverbände zu fördern und zu unterstützen, die wie z. B. in Italien, Großbritannien und Belgien den Ärzten wirksam dabei helfen, die Patienten in der letzten Lebensphase zu betreuen;

8. ist der Meinung, daß beim Fehlen jeder kurativen Therapie und nach dem Fehlschlagen von psychologisch wie auch medizinisch korrekt angewandter palliativer Behandlung, und jedes Mal, wenn ein in

vollem Bewußtsein befindlicher Kranker nachdrücklich und unablässig fordert, daß seiner Existenz, die für ihn jede Würde verloren hat, ein Ende gesetzt wird, und wenn ein hierfür eingesetztes Kollegium von Ärzten feststellt, daß es unmöglich ist, neue spezifische Behandlungen anzuwenden, diese Forderung befriedigt werden muß, ohne daß auf diese Weise die Achtung vor dem menschlichen Leben verletzt wird;

9. fordert, daß auf Veranlassung der Europäischen Gemeinschaft die moralischen, politischen und medizinischen Autoritäten zu Rundtischgesprächen zusammenkommen, um über die Achtung, die wir dem Kranken am Ende seines Lebens schulden, umfassend nachzudenken;

10. ..."

### 4.2.2. BEGRIFFSWIRRNISSE RUND UM DAS RECHT AUF EINEN WÜRDEVOLLEN TOD

Relativ offen wird die Diskussion um das Recht des Patienten auf die Beendigung von lebensverlängernden Maßnahmen in Amerika und den Niederlanden geführt. Die Begriffe, hinter denen sich der Sachverhalt verbirgt, sind Living-Will-Order, No-Code-Order, No-Resuscitate-Order, Sterbehilfe oder eben Euthanasie[831].

Ganz allgemein wird der Terminus Euthanasie mit guten und historisch leicht erklärbaren Gründen als schwer vorbelastet angesehen[832].

---

831 Order, Anordnung, Verfügung ist deshalb zentraler Anknüpfungspunkt, weil im Zentrum der Diskussion um das Recht auf einen würdevollen Tod der Patient als sich selbstbestimmender Mensch steht und ausschließlich der Wille des Patienten als Maßstab jeglicher Handlung oder Unterlassung des Arztes dient; im deutschsprachigen Raum gestaltet sich die Diskussion sehr zurückhaltend, weil hier immer noch jene Betrachtungsweise vorherrscht, die die Entscheidungs- und Beurteilsfähigkeit des Arztes in erster Linie zum Maßstab aller Handlungen oder Unterlassungen werden läßt.

832 Im deutschsprachigen Raum wurden die Begriffe der aktiven (absichtliche Beschleunigung des Sterbevorganges) und passiven (Verzicht auf künstlich lebensverlängernde Maßnahmen) Euthanasie bis in die siebziger Jahre ebenfalls noch verwendet. Unter dem Begriff der Sterbehilfe verstand man ursprünglich die heutige Sterbebegleitung. Aufgrund der historischen Belastung der Begrifflichkeiten ging man mit Ende der siebziger Jahre im deutschsprachigen Raum vom Begriff der Euthanasie zum Begriff der Sterbehilfe über; in den angelsächsischen Ländern, aber auch etwa in den Niederlanden, hielt man dagegen am Begriff der Euthanasie fest.

Den Tod, als das certum des Lebens, am fatum vorbei, herbeizuführen, entspringt wohl immer einer divinisierenden oder autodivinisierenden Anmaßung.

Der Terminus Euthanasie wird auch in den Niederlanden in pejorativer Semantik stehend erkannt[833]. Ähnlich vorbelastet ist mittlerweile auch die englische Wortschöpfung des „Mercy Killing“[834]. Dennoch befürwortet man in den Niederlanden, gerade wegen der Klarheit des Gemeinten, die Beibehaltung des Begriffes, da er eingebürgert ist und die Wahl einer neuen Begrifflichkeit möglicherweise nur die Tragweite verunklaren möchte und könnte. Dies befreie jedoch nicht von der Verantwortung, den Begriff Euthanasie so eng und präzis wie möglich zu definieren[835].

Die gängige Definition von Euthanasie in den Niederlanden stammt vom staatlichen Gesundheitsrat, der in einem Gutachten[836] den Begriff der Euthanasie vorformulierte und der dann von *Leenen*[837] spezifiziert wurde:

1. Es geht um ein Handeln, dessen Folge der Tod ist, das heißt, daß ein lebensverkürzendes Handeln vorliegen muß und das betreffende Leben ohne dieses eingreifende Handeln, wenn auch nur mit medizinischer Hilfe, weiter bestanden hätte. Auf eine ergänzende Definition der medizinischen Möglichkeiten, etwa im Sinn einer „medizinisch sinnlosen Hilfe“, läßt sich *Leenen* nicht ein, da medizinisches Handeln Sinnhaftigkeit geradezu impliziert[838].

2. Das lebensbeendende Handeln muß durch einen Anderen als den betroffenen Patienten selbst ausgeübt werden. Ist dies nicht der Fall, liegt allenfalls Hilfe zur Selbsttötung vor. Eine Qualifikation des Dritten, etwa als Arzt, ist kein Element dieser Definition, sondern be-

---

833 Centrale Raad voor Volksgezondheid (Hrsg.), Euthanasie, S. 9.

834 Anfang der siebziger Jahre hat sich in diesem Zusammenhang – und meint im eigentlichen Sinn nur die passive Sterbehilfe – auch der Begriff der „antidystanasia“ herausgebildet.

835 Centrale Raad voor Volksgezondheid (Hrsg.), Euthanasie, S. 10 ff.

836 Ebda.

837 Leenen, H. J. J., Gezondheidsrecht, S. 276.

838 Ebda; im amerikanischen Uniform Rights of the Terminally Ill Act (1989) spricht man von lebenserhaltender Behandlung, die in folgender Bedeutung verstanden wird: Section 1 (4): „Life-sustaining treatment“ means any medical procedure or intervention that, when administered to a qualified patient, will serve only to prolong the process of dying“.

trifft nur die Bedingungen, unter denen eine Euthanasie zugelassen ist.

3. Es muß ein ausdrückliches und ernsthaftes Ersuchen und Verlangen eines Betroffenen vorliegen. Sonst liegt Totschlag oder Mord vor.

Daraus läßt sich folgende Kurzdefinition ableiten:

Euthanasie ist ein vorsätzliches, lebensbeendendes Handeln durch einen Anderen als den Betroffenen selbst, auf dessen Ersuchen hin[839].

Ganz ähnlich lautet die Definition aus dem Report des Europarates:

„. . . the term 'euthanasia' may be used to refer to any death which is not wholly natural and not accidental – therefore implying that a conscious decision is made – which is not suicide – and therefore involves any agency other than the subject – and is not murder – and is therefore not contrary to the will of the subject“[840].

Gegen die insbesondere in Amerika verlangte Erweiterung der Kriterien in *Leenens* Definition, etwa daß die Sterbephase schon eingeleitet sein muß[841] oder daß es sich um eine unheilbare Krankheit oder um unerträgliche Schmerzen handeln muß[842], gibt es mehrere terminologische und dogmatische Bedenken. Man will solchermaßen die in der Notstands- oder Nothilfedoktrin angebotenen Rechtfertigungen oder Schuldausschließungen schon vorweg in den Euthanasiebegriff hineinverpacken und damit Sachverhalt und Tatbestand vermischen. Auch die Ergänzung in der Definition des Gesundheitsrates, „im Interesse des Betroffenen“[843], wird deswegen kritisiert. Dadurch würden zwei ganz verschiedene Situationen vermengt, nämlich die Lebensbeendigung auf Ersuchen des Betroffenen und eine Lebensbeendigung im Interesse des Betroffenen[844]. Die Abgrenzung zu Tot-

---

839 Leenen, H. J. J., Gezondheidsrecht, S. 277.

840 Hubinek, M./Voogd, H., Report on the Rights, S. 16.

841 Beispielsweise Illinois Ann. Stat. ch. 110 1/2, §702(h)(Smith-Hurd 1983).

842 Etwa 1987 Arkansas Act 713 §1(9) (1977, 1987).

843 Centrale Raad voor Volksgezondheid (Hrsg.), Euthanasie, S. 10 ff.

844 Letztere beschäftigt aber auch die amerikanischen Gerichte nachhaltig. Der schon anfangs angesprochene Fall der lange im Koma liegenden Karen Quinlan wurde durch das Gericht, das die Auffassung vertrat, daß die meisten Menschen an Quinlans Stelle in diesem Zustand nicht weiterleben wollten, mit Hilfe eines substituted judgment entschieden. Allerdings bedeutet diese gerichtliche Argumentation keinesfalls, daß gerade dies schlüssig auch der Wunsch Quinlans sein mußte: „We have no doubt, in these unhappy circumstances, that if Karen were herself

schlag oder Mord ist bei letzterem kaum möglich. Von Euthanasie sollte nach niederländischer Lehre per definitionem nur dann gesprochen werden, wenn ein ausdrückliches und ernsthaftes Verlangen des Patienten vorliegt. Das Ersuchen und Verlangen des Patienten ist damit conditio sine qua non für den Terminus und die Anwendbarkeit des Begriffs Euthanasie. Die Selbstbestimmung des Menschen ist damit in der niederländischen Euthanasie-Debatte der zentrale Ausgangspunkt: Sterbehilfe, „die nicht auf einer freien Willensäußerung einer betroffenen Person basiert, ist per definitionem Mord“[845].

Negativ definiert ergibt sich damit, daß

1. die Unterlassung einer weiteren Behandlung, die nach den gängigen medizinischen Maßstäben keinen anderen Sinn hätte, als den Sterbeprozeß zu verlängern sowie

2. die Verabreichung einer Art von Sterbehilfe, die primär auf Schmerzensbekämpfung gerichtet ist, die aber – zwar unbeabsichtigt, jedoch voraussehbar – als Nebenwirkung eine lebensverkürzende Folge haben kann,

nicht den Begriff der Euthanasie erfüllt. Daraus ergibt sich, daß in der niederländischen Diskussion aus Tatbestandsklarheitsgründen unter Euthanasie nur die sogenannte aktive und strikt abgelehnte Euthanasie gemeint ist.

### 4.2.3. AKTIVE UND DIE SOGENANNTE PASSIVE STERBEHILFE

Die amerikanischen Living Will Statuten umfassen nur die Fälle der passiven Sterbehilfe. Die Statuten handeln im wesentlichen davon, dem Willen des Patienten entsprechend entweder eine Behandlung, die bereits begonnen wurde, einzustellen oder eine Behandlung überhaupt nicht zu beginnen[846].

---

miraculously lucid for an interval (not altering the existing prognosis of the condition to which she would soon return) and perceptive of her irreversible condition, she could effectively decide upon discontinuance of the life-support apparatus, even if it meant the prospect of natural death“; vgl. daher die Diskussion zur substituierten Entscheidung bei der Lebensbeendigung auch in den Vereinigten Staaten: Rhoden, N. K., Litigating Life and Death, in: Harvard Law Review 102 (1988), S. 375 ff.

845 Beumer, F. J. A., Patiënt en Recht, S. 45.

846 Vgl. California Health & Safety Code §7188 (West Supp. 1976).

Aus den oben erwähnten Abgrenzungsgründen wird in der niederländischen Diskussion ausführlich über aktive und passive Euthanasie abgehandelt. Ein Großteil der niederländischen Lehre lehnt den Begriff der passiven Euthanasie als Kontradiktion ab[847]. Unter dieser passiven Euthanasie versteht ein Teil der Lehre das Unterlassen medizinischer Hilfe auf ausdrücklichen Wunsch des Patienten, mit der Folge, daß der Patient stirbt. Passive Euthanasie ist damit in der Konsequenz aber nicht mehr als eine Variante der Behandlungszustimmungsverweigerung des Patienten[848]. Da aber nach der Informed Consent Doktrin eine eigenmächtige Behandlung des Arztes nicht erlaubt ist, kann und braucht man diese Fälle erst gar nicht unter eine passive Euthanasie subsumieren. Diese Erkenntnis wird auch von der deutschen Lehre geteilt[849], allerdings subsumiert man diesen Vorgang, im Gegensatz zu den Niederländern, bewußt auf die Beibehaltung der Begriffe aktiver und passiver Sterbehilfe zielend, unter den Begriff der passiven Sterbehilfe. Ein voll entscheidungsfähiger Patient, der sich nach vollständiger ärztlicher Aufklärung gegen eine medizinische Behandlung ausspricht und die möglichen tödlichen Folgen bewußt in Kauf nimmt, darf durch den Arzt nicht behandelt werden[850]. Der Arzt muß sich aber vergewissern, ob die Entscheidung des Patienten wirklich frei gefällt wurde.

Diese nach niederländischer Lehre passive Euthanasie stellt also keinen rechtsqualitativen Schritt, sondern nur einen quantitativen Aspekt des Zustimmungsrechts dar. Als Begriff erscheint die passive Euthanasie den Niederländern folglich ein unnötiges Konstrukt; ein Großteil der niederländischen Lehre verwendet diesen Begriff erst gar nicht[851]. In der Sterbehilfediskussion stützt sich die Lehre darauf, daß

847 Siehe oben.

848 Vgl. dazu auch die amerikanische Diskussion zwischen Rachels und Beauchamp; Rachels lehnt eine Unterscheidung zwischen aktiver und passiver Sterbehilfe deshalb ab, weil es keinen moralischen Unterschied gäbe; dazu Rachels, J., Aktive und passive Sterbehilfe, in: Sass, H.-M. (Hrsg.), Medizin und Ethik, Stuttgart 1989, S. 254 ff.; Beauchamp sieht durchaus einen moralischen Unterschied; Beauchamp, T. L., Antwort auf Rachels zum Thema Euthanasie, Sass, H.-M. (Hrsg.), Medizin und Ethik, Stuttgart 1989, S. 265 ff.

849 Siehe Giesen, D., Probleme am Ende des Lebens, S. 929 ff.

850 Eser, A. (Hrsg.), Suizid und Euthanasie als human- und sozialwissenschaftliches Problem, Stuttgart 1976; ders., Die Rolle des Rechts, S. 112 ff.

851 Auch Gillon, R., Acts and Ommissions. Killing and Letting Die, in: Britisch Medical Journal 1986, S. 126 f.

der Unterschied zwischen Handeln und Unterlassen, wenn es zum gleichen Erfolg führt, nicht relevant sei. *Leenen* verwendet einen Vergleich: „Wenn ein Auto angestartet wird, fährt es los, wenn man es nicht anhält, fährt es genauso“[852]. Das Abschalten eines Respirators ist ein aktives Tun, analog dazu ist aber das Nicht-Wieder-Einschalten einer Beatmungsmaschine nach einem Stromausfall zu sehen. Zu dieser *Leenen*-Doktrin ist allerdings anzumerken, daß eine rechtsphilosophisch fundierte Ommissions-Kommissionslehre, die auf die Herausforderungen der modernen Technik und so auch der modernen Medizin und erst recht der Gentechnologie anwendbar ist, noch aussteht.

Zwar besteht für den verantwortlichen Arzt vielleicht ein psychologischer Unterschied zwischen Handeln und Unterlassen, rechtlich gesehen differenziert man jedoch nicht zwischen einem aktiven Unterlassen und einem positiven Tun. Die Verweigerung einer medizinischen Behandlung ist in den Niederlanden ein verfassungsrechtlich geschütztes Grundrecht und selbst eine Behandlungsverweigerung, die zum Tode führt, ist keine passive Euthanasie, sondern das Ergebnis der Ausübung des Selbstbestimmungsrechts des Patienten[853]. Aber nicht nur die niederländische Lehre, auch der Gesundheitsrat lehnt eine Unterscheidung zwischen aktiver und passiver Euthanasie ab[854].

Der Begriff passive Euthanasie erscheint der niederländischen Lehre aber nicht nur irreführend, sondern sogar rechtspolitisch gefährlich: Hinter diesem privilegierten Tatbestand könnte sich alsbald ein lebensbeendendes Unterlassen des Arztes ohne Zustimmung des betroffenen Patienten breitmachen. Das Unterlassen einer weiteren Behandlung von Patienten, die ihren Willen nicht mehr äußern können, ist jedoch keinesfalls zulässig. Hier ist das Einfallstor in der deutschen Lehre weniger gesichert. Denn beim nicht entscheidungsfähigen Patienten entscheidet der Arzt über die aufzunehmende, weiterzuführende oder abzubrechende Behandlung nach dem mutmaßlichen Willen des Patienten[855]. Diese Form der passiven Sterbehilfe,

---

852 Leenen, H. J. J., Gezondheidsrecht, S. 285.

853 Roscam Abbing, H. D. C., Euthanasie en de hulp bij zelfdoding, in: Nederlands Tijdschrift voor Geneeskunde 48 (1985), S. 2294 ff, auch Rachels, J., Active and Passive Euthanasia, in: New England Journal of Medicine 2 (1975), S. 78 ff.

854 Centrale Raad voor Volksgezondheid (Hrsg.), Euthanasie, S. 12.

855 Daher warnt Eser eindringlich davor, diese Rechtsfigur „als Deckmantel eigener Vernunfthoheit zu gebrauchen“, Eser, A., Die Rolle des Rechts, S. 111 ff.

also das Unterlassen einer weiteren medizinischen Behandlung, ist ohne Zustimmung des Patienten, genauso wie bei der aktiven Euthanasie, nach niederländischer Lehre gerade nicht zulässig[856].

Die amerikanische „substituted judgement doctrine“ hält ebenfalls daran fest, daß die Unzurechnungsfähigkeit des Patienten ihn noch nicht seines Rechtes der Entscheidung über Weiterbehandlung oder Nichtbehandlung beraubt[857]. Daher verlangt diese Doktrin nach einem strengen Maßstab, daß eine Entscheidung über die Behandlung ausschließlich im Sinne des Willens des Patienten getroffen wird[858]. Nur wenn der Wille des Patienten nicht bekannt ist, wird von der „substituted judgement doctrine“ zur „best interests doctrine“ übergegangen. Diese versucht entweder, die Evidenz des Patientenwillens zu interpretieren oder, wenn das nicht möglich ist, aufgrund objektiver Kriterien die Sinnhaftigkeit einer Weiterbehandlung zu bestimmen[859]. Damit ist man aber wiederum bei der Fremdbestimmung über Leben angelangt. Wie im weiteren noch zu zeigen sein wird, können bei der Interpretation dessen, was der Patient wollen könnte, potentiell Interessierte - Erben, Unterhaltsberechtigte - „mitbestimmen“. Haben sie gegenläufige Interessen, was rasch der Fall sein kann, dann könnte gar noch ein Tauziehen um das effizientere Gehörtwerden einsetzen. Eine fürwahr unerträgliche Entwicklung!

In Deutschland wird die Diskussion hier insgesamt stärker auf die Situation des Arztes abgestellt und ohne patientenrechtlichen Selbstbestimmungsansatz geführt. Die beiden entgegengesetzten Pole der Angewiesenheit des Arztes auf das Einverständnis des Patienten einerseits und das ihn bindende Verbot, Leben zu verkürzen, andererseits, beherrschen ebenso die Diskussion wie die Frage, wo die Grenze zwischen erlaubtem Unterlassen und verbotener aktiver Euthanasie, etwa beim Abschalten einer lebenserhaltenden Maschine,

---

856 Vgl. auch Kuitert, H., Een gewenste dood, Ten Have 1981, S. 30 ff.

857 In Re Quinlan 355 A.2d 647 (N. J.), 664: „privacy right of patient not lost solely because condition precludes its conscious exercise“.

858 Die Doktrin führt aber immer dann zu Schwierigkeiten, wenn der Wille nicht zu erkennen ist; vgl. In Re Conroy, 486 A.2d 1209, 1231 (N. J.): „decision-making by surrogate in absence of knowing patient's wish not based on substituted judgement“.

859 Dazu auch Greenfield, R. E., The Recent Amendments to the Texas Natural Death Act: Implications for Health Care Providers, in: St. Mary's Law Journal 17 (1986), S. 1003 ff.

verläuft. Gerade die kasuistische, exemplarische Erörterung vermag aber keine Doktrin für die Rechtfertigung der Einstellung weiterer Behandlungsmaßnahmen zu begründen[860]. Just zur Klärung dieser Frage aber darf von der ausstehenden schwedischen Richtlinie ein sorgfältig gearbeiteter Beitrag erwartet werden.

Der 56. Deutsche Juristentag stand angesichts der zahlreichen Unklarheiten und Lückenhaftigkeit der Rechtslage 1986 unter dem Thema der Leidhilfe für Sterbende und der Mitwirkung an fremder Selbsttötung[861]. Mit großer Mehrheit wurde dort die aktive Sterbehilfe abgelehnt[862]; das Votum, daß sie in Einzelfällen doch gerechtfertigt sein könne, wurde jedoch aufrechterhalten[863].

Trotz der vielen rechtlichen Unklarheiten im Zusammenhang mit der Sterbehilfe lehnte dann der Deutsche Juristentag es vorläufig aber ab, spezielle gesetzliche Bestimmungen zum Selbstbestimmungsrecht des Patienten und der Sterbehilfe zu fordern: „Als Ansatz, den Problemen gerecht zu werden, empfiehlt es sich in erster Linie (. . .) (c) ihre weitere Klärung nur in Auslegung des geltenden Rechts, also das mindestens vorläufige Absehen gesetzlicher Regelungen (angenommen: 50:36:8)“[864].

Bereits 1979 wurden in Deutschland aber zumindest von der Bundesärztekammer „Richtlinien für die Sterbehilfe“ erstellt[865], die bestimmen, daß beim Sterbenden, einem dem Tode nahen Erkrankten

---

860 Auch die bei der Diskussion um die aktive und passive Sterbehilfe mitlaufende Diskussion um die indirekte Euthanasie scheint nur ein Nebenschauplatz der Problemstellungen. Bei der indirekten Sterbehilfe geht es vielmehr um das Risiko einer nicht gewollten Lebensverkürzung, die mit der notwendigen Verabreichung schmerzlindernder Mittel zusammenhängt; dazu Laufs, der dann einen strafrechtlichen Schuldvorwurf verneint, wenn der Arzt „die qualvollen Leiden eines Sterbenden nur mit einer Medikamentdosis zu lindern vermag, die das Ende um eine geringes beschleunigen kann“; Artzrecht, S. 102.

861 Gutachten Otto, H., Recht auf den eigenen Tod? Strafrecht im Spannungsverhältnis zwischen Lebenserhaltungspflicht und Selbstbestimmung, Wiesbaden 1986; dazu auch die Beschlüsse, in: Neue Juristische Wochenschrift 1986, S. 3073 f; Bericht des Vorsitzenden Hanack, E.-W., Strafrecht, Sterbehilfe und Nichtverhinderung fremder Selbsttötung, in: Medizinrecht 1987, S. 96 ff.

862 Laufs, A., Arztrecht, S. 102.

863 Otto, H., Recht auf den eigenen Tod?; siehe auch Neue Juristische Wochenschrift 1986, S. 3065.

864 56. Deutscher Juristentag: Die Beschlüsse iii. Abteilung Strafrecht, in: Neue Juristische Wochenschrift 1986, S. 3073.

865 Deutsches Ärzteblatt 1979, S. 957 ff.

oder Verletzten, der Arzt dann nicht zum Einsatz aller lebensverlängernden therapeutischen Maßnahmen verpflichtet ist, wenn das Leiden einen irreversiblen Verlauf genommen hat und der Patient kein bewußtes und umweltbezogenes Leben mit eigener Persönlichkeit wird führen können[866].

Die Deutsche Gesellschaft für Medizinrecht (DGMR) teilte 1986 eine Empfehlung zu den Grenzen der ärztlichen Behandlungspflicht bei schwerst geschädigten Neugeborenen mit[867]. Einem Arzt wird demnach ein Beurteilungsrahmen für die Therapieentscheidung konzediert, wenn eine Therapie dem Neugeborenen nur ein Leben mit schwersten, nicht behebbaren Schäden ermöglichen würde[868].

Festzuhalten bleibt aber, daß die deutsche Diskussion um die Sterbehilfe oder Euthanasie die Problematik aus einem anderen Blickwinkel, als die in den Niederlanden und in Amerika geführte, betrachtet. Living-Will-Erklärungen und die sogenannten Patiententestamente werden in Deutschland für den Arzt nicht als ausdrücklich verbindlich erkannt[869]. Patiententestamente und auch Aussagen von Angehörigen liefern lediglich Anhaltspunkte für die ärztlichen Entscheidungsabwägungen. Dabei wird aber gerade übersehen, was die niederländische Lehre ganz bewußt erkennt: Die Euthanasie-Diskussion vermischt in der Regel zwei ganz verschiedene Situationen, nämlich die Lebensbeendigung auf Ersuchen des Betroffenen (sic!) und eine Lebensbeendigung im Interesse des Betroffenen[870].

### 4.2.4. HILFE ZUR SELBSTTÖTUNG

In den Niederlanden herrscht weitgehend Konsens darüber, daß Euthanasie und Hilfe zur Selbsttötung nur schwer voneinander zu trennen sind: Die Verabreichung eines todbringenden Mittels an eine Person, die den Wunsch zu sterben selbst nicht verwirklichen kann, ist nur schwer von der Zurverfügungstellung von solchen Mitteln an eine Person, die zur Ausführung in der Lage ist, abzugrenzen[871].

---

866 Laufs, A., Arztrecht, S. 103.

867 Abgedruckt in: Medizinrecht 1986, S. 281 f.

868 Laufs, A., Arztrecht, S. 105.

869 Anders aber Sternberg-Lieben, D., Strafbarkeit des Arztes bei Verstoß gegen ein Patiententestament, in: Neue Juristische Wochenschrift 1985, S. 2734 ff.

870 Centrale Raad voor Volksgezondheid (Hrsg.), Euthanasie, S. 10 ff.

871 Ebda, S. I.; Leenen, H. J. J., Gezondheidsrecht, S. 335 f.

Analog zur niederländischen Definition der Euthanasie kann Hilfe zur Selbsttötung als die vorsätzliche Hilfeleistung bei einem lebensbeendenden Handeln durch den Betroffenen selbst, auf dessen Ersuchen hin, definiert werden[872]. Bei der Euthanasie handelt ein Dritter lebensbeendend, bei der Hilfe zur Selbsttötung handelt der Betroffene selbst.

Das niederländische Strafgesetzbuch 1866 unterscheidet jedoch – auch im Strafrahmen – zwischen Tötung auf Ersuchen (Strafrahmen bis zu zwölf Jahren) und Hilfe zur Selbsttötung (Strafrahmen bis zu drei Jahren). Nähert man sich diesen Begriffen jedoch weniger aus der Sicht der strafrechtlichen Dogmatik, sondern aus der Sicht der Praxis, so der Gesundheitsrat, dann gibt es eigentlich wenig Gründe, zwischen beiden Handlungen einen Unterschied zu machen: Die Form der Hilfe, aktive Euthanasie oder Hilfe zur Selbsttötung, ist – so wird argumentiert – mehr oder weniger zufällig[873].

Hat der Behandelnde es also mit einer Person zu tun, die ihren Wunsch zu sterben selbst nicht mehr ausführen kann, dann ist der ethische Unterschied zwischen der Verabreichung eines tödlichen Mittels an jemanden, der dieses Mittel selbst einnehmen kann und demjenigen, der dazu nicht in der Lage ist, nicht sehr groß. Der im erheblich differenzierten Strafrahmen zum Ausdruck kommende Unterschied zwischen beiden Handlungen wird also nicht durch einen fundamentalen ethischen Unterschied gedeckt[874].

Der Wortführer der deutschen Protagonisten der Mitleidstötung, die er zu den Patientenrechten als Ausfluß des Selbstbestimmungsrechts reklamiert, Julius *Hackethal*, unterscheidet den Begriff Tötung in Fremdtötung und Sichtötung, „was auch Freitod, Selbsttötung und Selbstmord genannt wird. Freitod ist zu unbestimmt. Selbsttötung könnte auch Tötung eines anderen aus Selbstsicht sein. Selbstmord muß als Oberbegriff aus humaner Sicht abgelehnt werden“[875].

Aus ärztlicher Sicht bestehen für *Hackethal* zwei Sterbewunsch-

---

872 Frenkel, F., De strafrechtelijke infrastructuur van hulp bij zelfdoding, in: Nederlands Juristenblad 28 (1982), S. 807 ff; Heerma van Voos, A., Suicide volgens schema, in: Tijdschrift voor Gezondheidsrecht 2 (1981), S. 58 ff.

873 Centrale Raad voor Volksgezondheid (Hrsg.), Euthanasie, S. 16.

874 Ebda.

875 Hackethal, J., Humanes Sterben. Mitleidstötung als Patientenrecht und Arztpflicht. Wissenschaftliche Untersuchung, Erfahrungen und Gedanken eines chirurgischen Patientenarztes, München 1988, S. 158.

gründe: Krankheitsleid und andere Sterbewunschgründe, die er als gerechtfertigte und nicht gerechtfertigte Sterbewunschgründe unterscheidet[876].

„Mercy Killing“, die Tötung auf Verlangen aus Mitleid, nennt *Hakkethal* zu deutsch Mitleidstötung und zieht diesen Begriff jenen der Sterbehilfe sowie Erlösungstodhilfe vor; den Begriff Euthansasie lehnt er ab[877]. Anforderungen an die Mitleidstötung sind für *Hakkethal* nur die von endloser und hoffnungsloser Krankheit erlösende Tötung und keinesfalls andere Sterbewünsche wie Liebeskummer, der freie Wille und das erklärte Wollen des Patienten und nur jene Tötungshandlung, „die ein völlig qualfreies Hineinschlafen in den Tod garantiert, also die humane Tötung eines Patienten durch seinen behandelnden Arzt“[878].

Am 18. April 1984 führte *Hackethal* eine indirekte Mitleidstötung aus, indem er für Hermy *E.* ein Sichtötungsmittel (Kaliumzyanid) beschaffte und für den Sichtötungs-Akt Übungshilfe leistete. Seiner Beschreibung nach ging er davon aus, daß seine Beihilfe zum Freitod straffrei sei und er zur Lebensrettungs-Hilfeleistung weder berechtigt noch verpflichtet gewesen wäre[879].

Aufgrund dieser Tat wurde gegen ihn am 23. 12. 1985 Anklage wegen eines Vergehens der Tötung auf Verlangen nach § 216 Abs 1 StGB erhoben, die Eröffnung eines Hauptverfahrens mit Beschluß des I. Strafsenats des OLG München am 31. Juli 1987 jedoch abgelehnt. Im Beschluß wurde ausgeführt, daß der Angeschuldigte der Straftat nicht hinreichend verdächtig sei. Das OLG erläuterte, daß Frau *E.* das Gift nicht eingeflößt wurde, sondern „sie hat den Giftbecher vielmehr ohne Hilfe Dritter selbst zum Mund geführt und das Gift getrunken. Damit hat sie den lebensvernichtenden Akt eigenhändig ausgeführt“[880]. Sie war auch kein unfreies Werkzeug eines Hintermannes, sondern handelte bis zuletzt eigenverantwortlich und bei freier Einsichts-, Urteils- und Willensentscheidung.

Auch ein sofortiges Tätigwerden des Arztes *Hackethal* hätte den Todeseintritt nicht unbedingt ausgeschlossen. „Die Tatherrschaft ging

876 Ebda, S. 159.
877 Ebda, S. 178.
878 Ebda.
879 Ebda, S. 214.
880 Ebda, S. 241.

deshalb nicht auf ihn über. Zugleich scheitert aber auch der gebotene Nachweis der Kausalität des unterlassenen Eingreifens für den Tod“[881]. Der Freispruch *Hackethals* basiert also keineswegs auf einer schleichenden Akzeptanz „weicher“ Sterbehilfeformen, sondern auf mangelnder Tatbestandsmäßigkeit.

Deutschland scheint sich dennoch hinsichtlich des sozialen Konsenses in einem Wandel zu befinden. *Hackethal* beruft sich auf einen sichtbaren Ausdruck dieses Wandels anhand eines Gesetzgebungsvorschlags von Norbert *Hoerster* für eine Neufassung des § 216 StGB, der folgendermaßen lautet[882]:

„§ 216. Tötung mit Einwilligung.

(1) Die Einwilligung des Getöteten schließt die Rechtswidrigkeit der Tötung nicht aus, es sei denn, er leidet an einer unheilbaren Krankheit, die das weitere Leben für ihn wertlos macht.

(2) Die mit Einwilligung des Getöteten begangene, rechtswidrige Tötung wird mit Freiheitsstrafe von sechs Monaten bis zu fünf Jahren bestraft.

(3) Der Versuch ist strafbar.“

Auch andere Diskussionsstandpunkte deuten auf einen Umdenkprozeß hin, der aber dafür radikaler als bei den Niederländern ausfällt: Billigt man dort die Tötung aufgrund ausdrücklicher Selbstbestimmung des Patienten, so sind die in Deutschland geäußerten Standpunkte bei weitem diffuser und lasten im übrigen dem Arzt unzumutbare Entscheidungen auf. *Malek* und *Endriß*[883] erachten auch dann ein Sterbenlassen, von dem allerdings nicht ganz klar hervorgeht, ob darunter nicht doch nur die Nichtfortführung sinnloser Behandlung gemeint ist, für zulässig, wenn der Patient sein Selbstbestimmungsrecht nicht mehr ausüben kann und eine Besserung mit Sicherheit nicht zu erwarten ist. Sie sehen somit das Ende der ärztlichen Lebenserhaltungspflicht beim unwiderruflichen Verlust der Reaktions- und Kommunikationsfähigkeit des Patienten; keinesfalls darf aber die Höhe des Aufwandes zur Lebenserhaltung eine Rolle spielen.

---

881 Ebda, S. 245.
882 Zit. ebda, S. 274.
883 Malek, K./Endriß, R., Patientenrechte, S. 137.

## 4.2.5. NÄHERE BEGRIFFSBESTIMMUNG: DAS EUTHANASIE-ERSUCHEN UND LEBENSBEENDENDES HANDELN OHNE ZUSTIMMUNG

Da stets ein ernsthaftes und ausdrückliches Verlangen des Betroffenen notwendig ist, kann es nach niederländischer Lehre nur ein Verlangen nach Euthanasie (verzoek bij euthanasie) geben. Eine Tötung ohne Zustimmung oder Einwilligung des betroffenen Patienten ist also nicht erlaubt. Eine Zustimmung des Betroffenen zu unterstellen, ist nach niederländischer Lehrenicht möglich, dies würde das Selbstbestimmungsrecht des Individuums untergraben[884].

Entgegen der in Diskussionen des öfteren gemachten Andeutung, daß in den Niederlanden die Euthanasieschwelle übertreten sei, halten die Niederländer konsequent daran fest, daß eine Tötung oder eine lebensbeendende Handlung ohne Zustimmung und ohne ausdrückliche Selbstbestimmung stets Totschlag oder Mord ist und im nicht auflösbaren Widerspruch zu Art. 11 des niederländischen Grundgesetzes (Recht auf körperliche Unantastbarkeit) steht.

Die Begründung, daß ein Mensch, der seinen Willen nicht mehr äußern kann, auch nicht ein Ersuchen um Euthanasie äußern könne, und daher eine Substitution sinnhaft sei, wird in den Niederlanden von der Lehre aus prinzipiellen Erwägungen zurückgewiesen: Dies sei nicht Grund genug, das Recht auf Leben eigenmächtig aufzuheben[885]. Da eine Zustimmung nicht unterstellt werden kann, haben auch nahe Verwandte, Ehepartner oder der Arzt selbst kein wie immer geartetes Bestimmungsrecht über den Betroffenen[886].

Da es in den Niederlanden ohnehin die Möglichkeit einer Euthanasie-Erklärung gibt (siehe dazu unten), ist das Problem entschärft. Derjenige, der keine Erklärung abgegeben hat, kann nicht durch eine ersetzte oder unterstellte Zustimmung aktiv oder passiv getötet werden.

---

884 Leenen, H. J. J., Gezondheidsrecht, S. 278 f.

885 Ebda, S. 279.

886 Bergkamp, L., Het recht op euthanasie en de arts met gewetensbezwaren, in: Medisch Contact 29 (1985), S. 1197 ff.

## 4.2.6. SCHEINFORMEN DER EUTHANASIE

### *DAS UNTERLASSEN EINER MEDIZINISCH SINNLOSEN BEHANDLUNG*

Scheinformen der Euthanasie sind notwendigerweise keine Euthanasie. Beim Unterlassen einer medizinisch sinnlosen Behandlung geht es um die Grenzen medizinischen Handelns[887]. Medizinisches Handeln muß immer in Relation zum Zweck der Behandlung gesehen werden. Wenn der Arzt die Grenzen, die die Medizin und ihre Möglichkeiten abstecken, erreicht hat, wird er nicht gezwungen, mit einer solcherart sinnlos gewordenen Behandlung fortzufahren. Medizinisch sinnloses Handeln wird etwa bei Patienten vorliegen, die sich bereits in einer Sterbephase befinden oder die sich in einem irreversiblen Koma-Zustand befinden.

Als weiteres Kriterium für die gerechtfertigte Unterlassung weiterer Behandlungen erkennt die niederländische Lehre den Umstand, daß und wenn bei einem Patienten ein bestimmtes medizinisches Minimum-Niveau nicht mehr erreicht werden kann und die „instrumentelle Proportionalität", also das Verhältnis des Aufwandes und der Mittel zum erreichbaren Zweck, in keiner vernünftigen Relation mehr steht. Auch die zu erwartenden Schmerzen des Patienten müssen dabei bedacht werden.

Die Entscheidung muß auf medizinischen Gründen beruhen und aufgrund des professionellen Standards nachprüfbar sein. Ein Gutachten eines zweiten kompetenten Arztes sollte eingeholt werden[888].

---

887 Hierzu ist zu bemerken, daß nahezu die Hälfte der verschiedenen amerikanischen Living-Will-Statuten darauf abstellen, daß der Tod des Patienten unmittelbar bevorsteht und zwar unabhängig davon, ob lebenserhaltendende Unterstützungsmaßnahmen ergriffen werden oder nicht: z. B. Delaware Code Ann. tit.16, §250(e) (1982, 1983): „Terminal Condition' shall mean any disease, illness or condition sustained by any human being from which there is no reasonable medical expectation of recovery and which, as a medical probability, will result in the death of such human being regardless of the use or discontinuance of medical treatment implemented for the purpose of sustaining life, or the life processes". Gerade diese Fälle sollten aber keine Frage der Euthanasie sein; dazu Gelfand, G., Living Will Statutes: The First Decade, in: Wisconsin Law Review 1987, S. 741 f.

888 Leenen, H. J. J., Gezondheidsrecht, S. 289.

Wenn in einer solchen Situation eine Behandlung abgebrochen wird und der Patient in der Folge stirbt, handelt es sich nach niederländischer Ansicht um keine Euthanasie, sondern um die Einsicht, daß die Medizin keine Hilfe mehr geben kann[889]. Folglich scheidet auch der Tatbestand der unterlassenen Hilfeleistung aus der Betrachtung aus, weil von Hilfeleistung nur die Rede sein kann, wenn eben Hilfe geleistet wird. Der untaugliche Versuch kann mit Recht unterbleiben.

Ein Arzt braucht eine medizinische Behandlung weder zu beginnen noch weiterzuführen, wenn aus medizinischem Gesichtspunkt kein Resultat zu erwarten ist. Eine Weiterbehandlung würde dann nur das Leiden oder das Sterben des Patienten verlängern[890]. Der Patient kann diesen Entschluß des Arztes natürlich beeinflussen, indem er eine weitere Behandlung von sich aus verweigert oder eine Erklärung, in bestimmten Fällen die Behandlung zu verweigern, verfaßt.

Ist der Patient nicht in der Lage, seinen Willen zu äußern, dann kann der Arzt seinen Entschluß, eine Behandlung nicht fortzuführen, alleine fällen. Ist der Patient jedoch in der Lage, die Informationen des Arztes aufzunehmen und zu verarbeiten, dann muß der Arzt den Patienten informieren und sich mit ihm beraten. Die schwierige Frage ist, ob der Patient eine Fortsetzung der Behandlung gegen den Willen des Arztes erzwingen kann. Nach den oben genannten Kriterien, wonach der Arzt eine medizinisch sinnlose Behandlung abbrechen kann, muß die Frage formell verneint werden, da es sich um ein professionelles Urteil des Arztes handelt[891]. Der Arzt kann dennoch eine palliative Behandlung fortsetzen, wenn der Patient noch Angelegenheiten zu regeln hat oder mit sich selbst oder mit seiner Familie ins reine kommen muß.

---

889 Knotterus, B., Gewetensvragen van artsen, in: Medisch Contact 1983 (15), S. 429 f; Centrale Raad voor Volksgezondheid (Hrsg.), Euthanasie, S. 13.

890 Leenen, H. J. J., Gezondheidsrecht, S. 289.

891 Ebda, S. 277.

*Schmerzensbekämpfung mit letaler Nebenwirkung*

Die Verabreichung von Medikamenten, die primär auf Schmerzensbekämpfung gerichtet sind, die aber – zwar unbeabsichtigt, jedoch voraussehbar – als Nebenwirkung eine lebensverkürzende Folge haben können, ist ebenfalls keine Art der Euthanasie.

Der in diesem Zusammenhang oft gebrauchte Terminus indirekte Euthanasie ist deswegen falsch und irreführend: Es ist dem Arzt nicht gestattet, auch wenn dies in der Praxis oft vorkommen mag, dem Patienten ohne Einwilligung höhere Dosen zu verabreichen als notwendig ist. Liegt jedoch ein Ersuchen des Patienten vor, eine Überdosis zu verabreichen, dann liegt eindeutig aktive Euthanasie vor, die aber in den Niederlanden unter den erwähnten und noch zu erörternden Bedingungen gestattet ist. Verabreicht der Arzt jedoch ohne Einwilligung des Patienten eine Überdosis, so liegt ein lebensbeendendes Handeln des Arztes vor, das klar gesetzwidrig ist[892].

Für eine Schmerzensbekämpfung in angemessenen Dosen ist ebenfalls die Zustimmung des Patienten notwendig, ist der Patient aber nicht ansprechbar, darf diese Zustimmung unterstellt werden. Für eine auch nur eventuell tödliche Überdosis darf diese Zustimmung jedoch schon wieder nicht mehr unterstellt werden[893].

## 4.2.7. NIEDERLÄNDISCHER VORSTOSS FÜR EINE NEUE GESETZLICHE REGELUNG

1987 wurde dem niederländischen Parlament ein Gesetzesvorschlag zur gesetzlichen Regelung der Euthanasie übergeben[894]. In diesem Vorschlag bleibt die prinzipielle Strafbarkeit der Euthanasie bestehen, jedoch kann sich der Arzt auf einen typisierten Schuldausschließungsgrund berufen. Dem Gesetzesvorschlag zufolge soll im „Gesetz über

892 Centrale Raad voor Volksgezondheid (Hrsg.), Euthanasie, S. 13 f; Leenen, H. J. J., Gezondheidsrecht, S. 302.

893 Leenen, H. J. J., Gezondheidsrecht, S. 302.

894 Strijards, G., Het nieuwste wetsvoorstel inzake de euthanasie, in: Tijdschrift voor Gezondheidsrecht (3) 1988, S. 138 f.

die Ausübung der Medizin“, dem niederländischen Ärztegesetz[895], ein neuer Artikel 6b eingeschoben werden,der das Vorliegen eines Schuldausschließungsgrundes und mithin für die straffreie Anwendung von Euthanasie, die Beachtung folgender Sorgfältigkeitskriterien (die allgemeinen Grundbedingungen wie Unerträglichkeit und Unheilbarkeit des Leidens werden hier bereits vorausgesetzt) verankert:

a) Der Behandelnde hat den Patienten über die Situation, in der sich dieser befindet, über den zu erwartenden Verlauf und die eventuell bestehenden Möglichkeiten, diesen Verlauf zu beeinflussen und im besonderen über die Behandlungsmöglichkeiten, die zu einer Erleichterung seines Leidens führen können, informiert.

b) Der Behandelnde hat geprüft, ob und inwieweit beim Patienten der Wunsch besteht, seine nächste persönliche Umgebung in die Beschlußfassung miteinzubeziehen.

c) Der Behandelnde ist mit dem Patienten und dessen nächster persönlicher Umgebung, es sei denn, daß sich der Patient gegen eine Beratung mit dieser ausspricht, zur Überzeugung gekommen, daß der Patient seinen Willen zur Lebensbeendigung freiwillig und nach sorgfältiger Abwägung getroffen hat.

d) Wenn der Patient nicht mehr in der Lage ist, seinen Willen zu äußern, er jedoch, bevor er in diesen Zustand gelangte, eine schriftliche Erklärung, die ein Ersuchen auf Lebensbeendigung enthält, abgegeben hat, kann diese Erklärung, wenn diese nicht älter als fünf Jahre ist, als Ausdruck des Willens anerkannt werden, wenn der Behandelnde der Überzeugung ist, daß diese Erklärung nach sorgfältiger Abwägung und freiwillig abgegeben wurde.

e) Der Behandelnde hat sich mit einem oder mehreren Medizinern zu beraten, mit denen er nicht verwandt ist und von denen angenommen werden kann, daß sie ein unabhängiges Urteil abgeben können.

f) Der Behandelnde notiert den tatsächlichen Hergang der Dinge in einem schriftlichen Bericht, in dem zumindest festgehalten sind:

1. die Tatsachen und Umstände, die unter a) bis einschließlich c) genannt werden;

2. die Gründe dafür, warum allenfalls von einer Beratung mit der

---

895 Wet Uitoefening Geneeskunst.

nächsten persönlichen Umgebung des Patienten bezüglich dem Ersuchen auf Lebensbeendigung und der Hilfeleistung abgesehen wurde;

3. der Name und die Ansicht der anderen Mediziner, mit denen sich der Behandelnde beraten hat.

Dieser Bericht wird fünf Jahre aufbewahrt und dem Leichenbeschauer der Gemeinde zur Einsicht übergeben. Dieser übermittelt diesen Bericht auf Ersuchen an den Staatsanwalt.

Obwohl eine rechtliche Regelung der Euthanasie öffentlich schon lange gefordert wurde, ist dieser Gesetzesentwurf starker Kritik ausgesetzt. Die Kritik richtet sich aber nicht gegen die Rechtskompatibilisierung der Euthansasie, sondern vor allem dagegen, daß die prinzipielle Strafbarkeit des Arztes bestehen bleibt, selbst wenn dieser den Sorgfältigkeitskriterien des Gesetzesvorschlages genügt[896]. Aber zum Einsatz einer Rechtfertigungsdoktrin fehlt wohl doch die Abwägbarkeit der gegeneinander stehenden Rechtsgüter.

### 4.2.8. STERBEHILFE-KRITERIEN

Das erste Living Will Statut der Vereinigten Staaten wurde in Kalifornien[897] im Jahre 1976 verabschiedet. Im gleichen Jahr entschied der New Jersey Supreme Court im Fall *Quinlan*[898]. Der Vater eines zweiundzwanzigjährigen Mädchens, welches nur mehr im permanenten vegetativen Zustand am Leben war, versuchte, gerichtlich die Unterbrechung aller außergewöhnlichen medizinischen Verfahren, die lebenserhaltend wirkten, zu erreichen.

Heute sind es bereits 38 amerikanische Bundesstaaten und der District of Columbia, die über entsprechende Gesetze verfügen[899]. Vorgeschlagen ist darüber hinaus ein Uniform Act[900].

---

896 Strijards, G., Wetsvoorstel inzake de euthanasie, S. 138 f.

897 California Natural Death Act, California Health & Safety Code §§7185-7195 (West Supp. 1976).

898 In re Quinlan 70 N. J. 10, 355 A.2d 647 (1976).

899 Ausführlich dazu Gelfand, G., Living Will Statutes, S. 737 ff; Condie, Ch. J., Living Will Statutes, S. 105 ff; Hallagan, J. B., Natural Death Acts and Right to Die Legislation, in: Medical Trial Technique Quarterly 1986, S. 301 ff.

900 Insbesondere Uniform Rights of the Terminally Ill Act, 9B U. L. A. 609 (1985); Uniform Rights of the Terminally Ill Act (1989) drafted by the National Conference of Commisioners of Uniform State Laws. Approved and Recommended for Enactment in all the States (Kauai, Hawaii July 28 – August 4, 1989).

Zweck der Living Will Statuten ist es, eine gesetzliche Regelung zu schaffen, die es einer Person ermöglicht, ein Dokument zu erstellen, welches – im Falle eines unheilbaren gesundheitlichen Zustandes (terminally ill) und der Unfähigkeit, eigene medizinische Entscheidungen zu fällen – den Wunsch der Einstellung oder Nichtaufnahme einer lebenserhaltenden Behandlung zum Ausdruck bringt[901].

Die Bezeichnungen der Statuten variieren von Bundesstaat zu Bundesstaat: Natural Death Act[902], Medical Treatment Decision Act[903], Life-Prolonging Procedure Act[904], Life-Sustaining Procedures Act[905].

*Catastrophic Illness und Voraussetzungen des Living Will*

Jedes Living Will Statut sieht für die Inanspruchnahme einer Living Will Erklärung eines Patienten durch den Arzt als erforderlich an, daß sich der Zustand eines Patienten in einem Endstadium (be terminal or sufficiently poor) befindet[906]. Nahezu die Hälfte aller Living Will Statuten stellen dabei darauf ab, daß sich der Patient in einem Zustand befindet, der den Tod des Patienten – mit oder ohne lebenserhaltender medizinischer Behandlung – in Kürze erwarten läßt[907]. Diese Normierung der Endgültigkeit (terminal condition) entspricht aber kaum der legislativen Intention des Gesetzgebers. Diese zielte an sich auf eine andere Problematik[908]: Die des natürlichen Todes (natural death), ohne ein (oftmals ausschließlich vegetatives) Leben durch lebenserhaltende Behandlungen künstlich zu verlängern[909]. Daher

901 Condie, Ch. J., Living Will Statutes, S. 105.
902 Z. B. Oklahoma Stat. Ann. tit. 63, §3101 (West. Supp).
903 Colorado Rev. Stat. Ann. §15-18-101 (Supp. 1986).
904 Florida Stat. Ann. §765.01 (West. 1986).
905 Iowa Code Ann. §144A.1 (West Supp. 1987).
906 California Health & Safety Code §7187(f)(West Supp. 1976); Florida Stat. Ann. §765.03(6)(West 1984, 1985).
907 Delaware Code Ann. tit. 16, §2501(e)(1982, 1983): „Terminal condition' shall mean any disease, illness or condition sustained by any human being from which there is no reasonable medical expectation of recovery and which, as a medical probability, will result in the death of such human being regardless of the use or discontinance of medical treatment implemented for the purpose of sustaining life, or the life processes".
908 Gelfand, G., Living Will Statutes, S. 740.
909 Tritt der Tod ohnedies mit oder ohne Anwendung lebenserhaltender Maßnahmen ein, so besteht keine Notwendigkeit zur speziellen gesetzlichen Regelung der Sterbehilfe.

scheint die Definition des durch die National Conference of Commissioners on Uniform State Laws vorgeschlagenen und den Staaten zur Rezeption anempfohlenen „Uniform Rights of the Terminally Ill Act" (1989) der ursprünglichen Intention des Gesetzgebers entspechend näher zu stehen. „Terminal condition" meint dort einen unheilbaren und irreversiblen Zustand des Patienten, welcher ohne die Anwendung lebenserhaltender Behandlung innerhalb relativ kurzer Zeit zum Tode führen wird[910].

Ein besonderes Problem im Zusammenhang mit der Endgültigkeit besteht aber immer auch bei der Prognose des Todeseintritts. Diese ist zur Definition des „terminal-ill-Zustandes" des Patienten notwendig und unumgänglich. Zahlreiche Statuten machen daher zu einer Anwendungsvoraussetzung das Erfordernis, daß der Patient in einem Zustand angelangt sein muß, in dem eine medizinische Behandlung an sich nur den Zeitpunkt des Eintritts des Todes verlängern würde[911].

Andere Statuten bringen zum Ausdruck, daß der Tod jedenfalls imminent sein müsse[912] oder mit absoluter Sicherheit innerhalb von kurzer Zeit[913] bzw. relativ kurzer Zeit[914] eintreten werde. Dieser Maßstab scheint für die Living Will Statuten insoferne geeignet zu sein, als es deren Intention war, Patienten mit geringer oder keiner Lebensaussicht „sterben zu lassen"[915]. Allerdings steht dieser Zeitmaßstab in einem engen Zusammenhang mit den Erfolgsaussichten der medizinischen Behandlung. Alabama scheint hier die weiteste gesetzliche Regelung geschaffen zu haben. Die Behandlung eines Patienten ist dann abzubrechen, wenn „death is imminent or the patient's condition is hopeless"[916].

Beträchtliche Unterschiede finden sich in den verschiedenen Statuten auch hinsichtlich der Umschreibung der Krankheit oder des Zu-

---

910 Uniform Rights of the Terminally Ill Act (1989), Section 1 (9): „Terminal condition" means an incurable and irreversible condition that, without the administration of life-sustaining treatment, will, in the opinion of the attending physician, result in death within a relatively short time.

911 California Health & Safety Code §7187(f)(West Supp. 1976).

912 Wisconsin Stat. Ann. § 154.01(8) (West 1983, 1986).

913 Missouri Ann. Stat. §459.010(3), (6)(Vernon 1985).

914 Iowa Code Ann. §144A.2(8)(West 1985, 1987).

915 Gelfand, G., Living Will Statutes, S. 743 f.

916 Alabama Code §22-8A-3(6)(1981).

standes des Patienten. Einige Statuten verwenden dabei die Termini „unheilbar und irreversibel“[917]. Einige Staaten verwenden im Zusammenhang mit der „terminal condition“ ausschließlich den Begriff der Unheilbarkeit[918].

Mississippi stellt auf einen Zustand ab, der keine Wiederkehr des Bewußtseins des Patienten erwarten läßt[919]. Der Gesetzgeber übersieht bei der Qualifikation allerdings, daß ein bei Bewußtsein seiender und zurechnungsfähiger Patient ohnedies keiner im vorhinein schriftlich festgehaltenen Autorisierung bedarf[920]. Das Problem ist allerdings, daß nicht jeder bei Bewußtsein seiende Patient auch gleichzeitig zurechnungsfähig sein muß. Das Bewußtsein zu verlieren, ist jedenfalls nicht der einzige Weg, um in den Zustand der Unzurechnungsfähigkeit zu geraten. Gerade ein Zustand der Senilität kann beispielsweise eine Unzurechnungsfähigkeit bedeuten. Da aber der Gebrauch von Living Will Direktiven darauf abzielt, solche Situationen im vorhinein zu regeln, scheint es höchst problematisch zu sein, auf den Zustand der Bewußtlosigkeit abzustellen[921].

In den Niederlanden ist zwischen Lehre und Rechtsprechung strittig, aufgrund welcher Kombination von Kriterien Sterbehilfe geleistet werden darf. In der niederländischen Literatur werden meist drei Kriterien angeführt:

1) Unerträglichkeit des Leidens,
2) Unheilbarkeit des Leidens,
3) vollzogener Beginn der Sterbephase.

### *Die Unerträglichkeit des Leidens*

Beim Kriterium der Unerträglichkeit des Leidens besteht für die Rechtsordnung das Problem, daß dieser Zustand eine subjektive Erfahrung des Betroffenen ist und nicht aufgrund objektiver Maßstäbe

---

917 Z. B. Illinois Ann. Stat. ch.110 1/2 §702(h)(Smith-Hurd 1983, 1987).
918 California Health & Safety Code §7187 (f)(West Supp. 1976).
919 Missouri Code Ann. §41-41-107 (1984): „no expectation ... of regaining consciousness“.
920 Ist der Patient bei Bewußtsein und zurechnungsfähig, dann ist die Behandlung oder Nichtbehandlung eine Frage des Informed Consent; siehe dazu auch oben die niederländische Lehre.
921 Gelfand, G., Living Will Statutes, S. 745 f.

festgestellt werden kann. Es ist unmöglich, die Grenze zwischen erträglichem und unerträglichem Leiden festzulegen. Dennoch kann die Subjektivität einer Schmerzens- oder Leiderfahrung mit objektiven Kriterien und medizinischen Erfahrungen „angereichert" werden, um ein allgemeineres und objektivierbareres Bild entstehen zu lassen. Die Unerträglichkeit des Leidens wurzelt daher in vielen Fällen in psychischem oder psycho-somatischem Leid[922], doch auch dieses „nur" psychische Leiden muß als „unerträgliches Leiden" im Sinn eines Euthanasie-Kriteriums anerkannt werden.

*Die Unheilbarkeit des Leidens*

Gibt es bei der Unerträglichkeit des Leidens als Kriterium schon definitorische Schwierigkeiten, so bereitet die Unheilbarkeit des Leidens als selbständiges Kriterium noch zusätzliche Probleme. Eine ganze Anzahl von Krankheiten sind unheilbar, ohne daß sie innerhalb absehbarer Zeit zum Tod des Patienten führen oder daß die Schmerzen unerträglich wären. Dieses Kriterium liefert also nur dann einen Grund für die Anwendung von Euthanasie und Hilfe zur Selbsttötung, wenn definitiv prognostizierbar ist, daß der Tod innerhalb einer gewissen Zeit unwiderruflich zu erwarten ist[923].

*Die Einleitung der Sterbephase*

In der Praxis wird die Einleitung der Sterbephase wohl meistens als Kriterium für die Erlaubtheit der Unterlassung lebensverlängernden Handelns angesehen. Das größte Problem bei diesem Kriterium ist die Frage, ab wann man die Sterbephase als eingeleitet ansieht.

Hierüber gibt es auch in den Niederlanden keine Einstimmigkeit: Einige Autoren sehen die Sterbephase schon dann als eingeleitet an, wenn eine Krankheit diagnostiziert wird, die unabänderlich zum Tod führt. Andere beschränken die Sterbephase auf die letzten Stunden oder Tage eines sterbenden Patienten und lassen damit Sterbephase und Sterbeprozeß zusammenfallen[924].

---

922 Centrale Raad voor Volksgezondheid (Hrsg.), Euthanasie, S. 26.
923 Ebda, S. 27.
924 Ebda.

Obwohl es nicht möglich ist, den Beginn einer Sterbephase exakt anzugeben, kann man dennoch davon ausgehen, daß jeder erfahrene Arzt aufgrund der objektiven Verschlechterung von physiologischen Prozessen feststellen kann, daß sich ein Patient in der Sterbephase befindet und daß der Tod innerhalb einer absehbaren Zeit eintreten wird. Wenn sich ein Patient in einer solchen Phase befindet, ist die Möglichkeit einer medizinisch falschen Beurteilung dieses Kriteriums praktisch gering.

Gegen die additive Kombination des Kriteriums „Einleitung der Sterbephase" bestehen in den Niederlanden jedoch prinzipielle Bedenken: In der Praxis führe das Kriterium der eingeleiteten Sterbephase dazu, daß die Behandelnden ohne Rücksicht auf die Unerträglichkeit des Leidens abwarten, bis die Sterbephase eingeleitet ist. Die Einführung dieses Kriteriums habe also manche Ärzte die falsche Schlußfolgerung ziehen lassen, daß die Anwendung von Euthanasie nur in der Sterbephase erlaubt sei. Patienten, die unter unerträglichen Schmerzen leiden, sich aber noch nicht in der Sterbephase befinden, seien damit von der Anwendung aktiver Euthanasie ausgeschlossen[925].

Die prinzipielle Frage sieht der niederländische Gesundheitsrat darin, ob ein unheilbar kranker Patient, bei dem nach Sachverständigenmeinung die Sterbephase noch nicht eingeleitet ist und der seinen Willen zu sterben ausdrücklich und ernsthaft erklärt hat, nicht genauso ein Recht hat, daß sein Wunsch erfüllt wird, wie ein unerträglich leidender Patient, der sich schon in der Sterbephase befindet.

Diese Frage wird von der Literatur und der Judikatur meistens bejaht[926]. Für die Anwendung von Euthanasie genügen also die Grundkriterien der „Unerträglichkeit des Leidens" und der „Unheilbarkeit des Leidens"[927].

Die Unerträglichkeit des Leidens ist dennoch Ausgangskriterium. Wenngleich die Unerträglichkeit des Leidens eine subjektive Erfahrung des Patienten ist, kann sie objektiv überprüft werden. Der Behandelnde muß sich über die Dauer dieses unerträglichen Zustandes ein Urteil bilden. Dennoch bleibt dieser Versuch einer Objektivierung

---

925 Ebda, S. 28.
926 Ebda, S. 29 ff.
927 Ebda, S. 29.

eines subjektiven Zustandes Interpretation des Behandelnden, was wiederum dazu führen kann, daß das subjektive Leiden des Patienten durch die subjektive Meinung des Arztes ersetzt wird. Deswegen werden die zwei Grundkriterien der Euthanasie-Anwendung durch weitere Sorgfaltskriterien ergänzt.

*Weitere Sorgfaltskriterien aus Lehre und Rechtsprechung*

Die niederländische „Staatskommission für die Prüfung der Frage der Zulässigkeit der Euthanasie" stellte folgende Kriterien für die Anwendung von Euthanasie oder Hilfe zur Selbsttötung auf:

a) Der Patient muß in einer unheilbaren Lage sein, eine Irreversibilitätsprognose muß getroffen worden sein,

b) das Ersuchen des Patienten muß freiwillig, rational sein und stetig vorgebracht werden,

c) der Patient muß über seine Lage informiert sein,

d) es muß jegliche Möglichkeit, die Lage des Patienten noch zu ändern, fehlen,

e) ein zweiter Arzt muß bei der Beschlußfassung herangezogen werden[928].

Die Staatskommission empfahl, jene Ärzte, deren Handeln diesen Kriterien genügt, strafrechtlich nicht zu verfolgen. Dennoch wurden diese Kriterien, die weitgehend den oben genannten Grundkriterien entsprechen, vor allem durch die Rechtsprechung weiter ausdifferenziert. Die Rechtsprechung zur Euthanasie und zur Hilfe zur Selbsttötung ist noch etwas kasuistisch, einige große Linien lassen sich jedoch ablesen:

Ein Rotterdamer Gericht[929] arbeitete folgende Kriterien für eine Straflosigkeit, hier im Falle einer Hilfe zur Selbsttötung, aus:

a) Manifestation körperlichen oder psychischen Leidens, das durch die betroffene Person als unerträglich angesehen wird,

---

928 Borst-Eilers, E., Euthanasia in the Netherlands, in: British Medical Journal 295 (1987), S. 1564.

929 Siehe Voorts-Niemann, H., Euthanasie en de arts. 293 en 294 WvS, in: Ars Aequi 10 (1982), S. 563 f; Leenen, H. J. J., Euthanasie en de hulp bij zelfdoding, in: Nederlands Juristen Blad (4) 1982, S. 103 f; Centrale Raad voor Volksgezondheid (Hrsg.), Euthanasie, S. 57.

b) sowohl das Leiden wie auch das Verlangen nach dem Tod müssen langdauernd sein,

c) der Beschluß zur Lebensbeendigung muß absolut freiwillig getroffen worden sein,

d) die betroffene Person muß sich über ihre Situation und alternative Möglichkeiten voll bewußt sein und in der Lage sein, diese Möglichkeiten gegeneinander abzuwägen und dies getan haben,

e) Fehlen jeglicher anderer vernünftiger Möglichkeiten, die Situation des Betreffenden zu verbessern,

f) durch den Tod des Betroffenen darf anderen kein unnötiges Leid verursacht werden,

g) der Beschluß, die verlangte Hilfe zu leisten, darf nicht durch eine Person allein getroffen werden,

h) beim Beschluß, die verlangte Hilfe zu leisten, muß immer ein Arzt herangezogen werden, der die zu verabreichenden Mittel verschreibt,

i) beim Beschluß, die verlangte Hilfe zu leisten, muß die größtmögliche Sorgfalt angewandt werden. Dabei denkt das Gericht etwa an Beratungen des Arztes mit Kollegen, wenn der Patient in die Sterbephase eintritt oder, wenn die Sterbephase noch nicht eingetreten ist, an Beratungen mit anderen Sachverständigen, wie etwa Psychiater, Psychologen oder Sozialarbeiter.

In einem anderen Judikat[930] wurde ein Arzt, der einer Frau ein Mittel zur Selbsttötung gegeben hatte, freigesprochen. Das Gericht stellte fest, daß der Tatbestand der Hilfe zur Selbsttötung[931] dann nicht erfüllt ist, wenn folgende Kriterien erfaßt sind:

a) Die verlangte Hilfe muß durch einen Arzt, entweder durch den behandelnden Arzt selbst oder nach Beratungen mit dem behandelnden Arzt, durch einen anderen Arzt, geleistet werden,

b) es muß die Zustimmung mindestens eines anderen Arztes oder Psychiaters vorliegen, wobei dessen Zustimmung von einem eigenen Urteil über die Lage des Betroffenen abhängig ist,

c) der Patient muß in einer irreversiblen Lage sein, die vom Betroffenen langdauernd als unerträglich erfahren wird,

---

930 In: Tijdschrift voor Gezondheidsrecht 1984, S. 26.

931 Art. 293 des niederländischen Strafgesetzbuches.

d) das ausdrückliche und ernsthafte Verlangen des Patienten muß auf der vollen Einsicht des Betroffenen über seine Situation und auf der Abwägung über alternative Möglichkeiten beruhen,

e) es gibt keine andere, für den Betroffenen vernünftige Möglichkeit,

f) der Eingriff selbst muß an den Bedingungen der Sorgfalt gemessen werden[932].

Diese ergänzenden Sorgfaltskriterien wurden durch die Lehre noch weiter präzisiert: So wurde etwa vorgeschlagen, nach angewandter Euthanasie, die auf dem Totenschein eingetragen werden muß, stets eine Obduktion anzuordnen, um die Diagnose, die zum lebensbeendenden Handeln des Arztes führte, ex post zu überprüfen[933].

*Unterlassung oder Abbruch von Behandlungsmaßnahmen*

Bei der Umschreibung jener Behandlungsmaßnahmen, die im gegebenen Fall eingestellt oder vorenthalten werden dürfen, sind in den meisten Living Will Statuten die Ernährung, Hydration, unterstützende Pflege (comfort care) und Schmerzlinderungen explizit ausgenommen[934]. Das kann wiederum dazu führen, daß in manchen Fällen gerade verschiedene Techniken, die Schmerz lindern oder die Ernährung aufrechterhalten, auch Leben verlängern können[935].

Einige Staaten begrenzen daher die Behandlungen, welche vorenthalten werden können, auf maschinelle oder künstliche Behandlungen[936]. Grund für diese problematische Bestimmung, die sich um die Definition des Mechanik- und Künstlichkeitsbegriffs drückt, scheint zu sein, daß es die grundsätzliche Intention der Living Will Statuten

932 Vgl. Leenen, H. J. J., Gezondheidsrecht, S. 313.

933 Meijler, F., Verificatie van euthanasie en/of hulp bij zelfdoding, in: Centrale Raad voor Volksgezondheid (Hrsg.), Advies inzake euthanasie, bijlage 5, S. 2.

934 Wisconsin Stat. Ann. §154.01(5)(a),(b)(West 1983, 1986); Florida Stat. Ann. §765.03(3)(West 1984, 1985).

935 Anders aber Utah und Alaska: Der declarant kann auch die Nahrung und Hydration verweigern, in Utah sogar unterstützende Pflege und schmerzlindernde Maßnahmen; Utah Code Ann. §75-2-1104(4)(1985); Alaska Stat. §18. 12. 010(c) (1986); dazu insbesondere Earl, D. L., Personal Choice and Living Will Act, in: Utah Law Review 95 (1986), S. 219 ff.

936 California Health & Safety Code §7187(c)(West Supp. 1976).

ist, abseits der zahlreichen medizinischen Möglichkeiten der künstlichen und maschinellen Lebensverlängerung einen natürlichen Tod des Menschen zu ermöglichen[937]. Allerdings ermangelte es e contrario auch einer Bestimmung des Natürlichkeits-Begriffs.

Einige Statuten stellen auf außergewöhnliche (extra-ordinary) Behandlungen ab[938]. Aber auch dieser Terminus bleibt problematisch, können doch die außergewöhnlichen Behandlungen von heute durchaus bereits die gewöhnlichen Behandlungen von morgen bedeuten[939].

### *Die Gestaltungsmöglichkeiten des Living Will-Gebers (declarant)*

Besonders wichtig im Zusammenhang mit den Bestimmungen über Vorenthalt von Behandlungen ist, daß, zumindest bei den meisten Statuten, der declarant von den Bestimmungen des Statuts abgehen kann[940].

Allerdings bleibt trotzdem aufgrund der gesetzlichen Beschränkungen für bestimmte Behandlungsverzichte wenig Spielraum für Variationen[941].

### *Dokumentationsformalien*

Die meisten Living Will Statuten setzen zum Zeitpunkt der Dokumentsunterzeichnung eine erwachsene, handlungsfähige und diskretionsfähige (competent) Person voraus[942]. Die Gültigkeit des Dokuments erfordert darüber hinaus zumindest zwei Zeugen[943]. Die Zeugen haben sich zu vergewissern, daß der Unterzeichnende diskre-

---

937 Daher auch die Bezeichnung Natural Death Acts.

938 Oklahoma Stat. Ann. tit.63, §3102(4)(West 1985, 1987).

939 Gelfand, G., Living Will Statutes, S. 750 ff.

940 Uniform Rights of the Terminally Ill Act (1989) Section 2(b): „the declaration may, but need not, be in the (statuary) form"; z. B. auch Texas Rev. Civ. Stat. Ann. art.4590h, §(3)(a) (Vernon 1977, 1979, 1983, 1985); vgl. dazu ausführlich Greenfield, R. E., Texas Natural Death Act, S. 1001 ff und S. 1027 f.

941 Z. B. in Missouri dürfen die „death prolonging procedures" – diese sind die einzigen, die vorenthalten werden können – nicht die unterstützende Pflege, Ernährung und Hydration erfassen; Missouri Ann. Stat. §459.010(3; Vernon 1985); vgl. dazu auch Murphy, R. W., A New Form of Medical Malpractice?: Missouris „Living Will" Statute, in: Journal of the Missouri Bar 1986, S. 17 ff.

tionsfähig (competent) ist und vor allem, daß er das Dokument freiwillig ausführt[944].

Viele Statuten verlangen für die Zeugenschaft bestimmte Qualifikationen. Zeuge kann nicht sein, wer

– in einem Verwandtschaftsverhältnis zum declarant steht[945],

– behandelnder Arzt des Patienten ist[946],

– Arzt ist[947],

– potentiell erbberechtigt oder erbwillig ist[948],

– finanziell für die Gesundheitspflege des declarant verantwortlich ist[949],

– Mitarbeiter des behandelnden Arztes oder einer Institution ist, in welcher sich der declarant befindet[950],

– Mitpatient ist[951].

Am umstrittensten ist bei dieser Begrenzung der Zeugenschaft der Ausschluß verwandter Personen[952]. Denn gerade in den Vereinigten Staaten stützt – im Anschluß an den aufsehenerregenden Fall *Quinlan* – die „Right-to-Die“ Rechtsprechung an sich den Einfluß der Familie im Zusammenhang mit Sterbehilfeentscheidungen[953]. Einige Li-

---

942 Etwa Utah Code Ann. §75-2-1104(1) (1985); ebda §75-2-1104(4) (1985).

943 Beispielsweise Utah Code Ann. §75-2-1104(2)(d) (1985).

944 Arizona Rev. Stat. Ann §36-3202(C)(1985).

945 California Health & Safety Code §7188 (West Supp. 1976).

946 Texas Rev. Civ. Stat. Ann. art.4590h, §3(a)(Vernon 1977, 1979, 1983, 1985).

947 Colorado Rev. Stat. §§ 15-18-106(1), 15-18-105(a), (b)(1985).

948 Illinois Rev. Stat. ch. 110 1/2, §703(e) (Smith-Hurd 1983).

949 Arizona Rev. Stat. Ann. §36-3202(A)(4)(1985).

950 Utah Code Ann. §75-2-1104(3)(e) (1985).

951 Oklahoma Stat. Ann. tit.63, §3103(B)(7) (West 1985, 1987).

952 Gelfand, G., Living Will Statutes, S. 755 ff.

953 Auch der Uniform Rights of the Terminally Ill Act (1989) bestimmt, daß für den Fall, daß der Patient keinen Living Will unterzeichnet hat, Angehörige für ihn die Entscheidungen treffen sollen: Section 7. Consent by others to withdrawal or withholding of treatment. (ii) (...) The consent may be given by the following individuals, in order of priority: (1) The spouse of the individual; (2) An adult child of the individual or, if there is more than one adult child, a majority of the adult children who are reasonably available for consultation; (3) The parents of the individual; (4) An adult sibling of the individual or, if there is more than one adult sibling, a majority of the adult siblings who are reasonably available for consultation; or (5) The nearest other adult relative of the individual by blood or adoption who is reasonably available for consultation. Da diese substituierte Entscheidungsmöglichkeit durch Angehörige hinsichtlich des Selbstbestimmungsrechts des Pa-

ving Will Statuten sehen sogar ausdrücklich vor, daß, soferne der Patient keine Deklaration unterzeichnet hat, den Nachweis, daß es dennoch einen auf Behandlungsverweigerung gerichteten Patientenwillen gibt, die Familienmitglieder erbringen können[954]. Es scheint dann aber im Widerspruch zu stehen, daß Familienmitglieder keine Zeugen sein sollen. Wenn eine Rechtsordnung sich an sich zu einer Möglichkeit der Living Will Deklaration bekennt und dabei vielleicht zu einer Substitution der Schriftlichkeitsform, dann wäre es, so riskant eine solche Interpretation über möglicherweise interessierte Dritte überhaupt ist, unbillig, Familienangehörige radikal auszuschließen. Diese sind wohl in den meisten Fällen die einzigen, denen gegenüber der Patient sich öffnet oder gar öffnen kann. Allerdings vermeiden es die Living Will Statuten, hierbei die Doktrin über die substituierte Entscheidung bei unzurechnungsfähigen Patienten zu positivieren[955].

Eine denkbare Lösung des oftmals auffälligen Interessenkonflikts sieht *Gelfand*[956] darin, Familienmitglieder grundsätzlich nur in Verbindung mit nicht verwandten Personen mitwirken zu lassen. In die Erwägungen einzubeziehen ist allerdings wiederum auch, daß Familienmitglieder in der Regel die einzigen Personen sind, die überhaupt über die Existenz eines Living Will Dokumentes wissen und ein solches allenfalls auch umgekehrt, etwa wenn höchstpersönliche Unterhaltsansprüche gefährdet sein könnten, unterdrücken könnten. *Gelfand* empfiehlt daher, für Living Will Patienten das Formerfordernis schriftlicher Dokumentation und öffentlicher Hinterlegung zu kreieren[957].

Eine Sonderbetrachtung verdienen Patienten in der Langzeitpflege. Verschiedene Living Will Statuten berücksichtigen diese Sondergruppe der Patienten und sehen daher auch besondere Sicherungsmaßnahmen für diese Patienten vor. Um die Gefahr eines subtilen Zwanges zur Abfassung eines Living Will abzuwenden, sehen einige

---

tienten rechtspolitisch doch sehr fragwürdig erscheint, wird der Sektion 7 doch noch zumindest angefügt, daß im Falle des Auftretens eines Widerspruchs zum Willen des Patienten die substituierte Zustimmung der Angehörigen jedenfalls ungültig ist.

954 Connecticut Gen. Stat. §19a-571(4) 1985 "... the attending physician has considered the patient's wishes as expressed by the patient directly, through his next of kin or legal guardian, or in the form of a (living will) document ...".

955 Dazu insbesondere Greenfield, R. E., Texas Natural Death Act, S. 1032 ff.

956 Gelfand, G., Living Will Statutes, S. 755 ff.

957 Ebda.

wenige Living Will Statuten vor, daß eine öffentliche Vertrauensperson (state official), ein Ombudsmann oder Patientenanwalt, als einer der Zeugen des Living Will Dokumentes fungieren muß[958].

Einige Statuten wiederum sehen von vorneherein die Möglichkeit vor, mündliche Deklarationen abzugeben. Diese mündlichen Deklarationen können entweder direkt an den Arzt oder auch an dritte Personen weitergegeben werden[959]. Allerdings scheint es, daß diese Möglichkeit aufgrund der Beweisproblematik die Effektivität der Statuten unterläuft.

Nahezu die Hälfte der verschiedenen amerikanischen Living Will Statuten berücksichtigt die Situation, daß der Patient selbst nicht in der Lage ist, die Deklaration zu unterschreiben[960]. In diesem Fall kann auf Wunsch des Patienten eine andere Person unterzeichnen. Diese Person darf selbst aber nicht einer der Zeugen des Dokumentes sein – und die Zeugen ihrerseits müssen bei der Äußerung des Patienten zugegen sein.

Colorado verfügt über eine besondere Sicherungsmaßnahme. Das Statut sieht nach der erfolgten Benachrichtigung von Verwandten oder anderen Personen über den Zustand des Patienten eine zweitägige Wartefrist vor. Soferne die Euthanasie gerichtlich angefochten wird, sieht der Colorado Act eine einstweilige Verfügung (restraining order) und die Ernennung eines Prozeßvertreters (guardian ad litem) zur Wahrnehmung der Patienteninteressen vor Gericht vor.

Eine ganz andere Sicherungsmaßnahme – und diese findet sich in allen Living Will Statuten – ist das Erfordernis, daß mehr als ein Arzt die „terminal condition“ des Patienten zu bestätigen hat[961]. Damit sollen in erster Linie medizinische Irrtümer vermieden werden.

In den Niederlanden werden zwei Arten von Erklärungen unterschieden[962]: Einmal eine Erklärung, in der bestimmte medizinische Handlungen abgelehnt werden, etwa eine „Non-Reanimations-Erklärung“ und zum anderen die Euthanasie-Erklärung im engeren Sinn, auch „Lebens-Testament“ genannt, in der man die Anwendung von aktiver Euthanasie unter bestimmten Umständen für sich fordert.

---

958 California Health & Safety Code §7188.5 (West Supp. 1976).

959 Florida Stat. Ann. §765.04 (West 1984, 1985); es werden aber zwei Zeugen verlangt.

960 Iowa Code Ann. §144A.3(1) (West 1985, 1987).

961 Z. B. California Health & Safety Code §7187(e) (West Supp. 1976).

Eine Erklärung, in der bestimmte medizinische Handlungen abgelehnt werden, steht rechtlich auf gleicher Ebene wie die Verweigerung einer Behandlung durch den Patienten. Sie ist unter allen Umständen gültig und muß vom Arzt befolgt werden, da eine Behandlung ohne Zustimmung nicht erlaubt ist[963]. Eine no-reanimation-order wird unter dem Thema der Sterbehilfe in den Niederlanden gar nicht erst problematisiert[964].

Eine Euthanasie-Erklärung hat jedoch juristisch einen ganz anderen Charakter. Die Euthanasie-Erklärung ist ein schriftliches Dokument, in dem eine Person für sich bestimmt, wie gehandelt werden soll, wenn sie in einen permanenten Zustand gerät, in dem sie nicht mehr in der Lage ist, ihren Willen zu äußern[965].

In einer solchen Erklärung wird der Arzt ermächtigt und aufgefordert, auf lebensbeendende Maßnahmen zu setzen, wenn daneben die Grund- und Sorgfaltsbedingungen, die an die Euthanasie gestellt werden, erfüllt werden. Der Arzt muß diesem Wunsch allerdings nicht nachkommen, wenn er die Anwendung von Euthanasie ethisch nicht vertreten kann.

In den Niederlanden gibt es mittlerweile Formblätter für Euthanasie-Erklärungen. Es wird empfohlen, diese Erklärungen dem Hausarzt zu übergeben und sich mit ihm zu besprechen, in welches Krankenhaus man in einem solchen Fall überstellt zu werden wünscht.

Sowohl die schriftliche Euthanasie-Erklärung wie auch jene Erklärung, in der bestimmte medizinische Handlungen abgelehnt werden, entfalten naturgemäß erst dann Rechtswirkung, wenn der Patient sich nicht mehr äußern kann. Der Konstruktionssinn einer solchen Euthanasie-Erklärung liegt also darin, daß man im vorhinein seinen Willen in bezug auf sein eigenes Sterben bestimmen kann, wenn man dazu später nicht mehr in der Lage sein sollte, etwa, weil man ohne Bewußtsein ist[966].

Das natürlich auch in den Niederlanden erkannte Problem einer solchen Euthanasie-Erklärung liegt darin, daß zwischen der schriftli-

---

962 Tilld'Aulnois de Bourouill, H. A. H. van, Euthanasie in veelvoud; recente ontwikkelingen, in: Intermediar 45 (1978), S. 25 ff.

963 Centrale Raad voor Volksgezondheid (Hrsg.), Euthanasie, S. 62.

964 Leenen, H. J. J., Gezondheidsrecht, S. 283.

965 Centrale Raad voor Volksgezondheid (Hrsg.), Euthanasie, S. 45; Schut, G. H. A., Euthanasie. Een burgerrechtelijke benadering, in: Themis 4 (1979), S. 349 ff.

966 Centrale Raad voor Volksgezondheid (Hrsg.), Euthanasie, S. 46.

chen Fixierung der Erklärung und dem Moment, in dem diese aktuell wird, Zeit vergehen kann. Das drängt zur Frage, ob die Erklärung dann noch dem Willen des Betroffenen entspricht. Diesem Einwand steht freilich wiederum entgegen, daß der Betroffene bei der Abfassung seiner Erklärung ja weiß und dies ausdrücklich bekundet, daß diese einmal in Geltung treten könnte. Aber, so argumentiert *Leenen,* da der Betroffene die Anwendung der Euthanasie ja auch ernsthaft für sich gefordert hat, gibt es keinen Grund und keinen hinreichenden Rechtsgrund, dieser Erklärung den ausdrücklichen und ernsthaften Charakter abzuerkennen[967].

Die von der niederländischen Notariatskammer (Koninklijke Notariele Broederschap) und der Ärztekammer (Koninklijke Nederlandsche Maatschappij tot bevordering der Geneeskunst; K. N. M. G.) ausgearbeitete Muster-Euthanasie-Erklärung sieht eine Gültigkeitsdauer von fünf Jahren vor. Dann wird die Erklärung invalid. Der declarant, der seinem Patiententestament Fortbestand verleihen will, muß sich ausdrücklich noch einmal erklären. Einzelne Lehrmeinungen meinen dennoch, daß selbst eine abgelaufene Euthanasie-Erklärung wirksam bleibe[968] bis nachgewiesen ist, daß der Betroffene wirklich seine Meinung geändert hat.

In Deutschland haben sich ähnliche Willensdokumente entwickelt. Durch einen Patientenbrief, auch Patientenverfügung oder Patiententestament genannt, kann im voraus erklärt werden, daß man im Falle eines irreparablen Komas, bei schweren Dauerschäden des Gehirns oder bei einem dauernden Ausfall lebenswichtiger Körperfunktionen die Vornahme einer Intensivtherapie oder Reanimation ablehnt. Man kann so ärztliche Maßnahmen zur Verlängerung des Sterbevorganges oder des Leidens verhindern. Die Deutsche Gesellschaft für humanes Sterben e. V. (DGHS) erklärt, daß von 11.000 ausgegebenen Formularen von Patientenbriefen 2000 zur Anwendung kamen und es in keinem Fall zu einer Weigerung der Befolgung durch den Arzt kam[969]. Die DGHS schlägt verschiedene Varianten von Patientenbriefen vor:

So etwa eine Patientenverfügung, die im Zweifelsfall (in dubio pro morte) die Nichtbehandlung anordnet, dann eine typisierte Patientenverfügung, die nur für den Zweifelsfall (in dubio pro vita) lebenserhal-

---

967 Leenen, H. J. J., Gezondheidsrecht, S. 284.
968 Etwa Schut, G. H. A., Euthanasie, S. 349 ff.
969 Malek, K./Endriß, R., Patientenrechte, S. 139.

tende Maßnahmen begehrt und drittens eine Patientenverfügung, die lebenserhaltende Maßnahmen in jedem Fall (sine conditione) zu unternehmen beauftragt[970].

Die Bindungswirkung von Living Will Erklärungen oder Patiententestamenten für den Arzt wird in Deutschland insgesamt aber bezweifelt[971].

*Widerruf und Ablauf*

Die meisten Living Will Statuten sehen vor, daß der Living Will bis auf Widerruf in Geltung ist. Nur Kalifornien stellt eine Ausnahme dar. Dort muß, so wie in den Niederlanden, ein Living Will periodisch, in einem Zeitraum von fünf Jahren, erneuert werden[972].

Da es aber möglich ist, daß ein Patient seinen Willen geändert hat, ohne formell den Living Will zu widerrufen, sind die Bestimmungen zum Widerruf eines Living Will sehr weit gestaltet. Ein Patient braucht generell[973] zum Widerruf, jedenfalls im Gegensatz zur ersten Willenserklärung, nicht unbedingt handlungsfähig/zurechnungsfähig (mentally competent) zu sein[974]. Problematisch ist mitunter, daß ein unzurechnungsfähiger Patient seinen Living Will zwar widerrufen, diesen nach neuerlichem, auch durchaus ernsthaften Sinneswandel dann allerdings nicht neuerlich in Kraft setzen kann. Grund dafür ist, daß mental kranke Menschen oftmals keinen eindeutigen Willen zum Ausdruck bringen. Haben sie jedoch einmal den Living Will widerrufen, so bleibt dieser widerrufen. Im Zweifelsfall entscheidet sich der Gesetzgeber eindeutig zur Annahme, daß der Patient unter allen Umständen möglichst lange leben möchte.

Gesetzlich wird in einigen Statuten ermöglicht, daß jeder Widerruf, auch der schlüssige, der über die notwendige Intention verfügt, anerkannt wird[975]. Andere Statuten sehen hingegen nur drei typisierte Arten des Widerrufs vor:

---

970 Ebda.
971 Laufs, A., Arztrecht, S. 97.
972 California Health & Safety Code §7189.5 (West Supp. 1976).
973 Ausnahme: Missouri Code Ann. §41-41-109 (1984).
974 1987 Arkansas Act 713 §4(a)(1977, 1987).
975 1987 Arkansas Act 713 §4(a)(1977,1987).

- schriftlicher Widerruf,
- mündlicher Widerruf,
- Vernichtung des Originaldokumentes[976].

*Der Anspruch des Patienten auf Vollzug seines Willens*

Da die Möglichkeit besteht, daß ein Arzt aus verständlichen Gründen den Wünschen des Patienten nicht Folge leistet, sehen die Living Will Statuten vor, daß der verweigernde Arzt verpflichtet ist, den Patienten zu einem anderen Arzt zu überstellen, welcher schließlich gewillt ist, die Wünsche zu erfüllen[977].

Verschiedene Statuten gestatten aber dem Arzt keine grundlose Verweigerung, sondern spezifizieren die möglichen Gründe der Verweigerung des Arztes:
- „because of moral conflict with the spirit of this act“[978],
- „cannot comply“[979],
- „cannot in good conscience“[980],
- „because of personal beliefs or conscience“[981].

Bedenklich ist eine solcherart notwendige, externe Überprüfung des ärztlichen Gewissens allemal. Noch bedenklicher erscheint aber die in einzelnen Bundesstaaten getroffene Sanktionsausstattung[982]: soferne ein Arzt aufgrund eines nicht gesetzlich privilegierten Grundes verweigert, setzt er sich unterschiedlichsten Sanktionen aus[983]. Die ratio legis, den verweigernden Arzt zum Transfer des Patienten an einen Kollegen zu bewegen, vermag die Wucht einzelner Sanktionen wohl nicht zu legitimieren.

*Immunitäten*

Bis zum Jahre 1976 fiel jegliche Form der Sterbehilfe, gegen die keineswegs nur religiös motiviert argumentiert wurde[984], unter den Tat-

---

976 Idaho Code §39-4505(1) (1977, 1986).
977 1987 Arkansas Act 713 §7 (1977, 1987).
978 Vermont Stat. Ann. tit.18, §5256 (1981).
979 District of Columbia Code Ann. §6-2427(b) (1982).
980 Tennessee Code Ann. §32-11-108(a)(1985).
981 New Hampshire Rev. Stat. Ann. §137-H:6(II)(1985).
982 Gelfand, G., Living Will Statutes, S. 768 ff.
983 Geldstrafe: Alaska Stat. §18. 12. 070(a)(1986); Disziplinarmaßnahmen: Colorado

bestand des Mordes. Daher finden sich in jedem Living Will Statut Schutzbestimmungen für diejenigen Personen, die einen Living Will durch- und ausführen, um nicht zivilrechtlichen[985] oder strafrechtlichen Klagen[986] ausgesetzt zu sein, wenn ein Living Will mittlerweile widerrufen worden war, der Widerruf aber nicht bekannt geworden ist[987].

Indiana hat dies teleologisch formuliert,

„. . . a living will declaration, under . . . this chapter: (1) Does not obligate the physician to use, withhold, or withdraw life-prolonging procedures but is presumptive evidence of the patient's desires concerning the use, withholding, or withdrawal of life-prolonging procedures . . .“[988];

während Nevadas Statut die Konstruktion deutlicher herausstreicht:

„No hospital or other medical facility, physician or person working under the direction of a physician is subject to criminal or civil liability for failure to follow the directions of the patient to withhold or withdraw life-sustaining procedures“[989].

Neben der Festlegung einer Immunität verfolgen die Bestimmungen aber auch noch ein zweites Ziel, nämlich das Verhalten der angesprochenen Personen zu definieren. Diese Personen müssen zum einen gutgläubig sein[990] und es dürfen auch keine Zweifel aufgekommen sein, daß der Living Will einen supervenienten Mangel, zuvorderst den des allfälligen Widerrufs, aufweist[991]. Nur in diesen Fällen greift die Immunität:

„No physician, licensed health care professional, medical care faci-

---

Rev. Stat. Ann. §15-18-113(5)(Supp. 1986); Lizenzentzug: Tennessee Code Ann. §31-11-108(a)(Supp.1986); unbeschränkte zivilrechtliche Haftung: Maryland Health-General Code Ann. §5-607(a)(Supp.1986); Geld- und/oder Haftstrafe: Montana Code Ann. §50-9-206(1), (2)(1986).

984 Kamisar, A., Some Non-Religious Views Against Proposed „Mercy Killing“ Legislation, in: Minnesota Law Review 42 (1958), S. 969.

985 California Health & Safety Code §7190 (West Supp. 1976).

986 Florida Stat. Ann. §765.10 (1); (2)(West 1984, 1985).

987 Gelfand, G., Living Will Statutes, S. 771 ff.

988 Indiana Code Ann. §16-8-11-11(f)(West Supp. 1987).

989 Nevada Rev. Stat. §449-640(2)(1986).

990 Missouri Code Ann. § 41-41-117(1)(1984).

991 Texas Rev. Civ. Stat. Ann. art.4590h, §4(b) „may act unless actual knowledge of a revocation“ und §6 „defects in directive“.

lity or employee thereof who in good faith and pursuant to reasonable medical standards causes or participates in the withholding or withdrawing of life-sustaining procedures from a qualified patient pursuant to a declaration shall, as a result thereof, be subject to criminal or civil liability, or be found to have committed an act of unprofessional conduct"[992].

Rein strafrechtlich besehen ist die Euthanasie und die Hilfe zur Selbsttötung auch in den Niederlanden noch immer unter Strafe gestellt[993].

Die öffentliche Debatte der letzten 20 Jahre in den Niederlanden hat jedoch zu einer beachtlichen Anzahl von gerichtlichen Entscheidungen geführt, die die Anwendung von (aktiver) Euthanasie und die Hilfe zur Selbsttötung in bestimmten Fällen über eine extensive Notstandsdoktrin billigen. Es gibt also keine materiellrechtliche Verankerung der Euthanasie in den Niederlanden, doch wird ein Arzt, der bei der Anwendung von Euthanasie die erwähnten Sorgfaltskriterien erfüllt, nicht verfolgt[994].

Die Rechtsprechung geht meist davon aus, daß ein Gewissenskonflikt des Arztes zu einem „übergesetzlichen Notstand" (overmacht in de zin van noodtoestand) führte, der einen Schuldausschließungsgrund darstellte.

Auch in Deutschland geht die Diskussion in eine ähnliche Richtung. Selbstmord und Selbstmordversuch sind straflos. § 216 (dt.) StGB sieht jedoch die Strafbarkeit für die Hilfe bei einer auf ernsthaftes, zurechnungsfähiges Verlangen des Verstorbenen hin ausgeführten Tötung vor. „Aktive und passive Sterbehilfe haben bislang keine gesetzliche Regelung erfahren"[995]. Die herrschende Meinung vertritt die Rechtswidrigkeit jeder aktiven Lebensverkürzung, auch auf ausdrückliches Verlangen des Patienten. Unterläßt der Arzt im

992 Alabama Code §22-8A-7 (1975).

993 Artikel 293 des niederländischen Strafgesetzbuches bestimmt für die Euthanasie: „Derjenige, der einen anderen auf dessen ausdrückliches und ernsthaftes Verlangen des Lebens beraubt, wird mit einer Gefängnisstrafe bis zu zwölf Jahren bestraft." Artikel 294 des niederländischen Strafgesetzbuches bestimmt für die Hilfe zur Selbsttötung: „Derjenige, der einen anderen vorsätzlich zum Selbstmord verleitet, ihm dabei behilflich ist oder ihm die Mittel dazu verschafft, wird, wenn der Selbstmord erfolgt, mit einer Gefängnisstrafe bis zu drei Jahren bestraft".

994 Borst-Eilers, E., Euthanasia, S. 1563 f.

995 Malek, K./Endriß, R., Patientenrechte, S. 137.

mutmaßlichen oder tatsächlichen Einverständnis oder auf Verlangen des Patienten jedoch nur Behandlungsmaßnahmen, bleibt diese Art der passiven Sterbehilfe straflos. Denn der Patient kann aufgrund seines Selbstbestimmungsrechtes dem Arzt jederzeit das Behandlungsrecht entziehen.

Aus dem Recht des Patienten, therapeutische Maßnahmen abzulehnen, läßt sich der Wunsch nach Beschleunigung des Sterbevorganges und im weiteren die Frage nach dem Recht auf den Tod ableiten. Das in diesem Zusammenhang bedeutsame Problem, unter welchen Bedingungen ein Arzt den Patienten, der nach einem Selbstmordversuch bewußtlos ist, behandeln muß, hat der BGH im Fall *Wittig*[996] salomonisch entschieden. Die Pattstellung zwischen ärztlichem Berufsauftrag und dem Selbstbestimmungsrecht des Patienten versuchte der BGH einerseits zu lösen, indem er bestimmte, daß ein Garant durch Unterlassen der nötigen Hilfe eine strafbare Tötung auf Verlangen durch Unterlassen begeht. Andererseits räumt der BGH ein, daß äußerste Konfliktfälle durch einen gewissenhaften ärztlichen Entschluß zu lösen seien und das Gericht diesen notwendigen, eng begrenzten Raum zugesteht. Das Gericht versuchte also, „die Hilfspflicht des Arztes im Hinblick auf die besonderen Umstände des Einzelfalls einzuschränken“[997].

### *Living Will und Schwangerschaft*

Eine Mehrzahl der Living Will Statuten sieht vor, daß ein Living Will dann nicht gültig ist, wenn und solange eine Patientin schwanger ist[998]. Eine kleinere Anzahl von Statuten sieht vor, daß der Living Will dann nicht gültig ist, wenn der Fötus sich bis zum Zeitpunkt der Geburt weiterentwickeln kann[999].

### *Grenzen und Bedeutung der Living Will Statuten*

Die Living Will Statuten beinhalten immanente Schranken[1000]:

Eine erste Einschränkung bezieht sich darauf, daß sich aus dem

---

996 BGHSt 32, 367, in: Neue Juristische Wochenschrift 1984, S. 2639.
997 Laufs, A., Arztrecht, S. 99.
998 Florida Stat. Ann. §765.08 (West 1984, 1985).
999 1987 Arkansas Act. 713 §6(c) (1977, 1987); dazu Gelfand, G., Living Will Statutes, S. 778 ff.

Unterlassen einer Festlegung eines Living Will keine Vermutung auf die Wünsche und Absichten des Patienten ableiten läßt[1001]. Der leitende Gedanke hierbei ist, daß zu viele Menschen es unterlassen, sich auf so eine schwerwiegende Situation vorzubereiten und sich daher eine eben angesprochene Ableitung, sowohl nach der einen als auch nach der anderen Entscheidungsrichtung, verbietet.

Ferner sollten Rechte, die sich aus den Living Will Statuten ergeben, ausdrücklich in Zusammenhang mit judiziellen Rechten und Verfahren als Einreden, Immunitäten, Rechtfertigungsgründe zu sehen sein[1002].

Eine dritte Schranke, die in mehr als der Hälfte der Living Will Statuten audrücklich betont wird, bezieht sich auf die Frage der generellen Legalität der Euthanasie. Die meisten Statuten verfügen über eine Bestimmung, in der klargestellt wird, daß die Legalität in den eng umschriebenen Fällen der Zulässigkeit eines Living Will keine Analogie auf die Legalität von Formen der Euthanasie erlaube[1003].

### *Sondersituationen*

#### *Sterbende Patienten, die keinen Living Will erklärt haben*

Einzelne amerikanische Bundesstaaten haben in ihren Living Will Statuten auch die Rechte irreversibel kranker Patienten, die keinen Living Will verfügt haben, mitgeregelt[1004]. Es gibt fünf Gründe, trotz Nichtfertigung eines Living Will rechtlich anzuknüpfen:

– der Patient ist minderjährig[1005];

– der Patient war bereits sein ganzes Leben lang unzurechnungsfähig/handlungsunfähig;

---

1000 Ebda, S. 783 ff.

1001 Kansas Stat. Ann. §65-28, 108(e) (1979).

1002 California Health & Safety Code Ann. §7193 (West Supp. 1976).

1003 Etwa Colorado Rev. Stat. §15-18-112(1) (1985).

1004 Etwa Florida Stat. Ann. §765.07 (West 1984, 1985).

1005 Z. B. Texas Rev. Civ. Stat. Ann. art.4590h, § 4D (Vernon 1977, 1979, 1983, 1985).

– der Patient hat es einfach unterlassen, einen Living Will in Kraft zu setzen;

– der Patient kannte die Living Will Statuten gar nicht;

– der Patient, welcher unter allen Umständen am Leben erhalten werden will, füllt sicherlich kein Living Will Dokument aus und ist sich andererseits aber auch nicht bewußt, daß er eine pro-vita-Erklärung abgeben könnte[1006];

Unter den amerikanischen Bundesstaaten, die in ihren Bestimmungen bezug auf jene Situation nehmen, daß kein Living Will eines Patienten vorliegt, scheint das Living Will Statut von Connecticut die bedenklichste Regelung getroffen zu haben[1007]. Der Akt macht nämlich keinen Unterschied, ob ein Patient tatsächlich eine Living Will Deklaration unterzeichnet hat oder nicht. Der Connecticut Act authorisiert den Arzt, lebenserhaltende Systeme dann abzuschalten, wenn ihm eine informierte Zustimmung des nächsten Verwandten oder des gesetzlichen Vertreters vorliegt und

„. . . the attending physician has considered the patient's wishes as expressed by the patient directly, through his next of kin or legal guardian, or in the form of a (living will) document . . ."[1008].

Die Statuten variieren in diesem Bereich sehr deutlich. Einige Staaten sehen bestimmte Richtlinien für die Entscheidungsfindung des Stellvertreters vor[1009]. Andere Statuten haben besondere Sicherungsmaßnahmen vorgesehen[1010]. Am ungewöhnlichsten und nach jeder möglichen rechtspolitischen Erwünschtheit hin bedenklichsten, erscheint aber sicherlich die Regelung New Mexicos. Das Statut sieht vor, daß alle Familienmitglieder[1011] gemeinsam als Stellvertreter zu wirken haben. Lebensverlängernde Maßnahmen zu unterlassen, einer familiendemokratisch herbeigeführten Entscheidung an-

1006 Z. B. Indiana Code Ann. §16-8-11-12 (Burns 1985): Living Will Declaration und Life-Prolonging Procedures Declaration.

1007 Gelfand, G., Living Will Statutes, S. 786 ff.

1008 Connecticut Gen. Stat §19a-571(4) (1985).

1009 Z. B. Iowa Code Ann. §144A.7(a) (West 1985, 1987).

1010 Siehe weiter unten und Texas Rev. Civ. Stat. Ann. art. 4590h, §4C (Vernon 1977, 1979, 1983, 1985).

1011 New Mexico Stat. Ann. §24-7-8.1(A)(1977, 1984).

heimzustellen, wirkt in Ziel und Strategie verfehlt. Der Konflikt zwischen Unterhaltsberechtigten und Erbberechtigten könnte zur Entscheidungsgrundlage über Fortsetzung oder Abbruch einer Behandlung werden.

Einige Statuten sehen eine Rangfolge der stellvertretenden Personen vor:

1. gesetzliche Vertreter, zu denen die gerichtlich bestellten „legal guardians" zählen,
2. Ehegatten,
3. Mehrheit der erwachsenen Kinder eines Patienten,
4. Eltern des Patienten,
5. der nächste Verwandte des Patienten.

Die eben erwähnten besonderen Sicherungsmaßnahmen sehen wie folgt aus: Texas, Louisiana, Utah und Virginia verlangen, daß mindestens zwei Familienmitglieder – in einer spezifizierten Rangfolge – der Beendigung einer Behandlung zustimmen[1012]. Texas, Louisiana und Virginia verlangen darüber hinaus noch zwei Zeugen für die Behandlungsentscheidung[1013]. Iowa verlangt zumindestens einen Zeugen und zusätzlich eine schriftliche Einwilligung des behandelnden Arztes und des Stellvertreters des Patienten (substituted decision maker)[1014].

### *Minderjährige*

Nur fünf Staaten haben Bestimmungen in ihren Living Will Statuten hinsichtlich Minderjähriger[1015]. Sie sehen vor, daß bei Minderjährigen der Ehegatte, soferne dieser volljährig ist, ansonsten die Eltern des Minderjährigen als Stellvertreter entscheiden[1016].

Generell sehen also die Statuten keine Eigenberechtigung für die Abgabe einer Living Will Erklärung durch Minderjährige vor.

---

1012 Z. B. Utah Code Ann. §75-2-1107(3)(1985).

1013 Z. B. Texas Rev. Civ. Stat. Ann. art. 4590h, §4C(c)(Vernon 1977, 1979, 1983, 1985).

1014 Iowa Code Ann. §144A.7(2) (West 1985)(1984, 1985, 1987).

1015 Indiana, New Mexico, Arkansas, Texas, Louisiana.

1016 Z. B. Indiana Code Ann. §16-8-3-1 (Burns 1961, 1973, 1986).

Allerdings berücksichtigen einige Statuten zumindest die Ansichten von Minderjährigen in unterschiedlicher Gewichtung. So sieht das Texas Statut vor:

„. . . the desires of a terminally ill patient who is under 18 years of age and who is competent shall at all times supersede the effect of a directive vicariously executed in accordance with this section . . .“[1017].

New Mexico und Louisiana bestimmen, daß eine Living Will Erklärung dann nicht gültig ist, wenn die Eltern, der Vormund oder der volljährige Ehegatte

„. . . has actual notice of contrary indications by the minor who is terminally ill . . .“[1018].

Zweck aller drei Bestimmungen ist, daß der Minderjährige zwar nicht selbst seinen Tod wählen kann, aber dieser auch nicht über seinen Einwand hinweg bestimmt werden kann.

New Mexico bestimmt als einziger Staat noch eine zusätzliche Sicherung für Minderjährige. Ein Living Will Dokument, welches stellvertretend für Minderjährige angelegt werden kann, ist nur dann gültig, wenn das Dokument durch ein Gericht bestätigt worden ist. Das Verfahren hierzu sieht die Ernennung eines Prozeßvertreters (guardian ad litem) vor und daß das Gericht ein Hearing abhalten muß[1019].

In den Niederlanden reicht die Entscheidungsbefugnis der Eltern nicht so weit, einen Beschluß über die Beendigung des Lebens eines Kindes zu fassen. Stellt jedoch ein Minderjähriger, der seine Situation voll beurteilen kann, selbst ein Ersuchen um Euthanasie, dann kann dies nicht einfach übergangen werden. Da den Äußerungen von minderjährigen Patienten auch sonst Rechtserheblichkeit zuerkannt wird, wird in den Niederlanden auch eine solche Euthanasie-Erklärung von der Lehre anerkannt[1020].

Gerade hier ist dennoch große Sorgfalt angebracht, da sich Kinder nicht nur durch ihre Krankheit, sondern auch durch ihre Min-

1017 Texas Rev. Civ. Stat. Ann. art. 4590h, §4(D)(b)(Vernon 1977, 1979, 1983, 1985).

1018 New Mexico Stat. Ann.24-7-4(B)(1)(1977, 1984); La. Rev. Stat. Ann. §40:1299. 58. 6(B) (West 1984, 1985).

1019 New Mexico Stat. Ann. §24-7-4(D)(1977, 1984).

1020 Sanders-Woudstra, J. (u. a.), Beslissingsmogelijkheden van kindern, in: Medisch Contact 47 (1984), S. 1511 ff.

derjährigkeit gleichsam in doppelter Abhängigkeit befinden. Die Staatskommission für Euthanasie schlug in diesem Zusammenhang vor, eine Vertrauensperson einzurichten, die als objektiver Dritter zwischen Arzt, Kind und Eltern die Interessen des Kindes schützt[1021]. Der Gesundheitsrat[1022] ging sogar so weit, keine Altersgrenze für die Anerkennung einer Euthanasie-Erklärung zu verankern.

*Bestellung eines Vertreters*

Verschiedene Patienten wünschen gar nicht primär, einen Living Will zu präzisieren, sondern vielmehr eine Person zu ermächtigen, medizinische Entscheidungen in der entsprechenden Situation zu fällen. Hiefür bieten sich drei Möglichkeiten an[1023]:

Erstens sehen verschiedene Living Will Statuten explizit eine solche Möglichkeit vor. So verfügt das Utah Statut über eine eigene Sektion bezüglich solcher Bestellungen[1024]. Andere Statuten lassen derartige Bestellungen im Rahmen der Abänderungsmöglichkeiten des Living Will zu[1025].

Zweitens erscheint die Bestellung eines „agent" im Rahmen des „Durable Power of Attorney"-Statut möglich. Solche Statuten sehen vor, daß eine Person einen „agent" bestellen kann, welcher als Stellvertreter wirkt, wenn der Besteller entscheidungsunfähig (incompetent) wird[1026].

Drittens kann die Bestellungsnorm in einem eigenen Statut festgelegt werden. Der vorgeschlagene Uniform Law Commissioners' Model Health Care Consent Act[1027] sieht die Bestellung eines Gesundheitsfürsorgestellvertreters (health care representative) vor. Dessen Entscheidungen werden als die Entscheidungen des Patienten behandelt. Dazu wurde auch ein Vorschlag für das Dokument erstellt[1028]:

---

1021 Leenen, H. J. J., Gezondheidsrecht, S. 282.
1022 Centrale Raad voor Volksgezondheid (Hrsg.), Euthanasie, S. 97.
1023 Gelfand, G., Living Will Statutes, S. 793 ff.
1024 Utah Code Ann. §75-2-1106).
1025 Z. B. 1987 Arkansas Act 713 §2(b),(c) (1977, 1987).
1026 Z. B. California Civil Code §1095 (West Supp. 1972); West Virginia Code Ann. §39-4-1 (1986).

*Appointment of a Health-Care Representative*

I, the undersigned, voluntarily appoint ......... whose telephone number and address are: ........... as my health-care representative who is authorized to act for me in all matters of health care, except as otherwise specified below. This appointment is subject to the following special provisions : ....................

This appointment (becomes effective) (remains effective) (terminates) if I later become disabled or incapable of consenting to my health care.

I (do) (do not) authorize my health-care representative hereby appointed to delegate decision-making power to another.

Dated this ...... day of ...... 19. .

(Signed) ...........

(Address) ...........

(Witness and acceptance provisions deleted)

Dieser Modell Akt wurde allerdings von den einzelnen amerikanischen Staaten nicht übernommen.

*Modell-Statut*

Aufgrund der unterschiedlichen Erfahrungen mit den verschiedenen Living Will Statuten in den einzelnen amerikanischen Staaten erarbeitete Gregory *Gelfand* ein Modell-Statut[1029]. *Gelfand* trifft eine Unterscheidung dreier verschiedener Dokumente: das Living Will Dokument; das medizinische Bestellungsdokument (medical appointment document); das medizinische Behandlungsdokument (medical treatment document).

Das Living Will Dokument ist eine schriftliche und unterzeichnete Direktive, in der der Patient den Wunsch zum Ausdruck bringt, daß die Behandlung unter bestimmten Umständen eingestellt wird und so schlüssigerweise der Eintritt des Todes beschleunigt wird[1030].

---

1027 Model Health Care Act, 9A Uniform Law Act §6(a) at 440 (Supp.1981).
1028 9A Uniform Law Act 447-48 (Supp. 1982).
1029 Gelfand, G., Living Will Statutes, S. 802 ff.
1030 Sektion IA1.

Das medizinische Behandlungsdokument ist eine schriftliche und unterzeichnete Direktive, die den Wunsch des Patienten zum Ausdruck bringt, daß die Behandlung unter bestimmten Umständen fortgesetzt oder das Leben verlängert wird[1031].

Das medizinische Bestellungsdokument ist eine schriftliche und unterzeichnete Direktive, die eine andere Person zu medizinischen Entscheidungen ermächtigt. Der Patient kann daneben noch weitere Personen subsidiär bestellen, für den Fall, daß die erste Person verhindert sein sollte. Zusätzlich kann der Patient auch entsprechende Vollmachtspräzisierungen für die ermächtigte Person festlegen[1032].

Jeder zurechnungsfähige/geschäftsfähige (competent) Erwachsene und mündige Minderjährige (emancipated minor) ist in der Lage, die eben angesprochenen Dokumente rechtsgültig auszufertigen[1033]. Die Dokumente können durchaus in einer Mischform erstellt werden[1034]. Die Dokumente können nicht herangezogen werden, wenn der declarant bei Bewußtsein, zurechnungsfähig und zu eigenen Entscheidungen fähig ist[1035]. Das Dokument ist durch zwei Zeugen, die keinen Inkompatibilitätsgrund gegen sich gelten lassen müssen, gegenzuzeichnen. Soferne der declarant physisch nicht fähig ist, das Dokument zu unterzeichen, so kann es stellvertretend durch einen „state official", etwa einen authorisierten Ombudsmann oder einen Richter, gezeichnet werden[1036].

Wenn sich der declarant zum Zeitpunkt der Unterzeichnung des Dokumentes in einem Spital, einer Pflegeeinrichtung oder einer anderen medizinischen Einrichtung befindet, so muß einer der unterzeichnenden Zeugen ein „state official" sein. Im Falle, daß dieser die Zeugenschaft verweigert, ist die Frage der Freiwilligkeit der Unterzeichnung des declarant zur Prüfung an ein Gericht weiterzuleiten[1037].

Die Zeugen der Dokumentation haben zu beeiden, daß sie die Voraussetzungen als Zeugen erfüllen, daß das Dokument willentlich und freiwillig unterzeichnet wurde und daß der Patient zurech-

1031 Sektion IA2.
1032 Sektion IA3.
1033 Sektion IA.
1034 Sektion IA4.
1035 Sektion IA5.
1036 Sektion IB2.
1037 Sektion IB3.

nungs- und handlungsfähig ist. Ein Zeuge, der die Vorschriften wissentlich mißachtet, ist des Meineides schuldig. Das Dokument wird aber dann nicht nichtig, wenn dies im guten Glauben geschieht[1038].

Die Dokumente oder Modifikationen der Dokumente sind bei einer Behörde zu hinterlegen, damit sichergestellt ist, daß der Arzt Zugang zu den Dokumenten hat. Der declarant hat den Arzt, der ihn behandelt, davon zu unterrichten, daß er ein Living Will Dokument, ein medizinisches Behandlungsdokument oder ein medizinisches Bestellungsdokument erstellt hat. Der informierte Arzt hat diese Mitteilung in das Krankenjournal aufzunehmen und jeden weiteren, soweit absehbar, in Zukunft behandelnden Arzt davon zu verständigen[1039]. Inhaltlich können die Dokumente nach eigenem Ermessen gestaltet werden, es sei denn, eine Bestimmung im Statut ist ausdrücklich als zwingend vorgeschrieben[1040].

Ist in einem Living Will Dokument auch eine Behandlungsanleitung vorgesehen, um den Tod aktiv herbeizuführen, so ist dem nur dann und insoweit Folge zu leisten, als diese Handlung zur Minderung des Schmerzes, Leidens oder der Unwürdigkeit einer lebenserhaltenden Behandlung gereicht. Diese Bestimmung ist für *Gelfand* als ius cogens zu formen und darf daher nicht abänderbar sein[1041].

Soferne im Statut nicht anders geregelt, umfaßt ein medizinisches Behandlungsdokument alle medizinischen Behandlungen, welche zur Aufrechterhaltung des Lebens dienen[1042].

Die Dokumente können durchaus widerrufen werden. Dies kann entweder durch ein schriftliches und unterzeichnetes, von Zeugen beglaubigtes Dokument, welches selbst alle Anforderungen des Originaldokuments, das durch einen Notar aufgezeichnet wurde, erfüllt, geschehen oder durch eine deutliche mündliche Willenserklärung bei Gefahr im Verzug[1043]. Im übrigen braucht der declarant zum Widerruf eines Dokumentes mental nicht zurechnungsfähig sein. Auch diese Bestimmung soll zwingendes Recht sein[1044].

Soferne im Statut nichts anderes vorgesehen ist, ist das Doku-

1038 Sektion IB4.
1039 Sektion IB 5 und 6.
1040 Sektion IC.
1041 Sektion IC5.
1042 Sektion IC6.
1043 Sektion ID1.
1044 Sektion ID2.

ment des declarant bindend: Jeder Arzt, der den Anweisungen im Living Will Dokument, im medizinischen Behandlungsdokument oder den Anweisungen des ernannten Stellvertreters, die den Tod des Patienten ermöglichen oder beschleunigen sollen, nicht Folge leistet, hat den Patienten in die Pflege eines anderen Arztes zu überstellen. Soferne aber überhaupt kein anderer Arzt den Anweisungen Folge leisten will, ist der Patient in eine staatliche Institution zu überstellen, wo den Anweisungen jedenfalls Folge zu leisten ist[1045].

Soferne unvorhersehbare Umstände Zweifel an den Verfügungen des declarant aufkommen lassen, kann von jeder Person das Gericht angerufen werden. Dieses kann die Bestimmungen den unvorhergesehenen Umständen entsprechend anpassen. Auch diese Bestimmung erscheint für *Gelfand* als zwingendes Rechzt anzulegen zu sein[1046].

Im Falle, daß die Behandlungen des declarant mit dem Ergebnis, daß der Tod eintreten wird, eingestellt werden sollen oder der Tod sogar durch aktive Schritte herbeigeführt werden soll, so hat der behandelnde Arzt die folgenden Personen zu benachrichtigen:

- den „guardian“;
- den ernannten „agent“;
- den Ehegatten;
- die erwachsenen Kinder;
- die Eltern;
- die Geschwister;
- Personen, deren Benachrichtigung ausdrücklich in einem der Dokumente festgehalten ist;
- soferne keine dieser Personen angetroffen werden kann, zumindest zwei andere Verwandte[1047].

Die Benachrichtigung ist zu dem Zweck konzipiert, das Recht auf Überprüfung der Gültigkeit durch das Gericht zu sichern, allfällige unvorhersehbare Umstände geltend zu machen oder die Diagnose anzweifeln zu können. Diese Schritte sind innerhalb von 48 Stunden vorzunehmen. Innerhalb dieses Zeitraums darf keine Handlung unternommen werden, die den Tod des declarant herbeiführen

---

1045 Sektion IE 1 und 2.

1046 Sektion IE6.

1047 Sektion IE7.

könnte, es sei denn und nur auf ausdrückliche Anweisung des Gerichtes, etwa dann, wenn der declarant solche Schmerzen erleidet, daß eine Verzögerung von 48 Stunden unter diesen Umständen inhuman wäre. Die Bestimmungen über die Benachrichtung und die Anfechtung vor Gericht sind zwingend und nicht abänderbar[1048].

Die Dokumente Living Will, medizinisches Behandlungsdokument, medizinisches Bestellungsdokument bleiben dem Konzept nach 10 Jahre gültig. Selbstverständlich kann ein Living Will zu jedem Zeitpunkt durch einen anderen ersetzt oder der alte erneuert werden. Invalide Dokumente werden unter bestimmten Umständen bei stellvertretenden Entscheidungen in die Erwägungen des Gerichts miteinbezogen[1049].

Das Modell-Statut sieht auch Sicherungsmaßnahmen im Zusammenhang mit der Beurteilung des Gesundheitszustandes des Patienten vor. Diese Beurteilung muß durch zwei Ärzte erfolgen. Grundsätzlich dürfen diese Ärzte nicht mit dem Patienten verwandt sein. Der declarant hat aber die Möglichkeit, Personen seiner Wahl für die Diagnose zu wünschen; das Verwandtschaftsverbot verliert dann an Gültigkeit[1050].

Soferne medizinische Unstimmigkeiten zwischen den Ärzten bestehen, so ist dies vor Gericht zu bringen[1051]. Eine weitere Sicherungsbestimmung ist darin zu sehen, daß, soferne im Dokument nicht anderes verfügt ist und der declarant nicht leidet, eine 120-tägige Wartefrist zu verstreichen hat, bevor eine Unterlassung gesetzt wird[1052].

Das Modell-Statut widmet ein eigenes Kapitel der Entscheidungssubstitution, falls kein gültiges Dokument eines Patienten vorliegt[1053]. Jede Entscheidungssubstitution ist durch das Gericht vorzunehmen. Das Verfahren hiezu kann durch jeden Verwandten und verantwortlichen Arzt sowie durch den Patienten selbst, unabhängig davon, ob er unzurechnungsfähig ist oder nicht, angestrengt werden[1054].

---

1048 Sektion IE8.
1049 Sektion IF 2 und 3.
1050 Sektion IG 2.
1051 Ebda.
1052 Ebda.
1053 Sektion II.
1054 Sektion IIB.

Das Gericht soll schließlich unter den folgenden Umständen lebenserhaltende Behandlungen für den Patienten, dessen Tod imminent und dessen Gesundheitszustand hoffnungslos ist und der kein Dokument im Sinne dieses Statutes ausgefertigt hat, einstellen oder vorenthalten lassen können,

1. wenn das Gericht zu der Überzeugung kommt, daß der Patient die Behandlung verweigern würde und die Nachteile des weiteren Verlaufs des Lebens des Patienten die Vorteile eines solchen Lebens überwiegen[1055];

2. auch dann, wenn das Gericht zwar keinen glaubwürdigen Beweis findet, daß unter Berücksichtigung der Wünsche des Patienten die Bürde des Lebens des Patienten mit der Behandlung deutlich die Vorteile, die der Patient vom weiteren Leben bezieht, überwiegt, dabei aber das wiederkehrende, unvermeidbare und schwere Leid des Patienten in Verbindung mit der Behandlung so geartet ist, daß eine Behandlung inhuman ist[1056].

Allerdings dürfen Behandlungen des Patienten dann nicht eingestellt werden, wenn es einen ernsten Hinweis darauf gibt, daß der Patient am Leben erhalten werden will, unabhängig vom Schmerz, den der Patient erleidet[1057].

Dort, wo ein echter Beweis dafür besteht, daß der Patient Schritte (affirmative steps) wünscht, die den Tod rascher herbeiführen und dies die einzige Möglichkeit darstellt, das Leid des Patienten zu vermeiden, kann das Gericht eine entsprechende Anweisung geben. Besteht kein ausreichender Beweis darüber, so kann nur die Behandlung eingestellt oder vorenthalten werden[1058].

Das Modell-Statut sieht eigene Vorschriften im Zusammenhang mit der Schwangerschaft einer Patientin vor. Ist eine Patientin schwanger und keine Abtreibung mehr gesetzlich erlaubt, so können Fragen im Zusammenhang mit der Behandlung oder Nichtbehandlung nur durch das Gericht gelöst werden. Das Gericht kann nur dann eine Entscheidung treffen, soferne der Schmerz der Patientin ein solches Ausmaß annimmt, daß es unmenschlich wäre, die Patientin am Leben zu erhalten, um das Kind auf die Welt zu

1055 Sektion IIE1.
1056 Sektion IIE2.
1057 Sektion IIE3.
1058 Sektion IIE4.

bringen (... the pain of the patient or declarant is so great as to render keeping her alive in order to permit the birth of the child inhumane). Das Gericht hat dabei aber die Anweisung zu geben, daß alle möglichen Schritte unternommen werden, um das Leben des Fötus zu bewahren[1059]. Solange eine Schwangerschaft besteht, sind im übrigen die Living Will Dokumente, medizinische Behandlungsdokumente und das medizinische Bestellungsprotokoll nicht wirksam[1060].

## *4.3. Recht auf alternativmedizinische Behandlung*

Die Definiton, was unter alternativmedizinischer Behandlung zu verstehen ist, ist unscharf. Was in einem Land – und dies dann häufig in abwertendem Sinn – der Alternativmedizin zugerechnet wird, mag anderswo schon in die gängige, den anerkannten Standards entsprechende Behandlung Eingang gefunden haben.

Internationale Organisationen wirken in diesem Bereich aber katalysatorisch. Die Weltgesundheitsorganisation (WHO) hat in einer 1977 abgehaltenen Konferenz „The Promotion and Development of Traditional Medicine" eine Renaissance der „traditionellen" Medizin rekommandiert. Was für die Westeuropäer daran von der Terminologie bemerkenswert erscheinen mag, ist die Synonymität der Begrifflichkeit von traditioneller und jener, die wir alternative Medizin nennen. Unsere Schul- und wissenschaftlich bezeichnete Medizin ist in der WHO-Terminologie gerade nicht die traditionelle. Die traditionelle wird als jene Medizin verstanden, die holistisch orientiert ist, die den Menschen in ökologische Zusammenhänge bringt, die in nicht industrialisierten, teils fernöstlichen Ländern Teil der Gesamtkultur ist.

Auf Betreiben Schwedens[1061], das so wie Österreich in seinen einschlägigen Gesundheitsnormen, insbesondere in seinem Ärztegesetz, den Behandlungsanspruch auf die wissenschaftliche Kenntnis und Erfahrung radiziert, ist bereits in den frühen achtziger Jahren der Europarat der Frage der nicht konventionellen Methoden in

---

1059 Sektion IIIA.
1060 Sektion III 1 und 2.
1061 Dazu Huvudbetänkande från alternativmedicinkommittén; siehe Kapitel II.4.3.3.

Diagnose und Behandlung nachgegangen. Die meisten europäischen Länder stellen danach dem Arzt anheim, welche Diagnose- und Behandlungsmethode der Zustand des Patienten erfordert. Am deutlichsten ist in Österreich und in Schweden gesetzlich textiert, daß sowohl die Methode der Diagnose als auch die der Behandlung mit der medizinischen Wissenschaft und Erfahrung übereinstimmen muß. Einzelne Länder überlassen die Wahl der Therapiemethode den Standards der Berufsethik.

Selbst innerhalb der europäischen Länder läßt sich nicht exakt definieren, welche Diagnosen und Behandlungsmethoden konventionell und welche nicht konventionell sind. Im Regelfall zählen zu den nicht konventionellen Methoden die antroposophische Medizin, die Chiropraktik und die Homöopathie. In einzelnen Ländern ist jedoch die Akupunktur schon ein mehr oder weniger konventionelles Methodeninstrumentarium. Nicht konventionelle Methoden sind insbesondere in die staatliche Gesundheitsvorsorge, dort also, wo sie aus Mitteln der Sozialversicherung dann auch beglichen werden müssen, kaum eingedrungen. Die Chiropraktik aber etwa ist in Norwegen, Dänemark, Frankreich, der Schweiz, die Homöopathie in Frankreich und in der Schweiz sowie die Akupunktur in Frankreich durchaus schon in das Standard-Behandlungsrepertoir integriert. Allerdings ist, insbesondere in den Ländern, in denen die medizinische Behandlung monopolisiert ist, die nicht konventionelle Behandlung der Ärzteschaft vorbehalten. Der Europarat hält in seinem Bericht fest, daß die nicht konventionellen Methoden mittlerweile einen offenkundigen Publikumsbedarf bilden, der von der orthodoxen Medizin nicht erfüllt wird. Das Faktum der Nachfrage besteht. Daß die nicht konventionellen Methoden auch angewandt werden, sei ein Hinweis darauf, daß solche Methoden in die medizinische Ausbildung mitaufgenommen werden sollten. Der Europarat empfahl auch, daß die nationalen Gesundheitsbehörden dieser Entwicklung in ihren Ländern folgen sollten.

Diesem Auftrag kam in grundlegendem und großen Umfang letztlich nur Schweden nach. Schweden hat jüngst auch einen ausführlich motivierten und mit wissenschaftlichen Erhebungen versehenen Bericht mitsamt einem Gesetzesvorschlag zur Neuregelung der Alternativmedizin vorgelegt[1062]. Da dies das einzige Modell

---

1062 Ebda.

einer rechtlichen Akkreditierung der Alternativmedizin und der Konzessionen eines patientenrechtlichen Anspruchs auf diese bildet, sei der schwedischen Rechtspolitik breitere Aufmerksamkeit geschenkt.

Weil auch die schwedische Öffentlichkeit und Patientenschaft die Alternativmedizin deutlich nachgefragt hat, wurde 1984 ein sogenanntes Alternativmedizinkomitee[1063] mit dem Auftrag eingesetzt, der Frage der Akkreditierbarkeit der Alternativmedizin und der Erstellung eines Gesetzesvorschlags, wie die Alternativmedizin rechtlich zu behandeln und zu regeln sei, nachzugehen. Der Ausgangspunkt im Auftrag an die Arbeitsgruppe war, daß dem Patienten soweit wie nur möglich die Wahlfreiheit hinsichtlich der Behandlungsformen und Behandlungsmethoden zugestanden und gesichert werden sollte. Allerdings sollte dieses Patientenbedürfnis an die Erfordernisse des objektiven Bedarfs und insbesondere an die Sicherheit des Patienten gebunden werden. Es sollte daher auch der Frage nachgegangen werden, wer zur Behandlung mit alternativmedizinischen Methoden zugelassen werden soll respektive unter Erfüllung welcher Bedingungen, um die Sicherheit des Patienten in Pflege und Behandlung auch garantieren zu können. Insbesondere sollte gesichert sein, daß die richtige Diagnose gestellt wird und zwar auch dann, wenn der erkrankte Patient sich ganz und gar auf eine alternative Behandlungsmethode festgelegt haben sollte. Anhand objektiver Kriterien sollte auch die effektive Nachfrage nach alternativen Behandlungsmethoden und in einem auch gleich die gesamte Skala des alternativmedizinischen Behandlungsangebotes erhoben werden. Auch sollte der Versuch gemacht werden, die alternativen Methoden in ihrer medizinischen Wirksamkeit zu evaluieren und erwogen werden, in welcher Weise das „Quacksalbereigesetz" auf alternativmedizinische Methoden nicht länger anwendbar sei.

Herausgekommen ist ein besonders fundierter Bericht sowie ein Alternativmedizin-Gesetzesvorschlag, der eine deutliche Abkehr von der bisherigen Haltung gegenüber der Alternativmedizin erkennen läßt und erstmals vorschlägt, die Alternativmedizin im Sinne eines pluralistischen Gebots zu akkreditieren.

---

1063 Dir 1984:46.

### 4.3.1. ZUR IST-SITUATION DER ALTERNATIVMEDIZINISCHEN BEHANDLUNG[1064]

Jeder fünfte schwedische Erwachsene hat sich wenigstens einmal einer alternativmedizinischen Behandlung bedient und 70% der schwedischen Bevölkerung sind positiv zur Alternativmedizin eingestellt. Die Untersuchung zeigte auch, daß die Inanspruchnahme der Alternativmedizin bei älteren, verheirateten und arbeitslosen Personen signifikant höher liegt als bei anderen. Nicht unterscheiden sich im Ausmaß der Inanspruchnahme die Männer von den Frauen. 40% derer, die die Alternativmedizin in Anspruch genommen haben, gaben als Grund an, daß ihnen die konventionelle Medizin in ihren Beschwerden und Leiden keine Abhilfe bieten konnte. 70% fühlten sich durch die alternativmedizinische Behandlung ganz oder teilweise beschwerdefrei gestellt, nur 1% erklärte, sich nach der alternativmedizinischen Behandlung schlechter gefühlt zu haben. Generell gesehen, so ergab die Erhebung, ist die Haltung gegenüber der Alternativmedizin bei denen, die sich einer alternativmedizinischen Behandlung unterzogen haben, erheblich positiver als die Einstellung gegenüber der konventionellen Medizin.

### 4.3.2. OBJEKTIVIERUNG UND KRITIK

Lediglich für eine geringe Anzahl der alternativen Therapien liegen Dokumentationen hinsichtlich der Objekte vor. Die meisten behaupteten Behandlungserfolge waren nicht Gegenstand einer wissenschaftlichen Überprüfung. Behandlungsmißerfolge oder Schädigungen konnten aber ebensowenig beobachtet werden. Der objektive Wert der in Frage kommenden Therapien wird naturgemäß von der konventionellen medizinischen Expertise in Frage stellt. Insofern kam die Arbeitsgruppe zum Resultat, daß sowohl die Rationalität der behaupteten Behandlungserfolge als auch die der schulmedizinischen Skepsis weiterer wissenschaftlicher Forschung bedürften,

---

1064 Hier und im weiteren Huvudbetänkande från alternativmedicinkommittén, SOU 1989:60, S. 17 ff.

um gesicherte Aussagen möglich zu machen. Anbetrachts dieser vorläufigen Unsicherheitslage nach beiden Richtungen schien es der Arbeitsgruppe in dubio doch angezeigt zu sein, daß das Recht auf Selbstbestimmung und damit das Recht, unter mehreren zur Verfügung stehenden Therapien wählen zu können, dem Patienten ganz eindeutig zukommen müsse und zwar unabhängig von der Frage, welchen wissenschaftlichen Wert man einer alternativen Therapie dann letztlich wirklich zumessen kann. Trotz des Mangels wissenschaftlicher Dokumentation über Wirksamkeit und Zusammenhänge innerhalb der Alternativmedizin, der ja nicht im objektiven Fehlen solcher, sondern auch in der Ignoranz der Wissenschaft gegenüber einem durchaus erforschenswerten Untersuchungszweig liegen könne, schien es der Arbeitsgruppe wegen der subjektiven Behandlungserfolge vom Ergebnis her angezeigt, den Einsatz der Alternativmedizin zu begünstigen. Die Grenze der Zulässigkeit im Fall des Einsatzes von Alternativmedizin erschien also lediglich im Fall etwaiger kontraproduktiver Risken erreicht. Aus patientenrechtlicher Sicht lag damit das rechtspolitische Argument auf der Bindung der Ausübungskonzession für die Alternativmedizin an dem Erwerb und Nachweis eines rechtlich definierten Ausbildungsniveaus einer qualifizierten Alternativmedizinerschaft.

Unter diesen Kautelen schien einer Ablöse des bisherigen Regelungsfeldes des Quacksalbereirechts durch ein neues Alternativmedizinrecht nichts mehr im Wege zu stehen.

### 4.3.3. DER SCHWEDISCHE GESETZESVORSCHLAG ÜBER DIE AUSÜBUNG DER ALTERNATIVMEDIZIN[1065]

Grundsätzlich soll der Patient den Anspruch erheben können, alternativmedizinisch behandelt zu werden. Die Einlösung des Anspruchs allerdings knüpft sich an Voraussetzungen, die beim alternativmedizinischen Behandler vorliegen müssen (§ 3). Der Gesetzesvorschlag un-

---

1065 Förslag till Lag om alternativmedicinisk verksamhet m. m.; Huvudbetänkande från alternativmedicinkommittén, SOU 1989:60, S. 37 f.

terscheidet[1066] daher grundsätzlich zwei Kategorien von Alternativmedizinern, nämlich solche, die über eine ausgewiesene medizinische Grundausbildung verfügen und solche, die einer solchen ermangeln. Die erste Gruppe kann bei den zuständigen Gesundheitsbehörden registriert werden und auf diese Weise die Konzession erlangen und unter der Berufsbezeichnung des registrierten Alternativmediziners ihre Tätigkeit ausüben. Die im Gesetz über die Zulassung zur Ausübung von alternativmedizinischen Berufen zwingend vorgesehene medizinische Grundausbildung, die von den Gesundheitsbehörden geprüft wird, ist nicht Zulassungsselbstzweck, sondern soll für die im weiteren bindend vorgesehene Kooperation mit Allgemeinmedizinern eine Verständigungsbasis schaffen. Die Zulässigkeit der Alternativmedizin und die aus dem Selbstbestimmungsrecht und Behandlungsmitbestimmungsrecht herfließende Inanspruchnahme ist, allerdings für einige Krankheiten sowie für alle Krankheiten schwangerer Frauen, deren Selbstbestimmungsrecht das des Fötus von der Schutzkonstruktion her offensichtlich nicht umgreift, ausgeschlossen. Ebenfalls ausgeschlossen ist die alternativmedizinische Behandlung von Patienten mit akuten und lebensbedrohenden Krankheiten. Erkrankungen wie Krebs, endokrine Erkrankungen wie insulinabhängige Diabetes, systemische Bindegewebserkrankungen sowie Psychosen dürfen von Alternativmedizinern nur unter der Voraussetzung, daß der Patient zunächst mit einem Allgemeinmediziner Kontakt aufgenommen hat, behandelt werden. Als generelles Prinzip erkannte man, ohne daß man es in den Gesetzesvorschlag mitaufgenommen hätte, weil es an Beweisgrenzen stößt, daß lebensverlängernde Behandlungsmaßnahmen, die ein Allgemeinmediziner verfügt hat, von einem Alternativmediziner nicht abgebrochen werden dürfen.

Besonders schützenswert fand man die Patientengruppe der Kinder. Aus der Einsicht, daß Eltern ihre Kinder, auch Kleinkinder unter 8 Jahren, heute schon häufig alternativmedizinisch behandeln lassen und sich dies wohl auch nicht abstellen lassen werde, wenn der Gesetzgeber es verfügte, wurde in den Gesetzesvorschlag aufgenommen, daß Kinder von registrierten Alternativmedizinern mit einer entsprechenden medizinischen Grundausbildung dann behandelt werden dürfen, wenn ein an der Schulmedizin orientierter Allgemeinmedizi-

1066 Zur authentischen Interpretation ebda, S. 15 ff.

ner in die Behandlung eingebunden wird. Der Gesetzesvorschlag sieht jedoch vor, daß Kleinkinder unter 3 Jahren überhaupt nicht alternativmedizinisch behandelt werden dürfen.

Nicht registrierte Alternativmediziner, denen der Gesetzesvorschlag durchaus auch eine, wenn auch nochmals eingeschränktere Behandlungskompetenz einräumt, dürfen Kinder unter 15 Jahren nicht behandeln.

Die Arbeitsgruppe hat unter anderem vorgeschlagen, daß Kooperationsformen zwischen der Alternativmedizin und der etablierten, konservativen Medizin als Pilotprojekte unternommen werden sollten.

### *Der Anspruch des Patienten auf alternativmedizinische Behandlung im Anstaltenbetrieb*

Im Ärztegesetz und in der Rahmengesetzgebung im Gesundheitswesen sowie im Aufsichtsgesetz über das Krankenhauspersonal wird durchgehend ein Anspruch des Patienten auf sachkundige und sorgfältige Behandlung und Pflege postuliert. Das ist nach authentischer Interpretation des Gesetzgebers ein Anspruch, nach den Erkenntnissen der Wissenschaft und der gesicherten Erfahrung (med vetenskap och beprövad erfarenhet) behandelt zu werden.

Nach dem neuen Alternativmedizingesetzesvorschlag soll nun dem Patienten der Anspruch eingeräumt werden, auch im Anstaltenbetrieb alternativmedizinisch behandelt zu werden. Offensichtlich aus Sorge um die Destabilisierung des Anspruchs der Patienten auf eine wissenschaftlich fundierte und sachkundige Behandlung schränkt der Gesetzesvorschlag dann aber doch ein, daß der Anspruch auf alternativmedizinische Behandlung nur dort erfüllt werden muß, wo die vom Patienten verlangte Behandlungsform ungefährlich ist und auch nur dann, wenn vor dem Einsatz der Alternativmedizin oder parallel dazu, eine allgemein anerkannte Behandlungsmethode eingeschlagen wird respektive wurde. Das Patientenrecht auf alternativmedizinische Behandlung erfährt aber noch eine zusätzliche Relativierung, die allerdings nur dem allgemeinen Anspruch der Ärzteschaft entspricht, nicht gegen besseres Wissen oder gegen das eigene Gewissen zu behandeln: Das Behandlungspersonal kann nämlich die Mitwirkung an einer alternativmedizinischen Behandlung verweigern.

*Behördliche Kontrolle der Alternativmedizin*

Naturgemäß sind die herkömmlichen, von Schulmedizinern dominierten Aufsichtsbehörden über das medizinische Personal mit ihren ihnen eigenen Parametern der Beurteilung einer wissenschaftlich fundierten Behandlung weniger geeignet, um den Sektor der Alternativmedizin mitzubeaufsichtigen. Daher wurde vorgeschlagen, daß eine eigene Behörde eingerichtet werde, die die Einhaltung der Erfüllung der Ausbildungs- und Zulassungsvoraussetzungen zum registrierten Alternativmedizinerberuf kontrolliert. Für die Beobachtung der Gesamtentwicklung wurde die Einrichtung eines von den verschiedenen betroffenen Gruppen besetzten Kontakt- und Kooperationsorgans für alternativmedizinische Fragen vorgeschlagen.

*Sondervoten und Gegenentwurf*

Gegen diese weite Öffnung, hin zum Einsatz der Alternativmedizin, gab es in der Arbeitsgruppe energische und auch durchaus konsistente Gegenstimmen[1067]. Unterschätzt habe die Kommission vor allem die Risken und Nebeneffekte der alternativmedizinischen Behandlung. Der Schutz der Patientenschaft sei damit vernachlässigt worden. Heftig bezweifelt wird auch die Nützlichkeit einer einjährigen medizinischen Grundausbildung, da eine solche Alibiausbildung gerade bei komplizierten Erkrankungen, wo just höchste Kenntnisse erforderlich sind, notwendigerweise versagen müsse. Auch fand man in diesem Sondervotum das Bestimmungsrecht hinsichtlich der Zulässigkeit von alternativmedizinischen Behandlungen von Kleinkindern gefährlich überzogen. Wenn man schon meine, daß aus dem Selbstbestimmungsrecht heraus jemandem die Möglichkeit nicht genommen werde könne, sich selber zu schädigen, so könne man Eltern dann doch nicht einräumen, Schäden ihrer Kinder für diese in Kauf zu nehmen. Aus Gründen des Aufbaus von Wissen und Erfahrung mit der Alternativmedizin wurde auch eine Dokumentationspflicht und eine Nebenwirkungenberichtspflicht, analog den Anforderungen im allgemeinmedizinischen Betrieb, angemahnt.

Ein weiteres Sondervotum argumentiert noch rigider. Viking

1067 Sondervotum Bohström/Ihre, ebda, S. 222 ff.

*Falk*[1068] kritisiert, daß im Gesetzesvorschlag das Freiheitsgebot übertrieben und das Sicherheitsgebot vernachlässigt wurde. Diese Nachgiebigkeit wiege umso schwerer, als in den Erhebungen über die Wirksamkeit der alternativmedizinischen Behandlung, über den Placebo-Effekt hinaus, kaum Verdienstlichkeiten festgestellt werden konnten. Die Risken dahingegen seien relativ gut dokumentierbar. Insbesondere komme es immer wieder zu Gefahrensituationen durch die Flucht in eine alternativmedizinische Behandlung, derzufolge dann die traditionelle Behandlung abgebrochen werde oder erst viel zu spät zur Anwendung gelange. Aus diesem Grunde sei die Alternativmedizin zumindest an eine strengere Dokumentations- und Berichtspflicht zu binden.

Vom Ansatz her, daß die konventionelle Medizin in ihren Erfolgen und ihren Möglichkeiten in der allgemeinen Meinung durchaus nicht unskeptisch gesehen wird, urgierte das Expertenkommissionsmitglied Ylva *Ronne*[1069], das Kriterium des dokumentierten Nutzeffekts der Alternativmedizin fallen zu lassen und sie im übrigen als gleichberechtigten, dafür aber auch gleichverpflichteten Zweig in das Gesundheitssystem aufzunehmen. Alle Verpflichtungen des Gesundheits- und Krankenwesengesetzes (HSL), wie die Einhaltung der Patientenrechte auf respektvolle Behandlung, Verschwiegenheit, informierte Zustimmung zur Behandlung, Führung eines Krankenberichts, etc. sollten auch den Alternativmedizinern auferlegt werden. Unter dieser Voraussetzung sei es dann allerdings auch gleich vernünftig, Alternativmediziner in die für alle medizinischen Berufsgruppen geltenden Rechte einzugliedern. Von der Prämisse der Zulässigkeit der Alternativmedizin her biete sich folgende Konstruktion eines Alternativmedizingesetzes an:

(§ 1) Wer Patienten unter Anwendung von allgemein nicht anerkannten Methoden behandelt, unterliegt dem Gesetz über die Aufsicht über das Gesundheits- und Krankenwesenpersonal.

(§ 3) Alternativmedizin darf auch auf Verlangen des Patienten erst dann angewendet werden, wenn allgemein anerkannte Methoden versucht wurden.

---

1068 Ebda, S. 225.

1069 Sondervotum, ebda, S. 230 ff.

(§ 4) Die alternativmedizinische Methode, die zum Einsatz gelangt, muß ohne bekannte schädigende Nebenwirkungen sein. Dahingegen muß für die Methode kein erprobter Nutzeffekt ausgewiesen sein.

(§ 5) Die Behandlung eines Kindes unter fünfzehn Jahren mit Alternativmedizin ist nur dann zulässig, wenn das Kind regelmäßigen (Allgemein-) Arztkontakt hat und dieser Arzt Erfahrung mit der Alternativmedizin hat. Das Kind oder die/der Erziehungsberechtigte/n darf nicht gedrängt werden, die Behandlungsverordnung des Allgemeinmediziners zu mißachten. Kinder unter drei Jahren dürfen nicht alternativmedizinisch behandelt werden.

(§ 6) Wer einen alternativimedizinischen Beruf ausübt, hat dies zur Registrierung anzumelden. In dieser Anmeldung ist Art und Umfang der Tätigkeit anzugeben sowie die absolvierte Ausbildung oder die praktische Erfahrung. Darüber hinaus ist der zuständigen Behörde ein jährlicher Tätigkeits- und Erfolgsbericht zu liefern. Die Behörde hat für diesen Tätigkeitszweig Detailvorschriften zu erlassen und die Berichte zu überwachen.

(§ 7) Vor einer Untersuchung und einer alternativmedizinischen Behandlung ist dem Patienten eingehend Auskunft über die Methode zu erteilen. Der Patient ist auch darüber aufzuklären, daß die Methode im Krankenwesen nicht allgemein gebräuchlich ist sowie die Gründe hiefür.

(§ 8) Für Alternativmediziner gelten die allgemeinen Vorschriften im Krankenpflegewesen.

(§ 9) Für Alternativmediziner gilt das Krankenberichtsgesetz.

Der schwedische Gesetzesentwurf wird der Akkreditierung der Alternativmedizin zuträglich sein. Gleichgültig, ob der Gesetzgeber diesen in Auftrag gegebenen Gesetzesvorschlag annimmt oder nicht, drückt sich darin doch ein sich anbahnender Konsens über den Vorrang des Selbstbestimmungsrechts des Patienten gegenüber den Dogmen der Schulmedizin aus, die sich nur objektivierten Meßdaten verpflichtet fühlt, während der gesellschaftliche Konsens sich zur Priorität der subjektiven Befindlichkeit des Patienten hin verlagert.

## 5. Das Recht auf Information

Der Anspruch des Patienten auf umfassende und verständliche Information ist gesetzlich wie auch moralisch begründbar und begründet[1070]. Der Patient hat das Recht, Entscheidungen anhand von adäquater Information hinsichtlich seiner Behandlung zu treffen. Folglich ist der Anspruch auf Information notwendiges Komplementärstück zum Selbstbestimmungsrecht[1071]. Aus der Autonomie und der personalen Würde des Patienten erfließt auch der Anspruch auf Wahrheit[1072].

Auch ohne diese rechtspolitischen Programme läßt sich der Anspruch auf Information empirisch legitimieren. Jan *Froestad*[1073] hat beobachtet, daß die Wirkungsweise von Informationen bei den Patienten beachtenswerte therapeutische Synergieeffekte freisetzt:

- informierte Patienten sind weniger ängstlich vor der Operation;
- Information führt zur weniger nachlässigen Einnahme der verabreichten Medikamente;
- durch Information könnte man die Einnahme von schmerzstillenden Medikamenten einschränken;
- informierte Patienten sind entspannter und ruhiger;
- die gängige Alltagstheorie von der steigenden Angst beim Patienten vor seiner Krankheit und deren lähmend behauptete Wirkung aufgrund von Information konnte durch die Untersuchungen nicht belegt werden.

Information schafft Sicherheit und beeinflußt die Behandlung positiv, wenig Information hingegen schafft Mißtrauen und läßt Angst aufkommen. Somit ist Information für die Realisierung anderer Rechte von eminenter Bedeutung[1074].

Auskünfte werden oft zurückgehalten oder dem Patienten nicht auf verständliche Weise bekanntgegeben[1075]. In der Diskussion zählt es zu

---

1070 President's Commission for the Study of Ethical Problems in Medicine and Biomedical and Behavioral Research (Hrsg.), Making Health Care Decisions, Government Printing Office, Washington D. C. 1982, S. 2 f.

1071 Annas, G. J., Rights of the Patients, S. 83.

1072 Vgl. aber Deutsch, E., Das therapeutische Privileg, S. 1305 ff.

1073 Froestad, J., Pasientproblemer og rettigheter, S. 8.

1074 Ebda.

1075 Annas entwickelte für den Patienten ein eigenes Fragenprogramm, anhand dessen dieser festzustellen in der Lage sein sollte, ob er ausreichend informiert worden ist; vgl. daher Annas, G. J., Rights of Patients, S. 99 f.

den Standardargumenten, vorzüglich der Ärzte, daß Informationen Hoffnungen zerstören[1076] und es daher für den Patienten besser sei, nichts zu erfahren, ohne sich Überblick zu verschaffen, ob der konkrete Patient die ihn betreffende Information tatsächlich nicht haben wolle[1077]. Es gibt gewiß auch Patienten, die sich selbst klientelisieren und die dankbar sind, daß es den Arzt und das Pflegepersonal gibt und die ein für den Patienten be- und „verschlossenes" Behandlungs- und Betreuungspaket bedingungslos annehmen. Die Beweislastregel sollte im Interesse der Garantie des Informationsrechtes allerdings so verstanden werden, daß der Patient sein Desinteresse an der oder gar die Ablehnung von Information, bekunden muß[1078]. Schließlich hängt ja an der Information das nächste grundlegende Recht des Patienten, bei der Wahl über die Behandlung mitentscheiden zu können.

Der Mangel an Information ist aber meist gar nicht schutz- oder akzeptanzphilosophisch motiviert. Vielfach ist er durch banale Kommunikationsschwierigkeiten zwischen Arzt und Patient verursacht[1079]. Zeitmangel, fehlende Lust zum Diskurs, Sprachbarrieren sind die Alltagshemmnisse. Das belegt sich in *Froestads*[1080] Untersuchung: Patienten erscheinen die Visiten zu rasch und zu oberflächlich durchgeführt. Dies führt wesentlich dazu, daß äußerst selten Fragen gestellt werden und somit wenig Information zum Patienten gelangt.

Denn Bedürfnis nach Information ist belegbarerweise da; Patienten nutzen vermehrt die Möglichkeiten, Informationen zu beziehen: Das Recht auf Einsicht in den Krankenbericht, welches in Norwegen gesetzlich verankert ist, wollen dort 40% der Patienten in Anspruch nehmen[1081]. Die meisten Patienten wissen allerdings gar nicht, daß sie ein Recht darauf haben. Nicht aus Desinteresse, sondern aus Informationsmangel, wird das Recht auf Information nicht ausgeschöpft.

---

1076 Vgl. dazu die von den Medizinern an der rechtlich verbindlichen Aufklärungspflicht geübte Kritik bei Laufs, A., Arztrecht, S. 58.

1077 Vgl. Deutsch, E., Haftungsfreistellung von Arzt und Klinik und Verzicht auf Aufklärung durch Unterschrift des Patienten, in: Neue Juristische Wochenschrift 1983, S. 1351 ff.

1078 Dazu Giesen, D., Arzthaftungsrecht, S. 31.

1079 Stoeckle, J. (Hrsg.), Encounters Between Patients and Doctors, Cambridge (Mass.) 1987.

1080 Froestad, J., Pasientproblemer og rettigheter, S. 10.

1081 Ebda, S. 8 f.

*Froestad* fordert daher insbesondere, 1. die Patienten über ihr Recht auf Einsicht in den Krankenbericht zu informieren und 2., daß das Personal die Patienten auffordert, von diesem Recht Gebrauch zu machen.

Die Inanspruchnahme des Rechts auf Information steht jedoch in einem weiteren Beziehungsgeflecht zum Recht auf Vertraulichkeit und Privatheit. Dem Patienten sollte die Möglichkeit zur gründlichen Aussprache mit dem Arzt ohne Anwesenheit von anderen Personen[1082] gegeben werden; auf die Ausübung des Rechts auf Information in einer Situation, in der ein Visitestab ihm gegenübersteht und gar meist auch noch neben anderen Patienten, wird zumeist verzichtet. Aber es ist dies kein freiwilliger Verzicht und schon gar nicht Indiz für mangelndes Informationsinteresse.

Generelle Informationen, nicht krankheitsbedingte Spezifika betreffend, können auch in schriftlicher Form angeboten werden. Diese Information kann sich sowohl auf praktische Dinge innerhalb des Krankenhauses/der Abteilung als auch auf die Rechte der Patienten während ihres Krankenhausaufenthaltes sowie auf Krankheiten im allgemeinen und häufig angewandte medizinische Techniken und Behandlungsformen beziehen[1083]. Diskussionswürdig scheinen bereits auch wirtschaftliche Aufklärungspflichten[1084].

Gerade in Krankenhäusern sieht sich der Patient von mehreren Behandelnden und Pflegern umgeben und versorgt: Ärzte, Krankenpfleger, para-medizinische und psycho-soziale Betreuer[1085].

Im Informationszusammenhang muß zwischen denjenigen, die die Diagnose erstellen und die Therapie ausarbeiten und denjenigen, die diese Therapie ausführen, unterschieden werden. Der therapierende Arzt ist dem Patienten an erster Stelle verpflichtet[1086]. Da er die Dia-

---

1082 Vgl. analog zu Ohio. Rev. Code Ann. § 3721.13(A)(11): „The right to privacy during medical examination or treatment and in the care of personal and bodily needs".

1083 Froestad, J., Pasientproblemer og rettigheter, S. 11.

1084 Baden, E., „Wirtschaftliche Aufklärungspflichten" in der Medizin. Tendenzwende in der Rechtsprechung zu Hinweis- und Beratungspflichten im Kostenbereich, in: Neue Juristische Wochenschrift 1988, S. 148 ff.

1085 Daher beinhaltet die Patient's Bill of Rights der AHA ausdrücklich in Punkt 3: „(...) the right to know the name of the person responsible for the procedures and/or treatment" und in Punkt 8: „(...) the right to obtain information as to the existence of any professional relationships among individuals, by name, who are treating him".

gnose stellt und die Therapie ausarbeitet, da sich bei ihm alle relevanten Informationen sammeln und er für die Therapie verantwortlich ist, muß ein therapierender Arzt als Gesamtverantwortlicher den Patienten umfassend informieren. Bei einer Teambehandlung ist deshalb eine Aufgabenteilung notwendig[1087]. Die Delegation der Informationserteilung an das Pflegepersonal wird in den Niederlanden etwa ausdrücklich als nicht erwünscht angesehen[1088].

Die rechtliche Basis für das Patientenrecht auf Information findet sich im Zivil- und Strafrecht[1089], die moralische Basis für dieses Patientenrecht entspringt allgemeinen Rechtsgrundsätzen sowie dem Prinzip der Autonomie[1090].

Das Recht des Patienten auf Information ist eines der fundamentalen Rechte des Patienten[1091]. In mehreren Ländern, etwa Amerika und Kanada, gehört es daher zu den Verbindlichkeiten der Anstalt, dem Patienten mit Hilfe einer verständlichen Broschüre Erstinformationen über alle notwendigen Informationen im Zusammenhang mit seinem Spitalsaufenthalt zu bieten[1092]. In Frankreich ist die Ausgabe solcher Broschüren rechtlich bindend vorgesehen[1093].

Desweiteren hat aus dem Anspruch auf umfassende Information heraus der Patient das Recht, alles über seinen Gesundheitszustand zu erfahren, ferner zu wissen, wer ihn im einzelnen behandelt und schließlich über die Optionen und Alternativen beraten zu werden, wie er behandelt werden könnte und sollte. Nur so erhält nämlich

---

1086 Dazu Weber-Steinhaus, D., Ärztliche Berufshaftung, S. 213 ff.

1087 Westermann, H.-P., Zivilrechtliche Verantwortlichkeit bei ärztlicher Teamarbeit, in: Neue Juristische Wochenschrift 1974, S. 577 ff.

1088 Aghina, M., Patiëntenrecht, en kwestie van gewicht, Amsterdam 1978, S. 42 ff.

1089 Linzbach, M., Informed Consent. Die Aufklärungspflicht des Arztes im amerikanischen und im deutschen Recht (= Recht und Medizin, Bd. 3), Frankfurt am Main 1980, S. 88 ff.

1090 Appelbaum, P. S./Lidz, C. W./Meisel, J. D., Informed Consent, S. 17 ff.

1091 Annas, G. J./Glantz, L. H./Katz, B. F., Informed Consent to Human Experimentation, Cambridge (Mass.) 1977, S. 33 ff.

1092 Vgl. die Beispiele dreier verschiedener amerikanischer Spitäler, in: Countryman, K. M./Gekas, A. B., Patient's Bill of Rights, S. 7 ff.

1093 Décret no. 74-27 du 14 janvier 1974 (Hopitaux – Hospices, Fonctionnement, Regles Generales, Centres Hospitaliers et Hopitaux Locaux), Art. 39: „Dès son arrivée dans l'établissement, chaque hospitalisé reçoit un dépliant ou une brochure contenant toutes les informations qui lui seront utiles pendant son séjour".

wiederum das aus dem Selbstbestimmungsrecht hervorgehende Behandlungsverweigerungsrecht erst seinen Sinn. Patienten wie Personal sind sich dessen meist kaum bewußt[1094].

Unter den Entwicklungen erörternswert ist auch, was nicht unvernünftigerweise mit Augenmaß, das freilich keine Individualgerechtigkeit verbürgen kann, gehandhabt wird: Der Anspruch der Familie auf Informationen über den Gesundheitszustand eines und die Behandlungsstrategien für einen Angehörigen. Dieser, recht gefühlsmäßig bis selbstverständlich, gehandhabte Anspruch, hat nämlich seine immanente Grenze an der Verschwiegenheitspflicht und dem Schutz des Interesses des Patienten, gewisse Informationen gerade den Angehörigen vielleicht vorzuenthalten. Diese Problematik ist in jüngerer Zeit in das Spannungsfeld der AIDS-Diskussion geraten[1095]: Darf gerechtfertigterweise Information über Krankheiten mit hohen Ansteckungsrisken an Angehörige/Vertraute/Lebensgefährten weitergegeben werden oder muß/darf unterstellt werden, daß die Information am Ziel des Präventionsbedürfnisses schon vorbeigeht und eine Ansteckung möglicherweise schon stattgefunden hat?

Räumt man die Zulässigkeit solcher Rechtfertigungsbegründungen ein, dann bleibt immer noch klärungsbedürftig, wie der Angehörigenkreis rechtlich definiert werden soll respektive auf Grund welcher Indizien in einer entformalisierenden Gesellschaft wem welche Informationen geboten werden dürfen. Wie erschließt sich für das Behandlungspersonal eine in den Mietrechten schon holprig genug abgegrenzte Lebensgemeinschaft als solche? Jan *Sahlins*[1096], den schwedischen Gesellschaftskonsens möglicherweise widerspiegelnde Feststellung, daß bei der Definition des Kreises der Informationsbegünstigten homosexuelle Beziehungen „selbstverständlicherweise" zu berücksichtigen seien, darf wohl nicht in allen Ländern zum Fixbestand gezählt werden. Angaben anläßlich der Einweisung über zu benachrichtigende Angehörige implizieren wohl nicht automatisch die Ein-

---

1094 Vgl. dazu Annas, G. J., The Rights of the Patients, S. 83 ff.

1095 Deutsch, E., Kommentar zur Entscheidung des LG Hamburg, Urt. v. 10. 2. 1989 –3 O 364/86 (nicht rechtskräftig) hinsichtlich keiner Mitteilung über Möglichkeit einer HIV-Infektion, in: Neue Juristische Wochenschrift 24 (1989), S. 1551 ff; vgl. zu AIDS auch Hippel, E. von, AIDS als rechtspolitische Herausforderung, in: Zeitschrift für Rechtspolitik 4 (1987), S. 123 ff; Laufs, R./Laufs, A., Aids und Arztrecht, S. 2257 ff; Eberbach, W., Rechtsprobleme der HTLV-III-Infektion.

1096 Sahlin, J., Hälso- och sjukvårdslagen, S. 74.

willigung über die Weitergabe von Informationen an die Benannten. Weil Ursachen von Krankheiten den Familienangehörigen im Rückschlußverfahren bekannt werden könnten, die familiäre Beziehungen belasten könnten, scheint auch hier eine rechtliche Klärung, sowohl zum Schutz des Arztes als auch des Patienten ratsam. Klärungsbedürftig ist jedenfalls eine Definition der Indikatoren für die Berechtigung zur Annahme, daß der Patient Informationsansprüche zediert. Insbesondere bedarf dies der Sichtbarmachung als Patientenrecht[1097]; Regeln darüber im Berufsrecht zu „verstecken", erscheint bedenklich.

Zur Sicherung des Grundanspruchs des Patienten auf volle Information sind Arzt und medizinisches Personal des weiteren dazu zu verpflichten, Krankenberichte des Patienten während und auch nach – im Falle später einlangender Befunde und Informationen – dem Spitalsaufenthalt des Patienten auf dem aktuellsten Stand zu halten[1098].

Grundsätzlich verlangt jede Art der Patientenbehandlung die Partizipation des Patienten. Die freie und informierte Einwilligung/Zustimmung ist für jede Behandlung zwingend notwendig[1099]. Zu diesem Zwecke hat der Arzt den Patienten über die Heilungsaussichten und die Pflege aufzuklären. Trotzdem zeigt sich, daß dieses Recht des Informed Consent in der Praxis schwer zu garantieren ist[1100]. Aus der Diskussion ausscheiden sollte man jedoch die immer wiederkehrende, alles vereinfachende Annahme, daß der Patient gar nicht in der Lage sei, eine Entscheidung fällen zu können[1101]. Diese Prämisse der Unmündigkeit, des Mangels an Dispositions- und Perzeptionsfähigkeit, dient nämlich nicht zuletzt der Stützung der Theorie des Simple Consent[1102], derzufolge es genüge, den Patienten wissen zu lassen, was für ihn das von anderen befundene Beste sei.

Die deutsche und die schwedische Rechtsentwicklung bieten für

---

1097 Colorado Rev. Stat. § 25-1-120(1)(l): „The right to devolution of his rights and responsibilities upon a sponsor or guardian who shall see that he is provided with adequate, appropriate, and respectful medical treatment and care and all rights which he is capable of exercising should he be determined to be incompetent pursuant to law and not be restored to legal capacity".

1098 Krückl, K., Der Anspruch auf Einsicht in seine Krankengeschichte, S. 281 ff.

1099 Laufs, A., Arztrecht, S. 55 ff.

1100 Deutsch, E., Neue Aufklärungsprobleme, S. 2585 ff.

1101 Hubinek, M./Voogd, H., Report on the Rights, S. 11.

1102 Die informierte Zustimmung tauchte in den USA erstmals in den fünfziger Jahren im kalifornischen Fall Salgo vs. Leland Stanford Jr. Univ. Bd. of Trustees, 317 P.2d 170 (Cal. Ct. App. 1957) auf.

das Problem der Aufnahme der Information interessante Fortentwicklungen der früheren Doktrin, daß eine Information dann als ausreichend angeboten erachtet werden darf, wenn von einem durchschnittlich verständigem Menschen, dem „reasonable man“ des anglischen Rechts, die Aufnahme des Übermittelten erwartet werden kann. So ist ein Arzt dann zu belangen, wenn er sich nicht ausreichend versichert[1103], daß der betreffende Patient die ihm dargebotene Information in ihrer Tragweite auch wirklich verstanden hat[1104]. Art, Ausmaß und Zeitpunkt der Information und die Beurteilung, ob dem Informationsanspruch Genüge getan wurde, ist also nur ex post und am ganz konkreten Einzelfall zu messen[1105], was gewiß hohes Einfühlungsvermögen und wohl auch einen geänderten Einfühlungswillen erfordern wird.

Der Vorannahme des schwedischen Gesetzgebers, daß das Informationsrecht wegen seiner Einzelfallabhängigkeit in seinen Erfordernissen rechtlich nicht geregelt werden „könne“[1106], ist aus dem Interesse an Rechtssicherheit sowohl für die Mediziner als auch für die Patienten höchst problematisch. Irgendwann muß Richterrecht auch wieder in allgemeinere Sentenz gefaßt werden. Die Judikatur entwikkelt in allen Ländern ein immer enger werdendes Netz an Informationsverhaltensdeterminanten, das man in abstractu zu beschreiben versuchen sollte, da die Beobachtung einer Rechtsentwicklung vielleicht gerade noch der Ärzteschaft über die integrierte Informationsbeschaffungspflicht, gewiß aber nicht der Patientenschaft zugemutet werden kann.

Versucht man Linien und Trends des Judikaturverlaufes zu skizzieren[1107], so läßt sich die deutsche Rechtsprechung und Lehre modellhaft heranziehen.

---

1103 Der Tatrichter hat nach deutschem Recht unter Berücksichtigung und Gewichtung der Einzelumstände letztlich in normativer Wertung unter Berücksichtigung „der besonderen Ausstrahlungswirkung des verfassungsrechtlich geschützten Selbstbestimmungsrechts“ zu ermitteln, ob dem Patienten hinreichende Aufklärung über die entsprechenden Umstände vermittelt wurde; dazu Weber-Steinhaus, D., Ärztliche Berufshaftung, S. 217.

1104 Kammarrätten Stockholm, Judikat Nr.6493-1983; Hälso- och sjukvårds ansvarsnämnd Beschluß 560/82-1984, 8:72.

1105 Sahlin, J., Hälso- och sjukvårdslagen, S. 71.

1106 Regeringens proposition 1978/79:220, S. 44 f.

1107 Wobei immer noch viele Fragen offen bleiben, dazu Kuhlendahl, H., Die ärztliche Aufklärungspflicht oder der Kalte Krieg zwischen Juristen und Ärzten, in: Deutsches Ärzteblatt 75 (1984-1986), S. 2003 ff.

Adolf *Laufs* erkennt eine Verpflichtung des Arztes, den Patienten rechtzeitig und vollständig aufzuklären, dann, wenn therapeutische Gründe die Information gebieten. Aufklärung erscheint demnach als „eine dem medizinischen Zweck unterworfene Maßnahme“, die im Fortschreiten der Präventivmedizin zunehmend an Bedeutung gewinnt. Davon zu unterscheiden ist die der Selbstbestimmung des Patienten dienende Aufklärung, die für eine rechtlich wirksame Einwilligung in den Eingriff nötig ist[1108].

Im Widerspruch zur strengen Judikatur, die auf der ärztlichen Aufklärungspflicht beharrt[1109], steht der Standpukt der Ärzte. Sie argumentieren, daß durch die Information dem Patienten, bei welchem man Angst erzeugt, Schaden entstehen kann[1110]. Ein Gegensatz, der noch durch die Tatsache verschärft wird, daß die Klagen wegen Verletzung der Aufklärungspflicht aus Gründen der günstigeren Beweislast zu einem Auffangtatbestand wurden[1111].

Als formelle Möglichkeit der Aufklärung entwickelte *Weissauer* das umstrittene Modell[1112] einer Stufenaufklärung. Darin werden für bestimmte Eingriffe spezialisierte Merkblätter und Dokumentationsbögen verwendet. Zwar erleichtert das dem Arzt die Informationsvermittlung und entlastet ihn von Schreibarbeiten, andererseits nehmen die Merkblätter auf die Belastbarkeit und Informationsverarbeitungsfähigkeit des Patienten im Einzelfall keine Rücksicht.

---

1108 Im einzelnen umfassen die Aufklärungstätigkeiten insgesamt daher die Selbstbestimmungs-, die Risiko-, die Basis-, die Stufen-, die Spontanaufklärung: Deutsch, E./Matthies, K.-H., Arzthaftungsrecht, S. 74 ff.

1109 Zur Konkretisierung einer Aufklärungspflichtverletzung in der neueren Rechtsprechung des deutschen BGH: Weber-Steinhaus, D., Ärztliche Berufshaftung, S. 225 ff.

1110 Für diesen Schaden haftet der Arzt immer dann, wenn die Aufklärung rücksichtslos den Patienten in Angst und Schrecken versetzt; Deutsch, E./Matthies, K.-H., Arzthaftungsrecht, S. 79.

1111 Laufs, A., Arztrecht, S. 59; dazu BGH, in: Neue Juristische Wochenschrift 1978, S. 588: Der Vorwurf versäumter Aufklärung werde „oft vom Patienten mißbräuchlich dann erhoben“, „wenn er nach einem Mißerfolg den Nachweis eines ärztlichen Behandlungsfehlers nicht hat führen können“.

1112 Siehe zum Disput: Wachsmuth, W./Schreiber, H.-L., Die Stufenaufklärung – ein ärztlich und rechtlich verfehltes Modell, in: Der Chirurg 1982, S. 594 ff; Weissauer, W., Erwiderung zur Veröffentlichung von W. Wachsmuth u. H.-L. Schreiber: Die Stufenaufklärung – ein ärztlich und rechtlich verfehltes Modell, in: Der Chirurg 1982, S. 597 f.

Verzichtet der Patient auf die Aufklärung, so muß er dies dem Arzt eindeutig und ernsthaft mitteilen. Nur dann darf der Arzt von einem rechtswirksamen Aufklärungsverzicht ausgehen. *Laufs* sieht in einem solchen Verzicht allerdings die Ausnahme[1113].

Die Judikatur vertritt rigoros den autonomistischen Standpunkt und läßt Kontraindikationen der Aufklärungspflicht nur ausnahmsweise und eine Einschränkung nur dann zu, wenn besondere, in der Persönlichkeit des betreffenden Patienten liegende Umstände eine unbehebbare Gefahr für die Gesundheit des Kranken erwarten lassen[1114]. Die oftmals vorgebrachte Sorge, die Auskunft werde den Patienten in Verzweiflung und Hoffnungslosigkeit stürzen, soll das Schweigen des Arztes grundsätzlich nicht rechtfertigen[1115].

Problematisch bleibt aber bei der Aufklärungspflicht – wenn deren Ausgestaltung den Gerichten vorbehalten bleibt –, unter rechtssicherheitspolitischen Aspekten, immer die Vielschichtigkeit der juristischen Kasuistik. Der Gesetzgeber kann in diesem Bereich lediglich Grundsatzregeln erlassen. Gerade das leistet er aber momentan nicht. Ein Alternativentwurf zum deutschen Strafgesetzbuch versucht es: So ist die Einwilligung nur wirksam, wenn der Einwilligende über Art, Tragweite und mögliche Folgen der Behandlung aufgeklärt worden ist, die für die Entscheidung eines verständigen Menschen ins Gewicht fallen können. Die Aufklärung kann unterbleiben, soweit sie die ernste Gefahr einer erheblichen Beeinträchtigung der Gesundheit oder des seelischen Zustandes begründen würde.

Besonders strenge Maßstäbe für die Aufklärungspflicht werden bei diagnostischen Eingriffen ohne therapeutischen Eigenwert angelegt. Auch zu erwartende Schmerzen sind dem Patienten jedenfalls mitzuteilen. Stehen mehrere gleichwertige therapeutische Möglichkeiten offen, so überläßt die Judikatur die Wahl der Behandlungsmethode primär dem Arzt[1116], es sei denn, für den Patienten bestehen unter-

---

1113 Laufs, A., Arztrecht, S. 67.

1114 BGHZ 29, 176, in: Neue Juristische Wochenschrift 1959, S. 814: „Nur in dem besonderen Falle, daß die mit der Aufklärung verbundene Eröffnung der Natur des Leidens zu einer ernsten und nicht behebbaren Gesundheitsschädigung des Patienten führen würde, könnte ein Absehen von der Aufklärung gerechtfertigt sein“.

1115 Laufs, A., Arztrecht, S. 68.

1116 Zur Haftung bei falscher Therapiewahl siehe Weber-Steinhaus, D., Ärztliche Berufshaftung, S. 180 ff.

schiedliche Risken[1117]. *Laufs* wertet dieses Urteil als „verständnisvoll“[1118].

Auch gibt es eine Pflicht, den Patienten über Kostentragungsrisken zu informieren. Die Gerichte wenden nämlich die Grundsätze der Aufklärungspflicht auch dann an, wenn es um finanzielle Belastungen des Patienten geht. Die fehlende Aufklärung über Selbstkostenanteile kann zu Prozessen darüber führen, „wer die Kosten, über die der Arzt nicht informiert hat, zu tragen habe“[1119]. Einem Urteil des LG Düsseldorf[1120] zufolge, muß der Arzt seinen Patienten auch über alternative Behandlungsmethoden, die Kostenseite und die Übernahme der Kosten durch die Krankenversicherung aufklären. Kritik dagegen scheint *Laufs*[1121] aber am Platz: Denn obwohl der Arzt grundsätzlich auf die notwendige und wirtschaftliche Behandlung beschränkt ist, sollte man daraus noch keinen Grund ableiten, den Arzt „schlechthin in die Rolle eines Sachwalters fremder Vermögensinteressen zu drängen“.

In Deutschland ist auch Information über voraussichtliche Wartefristen verpflichtenderweise zu erteilen; es gehört dies zu den Sorgfaltspflichten eines Arztes. Eine Unterlassung der Information kann als zu verantwortendes Organisationsverschulden angesehen werden und die Haftung des Arztes und die Pflicht zum Schadenersatz für die vergeblich aufgewandte Zeit bedeuten. Verzögert sich die Wartezeit hinsichtlich eines vereinbarten Behandlungstermins um mehr als 30 Minuten und ist noch kein endgültiger Behandlungsvertrag zustandegekommen, ist der Patient über die Verspätung zumindest zu informieren. Es steht ihm dann frei zu warten oder einen neuen Termin zu vereinbaren[1122]. Umgekehrt kann ein Patient, der den vereinbarten Termin nicht wahrnimmt, nicht zu Schadenersatz verurteilt werden. Dies deshalb, weil gem. § 621 (dt.) BGB ein Patient jederzeit einen Behandlungsvertrag mit sofortiger Wirkung kündigen kann.

Die sich rasch verdichtende Judikatur hat auch noch sich selbst betreffende Folgeentscheidungen ausgelöst: Ein Krankenhausträger ist

1117 BGH, in: Neue Juristische Wochenschrift 1982, S. 212.
1118 Laufs, A., Arztrecht, S. 74.
1119 Kern, B.-R./Laufs, A., Die ärztliche Aufklärungspflicht, S. 189.
1120 In: Medizinrecht 1986, S. 208.
1121 Laufs, A., Arztrecht, S. 76.
1122 Entscheidungsbesprechung dieses nicht oberstgerichtlichen Urteils, in: Neue Juristische Wochenschrift 1985, S. 681.

dazu verpflichtet, seine Ärzte über den Inhalt der Aufklärungspflicht umfassend und vollständig zu informieren[1123]. Dafür ist etwa das Übersenden einschlägiger Urteile nicht ausreichend[1124]. Das drängt allerdings zu einer weiteren Frage nach den erwartbaren Entwicklungen: Sollen oder müssen Ärzte in Zukunft juristische Aus- und Weiterbildung über sich ergehen lassen? Wenn es keine kommunikativeren Stränge gibt, das Verhältnis zwischen Arzt und Patient zu bestimmen, stehen die rechtspolitischen Vorzeichen wenig günstig. Auswege oder wenigstens Versuche hiezu gibt es aber; man muß sie nur gegenüber der derzeitigen konfliktzentrierten Einbahn sehen wollen[1125].

### *Präventionsinformation*

Damit ein Patient/Konsument also tatsächlich als informiert gelten kann, bedarf es zahlreicher und verschiedenartiger Formen der Information. Rechtspolitisch ist zusätzlich noch eine ganz andere Art der allgemeinen Patienteninformation dringlich: Der Bürger bedarf der Information über gesundheitsförderliche Maßnahmen, über gesundheitspräventive Maßnahmen und Informationen über das Gesundheitswesen an sich. Nicht direkt zum Selbstbestimmungsrecht des Patienten und auch nicht zu den allgemeinen Aufklärungsansprüchen im obigen Sinn zählt die therapeutische oder Sicherungsaufklärung. Sie „erfolgt im gesundheitlichen Interesse des Patienten, . . . sie dient der Gefahrenabwehr durch den Arzt. Als eine dem medizinischen Zweck unterworfene Maßnahme zählt sie zu den unverzichtbaren, notwendigen Mitteln des Arztes; sie bildet einen wesentlichen Teil des ärztlichen Gesundheitsdienstes“[1126]. Der Hinweis auf eine einzuhaltende Diät aufgrund einer bestimmten Anfälligkeit des Patienten zählt beispielsweise hierher.

Bis hin zu den sechziger Jahren bezogen sich die Informationen hinsichtlich gesundheitsfördernder und krankheitsverhindernder Maßnahmen fast ausschließlich auf Kinder[1127]. Zwar wollten Konsu-

---

1123 In: Zeitschrift für Versicherungsrecht 1979, S. 260.
1124 Laufs, A., Arztrecht, S. 76.
1125 Siehe Kapitel V. über kommunikationsfördernde Patientenrechtsstrategien.
1126 Kern, B.-R./Laufs, A., Die ärztliche Aufklärungpflicht, S. 183.
1127 Prenatal-, Well-Child, School Health Programs; auch in Österreich blieb man

menten durchaus Informationen über gesundheitsförderliche Maßnahmen erhalten, aber es war allgemein nur ein geringes Maß an Informationen erhältlich. Erst in den sechziger Jahren begann sich das Informationsmaterial zu vermehren. In den achtziger Jahren werden Konsumenten mittlerweilen mit Informationen überhäuft. Nicht zuletzt deshalb, da die Gesundheitsförderung aus ökonomischer Dringlichkeit einen wesentlichen Bestandteil des Gesundheitswesens darstellt[1128]. Anregungen, gesünder zu leben und Ernährungsbewußtsein zu entfalten, prägen in westlicheren Ländern und in Skandinavien den Alltag. Solche Informationen hinsichtlich der Richtlinien für ein gesünderes Leben werden auf verschiedensten Wegen, etwa über Fernsehen, Zeitungen, aber auch über Milchpackungen und Briefsendungen, übermittelt[1129].

Auch ist ein beachtlicher Umfang der publizierten Literatur zu bemerken, sodaß es nunmehr dem Konsumenten nicht mehr sehr leicht fällt, wichtige und entscheidende Literatur ausfindig zu machen. Hier gebietet es sich nun wiederum für das professionelle medizinische Personal, Konsumenten bei der Auswahl der notwendigen Information zu unterstützen[1130].

Wird der solcherart medizinisch gesamtheitlich aufgeklärte Konsument dann zum Patienten, so wird er sich positiver in das System des Gesundheitswesens eingliedern; dann kann man ihm auch komplexere Informationen über das System, wohl auch über das erwartete Sozialverhalten in diesem System, zumuten.

Westliche Trends zu diesem seiner Art nach kollektiven Patientenrecht auf allgemeine Informationen über das System des Gesundheitswesen werden mit drei Argumentationen legitimiert: Der potentielle Patient muß wissen, wie er Zugang zum Gesundheitswesens findet, wenn er der Gesundheitsfürsorge bedarf; er bedarf der Informationen, die die Normen und Erwartungen des Systems betreffen; er muß über die Organisation und die Struktur eines Systems informiert

---

lange im angebotsjunktimierten Verbindlichkeitsbereich beim Mutter-Kind-Paß und beim Schularztsystem stehen.

1128 Lalonde, M., A New Perspective on the Health of Canadians, Ottawa 1974, S. 63 ff.

1129 Storch, J., Patients' Rights, S. 48; siehe auch die Literatur- und Informationskampagne schwedischer Forschungseinrichtungen (FRN), die sich in gesundheitspolitischen Zielsetzungen engagieren.

1130 Ebda, S. 49.

werden. Auch erscheint es notwendig, Informationen über die Kosten zur erhalten.

## *5.1. Information über Diagnose und Behandlung (informed) als konditionaler Schritt für die Einwilligung (consent)*

### 5.1.1. DAS RECHTSKONZEPT VON AUFKLÄRUNG UND EINWILLIGUNG

*Weber-Steinhaus*[1131] unterteilt das Rechtskonzept der Aufklärung des Patienten in einen gegenständlichen (aufklärungspflichtige Risiken etc.), situativen (Notfälle etc.) und persönlichen Schutzbereich. Letzterer Schutzbereich scheint besonders problematisch im Zusammenhang mit Personen in der Krise, weil diese mit dem Kranksein fast immer in enger Gesellschaft steht[1132].

Die kanadische Provinzialgesetzgebung beispielsweise verlangt, daß Personen, die Entscheidungen über ihre medizinische Behandlung zu treffen haben, physisch und mental dazu in der Lage sind[1133]. Das kanadische Case Law geht noch einen Schritt weiter und verlangt, daß die Einwilligung des Patienten nicht nur informiert, sondern auch intelligent und rational erfolgt[1134]. Ein Patient, der Informationen über eine schwerwiegende Krankheit erhält, ist aber möglicherweise sowohl mental als auch seelisch beeinflußt. Dies kann in eine allgemeine Hilflosigkeit und Unfähigkeit, Probleme zu lösen, münden; das Rationalitätsgebot kann dann gefährdet sein.

Noch komplizierter wird der Sachverhalt aufgrund der rechtlichen Pflichten, die den Arzt treffen. Der Arzt ist dazu verpflichtet, den Pa-

1131 Weber-Steinhaus, D., Ärztliche Berufshaftung, S. 202.

1132 Carnerie, F., Crisis and Informed Consent, S. 74 ff.

1133 The Public Hospital Act, Ontario Rev. Stat. ch. §410 (1980): „No surgical operation shall be performed on a patient or an outpatient unless a consent in writing for the performance of the operation has been signed by (c) the spouse or a parent, guardian or next of kin of the patient or outpatient, as the case may be, where the patient or outpatient is unable to consent in writing by reason of mental or physical disability"; diese hat der Arzt jeweils zu beurteilen, dazu Giesen, D., Arzthaftungsrecht, S. 25 f.

1134 Beispielsweise Reibl v. Hughes, 114 D. L. R. 3d 1.

tienten über die Notwendigkeit, den Charakter und die Wichtigkeit der Behandlung zu informieren. Das schafft ein Problem der Ausgewogenheit der Teilvorgaben. Weiters hat er den Patienten über die möglichen und denkbaren Konsequenzen und Resultate der Behandlung, aber auch über die speziellen, möglichen und ungewöhnlichen Risiken der Behandlung aufzuklären. Bei all diesem hat der Arzt aber durchaus auf den Zustand des Patienten Rücksicht zu nehmen, denn er darf ihn nicht unnötigerweise „alarmieren“[1135]. Konkurrierende Zielsetzungen machen die Umsetzung zu einem recht schwierigen Unterfangen. Das können juristische Konzepte in der Tat nur schwer im vorhinein werten. Kritiker der Informed Consent Doktrin überziehen jedoch ihrerseits und sprechen im Zusammenhang mit der Informed Consent Doktrin zynisch von einer „imperative impossibility“[1136]. Die Funktion einer allfälligen, benevolenten Aufklärungsunterlassung ist es, den Patienten vor einem zusätzlichen seelischen Trauma zu schützen. Letztlich bringt dies aber einen paternalistischen Ansatz des Arzt-Patienten-Verhältnisses zum Ausdruck.

Die rechtliche Informed Consent Doktrin wurde in einer Zeit entwickelt, in der die Medizin klar paternalistisch einzustufen war. Die Doktrin stellt auf Sicherung der physischen und geistigen Integrität und Autonomie des Patienten[1137]. Konkret betrachtet muß man aber sowohl die gerichtliche Spruchpraxis als auch die gesetzlichen Richtlinien hinsichtlich medizinischer Verantwortung und Bestimmung der Verstandeskapazität zumindest als zweideutig erkennen, wenn nicht sogar als widersprüchlich. Vor allem gestattet die Doktrin zahlreiche Ausnahmen, die auf eine medizinische Beurteilung zurückgehen. Dabei wiederum verliert der Patient aber gerade seine Möglichkeit, selbständige Entscheidungen zu treffen oder verliert gar sein Recht auf Selbstbestimmung. Die Doktrin des Informed Consent kompromittiert somit in bestimmten Momenten die Werte, die sie für sich beansprucht[1138]. Die rechtliche Doktrin reagiert nicht auf die Aspekte, die im medizinischen Bereich als der Zustand der Krise beim Patienten in

1135 Meerwein, F./Amgwerd, R./Gonzenbach, P., Wahrhaftigkeit am Krankenbett – auch bei Tumorpatienten?, in: Die Medizinische Welt 30 (1979), S. 397 ff.

1136 Liebert, S., Informed Consent: An Imperative Impossibility, American Surgeon 48 (1982), S. 225 ff.

1137 Giesen, D., Arzthaftungsrecht, S. 29.

1138 Katz, J., The Silent World; ders., Informed Consent – a Fairy Tale?

der Praxis bekannt sind. Es kommt zum Paradoxon: In einem Zustand, in dem der Patient einer besonderen Sicherung seiner Rechte bedarf, werden seine Rechte deutlich gefährdet.

Aufgrund der wissenschaftlichen und technischen Fortschritte scheint sich das in der Medizin traditionell paternalistische System einerseits zu festigen. Dies läßt sich damit erklären, daß die Differenz zwischen Medizinern sowie medizinischem Personal und den Laien in bezug auf die fachspezifischen Kenntnisse immer größer wird. Zugleich jedoch hat sich als Reaktion eine Tendenz zur Stärkung der Rechte der Patienten bemerkbar gemacht. Es wird allgemein die Ansicht vertreten, daß die Einwilligung des Patienten zur Behandlung bzw. zum Eingriff nur auf der Grundlage vorangegangener gründlicher Information sinnvoll ist[1139].

Ideal und Wirklichkeit stehen aber mit unscharf ausdifferenzierten Bildern in Verschränkung: In der alltäglichen medizinischen Praxis verlangt die Informed Consent Doktrin, daß der Patient frei und informiert seine Zustimmung in Behandlungsfragen gibt. Vorausgesetzt wird dabei, daß der Arzt eine ausgewogene und vernünftige Erklärung der vorzunehmenden Behandlung ausführt und sowohl die möglichen Nebenwirkungen als auch die potentiellen oder selbst unwahrscheinlichen Risiken der Behandlung dabei berücksichtigt. Auf den ersten Blick – zumeist der des Juristen, so der Vorwurf – wirkt dieser Mechanismus relativ unkompliziert. Bei genauerer Betrachtung kann man aber zwei zu trennende Komponenten unterscheiden. Zum einen stellt sich hier der Vorgang des Informierens durch den Arzt und zum anderen die Einwilligung oder Zustimmung des Patienten dar[1140]. Die nähere Untersuchung dieser beiden Faktoren soll dazu dienen, die unterschiedliche Auffassung von Medizin und Jurisprudenz bezüglich ihrer Betrachtung von Personen in der Krise zu erarbeiten[1141].

Zur ärztlichen Pflicht zählt unbestritten die Selbstbestimmungsaufklärung des Patienten. Streitpunkt zwischen Juristen und Ärzten ist also nicht das Ob, sondern das Wie, also der Umfang der Aufklä-

---

1139 Pedersen, O. Bøjstrup, Information og samtykke i sundhedsvaesenet – en oversikt, in: Pedersen, O. Bøjstrup (Hrsg.), Patienten og samfundet – etiske normer eller retlig regulering (Dansk Sygehus Institut), København 1987, S. 2 ff.

1140 Die Zustimmung selbst wird im Kapitel II.4.1.1. über „Partizipation als Patient" behandelt.

1141 Carnerie, F., Crisis and Informed Consent, S. 60.

rung[1142]. Die Aufklärungspflicht ist zwar nicht in der ärztlichen Berufsordnung verankert, aber durch die ständige Rechtsprechung gesichert. Auch hat die 34. Generalversammlung des Weltärztebundes 1981 in Lissabon klar das Recht des Patienten auf angemessene Aufklärung festgehalten[1143].

Die Forderung nach informierter Einwilligung ist keine akademisch-philosophische Erfindung, sondern das nüchtene Resultat der Dogmatik des Behandlungsvertrages und der aus Vertragsverletzung gestellten Forderungen. In den USA haben die zahlreichen Schadenersatzprozesse dazu geführt, daß amerikanische Ärzte ihre Ansichten bezüglich ihrer Informationspflicht in den Jahren 1960 bis in die späten 70er Jahre radikal geändert haben[1144].

Eine Untersuchung aus dem Jahre 1979 in den USA zeigte, daß 97% der Ärzte Krebspatienten die Diagnose mitzuteilen pflegen[1145]. Die Rechtsprechung in den USA hat dazu geführt, daß amerikanische Ärzte dazu übergegangen sind, ihre Patienten bis in die kleinsten Details zu informieren, auch was mögliche Folgen und Risiken der Behandlung betrifft[1146]. Allerdings sind die Erfolgsaussichten von Klagen wegen verabsäumter Erfüllung der Aufklärungspflicht vor Gericht – zumindest in Deutschland – geringer als bei Behandlungsfehlerprozessen[1147]. Die Ursache für diese einschneidende Veränderung liegt in der Haltungsänderung der Bevölkerung, was wiederum auf die zunehmende Betonung der Bürger- und Verbraucherrechte zurückzuführen

---

1142 Näher dazu Kern, B.-R./Laufs, A., Die ärztliche Aufklärungspflicht.

1143 Siehe Dokumententeil Pkt. c der Deklaration von Lissabon, siehe Kapitel IV.3.

1144 Sohl, P., Informeret samtykke II: Juridiske aspekter, in: Ugeskrift for laeger v.145, 1983, nr. 43, S. 3361 ff; Miller, J. L., Informed Consent I-IV, in: Journal of the American Medical Association 18 (1980), S. 2100 ff; 20 (1980), S. 2347 ff; 22 (1980), S. 2556 ff; 23 (1980), S. 2661 f.

1145 Novack, D. H., et al., Changes in Physicians' Attitudes Toward Telling the Cancer Patient, in: Journal of the American Medical Association 9 (1979), S. 897 ff.

1146 Auch in Deutschland empfiehlt es sich mittlerweile, den Patienten umfassend und sorgfältig aufzuklären, denn drei von fünf Arzthaftpflichtklagen werden auf den Vorwurf mangelnder Aufklärung gestützt oder nachträglich darauf umgestellt; dazu Weyers, H.-L., Empfiehlt es sich, im Interesse der Patienten und Ärzte ergänzende Regelungen für das ärztliche Vertrags- (Standes-) und Haftungsrecht einzuführen?, Gutachten zum 52. Deutschen Juristentag, München 1978, S. 43.

1147 Seehafer, W., Der Arzthaftungsprozeß in der Praxis – Eine Untersuchung von Arzt (Krankenhaus) Haftungsprozessen in der Stadt Bremen, in: Medizinrecht 1989, S. 123 ff.

ist. „Besonders dann, wenn Rechtsfälle unter Mitwirkung einer Jury behandelt werden, können sich auf diese Weise geänderte Wertnormen in der Praxis rasch durchsetzen“[1148].

Die Malpractice-Krise führt zur Defensivmedizin, die sich durch ein Bündel von Überdiagnose, Übertherapie, Überinformation als Überabsicherung kennzeichnet, um sich gegen Schadenersatzforderungen abzusichern. Dadurch zielt ärztliches Verhalten mehr darauf ab, möglichst geringe Verantwortung übernehmen zu müssen, anstatt um optimale Behandlung bemüht zu sein. Die Ärzte investieren viel Zeit und Energie in die Erledigung von Formalitäten, dem Anlegen von Informationsnachweisen und Einwilligungsbeweisstücken formaler wie schlüssiger Art, um im Falle eines Schadenersatzprozesses genügend Beweise für korrektes Verhalten zur Hand zu haben und somit so gut wie möglich abgesichert zu sein[1149].

In der BRD sind die Forderungen nach informierter Einwilligung ebenfalls aufgrund der Rechtsprechung entstanden[1150].

Auch in Schweden beschäftigten sich in den siebziger Jahren Ausschüsse mit dem Problem der informierten Einwilligung, wobei diese Ausschüsse in ihren Arbeiten zu dem Ergebnis kamen, daß es nicht möglich ist, detaillierte Bestimmungen über die Reichweite der Informationspflicht in Form von Gesetzen zu erlassen[1151]. Daher wurden in den Jahren 1980 und 1982 zwei im großen und ganzen gleichlautende, recht allgemein gehaltene, Bestimmungen über die Pflichten des Personals und die Rechte der Patienten sowohl im Gesundheits- und Krankenpflegegesetz[1152] als auch im Aufsichtsgesetz[1153] geregelt. Dort gilt das Recht auf Information schon vom Gesetzeskonzept her nicht unbegrenzt: Ausdrücklich wird darauf hingewiesen, daß, soferne die Informationen den Erfolg der Gesundheitspflege negativ beeinflussen könnten, dem Patienten diese Informationen vorenthalten werden können[1154]. Soferne der Patient nicht in der Lage ist, die ent-

---

1148 Pedersen, O. Bøjstrup, Information og samtykke, S. 4.

1149 Ebda, S. 3 ff.

1150 Siehe auch Laufs, A., Arztrecht 1989/90, S. 1507 ff.

1151 SOU 1978:26, Hälso- och sjukvårdspersonalen. Ansvarsfrågor. Samverkan personal – patienter, Socialdepartementet, Stockholm 1978, Hälso- och sjukvårdslag, m. m., Regeringens proposition 1981/82:97.

1152 § 2a Hälso-och sjukvårdslagen, SFS 1982:763.

1153 § 5 Tillsynslagen SFS 1980:989.

1154 Regeringens proposition 1978/79:220, S. 44.

sprechenden Informationen aufzunehmen, ist die Information einem nahen Verwandten zu übermitteln. Das entbindet den zur Information verpflichteten Arzt jedoch nicht davon zu versuchen, die Information anzubieten und sich dann zu vergewissern, ob die Information vom Patienten aufgenommen und auch, ob sie verarbeitet worden ist[1155].

Auch erstreckt sich das Selbstbestimmungsrecht nicht auf die Fälle der Sterbehilfe. Für Drogenabhängige und Alkoholiker gibt es Sonderbestimmungen in einem Gesetz über die Pflege von Drogen- und Alkoholsüchtigen[1156].

### 5.1.2. WECHSELWIRKUNG VON INFORMATION UND KOMMUNIKATION

Thor Øivind *Jensen*[1157] und Frank *Carnerie*[1158] erkennen den zentralen Faktor der Aufklärungsdoktrin auf der Ebene der Kommunikation. Informationsmangel ist immer ein Kommunikationsversagen.

Die Art der Informationsweitergabe vom Arzt zum Patienten hat zwar nicht in voraupräzisierter, aber doch vom Ergebnis her definierten Weise zu erfolgen. Im nordamerikanischen Common Law haben sich zunächst Ethikgebote verfestigt[1159]; seit den siebziger Jahren zeigt sich aber ein Umbruch: „... respect for the patient's right of self-determination on particular therapy demands a standard set by law for physicians rather than one which physicians may or may not impose upon themselfs“[1160].

Ganz ähnlich wie in der europäischen Judikatur hat der Arzt dem Patienten selbst komplexe medizinische Daten in der Weise näherzu-

---

1155 Ebda.

1156 §§ 11-17 Lag om vård av missbrukare i vissa fall SFS 1981:1243; jüngste Fassung SFS 1984:366.

1157 Jensen, T. Øivind, Pasientenes problem? Brukerperspektiv, S. 29.

1158 Çarnerie, F., Crisis and Informed Consent, S. 67.

1159 Aber auch in der Gesetzgebung; zum Teil orientieren sich diese gesetzlichen Normen allerdings noch mehr am reasonable practioner als am reasonable patient: New York Public Health Law §2805 d: „Lack of informed consent means the failure (...) to disclose to the patient (...) the reasonable foreseeable risks and benefits involved as a reasonable medical practioner under similar circumstances would have disclosed“.

1160 Canterbury v. Spence, 464 F.2d 772 (D. C. Cir. 1972).

bringen, daß der Patient sie verstehen kann[1161]. Weiters darf der Arzt die Risiken einer Behandlung in der Erklärung nicht deswegen herunterspielen, um die Zustimmung des Patienten zu erhalten[1162].

Problematisch dabei bleibt es allerdings, ärztlichen Rat gegen subjektiv gerechtfertigte Manipulation abzugrenzen. Ein Ratschlag eines Arztes kann mitunter auch Beeinflussung der Entscheidung des Patienten mit sich bringen[1163], was Ausfluß des grundsätzlichen Vertrauenverhältnisses zwischen Patient und Arzt ist.

Interessant ist für weitere Entwicklungserwägungen der Zugang zum Problem von Daniel *Andersen*[1164]. Er sieht das Wissen über den Patienten als dessen Eigentum. Folglich ist auch nur der Patient berechtigt, darüber zu verfügen. In der Realität des medizinischen Alltags wird das Eigentum des Patienten lediglich zum Arbeitszweck der Verarbeitung in Teilinformationen verwaltet. Der Arzt ist in *Andersens* Konzept also nicht, wie in den anderen Konzepten, ein Bote und Überbringer einer Information, sondern Verwalter nach den Grundsätzen der beauftragten Geschäftsführung.

Diese Verwaltung kann jedoch sowohl paternalistisch gehandhabt werden als auch unter Einhaltung größten Respekts vor dem Selbstbestimmungsrecht und der Autonomie des Patienten[1165]. Da jeder Patient ein Individuum ist, muß in jedem Einzelfall eine originäre Interessenabwägung bezüglich der Information erfolgen. „Untersuchungen haben gezeigt, daß die Wünsche der Patienten auf Information durchwegs unterschätzt werden, während hingegen die Wünsche der Patienten in Bezug auf die Selbstentscheidung überschätzt werden. In der Regel möchte der Patient vom Arzt einen Rat hören“[1166].

Der traditionelle, konservativere Ansatz, der des therapeutischen Privilegs, also die Ermächtigung, die Aufklärung aus einer privilegierten therapeutischen Nutzen-Risken-Abwägung zu unterlassen, wird zusehends verdrängt[1167]. Ethische Standesregeln, ganz prototypisch wie in Norwegen, hatten dem Ermessen des Arztes[1168] weiten Spielraum gegeben; der Arzt konnte darüber entscheiden, was er dem Pa-

---

1161 Z. B. Johnston v. Wellesley Hosp. (1970) 2 Ontario 2d 103.

1162 Salgo v. Leland Stanford Jr. University Bd. of Trust., 154 Cal. App. 2d 560, 578, 317 P.2d 170, 181 (1957).

1163 Smith v. Auckland Hosp. Bd. (1964) N. Z. L. R. at 250.

1164 Andersen, D., Information og samtykke ved risikobetonede behandlinger og forsøg, in: Pedersen, O. Bøjstrup (Hrsg.), Patienten og samfundet – etiske normer eller retlig regulering (Dansk Sykehus Institut), København 1987, S. 50 ff.

tienten in Hinblick auf dessen Krankheit und Heilungserwartung mitteilen sollte und was nicht: „Ein Arzt sollte im allgemeinen dem Patienten Auskünfte über dessen Zustand geben. Er ist jedoch nach gewissenhafter Überlegung berechtigt, Auskünfte zurückzubehalten, die nach Ansicht des Arztes dem Kranken schaden könnten“[1169].

Mittlerweile prägt den Informed Consent auch in Norwegen eine rigidere, informationsverpflichtende Position. Hauptregel ist jene, daß der Patient über die Heilungschancen informiert werden muß. Einschränkend heißt es jedoch in § 25 des norwegischen Ärztegesetzes in Definition des gewissenhaften ärztlichen Verhaltens (forsvarlig legevirksomhet), daß ein Arzt „jedem Patienten jene Auskünfte zu geben hat, die jener über seinen Gesundheitszustand und die Behandlung erhalten sollte. Weiters hat der Arzt den Patienten, soweit möglich, an der Behandlung mitwirken zu lassen“.

Das norwegische Ärztegesetz[1170] dokumentiert damit die tastenden Übergänge zur neuen, weltweit sich annähernden, strengen Informed Consent Doktrin. Erstmals gibt es damit eine diesbezügliche Bestimmung im geltenden norwegischen Recht[1171]. In den Vorarbeiten zum neuen Ärztegesetz aus 1980 wird aber immer noch vermerkt, daß diese Definition das beinhaltet, was nach Ansicht der Ärzte ausschlaggebend ist. Im internationalen Vergleich bleibt diese Formulierung einer lex imperfecta aber hinter den Entwicklungen zurück. § 25 des (norwegischen) Ärztegesetzes hat sowohl eine ethisch-ärztliche als auch eine juristische Seite. Das Gesetz verpflichtet den Arzt zu einem bestimmten Verhalten dem Patienten gegenüber, wobei jedoch bei Nichteinhaltung keine rechtlichen Sanktionen eintreten.

Der Patient ist trotz einer Aufklärung, die eine bestimmte Behandlungsentscheidung geradezu nahelegt, berechtigt, sowohl in eine Be-

---

1165 Ebda.

1166 Ebda, S. 54.

1167 Deutsch, E., Das therapeutische Privileg, S. 1305 ff.

1168 In der deutschen Rechtsprechung liegt die im Einzelfall erforderliche Aufklärung allerdings nicht mehr im Ermessen des Arztes; aber Bodenburg, R., Entzerrung der ärztlichen Aufklärungspflicht: Grundaufklärung und Einschätzungsprärogative, in: Neue Juristische Wochenschrift 1981, S. 601 ff.

1169 § 13 der ethischen Bestimmungen der norwegischen Ärztevereinigung „Laegeforeningen“.

1170 Legeloven 13. Juni 1980, nr. 42.

1171 Dazu Lødrup, P., Informasjonsplikt og pasientens samtykke, S. 23 ff.

handlung bzw. in einen Eingriff einzuwilligen als auch berechtigt, diese(n) zu verweigern. In einem Urteil des norwegischen Obersten Gerichtshofes[1172] vertrat das Gericht die Ansicht, daß ein Geschädigter nicht verpflichtet ist, sich operieren zu lassen, nachdem er durch einen Unfall zu Schaden gekommen war. Obwohl die Operation keinen schwereren Eingriff dargestellt hätte und den Schaden – im Hinblick auf die zukünftige Berufsausübung des Geschädigten – reduziert hätte, wurde der Schädiger zum Schadenersatz des Gesamtschadens verurteilt und nicht nur jenes Schadens, der dem Geschädigten geblieben wäre, wenn die Operation durchgeführt worden wäre. Dieses Judikat legt einen Trend zu einer starken Verabsolutierung des Selbstbestimmungsrechts frei.

Auch in Norwegen wird die Frage heftig diskutiert, welche Norm die Grundlage bei der Beurteilung jener Auskünfte zu bilden habe, die zu erteilen der Arzt verpflichtet ist, und in welchem Umfang der Arzt verpflichtet ist, den Patienten an der Behandlung mitwirken zu lassen. Ärzteschaft und Patientenschaft argumentieren hier kontroversiell. Das (norwegische) Ärztegesetz[1173] gibt hierauf keine in der Verbindlichkeitswirkung befriedigende Antwort, da lediglich das Wort „sollte“ (bør) verwendet wird. Dem Arzt verbleibt in weiter Zuerkennung des therapeutischen Privilegs die Entscheidung, welche und wieviel Information er dem Patienten geben möchte[1174], wenn es heißt: „In gewisser Hinsicht sollte auf objektiver Grundlage entschieden werden, es ist jedoch Sache des Arztes auszulegen ...“

Schwierig erscheint es dem Gesetzgeber nämlich festzustellen, wie viel an Information erwünscht ist. Zusätzlich gäbe es ein Spannungsverhältnis zwischen subjektiver Erwünschtheit und objektiver Verträglichkeit; daher sei das Ausmaß der Information an „den Zustand, die Krankheit, die Verstandesfähigkeit, die Kenntnisse, den Charakter und die Lebenssituation des Patienten anzupassen“[1175].

Die norwegische Argumentation spiegelt den vorsichtig konservativen Standpunkt, den andere europäische Länder auch einnehmen, gut wieder. In den Motiven[1176] heißt es, daß keine detaillierten Be-

1172 Høyestesrett aus 1962, Rt 1962, S. 938.
1173 § 25 (norweg.) Ärztegesetz.
1174 Odelsestingproposition 1-1979/80, S. 235.
1175 Ebda, S. 99.
1176 Zu § 25 Legeloven.

stimmungen über die Auskunftspflicht aufgestellt werden könnten, da die Erfüllung der Aufklärungspflicht zu situationsbedingt sei und die Günstigkeit „im wesentlichen auf dem ärztlichen Urteil beruhen müsse." Man stellt auf die Sorgfalt des Arztes und nicht auf einen absoluten Anspruch des Patienten ab: „Man könnte sagen, daß die Verpflichtung jene Auskünfte umfaßt, welche ein tüchtiger und gewissenhafter Arzt einem Patienten geben würde"[1177]. *Lødrup*[1178] vermerkt, daß dennoch ein Grundsatz herrsche, daß die Zurückhaltung von Auskünften begründet werden müsse und nicht das Gegenteil. Wünsche ein Patient keine Information, so muß er dies dem Arzt bekanntgeben.

Das Dilemma, in das man mit solch vagen Rechtsstandpunkten die Ärzteschaft stürzt, ist unübersehbar: Der Arzt findet sich in der Rolle eines Richter, darüber vorzuentscheiden, was für den einzelnen Patienten positiv oder negativ sein könnte, um sich später allenfalls einer gerichtlichen Überprüfung der Richtigkeit seiner Annahmen ausgesetzt zu sehen[1179].

Was den Informationsanspruch des Kindes betrifft, geht Norwegen aber, ähnlich den Niederlanden, auch den neueren Weg, den Anspruch auf Entscheidungseinbindung eines Kindes von den Mündigkeitsfristen zu entkoppeln. Hat der Patient das 12. Lebensjahr noch nicht vollendet, hat die Information[1180] jedenfalls an die Eltern oder den Vormund zu erfolgen, sie ist aber auch schon zusätzlich dem Kind aufzubereiten. Das bedeutet, daß in gewissem Ausmaß auch das Kind informiert zu werden hat[1181]. Diese Bestimmung trägt zugleich den Zielsetzungen eines norwegischen Gesetzes zum Schutz der Kinder[1182] Rechnung, welches stärker den Reifegrad von Kindern zum Anknüpfungspunkt für weitere Tatbestände macht. Wenn ein Kind

---

1177 Das zielt im wesentlichen auf die anglo-amerikanischen Standards der ärztlichen Berufspraxis ab.

1178 Lødrup, P., Informasjonsplikt og pasientens samtykke, S. 30.

1179 Siehe dazu ebda, S. 27.

1180 § 26 (norweg.) Ärztegesetz.

1181 Das steht wiederum in Einklang mit der Entschließung zu einer Europäischen Charta für Kinder in Krankenhäusern des Europäischen Parlaments, Doc. A2-25/86, Punkt (A)(4)(d): „Recht des Kindes auf eine seinem Alter, seiner geistigen Entwicklung und seinem emotionellen und psychischen Zustand angepaßten Information über die gesamte medizinische Behandlung, die ihm zuteil wird, sowie über deren positive Aussichten".

1182 § 31 barneloven aus 1981.

das 12. Lebensjahr vollendet hat, so ist im Sinne des Gesetzes zum Schutz der Kinder die Meinung des Kindes zu hören, bevor Entscheidungen getroffen werden. Selbstverständlich muß nebem dem Alter auch auf den Reifegrad des Kindes Rücksicht genommen werden[1183].

Wenn das Kind das 16. Lebensjahr vollendet hat, muß die Information primär an das Kind gerichtet sein. Dieses hat dann auch einen Anspruch auf Einhaltung der Verschwiegenheit, auch den Eltern gegenüber. In diesen Fällen darf der Arzt keine Information an die Eltern weitergeben[1184].

### 5.1.3. AUFKLÄRUNG, INFORMATION UND NICHTÄRZTLICHES PERSONAL

Das Interesse der Öffentlichkeit an Information und Einwilligung der Patienten bezieht sich hauptsächlich auf die Tätigkeit der Ärzte. In einem nicht einfach zuordenbaren Verhältnis zu den Informationsansprüchen einerseits und den Einwilligungsansprüchen andererseits, stehen die Kommunikationspflichten der Krankenschwestern, Pfleger, Hebammen und anderen nichtärztlichen Personals. Patienteninformation ist schließlich ein umfassenderes Anliegen aller am Behandlungsprozeß Beteiligten[1185].

In einem dänischen Krankenpflegergesetz von 1987[1186] wird die Aufgabe der Krankenpfleger neu definiert. Im Rahmen des Pflegeplanes werden Krankenpfleger in eine Triangelkompetenzverteilung eingebunden; die Patienteninformation ist als Dauerelement nicht nur in die Diagnose- und Therapieentscheidungsphase, sondern in die gesamte Behandlung integriert.

Eine dänische Untersuchung widmete sich der Frage des Rollenverständnisses, wenn der Pflegeplan in die vollständige Verwahrung

---

1183 Siehe auch § 28 Abs. 2 (norweg.) Ärztegesetz; danach hat bei Kindern zwischen 12 und 16 Jahren die Auskunft sowohl an das Kind als auch an die Eltern zu erfolgen.

1184 Lødrup, P., Informationsplikt og pasientens samtykke, S. 29.

1185 Weile, L., Sygeplejerskens rolle mellem patienten og laegen, in: Pedersen, O. Bøjstrup (Hrsg.), Patienten og samfundet – etiske normer eller retlig regulering (Dansk Sygehus Institut), København 1987, S. 71 ff.

1186 Sygeplejerskeloven; siehe dazu insb. zu § 5 Weile, L., Sygeplejerskens rolle, S. 71 f.

des Patienten abgetreten würde. Das impliziert, daß dann der Patient nicht nur über alle Informationen hinsichtlich seiner Behandlung verfügt, sondern zugleich ein Gefühl von Behandlungsdispositionshoheit erhält. In der Tat zeigte sich, daß eine positive Aufwertung der Patientenrolle in Richtung Gleichwertigkeit – worunter in der Studie die Begriffe Dialog, Gefühle, Eigenversorgung und Einflußnahme verstanden werden –, in bezug auf das Verhältnis zwischen Patient und Krankenpfleger durch die Aushändigung des Pflegeplans an den Patienten erreicht wird[1187]. Der Pflegeplan war ein wichtiges Kommunikationsmittel zwischen den Krankenpflegern und dem Patienten, da der Patient somit an allen Entscheidungen teilnehmen konnte. Der Plan brachte es auch mit sich, daß die Übersicht über verschiedene Maßnahmen bezüglich der Pflege durch das ständig wechselnde Personal nicht verlorengehen konnte, da er ständig Auskunft über alle Vorgänge ermöglichte.

In diesem Versuch wurde mit zwei Pflegeplänen gearbeitet:

1. Mit einem klinischen Pflegeplan, der beim Patienten auflag.

Sein Zweck bestand darin, daß der Patient in die Planung der Pflege miteinbezogen wurde, der Patient und die Krankenschwester dieselbe Vorstellung in bezug auf die Pflege entwickeln konnten, Kontinuität in der Pflege gewährt wurde und die Pflege bewertet werden konnte.

2. Man arbeitete zum anderen mit einem administrativen Pflegeplan, eigentlich mehr einem Erfolgsbericht, der vom Personal verwahrt wurde. Diese Idee einer „doppelten“ Buchführung liegt wohl auch dem Modell von Alan *Westin*[1188] eines doppelt geführten Krankenberichts zugrunde.

Im administrativen Pflegeplan wurden der körperliche und seelische Zustand, der soziale Hintergrund und der Grund und das Ziel des Krankenhausaufenthaltes vermerkt. Auch tägliche Begebenheiten bezüglich Untersuchung, Pflege und Behandlung, die auf die Tätigkeit der Krankenpfleger Einfluß hatten, wurden aufgezeichnet.

---

1187 Andersen, R. N., Ligevaerdighed, in: Fokus på sygeplejen 85 (1985), S. 15 ff.

1188 Westin, A., Medical Records: Should Patients Have Access? The Hastings Center Report 27 (1977), S. 23 ff; dazu Lilie, H., Ärztliche Dokumentation und Informationsrechte des Patienten. Eine arztrechtliche Studie zum deutschen und amerikanischen Recht (= Recht und Medizin, Bd. 5), Frankfurt-Bern-Cirencester 1980, S. 188.

Die Untersuchung führte zu dem Ergebnis, daß ein ausgewogenes Kompetenzdreieck, in dem der Patient auch auf der Ebene der täglichen Pflege und Behandlung ein Maximum an begleitender Aufklärung und größtmögliche Einflußnahme erhält, indem ihm der Pflegeplan zur Mitbestimmung übertragen wird, zu einer erheblichen Verbesserung der Beziehung zum nichtärztlichen Personal führt[1189]. Die Rollenaufwertung sowohl des Patienten als auch des nichtärztlichen Personals fördert zugleich die Kommunikation zum Arzt[1190].

### 5.1.4. DIE ENTWICKLUNG DER IDEE VON AUFKLÄRUNG UND EINWILLIGUNG

An sich war die Behandlung eines Patienten durch den Arzt – zumindest theoretisch – zu keiner Zeit ohne die Zustimmung des Patienten rechtlich erlaubt. Aber die Frage der Verbindlichkeit der Kollaboration wurde wenig explizit erörtert[1191].

Der ethische Wert der Autonomie findet sich auf rechtlicher Ebene bereits seit langer Zeit im Schadenersatzrecht, im Strafrecht im Sinne eines Schutzes der körperlichen Integrität des Individuums und im Verfassungsrecht, aber auch im Zivilrecht, ganz allgemein im Sinne eines Schutzes der Privatheit und Privatsphäre (privacy).

Als Ausfluß dieses rechtlichen Schutzes der körperlichen Integrität im allgemeinen bedurfte es für die Behandlung des Patienten durch den Arzt der Zustimmung des Patienten. Als erster im amerikanischen Recht berichteter Fall liegt *Slater* v. *Baker & Stapleton*[1192] Mitte des 18. Jahrhunderts vor, welcher die Haftung zweier Ärzte für einen Eingriff ohne die Zustimmung des Patienten vorsah. Das Gericht nahm dabei bereits Gedanken vorweg, die später einige Bedeutung für die Informed Consent Doktrin erhalten sollten. Der Arzt bedarf für seinen Eingriff nicht nur der Zustimmung des Patienten, sondern: „. . . indeed it is reasonable that a patient should be told what is about to be done to him that he may take courage and put himself in such a situation as to enable him to undergo the operation“[1193].

Eine tatsächliche Entwicklung im Rahmen des Erfordernisses der Zustimmung des Patienten kann aber erst Anfang des 20. Jahrhunderts ernstlich festgestellt werden. Erst zu diesem Zeitpunkt erkannte

---

1189 Windfeld, U., Hvordan har De det lige nu?, in: Fokus på sygeplejen (1986), S. 56 ff.

man, daß eine Zustimmung zu einer Behandlung, die dem ethischen Wert der Autonomie tatsächlich gerecht werden sollte, weitaus komplexer ist als ursprünglich angenommen. Es entwickelten sich hinter der allgemeinen Voraussetzung, daß es einer Zustimmung des Patienten zur Behandlung bedarf, weitere Richtlinien. Man kam zu der Überzeugung, daß der Arzt, der die Art einer Behandlung oder deren Konsequenzen falsch darstellt, dafür einzustehen hat. Die Gerichte judizierten, daß betrügerische oder an sich unrichtige und falsche Informationen des Arztes, eine Zustimmung des Patienten jedenfalls nichtig werden lassen[1194].

Erst in den fünfziger Jahren zeigte sich eine neue Entwicklung für den ursprünglichen Simple Consent. 1955 statuierte der Supreme Court of North Carolina, daß das Unterlassen der Aufklärung über die Risiken ein Fehlverhalten des Arztes darstellt[1195]. Zwei Jahre später, im Fall *Salgo* v. Leland *Stanford* Jr. University Board of Trustees[1196], sah ein kalifornisches Gericht die Pflicht des Arztes, den Patienten so zu informieren, daß dieser kompetent und informiert seine Zustimmung (informed consent) geben kann. Allerdings unterließ es das Gericht, detailliert und explizit festzulegen, was die Informationspflicht des Arztes umfaßt.

Im Fall *Salgo* wurde zwar zum ersten Mal der Terminus informed consent verwendet, trotzdem trug er eher zur Verwirrung über den Inhalt bei. Es benötigte zwei weitere Jahre, um eine nähere Präzisierung der Doktrin zu schaffen[1197]. Verlangte man schon im *Mitchell*-Fall die Bekanntgabe von Informationen über die Risiken von Behandlungen, ging man im *Natanson*-Fall noch einen Schritt weiter. Das Gericht postulierte die Bekanntgabe der Informationen hinsichtlich der Art der Krankheit, der Art der vorgeschlagenen Behandlung, der Wahr-

1190 Weile, L., Sygeplejerskens rolle, S. 75.
1191 Dazu Katz, J., The Silent World.
1192 Slater v. Baker & Stapleton, 95 Eng. Rep. 860 (K. B. 1767).
1193 Ebda.
1194 Hier und im weiteren Appelbaum, P. S./Lidz, C. W./Meisel, A., Informed Consent, S. 37 ff.
1195 Hunt v. Bradshaw, 88 S. E.2d 762 (N. C. 1955).
1196 Salgo v. Leland Stanford Jr. Univ. Bd. of Trustees, 317 P.2d 170 (Cal. Ct. App. 1957).
1197 Natanson v. Kline, 350 P.2d 1093 (Kan. 1960); Mitchell v. Robinson, 334 S. W.2d 11 (Mo. 1960).

scheinlichkeit eines Erfolges und der denkbaren alternativen Behandlungsmethoden. Diese eben genannten Erfordernisse sind im wesentlichen die heutigen Eckpfeiler der Informed Consent Doktrin.

Allerdings blieben für die Ärzte immer noch Fragen offen, in welchem Ausmaß die Informationspflicht nun tatsächlich besteht. Jede Behandlung birgt bestimmte Gefahren in sich, sie variieren von kleinen und eher harmlosen bis hin zu lebensgefährlichen Gefahren. Auch gibt es Unterschiede in der Häufigkeit ihres Auftretens. Die Ärzte schienen verunsichert. Das Ringen um die Minimierung der Unsicherheit kennzeichnet die Judikatur.

Die niederländische Lehre[1198] umschreibt den im Entwicklungsverlauf additiv angewachsenen Umfang der Informationspflicht des Arztes mit folgenden Detailverpflichtungspunkten:

– Information über die Untersuchung, die der Diagnose vorausgeht;

– Information über die Diagnose;

– Information über die verschiedenen therapeutischen Möglichkeiten und ihre Konsequenzen, die Erfahrungen des Arztes mit diesen Möglichkeiten und die zu erwartende Dauer der Behandlung;

– Information über die direkten und möglichen Risken der Behandlungsmöglichkeiten und die Nebenwirkungen, die sich aus der Behandlung ergeben;

– Information über die zu erwartenden Schmerzen und Unannehmlichkeiten;

– Information über die Prognose;

– Information über die Wirkung und Nebenwirkungen von Arzneimitteln;

– Information über die Personen, die bei der Behandlung herangezogen werden und über ihre Rolle im Behandlungsprozeß;

– Information über die Erreichbarkeit des Behandlungspersonals und Vertretungsregelungen;

– Information über praktische Regelungen wie Besuchszeiten, u. a. in Krankenhäusern;

---

1198 Leenen, H. J. J., Gezondheidsrecht, S. 167; Centrale Raad voor Volksgezondheid (Hrsg.), Deeladvies juridische relatie tussen patiënt en arts, het recht van de patiënt op informatie en het toestemmingsvereiste, Zoetermeer 1980, S. 39; Aghina, M., Patiëntenrecht, S. 38 ff; Beumer, F. J. A., Patiënt en recht, S. 22.

– Information über Lebensregeln nach der Behandlung und Kontrolle.

Diese Aufzählung kann freilich nur als eine Art Checkliste verstanden werden, die angibt, auf welche Punkte besondere Aufmerksamkeit gelegt werden muß. Modifizierende Faktoren ergeben sich aus der konkreten Situation[1199].

*Appelbaum*, *Lidz* und *Meisel*[1200] fassen die Anforderung an die Information noch bündiger zusammen. Zu informieren ist über

(1) Art und Zweck der vorgeschlagenen Behandlung;
(2) Risiken und Vorteile der Behandlung;
(3) verfügbare Alternativen.

Für den zweiten Schritt, den der Einwilligung respektive Zustimmung zum Behandlungsvorschlag, den (Informed) Consent, ließe sich eine ähnliche Liste von Kontrollpunkten erstellen[1201]:

1. Die Zustimmung muß freiwillig und und ernsthaft sein;
2. die Zustimmung muß informiert erfolgen;
3. die Zustimmung muß sich speziell auf die vorzunehmende Behandlung beziehen;
4. die Zustimmung muß sich auf eine bestimmte Person oder gleichrangige Personen beziehen;
5. der Patient muß zur Zustimmung geschäftsfähig sein;
6. der Patient muß mental in der Lage sein, eine bestimmte Behandlung in Anspruch oder nicht in Anspruch zu nehmen;

Die Aufklärung auf den einzelnen Stufen:

Aufklärung über die Diagnose

Die Diagnoseaufklärung dient dazu, daß der Patient darüber aufgeklärt wird, „daß er überhaupt krank ist und an welcher Krankheit er leidet“[1202]. Diese Diagnoseaufklärung ist eine Information über den ärztlichen Befund und strikt von der Aufklärung vor dem Eingriff zu trennen. Bei schweren Krankheitsbildern und bei der infausten Pro-

---

1199 Andersen, D., Information og samtykke ved risikobetonede behandlinger og forsøg, S. 50 ff.

1200 Appelbaum, P. S./Lidz, C. W./Meisel, A., Informed Consent, S. 49 ff.

1201 Rozovsky, L., Canadian Hospital Law, Ottawa 1979, S. 37.

1202 Kern, B.-R./Laufs, A., Die ärztliche Aufklärungspflicht, S. 54.

gnose kann die volle Diagnoseaufklärung Einschränkungen erfahren. Der in diesem Zusammenhang gängige Ausdruck therapeutisches Privileg wird von *Kern* und *Laufs* mit der Begründung abgelehnt, daß es sich nicht um ein Vorrecht des Arztes, sondern um den Schutz des Patienten handle[1203].

Hinterfragt der Patient aber ausdrücklich die Diagnose, muß er informiert werden. Auch bei reinen Diagnoseverträgen kann es keine eingeschränkte Diagnoseaufklärung geben[1204].

### *Aufklärung über die Art der Behandlung*

Über den Umfang der Behandlungsaufklärung bestehen die größten Auffassungsunterschiede. Informationen bezüglich des Zeitpunktes bzw. der Dauer der Behandlung, der Art der Behandlung, des Namens des behandelnden Arztes und die Information betreffend die Diagnose erscheinen als die unstrittigsten Anforderungen, die dem Patienten auf jeden Fall zustehen[1205].

Über die Art, den Umfang und die eigentliche Durchführung des Eingriffs, wird der Patient in der Verlaufsaufklärung informiert[1206]. Ebenso muß der Patient über den Krankheitsverlauf bei einer eventuellen Verweigerung der Therapie rückhaltlos aufgeklärt werden[1207]. Auch sichere Behandlungsfolgen, die regelmäßig mit der Therapie einhergehen, etwa Narben, sind dem Patienten anzuzeigen, desgleichen sichere Nebenfolgen und der Grad der Erfolgschancen. „Die Erfolgssicherheit oder – negativ ausgedrückt – die Versagerquote . . . gehören zur Verlaufsaufklärung“[1208]. Selbstverständlich ist auch über alternative Behandlungsmethoden aufzuklären[1209].

Die amerikanischen Gerichte und Gesetze verlangen ausdrücklich, daß dem Patienten – um dem Arzt die Zustimmung zur Behandlung geben zu können – ganz exakt die Art der Behandlung zu erklären ist.

---

1203 Ebda, S. 55.
1204 Ebda, S. 57.
1205 Jensen, T. Øivind, Pasientenes problem? Brukerperspektiv, S. 30.
1206 Deutsch, E./Matthies, K.-H., Arzthaftungsrecht, S. 75.
1207 Kern, B./Laufs, A., Die ärztliche Aufklärungspflicht, S. 58.
1208 Ebda, S. 61.
1209 Ebda, S. 64.

Dieses Erfordernis stellt insoferne aber keine wesentliche Neuentwicklung dar, als auch bereits der Simple Consent auf die Bekanntgabe der Art der durchzuführenden Behandlung abstellte. Allerdings wird beim Informed Consent darüber hinaus verlangt, daß der Charakter[1210] und vor allem auch der Zweck[1211] der Behandlung erklärt wird. In manchen Fällen wird auch das tatsächliche Verstehen (true understanding) des Patienten hinsichtlich der Art der Behandlung verlangt[1212].

*Aufklärung über die Risiken*

Auf eventuell eintretende, dauernde oder nur vorübergehende Nebenfolgen, die sich auch bei Einhaltung des maximalen Sorgfaltsmaßstabes nicht mit Sicherheit ausschließen lassen, ist der Patient im Rahmen der Risikoaufklärung hinzuweisen[1213]. Dabei muß der Arzt nicht zwangsläufig alle irgendwie denkbaren Gefahren aufzählen, oft wird eine Aufklärung „im großen und ganzen" genügen[1214]. Der Zusammenhang mit der Dringlichkeit der Behandlung ist vom Arzt aber zu beachten. Je weniger dringlich der Eingriff indiziert ist, um so seltener genügt eine Aufklärung im großen und ganzen; eine detaillierte Aufklärung ist etwa auch dann notwendig, wenn der Patient weitergehende Fragen stellt[1215]. Bedeutend für den Umfang der Aufklärungspflicht ist die Notwendigkeit des Eingriffs, die sowohl die sachliche (ob ein Eingriff nötig ist) als auch die zeitliche (wann er nötig ist) Komponente umfaßt. Je drohender die Gefahr und je dringlicher der Eingriff, desto entschuldbarer sind Verletzungen der Aufklärungspflicht[1216].

Besonders deutlich tritt der amorphe Charakter der Informed Consent Doktrin bei der näheren Betrachtung der Reichweite von Risikoinformationen zutage. Auch für diesen Bereich entwickelten sich zahlrei-

---

1210 Etwa Washington Rev. Code Ann. §7. 70. 050(3)(a)(Supp.1985).

1211 Etwa Ohio Rev. Code Ann. §2317.54(A)(Page 1981).

1212 Gray v. Grunnagle, , 223 A.2d 663, 674 (Pa. 1966).

1213 Kern, B./Laufs, A., Die ärztliche Aufklärungspflicht, S. 67.

1214 BGH, in: Neue Juristische Wochenschrift 1973, S. 556; BGH, in: Neue Juristische Wochenschrift 1978, S. 2337; BGH, in: Neue Juristische Wochenschrift 1981, S. 1319.

1215 Kern, B./Laufs, A., Die ärztliche Aufklärungspflicht, S. 95.

1216 Malek, K./Endriß, R., Patientenrechte, S. 25.

che richtungsweisende Urteile im nordamerikanischen Common Law. So zeigt sich die Darlegung jedes einzelnen Risikos – unabhängig von der Größe oder Geringfügigkeit des Risikos – als offensichtlich unrealistisch. Das Ausmaß der Aufklärung über das Risiko hängt vielmehr vom tatsächlichen Bedürfnis des Patienten ab[1217] und ist daran zu messen[1218]. Dabei zeigt sich, daß trotz des Anliegens, die Reichweite der Risikoaufklärung abzustecken, dieses Ausmaß der Risikoinformation sehr vage ist und eine Problematik bestehen bleibt. Wenn der Arzt zwar verpflichtet ist, einen Patienten über die Gefährlichkeit der Behandlung aufzuklären, so bedeutet dies etwa nicht, daß der Arzt verpflichtet ist, den Patienten über alle denkbaren Gefahren, wie sie im Gesundheitswesen allgemein bestehen (Infektionen etc.), aufzuklären[1219].

Zwei Faktoren sind bei diesen Überlegungen über Risikoinformationen entscheidend: Die Wichtigkeit einzelner Teile der Behandlung, die Erklärungen dem Patienten gegenüber notwendig machen und das jeweilige Ausmaß der Erklärung, welches der Pflicht des Arztes gerecht wird[1220].

Risiken bergen die Möglichkeit in sich, zum einen mit einem Vorteil oder zum anderen mit einem Nachteil aus einer Behandlung hervorzugehen. Die Risiken, die dabei einzugehen sind, können zweigeteilt werden: in ein wahrscheinliches (probable) und ein ungewöhnliches (unusual) Risiko.

Bei einem wahrscheinlichen Risiko ist zu erwarten, daß die Entscheidung des Patienten deutlich von diesen Erwägungen abhängen wird[1221]. Ungewöhnliche Risiken werden als unüblich, außergewöhnlich und selten beschrieben, die aber gelegentlich auftreten können[1222]. Die Notwendigkeit, darüber zu informieren, hängt aber auch von der statistischen Wahrscheinlichkeit ab[1223].

Versucht man den Umfang der Risikoaufklärung zu katalogisieren, so

---

1217 Canterbury v. Spence, 464 F. 2d at 767.

1218 Eine an sich bestehende Aufklärungspflicht entfällt, wenn der Patient über Art und Umfang der Behandlung und deren Risiken bereits orientiert ist; vgl. BGH, in: Neue Juristische Wochenschrift 1956, S. 1109.

1219 Carnerie, F., Crisis and Informed Consent, S. 63 f.

1220 Ebda, S. 64 ff.

1221 Lepp v. Hopp, 32 N. R. 145, 159 (Can. 1980).

1222 15 Can. Cases on L. of Torts 81, 99 (Ont. H. C. 1981).

1223 Rawlings v. Lindsay, 20 Can. Cases on L. of Torts 301 (B. C. S. C. 1982); dazu Giesen, D., Arzthaftungsrecht, S. 27.

kommen vier Aspekte für die Bekanntgabe von Informationen bezüglich der Risiken von Behandlungen in Frage[1224]:

(1) Art des Risikos;
(2) Größe des Risikos;
(3) Wahrscheinlichkeit des Risikos;
(4) zeitliche Nähe des Risikos (imminence of risk materialization).

Ein Problem bei der Risikoinformation ist die Darstellung der Risikenrelationen. Ein Arzt mag der Meinung sein, daß es ausreichend erscheine, den Patienten über die schwerwiegenden Risiken zu informieren, während er den Patienten über geringere und unbedeutendere Risikos nicht aufzuklären habe. Die Frage, die sich dabei aber stellt, ist, ob man Risiken in schwere oder leichtere Risiken objektiviert einteilen kann. Diese Gegenüberstellung kann aber zentral für die Entscheidung des Patienten sein, da es durchaus so sein kann, daß ein Patient zwar mitunter ein schwereres Risiko durchaus in Kauf nehmen würde, etwa den Tod, ein vergleichsweise in der allgemeinen Auffassung leichteres Risiko, etwa eine Lähmung, dahingegen aber nicht[1225].

In einigen amerikanische Staaten sehen daher Gesetze auch verschiedene Einschränkungen der Informationspflicht bei ganz spezifischen Risiken vor: etwa bei drohendem Gehirnschaden, Lähmung, Verlust oder Funktionsverlust eines Organs, entstellende Narben, etc.[1226].

Texas hat in einem Gesetz ganz exakt festgelegt, welche Risiken dem Patienten bekanntzugeben sind und welche Risiken nicht[1227]. Solche Systeme tragen zwar einerseits zum Ziel der Präzisierung der Informationsbekanntgabe bei, stehen aber andererseits teilweise im Widerspruch zum Anliegen der Informed Consent Doktrin. Dies wiederum kann das Arzt-Patienten-Verhältnis belasten, anstatt die Kommunikation zwischen dem Arzt und dem Patienten mit der besonderen Berücksichtigung der Autonomie des Patienten zu verbessern und zu fördern[1228].

Ein Blick auf die Gesamtlage der amerikanischen Entwicklung er-

---

1224 Appelbaum, P. S./Lidz, C. W./Meisel, A., Informed Consent, S. 51.

1225 Ebda.

1226 Dazu Meisel, A./Kabnick, L. D., Informed Consent to Medical Treatment: An Analysis of Recent Legislation, in: University of Pittsburgh Law Review 41 (1980), S. 407 ff.

1227 Texas Rev. Civ Stat. Ann. Art. 4590i, §§6.03(a), 6.04(a),(d) (Vernon Cum. Supp. 1985).

1228 Appelbaum, P. S./Lidz, C. W./Meisel, A., Informed Consent, S. 52 f.

weist, daß diese von der europäischen Aufklärungsdoktrin überholt zu werden scheint. Die amerikanische Rechtsprechung stützt sich nämlich immer noch alternierend auf zwei Maßstäbe: einen subjektiven oder einen objektiven Maßstab. Während ersterer darauf abstellt, ob der betroffene Patient aufgrund seiner vergangenen Erfahrungen von den Gefahren und Risiken wissen muß, stellt zweiterer auf den Wissensstand eines vernünftigen (reasonable) Patienten ab. Daraus ergibt sich, daß „common, known, remote, or minor risks" nicht bekanntgegeben werden müssen[1229].

*Aufklärung über Alternativen/Optionen*

Einen wesentlichen Bestandteil der Informed Consent Doktrin stellt die Bekanntgabe von Alternativen zu einer vorgeschlagenen Behandlung dar[1230].

Der Terminus „Alternativen" bringt bereits zum Ausdruck, daß ein Arzt mitunter bereits seine Entscheidung für eine Behandlung getroffen hat und neben dieser erwogenen Behandlung nur mehr sekundäre und untergeordnete Behandlungsmethoden in Aussicht stellt. Bliebe es bei dieser Ansicht, daß der Arzt letztlich über die Behandlung bestimmt, würde wohl das ältere Konzept des Simple Consent genügen, der Patient müßte sich dann für die eine Behandlungmethode entscheiden oder auch nicht. Die Informed Consent Doktrin stellt aber ausdrücklich darauf ab, daß der Patient seine eigenen Präferenzen, Werte, Ziele und Bedürfnisse in die Erwägungen einbeziehen kann. Es geht daher darum, daß dem Patienten die Möglichkeit zu geben ist, zwischen Alternativen, oder besser noch Optionen wählen zu können, auch wenn die medizinischen Ergebnisse vom medizinischen Standpunkt aus nicht bei allen Behandlungen gleich zielführend sind.

Auch über die zur Auswahl stehenden Methoden der Schmerzensausschaltung (Narkose) ist der Patient zu informieren. Der deutsche BGH[1231] führte dazu aus, daß der Arzt dem Patienten die Wahl zwischen zweierlei Gefahrengruppen (hier: Vollnarkose oder Periduralanästhesie) ohne trifftige Gründe nicht vorenthalten darf. Auch bei der Ver-

---

1229 Ebda, S. 53.

1230 Giesen, D., Arzthaftungsrecht, S. 27.

1231 V. 12. 2. 1974, in: Neue Juristische Wochenschrift 1974, S. 1422 ff.

schreibung von Medikamenten muß der Arzt seiner Aufklärungspflicht nachkommen, denn „die Verabreichung von Medikamenten (ist) genauso eine Körperverletzung wie ein operativer Eingriff“[1232]. Der Beipackzettel entbindet nicht von der Aufklärungspflicht. Könnte der Patient an der Person des Operateurs ein besonderes Interesse haben, etwa weil er als anerkannter Spezialist gilt, muß er auch darüber informiert werden, wer konkret den Eingriff vornimmt. Umgekehrt ist der Patient aber auch darüber zu informieren, daß die Operation von einem „Neuling“ zum ersten Mal ausgeführt wird[1233].

*Aufklärung über die Vorteile einer Behandlung*

Hier ist der zu erwartende Erfolg einer Behandlung angesprochen. In vielen Fällen deckt sich zwar der Zweck der Behandlung mit dem erwarteten Erfolg: Der Patient sucht die Behandlung, um durch diese den ursprünglichen Gesundheitszustand wiederzuerlangen. In anderen Fällen wiederum muß dem Patienten doch deutlich mitgeteilt werden, daß die zu unternehmende Behandlung diagnostische Ziele und nicht therapeutische Ziele verfolgt. Weiters ist der Patient auch darüber zu informieren, wenn eine Behandlung nicht in der Lage ist, eine Krankheit vollständig zu heilen. Der Patient ist über solche Grenzen von Behandlungen entsprechend aufzuklären[1234].

*Die Art und Weise der Aufklärung*

Die Frage, wie Informationen angelegt werden sollen, ist freilich vom individuellen Fall abhängig. Auszugehen ist wohl von einer Basisinformation, die eine deutliche Einladung an den Patienten enthält, weiterzufragen. Dabei muß der Arzt eine allgemein verständliche Sprache verwenden und unverständliche Fachausdrücke entweder erklären oder vermeiden. Die Information des Patienten muß auch in zeitlicher Hinsicht sorgsam gewählt werden, der Patient muß also bereit und in der Lage sein, die Information aufzunehmen und zu verarbeiten[1235].

---

1232 Malek, K./Endriß, R., Patientenrechte, S. 28.
1233 Ebda.
1234 Appelbaum, P. S./Lidz, C. W./Meisel, A., Informed Consent, S. 55.
1235 Aghina, M., Patiëntenrecht, S. 40 ff.

Für die Rangfolge der Detailaufklärungspflichten bestehen naturgemäß keine fixen Regeln, da jedenfalls die Besonderheiten des konkreten Falles berücksichtigt werden müssen. Da der Patient frei und umfassend aufgeklärt in die Behandlung einwilligen soll, ist der Kernbereich der Selbstbestimmungsaufklärung die Risikoaufklärung. Daneben bestehen noch die Diagnose- und Verlaufsaufklärung. *Laufs* und *Kern*[1236] zählen unter bestimmten Umständen auch die therapeutische Information zur Selbstbestimmungsaufklärung.

*Standards der Bekanntgabe*

*Professioneller Standard*

In den fünfziger und sechziger Jahren war nach Auffassung der amerikanischen Judikatur das Maß oder der Maßstab für die Bekanntgabe der Informationen durch den Arzt primär eine Frage der medizinischen Beurteilung[1237]:

„... the duty of the physician to disclose ... is limited to those disclosures which a reasonable medical practitioner would make under the same or similar circumstances“[1238].

Diese Beurteilung zeigt deutlich Parallelen zur Beurteilung der ärztlichen Kunstfehler oder der ärztlichen Sorgfaltsverletzungen. Auch in diesem Bereich werden die Ärzte an einem Maßstab, der gewöhnlicher- und üblicherweise im Berufsstand vorzufinden ist, gemessen[1239].

Dieser Standard kann mitunter durchaus, allerdings nur unter einem speziellen Blickwinkel, als begrüßenswert betrachtet werden, nämlich dann, wenn man davon ausgeht, daß Ärzte grundsätzlich wissen, in welchem Ausmaß der Arzt seinen Patienten informieren soll, welche Bereiche dabei objektiv und welche Bereiche subjektiv für den Patienten von größtem Wert sind. Nur in diesem Fall wäre der professionelle Standard ein akzeptabler und sogar wünschenswerter Parameter.

Allerdings ergeben sich drei Problemfelder[1240]:

(1) In bestimmten Bereichen ist es für den Arzt nicht üblich, entspre-

1236 Kern, B.-R./Laufs, A., Die ärztliche Aufklärungspflicht, S. 53.
1237 Appelbaum, P. S./Lidz, C. W./Meisel, A., Informed Consent, S. 41.
1238 Natanson v. Kline, 350 P.2d 1093 (Kan. 1960).
1239 Weber-Steinhaus, D., Ärztliche Berufshaftung, S. 107 ff.
1240 Appelbaum, P. S./Lidz, C. W./Meisel, A., Informed Consent, S. 42 f.

chende Informationen bekanntzugeben; darum würde der rechtliche Anspruch auf Informationsbekanntgabe durch die medizinische Praxis unterminiert[1241].

(2) Selbst in jenen Bereichen, wo ein entsprechender Standard zur Informationsbekanntgabe besteht, kann es möglich sein, daß dieser nicht den Bedürfnissen des Patienten entspricht, der seinerseits vielleicht wünscht, in geeigneter Weise in der Lage zu sein, an der Behandlung zu partizipieren.

(3) Wird ein professioneller Standard verwendet, bedarf es – etwa im Fall eines Gerichtsprozesses – jeweils eines Sachverständigen, der in der Lage ist, den entsprechenden professionellen Standard zu eruieren.

*Patientenorientierter Standard*

In den siebziger Jahren begannen verschiedene Gerichte in den Vereinigten Staaten, den „Professional Standard of Disclosure" zu hinterfragen. Die Neuformulierung des Standards stellte auf drei Komponenten ab[1242]:

(1) Das Ausmaß der Pflicht zur Bekanntgabe der Informationen wird im Verfahren durch Laien bzw. Geschworene beurteilt und zwar ohne Unterstützung von Sachverständigen;

(2) das Ausmaß der Bekanntgabe der Information richtet sich mehr nach rechtlichen Gesichtspunkten als nach ärztlichen Gewohnheiten;

(3) die Bekanntgabe der Information ist grundsätzlich patientenorientiert und ist Ausfluß des Anliegens, daß der Patient über diejenigen Informationen verfügen sollte, um in der Lage zu sein, eine „intelligente Entscheidung" zu fällen.

Zwar lag der Anlaß zum Übergang auf den patientenorientierten Standard sicherlich im offenkundigen Mangel an professionellen Standards und den daraus resultierenden Schwierigkeiten des Patienten beim Beweis solcher Standards begründet, trotzdem verbirgt sich dahinter doch ein prinzipielleres Konzept. Dem Patienten soll es grundsätzlich überlassen sein, über Risiken, denen er ausgesetzt wird, selbst zu entscheiden. Im *Canterbury*-Fall wurde dieser Gedanke deutlich formuliert:

---

1241 Z. B. Canterbury v. Spence, 464 F.2d 772 (D. C. Cir. 1972).
1242 Appelbaum, P. S./Lidz, C. W./Meisel, A., Informed Consent, S. 44.

„. . . respect for the patient's right of self-determination on particular therapy demands a standard set by law for physicians rather than one which physicians may or may not impose upon themselfs . . ."[1243].

Der patientenorientierte Standard verpflichtet die Ärzte zu viel umfassenderer Information als es die professionellen Standards taten. Während der professionelle Standard sich eher faktisch darstellt und empirisch faßbar scheint, beruht der patientenorientierte Standard deutlich mehr auf einer hypothetischen Ebene, denn letzterer stellt darauf ab, daß der Arzt Informationen in einer Weise bekanntzugeben hat, die eine vernünftige und verständnisvolle Person für wichtig findet und dadurch in der Lage ist, eine entsprechende Entscheidung zu fällen. Allerdings ist dies nur im Einzelfall vor Gericht zu klären. Problematisch bleibt dabei also, daß der Arzt nicht im vorhinein weiß, welche und in welchem Ausmaß er Informationen bekanntzugeben hat. Daher ist er wohl gezwungen, um zu erfahren, welche Informationen für den konkreten Patienten von Notwendigkeit sind, mit dem Patienten zu diskutieren. Dies ist wohl das Grundanliegen der Informed Consent Doktrin: Der Arzt hat den Patienten bei der Entscheidungsfindung über seine eigene Behandlung und Pflege einzubeziehen[1244].

Angemerkt muß aber trotzdem werden, daß ein patientenorientierter Standard in vielen Fällen vielleicht eine idealisierte Vision bleibt. Empirische Daten über dieses Modell fehlen.

Die junge europäische Entwicklung[1245], daß die Information so anzulegen ist, daß die Aufnahme und Umsetzung auf der jeweiligen geistigen Stufe des betreffenden Patienten nicht nur gewährleistet erscheinen darf, sondern die tatsächliche Verarbeitung zu überprüfen ist, wird ebenfalls erst auf ihre Rechtswirklichkeit hin zu evaluieren sein.

## 5.1.5. GRENZBEREICHE DES AUFKLÄRUNGSRECHTS

Gegen das Informationsrecht des Patienten wurde immer wieder angeführt, daß es nicht möglich sei, die Komplexität des medizinischen Wissens einem Laien zu erklären. Dieses Argument, ebenso wie das Argument, daß durch den zeitlichen Druck der Behandelnden zu wenig Zeit

1243 Canterbury v. Spence, 464 F.2d 772 (D. C. Cir. 1972).
1244 Appelbaum, P. S./Lidz, C. W./Meisel, A., Informed Consent, S. 45.
1245 Siehe oben.

für Information bleibt[1246], sind wenig überzeugend. Die Information des Patienten gehört aber längst zum professionellen Standard[1247]. *Faden*, *Beauchamp* und *King* beenden ihr grundlegendes Werk über die Geschichte und die Theorie des Informed Consent mit folgender Hoffnungssentenz: „We reject the tendentious thesis that it is never possible to obtain 'true' informed consents (. . .) with sufficient effort on the part of the professional, we are confident that such consents can be obtained frequently, and for some procedures even routinely"[1248].

Trotzdem führt *Carnerie*[1249] kritisch dazu, besser dagegen, aus: Das Gesundheitswesen stellt grundsätzlich immer höhere Ansprüche an seine Konsumenten. Ein System, das zusehends unpersönlicher, technokratischer und fremder wird, verlangt von den Konsumenten/Patienten kritische Entscheidungen bei Diagnose und Behandlung vor und während ihrer medizinischen Betreuung. Und dies geschieht gerade in dem Augenblick, da der Berufsstand der Mediziner an sich mit weitreichender Skepsis und mangelndem Vertrauen betrachtet wird[1250].

Um den Patienten in ausreichendem Maße zu schützen, wurde die Informed Consent Doktrin entwickelt, die keineswegs versucht, einen absoluten Standpunkt zu postulieren, sondern durchaus bemüht ist, die zahlreichen, komplex ineinander wirkenden Aspekte der Sozialpolitik, der Kommunikationstheorien, des Patient-Arzt-Verhältnisses und der medizinischen Ethik zu berücksichtigen. Als Grundprinzip liegt dieser Doktrin das fundamentale Prinzip der menschlichen Autonomie zugrunde[1251].

Trotz dieses Grundprinzips der Informed Consent Doktrin sieht *Carnerie*[1252] Grenzbereiche, die die Qualität und Werte der Doktrin mitunter in Frage stellen. Dies geschieht etwa dann, wenn eine Person, die an sich vollkommen einsichts- und urteilsfähig ist, sich im Zustand der Krise befindet, nachdem ihr die Diagnose einer chronischen, langwierigen und/oder potentiell tödlichen Krankheit mitgeteilt wurde.

---

1246 Deutsch, E., Der Zeitpunkt der ärztlichen Aufklärung, S. 1905 ff.

1247 Leenen, H. J. J., Gezondheidsrecht, S. 162.

1248 Faden, R. R./Beauchamp, T. L./King, N., History and Theory of Informed Consent, Oxford 1986, S. 508.

1249 Carnerie, F., Crisis and Informed Consent, S. 55 ff.

1250 Illich, I., Limits to Medicine, Medical Nemesis: The Expropriation of Health, London 1977; McKeown, T., The Role of Medicine.

1251 „1. to promote self-determination and 2. to promote rational decision making"; dazu Annas, G. J., Rights of Patients, S. 89.

1252 Carnerie, F., Crisis and Informed consent, S. 55.

Drei weitere Erkenntnisse machen das Problem noch viel deutlicher. Erstens kann beobachtet werden, daß Menschen im Zustand der Krise psychischen und kognitiven Veränderungen unterliegen, die sie zumindest temporär daran hindern, informierte und rationale Entscheidungen zu treffen, obwohl sie deshalb nicht einsichts- und urteilsunfähig sind. Zweitens, selbst wenn diese Menschen im Zustand der Krise als einsichts- und urteilsunfähig betrachtet werden, muß festgehalten werden, daß subsidiär greifende Maßnahmen der Informed Consent Doktrin im Interesse des Patienten unter diesen besonderen Umständen als nicht zielführend betrachtet werden müssen. Und drittens ist die Anzahl der Konsumenten, die von der Informed Consent Doktrin im Zustand der Krise betroffen sind, zunehmend im Steigen begriffen[1253].

Bisher hat die Rechtsprechung noch keine geeigneten Wege gefunden, die eine Lösung eben genannter Probleme erleichtern und den betroffenen Personen in der verletztlichen Phase der Krise adäquaten Schutz ermöglichen könnten. Im Gegenteil:

Die Frage, inwieweit es für die Gültigkeit einer Zustimmung notwendig ist, daß der Patient die Informationsbekanntgabe des Arztes auch versteht, ist beispielsweise im amerikanischen Common Law bis heute nicht eindeutig oder abschließend geklärt. Dafür lassen sich drei Gründe anführen.

– Erstens unterscheiden die meisten Gerichte nicht zwischen der Informationsbekanntgabe des Arztes und der Aufnahme der Information durch den Patienten. Die Durchführung der Informationsweitergabe als solche sichert aber nicht das Verständnis der Information durch den Patienten.

– Zweitens sind die amerikanischen Gerichte oftmals über den rechtlichen Zweck der Informed Consent Doktrin verunsichert. Ist es der Zweck der Informed Consent Doktrin, das individuelle Wahlrecht des Patienten zu schützen, so scheint das Ziel bereits mit der Informationsbekanntgabe erreicht zu sein. Ist es hingegen das Ziel der Informed Consent Doktrin, daß die Entscheidung des Patienten auf einem adäquaten und umfassenden Verständnis beruht, so muß dieses Verständnis des Patienten auch im Zentrum der gerichtlichen Prüfung liegen.

– Und drittens herrscht Unsicherheit bei der Abgrenzung der Verar-

1253 So wurden als das Exempel für Carnerie im Jahre 1980 52.624 Kanadier auf Krebs diagnostiziert; Cancer in Canada, Statistics Canada: Ministry of Supply and Services (1983), zit. nach Carnerie, F., Crisis and Informed Consent, S. 56.

beitungskapazität (competency) des Patienten. Zwar wird die Zustimmung einer einsichts- und urteilsunfähigen (incompetent) Person als nichtig betrachtet, allerdings gehen die Erwägungen nicht so weit, daß tatsächlich geprüft wird, ob eine Person die erhaltenen Informationen tatsächlich (in fact) versteht.

Unabhängig von den eben angesprochenen Unsicherheiten der amerikanischen Rechtsprechung läßt sich aber festhalten, daß es jedenfalls ein Anliegen der Informed Consent Doktrin ist, daß der Patient, der Informationen erhält, dieselben auch verstanden haben sollte. Nur wenn der Patient in der Lage ist, Informationen aufzunehmen und zu verstehen, kann er vernünftig eine Entscheidung fällen und an den Behandlungsentscheidungen partizipieren[1254].

*Verzicht auf die Aufklärung*

Ein Grund, nicht zu informieren, besteht darin, die Weigerung eines Patienten, Information entgegenzunehmen, zu respektieren[1255]. Das Recht auf Information umfaßt von seiner Grundstruktur her also auch das Recht, nicht informiert zu werden[1256].

Im amerikanischen Common Law finden sich nur wenige gerichtlich entschiedene Fälle in diesem Zusammenhang[1257], teilweise nehmen aber gesetzliche Bestimmungen auf die Möglichkeit der Verzichtserklärung des Patienten Bezug[1258].

Die bisher vor Gericht eingebrachten Fälle und auch die einzelnen gesetzlichen Regelungen erkennen zwar die Existenz einer Verzichtserklärung an, lassen aber die damit verbundenen Probleme für sich stehen.

Eine Untersuchung des dänischen Konsumentenrates (forbrugerrådet) aus dem Jahre 1984 ergab, daß die überwältigende Mehrheit der

---

1254 Appelbaum, P. S./Lidz, C. W./Meisel, A., Informed Consent, S. 60.

1255 Weber-Steinhaus, D., Ärztliche Berufshaftung, S. 205 ff.

1256 Strasser, M., Mill and the Right to Remain Uninformed, in: Journal of Medicine and Philosphy 1986, S. 265 ff; Leenen, H. J. J., Gezondheidsrecht, S. 164; Faden, R. R./Beauchamp, T. L./King, N., Informed Consent, S. 38; auch Giesen, D., Arzthaftungsrecht, S. 31.

1257 Z. B. Kaimowitz v. Michigan Dep't of Mental Health, 1 Ment. Dis. Law Rprt. 147 (Cir. Ct. Wayne County Mich. 1976).

1258 N. Y. Pub. Health Law § 2805-d(4)(b)(McKinney 1977); Utah Code Ann. § 78-14-5.2(c)(1977).

Patienten Information zu erhalten wünscht und nur 9% nicht. Darin ist eine eindeutige Steigerung des Wunsches nach Information dokumentiert. Denn eine ältere Umfrage[1259] ergab, daß ca. 20% der Patienten keinerlei Information zu erhalten wünschten. Diesem Wunsch muß selbstverständlich Rechnung getragen werden. Für den Arzt mag es in manchen Fällen schwierig sein, abzuwägen, ob und wie weit er den Patienten mit Rücksicht auf seinen Zustand informieren soll. Es gibt zwar kein bekanntgewordenes Urteil über unerwünschte oder schädliche Information, jedoch wird dieses Problem in der Öffentlichkeit des öfteren diskutiert[1260].

In den Niederlanden ist dieses Recht, uninformiert zu bleiben, im Gesetzesentwurf über den medizinischen Behandlungsvertrag verankert[1261]. Eine „erkennbar ausdrückliche Weigerung" eines Patienten, Informationen über seinen Gesundheitszustand zu empfangen, ist zu respektieren. Eine Ausnahme, sozusagen ein umgekehrtes therapeutisches Privileg, liegt im Umstand, daß „der Behandelnde diese Art von Information notwendigerweise an den Patienten weitergeben muß".

Schwieriger wird die Weigerung eines Patienten, Informationen entgegenzunehmen zu wollen, bei genetischen und erblichen Krankheiten oder beim Vorliegen eines sero-positiven Befundes bei Aids. Ein Teil der Lehre[1262] bejaht auch in diesen Fällen das Recht des Patienten, uninformiert zu bleiben und begründet dies mit den gerechtfertigten Interessen des Erkrankten im Hinblick auf die berufliche Stellung und die mögliche Ablehnung durch eine Versicherung: HIV-Positive können oft keine Krankenversicherungen mehr abschließen. Es muß abgewogen werden, daß in diesen Fällen der Verweigerung, das Recht auf Information zu einer Pflicht, Fakten anzuhören, umgewandelt und damit das Recht auf Selbstbestimmung relativiert wird[1263]. Das Selbstbestimmungsrecht und die Autonomie des Menschen werden damit angetastet. Andere[1264] schätzen das Interesse Dritter höher ein und treten dafür

1259 Rygård, J., Nogle erfaringer vedrørende patientinformation, in: Ugeskrift for laeger, v.139, 5 (1977), S. 301.
1260 Pedersen, O. Bøjstrup, Information og samtykke, S. 10 ff.
1261 Artikel 1653 c.
1262 Etwa Leenen, H. J. J., Rechten van de patiënt, S. 1382; Roscam Abbing, H. D. C., AIDS en de rechten van de patiënt, in: Tijdschrift voor Sociale Gezondheidszorg 1985, S. 945.
1263 Leenen, H. J. J., Gezondheidsrecht, S. 164.
1264 Hermans, H. E. G. M./Faro, L. M. C., Patiëntenrechten, S. 199.

ein, auch in diesen Fällen gegen den Willen des Patienten eine Information über einen positiven Aids-Befund zu geben.

Diese Umstände fallen jedoch nicht ohne weiteres unter den Ausnahmetatbestand des Artikels. Es muß ein ernsthafter Gewissenskonflikt über die ärztlichen Pflichten vorliegen, um das Recht, nicht informiert zu werden, in einem individuellen Fall zu brechen. Mißt man das Handeln des Arztes in einer solchen Situation, dann ließe sich das Problem ganz traditionell durchaus auch mit den Theorien des rechtfertigenden oder auch nur des schuldausschließenden Notstands lösen. Dies ganz besonders dann, wenn abzuwägen war, ob das Recht, uninformiert zu bleiben, dem Recht Dritter, vom unwissenden Erkrankten nicht angesteckt zu werden, weichen müsse.

Anzumerken ist aber, daß es grundsätzlich das erklärte Ziel der Informed Consent Doktrin ist, dem Patienten die Möglichkeit zu bieten, mit Hilfe der entsprechenden Informationen Entscheidungen zu fällen. Eine Ausnahme von der Informationspflicht des Arztes unterläuft diese Ziele. Allerdings ist es nicht das Anliegen der Doktrin, daß die Entscheidungen unbedingt rational gefällt werden. Primäres Ziel ist die Sicherung der individuellen Selbstbestimmung. Die Erlaubnis, selbständig Entscheidungen zu fällen, ist die eine Möglichkeit, die Selbstbestimmung des Patienten zu gewährleisten. Patienten aber zu zwingen, Informationen aufzunehmen, die sie an sich nicht erhalten wollen, wäre aber auch eine Verletzung des Selbstbestimmungsrechtes des Patienten, selbst dann, wenn der Patient erst dadurch in der Lage ist, an der Entscheidung über eine Behandlung zu partizipieren. Er muß nämlich auch nicht partizipieren wollen dürfen. Daher liegt eine Verzichtserklärung des Patienten konsequent im Sinne der Informed Consent Doktrin.

Patienten sollten daher grundsätzlich auf den Aufklärungsanspruch verzichten können. Ist der Patient der Meinung, daß eine Informationsbekanntgabe für ihn nachteilig oder schädlich sein kann, so liegt ein Informationsverzicht – anders als beim therapeutischen Privileg des Arztes – hier im Ermessen des Patienten.

### *Das therapheutische Privileg*

Das Recht auf Information ist darauf gerichtet, dem Patienten die Selbstbestimmung zu ermöglichen. Es gibt jedoch auch die Umkehr der Teleologie. Ist eine Selbstbestimmung nach Erteilung der Information

---

1265 Appelbaum, P. S./Lidz, C. W./Meisel, A., Informed Consent, S. 70 f.

zu erwarten, die den Heilerfolg in Frage stellt, so hat der Patient das Privileg, von dieser Information verschont zu bleiben. Die Zulässigkeit der Ausnahme wurzelt also stets in einer mit hoher Wahrscheinlichkeit erwartbaren und gravierenden Kontraproduktivität[1267].

So braucht man etwa keine Information darüber zu geben, daß im Rahmen einer therapeutischen Behandlung ein Placebo verwendet wird. Ein Placebo ist ein therapeutisches Mittel, dessen Wirksamkeit eben gerade darin liegt, daß der Patient das objektive Wirkungsunvermögen des Medikaments nicht kennt. Die Information, daß ein Patient ein Placebo nimmt, würde die angestrebte therapeutische Wirkung vereiteln[1268].

Weiters kann Information aus therapeutischen Gründen zurückgehalten werden[1269]. Die mögliche Weigerung des Patienten, die medizinische, freilich objektiv aussichtsreiche, Behandlung fortzusetzen, könnte ein Grund für diese therapeutische Ausnahme sein. Positiv formuliert kann also eine Information dann zurückgehalten werden, wenn die Information für den Patienten schädlich ist[1270]. Dennoch muß, da es sich um eine Ausnahme handelt, diese eben begrenzt interpretiert werden. Der Arzt wird in solchen Fällen die Neigung haben, den Begriff „schädlich" weit zu interpretieren. Diese Auffassung steht jedoch im Widerspruch zum exzeptionellen Charakter eines therapeutischen Schweigens. Ein großzügiger Gebrauch dieser therapeutischen Ausnahme würde das Recht auf Information aushöhlen[1271].

Das therapeutische Privileg ist unzweifelhaft eng zu interpretieren und ein Ausnahmeinstitut. Die Inanspruchnahme rechtfertigt sich nur in Fällen der begründeten Annahme befürchteter Überreaktionen, etwa einer Selbstgefährdung oder der Aufgabe jeglichen Lebenswillens, wo doch noch berechtigte Aussichten auf Heilung oder wenigstens Leidenslinderung bestehen.

Bei einer solchen therapeutischen Ausnahme kann man dennoch die Zustimmung nicht unterstellen. Ohne Information ist Zustimmung nicht möglich: Die Behandlung findet also ohne Zustimmung, aber aus

---

1266 Ebda.
1267 Giesen, D., Arzthaftungsrecht im Umbruch II, S. 391.
1268 Leenen, H. J. J., Gezondheidsrecht, S. 163.
1269 Weber-Steinhaus, D., Ärztliche Berufshaftung, S. 208 ff.
1270 Deutsch, E. Das therapeutische Privileg, S. 1305 ff.
1271 Leenen, H. J. J., Gezondheidsrecht, S. 165.

einer Güterabwägung heraus, dennoch erlaubterweise statt. Der niederländische Gesetzesentwurf über den medizinischen Behandlungsvertrag bestimmt in Art. 1653 b Abs. 2 des Bürgerlichen Gesetzbuches, daß in einem solchen Fall ein anderer als der Patient informiert werden muß. Was dadurch substituiert werden soll, ist allerdings nicht klar. Möglicherweise liegt die ratio legis in der solcherart grundsätzlich ermöglichten Fremdvertretung der Interessen des unaufgeklärt behandelten Patienten. In diesen Fällen liegt die Beweislast, daß im konkreten Fall der Schaden durch Sprechen größer ist, als der Schaden durch Schweigen, beim Arzt.

Auch hier sind also die Grenzen der Ausnahme von der grundsätzlichen ärztlichen Pflicht nicht deutlich festgelegt, allerdings ist zumindest der Zweck der Ausnahmebestimmung sehr eindeutig[1272]:

– Im Kollisionsfall wird der Arzt von gesetzlichen Bestimmungen befreit, welche den Arzt dazu zwingen, seine an sich primäre Pflicht, zum allgemeinen Besten des Patienten zu handeln, zu verletzen[1273];

– Ferner soll dieses Privileg es den Ärzten ermöglichen, ihren professionellen, ethischen Pflichten, dem Patienten nicht zu schaden, nachzukommen[1274];

Gängig und durchaus nicht unbegründet ist der kritische Einwand gegen dieses therapeutische Privileg, daß die Ärzte dieses Privileg, wie *Kern* und *Laufs* festhalten[1275], dazu benützen, um ihre natürliche Abneigung, den Patienten zu informieren, zu kaschieren[1276].

Die große Gefahr dieser Ausnahmeregelung besteht darin, daß sie dazu benützt wird, um das traditionelle, paternalistische Verhalten der Ärzteschaft zu unterstützen und eben ein Privileg des Patienten dafür als Rechtsgrund heranzuziehen. Daher bedarf es einer Definition dieser Ausnahmeregelung, die sich an die Primärfunktion der Informed Consent Doktrin anlehnt. Geht man davon aus, daß es der Zweck der Informed Consent Doktrin ist, dem Patienten die Möglichkeit zu bieten,

---

1272 Appelbaum, P. S./Lidz, C. W./Meisel, A., Informed Consent, S. 73.

1273 Informed Consent: The Illusion of Patient Choice, in: Emory Law Journal 23 (1974), S. 503 ff.

1274 Lund, C. C., The Doctor, the Patient, and the Truth, in: Tennessee Law Review 1946, S. 344 ff.

1275 Kern, B.-R./Laufs, A., Die ärztliche Aufklärungspflicht, S. 55.

1276 Meisel, A./Roth, L. H., Toward an Informed Discussion of Informed Consent: A Review and Critique of the Empirical Studies, in: Arizona Law Review 25 (1983), S. 265 ff.

medizinische Entscheidungen rational zu fällen, so sollte diese Ausnahme eben nur dann gelten, wenn die Bekanntgabe der Information genau diesem Leitgedanken widersprechen würde[1277].

Das Beharren eines Patienten auf volle Wahrheit ist geradezu ein Indiz dafür, daß der Patient die Inanspruchnahme des therapeutischen Privilegs verweigert. Geschützt soll durch das Privileg nämlich nur jener Patient werden, der seine Schutzbedürftigkeit nicht ausdrücklich ausschließt. Natürlich kann auch ein Patient, der auf äußerste Nachrichten gefaßt zu sein vorgibt, schutzbedürftig sein. Allein, es mag eine Reihe von zivilen Dispositionen erbrechtlicher, personenrechtlicher, schuldrechtlicher oder sonstiger Art geben, die der Patient von seinem wirklichen Befund und einer objektivierten Prognose abhängig macht und daher seiner Dispositionsgrundlagen nicht beraubt werden darf. Das und nicht weniger meint Autonomie.

Das Recht des Patienten auf Information und die damit zusammenhängende Pflicht auf Information durch den Arzt, besteht aus zwei Teilen: Der Patient hat ein Recht auf Information darüber, was mit ihm geschieht und er hat ein Recht auf Beantwortung seiner Fragen. Das Recht auf Antwort umfaßt das Recht, daß zugehört und reagiert wird. Das Recht auf Antwort umfaßt auch das Recht auf Wahrheit. Die „fromme Lüge“ ist mit dem Vertrauensverhältnis nicht zu vereinbaren.

### *Störungen in der Informationsaufnahme*

Ein weiterer Ausnahmefall ist dann gegeben, wenn der Patient zur Informationsaufnahme nicht oder nur eingeschränkt fähig ist. Weder die Medizin noch das Recht vermögen eindeutig zu klären, wann dies tatsächlich der Fall ist.

Vom Standpunkt der Medizin scheint die Bewertung der Informationsaufnahmefähigkeit problematisch. Zum einen schwankt die Aufnahmefähigkeit proportional zum Verlauf der Krise und zum anderen kann sie sprunghaft kognitiv oder emotional bedingt beeinträchtigt sein[1278].

Ein ganz eigenes Problem in diesem Zusammenhang ist die Bewertung der Informationsaufnahmefähigkeit der alten Menschen. Eine Stu-

1277 Appelbaum, P. S./Lidz, C. W./Meisel, A. Informed Consent, S. 73.
1278 Carnerie, F., Crisis and Informed Consent, S. 83 ff.

die von *Stanley*[1279] ergibt, daß sich das Denkvermögen alter Menschen nicht wesentlich von dem jüngerer Menschen unterscheidet. Allerdings zeigt sich trotzdem, daß ältere Menschen signifikant weniger Verständnis für erhaltene Informationen aufbringen. Das eröffnet den allerdings nicht erwiesenen Verdacht, daß ältere Menschen sich selbst besser gegen bestimmte Botschaften abschirmen können.

Weiters ist festzustellen, daß unter bestimmten Umständen, etwa im Zustand der Unsicherheit, sich manche Menschen auf ihre Intuition verlassen. Erscheint dann das entsprechende Verhalten des Patienten irrational, mag mitunter die Informationsaufnahmeunfähigkeit angenommen werden.

Das Unsicherheitsmoment bei der Bewertung der Aufnahmefähigkeit von Informationen liegt in der Schwierigkeit der Abgrenzung und in der graduellen Konkurrenz und im Ergebnis daher darin, daß ein Mensch, der (vielleicht gerade noch) informationsaufnahmefähig ist, (vielleicht eben schon) als informationsaufnahmeunfähig eingestuft wird.

Die Rechtsprechung erörtert mehrere Faktoren für die Fähigkeit des Patienten, Informationen zu verstehen[1280]: Intelligenz, Ausbildungsstand, Präsenz und Schwere der Krankheit sowie der seelische Zustand[1281].

In Literatur und Rechtskommentaren haben sich fünf Kategorien für die Feststellung (test) der Aufnahmefähigkeit von Informationen des Patienten entwickelt[1282]: (1) eine Wahl kundtun; (2) vernünftige Folge einer Wahl; (3) rationale Gründe für eine Wahl; (4) die Möglichkeit zu erfassen; (5) tatsächliches Verstehen.

(1) „evidencing the choice“: Dieser Test drückt die höchste Achtung der Autonomie des Patienten aus. Dabei ist als eine informationsauf-

---

1279 Stanley, B./Guido, J./Stanley, M./Shortell, D., The Elderly Patient and Informed Consent: Empirical Findings, in: Journal of American Medical Association 252 (1984), S. 1302 ff.

1280 Carnerie, F., Crisis and Informed Consent, S. 68 ff.

1281 Im juristischen Sinne wird hier immer von Zurechnungs(un-)fähigkeit gesprochen, da Faktoren, die den mentalen Prozeß behindern, als Mangel der Zurechnungsfähigkeit betrachtet werden (z. B. Alkohol, geistig zurückgebliebene Personen, mental kranke Menschen).

1282 Einteilung von Roth, L. H./Meisel, A./Lidz, C. W., Tests of Competency to Consent to Treatment, in: American Journal of Psychiatry 134 (1977), S. 279 ff.

nahmefähige Person derjenige Patient zu sehen, welcher sich für oder gegen eine Behandlung entscheidet. Die Qualität der Entscheidung wird keiner näheren Betrachtung unterzogen.

(2) „reasonable outcome“: Dieser Test stellt bei der Bewertung der Informationsaufnahmefähigkeit darauf ab, ob der Patient eine vernünftige, richtige und verantwortungsvolle Entscheidung trifft.

(3) „rational reasons“: Dieser Test stellt auf die Rationalität der Entscheidung des Patienten ab; im Vordergrund stehen solche Erwägungen vor allem, wenn der Patient einer Behandlung nicht zustimmt[1283].

(4) „ability to comprehend“: Hier wird auf die Möglichkeit des Patienten, die Vorteile, die Risiken und die Alternativen zu einer Behandlung zu begreifen, abgestellt. Diese Bewertung ist aber insoferne problematisch, wenn beispielsweise der Patient enorm hohe Risiken eingehen will. Es gibt keine genauen Maßstäbe für diese Bewertung.

(5) „competency per se“: Dieser Test versucht die Zurechnungsfähigkeit zu objektivieren.

### 5.1.6. INFORMED CONSENT IN DER PRAXIS

Die Mediziner zeigen sich kritisch hinsichtlich der rechtlichen Informed Consent Doktrin, da sie zum einen Teil zu abstrakt und zum anderen Teil abseits der Erfahrungen des medizinischen Alltages erscheint. Anstatt die Praxis der Informationsweitergabe näher zu beleuchten, steht im Mittelpunkt der Problematik immer noch die Kultur des Vermutens oder Unterstellens: daß der Arzt den Patienten nicht ausreichend informiere; der Patient die Information nicht verstehe und eigentlich der Arzt die Entscheidung fällen müsse[1284].

Um diese Problembereiche empirisch zu erfassen, beschäftigen sich

---

1283 Beispielsweise Male v. Hopmans (1966) 1 O. R. 2d at 650.

1284 Für alle anderen Shultz, der im klassischen Arzt-Patienten-Verhältnis in der Praxis von nur einer tatsächlich geübten Wahlmöglichkeit des Patienten spricht: „Although scholars have proposed various models to describe or prescribe the distribution of power within the doctor patient relationship, for a number of years one view dominated professional ideology and customary practice. Under that view, the patient was seen as making only one key decision, to place herself in a given doctor's care, thereby delegating all subsequent authority to the doctor.

verschiedene Studien mit dem Arzt-Patienten-Verhältnis, der Suche nach Information durch den Patienten, der Art der Informationsweitergabe und den nuancierten Formen der Kommunikation. Ein Großteil dieser veröffentlichten Studien leidet aber an unzureichenden Forschungsansätzen[1285]. Es bedarf also dringend einer Verbesserung hin zur fundierten klinischen Forschung und gleichzeitig einer besseren Abstimmung der Forschungen zwischen Medizin und Recht; vor allem die Rechtstheorie muß sich deutlich mehr an der kritischen medizinischen Literatur orientieren.

Ein Bereich, der in der Praxis oftmals relevant scheint, ist das Abwägen zwischen individuellen und gesellschaftlichen Interessen. Es kann auch in diesem Bereich individuelles mit kollektivem Patientenrecht kollidieren. Dabei erfordert die öffentliche Gesundheit oftmals die Unterordnung der individuellen Interessen[1286]. Als Beispiel dient der Fall *Reyes* v. *Wyeth* Laboratories[1287]. Den Hintergrund zu diesem Fall bilden die Maßnahmen der zuständigen Entscheidungsträger, die die Mitteilung über die Risiken der Nebenwirkungen einer Impfung an die betroffenen Personen untersagte, da, falls einige Personen die Impfung erfolgreich mit einem Gerichtsurteil verweigerten, das Gesamtprogramm der Infektionsbekämpfung gefährdet gewesen wäre. Dabei tritt die verschiedenartige Betrachtungsweise zwischen Medizin und Recht deutlich zutage. Das Gericht hat in diesem Fall die Haftung des Herstellers bejaht, da er es unterlassen hat, die betroffenen Personen über die Risiken aufzuklären.

Ein anderes Problem der Praxis ist dieses: Auch wenn der Arzt sich ernstlich bemüht, sorgsam die Aufklärung herzustellen, so kann eine reduzierte Aufnahme- und Merkfähigkeit des Patienten den Verbindlichkeitsgehalt der Einwilligung Schwankungen unterwerfen, zumal ja der Patient zu jedem Zeitpunkt seinen Willen ändern darf. Erhoben wurde[1288], daß 70% der Krebskranken ihre chemotherapeutischen Me-

---

Such a model assumed that the patient lacked the technical ability to make medical decisions and their expertise justified the doctors making decisions on the patients' behalf"; Shultz, M. M., From Informed Consent to Patient Choice: A New Protected Interest, in: Yale Law Journal 95 (1985), S. 221.

1285 Carnerie, F., Crisis and Informed Consent, S. 77 f.

1286 Etwa Quarantäne; Impfungen gegen infektiöse Krankheiten.

1287 498 F.2d 1264 (5th Cir. 1974).

1288 Dood, M. J./Mood, D. W., Chemotherapy: Helping Patients to Know the Drugs They Are Receiving and Their Side Effects, in: Cancer Nursing 311 (1981), S. 311 ff.

dikamente in ihrem Wirkungscharakter so wenig einzustufen wußten, wie sie sich über die Nebenwirkung im klaren waren[1289].

Die Kritik an der Informed Consent Doktrin steigt zusehends, wenn Krankheit und Behandlung jeweils für sich betrachtet werden. Der Patient hat zum Großteil über den Verlauf von Krankheiten keine Vorstellung, er ist dann aber auch nicht in der Lage, Unterschiede bezüglich Ergebnissen von Behandlungen und dem unbehandelten Verlauf einer Krankheit zu beurteilen. Erwähnenswert ist auch, daß die Resultate von Behandlungen auch zwischen verschiedenen Gesundheitsinstitutionen variiren. Die Informed Consent Doktrin verlangt aber nicht definitiv, daß der Patient darüber aufgeklärt wird.

Eine Langzeitssammelstudie beschäftigte sich mit der Bestimmung der Faktoren, die ausschlaggebend sind, ob der Arzt seinen Patienten informiert, in welcher Art dies geschieht und wieviel Zeit für Kommunikation aufgewendet wird[1290]. Diese Studie wiederholte eine Untersuchung aus dem Jahre 1961, bei der noch 90% von damals 219 befragten Ärzten angaben, ihre Patienten nicht über den diagnostizierten Krebs zu informieren; hingegen ergab die Zweitbeobachtung, daß mittlerweile 98% der 278 befragten Ärzte die Patienten über die Diagnose informieren. Dabei wurden folgende Faktoren, die der Arzt bei der Frage, ob er dem Patienten die Diagnose bekannt gibt, in Erwägung zieht, als ausschlaggebend für die Entscheidung zu informieren oder dies zu unterlassen, in folgender Hierarchie festgestellt: Alter und Intelligenz des Patienten, Wünsche der Angehörigen, seelische Stabilität, der Wunsch des Patienten.

Bemerkenswert erscheint dabei, daß die Wünsche der Angehörigen bei der Frage, ob der Patient die Wahrheit über die Diagnose erfahren solle, vor dem Wunsch des Patienten angesiedelt wurde. Nicht unproblematisch ist auch, daß das subjektive Erscheinungsbild des Patienten, das dieser selbst dem Arzt vermittelt, einen hohen Aus-

---

1289 Erkannt wird hierbei verschiedentlich, daß die Mitwirkung von Familienmitgliedern von tragender Bedeutung sein könnte. Sind bei der Bekanntgabe von Informationen neben dem Patienten auch die Familienmitglieder anwesend, so geht man davon aus, daß zum einen mehr Information aufgenommen und behalten wird und zum anderen der Patient in seinem Vertrauen gestärkt wird und mitunter dem Arzt mutiger und selbstbewußter Fragen stellt; Carnerie, F., Crisis and Informed Consent, S. 91 ff.

1290 Novack, D. H., et al., Changes in Physicians' Attitudes, S. 847 ff.

schlag für die Bewertung des Arztes hat. In dieser Studie gaben 14% der Ärzte an, daß sie die Informationen über die Diagnose zurückhalten würden, soferne der Patient selbstmordgefährdet oder unter Depressionen zu leiden scheint.

Eine andere Studie gibt weiteren Aufschluß über die Praxis der Informationsweitergabe durch die Ärzte[1291]. Diese zeigt, daß Ärzte Informationen durchaus weitergeben und dabei auch der Überzeugung sind, daß Patienten über Nebeneffekte und Risiken aufgeklärt werden wollen. Nebeneffekte, die allerdings mit nur geringer Wahrscheinlichkeit auftreten, werden dem Patienten zumeist jedoch nicht mitgeteilt, da dies, so befürchtet – allerdings ungesicherterweise – die Ärzteschaft, die Wahrscheinlichkeit des Eintretens erhöhen würde.

Umgekehrt zeigt sich, daß sich die Informationspräferenzen des Patienten eigentlich ganz unabhängig von den rechtlichen und medizinischen Aspekten des Informed Consent entfalten: Patienten wünschen[1292] deutlich mehr Informationen, um der Aufklärung entsprechend ihre Einwilligung zu Behandlungen geben zu können; sie sehen in der Information aber auch eine Geste der Courtoisie und Achtung. Ein weiterer Grund für den Wunsch nach Aufklärung, der allerdings weniger häufig angeführt wurde, ist der Wunsch nach Entscheidungsspielraum, um informierterweise die vorgeschlagene Behandlung auch ablehnen zu können. Deutlich wurde in der Studie aber auch, daß Patienten teilweise nicht die Legitimität der Ablehnung einer Behandlung einschätzen können.

Eine Studie von *Cassileth*[1293] bringt ganz deutlich zum Ausdruck, daß die meisten Patienten so viel wie möglich an Informationen über Krankheit und Behandlung und eine entsprechende Partizipation an den Entscheidungen, die ihre Behandlungen betreffen, wünschen. Wenig erstaunlich und im Verhaltens- und Werteumbruch begründet, ist, daß die eben genannte Einstellung eher bei jüngeren und besser gebildeteten Patienten vorzufinden ist. Widerlegt wird in dieser Studie aber auch der insbesondere von Medizinern kultivierte Mythos,

---

1291 Faden, R. R., Disclosure Standards and Informed Consent, in: Journal of Health Policy & Law 6 (1981), S. 255.

1292 Lidz, C. W./Meisel, A., et al., Barriers to Informed Consent, in: Annals of International Medicine 99 (1983), S. 539 ff.

1293 Cassileth, B. R., et al., Information and Partizipation Preferences Among Cancer Patients, in: Annals of Internal Medizin 92 (1980) S. 832 ff.

daß die Aufklärung den Patienten notwendigerweise in Verzweiflung stürze. Im Gegenteil, die Daten der Untersuchung ergeben, daß eine umfassende Information eine hoffnungsvolle Einstellung des Patienten fördert[1294].

Erwähnenswert ist auch noch eine Überlegung, die formale, punktuelle Kriterien der Informed Consent Doktrin etwas relativiert. Entscheidungen über die Behandlung des Patienten werden nicht an einem einzigen, klar feststellbaren Punkt gefällt. Vielmehr zeigt sich eine ganze Kette von ineinander geschlossenen Ereignissen: Der Patient, der vielleicht zuerst einen Arzt aufsucht, nach mehreren Erwägungen in ein Spital eingeliefert wird und schließlich am Vorabend der Operation ein Einwillungsformular zu unterschreiben hat, ist bereits „socially and emotionally committed to the treatment“[1295].

Gerade bei schwerwiegenden Krankheiten ist das Kriterium absoluter Freiwilligkeit einer Zustimmung des Patienten schwierig herauszuschälen aus einem Gemenge von semiautonomen Teilentscheidungen und Subängsten: „Incapacitated and hospitalized because of illness, frightened by strange and impersonal routines and fearful for his health and perhaps his life, he is far from exercising a free power of choice (with) the person to whom he anchors his hopes . . .“[1296].

### *„Event-Model“ versus „Process Model“*

Die Interaktion zwischen Arzt und Patienten hinsichtlich der Fällung von Entscheidungen im Zusammenhang mit der medizinischen Behandlung kann sich nach *Appelbaum* modellhaft in zwei verschiedenen Erscheinungsweisen zeigen: dem Event Model und dem Process Model.

Das Event Model[1297] läßt sich einfach beschreiben: Ein Patient, der medizinische Hilfe sucht, konsultiert einen Arzt. Nach einer Untersuchung erstellt der Arzt die Diagnose und erwägt entsprechende Behandlungsschritte. Der Arzt teilt diese Informationen, in Verbindung mit den denkbaren Risiken, Vorteilen und alternativen Behandlungsmethoden, dem Patienten mit. Der Patient schätzt die verschiedenen

1294 Ebda, S. 834.
1295 Ebda.
1296 Ingelfinger, F. J., Informed (But Uneducated) Consent, S. 466.
1297 Appelbaum, P. S./Lidz, C. W./Meisel, A., Informed Consent, S. 151 ff.

Risiken und Vorteile der Behandlungsmöglichkeiten ab und entscheidet sich, seinen Vorstellungen entsprechend, für eine medizinisch vertretbare Behandlung.

Dieses Modell entspricht durchaus den rechtlichen Erfordernissen der Informed Consent Doktrin. Der Patient erhält umfassende und entsprechende Informationen zum Zeitpunkt der Entscheidung über eine Behandlung. Verwendet wird dabei, allerdings nur zum Zweck der Dokumentation und nicht zur Rechtsbegründung, in den meisten Fällen ein Zustimmungsformular (consent forms). Dieses steht tatsächlich im Mittelpunkt des Event Models. Der Patient hat eine eindeutige Entscheidung (clear-cut choice) zu fällen und der Arzt ist in der Lage, in Übereinstimmung mit den rechtlichen Erfordernissen, die Behandlung zu beginnen.

Das Event Model läßt sich somit zeitlich beschränken. Es beginnt mit Informationen und Empfehlungen des Arztes und endet mit der Entscheidung durch den Patienten. Vor- und Nachteile treten klar zutage:

– Das Modell ist sicherlich einem ansonsten überhaupt ärztlich-dominierten Ablauf der Behandlung, bei welchem dem Patienten keine oder geringe Information und Partizipation zuteil wird, vorzuziehen.

– Das Modell paßt in den gegenwärtigen strukturellen Aufbau der Gesundheitseinrichtungen. Die zunehmende Größe der Einrichtungen, das rasche Anwachsen des medizinischen Wissens und vor allem auch der ökonomische Druck, führen dazu, daß Aufgaben und Ziele der Gesundheitsfürsorge in kleinere Abschnitte geteilt werden. Jeder dieser Abschnitte obliegt verschiedenem Personal, in jedem Abschnitt sind eigene Entscheidungen zu fällen.

– Aus der Sicht des Patienten, wie aus der eines späteren Rechtsstreits, scheint vorteilhaft, daß bei der Zustimmung des Patienten die Rolle jeder Person genauer identifiziert werden kann und der Zeitpunkt der Zustimmung bestimmbar ist.

– Nachteilig erscheint, daß die medizinische Pflege jeweils einer einzigen oder mehrerer kleineren Entscheidungen bedarf und diese immer erst getroffen werden können, wenn der Patient über die ausreichenden Informationen verfügt. Die Beobachtung der Praxis in Entscheidungsfällen zwingt zu dem Schluß[1298], daß es eher selten ist,

---

1298 Lidz, C. W./Meisel, A./Zerubavel, E., et al. (Hrsg.), Informed Consent; Lidz, C. W./Meisel, A., Structure of Medical Care.

daß der Patient nur eine einzige Entscheidung zu fällen hat und er über die notwendige Information verfügt, wenn er diese zu treffen hat. Gewöhnlich entwickeln sich Behandlungsstrategien erst mit der Zeit, etwa wenn erste Daten von verschiedenen Tests vorliegen.

– Zu wenig berücksichtigt wird in diesem Modell auch, daß der Patient in einer Krise steckt[1299]. Die Argumente der Gegner der Informed Consent Doktrin, unter Berufung auf die Labilität des Patienten, greifen aber auch wiederum nur begrenzt. Denn der Zustand des psychologischen Ungleichgewichts hält meist nicht allzu lange an. Der Mensch sucht grundsätzlich die Stabilität. Daher beginnen verschiedene Mechanismen zu arbeiten: Es wird versucht, die Diagnose als nicht richtig zu bewerten oder man verfällt dem Glauben an ein Mißverständnis. Erst nach einiger Zeit kehrt die Fähigkeit, Probleme einzuschätzen, Lösungsmöglichkeiten zu beurteilen und Entscheidungen zu fällen, zurück. Dieser Zeitabschnitt kann im einzelnen zwischen ein paar Tagen und einigen Wochen variieren[1300].

In Anbetracht dieses möglichen Schwebezustandes einer Person stellen sich einige Herausforderungen an die Informed Consent Doktrin. Für eine Person, die sich in der Krise befindet, ist es für eine relativ kurze Zeitspanne besser, und zwar entgegen der gesetzlichen Verpflichtung zu möglichst unmittelbarer Information, aufgrund des psychischen Wunsches zunächst einmal nicht informiert zu werden. In dieser Zeit ist ein Patient nämlich möglicherweise gar nicht fähig, mit Informationen einwilligungsadäquat umzugehen[1301].

Diese Erwägungen verdeutlichen, daß auch im Zusammenhang mit der Entscheidungsfindung des Patienten ein günstigeres Modell zu suchen ist, welches sowohl die zeitliche Problematik medizinischer Entscheidungen als auch die pädagogischen Bedürfnisse des Patienten zu berücksichtigen in der Lage ist. Das folgende Process Model scheint einen gangbaren Weg darzustellen.

Für den Krisenpatienten scheint der bestmögliche rechtliche Schutz dann gegeben, wenn der Informed Consent zeitlich aufgeschoben wird (Process Model)[1302]. Der Schlüssel dazu ist die Erkenntnis, daß

---

1299 Carnerie, F., Crisis and Informed Consent, S. 58 f.
1300 Ebda, S. 59.
1301 Ebda.
1302 Appelbaum, P. S./Lidz, C. W./Meisel, A., Informed Consent, S. 157.

der Zustand der Krise beim Patienten maximal für eine Dauer von sechs Wochen anhält. Danach ist der Patient wieder in der Lage, Entscheidungen zu fällen[1303]. Dieser Gedanke steht auch in Übereinstimmung mit der medizinischen Praxis[1304].

Die jüngere Gesetzgebung berücksichtigt diese Erkenntnisse zum Teil bereits[1305]. Es zeigt sich aber gerade im Medizineralltag, daß das tatsächliche Verhalten des Arztes kaum von rechtlichen Normen, sondern vielmehr von ethischen, gewohnheitsmäßig internalisierten Maßstäben geleitet wird. Daher bedarf es zur Veränderung der ärztlichen Rolle eines Gesamtumlernprozesses im Berufsstand selbst[1306].

Trotzdem sich Patienten mitunter im seelischen oder mentalen Ungleichgewicht befinden, ist die beobachtbare Flucht in die Ausnahmendoktrin seitens der Ärzteschaft aus patientenrechtlichen Erwägungen zu minimieren. Solch eine Praxis gefährdet die Autonomie und Selbstbestimmung des Patienten[1307]. Wenn aber Mechanismen nur „im Interesse des Patienten“ doch zur Anwendung gelangen, so bedarf es dabei des erhöhten Schutzes für die Rechte, Interessen und die Integrität des Patienten und mithin der Offenlegung der Inanspruchnahme des therapeutischen Privilegs des Patienten[1308].

Das Process Model erleichtert die Erfüllung dieser Anforderung[1309]. Es geht davon aus, daß die medizinische Entscheidungsfindung ein kontinuierlicher Prozeß ist, bei welchem der Austausch der Information zwischen Arzt und Patienten im wechselseitigen Verhältnis geschieht; wechselseitig deshalb, weil ja der Patient rückmeldet,

---

1303 Die Zustimmungsdokumente können dem Patienten zwar frühzeitig übergeben werden, es ist ihm aber ausreichend Zeit und Gelegenheit zu geben, Überlegungen und Erwägungen anzustellen, um seine formale Einwilligung zu erteilen.

1304 Carnerie, F., Crisis and Informed Consent, S. 89 ff.

1305 So ist beispielweise der California Natural Death Act Ausdruck des Gedankens, daß erwachsene Personen ein fundamentales Recht haben, Kontrolle über medizinische Entscheidungen zu tragen. Erwachsene können eine Direktive an den Arzt richten, im Falle eines unheilbaren Zustandes lebensaufrechterhaltende Verfahren nicht aufzunehmen oder einzustellen. Voraussetzung hierfür ist, daß zumindest vierzehn Tage vor der tatsächlichen Aus- und Durchführung der Anweisung eine Diagnose erstellt wurde; beispielsweise California Health & Safety Code §§ 7185-7195 (West Supp. 1987).

1306 Carnerie, F., Crisis and Informed Consent, S. 93 ff.

1307 McLean, S. A. M., A Patient's Right to Know, S. 8.

1308 Carnerie, F., Crisis and Informed Consent, S. 94

1309 Appelbaum, P. S./Lidz, C. W./Meisel, A., Informed Consent, S. 158 ff.

wieviel er aufzunehmen bereit ist und was er schon verarbeitet hat. Der Arzt informiert den Patienten über diagnostische und therapeutische Möglichkeiten und Alternativen, der Patient wiederum diskutiert seine Überlegungen und Vorstellungen mit dem Arzt. Der Arzt seinerseits muß die Information in einer Weise darbieten, daß der Patient in erster Linie gebildet (educate) und nicht verwirrt (confuse) wird.

Patienten üben in diesem Modell eine aktive Rolle als Nachfrager aus, im Gegensatz zur relativ passiven Rolle im Event Model als Empfänger. Diese aktive Rolle wirkt in drei verschiedene Richtungen:

– Patienten unterhalten sich mit den Ärzten ausführlich über die erhaltenen Informationen, sie stellen Fragen, klären Mißverständnisse, tragen dazu bei, daß der Arzt die Wertvorstellungen des Patienten erkennt;

– Patienten verfügen über eine größere Anzahl von Wahlmöglichkeiten;

– Patienten tragen auch Verantwortung über ausreichendes Feedback; der Arzt wird dadurch in der Lage sein, Effektivität und Erfolg der Behandlung besser einzuschätzen.

Die Vorteile des Process Model sind beachtlich. Es stimmt, so wie auch das Event Model, durchaus mit den rechtlichen Erfordernissen der Informed Consent Doktrin überein, fördert aber gleichzeitig in weitaus höherem Maße die Idee der Doktrin. Patienten sind dabei erheblich besser in der Lage, aktiv am Entscheidungsprozeß teilzunehmen. Das Process Model baut eine Allianz zwischen Arzt und Patienten auf. Der Patient kann sich mit den getroffenen Entscheidungen identifizieren und versteht besser, was Behandlungen bewirken und mit sich bringen.

Der wichtigste Punkt in diesem Modell besteht darin, daß der Ärzteschaft die Idee der Informed Consent Doktrin nähergebracht werden kann. Die Informationsbekanntgabe und die Zustimmung des Patienten erscheinen nicht mehr getrennt von den tatsächlich zu fällenden Entscheidungen. Die rechtlich klar geordneten Erfordernisse von Information und Einwilligung zerlegen sich in eine reißverschlußartig ineinandergreifende Kette von Teilverfahrensschritten.

Das Modell stellt die Anforderung sowohl an den Patienten als auch an den Arzt, tatsächlich und nicht nur rein formal zusammenzuarbeiten. Natürlich wirft auch das Process Model Probleme auf. Ärzte sind es nicht gewohnt, mit ihren Patienten Gedanken und Erörterungen zu diskutieren, mit der Ausnahme, wenn Entscheidungen im Event Model von der Rechtsordnung erzwungenerweise entsprechend zu fällen sind, was erkannterweise für das Arzt-Patienten-Verhältnis Belastungen darstellt. Aber auch die Patienten können sich mitunter in ihrer neuen Rolle unbehaglich fühlen, sind sie es doch auch an sich nicht gewohnt, aktiv in einem Prozeß zu partizipieren. Lernprozesse macht die vor den Gerichten einer Überprüfung standhalten müssende Erfüllung der Informed Consent Doktrin in jedem Fall erforderlich. Zum Aufbau des Process Model bedarf es folgender fünf Schritte:

(1) Aufbau des Verhältnisses;
(2) Definition des Gesundheitsproblems;
(3) Erwägungen über die Behandlung;
(4) Auswahl der Behandlung;
(5) Nachbehandlung.

Das Arzt-Patienten-Verhältnis bedarf grundsätzlich bei Aufnahme der ärztlichen Betreuung einer Vertrauensbasis[1310].

Nach der Diagnose über den Krankheitsfall zeigen sich gerade bei der Auswahl möglicher Behandlungsschritte kritische Momente für das Arzt-Patienten-Verhältnis und für den Heilungsprozeß des Patienten[1311]. Forschungsergebnisse zeigen sehr deutlich, daß sich die meisten medizinischen Probleme aus der Komplexität des Verhältnisses zwischen Arzt und Patient erklären lassen[1312]. Ärzte, die die Problemerklärungen der Patienten einfach ignorieren, müssen schlicht damit rechnen, daß der Patient unzufrieden wird. In Fällen aber, wo der Patient zur Erklärung seiner Probleme herangezogen wird, ist dieser in der Folge in weit größerem Ausmaß auch bereit, einer Behandlung zu folgen[1313].

---

1310 Sheila McLean sieht im Mangel an gegenseitigem Vertrauen von Arzt und Patient die Krise der orthodoxen Medizin schlechthin: „The doctor in some jurisdictions may find him or herself constantly afraid of legal challange while the patient may find that his or her status as patient can be used to minimize personal autonomy; McLean, S. A. M., A Patient's Right to Know, S. 2.

1311 Appelbaum, P. S./Lidz, C. W./Meisel, A., Informed Consent, S. 160 ff.

1312 Fisher, S., Doctor Talk/Patient Talk: How Treatment Decisions Are Negotiated in Doctor-Patient Communication, in: Fisher S./Todd A. (Hrsg.), The Social Organization of Doctor-Patient Communication, New York 1983, S. 135 ff.

1313 DiMatteo, M. R./DiNicola D. D., Achieving Patient Compliance: The Psychology of the Medical Practitioner's Role, New York 1982.

Haben Arzt und Patient übereinstimmend die Art des Problems des Patienten eruiert, so stellt der nächste Schritt die Konsensfindung über die Ziele der Behandlung dar[1314]. Dabei ist oftmals festzustellen, daß Patienten unzureichende Vorstellungen und übertriebene Erwartungen an eine Behandlung und deren Ergebnis haben. Oder aber Patienten haben Schwierigkeiten je nach Art und Schwere der Krankheit zu verstehen, was überhaupt ein realistisches Ziel einer Behandlung sein kann[1315].

Wurden die Behandlungsziele übereinstimmend gefunden, bedarf es einer Auswahl der besten Behandlungsmethode. Dabei ist entscheidend, daß der Patient diejenige Methode auswählen kann, welche nach Abwägung der Risiken und der Vorteile einer Behandlungsart seinen realitätsdimensionierten Erwartungen am besten entspricht[1316].

Bei der Informationsweitergabe durch den Arzt bezüglich möglicher Behandlungen und denkbarer Alternativen dazu, stellt sich immer auch die Frage nach der Neutralität des Arztes. Neutralität umfaßt in diesem Zusammenhang sowohl Neutralität und Toleranz in den Wertvorstellungen als auch in der persönlichen Meinung. Das erfordert ein hohes Maß an intellektueller Redlichkeit und Einfühlungsvermögen, da der Patient die Parameter des Arztes möglicherweise schon in ihren Prämissen nicht teilt[1317].

## *5.2. Das Recht auf Einsicht in den Krankenbericht*

Das Recht auf Einsicht in die Krankenunterlagen[1318] und das Recht auf Einsicht in die eigenen medizinischen Daten hat sich seit Mitte

---

1314 Appelbaum, P. S./Lidz, C. W./Meisel, A., Informed Consent, S. 162 ff.

1315 Lidz, C. W./Meisel, A./Munetz, M., Chronic Disease: The Sick Role and Informed Consent, in: Culture, Medicine and Psychiatry 9 (1985), S. 1 ff.

1316 Appelbaum, P. S./Lidz, C. W./Meisel, A., Informed Consent, S. 164.

1317 Für den Patienten, primär den Langzeitpatienten, von kaum geringerem Gewicht als die Aufklärung zum Zweck der Einwilligung in die Behandlung, ist die Pflicht zur Information über Pflegepläne auf der Ebene des Patienten-Krankenpflegepersonal-Verhältnisses; Rechtsregeln hiefür haben sich beispielsweise im dänischen Krankenpflegegesetz (Sygeplejerskeloven) etabliert; dazu Weile, L., Sygeplejerskens rolle, S. 71 ff.

1318 Dazu grundlegend Peter, J., Das Recht auf Einsicht in Krankenunterlagen, Köln 1989.

der siebziger Jahre als gewichtiger Betrachtungsgegenstand entwickelt[1319]. Die rechtspolitisch interessantesten Konzepte haben sich in Skandinavien entwickelt. Das einzig komplette, rundum geschlossene Modell über die Erfordernisse, Anforderungen und Einsichtsrechte in die Krankengeschichte hat Schweden. Zugleich ist dieses gesetzlich detailgeregelte Modell eine Antwort auf nahezu alle Doktrinen rund um das Einsichtsrecht. Daher soll es am Ende dieses Abschnitts geschlossen dargestellt werden.

Der Widerstand gegen ein Einsichtsrecht des Patienten war von seiten der Behandelnden sehr groß, da durch das Einsichtsrecht eine Möglichkeit der Kontrolle der Behandlung besteht, durch Einsicht in den Krankenbericht Daten und Umstände für Klagen und Beschwerden des Patienten ermöglicht werden und ganz generell die Ausübung des Einsichtsrechtes durch den Behandelnden oft als Mißtrauen erfahren wird. „Die meisten Ärzte lehnen nämlich ein solches Einsichtsrecht des Patienten ab, sehr wahrscheinlich in der berechtigten Angst, die Patienten könnten doch den einen oder anderen Fehler entdecken (. . .)“[1320].

In der Tat liegt die deutsche Diskussion im Nahfeld der Arzthaftungsprozesse: Die Frage der Einsichtnahme in Krankenunterlagen durch den Patienten oder die Herausgabe von Unterlagen, Drittbefunden, Röntgenbildern, ist insoferne eng mit dem Kunstfehlerprozeß verbunden, da die Frage der Beweisbarkeit der vom Kläger behaupteten Schäden zentrales Problem in Arzthaftungsprozessen ist. Nach deutschem Recht kann der Patient die Einsicht in die Krankenunterlagen daher dann verlangen, wenn er dazu ein berechtigtes Interesse bekunden kann. Dieses berechtigte Interesse ist jedenfalls immer dann gegeben, wenn der Patient die Aussichten eines Arzthaftungsprozesses wegen eines vermuteten Behandlungsfehlers prüfen will[1321]. Ähnlich verhält es sich in Österreich. Hier kann man das Einsichts-

---

1319 Krankenunterlagen sind bei weitem nicht mehr die schlichten Karteikarten mit kurzen Vermerken über Ort, Zeit und Art der medizinischen Behandlung, sondern haben sich zu umfassenden Informationsträgern, die zumeist sehr weit in die Intimsphäre des einzelnen Patienten eindringen, entwickelt; dazu Klugman, E., Toward a Uniform Right to Medical Records: A Proposal for a Model Patient Access and Information Practices Statutes, in: UCLA Law Review 30 (1983), S. 1349 ff.

1320 Frank, W.-M., Dein Recht als Patient, S. 25.

1321 Schöne, K., Menschenfalle Krankenhaus, S. 102 ff.

recht vorprozessual mit einer Klage nach Art. XLIII EGZPO durchsetzen[1322].

Interessant ist das Einsichtsrecht juristisch wie rechtspolitisch aber insbesondere deshalb, weil es, etwa nach niederländischer Lehre, eine stärkere Kraft als andere Rechte, beispielsweise das Recht auf Information, hat. Das Einsichtsrecht kann direkt und selbst unter Umgehung des Behandelnden verwirklicht werden und umfaßt alle schriftlich festgelegten Daten und Gegebenheiten[1323]. Es erfolgt nur auf Ersuchen des Betroffenen und gestattet die Einsicht durch Dritte in der Regel nur nach Zustimmung des Patienten[1324].

Wegen des Unterschiedes zwischen dem Recht auf Information und dem Einsichtsrecht, spielen Überlegungen, die sich aus der Beziehung zwischen Behandelndem und Patient bei der Informationsverschaffung ergeben, keine prinzipielle Rolle. Kann etwa der Behandelnde wegen eines zu erwartenden Nachteils für den Patienten nicht informieren, die therapeutische Ausnahme, so steht beispielsweise die holländische Lehre auf dem Standpunkt, daß beim Einsichtsrecht für eine therapeutische Ausnahme kein Raum ist[1325]. Zwar kann das Ausüben eines Einsichtsrechts Informationen umfassen, die in der Beziehung zum Patienten aus therapeutischen Gründen nicht mitgeteilt wurden, aber das ist noch kein Grund für eine therapeutische Ausnahme im Rahmen des Einsichtsrechtes[1326].

Zum Interessenkonflikt zwischen Informationsanspruch des Pa-

---

1322 Dazu Krückl, K., Der Anspruch des Patienten auf Einsicht in seine Krankengeschichte, S. 285.

1323 Das Recht auf Information ist dagegen ein Recht, das sich nur aus der Beziehung zwischen dem Behandelnden und dem Patienten ergibt; Leenen, H. J. J., Gezondheidsrecht, S. 233 f; Aghina, M., Inzagerecht anders bezien, in: Medisch Contact 7 (1980), S. 213 ff.

1324 Deutsch, E./Matthies, K.-H., Arzthaftungsrecht, S. 96; in der Praxis zeigt sich aber, daß die Einsichtnahme in Krankenunterlagen durch Dritte extrem zunimmt; dies geschieht zum Teil, etwa in den Vereinigten Staaten, sogar gesetzlich gedeckt ohne Zustimmung des Patienten; so z. B. müssen in Florida bestimmte Patientendaten weitergeleitet werden: Florida Stat. Ann. §384.10 (Verneral diseases); §322.126 (Driver disabilities); §381.3812 (Cancer); dazu Klugman, E., Patient Access, S. 1357 ff.

1325 Leenen, H. J. J., Gezondheidsrecht, S. 234.

1326 Lehre und Rechtsprechung in Österreich betrachten das Einsichtsrecht rigider und schränken das Einsichtsrecht nach Maßgabe der therapeutischen Gründe durchaus zeitlich und umfänglich ein; insbesondere Krückl, K., Anspruch des Patienten auf Einsicht in seine Krankengeschichte, S. 285 f.

tienten hinsichtlich seiner Krankenunterlagen und den von ärztlicher Seite angeführten therapeutischen Erfordernissen, die Dokumentation dem Patienten nicht auszuhändigen, schlägt Hans *Lilie*[1327] vor, auf den Vorschlag *Westins* aus den USA zurückzugreifen[1328]. Dieser verband das sog. „Doctor's Judgement-Model", das in erster Linie von der Ärzteschaft vertreten wird und die „Consumer-Theory", die den Patienten als gleichberechtigten Partner ansieht, in der Kompromißlösung einer zweistufigen oder dualen Dokumentation. Dabei steht in der Regel der erste Teil des Aktes dem Patienten als Informations- und Dokumentationsträger zur Verfügung, während der zweite Teil dem Arzt für seine Notizen dient, die dem Patienten vorenthalten werden dürfen (persönliche Notizen) oder müssen (Verdachtsdiagnose). Schwerpunkt ist die erste, offene Stufe der Dokumentation.

Für die technische und rechtliche Realisierung dieses Modells sieht *Lilie* kaum Bedenken, da „auf ein bereits anerkanntes und für die Erfordernisse der ärztlichen Behandlung geformtes Abgrenzungsschema zurückgegriffen werden (kann)"[1329]. So würde etwa das therapeutische Privileg in die zweite, nur für den Arzt zugängliche Hälfte der Unterlagen gehören. Die Annahme *Lilies*[1330], daß durch die Einführung einer dualen Dokumentation eine Entspannung der Prozeßsituation zu erwarten sei, ist allerdings anzuzweifeln. Stellt sich die Frage der Beibringung von Beweismitteln vor Gericht, so wäre auch ein reiner Arztbehelf aus diesem seinem Charakter heraus vor der Öffnung nicht gefeit.

Gegen das analog gegen die Aufklärungspflicht angebrachte Argument, daß manche Patienten durch die Einsicht in die Krankengeschichte geschädigt werden könnten[1331], läßt sich wiederum analog replizieren: Soferne der Patient, der Einblick in seinen Krankenbericht begehrt und über die daraus resultierenden Risiken und möglichen schädigenden Konsequenzen durch den Arzt informiert wurde, nichtsdestotrotz bereit ist, das Risiko auf sich zu nehmen, so steht kein paternalistischer Grund dem Zugang zur Information entge-

---

1327 Lilie, H., Ärztliche Dokumentation, S. 188.

1328 Westin, A. F., Medical Records, S. 23 ff.

1329 Lilie, H., Ärztliche Dokumentation, S. 191.

1330 Ebda, S. 192.

1331 Insbesondere bei Patienten in psychiatrischer Behandlung wird dies besonders gehandhabt, Deutsch, E./Matthies, K.-H., Arzthaftungsrecht, S. 94.

gen[1332]. *Krever* führte in seinem Bericht zahlreiche Argumente an, die für den Zugang des Patienten zu seinen Krankenberichten sprechen[1333]:

1. Patienten sollen aus Grundrechtstreue prinzipiell Zugang zu allen Informationen haben, die ihre Person betreffen.
2. Patienten sollen diesen Zugang zur Information ganz prinzipiell auch deshalb haben, um allfällig falsche Information korrigieren zu können.
3. Patienten haben durch den Informationszugang besseres Verständnis für ihre Behandlung und sind besser in der Lage, an der Krankenpflege mitzuwirken.
4. Patienten soll es ermöglicht sein, informiert zuzustimmen; in ihre Krankenberichte können sie, soferne notwendig, daher auch dritten Personen Einblick gewähren.
5. Durch Vertrauen in die Zugänglichkeit aller Daten wird das Vertrauen des Patienten zu seinem Behandler gestärkt[1334].

Der Arzt ist grundsätzlich zur ordnungsgemäßen Dokumentation seiner Tätigkeit verpflichtet[1335]. Der Patient hat auch das Recht, „die Herausgabe von Krankenunterlagen an den nachbehandelnden Arzt zu verlangen“[1336]. Die neuere Spruchpraxis des BGH bestimmt nunmehr, daß der Patient grundsätzlich ein Einsichtsrecht in die ihn betreffenden Krankenunterlagen, auch außerhalb eines Rechtsstreites, hat[1337]. Das Einsichtsrecht bezieht sich hier aber nur auf objektivierbare Befunde, auf Behandlungsfakten. Der BGH gliedert die Krankenunterlagen in offenbarungspflichtige und nicht zu offenbarende Aufzeichnungen[1338] und beugt sich mithin schlüssigerweise der Exi-

---

1332 Justice Horace Krever, Chairman, Report of the Commission of Inquiry Into the Confidentiality of Health Inforation, Toronto, 1980, S. 458 ff.

1333 Ebda, S. 461.

1334 Ebda, S. 468.

1335 Dies ergibt sich entweder aus den Nebenpflichten des Behandlungs- und des Krankenhausaufnahmevertrages bzw. aus dem Krankenanstaltengesetz (§ 10 Abs. 1 (österr.) KrankenanstaltG).

1336 Laufs, A., Arztrecht, S. 148.

1337 Z. B. BGH, in: Neue Juristische Wochenschrift 1983, S. 328; BGH, in: Neue Juristische Wochenschrift 1985, S. 674.

1338 In „naturwissenschaftlich objektivierbare Befunde“ ist Einsicht zu nehmen, in Unterlagen, die die „persönlichen Eindrücke“ oder Motive des Arztes wiedergeben, jedoch nicht; dazu BGH, in: Neue Juristische Wochenschrift 1983, S. 328, S. 330; siehe auch Malek, K./Endriß, R., Patientenrechte, S. 33.

stenz unterschiedlich umfassender, doppelt geführter Krankenberichte.

In Ländern, die auf eine gesetzliche Normierung der Krankenunterlagenführungspflicht verzichten, wie etwa Deutschland[1339], wird das Einsichtsrecht durch die Rechtsprechung lediglich aus vertraglichen Nebenpflichten aus dem Behandlungsvertrag oder dem Krankenhausaufnahmevertrag abgeleitet. Zusätzlich bindet aber in Deutschland die Ärzte auch das Standesrecht zur Führung von Krankenunterlagen[1340].

Abgesehen von gesetzlichen Aufträgen und der gerichtlichen Spruchpraxis hinsichtlich der Führung von Krankenunterlagen, werden Krankenunterlagen in der Praxis aber vor allem auch aus beweisrechtlichen Gründen geführt. Gerne werden diese dann auch als Eigentum der Anstalt, des Kostenträgers oder des Arztes betrachtet. Der gängigen Annahme[1341], daß sowohl Krankenunterlagen als auch Röntgenbilder im Eigentum des Arztes oder einer Anstalt/Klinik stehen und eine Überlassungspflicht mit dem Patienten ausdrücklich vereinbart sein müßte, steht die Judikatur aber entgegen.

In Dänemark hat ein Gesetz über die Informationsansprüche der Öffentlichkeit gegen die Verwaltung[1342] auch das Recht auf Einsichtnahme[1343] in den Krankenbericht nachhaltig begünstigt. Wie fast überall, so scheint man aber auch in Dänemark dem programmhaft generalbegünstigenden Gesetzgeber auf tieferen Normebenen ein retardierendes Detailkorsett anzulegen. In einer Durchführungsverordnung über die Ausübung des Einsichtsrechts[1344] wurde mit großem Aufwand ein System der Einsichtnahme entwickelt. Geregelt wurde:

---

1339 Anderes ergibt sich lediglich für Aufzeichnungen über die Mutterschaftsfürsorge und bei Versorgungsleiden, zu denen der Arzt durch den Bundesmantelvertrag und das Kassenarztrecht gezwungen ist; dazu Halter, H., Ihr Recht als Patient, S. 47.

1340 Gerade das Standesrecht wird in diesem Bereich aber nicht ernst genommen; Schöne, K., Menschenfalle Krankenhaus, S. 100.

1341 Dazu Halter, H., Ihr Recht als Patient, S. 48.

1342 Lov om offentligehd i forvaltningen, 572/1985 vom 19. Dezember 1985.

1343 § 9 Abs. 1: „Derjenige, über dessen Gesundheitszustand ein Krankenbericht angefertigt worden ist, hat ungeachtet der Bestimmung nach § 7 ein Recht auf Akteneinsicht in den Krankenbericht.“ § 9 Abs. 2: „Das Recht auf Akteneinsicht kann jedoch in jenem Umfang eingeschränkt werden, in welchem das Interesse auf Akteneinsicht einer maßgebenden Rücksichtnahme auf den Betreffenden selbst oder anderen privaten Interessen weichen muß“.

- der Umfang der Akteneinsicht,
- wer zur Akteneinsicht berechtigt ist,
- die Vorgangsweise bei Ersuchen auf Akteneinsicht,
- wie Akteneinsicht gegeben wird,
- wann ein Begehren auf Akteneinsicht abgewiesen werden kann,
- die Klage über Entscheidungen über Akteneinsicht,
- die Krankenhausjournalführung,
- Zweifelsfragen.

### 5.2.1. INHALT DER KRANKENBERICHTE

Generell muß der Inhalt der Krankengeschichte der Berufsobservanz genügen. Ein Krankenbericht muß demnach regelmäßig die Vorgeschichte, die Diagnose, die Behandlung und den Verlauf der Krankheit aufzeichnen. Einzelne amerikanische Bundesstaatengesetzgeber regeln in eigenen Gesetzen oder im Lizenzrecht die Erfordernisse eines ordentlich geführten Krankenberichtes[1345]. Sie müssen genau, komplett und ausreichend sein. Bisweilen gibt es Vorschriften über Kategorien der aufzunehmenden Informationen und es gibt manchmal spezifische Erfordernisse hinsichtlich der aufzunehmenden Information. Die Befolgung dieser Vorschriften durch die Krankenhäuser unterliegt einer strikten Aufsicht[1346].

Zu den Aufzeichnungen, die ein Arzt über seinen Patienten führt, zählen die Krankengeschichte, Karteikarten, Überweisungsscheine, Operationsberichte, Fotos, Gewebepräparate, das Sektionsprotokoll – generell alles, was vom Arzt oder seinem medizinischen Personal über Art, Umfang und Verlauf der Behandlung an Unterlagen angefertigt wurde[1347].

### 5.2.2. DIE RECHTLICHE BASIS DES EINSICHTSRECHTES

Das Recht auf Einsicht in den Krankenbericht läßt sich juristisch auf verschiedene Weise konstruieren respektive ableiten[1348]:

---

1344 Vejledning om aktindsigt i sygehusjournaler, Indenrigsministeriets vejledning af 5. november 1986.

1345 Annas, G. J./Glantz, L. H./Katz, B. F., The Rights of Doctors, Nurses and other Allied Health Professionals, Cambridge (Mass.) 1981, S. 155.

1346 Markenstein, L. F./Braake, A. M., De patiënt en zijn medische gegevens. Een analyse van jurisprudentie, Rijksuniversiteit Limburg, Maastricht 1985, S. 5 f.

– Der Krankenbericht kann zum Eigentum des betroffenen Patienten erklärt werden. Nach dieser Konstruktion wäre das Einsichtsrecht eine Ausübung des Eigentumsrechtes.

– Das Recht auf Einsicht ist Bestandteil des Behandlungsvertrages. Das Einsichtsrecht ergibt sich aus den allgemeinen Vertragsgrundsätzen sowie aus der Notwendigkeit, einen Konsens zu erreichen.

– Das Einsichtsrecht ist direkt aus den Grundrechten ableitbar.

### *Die Eigentumskonstruktion*

In einigen Ländern, wie Belgien, Frankreich und Luxemburg basiert das Einsichtsrecht des betroffenen Patienten auf seinem Eigentumsrecht am Krankenbericht[1349].

In Norwegen gab es zu diesem Ansatz im Anschluß an eine amerikanische Diskussion eine recht akademisch wirkende Diskussion. Man versuchte die Frage auf das Recht auf Einsicht in die Krankenunterlagen damit zu beantworte, daß man prüfte, wer das Eigentumsrecht am Krankenjournal in materiam(!) hatte. Das heißt, daß ein Arzt, der eigenes Papier und Kugelschreiber verwendet, das Eigentumsrecht am Papier, auf dem er Auskünfte über einen Patienten notiert, hat. In den Krankenhäusern hat man in Erweiterung dieser Doktrin den Primarärzten das Eigentumsrecht an den Journalen zugestanden. Zum Zweck der Binnenklärung wurde sogar eine sharing-Theorie fortgesponnen, derzufolge das Krankenhaus Eigentumsrecht am Bericht hätte und der diensthabende Arzt das Verfügungsrecht. Zu einer brauchbaren Konsequenz hat dieses Gedankengebäude verständlicherweise nicht geführt[1350].

In den Niederlanden wurde eine Eigentumskonstruktion für den Patienten nicht anerkannt. Die schwierige Rechtsfrage, wer nun eigentlich Eigentümer des Krankenberichtes ist, wird nicht weiter diskutiert. Wichtig hingegen fand man vernünftigerweise den teleologischen Aspekt, daß der Patient ein Recht auf die Vertraulichkeit des

1347 Halter, H., Ihr Recht als Patient, S. 47.
1348 Markenstein, L. F./Braake, A. M., De patiënt en zijn medische gegevens, S. 13.
1349 Ebda.
1350 Kjønstad, A., Helserett, S. 32 ff.

Inhaltes des Krankenberichtes, ein Einsichtsrecht, ein Recht auf Anonymität, einen Verbesserungs- und einen Vernichtungsanspruch habe. Der Arzt habe ein Verfügungsrecht über den Krankenbericht, jedoch kein Recht, sich diesen Bericht selbst anzueignen und die Einrichtung der Gesundheitsfürsorge wiederum habe nur das Recht, den Krankenbericht aufzubewahren[1351].

Nach amerikanischem Recht ist der Arzt oder die Einrichtung der Gesundheitsfürsorge Eigentümer des Krankenberichtes[1352]. Der Patient kann die Einsicht in seinen Krankenbericht grundsätzlich gerichtlich einklagen[1353]. Da man ein Einsichtsrecht in erster Linie für die Einbringung einer Klage braucht, gewähren die Gerichte sehr großzügig ein Einsichtsrecht aus Beweisgründen. Diese Vorgangsweise wird wiederum deshalb stark kritisiert, weil hierdurch unnotwendigerweise die Aktivität zu Arzthaftungsprozessen stimuliert werde[1354]. Neben der ursprünglichen Entwicklung des Einsichtsrechtes im Common Law[1355], wurden aber auch auf bundesstaatlicher Ebene spezielle Gesetze entwickelt, die zum Teil zumindest ein direktes Recht auf Einsichtnahme in die Krankenunterlagen einräumen[1356].

---

1351 Markenstein, L. F./Braake, A. M., De patiënt en zijn medische gegevens, S. 13.

1352 Klugmann, E., Patient Access, S. 1364; vgl. aber den Fall Wallace v. University Hospitals of Cleveland in Ohio, der durchaus auch von einem Eigentumsrecht des Patienten an den Krankenunterlagen spricht: 164 N. E.2d 917 (Ohio C. P.1959).

1353 Dazu ausführlicher die Common Law Patient Access Rights, in: Klugmann, E., Patient Access, S. 1349 f.

1354 Markenstein, L. F./Braake, A. M., De patiënt en zijn medische gegevens, bijlage 2, S. 4.

1355 Die in ihrer Entwicklung keineswegs abgeschlossen ist und zahlreiche Fragestellungen offen läßt, etwa wie das Einsichtsrecht in die Krankenunterlagen ausgeübt werden kann, wenn sich die Unterlagen bei Dritten befinden oder etwa wie offensichtlich falsche Angaben in den Unterlagen durch den Patienten einer Korrektur zugeführt werden können; dazu Klugmann, E., Patient Access, S. 1365 f.

1356 Hawaii Rev. Stat. §622-57 (1976); Minnesota Stat. Ann. §144.335 (West Supp. 1983); Nevada Rev. Stat. §629.061 (1976); Wisconsin Stat. Ann. §146.83 (Supp.1982).

### *Die vertragliche Konstruktion*

Die rechtliche Basis des Einsichtsrechtes läßt sich jedoch auch aus der vertraglichen Beziehung Arzt/Einrichtung der Gesundheitsfürsorge und dem Patienten ableiten.

In Deutschland ist die ordentliche Führung der Krankenunterlagen für den Patienten an sich nicht gerichtlich erzwingbar; trotzdem empfiehlt es sich für den Arzt, über die Behandlung des Patienten Unterlagen anzulegen, denn entsteht aufgrund der mangelhaften Dokumentation ein Schaden beim Patienten, kann Schadenersatz geltend gemacht werden. Schäden, die durch eine Verletzung der Dokumentationspflicht entstehen, sind von Kunstfehlerschäden zu trennen. *Frank*[1357] unterteilt die Schäden, die auf mangelhafte bzw. fehlende Dokumentation zurückgeführt werden können, in fünf Gruppen:

1. Behandlungsfehler aufgrund mangelhafter Dokumentation bzw. Schäden durch falsche oder unvollständige Aufklärung, die durch eine Fehldokumentation bedingt sind.
2. Dokumentationsmängelbedingte falsche Weiterbehandlung durch einen nachbehandelnden Arzt.
3. Nachteile für den Patienten im Beweisverfahren in einem Kunstfehlerprozeß.
4. Anspruchsentgang für den Patienten oder dessen Angehörige bei Behörden oder Versicherungen.
5. Schäden im Rahmen einer erneuten Untersuchung zur Anfertigung einer Ersatzdokumentation.

Selbst wenn es keine Schutzbestimmungen für den Patienten durch spezifisch zwingendes bürgerliches Recht gibt, wie etwa in den Niederlanden, könnte man aus den allgemeinen Prinzipien des bürgerlichen Rechtes, die auch den Inhalt eines Behandlungsvertrages mitbestimmen, ein Einsichtsrecht über Treu und Glauben konstruieren[1358].

### *Die grundrechtliche Konstruktion*

Das Einsichtsrecht des Patienten hat sich in den Niederlanden, wie in anderen Ländern auch, vor allem in der Judikatur fortentwickelt. Die

---

1357 Frank, W.-M., Dein Recht als Patient, S. 24 f.

1358 Markenstein, L. F./Braake, A. M., De patiënt en zijn medische gegevens, S. 14.

Richter wenden dabei meist das privatrechtliche Prinzip von Treu und Glauben an. Mittlerweile bezieht sich die Rechtsprechung aber durchaus auch auf das Recht der persönlichen Lebensphäre, das 1982 in den Niederlanden als Grundrecht verankert wurde[1359]. Grundrechte sind in den Niederlanden zum Teil nämlich bereits mit Drittwirkung ausgestattet, d. h. die Grundrechte finden auch auf der privatrechtlichen Ebene Anwendung. Ob Art. 10 des niederländischen Grundgesetzes, der das Recht auf Achtung der persönlichen Lebensphäre grundgesetzlich schützt und mithin auch Einsichtsrechte in eigene Daten eines Patienten mitabsichern könnte, nun mit Drittwirkung ausgestattet ist, war (und ist) in der niederländischen Lehre noch immer umstritten[1360].

In den Niederlanden läßt sich aufgrund der derzeitigen Rechtslage der Anspruch auf Einsicht somit gleich auf mehrere Anspruchsgrundlagen stützen. Das Einsichtsrecht ist im Grundgesetz Art. 10 im Rahmen des Gesetzes auf Schutz der persönlichen Lebenssphäre verankert, ferner in Art. 29 des Gesetzes über die Personenregistrierung, weiters in Art. 7 (3) 2 der Anerkennungsbedingungen für den Status als Krankenhaus und in Artikel 1653 k des Bürgerlichen Gesetzes (Gesetzentwurf über den medizinischen Behandlungsvertrag).

Ein Teil der niederländischen Lehre steht auf dem Standpunkt, daß das Einsichtsrecht nicht primär als ein vertragliches Recht zu sehen ist, sondern daß die grundgesetzliche Gewichtung des Einsichtsrechts bedeutsamer sei. In diesem Zusammenhang wird also Art. 1653 k des Bürgerlichen Gesetzbuches als speziellere Bestimmung der grundgesetzlichen Bestimmung (Art. 10) gesehen.

Nach dem niederländischen Patientenrechtsentwurf hat der Patient ein Recht auf Einsicht in seinen Krankenbericht und in die über ihn gesammelten Daten (Art. 1653 k des Bürgerlichen Gesetzbuches). Dieser Anspruch erfährt seine Grenze lediglich im Schutz der persönliche Lebensphäre eines Dritten. Gegen Erstattung der Kosten muß eine Abschrift aller gewünschten Unterlagen angefertigt werden, dies gilt auch für die Kopie von Röntgenphotos, Gutachten und Briefe an-

---

1359 Leenen, H. J. J., Gezondheidsrecht, S. 235.

1360 Bejahend: Leenen, H. J. J., Gezondheidsrecht, S. 30 ff und 235 f; ablehnend: Markenstein, L. F./Braake, A. M., De patiënt en zijn medische gegevens, S. 14; Graaf, F. de/Haas, M. J. O. M., Horizontale werking van grondrechten. Een heilloos leerstuk, in: Nederlands Juristenblad 1984, S. 1353 ff.

derer Behandelnder. Die Einsicht muß ohne Zwischentreten Dritter, also direkt, erfolgen. Das Einsichtsrecht betrifft auch Gegebenheiten und Daten, die unter das therapheutische Privileg fallen. Es wird also zwischen dem Recht auf Information und dem Recht auf Einsicht quantitativ unterschieden. Dieses Einsichtsrecht ohne Ausnahmen (ongeclausuleerde inzagerecht) wurde in den Niederlanden heftig debattiert, von der Judikatur jedoch schließlich anerkannt[1361]. Die Erläuternden Bemerkungen zu Artikel 1653 k bringen über die bindende Rechtslage hinaus einen kommunikativen Ansatz ein, demzufolge ein Patient, der Einsicht in einen für ihn nachteiligen Krankenbericht begehrt, durch den Behandelnden beraten werden soll und die nachteiligen Folgen durch begleitende Hilfestellung so weit wie möglich abgewendet werden sollen.

Der Schutz der persönlichen Lebensphäre hinsichtlich der Bedrohung, die durch computergestützte, automatisierte Datenverarbeitungssysteme entsteht, hat in den siebziger Jahren auch die Aufmerksamkeit des amerikanischen bundesstaatlichen Gesetzgebers gefunden[1362]. Seit 1974 ist in Amerika der Privacy Act[1363] die wichtigste gesetzliche Verankerung des Rechtes auf Schutz der persönlichen Lebensphäre als ein persönliches und fundamentales Recht unter dem Schutz der amerikanischen Verfassung. Der Privacy Act schützt das individuelle Bedürfnis an Datensicherheit, indem es hinsichtlich der Art von Daten, die staatliche Instanzen sammeln, Grundbedingungen festlegt und die Verwendung der Daten regelt. Das Gesetz gewährleistet die richtige Verwaltung und den Gebrauch von registrierten Daten und normiert sowohl ein Einsichtsrecht als auch ein Recht auf Korrektur der Daten. Darüber hinaus macht es die staatlichen Instanzen für den Schutz der persönlichen Daten gegen unrechtmäßigen Gebrauch und Veröffentlichung, die einen Einbruch in die persönliche Lebenssphäre des Betroffenen bedeuten würden, verantwortlich[1364].

---

1361 Wersch, P. J. M. van, Het recht van de patiënt (en zijn bijstandverlener) op inzage van de hem betreffende medische gegevens, in: Tijdschrift voor Gezondheidsrecht 1984, S. 174 ff.

1362 Vanderveeren, C., De ontwikkeling van het recht op privacy in de USA, in: Tijdschrift voor Bestuurswetenschappen en Publiekrecht, 1984 (3), S. 169 ff.

1363 5 U. S. C. §552a (1976).

1364 O'Brian, D. M., Privacy, Law and Public Policy, New York 1979, S. 20 ff; Markenstein, L. F./Braake, A. M., De patiënt en zijn medische gegevens, bijlage 2, S. 3.

Der Privacy Act findet allerdings nur Anwendung auf Registrationssysteme, die namentliche Daten umfassen und durch bundesstaatliche Instanzen verwendet werden. Einzelstaaten, örtliche oder private Instanzen, die Registrationssysteme besitzen, fallen nicht unter diese gesetzliche Regelung[1365].

Bereits vor der Verabschiedung des Privacy Acts bestand ein Einsichtsrecht in die durch bundesstaatliche Instanzen verwalteten persönlichen Daten aufgrund des Freedom of Information Act[1366]. Dieses Gesetz aus 1966 basiert auf dem Prinzip der Öffentlichkeit der Verwaltung. Es sieht ein Verfahren vor, um Einsicht in bei bundesstaatlichen Instanzen gesammelte Daten zu bekommen. Dieses Einsichtsrecht in bundesstaatliche Registrationssysteme steht jedem offen, ungeachtet dessen Interesse beim Einsichtsrecht. Der Freedom of Information Act sah jedoch vor, daß dieses Einsichtsrecht aufgrund einer „clearly unwarranted invasion of personal privacy" abgewiesen werden konnte[1367].

Der Privacy Act hat diese Situation deutlich verändert und normiert jetzt ausdrücklich ein Einsichtsrecht des Registrierten.

### 5.2.3. BESCHRÄNKUNGEN DES RECHTS AUF EINSICHT

Die allgemeine Schlußfolgerung in den USA ist, daß das Einsichtsrecht für den Patienten meist einen positiven Effekt hat und die Gesundheit nicht bedroht. Dennoch haben einige Bundesstaaten, in Nachbildung des therapeutischen Privilegs, zumindest für besondere Patientengruppen[1368] die Bestimmung aufgenommen, daß eine Einsicht in den Krankenbericht verweigert werden kann, wenn dieser Bericht schädlich für den Patienten wäre[1369]. An diese Ausnahme des

---

1365 Lansing, P., The Conflict of Patient Privacy and the Freedom of Information Act, in: Journal of Health Politics, Policy and Law 9 (1984), S. 316 ff.

1366 Freedom of Information Act (1966, abgeändert 1976), Publ. nr. 93-502 5 USCA (Supp.1976).

1367 Markenstein, L. F./Braake, A. M., De patiënt en zijn medische gegevens, bijlage 2, S. 3.

1368 California Health & Safety Code §25253(b) beschränkt beispielsweise das Einsichtsrecht für Mentalpatienten.

1369 Ähnlich verhält es sich in Deutschland; Deutsch, E./Matthies, K.-H., Arzthaftungsrecht, S. 94.

Einsichtsrechtes in Nachbildung des therapeutischen Privilegs werden jedoch strenge Bedingungen gestellt: Der Arzt muß aus redlichen Gründen zu diesem Resultat gekommen sein, und diese Entscheidung muß auf objektiven Bedingungen basieren. Der Patient muß außerdem die Möglichkeit haben, dieses ärztliche Urteil anzufechten, und immer die Möglichkeit haben, durch einen Vertrauensmann Einsicht zu erlangen[1370].

Die Bestimmungen, die sich auf das Einsichtsrecht in medizinische Daten oder Krankenberichte beziehen, sind in den Vereinigten Staaten von Bundesstaat zu Bundesstaat verschieden[1371]:

– Das Einsichtsrecht bezieht sich nur auf Krankenanstalten[1372],

– das Einsichtsrecht erlaubt auch den (direkten oder indirekten) Zugang zu Daten privater Praxen[1373],

– allgemeiner freier Zugang zu den Daten und ein freies Einsichtsrecht[1374],

– das Einsichtsrecht unterliegt Beschränkungen während des Krankenhausaufenthalts[1375],

– das Einsichtsrecht unterliegt Beschränkungen hinsichtlich der Art der Daten, die dem Anspruch auf Einsichtsrecht unterliegen[1376],

– das Einsichtsrecht unterliegt insoferne Beschränkungen, als Zusammenfassungen anstelle des eigentlichen Krankenberichtes ausgegeben werden[1377].

Neue Trends ergeben sich aus der Vorgangsweise der Berufsberechtigungsbehörden (State Medical Licensing Boards), die nur dann Lizenzen vergeben, wenn gewährleistet ist, daß der Patient die Krankenunterlagen selbst oder eine Zusammenfassung derselben be-

---

1370 Dazu auch Markenstein, L. F./Braake, A. M., De patiënt en zijn medische gegevens, bijlage 2, S. 6.

1371 Es gibt daher Bestrebungen, die Bestimmungen der Bundesstaaten zu vereinheitlichen. Als Modell Statut vgl. den Uniform Patient Information Practices and Patient Access Act bei Klugman, E., Patient Access, S. 1378 ff; siehe auch Markenstein, L. F./Braake, A. M., De patiënt en zijn medische gegevens, bijlage 2, S. 4 f.

1372 Z. B. Tennessee Code Ann. §53-1322 (1977).

1373 Alaska Stat. §47. 30. 260 (1979); Illinois An. Stat. ch. 51 §71-73 (Smith-Hurd Supp. 1982).

1374 Virginia Code §8.01-413b (Supp. 1982).

1375 Florida Stat. Ann. §395.202(l) (West Supp. 1983).

1376 California Health & Safety Code §25251(d) (West Supp. 1983).

1377 Oregon Rev. Stat. §192.525 (1977).

kommt [1378]. Umgekehrt geht der Gesetzgeber in Kalifornien so weit, daß bei Verweigerung des Einsichtsrechts sogar die Lizenz entzogen werden kann[1379].

Eindeutig ist der allgemeine Trend erkennbar, daß die Zugänglichkeit des Krankenberichtes für den Patienten in den Rang eines nahezu absoluten Rechtsanspruchs rückt.

Das Recht auf Akteneinsicht umfaßt in Dänemark[1380] das gesamte Journal, hierunter auch übrige, nicht aufzeichnungspflichtige Aufzeichnungen, die in das Krankenjournal eingehen. Antworten auf Laborproben, Korrespondenz mit freipraktizierenden Ärzten, anderen Krankenhäusern, Behörden und Angehörigen, die dem Journal in Form von Beilagen beigefügt sind, sind ebenfalls vom Recht auf Akteneinsicht betroffen. Werden die Beschreibungen eines Röntgenfilmes, von Laborproben und ähnlichem, in das Journal aufgenommen oder diesem beigefügt, bezieht sich die Akteneinsicht auf die Beschreibung selbst. Es ist keine Bedingung für die Akteneinsicht, daß der Einsichtswerber volljährig oder imstande sein muß, die im Krankenjournal enthaltenen Auskünfte verstehen zu können. So sind Kinder mit entsprechendem Reifegrad durchaus zur Akteneinsicht berechtigt.

In der dänischen Judikatur wurde das Recht auf Einsicht in die Krankengeschichte als Konsequenz aus allgemeinen Rechtsgrundsätzen qualifiziert. Der Patient bekam somit das Recht, in sein Journal uneingeschränkt einsehen zu können. Das Prinzip dieser Judikatur fand im dänischen Ärztegesetz[1381] seinen Niederschlag. Danach hat nunmehr jeder Patient ein Recht auf Einsicht in sein Krankenjournal. Anders als in anderen Rechtsordnungen umfaßt dies den Anspruch auf Einsicht in sämtliche Unterlagen sowie alle Beilagen. Neben der relativ auffälligen Betonung der Einräumung des andernorts aus Systemlogik heraus abgelehnten therapeutischen Privilegs, wurde einem von anderen Rechtsordnungen nicht so deutlich erkannten Umstand Rechnung getragen, daß so manche protokollierte Diagnose Dritte

---

1378 Markenstein, L. F./Braake, A. M., De patiënt en zijn medische gegevens, bijlage 2, S. 5.

1379 California Health & Safety Code §25252(f) (West Supp. 1983).

1380 Vejledning om aktindsigt i sygehusjournaler, Indenrigsministeriets vejledning af 5. november 1986.

1381 § 46 Laegeloven.

und deren Anspruch auf Geheimhaltung berührt. In jene Teile, in denen der Patient über die Einsicht in seinen Krankenbericht Wissen über Dritte oder über von Dritten gemachte Angaben, Kenntnis erlangen könnte, ist ihm die Einsicht zu verweigern. Es könnten nämlich über die Krankenberichtseinsicht Informationen zugänglich werden, die Angehörige oder den Ehepartner des Patienten betreffen, der dem Arzt Auskünfte über sich selbst oder über seine Beziehung zu dem Patienten, unter der Voraussetzung, daß diese dem Patienten nicht mitgeteilt werden, gegeben hat. Das Gesetz liefert im Text[1382] Hinweise auf die Struktur der Ausnahmetatbestände.

In jenen Fällen, in denen die Einsicht aus dem Titel der nicht auszuschließenden Selbstgefährdung oder der Gefahr der Verletzung Rechte Dritter, verweigert[1383] wird, kann der Patient seinen Ehegatten, einen Verwandten, eine andere Person seines Vertrauens, einen Arzt oder einen Anwalt zur Stellvertretung bevollmächtigen. In diesem Fall muß der, der über den Krankenbericht verfügt, entscheiden, ob sich der Bevollmächtigte für diesen Auftrag eignet und ob dann Rechte Dritter nicht mehr beeinträchtigt werden können. Ein Arzt oder ein Rechtsanwalt, der seinerseits qualifizierten Standesverschwiegenheitspflichten unterliegt, wird in der Regel akzeptiert.

Wird die Einsicht verweigert, so kann am verwaltungsrechtlichen Weg dagegen Beschwerde geführt werden.

### 5.2.4. AUFBEWAHRUNGSFRISTEN UND KORREKTURRECHT

Die meisten Staaten kennen eine Regelung für Aufbewahrungszeiträume von Krankenunterlagen in Krankenhäusern. Diese Zeiträume variieren zwischen 2 und 30 Jahren. Gibt es keine ausdrückliche Regelung, so kann man die Aufbewahrungsfrist aus dem Zweck, der mit der Aufbewahrung von Krankenberichten verfolgt wird, ableiten. Sieht man diesen in Weiterbehandlungsrechten und der dafür nötigen Aufklärung, so empfiehlt sich eine an die Verjährungsfrist für zivilrechtliche Klagsansprüche gekoppelte Aufbewahrungsfrist.

In Amerika wird den Anstalten und Ärzten empfohlen, Möglich-

---

1382 § 9 Lov om offentligehd i forvaltningen, 572/1985 af 19. december 1985.
1383 § 9 Abs. 2.

keiten für die Korrektur von Krankenberichten zu entwickeln. Dort wird offensichtlich unabhängig davon, daß das Eigentumsrecht des Patienten am Krankenbericht verneint wird, doch ein patientenrechtlicher Ansatz kultiviert und der Krankenbericht als Dokument des Patienten und nicht mehr als Arztbehelf gesehen. Wenn nämlich der Patient eine solche Korrektur wünscht, der Arzt aber mit der Version des Patienten nicht übereinstimmt, wird dringend empfohlen, in jedem Fall die Version des Patienten in den Krankenbericht aufzunehmen[1384].

## 5.2.5. WEITERGABE VON MEDIZINISCHEN DATEN AN DRITTE

Das amerikanische Recht hat hinsichtlich der Einsicht durch Dritte in medizinische Daten und Krankenberichte eine Doktrin entwickelt, die die Zulässigkeit der Einsichtnahme in fremde Krankenberichte an drei Kautelen bindet: Die Sicherung strenger Vertraulichkeit (confidentiality), die Abtretung des Einsichtsrechts nur an vom Patienten Berechtigte (privilege) und die Garantie der Verschwiegenheit (privacy).

Im Rahmen der Beziehung Patient/Arzt beinhaltet der Begriff der Vertraulichkeit die stillschweigende oder explizite Abmachung, daß der Arzt die von seinem Patienten empfangene Information nicht an Dritte weitergibt. Es geht hier nicht allein um eine ethische Verpflichtung, sondern auch um eine Rechtspflicht, die aus der Rechtsprechung und einigen Bundesstaatengesetzen hervorgeht[1385].

Bestimmte Daten werden als privilegiert bezeichnet, wenn es demjenigen, dem sie anvertraut wurden, verboten ist, diese Daten oder Gegebenheiten ohne Zustimmung des Betroffenen in einer Rechtssache zu offenbaren. Dieses Privileg kommt dem Patienten, nicht dem Arzt zu. Es besteht nur in jenen Staaten, wo es gesetzlich festgelegt ist und wird als Common Law nicht anerkannt. In den meisten Statuten ist dieses Privileg geregelt[1386].

---

1384 Markenstein, L. F./Braake, A. M., De patiënt en zijn medische gegevens, bijlage 2, S. 6.

1385 Ebda, S. 6 f.

1386 Ebda, S. 7.

Rechtsgrundlage für eine Klage wegen Bruchs der Schweigepflicht ist das grundgesetzlich geschützte „Right to Privacy". Aus weiteren Einzelgesetzen läßt sich dieses Recht auch ableiten und ist zum Teil als Common Law anerkannt[1387].

Obwohl Lehre und Rechtsprechung rund um die oben angeführten Begriffe eine Möglichkeit für einen effektiven Schutz der persönlichen Lebensphärebieten würden, wird dieses Prinzip in der Praxis durch diverse Ausnahmen der Geheimhaltungspflicht angetastet[1388]. Dabei handelt es sich jedoch durchwegs um Eingriffe im Interesse des Gemeinwohls oder dem des Patienten:

– Beinahe jeder Staat hat in den sogenannten „Public Reporting Statutes" Listen von Krankheiten und Umständen veröffentlicht, die den zuständigen staatlichen Instanzen gemeldet werden müssen;

– verschiedene Gesetze sowohl auf gesamtamerikanischer als auch auf einzelstaatlicher Ebene, die die Kosten und die Qualitätskontrolle betreffen, durchbrechen ebenfalls den Schutz des Krankenberichts;

– macht jemand seinen eigenen körperlichen Zustand zum Gegenstand eines Gerichtsverfahrens, dann müssen notgedrungenermaßen medizinische Daten und der Krankenbericht zu Beweiszwecken auch Dritten zur Einsicht überlassen werden.

Es gibt kaum eine Rechtsprechung über die Verletzung der Vertraulichkeit im Arzt-Patienten-Verhältnis. Die Rechtsprechung hat jedoch das Recht des Patienten anerkannt, daß Krankenberichte nicht an Versicherungsgesellschaften oder an den Arbeitergeber weitergegeben werden dürfen[1389].

Gerechtfertigt ist die Weitergabe von medizinischen Daten an Dritte, wenn der Patient eine Gefahr für Dritte darstellt. Allerdings muß eine Güter- und Interessenabwägung klar zugunsten der Gefahren- und Schadenabwehr von einem Dritten sprechen.

Neben diesen allgemeinen Ausnahmen gibt es noch weitere Befugnisse, um zu beurteilen, ob im individuellen Fall Gründe vorliegen, die Verschwiegenheit zu brechen. In den USA ist es durchaus üblich, daß der Patient bei Aufnahme in ein Krankenhaus eine Erklärung (General Release Form) abgibt, derzufolge das Krankenhaus ermächtigt wird, medizinische Daten – allerdings in anonymisierter Form –

1387 Ebda.
1388 Ebda, S. 8.
1389 Ebda, S. 9 f.

zu veröffentlichen. Der Arzt kann weiters die Veröffentlichung von Patientendaten rechtfertigen, wenn er dies mit der Begünstigung der privaten Interessen begründen kann. Der Arzt hat hierin einen großen Ermessensspielraum, wenn er nur in Anspruch nehmen kann, daß der Gesundheitszustand des Patienten eine solche Veröffentlichung notwendig macht[1390].

## 5.2.6. UMFANG UND GRENZEN DES EINSICHTSRECHTES

In den Niederlanden umfaßt das Einsichtsrecht nicht die persönlichen Aufzeichnungen des Behandelnden oder desjenigen, der eine Untersuchung durchführt. Der Begriff „persönliche Notizen" muß jedoch deutlich umschrieben sein, um zu verhindern, daß durch solche Notizen nicht eine Art Schattenbericht entsteht, wie er etwa von *Lilie*[1391] in Deutschland geradezu empfohlen wird. Im Krankenbericht oder in anderen Formen einer Registration von Patientendaten müssen alle Daten aufgenommen werden, die aufgrund des professionellen Standards normalerweise notiert werden. Dritten darf in den Niederlanden kein Einsichtsrecht in den Krankenbericht gegeben werden. Relevante Beispiele eines eventuell wünschenswerten Einsichtsrechtes wären Daten über Dritte aufgrund von genetischen Untersuchungen oder im Rahmen einer Partnertherapie. Dennoch wird das Einsichtsrecht Dritter in den Niederlanden strikt abgelehnt[1392].

Unter den Schutz des Einsichtsrechts fallen auch Briefe und Berichte von Dritten über den Patienten, etwa Gutachten oder Daten, die von anderen Ärzten stammen. Patient und Arzt können aber übereinkommen, daß der Patient während des Zeitraumes der Behandlung oder eines bestimmten Zeitraumes der Behandlung, vom Einsichtsrecht keinen Gebrauch macht. Für einen solchen Verzicht muß jedoch ein taugliches Motiv vorhanden sein, denn sonst würde eine unbegründete Beschränkung eines gesetzlichen Rechtes vorliegen und dieser Vertrag wäre rechtswidrig. Ein solches taugliches Motiv könnte beispielsweise sein, daß das Ausüben eines Einsichtsrechts den Behandlungserfolg in Frage stellen würde. Aus diesem Grund

1390 Ebda.
1391 Lilie, H., Ärztliche Dokumentation, S. 188.
1392 Leenen, H. J. J., Gezondheidsrecht, S. 235.

wurde etwa aus den Kreisen der Psychiatrie und Psychoanalyse oft angeführt, daß der Patient kein Einsichtsrecht haben dürfe. Eine solche globale Verweigerung des Einsichtsrechts ist jedoch nicht aufrechtzuerhalten. Dennoch kann es vorkommen, daß in einer bestimmten Phase einer psychoanalytischen Behandlung eine Einsicht die Behandlung ineffektiv machen würde. Da es jedoch letztendlich eine Frage der Selbstbestimmung des Patienten ist, kann auch im Falle einer solchen Absprache der Behandelnde ein Einsichtsrecht nicht verweigern, wenn der Patient seinen Einsichtnahmeverzicht widerruft und Einsicht begehrt[1393].

In Dänemark ist die Handhabung der Akteneinsicht so geregelt[1394], daß dem Patienten innerhalb vernünftiger Zeitdimensionen die Möglichkeit zu geben ist, die Krankengeschichte auf der Abteilung durchzulesen. Sofern angenommen werden muß, daß der Patient zum Verständnis von Teilen des Aktes Hilfe benötigt, sind Hilfe und Aufklärung anzubieten. Dies kann dadurch geschehen, daß ein Arzt die Krankenunterlagen im notwendigen Umfang mit dem Patienten durchgeht. Wenn dem Patienten Akteneinsicht ermöglicht wird, soll nachfolgendem Ansuchen um Fotokopie des Aktes, eventuell auszugsweise, im allgemeinen entsprochen werden, wenn nicht besondere Gründe, wie etwa die Anzahl, die Art oder die Form der Dokumente dagegen sprechen. Aber auch dann stellt sich lediglich die Frage des Kostenersatzes[1395].

In Deutschland hat der BGH die Frage, ob und in welchem Umfang ein Einsichtsrecht des Patienten in seine Krankenunterlagen besteht, in zwei Grundsatzurteilen geklärt[1396]. Das Gericht unterscheidet zwischen „naturwissenschaftlich objektiven Befunden" und „Aufzeichnungen über persönliche Eindrücke oder Motive". Eine Einsichtnahme wird grundsätzlich nur in objektive Daten bejaht. Jedoch schränkt der BGH gegenüber psychiatrischen Patienten, auch nach Abschluß der Behandlung, das Einsichtsrecht stark ein, es sei denn, der Arzt hegt gegen eine Offenlegung keine therapeutischen Bedenken.

---

1393 Ebda.

1394 Vejledning om aktindsigt i sygehusjournaler, Indenrigsministeriets vejledning af 5. november 1986.

1395 Dazu gibt es eine Verordnung des Justizministeriums 647/1986.

1396 BGH v. 23. 11. 1982, in: Neue Juristische Wochenschrift 1983, S. 328 ff.

*Frank*[1397] stellt im Sinne der dualen Gestaltung der Krankenunterlagen die offenbarungspflichtigen Aufzeichnungen den nicht offenbarungspflichtigen gegenüber. Einsichtsrecht besteht demnach für physische, körperliche Befunde, Berichte über Behandlungsmaßnahmen, etwa die Verordnung von Medikamenten und Berichte über den Behandlungsverlauf. Hinsichtlich persönlicher Aufzeichnungen über Eindrücke des behandelnden Arztes und die Interpretation der Anamnese kann der Einblick verwehrt werden. In der Praxis wird der Patient von Unterlagen, auch von mechanisch gewonnenen, Kopien erhalten, deren Kosten er zu tragen hat.

Das Einsichtsrecht geht sogar in dem Umfang, wie es auch dem Patienten zugestanden hätte, auf die Erben über. Zu verwehren ist den Erben dies aber dann, wenn eine derartige Einsicht dem geäußerten oder mutmaßlichen Willen des Verstorbenen widerspricht[1398].

## 5.2.7. DAS GESCHLOSSENE SCHWEDISCHE EINSICHTSRECHTS-MODELL

Schweden hat aus der Beobachtung heraus, daß die Krankenberichte in dem Maße, als sie zu Beweisstücken in Gerichtsverfahren vermehrt herangezogen wurden, inhaltsleerer und trivialer wurden, 1985 ein sog. Patientenjournal-Gesetz[1399] mit einer umfassenden Gesamtregelung des Rechts am Krankenbericht beschlossen[1400].

Diffizil dokumentiert Brigitta *Engström*[1401] das Hinterland der Gesetzgebung. Informationsdefizite und mangelnde Aufklärungsroutine des Personals werden und wurden tatsächlich beklagt. Dem gängigen Vorurteil auf Medizinerseite, daß der Patient Information eigentlich nicht will, wenn er sie aber ernsthaft will und dann bekommt, nicht versteht, und wenn er sie doch verstehen sollte, ihm diese Information mit zunehmendem Grad der Lebensbedeutsamkeit schadet, wird

---

1397 Frank, W.-M., Dein Recht als Patient, S. 28.

1398 Ebda, S. 29.

1399 Patientjournallag SFS 1985:562; jüngste Fassung SFS 1986:197.

1400 Siehe dazu Fröberg, U. H., Journalen i vården. En handbok om den nya lagstiftningen, Stockholm 1988; bei Einführung Lindegård, B., Patientjournalen i datasamhället, Göteborg 1985.

1401 Engström, B., Information to the patient. An attemt to satisfy the patient's need for information, Umeå 1986.

sachliche Differenzierung angetan. Es hängen nämlich alle befürchteten Implikationen und Komplikationen davon ab, wie dem Patienten Information bereitgestellt wird. Also spricht dies nicht gegen einen Patientenanspruch auf Information und auf Einsicht in das Journal, sondern für eine spezifischere Ausbildung des Personals, wie man informiert und Daten des Journals aufbereitet.

Eine Krankengeschichte ist ausnahmlos für jeden Patienten und zwar für ihn allein, abgesondert von den Krankenberichten anderer, zu führen (§ 1). Zu den Krankenunterlagen gehören alle Dokumente und Materialien, seien sie nun in Bild, Ton oder einer wie immer auch sonstigen Form, auch dann, wenn sie nur durch technische Hilfsmittel erfaßbar sind, die in irgendeinem Zusammenhang zur Diagnose, Behandlung oder Pflege stehen und Auskunft über des Patienten Zustand, persönliche Verhältnisse oder angeordnete Maßnahmen geben (§ 2).

### *Inhalt, Form und Handhabung*

Ein Krankenbericht hat sämtliche erforderlichen und benutzten Hinweise, die für eine sorgfältige Behandlung von Bedeutung sind, zu enthalten. Die Eintragungen sind stets unverzüglich zu machen. Sofern entsprechende Informationen erst vorliegen, hat im Krankenbericht alles ersichtlich gemacht zu werden, was die Identität des Patienten anbelangt, alle wesentlichen Informationen über den Hintergrund der Behandlung, Information über die gestellte Diagnose sowie die Gründe für vorgeschlagene Maßnahmen und wesentliche Informationen über vorgenommene sowie geplante Maßnahmen.

Der Krankenbericht hat ersichtlich zu machen, wer welche Eintragungen vorgenommen hat und wann die Eintragung gemacht wurde (§ 3).

Jede Information ist so abzufassen, daß die Integrität des Patienten respektiert wird (§ 4); sie ist ferner in schwedischer Sprache, deutlich formuliert und so weit nur möglich für den Patienten verständlich abzufassen (§ 5). Eintragungen dürfen außer auf Antrag des Patienten nicht gelöscht oder unleserlich gemacht werden. Die Berichtigung eines Fehlers ist ersichtlich zu machen (§ 6). Der Krankenbericht ist so zu führen und zu verwahren, daß Unauthorisierte keinen Zugang haben. Wird ein Auszug oder eine Kopie weitergereicht, so ist im

Krankenbericht anzumerken, an wen welches Dokument und wann übergeben wurde (§ 7).

*Verwahrung*

Ein Krankenbericht ist wenigstens bis zu drei Jahre nach der jeweils letzten Eintragung aufzubewahren. Für bestimmte Krankenberichte gibt es ausgedehntere Fristen[1402]; für die Aufbewahrung gibt es besondere Archivierungsbestimmungen (§ 8).

*Verpflichtung zur Krankenberichtsführung und zur Auskunft*

Zur Führung eines Krankenberichts ist verpflichtet, wer einen medizinischen, lizenzpflichtigen Beruf ausübt, wer als Logopäde, Psychologe oder Psychotherapeut, Arbeitstherapeut, Kurator oder Krankenhausphysiker im Gesundheitswesen tätig ist; jeder unter diesen ist für seine eigenen Aufzeichnungen verantwortlich (§ 9) und hat auf Begehren des Patienten Auszüge daraus anzufertigen (§ 10).

*Öffentlichkeit und Geheimhaltung*

Ein Krankenberichtsdokument ist auf Begehren des Patienten diesem ehestens zur unmittelbaren Einsichtnahme oder zur Anfertigung einer Kopie zur Verfügung zu stellen, sofern nicht eine Gefahr für den Patienten oder Dritte dadurch zu gewärtigen ist. Die Entscheidung über die Zulässigkeit der Einsichtnahme trifft zunächst der Krankenberichtsführer; dieser hat im Verweigerungsfall selbst die Überprüfung seiner Entscheidung an die Gesundheitsbehörde heranzutragen (§ 12).

Auf Begehren des Patienten oder eines anderen, der im Krankenbericht hiefür als ermächtigt erklärt wurde, kann die Gesundheitsbehörde anordnen, daß der Krankenbericht ganz oder teilweise vernichtet wird (§ 13).

---

1402 Verordnung SFS 1986:203.

## 6. Patientenpflichten

Naturgemäß sind die Pflichten des Patienten weniger im Vordergrund der Patiententenrechtsdiskussion als die Rechte. Dies hat zwei Gründe:

Einmal zählen die Pflichten des Patienten zu den Pflichten gegen sich selbst (officia erga se ipsa) und zu den Pflichten gegen die Gemeinschaft. Mithin sind sie nur auf der Ebene der Moralobligation diskutierbar. Es ist dies vornehmlich die Pflicht im ethischen Sinne, alles zu tun, um erst gar nicht Patient zu werden. Ohne unmittelbar über Pflichten zu reden, versucht die Gesundheitspolitik über Vorsorgemedizin, Aufklärung über gesunde Lebensführung, Primärpflege und ähnliche Ansätze, einen Umdenkprozeß in Gang zu bringen. Gerne wird in diesem Zusammenhang auch die Frage in die Diskussion eingebracht, wie die Kollektivhaftung der Gesellschaft im Gesundheitswesen bei allen Kategorien der selbstverschuldeten Erkrankung im Falle provozierter Risiken minimiert werden könne.

Die gängigen Zitierbeispiele sind der Raucher, der trotz ernstester Alarmsignale, gar schon absolvierter Gefäßoperationen, seiner krankmachenden Gewohnheit nicht zu entsagen vermag; Suchtgiftabhängige, die den Entziehungskampf verweigern; sonstige Risikopatienten, die die erkannten Faktoren ihres Risikos notorisch geringschätzen; aber auch der Sportler, der durch die Wahl gefährlicher Sportarten das Unfallrisiko sehenden Auges erhöht. Die intellektuellen Reaktionen sind so unbefriedigend, wie sie nicht zielführend sind. Erstens verhindern Abgrenzungsfragen die Realisierbarkeit der Konsequenzenführung. Ist etwa der Übergewichtige, der sein Gewichtsproblem negligiert, in höhere Eigenverantwortung, allenfalls in Form eines Selbstbehaltes in Form höherer Kostenbeiträge zu nehmen? Soll für wiederholt Sportverletzte ein Malussystem erfunden werden? Ist etwa der Paraglider anders zu kategorisieren als der Pistenschiläufer? Wo werden die sozial akkreditierten Trinkgewohnheiten zum sozialschädlichen Laster? Und: Befinden Ärzte oder Juristen darüber? Zum anderen: Ist die gesellschaftliche Solidarität nicht auch auf jene hinkonditioniert, die ein Problem, eine Schwäche, eine, wenn auch verhängnisvolle, Neigung nicht zu kontrollieren vermögen?

Der zweite Grund liegt darin, hier ist Sepp *Rieder*[1403] zu zitieren,

1403 Rieder, S., Recht und Wirklichkeit im österreichischen Gesundheitswesen, S. 18 f.

daß der Patient seinen Pflichtenpart unspektakulär im voraus schon erfüllt hat, nämlich seinen ökonomischen Beitrag in die Risikostreuungsgemeinschaft einzubringen. Daß dies in vielen wohlfahrtsstaatlichen Systemen im Basisversorgungsbereich der Sozialversicherungssysteme das Bewußtsein des Patienten nicht zu prägen vermag, liegt auf der Hand. Wenn die eingehobenen Prämien, die vorsorglicherweise auch nur Beiträge genannt werden, die Ausgaben nicht zu dekken vermögen und der Patient schlüssigerweise zum Nutznießer von Drittleistungen, allenfalls aus dem nationalen Haushalt werden muß, dann leidet darunter notwendigerweise die Balance des Rechte-Pflichten-Gefüges. Aber ist das nun dem Patienten anzulasten oder der Gesundheitspolitik?

Direkte „Gesundheitspflichten" des Patienten sind nirgendwo kanonisiert. Junktimierte Pflichten stehen aber nicht als eigenständige Patientenpflichten da, sondern bilden die Gegenleistung oder Grenze eines ausgeschöpften Anspruchs. Etwa wenn in Deutschland oder in Österreich[1404] staatliche Leistungen an die Absolvierung von Vorsorgeuntersuchungen gebunden sind. Vorschläge im obigen Sinn, für gesetzlich Krankenversicherte jährliche Vorsorgeuntersuchungen mit gekoppelter Beitragserhöhung im Falle der Weigerung durchzuführen sowie einen Risikozuschlag für Übergewichtige, Raucher, Alkoholiker und generell Suchtgiftabhängige einzuführen, ließen sich bislang nicht durchsetzen[1405].

Zu den junktimierten Verpflichtungen zählt auch, im Falle einer Behandlung in einer Institution, deren organisatorische Bedingungen zu erfüllen. Während des Anstaltsaufenthaltes gilt für den Patienten die Anstaltenordnung, die bestimmte Rechte einschränkt, etwa Essenszeiten fixiert oder beschränkten Ausgang verfügt. Allerdings erscheint insbesondere dort, wo Sozialversicherungssysteme freiwillige Vorsorge- oder Rehabilitationsleistungen erbringen, der Pflichtenkatalog der Unterwerfung unter die Anstaltenordnungen überzogen. Anstaltenordnungen können geltendes Recht nicht außer Kraft setzen; Hans *Halter*[1406] hält für Deutschland fest, was inhaltlich wohl überall gilt, daß grundgesetzliche Garantien, wie das Recht auf freie

1404 Änderung zum österreichischen Familienlastenausgleichgesetz 1967 durch Bundesgesetz vom 2. 10. 1986, BGBl. 556/1986.

1405 Fiebig, U., Freiheit für Patient und Arzt, S. 85.

1406 Halter, H., Ihr Recht als Patient, S. 54.

Persönlichkeitsentfaltung[1407], nicht unzumutbar eingeengt werden dürfen. Restriktionen können folglich nur auferlegt werden, insoweit das Behandlungsziel oder die Pflege und das Ruhebedürfnis der Mitpatienten dies unumgänglich machen. Ärztliche Pflichten und die Grundrechte des Patienten bleiben von einer Anstaltenordnung unberührt.

Die Zielvorgabe für staatliche Gesundheitswesen, wie sie in der Präambel der WHO-Satzung formuliert ist, daß ein „highest attainable standard“ der Gesundheitsvorsorge anzubieten ist, mag mit dem national schwankenden gesellschaftlichen Konsens über die Höhe der Beitragspflicht in Konflikt geraten. Gerade bei den immer kostenintensiveren Behandlungen, insbesondere in der Transplantationsmedizin, läßt sich ein rechtspolitischer Konsequenzbedarf erahnen. Selbst unter der Einschränkung, daß das Mitglied der Basissolidargemeinschaft, der sogenannte Kassenpatient, lediglich Anspruch darauf hat, wie es in der deutschen Reichsversicherungsordnung (RVO) von 1911, die noch Gültigkeit hat, so markant formuliert ist, medizinisch „zweckmäßig und ausreichend“ versorgt zu werden, macht eine Neudefinition der Beitragspflicht unumgänglich.

Geht man auf tieferer Ebene der Frage nach den Patientenpflichten nach, dann bleiben zwar immer noch einige konkretisierbar, etwa neben der grundsätzlichen Honorarzahlungspflicht noch die Mitwirkungspflicht. Für eine dem rechtspolitischen Zweck dienende Erörterung patientenrechtlicher Trends erscheint der Blick auf die Dogmatik dieser jedoch verzichtbar.

1407 Art. 2 (deutsches) Grundgesetz.

# III. Patientenrechte für spezielle Patientengruppen

Spezielle Problemstellungen ergeben sich für spezifische Gruppierungen von Patienten, da diese Patienten in bestimmter Form benachteiligt, somit auch besonders verletzlich sind und eines qualifizierten Schutzes bedürfen.

## 1. Mentalpatienten

### *1.1. Achtung und Selbstbestimmung*

Innerhalb der verschiedenen Kategorien der Patienten ist der psychisch kranke Patient der erkannterweise gefährdetste. Diese Gefährdung kann von der psychischen Krankheit selbst herrühren, wenn der Patient aufgrund dieser seine Gesundheit oder sein Leben selbst zu zerstören sich anschickt. Für diese Gruppe von Patienten besteht daher unter bestimmten Bedingungen die Möglichkeit einer erzwungenen Aufnahme in Institutionen sowie einer Zwangsbehandlung[1408]. Eine Partnerschaft zwischen Behandelndem und Patienten schließt dies dennoch keineswegs aus[1409].

Diese Sondersituation erhöht aber erst recht wieder den Grad der Verletzlichkeit[1410]. James T. *Ziegenfuss* hat die Systembedingtheit der erhöhten Entrechtungs- und damit einhergehend erhöhten Mißhandlungsgefahr, aber auch die Remedurmöglichkeiten ausführlich beschrieben[1411]. Man könnte für die Verlaufslogik die Analysen des Lainz-Berichtes auswerten[1412]; es gibt aber auch andere traurige Belege. Stellvertretend für

---

1408 Vgl. dazu das Unterbringungsgesetz, BGBl. 1990/155; gemäß § 8 darf eine Person nach Untersuchung eines im öffentlichen Sanitätsdienst stehenden Arztes oder Polizeiarztes dann gegen oder ohne ihren Willen in eine Anstalt gebracht werden, wenn die Voraussetzungen der Unterbringung vorliegen. Die Voraussetzungen sind gemäß § 3 dann erfüllt, wenn eine Person an einer psychischen Krankheit leidet oder im Zusammenhang damit das eigene Leben oder die eigene Gesundheit oder das Leben oder die Gesundheit anderer ernstlich und erheblich gefährdet und keine anderweitige ärztliche Behandlung und Betreuung außerhalb der Anstalt möglich erscheint.

1409 Siehe Wyss, D., Der Kranke als Partner. Lehrbuch der antrophologisch-integrativen Psychotherapie, Bde 1 und 2, Göttingen 1982.

andere sei auf den Reitgjerdet-Bericht verwiesen[1413]. Die Untersuchungskommission, die zur Aufklärung der Zu- und Umstände der Ende der 70er-Jahre begangenen Morde in der norwegischen, privaten psychiatrischen und Langzeitinstitution Reitgjerdet eingesetzt worden war, kam zu folgendem Schluß[1414]: „Zusammenfassend läßt sich sagen, daß, abgesehen von medikamentöser Behandlung und der Behandlung somatischer Krankheiten, während der Untersuchungszeit kaum eine medizinische Behandlung auf Reitgjerdet durchgeführt wurde (...) So wie die Zustände auf Reitgjerdet zu Ende der Untersuchungsperiode – mit strengen Überwachungen und einem passiven Dasein der meisten Patienten unter teilweise äußerst demütigenden Umständen im Laufe von vielen Jahren – waren, kann man sich fragen, ob der Aufenthalt in diesem Krankenhaus nicht eher eine krankheitsbewahrende oder sogar krankheitshervorrufende Wirkung hatte als eine heilende."

Die Untersuchungskommission bezeichnete die Pflege als „durchgehend (...) mangelhaft"[1415]. In der psychiatrischen Abteilung von Reitgjerdet wurden zahlreiche mechanische Zwangsmittel verwendet, es herrschte totale Briefzensur, die Aufenthaltszeit der Patienten in dieser Anstalt schien besonders hoch[1416].

Deutlich wurde schlüssigerweise auch, daß die geltenden Bestimmungen nicht ausreichten, Übergriffe verhindern zu können. Auch die Kontrollkommission, der Ombudsmann und die oberste Gesundheitsbehörde (Helsedirektoratet) stellten in diesem Fall keine effektiven Kontrollorgane dar. Die Untersuchungskommission führte an, daß insbesondere der Mangel an Ressourcen ein wesentlicher Faktor für die Übergriffe auf die Patienten gewesen war. Mangel an Ressourcen konnte aber keineswegs die alleinige Ursache gewesen sein. Entscheidend war sicherlich

---

1410 Dazu ausführlich Vladeck, B., Unloving Care.

1411 Ziegenfuss, J. T., Redefining Patients' Rights Conflicts as Organizational Systems Design Problems, mschr. Manus. für Forum Alpbach 1990.

1412 Siehe dazu den unveröffentlichten Untersuchungsbericht der Magistratsdirektion Wien über die Vorfälle auf der 1. Medizinischen Abteilung des Krankenhauses Lainz.

1413 Eskeland, S., Den psykiatriske pasient og loven. En innføring i Lov om psykisk helsevern, Oslo 1983, S. 107 ff.

1414 Reitgjerdet-Granskningskommisjonens rapport, Oslo 1980, S. 86.

1415 Ebda, S. 91 f.

1416 Die durchschnittliche Aufenthaltszeit Ende 1979 betrug 16 Jahre, vgl. ebda, S. 37.

ebenso, daß die Verantwortlichen nicht hätten protestieren können, ohne sich selbst gleichzeitig zu kompromittieren, jedenfalls dann nicht, wenn sie bereits längere Zeit in dieser Institution tätig gewesen waren. Daher wurde eine psychologische Verteidigung – mehr eine Alltagsphilosophie – entwickelt, mit Hilfe derer es kompatibel wurde, für eine Institution fachlich verantwortlich zu sein, in der die Patienten zu einem Aufenthalt gezwungen waren, ohne nennenswerte psychiatrische Behandlung zu erhalten und in der sich aber gleichzeitig viele Patienten mit einer zutiefst entwürdigenden menschlichen Behandlung abfinden mußten[1417].

Um solche Vorkommnisse zu verhindern, versucht internationales und nationales Recht den Schutz psychisch kranker Menschen ganz besonders voranzutrieben. Neben verschiedenen Resolutionen internationaler Organisationen, die sich ausdrücklich auf Mentalpatienten beziehen[1418], bleiben die beiden wichtigsten internationalen Erklärungen von rechtssichernder Bedeutung für psychiatrische Patienten[1419] die Europäische Menschenrechtskonvention (EMRK) und die UN-Konvention über die bürgerlichen und politischen Rechte (1966). Diese ermöglichen einzelnen Staatsbürgern und somit auch Patienten, Beschwerden gegen nationale Judikate bei den Straßburger Organen[1420] oder bei der UN-Menschenrechtskommission einzubringen.

Art. 3 EMRK verbietet die unmenschliche oder erniedrigende Behandlung[1421]. In der Reitgjerdet-Praxis legitimierte man Einschränkungen mit dem Mangel an Ressourcen. So mußten die Patienten unter Berufung auf Personalmangel sich bereits um 18 Uhr 30 zur Ruhe begeben; zum Teil mußten Langzeitpatienten in geschlossenen Abteilungen leben,

---

1417 Eskeland, S., Pasient og loven, S. 108.

1418 Council of Europe, Recommendation R (83)2 of the Committee of Ministers to Member States Concerning the Legal Protection of Persons suffering from Mental Disorder placed as Involuntary Patients; United Nations Declaration on the Rights of Mental Retarded Persons, 2856 (XXVI) 20. December 1971.

1419 Siehe auch Warberg, L., Individets fysiske og psykiske vern på sosiale institutioner og anstalter, in: Jussens Venner 16 (1981), S. 382 ff; Eskeland, S., Pasient og loven, S. 124 ff.

1420 Vgl. etwa den Fall Simon Herold gegen Österreich, Kommission, Application 4340/69, 2. 2. 1971, Collection of Decisions, Bd. 38, S. 18 ff, Bericht v. 19. 12. 72 unveröffentlicht.

1421 Die Anwendbarkeit des Art. 3 EMRK auf den Bereich der Medizin hinsichtlich von Experimenten und Behandlungen ohne Zustimmung des Patienten ist unbestritten; dazu Roscam Abbing, H. D. C., International Organizations in Europe, S. 61 ff.

weil die Raumnot es nicht zuließ, mehrere Einzelabteilungen zu halten[1422].

In Art. 5 (1) EMRK kommt deutlich zum Ausdruck, daß man sich der Menschenrechtsdefizite im psychiatrischen Bereich gänzlich bewußt ist. Das Anhaltungsrecht wird daher an spezielle rechtliche Sicherungsmaßnahmen gebunden. Nahezu alle europäischen Staaten – ebenso die Vereinigten Staaten[1423] – verstärken daher ihre Rechtssicherungsaktivitäten für Mentalpatienten. Österreich hat mit seinem Unterbringungsgesetz später als andere Staaten[1424] reagiert, aber immerhin noch früher als wiederum andere Staaten mit großartigen Konzepten, aber mangelnder Kraft oder fehlendem politischen Willen zur Umsetzung in die Rechtswirklichkeit[1425].

Die Niederlande legen Anlaß und Rationalität der neuen Richtung treffend frei. Das menschliche Selbstbestimmungsrecht – so die niederländische Lehre – wird zwar auch durch biologisch-psychische und soziale Faktoren bestimmt, dennoch können solche Einflüsse das Menschenrecht auf Selbstbestimmung nicht vollkommen aufheben. Während im normalen gesellschaftlichen Umgang immer davon ausgegangen wird, daß Menschen ihren freien Willen selbst bestimmen können und dieser Äußerung Erheblichkeit zukommt, es sei denn, daß das Gegenteil bewiesen ist, gilt diese Annahme bei psychiatrischen Patienten oft nicht mehr. In der Psychiatrie ist damit eine Art von faktischer Beweislastumkehr zu beobachten: Der psychiatrische Patient muß oft in aussichtloser Argumentations- und Beweissituation seine Kompetenz und Mündigkeit beweisen, wo andere Bürger das nicht brauchen. Gerade wenn ein psychiatrischer Patient die Behandlung verweigert, wird diese Beweislastumkehr offenbar. Bei Patienten der Psychiatrie werden an die Willensbildung meist höhere Anforderungen gestellt als bei somatischen Patienten. Eine bloße Einordnung eines Patienten unter die mentale Diagnose und Indikation nimmt aber dem Betreffenden nicht selbstverständlich auch schon das Recht auf Selbstbestimmung[1426]. Daraus folgt, daß in all diesen Fällen zur Entscheidung über die Handlungsfähigkeit in bezug auf Infor-

---

1422 Eskeland, S., Pasient og loven, S. 124 ff.

1423 Mental Health Systems Act 1980, P. L. 96-398, 94 Stat.1564 (1980).

1424 Etwa Schweden mit seinem Lag (SFS 1982:782) om beredande av sluten psykiatrisk vård i vissa fall und der dazugehörigen Verordnung SFS 1982:1041 oder dem Lag (SFS 1984:366) om vård av missbrukare i vissa fall.

1425 Etwa Norwegen mit seinem Zwangsbehandlungsgesetzvorschlag Lov om psykiks

mation und Einwilligung eine individuelle Beurteilung vorzunehmen ist[1427].

Damit stellt sich das zentrale Problem in der Psychiatrie: Wichtiger noch als die Frage, auf Grund welcher Kriterien und durch wen die Unmündigkeit festgestellt wird, ist die, wer sie in einem Quasi-Gegenzeichnungsverfahren bestätigt. Ein psychiatrisches Urteil eines Sachverständigen bildet für diese Feststellung die Regel. Gerade bei einer zwangsweisen Einlieferung und Behandlung werden darüber hinaus aber Anfangs- wie Begleitkontrollmechanismen, eben eine richterliche Überprüfung unter Mitwirkung eines Anwalts des Patienten, in vielen Ländern eben des Patientenanwaltes, wie in Österreich und in den Niederlanden, entwickelt.

## *1.2. Information und Einwilligung*

Es entwickelt sich allmählich eine Art Standort-Doktrin. Soweit möglich, ist auch von einem wenig kompetenten Patienten eine informierte Einwilligung einzuholen. Ist dies nicht möglich, kann der Arzt sich an den Sachwalter, die Angehörigen oder einen Sozialarbeiter in der Rolle des Patientenanwaltes, wenden. Mentalpatienten durch persönliche Besachwaltung weitere, auch übliche Freiheitsrechte zu entziehen, steht mit ärztlicher Ethik im Widerspruch[1428].

Noch in den frühen achtziger Jahren vertrat man in Dänemark die Ansicht[1429], daß es nicht möglich und zweckmäßig sei, mittels Gesetz Bestimmungen über die Einwilligung der Mentalpatienten zu einer Behandlung festzusetzen. Ebensowenig wollte man rechtlich definieren, in welchen konkreten Fällen die Patienten über die beabsichtigte Behandlung informiert werden müssen, da man die Sicherheitsansprüche ohnehin bereits durch das Ärztegesetz[1430] in einer Bestimmung über

---

helsevern uten eget samtykke; Norges offentlige utredninger (NOU) 1988:89, Oslo 1989.

1426 Dazu Leenen, H. J. J., Gezondheidsrecht, S. 251.

1427 Pedersen, O. Bøjstrup, Information og samtykke, S. 14 f.

1428 Madsen, U. V., Laegeetik og laegelig behandling af voksne, psykisk udviklingshaemmede personer, in: Ugeskrift for Laeger, 148 (1986), S. 2717.

1429 Rundschreiben der obersten dänischen Gesundheitsbehörde über Information und Einwilligung: Cirkulaere af 21. X.1982 om information og samtykke, „Laegers pligt og patienters ret".

1430 Lov om udøvelse af laegegerning af 19. august 1976, nr. 426.

sorgfältiges und gewissenhaftes ärztliches Verhalten für ausreichend abgesichert erachtete[1431]. Versage dieser Gesetzesauftrag, so müsse als ultima ratio dann ohnedies das Strafrecht[1432] greifen. Die schlüssige Förderung der Annahme, daß Ärzte prinzipiell als „professionelle Verbrecher“ betrachtet werden sollen, deren Tätigkeit in Gewaltausübung bestehe, die lediglich aufgrund der unterstellten Einwilligung des Patienten ungeahndet bleibe, solle besser unterbleiben[1433].

Die Anwendung von Zwangsmaßnahmen sei nun einmal in psychiatrischen Institutionen unvermeidlich und müsse daher in nicht zu eng definiertem Ausmaß möglich und erlaubt sein. Der hiefür gesteckte Rahmen[1434] muß auch ausgeschöpft werden dürfen; nicht jede Panikreaktion des Patienten solle gleich als Widerruf der Einwilligung zur ärztlichen Behandlung ausgelegt werden müssen.

Diese so noch bis vor kurzem mit uneingestandenen Ökonomismen und Organisationsmaximen proklamierte Position gegen einen Ausbau von Mentalpatientenrechten baut auf die Prämisse, daß es unmöglich ist, den Vorgang des Informierens des Patienten für alle Einzelsituationen gesetzlich maßzuschneidern und in gesetzlicher Form den sich ständig verändernden Wertvorstellungen der Gesellschaft sowie der rasanten medizinischen Entwicklung Rechnung tragen zu können. In Kauf nimmt man dabei aber, daß es im Einzelfall schwierig ist, festzustellen, was unter gewissenhaftem ärztlichen Verhalten zu verstehen ist. Längst hat man daher die Rückzugsposition eingenommen; man modifiziert: Nur bei lebensbedrohlichen Zuständen oder in Situationen, in welchen ein ernsthaftes Risiko für die Gesundheit des Patienten oder Dritter besteht, wird manchmal eine notwendige Behandlung ohne Zustimmung des Patienten vorgenommen werden können[1435].

---

1431 Madsen, U. V., Laegeetik, S. 2717.

1432 § 260 (1) (dänisches) Strafgesetz.

1433 Greve, V./Larsen, B. U./Lindegård, P., Kommentert straffelov, Kopenhagen 1982, S. 239.

1434 Socialministeriets bekendtgørelse nr. 568 af 21. 12. 1979 om magtanvendelse m. v. i institutioner for voksne med vidtgående fysiske eller psykiske handicap.

1435 Sundhedsstyrelsen. Laegers pligt til at informere deres patienter og disses samtykke til indgreb og behandling, in: Ugeskrift for Laeger 144 (1982), S. 733 ff.

## *1.3. Partizipation der Mentalpatienten*

Bereits in den ersten Fällen vor amerikanischen Gerichten im Zusammenhang mit Fragen des Informed Consent zeigte sich, daß bestimmte Personen nicht oder nur eingeschränkt in der Lage sind, eine gültige Zustimmung oder Einwilligung in die Behandlung abzugeben[1436]. Hielte man aber unabdingbar am Einwilligungsprinzip fest, so wäre die Konsequenz, daß Mentalpatienten, denen das Diskretionsvermögen fehlt, ihren eigenen Vorteil zu erkennen, überhaupt keine Behandlung bekämen[1437]. Ein solcher Standpunkt müßte zu fatalen Folgen führen: Daher ist diese Idee unakzeptabel, würde dies doch bedeuten, daß nur Personen, die über die Fähigkeit verfügen, Entscheidungen zu fällen, medizinische Behandlungen bekommen[1438]. Auch in Europa wurde das zunehmend erkannt.

Die Probleme mit der Einsichts- und Urteilsfähigkeit (incompetency)[1439] stellen sich für die amerikanische Lehre auf zwei Ebenen[1440]:

(1) auf der Ebene der Einsichts- und Urteilsfähigkeit als solcher;

(2) auf der Ebene der Entscheidung darüber, ob eine Person einsichts- und urteilsfähig ist und wer diese Entscheidung trifft und ferner, wer anstelle der einsichts- und urteilsfähigen Person zur Entscheidung berufen wird. Auf dieser Ebene stellen sich auch die Fragen, ob der zur Stellvertretung Berufene an Richtlinien gebunden werden soll, an denen er seine Entscheidung zu messen hat und ob es einer Überprüfung der Entscheidungen des Stellvertreters bedarf.

---

1436 Schloendorff v. Society of New York Hospital, 105 N. E. 92 (N. Y. 1914).

1437 In re Long Island Jewish-Hillside Medical Center, 342 N. Y. S.2d 356, 358 (Sup. Ct. 1973).

1438 Appelbaum, P. S./Lidz, C. W./Meisel, A., Informed Consent, S. 81.

1439 Die Einwilligung ist keine rechtsgeschäftliche Willenserklärung, sondern eine Gestattung tatsächlicher Eingriffe in persönliche Rechtsgüter; aufgrund einer optimalen Berücksichtigung des Selbstbestimmungsrechtes des Patienten sind nicht die Geschäftsfähigkeit und nicht Schuld- und Deliktsfähigkeit hier wesentlich, sondern ausschließlich die Einsichts- und Urteilsfähigkeit; d. h. Minderjährige und vom Gericht ausdrücklich als geschäftsunfähig erklärte volljährige Personen, können daher durchaus Einsichts- und Urteilsfähigkeit besitzen. In Einzelfällen kann aber neben der Einsichts- und Urteilsfähigkeit kumulativ auch die Geschäftsfähigkeit gefordert sein, z. B. § 40 II Nr. 1 (dt.) Arzneimittelgesetz; dazu Eser, A./Lutterotti, M. von/Sporken, P. (Hrsg.), Lexikon Medizin – Ethik – Recht, S. 273 f.

1440 Ebda, S. 82.

Der amerikanischen Lehre nach läßt sich die Einsichts- und Urteilsunfähigkeit durchaus in eine generelle und eine spezielle Einsichts- und Urteilsfähigkeit unterscheiden[1441]: Das zentrale Problem ist das der Feststellung des Ausmaßes der Einsichts- und Urteilsfähigkeit[1442]. Nicht nur, daß keine klaren Richtlinien feststehen, es gibt auch keine geeigneten Verfahren, um die Einsichts- und Urteilsfähigkeit eindeutig feststellen zu können.

Zwar finden die Gerichte im konkreten Fall in irgendeiner Form Bestimmungsdeterminanten, aber es ist an sich der Arzt – gerade im Zusammenhang mit der Informed Consent Doktrin –, der faktischerweise zuerst die Einsichts- und Urteilsfähigkeit eines Patienten annimmt, indem er eine Entscheidung des Patienten akzeptiert oder nicht.

Zur Determinierung der Zurechnungsfähigkeit haben sich verschiedene Methoden entwickelt, die entweder auf die Beurteilung einer nur teilweisen Einsichts- und Urteilsfähigkeit oder gleich auf die generelle Einsichts- und Urteilsunfähigkeit abstellen:

### 1.3.1. TEILEINSICHTS- UND URTEILSFÄHIGKEITSFESTSTELLUNG

Diese Methoden beziehen sich auf das Verhalten im Kontext mit der Entscheidungsfindung und dem Partizipationswillen oder die -fähigkeit des Patienten. Dabei kann auf mehrere Anknüpfungspunkte abgestellt werden, so auf:

– die Äußerungen: Der Patient, der eine Entscheidung fällt, wird als einsichts- und urteilsfähig, der Patient, der nicht entscheidet, als einsichts- und urteilsunfähig betrachtet. Es wird in diesem Modell nicht weiter nach den Hintergründen gefragt;

– das tatsächliche Verständnis: Die Einsichts- und Urteilsfähigkeit des Patienten wird in diesem Modell des Versuchs zur Objektivierung nach seiner Möglichkeit, die ihm dargebotene Information zu verstehen, beurteilt; ist er nicht in der Lage, die Informationen zu verstehen, gilt er als einsichts- und urteilsunfähig. Dabei werden keine Fragen hinsichtlich der Entscheidungsfindung noch hinsichtlich der Art der Entscheidung gestellt;

1441 Appelbaum, P. S./Lidz, C. W./Meisel, A., Informed Consent, S. 82 f.
1442 Roth, L. H./Meisel, A./Lidz, C. W., Tests of Competency, S. 279 ff.

– die Art des Entscheidungprozesses: Bezüglich der Einsichts- und Urteilsfähigkeit werden zwei Fragen beleuchtet; zum einen, ob der Patient entsprechend kalkuliert (Risiko- und Vorteilsabwägung; Beachtung aller Informationselemente) und zum anderen, ob der Patient die Informationselemente nach ihrer Gewichtung mißt. In diesem Modell muß recherchiert werden.

– die Art der Entscheidung: Hier wird die Einsichts- und Urteilsfähigkeit anhand des Ergebnisses der Entscheidung bemessen, etwa ob der Patient eine Behandlung tendenziell eher ablehnt als in sie einwilligt oder von vorneherein eine risikoärmere Behandlung wählt.

### 1.3.2. GENERELLE EINSICHTS- UND URTEILSUNFÄHIGKEIT

Die Bewertung der Einsichts- und Urteilsfähigkeit im generellen bezieht sich weniger speziell auf eine Person als Patient als vielmehr auf eine Person in einer Gesamtbetrachtung. Dabei wird auf genereller Ebene untersucht, ob eine Person in der Lage ist, Entscheidungen zu fällen. Man beschränkt sich dabei nicht auf die medizinische Entscheidungsfindung, ob die Einsichts- und Urteilsunfähigkeit nur temporär (etwa bei reversibler Alkohol- oder Drogenabhängigkeit) oder auf Dauer besteht, sondern bezieht sich auch auf die allgemeine Fähigkeit, Entscheidungen zu fällen.

Problematisch ist allerdings im Zusammenhang mit medizinischen Maßnahmen, daß eine allgemeine Einsichts- und Urteilsfähigkeit nicht immer auch schon die konkrete Einsichts- und Urteilsfähigkeit für eine ganz spezielle medizinische Entscheidungsfindung in sich begreifen muß. Es ist nämlich durchaus denkbar, daß ein im allgemeinen einsichts- und urteilsunfähiger Patient in der Lage ist, wenn er über ausreichend Zeit und Information verfügt und entsprechend unterstützt wird, medizinische Entscheidungen zu fällen, in einer qualifizierten Situation und in Fällen einer rasch zu treffenden Entscheidung aber überfordert sein kann. Allerdings ist die Bewertung auch hierbei schwierig. Ein objektiver Maßstab, etwa der Intelligenzquotient, bleibt anbetrachts der möglichen Krankheitsbilder wenig aussagekräftig; es bleibt also immer nur eine subjektive Bewertungsmöglichkeit.

*Appelbaum, Lidz* und *Meisel*[1443] sehen die Verbindung der beiden Be-

1443 Appelbaum, P. S./Lidz, C. W./Meisel, A., Informed Consent, S. 89 f.

wertungsmethoden als zweckmäßig. Beide Ansätze sollen ineinander greifen, es soll somit die Bestimmung der Einsichts- und Urteilsfähigkeit ein zweistufiger Prozeß sein[1444]:

(a) Die Pflicht zur Informationsbekanntgabe und die Notwendigkeit der Zustimmung bestehen nur dann nicht, wenn der Patient gänzlich einsichts- und urteilsunfähig ist. Ein Beispiel einer so extremen Lage ist die Bewußtlosigkeit des Patienten.

(b) Soferne der Patient aber nicht generell einsichts- und urteilsunfähig ist, so kann nur innerhalb der definierten Grenzen der bezüglichen, spezifischen Einsichts- und Urteilsunfähigkeit von der Obligation der Zustimmung abgesehen werden, aber nicht notwendigerweise von der Informationsbekanntgabe, da die teilweise Einsichts- und Urteilsfähigkeit ja erst unter dem Aspekt erteilter Information erkannt werden kann.

## *1.4. Trends in der Stellvertretung von einsichts- und urteilsunfähigen Personen*

### 1.4.1. WAHL DES STELLVERTRETERS

Für die Wahl des Stellvertreters bieten sich mehrere verschiedene Möglichkeiten[1445]:

– ad-hoc Bestellung durch Gericht oder Dauerregelungen durch Gesetz. Verschiedene amerikanische Staaten verfügen über Gesetze, die bestimmte Familienmitglieder ermächtigen, die Zustimmung anstelle der einsichts- und urteilsunfähigen Personen zu geben[1446]; es bedarf zur Einwilligung keines gerichtlich bestellten Stellvertreters.

– Auswahl durch den Patienten schon vor dem Eintritt des Stadiums der Einsichts- und Urteilsunfähigkeit; einige amerikanische Staaten verfügen auch hier über eine ausdrückliche gesetzliche Regelung[1447].

Von Bedeutung werden diese Regelungen aber auch immer mehr für die Einrichtungen der Altenpflege. Aufgrund der demographischen

---

1444 Ebda, S. 90.

1445 Ebda, S. 93 ff.

1446 Louisiana Rev. Stat. Ann. §40:1299.53 (West 1977); Utah Code Ann. §78-14-5(4) (1977).

1447 Siehe California Civil Code §2433 (West Cum. Supp. 1986); 20 Pennsylvania Cons. Stat. Ann. § 5603(h) (Purdon Cum. Supp. 1985)); zum Teil findet diese Regelung auch im Common Law Anwendung (z. B. Matter of Conroy, 486 A.2d 1209 (N. J.1985)).

Trends wird eine wachsende Anzahl älterer Menschen schutzbedürftig. Alter geht aber keineswegs notwendigerweise mit dem Verlust der Einsichts- und Urteilsfähigkeit einher. In Pflegeanstalten häuft sich jedoch eine Klientel, die vom Patientenstatus nur mehr unscharf abgrenzbar ist, weil im Überalterungsprozeß vermehrt Klienten an einer Multimorbidität leiden, die mitunter eine Einsichts- und Urteilsunfähigkeit nach sich zieht und eine Vertretung für durchaus längere, intermittierende Perioden erforderlich macht. Zum anderen steigt auch das rechtliche Interesse besonders im Bereich der nur lebensverlängernden, aber nicht wiederherstellenden Behandlungen[1448].

In Kanada ist man, ganz ähnlich wie in Österreich und im norwegischen Konzept, dabei, das Sachwalter- und Vormundschaftssystem neu zu überdenken. Dabei erscheint in vorderster Linie auch die Überprüfung der Tätigkeit der Sachwalter durch eine eigens dafür zu schaffende Anwaltschaft trendhaft zu sein[1449]:

Im Jahre 1985 wurde ein „Advisory Committee on Substitute Decicions Making for Mentally Incapable Persons" eingesetzt, mit dem Ziel, zum einen alle gesetzlichen und rechtlichen Regelungen, zum anderen auch alle damit in Zusammenhang stehenden Fragenkreise näher zu erörtern. Dabei sprach sich dieses Gremium dafür aus, daß grundsätzlich ein Anwalt, allerdings kein Rechtsanwalt im traditionellen Sinn, beigezogen werden sollte, wann immer aufgrund des Gesetzes einem Menschen das Recht auf eine wichtige Entscheidung entzogen wird. Zusätzlich erging die Empfehlung, daß der vorgeschlagene Gesetzesentwurf nicht eher in Geltung gesetzt werden sollte, als nicht auch ein umfassendes formelles Anwaltschaftssystem eingesetzt worden ist, um den Inhalt auch umsetzen zu können[1450]. Beobachtenswert ist eine Warnung vor einem Kontraproduktivitätsrisiko: Ohne adäquate Vorsichtsmaßnahmen besteht die Gefahr, daß die Vormundschaft exzessiv gehandhabt wird und das Mündel zum Opfer werden könnte, wenn diejenigen, welche zu seinem Vorteil handeln wollen, wenn auch gut gemeint, den Schutz übertreiben. Insgesamt kommt in diesem Konzept der Anwaltschaft eine bedeutende Rolle auf allen Verfahrensstufen zu[1451]:

---

1448 Appelbaum, P. S./Lidz, C. W./Meisel, A., Informed Consent, S. 95.

1449 Final Report of the Advisory Committee on Substitute Decision Making for Mentally Incapable Persons (Hrsg.), Ontario 1987.

1450 Ontario Ministry of the Attorney General, You've got a friend, S. 80.

1451 Ebda, S. 81 ff.

(a) Antrag auf Bestellung eines Sachwalters

Wird ein Antrag auf Bestellung eines Sachwalters eingebracht, so obliegt es der Anwaltschaft, die betroffene Person darüber zu informieren und über die rechtlichen Konsequenzen aufzuklären. Aufgrund der Kontaktaufnahme kann der Anwalt durchaus auch zu dem Ergebnis kommen, daß die betreffende Person eigentlich in der Lage ist, über ihre Angelegenheiten selbst zu entscheiden. Auf der anderen Seite kann die betreffende Person auch die Einsicht in die Notwendigkeit eines Sachwalters haben, allerdings mit dem tatsächlich vorgesehenen Vormund nicht einverstanden sein. Hier ist der Anwalt speziell dafür verantwortlich, daß die betroffene Person rechtliche Assistenz bekommt.

(b) Beendigung einer Sachwalterschaft

Wird ein Antrag von einer nicht besachwalteten Person eingebracht, so ist der Anwalt verpflichtet, die betroffene Person zu unterrichten, welche Konsequenzen die beantragte Zurücknahme der Sachwaltung im einzelnen nach sich zieht. So beispielsweise, daß die betroffene Person von nun an bestimmte Verantwortungen selbständig übernehmen muß, etwa über ihr Eigentum oder über selbständige Gesundheitspflege.

(c) Beurteilung der geistigen Verfassung

Grundsätzlich wird nach einem Antrag auf Bestellung eines Sachwalters die geistige Gesamtverfassung einer Person beurteilt. Wird diese Beurteilung durch die betreffende Person nicht ermöglicht, so kann diese auch ohne ihre Zustimmung durchgeführt werden. Etwa, wenn die betreffende Person zu einem Termin nicht erscheint oder den Gesamtvorgang einfach verweigert. Das Gericht kann dabei, soferne notwendig, auch Zwangsmaßnahmen setzen.

Die neue Regelung soll vorsehen, daß hier zuerst ein Patientenanwalt vermittelnd Kontakt aufnimmt und ihr die Situation erklären soll. Dabei geht man davon aus, daß hauptsächlich in den Fällen eine Beurteilung angeordnet werden muß, in denen Mißhandlung oder Vernachlässigung einer zum Teil geistig nicht zurechnungsfähigen Person zu befürchten ist, da ja das mangelnde Einverständnis einer angeordneten Untersuchung meist gar nicht vom Betroffenen selbst, sondern von dessen Umgebung ausgeht. Der Besuch des Anwaltes soll dabei einen Versuch darstellen, eine Lösung auf freiwilliger Basis zu finden, zumindest bevor noch die gerichtliche Durchsetzung der Anordnung veranlaßt wird.

(d) Gewillkürte, präventive Vertreterbestellung

Personen, die sich selbst als diskretionsgefährdet erachten, können Vertrauenspersonen zu Vertretern bestellen, die im Fall einer später nachfolgenden Einsichts- und Urteilsunfähigkeit die notwendig erscheinenden medizinischen Entscheidungen in ihrem Interesse treffen können. Dazu bedarf es aber entsprechender Sicherungsmaßnahmen. Nach den Vorschlägen zum neuen Entwurf darf diese Bestellung erst dann rechtswirksam werden, wenn der Eintritt der Einsichts- und Urteilsunfähigkeit der betroffenen Person durch zwei unabhängig voneinander erstellte Gutachten festgestellt wurde. Wie auch in den anderen Bereichen ist der Anwalt hier berufen, die einsichts- und urteilsunfähige Person über ihre Situation und Rechte zu informieren und im Verfahren die Interessen des zu Besachwaltenden zu wahren.

(e) Begleitende Kontrolle

Für erforderlich wurde auch befunden, daß der Mentalpatientenanwalt seinen betreuten Patienten zumindest einmal im Jahr routinemäßig und ohne Vorankündigung besucht, um sich zu vergewissern, daß sie nicht Opfer von Mißhandlung und Vernachlässigung geworden sind.

## 1.4.2. DIE ENTSCHEIDUNGEN DES STELLVERTRETERS

Der Anspruch an einen Sachwalter eines einsichts- und urteilsunfähigen Patienten ist, daß er so zu entscheiden hat, wie der Patient – wäre er im Zustand der Einsichts- und Urteilsfähigkeit – entscheiden würde[1452]. Diesen Anspruch zu erfüllen, ist nicht leicht, aber doch gibt es verschiedene rechtskonforme Konzepte zur Definition, wie dem Anspruch gerecht zu werden ist:

---

1452 Veatch, R. M., A Theory of Medical Ethics.

1. Der Patient verfügt noch im Zustand der Einsichts- und Urteilsfähigkeit entsprechende Anweisungen (advance directive).

2. Die Bestellungsinstitution erteilt einen exakt definierten Sachbewaltungsauftrag.

Nur für Patienten, die unheilbar krank sind, gibt es im Zusammenhang mit der Einsichts- und Urteilsunfähigkeit in fast jedem amerikanischen Staat besondere Akte: die Natural Death Acts[1453], die entsprechende Direktiven vorsehen[1454].

Als Trend kann insgesamt festgehalten werden, daß ähnlich den Ansätzen der Informed Consent Doktrin, die Interessen der einsichts- und urteilsunfähigen Personen zunehmend in den Mittelpunkt der Schutzgesetzgebungspolitik rücken und die eher traditionelle Ansicht, es würde in Institutionen ohnedies zum Besten des Patienten agiert, verdrängt wird[1455].

Anzumerken ist aber auch noch, daß der Konflikt zwischen eben genannten Denkrichtungen sicherlich eher auf theoretischer als auf praktischer Ebene ausgetragen wird. Denn letztlich entscheidet ein Stellvertreter in der Praxis subjektiv wohl in der Regel zum Besten des einsichts- und urteilsunfähigen Patienten[1456]. Rechtspolitisch bedeutsam ist jedoch, daß die Entscheidung darüber, was das Beste des Patienten sei, von wie immer gearteten Verquickungsmöglichkeiten mit Organisationsinteressen der Anstalt und deren Personal abgeschichtet wird.

## *1.5. Freiwillige und unfreiwillige Behandlung*

### 1.5.1. DER FREIWILLIG AUFGENOMMENE PATIENT

Der Großteil der in den psychiatrischen Krankenhäusern aufgenommenen Patienten ist dort freiwillig. Mithin kommt ein zivilrechtlicher Behandlungsvertrag zustande. Der Unterschied zwischen der freiwilligen und der erzwungenen Aufnahme eines Patienten in psychiatri-

---

1453 Siehe dazu Society for the Right to Die, The Physician and the Hopelessly Ill Patient: Legal, Medical and Ethical Guidelines, New York 1985.

1454 Siehe Kapitel II.4.2.8. über die Sterbehilfe.

1455 Appelbaum, P. S./Lidz, C. W./Meisel, A., Informed Consent, S. 98 f.

1456 Ebda, S. 99.

sche Anstalten erscheint aus dem Blickwinkel des Rechts mithin sehr groß. Allerdings nur in der Theorie. In der Praxis ist er jedoch klein. Vielfach ist die Bekundung der Freiwilligkeit nur die letzte Option vor der pendenten Zwangseinweisung, die dem Patienten die Illusion der Wahlfreiheit geben soll.

Niederländische Arbeiten beleuchten die rechtspolitische Herausforderung:

Ein freiwillig aufgenommener Patient darf nicht gegen seinen Willen in der psychiatrischen Anstalt festgehalten werden. Eine Zwangsbehandlung ist im Prinzip nicht möglich, dies geht schon aus Art. 15 des niederländischen Grundgesetzes hervor.

Die Rechtsprechung hat diesen Grundsatz aber relativiert: Wenn ein Patient in Folge seiner Krankheit eine unmittelbar drohende, ernsthafte Gefahr für sich selbst oder Personen seiner Umgebung darstellt und diese Gefahr nicht anders abgewendet werden kann, kann der Patient gegen seinen Willen in der Anstalt festgehalten und auch zwangsweise behandelt werden[1457].

Kann der Patient seinen Willen nicht selbst bestimmen, muß die Zustimmung seines Vertreters zur Behandlung eingeholt werden. Die niederländische Rechtsprechung hat jedoch auch diesen Grundsatz zum Teil ausgehöhlt: Selbst wenn der Vertreter eines freiwillig aufgenommenen Patienten der Behandlung nicht zustimmt, kann das Gericht diese Zustimmung auf Antrag der Anstalt ersetzen[1458].

Dennoch muß im Prinzip gelten, daß die Rechtsstellung eines Patienten, der sich freiwillig in eine psychiatrische Anstalt begeben hat, sich von der Rechtsstellung anderer Bürger und anderer somatischer Patienten nicht unterscheidet[1459]. Zwar führt der Charakter einer psychiatrischen Anstalt als geschlossene Institution, als einer Umgebung, in der sich auch zwangsweise aufgenommene Patienten befinden und in der der Unterschied zwischen diesen beiden Katogorien von Patienten verschwimmt, zu einem Gefühl der strukturellen Unfreiheit, dennoch ist es wichtig, die Rechtsposition des freiwillig aufgenommenen Patienten deutlich herauszustreichen.

---

1457 Gevers, J. K. M., De rechtspositie van psychiatrische patiënten, Deventer 1979, S. 19 ff.

1458 Leenen, H. J. J., Gezondheidsrecht, S. 263.

1459 Daher bestimmt der amerikanische Mental Health Systems Act 2(A): „The rights described in this section should be in addition to and not in derogation of any other statutory or constitutional rights“.

Die rechtsstrukturelle Gleichstellung des freiwillig aufgenommenen Patienten in psychiatrischen Anstalten, mit Patienten in allgemeinen Krankenhäusern, die eben de facto nicht vollzogen ist, darf jedoch nicht dazu führen, daß die besondere Verletzlichkeit jener Kategorie von Patienten unter Hinweis auf deren Behandlungseinwilligung nicht mehr wahrgenommen wird. Kontrollmechanismen, Beschwerdeprogramme, Qualitätsüberwachung, Patientenvertrauenspersonen, Klagemöglichkeiten, sind daher gerade in der Psychiatrie von besonderer Dringlichkeit[1460]. Das alleinige Abstellen auf die formelle Gleichheit von Patienten in psychiatrischen Anstalten mit Patienten in allgemeinen Krankenhäusern, würde die besonderen Umstände, die bei Patienten in psychiatrischen Anstalten eine Rolle spielen, übersehen[1461].

## 1.5.2. DIE ZWANGSWEISE AUFNAHME

Asbjørn *Kjønstad* streicht heraus, daß jene Fälle, in welchen Menschen gezwungen werden, Hilfe anzunehmen, ähnliche Umfeldbedingungen aufweisen, wie der Strafvollzug[1462], wenngleich natürlich der Zweck total konträrer Art ist. *Kjønstad* verzichtet auch nicht darauf, jener Gruppe Aufmerksamkeit zu widmen, in der Angehörige ein Familienmitglied zwangsweise einzuweisen anstreben, weil der Patient ihnen zur Last fällt[1463].

Bei der zwangsweisen Aufnahme ist die rechtliche Position des Patienten auf den ersten Blick passabel, in der Praxis aber durch verschiedenste Faktoren gefährdet[1464].

Da durch eine zwangsweise Einlieferung in eine psychiatrische An-

---

1460 Ontario Ministry of Health (Hrsg.), Advocacy in Psychiatric Hospitals, S. 1 ff.

1461 Dazu auch Roscam Abbing, H. D. C., Psychiatrie tussen regulering en zelfordening, Vereniging voor Psychiatrie, Amsterdam 1986.

1462 Kjønstad, A., Helserett, S. 25 ff.

1463 Ebda.

1464 Beeumen, G. van, De belangenbeharting van patiënten in de Nederlandse residentiele gezondheidszorg, in: Vlaams Tijdschrift voor Gezondheidsrecht 6 (1986), S. 289 ff; Brouwer de Koning, K./Hageman-Smit, J., Gedwongen opneming, in: Tijdschrift voor Gezondheidsrecht 5 (1986), S. 225 ff; Hubben, J., De rechtspositie van de psychiatrische patiënt, in: Nederlands Juristenblad, 21 (1980), S. 475 ff.

stalt in verfassungsrechtlich garantierte Grundrechte eingegriffen wird, ist für eine solche Maßnahme wohl überall eine gesetzliche Basis im Sinne des Art. 5 EMRK notwendig:

„1. Jedermann hat ein Recht auf Freiheit und Sicherheit. Die Freiheit darf einem Menschen nur in den folgenden Fällen und nur auf die gesetzlich vorgeschriebene Weise entzogen werden: (...)

(e) ... Wenn er sich in rechtmäßiger Haft befindet, weil er eine Gefahrenquelle für die Ausbreitung ansteckender Krankheiten bildet, oder weil er geisteskrank, Alkoholiker, rauschgiftsüchtig ... ist; ...“

Jeder Freiheitsentzug auf einer spezifischen Rechtsgrundlage muß individuell von Gerichten angeordnet werden[1465]. An dieses Erfordernis passen nun die Konventionsstaaten ihre Rechtsausstattung an. Die jüngsten solcher Gesetze werden alsbald in Kraft treten.

In den Niederlanden wird ein neues Gesetz über die besonderen Aufnahmen in psychiatrische Krankenhäuser (Wet Bijzondere Opnamingen in Psychiatrische Ziekenhuisen; in der Folge als Gesetz BOPZ zitiert) neue patientenrechtliche Standards normieren[1466].

Bereits 1983 wurde das neue Gesetz BOPZ im niederländischen Parlament behandelt, doch der Entwurf scheiterte an der heiklen und grundsätzlichen Frage, ob auch geriatrische Patienten unter dieses Gesetz fallen sollten.

In der normalen Einweisungsprozedur bedarf die zwangsweise Einlieferung in eine psychiatrische Anstalt einer richterlichen Ermächtigung, die durch den Richter nur stufenweise gewährt werden kann: Eine vorläufige Ermächtigung hat eine Gültigkeitsdauer von vier Wochen[1467]. Darauf folgt die sogenannte „erste Ermächtigung zur fortgesetzten Anhaltung“ in der psychiatrischen Anstalt mit einer Gültigkeitsdauer von sechs Monaten[1468] und erst dann können weitere „spätere Ermächtigungen zum fortgesetzten Verbleib“ in der psychiatrischen Anstalt mit einer Gültigkeitsdauer von insgesamt je einem Jahr erteilt werden[1469].

---

1465 Siehe etwa für Norwegen § 96 des Grundgesetzes (Grunnloven).

1466 Siehe darüber Kroon, J., Het wetsontwerp BOPZ; bedenkingen vanuit de praktijk, in: Maandblad voor Geestelijke Volksgezondheid 8 (1983), S. 791 ff; Later, G., Het wetsontwerp BOPZ, in: Nederlands Juristenblad 17 (1984), S. 511 ff.

1467 Art. 2 ff BOPZ.

1468 Art. 19 ff BOPZ.

1469 Beeumen, G. van, Pasiënten in de Nederlandse residentiele gezondheidszorg, S. 289 ff; Leenen, H. J. J., Gezondheidsrecht, S. 267.

Bei der „ersten Ermächtigung zur fortgesetzten Anhaltung“ ist als Kriterium für die Möglichkeit einer zwangsweisen Einlieferung verankert, daß „die Störung des Geistesvermögens des Betroffenen auch nach Verlauf der Gültigkeitsdauer der vorläufigen Ermächtigung anhält und diese Störung den Betroffenen gefährden würde“[1470].

### *Kriterien der Zwangseinweisung: Selbst- und Fremdgefährdung*

Eine zwangsweise Aufnahme in eine psychiatrische Anstalt wird durch Selbst- oder Fremdgefährdung als Folge einer geistigen Störung motiviert[1471]. Das Bestehen einer abstrakten Gefährdung genügt allein noch nicht: Es muß eine kausale Relation zwischen der geistigen Störung und der drohenden Selbst- oder Fremdgefährdung vorhanden sein. Eine Ermächtigung zur zwangsweisen Aufnahme darf nur dann verfügt werden, wenn in der Einschätzung des Richters die Störung des Geistesvermögens des Betroffenen eine Gefahr verursachen kann und diese Gefahr nicht durch eine Intervention von Personen oder Einrichtungen außerhalb einer psychiatrischen Anstalt abgewendet werden kann.

Der Gefahrbegriff des Gesetzes BOPZ manifestiert sich darin, daß für eine oder mehrere Personen eine gefährliche Situation entsteht, der Patient für sich selbst eine Gefahr darstellt (Selbstgefährdung) oder für die allgemeine Sicherheit von Personen oder Sachgütern eine Gefahr (Fremdgefährdung) zu erwarten ist[1472]. Die Erläuternden Bemerkungen erklären, daß als Kriterium für die richterliche Ermächtigung zur zwangsweisen Einlieferung zu gelten habe, „wenn eine Situation besteht, in der die Störung des Denkens, Fühlens, Wollens, Urteilens und eines zielgerichteten Handelns so tiefgreifend ist, daß dem Betroffenen die verursachte Gefahr nicht zugerechnet werden kann. Die Störung muß die gefährlichen Taten des Betroffenen überwiegend beherrschen. Also ist weder das Bestehen einer Störung noch das Vorhandensein einer Gefahr jeweils für sich selbst ausreichend,

---

1470 Ebda.

1471 Auch § 3 (österr.) Unterbringungsgesetz.

1472 Gevers, J. K. M., De rechtspositie van psychiatrische patiënten, S. 57 f; Leenen, H. J. J., Gezondheidsrecht, S. 268.

sondern nur dann, wenn eine Gefahr als Folge einer Störung (Kausalität) vorhanden ist. Es geht dabei nur um ernste Störungen. Personen, die in Folge einer Persönlichkeitsstörung lediglich ein sozial weniger wünschenswertes Verhalten an den Tag legen, können aufgrund einer richterlichen Ermächtigung nicht in eine Anstalt (zwangsweise) eingeliefert werden“[1473].

Die Freiheitsbeschränkung hat also weder punitiven noch primär einen unmittelbar medikativen, sondern präventiven Charakter. Sie geschieht aufgrund einer Erwartung, die ein tatsächliches gefährliches Verhalten voraussehbar erscheinen läßt, obwohl die zu befürchtende Gefahrensituation noch nicht eingetreten ist.

Unter ernsthafter Selbstgefährdung versteht die niederländische Lehre und Rechtsprechung[1474]

1. wenn zu erwarten ist, daß der Patient durch aktives Eingreifen sein Leben beendet;
2. wenn der Patient nicht in der Lage ist, sich selbst zu versorgen und sich selbst am Leben zu erhalten und ernste körperliche Verletzungen oder der Tod als wahrscheinliche Folge anzusehen ist.

Unter ernsthafter Fremdgefährdung versteht die niederländische Lehre und Rechtsprechung

1. wenn zu erwarten ist, daß der Patient durch aggressives Verhalten das Leben anderer tätlich bedroht;
2. wenn der Patient durch sein Tun oder Unterlassen seine direkte Lebensumgebung so schwer belastet, daß die persönliche Umgebung in ihrer körperlichen oder geistigen Gesundheit bedroht ist.

Unter ernsthafter Gefahr für die allgemeine Sicherheit von Personen oder Gütern versteht die niederländische Lehre und Rechtsprechung, daß der Patient durch unkontrolliertes Verhalten eine Situation schafft, in der eine ernsthafte Gefahr für Personen und Güter besteht.

Das fundierteste Konzept einer Zwangsbehandlungsordnung für Mentalpatienten ist das norwegische, in einem Gesetzesvorschlag über die psychische Behandlung ohne eigene Zustimmung[1475], dessen parlamentarisches Geschick allerdings ungewiß ist. Von Bedeutung

---

1473 Siehe Leenen, H. J. J., Gezondheidsrecht, S. 270.

1474 Legemaate, J., De Krankzinnigenwet anno 1986, in: Maandblad voor Geestelijke Volksgezondheid 3 (1986), S. 255 ff; Leenen, H. J. J., Gezondheidsrecht, S. 272.

1475 Lov om psykisk helsevern, NOU 1988:89.

ist schon allein der Hintergrund, den die Gesetzgebungskommission ausgemacht hat[1476]. Man wollte patientenorientiert regeln und nicht anstalten- und ökonomieorientiert. Was möglicherweise aber zur Nichtannahme des Vorschlags führen könnte. Zum Hintergrund zählten definierterweise auch die schon erwähnten Reitgjerdet-Morde. Es sei hoch an der Zeit, erkannte die Expertenkommission, nun die Rechtsstellung des Mentalpatienten zu stärken, konsequent Betroffenen-(grund)rechte zu schaffen und Regeln über die automatische Kontrolle und die Überprüfung zum Zweck der Eliminierung der evidenten Rechtssicherheitsprobleme für diese große Gruppe von Patienten einzuführen, die aufgrund des letztlich zur Behandlung führenden und vielleicht sogar durch Behandlung zu korrigierenden Defizits gerade nicht in der Lage sind, ihre eigenen Interessen ausreichend wahrzunehmen[1477].

### *Die Zwangsbehandlung*

Noch weniger als andere medizinische Behandlungsformen, kann die psychiatrische Behandlung durch gesetzliche Bestimmungen geregelt werden. Daher ist rechtspolitisch das Gewicht auf begleitende und expost-Kontrolle zu legen.

Auf der Ebene der internationalen Menschenrechte haben sich Mindestausstattungsrichtlinien für den nationalen Rechtsschutz sowohl in der UN-Declaration on the Rights of Mental Retarded Persons[1478] als auch in der UN-Declaration on the Rights of Disabled Persons[1479] und in der vom Ministerkomitee des Europarats ergangenen Recommendation Concerning the Legal Protection of Persons Suffering from Mental Disorder Placed as Involuntary Patients[1480] entwickelt. Der Tenor ist, daß trotz geminderten oder fehlenden Diskretionsvermögens ein Maximum an Entscheidungsbeteiligung zu gewähren versucht werden soll und dort, wo eine solche absolut versagt, Dritte, die jedoch am Behandlungsprozeß unbeteiligt sein müssen, zur Substitutionsmitwirkung zu berufen sind.

1476 Ebda, S. 29 ff.
1477 Ebda, S. 10.
1478 Vom 20. Dezember 1971.
1479 Vom 9. Dezember 1975.
1480 R(83)2.

Eingriffe in die Integrität des Patienten können, diesem Standard zufolge, nicht der Entscheidungshoheit des Arztes überlassen bleiben, sondern müssen über einen Konsens- und Kontrollprozeß erwirkt werden. Die jüngsten Entwicklungen ließen sich gut aus der dänischen Psychiatriediskussion[1481] darstellen, sie lassen sich aber noch besser der im parlamentarischen Prozeß steckenden norwegischen Gesetzgebungsarbeit entnehmen.

Schon 1983 hat Ståle *Eskeland*[1482] ausführlich über die Attitüden der Zwangspsychiatrie aus der Sicht des Rechtspolitikers in der norwegischen rechtspolitischen Diskussion abgehandelt. Ihm schienen Reformen auf die folgenden zentralen Felder der Patientenrisiken reagieren zu müssen[1483]:

1. Eine Zwangseinweisung psychiatrischer Patienten in Institutionen erfolgt, leicht beobachtbarerweise, öfter als notwendig. Daher sollten die psychiatrischen Institutionen teilweise stillgelegt werden und ein dezentralisiertes psychiatrisches Pflegewesen errichtet werden.

2. Sehr oft werden psychiatrische Patienten ohne deren Einwilligung in ein Krankenhaus eingewiesen. Die Möglichkeit einer solchen Einweisung sollte jedoch hinsichtlich ihrer Rechtmäßigkeit und fachlichen Vertretbarkeit strenger gehandhabt werden. Eine Behandlung bzw. Kontrolle durch die Gerichte, zumindest nach den Prinzipien der Gerichte, ist die einzig vertretbare Vorgangsweise.

3. Notwendig ist auch eine rechtliche Regulierung der materiellen und formellen Bedingungen für die Einweisung und die Entlassung aus Institutionen sowie die Schaffung von Rechtssicherheitsgarantien für die Verhinderung von Übergriffen gegen Patienten während des Aufenthaltes.

4. Kontrollordnungen, die eine Überprüfung von Beschlüssen erst nach vollzogener Einweisung vorsehen, sind nicht in der Lage, zu beanstandende und gesetzwidrige Zustände in den Institutionen zu verfolgen. Daher sollten Beschlüsse bereits unmittelbar zu Beginn durch zwingende Kooperation mit einem Patientenrepräsentanten kontrolliert werden. Ein zwangsweiser Aufenthalt in einer psychiatri-

---

1481 Principbetaenkning om tvång i Psykiatrien, nr. 1086/1986.
1482 Eskeland, S., Pasient og loven.
1483 Ebda, S. 127 ff.

schen Institution sollte nach den für die Gerichte geltenden Bestimmungen behandelt werden. Bei Beschlüssen, die während des Aufenthalts des Patienten getroffen werden, hat zumindest das Verwaltungsrecht zur Geltung zu kommen.

5. Ein typisches Wesensmerkmal im psychiatrischen Gesundheitswesen scheint darin zu liegen, daß Abweichungen vom juristischen und fachlichen Minimumstandard systemkonsequent und patientenadäquat viel zu schnell akzeptiert werden. Die rechtlichen und fachlichen Garantien müssen daher an den Vorgaben des Standards der internationalen Menschenrechte zur künftigen rechtlichen Sicherung der psychiatrischen Patienten orientiert werden.

Die Gesetzesvorarbeit[1484] scheint von diesen Kriterien stark geformt zu sein. Die Gesetzesvorbereitungskommission bekannte sich denn auch zu drei Leitprinzipien für eine rechtliche Regelung der Zwangsbehandlung. Erstens ist die Abgrenzung ganz und gar am Rechtssicherheitsbedürfnis des Patienten zu orientieren; zweitens ist ein Zwangsbehandlungsbegriff zugrundezulegen, der auch für das Personal verständlich und handhabbar ist und drittens ist der Standard international definierter Menschenrechte zu erfüllen. Solcherart sollte sich schlüssigerweise eine Reduktion der Zwangsbehandlungen ergeben[1485].

Um das Ziel zu erreichen, wurde die Gesetzestextierung[1486] streng restriktiv angelegt. Eine Zwangsbehandlung kann demnach[1487] überhaupt nur dann durchgeführt werden, wenn zuvor der Versuch unternommen wurde, die Einwilligung zur Behandlung zu erhalten und andere freiwillige Behandlungsarten sich als unmöglich oder unzureichend erwiesen haben. Eine medikamentöse Zwangsbehandlung[1488] kann nur dann vorgenommen werden, wenn mit hoher Wahrscheinlichkeit eine wesentliche Besserung des Zustands des Patienten zu erwarten ist oder dadurch der Patient einer spürbaren Verschlechterung seines Zustands entgehen kann. Eine solche Anordnung kann nur für drei Monate getroffen werden. Jede Behandlung über die im

1484 Lov om psykisk helsevern, NOU 1988:89, S. 115 ff.
1485 Ebda, S. 116 f.
1486 Ebda, S. 224 ff.
1487 Ebda; siehe auch § 22 (2).
1488 Ebda; siehe auch § 22 (3).

Gesetz erfaßte hinaus, soll nach einem Sondervotum einiger Kommissionsmitglieder in jedem Fall mit der Obersten Gesundheitsbehörde abgestimmt werden müssen[1489].

So wie in den Niederlanden[1490] ging man auch in Norwegen von einer Gesetzesprämisse aus, daß eine Zwangseinweisung noch nicht automatisch eine Zwangsbehandlung nach sich ziehen müsse oder diese legitimiere[1491]. Eine Zwangsbehandlung bedeutet nämlich den weiteren Eingriff in die Freiheitsrechte des Patienten und seine physische und psychische Integrität und ist daher an das Gebot der aufgeklärten Zustimmung oder die Erfüllung strenger gesetzlicher Anforderungen zu binden. Dies gilt nicht nur für eine medikamentöse Zwangsbehandlung, sondern erst recht für andere Therapieformen mit Elementen von Zwang und Strafe.

Das Hauptgewicht wurde folglich auf die Kontrolleinrichtungen gelegt. Man meinte, dem international beobachtbaren Trend zur anstaltsintegrierten, patientenmitbestimmten Kontrolle nicht folgen zu sollen[1492], sondern besser auf eine starke externe, juristisch dominierte Kontrollinstitution zu setzen. Daher soll (§ 24) in jeder Region ein eigener Kontrollausschuß für das Psychiatriewesen eingerichtet werden, dem die Aufgabe der Kontrolle und Überprüfung folgender Ereignisse und Maßnahmen zukommt:

1. Verfügung von zwangspsychiatrischen Maßnahmen,
2. Überweisung an andere Einrichtungen,
3. Ablehnung eines Begehrens auf Entlassung,
4. Restriktionen des Rechts eines Patienten zu Außenkontakten,
5. Zwangsbehandlungsmaßnahmen,
6. Zwangsmedikation.

Die starke Externalisierung und Juridifizierzung des Kontrollverfahrens, insbesondere die Ansiedlung bei Gericht, wurde damit begründet, daß anstaltenintegrierte, herkömmliche Kontrolleinrichtungen, zu stark dazu neigten, die Erfordernisse und Gewohnheiten der Anstalten als notwendig und sinnvoll hinzunehmen und daß diese sich gerne stärker mit den speziellen Fachinteressen identifizieren als mit den Grundrechten des Patienten. Hier diene eine klare Distanz zwischen Behandlungs-

1489 Ebda; siehe auch § 22 (7) Alternativvorschlag.
1490 Siehe unten.
1491 Motivenbericht zum Lov om psykisk helsevern, NOU 1988:8, S. 209.
1492 Ebda, S. 104.

institution und gerichtsförmig etablierter Kontrolle den Interessen der Patienten am besten. Aus der Einsicht in die doch eher schwerfälligen Abläufe bei Gericht gegenüber dem Erfordernis unmittelbarster Reaktion in Behandlungsabläufen, beschritt man den Mittelweg, eine verwaltungsverfahrensmäßig geordnete Kontrolle mit der zusätzlichen Etablierung gerichtsförmiger Rechtssicherheitsgarantien zu koppeln.

Der Zusammensetzung des externen und patientenmitbestimmten Kontrollausschusses[1493] gilt in Norwegen besonderes Augenmerk. Ein solcher soll vom zuständigen Ministerium bestellt werden. Dieses Aufsichtsorgan über die psychiatrischen Anstalten muß aus wenigstens einem juristisch geschulten und erfahrenen Vorsitzenden, einer Gruppe Sachverständiger, einer Gruppe mit persönlicher Erfahrung, entweder als Patient oder aus der Tätigkeit individueller oder organisierter Patientenvertretung und aus einem allgemeinen Mitglied, das vom jeweiligen Landtag benannt wird, bestehen.

In den Niederlanden bekennt man sich rigoros zur Perspektive des Patienten. Auch hier geht man von der Grundannahme aus, daß eine Zwangsaufnahme nicht per se eine Zwangsbehandlung nach sich ziehe. *Leenen*[1494] vertritt die Auffassung, daß auch bei einer Zwangsaufnahme primär nur ein Recht auf Behandlung entsteht. Würde man eine Zwangsaufnahme ohne ein Recht auf Behandlung konstruieren, würde allein die Freiheitsberaubung überbleiben. Dann gäbe es keine Relation mehr zwischen der medizinischen Indikation und der Maßnahme, die zur Zwangsaufnahme führt. Wenn die Gesellschaft in das verfassungsrechtlich verankerte Selbstbestimmungsrecht eines psychisch Kranken wegen Fremd- oder Selbstgefährdung eingreift, muß die Gesellschaft dieser Freiheitsbeschränkung ein Angebot auf Behandlung gegenüberstellen.

Das so postulierte Recht auf Behandlung schließt die Pflicht zur Behandlung jedoch aus: Weder die erzwungene Aufnahme noch das Recht auf Behandlung legen dem Patienten die Pflicht auf, sich einer Behandlung zu unterziehen[1495].

Auch in Amerika bekennt man sich mehr zum Recht als zur Pflicht zur Behandlung: Der bereits 1980 vom amerikanischen Kongreß verabschiedete Mental Health Systems Act[1496], welcher als Richtlinie für die einzel-

1493 Siehe § 25.

1494 Leenen, H. J. J., Gezondheidsrecht, S. 273.

1495 Ebda.

1496 Mental Health Systems Act of 1980, 42 U. S. C. A. § 9501 ff, P. L. 96-398, 94 Stat. 1564 (1980).

nen amerikanischen Bundesstaaten dienen sollte, die Rechts- und Gesetzeslage der Staaten diesem Akt entsprechend anzupassen, etabliert diese Position.

## *1.6. Ein spezieller Patientenrechtskatalog für Mentalpatienten*

Dieser Mental Health System Act steht in einer Linie mit den in Amerika bereits anerkannten allgemeinen „Patients'/Residents' Bills of Rights" und führt die, die einzelnen und die allgemeinen Rechte der Patienten ergänzenden, Rechte für Mentalpatienten im besonderen aus. Jeder Person, die zum Zwecke der Behandlung von mentalen Krankheiten an einem Programm teilnimmt oder in eine Einrichtung eingewiesen wird, sind insbesondere zu gewähren:

– Das Recht auf eine entsprechende Behandlung und ähnliche Dienste (related services) in einer Einrichtung, welche zum einen für die persönliche Freiheit dieser Person am förderlichsten sind und zum anderen die Freiheit nur in dem Ausmaß einschränken, wie es ein Behandlungsplan notwendig erscheinen läßt, der den gesetzlichen Bestimmungen entspricht (applicable requirements of law and applicable judicial orders)[1497].

– Das Recht auf einen individuellen und schriftlichen Behandlungsplan, welcher sofort (promptly) nach einer Einweisung zu erstellen ist[1498].

– Das Recht auf eine dem ausgearbeiteten Behandlungsplan entsprechende Behandlung.

– Das Recht auf eine periodische Überprüfung und Neubewertung der Behandlungsbedürfnisse.

– Das Recht auf entsprechende Revision des Behandlungsplanes, insbesondere auch eine notwendige Revision – soferne eine Person entlassen wird –, um eine Deskription der notwendigen weiterlaufenden Behandlungen (to provide a description of mental health services that may be needed after such person is discharged from such program or facility) zu bestimmen.

– Das Recht auf eine den geistigen Fähigkeiten einer Person entspre-

---

1497 Bill of Rights, (1)(A)(i),(ii).

1498 Bill of Rights, (1)(B).

chende Partizipation bei der Erstellung eines Behandlungsplanes, insbesondere bei der Entwicklung und periodischen Revision desselben[1499].

– Das Recht auf verständliche Aufklärung und zwar in einer Art und Weise, die den Zustand der Person und ihre geistige Kapazität berücksichtigt, über

a) den Mentalzustand des Patienten; soferne auch physische Untersuchungen vorgenommen werden, auch über den physischen Zustand des Patienten;

b) das Ziel der Behandlung;

c) die Art der empfohlenen Behandlung und möglicher gegenteiliger Wirkungen;

d) die Begründung, warum eine bestimmte Behandlung als entsprechend angesehen wird;

e) die Begründung, warum der Kontakt mit bestimmten Besuchern als nicht günstig betrachtet wird;

f) andere entsprechende und denkbare alternative Behandlungsmethoden.

– Das Recht, keine Behandlung, die im Behandlungsplan festgelegt ist, ohne ausdrückliche, informierte, freiwillige und schriftliche Zustimmung zu erhalten; es sei denn, in einer Notsituation auf Anordnung (persuant to or documented contemporaneously by the written order of a responsible mental health professional) des verantwortlichen Arztes; es sei denn, daß dies gesetzlich vorgesehen ist, soferne eine Person auf gerichtliche Entscheidung hin eingewiesen wird (as permitted under applicable law in the case of a person committed by a court to a treatment . . .)[1500].

– Das Recht, nicht ohne informierte, freiwillige und schriftliche Zustimmung an Experimenten teilzunehmen; das Recht auf entsprechenden Schutz im Zusammenhang mit der Teilnahme an Experimenten; dieses Recht beinhaltet auch eine vernünftige Erklärung des Verfahrens, der erwartbaren Vorteile, der relativen Vorteile alternativer Behandlungen und der potentiellen Risiken; darüber hinaus besteht aber die Möglichkeit, die Zustimmung zu widerrufen[1501].

– Das Recht auf Freiheit von Beschränkungen (restraint) und Isolation (seclusion); es sei denn, in einer Notsituation und daß die Beschränkung oder Isolation auf Anordnung des verantwortlichen Arztes ge-

1499 Bill of Rights (1)(C).
1500 Bill of Rights (1)(D).
1501 Bill of Rights (1)(E).

schieht (is persuant to or documented contemporaneously by the written order of a responsible mental health professional)[1502].

– Das Recht auf ein humanes Behandlungsmilieu, welches ausreichenden Schutz vor Verletzungen (harm) bietet und in ausreichendem Maß die Privatheit für eine Person hinsichtlich ihrer persönlichen Bedürfnisse ermöglicht[1503].

– Das Recht auf Vertraulichkeit der persönlichen Daten (of such person's records)[1504].

– Das Recht auf Zugang zu den persönlichen Daten. Der Zugang kann dann verweigert werden, wenn die Informationen durch Dritte vertraulich zur Verfügung gestellt wurden (information in such records provided by a third party under assurance that such information shall remain confidential) oder besondere Teile der Daten nach ausdrücklicher Feststellung und Begründung des verantwortlichen Arztes für die Gesundheit des Patienten nachteilig sind. Diese Information kann aber einem vom Patienten benannten Arzt seines Vertrauens zur Verfügung gestellt werden und dieser kann dann die Information der betroffenen Person weitergeben (and such health professional may, in the exercise of professional judgment, provide such person with access to any or all parts of such material . . .)[1505].

– Das Recht der Anstaltspatienten, mit anderen Personen zu kommunizieren, entsprechenden Zugang zu Telephon und Post zu haben, Besuche während bestimmter Besuchszeiten zu empfangen; es sei denn, der verantwortliche Arzt verweigert den Besuch bestimmter Personen zum Zwecke der Förderung oder Sicherung der Behandlungsziele. Dies kann der verantwortliche Arzt für eine bestimmte, zeitlich beschränkte und vernünftige Zeit schriftlich anordnen. Diese Anweisung ist dem Behandlungsplan beizulegen und die Gründe für diese Maßnahme sind explizit auszuführen[1506].

– Das Recht, sofort nach der Einweisung und im weiteren Verlauf periodisch, in einer verständlichen und auf den Zustand des Patienten und dessen geistige Kapazität abgestellten Art und Weise über die in der Bill of Rights festgehaltenen Rechte informiert zu werden[1507].

---

1502 Bill of Rights (1)(F).
1503 Bill of Rights (1)(G).
1504 Bill of Rights (1)(H).
1505 Bill of Rights (1)(I).
1506 Bill of Rights (1)(J).
1507 Bill of Rights (1)(K).

– Das Recht, Beschwerden wegen Verletzungen von Ansprüchen einzubringen und das Recht, daß diese Beschwerden in einem fairen, zeitgerechten und unparteiischen Verfahren behandelt werden[1508].

– Darüber hinaus wird auch das Recht eingeräumt, Zugang zu einem „health protection service“ innerhalb der Einrichtung, einem „health protection service“ innerhalb des staatlichen „mental health system“ und zu einem qualifizierten Anwalt zu haben. Dies geschieht zu dem Zweck, entsprechende Unterstützung im Verstehen, der Ausübung und dem Schutz der Rechte des Mentalpatienten zu leisten[1509].

– Das Recht, die eben angeführten Rechte ohne Repressalien, insbesondere Repressalien in der Form der Verweigerung der entsprechenden oder möglichen Behandlungen, ausüben zu können[1510].

Anzumerken bleibt noch, daß die in der Bill of Rights für Mentalpatienten aufgezählten Rechte nur die ausdrücklichen Sonderrechte sind. Der Gesetzgeber vermerkt deutlich, daß diese Rechte eine Verstärkung des Schutzangebotes bedeuten und daher „should be in addition and not in derogation of any other statutory rights“[1511].

## *1.7. Gesetzliche Erfordernisse für die Erlaubtheit einer Zwangsbehandlung*

In den Niederlanden ist das Spannungsverhältnis zwischen verfassungsrechtlicher Integritätsgarantie und dem Zwangsbehandlungsanspruch beispielhaft thematisiert. So wie in allen Rechtsstaaten ist auch in den Niederlanden eine zwangsweise Behandlung nach dem Grundgesetz[1512] nicht erlaubt. Das Grundgesetz gestattet Ausnahmen nur aufgrund spezifischer gesetzlicher Grundlagen. Zusätzlich hat die Judikatur Kriterien zur Zwangsbehandlung ausgearbeitet. Danach kann das Prinzip der Einwilligung in eine Behandlung nur in eng umschriebenen Ausnahmefällen durchbrochen werden[1513]:

– so muß die Behandlung unabdingbar notwendig sein, entweder,

1508 Bill of Rights (1)(F).
1509 Bill of Rights (1)(M).
1510 Bill of Rights (1)(N).
1511 Bill of Rights (2)(A).
1512 Art. 11.
1513 Leenen, H. J. J., Gezondheidsrecht, S. 274.

weil nur so eine ernste und andauernde Gefahr für die Gesundheit des Patienten abgewendet werden kann (und daher muß)

– oder weil durch die Verzögerung der Behandlung die Genesung entweder ernsthaft und langdauernd hinausgezögert oder vollkommen vermindert würde.

– Der Arzt muß sich davon überzeugt haben, daß die Weigerung des Patienten, sich der Behandlung zu unterziehen, auf einer unzulänglichen Einsicht über die Art oder den Ernst des Eingriffes besteht

– oder ein deutlicher Zusammenhang zwischen der Weigerung, sich einer Behandlung zu unterziehen und der geistigen Störung besteht.

– Nach der sachverständigen Meinung des Arztes muß zusätzlich der Geisteszustand des Patienten so beschaffen sein, daß der Patient seinen Willen nur unvollkommen äußern kann.

– Weitere Kriterien, die durch die Judikatur ausgearbeitet wurden, sind erstens ein sehr hohes Risiko und ein ernstlicher Nachteil für die geistige und körperliche Gesundheit, zum andern das Risiko einer sozialen Isolation des Patienten und drittens eine akute Selbstgefährdung.

Nach dem neuen niederländischen Psychiatriegesetz BOPZ[1514] ist eine Zwangsbehandlung ohne Zustimmung des Patienten dann möglich, „wenn dies notwendig ist, um eine ernsthafte Gefahr, die aus der Art der Störung des Geistesvermögens resultiert, vom Patienten oder anderen abzuwenden."

Die niederländische Lehre und da wiederum vehement und positionsbildend *Leenen*[1515], sehen es zum Teil als problematisch an, daß eine Fremdgefährdung zur Legitimation einer Zwangsbehandlung genüge. Dies bedeute einen Einbruch in die physische Integrität des Patienten, die möglicherweise in einem Mißverhältnis zum auslösenden Grund stehe. Zwangsmaßnahmen, wie die Zwangseinweisung in eine Anstalt, meint die niederländische Lehre rechtfertigen zu können, doch eine Zwangsbehandlung, wie sie im neuen Gesetz vorgesehen ist, sei unproportional.

Auch bei Selbstgefährdung kann eine erzwungene Behandlung nur in Ausnahmefällen gerechtfertigt werden: wenn für den Patienten eine ernsthafte Gefahr besteht, die verhindert werden muß.

Die Selbstbestimmung, auch die des Patienten in psychiatrischen Anstalten, muß in weitest möglichem Maße respektiert werden. Da auch die

---

1514 Art. 38 Abs. 5.

1515 Leenen, H. J. J., Gezondheidsrecht, S. 278.

Patienten in psychiatrischen Anstalten unter dem Schutz des Art. 11 des Grundgesetzes stehen, können auch sie prinzipiell eine Behandlung verweigern.

Im neuen niederländischen Psychiatriegesetz BOPZ wird, anders als im alten Gesetz über die Geisteskranken, die erzwungene Behandlung speziell geregelt. Artikel 38 bestimmt, daß sobald wie möglich nach der Aufnahme des Patienten in der psychiatrischen Anstalt „in Überlegung mit dem Patienten ein Behandlungsplan erstellt werden muß."

Aus der Formulierung „in Überlegung mit dem Patienten" (und nicht: „nach Überlegung mit dem Patienten") meint die Lehre die prinzipielle Erforderlichkeit der Zustimmung des Patienten zur angebotenen Behandlung herauslesen zu können[1516]. Es komme also auch bei der Zwangsaufnahme faktisch ein zivilrechtlicher Behandlungsvertrag, als Quasi-Kontrakt, zustande. Der Behandlungsplan ist darauf gerichtet, die psychische Störung zu verbessern und die Selbst- oder Fremdgefährdung aufzuheben[1517].

Ist der Patient aufgrund seines geistigen Zustandes nicht in der Lage, den Behandlungsplan zu verstehen oder in diesen einzuwilligen, dann muß der Behandelnde den Ehepartner, den gesetzlichen Vertreter oder, wenn diese fehlen, die nächsten Angehörigen des Patienten verständigen und diese um Zustimmung fragen. Verweigern auch diese die Zustimmung zur Behandlung, so bleibt dem Behandelnden der Weg zum Gericht offen, das die notwendige Zustimmung ersetzen kann.

### 1.7.1. ZWANGSMASZNAHMEN

Die niederländische Lehre unterscheidet strikt zwischen akkordierten und im Behandlungsplan konzipierten Zwangsbehandlungen im engeren Sinn und akuten Zwangsmaßnahmen zur Überbrückung einer zeitlichen Notsituation, die der Patient im Krankenhaus verursacht. Eine Zwangsbehandlung, also die Anwendung von diagnostischen oder therapeutischen Maßnahmen gegen den Willen des Patienten, stellen Einbrüche in die körperliche Integrität des Patienten dar, die prinzipiell unzulässig sind.

---

1516 Ebda, S. 277.
1517 Art. 38 Abs. 3 BOPZ.

Bei Zwangsmaßnahmen wird zwar Zwang angewandt, aber die körperliche Integrität des Patienten wird nicht berührt. Im neuen niederländischen Gesetz BOPZ sind diese Zwangsmaßnahmen in Art. 39 verankert. Solche Mittel und Zwangsmaßnahmen dienen zur Überbrückung einer zeitlichen Notsituation, die der Patient im Krankenhaus als Folge seiner geistigen Defizienz auslöst. Gedacht ist dabei an Maßnahmen wie Separation, Fixierung, Einschränkungen der Bewegungsfreiheit, etc. Von der Anwendung dieser Zwangsmaßnahmen müssen die zuständige Gesundheitsbehörde, der Ehepartner, der gesetzliche Vertreter oder, wenn diese letzteren fehlen, die nächsten Angehörigen verständigt werden.

Eine besonders strittige Frage in den Niederlanden ist, ob die zwangsweise Verabreichung von beruhigenden Mitteln als Zwangsmaßnahme oder Zwangsbehandlung zu sehen ist. Der Oberste Gerichtshof der Niederlande verwarf in seinem berühmten „Fluanxol-Arrest-Urteil“[1518] den Unterschied zwischen physischem Zwang und der zwangsweisen Verabreichung von beruhigenden Mitteln. Das Zustimmungsprinzip wurde damit unterlaufen, weshalb dieses Urteil auf erhebliche Kritik in der Lehre stieß: Ausgangspunkt ist, daß die Anwendung einer Zwangsmaßnahme nur zur Überbrückung einer Notsituation innerhalb der Anstalt angewandt werden darf. Chemische und beruhigende Mittel haben jedoch oft eine viel längere Wirkung, als zur Überbrückung der Notsituation zeitlich erforderlich ist.

*Gevers* wies darauf hin[1519], daß die Anwendung von Zwang nicht weiter gehen darf, als das Ziel erlaubt und daß der Zwang zu beenden ist, wenn das Ziel erreicht ist. Chemische oder medizinische Mittel können daher nicht als Zwangsmaßnahmen klassifiziert werden. Die Zulassung eines chemischen Mittels als Zwangsmittel greift in die Integrität des Patienten ein und hebt gleichzeitig den Unterschied zwischen Zwangsbehandlung und Zwangsmaßnahme auf.

### 1.7.2. RECHTSBENEFIZIEN FÜR DEN PATIENTEN

Ørnulf *Rasmussen* hat in Norwegen beobachtet[1520], was sicherlich verallgemeinerungsfähig sein dürfte, daß nur gegen eine sehr geringe

---

1518 In: Tijdschrift voor Gezondheidsrecht 1982/31.

1519 Gevers, J. K. M., De rechtspositie van psychiatrische patienten, S. 60, mit Zustimmung von Leenen, H. J. J., Gezondheidsrecht, S. 278.

Anzahl der zwangsweisen Einweisungen bei Gericht oder einer Behörde Klage oder Beschwerde eingebracht wird. Die Gründe hiefür mögen vielfältig sein. Es liegt nahe, daß zwangsinstitutionalisierte psychiatrische Patienten aufgrund ihrer persönlichen und anderer Umstände kaum in der Lage sind, Klage gegen zwangsweise durchgeführte Beschlüsse einzureichen. Auch werden Proteste von seiten psychiatrischer Patienten sehr schnell als Grund für die berechtigte Indikation der zwangsweisen Einweisung herangezogen, auch wenn dies gar nicht zutrifft. „Der Patient riskiert beweisen zu müssen, daß er nicht krank ist, während schon seine Behauptung, nicht krank zu sein, dahingegehend ausgelegt wird, daß er krank ist“[1521].

Die Annahme, daß die Kontrolle durch die Gerichte einen präventiven Effekt habe, sei unhaltbar; obendrein ist die Wahrscheinlichkeit für den Patienten, in einem diesbezüglichen Prozeß erfolgreich zu sein, äußerst gering. Die wenigen Klagen, die bisher mit einer solchen Begründung bei Gericht eingelangt sind, wurden zumeist abgewiesen. Ørnulf *Rasmussen* beschreibt die Praxis dahingehend, daß „viele Urteile kurz abgefaßt waren, die Begründung fadenscheinig war, und oft keine augenscheinlichen Spuren einer Überprüfung nach Maßgabe des Verwaltungsrechts zu erkennen waren“[1522].

Die Verbesserung der Durchsetzung der Rechte von Mentalpatienten ist daher von der Beistellung externer Beobachter und externer Interessenwahrnehmung abhängig.

### 1.7.3. ANWALTSCHAFT

Am weitesten entwickelt erscheinen die Mentalpatientenanwaltschaften in Amerika.

1986 wurde der „Bill of Rights“ des „Mental Health Systems Act“[1523] vom amerikanischen Kongreß ein „Protection and Advocacy for Mentally Ill Individuals Act“[1524] beigefügt:

---

1520 Rasmussen, Ø., Domstolskontroll med tvangsinnleggelser, in: Lov og Rett, Oslo 1980, S. 469.

1521 Ebda, S. 470.

1522 Ebda, S. 467.

1523 Mental Health Systems Act of 1980, 42 U. S. C. A. § 9501 ff, P. L. 96-398, 94 Stat. 1564 (1980).

1524 Protection and Advocacy for Mentally Ill Individuals, 42 U. S. C. A. §§ 10227 ff, P. L. 99-319, 100 Stat. 478 (1986); Protection and Advocacy for Mentally Ill Individuals Amendments Act of 1988, P. L. 100-509.

Der Kongreß ging dabei davon aus, daß Mentalpatienten erwiesenermaßen mißhandlungsanfällig sind und Opfer von Vernachlässigungen werden, insbesondere durch den Mangel an Behandlung, entsprechender Ernährung, Kleidung, Gesundheitspflege und adäquaten Entlassungsplänen. Die staatlichen Systeme sind aber bisher nicht in der Lage gewesen, den Rechtsschutz der Mentalpatienten zu sichern[1525].

Um den Rechtsschutz für Mentalpatienten in Zukunft zu sichern, wird den Bundesstaaten finanzielle Unterstützung zum Aufbau einer Anwaltschaft für Mentalpatienten mit dem Zweck gewährt:

„(A) protect and advocate the rights of such individuals through activities to ensure the enforcement of the Constitution and Federal and State statutes; and

(B) investigate incidents of abuse and neglect of mentally ill individuals if the incidents are reported to the system or if there is probable cause to believe that the incedents occurred“[1526].

Diese Anwaltschaft in den Bundesstaaten hat folgendermaßen auszusehen und ist, folgende Aufgaben zu erfüllen, ermächtigt und verpflichtet:

– Vorfälle von Mißhandlungen und Vernachlässigungen von Mentalpatienten zu untersuchen, soferne diese Vorfälle an die Anwaltschaft berichtet werden oder die begründete Annahme besteht, daß solche Vorfälle sich ereignet haben;

– administrative, rechtliche oder andere entsprechende Schritte zur Sicherung des Schutzes der Rechte von Mentalpatienten einzuleiten;

– administrative, rechtliche oder andere entsprechende Schritte für Personen, welche Mentalpatienten waren und Bürger des betreffenden Bundesstaates sind, einzuleiten[1527].

Die Anwaltschaft muß unabhängig sein von „any agency in the State which provides treatment or services (other than advocacy services) to mentally ill individuals“[1528], sie muß uneingeschränkten Zugang zu den Gesundheitseinrichtungen haben[1529] und sie muß in Ver-

---

1525 42 U. S. C. A. §10801 Congressional Findings.
1526 42 U. S. C. A. §§10801 (b).
1527 42 U. S. C. A. § 10805 (1).
1528 Ebda, (2).
1529 Ebda, (3).

tretung der Interessen der Patienten Einsichtsrechte und Zugang haben zu den Daten

– jener Person, die selbst oder durch ihren gesetzlichen Vertreter (legal guardian, conservator or other legal representative) die Anwaltschaft dazu ermächtigt;

– jeder Person, die aufgrund ihres physischen oder mentalen Zustandes nicht in der Lage ist, die Anwaltschaft zu authorisieren oder über keinen gesetzlichen Vertreter verfügt;

– sowie immer, wenn aufgrund einer bei der Anwaltschaft im Interesse des Patienten eingereichten Beschwerde oder ein begründeter Verdacht der Mißhandlung oder Vernachlässigung einer bestimmten Person besteht[1530].

Jede nach dem Rahmengesetz einzurichtende Anwaltschaft hat ein beigeordnetes Beratungsorgan, im Stil eines Beirates, zu haben. Dieses Beratungsorgan berät die Anwaltschaft über Strategien und Prioritäten, die in erster Linie zum Schutz der Rechte der Mentalpatienten notwendig erscheinen. Das Beratungsorgan hat sich aus Rechtsanwälten, Ärzten, Personen aus der Öffentlichkeit, die über entsprechendes Wissen über Mentalkrankheiten verfügen, die selbst Erfahrung mit Behandlungen von Mentalkrankheiten erhalten haben oder noch erhalten und Familienangehörige einer solchen Person sind, zusammenzusetzen. Aus Gründen der paritätischen Repräsentation soll zumindest die Hälfte des Organs aus Personen, die Behandlungen bezüglich Mentalkrankheiten erhalten haben oder noch erhalten und deren Familienangehörigen bestehen[1531]. Die Anwaltschaft hat einen Jahresbericht über ihre Aktivitäten zu verfassen und bestimmten Behörden zu übermitteln[1532]. Vor allem hat die Anwaltschaft ein Beschwerdeverfahren einzurichten, welches es ermöglicht, daß Klienten oder zukünftige Klienten vollen Zugang zu den Diensten der Anwaltschaft haben[1533].

1530 Ebda, (4).
1531 Ebda, (6).
1532 Ebda, (7).
1533 Ebda, (9).

## 2. Alte Menschen

Internationale Programme bekennen sich deutlich zum Schutz und zur Achtung der Rechte der älteren Menschen. Trotzdem werden die Prinzipien der Selbstbestimmung gerade bei den älteren Menschen oftmals außer acht gelassen. Die Gesellschaft bedient sich dabei grundsätzlich einer paternalistischen Geisteshaltung, die ausschließlich zum allgemein Besten für ältere Menschen dienen soll. Übersehen wird dabei, daß das Zuviel an Paternalismen kindesgleich macht (second childhood). Gerechtfertigt wird diese Haltung und im Anschluß daran das entsprechende Verhalten einer Gesellschaft, allzu leicht damit, daß ältere Menschen aufgrund physischer und mentaler Behinderungen ganz einfach nicht mehr in der Lage seien, die für ihr Leben notwendigen Entscheidungen selbst zu treffen und deren Konsequenzen zu tragen. Solche Überlegungen führen aber letztlich dazu, daß einer demographisch drastisch zunehmenden Gruppe von Menschen die fundamentalen Rechte auf Selbstbestimmung, wie sie jedem Menschen zuzukommen haben, unbemerkt und unbewußt verweigert werden[1534]. Um Krankenpflege von Altenpflege abzuheben, hat sich die terminologische Abschichtung von den Patientenrechten über den verwandten Begriff der Klientenrechte (client's rights) etabliert. Die Grenzziehung ist bisweilen willkürlich. Begründet wird der Distinktionsversuch mit dem Wunsch der Klientel, aus dem Umstand mangelnder Selbstversorgungsfähigkeit nicht auch noch in den Status krank zu sein, abgedrängt zu werden. Diese willkürliche Grenzziehung resultiert oftmals auch nur aus dem Versuch, Patienten/Klienten von einem Kostenträger im Sozialversicherungswesen an einen anderen abzuschieben. Sepp *Rieders*[1535] Empörung gegen die „Aussteuerung von Patienten" und der Umqualifikation zum „Pflegefall", trifft den Kern der eben erwähnten Klassifikation. Allerdings gilt es auch zu sehen, daß diese rechtliche Zuordnung aus einem ökonomischen Paradoxon resultiert. Eine länger dauernde Qualifikation als

---

1534 Douglas, D. S./Feinberg, D./Jacobson, R./Stock, A. B., For the Elderly: Legal Rights (and Wrongs) within the Health Care System, in: Harvard Civil Rights – Civil Liberties Law Review 20 (1985), S. 425 ff.

1535 Rieder, S., Recht und Wirklichkeit im österreichischen Gesundheitswesen, S. 21 ff.

Patient in einer Krankenanstalt verursacht Dauerkosten, währenddessen Vermögen und Bezüge des Patienten mangels einer rechtlich verpflichtenden Kostenbeteiligung unbeansprucht bleiben. Erst durch die rechtliche „Dequalifikation“ zum Pflegefall kann auf das Vermögen des zu Pflegenden durchgegriffen werden.

Die Rechtsqualifikation stellt folglich auf den Typus der Anstalt, in der sich eine Person befindet, ab. Daß dieser Vorgang als zweifelhaft erkannt wird, dokumentiert der erste Entwurf der finnischen Patientenrechtsgesetzgebung in geeigneter Weise. Dort wird in § 12 angemerkt, daß an jeder Anstalt, an der Langzeitpatienten untergebracht werden, eben ein Patientenrat zu installieren ist. Wie sich die Anstalt selbst typisiert, ist gleichgültig.

Man beobachtet seit langer Zeit einen dynamischen Anstieg der Bewohner von Alten- und Langzeitpflegeinstitutionen[1536]. Eine beachtliche Anzahl von Bewohnern der Alten- und Langzeitpflegeinstitutionen müßten aber gar nicht institutionalisiert werden. Mitunter befinden sich sogar Menschen in diesen Institutionen, ohne ausdrücklich ihre Zustimmung hierfür gegeben zu haben. Die meisten Einweisungen von älteren Menschen in Pflegeeinrichtungen kommen nämlich auf Veranlassung von Verwandten zustande. Der Mangel an geeigneten Alternativen und der Druck der Familie zwingen viele alte Menschen dazu, eine Einweisung in eine Pflegeeinrichtung auf sich zu nehmen. Eine andere Möglichkeit der Einweisung kommt durch die sogenannten – etwa in Amerika – „utilization reviews“ im Rahmen der Medicaid Programme zustande. Wird festgestellt, daß eine Person nicht länger Spitalspflege benötigt, kann sie in eine Pflegeinstitution überstellt werden[1537]. Der Wunsch auf Aufnahme in ein Allgemeinkrankenhaus wird kurzerhand fortgeschrieben.

## *2.1. Sachwalterschaft, Zwangseinweisung und Langzeitpflegeinstitution*

Die meisten Diskussionen im Zusammenhang mit älteren Menschen und Gesundheitseinrichtungen befassen sich lediglich mit den Rechten und Umständen innerhalb von Institutionen. Problembereiche, die bereits im Vorfeld der Problematik, die Langzeitpflegeeinrichtun-

---

1536 National Senior Citizens Law Center (Hrsg.), Nursing Home Law, S. 1 ff.
1537 Vladeck, B., Unloving Care, S. 139 ff.

gen selbständig mit sich bringen, vorzufinden sind, werden im Regelfall ausgeklammert. Aus patientenrechtlicher Sicht erscheint dies naheliegend; aus freiheitsrechtlicher Sicht ist dies jedoch nicht hinzunehmen. Es determinieren nämlich in vielen Fällen gerade diese Problembereiche bereits die Folgesituationen von älteren Menschen in entsprechenden Institutionen.

Zwei freiheitsrelevante Schritte am Alternsweg entfalten synergetische Effekte und sind deshalb zu erörtern, weil sie einen sehr wesentlichen Einfluß auf die Rechte der Autonomie und Selbstbestimmung von älteren Menschen nehmen und bereits im Vorfeld zu einer Institutionalisierung liegen: Sachwalterschaft und Einweisung in Langzeitpflegeinstitutionen.

Das Rechtssystem versucht die grundsätzlichen und potentiellen persönlichen und gesellschaftlichen Konflikte zu lösen. Dabei wird aber durch das Gesetz eine Wahl getroffen. Eine Wahl, die das Verhältnis zwischen Personen bestimmt und die potentiellen Konflikte kanalisieren soll. Das wird insbesondere in Amerika bereits erkannt: Das Recht auf Freiheit konfligiert mit den Bedingungen einer Betreuung pflegebedürftiger alter Menschen.

Unter dem amerikanischen Begriff des „civil commitment" läßt sich sowohl eine freiwillige als auch eine unfreiwillige Einweisung in eine Anstalt verstehen[1538]. Letztere ist gesetzlich dann vorgesehen, wenn eine Person im Zusammenhang mit einer psychischen Krankheit für sich oder andere eine immanente und ernsthafte Gefahr darstellt[1539] oder eben nicht in der Lage ist, für die eigenen Grundbedürfnisse zu sorgen (basic needs)[1540].

Abweichungen vom Normalzustand definieren Experten rasch als Krankheit. Leicht ortet man also auch bei älteren Menschen Anzeichen von psychischen Krankheiten mit allen kurativen Konsequenzen, wenn diese sich im Vergleich zu jüngeren Menschen abweichend verhalten. Anstatt medizinische Fortschritte und Verbesserungen im Bereich der geriatrischen Mentalkrankheiten vorwärts zu treiben, do-

---

1538 Douglas, D. S./Feinberg, D./Jacobson, R./Stock, A. B., For the Elderly, S. 429 f.

1539 Z. B. Delaware Code Ann. tit. 16 §§5001, 5010 (Supp. 1984); Georgia Code Ann. § 37-3-1 (11), (12) (1982); New York Mental Hyg. Law §§ 9.37, 9.39 (McKinney 1979).

1540 Z. B. Arkansas Stat. Ann. §59-1401(c)(Supp. 1981); California Welf. & Inst. Code §5008(h)(1)(West 1984); Colorado Rev. Stat. §27-10-101(5)(1982).

miniert die Meinung, altersbedingte Mentalkrankheiten seien einer Rehabilitation ohnedies nicht zugänglich. Dies führt dann oft dazu, daß älteren Menschen nur noch Pflege, anstatt Pflege und Behandlung, zukommt und eine Institutionalisierung nicht mehr temporär, bei Bedarf, sondern permanent erfolgt[1541].

Ähnlich dem nicht genau definierbaren Begriff der mentalen Krankheit, läßt sich auch die Gefährlichkeit nicht exakt bestimmen. Gefährlichkeit ist dann zu vermuten, wenn der Psychiater zur Überzeugung kommt, daß die Wahrscheinlichkeit einer zukünftigen gefährlichen Handlung oder der Nichtabwehr einer Gefahr besteht. Die meisten amerikanischen Staaten sehen dabei aber keinen tatsächlichen Beweis einer Ausführungshandlung oder Bedrohung, somit aber auch keine brauchbaren Richtlinien zur Bewertung der Gefährlichkeit, vor[1542]. Fehler, die dann bei der Bewertung der Gefährlichkeit geschehen, sind in vielen Fällen auf eine Übervorsicht bei der Beurteilung durch Psychiater zurückzuführen. Dies läßt sich aber auch rational leicht erklären: Ein Psychiater, der die Gefährlichkeit eines Menschen zu bewerten hat, scheut natürlich im Zweifelsfall die Verantwortung für zukünftige mögliche Schäden durch eine der Gefährlichkeit verdächtige Person zu übernehmen und neigt daher dazu, zu institutionalisieren.

Eine weitere Möglichkeit zur Begründung einer Institutionalisierung im Zusammenhang mit einer Mentalkrankheit besteht in der Unfähigkeit einer Person, die eigenen Grundbedürfnisse zu erfüllen. Auch hier verhält es sich ähnlich dem Begriff der Gefährlichkeit, daß nämlich keine exakte Diagnose möglich erscheint. Trotzdem zeigt sich in fast allen Fällen, daß die Gerichte, trotz der bekannten Unsicherheit der Diagnose, Psychiatern in ihren Beurteilungen folgen[1543].

Sind die benötigten Beweise zum Zwecke einer unfreiwilligen Einweisung erbracht, sehen zahlreiche bundesstaatliche Gesetze vor, daß

---

1541 Douglas, D. S./Feinberg, D./Jacobson, R./Stock, A. B., For the Elderly, S. 429 ff.

1542 Z. B. Florida Stat. Ann. §394.455(3) (West Supp. 1983); Montana Code Ann. §53-21-102(1983).

1543 Im Zusammenhang mit einer Untersuchung von 300 unfreiwillig in eine Anstalt eingewiesenen Personen konnte festgestellt werden, daß in 98% der Fälle das Gericht der Beurteilung des Psychiaters folgte; dazu Albers, D. A./Pasewark, R. A., Involuntary Hospitalization: Surrender at the Courthouse, in: American Journal of Community Psychology 2 (1974), S. 287 ff.

eine Person in die jeweils – im Rahmen des Zwecks der Einweisung – am wenigsten freiheitsbeschränkende Institution eingewiesen wird[1544]. Zur Beurteilung dieser Qualifikation gibt es allerdings wiederum keine genauen Kriterien im Gesetz[1545].

Im Gegensatz zu den eher unscharfen Richtlinien zur grundsätzlichen Beurteilung einer Person, ist das vorgesehene Verfahren des „civil commitment“ sehr genau geregelt. Zum einen besteht das Recht auf Gehör, ein Recht auf einen Rechtsbeistand und das Recht auf Anwesenheit während des „hearings“. Es ist auch die Möglichkeit der Berufung gegen die Entscheidung vorgesehen. Zum anderen müssen die betroffenen Personen über ihre Rechte aufgeklärt werden[1546].

Insgesamt spielt aber die unfreiwillige Einweisung einer Person im Verhältnis zu den freiwilligen Einweisungen gar nicht so eine wesentliche Rolle. Die meisten Einweisungen geschehen auf freiwilliger Basis[1547]. Dies ist jedenfalls möglich, wenn eine Person angibt, mental krank zu sein und Behandlung zu benötigen[1548]. Freiwillig eingewiesene Personen können jederzeit um Entlassung ansuchen[1549]. Trotzdem birgt auch die freiwillige Einweisung zahlreiche Probleme und Rechtsfragen in sich. Festzustellen ist jedenfalls in der Praxis, daß eine freiwillige Einweisung in eine Anstalt oftmals auf familiären Druck hin oder aufgrund der Einleitung eines Verfahrens zur unfreiwilligen Einweisung geschieht.

Diese Doktrin hier noch einmal aufzubereiten, ist deshalb erforderlich, weil sie auch im geriatrischen Bereich Anwendung findet. Eine auf einem „civil commitment“ fußende Einweisung in eine geriatrische Anstalt entzieht älteren Menschen jedenfalls ein gewisses Maß an Freiheit. Daher bemüht man sich, vor allem in diesem Bereich Sicherungen und Verbesserungen zu schaffen. Dennoch ist man von den Verfahrensgarantien, die bei den übrigen Freiheitsentzügen schon hochentwickelt sind, in der alltäglichen Handhabung noch weit entfernt[1550].

Da die Schutzbestimmungen in den Verfahrensvorschriften für die

---

1544 Z. B. Illinois Ann. Stat. ch. 91 1/2, §2-102(a)(Smith-Hurd Supp. 1984); Ohio Rev. Code Ann. §5122.27(F)(Page 1981).

1545 Douglas, D. S./Feinberg, D./Jacobson, R./Stock, A. B., For the Elderly, S. 433.

1546 Ebda.

1547 Beis, E., Mental Health and the Law, S. 11 f.

1548 Z. B. Georgia Code Ann. §37-3-20(a)(1982).

Einweisung in Anstalten nun deutlich mehr Würdigung erfahren, scheinen die Alternativen zum „civil commitment" im erhöhten Ausmaß genutzt zu werden[1551]. Eine dieser Alternativen stellt sicherlich die Vormundschaft für ältere Menschen dar. Diese Vormundschaft (guardianship oder conservatorship) sieht die Übernahme der Rechte des Mündels durch den Vormund vor, um dem Mündel in der Durchführung der persönlichen oder finanziellen Geschäfte behilflich zu sein[1552]. Die gesetzlichen Bestimmungen für die Vormundschaft variieren in den einzelnen amerikanischen Bundesstaaten. Gemeinsam ist ihnen jedoch, daß der Antrag einer interessierten Person genügt, um das Vormundschaftsverfahren einzuleiten[1553].

Die Regeln für die Bestellung eines Sachwalters greifen für ältere Menschen oft gleich schnell wie für Mentalpatienten. Gerichtlich ist für eine Person dann eine Vormundschaft zu bestellen, wenn die betroffene Person als unzurechnungsfähig (incompetency) oder geschäftsunfähig (incapacity) zu bewerten ist, was dann der Fall ist, wenn die betreffende Person unfähig ist, für sich und ihr Eigentum Sorge zu tragen. Ein Großteil der amerikanischen Bundesstaaten sieht auch die mentalen Krankheiten als Grund für eine Vormundschaft an[1554]. Fast die Hälfte der amerikanischen Staaten betrachten aber selbst das hohe Alter oder den altersbedingten Zustand eines Menschen als Begründung für eine Vormundschaft[1555]. Ganz wenige Bundesstaaten haben diesen Faktor absichtlich ausgeschlossen[1556], die restlichen Bundesstaaten wählen gesetzliche Formulierungen, die es jedenfalls ermöglichen, alte Menschen leicht unter eine Vormundschaft zu stellen[1557].

---

1549 Z. B. Arkansas Stat. Ann. §59-1403 (Supp. 1983); Iowa Code Ann. §229.4 (West Supp. 1984).

1550 Douglas, D. S./Feinberg, D./Jacobson, R./Stock, A. B., For the Elderly, S. 435.

1551 Ebda, S. 435 ff.

1552 Dazu Sales, B./Powell, D./Duizend, R. van, et al. (Hrsg.), Disabled Persons and the Law. State Legislative Issues, New York-London 1982, S. 459 ff.

1553 Ebda, S. 462 f; auch z. B. Montana Code Ann. §72-5-315(1)(1983); Utah Code Ann. § 75-5-303(1)(1978).

1554 Z. B. North Carolina Gen. Stat. §35-1.7(11)(1984); Oklahoma Stat. Ann. tit. 58, § 851 (West Supp. 1984-1985).

1555 Z. B. Arizona Rev. Stat. §14-5101 (West 1975); Ohio Rev. Code Ann. §2111.01(D)(Page Supp. 1983).

1556 Z. B. Kalifornien und Illinois.

1557 Z. B. Colorado Rev. Stat. §15-14-101(1973)(mental deficiency); Nevada Rev. Stat.§159.019(1979) (weakness of mind).

Im allgemeinen wird eine Vormundschaft/Sachwalterschaft dann für notwendig erachtet, wenn eine Person zur Erledigung der eigenen Angelegenheiten der Assistenz bedarf. Damit liegt die Voraussetzung für eine Kuratel unterhalb der erforderlichen Kriterien für eine unfreiwillige Einweisung in eine Anstalt. Es ist aber nicht notwendig, Beweise für vergangenes unzurechnungsfähiges Verhalten beizubringen. Letztlich genügt daher in vielen Fällen das hohe Alter als Kriterium für die Vermutung der Hilfsbedürftigkeit und damit für die Sachwalterbedürftigkeit.

Trotz der scheinbar passablen rechtlichen Ausstattung ist die Reversibilität einer Verfügung der Institutionalisierung älterer Langzeitpflegepatienten faktisch unmöglich. Unabhängig davon, daß Hospitalisierungs- und Institutionalisierungsprozesse sowie der Alterungsprozeß selbst eine immanente Dynamik entfalten, die eine Deinstitutionalisierung ohnedies unwahrscheinlich machen, käme ein Langzeitpflegepatient, der sich der Institutionalisierung entziehen will, an fast unüberwindliche Barrieren. Für ein Mündel, das seine Vormundschaft beenden will, stellen sich nämlich grundsätzlich zwei Probleme[1558]:

Zum einen wird eine „judicial hands-off policy“ betrieben und zum anderen muß das Mündel beweisen, daß es wieder kompetent und geschäftsfähig ist. Dies ist aber besonders schwierig, sind einem Mündel doch die Handlungen, die einen solchen Beweis mit sich bringen würden, untersagt. Die Rechtstatsachenforschung zeigt, daß nahezu alle Vormundschaften erst mit dem Tod des Mündels enden[1559].

In fast allen Rechtsstaaten geht, so wie im österreichischen Sachwalterschaftsrecht, der Trend zu beschränkten, exakt umrissenen Vormundschaften. Ein Mündel verliert nicht alle seine Rechte, sondern nur die Verfügungsmacht innerhalb bestimmter Rechte, eben jener, die wahrzunehmen es nicht in der Lage ist[1560].

Es wird in den Vereinigten Staaten aber auch eine beachtliche Anzahl von Patienten der psychiatrischen Anstalten in Langzeitpflegeinstitutionen überstellt, obwohl diese hierfür im Regelfall nicht speziell

1558 Douglas, D. S./Feinberg, D./Jacobson, R./Stock, A. B., For the Elderly, S. 440.

1559 Bell, A./Schmidt, M./Miller, F., Public Guardianship and the Elderly: Findings From a National Study, in: The Gerontologist 122 (1981), S. 199.

1560 Z. B. Illinois Ann. Stat. ch. 110 1/2, § 11a-12(c)(Smith-Hurd Supp. 1984); Michigan Comp. Laws Ann. §330.1618(4) (1980).

ausgerüstet sind. Während in den letzten zehn oder fünfzehn Jahren die Anzahl der Patienten in Mentalinstitutionen deutlich gesunken ist, steigt die Anzahl der Langzeitpflegepatienten mit mentalen Problemen deutlich[1561].

Ältere Menschen haben grundsätzlich und an sich ähnliche Probleme wie viele Konsumenten im Gesundheitswesen, allerdings finden sich im Bereich dieser Patienten meistens weitere, besondere Problembereiche, wobei eine Begründung hierin besonders darin zu sehen ist, daß ältere Menschen allgemein als „low-status" Gruppe betrachtet werden. Die Problembereiche berühren auch hier das Recht auf Information, auf Achtung, auf Partizipation und auf gleichen Zugang zur Gesundheitspflege.

Es ist zu beobachten, daß die einzelnen Maßnahmen und rechtlichen Bestimmungen, die für ältere Menschen von wesentlicher Bedeutung sind, zusammenhängen. Daß Reformmaßnahmen notwendig sind, ist deutlich ersichtlich. Allerdings darf dabei nicht der Fehler gemacht werden, nur einen oder zwei Teilbereiche zu reformieren. Sind in einem Bereich nämlich bessere und umfassendere Schutzbestimmungen vorgesehen, so kann erwartet werden, daß einfach auf andere, nicht durch diese Schutzbestimmungen gekennzeichneten Bereiche ausgewichen wird. Es bedarf also einer alle Teilbereiche im gesamten erfassenden Reform.

## *2.2. Information und Einwilligung*

Der Informations- und Einwilligungsanspruch ist für ältere, institutionalisierte Menschen der gleiche, wie im Bereich der somatischen Patienten, die Problematik der Durchsetzbarkeit, nämlich der aktiven wie der passiven, nähert sich jedoch der der Mentalpatienten.

Im Bereich des Informationsrechts erweist es sich beispielsweise für ältere Menschen oft als schwierig, entsprechende Informationen zu erhalten. Auch ist es in der Praxis oftmals schwierig, darauf Rücksicht zu nehmen, daß ältere Menschen gesteigerte Schwierigkeiten haben, Sachverhalte zu verstehen oder sich diese dann auch zu merken.

Durch das Ansteigen der Lebenserwartung ergeben sich mannigfal-

---

1561 Douglas, D. S./Feinberg, D./Jacobson, R./Stock, A. B., For the Elderly, S. 446 f.

tige Probleme im Institutionenbereich. Einerseits ist der alte Mensch vermehrt von mehreren Leiden (Polypathie) bzw. mehreren Krankheiten (Multimorbidität) betroffen, andererseits leidet er unter den sog. primären Krankheiten, den Alterskrankheiten im eigentlichen Sinn, etwa latenter zerebraler Gefäßsklerose, Beweglichkeitsreduktionen oder Altersschwerhörigkeit[1562].

Durch altersbedingte Vergeßlichkeit bzw. Weitschweifigkeit kann die Anamnese erschwert werden. Die speziellen Bedürfnisse betagter Patienten, wie das Bedürfnis nach Sicherheit und Hoffnung, nach Abwechslung, das Bedürfnis ernstgenommen und anerkannt zu werden, bestimmen auch ganz wesentlich das Arzt-Patienten-Verhältnis. Je besser also der Arzt diese Bedürfnisse kennt sowie um das soziale Umfeld und die Vergangenheit des Patienten weiß, desto größer ist die Vertrauensbasis[1563].

## *2.3. Privatsphäre*

Nachhaltig beeinträchtigt ist in Institutionen das Recht auf Privatheit und auf individuelle Pflege. Werden ältere Menschen als eine uniforme Gruppe betrachtet, so wirkt sich diese Betrachtungsweise negativ auf den Anspruch auf individuelle Pflege und auf die menschenwürdige Behandlung aus. Auch die Privatsphäre für ältere Menschen bedarf einer besonderen Beachtung, befinden sich diese älteren Menschen meistens in Langzeitpflegeanstalten, wo die Aktivitäten eher gruppenbezogen sind.

Eine schwedische Untersuchung[1564] erweist, daß viele Beeinträchtigungen des Rechts auf Privatsphäre nur aus vermeintlichen Sach- und Organisationszwängen herrühren und daß die meisten Beeinträchtigungen der Wahlfreiheit ressourcenbedingt erklärt werden, ohne daß der ökonomische Effekt wirklich nachzuweisen versucht worden wäre. Daß etwa die Hälfte der siebzigtausend institutionalisierten älteren

---

1562 Adams, C., Zum Thema „Der alte Mensch als Patient", in: Kielholz, P./Adams, C. (Hrsg.), Der alte Mensch als Patient, Köln 1986, S. 13.

1563 Irniger, W., Probleme im Umgang mit betagten Patienten in der täglichen Praxis, in: Kielholz, P./Adams, C. (Hrsg.), Der alte Mensch als Patient, Köln 1986, S. 43.

1564 Att bo på institution, Socialstyrelsen redovisar 1987:12, Stockholm 1987.

Schweden, die einer Hilfe bedürfen, um ins Bett zu gelangen, vor neunzehn Uhr zu Bett gebracht werden, daß nur zwanzig Prozent über ihre Essenszeiten entscheiden können[1565], stieß auf die Kritik, daß dies wohl kaum für die freiwillige Entscheidung der Langzeitpflegepatienten gehalten werden könne und daß dies auch keineswegs so sein müsse. Die Kritik wurde bündig begründet: Die regionalen, also nicht institutionenspezifisch erklärbaren Unterschiede, sind so groß, daß keine biologischen Bedingungen ins Treffen geführt werden können. Wenn etwa in einer Region zwei Prozent der Patientenschaft ganz bettlägrig ist und in einer anderen dreizehn Prozent, dann kann dieser unterschiedliche Abhängigkeitsgrad, legt man die gleichen Beurteilungsparameter zugrunde, nur über die Pflegegewohnheiten erklärt werden.

Erhoben und verglichen wurden die äußeren Bedingungen für rollstuhlgebundene Langzeitpflegepatienten, dann die Bettruheregeln, die Inkontinenztrainingsanstrengungen, die Besuchsgewohnheiten, die Essenswünsche, auch was die Essenszeiten anbelangt, die Hilfsbedürftigkeit dabei, die Bade- und Duschwünsche, der Wunsch, eigene Kleider zu tragen, Wünsche hinsichtlich der Raumgestaltung und der Nutzung eigener Möbel und der Übernachtungsmöglichkeit für Angehörige, hinsichtlich der Verschließbarkeit des eigenen Raumes, eines eigenen Namensschildes an der Zimmertür, Wünsche hinsichtlich des Telefons sowie hinsichtlich der Zugänglichkeit und Nutzung von Außenanlagen. Das Ergebnis legte beachtliche Reformfelder frei, auf denen das Recht auf Privatheit[1566] kräftig gefördert werden könnte.

## *2.4. Die Rechte von Langzeitpflegepatienten*

Amerikanische Gesetzgeber in den einzelnen Bundesstaaten haben zum Schutz der Langzeitpflegepatienten eigene Patientenrechtskodices geschaffen. Modellhaft sei hier das Gesetz von Colorado umrissen[1567]; dieses beinhaltet, bündig zusammengefaßt, beispielshaft die folgenden Patientenrechte:

1565 Ebda, S. 9.
1566 Ebda, S. 62 ff.
1567 Colorado Rev. Stat. §25-1-120 (Supp.1980).

– Das Recht auf größtmöglichste Freiheit (right to civil and religious liberties) des Patienten und das Recht auf Unterstützung und Assistenz durch das Behandlungs- und Pflegepersonal bei der bestmöglichen Wahrnehmung (fullest possible exercise) der im Gesetz statuierten Patientenrechte[1568].

– Das Recht auf private und unbeschränkte Kommunikation mit Personen eigener Wahl[1569].

– Das Recht, Beschwerden ohne Repressalien fürchten zu müssen, bei den hiefür zuständigen Stellen einbringen zu können und gemeinsam mit anderen Patienten innerhalb oder außerhalb der Einrichtung zur kontinuierlichen Verbesserung der Patientenpflege zu wirken[1570].

– Das Recht, die eigenen finanziellen Angelegenheiten selbständig auszuführen; im Fall der Delegation dieser Aufgaben, das Recht auf entsprechende Quartalsabrechnungen[1571].

– Das Recht, umfassend vor und während des Aufenthaltes in einer Einrichtung über die angebotenen Dienstleistungen und deren Kosten schriftlich informiert zu werden[1572].

– Das Recht, über den eigenen Gesundheitszustand und die beabsichtigten Behandlungsschritte adäquat informiert zu werden (es sei denn, daß der Arzt Bedenken dagegen anführt) und das Recht, an der Planung der Behandlung partizipieren zu können. Letzteres beinhaltet auch das Recht, die Behandlung zu verweigern (es sei denn, daß der Arzt Bedenken dagegen anführt) und über die jeweilig entsprechenden Konsequenzen aufgeklärt zu werden[1573].

– Das Recht, eine adäquate und geeignete medizinische Behandlung nach den anerkannten und praktizierten Standards zu erhalten[1574].

– Das Recht auf Privatsphäre während der Behandlung und Pflege persönlicher Bedürfnisse, Vertraulichkeit bei persönlichen und medizinischen Daten, Sicherheit in der Verwahrung und im Gebrauch persönlicher Dinge[1575].

---

1568 Colorado Rev. Stat. §25-1-120(1)(a) (Supp.1980).
1569 Colorado Rev. Stat. §25-1-120(1)(b) (Supp.1980).
1570 Colorado Rev. Stat. §25-1-120(1)(c) (Supp.1980).
1571 Colorado Rev. Stat. §25-1-120(1)(d) (Supp.1980).
1572 Colorado Rev. Stat. §25-1-120(1)(e) (Supp.1980).
1573 Colorado Rev. Stat. §25-1-120(1)(f) (Supp.1980).
1574 Colorado Rev. Stat. §25-1-120(1)(g) (Supp.1980).
1575 Colorado Rev. Stat. §25-1-120(1)(h) (Supp.1980).

– Das Recht, höflich, fair und im höchsten Maß mit Würde behandelt zu werden[1576].

– Das Recht auf Freiheit vor psychischer oder physischer Mißhandlung bzw. das Recht auf Freiheit vor Beschränkungen (physical or chemical restraints)[1577].

– Das Recht, ausschließlich aufgrund medizinischer Gründe oder zum Wohl des Patienten selbst oder aus Rücksichtnahme auf andere Patienten verlegt zu werden, aber auch das Recht der Anstalt, den Patienten wegen Zahlungsunfähigkeit aus der Einrichtung zu verlegen oder zu entlassen[1578].

– Das Recht auf Devolution der Rechte an einen Stellvertreter, der die Interessen des Patienten wahrt[1579].

– Das Recht auf freie Wahl der Einrichtung[1580].

– Das Recht auf schriftliche Informationen über die Hausordnung[1581].

---

1576 Colorado Rev. Stat. §25-1-120(1)(i) (Supp.1980).
1577 Colorado Rev. Stat. §25-1-120(1)(j) (Supp.1980).
1578 Colorado Rev. Stat. §25-1-120(1)(k) (Supp.1980).
1579 Colorado Rev. Stat. §25-1-120(1)(l) (Supp.1980).
1580 Colorado Rev. Stat. §25-1-120(1)(m) (Supp.1980).
1581 Colorado Rev. Stat. §25-1-120(1)(n) (Supp.1980).

# 3. Kinder

## *3.1. Die Rechte von Kindern im Gesundheitswesen*

Kinder haben genauso wie der erwachsene Patient das Recht auf Selbstbestimmung und Autonomie[1582]. Die in allen europäischen und nordamerikanischen Ländern gesetzlich normierten Altersgrenzen für die Geschäftsfähigkeit i. S. der Vertragsfähigkeit haben grundsätzlich auf die Position des Kindes auf eine umfassende Gewährleistung des Selbstbestimmungsrechtes keinen Einfluß. Ebenso wie beim psychisch kranken Patienten, der rechtlich betrachtet nicht geschäftsfähig ist, bestimmt bei der Selbstbestimmung die Einsichts- und Urteilsfähigkeit das Berührungsfeld Medizin und Recht. Nur im Falle, daß der junge Patient weder einsichts- noch urteilsfähig ist, treten substituierte Entscheidungsträger (Eltern, Vormund) an die Stelle des Patienten. Die Beurteilung der Einsichts- und Urteilsfähigkeit richtet sich jeweils nach dem Grad der geistigen und sittlichen Reife des Kindes[1583].

Schon die UN „Declaration of the Rights of the Child" von 1959[1584] definiert unter Berufung auf die Menschenrechte einen expliziten Katalog der Rechte der Kinder:

„(. . .) the child, by reason of his physical and mental immaturity, needs special safeguards and care, including appropriate legal protection, before as well as after birth (. . .)".

Art. 4 der Deklaration statuierte dabei zwar ausdrücklich das Recht des Kindes auf medizinische Versorgung[1585], näher spezifiziert wurde dieses Recht allerdings nicht. Unter Mitberücksichtigung des Rechtes des Kindes auf ein Milieu, das es ermöglicht, sich physisch, mental, moralisch, geistig und sozial in Freiheit und Würde entwickeln zu können[1586], sind besondere Verpflichtungen des Gesundheitswesens für das Kind aber unerläßlich.

---

1582 McLean, S., A Patients' Right to Know, S. 31 ff.

1583 Eser, A./Lutterotti, M. von/Sporken, P. (Hrsg.), Lexikon Medizin – Ethik – Recht, S. 602 ff.

1584 Angenommen durch die Generalversammlung der Vereinten Nationen am 20. November 1959.

1585 Principle 4 „(. . .) The child should have the right to adequate nutrition, housing, recreation and medical services"; dazu ebenso Parliamentary Assembly of the

Die UN-Konvention über die Rechte des Kindes von 1989[1587] geht weiter und gewährt einen autonomem Behandlungsanspruch eines Kindes, unabhängig von den Ansprüchen der Eltern:

„Artikel 24: (1) Die Vertragsstaaten erkennen das Recht des Kindes auf das erreichbare Höchstmaß an Gesundheit an sowie auf Inanspruchnahme von Einrichtungen zur Behandlung von Krankheiten und zur Wiederherstellung der Gesundheit. Die Vertragsstaaten bemühen sich sicherzustellen, daß keinem Kind das Recht auf Zugang zu derartigen Gesundheitsdiensten vorenthalten wird.

(2) Die Vertragsstaaten bemühen sich, die volle Verwirklichung dieses Rechts sicherzustellen, und treffen insbesondere geeignete Maßnahmen um,

a) die Säuglings- und Kindersterblichkeit zu verringern;

b) sicherzustellen, daß alle Kinder die notwendige ärztliche Hilfe und Gesundheitsfürsorge erhalten, wobei besonderer Nachdruck auf den Ausbau der gesundheitlichen Grundversorgung gelegt wird;

c) Krankheiten sowie Unter- und Fehlernährung auch im Rahmen der gesundheitlichen Grundversorgung zu bekämpfen, unter anderem durch den Einsatz leicht zugänglicher Technik ...;

d) eine angemessene Gesundheitsfürsorge für Mütter vor und nach der Entbindung sicherzustellen; ...

Artikel 25: Die Vertragsstaaten erkennen an, daß ein Kind, das von den zuständigen Behörden wegen einer körperlichen oder geistigen Erkrankung zur Betreuung, zum Schutz der Gesundheit oder zur Behandlung untergebracht worden ist, das Recht hat auf eine regelmäßige Überprüfung der dem Kind gewährten Behandlung sowie aller anderen Umstände, die für seine Unterbringung von Belang sind. ..."

Das behinderte Kind, insbesondere soweit es einer Betreuung in oder unter Zuhilfenahme von Institutionen bedarf, genießt den besonderen Schutz der Konvention:

„Artikel 23 (1): Die Vertragsstaaten erkennen an, daß ein geistig

---

Council of Europe, Report on the International Year of the Child (Havrøy/Tabone), Doc. 4376, 2. October 1979.

1586 Principle 2.

1587 UN Doc. E/CN.4/1989/29/Rev. 1 vom 20. November 1989.

oder körperlich behindertes Kind ein erfülltes und menschenwürdiges Leben unter Bedingungen führen soll, welche die Würde des Kindes wahren, seine Selbständigkeit fördern und seine aktive Teilnahme am Leben der Gemeinschaft erleichtern. ..."

Über diese Formulierung von Grundsätzen und Menschenrechten hinaus haben sich mittlerweile innerhalb der allgemeinen Menschenrechtsentwicklung aber auch spezifische Rechte der Kinder im Gesundheitswesen weiterentwickelt. Insbesondere das Europäische Parlament bemüht sich um eine eigene europäische Charta für Kinder in Krankenhäusern[1588]. Die 1. Europäische „Kind im Krankenhaus"-Konferenz in Leiden verabschiedete 1988 bereits eine Charta für Kinder im Krankenhaus[1589]. Aufgrund dieser beiden Dokumente ergeben sich folgende – in den nationalen Rechtsordnungen bisher sehr eingeschränkt Eingang gefundene – Rechte für Kinder im Gesundheitswesen:

## *3.2. Zugang zur Gesundheitspflege*

Kinder sollen nur dann in Krankenhäuser eingeliefert werden, wenn die medizinische Versorgung und Pflege weder zu Hause noch ambulant erfolgen kann. Im Falle, daß es unabdinglich scheint, ist die Pflege so zu koordinieren, daß die Kinder das Krankenhaus ehemöglichst wieder verlassen können[1590]. Überhaupt scheint die Behandlung in Tageskliniken am geeignetsten, es sollen aber dadurch keine zusätzlichen Kosten entstehen[1591].

---

1588 Europäisches Parlament, Entschließung zu einer Europäischen Charta für Kinder in Krankenhäusern, Dok. A2-25/86; 13. Mai 1986.

1589 1. Europäische „Kind im Krankenhaus" Konferenz, Charta für Kinder im Krankenhaus, Leiden 1988, abgedruckt in: Die Schwester/Der Pfleger 12 (1989), S. 971; siehe Dokumententeil.

1590 Entschließung zu einer Europäischen Charta für Kinder in Krankenhäusern, Punkt 4a; Charta für Kinder im Krankenhaus, Punkt 1.

### *3.3. Recht auf Behandlung*

Kinder haben ein Recht auf die erforderliche, im Bedarfsfall auch durch richterliche Verfügung anzuordnende[1592], individuelle Behandlung und Betreuung[1593]. Behandlungen sind mit Takt, Höflichkeit und Verständnis sowie Unantastbarkeit der Intimsphäre durchzuführen[1594]. Das hierfür vorgesehene Personal soll speziell dafür ausgewählt sein, um den physischen und psychischen Bedürfnissen der Kinder zu entsprechen[1595]. Dabei sind unnötige medizinische Behandlungen zu vermeiden[1596], Kinder sind immer vor physischen und psychischen Leiden zu bewahren[1597], die Kontinuität der Pflege ist möglichst durch ein Team zu gewährleisten[1598]. Werden Kinder zu therapeutischen Experimenten herangezogen, so darf das nur im Rahmen der Helsinki- und Nachfolgedeklarationen geschehen[1599]. Zu Forschungsobjekten dürfen sie ohne ausdrückliche Einwilligung nicht eingesetzt werden[1600]. Dasselbe gilt bei pharmakologischen und therapeutischen Experimenten[1601].

### *3.4. Information*

Kinder haben grundsätzlich ein Recht, eine dem Alter, der geistigen Entwicklung und dem emotionalen und psychischen Zustand angepaßte Information über die gesamte medizinische Behandlung zu

---

1591 Entschließung zu einer Europäischen Charta für Kinder in Krankenhäusern, Punkt 4b.

1592 Ebda, Punkt 4i.

1593 Ebda, Punkt 4e.

1594 Ebda, Punkt 4n; Charta für Kinder im Krankenhaus, Punkt 10.

1595 Entschließung zu einer Europäischen Charta für Kinder in Krankenhäusern, Punkt 40; Charta für Kinder im Krankenhaus, Punkt 8.

1596 Charta für Kinder im Krankenhaus, Punkt 5.

1597 Entschließung zu einer Europäischen Charta für Kinder in Krankenhäusern, Punkt 4l.

1598 Charta für Kinder im Krankenhaus, Punkt 9.

1599 Entschließung zu einer Europäischen Charta für Kinder in Krankenhäusern, Punkt 4k.

erhalten[1602]. Jedenfalls sind Maßnahmen zu ergreifen, die körperlichen und seelischen Streß mildern können[1603]. Bei entsprechender Reife haben Kinder selbst ein Recht auf Einsicht in den Krankenbericht.

Die Informationen über Krankheit und Wohlergehen des Kindes sind auch den Eltern mitzuteilen, dies aber nur, wenn nicht gegen das Grundrecht des Kindes auf Intimsphäre verstoßen wird[1604].

## *3.5. Einwilligung in die Behandlung*

Die Einwilligungsfähigkeit richtet sich bei Kindern nach Einsichts- und Urteilsfähigkeit. Nur im Falle, daß Kinder nicht über diese Fähigkeit verfügen, treten substituierte Entscheidungsträger an die Stelle des Kindes. Die Entschließung des Europäischen Parlaments formuliert dagegen etwas mißverständlich, daß die Eltern eines Kindes einen Anspruch hätten, daß vor der Behandlung des Kindes ihre Zustimmung einzuholen ist[1605]. Das kann nicht in jedem Fall und automatisch gelten. Die Charta für Kinder im Krankenhaus spricht sich zumindest für die Notwendigkeit der Partizipation des Kindes am Entscheidungsprozeß aus[1606].

Handeln Eltern oder gesetzliche Vertreter in Substitution der Einsichts- und Urteilsfähigkeit für ihre Kinder, so muß jedenfalls Rücksicht auf den Willen des Kindes genommen werden. Das Recht auf Selbstbestimmung kann nur in ganz bestimmten Fällen übergangen werden, etwa bei drohender Lebensgefahr oder wenn das Unterlassen einer Behandlung für das Leben oder die Gesundheit des Patienten ernsthafte Folgen nach sich ziehen würde.

---

1600 Ebda, Punkt 4f.
1601 Ebda, Punkt 4j.
1602 Ebda, Punkt 4d.
1603 Charta für Kinder im Krankenhaus, Punkt 4.
1604 Entschließung zu einer Europäischen Charta für Kinder in Krankenhäusern, Punkt 4g.
1605 Ebda, Punkt 4h.
1606 Charta für Kinder im Krankenhaus, Punkt 5.

## *3.6. Privatsphäre*

Nach Möglichkeit ist die Unterbringung von Kindern in Krankenhäusern immer zusammen mit anderen – möglichst hinsichtlich der Bedürfnisse der Entwicklung entsprechend ähnlichen[1607] – Kindern vorzusehen. Die Verlegung auf Erwachsenenstationen muß vermieden werden[1608].

Die Unterbringung der Kinder muß berücksichtigen, daß der Gesundungsprozeß des Kindes in einem Milieu stattfindet, welches den Erfordernissen der Pflege, der Erziehung und des Spiels gerecht werden kann[1609].

Darüber hinaus ist Kindern die Möglichkeit zu bieten, sich schulisch weiterzubilden[1610], insbesondere auch die Möglichkeit des Unterrichts während teilweiser stationärer Behandlung oder Pflege zu Hause[1611]; darüber hinaus soll genauso die Möglichkeit bestehen, über altersgerechtes Spielzeug, Bücher und audiovisuelle Lehrmittel verfügen zu können[1612].

Kinder haben das Recht, jederzeit mit ihren Eltern Kontakt aufzunehmen[1613]. Das gilt auch für andere Kontaktpersonen[1614]. Dabei darf es keine Altersgrenzen der Besucher geben[1615].

Den Eltern des Kindes ist grundsätzlich anzubieten, ins Krankenhaus mitaufgenommen zu werden[1616]. Dadurch soll es ihnen ermöglicht werden, aktiv im Interesse des Kindes am Krankenhausle-

---

1607 Ebda, Punkt 6.
1608 Entschließung zu einer Europäischen Charta für Kinder in Krankenhäusern, Punkt 4p.
1609 Ebda, Punkt 4q.
1610 Ebda, Punkt 4r.
1611 Ebda, Punkt 4t.
1612 Ebda, Punkt 4s; Charta für Kinder im Krankenhaus, Punkt 7.
1613 Entschließung zu einer Europäischen Charta für Kinder in Krankenhäusern, Punkt 4m.
1614 Charta für Kinder im Krankenhaus, Punkt 2.
1615 Ebda, Punkt 6.
1616 Ebda, Punkt 3.

ben teilzunehmen. Die medizinische Behandlung und Versorgung darf dadurch aber nicht beeinträchtigt werden[1617].

---

1617 Entschließung zu einer Europäischen Charta für Kinder in Krankenhäusern, Punkt 4c.

# 4. Patienten und Experimente

Zu den nicht weiter nachweisbedürftigen Grundsätzen der Medizin zählt ihr immanenter Auftrag zur Fortentwicklung. Seine Prämisse hat dieser Auftrag in dem mit allen Kräften zu fördernden Patientenwohl[1618] – und hat in einem darin seine Grenze.

Aus der Sicht des Patienten als Proband und Rechtssubjekt hat es oftmals den Anschein, daß der Patient gerade im Experimentalbereich seine Rechte als Mensch und Patient verliert[1619]. *Voelkner*[1620] stellt daher gleich einen unmittelbaren Zusammenhang zwischen der Bereitschaft, sich als Patient für Experimente zur Verfügung zu stellen und der allgemeinen Atmosphäre im Arzt-Patienten-Verhältnis fest: Er hält dieses Verhältnis für generell belastet und verweist auf die steigende Beliebtheit von Heilpraktikern und Naturheilmethoden als Ausdruck des Mißtrauens gegenüber der Schulmedizin. Robert *Veatch* bringt einen der Gründe des Mißtrauens drastisch zum Ausdruck: „In the past, research subjects have all too often been treated as passive "material" suitable for providing additional data points"[1621].

## *4.1. Grenzen der Forschung – Problem der Definierbarkeit des Experiments*

Bei der Definition von Experimenten bzw. Versuchen scheint das Gegensatzpaar der Versuchsbehandlung und der Standardbehandlung zentral[1622]. Die Grenzen zwischen Versuch und standardisierter Behandlung sind schwer zu fassen, die Grenze zwischen Experiment und Gebrauch von anerkannten Behandlungsmethoden oftmals fließend[1623]. Wird verschiedentlich überhaupt verleugnet, daß es eine standardisierte medizinische Behandlung geben könne, da jede Behand-

1618 Veatch, R. M., The Patient as Partner, S. 16 ff.
1619 Siehe Annas, G. J., Rights of Patients, S. 142 f.
1620 Voelkner, P., Patientenaufklärung in Therapiestudien aus der Sicht des Patienten, in: Breddin, H. K./Deutsch, E./Ellermann, R./Jesdinsky, H. J. (Hrsg.), Rechtliche und ethische Probleme bei klinischen Untersuchungen am Menschen, Berlin-Heidelberg-New York-London-Paris-Tokyo 1987, S. 32 f.
1621 Veatch, R. M., The Patient as Partner, S. 3.
1622 Deutsch, E., Medizin und Forschung vor Gericht, Karlsruhe 1978, S. 42.
1623 Kjønstad, A., Helserett, S. 28.

lung für sich aufgrund bestimmter Spezifika einmalig sei und sich dadurch notwendigermaßen zum therapeutischen Experiment entwickle, so läßt sich nach amerikanischer Lehre durchaus eine Definition für Versuche und Experimente ableiten: George *Annas*[1624] definiert das Experiment am Patienten damit, daß der jeweilige Arzt von den allgemein praktizierten und anerkannten Behandlungsmethoden zum Zwecke neuen Wissens zu wissenschaftlichen Behandlungsmethoden übergeht. *Kjønstad*[1625] sieht das Charakteristikum des Experiments ebenso darin, daß neue Methoden für Diagnosen und Behandlungen ausprobiert werden sollen, das Charakteristikum der normalen Behandlung des Patienten darin, daß der einzelne individuelle Patient den Mittelpunkt der Behandlung bilde. Im Falle von Versuchsprojekten, die in die Behandlung an Kranken eingebettet sind, werden die Grenzen zwischen Versuch und Behandlung aber doch immer wieder fließend, der Anknüpfungspunkt für die rechtliche Qualifikation muß wohl beim überwiegenden Element gesucht werden.

Noch schwieriger, als in der somatischen Medizin, ist eine Grenzziehung zwischen Experiment und Gebrauch von anerkannten Methoden in der Psychiatrie. Damit eine Behandlungsmethode als anerkannt bezeichnet werden kann, muß sie „erprobt" (beprövad), wie der schwedische Gesetzgeber es formuliert[1626], sein. Irgendwann beginnt aber jede Erfahrungskette bei einer ersten Anwendung, Erprobung. Irgendwann muß bei allen Vorausversuchen eine erstmalige Anwendung auch am Menschen beginnen. Daher muß logischerweise Forschung am Menschen in einem gewissen Ausmaß als gesellschaftlich geboten und mithin rechtlich erlaubt gelten können.

Immer, wenn der Arzt aber in Personalunion als Forscher sowohl die Interessen der Patienten als auch jene der Forschung zu vertreten hat, ist es notwendig, Rechtssicherheitsgarantien aufzustellen. Asbjørn *Kjønstad*[1627] skizziert die rechtspolitischen Desiderate bündig:

---

1624 Annas, G. J., Rights of Patients, S. 142.
1625 Kjønstad, A., Helserett, S. 28.
1626 § 2a Hälso- och Sjukvårdslagen.
1627 Kjønstad, A., Helserett, S. 113.

Bei der Forschung am Menschen ist die Einwilligung der Versuchsperson, ebenso wie bei der normalen Behandlung, erforderlich[1628]. Es wird daher zwar in beiden Fällen eine Einwilligung verlangt, aber die Forderung nach Aufklärung zur Einwilligung ist bei Versuchen eine qualifiziertere, als bei der bloßen Behandlung. Bei Behandlungen genügt es, daß der Patient auf die wichtigsten Risiken aufmerksam gemacht wird. Beim Experiment werden die Anforderungen verdichtet. Der Forscher muß aus diesem Grunde der Versuchsperson sämtliche Informationen über das laufende Forschungsprogramm zur Verfügung stellen. Diese Informationen müssen sich folglich sowohl auf die Ziele des Forschungsprojekts, auf die Art der Durchführung, auf die Risiken als auch auf die Heilungsmöglichkeiten u. a. m. beziehen[1629]. Der amerikanische Gesetzgeber hat daher die Informationsrechte des Versuchspatienten bereits ausdrücklich gesetzlich umrissen. Danach muß die Information an den Patienten folgendes enthalten[1630]:

1. Eine Erklärung, daß die Studie im Rahmen einer wissenschaftlichen Forschungstätigkeit durchgeführt wird; eine Aufklärung über den Zweck und die zu erwartende Dauer der Patientenpartizipation; eine Beschreibung der folgenden Behandlungsschritte, wobei ausgewiesen werden muß, welche davon experimentellen Charakter haben.

2. Eine Beschreibung der vorherzusehenden Risiken und möglichen Beschwerden des Patienten.

---

1628 Dazu insbesondere Annas, G. J./Glantz, L. H./Katz, B. F., Informed Consent to Human Experimentation, S. 6 ff.

1629 Dazu bereits Nürnberger Kodex 1947 Punkt 1: „The voluntary consent of the human subject is absolutely essential. This means that the person involved should have legal capacity to give consent; should be so situated as to be able to exercise free power of choice, without the intervention of any element of force, fraud, deceit, duress, overreaching, or ulterior form of constraint or coercion; and should have sufficient knowledge and comprehension of the elements of the subject matter involved as to enable him to make an understanding and enlightened decision. This latter element requires that before the acceptance of an affirmative decision by the experimental subject there should be made known to him the nature, duration, and purpose of the experiment; the method and means by which it is to be conducted; all inconveniences and hazards reasonable to be expected; and the effects upon his health or person which may possibly come from his participation in the experiment".

1630 45 C. F. R. sec. 46.116 (1981).

3. Eine Beschreibung der zu erwartenden Vorteile für den Patienten selbst respektive für zukünftige Patienten.

4. Eine Bekanntgabe geeigneter alternativer Behandlungsschritte, die für den Patienten vorteilhaft wären.

5. Eine Erklärung über die Gewährleistung der Vertraulichkeit der Daten.

6. Für Forschungsvorhaben, die erhöhte Risiken beinhalten, eine Aufklärung über im Schadensfall zu erwartenden Schadenersatz und medizinische Versorgung.

7. Eine Aufklärung hinsichtlich begleitender Beratungstätigkeit für anfallende allgemeine Fragen und Rechtsfragen, insbesondere im Schadensfall.

8. Eine Erklärung, daß die Teilnahme freiwillig geschieht und eine Verweigerung der Partizipation am Forschungsprojekt keine Sanktionen nach sich ziehe; und daß der Patient darüber hinaus die Behandlung jederzeit abbrechen kann, ohne daß ihm dadurch Nachteil entsteht.

## *4.2. Experimente zwischen Recht und Ethik*

Adolf *Laufs*[1631] hält fest, daß der Bereich der vielfältigen Humanexperimente juristisch keinesfalls als restlos geklärt betrachtet werden könne. Asbjørn *Kjønstad*, der sich eingehend mit der rechtspolitischen Dimension der Patientenrechte zwischen Ethik und Rechtsanspruch befaßt, stellt bereits die ganz grundsätzliche Frage, ob Gesetzgebung oder anderes objektives Recht, überhaupt als Grundlage für die Erlaubtheit von Forschungsversuchen mit Menschen dienen könne und nicht eben nur die Privatautonomie zähle[1632].

Da Gesetz und Rechtsprechung dem wissenschaftlichen Experiment wenig determinierende Vorgaben geben, scheinen in diesem Bereich internationales Recht, internationale Ethikcodes, Gewohnheitsrecht und allgemeines Rechtsbewußtsein Rechtsgrundlagencharakter anzunehmen. Weil die traditionellen Rechtsquellen den Gerichten aber nicht genügend verbindliche Grundlagen bieten, wird die Entscheidungsunsicherheit wohl noch zunehmen.

---

1631 Laufs, A., Arztrecht, S. 221.

1632 Kjønstad, A., Helserett, S. 114.

Die grundsätzliche Problematik, die sich für die Forschung ergibt, ist in den widerstreitenden Interessen des Individualwohls und des Gemeinwohls zu erkennen. Zwei Antwortenmodelle sind vorzufinden[1633]:

Nach dem individuellen Modell ist nur die Versuchsperson zur Einwilligung berechtigt. Nach dem kollektiven Modell ist der Einzelne Mitglied des Gemeinwesens. Dieses hat gemeinsame Interessen, die denen des Individuums widersprechen können. Nach dem kollektiven Modell sollte die Gesellschaft ihre Interessen gegen jene des Individuums abwägen und danach entscheiden, welche Interessen überwiegen. In solch einem System gibt es dann keine oder nur stark reduzierte Möglichkeiten, für die Ausübung des Selbstbestimmungs- oder Vetorechts. Das wird in diesem Argumentationsmodell damit legitimiert, daß jene, die eben selbst schon die Leistungen des Gesundheitswesens in Anspruch nehmen, zur Forschung mehr beitragen müssen, als es ihren individuellen Interessen entsprechen könnte. *Kjønstad* qualifiziert dies aber gleich als eine Art von Expropriation des menschlichen Körpers[1634].

*Kjønstad* bezieht in seine rechtspolitischen Erwägungen auch soziologische mit ein. Die im Gesundheitswesen Tätigen sind zumeist Staatsangestellte. Ihre Macht besteht nicht nur in fachlicher Überlegenheit, sondern auch in der Macht, sich auf normative Prämissen zu berufen, ihr Tun mit der Wahrnehmung ihnen aufgetragener Interessen des Gemeinwesens zu legitimieren. *Kjønstad* versteht es, eine weitere Beobachtung auf ihren sozialen Gehalt hin zu sehen: Das bekannte ärztliche Diktum von „meinem“ Patienten legt eine unreflektierte eigentumsrechtliche Betrachtungsweise der Handelnden frei. Aus der Addition der beiden Faktoren resultiere der internalisierte, freilich kaum verbalisierte Anspruch auf Freiheiten, moralische und juristische Rechte, die anderen nicht zustehen. Diese Haltung führe dann auch dazu, daß der Forscher vor sich selbst den Anspruch der Patienten auf Einwilligung zur Experimentteilnahme, gegenüber seinem subjektiv für höherrangig gehaltenen Auftrag der Gesellschaft, negligiere[1635]. Weil solche Tendenzen gefährlich sind, bedarf es verstärkter Rechtssicherheitsgarantien[1636].

---

1633 Ebda.
1634 Ebda.
1635 Ebda, S. 115
1636 Ebda, S. 116.

Internationale Organisationen lenken denn auch aus menschenrechtlichem Ansatz verstärktes Augenmerk auf die Forschungstätigkeiten:

Art. 7 des Paktes über die bürgerlichen und politischen Rechte der Vereinten Nationen[1637] und Art. 3 der Europäischen Menschenrechtskonvention[1638] schützen vor unmenschlicher und erniedrigender Behandlung. Nach diesen Bestimmungen, die konkludenterweise eine Analogie von Folter und Experiment freilegen, können medizinische Versuche nur gestartet werden, wenn eine Einwilligung des Betroffenen als Forschungsobjekt vorliegt. Diese Bestimmungen können selbst dann nicht übergangen werden, wenn schwerwiegende Gründe gegen das Einholen der Einwilligung sprechen. Es darf keine vom Konsens des Patienten nicht mitgetragene Abwägung der Interessen der Wissenschaft und der Allgemeinheit gegen die individuellen Interessen des einzelnen Menschen erfolgen. Durch diese Bestimmung ist dem Einzelnen ein absoluter Rechtsschutz garantiert worden. Beide Konventionen geben der Versuchsperson, falls sie sich in ihrem Anspruch auf Zustimmung verletzt fühlt, ein individuelles Beschwerderecht.

Neben diesen Rechtssicherheitsgarantien gibt es dann noch die keinen direkten Anspruch für den Patienten erzeugenden, in ihrer Fernwirkung auch noch nicht exakt abschätzbaren, großen Ethik-Deklarationen der Ärzte selbst.

Die Helsinki-Deklaration (I) wurde vom Weltärztebund bei einem Treffen in Helsinki 1964 angenommen und in Tokio 1975, oft als Helsinki-Deklaration (II) bezeichnet, revidiert. Sie beinhaltet Richtlinien für Ärzte bei biomedizinischer Forschung, wird aber auch bei anderen Arten medizinischer Forschung Bedeutung haben. Sie enthält auch eine Art von Sanktion, die wiederum des Juristen Bedenken wecken muß: Unethisch erzielte Forschungsergebnisse unterliegen nach der Revidierten Deklaration von Helsinki (II) einem Veröffentlichungsverbot, „welche die Herausgeber medizinisch-wissenschaftlicher Fachzeitschriften zu nachtatlichen Teilnehmern am ethischen Verstoß her-

---

1637 Art. 7 Niemand darf der Folter oder unmenschlicher oder erniedrigender Strafe oder Behandlung unterworfen werden. Insbesondere darf niemand ohne seine freiwillige Zustimmung medizinischen oder wissenschaftlichen Versuchen unterworfen werden; dazu Roscam Abbing, H. D. C., International Organizations in Europe, S. 57 ff.

1638 Art. 3 Niemand darf der Folter oder unmenschlicher oder erniedrigender Strafe oder Behandlung unterworfen werden.

aufstilisiert, wenn sie die Ergebnisse des unethischen Forschungsprojekts publizieren"[1639].

Die Verfasser dieser Deklaration sind ausschließlich Ärzte und die Deklaration ist an Ärzte gerichtet. Folglich dominiert der Blickwinkel der Ärzte. Im Gegensatz zum UN-Pakt[1640] ist die Forderung darin nach freiwilliger, informierter Einwilligung gar keine absolute[1641].

*Kjønstad*[1642] vertritt in diesem Konflikt zwischen den Ansprüchen der Patienten einerseits und denen der Forscher und der Gesellschaft andererseits, die vermittelnde rechtspolitische Auffassung, daß weder der Ausgangspunkt der Forscher noch der der Patienten, sondern die objektive Anschauung eines Richters den Ausgangspunkt bilden sollte.

Die Helsinki-Deklaration bindet, wie es dem Wesen ethischer Normen entspricht, nur den Stand, nicht jedoch Gerichte.

Aber auch diese Grenzen beginnen sich zu verwischen, die grundsätzliche Erwartung an das Recht, ethische Gehalte abzusichern, zeigt auch hier ihre Früchte: Der norwegische Gesetzgeber verweist in seinem Gesetz über die klinische Erprobung von Arzneimitteln schon auf die Helsinki-Deklaration. Nach § 10 wird verbindlich gemacht, daß die ethische Abwägung bei der Erprobung in Einklang mit der Helsinki-Deklaration zu stehen hat. Dadurch wird ein Ethik-Code zu innerstaatlichem Recht rezipiert. Auch Erwin *Deutsch* beobachtet, daß bei klinischen Wirksamkeitsprüfungen von Arzneien ethische und rechtliche Voraussetzungen stark zusammenwirken[1643]. Während aber der deutsche Gesetzgeber[1644] nicht ausdrücklich auf seine Anleihsysteme hinweist, legt der norwegische Gesetzgeber die Transformation offen[1645]. Randomisierte Studien haben vor Beginn und zwar nach den Kriterien der Helsinki-Deklaration (II), nicht nur von einer Ethik-Kommission, sondern auch von einer staatlichen Arzneimittelkontrolle (Statens Le-

---

1639 Deutsch, E., Ethische und rechtliche Voraussetzungen der klinischen Prüfung, in: Breddin, H. K./Deutsch, E./Ellermann, R./Jesdinsky, H. J. (Hrsg.), Rechtliche und ethische Probleme bei klinischen Untersuchungen am Menschen, Berlin-Heidelberg-New York-London-Paris-Tokyo 1987, S. 11.

1640 Roscam Abbing, H. D. C., International Organizations in Europe, S. 57 ff.

1641 Kjønstad, A., Helserett, S. 108.

1642 Ebda.

1643 Deutsch, E., Ethische und rechtliche Voraussetzungen der klinischen Prüfung, S. 14

1644 Siehe etwa bei § 40 (deutsches) Arzneimittelgesetz.

1645 Forskrifter av 21. august 1981 om klinisk utprøving av legemidler, Oslo 1981.

gemiddelkontroll) begutachtet zu werden[1646]. In diesem Verfahren wird dann ein genehmigter Erprobungsplan erstellt und vorgeschrieben (§ 6), welche Informationen an den Patienten über den Grund der Durchführung des Versuches, über die Art und Weise der Durchführung, über die Dauer des Versuches und über die Anzahl der Versuchspatienten, zu erteilen sind.

Erst nach dem Gutachten der Ethik-Kommission und der darauf fußenden Genehmigung durch die staatliche Arzneimittelkontrolle und der Meldung an den Rechtsträger der Anstalt, kann mit dem Versuch begonnen werden. Die Meldung an den Arbeitgeber kann nämlich in Hinblick auf Schadenersatzklagen von Bedeutung sein. Auch wird ausdrücklich (§ 13) auferlegt, eine Versicherung für den Patienten abzuschließen; für die Erprobung von Arzneimitteln gelten die Grundsätze der Produkthaftung.

Weiters muß dem Patienten eine ausführliche mündliche Information geboten werden, in der deutlich gemacht wird, daß die Teilnahme am Versuch auf freiwilliger Grundlage beruht und daß dem Patienten im Fall der supervenienten Ablehnung keine negativen Folgen hinsichtlich seiner Behandlung erwachsen werden. Der Patient hat auch darüber informiert zu werden, was unter Randomisierung zu verstehen ist. Selbstverständlich muß dem Patienten auch gesagt werden, daß er die Teilnahme am Versuch jederzeit abbrechen kann. Nach erfolgter mündlicher Information hat noch eine schriftliche Information zu ergehen[1647].

Treten schwerere Nebenwirkungen auf, so hat der Versuch abgebrochen zu werden; sind lediglich einzelne Patienten davon betroffen, ist (§§ 6 und 11) es möglich, nur die Betroffenen aus dem Versuch herauszunehmen. Dies, sowie die Ursache hiefür, haben im Bericht vermerkt zu werden. Dazu hat an die staatliche Arzneimittelkontrolle sowie an den Arzneimittelhersteller eine entsprechende Meldung zu erfolgen.

Erwin *Deutsch* gelangt über die norwegische Kasuistik hinaus und systematisiert die rechtlichen Grundsätze der biomedizinischen Forschung bündig[1648]: Erstens muß ein valides Forschungsprogramm be-

---

1646 Dazu Iversen, I., Juridiske aspekter ved randomiserte studier, in: Iversen, I./ Iversen, T. (Hrsg.), Klinisk forskning i etisk og juridisk lys, Oslo 1987, S. 79 ff.

1647 Ebda.

1648 Deutsch, E., Ethische und rechtliche Voraussetzungen der klinischen Prüfung, S. 16 ff.

stehen, zweitens ein angemessenes Verhältnis von Gefahr und Vorteil bei der Forschung am Menschen und drittens muß dieses medizinisch vertretbar sein. Viertens muß die Einwilligung der Versuchsperson nach erfolgter Aufklärung eingeholt werden, wobei der Proband über das Vorgehen, das Risiko, die möglichen Vorteile und insbesondere darüber informiert werden muß, daß es sich um kein erprobtes und geprüftes, sondern um ein versuchsweises Vorgehen handelt[1649].

Besondere Regeln gelten für besondere Patientengruppen wie Strafgefangene und Jugendliche, also klientelisierte Gruppen. Jugendliche etwa sollten neben ihren Eltern aufgeklärt werden und zustimmen. Auch sollte Forschung an Jugendlichen nur dann durchgeführt werden, wenn es sich um eine Krankheit handelt, die bei Erwachsenen nicht studiert werden kann[1650].

Grundsätzlich befürwortet *Deutsch* die Förderung der medizinischen Forschung unter einer deutlichen Abgrenzung von Randbereichen. Für ihn reichen die vorhandenen ethischen und rechtlichen Regeln der klinischen Prüfung aus, um Mißbräuchen beizukommen[1651]. Asbjørn *Kjønstad* zeigt sich besorgter und befürwortet eine klare gesetzgeberische Determination[1652]. Man wird wohl beipflichten müssen, daß die Sicherung der Person den höheren Rang genießt.

## *4.3. Aufklärung*

*Kjønstad* interpretiert aus den allgemeinen Vertragsrechtsgrundsätzen, daß die Pflicht zur Aufklärung an den Geboten von Treu und Glauben respektive der Redlichkeit zu orientieren ist. Unter Auswertung mehrerer Rechtsquellen[1653], so auch der Helsinki-Deklaration, kommt er[1654] zu einem Aufklärungspflichtenkatalog:

1. Der Forscher muß den Patienten darüber informieren, daß es sich um einen Forschungsversuch handelt. Dem Patienten muß ausdrücklich und leicht verständlich klargemacht werden, daß dies etwas anderes als eine gewöhnliche Behandlung ist.

1649 Ebda, S. 18.
1650 Ebda.
1651 Ebda, S. 19.
1652 Kjønstad, A., Helserett, S. 120.
1653 Norwegisches Vertragsgesetz, norwegisches Transplantationsgesetz u. a.
1654 Kjønstad, A., Helserett, S. 127 f.

2. Die Ziele des Versuches sind zu substantiieren. Es muß darüber gesprochen werden, ob die Ziele des Versuches rein der Forschung dienen oder ob auch die Interessen des Patienten berücksichtigt werden.

3. Die Methoden, die beim Versuch angewandt werden, sind anschaulich darzustellen. Selbstverständlich kann nicht verlangt werden, daß man die Versuchsperson in wissenschaftliche Methoden einweiht, aber eine Überblicksorientierung muß erfolgen.

4. Der Verlauf des Versuches ist zu prognostizieren. Die Versuchspersonen haben ein Recht darauf, über den Verlauf des Versuches orientiert zu werden. Der Arzt muß über Eingriffe, wann diese vorgenommen werden sollen, ob ein Krankenurlaub notwendig sein wird, wie lange dieser dauern wird und über die Möglichkeiten der Lebensweise bzw. eventuelle Einschränkungen in der Lebensweise kurz nach dem Versuch, orientieren.

5. Erwartete Vorteile aus dem Versuch sind objektiv und neutral darzustellen. Hier muß selbstverständlich zwischen Vorteilen für den Patienten und den Vorteilen für die medizinische Wissenschaft unterschieden werden. Der Patient hat ja ein Recht auf Egoismus und muß selbst über eine Einwilligung bestimmen können.

6. Potentielle Gefahren müssen sichtbar gemacht werden. Der Forscher muß den Patienten auf Risiken aufmerksam machen. Er muß den Patienten nicht nur über kurzdauernde Gefahren, sondern auch über Langzeitgefahren informieren. Außerdem muß er dem Patienten gegenüber zu erkennen geben, welche eventuellen Gefahren zum Zeitpunkt der Aufklärung noch nicht vorhersehbar sind.

7. Negative subjektive Auswirkungen des Versuchs sind zu erörtern. Die Versuchspersonen müssen über mögliche Schmerzen und sonstiges Unbehagen aufgeklärt werden.

8. Beim Erproben von Arzneimitteln müssen die Versuchspersonen darüber informiert werden, ob registrierte Pharmazeutika bzw. Blindpräparate verwendet werden.

9. Die Versuchspersonen müssen auch ausdrücklich darüber unterrichtet werden, daß sie die Möglichkeit haben, nicht am Versuch teilnehmen zu wollen. Die Einwilligung darf keinesfalls unter dem Vorwand „erzwungen" werden, daß dem Patienten oder der Versuchsperson eine rechtliche oder moralische Pflicht zur Teilnahme zu verspüren nahegelegt wird.

10. Versuchspersonen müssen darüber informiert werden, daß sie ihre Einwilligung zu jedem Zeitpunkt zurückziehen können.

11. Die Aufklärungen sollten von dem Arzt, der dann auch für den Versuch verantwortlich ist, vorgenommen werden. Wenn er sich eines anderen zur Aufklärung bedient, ist er für dessen Äußerungen verantwortlich.

12. Die Aufklärungen können sowohl schriftlich als auch mündlich erfolgen.

13. Die Art der Aufklärung muß dem Verstandesniveau bzw. dem intellektuellen Niveau des Patienten angepaßt sein.

14. Der Forscher/Arzt muß sich vergewissern, daß die Versuchsperson den Inhalt und die Bedeutung der Erklärungen verstanden hat. Die Versuchsperson muß soviel Material und Information erhalten, daß sie sich eine selbständige Meinung darüber bilden kann, ob sie auch tatsächlich am Versuch teilnehmen möchte.

15. Die Aufklärung und Informationen sollten in ausreichender Zeit vor Beginn des Versuchsprojektes erfolgen. Der Patient soll die Möglichkeit haben, darüber nachzudenken, ob er am Versuch teilnehmen möchte. Keinesfalls darf man dem Patienten eine Frist bis zur Entscheidung setzen. Schwierig ist die Frage, ob der Forscher/Arzt nur Fakten oder auch Haltungen vermitteln soll. Die Gefahr, daß der Arzt unangemessen großen Einfluß auf den Patienten nimmt, da er seine eigenen oder die Interessen der Wissenschaft vertritt, darf nicht übersehen werden. Der Arzt/Forscher muß Interessen der Versuchsperson berücksichtigen.

Erwin *Deutsch* berichtet einen jener Fälle, in denen nicht nur das Vertragsrechtsgebot auf vollständige und umfassende Aufklärung verletzt, sondern der Versuch während des Verlaufs in Art und Umfang verändert wurde[1655]. Es handelt sich dabei um den Fall *Halushka* versus University of Saskatchewan: Ein Student hatte sich gegen Bezahlung von $ 50 zu Forschungszwecken zur Verfügung gestellt, wobei zur Erprobung eines neuen Medikaments ein Katheter in seine Armvene eingeführt werden sollte. Unter dieser Annahme unterschrieb die Versuchsperson ein allgemeines Aufklärungsformular und auch einen Anspruchsverzicht. Tatsächlich wurde der Katheder bis ins Herz vorgeschoben, es kam zum Herzstillstand. Durch offene Herzmassage überlebte der Student. Daß seine Klage gegen den Versuchsleiter und die Unversität Erfolg hatte, scheint naheliegend.

---

1655 Deutsch, E., Ethische und rechtliche Voraussetzungen der klinischen Prüfung, S. 14 f.

Hinsichtlich der methodischen Anforderungen an die Patientenaufklärung bei Therapiestudien sieht *Selbmann*[1656] vor allem dann ein Problem, wenn scheinbar gleichwertige Strategien zur Verfügung stehen. Die Patienten müssen nicht nur über Vor- und Nachteile der in Frage kommenden Therapien aufgeklärt werden, sondern auch ihr Einverständnis zur zufälligen Zuteilung zu einer der Therapien abgeben. Willigen sie in die Randomisierung nicht ein, haben sie freie Behandlungswahl.

Durch Offenheit, durch erschöpfende Aufklärung über Zweck, Ablauf, Organisation, Dauer und Risken, soll eine Vertrauensbasis geschaffen werden, die zur Motivation des Patienten führt. Eine Unterweisung in Rechte und Pflichten des Probanden soll gleichfalls stattfinden[1657].

Die deutsche Lehre stellt sich trendhaft auf einen rechtspolitisch passablen Standpunkt:

Aufklärung und die für eine klinische Forschung unumgängliche Einwilligung des Patienten ergeben sich aus dem Vorrang des Einzelinteresses gegenüber dem Allgemeininteresse am medizinischen Fortschritt. Das Recht auf Leben und körperliche Unversehrtheit des Art. 2 GG beschränkt daher die in Art. 5 GG geschützte Freiheit der Forschung. „Klinische Versuche sind deshalb nur dann zulässig, wenn die zu erprobende Behandlung im Interesse des Patienten selbst erfolgt . . . oder wenn dieser bewußt auf die Wahrung seiner eigenen Interessen verzichtet . . .“[1658].

*Fischer* unterscheidet hinsichtlich der Funktion von Aufklärung und Einwilligung streng zwischen Heilversuch und wissenschaftlichem Experiment[1659]. Heilversuche liegen grundsätzlich im Interesse des Patienten selbst, während bei einer neuen Therapie eine Entscheidung über die Risiken getroffen werden muß. Der Zweck der Einwilligung

---

1656 Selbmann, H. K., Medizinische Anforderungen an die Patientenaufklärung bei Therapiestudien, in: Breddin, H. K./Deutsch, E./Ellermann, R./Jesdinsky, H. J. (Hrsg.), Rechtliche und ethische Probleme bei klinischen Untersuchungen am Menschen, Berlin-Heidelberg-New York-London-Paris-Tokyo 1987, S. 22.

1657 Voelkner, P., Patientenaufklärung, S. 34.

1658 Fischer, G., Einwilligung und Aufklärung bei klinischen Therapiestudien, in: Breddin, H. K./Deutsch, E./Ellermann, R./Jesdinsky, H. J. (Hrsg.), Rechtliche und ethische Probleme bei klinischen Untersuchungen am Menschen, Berlin-Heidelberg-New York-London-Paris-Tokyo 1987, S. 42.

1659 Ebda.

und Aufklärung ist jedoch in beiden Fällen gleich, nämlich die eigenverantwortliche freie Entscheidung des Patienten über eine Behandlung und deren Risken.

Verglichen mit einer normalen Standardbehandlung, hat der Umfang der Aufklärung beim Heilversuch weiter zu sein. Die Aufklärung unter Berufung auf das therapeutische Privileg[1660] zu unterlassen, ist bei unerprobten Maßnahmen nicht zulässig „und bei kontrollierten Studien kommt es praktisch gar nicht in Frage“[1661].

Das Aufklärungsgespräch muß jedoch nicht immer in einem Informed Consent enden, sondern kann durchaus eine „Informed Refusal“ zur Folge haben. Dies ist jedenfalls vom Arzt zu akzeptieren, auch wenn er die Ablehnung vom medizinischen Standpunkt aus nicht teilt[1662].

*Schlag* und *Herfarth* führen in die Problemlage bei klinischen Studien in der operativen Therapie ein. Hinsichtlich der Patientenaufklärung ist dabei eine Differenzierung in die verschiedenen Studienabläufe nötig. Aufgrund der unterschiedlichen Ausgangssituationen und Konditionen muß eine differenzierte Aufklärung im prä-, intra- und postoperativen Studiendesign erfolgen[1663].

Bei postoperativen Studien handelt es sich meist um Zusatztherapiestudien; es wird also eine weitere Behandlung, eventuell medikamentöser Art, an den operativen Eingriff angeschlossen. Die Fragestellung ist regelmäßig die, wieweit sich durch diese Zusatzmaßnahme das operative Ergebnis verbessern läßt. Der Patient ist neben dem Behandlungsplan über die Randomisierung und die Vor- und Nachteile der Therapiegruppen (Behandlungsgruppe mit Zusatztherapie – Kontrollgruppe mit Standardtherapie oder Operation allein) sowie vor allem auch darüber aufzuklären, daß die vorgesehene Therapie ausschließlich prophylaktischer Art ist und der Grundsatz „Mehr ist besser als Nichts“ unzutreffend sein kann[1664].

---

1660 § 41 (7) (deutsches) Arzneimittelgesetz.

1661 Fischer, G., Einwilligung und Aufklärung, S. 43.

1662 Voelkner, P., Patientenaufklärung, S. 35.

1663 Schlag, P./Herfarth, C., Probleme der Patientenaufklärung bei Studienprotokollen im Rahmen der operativen Therapie von Magen- und Dickdarmkrebs, in: Breddin, H. K./Deutsch, E./Ellermann, R./Jesdinsky, H. J. (Hrsg.), Rechtliche und ethische Probleme bei klinischen Untersuchungen am Menschen, Berlin-Heidelberg-New York-London-Paris-Tokyo 1987, S. 53.

1664 Ebda, S. 55.

Bereits vor einer Operation setzt die präoperative Studie an, etwa in Form einer Strahlen- oder Chemotherapie. Für den Patienten ergibt sich dadurch die Situation, daß die Operation, möglicherweise eben zu Studienzwecken, verzögert wird. Auch kann der Patient durch eine Beschwerdeverbesserung aufgrund der Vortherapie unter Umständen eine Fehleinschätzung treffen und den operativen Eingriff ablehnen. In diesem Bereich muß die Aufklärung durch den Arzt besonders gründlich erfolgen. „So gilt es auch hier im Rahmen der Aufklärung das eigentliche Studienziel besonders herauszuarbeiten, wobei ein Verständnis des Patienten in erstrebenswerte Behandlungsverbesserungen aus der Sicht des Operateurs oder Arztes nicht gleichbedeutend mit den persönlichen Bedürfnissen des Patienten sein muß“[1665].

Die schwierigste Patientenaufklärung sehen *Schlag* und *Herfarth*[1666] im Rahmen von intraoperativen Therapiestudien. Die Entscheidung, welche Standardoperation zu wählen ist, ergibt sich oftmals erst während der Operation, etwa Magenteilentfernung oder komplette Magenentfernung bei Magenkarzinom. Dadurch kann eine Therapiezuteilung auch oftmals erst intraoperativ erfolgen. Ein weiteres Problem ist es, daß die Behandlung in diesem Fall weder abgebrochen noch die Therapie gewechselt werden kann. Über diese besonderen Situationen ist der Patient jedenfalls aufzuklären. Ebenso darüber, daß die gewählten Zusatztherapiemaßnahmen ex post nicht mehr den Eingangskriterien entsprechen müssen.

Generell stellt sich für *Schlag* und *Herfarth* die Patientenaufklärung im Rahmen operativer Therapiestudien als ein zu komplexes und zu schwierig zu bewältigendes Feld dar, „als daß sie sich mit einem Patentrezept bewältigen“[1667] ließe.

Nicht weniger problematisch ist die rechtliche Definition der Aufklärungspflichten bei chronischen Krankheiten mit Spontanphasen, etwa bei der regionalen Enteritis oder beim Morbus Crohn. Ursache und Entstehung der einzelnen Krankheitserscheinungen sind wie bei allen vermuteten Autoaggressionsfeldern weitgehend unbekannt. Der Verlauf ist extrem chronisch und von unvorhersehbaren spontanen Verschlimmerungen und Besserungen charakterisiert[1668]. Die Behandlung

---

1665 Ebda, S. 56 f.
1666 Ebda, S. 57.
1667 Ebda, S. 60.

ist rein empirisch, die Wirksamkeit neuer Therapien schwer abzuschätzen. Bedingt durch die extreme Chronizität der Krankheit ist eine lange Verlaufsbeobachtung einer Therapie mit großen Patientengruppen unumgänglich.

In den von *Dölle* beschriebenen Crohn Studien wurde in der Patientenaufklärung auf all diese Probleme hingewiesen. Die Patienten wurden auch über die Randomisation unterrichtet. Eine besondere Situation wurde noch durch die Einführung einer Plazebogruppe geschaffen[1669]. Aus den dabei gemachten Reaktionsbeobachtungen leitet *Dölle* einen Zusammenhang zwischen der Aufklärung durch den Arzt, der von Qualität und Notwendigkeit der Studie überzeugt ist und der Häufigkeit der Einwilligungen durch die Patienten her[1670]. Damit entsteht aber der unabweisbare Verdacht der gezielten Manipulation, die dem Redlichkeitsgebot der Aufklärungsdoktrin widerspricht. Um diesen „Werbeeffekt" auszuschalten, wird vielfach gefordert, das Aufklärungsgespräch und die Einholung der Zustimmung einem unbeteiligten Arzt zu übertragen. *Dölle*, erkennbar die Forschung prioritierend, hält dem entgegen[1671], daß eine gut geplante, von der Ethik-Kommission genehmigte Studie, durchaus mit einem gewissen Engagement vorgetragen werden darf und daß durch das Zwischenschalten eines mit der Studie nicht befaßten Arztes eine unzulängliche Aufklärung auch nicht auszuschließen sei.

*Fischer* sieht bei kontrollierten Studien drei Aufklärungsprobleme, die er als Fragen an die Rechtsordnung adressiert[1672]:

1. Muß der Proband über alle angewandten Therapien unterrichtet werden oder ist die Zuteilung zu einer Gruppe und die Risikoaufklärung hinsichtlich dieser Therapie ausreichend?
2. Muß der Proband über die Randomisierung unterrichtet werden?
3. Muß der Proband über vorliegende Zwischenergebnisse aufgeklärt werden, die sog. Trendaufklärung erfolgen?

---

1668 Dölle, W., Probleme der Patientenaufklärung an konkreten Studienbeispielen Enteritis-regionalis-(Crohn-) Studien, in: Breddin, H. K./Deutsch, E./Ellermann, R./Jesdinsky, H. J. (Hrsg.), Rechtliche und ethische Probleme bei klinischen Untersuchungen am Menschen, Berlin-Heidelberg-New York-London-Paris-Tokyo 1987, S. 61.

1669 Ebda, S. 63.

1670 Ebda, S. 73.

1671 Ebda, S. 74 f.

1672 Fischer, G., Einwilligung und Aufklärung, S. 47.

Zur ersten Frage ergibt sich aus der deutschen Rechtsprechung, daß die Aufklärung alle Behandlungsalternativen zu erfassen hat, auch wenn dies unter Umständen die Aussagekraft der Studie beeinflußt[1673].

Nicht unumstritten ist auch die Aufklärung über die Randomisation, also die Zuteilung zu einer Behandlung durch Los. Obwohl dadurch der Patient unter Umständen verunsichert wird und eventuell von einer Teilnahme Abstand nimmt, wird die Aufklärung über die Randomisation überwiegend bejaht[1674].

Besonderen Einfluß auf die Studie bis hin zum Studienabbruch seitens des Probanden hat die sog. Trendaufklärung. Der generelle Abbruch einer Studie ist dann unproblematisch, wenn die Überlegenheit einer Therapie frühzeitig wissenschaftlich gesichert ist. Schwieriger ist das Problem, wenn die Ergebnisse unter der Signifikanzgrenze bleiben und nur ein Überlegenheitstrend zu erkennen ist. Die Forderung eines Abbruchs in einem solchen Fall wird mit Vorsicht zu behandeln sein[1675].

Signifikanter als das Problem des Abbruchs ist aber jenes der Aufklärung des Patienten über Zwischenergebnisse, an deren Kenntnis er in der Regel Interesse haben wird. Dadurch kann die Durchführung kontrollierter Studien aber weitgehend lahmgelegt werden. *Fischer* spricht[1676] sich dennoch wegen des Vorranges des Individualinteresses für die Trendaufklärung des Patienten/Probanden aus.

Natürlich werden gegen die stark patientenschützenden Positionen immer wieder auch Einwendungen hinsichtlich eines zu weiten Umfangs der Aufklärungspflicht vorgebracht: *Gaertner* und *Heimann*[1677] behandeln den Blickwinkel der Patientenaufklärung als „Störvariable" bei einer Therapiestudie. Denn durch die umfassende Aufklärung des Patienten über alle Risken, Ablauf, Ziel und Zweck der Untersuchung, wird die Beziehung zwischen Arzt und Patient grundsätzlich geändert. Das kommt besonders bei einem Doppelblindversuch zwischen einem Standardpräparat und einer neuen Substanz zum Tragen. Zwar kann

1673 Ebda, S. 48.

1674 Ebda, S. 49.

1675 Ebda, S. 50.

1676 Ebda, S. 51.

1677 Gaertner, H. J./Heimann, H., Patientenaufklärung als „Störvariable", in: Breddin, H. K./Deutsch, E./Ellermann, R./Jesdinsky, H. J. (Hrsg.), Rechtliche und ethische Probleme bei klinischen Untersuchungen am Menschen, Berlin-Heidelberg-New York-London-Paris-Tokyo 1987, S. 90.

der Arzt die Charakteristika des neuen Medikaments schildern, hat aber aufgrund der Randomisation keinen Einfluß auf seinen Einsatz. Bei einer Doppelblindstudie steht neben dem therapeutischen Ziel im Einzelfall, immer auch ein deutliches wissenschaftliches Interesse. Deshalb muß man beim Aufklärungsgespräch dem Patienten oftmals komplexe Sachverhalte darlegen und erklären. Diese Probleme des Informed Consent können dann eine Studie dahingehend verzerren, daß die Probanden die Patientenpopulation nicht mehr repräsentativ vertreten, etwa weil dann vielleicht überwiegend besonders intelligente Patienten herangezogen werden[1678]. Dies hat beispielsweise im Bereich der Psychopharmaka eine besonders verzerrende Wirkung.

## *4.4. Partizipation – Einwilligung und Zustimmung*

Allenthalben fehlt es, außer in den wenig gestaltenden Normen der nationalen Strafgesetzbücher[1679], an präziser, rechtlicher Determination über die Einwilligung. Es bleiben auf nationaler Ebene jeweils lediglich Analogieschlüsse möglich. Asbjørn *Kjønstad* zieht für den norwegischen Beobachtungsraum daher das norwegische Transplantationsgesetz und Arzneimittelgesetz heran[1680].

Auf der weiteren Suche nach Modellen gelangt man wieder zu den internationalen Dokumenten. Der Helsinki-Deklaration nach muß bei therapeutischen Maßnahmen immer die – freiwillige[1681] – Einwilligung des Patienten eingeholt werden, nachdem dieser zuvor ausführlich informiert worden ist. Das muß dann umso mehr noch bei rein wissen-

---

1678 Ebda, S. 93; siehe auch Rauschecker, H., Patientenaufklärung im Rahmen der BMFT-Multizentrale „Behandlung des kleinen Mammakarzinoms", in: Breddin, H. K./Deutsch, E./Ellermann, R./Jesdinsky, H. J. (Hrsg.), Rechtliche und ethische Probleme bei klinischen Untersuchungen am Menschen, Berlin-Heidelberg-New York-London-Paris-Tokyo 1987, S. 96 ff.

1679 Dort werden die Rechtsgüter prohibitiv geschützt.

1680 Kjønstad, A., Helserett, S. 116 f.

1681 Deklaration von Helsinki (1964) (I) 10: „When obtaining informed consent for the research project the doctor should be particulary cautious if the subject is in a dependent relationship to him or her or may consent under duress. In that case the informed consent should be obtained by a doctor who is not engaged in the investigation and who is completely independent of this offical relationship".

schaftlichen Versuchen gelten[1682]. Bei therapeutischen Maßnahmen kann die Einholung der Einwilligung in manchen Fällen aber unterlassen werden: Wenn der Arzt zu der Überzeugung gelangt, daß es notwendig sei, keine informierte Einwilligung einzuholen, dann müssen die Gründe dafür im Versuchsprotokoll angeführt und einem unabhängigen Komitee zugestellt werden[1683]. Aus der Textierung geht aber nicht eindeutig hervor, welche Gründe die Ausnahme rechtfertigen könnten.

Der gewiß höherrangige UN-Pakt über die bürgerlichen und politischen Rechte kennt diese Ausnahmefälle nicht: Der Grund dafür, daß diese Bestimmungen verschiedenartig sind, liegt darin, daß die Ausgangspunkte der Konzepte verschieden waren. Der UN-Pakt stellt erklärtermaßen auf das Interesse des Individuums ab, während die Helsinki-Deklaration der Ärzte naturgemäß Forschungsversuchen einen höheren Rang beimißt[1684].

Die einmal gegebene und nicht widerrufene Einwilligung des Patienten stellt keinesfalls eine Ermächtigung für jede Art von Versuch dar. Absolut unzulässig sind trotz der Einwilligung rein wissenschaftliche Experimente dann, wenn die konkrete Gefahr einer Schädigung besteht. Daneben bestehen aber auch noch relative Grenzen. So müssen beim Heilversuch die Risken in einem angemessenen Verhältnis zum möglichen Nutzen für den Patienten stehen, beim wissenschaftlichen Versuch in einem angemessenen Verhältnis zum Forschungsziel. Immer muß aber die Sorge um das Wohl des Einzelnen über dem Interesse der Wissenschaft und der Allgemeinheit stehen[1685].

Aus dem Verbot übermäßiger Patientengefährdung ergibt sich, daß eine kontrollierte Therapiestudie nur dann zulässig ist, wenn ungewiß ist, welche der zu vergleichenden Maßnahmen für den einzelnen Patienten von größerem Nutzen ist. Bestehende Vermutungen stehen dieser Ungewißheit nicht entgegen[1686]. Liegen aber bereits klinische Studien vor, so darf lediglich zum Zweck größerer Akzeptanzsicherung eine solche Studie nicht erneut durchgeführt werden.

---

1682 Dazu Giesen, D., Arzthaftungsrecht, S. 58 ff.

1683 Pkt. II (5): „If the doctor considers it essential not to obtain informed consent, the specific reasons for this proposal should be stated in the experimental protocol for transmission to the independent committee".

1684 Kjønstad, A., Helserett, S. 116.

1685 Helsinki-Deklaration (II), Pkt. III (4); siehe auch Fischer, G., Einwilligung und Aufklärung, S. 44.

1686 Fischer, G., Einwilligung und Aufklärung, S. 45.

Ein dänischer Erlaß[1687] knüpft aus dem Integritätsschutzbedürfnis des Patienten die Zulässigkeit von Forschungsexperimenten nicht nur an eine Anmeldung an staatliche Aufsichtsbehörden[1688], sondern auch an eine verschärfte Informationspflicht und erst recht an qualifizierte Anforderungen an die Einwilligung in Übereinstimmung mit den Kriterien der Helsinki-Deklaration.

Die Beurteilung durch die Ethik-Kommission erfolgt auf der Grundlage von „kollegial festgesetzten Normen", wobei die Einhaltung der Bestimmungen keine haftungsbefreiende Wirkung hat. Schadenersatzrechtlich wirkt die Akkordanz mit den Erfordernissen der Standesanforderungen allerdings auf die Frage der Schuldzumessung ein[1689].

Interessant ist auch die amtliche dänische Interpretation[1690], daß das therapeutische Privileg für die Unterlassung der Information aus Rücksicht auf den Patienten auf keinen Fall in Verbindung mit Forschungsversuchen in Anspruch genommen werden kann.

Asbjørn *Kjønstad* beobachtet neben der relativ ungesicherten rechtlichen Lage jedoch ein faktisches, psychologisch bedingtes patientenrechtliches Defizit: „Ein anderes Kapitel ist das Faktum, daß der Anspruch auf Einwilligung in Krankenhäusern nicht sonderlich ernst genommen wird. Öffentlich Bedienstete sind es gewohnt, über den einzelnen Bürger mit obrigkeitlicher Macht vorgehen zu können, wobei dies unter Hinweis auf die Interessen der Allgemeinheit legitimiert wird. Die Volksgesundheit ist solch ein Interesse. Jemand, der an einem so wichtigen Ziel arbeitet, wird sehr leicht das Gefühl haben, daß ihm Freiheiten und moralische und juristische Rechte zugestanden werden müssen, die andere Menschen nicht haben. Sobald solche Gedanken aufkommen, hat der Betreffende nicht so schnell Bedenken, ob von Patienten, die in einem mehr oder weniger großen Ausmaß in ein Versuchsprojekt miteinbezogen werden, eine Einwilligung eingeholt werden muß"[1691]. Die rechtliche Determinierung der Bedingungen für die Zulässigkeit des Forschungsversuchs allein erscheint anbetrachts der

1687 Sundhedsstyrelsen: Cirkulaere om samtykke „Laegers pligt og patienters ret", 21. oktober 1982; siehe dazu Pedersen, O. Bøstrup, Information og samtykke, S. 13 f.

1688 „Meddelelse om nye bestemmelser for anmeldelse af kliniske afprøvninger, 9. november 1979".

1689 Eyben, B. von, Erstatning for skader ved deltagelse i biomedicinske forsøg, Forskningssekretariatet, København 1984.

Tatsächlichkeit rechtspolitisch unzulänglich; erst Rechtssicherheitsgarantien, die jenseits des unerläßlichen Anspruchs einer rechtlich gültigen Einwilligung liegen, vermögen einigermaßen Schutz zu bieten[1692].

### 4.4.1. FORM DER EINWILLIGUNG/DES VERTRAGES

Man kann zwischen schriftlicher, mündlicher, stillschweigender und hypothetischer Einwilligung unterscheiden. Der Vorteil der Schriftlichkeit liegt in der Beweissicherung. Außerdem kann die Forderung nach Schriftlichkeit die Sicherheit dafür geben, daß die Versuchsperson gründlich darüber nachgedacht hat. Andererseits gibt Schriftlichkeit möglicherweise ein falsches Gefühl von Sicherheit, wenn die Versuchsperson ein Dokument, das man ihr vorgelegt hat, einfach unterschreibt. Bei der Forderung nach Schriftlichkeit kann man auch anführen, daß dies oft kompliziert und mühsam sei[1693].

Trotz der Schriftlichkeitserfordernisse, etwa in der Helsinki-Deklaration, die dort möglicherweise mit der ratio der Beweissicherung zugunsten der ärztlichen Position eingegangen sein könnte, sollte die mündliche Einwilligung durchaus auch genügen. Die Informed Consent Judikatur[1694] hat mit guten Gründen auch bei der Behandlungszustimmung auf das Kriterium der Schriftform verzichtet.

Ausführlich widmet sich *Kjønstad* de lege ferenda der Frage, welche Pflichten der Forscher/Arzt und welche Rechte die Versuchsperson/der Patient haben soll und wie die Regelungen aussehen könnten oder sollten[1695].

Grundsätzlich läßt sich diskutieren, ob dies in Form eines Gesetzes oder in berufsethischen oder forschungsethischen Bestimmungen definiert werden sollte. Die medizinische Fakultät der Universität Oslo hat im neuen Ärztegesetz über medizinische Forschung eine eigene Norm hinsichtlich wissenschaftlicher Arbeiten vorgeschlagen. Das norwegische Sozialministerium wies aber darauf hin, daß die Grenzen zwischen

---

1690 Redegørelse om laegers pligt til å informere deres patienter og disses samtykke til indgreb og behandlinger, Sundhedsstyrelsen, København 1981.

1691 Kjønstad, A., Helserett, S. 30.

1692 Ebda.

1693 Ebda, S. 120.

1694 Siehe oben.

1695 Kjønstad, A., Helserett, S. 133 f.

medizinischer und anderer Forschung fließend seien, und daß man dann doch ein eigenes Forschungsgesetz in Erwägung ziehen müsse.

Asbjørn *Kjønstad* vertritt dahingegen die Auffassung, daß jedenfalls der Rechtsschutz des Individuums gesetzlich geregelt werden sollte, weil dieses Schutzgut wohl nicht als Nebenauftrag des Forschungsrechts klassifiziert werden kann. Menschenrechte wahrzunehmen, kann keinesfalls Berufsorganisationen und Forschungsausschüssen überlassen werden[1696].

Unzulänglich erscheint ihm auch, daß die rechtliche Kontrolle erst dann greift, wenn der Versuch bereits ausgeführt worden ist. Eine systematische Kontrolle vor Beginn des Versuches wäre bei weitem effektiver[1697]. In Norwegen sind just zu diesem Zweck mittlerweile fünf regionale Komitees für die begleitende Kontrolle medizinischer Forschungstechnik eingerichtet worden. Diese Komitees sind pluralistisch zusammengesetzt und öffentlich errichtet worden[1698].

*Kjønstad* bieten diese aber keine ausreichende Garantie des Individualschutzes. Denn diese Komitees dürfen auf gar keinen Fall mit einer Substitution der Einwilligung der Versuchspersonen in Verbindung gebracht werden, sondern müssen daneben ihre Wirksamkeit entfalten. Sobald man nämlich eine solche, das Gemeinwesen vertretende Kontrolle aufstellt, besteht die Gefahr, daß die Forderungen nach Einwilligung nicht mehr so streng gehandhabt werden, weil ein derartiges öffentliches Organ sich nicht nur den Interessen der Versuchsperson verpflichtet fühlen wird, sondern auch jenen der medizinischen Wissenschaft. Bei solchen Interessenabwägungen bewegt man sich dann aber von den absoluten Regeln über die Unantastbarkeit der Menschenrechte des Individuums fort. Daher müssen diese auf eine andere Art und Weise garantiert werden[1699].

---

1696 Ebda.
1697 Ebda.
1698 Ebda.
1699 Ebda, S. 134.

# IV. Rechtskonzepte zur Sicherung und Förderung der Patientenrechte

## 1. Vorbemerkungen

Obwohl die westlichen Gesundheitswesen aufwendig und in hohem Maße funktionstüchtig sind, sind sie harter Kritik ausgesetzt. Daß diese in Skandinavien merklich kräftiger noch als etwa in Mitteleuropa ausfällt, wird wohl seine Ursache im höheren Verstaatlichungsgrad mit der paradoxerweise, aber erklärlicherweise einhergehenden Versorgungsproblematik haben. Dennoch vermag die dortige Diskussion für uns Ertrag zu bieten.

In einer parlamentarischen Untersuchung[1700] in Norwegen wurde erhoben, daß die Bürger die Gesundheitsdienstleistungen nicht hinreichend an die Wünsche und Bedürfnisse der Verbraucher angepaßt erachteten. Die Anforderungen der Verbraucher sind in Norwegen, wie andernorts auch, gestiegen; die Konsumenten sind sich ihrer Rechte bewußt geworden. Auch haben sich positive Vorstellungen hinsichtlich der Art und Weise, wie die Dienstleistungen auf dem Gebiet des Gesundheitssektors nach Ansicht der Verbraucher erbracht zu werden haben, gebildet. Zur Durchsetzung dieser Vorstellungen bilden sich Interessenorganisationen[1701], die zielbewußt und problemorientiert mit erheblichem Druck ihre Zielvorstellungen auf politischem Weg anmelden.

Die Mängel des norwegischen Gesundheitswesens werden aber bemerkenswerterweise gar nicht primär als Versorgungsmängel gesehen, sondern als Mängel in der Bereitstellung von Patientenrechten und Qualitätsgarantien sowie Durchsetzungsmöglichkeiten. Bisher wurde sehr wenig darauf Rücksicht genommen, daß die Gesundheitsdienstleistungen in erster Linie den Wünschen und Bedürfnissen der Patienten zu entsprechen haben. Die verschiedenen medizinischen Berufsgruppen, die Organisation und die Finanzierung des Gesundheitswesens,

---

1700 Brukerinnflytelse og pasientrettigheter, in: Stortingsmelding nr. 41, Norwegen 1987-88, Oslo 1988, S. 74 ff.

1701 Grønlie, M./Sørheim, S./Siem, H., Norsk Pasientforening, S. 7 ff.

standen im Mittelpunkt und haben das heutige Gesundheitswesen geformt. Auf die Wünsche und Forderungen der Verbraucher wurde kaum eingegangen.

Daher hat man in Norwegen ein Effektivisierungs- und Modernisierungsprogramm zur Verbesserung der Zustände im Gesundheitswesen erstellt. Das Ziel besteht darin, das Gesundheitswesen zu einer gut funktionierenden und effektiven Serviceorganisation zu gestalten.

Alles zugleich zu verlangen aber hieße, in einer an Ressourcen gebundenen Gesellschaft alles zu gefährden.

Ståle *Eskeland* widmet sich sehr fundiert der Frage, der nach Prioritäten geordneten Verantwortung eines Gemeinwesens für das Gesundheitswesen und „für welche Krankheiten das Gesundheitswesen zuständig sein soll, und wie weit diese Verantwortung reichen soll“[1702].

Im sogenannten Lønning-utvalget, einer staatlichen norwegischen Untersuchungskommission, die den Auftrag hatte, Richtlinien für die Prioritierung innerhalb der Gesundheitsdienste zu finden[1703], wurde ein Katalog für die Setzung von Prioritäten im norwegischen Gesundheitswesen und dessen Dienstleistungen erstellt. Fünf Prioritätenniveaus, an denen auffällt, daß dahinter das seit der Antike systembildende Dreistufenkonzept des Impensenrechts von necessariae über utiles zu voluptuosae immer noch seine Wirkung zu entfalten vermag, wurden definiert:

Rang 1 sollte den akut notwendigen Gesundheitsdienstleistungen vorbehalten sein. Darunter sind medizinische Hilfeleistungen zu verstehen, die vorzuenthalten augenblicklich lebensgefährliche Konsequenzen auslösen würde. Als Beispiel wurden die Gebiete der Psychiatrie, der Chirurgie, der inneren Medizin, die Neugeborenenabteilung, die Pädiatrie und die Vorbeugung und Sicherung gegen gefährliche, anstekkende Krankheiten sowie die Katastrophenbereitschaft genannt.

Rang 2 in der Prioritätenliste gebührt den notwendigen medizinischen Maßnahmen. Dies sind solche, deren Unterlassen, auf lange Sicht gesehen, katastrophale oder sehr ernste Folgen nach sich ziehen würde. Als Beispiel für diese Gruppe wurden ernsthafte und chronische psychische und somatische Leiden, etwa Krebs, Herzdefekte, Psychosen, Versorgungs- und Pflegemaßnahmen für Patienten mit chronischem Hilfs-

---

1702 Eskeland, S., Trenger vi en lov om pasientrettigheter, S. 8.

1703 Retningslinjer for prioriteringer innen norsk helsetjeneste, Norges offentlige utredninger NOU 1987:23, Oslo 1987.

bedürfnis, unter anderem für schwer psychisch-entwicklungsgehemmte Personen, aufgeführt.

Rang 3 sollte Maßnahmen mit erwiesenem Nutzeffekt vorbehalten sein, deren Konsequenzen bei Unterlassen der Maßnahmen eindeutig unerwünscht wären. Als Beispiel dienten die Behandlung von nicht zu extremer Hypertonie, der üblichen Kinderkrankheiten und die Behandlung von Patienten mit moderaten psychischen Problemen.

Rang 4 auf der Prioritätenliste würden Maßnahmen einnehmen, die einen gesundheits- und lebensqualitätssteigernden Effekt haben, wobei das Unterlassen dieser Maßnahmen deutlich weniger schwerwiegende Folgen haben sollte, als bei in Rang 3 einzuordnenden Maßnahmen. Als Beispiel können hier hochtechnologische medizinische Behandlungsmethoden mit nur geringem dokumentierten Nutzeffekt genannt werden.

Rang 5 mit „Null-Priorität" bilden jene Maßnahmen, nach denen zwar Nachfrage besteht, die jedoch weder einen Nutzen zeigen noch notwendig sind, etwa hochtechnologische medizinische Behandlung ohne bekannten Nutzeffekt, Teile der Schulgesundheitsmedizin und Spezialangebote für Leistungssportler.

Bei der Reihenfolge der Prioritätensetzung hat ein höheres Dekkungsniveau angestrebt zu werden, je höher die Maßnahmen prioritiert werden. Dies heißt jedoch nicht, daß die in Rang eins oder zwei prioritierten Maßnahmen vollständig abgedeckt sein müssen, bevor Maßnahmen auf einem niedrigeren Niveau getroffen werden können oder müssen. Je höher nämlich der Deckungsgrad auf einem Niveau wird, desto geringer wird der Grenznutzen, wenn zusätzliche Mittel für dieses Niveau bereitgestellt werden, während der Nutzen geringeren Mitteleinsatzes auf einem niedrigeren Rang überproportional sein kann, weil der Deckungsgrad hier von vornherein geringer ist[1704]. Bei zu loser Handhabung dieses Benefiz' der Grenznutzenbeachtung kann allerdings dann wiederum der Prioritätenkatalog in die Qualität einer unverbindlichen Empfehlung absinken. Um dieses Risiko zu minimieren, hat der Ausschuß[1705] den Ermessensspielraum dahingehend konfiniert, daß das nächsthöhere Prioritätsniveau „in einem zufriedenstellenden Ausmaß abgedeckt sein sollte, bevor Mittel für das nächstniedrigere Prioritätsniveau bewilligt werden." Man ging in dieser freilich nicht weniger vagen

1704 Ebda, S. 10.
1705 „Lønning-utvalget" NOU 1987:23, Oslo 1987, S. 27.

Umschreibung davon aus, daß mit den vorhandenen finanziellen Mitteln durch Umverteilungen eine zufriedenstellende Deckung der Prioritätenniveaus 1, 2 und 3 erreicht werden könnte. Dies wird besonders für Patienten mit chronisch-psychischen Krankheiten, für pflege- und fürsorgebedürftige ältere Personen und für entwicklungsgehemmte Menschen von Bedeutung sein. In allen diesen Gruppen ist heute, und nicht nur in Norwegen, eine extreme Unterversorgung zu beobachten.

Die Vorschläge über die Prioritierung aus dem Lønning-utvalget wurden mittlerweilen vom Nationalparlament (stortinget) in fast unveränderter Form in den nationalen Gesundheitsplan „Gesundheitspolitik bis zum Jahr 2000“ (Helsepolitikken mot år 2000)[1706] übernommen. Nunmehr wird nach rechtsverbindlichen Strategien gesucht, die die Einhaltung der Prioritäten sichern können. Ins Auge gefaßt wird dabei, daß über ein Patientenrechtsgesetz, dem die Prioritätenordnung inkorporiert wird und aus dem, nach der Rangliste geordnet, Patientenansprüche erwachsen, der Gesetzesauftrag verwirklicht wird. Die Einhaltung würde dann über die aus dem Gesetz abgeleiteten subjektiven Ansprüche kontrolliert. Ståle *Eskeland*[1707] ist sicherlich zuzustimmen, daß so der Behandlungsanspruch rechtlich gesichert und geordnet vermutet werden darf. Allein, über den restlichen patientenrechtlichen Gehalt ist damit noch nichts ausgesagt.

Auch ist die skandinavische Diskussion um Kompetenzrecht und darüber, ob das Gesundheitswesen besser bei den Ländern[1708] oder bei den Gemeinden besorgt wird, eine Frage, die zwar auch für Mitteleuropa ordnungs- und verfassungspolitisch interessant sein könnte, aber unter dem Aspekt materieller Patientenrechte eine cura posterior ist. Natürlich löst die Kompetenzfrage das Problem aus, daß von den Ländern über landesgesetzliche Ermächtigung installierte Kontrollorgane, etwa Patientenanwälte, überall dort, wo Bundesgesundheitskompetenzen berührt werden, nicht mehr tätig werden können. Aber im Vergleich

---

1706 Von der Regierung vorgelegt am 25. März 1988; dazu in: Stortingsmelding nr. 41, Oslo 1988, S. 1 ff.

1707 Eskeland, S., Trenger vi en lov om pasientrettigheter, S. 13.

1708 Siehe dazu in Schweden für den Krankenanstaltenbereich Länssjukvården – möjligheter till förändring. Underlaggsstudie. Hälso- och sjukvård inför 90-talet (HS 90)(SOU:1984:48), Stockholm 1984 und für den Altenpflegebereich Ansvaret för äldreomsorgen. Rapport från äldredelegationen (= Ds 1989:27), Stockholm 1989; für Norwegen siehe Sykehustjenester i Norge, Organisering og finansiering, NOU 1987:25, Oslo 1987.

zur skandinavischen Dezentralisationsgewichtung ist für föderativer konzipierte Staaten dieser Aspekt der mit beachtlichem Aufwand geführten Diskussion eben doch von geringerem Gewicht. Interessant wird sie aber dort, wo die individuelle Stellung des Patienten, seine Anspruchsgrundlagen und die ihm an die Hand zu gebenden Rechtsmittel den Zugangsanspruch sichern.

In Skandinavien ist, offensichtlich unter transatlantischem Einfluß, ein Bewußtsein entstanden, daß Patienten zur Judiziabilisierung von Ansprüchen Anspruchsgrundlagen geboten werden und sie ein Klagerecht erhalten müßten. Das stößt aber immer an Grenzen, wenn in Gesetzen, in denen der Anspruch von Patienten definiert wird[1709], nur unter der Generalklausel „nach Maßgabe der Ressourcen", konzediert wird.

Das wiederum verleitet in der rechtspolitischen Argumentation rasch dazu, die Effektivität gesetzlicher Ansprüche als Steuerungsmittel im Gesundheitswesen in Frage zu stellen. *Eskeland* wendet sich energisch gegen solche Gelegenheitsskepsis. Das „Recht, Patient werden zu können"[1710], ist für ihn die rechtlich abzusichernde petitio principii aller weiteren Patientenrechte. „Erst wenn die Umstände so weit entwickelt wurden, daß diese Normen in der Praxis eingehalten werden können, werden die Rechte der Patienten innerhalb eines allgemeinen Gesetzes über Patientenrechte ihren natürlichen und berechtigten Platz haben"[1711]. Das geht aber solange nicht, als, wie es in Europa weithin üblich ist, die Ansprüche des Patienten nur mittelbar über die Pflichten des Personals als Reflexrechte in den jeweiligen Berufsrechten umschrieben sind[1712].

---

1709 Etwa im norwegischen Gesetzesvorschlag über die kommunalen Gesundheitsdienstleistungen (kommunehelsetjenesteloven) oder im finnischen Entwurf des Patientenrechtsgesetzes (patienträttslagen).

1710 Eskeland, S., Trenger vi en lov om pasientrettigheter, S. 27.

1711 Ebda.

1712 Siehe für die österreichische, als unbefriedigend empfundene Rechtslage, Rieder, S., Die Patientenrechte aus der Sicht des Anstalten-Referenten, S. 87 ff und noch deutlicher ders., Recht und Wirklichkeit im österreichischen Gesundheitswesen, S. 17 ff und ebenso ders., Diskussion am Int. Forum Alpbach 20. August 1990; dagegen jedoch Kopetzki, Ch., Bestandsaufnahme der Patientenrechte, S. 34 ff; für Schweden siehe die Diskussion in Regeringens Proposition 1981/82:97, Stockholm 1982; für Norwegen siehe Stortingsmelding Nr. 47, 1987/88, Oslo 1988, S. 74 f.

*Durchsetzung der Patientenrechte*

In den letzten Jahrzehnten ist eine zunehmende Individualisierung des Rechtsschutzes festzustellen, wobei dieser neue Subjektivismus soziologisch und juristisch aus der in den Mittelpunkt gerückten und in den politischen Grund- und Freiheitsrechten und erst recht in den Bemühungen um die sozialen Grundrechte Ausdruck findenden Selbstbestimmung des Menschen ableitbar wird.

Selbstbestimmung ist im Gesundheitsbereich, aber wohl nicht nur dort, jedoch nur dann möglich und sinnvoll, wenn die äußeren Möglichkeiten bereitgestellt werden, in Freiheit und mit eigener Verantwortlichkeit die eigenen Zielvorstellungen zu bestimmen und zu verfolgen[1713].

Durch Krankheit sieht sich der Mensch plötzlich in einer verletzlichen Situation. Medizinische Hilfe und Pflege zu erbitten, vergrößert die Verletzlichkeit und verstärkt die Abhängigkeit. Als Folge dessen erscheint das Selbstbestimmungsrecht des Menschen de facto gefährdet. Verstärkt wird dies noch durch die Tatsache, daß die persönliche Beziehung zwischen dem Patienten und dem Behandelnden als Folge einer zunehmenden Spezialisierung sowohl auf medizinisch-technischem wie auch auf organisatorischem Gebiet immer mehr in den Hintergrund tritt. In dieser Situation ist es also nicht verwunderlich, daß die Beziehung zwischen Patienten und Behandelndem unpersönlicher wird und daraus sehr leicht Mißverständnisse entstehen, die zu Klagen des Patienten Anlaß geben. Ein wichtiges Mittel, um in dieser Situation die Mündigkeit des Patienten wiederherzustellen, erkennt man daher, insbesondere in den Niederlanden, im Anbot einer Beschwerdevermittlung[1714].

Offizielle staatliche Programme kümmern sich in den Niederlanden um das Beschwerdeproblem und um die Beistellung von Verfahrensmöglichkeiten. Man bemüht sich, den Eindruck zu widerlegen, daß die Lösung von Beschwerden und Problemen immer nur durch gerichtsförmige Klageinstitutionen übernommen werden kann. Im Gegenteil, die Lösung von Klagen und Problemen muß

---

1713 Centrale Raad voor Volksgezondheid (Hrsg.), Klachten van patiënten, S. 5.
1714 Ebda, S. 6.

sowohl von seiten des Klägers als auch von demjenigen, gegen den die Klage gerichtet ist, vermittelnd beizulegen versucht werden. Die Probleme zwischen Patienten und Behandelndem sollten, soweit es nur möglich ist, kalmiert werden. Freilich gilt das Gebot, daß bestehende zivilrechtliche Ansprüche, zuvorderst Schadenersatzansprüche, nicht verwischt werden dürfen.

Trotz des Kalmierungszieles erscheint aber eine institutionalisierte Kanalisierung von Beschwerden notwendig, nicht zuletzt aus psychologischen Erwägungen zugunsten beider Parteien: Für den Patienten, weil dieser weiß, daß er sich wehren kann, und dies sein Gefühl der Abhängigkeit vermindert und für den Behandelnden sowie die Einrichtungen der Gesundheitsfürsorge, weil sich diese durch das Bestehen einer Klagemöglichkeit ihrer einforderbaren Verantwortung mehr bewußt werden. Beschwerdemöglichkeiten erkennt man also als von nicht geringem präventiven Effekt[1715].

*Mehrschichtigkeit von „Beschwerde und Klage"*

Ihrem Inhalt nach unterteilt die niederländische Lehre[1716] Klagen von Patienten in vier Gruppen:

– Klagen, die medizinische und andere behandlungstechnische Aspekte betreffen, etwa eine falsche Diagnose oder eine Fehlbehandlung.

– Klagen, die die Beziehung zwischen Arzt und Patient betreffen, also die menschlichen Relationen, etwa ungenügende Information, Verletzung der Privatheit und Verletzung des Datenschutzes.

– Klagen, die organisatorische Aspekte betreffen, etwa die Unerreichbarkeit des Arztes oder des Pflegepersonals, lange Wartezeiten, Mangel an Behandlungsmöglichkeiten.

– Klagen, die finanzielle Aspekte betreffen, etwa Überschreitung der Behandlungskosten, falsche Deklarierung, Ersatz für verursachten Schaden.

---

1715 Ebda, S. 9.

1716 Leenen, H. J. J., Gezondheidsrecht, S. 242; Gevers, J. K. M./Jong, M. de/Matser, J., De opvang van klachten van patiënten over de gezondheidszorg, in: Tijdschrift voor Sociale Geneeskunde 56 (1978), S. 309 ff, 356 ff; Centrale Rad voor Volksgezondheid (Hrsg.), Klachten van patiënten, S. 10 f; Aghina, M., Patiëntenrecht, S. 121 f.

Die ventilierte Sorge[1717], daß berechtigte Ansprüche tendenziell durch vermittelnde Instrumente vernachlässigt oder verschleiert werden könnten, hat die niederländische Lehre präzis erkannt. In den Niederlanden hat sich aufgrund dieser Einteilung die Auffassung durchgesetzt, daß sich für informelle Klags- oder Schlichtungsinstanzen in den Krankenhäusern nur die Gruppe relationeller und organisatorischer Aspekte eignet. Die Gruppe medizinischer und anderer behandlungstechnischer Aspekte sollte den Gerichten vorbehalten bleiben[1718], während die finanziellen Aspekte durch Beschwerde- oder Rechtsschutzinstanzen bei den Versicherungen abgedeckt werden sollten. *Aghina* unterscheidet also treffenderweise zwischen „harten Klagen“ und „weichen Klagen“[1719]. Begründet wird dies mit dem Gedanken des Rechtsschutzes: Es würde gerade die Rechte des Patienten aushöhlen, wenn etwa die zivilrechtliche Verantwortung eines Arztes durch eine informelle Beschwerdeinstanz beurteilt wird: „Die richtige Klage am rechten Ort“[1720]. Unter diesem Aspekt sollte man wohl auch einmal die Gestion der sich praeter litem und mit Anspruchsverzichtserklärungen junktimierenden Arbiträrpraxis der medizinischen Schlichtungsstellen untersuchen.

*Klagsbehandlung – Beschwerdeschlichtung*

In den Niederlanden wird deswegen zwischen Klagsbehandlung (klachtenbehandeling) und Klags- oder Beschwerdeschlichtung (klachtenbemiddeling) unterschieden[1721]. Unter Klagsbehandlung versteht man, daß die klagsbehandelnde Institution rechtlich verbindliche Beschlüsse faßt. Es geht also um Rechtsprechung im weitesten Sinn. Bei einer Klags- oder Beschwerdeschlichtung von weichen Klagen soll das Problem durch Vermittlung und/oder Schlichtung gelöst werden.

---

1717 Kopetzki, Ch., Bestandsaufnahme der Patientenrechte, S. 56 ff.

1718 Leenen, H. J. J., Gezondheidsrecht, S. 242.

1719 Aghina, M., Patiëntenrecht, S. 121.

1720 Leenen, H. J. J., Gezondheidsrecht S. 242.

1721 Leenen, H. J. J., Gezondheidsrecht, S. 242; Centrale Raad voor Volksgezondheid (Hrsg.), Klachten van patiënten, S. 13.

Klagsbehandlung ist eine formell juristische Prozedur, Klags- oder Beschwerdeschlichtung hat einen informellen Charakter, es können keine rechtlich bindenden Beschlüsse gefaßt werden, Zwangsmittel und Durchsetzungsvermögen sind kaum vorhanden. Der Wirkungsbereich der Klags- oder Beschwerdeschlichtung geht andererseits jedoch über die Klagsbehandlung hinaus, weil sich die Klagsschlichtung nicht auf bestimmte Themen beschränken muß, die rechtlich oder sonstwie normiert sind. Mit der Zielvorstellung, die dem Auffangen von Klagen zugrunde liegt, nämlich schnelle Auflösung der Probleme und Verbesserung der Beziehungen, forciert man in den Niederlanden das System einer Klags- oder Beschwerdeschlichtung:

*Institutionalisierte Klags- oder Beschwerdeschlichtung*

Über die Zielvorstellungen einer institutionalisierten Klagemöglichkeit sind verschiedene Auffassungen möglich. In der Literatur[1722] werden drei Zielvorstellungen unterschieden:

1. Dem einzelnen Patienten Recht zu verschaffen. Ausgangspunkt ist hierbei, daß jedem jener Standard zu verschaffen ist, auf den er einen gesetzlichen Anspruch hat. Gefühle des Unrechts oder der Frustration sollten durch eine Klagemöglichkeit aufgehoben werden. Eine Klagemöglichkeit hätte nach diesem Konzept also zuallererst die Funktion, den Grund der Klage aufzulösen, das individuelle Unbehagen aufzuheben, Mißverständnisse auszuräumen und gerechtfertigte individuelle Interessen zu gewährleisten.

2. Die Verbesserung oder den Schutz der Qualität der Gesundheitsfürsorge zu fördern. Danach ist die Klage eines Patienten ein Signal für einen zurückgebliebenen oder zurückgehenden Standard. Die Behandelnden bedürfen der Information über das Unbehagen des Patienten, um ihr eigenes Tun zu evaluieren. Auf diese Weise kann die Klagemöglichkeit ein andauerndes Feedback in Gang setzen, das durch systematisches Sammeln und Auflösen von Klagen den Behandelnden und der behandelnden Einrichtung weiterhilft. Es erfüllt also die Beschwerde die Funktion eines antizipierten Krisenmanagements.

---

1722 Centrale Raad voor Volksgezondheid (Hrsg.), Klachten van patiënten, S. 12.

3. Der Einfluß des Patienten auf die Gesundheitsfürsorge wird formalisiert. Danach soll das Schaffen einer institutionalisierten Klagemöglichkeit als Mittel dienen, um das Mitspracherecht des Patienten zu garantieren und die Einbeziehung der Patientenschaft in die Gesundheitsfürsorge zu fördern.

## 2. Regelungsmöglichkeiten für den Gesetzgeber

Deutlicher als in anderen Ländern stellte man sich in Norwegen dem Problem der nicht erweiterbaren Alternativen der Neuregelung des Behandlungsrechts. Geschehen ist am Hintergrund dieser Erkenntnis legistisch zwar noch nichts. Der Versuch Ståle *Eskelands* eines Gesamtregelungsentwurfes des Patientenrechtssektors darf aber mit Spannung erwartet werden.

Aufgrund der rapiden Veränderungen am Gesundheitssektor empfand man die Anstaltengesetzgebung nicht mehr in der Lage, den neuen, veränderten Umständen zu entsprechen[1723]. Für die Vorarbeiten zu einem neuen Gesetz über Patientenrechte schienen sich der Regierung folgende rechtspolitische Arbeitsrichtungen zu eröffnen:

- die Novellierung respektive Revision der für das medizinisch tätige Personal im Gesundheitswesen geltenden Gesetze.
- Die Formulierung eines neuen Kompetenzgesetzes über das Volksgesundheitswesen (fylkeshelsetjenestelov), in dem den Patientenrechten ein gesonderter Teil zukommen sollte.
- Ein eigenes Gesetz über Patientenrechte.

Politische Einigkeit herrschte darüber, daß man eigentlich alles zugleich bräuchte: ein neues gemeinsames Gesetz für das Krankenhauspersonal und den Anstaltenbetrieb, ein neues Kompetenzverteilungsrecht und die Verankerung von Patientenrechten in einem eigenen Gesetz. Hinsichtlich der in Skandinavien insgesamt schon problematisierten und neuen no-fault-Regelungen unterworfenen schadenersatzrechtlichen Stellung der Patienten, ist mittlerweile auch in Norwegen seit dem 1. Januar 1988 eine für drei Jahre geltende interimistische Patientenversicherungsordnung in Kraft getreten, als Mischform zwischen dem schwedischen und dem finnischen Modell[1724].

In der rechtspolitischen Arbeit soll auf die Errichtung von Klageordnungen besonderes Augenmerk gelegt werden. Dieser Auftrag ging sowohl in die Richtung gesetzlich verankerter Patientenombudsordnungen als auch in die Richtung von Klageordnungen in Patientenrechtsverfahren[1725].

---

1723 Stortingets melding nr. 41, 1987/88, Oslo 1988, S. 78 f.

Skeptisch beurteilte man aber die Gewährung eines Patientenanspruchs auf Behandlung, weil dieses Recht nur zu verwirklichen wäre, wenn entsprechend mehr Ressourcen zur Verfügung gestellt werden könnten. Die Rechte der Verbraucher müssen aber an die realistischen, ökonomischen und personellen Rahmenbedingungen angepaßt bleiben. Gleichwohl fand man aber, daß es einen beachtlichen Fortschritt bedeutet, wenn besser formulierte Kriterien für eine Hierarchie der Behandlungsansprüche erstellt werden könnten[1726]. Eine solche Prioritätenordnung könnte im Patientenrechtsbewußtsein dazu beitragen, daß ein Gefühl von Objektivierung Platz greift, daß Entscheidungen einer, vom abgelehnten Patienten beantragten, Überprüfung unterworfen werden könnten und daß gleiche Fälle auf gleiche Weise behandelt werden würden. Solche Bestimmungen sollten weder detailliert noch taxativ sein. Hingegen sollten Hauptprinzipien für die Behandlungspriorität der Patienten erstellt sowie gewisse Kriterien zur Lösung von Konfliktsituationen beschrieben werden.

Das zu entwerfende Gesetz soll von der Direktive her schon gar nicht versuchen, sämtliche Umstände vorauszuahnen und zu regulieren, in die Patienten kommen könnten. Es sollte hingegen systematisch wie sprachlich einfach und konkret abgefaßt werden und die zentralen Patientenrechte aufführen. Aktuell in die öffentliche Diskussion gelangte Zonen, wie das Recht auf Verschwiegenheit über alle persönlichen Aufzeichnungen, das Recht, nicht ohne Einwilligung in medizinische Versuche einbezogen zu werden und das Recht Sterbender auf einen würdigen Abschluß ihres Lebens, sollten ausführlicher behandelt werden[1727]. Treffender und bündiger kann man die offenen aktuellen Fragen an den Gesetzgeber und die Problematik einer nationalen Patientenrechtsgesetzgebung wohl kaum definieren als es hier der norwegische Gesetzgeber in seinem Auftrag an die Gesetzgebungsvorbereitung getan hat.

Gesamteuropäisch kann in der Gesundheitsgesetzgebung eine steigende Sorge um die Patientenrechte festgestellt werden[1728]. Da-

---

1724 Siehe dazu Kapitel V.9. Verschuldensunabhängige Patientenschadenkompensation.

1725 Stortingets melding nr. 41, 1987/88, Oslo 1988, S. 78 f.

1726 Ebda.

1727 Ebda.

1728 Leenen, H. J. J., Patients' Rights, S. 33 ff.

bei spielt die Zivilrechtspolitik immer noch eine zentrale Rolle, um den Schutz des Patienten zu garantieren. Spätestens seit den siebziger Jahren ist aber ein Zug zur Spezialgesetzgebung für die Patientenrechte zu bemerken, wobei aber die Wege in den nationalen Rechtsordnungen stark differieren[1729].

Unabhängig von der Strafgesetzgebung können dabei folgende zwei Gesetzgebungsrichtungen festgestellt werden: Die Entwicklung der Patientenrechte erfolgt im herkömmlichen Zivilrecht über die Judikatur oder wird in eine neue Zivilrechtsgesetzgebung eingebaut, wie etwa in den Niederlanden, wo nunmehr das Neue Bürgerliche Gesetzbuch ein eigenständiges Kapitel über den Behandlungsvertrag kennen wird. Oder, das ist die zweite erstarkende Schiene, die Entwicklung der Patientenrechte wird im Verwaltungsrecht angestrebt[1730].

Die erstere Möglichkeit geht deutlich einher mit der zivilrechtlichen Ausgangsbasis, aufgrund des Verhältnisses zwischen Arzt und Patient oder einer Anstalt und dem Patienten. Ist dieser Weg eingeschlagen worden, so ist es notwendig, daß der Gesetzgeber zurückhaltend hinsichtlich der verwaltungsrechtlichen Regelungen ist und es der Entwicklung des Zivilrechtes überläßt, den Schutz der Patientenrechte fortzuentwickeln und auszudehnen. Dieser Weg wurde jedenfalls von der Niederländischen Patientenrechtskommission seit 1982 eingeschlagen. Allerdings bedeutet dies nicht, daß nicht durch verwaltungsrechtliche Klauseln die Entwicklung der Patientenrechte ergänzend gefördert werden kann. Auch in den Niederlanden, wo deutlich auf das zivilrechtspolitische Modell gesetzt wurde, sind in amerikanischem Stil die Patientenrechte im allgemeinen Gesundheitsorganisationsrecht, etwa durch die Bindung der Vergabe von Lizenzen an Gesundheitseinrichtungen an die Gewährung von Patientenrechte, gesichert.

Deutlicher gehen die skandinavischen Länder den Weg der Sicherung der Patientenrechte auf der Ebene des Verwaltungsrechts.

Asbjørn *Kjønstad* begründet diese Entwicklung mit den Verschiebungen im Gesundheitswesen. Ihn ausführlicher wiederzugeben, rechtfertigt sich aus der sich parallel entwickelnden kontinentalen Struktur. Je nachdem, ob man die Beziehung zwischen dem Arzt

---

1729 Leenen, H. J. J., Trends in Health Legislation, S. 18 f.
1730 Ebda, S. 19.

und seinem Patienten nach den privatrechtlichen Bestimmungen des Vertragsrechts oder nach den Bestimmungen des Verwaltungsrechtes beleuchtet, ergeben sich unterschiedliche Aspekte[1731].

Wird die Behandlung von einem privat praktizierenden, niedergelassenen Arzt oder von einem mit eigenem Liquidationsrecht an Anstalten durchgeführt, so kommen die vertragsrechtlichen Bestimmungen des Privatrechts zur Anwendung. Wenn jedoch der Patient in einem öffentlichen Krankenhaus oder Ambulatorium behandelt wird, gelten in erster Linie die Bestimmungen des Verwaltungsrechts. Da nun das Gesundheitswesen, insbesonders in Skandinavien, zur staatlichen Aufgabe geworden ist und dort auch die wenigen Privatkrankenanstalten staatliche Unterstützung erhalten und mit Öffentlichkeitsrecht ausgestattet sind, stehen dort die Zugriffsnormen des Verwaltungsrechts deutlich im Vordergrund.

Aber auch dort, wo die Funktion des Privatrechts erhalten bleibt, verschiebt es sich in Betonung seiner disziplineigenen Elemente. Innerhalb des Privatrechts werden im modernen Vertragsrecht nämlich immer strengere Anforderungen gestellt, auf die Interessen der gegnerischen Vertragspartei Rücksicht zu nehmen; das Haftungsrecht unterliegt einem tiefgreifenden Wandel. Im Zivilprozeß verändern sich die Beweislastregeln[1732].

Aufgrund der Änderung des Gesundheitswesens und dessen mittlerweile dynamisch fortschreitender Regelungsverlagerung vom Bereich des Privatrechts in den Bereich des öffentlichen Rechts, ist ein Rechtssicherheitsvakuum entstanden. *Kjønstad* propagiert daher verwaltungsrechtliche Rechtssicherheitsgarantien dort zu etablieren, wo Gesundheitsdienstleistungen verteilt werden. Da die öffentliche Verwaltung sich durch die Kompetenz zur Verteilung von Gesundheitsleistungen ganz offenkundig in einer Machtposition befindet, liegt es auf der Hand, daß dadurch die Gefahr von Machtmißbrauch droht. Rechtspolitisch wünschenswert erscheint diese Verlagerung natürlich dort nicht, wo die sich neu anbahnende Annäherung zwischen Arzt und Patient durch den Mangel an Parteiendisposition im Verwaltungsrecht erst recht wieder gestört wird. „Ein

---

1731 Kjønstad, A., Patienters rättigheter, in: Det 29. nordiske Juristmøtet, Stockholm 1981, S. 142 ff.

1732 Vgl. dazu auch die deutschen Entwicklungen bei Fastenroth, J., Arzthaftpflichtprozeß und Beweislastverteilung, Frankfurt-Bonn-New York-Paris 1990.

nahes persönliches und sicheres Verhältnis zwischen dem Patienten und dem Behandler kann öffentlich-rechtliche Rechtssicherheitsgarantien überflüssig machen. Andererseits kann die Existenz dieser Garantien dazu beitragen, Gegensätze zu konstruieren und die Grundlage für Konflikte schaffen. Daher sollten vertragsrechtliche Betrachtungsweisen, soweit dies möglich ist, zur Anwendung kommen, sobald ein freiwilliges Behandlungsverhältnis begründet wurde"[1733].

Unabdingbar müssen für *Kjønstad* aber exakt definierte und in aller Schärfe einsetzbare Rechtssicherheitsgarantien dort geschaffen werden, wo das Gesundheitswesen rechtmäßig Zwang auszuüben berechtigt ist, zuallervorderst im Bereich der Psychiatrie[1734].

Eine weitere Neukonstellation im Gesundheitswesen erfordert neue Rechtsregeln. Der ganze Zielbereich ist zu einer Art Staatszielbestimmung geworden. Ärzte, Krankenschwestern und anderes Personal, sind überwiegend Staatsangestellte oder Beamte. Dadurch kommt einmal mehr Verwaltungsrecht, öffentliches Dienstrecht, Aufsichtsrecht, Organisationsrecht ins Spiel. Der Patient hat ein Rechtsverhältnis zur Institution, ebenso der vom Staat Angestellte. Selbstverständlich besteht noch ein direktes Restrechtsverhältnis zwischen dem Patienten und seinem Behandler, aber dieses tritt anbetrachts der anderen beiden dominierenden Rechtsverhältnisse in den Hintergrund. In Anstalten verliert das Behandlungsverhältnis seinen persönlichen Charakter; die im Gesundheitswesen Tätigen verstehen sich als ausführende Organe einer öffentlichen Institution; die Behandlung wird auf viele verschiedene Personen verteilt; die Behandlungsverantwortung wird somit pulverisiert.

*Kjønstads* Plädoyer für die Schaffung eigener Patientenrechtsnormen steht allerdings einer in Europa erst langsam aufholenden Rechtswirklichkeit gegenüber; in keiner nationalen Rechtsordnung ist der Gesamtbereich der Patientenrechte speziell und geschlossen geregelt. Die kompaktesten Ansätze dazu finden sich im allgemeinen im öffentlichen Recht. Aber auch in diesem Bereich findet sich in keiner nationalen Rechtordnung ein Katalog judiziabler Patientenrechte. Allerdings wird in zahlreichen nationalen Berichten auf ernste Bemühungen von Regierungen und Parlamenten hingewie-

1733 Kjønstad, A., Patienters rättigheter, S. 153.
1734 Ebda, S. 152.

sen. In Europa steht, so scheint es, Finnland unmittelbar vor einem bahnbrechenden Patientenrechtsgesetz.

Der Schwierigkeit, Patientenrechte zu kodifizieren, ist man sich, allerdings mit recht wechselnder Begründung, allenthalben bewußt[1735]. So betont auch die niederländische Literatur, daß es an sich schwierig ist, die Rechte des Patienten und deren Durchsetzung in einem eigenen Gesetz zu kodifizieren[1736]. Denn die Rechte des Patienten verteilen sich auf das große Gebiet des Gesundheitsrechtes und werden dort in verschiedenen Rahmen eingepaßt und ausgearbeitet: Im Sozialversicherungsrecht bedürfen die Patientenrechte einer anderen Ausformung als in einer vertraglichen Behandlungsbeziehung, wobei dort wieder unterschieden werden muß zwischen Patienten in allgemeinen Krankenhäusern, psychiatrischen Kliniken, Pflegeeinrichtungen oder individuellen Arzt-Patientenbeziehungen. Zudem gehören die Patientenrechte unterschiedlichen Rechtsgebieten an: Teils sind sie zivilrechtlicher Art (etwa der Behandlungsvertrag zwischen Patient und Arzt), teils verwaltungsrechtlicher und schließlich teils strafrechtlicher Art[1737].

Dazu kommt noch eine weitere Komplikation. Ein bestimmtes Patientenrecht kann nämlich wiederum verschiedenen Rechtsgebieten angehören. So beruht etwa der Informed Consent in den Krankenhäusern sowohl auf dem zivilrechtlichen Behandlungsvertrag, auf dem verwaltungsrechtlichen Anerkennungsbescheid für den Status als Krankenhaus und auf dem Strafrecht, da für die Nichtstrafbarkeit eines medizinischen Eingriffes auch die Zustimmung des Patienten notwendig ist, und darüber hinaus spielen sogar noch das Verfassungsrecht und internationale Verträge eine Rolle[1738].

In den Niederlanden hat man für eine allgemeine Regelung der Patientenrechte den zivilrechtlichen Weg gewählt. Die zweite, ebenfalls auf der Hand liegende Möglichkeit – wie sie etwa den skandinavischen Rechtskreis kennzeichnet und bei Asbjørn *Kjønstad*[1739]

1735 Siehe auch Kopetzki, Ch., Bestandsaufnahme der Patientenrechte, S. 34 ff.
1736 Etwa Leenen, H. J. J., Gezondheidsrecht, S. 157 f.
1737 Ebda.
1738 Ebda.
1739 Kjønstad, A., Helserett, S. 40 ff.

eine recht schlüssige Begründung erfährt –, den Krankenhäusern durch verwaltungsrechtliche Bestimmungen patientenrechtliche Bestimmungen aufzuzwingen, wurde verworfen, da der Patient diese Rechte dem Krankenhaus oder den Behandelnden nicht direkt abverlangen kann. Im Februar 1987 wurde in den Niederlanden an einige Beratungsorgane ein Gesetzesvorschlag überreicht, der eine Änderung des Bürgerlichen Gesetzbuches, unter anderem Gesetze in Zusammenhang mit der Aufnahme von Bestimmungen über den Behandlungsvertrag, enthält. Neben den zivilrechtlichen Regelungen bleiben aber dennoch verwaltungsrechtliche Bestimmungen notwendig[1740].

Es können also nicht alle Patientenrechte durch das Zivilrecht aufgefangen werden. Das gilt etwa für die Fälle der medizinischen Experimente mit Menschen, bei Ansprüchen, die sich nicht auf vertragliche Beziehungen rückführen lassen und beim Schutz der privacy (Aufsicht über Datenbanken)[1741].

Auch sind die inhaltlichen Argumente gegen eine Kodifizierung nicht vernachlässigbar, zumal sie ihrerseits auch trendbildend wirken. Dies zeigt die dänische Diskussion, der es gelungen sein dürfte, eine dänische Patientenrechtsgesetzgebung in fast allen möglichen Regelungsfeldern verhindert zu haben. Man setzt dort mehr auf die Fortentwicklung der Ethik als auf die, zugegeben begrenzte, Problemlösungstauglichkeit des Rechts. Ole Bøjstrup *Pedersen* faßt in seiner Arbeit „Gesetz, Arzt und Patient. Die Bedeutung von Rechtsregeln auf das Verhältnis zwischen Arzt und Patient“[1742] für die dänische Diskussion gegen eine Verrechtlichung scheinbar trefflich zusammen: Rechtsregeln sind im großen und ganzen ungeeignet, das Verhältnis zwischen Arzt und Patient zu regeln (. . .) Zwar gibt es viele Bestimmungen, jedoch sind die meisten überflüssig oder wirkungslos. Die wenigsten Menschen kennen die Bestimmungen oder wenden sie nicht dem Zweck entsprechend an. Die Beziehung zwischen den Patienten und den Ärzten müsse auf Vertrauen

1740 Leenen, H. J. J., Gezondheidsrecht, S. 158 f.

1741 Ebda.

1742 Pedersen, O. Bøjstrup, Loven, laegen og patienterne. Retsreglers betydning for forholdet mellem patient og laege, in: Dansk Sygehus Institut information 2 (1987), København 1987, S. 10 ff.

aufgebaut werden. Wenn diese durch Gesetze gesteuert würde, würde dies nur zu einer Belastung dieser Beziehung führen. Durch die einzigartigen und komplizierten Behandlungssituationen würde eine effektive Anwendung der Bestimmungen nie möglich werden. Daher könne man höchstens allgemeine und nichtssagende Bestimmungen aufstellen. Andernfalls würden sie zu defensivem Verhalten führen und somit ihrem eigentlichen Zweck entgegegenwirken.

Damit Bestimmungen überhaupt eine Wirkung zeigen können, müßten zumindest diejenigen, an die sich die Bestimmungen wenden, mit deren Inhalt vertraut sein. Außerdem ist eine Motivation zur Befolgung der Bestimmungen erforderlich. Diese kann aber wiederum verbindlicherweise nur in Form von Sanktionen bestehen: Die Effektivität von Sanktionen wiederum wird aber regelmäßig überschätzt. Die Zukunftsperspektiven der Patientenrechte erweisen sich für Ole Bøjstrup *Pedersen*[1743] in einer Internalisierung der ohnedies schon vorhandenen, durchaus angemessenen geltenden Bestimmungen; ein Mehr daran sei für ihn weder notwendig noch wünschenswert. Neues Recht ziehen allenfalls die neuen technischen Errungenschaften auf dem Gebiet der Medizin nach sich. Darüber hinaus werden allgemeine Reformen innerhalb der öffentlichen Verwaltung auch das Gesundheitswesen miteinbeziehen. Für Patientenrechte bleibt für *Pedersen* kein Regelungserweiterungsbedarf.

Implizit wird sich Patientenrecht jedenfalls durch die Spruchpraxis von neuen Spezialinstitutionen, etwa der des, der schwedischen Sonderdisziplinarbehörde (HSAN) nachgebildeten, Beschwerdeamtes (klagenaevn), fortentwickeln. Der Umstand, daß es in Dänemark kaum Regeln gibt, die ärztliches Verhalten determinieren, erscheint Ole Bøjstrup *Pedersen* nur als Vorteil, weil solche Regeln ohnedies schwerlich einzuhalten seien. *Pedersen*[1744] macht seine Kritik an der Verrechtlichung von Patientenrechten ganz an der amerikanischen Erfahrung fest, ohne freilich die dortige Entwicklung zum Kommunikationsrecht gebührend zu reflektieren: „Das Vorhandensein allzu vieler, einschränkender Bestimmungen kann dazu führen, daß Maß-

1743 Ebda, S. 15.
1744 Ebda.

nahmen getroffen werden, um „nicht entdeckt zu werden" oder daß umfassende „Verteidigungshandlungen" vorbereitet werden, um gegebenenfalls beweisen zu können, daß rechtmäßig gehandelt wurde. Die zahlreichen amerikanischen „liability prevention programs" mit ihren zahllosen Vorschriften und Checklisten legen ein beredtes Zeugnis davon ab, daß dieser Weg nicht der richtige ist."

*Pedersens* Beweismaterial für die gewagte These ist dünn[1745]. Darauf aufbauend kommt er aber zu seiner Konklusion: Es sollte auf keinen Fall so sein, daß man sich von einer Grube, in welcher der Arzt souverän bestimmt hat, befreit, um in die nächste hineinzutappen, in der der Patient mit der Gesetzesausgabe ins Krankenhaus geht, um herauszufinden, ob ihm alles geboten wurde, worauf er einen Anspruch hat[1746].

Neben dieser, gerade wegen ihrer unverkennbaren Emotionalität ausführlicher dargestellten Position, die sich übrigens unzählige Male, zumeist weniger bündig, wiederfinden läßt, gibt es noch eine Komplikation, die sich auf die Patientenrechtskodifikation retardierend auswirkt. Es ist nämlich immer noch nicht klar, in welchem Umfang Patientenrechte Inhalt von Gesetzen werden und rechtspolitisch sinnhafter wirksam werden sollen. In manchen Fällen werden in Patientenrechtscodices nur allgemeine Prinzipien formuliert, in anderen Fällen wiederum scheinen die Regelungen sehr detailreich. Daher bedarf es einer genaueren Untersuchung der unterschiedlichen Methoden des Schutzes der Patientenrechte praeter litem. Bo *Carlsson* und Åke *Isacsson*[1747] halten aber fest, daß durch rechtsförmige Prozeduren allein keine Problemlösung garantiert werden kann, sondern selbstreflektierende Prozesse in Gang gesetzt werden müssen, wozu freilich rechtsförmige Verfahren wiederum stark stimulieren können.

Diverse Trends liegen nebeneinander: Einzelne, rechtlich geordnete Mechanismen wollen die entstandenen Probleme, die sich bei Gericht nicht oder erst dann, wenn eine Lösung gar nicht mehr gebraucht wird, beseitigen lassen, vor Ort und unmittelbar lösen, indem

---

1745 Siehe zur Funktion von Präventionsprogrammen Orlikoff, J. E./Fifer, W. R./Greeley, H. P., Malpractice Prevention and Liability Control for hospitals, Chicago 1981.

1746 Pedersen, O. Bøjstrup, Loven, laegen og patienterne, S. 15.

1747 Carlsson, B./Isacsson, Å, Hälsa, kommunikativt handlande och konfliktlösning, S. 287 ff.

sie zwischen Behandler und Patient vermitteln[1748]. Ein ganz definitiver Trend in Europa ist das Entstehen „neuer“, aber mittlerweile allenthalben etablierter Patientenrechte. In den siebziger Jahren scheint das Recht auf privacy und auf Zugang zu den Krankenberichten akzeptiert worden zu sein[1749]. Wiederum ein anderer Trend besteht darin, die Pflichten der Ärzte neu zu formulieren und sie in Patientenrechte umzuformen; etwa wenn aus der ärztlichen Schweigepflicht und aus dem Informed Consent weithin schon aus ehemaligen Ärztepflichten positiv formulierte Patientenrechte geworden sind[1750].

Insgesamt besehen gibt es also für einen nationalen Gesetzgeber, unabhängig von den verfassungsrechtlichen und internationalen Bedingungen, mehrere Möglichkeiten und Ebenen, Patientenrechte gesetzlich zu regeln[1751]:

1. Die Natur des Arzt-Patienten-Verhältnisses und der zivilrechtliche Vertrag zwischen dem Patienten und dem Arzt oder einer Gesundheitseinrichtung bringt es mit sich, daß Patientenrechte zum Großteil ein wesentlicher Bestandteil des medizinischen Behandlungsvertrages sind. Rechtlich durchsetzbar werden diese Patientenrechte durch die zivilrechtlichen Vorschriften, näherhin aus dem Vertrags- und Deliktsrecht.

2. Es kann spezielles Verwaltungsrecht, das die Patientenrechte betrifft, erlassen werden.

3. Patientenrechte können in der Gesetzgebung, die das Gesundheitswesen insgesamt und dessen Organisation im besonderen betrifft, vermittelt und garantiert werden.

4. Patientenrechte können als spezielle Auflagen bei der Zulassung von Ärzten oder der Lizenzvergabe für Einrichtungen formuliert werden.

5. Patientenrechte können aber auch in Klauseln in den Verträgen zwischen Sozialversicherungsanstalten und Ärzten oder Einrichtungen festgehalten werden.

In fast allen Ländern überlappen sich die oben dargestellten Möglichkeiten der Regelung der Patientenrechte. Zahlreiche theoretische Diskurse knüpfen sich daran.

---

1748 Leenen, H. J. J/Pinet, G./Prims, A. V., Trends in Health Legislation, S. 19.
1749 Leenen, H. J. J., Patients' Rights, S. 33 ff.
1750 Leenen, H. J. J./Pinet, G./Prims, A. V., Trends in Health Legislation, S. 18 ff.
1751 Ebda, S. 11.

Zwei Modelle verdienen hier schon herausgehoben zu werden: In den Niederlanden hat eine nationale Patientenrechtskommission ein Modell eines medizinischen Muster-Kollektivvertrages, der die Patientenrechte beschreibt, erarbeitet. In Finnland wurde, ganz im Stil der großen amerikanischen Patientenrechtscodices, eine nationale Charter der Patientenrechte entworfen, welche unter anderem sorgfältige Pflege und Behandlung, Informed Consent, behinderte Patienten, Vertraulichkeit, Beschwerden, die Ernennung eines Ombudsmanns und die Forschung an Menschen betrifft.

Bei dem folgenden Überblick über die Patientenrechtsregelungsebenen soll verstärkt den verwaltungsrechtlichen Diversifikationen in den verschiedenen Ländern nachgegangen werden, da sich die zivilrechtlichen Bestimmungen in den meisten Rechtsordnungen stark ähneln.

## 3. Internationales Recht

Internationale Regelungen liefern dem jeweiligen nationalen Gesetzgeber die generellen Prinzipien und den Rahmen einer nationalen Patientenrechtspolitik zum Schutz des Patienten und seiner Interessen.

### *Allgemeine Erklärung der Menschenrechte (1948)*

Bereits in der Allgemeinen Erklärung der Menschenrechte der Vereinten Nationen von 1948[1752] sind einzelne, wenn auch nicht ausdrücklich auf diese hin abgestimmte Zielvorgaben nationaler Patientenrechtspolitik skizziert:

Das Recht auf Leben, Freiheit und Sicherheit der Person[1753], das Verbot grausamer, unmenschlicher oder erniedrigender Behandlung[1754], der Schutz vor Verhaftung und Ausweisung[1755], der Schutz der Freiheitssphäre des Einzelnen[1756], der Schutz der Gewissensfreiheit[1757], das Recht auf soziale Sicherheit[1758] und soziale Betreuung[1759] stehen jeweils im weiteren oder engeren Zusammenhang mit Patientenrechten im Gesundheitswesen. Insbesondere Artikel 25[1760] scheint für die Prämissen einer nationalen Patientenrechtspolitik zentral zu sein, denn er statuiert für jedermann ein Recht auf einen bestimmten Lebensstandard, der sei-

1752 Die Allgemeine Erklärung der Menschenrechte der Vereinten Nationen ist an sich eine programmatische Absichtserklärung ohne Bindungswirkung für die unterzeichnenden Staaten. Dennoch steht sie aber nunmehr im Rang des Völkergewohnheitsrecht; dazu Neuhold, H./Hummer, W./Schreuer, Ch., Österreichisches Handbuch des Völkerrechtes, Bd. 1, 2. Aufl., Wien 1991, S. 236.

1753 Art. 3.

1754 Art. 5.

1755 Art. 9.

1756 Art. 12.

1757 Art. 18.

1758 Art. 22.

1759 Art. 25.

1760 Art. 25 (1) Jeder Mensch hat Anspruch auf eine Lebenshaltung, die seine und seiner Familie Gesundheit und Wohlbefinden einschließlich Nahrung, Kleidung, Wohnung, ärztlicher Betreuung und der notwendigen Leistungen der sozialen Fürsorge gewährleistet; er hat das Recht auf Sicherheit im Falle von Arbeitslosigkeit, Krankheit, Invalidität, Verwitwung, Alter oder von anderweitigen Verlust seiner Unterhaltsmittel durch unverschuldete Umstände. (2) Mutter und Kind haben Anspruch auf besondere Hilfe und Unterstützung. Alle Kinder, eheliche und uneheliche, genießen den gleichen Schutz.

ner Gesundheit und seinem Wohlbefinden förderlich ist und läßt somit ein grundsätzliches Recht auf Gesundheitsfürsorge im Rang eines Menschenrechtes erkennen. Allerdings ist dieses Recht auf Gesundheitsfürsorge nicht näher definiert. In den Vorarbeiten der Deklaration wurden zwar verschiedene Versuche gemacht, das Recht auf Gesundheitspflege zu spezifizieren[1761], die endgültige Fassung läßt aber sowohl die Bedeutung des Wortes Gesundheit, als auch die Frage, wer die Verantwortung für die Sicherung dieser Rechte und deren Ausführung übernimmt, offen[1762].

*UN – Pakte (1966)*

Die beiden UN-Pakte über die wirtschaftlichen, sozialen und kulturellen Rechte (Pakt I) und über die bürgerlichen und politischen Rechte (Pakt II) aus dem Jahre 1966 haben ähnliche Relevanz wie die Allgemeine Erklärung der Menschenrechte für die nationale Patientenrechtspolitik, präzisieren die Rechte der Allgemeinen Erklärung der Menschenrechte aber bereits weitergehender. Die völkerrechtliche Verbindlichkeit als Vertrag ist darüber hinaus eindeutig:

Pakt II schützt die individuellen Rechte, insbesondere das Recht auf Leben[1763], das Recht auf Nichtanwendung grausamer, unmenschlicher oder erniedrigender Behandlung, wobei hier bereits ausdrücklich ein Verbot medizinischer Versuche ohne die Zustimmung der davon betroffenen Personen miteingeschlossen wird[1764]. Weiters werden der Schutz der Freiheit und Sicherheit der Person und der Schutz vor Festnahme[1765], der Schutz des Privatlebens[1766] sowie der Schutz der Glaubens- und Gewissensfreiheit[1767] normiert.

---

1761 Dazu E/600 Art.25 and ESC (VI) Suppl.1, Annex A, zitiert nach: Roscam Abbing, H. D. C., International Organizations in Europe, S. 67: „the highest standard of food, clothing, housing and medical care which the resources of the State or the Community can provide. The responsibility of the State and the Community for the health and safety of its people can be fulfilled only by provision of adequate health and social measures“.

1762 Roscam Abbing, H. D. C., International Organizations in Europe, S. 64 ff.

1763 Art. 6.

1764 Art. 7.

1765 Art. 9.

1766 Art. 17.

1767 Art. 18.

Der UN-Pakt II enthält – anders als die Allgemeine Erklärung der Menschenrechte (1948) – auch bereits verfahrensrechtliche Individualgarantien[1768]. Das breit angelegte Rechtsschutzsystem verfügt über ein eigenes Organ, den Menschenrechtsausschuß (Human Rights Committee), und drei Arten des Schutzes:

– periodisches und obligatorisches Berichtssystem;
– fakultative Staatenbeschwerde;
– fakultative Individualbeschwerde.

Der UN-Pakt I über die wirtschaftlichen, sozialen und kulturellen Rechte wird im Gegensatz zu UN-Pakt II mehr als Programm betrachtet[1769]. Die unterzeichnenden Staaten werden durch den Pakt aber angeleitet, das Bestmögliche in verfassungsrechtlicher, legislativer, administrativer Art und Weise zu unternehmen, um schließlich zu garantieren, daß die sozialen, wirtschaftlichen und kulturellen Rechte im vollen Ausmaß gewährleistet sind.

Insbesondere Artikel 12 des Paktes I ist für die nationale Patientenrechtspolitik wesentlich:

„Art. 12 (1): Die Vertragsstaaten anerkennen das Recht eines jeden auf das für ihn erreichbare Höchstmaß an körperlicher und geistiger Gesundheit.

(2): Die von den Vertragsstaaten zu unternehmenden Schritte zur vollen Verwirklichung dieses Rechts umfassen die erforderlichen Maßnahmen

(a) zur Senkung der Zahl der Totgeburten und der Kindersterblichkeit sowie zur gesunden Entwicklung des Kindes;

(b) zur Verbesserung aller Aspekte der Umwelt- und der Arbeitshygiene;

(c) zur Vorbeugung, Behandlung und Bekämpfung epidemischer, endemischer, Berufs- und sonstiger Krankheiten;

(d) zur Schaffung der Voraussetzungen, um für jedermann im Krank-

---

1768 Österreich unterzeichnete diese UN-Pakte und ratifizierte sie im Jahre 1978 (mit Ausnahme des Fakultativprotokolls zu Pakt II). Zu Pakt II erklärte Österreich überdies sechs Vorbehalte; BGBl. 1978/591: Vorbehalt zu Art. 12 Abs. 4; Art. 9 und 14; Art. 10 Abs. 3; Art. 14 Abs. 3 lit. d, Abs. 5, Abs. 7; Art. 19, 21, 22 i. V. m. Art. 2 Abs. 1; Art. 26. Beiden Pakten kommt in Österreich kein Verfassungsrang zu, außerdem werden sie als nicht unmittelbar anwendbares Recht betrachtet; siehe dazu Neuhold, H./Hummer, W./Schreuer, Ch., Handbuch, S. 239.

1769 Roscam Abbing, H. D. C., International Organizations in Europe, S. 18.

heitsfall den Genuß medizinischer Einrichtungen und ärztlicher Betreuung sicherzustellen.“

Obwohl die erste Formulierung dieses Artikels in den Vorarbeiten weitaus prägnanter hinsichtlich seiner Obligationen war[1770], entschied man sich letztlich doch für eine allgemeinere Form des Artikels. Indikatoren, auf welche Weise die Staaten nun ihre Obligationen zu erfüllen haben oder aber auch, in welchem Ausmaß dieselben zu erfüllen sind, lassen sich aus dem Artikel nicht ersehen. Dieser stellt eher eine vage Umschreibung der Zustände, die zum Schutz und zur Sicherung der Gesundheit der einzelnen Menschen dienen sollen, dar; ein Individualanspruch läßt sich aus der Formulierung dieses Artikels jedoch nicht ableiten.

Auffällig ist, daß in der UN-Menschenrechtsdeklaration Gesundheit in Verbindung zum angemessenen Lebensstandard gebracht wird, während später in Pakt I über die wirtschaftlichen, sozialen und kulturellen Rechte das Recht auf Gesundheitsfürsorge vom Lebensstandard getrennt wurde. Zwar wird auch in diesem Artikel der Begriff Gesundheit nicht näher definiert, aber immerhin bereits eine Unterscheidung zwischen physischer und mentaler Gesundheit getroffen[1771].

Pakt I beinhaltet aber, anders als Pakt II, kein direktes Durchsetzungssystem, sondern stellt ausschließlich auf ein Berichtssystem ab. Die Vertragsstaaten haben dem Generalsekretär der Vereinten Nationen Berichte über die erzielten Fortschritte zu erstatten. Dieser kann dann die Berichte an den Wirtschafts- und Sozialrat oder aber auch an verschiedene Spezialorganisationen der Vereinten Nationen weiterreichen. Der Wirtschafts- und Sozialrat prüft schließlich die einzelnen Berichte und kann dann seinerseits dem Generalsekretär oder dem Menschenrechtsausschuß der Vereinten Nationen einen Bericht mit angeschlossenen Empfehlungen übermitteln[1772].

*Europäische Menschenrechtskonvention*

Für die europäische Patientenrechtspolitik[1773] ergibt insbesondere die durch die Straßburger Konventionsorgane judiziable Europäische

---

1770 Ebda.
1771 Ebda, S. 70 ff.
1772 Dazu näher Neuhold, H./Hummer, W./Schreuer, Ch., Handbuch, S. 238 f.
1773 Da die EMRK im Range österreichischen Verfassungsrechts steht, kann selbst

Konvention zum Schutze der Menschenrechte und Grundfreiheiten (EMRK) patientenrechtliche Anknüpfungspunkte: das Recht auf Leben[1774], das Verbot unmenschlicher und erniedrigender Behandlung[1775], Schutz der persönlichen Freiheit und Sicherheit[1776], Schutz des Privat- und Familienlebens[1777], Schutz der Glaubens- und Gewissensfreiheit[1778].

Bei den drei Organen[1779],
- Europäische Kommission für Menschenrechte,
- Europäischer Gerichtshof für Menschenrechte,
- Ministerkomitee des Europarates,

können auch patientenrechtliche Beschwerden als Individualbeschwerden erhoben werden.

*Europäische Sozialcharta (1961)*

Weitere patientenrechtliche Konnexe finden sich in der Europäischen Sozialcharta aus 1961[1780] in Art. 11 (Part I):

„11. Everyone has the right to benefit from any measures enabling him to enjoy the highest possible standard of health attainable".

Art. 11 (Part II) präzisiert dann das Recht auf Schutz der Gesundheit allerdings nicht weiter:

„The Right to protection of health

With a view to ensuring the effective exercise of the right to protection of health, the Contracting Parties undertake, either directly or in cooperation with public or private organisations, to take appropriate measures designed inter alia:

---

bei österreichischen Gerichten schon Klage unter Berufung auf konventionsgeschützte Rechte nach der EMRK geführt werden; zur Einpassung der EMRK in das österreichische Verfassungsrecht siehe BGBl. 1958/210; 1964/59.

1774 Art. 2 EMRK.

1775 Art. 3 EMRK.

1776 Art. 5 EMRK.

1777 Art. 8 (1) EMRK.

1778 Art. 9 EMRK.

1779 Dazu Matscher, F., Das Verfahren vor den Organen der EMRK, in: Europäische Grundrechte Zeitschrift 1982, S. 489 ff.

1780 Diese Charta kann als Gegenstück und Ergänzung zur EMRK angesehen werden; sie beinhaltet die fundamentalen Rechte zum Schutz der Freiheit, der Würde und der Sicherheit der Menschen im Sozialbereich; dazu Roscam Abbing, H. D. C., International Organizations in Europe, S. 29.

1. to remove as far as possible the cause of ill-health
2. to provide advisory and educational facilities for the promotion of health and the encouragement of individual responsability in matters of health
3. to prevent as far as possible epidemic, endemic and other diseases."

Art. 11 ist sehr vorsichtig formuliert worden. Der Begriff Gesundheitsfürsorge wurde nicht näher qualifiziert. Die einzige Verpflichtung für die unterzeichnenden Staaten, die nicht mit der Beifügung „innerhalb der Möglichkeiten" ausgestattet ist, stellt die Schaffung von „advisory and educational facilities" dar. Zum großen Teil wird die Tätigkeit den unterzeichnenden Staaten vorbehalten und für den Einzelnen keine genaue Garantie eines Rechtes geschaffen.

Das System der Sozialcharta sieht vor, daß jeder unterzeichnende Staat – von insgesamt 19 Artikel – aus den sieben als obligatorisch betrachteten Artikeln mindestens fünf, aus den weiteren zwölf Artikeln so viele, daß sich insgesamt die Bindung an zehn Artikel ergibt, auswählt. Diese Artikel einzuhalten, verpflichtet sich der Staat.

Zur Sicherung der Rechte der Sozialcharta wurden vier Organe geschaffen:

– Ministerkomitee
– Parlamentarische Versammlung des Europarates
– Sachverständigenausschuß
– Unterausschuß des Regierungsausschusses

Berichte der nationalen Regierungen und ausgewählter Organisationen werden im Abstand von zwei Jahren durch diese vier Organe geprüft. Deren Berichte enthalten Stellungnahmen darüber, welche Fortschritte hinsichtlich der ausgewählten Artikel erzielt und welche Anstrengungen hinsichtlich aller anderen Bestimmungen der Sozialcharta unternommen wurden.

Das System der Sicherung ist insoferne problematisch, als nach Abschluß des Verfahrens nur eine Empfehlung durch das Ministerkomitee in Form einer Entscheidung ausgesprochen werden kann[1781].

1781 Österreich ratifizierte die Europäische Sozialcharta im Jahre 1969 und erklärte u. a. auch Art. 11 Abs. 1, 2, 3 als bindend; es kommt der Sozialcharta im österreichischen Recht allerdings nur ein einfachgesetzlicher Rang zu; Österreich erklärte die Europäische Sozialcharta darüber hinaus für nicht „self-executing". Dazu BGBl. 1969/460, teilweise Annahme der Europäischen Sozialcharta, Turin, 18. 10. 1961.

### *Internationale Dokumente*

Neben den großen Kodifikationen der Menschenrechte widmen sich aber verschiedene, ganz ausdrücklich auf die Patientenrechte und die Patientenrechtspolitik hinorientierte spezielle Deklarationen internationaler Organisationen und non-governmental Organisationen und Standesorganisationen ebenfalls den Patientenrechten. Sie legen in erster Linie Prinzipien und Richtlinien fest, die die nationalen Regierungen und auch die öffentliche Meinung leiten sollen[1782]. Diese Entwicklung begann unmittelbar nach dem Zweiten Weltkrieg.

### *Nürnberger Kodex (1947)*

Aufgrund der schrecklichen Erfahrungen im Dritten Reich wurden im Nürnberger Kodex ethische Maßstäbe für die Forschung am Menschen festgelegt. Das ausdrückliche Erfordernis einer freiwilligen und informierten Einwilligung der Patienten wurde dabei als absolut zwingend erkannt[1783]. Experimente wurden nur mehr in dem Maße gestattet, als ihre Ergebnisse für die Gesellschaft als wertvoll erscheinen, die erwartbaren Resultate das Experiment rechtfertigen[1784] und auf keine anderweitige Art und Weise zu erzielen sind[1785]. Unnotwendige Gefährdungen des Patienten galt es zu vermeiden[1786]. Das Experiment sollte dann nicht durchgeführt werden, wenn im vorhinein bereits darüber Klarheit herrscht, daß das Leben des Patienten durch das Experiment gefährdet ist[1787]; das schon begonnene Experiment ist sofort abzubrechen, wenn erkennbar würde, daß das Experiment zu Verletzungen, Invalidität oder zum Tode des Patienten führen könnte[1788].

Dieser Kodex wurde von den Deklarationen von Helsinki und Tokio grundlegend reformiert.

---

1782 Leenen, H. J. J/Pinet, G./Prims, A. V., Trends in Health Legislation, S. 11.
1783 Pkt. 1.
1784 Pkt. 3.
1785 Pkt. 2.
1786 Pkt. 4.
1787 Pkt. 5; allerdings mit der doch bedenklichen Einschränkung, daß dies nicht gilt, wenn der Arzt sein Leben im gleichen Maße wie der Patient einsetzt.
1788 Pkt. 10.

*Declaration of Helsinki (1964)*

Die Deklaration von Helsinki der World Medical Association von 1964 richtete sich mit demselben Anliegen, wie bereits der Nürnberger Kodex, an alle Ärzte, die im Bereich der Forschung tätig sind:

„Because it is essential that the results of laboratory experiments be applied to human beings to further scientific knowledge and to help suffering humanity, the World Medical Association has prepared the following recommendations as a guide to each doctor in clinical research. It must be stressed that the standards as drafted are only a guide to physicians all over the world. Doctors are not relieved from criminal, civil, and ethical responsibilities under the laws of their own countries“[1789].

Der Deklaration und ihren Grundprinzipien entsprechend, mußte die klinische Forschung mit den anerkannten moralischen und wissenschaftlichen Prinzipien übereinstimmen[1790] und von qualifiziertem Personal ausgeführt werden[1791]. Weiters mußten die Risiken in einem vertretbaren Verhältnis zum erwartbaren Ergebnis stehen[1792] und es wurde auferlegt, besondere Vorsicht bei der Verwendung von Medikamenten walten zu lassen[1793].

Bei der nichttherapeutischen klinischen Forschung, somit der rein wissenschaftlichen klinischen Forschung, wurde der Arzt verpflichtet, die am Experiment teilnehmenden Personen über Art, Zweck und Risiken des Experimentes aufzuklären[1794]. Für die klinische Forschung wurde das Erfordernis aufgestellt, die freie und schriftlich niedergelegte informierte Einwilligung[1795] einzuholen und individuelle Integrität zu berücksichtigen.

---

1789 Vgl. die Präambel zur Declaration of Helsinki 1964.
1790 Pkt. I 1.
1791 Pkt. I 2.
1792 Pkt. I 3.
1793 Pkt. I 5.
1794 Pkte. III 1 und 2.
1795 Pkte. III 3a – c.

*UN Declaration on the Rights of Mentally Retarded Persons (1971)*

1971 wurde von der United Nations General Assembly die „Declaration on the Rights of Mentally Retarded Persons“ verabschiedet[1796]. Neben dem grundsätzlichen Bekenntnis, daß

„the mentally retarded person has, to the maximum degree of feasibility, the same rights as other human beings“

wird, unter anderem, insbesondere das Recht auf angemessene medizinische Versorgung hervorgehoben.

*Declaration of Tokio (1975)*

Die Deklaration von Tokio (1975), auch als Helsinki II Deklaration bezeichnet, baut auf der Helsinki I Deklaration auf und spezifiziert die ethische Verantwortung der Forschung weiter. Jedem Forschungsprojekt hat eine sorgfältige Bewertung der vorhersehbaren Risiken im Vergleich zu den zu erwartenden Vorteilen für den Betroffenen oder andere vorauszugehen. Insbesondere ist nunmehr der folgende zentrale Grundsatz immer zu berücksichtigen:

„Concern for the interests of the subject must always prevail over the interests of science and society“[1797].

*UN Declaration on the Rights of the Disabled Persons (1975)*

Die „Declaration on the Rights of the Disabled Persons“ wurde von der United Nations General Assembly 1975 verabschiedet[1798]. Ähnlich der „Declaration on the Rights of Mentally Retarded Persons“ bekennt sich die Deklaration dazu, daß

„Disabled persons have the right to medical, psychological and functional treatment (...) which will enable them to develop their

1796 UN General Assembly 2856 (XXVI), 20. December 1971.
1797 Pkt. I 5.
1798 United Nations General Assembly 3447 (XXX), 9. December 1975.

capabilities and skills to the maximum and will hasten the process of their social integration or reintegration"[1799].

*Empfehlung und Resolution der Parlamentarischen Versammlung des Europarates hinsichtlich der Rechte der Kranken und Sterbenden*

Die Empfehlung (779/1976) und die Resolution (613/1976) der Parlamentarischen Versammlung des Europarates hinsichtlich der Rechte der Kranken und Sterbenden[1800] bauten auf einem bereits im Jahre 1974 ergangenen Vorschlag der Parlamentarischen Versammlung zur Erarbeitung einer Empfehlung hinsichtlich der Rechte der Kranken auf[1801]. Sowohl in der Empfehlung als auch in der Resolution wurde besonderes Augenmerk darauf gelegt, daß auch die Kranken über alle Rechte und Freiheiten, soweit es ihr Gesundheitszustand erlaubt, zu verfügen haben, dabei besonders über das Recht auf Information und das Recht, frei über die Art der Behandlung zu entscheiden. Beabsichtigt wurde mit diesem Vorschlag, daß das Ministerkomitee eine „European Declaration on the Sick" erlassen solle.

Die Initiative der Parlamentarischen Versammlung ging insgesamt auf die Erkenntnis zurück, daß nationale Gesetzgeber auf die brennenden Fragen ethisch-moralischer, sozialer, rechtlicher und selbst wirtschaftlicher Art, die die enormen Fortschritte in der Medizin im generellen, aber vor allem auch die verschiedenen Entdeckungen in biologischen, biochemischen und verwandten Wissenschaften hervorbringen, keine Antworten finden konnten[1802].

---

1799 Pkt. 6.

1800 Parliamentary Assembly of the Council of Europe, Report on the Rights of the Sick and Dying (Rapporteurs: Mrs. Hubinek/Mr. Voogd), 26. January 1976, Doc. 3699.

1801 Vgl. Doc. 3401.

1802 Mit Ausnahme der USA und Frankreich, die die ersten Schritte wagten: In den USA bereits 1973 durch die „Patient's Bill of Rights" der American Hospital Association; in Frankreich im Jahre 1974 mit dem Decret No 74-27 die „Charte sur les droits et devoirs de l'homme malade". Die französische Charta erörtert vor allem die Konditionen zur Einweisung in Spitäler und zur Entlassung aus diesen, sieht bestimmte Qualifikationen des Spitalspersonals vor (z. B. Art. 38) und führt vier spezielle Rechte des Patienten aus: das Recht eingewiesen und entlassen zu werden; das Recht auf Würde; das Recht auf Kommunikation; das Recht auf Information.

Nach dem Vorbild amerikanischer und französischer Entwicklungen formulierte die Parlamentarische Versammlung die folgenden fundamentalen Rechte des Patienten[1803], so insbesondere das Recht auf Freiheit und das Recht auf Würde und Integrität.

Räumlichkeiten sollen des weiteren in der Weise gestaltet werden, daß der Patient bei durchzuführenden Untersuchungen und auszuführenden Behandlungen keinen Verlust seiner Würde gegenüber anderen Patienten, Ärzten, Spitalsangehörigen oder der Außenwelt erleidet. Darüber hinaus soll der Patient verlangen können, daß weder Informationen über seine Anwesenheit im Spital noch über seinen Gesundheitszustand weitergereicht werden. Auch ist es dem Patienten zu gestatten, Besuche, die er nicht zu empfangen wünscht, abzulehnen.

Das Recht auf Würde wird dabei durch die Parlamentarische Versammlung als in engem Zusammenhang mit dem Recht auf Wahrheit und dem Recht auf Information stehend erkannt.

Was das Recht auf Integrität betrifft, so wird festgehalten, daß jeder Mensch ein Recht auf Achtung seines Seins (körperlich und mental) hat. Der Arzt darf dieses Recht nicht verletzen, selbst auf Bitte der betroffenen Person nicht, außer wenn dies im Rahmen einer Behandlung unvermeidlich ist. Allerdings muß das Gesetz auch dem Arzt ein Mitspracherecht einräumen, denn oftmals ist es äußerst schwierig zu beurteilen, ob eine medizinische Intervention notwendig ist oder nicht.

Das Recht des Patienten auf Information erscheint der Parlamentarischen Versammlung als eines der ganz wesentlichen und fundamentalen Rechte des Patienten. In mehreren Ländern, etwa USA, Kanada, Frankreich, war es bereits üblich, dem Patienten, wenn er in das Spital eingewiesen wird, eine Broschüre zu überreichen. Dieser Broschüre konnte der Patient alle notwendigen Informationen im Zusammenhang mit seinem Spitalaufenthalt entnehmen. In Frankreich war die Ausgabe solcher Broschüren bereits zwingend vorgesehen.

Der Patient genießt im Report der Parlamentarischen Versammlung das Recht zu wissen, wer ihn im einzelnen behandelt und vor allem, wie er behandelt wird. Er kann jede Art der Behandlung auch ablehnen. Viele Patienten mögen sich dessen kaum bewußt sein. Impliziert im Recht auf Information sei aber auch das Recht des Patienten, über sei-

1803 Hier und im weiteren Hubinek, M./Voogd, H., Report on the Rights, S. 10 ff.

nen Gesundheitszustand vom Arzt und anderem qualifizierten Personal aufgeklärt zu werden. Auch der Familie sind die entsprechenden Informationen mitzuteilen. Arzt und medizinisches Personal sind des weiteren dazu verpflichtet, Krankenberichte des Patienten während und nach dessen Spitalaufenthalt auf dem aktuellsten Stand zu halten.

Grundsätzlich verlangt jede Art der Patientenbehandlung die Partizipation des Patienten. Die freie und informierte Einwilligung/Zustimmung ist für jede Behandlung notwendig. Zu diesem Zweck hat der Arzt den Patienten über die Heilungsaussichten und die Therapie aufzuklären. Trotzdem zeigt sich, daß dieses Recht des Informed Consent in der Praxis schwer zu garantieren ist. In vielen Bereichen wird der Patient gar nicht in der Lage sein, eine Entscheidung fällen zu können.

Obwohl der Begriff Consent sich nicht exakt bestimmen läßt, zeigt sich in Recht und Praxis, daß darunter eine Übereinkunft (agreement) zu verstehen ist, die nicht nur aus freiem Willen zustandekommt, sondern darüber hinaus eine detaillierte Informationsweitergabe über Auswirkungen und Gefahren einer vorzunehmenden Behandlung beinhaltet.

Das Recht auf angemessene Pflege sieht der Report im engen Zusammenhang mit dem Recht auf Information und körperliche Integrität, gerade etwa bei Experimenten und der Durchführung neuer Therapien.

Der Patient hat zum einen das Recht auf die Vorteile von Experimenten und neuen Arten der Behandlung; gleichzeitig hat er aber auch das Recht, unter diesen Experimenten nicht leiden zu müssen. Dies bedeutet, daß Experimente oder neue Behandlungsarten nur dann gestattet sind, wenn die Vorteile die Nachteile dieser Methoden deutlich überwiegen.

Das Recht nicht leiden zu müssen, meint für den Report nicht nur das Recht des Patienten auf die Anwendung der neuesten Methoden zur Erstellung einer Diagnose, um eine geeignete medizinische Pflege zur Anwendung zu bringen oder den Schmerz einer Krankheit zu lindern, sondern auch das Recht, dieses Leiden zu beenden.

Das Problem, das hier angesprochen wurde, ist das Faktum, daß das Leben eines Menschen aufgrund des medizinischen Fortschritts zwar verlängert werden kann, der Organismus aber nicht mehr in der Lage ist, entsprechend zu funktionieren. So kann mitunter Leiden eines Menschen mit der künstlichen Verlängerung des Lebens erst verursacht werden. In manchen Fällen ist eine Besserung des Zustandes nicht mehr zu erwarten, in anderen Fällen kann ein Patient den Wunsch äußern, sein Leiden beenden zu wollen. Die Frage bleibt, wie und wann es vertretbar erscheint, dem Patienten in seinem möglichen Wunsch nach unmittelbarer und schmerzloser Erlösung von einem Leiden zu folgen.

Erkannt wurde dabei folgendes: In Anbetracht der Rechte des Patienten, wie sie oben dargestellt wurden, stellt sich die Frage nach ihrer Reichweite. Denn zumindest drei der genannten Patientenrechte (Recht auf Freiheit, das Recht über die Behandlung zu entscheiden, das Recht nicht zu leiden) könnten in Richtung eines Rechtes auf Sterbehilfe weisen. Nationalen Gesetzgebern obliege die Abgrenzung.

*EG Charta des Krankenhauspatienten (1979)*

Die Vollversammlung des Ausschusses der Krankenhäuser der Europäischen Wirtschaftsgemeinschaft veröffentlichte 1979 eine „Charta des Krankenhauspatienten". Unter Berufung auf die Menschenrechte soll diese Charta dazu dienen, die individuellen Grundrechte jedes Menschen im Krankenhaus darzustellen. Evident schien dem Ausschuß dabei aber, daß die Darstellung dieser Rechte allein nicht genügen kann. Daher bekennt sich die Charta dazu, daß man in erster Linie dem Patient bewußt machen muß, daß er ein Recht auf Rechte hat:

„In allen Krankenhäusern sollten Bedingungen geschaffen werden, daß diese Rechte respektiert werden und darüber hinaus dem Patienten bewußt gemacht wird, daß er seine Rechte auch geltend machen kann"[1804].

Im einzelnen führt die „Charta des Krankenhauspatienten" dann die folgenden Rechte an:

1. Der Patient hat das Recht, Zugang zu den Leistungen des Krankenhauses zu erhalten, die der Art seiner Krankheit oder seines Zustandes angemessen sind.

2. Der Krankenhauspatient hat das Recht auf eine rücksichtsvolle Betreuung unter Respektierung seiner menschlichen Würde. Diese Betreuung umfaßt nicht nur medizinische, pflegerische und verwandte Dienstleistungen, sondern auch angemessene Beratung, Unterbringung, Amtshilfe und technische Hilfe.

3. Der Krankenhauspatient hat das Recht, der Durchführung jegli-

1804 Pkt. 5.

cher Diagnose- oder Behandlungsverfahren zuzustimmen oder sie zu verweigern. In den Fällen, in denen der Patient (gemäß den gesetzlichen Bestimmungen oder den gegebenen Umständen) nicht oder nur teilweise fähig ist, dieses Recht auszuüben, soll es in dem Maße, wie der Patient dazu selbst nicht in der Lage ist, in seinem Namen von seinem Vertreter oder einer vom Gesetz bestimmten Person ausgeübt werden.

4. Der Krankenhauspatient hat das Recht auf die Informationen, die entsprechend seiner Lage für ihn von Bedeutung sind. Bei der Weitergabe dieser Informationen an den Patienten sollten dessen höhere Interessen Vorrang haben. Unter Berücksichtigung dessen muß die erteilte Information dem Patienten erlauben, eine genaue Einsicht in alle Aspekte seiner medizinischen und sonstigen Lage zu gewinnen und ihn auf der Grundlage dieser Informationen befähigen, seine eigenen Entscheidungen zu treffen oder sich an den Entscheidungen zu beteiligen, die Auswirkungen auf sein Befinden haben.

5. Der Krankenhauspatient oder sein Vertreter (im Sinne von Nr. 3) hat das Recht, vollständig über die mit der Anwendung noch unerprobter Diagnose- und Behandlungsmethoden verbundenen Risiken im voraus informiert zu werden. Die Zustimmung zu der Durchführung solcher Verfahren muß ausdrücklich gegeben werden und muß jederzeit widerrufbar sein. Bei der Beteiligung des Patienten an Lehre und Forschung im Krankenhaus ist es notwendig, den Patienten völlig frei entscheiden zu lassen, ob er seine Zustimmung dazu geben will oder nicht und wann er daran teilnehmen oder seine Zustimmung widerrufen will.

6. Der Krankenhauspatient hat innerhalb der Möglichkeiten der Umgebung, in der er untergebracht ist, das Recht auf den Schutz seiner Privatsphäre. Die Vertraulichkeit der Informationen und Aufzeichnungen persönlicher, vor allem medizinischer Art, muß gewährleistet werden.

7. Der Krankenhauspatient hat das Recht auf Respektierung und Anerkennung seiner religiösen und weltanschaulichen Überzeugungen.

8. Der Krankenhauspatient hat das Recht, sich zu beschweren, seine Beschwerde überprüfen zu lassen und über das Ergebnis informiert zu werden.

*Empfehlung des Ministerkomitees hinsichtlich der Partizipation der Kranken an ihrer Behandlung (1980)*

Die Empfehlung des Ministerkomitees hinsichtlich der Partizipation der Kranken an ihrer Behandlung[1805] beruft sich ganz ausdrücklich auf die Autonomie und Selbstbestimmung des Patienten und betrachtet den Patienten als gleichwertigen Partner und Partizipanten des Gesundheitswesens:

„(. . .)

3. Considering the self-help capacities of patients as an important contribution to health protection and rehabilitation;

4. Considering that a shift from the patient's compliance to co-operation between the patient and health care workers is essential;

(. . .)

8. Considering that attitudinal change from passive dependency to active participation in health protection and rehabilitation is to be encouraged in individual patients and the population as a whole;

9. Having regard to the growing movement of patient associations and their ability to participate in the health care system;

10. Considering that the increasing development of patient associations and their actions can be seen as a positive movement of people working for self-determination in health care;

11. Recognising that certain factors can inhibit, limit or on the other hand, promote the active participation of the patient in his own treatment;

12. Considering that active participation of patients in treatment and health maintenance is not necessarily enhanced by an increase in the volume of and accessibility to professional care;

13. Recognising the failure of certain health programmes due to such factors as overprofessionalisation, medicalisation of society and over-protection of certain categories of patients;

(. . .)".

---

1805 Council of Europe, Committee of Ministers, Recommendation No. (80)4.

*Declaration of Lissabon (1981)*

Die World Medical Association bekennt sich seit 1981 selbständig auch ausdrücklich zu einer Reihe von Patientenrechten.

„Ein Arzt sollte immer, auch angesichts faktischer, ethischer oder rechtlicher Schwierigkeiten, seinem Gewissen folgen und nur dem Wohl des Patienten dienen. Die folgende Deklaration enthält einige der wesentlichen Grundrechte, welche die Ärzte für die Patienten sicherstellen wollen“[1806].

Im einzelnen hat der Patient danach ein Recht auf freie Arztwahl; ein Recht, von einem Arzt behandelt zu werden; ein Recht, einer Behandlung nach angemessener Aufklärung zuzustimmen oder sie abzulehnen; ein Recht erwarten zu können, daß medizinische und persönliche Daten geheimgehalten werden; ein Recht, in Würde zu sterben und ein Recht auf geistige und moralische Unterstützung, die er auch ablehnen kann.

*Empfehlung des Ministerkomitees des Europarates hinsichtlich der medizinischen Datenbanken (1981)*

Die Empfehlung des Ministerkomitees des Europarates hinsichtlich der medizinischen Datenbanken[1807] reagierte auf den zunehmenden Einsatz von Computern im Gesundheitswesen und die damit verbundenen Gefahren:

„(. . .) Convinced that it is desirable to ensure the confidentiality, security and ethical use of personal information contained in those records (. . .)“[1808].

Die Empfehlung postuliert hinsichtlich medizinischer Datenbanken drei wesentliche Grundprinzipien, die der nationale Gesetzgeber zu gewährleisten im Stande sein muß: Öffentlichkeit, Richtigkeit der Informationsverarbeitung; Aufsicht durch die und Rechte der Registrierten.

1806 Präambel.
1807 Council of Europe, Committee of Ministers, Recommendation No.(81)1.
1808 Präambel.

*Empfehlung des Ministerkomitees des Europarates hinsichtlich des Schutzes persönlicher Daten, die für wissenschaftliche und statistische Untersuchungen verwendet werden (1983)*

Diese Empfehlung des Ministerkomitees des Europarates[1809] versucht, Richtlinien für den Gebrauch von medizinischen Daten den Bedürfnissen der Wissenschaft und dem Datenschutzbedürfnis Betroffener entsprechend zu statuieren. Dabei werden insbesondere für das Rechtsschutz- und Datenschutzbedürfnis betroffener Personen strenge Maßstäbe angelegt: Betroffene sind immer im vorhinein um ihre Zustimmung zu fragen, oder, wenn das nicht möglich ist, zumindest nach der Zusammenstellung der relevanten Daten. Der Betroffene kann seine Zustimmung verweigern oder die Verbesserung und Korrektur der Daten verlangen. Für Personen, die ihre Interessen nicht wirksam vetreten können, müssen spezielle Regelungen getroffen werden.

*UN-General Assembly Principles of Medical Ethics (1982)*

Die Generalversammlung der Vereinten Nationen[1810] präsentiert einen Katalog ethischer Prinzipien für jenes medizinische Personal, das eine ganz spezielle Gruppe von Patienten, die Häftlinge, betreut:

„Health personal, particularly physicians, charged with the medical care of prisoners and detainees have a duty to provide them with protection of their physical and mental health and treatment of disease of the same quality and standard as is afforded to those who are not imprisoned or detained“[1811].

*Empfehlung des Ministerkomitees des Europarates hinsichtlich des Rechtsschutzes von psychisch kranken Personen bei Zwangseinweisungen (1983)*

Die Empfehlung des Ministerkomitees des Europarates hinsichtlich des Rechtsschutzes von psychisch kranken Personen bei Zwangsein-

1809 Council of Europe, Committee of Ministers, Recommendation No. (83)10.
1810 (37/194) 1982.
1811 Principle 1.

weisungen[1812] enthält Prinzipien zur Sicherung und Gewährleistung der Rechte psychisch kranker Menschen.

Personen müssen danach hinsichtlich ihrer psychischen Erkrankung ausschließlich nach medizinischen Gesichtspunkten bewertet werden. Eine mangelnde Anpassungsfähigkeit an moralische, soziale, politische oder anderweitige Werte kann für sich keine Bewertung als psychische Erkrankung nach sich ziehen[1813]. Ist eine psychische Erkrankung nicht anders zu behandeln, darf eine Person selbst dann nur zwangseingewiesen werden, wenn sie für sich oder andere eine Gefahr darstellt bzw. die Nichteinweisung die Krankheit verschlechtern oder eine entsprechende Behandlung verhindern würde[1814].

Jede Zwangseinweisung bedarf einer gerichtlichen (oder einer dieser gleichwertigen)[1815] Anordnung[1816].

Jede Person in der Anstalt hat das Recht, wie jede andere Person unter denselben Voraussetzungen behandelt zu werden. Das bedeutet immer auch das Recht auf entsprechende Behandlung und Pflege[1817]. Hinsichtlich der Anwendung wissenschaftlich noch zweifelhafter Methoden bedarf es der ausdrücklichen, informierten Zustimmung. Ist der Patient zu dieser informierten Zustimmung aufgrund mangelnder Einsichts- und Urteilsfähigkeit nicht fähig, hat der Arzt die Zustimmung durch eine unabhängige und gesetzlich eingerichtete Stelle zu erwirken, welche jedenfalls auch die gesetzlichen Vertreter des Patienten konsultieren muß[1818]. Klinische Versuche ohne therapeutischen Wert dürfen überhaupt nicht angewendet werden, solche mit therapeutischem Wert bedürfen einer ausdrücklichen gesetzlichen Erlaubnis[1819].

Beschränkungen der Freiheit dürfen nur nach Maßgabe der Notwendigkeit, unter Berücksichtigung des Gesundheitszustandes und Erforderlichkeit im Rahmen der Behandlungsmaßnahmen durchgeführt werden. Die Freiheit der Kommunikation (Gericht, Anwalt) darf dabei aber keinesfalls völlig unterbunden werden[1820].

---

1812 Council of Europe, Committee of Ministers, Recommendation No. (83)2.
1813 Art. 2.
1814 Art. 3.
1815 Vgl. Art. 4 (2).
1816 Art 4 (1) und (3).
1817 Art. 5 (1).
1818 Art. 5 (2).
1819 Art. 5 (3).
1820 Art. 6.

Der Patient darf mit Ausnahme von therapeutischen Gründen nicht in eine andere Anstalt verlegt werden[1821].

Jede Zwangseinweisung muß auf eine bestimmte Zeitdauer beschränkt sein. Der Patient ist in bestimmten Zeitintervallen einer Untersuchung zu unterziehen[1822]. Die Beendigung des Aufenthaltes in einer Anstalt entscheidet der Arzt[1823]. Die Entlassung aus der Anstalt bedeutet allerdings nicht gleichzeitig die Beendigung der Behandlung des Patienten, die auf freiwilliger Basis fortgesetzt werden kann[1824].

Die Zwangseinweisung zieht keine Änderung der rechtlichen Beurteilung eines Patienten nach sich[1825], im Gegenteil, seine Interessen sind besonders zu schützen. Unter allen Umständen ist die Würde des Patienten zu beachten und der Schutz der Gesundheit zu gewährleisten[1826].

*Empfehlung des Ministerkomitees des Europarates hinsichtlich der rechtlichen Pflichten der Ärzte gegenüber den Patienten (1985)*

Die Empfehlung des Ministerkomitees des Europarates hinsichtlich der rechtlichen Pflichten der Ärzte gegenüber den Patienten[1827] wurde nicht verabschiedet. Trotzdem läßt ihr Inhalt Wesentliches für Entwicklung und die nationale Patientenrechtspolitik erkennen:

Jede medizinische Behandlung muß unter Beachtung der Würde, der Privatsphäre, der philosophischen und religiösen Vorstellungen und Überzeugungen durchgeführt werden und frei von jeder Art von Diskriminierung geschehen[1828]. Kein Arzt darf im Notfall eine medizinische Behandlung unterlassen, wenn er dazu fähig ist und das Leben des Patienten dadurch schützen kann[1829]. In allen anderen Fällen ist ein Arzt nicht dazu verpflichtet, Behandlungen gegen sein Gewissen durchzuführen[1830].

---

1821 Art. 7.
1822 Art. 8 (1).
1823 Art. 8 (2).
1824 Art. 8 (3).
1825 Art. 9.
1826 Art. 10.
1827 Council of Europe, Committee of Ministers, Recommendation No. (85)3.
1828 Ebda.
1829 Art. 3 (1).
1830 Art. 3 (2).

Bei jeder Behandlung hat der Arzt, den jeweiligen Umständen entsprechend, die für den Patienten geeignetste Behandlungsmethode anzuwenden und ihn keinen unverhältnismäßigen Risiken auszusetzen[1831]. Für die Behandlung selbst ist eine freie und informierte Zustimmung des Patienten unumgänglich. Bei geringfügigen medizinischen Behandlungen kann diese Zustimmung konkludent erfolgen; bei Patienten, die aufgrund ihres Gesundheitszustandes zu keiner Willensäußerung fähig sind, kann die Zustimmung unterbleiben; dasselbe gilt bei Gefahr im Verzug, wenn dadurch das Leben des Patienten gerettet oder eine erhebliche Schädigung seines Gesundheitszustandes abgewendet werden kann[1832].

Die informierte Zustimmung kann aber auch durch einen Stellvertreter gegeben werden, wenn der Patient minderjährig oder unabhängig vom Alter einsichts- und urteilsunfähig ist. Ist ein Minderjähriger einsichts- und urteilsfähig, ist seine Zustimmung unter Rücksichtnahme auf Art und Bedeutung der medizinischen Behandlung ausreichend. Dasselbe gilt für Personen, die gesetzlich zwar unter einer Sachwalterschaft stehen, aber einsichts- und urteilsfähig sind. Für den Fall, daß der gesetzliche Vertreter die Zustimmung zu einer für Leben und Gesundheit eines Patienten medizinisch notwendigen Behandlung verweigert, muß eine unabhängige Institution zur Entscheidung angerufen werden. Überhaupt ist auf die Zustimmung des gesetzlichen Vertreters dann zu verzichten, wenn Gefahr im Verzug hinsichtlich Leben oder Gesundheit des Patienten besteht[1833].

Damit der Patient in der Lage ist, einer Behandlung informiert zuzustimmen, muß der Arzt die hiezu notwendigen Informationen an den Patienten weitergeben. Die Information hat unter Berücksichtigung der Aufnahmefähigkeit und des psychischen Zustandes in der Weise zu erfolgen, daß sie der Patient verstehen kann. Die Informationen müssen jedenfalls enthalten: Auskunft über die Ernsthaftigkeit der Krankheit, Vor- und Nachteile einer Behandlung, mögliche andere Behandlungsmethoden und die Konsequenzen bei Unterlassung der Behandlung[1834].

Wenn der Patient nach umfassendster Information über seinen Ge-

1831 Art. 4.
1832 Art. 3.
1833 Art. 6.
1834 Art. 7.

sundheitszustand verlangt, hat der Arzt ihm diese zu unterbreiten. Ein Ausnahmefall ist nur dann gegeben, wenn der Patient dadurch einen ernsthaften Schaden erleiden würde[1835]. Informiert der Arzt den Patienten nicht umfassend, dann hat der Arzt, soferne es die Patienteninteressen rechtfertigen, eine vom Patienten angegebene Person zu informieren. In Ermangelung einer ausdrücklichen Bekanntgabe einer solchen Vertrauensperson, hat der Arzt die ihm als hiefür geeignetste Person, die dem Patienten nahesteht, auszuwählen[1836].

Zwangsbehandlungen bedürfen, so sie das Gesetz überhaupt gestattet, keiner Zustimmung[1837].

Jeder Arzt hat gegenüber Dritten hinsichtlich der Patientendaten eine Geheimhaltungspflicht. Ausnahmen davon müssen ausdrücklich gesetzlich vorgesehen sein[1838].

*Empfehlung des Ministerkomitees des Europarates hinsichtlich des Schutzes persönlicher Daten, die für Zwecke der sozialen Sicherheit verwendet werden (1986)*

Die Empfehlung des Ministerkomitees des Europarates hinsichtlich des Schutzes persönlicher Daten, die für Zwecke der sozialen Sicherheit verwendet werden[1839], erweitert erneut die notwendigen Schutzmaßnahmen bei medizinischen Daten.

Persönliche Daten dürfen von Instanzen der Sozialversicherungen nur in jenem Ausmaß gesammelt werden, wie es für eine ordentliche Aufgabenerfüllung notwendig ist. Daten, die nicht von den betroffenen Personen selbst zur Verfügung gestellt wurden, sondern aus anderen Quellen erhoben werden, bedürfen der Zustimmung des Patienten oder einer ausdrücklichen gesetzlichen Ermächtigung der jeweiligen nationalen Rechtsordnungen.

---

1835 Art. 8.
1836 Art. 11 (3).
1837 Art. 10.
1838 Art 11 (1) und (2).
1839 Council of Europe, Committee of Ministers, Recommendation No. (86)1.

Die Versicherungsträger dürfen untereinander ihre Daten austauschen, wenn dies für die Erfüllung der Aufgaben notwendig ist. Werden diese Daten für andere Zwecke verwendet, bedarf dieser Gebrauch der Zustimmung des Patienten, wenn nicht durch gesetzliche Bestimmungen anderes vorgesehen ist. Nicht einschränken darf der nationale Gesetzgeber jedoch die Rechte des Betroffenen auf Korrektur des über ihn gesammelten Datenmaterials.

### *Entschließung des Europäischen Parlaments zu einer Europäischen Charta für Kinder in Krankenhäusern (1986)*

Die Entschließung des Europäischen Parlaments zu einer Europäischen Charta für Kinder in Krankenhäusern umfaßt erstmals einen Katalog der Patientenrechte von Kindern[1840]:

Kinder sollen nur dann in Krankenhäuser eingeliefert werden, wenn die medizinische Versorgung und Pflege nicht zu Hause oder ambulant erfolgen kann. Im Falle, daß die Institutionalisierung unabdinglich scheint, ist die Pflege so zu koordinieren, daß die Kinder das Krankenhaus ehemöglichst wieder verlassen können[1841]. Überhaupt scheint die Behandlung in Tageskliniken am geeignetsten, soferne dadurch keine zusätzlichen Kosten entstehen[1842].

Kinder haben ein Recht auf die erforderliche, im Bedarfsfall auch durch richterliche Verfügung angeordnete[1843] individuelle Behandlung und Betreuung[1844]. Behandlungen sind mit Takt, Höflichkeit und Verständnis sowie unter Berücksichtigung der Unantastbarkeit der Intimsphäre durchzuführen[1845]. Das hiefür vorgesehene Personal soll eigens dafür ausgewählt sein, um den physischen und psychischen Bedürfnissen der Kinder zu entsprechen[1846]. Dabei sind unnötige medizinische Behandlungen zu vermeiden und Kinder immer vor

1840 Europäisches Parlament, Entschließung zu einer Europäischen Charta für Kinder in Krankenhäusern (Dok. A2-25/86).

1841 Pkt. 4a.

1842 Pkt. 4b.

1843 Pkt. 4u.

1844 Pkt. 4e.

1845 Pkt. 4n.

1846 Pkt. 4o.

physischen und psychischen Leiden zu bewahren[1847]. Werden Kinder zu therapeutischen Experimenten herangezogen, so darf das nur im Rahmen der Helsinki- und Nachfolgedeklarationen geschehen[1848]. Als Forschungsobjekte dürfen sie ohne ausdrückliche Einwilligung nicht eingesetzt werden[1849]. Dasselbe gilt bei pharmakologischen und therapeutischen Experimenten[1850].

Kinder haben grundsätzlich ein Recht, eine dem Alter, der geistigen Entwicklung und dem emotionalen und psychischen Zustand angepaßte Information über die gesamte medizinische Behandlung zu erhalten[1851].

Die Informationen über Krankheit und Wohlergehen des Kindes sind aber immer auch den Eltern mitzuteilen, allerdings nur, wenn nicht gegen das Grundrecht des Kindes auf Intimsphäre verstoßen wird[1852].

Die Eltern eines Kindes haben der Entschließung nach ein Recht, daß vor der Behandlung des Kindes ihre Zustimmung einzuholen ist[1853].

Die Kinder haben grundsätzlich ein Recht, zusammen mit anderen Kindern untergebracht zu werden, die Verlegung auf Erwachsenenstationen muß grundsätzlich vermieden werden[1854].

Die Unterbringung der Kinder muß berücksichtigen, daß der Gesundungsprozeß des Kindes in einem Milieu stattfindet, welches den Erfordernissen der Pflege, der Erziehung und des Spiels gerecht werden kann[1855].

Darüber hinaus ist Kindern die Möglichkeit zu bieten, sich schulisch weiterzubilden[1856], insbesondere auch die Möglichkeit des Unterrichts während teilweiser stationärer Behandlung oder der Pflege zu Hause[1857]; zudem soll genauso die Möglichkeit bestehen, über

1847 Pkt. 4l.
1848 Pkt. 4k.
1849 Pkt. 4f.
1850 Pkt. 4j.
1851 Pkt. 4d.
1852 Pkt. 4g.
1853 Pkt. 4h.
1854 Pkt. 4p.
1855 Pkt. 4q.
1856 Pkt. 4r.
1857 Pkt. 4t.

altersmäßiges Spielzeug, Bücher und audiovisuelle Lehrmittel verfügen zu können[1858].

Kinder haben das Recht, jederzeit mit ihren Eltern Kontakt aufzunehmen[1859].

Den Eltern des Kindes ist grundsätzlich anzubieten, ins Krankenhaus mitaufgenommen zu werden. Dadurch soll es ihnen ermöglicht werden, aktiv am Krankenhausleben des Kindes teilzunehmen. Die medizinische Behandlung und Versorgung darf dadurch aber nicht beeinträchtigt werden[1860]. Im Falle der Aufnahme der Eltern oder des Stellvertreters muß diese angemessen sein und unter der sozialpsychologischen Anleitung durch geschultes Personal erfolgen[1861].

*Charta für Kinder im Krankenhaus (1988)*

Die Charta für Kinder im Krankenhaus[1862] ist nicht so ausführlich wie die Entschließung des Europäischen Parlaments. Sie beinhaltet aber in ganz ähnlicher Weise die Rechte der Kinder, faßt dieselben lediglich kürzer und prägnanter zusammen.

*WHO – Deklaration hinsichtlich der Rechte des Patienten (1989)*

Als zeitlich letzter Schritt wird derzeit eine „Declaration on the Rights of the Patients" durch die WHO erarbeitet[1863]. Erstmals wird dabei eine Neudefinition des Patientenbegriffs formuliert: Unter Patienten werden Konsumenten der Dienstleistungen des Gesundheitswesens verstanden, und zwar unabhängig davon, ob sie krank sind oder nicht[1864]. Die Zielrichtung der Deklaration wird ebenso eindeutig festgehalten:

„(. . .) the draft document can be seen in its content to be a document which seeks:

---

1858 Pkt. 4s.
1859 Pkt. 4m.
1860 Pkt. 4c.
1861 Pkt. 4i.
1862 1. Europäische „Kind im Krankenhaus" Konferenz, Charta für Kinder im Krankenhaus, Leiden 1988.
1863 Meeting of the Drafting Committee for a Declaration on the Rights of Patients, Amsterdam, 4-6 July 1989, Draft Declaration on the Rights of the Patients.
1864 Pkt. 8 „‚patients' means users of health care services, whether ill or not".

– to reaffirm fundamental human rights, and in particular, to protect the dignity and integrity of the human person, and to promote the respect of patient as a person;

– to offer for the consideration of Member States a set of common basic principles about rights of patients which might be used when framing or reviewing patient care policies;

– to promote and sustain beneficial relationships between patient and health care providers, thereby encouraging a more active form of patient participation;

– to strenghten existing and new opportunities for dialogue between patients' organizations, health care providers, health administrations and wider societal interests;

– to focus national, regional and international attention on evolving needs in patients' rights and to foster closer international cooperation in this field".

Unter Berufung auf die Menschenrechte findet sich in dieser Deklaration ein grundsätzliches Bekenntnis hinsichtlich der Achtung der menschlichen Würde, der Selbstbestimmung, der physischen und psychischen Integrität, der Privatsphäre, der moralischen, religiösen und philosophischen Wertvorstellungen. Ausdrücklich wird ein Recht auf Schutz der Gesundheit in dem Maße festgelegt, wie sie durch angemessene und entsprechende medizinische Versorgung gewährleistet werden kann. Dadurch soll es jedem Menschen ermöglicht werden, über den für ihn bestmöglichen Gesundheitszustand zu verfügen[1865].

Die einzelnen Patientenrechte umfassen dieser Deklaration nach die folgenden Rechte:

Das Recht auf Information umfaßt zwei Aspekte. Zum einen muß jeder ausreichend über das Gesundheitswesen selbst und dessen Dienstleistungen informiert werden[1866]. Zum anderen müssen Patienten über ihren Gesundheitszustand, die in Erwägung gezogenen Behandlungsmethoden und deren Vor- und Nachteile, über Alternativen zu diesen Behandlungsmethoden und über Diagnose, Prognose und die Entwicklung der Behandlung umfassend informiert werden[1867]. Diese Informationen dürfen nur dann zurückgehalten werden, wenn andernfalls schwere Nachteile für den Patienten zu befürchten

1865 Pkt. 2.
1866 Pkt. 3. 1.
1867 Pkt. 3. 2.

sind[1868]. Die Informationsbekanntgabe muß jeweils auf den individuellen Patienten abgestellt werden[1869]. Der Patient kann aber auch ausdrücklich auf die Informationen verzichten[1870], er kann auch eine Vertrauensperson namhaft machen, die für ihn die Information erhält[1871]. Dem Patienten ist darüber hinaus die Möglichkeit einzuräumen, eine zweite Beurteilung einzuholen[1872], über Name und Funktion der jeweiligen Behandelnden Auskunft zu erlangen[1873] und auf Anfrage eine Stellungnahme über Diagnose, Behandlung und Pflege von einer Anstalt bei Entlassung zu erhalten[1874].

Das Recht auf die informierte Zustimmung des Patienten ist für jede Behandlung eine unumgängliche Voraussetzung[1875]. Eine Behandlung kann durch den Patienten vorweg abgelehnt oder bei schon begonnener Behandlung vom Patienten abgebrochen werden. Die daraus resultierenden Konsequenzen sind dem Patienten sorgfältig darzulegen[1876]. Die Zustimmung des Patienten kann dann unterbleiben, wenn Gefahr im Verzug ist und der Patient nicht in der Lage ist, seinen Willen zu äußern. Das gilt aber nicht, wenn der Patient bereits vorher seine Zustimmung für diese Situation verweigerte[1877]. Ist die Zustimmung eines gesetzlichen Vertreters des Patienten notwendig, kann auch diese im Falle von Gefahr im Verzug unterbleiben[1878]. Allerdings ist auch dann, wenn der gesetzliche Vertreter notwendigerweise zustimmen muß, immer auch der Patient in dem Ausmaße, in dem er dazu in der Lage ist, in den Entscheidungsprozeß einzubinden[1879]. Verweigert der gesetzliche Vertreter seine Zustimmung und der Arzt vertritt aber die Auffassung, daß eine medizinische Behandlung im Interesse des Patienten läge, muß die Anrufung eines Gerichtes oder

1868 Pkt. 3. 3.
1869 Pkt. 3. 4.
1870 Pkt. 3. 5.
1871 Pkt. 3. 6.
1872 Pkt. 3. 7.
1873 Pkt. 3. 8.
1874 Pkt. 3. 9.
1875 Pkt. 4. 1.
1876 Pkt. 4. 2.
1877 Pkt. 4. 3.
1878 Pkt. 4. 4.
1879 Pkt. 4. 5.

einer Schiedsstelle zur Entscheidungsfindung möglich sein[1880]. Ist der Patient nicht in der Lage, seine Zustimmung zu erteilen und verfügt er auch über keinen gesetzlichen Vertreter, müssen die individuellen Patienteninteressen und -wünsche bestmöglich berücksichtigt werden[1881].

Substanzen des menschlichen Körpers dürfen nur mit der ausdrücklichen Zustimmung des Patienten aufbewahrt werden[1882]. Sowohl hinsichtlich der Partizipation an klinischer Lehrtätigkeit als auch hinsichtlich wissenschaftlicher Forschungsvorhaben bestehen noch weitere Sicherungsmaßnahmen[1883].

Das Recht auf Geheimhaltung, Vertraulichkeit und Privatsphäre umfaßt sowohl den Gesundheitszustand, die Diagnose, die Prognose und die Behandlung als auch alle weiteren Informationen persönlicher Natur[1884]. Die Bekanntgabe von Informationen kann nur mit ausdrücklicher Zustimmung des Patienten oder einer speziellen gesetzlichen Ermächtigung durchgeführt werden. Ausnahmsweise kann diese Bekanntgabe auch aufgrund von Pflichten Dritten gegenüber gestattet sein[1885]. Die Patientendaten sind in einer Weise aufzubewahren, daß sie ausreichend geschützt sind[1886]. Patienten selbst haben aber durchaus ein Recht auf Zugang zu diesen Daten (mit Ausnahme von Daten, die ganz persönlich für den Behandelnden oder ausschließlich für Dritte angelegt wurden)[1887]. Im einzelnen können sie auch eine Korrektur, Vervollständigung und Klarstellung der Daten vornehmen oder die Daten auf den jeweils neuesten Stand bringen lassen[1888].

In das Privat- und Familienleben darf nicht eingedrungen werden, außer Diagnose, Behandlung und Pflege selbst lassen dies gerechtfertigt erscheinen[1889]. Die Behandlung darf nur mit der notwendigen

1880 Pkt. 4. 6.
1881 Pkt. 4. 7.
1882 Pkt. 4. 9.
1883 Pkte. 4. 9. und 4. 10.
1884 Pkt. 5. 1.
1885 Pkt. 5. 2.
1886 Pkte. 5. 3. und 5. 4.
1887 Pkt. 5. 5.
1888 Pkt. 5. 6.
1889 Pkt. 5. 7.

Achtung der individuellen Privatspähre des Patienten ausgeführt werden. Während der Behandlung dürfen daher nur diejenigen Personen anwesend sein, die zur Behandlung beitragen. Andere Personen dürfen nur mit ausdrücklicher Zustimmung des Patienten anwesend sein[1890]. Die räumliche Privatsphäre muß, den Gegebenheiten entsprechend, ausreichend ermöglicht werden[1891].

Das Recht auf qualitativ hochstehende[1892] und kontinuierliche Pflege und Behandlung[1893] darf weder durch finanzielle noch andere Hindernisse eingeschränkt werden[1894] und muß innerhalb der gesellschaftlichen Ressourcen allen Menschen in gleichem Maße ermöglicht werden[1895]. Muß nach Maßgabe der gesellschaftlichen Ressourcen eine Auswahl der Patienten getroffenen werden, müssen diese in einem gerechten Verfahren und ausschließlich nach medizinischen Gesichtspunken ausgewählt werden[1896]. Der Patient hat das Recht auf freie Arzt- und Anstaltenwahl[1897]. Besteht kein medizinischer Grund für den Verbleib eines Patienten in einer bestimmten Anstalt, darf der Patient nur nach umfassender Information über die Notwendigkeit der Verlegung an eine andere Anstalt verlegt werden. Zuvor muß jedenfalls auch die andere Anstalt ihre Zustimmung erklärt haben[1898]. Während des Aufenthaltes in einer Anstalt haben Patienten das Recht auf Respektierung ihrer Kultur und Werte bei Diagnose, Behandlung und Pflege[1899] und auf Unterstützung durch Familie, Verwandte und Freunde[1900].

Der Patient hat das Recht auf Erleichterung seines Leidens nach gegenwärtigem Wissensstand[1901] und das Recht auf menschenwürdiges Sterben[1902].

---

1890 Pkt. 5. 8.
1891 Pkt. 5. 9.
1892 Pkt. 6. 3.
1893 Pkt. 6. 4.
1894 Pkt. 6. 1.
1895 Pkt. 6. 2.
1896 Pkt. 6. 5.
1897 Pkt. 6. 6.
1898 Pkt. 6. 7.
1899 Pkt. 6. 8.
1900 Pkt. 6. 9.
1901 Pkt. 6. 10.
1902 Pkt. 6. 11.

*Declaration of Hongkong (1989)*

Die Deklaration der World Medical Association bekennt sich seit 1989 zu besonderen ethischen Verpflichtungen gegenüber einer besonders gefährdeten Gruppe der Patienten, den alten Menschen.

Alte Menschen haben in derselben Weise wie andere Menschen einen Anspruch auf Pflege, Wohl und Achtung. Insbesondere die World Medical Association sieht für die Ärzteschaft eine ganz wesentliche Verantwortung hinsichtlich der Pflege und des Schutzes der Interessen dieser Patientengruppe[1903]. Aufgrund dieser Erkenntnis empfiehlt die World Medical Association folgendes[1904]:

Ärzte, die alte Menschen medizinisch betreuen und behandeln, müssen

– Personen identifizieren, die möglicherweise Mißhandlungen oder Vernachlässigungen ausgesetzt werden;

– Verletzungen, die aus Mißhandlungen oder Vernachlässigungen entstanden sind, medizinisch beurteilen und behandeln;

– objektiv sein (objective and nonjudgemental);

– aufgrund therapeutischer Erwägungen eine Verbindung zwischen Patient und Familie aufzubauen versuchen;

– Fälle der Mißhandlung oder Vernachlässigung bei den entsprechenden Behörden anzeigen;

– möglichst die Anwendung interdisziplinärer Teams (caretakers from the medical, social service, mental health, and legal profession) anstreben;

– die Entwicklung und Verwendung unterstützender Ressourcen der Gesellschaft fördern wie beispielsweise Hauskrankenpflege (inhome services).

---

1903 Vgl. dazu die General Principles, Pkt. I; siehe oben.
1904 Vgl. die Empfehlungen, Pkt. II.

## 4. Verfassungsrecht

Im internationalen Vergleich erscheinen auf Verfassungsebene drei fundamentale Rechte der Patienten von Bedeutung: das Recht auf Gesundheit, das Recht auf Selbstbestimmung und das Recht auf Schutz der körperlichen und geistigen Integrität.

### *4.1. Das Recht auf Gesundheitspflege*

Es gibt grundsätzlich mehrere Möglichkeiten für einen Staat, seinen in der internationalen Staatengesellschaft übernommenen oder zumindest ausgelobten Verpflichtungen nachzukommen. *Leenen*, *Pinet* und *Prims* schichten drei Verhaltensweisen darin gegeneinander ab[1905]:

a) Ein Staat unterzeichnet – eifrig und eilfertig, möchte man nicht ganz unpolemisch nachschicken – internationale Konventionen, etwa die hier einschlägige Sozialcharta, sieht dies als genügenden Ausdruck der Aufmerksamkeit an und beläßt es bei der Unterzeichnung und regelt die Materie nicht mehr weiter speziell in der nationalen Rechtsordnung. Österreich befindet sich nach *Leenen*, *Pinet* und *Prims* in dieser Haltung in der Gesellschaft von Deutschland, Dänemark, Großbritannien und der Schweiz.

b) Ein Staat betrachtet das Recht auf Gesundheitspflege als grundsätzliches Menschenrecht und fügt dieses Recht daher in seine Verfassung ein. Italien, Spanien, Portugal und die Niederlande beschritten diesen Weg. Aus den (ehemals) sozialistischen Ländern, die sehr viel mehr die sozialen Grundrechte als die politischen Grund- und Freiheitsrechte in den propagandistischen Vordergrund stellten, war dazu allerdings nur Ungarn bereit.

c) Ein Staat fühlt sich durch die internationalen Vorgaben verpflichtet und inkorporiert dieses Recht explizit und detailgeregelt in der Gesundheitsrechtsgesetzgebung. Die ehemalige Deutsche Demokratische Republik tat dies in einem Krankenanstaltenrahmenrecht (1979), ebenso Finnland (1984), Norwegen (1984) und Schweden (1980 und 1982) mit seinem schon mehrmals zitierten jeweiligen Gesetz über das Gesundheits- und Krankenwesen und dem komplementären Aufsichtsgesetz (tillsynslagen).

---

1905 Leenen, H. J. J./Pinet, G./Prims, A. V., Trends in Health Legislation, S. 5.

Es begannen im Sog der internationalen Entwicklung und der Menschenrechtsentwicklung zu Beginn der siebziger Jahre viele europäische Länder einen Trend, das Recht auf Gesundheit respektive das Recht auf Gesundheitsfürsorge und -vorsorge[1906] als grundsätzliches Prinzip sowie als Richt- und Leitlinie des Gesundheitswesens in der Verfassung zu verankern.

Trotzdem bleibt das Recht auf Gesundheitsfürsorge und -vorsorge aber aufgrund seiner Natur Beschränkungen, die sich durch Begrenzungen der Ressourcen, vor allem der finanziellen Ressourcen in der Gesellschaft ergeben, unterworfen. Somit ist es aber auch unmöglich, mehr an Recht auf Gesundheitsfürsorge, als sich aus dem Rahmen der Ressourcen ausschöpfen läßt, zu garantieren. Weiters ergeben sich Beschränkungen für Leistungen, zu denen der Patient an sich berechtigt ist, ohne daß er dieses Recht aber de facto ausschöpfen könnte[1907]. Hierher zählt das grundsätzliche Recht auf die freie Auswahl von Anstalt und Arzt durch den Patienten, das durch geographische Faktoren, durch die Organisation der Dienstleistungen und die Organisation der Niederlassung von Ärzten beschränkt sein kann. Ein weiteres Problem, das die International Labour Organisation (ILO) (1980) in der European Convention on Medical Care for Temporary Residents behandelt, betrifft Ausländer und Urlauber und ihr Recht auf Gesundheitsfürsorge. Die meisten Länder verfügen über bilaterale Abkommen, der Trend dazu hält an[1908].

In Österreich findet sich auf verfassungsrechtlicher Ebene weder ein Recht auf Gesundheit noch ein Recht auf Gesundheitsfürsorge im Sinne von Leistungsansprüchen des Patienten[1909]. Auch die programmatischen und von Österreich durchaus auch unterzeichneten Garantien aus völkerrechtlichen Verträgen stehen nicht im Verfassungsrang und räumen somit keine subjektiven Ansprüche für Patienten ein. Da die sozialen Grundrechte in Österreich überhaupt generell noch wenig beachtet werden[1910], soziale Grundrechte mit dem derzeit in Österreich

---

1906 Vgl. hinsichtlich der Staatsaufgabe zur Gesundheit: Raschauer, B., Sozialstaat und Gesundheitswesen aus verfassungsrechtlicher Sicht, S. 150 ff.

1907 Kopetzki, Ch., Patientenrechte, S. 4.

1908 Leenen, H. J. J./Pinet, G./Prims, A. V., Trends in Health Legislation, S. 8 f.

1909 Dazu Raschauer, B., Sozialstaat und Gesundheitswesen aus verfassungsrechtlicher Sicht, S. 147 ff.

1910 Vgl. dazu aber bereits die verschiedenen Landesverfassungen, die bereits „Sozial-

bestehenden Instrumentarium des Verfassungsschutzes auch als nicht durchsetzbar erachtet werden, wird ein „‚von oben' aufgestülptes pauschales Verfassungsrecht auf Gesundheit" zum Teil als nicht zielführend erachtet[1911]. Zum Teil setzen aber erste Bemühungen um die Grund- und Menschenrechte im Gesundheitswesen ein[1912].

Patientenrechte können durchaus im Verfassungsrang stehen. Das niederländische Grundgesetz aus dem Jahre 1983 etwa enthält einige Bestimmungen, die sich auf die Gesundheitsfürsorge und die Patientenrechte im besonderen beziehen. Durch die Aufnahme sozialer Grundrechte, eine der wesentlichen Neuerungen, die die niederländische Grundgesetzreform 1983 erbrachte und durch einige Bestimmungen, die direkt Patientenrechte betreffen, wurde somit die in den Niederlanden lang geforderte grundgesetzliche Verankerung patientenrechtlicher Bestimmungen vollzogen.

Bei den niederländischen sozialen Grundrechten, die in Beziehung zur Gesundheitsfürsorge und den Patientenrechten stehen, ist insbesondere Artikel 20 des niederländischen Grundgesetzes hervorzuheben, der bestimmt, daß es Aufgabe des Staates ist, die Umwelt des Menschen zu schützen und die Lebensqualität zu verbessern. Artikel 21 bestimmt, daß der Staat Maßnahmen zur Förderung der Volksgesundheit zu ergreifen hat.

## *4.2. Das Recht auf Selbstbestimmung*

Eher auf der Ebene der politischen Grund- und Freiheitsrechte als auf der der sozialen Grundrechte, wird das Selbstbestimmungsrecht, Grundlage des Patientenrechts auf Behandlungszustimmung respektive Behandlungsverweigerung, in der Verfassung verankert. Im Kontext zum deutschen Grundgesetz versucht *Fiebig* das Selbstbestimmungsrecht des Patienten, nach Sachverhalten geordnet, in die Reihenfolge des Bonner Grundgesetzes zu bringen[1913]:

1. Art 1 Abs 1 GG: Unantastbarkeit der Würde des Menschen.

---

staatsklauseln" verankert haben (z. B. Vorarlberger und burgenländische Landesverfassung).

1911 Kopetzki, Ch., Patientenrechte, S. 14 f.

1912 Raschauer, B., Sozialstaat und Gesundheitswesen aus verfassungsrechtlicher Sicht, S. 157.

1913 Fiebig, U., Freiheit für Patient und Arzt, S. 40.

2. Art 2 Abs 1 GG: Die freie Entfaltung der Persönlichkeit.

3. Art 2 Abs 2 GG: Das Recht auf Leben und körperliche Unversehrtheit.

4. Art 104 Abs 1 GG: Recht auf Schutz seelischer und körperlicher Unversehrtheit.

Die in Art 1 Abs 1 GG verfassungsrechtlich verankerte Unantastbarkeit der Würde des Menschen ist dann getroffen, „wenn der konkrete Mensch zum Objekt, zu einem bloßen Mittel, zur vertretbaren Größe herabgewürdigt wird"[1914]. Also ergeben sich aus dem Anspruch auf Menschenwürde die Ansatzpunkte für jene oberen Patientenrechte, aus denen sich dann weitere ableiten lassen[1915]: das Recht des Patienten, über seine Krankheit und seine Chancen der Gesundung informiert zu werden, weiters das Recht selbst zu bestimmen und zu entscheiden, welche Therapie, welche Medikamente etc. bei ihm zur Anwendung kommen sollen. Da die begrenzte Einsichtsfähigkeit des Patienten in medizinische, pharmakologische, psychosomatische Zusammenhänge dem Selbstbestimmungsrecht des Patienten nur faktische, aber keine rechtlichen Grenzen auferlegt, fällt es in die Verantwortung des Arztes, die faktischen Defizite durch verstärkte Informationsbemühungen maximal zu kompensieren[1916]. Aus dem Titel der Menschenwürde resultiert aber nicht nur das Recht, sondern auch die Pflicht zu eigenem Handeln und zu eigener Verantwortung; der Patient, der die eigene Verantwortung nicht wahrnimmt, verzichtet damit schlüssigerweise auf die Ausübung seines Selbstbestimmungsrechts.

Die eigentliche, konkretisierbarere Wurzel des Selbstbestimmungsrechtes des Patienten liegt für *Fiebig*[1917] aber in Art 2 Abs 1 GG begründet. Dieser lautet: „Jeder hat das Recht auf die freie Entfaltung seiner Persönlichkeit, soweit er nicht die Rechte anderer verletzt und nicht gegen die verfassungsmäßige Ordnung oder das Sittengesetz verstößt." Ein genuines Freiheitsrecht des Patienten etwa ist es, frei zwischen verschiedenen Therapiemethoden zu wählen sowie das Recht der freien Arztwahl. Auch läßt sich mit Hilfe des Grundgesetzes abwehren, „daß der Staat sich zum Richter über „richtige" oder „falsche" Wissenschaft oder Medizin erhebt"[1918].

Die letzte Konsequenz des Selbstbestimmungsrechtes ist es dann, daß der Patient auf Lebensverlängerung durch medizinische Apparate verzichten kann[1919].

---

1914 Dürig, G., in: Maunz, Th./Dürig, G./Herzog, R./Scholz, R., Kommentar zum

## *4.3. Das Recht auf Schutz der körperlichen und geistigen Integrität*

In der Gruppe der individuellen Grundrechte wurden in den Niederlanden Grundrechte aufgenommen, die sich zum Teil nur indirekt, zum Teil aber ganz direkt auf die Gesundheitsfürsorge beziehen. Art. 15 des niederländischen Grundgesetzes bestimmt in nahtloser Übereinstimmung mit der Europäischen Menschenrechtskonvention etwa, daß niemand der Freiheit beraubt werden darf, mit Ausnahme jener Fälle, die durch Gesetz bestimmt werden. Jeder, dem durch richterliche Anordnung seine Freiheit entzogen wurde, kann die gerichtliche Überprüfung seines Freiheitsentzuges verlangen. Die erläuternden Materialen zählen zur Freiheitsberaubung auch die zwangsweise Aufnahme von Patienten in psychiatrische Anstalten.

Direkt auf die allgemeinen Patientenrechte bezieht sich jedoch Artikel 11 des neuen niederländischen Grundgesetzes, der die Integrität ganz ausdrücklich sichert: „Jeder hat, mit gesetzlich festzulegenden Ausnahmen, das Recht auf die Unantastbarkeit seines Körpers."

Scheinbar nicht direkt für die Patientenrechte von Bedeutung, aber dennoch von großer Wichtigkeit für den Schutz der privacy, ist Artikel 10 des niederländischen Grundgesetzes:

„1. Jeder hat mit Ausnahmen, die das Gesetz festlegt, das Recht auf Achtung seiner persönlichen Lebenssphäre.

2. Durch Gesetz werden nähere Regelungen zum Schutz der persönlichen Lebenssphäre im Zusammenhang mit der Festlegung und Weiterreichung von persönlichen Daten geregelt.

3. Durch Gesetz werden Regelungen über den Anspruch von Personen auf Einsicht in die über sie gesammelten Daten, auf Verbesserung dieser Daten und des Gebrauches dieser Daten selbst erlassen".

Den Erläuternden Bemerkungen zur Grundgesetzreform ist zu entnehmen, daß Artikel 10 des niederländischen Grundgesetzes ausdrücklich einige gängige Behandlungen, wohl auch Zwangsbehandlungen,

---

Grundgesetz, Loseblattausgabe in 3 Bänden, Art 1 Abs 1 N 28.

1915 Fiebig, U., Freiheit für Patient und Arzt, S. 46.

1916 Ebda, S. 47.

1917 Ebda, S. 50.

1918 Ebda, S. 51.

1919 Ebda, S. 52.

unter den Schutzzielbereich dieses Artikels stellt, solange nicht eben dafür, in Erfüllung des Erfordernisses ausdrücklicher gesetzlicher Regelungen, Sonderbestimmungen erlassen werden. Die Auflistung der vom Grundgesetzgeber generell prohibitierten Behandlungsarten respektive positiven Garantien erscheint etwas willkürlich, gibt aber zumindest den Bewußtseinsstand des Gesetzgebers deutlich wider[1920]:

- medizinische Experimente mit Menschen,
- Elektroschockbehandlung,
- Zwangsbehandlung von psychisch Kranken,
- Auspumpen des Magens,
- Encephalographie,
- Blutabnahme,
- Röntgenuntersuchung,
- Operationen,
- Behandlung durch den Arzt,
- Verweigerung einer medizinischen Behandlung,
- Zustimmungsprinzip,
- Kastration,
- Sterilisation,
- Organtransplantation,
- Zwangsernährung.

Nach den etwas unübersichtlichen Gesetzesmaterialien, die *Leenen* zu ordnen versucht[1921], zu schließen, steht auch die geistige Integrität zum Teil unter dem Schutz des Grundgesetzartikels über die körperliche Unantastbarkeit.

Die Regierung stellte im Rahmen einer parlamentarischen Anfrage klar, daß sie die Unantastbarkeit des menschlichen Körpers nicht auf die Antastung durch physische Mittel begrenzt sehen will. Eine Unterscheidung zwischen physischem und psychischem Integritätsbruch sei jedoch nicht mit aller Eindeutigkeit zu ziehen. *Leenen*[1922] zieht aus der auf diese Anfrage folgenden, scheinbar verworrenen Debatte folgende

---

1920 Roscam Abbing, H. D. C., Enkele kantekeningen bij de conclusie van de regering inzake het recht op onaantastbarkeit van het menselijk lichaam, in: Tijdschrift voor Gezondheidsrecht 3 (1979), S. 121; Leenen, H. J. J., De nieuwe grondwet en de gezondheidszorg, in: Tijdschrift voor Gezondheidsrecht 2 (1982), S. 53 f; ders., Gezondheidsrecht, S. 39 f.

1921 Leenen, H. J. J., Grondwet en de gezondheitszorg, S. 52 ff; ders., Gezondheidsrecht, S. 40 f.

1922 Ebda.

Konklusion: „Die geistige Integrität wird durch den Grundgesetzartikel über den Schutz der persönlichen Lebenssphäre geschützt. Hat die Einschränkung der psychischen Integrität jedoch „körperliche Anknüpfungspunkte", so steht dieser Eingriff darüber hinaus auch unter dem Schutz des Grundgesetzartikels über die körperliche Unantastbarkeit".

Das Recht auf körperliche Unantastbarkeit und das Recht auf Schutz der persönlichen Lebenssphäre sind jedoch keine absoluten Rechte. Andere Werte und Interessen können sich dagegen stellen. Gesellschaftliche Aspekte können das Recht auf Selbstbestimmung einengen, etwa das Selbstbestimmungsrecht anderer, das allgemeine Interesse.

Durch die Abhängigkeit des Menschen in der Gesundheitsfürsorge muß diese Interessenabwägung durch die Formulierung eingehender Kriterien dazu führen, daß die als zumutbar erachteten Einbrüche in die privacy soweit wie möglich begrenzt werden. Eine allgemeine, global formulierte Ausnahmebestimmung genügt nicht den grundgesetzlichen Bestimmungen, da dadurch das Recht ausgehöhlt werden könnte. Die niederländische Lehre spricht in diesem Zusammenhang vom Ausnahmeprinzip[1923]. Aufgrund dieses Ausnahmeprinzipes müssen Ausnahmen zum Recht auf Schutz der persönlichen Lebenssphäre restriktiv interpretiert und gehandhabt werden.

Im Rahmen der Grundgesetzreform stand die Frage der Drittwirkung der Grundrechte oft im Mittelpunkt. Eindeutig beantwortbar ist sie aufgrund der Materialien allerdings nicht: Einmal spricht die Regierung davon, daß die Drittwirkung des Grundrechtes auf körperliche Unantastbarkeit „denkbar sei", ein andermal wird die Drittwirkung in der Regierungsvorlage „nicht ausgeschlossen" und schließlich gar als „sehr gut vorstellbar" bezeichnet[1924]. Das Recht auf Schutz der persönlichen Lebenssphäre erscheint also als Grundrecht mit Drittwirkung, es wirkt auch auf der privatrechtlichen Beziehung zwischen Patient und Arzt respektive Anstalt weiter.

---

1923 Roscam Abbing, H. D. C., Privacybescherming, S. 11 f; Leenen, H. J. J., Gezondheidsrecht, S. 30 f.

1924 Leenen, H. J. J., Gezondheidsrecht, S. 43 f.

## *4.4. Durchsetzung der Patienteninteressen auf Verfassungsebene*

Rechte des Patienten, die durch die Verfassung geschützt werden, können durchaus mit entsprechenden Instrumentarien zur Durchsetzung dieser Rechte ausgestattet werden. In den USA beispielsweise kann der Patient direkt verfassungsgesetzlich gewährleistete Rechte dann gemäß Section 1983[1925] einklagen, wenn die Leitung einer Anstalt die „rights, privileges, or immunities secured by the Constitution and laws" der Vereinigten Staaten „under color of the state" verletzt hat.

Die Rechte, die sich danach aus den Gesetzen ergeben, sind im Social Security Act oder den HEW Regulations zu finden. Spätestens seit dem Fall *Rosaldo* v. *Wyman*[1926] werden die Rechte aus dem Social Security Act und aus den HEW Regulations als „state laws" im Sinne der Section 1983 betrachtet[1927]. Neben diesen beiden für Section 1983 relevanten Rechtsinstituten wären noch zwei weitere wesentliche Rechtsschutzinstitute zu erwähnen:

(1) Eines stellt die „Patients' Bill of Rights" für „skilled nursing facilities"[1928] und „intermediate care facilities" dar[1929]. Diese dort ausgewiesenen Rechte für Patienten sind Bestandteil der Partizipation am Medicaid Programm, allerdings berechtigen sie den Patienten nicht zur selbständigen Durchsetzung der Rechte. Da die einzelnen Rechte aber zum Großteil[1930] einen engen Zusammenhang mit verfassungsgesetzlich gewährleisteten Grundrechten der amerikanischen Staatsbürger aufweisen, so sollten nach *Regan*[1931] auch diese „Bill of Rights" als Gesetze im erforderlichen Sinne verstanden werden und die Rechte auf jeden Fall unter Section 1983 zur Klage berechtigen.

---

1925 42 U. S. C. §1983 (1970); siehe dazu Federal Civil Rights Action; Regan, J. J., When Nursing Home Patients Complain, S. 717 ff.

1926 397 U. S. 397 (1970).

1927 Im einzelnen dazu Regan, J. J., When Nursing Home Patients Complain, S. 722.

1928 20 C. F. R. §405.1121(k)(1976).

1929 45 C. F. R. §249.12 (1975); 41 Fed. Reg. 12883 (1976).

1930 20 C. F. R. §405.1121(k)(11) Kommunikationsrechte; – (5) Ausübung der Staatsbürgerrechte; – (12) „right to participate in social, religious, and community group activities".

1931 Regan, J. J., When Nursing Home Patients Complain, S. 722.

(2) Die andere Rechtsquelle umfaßt ebenfalls die Partizipationsnormen (Medicaid und Medicare) und betrifft die Kriterien der Mitbestimmung hinsichtlich des Personals, der Dienstleistungen und des Milieus der Einrichtungen[1932]. Da der Patient der Begünstigte dieser Bestimmungen ist, sollte er auch ein entsprechendes Recht zur Klage haben und somit die Einhaltung der Standards in Institutionen bewirken können. Hat der Patient aber einen Schaden erlitten, so kann er auch unter Section 1983 eine Schadenersatzklage einbringen. Die Chance, die sich dabei für das bundesstaatliche Gericht bietet, ist, daß es unabhängig von den traditionellen Schadenersatzklagen bei einzelnen Teilstaatengerichten neue Standards der Haftung von Gesundheitsinstitutionen schaffen kann.

Allerdings gilt die Rechtsausstattung gemäß Section 1983 nur für Patienten in staatlichen Institutionen. Die meisten Institutionen und Anstalten, insbesondere Einrichtungen für alte Meschen und Langzeitpflegefälle, sind aber, sei es gewinnorientiert oder gemeinnützig, in privater Hand. Um nach Section 1983 der amerikanischen Verfassung Klage erheben zu können, muß der Patient nachweisen, daß der Staat in einem signifikanten Maße an den Institutionenaktivitäten Anteil hat.

Staatliches Engagement erfolgreich zu behaupten und damit die erweiterten Rechtsschutzgarantien in Anspruch nehmen zu können, wird mit Hilfe von vier Interpretationen und den adäquaten Theorien möglich[1933]:

– „Symbiotic Relationship Theory": Wie der Titel der Theorie bereits besagt, bedarf es für die Behauptung maßgeblich staatlich beeinflußter oder beeinflußbarer Gestion einer symbiotischen Beziehung zwischen einer privaten Einrichtung und dem Staat[1934]. Ist dabei eine ausreichende Interdependenz zwischen privater und staatlicher Führung festzustellen, kann eine Maßnahme oder Verfehlung einer privaten Institution dem Staat zugerechnet werden. Dahinter steht die Konstruktion, daß der Staat, um nicht in Mithaftung zu geraten, sein Engagement hätte abbrechen müssen oder eben abbrechen muß. Indikatoren für

1932 20 C. F. R. §405.1121 (1976) und 45 C. F. R. §249.12 (1975)

1933 Siehe National Senior Citicens Law Centers (Hrsg.), Nursing Home Law, S. 42 ff.

1934 Burton v. Wilmington Parking Auth., 365 U. S. 715 (1961).

eine symbiotische Beziehung zwischen Einrichtung und Staat gibt es zahlreiche: (1) öffentliche Förderung von Langzeitpflegeinstitutionen über Medicare oder Medicaid, das staatliche Krankenversicherungsprogramm[1935]; (2) Steuerbegünstigungen für Langzeitpflegeinstitutionen; (3) Einweisung von Langzeitpflegepatienten durch den Staat.

– „Nexus Theory": Bei dieser Theorie wird davon ausgegangen, daß, soferne der Staat bestimmte Aktivitäten von Pflegeinstitutionen fördert, die entsprechenden Maßnahmen einer Institution dem Staat zugerechnet werden können[1936].

– „Company Town Theory": Diese Theorie betrachtet eine Maßnahme einer Langzeitpflegeinstitution mitunter dann als staatliche Handlung, wenn diese funktional der einer Kommunalbehörde, gleichsam der einer politischen Entität, gleichzuhalten ist. Dies ist dann der Fall, wenn die Patienten der Pflegeeinrichtung in bestimmter Weise von der übrigen Gemeinschaft abgeschnitten und isoliert sind[1937].

– „Public Function Theory": Diese Theorie stellt darauf ab, daß eine Langzeitpflegeinstitution, die an den Medicaid oder Medicare Programmen partizipiert, funktional eine öffentliche Aufgabe erfüllt und damit quasi-staatlich handelt[1938].

– „Nursing Homes as Quasi-Public Facilities": Die meisten obgenannten Theorien sehen zum Teil die Partizipation an öffentlichen Unterstützungsprogrammen als einen Indikator für die Frage nach staatlichem Handeln im Zusammenhang mit den Handlungen von Langzeitpflegeinstitutionen. Diese letzte Theorie liegt eng neben der Public Function Theory, sie geht allerdings noch einen Schritt weiter. Entscheidend ist nicht das tatsächliche Verhältnis zum Staat, sondern es genügt bereits, daß durch die Wahrnehmung der Aufgaben und Durchführung bestimmter sozialer Dienste in Langzeitpflegeinstitutionen, unabhängig von der eigenen Absicht, quasi-öffentliche Aufgaben ausgeführt werden und damit die Gestion dem Handeln einer staatlichen Institution gleichzuhalten ist[1939].

---

1935 Finanzierung aus dem Hill-Burton Act nach 42 U. S. C. § 291 (1976).

1936 Jackson v. Metropolitan Edison Co. 419 U. S. 345 (1974); Moose Lodge No. 107 v. Irvis 407 U. S. 163 (1972).

1937 Marsh v. Alabama, 326 U. S. 501 (1946) und Teitelbaum v. Sorenson Civ. No. 79-199 PHX WEC (D. Ariz., filed Mar. 16, 1979).

1938 Stitt v. Manor Care of Willoughby, Inc., C. A. No. C78-630 (1979).

1939 Z. B. in New Jersey: New Jersey Association of Health Care Facilities v. Finley, 415 A.2d 1147 (N. J. 1980).

# 5. Verwaltungsrecht

Durchsetzungschancen liegen auch auf der Ebene des Verwaltungsrechts. Daher sind auch die Durchsetzungsstrategien verwaltungsrechtlicher Art von besonderem Interesse. Hier soll jedoch zuerst nur die Verankerung der Ansprüche und die Art der Ausgestaltung aufbereitet werden. Die Verfolgungsinstitutionen, Anwaltschaften, Patientenorganisationen, Disziplinarbehörden, ferner die Verfolgungsinstrumente und Verfolgungsstrategien, sollen geschlossen dargestellt werden[1940].

## *5.1. Verankerung von Patientenrechten*

Ohio ist einer jener amerikanischen Bundesstaaten, die exempelhaft die Patientenrechte in einer umfassenden Kodifikation[1941], in einer eigenen „Bill of Rights"[1942] für Langzeit- und Pflegepatienten vom Anspruch bis hin zur Durchsetzung niederschreiben und regeln.

Der Grund für eine landesgesetzliche Regelung lag in der begrenzten Wirksamkeit der nationalen Patientenrechtsgesetzgebung. Das nationale Gesetz über die Partizipationsbestimmungen der Medicaid und Medicare Programme[1943], die ebenso eine exakte Auflistung der Patientenrechte bieten, wird insoferne als minder effektiv betrachtet, weil es als Sanktion einer Verletzung der Gesetze nur die Beendigung der finanziellen Beteiligung an angebotsorientiert angelegten Programmen vorsieht. Die Vergabe von Bundesmitteln abzustellen, hieße aber, für den Fall einer einzelnen Patientenrechtsverletzung überproportional zu reagieren. Aufgrund der Schärfe dieser einzigen Sanktion wurde sie in Ohio kein einziges Mal bei Verletzungen von Patientenrechten angewandt[1944].

---

1940 Siehe Kapitel V.

1941 Dazu Philips, N. Mosmeier, H. B. 600: Ohio's Bill of Rights for Nursing Home Patients, in: University of Dayton Law Review 5 (1980), S. 507 ff.

1942 Diese „Bill of Rights" beinhaltet explizit dreißig Rechte der Patienten hinsichtlich Sicherheit, Behandlung, Privatsphäre, „civil rights", Transfer, Entlassung, Beschwerdekanäle. Es wurden dabei sogar Zivilrechtstatbestände miteinbezogen; Ohio Rev. Code Ann. § 3721.13 ff.

1943 20 C. F. R. §405.1121(1976); 45 C. F. R. §249.12(1975).

1944 Ohio Nursing Home Commission, A Program in Crisis, An Interim Report, 112th General Assembly, §III at 16 (June 1978)(unpublished report available from the Ohio General Assembly, Columbus, Ohio).

Die bereits vor der Bill of Rights bestehenden Gesetze von Ohio verfügen ebenfalls über keine ausreichenden Sanktionsmöglichkeiten, wenn Verletzungen der Patientenrechte in Langzeitpflegeinstitutionen auftreten. Diese könnten nur insoferne sanktioniert werden, als einer Pflegeeinrichtung die Lizenz oder die Zertifikation (vom Medicaid Programm) entzogen wird[1945]. Gerade dies steht aber oftmals im Widerspruch zur Notwendigkeit, über eine ausreichende Anzahl von Betten in Pflegeeinrichtungen zu verfügen. Der Sanktionenapparat wurde für die Steuerung des Institutionenalltags als unbrauchbar erachtet.

Bei der Ohio Bill of Rights handelt es sich erkennbarerweise aber nicht um die Kreation gänzlich neuer Rechte und Ansprüche. Vielmehr handelt es sich um Rechte, die schon mit den Medicaid oder Medicare Programmen junktimiert waren, deren Durchsetzung und Einhaltung über eine Verfolgung eben wegen der Hypertrophie der Sanktion nie aktuiert worden waren. Aber gerade weil diese Rechte nicht entsprechend durchzusetzen waren, sah Ohio in der Bill of Rights die Aufgabe, die durch Mißverständnisse, administrative Bequemlichkeit oder Vernachlässigung ins Abseits geratenen Rechte wiederherzustellen.

Zwar wurde der Gesetzesakt kritisiert, er sei zu vage und unklar, er sei entweder von vornherein nicht durchsetzbar oder biete Anlaß zu endlosen Einsprüchen, Rechtsmitteln und Verfahrensverzögerungen, doch war es ein Anliegen dieser Bill of Rights, einen möglichst breiten Anwendungsspielraum zu bieten. Die Ohio Bill of Rights verlangt von den Langzeitpflegeinstitutionen und deren Geschäftsleitung ausdrücklich, ihrer Verpflichtung, die Patienten über ihre Rechte zu informieren und diese Rechte zu schützen, bei Sanktion nachzukommen[1946].

Die Anstalt muß ein Instrumentarium zur jährlichen Überprüfung der Richtlinien (written policies) hinsichtlich der Sicherung und Durchführung der Rechte der Patienten von Langzeitpflegeinstitutionen und der Funktionstüchtigkeit des Beschwerdeverfahrens schaffen[1947].

Es muß vor allem auch ein Beschwerdeorgan (grievance committee) eingerichtet werden[1948]: Die Art und Weise, wie Beschwerden gelöst

---

1945 Ohio Rev. Code Ann. §§ 3721.01-.99 (Page 1971).

1946 Ohio Rev. Code Ann. §§ 3721.12-.14 (Page Supp. 1979).

1947 Ohio Rev. Code Ann. §3721.12(A)(1); neben der Schaffung von Instrumentarien zur Einhaltung der Richtlinien sind „administrators responsible for developing and adhering to procedures implementing policies“, also nicht nur für die formale, sondern auch für die materielle Förderung der Patientenrechte verantwortlich.

werden, das Verfahren zur Wahl der Komiteemitglieder, die Tätigkeit des Komitees, werden den einzelnen Institutionen vorbehalten, um dies in ihren Richtlinien zu erarbeiten (policies and procedures). Was die Wahl der Komiteemitglieder betrifft, hat der Ohio-Ombudsmann eine Empfehlung[1949] ausgesprochen: Das Komitee soll eher klein gehalten sein. Dies beugt einer möglichen Einschüchterung der Patienten, die eine Beschwerde einreichen wollen, vor. Es gestattet zusätzlich bessere Möglichkeiten zur Konsensfindung unter den Mitgliedern; empfohlen wurde daher eine Anzahl von drei bis sechs Mitgliedern. Das von der Leitung entsandte Mitglied soll erstens mit den Richt- und Leitlinien, zweitens mit dem Pflegepersonal und seinen Verantwortlichkeiten und drittens mit den Personalien der Patienten, mit ihren Bedürfnissen und Pflegeplänen, vertraut sein. Weitere Mitglieder sollten aus dem Kreis der Patienten kommen. Dort, wo dies aufgrund des Gesundheitszustandes der Patienten nicht möglich ist, sollten entweder Familienmitglieder oder ein freiwilliger Ombudsmann Mitglieder des Komitees sein.

Die Leitung ist weiters dafür verantwortlich, daß jeder Patient und jeder Dienstnehmer der Einrichtung eine schriftliche Information über die Rechte, über die entsprechenden Verfahren der Institution zur Sicherung der Rechte, über die Adressen und Telephonnummern der verschiedenen staatlichen Stellen, die mit den Rechten und dem Schutz der Patienten befaßt sind, erhält[1950]. Die Leitung der Langzeitpflegeinstitution ist verpflichtet, Bestätigungen über die Aushändigung der Information den Pflegeberichten oder Dienstnehmerberichten beizulegen. Daneben zeichnet sie auch dafür verantwortlich, daß in jeder Langzeitpflegeinstitution

(1) eine Kopie der Langzeitpflegepatientenrechte,

(2) eine Kopie der Langzeitpflegeinstitutionenregeln und -verfahren hinsichtlich der Rechte und Verantwortlichkeiten der Langzeitpflegepatienten,

(3) eine Information darüber, daß die staatlichen und nationalen Gesetze und Verordnungen im Bereich der Durchsetzung von Langzeitpflegepatientenrechten zur Einsicht aufliegen,

---

1948 Ohio Rev. Code Ann. § 3721.12(A)(2).

1949 Nursing Home Ombudsman, Ohio Commission on Aging Memorandum (Jan. 23, 1980).

1950 Ohio Rev. Code Ann. §3721.12(A)(3).

(4) eine Liste der Patientenanwälte (residents' rights advocates) öffentlich angebracht sind[1951].

Es wird aber nicht nur die Geschäftsführung einer Langzeitpflegeinstitution persönlich zu Erfüllung einer Reihe von Pflichten verhalten. Auch die Institution selbst wird gesetzlich zur Erfüllung bestimmter Verpflichtungen angehalten. Sie muß etwa Ausbildungsmöglichkeiten hinsichtlich der Patientenrechte bieten, gewünschte Nebenleistungen erbringen, Zugang für gewisse Personen ermöglichen und ein bestimmtes Verfahren zur Beschwerdeerhebung bieten[1952]. Der Zugang zur Langzeitpflegeinstitution ist insoferne von besonderer Bedeutung, als er auch für verschiedene Personen mit öffentlichen Kontroll- und Aufsichtsfunktionen gesichert sein muß, etwa Mitglieder der Nursing Home Commission und Patientenanwälte.

Die Durchsetzungsmöglichkeit ließ man sich in der Ohio Bill of Rights ganz besonders angelegen sein, weil man eben erkannt hatte, daß sowohl das ältere Langzeitpflegeinstitutionenrecht als auch die Vorschriften für die Medicaid und Medicare Programme ohne Wirkung blieben und man daraus Lehren zog.

Um alle Verfahrenswege zu eröffnen, schafft die Ohio Bill of Rights eine Anknüpfung, für drei Durchsetzungswege: arbiträre, disziplinäre und kompensatorische Durchsetzungswege über

1. die Beschwerdeschlichtungskommission (Grievance Committee),
2. ein Verwaltungsverfahren und
3. die Zivilklage.

### *Die Behandlung in der Beschwerdekommission*

Jede Pflegeinstitution in Ohio ist verpflichtet, eine Beschwerdekommission zur Entgegennahme und eventuell zur Beilegung von Beschwerden einzurichten[1953]. Soferne dieses Komitee eine Verletzung der Patientenrechte[1954] erkennt, ist der Leiter der betroffenen Institution zu verständigen. Wenn die Verletzung nicht innerhalb von zehn Tagen einer Lösung oder einer Korrektur zugeführt werden kann, so

1951 Ohio Rev. Code Ann. § 3721.12(C).
1952 Ohio Rev. Code Ann. §3721. 14.
1953 Ohio Rev. Code Ann. §3721.12(A)(2) und §3721.17(A).
1954 Ohio's Bill of Rights for Nursing Home Patients, H. B. 600.

hat die Beschwerdekommission die Sache an die Ohio Commission on Aging aufsteigen zu lassen[1955]. Damit ist ein Verwaltungsverfahren eingeleitet. Die Schlichtungsstelle hat also in einem die Kompetenz zur Verfahrenseinleitung.

*Das Verwaltungsverfahren*

Die zweite Ahndungsmöglichkeit liegt in einem Verwaltungsverfahren[1956]. Dieses zu begehren, gebührt jedoch keineswegs nur dem Committee. Soferne der Beschwerdeführer das Gefühl hat, daß seine Beschwerde nicht ernsthaft und seriös im Committee abgehandelt wird, er Befürchtungen vor Vergeltungsmaßnahmen hat[1957] oder er auch einfach den Weg über das Grievance Committee für nicht zielführend erachtet, kann er eine Beschwerde direkt bei der Commission on Aging als Aufsichtsbehörde einbringen. Darüber hinaus kann, wer auch immer vermeint, daß die Rechte eines Langzeitpflegepatienten verletzt wurden, eine Beschwerde einbringen. Dies ist besonders in jenen Fällen von Gewicht, in denen Patienten aufgrund ihres Zustandes nicht mehr in der Lage sind, selbst Beschwerde zu erheben oder eine Verletzung ihrer Rechte gar nicht mehr wahrnehmen.

Die Commission on Aging behandelt Individualbeschwerden oder Anzeigen des Committe's durch den Nursing Home Ombudsman, der an der Commission on Aging eingerichtet ist. Er führt selbst Nachforschungen durch oder läßt diese vom Attorney General oder der Beschwerdekommission jener Institution, in der Verletzungen von Rechten passiert sein sollen, durchführen. Findet eine solche Verfahrenseinleitung durch den lokalen oder den staatlichen Ombudsmann innerhalb von 30 Tagen nicht statt, devolviert das Beschwerderecht an den öffentlichen Ankläger, den örtlichen Attorney General[1958].

---

1955 Ebda; die Commission on Aging ist jene staatliche Behörde, die dafür Verantwortung trägt, daß ein staatsweites Programm, Dienstleistungen und Aktivitäten im Interesse älterer Menschen angeboten werden, Ohio Rev. Code Ann. §173. 06.

1956 Ohio Rev. Code Ann. §3721.17(B).

1957 Ohio Rev. Code Ann. §3721.17(G) sieht bei der Vornahme von Vergeltungsmaßnahmen eine Geldstrafe vor.

1958 Ohio Rev. Code Ann. §3721.17(C).

Soferne die Untersuchungen und Nachforschungen ergeben, daß eine spezielle Verletzung der Bestimmungen der Ohio Bill of Rights vorliegt, so wird eine Verfügung zur Herstellung des gesetzmäßigen Zustandes (order for compliance) innerhalb einer angemessenen Frist erlassen und eine Geldstrafe für den Fall der Nichterfüllung festgesetzt[1959].

### *Die Zivilklage*

Die dritte Möglichkeit der Satisfaktion, die die Ohio Bill of Rights eröffnet, ist eine zivilrechtliche Klage. Die Verletzung von Patientenrechten wurde zugleich als Zivilrechtstatbestand formuliert, demzufolge Schadenersatz[1960] (compensatory and punitive damages) begehrt werden kann.

Nicht nur der in seinen Rechten verletzte Langzeitpflegepatient ist klagslegitimiert, sondern auch sein 'sponsor'. Unter 'sponsor' wird jeder erwachsene Verwandte, Freund oder gesetzliche Vertreter des Langzeitpflegepatienten, der ein Interesse oder Verantwortung am Wohlbefinden des Patienten hat, verstanden[1961].

Rechtspolitisch erscheint eine solche weite Regelung nicht ganz unproblematisch. *Regan*[1962] bringt zwei Bedenken vor: Es ist möglich, daß zum einen zu viele unbegründete Klagen vor Gericht eingebracht werden und zum anderen gleichzeitig Parallelen im administrativen und gerichtlichen Verfahren vorkommen können.

Ebenfalls auf der verwaltungsrechtlichen Ebene angesiedelt sind alle organisationsrechtlich verbindlichen Einrichtungen, die möglichst konfliktbeilegend, konfliktvorbeugend und konfliktdämpfend wirken sollen.

---

1959 Ohio Rev. Code Ann. §3721.17(E).
1960 Ohio Rev. Code Ann. §3721.17(I).
1961 Ohio Rev. Code Ann. §3721.17(D).
1962 Regan, J. J., When Nursing Home Residents Complain, S. 731 ff.

## *5.2. Aktivierungs- und Kommunikationsprogramme*

Um die kooperative, quasi-politische Teilnahmebereitschaft an der Gestaltung der eigenen Lebenswelt im Falle der Institutionalisierung im Sinne des sozialen Überlebens zu fördern, verlangen insbesondere amerikanische Rechtsordnungen in Nursing Home Laws, Residents' Bills of Rights und ähnlichen Akten den Aufbau von Mitbestimmungsorganen[1963]. Family and resident councils, facility resident councils, advisory councils, Patientenräte mit einer gesetzlich regulierten Binnenstruktur von Wahl, Willensbildung, Bericht und Kontrolle treten den Anstaltenleitungen als politische Repräsentation, Gewerkschaft, Belegschaftsvertretung zur Seite, allenfalls auch gegenüber. Einleuchtenderweise haben solche Einrichtungen ihren Haupteinsatzbereich in Institutionen der Alten-, Langzeit- und Behindertenpflege.

In Colorado ist auf Anstaltenebene gesetzlich ein interner Patientenrat vorgesehen. Als allgemeines Sprachrohr der Patienten soll der Patientenrat mitwirken, um Problembereiche einer spezifischen Anstalt gemeinsam mit der Institutionenleitung einer Lösung zuzuführen:

„Each skilled nursing facility or intermediate care facility shall also establish a residents' advisory council which shall consist of not less than five members selected by and from the resident population of the facility. The council shall meet at least once a month with the administrator of the facility and a representative of the staff to make recommendations concerning policies of the facility. The council may also present grievances to the grievance committee on behalf of a resident“[1964].

Da der Patientenrat mit dem ebenso auf Anstaltenebene einzurichtenden Beschwerdekomitee eng zusammenarbeitet, kann auch der Patientenrat Beschwerden direkt an die Leitung der Institution weiterleiten. Darüber hinaus kann der Patientenrat, neben dem Aufgreifen alltäglicher Probleme der Patienten, auch Kontakt zu offiziellen Stellen knüpfen und verschiedene Veranstaltungen durchführen.

---

1963 Colorado Rev. Stat. §25-1-120(4)(Supp.1980); Illinois Rev. Stat. ch. 111 1/2, §4152-203 (Smith-Hurd 1981-82); Oklahoma Stat. Ann. tit.63, §1-1922 (West-Supp.1981); Georgia Code Ann. §88-1920 B(e) (1981).

1964 Colorado Rev. Stat. §25-1-120 (4).

Diese sogenannten Single Facility Resident Councils schließen sich regional dann in Area Nursing Home Resident Councils zusammen. Solche Zusammenschlüsse dokumentieren gut die politische Bedeutung: Das Nursing Home Residents' Advisory Council in Minnesota (nunmehr unter der Bezeichnung Minnesota Alliance for Health Care Consumers geläufig) etwa hat über 10.500 Mitglieder, zu denen auch Familienmitglieder von Patienten gehören, in über 700 verschiedenen Langzeitpflegeinstitutionen in Minnesota; eine Organisation also, die nicht leicht zu überhören sein wird[1965].

Auch der finnische Erstentwurf zum Patientenrechtsgesetz[1966] sah einen Patientenrat auf Anstaltenebene vor, der allerdings in der letzten Regierungsvorlage gefallen ist. Interessant ist die Frage der Definition im Erstentwurf, an welchen Anstalten ein derartiger Rat einzurichten ist: Soferne eine Anstalt mehr als zehn Langzeitpflegepatienten beherbergt, ist dort ein Patientenrat einzurichten. Die Wahl erfolgt durch die Patienten selbst. Die Aufgaben liegen vor allem in verschiedenen Vorschlagsrechten zur Verbesserung der Lebensbedingungen in den jeweiligen Einrichtungen.

Solche Räte üben Mitsprache in allen Organisations-, Sozialisations- und Gestaltungsfragen in monatlich oder zweimonatlich verpflichtend abzuhaltenden Sitzungen aus. In diesen werden Empfehlungen präsentiert, Früherkennung von Störfaktoren betrieben, Informationen ausgetauscht.

Läßt sich auf dieser Organisationsebene eine Frage nicht klären, ein Konflikt nicht beilegen, so gibt es für solche Fälle wiederum rechtsförmige Streitbeilegungsprogramme.

## *5.3. Beschwerdeprogramme, Ombudsmannprogramme, Complaint-Programme*

Dabei handelt es sich immer noch um Schlichtungs- und noch nicht um förmliche Klageverfahren. Mit wechselnden Bezeichnungen und

1965 National Senior Citizens Law Center (Hrsg.), Nursing Home Law, S. 39.
1966 Section 11, Text im Dokumententeil.

schwankenden Kompetenzen sind dies vielfach Vermittlungs-, Assistenz- und Ombudsmannprogramme.

In Schweden, der Heimat des Ombundsmannsystems, das mittlerweile in aller Welt und für alle möglichen Einsatzbereiche kopiert wird, hat man keinen Patientenombudsmann geschaffen. Man begnügte sich für die politische Kalmierung mit sogenannten Kontaktpersonen.

Neben den neu entwickelten Einrichtungen nimmt sich die Funktion der Kontaktperson eher bescheiden aus. Kontaktperson ist regelmäßig ein Mitglied der Reichstags- oder Landtagsebene, dem zumindest der politische Einfluß auf regionaler Ebene zur Verfügung steht. Anstelle eines Ombudsmanns hat man in Schweden ein gesetzlich eingerichtetes Vermittlungsorgan „förtroendenämnden"[1967], ein Vertrauensamt, vorgezogen.

Norwegen arbeitet am Ausbau eines Ombudsmannsystems, in dem derzeit die Rechtsstellung und der Aufgabenbereich der Ombudsleute landesgesetzlich definiert sind, die Kompetenz jedoch über eine vermittelnde, betreuende und nach oben berichtende Tätigkeit nicht weit hinausgeht[1968]. Nicht viel weiter ist Dänemark. Die Niederlande haben für den gleichen Zweck auch Patienten-Kontaktpersonen; es gibt jedoch junge Konzepte für ein aufsteigendes und zusehends rechtsinstrumenteller agierendes Vertretungsnetz für Patienten[1969].

Als Vorbild dient allen europäischen Systemen doch wieder das transatlantische.

Auf James T. *Ziegenfuss'*[1970] Beschwerdemodelle und Funktionsdefinitionen kommen alle Patientenrepräsentationen, die in der American Hospital Association's Society of Patient Representatives[1971] vereinigt sind, zurück. Wurden spitalsbezogene Patientenrepräsentanten anfangs durchwegs als public relation Personal betrachtet, so entwickelte sich ihr Aufgabenbereich sehr rasch: Patientenrepräsentationsprogramme vereinen heute zwei gar nicht konträre, sondern vielmehr komplementäre Zielrichtungen. Es ist auf der einen Seite Absicht und Aufgabe der Programme, das Verhältnis zwischen Spitälern, Technologie,

---

1967 Eingerichtet durch Lag om förtroendenämnder inom hälso- och sjukvården, SFS 1980:12; geändert durch SFS 1982:765.

1968 Benson, I., Rapport om patientombudsordningen i Nordland, Bodø 1986, S. 3 ff.

1969 Centrale Raad voor Volksgezondheid (Hrsg.), Klachten van patiënten.

1970 Ziegenfuss, J. T., Patient/Client/Employee Complaint Programs.

1971 Vgl. dazu National Society of the Patient Representatives of the American Hospital Association (Hrsg.), Patient Representations in Contemporary Health Care.

Ärzteschaft, Pflegepersonal und Patienten zu humanisieren, also als eine Brücke (bridge builder) zu fungieren. Auf der anderen Seite zielen die Programme darauf ab, die Gesundheitsfürsorge an sich zu verbessern und entstehende Kosten aus Mißständen in der Gesundheitsfürsorge einzudämmen. Nicht nur die Entgegennahme von Beschwerden, sondern die Betreuung von Ausbildungs- und Informationsprogrammen, Anlage von Datensammlungen, Beratung des Spitalsmanagements und Partizipation am Krisenmangament von Institutionen haben die Bedeutsamkeit kräftig gesteigert. Erst der Informationsfluß von unten nach oben ermöglicht das Erkennen von Problemfeldern in Strukturen und Verfahrensabläufen. Patientenrepräsentationsprogramme werden daher auch als intelligente Lernsysteme bezeichnet.

Nach *Ziegenfuss* hat ein Patientenrepräsentationsprogramm drei Primäraufgaben in der Programmgestaltung zu erfüllen:

Im Zentrum steht dabei das Beschwerdeverfahren mit dem Zweck, individuelle und generelle Problembereiche der Patienten zu identifizieren. Dabei sind die Beschwerdegrundlagen zu erforschen und die situationsbedingenden Faktoren und die auslösenden Determinanten zu eruieren. Diese Erkenntnisse sind mit allen am Problem beteiligten Personenkreisen zu erörtern, zu diskutieren. Im Anschluß daran sind Problemlösungsvorschläge zu erarbeiten. Die zur Lösung eingeleiteten Schritte sind kontinuierlich auf ihre Adäquanz hin zu überprüfen.

Für die im Beschwerdeverfahren erkannten Problembereiche müssen entsprechende Informations- und Ausbildungsprogramme entwickelt werden. Informationsprogramme umfassen die Aufbereitung des Wissens durch Zusammenstellung erarbeiteter Fakten und Daten; Ausbildungsprogramme vermitteln anschließend diese Daten mit Hilfe von speziellen Trainings- und Weiterbildungsprogrammen an die für die medizinische Ausbildung Verantwortlichen. Diese dienen zur Intervention bei und zur Prävention in der Ausweitung von erkannten Problembereichen, als allgemeine Schulung der Partizipanten einer Gesundheitseinrichtung und als Bestandteil der Administration einer Gesundheitseinrichtung.

Im dritten Einsatzbereich entwickelt das Patientenrepräsentantenprogramm eine Beratungsfunktion für das Management einer Einrichtung (purchase of service consultant, expert advice consultant, process consultant).

Die Funktionsfähigkeit eines Patientenrepräsentantenprogrammes hängt allerdings immer von seiner Stellung innerhalb der Gesamtorganisation einer Gesundheitseinrichtung und von seinen verfügbaren Handlungsmöglichkeiten und -instrumentarien ab. Informelle Strategien stellen sich in vielen anfallenden Problembereichen als nicht effizient genug heraus; Effizienz ist in fast allen Bereichen lediglich mit formellen Handlungsermächtigungen denkbar und möglich.

Zur Überprüfung der Funktionsfähigkeit und zur eigenen Leistungskontrolle ist das Patientenrepräsentantenprogramm aber auch einem geeigneten Supervisionsprogramm zu unterstellen. Fünf Phasen umfassende Supervisionsmodelle zur Überprüfung der Tätigkeit der Patientenrepräsentanz sollen sicherstellen, daß sowohl Personalzusammensetzung, Quantität und Qualität der durchgeführten Tätigkeiten sowie das Erreichen der vorgegebenen Ziele durchleuchtet werden und eine Evaluation vorgenommen wird.

### *5.4. Patientenanwaltschaft/Klientenanwaltschaft*

Die Patienten-Anwaltschaft, die sich durchaus terminologisch mitunter als Ombudsmann bezeichnet[1972], ist zwar noch Vermittlungsorgan, aber durchaus auch schon zu formalen Verfahrensschritten berechtigt respektive ermächtigbar. Sie ist zumeist als Rechtsträger regional oder zentral organisiert, gesetzlich, kollektivvertraglich oder vereins- respektive stiftungsrechtlich eingerichtet und hat nicht nur zentrale oder regionale, sondern zumeist auch lokale Büros. Mitunter hat sie auch ihre Organwalter aus Gründen der Erreichbarkeit direkt an Anstalten.

Den kanadischen Erfahrungen entsprechend, wird für Patientenanwaltschaften, im engen und eigentlichen Sinn des Begriffs, ein strenges Anforderungsprofil erstellt[1973]. Was dieses nicht erfüllt, ist keine Anwaltschaft.

1. Die Anwaltschaft muß sich am Klienten orientieren; das heißt noch nicht, daß alle Ansinnen erfüllt werden müssen.
2. Die Anwaltschaft muß unabhängig sein. Wäre ein Patientenanwalt auch nur mittelbar ein Angestellter einer zu belangenden Institution, so käme er in eine Konfliktsituation.
3. Die Anwaltschaft muß für jedermann und jederzeit zugänglich sein. Der Anwaltschaft muß die Institution jederzeit zugänglich sein.

---

1972 Dazu grundsätzlich Milner, N., The Symbols and Meanings of Advocacy, in: International Journal of Law and Psychiatry 8 (1986), S. 1 ff.

1973 Ontario Ministry of the Attorney General (Hrsg.), You've Got a Friend, S. 44 ff.

4. Anwaltschaft darf weder nur auf Konfrontation noch nur auf Konfliktscheue setzen. Das heißt, sie muß die Interessen des Patienten kooperativ, zusammenarbeitend, aber nachhaltig fördern.
5. Die Anwaltschaft hat auf Verständnis und Akzeptanz hin zu agieren, um die gerichtliche Lösung von Konflikten zu minimieren.

Ein Modell ragt über alle anderen hinaus: das von Ontario[1974]. Sein Aufbau ist für einen Zeitraum von drei Jahren angelegt.

Zunächst wird eine zentrale Anwalts-Kommission eingerichtet. Diese erarbeitet ein Programm, gründet sieben Regionalbüros, bestellt deren Direktoren und stellt ihnen die nötigen Anwaltskoordinatoren bei. Diese wiederum bauen ein örtliches Netz von lokalen Einrichtungen und Patientenanwälten vor Ort auf.

Dieses „Shared Advocacy Model", rechtlich völlig unabhängig, wird ausschließlich durch die Regierung finanziert werden. Berichtet wird an das Parlament und den Attorney General.

Bestellt werden die Mitglieder der Kommission ehrenamtlich und nur einmal für fünf Jahre; innerhalb dieser Zeit sind sie unabsetzbar und unabhängig. Der Kommission stehen Mitarbeiter zur Seite, von denen wenigstens einer Rechtsanwalt sein sollte.

Die Regionalboards sollen nicht mehr als 25 Mitglieder haben; die Hälfte davon möglichst Patientenrepräsentanten. Die Regionalbüros steuern die Tätigkeit der Patientenanwälte im Feld, beschäftigen diese, rekrutieren engagierte Freiwillige und sind für die autonome Öffentlichkeits- und Informationstätigkeit verantwortlich.

Vergleichbares bahnt sich in Europa erst an[1975].

In Schweden hat man auch keine Patientenanwaltschaft, dafür aber, wie erwähnt, ein eigenes Amt, das Vertrauensamt, eingerichtet. Dieses ist schon mehr als ein Ombudsmann, aber noch immer weniger als eine Disziplinarbehörde. Dies gilt es deshalb hervorzuheben, weil im Verfahren vor dem Vertrauensamt noch keine Offizialmaxime herrscht, derzufolge wiederum der Patient nicht mehr Beschwerdepartei, sondern Zeuge wäre und somit dann den Gang eines einmal losgetretenen

---

1974 Ebda.

1975 Hier befindet sich Österreich sogar im aktuellen Trend mit dem neuen Unterbringungsgesetz (BGBl. 155/1990) und dem darin vorgesehenen zu gründenden Patientenanwaltsverein; 1202 der Beilagen zu den Stenographischen Protokollen des Nationalrates XVII. GP.

Verfahrens nicht beeinflussen könnte. Hier kann er noch. Dieses Vertrauensamt, das von der Semantik des „Amts" her nicht gerade des Mitteleuropäers Vertrauen weckt, hat einen gesetzlichen, noch stark vermittelnden, aber doch schon einen quasianwaltschaftlichen Auftrag[1976] und eine Verfahrensordnung, die ihr gegenüber den öffentlichrechtlich organisierten Anstalten eine investigative Rechtsstellung sichert.

## *5.5. Patientenräte/Klientenräte als politische Mitbestimmungsorgane*

In den Vereinigten Staaten ist aufgrund der Older Americans Act Amendments[1977] jeder Bundesstaat – und zwar neben den oben beschriebenen, lokalen und anstaltsbezogenen Programmen – zur Errichtung eines auf oberer politischer Ebene angesiedelten Ombudsmann-Programmes für die Langzeitpflege aufgefordert. Das interessanteste ist das Modell Florida[1978]. Deutlich kommt die Absicht des Gesetzgebers zum Ausdruck:

„The legislature declares further that concerned citizens are more effective advocates of the rights of others than government agencies. It is the intent of the legislature, therefore, to provide an alternative to the present method of correcting nursing home deficiencies, by establishing, at the state and district levels, voluntary citizen ombudsman councils, which are not subject to interference by any executive agency and which shall undertake to discover, investigate, and determine the presence of abuse or neglect in nursing home facilities and to receive, investigate, and resolve complaints against nursing home facilities"[1979].

Von Bedeutung ist rechtspolitisch vor allem die partnerschaftliche Besetzung des Rechtsträgers, der mehr als ein Beschwerde- und Serviceorgan für Patienten ist, nämlich zugleich eine politische Patientenrepräsentanz. Das Konzept ist klar, es soll nicht nur reparatorisch ge-

---

1976 Lag om förtroendenämnder 1986:245 „. . . uppgift att främja kontakterna mellan patienterna och hälso- och sjukvårdspersonalen samt att at patienterna förmedla den hjälp som förhållandena påkallar" (. . . den Auftrag, die Kontakte zwischen den Patienten und dem Gesundheits- und Krankenwesenpersonal zu fördern sowie den Patienten jene Hilfe zu vermitteln, die die Umstände erfordern).

1977 Public Law 95-478 (H. R.12255); October 18, 1978; 92 Stat. 1525; Comprehensive Older Americans Act Amendments of 1978.

1978 Florida Stat. Ann. §400.301 ff.

1979 Florida Stat. Ann. §400.301.

arbeitet werden, sondern Strukturprobleme sollen unmittelbar auf die obere und oberste Ebene der Politik und der Gesetzgebung transportiert werden können.

Klar ist demnach auch die im Gesetz formulierte Aufgabenstellung:

– die Entwicklung und Implementation von nationalen, staatlichen und lokalen Gesetzen, Verordnungen und Richtlinien in bezug auf die Langzeitpflegeeinrichtungen im betreffenden Staat zu beobachten[1980];

– Informationen hinsichtlich der Probleme von älteren Menschen in Langzeitpflegeeinrichtungen den öffentlichen Behörden zur Verfügung zu stellen[1981];

– die Entwicklung von Verfahren zur Entdeckung, Nachforschung und Ermittlung von Fällen der Mißhandlung und Vernachlässigung in Langzeitpflegeinstitutionen oder Langzeitpflegeeinrichtungen[1982];

– die Entwicklung von Verfahren zum Eruieren, Erhalten, Entsprechen und Lösen von Beschwerden, die von oder im Interesse von Patienten in Langzeitpflegeinstitutionen eingebracht werden[1983];

– die Prüfung der Effektivität der Rechte der Patienten der Langzeitpflegeinstitutionen sowie aller einschlägigen Gesetze oder Verordnungen[1984].

Den politischen Aufgaben entspricht die Zusammensetzung dieser State Commission: Einfach vertreten ist die Ärzteschaft, das Pflegepersonal, die Pharmazie, die Diätetik, doppelt die Langzeitpflegepatientenschaft mit zusätzlich je einem Patienten eines Altersheims und einer Langzeitpflegeinstitution; weiters ist Mitglied der Kommission ein Anstalteneigentümervertreter, ein Patientenanwalt und ein Sozialarbeiter[1985].

Ganz ähnlich sieht man in den Niederlanden die Einbindung und Absicherung der lokal arbeitenden Patientenrepräsentanten in das politische System. Dort proponiert der Zentrale Rat für Volksgesundheit[1986], im Interesse absoluter Unabhängigkeit der Patientenkontaktpersonen, analog zum kanadischen Postulat, eine strenge Trennung von den observierten Institutionen. Als Rechtsträger der Aufsichtspersonen soll daher eine eigenständige Stiftung für jede Provinz gegründet werden, die in traditionell niederländischer, hoch sozialpartnerschaftli-

---

1980 Section 307(a)(12) Older Americans Act Amendments 1978, Public Law 95-478 (H. R.12255), October 18, 1978.

1981 Section 307(a)(12) Older Americans Act Amendments 1978, Public Law 95-478 (H. R.12255), October 18, 1978.

cher Manier besetzt sein soll: von Vertretern der Gesundheitsfürsorge, der Personalvertretungen, der Patientenrechtsverbände, der Sozialversicherungsträger, der Gemeinden und der Landtage. In einem ergänzenden Vorschlag für einen Klientenrat verweist man auf Repräsentativitätskriterien, wie sie das Betriebsräterecht formuliert[1987].

Schweden will einen prinzipiell anderen Weg gehen. Die Einbindung des politischen Detailwillens betroffener oder engagierter Bürger soll nicht punktuell auf Patientenprobleme reduziert, sondern generell erschlossen und nutzbar gemacht werden. Ein gruppendemokratisches Modell von repräsentativ konzipierter Bürgerbeteiligung (Aktivt folkstyre i kommuner och landsting)[1988] erfaßt unter anderem auch das Kranken- und Anstaltenwesen. Unter dem Oberthema Konsumentenbeteiligung (brukarinflytande), geht man an das Rollenbild des Politikers direkt heran: Jedem Ressortchef soll ein Rat, ein Beirat, zur Seite gestellt werden; damit hat auch der für das Anstaltenwesen Verantwortliche einen von den Betroffenen über deren Organisationen gebildeten sachkundigen Rat, der ganz autonom über System, Umfang und Qualität Empfehlungen ausspricht[1989].

## *5.6. Begleitende Kontrolle an und Zwangsverwaltung von Anstalten*

Hinweise für die rechtliche Einbindung von nicht öffentlichrechtlich organisierten Anstalten in das Patientenrechtssystem liefert ebenfalls amerikanisches Recht, wenngleich auch die Niederlande hier tätig werden.

Kontrolle, beigeordnete Aufsicht und Zwangsverwaltung, sind die Instrumente, mit denen die Rechte der Patienten in privaten Anstalten gesichert werden.

---

1982 Florida Stat. Ann. §400.304.

1983 Florida Stat. Ann. §400.304.

1984 Florida Stat. Ann. §400.307.

1985 Florida Stat. Ann. §400.304; §400.307.

1986 Centrale Raad voor Volksgezondheid (Hrsg.), Klachten van patiënten, S. 42.

1987 Vroom-Kastelein, W. R., Democratisering in de gezondheidszorg, in: Medisch Contact 1985 (19), S. 1377 ff.

1988 Regeringens proposition 1986/87:91, Stockholm 1987; Riksdagen 1986/87, Stockholm 1987, 1 saml. nr.91.

1989 Förslag till Lag om ändring i kommunallagen (1977:179) Kap.1, § 5.

Normen, die die regelmäßige, wenigstens einmal jährlich stattfindende und anzumeldende Inspektion auferlegen, brauchen nicht weiter aufbereitet zu werden. Beobachtenswert ist erst die Reaktion im Falle einer Mißstandsbehauptung oder -feststellung.

Dann nämlich wird ad hoc vom Health Departement ein 'mediator' oder 'monitor', eine Mischung aus Beobachter, Primäruntersuchungsorgan und kommissarischem Ratgeber, bestellt. In Michigan kann dieser immerhin schon die Verlegung von Patienten an andere Anstalten anordnen. Diese 'monitors' der Lizenzbehörde haben jedenfalls Zugang zu den Einrichtungen und dürfen auch Einblick in alle organisatorischen Aufzeichnungen nehmen. In der Zeit des Beobachtens, die einen kurzen Zeitraum von meist 10 Tagen nicht überschreiten darf, sind sie aber auch verpflichtet, zu assistieren, indem sie entsprechende Ratschläge erteilen, wie es am besten möglich ist, die Übereinstimmung mit den gesetzlichen Anforderungen an der Institution zu erreichen. Stellt der Aufsichtsbeamte nicht fest, daß die Probleme gelöst wurden oder deren Lösung innerhalb von drei Monaten zu erwarten ist, so geht das monitoring automatisch über in eine

*Zwangsverwaltung (receivership).*

Im Kontext des Gesundheitswesens bedeutet das 'receivership' die temporäre Übernahme einer Langzeitpflegeeinrichtung durch den Staat mit dem Zweck, sie den gebotenen Standards der Lizenz und den übernommenen Verpflichtungen anzupassen. Die Vorteile der Zwangsverwaltung bestehen darin, daß Gelegenheit zur professionellen Standardwiederherstellung gegeben wird, während durch einen Konzessionsentzug (decertification) nur die Schließung einer Anstalt bliebe. Daher geht der neuere Trend dahin, schon relativ frühzeitig, also nicht erst bei Auftauchen schwerer Mißstände, eine Zwangsverwaltung zu verhängen, um zu verhindern, daß der Standard so weit abfällt, daß eine Sanierung faktisch unmöglich ist[1990].

Antragsberechtigt ist nicht nur eine Behörde, sondern jeder Langzeitpflegepatient oder dessen Repräsentant.

In den Niederlanden mißt man der begleitenden, integrierten Kontrolle besondere Bedeutung bei. Im Rahmen einer beaufsichtigenden

---

1990 Dazu National Senior Citizens Law Center (Hrsg.), Nursing Home Law, S. 22 ff.

Tätigkeit sollen Inspektoren darauf achten, die Qualität der Gesundheitsfürsorge zu halten und zu verbessern. Ein Inspektor kann auf eigene Initiative oder aufgrund von Klagen Untersuchungen verfügen und Verbesserungen fordern (Art. 38 Gesundheitsgesetz)[1991]. Wie oben erwähnt, sehen die regional eingerichteten Inspektionen für nicht direkt betroffene Dritte, etwa Familienangehörige, bei den medizinischen Disziplinargerichten ein Klagerecht vor.

Vor allem die regionalen Inspektionen der Staatsaufsicht spielen eine große Rolle in der Kanalisierung der Klagen, die durch die Patienten bei ihnen anhängig werden. In diesen Fällen verfügen die Inspektionen direkte Untersuchungen, Beurteilungen und die Prüfung von professionell Behandelnden. Im allgemeinen wird bei dieser Klagsbehandlung die Prozedur gehandhabt, daß der Kläger zu einem Gespräch durch einen Mitarbeiter der regionalen Inspektionen eingeladen oder von diesem besucht wird. Im Rahmen dieser Untersuchung vernimmt der Korrespondent oder Inspektor weiters die Behandelnden und kann Einsicht in Dossiers verlangen, um beurteilen zu können, inwieweit Korrektur oder Sanktion erforderlich ist. Sollte es dem Kontrollorgan unmöglich gemacht werden, Untersuchungen zu führen, kann es eine Klage bei einem der medizinischen Disziplinarkollegien einreichen, die dann weitergehende Untersuchungsbefugnisse haben[1992].

Die beaufsichtigende Tätigkeit dieser Inspektoren beschränkt sich nicht nur auf das Gebiet der Berufsausübung. Ihr Aufgabenbereich umfaßt weitere Felder und bezieht sich etwa auch auf Organisatorisches oder Prozedurales im Gesundheitswesen, insofern dies in Gesetzen oder anderen formellen Regelungen festgelegt wurde (Gesetz über Infektionskrankheiten, Gesetz über Krankenhauseinrichtungen, Gesetz über Krankentransporte etc.).

Ein Patient kann sich an diese Aufsichtsbehörde der regionalen Inspektionen wenden. Diese untersucht dann die Beschwerde, kann Untersuchungen in Auftrag geben, Verbesserungen verlangen oder die Klage an ein medizinisches Disziplinarkollegium bzw. an den Staatsanwalt weiterreichen.

---

1991 Centrale Raad voor Volksgezondheid (Hrsg.), Klachten van patiënten, S. 18; Beumer, F. J. A., Patiënt en Recht, S. 38.

1992 Centrale Raad voor Volksgezondheid (Hrsg.), Klachten van patiënten, S. 19.

An Kritik gegen diese Einrichtung mangelt es aber nicht. Dem Kläger ist nämlich oft nicht klar, aufgrund welcher Kriterien eine Klage abgewiesen oder weitergeleitet wird, auch gibt es Inspektoren, die der Meinung sind, daß nur Klagen mit einem allgemeinen Interesse bei einem Disziplinarkollegium anhängig zu machen seien[1993].

1993 Ebda, S. 26; Aghina, M., Patiëntenrecht, S. 130.

# 6. Zivilrecht

## *6.1. Teilkodifikation*

Da die rechtliche Beziehung zwischen Behandelndem oder der behandelnden Einrichtung einerseits und dem Patienten andererseits grundsätzlich auf einem, oft auch stillschweigend geschlossenen, privatrechtlichen Vertrag beruht, werden Patientenrechte in der westlichen Welt traditionell nach dem allgemeinen Vertragsrecht im jeweiligen Zivilrecht geregelt[1994]. Den Besonderheiten des medizinischen Behandlungsvertrags wird mangels eigenständiger Kodifikation der Rechte und Pflichten aus diesem Vertrag in allen europäischen Ländern bis heute lediglich durch Lehre und Rechtsprechung Rechnung getragen[1995]. Diese entwickeln dabei die Grundsätze und Prinzipien, die es dem Patienten ermöglichen sollen, dem Vertragspartner die Rechte und Ansprüche direkt und unmittelbar abverlangen zu können. Allseits bekannt zeigt sich aber gerade die zivilrechtliche Durch- und Umsetzung der Patientenrechte oftmals in der Praxis als problematisch: Zum einen ist das Zivilrecht immer rekuperatorisch und restitutorisch angelegt. Seine Präventivwirkung ist damit gering. Zum anderen dauern Zivilprozesse meist lange und sind kostenintensiv. Sorgfaltsverletzungen und Kausalitäten sind mit zunehmender Komplexität, wie sie die Medizin auszeichnet, überaus schwierig nachzuweisen[1996], das Prozeßkostenrisiko ist beachtlich.

---

1994 Vgl. für Österreich dazu insbesondere Völkl-Torggler, S., Die Rechtsnatur des ärztlichen Behandlungsvertrages, S. 72 ff.

1995 Beispielsweise die deutsche Lehre und Rechtsprechung bei Laufs, A., Arztrecht, S. 24 ff.

1996 Für die Häufigkeit von Arzthaftungsprozessen in der Bundesrepublik Deutschland nennen Malek und Endriß nach Angaben der Haftpflichtversicherungen etwa 6000 Ansprüche pro Jahr, die den Haftpflichtversicherungen von den

Während man zumeist[1997] aus diesen Gründen vorerst verwaltungsrechtliche Wege zur Verankerung und Gewährleistung der Patientenrechte sucht, entschied man sich in den Niederlanden, trotz der auch dort erkannten Problematik des Zivilrechts bei der Durch- und Umsetzung der dort bestehenden Rechte, dazu, die von der niederländischen Lehre und Judikatur bereits seit langem anerkannten Patientenrechte, wie Informations-, Zustimmungs-, Einsichts-, privacy- und Datenschutzrechte[1998] im Allgemeinen Bürgerlichen Gesetzbuch zu kodifizieren. Soweit ersichtlich, ist dies bislang in Europa einzigartig[1999]. Dennoch darf diese Vorgangsweise nach niederländischer Betrachtung keinesfalls ausschließen, Patientenrechte nicht zusätzlich auch flankierend durch das Verwaltungsrecht abzusichern[2000]. Weiters wird erwogen, durch Verträge, die zwischen den Organisationen und Verbänden der Behandelnden und Patientenrechtsverbänden abgeschlossen werden, eine Art von Allgemeinen Geschäftsbedingungen zu schaffen, die weitere Patientenrechte gewährleisten oder näher detaillieren sollen[2001].

---

Ärzten gemeldet werden. Davon führen 10% – 15% zu einem Anerkenntnis, ca. 30% zu einem Vergleich. 7%, also etwa 420 Fälle, kommen vor Gericht. Von diesem verbleibenden kleinen Rest wird die Hälfte der Klagen zugunsten der Ärzte entschieden, also abgewiesen, 40% werden verglichen und nur in 10% der Fälle ist eine Klage des Patienten erfolgreich. Das bedeutet, daß von 6000 jährlichen Ansprüchen der Patienten gegen Ärzte nur 42! Klagen von einem Zivilgericht positiv entschieden werden; Malek, K./Endriß, R., Patientenrechte, S. 48.

1997 Leenen, H. J. J./Pinet, G./Prims, A. V., Trends in Health Legislation, S. 18 ff.

1998 Hermans, H. E. G. M./Faro, L. M. C., Patiëntenrechten, S. 199.

1999 Lediglich in Deutschland wurde in den achtziger Jahren ebenfalls eine Novelle zum deutschen BGB erwogen; dazu Deutsch, E./Geiger, M., Medizinischer Behandlungsvertrag. Empfiehlt sich eine besondere Regelung der zivilrechtlichen Beziehung zwischen dem Patienten und dem Arzt im BGB?, in: Bundesminister d. Justiz (Hrsg.), Gutachten und Vorschläge zur Überarbeitung des Schuldrechts, Bd. II, 1981; Deutsch, E., Eine Gesetzeslücke, S. 161 ff.

2000 In den Niederlanden werden daher durch die sogenannten „Anerkennungsbedingungen" für den Status als Krankenhaus jene Rechte durch öffentliches Recht zusätzlich unter Schutz gestellt, die sich im Rahmen des Zivilrechtes nicht zur Regelung eignen.

2001 Mijn, W. B. van der, Het voorontwerp van en patiëntenwet, in: Medisch Contact 12 (1987), S. 369 ff.

*Der niederländische Gesetzesentwurf zum Behandlungsvertrag*

Die neuen niederländischen Gesetzesbestimmungen sollen als siebtes Hauptstück nach dem Art. 1652 in das Bürgerliche Gesetzbuch aufgenommen werden[2002]. Dieses Hauptstück trägt den Titel: „Der medizinische Behandlungsvertrag" (de overeenkomst inzake geneeskundige behandeling) und enthält zwingendes Recht (Art. 1653 u). Im einzelnen finden sich die folgenden Bestimmungen im Entwurf:

*Anwendungsbereich*

Der Behandlungsvertrag ist ein Vertrag, „bei dem eine natürliche oder juristische Person, der Behandelnde, sich in Ausübung eines Berufes oder im Rahmen eines Unternehmens, zur Ausübung einer Behandlung auf dem Gebiet der Medizin verpflichtet"[2003].

Es hängt also von der jeweiligen rechtlichen Beziehung ab, mit wem dieser Behandlungsvertrag geschlossen wird. Begibt man sich bei einem individuellen Spezialisten, der nicht im Dienst eines Krankenhauses steht, in Behandlung, so wird der Behandlungsvertrag mit diesem individuellen Arzt abgeschlossen, sonst mit dem Krankenhaus selbst.

Der verwendete Begriff Behandlung (handeling) ist definitionsbedürftig: Er umfaßt alle Tätigkeiten auf dem Gebiet der Medizin[2004], auch Präventivmaßnahmen und die Beurteilung des Gesundheitszustandes. Ein Problem dabei ist, daß in einer Anzahl von Fällen, etwa bei Musterungen zur Eignung zum Militärdienst, bei betriebsärztlichen oder schulärztlichen Untersuchungen, der „Behandlung" kein privatrechtlicher Vertrag zugrunde liegt. Der Gesetzesentwurf

2002 Zur Neukodifikation des gesamten Niederländischen Bürgerlichen Gesetzbuches siehe Bydlinski, F./Mayer-Maly, Th./Pichler, J. W., (Hrsg.), Renaissance der Idee der Kodifikation.

2003 Art. 1651 Abs. 1 Niederländisches Bürgerliches Gesetzbuch (Entwurf).

2004 Leenen, H. J. J., Rechten van de patiënt, S. 1382.

versucht das Problem dahingehend zu lösen, daß er[2005] bestimmt, daß diese Handlungen den privatrechtlich begründeten gleichgestellt sind[2006]. Das gleiche gilt damit im Fall der Einlieferung eines bewußtlosen Patienten.

*Rechtsposition des Minderjährigen*

In den Erläuternden Bemerkungen wird festgestellt, daß Minderjährige, zunehmend jüngeren Alters, tatsächlich am Rechtsverkehr teilnehmen. Diese Entwicklung führe im Bereich der Gesundheitsfürsorge dazu, daß immer mehr Minderjährige auf eigene Initiative ärztliche Hilfe erbitten[2007].

Daher wird[2008] ein Minderjähriger, der das Alter von 16 Jahren erreicht hat, befähigt, ohne die Zustimmung seines gesetzlichen Vertreters einen Behandlungsvertrag für sich selbst einzugehen. Wichtig ist, daß der Patientenrechtsentwurf zwischen dem Schließen eines Behandlungsvertrages und der Zustimmung zur medizinischen Behandlung selbst unterscheidet[2009]: Für die Behandlung eines Minderjährigen unter zwölf Jahren bedarf es nur der Zustimmung des gesetzlichen Vertreters; für die von Minderjährigen unter sechzehn Jahren, bedarf es der Zustimmung des minderjährigen Patienten und der Zustimmung des gesetzlichen Vertreters[2010].

Eine konkludente Zustimmung darf nicht unterstellt werden; Ausnahmen bestehen nur für nicht invasive Maßnahmen[2011]. Was unter einer nicht invasiven Maßnahme zu verstehen ist, wird durch das Gesetz allerdings nicht bestimmt, sondern durch medizinische Usancen und den Wissenschaftsstand beantwortet.

Minderjährige, die zur Wahrnehmung ihrer eigenen Interessen imstande sind, können die Weitergabe von Informationen an den gesetzlichen Vertreter durch den Arzt und eine Einsicht des gesetzlichen Ver-

2005 Art. 1653 t Bürgerliches Gesetzbuch (Entwurf).
2006 Leenen, H. J. J., Rechten van de patiënt, S. 1382.
2007 Hermans, H. E. G. M./Faro, L. M. C., Patiëntenrechten, S. 200.
2008 Art. 1653 Bürgerliches Gesetzbuch (Entwurf).
2009 Art. 1653 d Abs. 1 leg. cit.
2010 Art. 1654 g Abs. 1 b leg. cit.
2011 Art. 1653 d Abs. 3 leg. cit.

treters in den Krankenbericht verhindern[2012]. Dadurch entsteht die eigenartige Pattstellung, daß der Behandelnde zwar die Zustimmung des gesetzlichen Vertreters braucht, diesen aber nicht informieren darf. Die Zustimmung des gesetzlichen Vertreters kann damit eigentlich gar nicht zustandekommen, denn eine Zustimmung ohne Information ist undenkbar[2013]. Daraus ergibt sich also, daß im Fall der Informationsblockade durch den minderjährigen Patienten, der Arzt mit der Behandlung ohne Zustimmung des gesetzlichen Vertreters beginnen darf. Die Schweigepflicht des Arztes, die durch den Minderjährigen auferlegt wird, steht demnach höher als das Prinzip der Zustimmung[2014].

Ist ein Minderjähriger über zwölf Jahren aber erkennbar nicht in der Lage, seine Interessen gebührlich wahrzunehmen, treten dessen Eltern oder Kuratoren an seine Stelle[2015]. Damit können solche Minderjährige selbst keine wirksame Zustimmung zur Behandlung geben und die Eltern oder Kuratoren entscheiden alleine. Die Annahme der konkludenten Zustimmung für nicht invasive Maßnahmen ist aber auch hier möglich[2016].

Nach Ansicht der niederländischen Lehre gehen die Rechte minderjähriger Patienten zu wenig weit. So wird etwa kritisiert, daß zur Behandlung von Minderjährigen unter sechzehn Jahren auch die Zustimmung der Eltern notwendig ist. Dies könne etwa bei einer Geschlechtskrankheit oder Abtreibung problematisch werden[2017]. Der sozialen Entwicklung an sich und wohl auch nicht den Erkenntnissen über die Funktion der heilungsbeschleunigenden Wirkung einer vom Patienten mitgetragenen Behandlung Rechnung tragend, wird geregelt, daß Minderjährige unter zwölf Jahren nicht einmal gehört werden müssen.

*Unter Sachwalterschaft stehende Volljährige*

Ist für einen Patienten ein Sachwalter bestellt, so ist dessen Zustimmung zur Behandlung einzuholen[2018]. Nur wenn diese kurzfristig nicht

---

2012 Art. 1653 l Abs. 3 leg. cit.

2013 Hermans, H. E. G. M./Faro, L. M. C., Patiëntenrechten, S. 200; Leenen, H. J. J., Rechten van de patiënt, S. 1382.

2014 Leenen, H. J. J., Rechten van de patiënt, S. 1382.

2015 Art. 1653 q sub b leg. cit.

2016 Art. 1653 d Abs. 3 leg. cit.

2017 Leenen, H. J. J., Rechten van de patiënt, S. 1382; Hermans, H. E. G. M./Faro, L. M. C., Patiëntenrechten, S. 199.

2018 Art 1653 q Abs. 1 sub c leg. cit.

zu erwirken ist und es im Interesse des Patienten liegt, daß eine Behandlung ohne Verzögerung vorgenommen wird, so kann auf die Einholung verzichtet werden[2019].

Der Sachwalter kann weiters alle Unterlagen des Patienten einsehen. Er darf sogar bei der Behandlung anwesend sein (Art. 1653 n leg. cit.), was von der Lehre zu Recht als zu weitgehend kritisiert wird[2020].

Noch problematischer wird der Gesetzesentwurf im Fall eines volljährigen Patienten, der zu einer gebührlichen Abwägung seiner Interessen temporär nicht fähig ist und keinen Vertreter oder Sachwalter hat. Ein solcher Patient, der im vorhinein niemanden bestimmt hat, um für ihn aufzutreten, soll[2021] vom Ehepartner oder vom Lebensgefährten oder, wenn es einen solchen nicht gibt, von einer anderen Person, die „anderweitig in enger Beziehung zum Patienten steht“, vertreten werden. Die Erläuternden Bemerkungen erwähnen in diesem Zusammenhang kurioserweise den letzten Zimmerkollegen eines Studenten[2022].

Die Lehre steht auf dem Standpunkt[2023], es sei allgemeines Prinzip des Gesundheitsrechtes, daß Familienmitglieder oder andere Personen, die Rechte eines Patienten nicht an dessen Stelle ausüben dürfen, also etwa keine Zustimmung zur medizinischen Behandlung geben können. Niemand anderer als der Patient selbst kann das Recht auf Selbstbestimmung ausüben. Da in akuten Situationen die Zustimmung des Patienten ohnedies unterstellt werden darf[2024] und bei nicht invasiven Maßnahmen eine Zustimmung gar nicht notwendig ist[2025], sei eine Zustimmung eines Vertreters eigentlich überflüssig. Für alle anderen Fälle wäre es besser, die Zustimmung des Patienten für all jene Eingriffe zu unterstellen, denen ein Durchschnittspatient in den gleichen Umständen vermutlich zugestimmt hätte[2026].

Der Entwurf ist, was diese Problematik betrifft, in sich nicht sehr stimmig: Zwar muß die Einwilligung eines Vertreters in den genannten Fällen eingeholt werden, es dürfen aber keine Informationen an diesen weitergegeben werden, denn der Kreis derjenigen, die Informationen

---

2019 Art. 1653 d Abs. 4 leg. cit.
2020 Leenen, H. J. J., Rechten van de patiënt, S. 1383.
2021 Art. 1653 q Abs. 2 leg. cit.
2022 Leenen, H. J. J., Rechten van de patiënt, S. 1383.
2023 Ebda.
2024 Art. 1653 d Abs. 4 sub a leg. cit.
2025 Art. 1653 d Abs. 4 sub a und Abs. 3 leg. cit.
2026 Leenen, H. J. J., Rechten van de patiënt, S. 1383.

erhalten dürfen, ist auf die gesetzlichen Vertreter beschränkt[2027]. Der Vertreter kann also mangels Information gar keine aufgeklärte, verantwortbare Entscheidung fällen[2028].

*Das Recht auf Information*

Der Gesetzesentwurf geht davon aus[2029], daß der Patient nur dann eine aufgeklärte Zustimmung geben kann, wenn er durch den Behandelnden so weit wie möglich informiert worden ist. Auf Wunsch des Patienten muß der Behandelnde die Information

- über Art und Zweck der Untersuchung oder der Behandlung,
- über die zu erwartenden Folgen und Risken,
- über andere Untersuchungs- und Behandlungsmöglichkeiten,
- und die Aussichten hinsichtlich der Gesundheit des Patienten

auch schriftlich erteilen[2030].

Nur für das therapeutische Privileg gilt anderes: „... wenn diese (Informationen) für den Patienten erkennbar einen ernsthaften Nachteil herbeiführen würden", darf der Behandelnde im Sinne einer erfolgreichen Therapie schweigen[2031].

Der Terminus „Nachteil" wurde in diesem Zusammenhang als zu weitgehend interpretierbar kritisiert, da es eigentlich nur um die Abwendung von Schaden gehe[2032].

Das Recht, uninformiert zu bleiben, ist ebenfalls gesetzlich neu geregelt: Eine „erkennbar ausdrückliche Weigerung" eines Patienten, Informationen über seinen Gesundheitszustand zu empfangen, ist zu respektieren, soferne nicht „der Behandelnde diese Art von Information notwendigerweise an den Patienten weitergeben muß"[2033]. Die Erläuternden Bemerkungen erwähnen neben gesetzlich festgelegten Ausnahmen[2034] den Fall einer Beeinträchtigung der Fahrtüchtigkeit durch eine Krankheit.

---

2027 Art. 1653 l Abs. 3 leg. cit.
2028 Leenen, H. J. J., Rechten van de patiënt, S. 1383.
2029 Art. 1653 leg. cit.
2030 Art. 1653 b leg. cit.
2031 Art. 1653 b Abs. 2 leg. cit.
2032 Leenen, H. J. J., Rechten van de patiënt, S. 1383.
2033 Art. 1653 c leg. cit.
2034 Quarantänegesetz 1960, Gesetz über Bekämpfung von Infektionskrankheiten.

Problematisch wird die Weigerung eines Patienten, Informationen anzunehmen, bei genetischen und erblichen Krankheiten, etwa einer Frau im fruchtbaren Alter oder beim Vorliegen eines sero-positiven Befundes bei Aids. Ein Teil der Lehre[2035] bejaht auch in diesen Fällen das Recht des Patienten, uninformiert bleiben zu dürfen und begründet dies mit den gerechtfertigten Interessen des Erkrankten im Hinblick auf berufliche Stellung und der möglichen Ablehnung durch eine Versicherung (Aids-Positive können oft keine Krankenversicherungen mehr abschließen). Andere[2036] schätzen das Interesse Dritter höher ein und treten dafür ein, auch in diesen Fällen, gegen den Willen des Patienten, eine Information über einen positiven Aids-Befund zu geben.

Diese Umstände fallen jedoch nicht ohne weiteres unter den Ausnahmetatbestand des Artikels. Es muß ein ernsthafter Gewissenskonflikt über die ärztlichen Pflichten vorliegen, um das Recht, die Informationsannahme zu verweigern, in einem individuellen Fall zu brechen.

### *Das Recht auf Zustimmung*

Das Recht auf Zustimmung des Patienten läßt sich nach Lehre und Rechtsprechung von Art. 11 des niederländischen Grundgesetzes ableiten, in dem das Recht auf Unantastbarkeit des menschlichen Körpers verankert ist[2037].

Neu ist die Bestimmung[2038], daß die Ausführung eines Behandlungsvertrages stets und immer wieder aufs neue für weitere Behandlungen, der Zustimmung des Patienten bedarf. Damit ist ein Grundsatz aus der Lehre[2039], daß von einer einmal gegebenen Zustimmung des Patienten zu einer Behandlungsmaßnahme nicht ohne weiteres eine Zustimmung zu allen weiteren Folgeeingriffen abzuleiten ist, kodifiziert.

Der Behandelnde muß auf Ersuchen des Patienten schriftlich festlegen, für welche Eingriffe und Handlungen eine Zustimmung erteilt wurde[2040]. Das könnte e contrario so ausgelegt werden, daß eine schriftliche Festlegung einer Zustimmung ohne Ersuchen des Patienten nicht

---

2035 Etwa Leenen, H. J. J., Rechten van de patiënt, S. 1382; Roscam Abbing, H. D. C., AIDS en de rechten van de patient, S. 945.

2036 Hermans, H. E. G. M./Faro, L. M. C., Patiëntenrechten, S. 199.

2037 Ebda; Gevers, J. K. M., De rechter en het medisch handelen, S. 81 ff.

2038 Art. 1653 d Niederländisches Bürgerliches Gesetzbuch (Entwurf).

2039 Hermans, H. E. G. M./Faro, L. M. C., Patiëntenrechten, S. 199; Leenen, H. J. J., Rechten in de gezondheidszorg, S. 152 ff.

notwendig ist. Die niederländische Lehre[2041] hält dem entgegen, daß auf alle Fälle eine Notiz über die erteilte Zustimmung im Krankenbericht festgehalten werden muß.

## *Medizinische Daten und Einsichtsrecht*

Die Pflicht des Behandelnden, Daten und Fakten des Patienten zu dokumentieren, ist in den Niederlanden nunmehr auch im Detail geregelt[2042]. Darunter wird nicht nur das Führen eines Krankenberichtes verstanden, sondern auch die Eingabe von Daten in Computer oder andere Datenverarbeitungssysteme.

Krankenberichte und andere Patientendaten müssen mindestens zehn Jahre aufbewahrt und dann, innerhalb von Jahresfrist, vernichtet werden[2043]. Der Patient selbst kann innerhalb des Zeitraums von zehn Jahren um Vernichtung ansuchen, wobei diesem Ersuchen innerhalb eines Jahres entsprochen werden muß.

Die Vernichtung dieser Daten darf nur dann unterbleiben, wenn schwerwiegende Interessen des Patienten, etwa genetische Fakten, des Behandelnden, etwa wenn dieser sich gerichtlich verantworten muß oder der Allgemeinheit, etwa Materialien über seltene Krankheiten, entgegenstehen.

Der Patient hat ein Recht auf Einsicht in seinen Krankenbericht und in die über ihn gesammelten Daten, es sei denn, daß diese Einsicht der persönlichen Lebenssphäre eines Dritten schaden würde[2044]. Gegen Erstattung der Kosten muß eine Abschrift angefertigt werden, dies gilt auch für die Kopie von Röntgenbildern, Gutachten und Briefe anderer Behandelnder. Die Einsicht muß ohne Zwischentreten Dritter, also direkt, erfolgen. Das Einsichtsrecht betrifft auch Fakten und Daten, die unter das therapeutische Privileg fallen. Es wird also zwischen dem Recht auf Information und dem Recht auf Einsicht quantitativ unterschieden. Dieses unbedingte Einsichtsrecht (ongeclausuleerde inzagerecht) wurde in den Niederlanden heftig debattiert, von der Judikatur

---

2040 Art. 1653 e leg. cit.
2041 Leenen, H. J. J., Rechten van de patiënt, S. 1384.
2042 Art. 1653 i leg. cit.
2043 Art. 1653 j leg. cit.
2044 Art. 1653 k leg. cit.

jedoch schließlich anerkannt[2045]. Die Erläuternden Bemerkungen empfehlen zu Art. 1653 k, daß ein Patient, der eine Einsicht in einen für ihn nachteiligen Krankenbericht wünscht, durch den Behandelnden beraten wird und die nachteiligen Folgen so weit wie möglich abgewendet werden.

*Geheimhaltungspflicht*

Neben den bereits bestehenden strafrechtlichen Bestimmungen über die Schweigepflicht wird durch das „Patientenrechtsgesetz"[2046] auch eine vertragliche Verpflichtung zur Geheimhaltung verankert.

Die Zustimmung des Patienten entbindet den Behandelnden von seiner Schweigepflicht. Neben anderen gesetzlichen Ausnahmen darf der Behandelnde bei einem ernsthaften Gewissenskonflikt seine Geheimhaltungspflicht brechen. Weiters braucht die Schweigepflicht gegenüber Vertretern des Behandelnden oder anderen, die zur Behandlung herangezogen werden, nicht aufrechterhalten zu werden. Auf die Möglichkeit der Auferlegung der Schweigepflicht durch Minderjährige wurde bereits hingewiesen.

*Daten für wissenschaftliche Untersuchungen*

Ohne Zustimmung des Patienten dürfen keine Daten oder Fakten für wissenschaftliche oder statistische Untersuchungen herangezogen oder Einsicht in diese Daten gegeben werden. Die Zustimmung des Patienten muß dann nicht eingeholt werden[2047], wenn die Einholung unmöglich ist, die Untersuchung im allgemeinen Interesse liegt, die Untersuchung ohne diese Daten nicht durchzuführen ist und die persönliche Lebenssphäre des Patienten nicht unverhältnismäßig beeinträchtigt wird[2048].

---

2045 Wersch, P. J. M. van, Het recht van de patiënt, S. 174 ff.
2046 Art. 1653 l leg. cit.
2047 Art. 1653 m leg. cit.
2048 Hermans, H. E. G. M./Faro, L. M. C., Patiëntenrechten, S. 200.

*Räumliche privacy*

Neu ist auch der im Privatrecht ausgedrückte Schutz des Bedürfnisses auf räumliche Privatheit des Patienten[2049]. Der Behandelnde darf eine medizinische (Be-) Handlung nicht durchführen, wenn diese durch Außenstehende beobachtet oder wahrgenommen werden kann, es sei denn, der Patient hat dem ausdrücklich zugestimmt. Nur „berufsausübende Dritte" sind davon ausgenommen[2050]. Das heißt, daß etwa die Anwesenheit von Studenten und Famulanten der Zustimmung des Patienten bedarf[2051].

*Haftungsbeitritt von Anstalten*

Ausdrücklich verankert ist in den Niederlanden nun auch die Haftung einer Institution, in der die Behandlung stattfindet[2052]: „Soweit die Ausführung eines Behandlungsvertrages, der mit einem Behandelnden, der in einem Krankenhaus arbeitet, vereinbart wurde, in einem Krankenhaus stattfindet, haftet das Krankenhaus für alle Unzulänglichkeiten und haftet, als wäre es selbst Partei des Vertrages".

Pflegeeinrichtungen (-heime), Schwerstbehindertenheime und alle anderen Einrichtungen, die unter das Krankenfondsgesetz fallen, werden Krankenhäusern gleichgestellt.

Der Motivenbericht begründet die Einführung einer Haftung des Krankenhauses mit dem Bedürfnis des Patienten, eine zentrale Adresse zur Klagseinbringung zu haben. Die Lehre hatte schon lange auf eine solche Regelung gedrängt[2053].

Die Haftung des Krankenhauses beschränkt sich nur auf vertragliche, nicht deliktische Haftung. Eine vertragliche und deliktische Haftung des Behandelnden selbst besteht daneben weiter.

---

2049 Art. 1653 n leg. cit.

2050 Art. 1653 n Abs. 2 leg. cit.

2051 Leenen, H. J. J., Rechten van de patiënt, S. 1384.

2052 Art. 1653 r leg. cit.

2053 Hermans, H. E. G. M./Faro, L. M. C., Patiëntenrechten, S. 200.

## *6.2. Reform des Haftungs- und Schadenersatzrechtes*

Auf der zivilrechtlichen Ebene bietet sich nationalen Gesetzgebern dann noch die Möglichkeit, die Haftungsgrundsätze zu ändern respektive im Zivilprozeßrecht eine generelle Änderung der Beweislastregeln zu betreiben.

Die jüngsten Entwürfe zu EG-Direktiven für die Haftungsänderung für Dienstleistungsberufe[2054] zielen exakt in diese Richtung. Die Ärzteschaft fand die Einbeziehung in den Regelungsbereich für sich als unangebracht. Auf Grund der energischen Proteste wurde der Entwurf zunächst einmal zurückgezogen. Es wäre tatsächlich verwunderlich, käme der Entwurf nicht letztlich auch für den Bereich der Medizin, in der einen oder anderen Variante anwendbar, wieder zur Vorlage. Denkbar wäre aber, daß man auf eine Ideenskizze des Vorentwurfs[2055] zurückkommt, der in Art. 2 vorsah, daß ein Mitgliedsstaat die Gesundheitspflege von der Anwendung der Richtlinie ausschließen könne, wenn er „für die durch Gesundheitsleistungen Geschädigten auf der Grundlage einer Gefährdungshaftung der Erbringer dieser Gesundheitsleistungen einen Ausgleichsfonds bereitgestellt“ hat.

Dieser Hinweis macht den Blick auf Staaten, die diesen Schritt schon getan haben, doppelt interessant. Neuseeland, Florida, die meisten skandinavischen Länder, haben verschuldensunabhängige Kompensationssysteme über staatliche Fonds bis hin zu privatwirtschaftlichen Patientendirektversicherungssystemen schon entwickelt. England, Virginia und Ohio arbeiten an diesem Thema.

Dargestellt werden soll im Kapitel 'Strategien' ausführlicher das Modell Schweden. In die Diskussion und die Entwicklung soll hier überblicksmäßig eingeführt werden.

Da in Deutschland bislang eine medical malpractice crisis amerikanischen Zuschnitts kaum erwartet wird[2056], wurden tiefgreifende Re-

2054 Serv-7-8: SPC/148/90, Brüssel 7. August 1990, W8/vp.

2055 SER-27-4: XI/403/89, Brüssel 27. April 1990, MB/tdb.

2056 Es ist zwar ein Steigen der Arzthaftungsprozesse zu beobachten, aber gleichzeitig nimmt die Erfolgsquote bei den eingebrachten Klagen ab; Laufs, A., Arztrecht 1989/90, S. 1505.

formbestrebungen im Zivilrecht, wie etwa die Einführung einer Gefährdungshaftung für Behandlungsschäden oder einer „Heilbehandlungsrisikoversicherung“[2057], frühzeitig mit dem Argument, „daß die Grundprobleme der Behandlungsschäden-Problematik in den USA ... in der Bundesrepublik weder vorliegen noch zu erwarten sind“[2058], abgeblockt. Dennoch ist die Tendenz zur individuellen Rechtsdurchsetzungsdynamik stark im Steigen. In Relation zu diesem Aufwärtstrend ist der Erfolg auf Seiten der Patienten mäßig. Dem solcherart steigenden Unmut beim Patienten, der seine Rechte zunehmend selbstbewußt anmahnt, wird durch die Schaffung von ärztlichen Schlichtungs- und Gutachterstellen, welche dem Patienten eine Möglichkeit zu institutionalisiertem außergerichtlichen Vergleich zwar bieten, im übrigen aber aufgrund ihrer Besetzung vom Verdacht der Parteilichkeit nicht frei sind, möglicherweise entgegengesteuert, er wird langfristig aber keineswegs aufgehalten.

In Skandinavien ging man einige Schritte weiter. Bereits in den siebziger Jahren, während in den Vereinigten Staaten die medical malpractice crisis in vollem Gang war und erstmals die Ideen der AHA Patient's Bill of Rights durch die amerikanischen Krankenhäuser der Öffentlichkeit präsentiert wurden und auch versucht wurde, die unzähligen von Patienten vor Gericht eingebrachten Schadenersatzklagen einzudämmen, erkannte Schweden das umgekehrte Problem, nämlich, daß es sich für Patienten kaum zu lohnen scheint, ihre oftmals ganz berechtigten Ansprüche bei Gericht einzufordern. Die Erfolgschancen wurden in Schweden explizit als niedrig eingeschätzt. Anstatt einer Reform des Schadenersatzrechtes im Zivilrecht wurde nach längeren Diskussionen gleich nach grundsätzlicheren Lösungsmöglichkeiten gesucht. Dabei schien das auf eine Initiative der Länder (Landstingsförbundet) zurückgehende System einer verschuldensunabhängigen Haftpflichtversicherung am vielversprechendsten. Nach Verhandlungen zwischen den Ländern, einem Konsortium von

2057 Diese Vorschläge in Richtung auf ein verschuldensunabhängiges Versicherungssystem kommen nicht nur von Versicherungen, sondern auch von Ärzterepräsentanten selbst, die „weniger die finanzielle Belastung als das Stigma einer Klage und Vorladung zum Gericht wegen eines angeblichen Kunstfehlers (perhorreszieren)“; Weyers, H.-L., Ergänzende Regelungen für das ärztliche Vertrags- (Standes-) und Haftungsrecht, S. A 73.

2058 Ausführlich dazu ebda, S. A 66.

Versicherern, Organisationen der Ärzte, der Regierung und den Gebietskörperschaften, wurde ein Konzept eines kollektiven Haftpflichtversicherungsystems zum Vorteil des einzelnen Patienten, welcher einen Schaden erlitten, aber wenige Aussichten hat, diesen über den ordentlichen Gerichtsweg erfolgreich einzuklagen, vorgestellt: Das Modell der „No-Fault"-Versicherung[2059] ermöglicht es dem geschädigten Patienten, ohne das Verschulden eines Schädigers nachweisen zu müssen, bei Bestehen eines Schadens seine Ansprüche bei einer Versicherung geltend zu machen[2060].

Das schwedische Versicherungssystem wird heute, nach 15 Jahren Erfahrung, selbst von den Ärzten, die sich zunächst ablehnend verhielten und meinten, es gehöre zu den Standespflichten, geschehene Fehler im Prozeß zu bestätigen und dann dafür einzustehen, durchaus begrüßt. Die Haltung der Ärzte zu Ersatzansprüchen hat sich nämlich in Schweden erkanntermaßen grundlegend geändert[2061], während in Deutschland die Skepsis gegenüber diesem Modell bestehen bleibt. Dort bremsen das Festhalten an der traditionellen Verschuldenshaftung aus Gründen der zivilrechtsdogmatischen Einheitlichkeit und Übersichtlichkeit der Regeln des Schadenersatzrechtes, die Furcht vor Überlagerungen und Abgrenzungsproblemen verschiedener Haftungssysteme und insbesondere vor den langfristigen Auswirkungen einer Kollektivierung der Schuld durch Abgehen vom Prinzip der individuellen Verantwortung auf das tatsächlich geübte Rechtsverhalten[2062] die Reformschritte maßgeblich[2063].

---

2059 In Finnland ebenfalls seit 1987 nun auch durch Gesetz eingerichtet; dazu Lahti, R., Nationale Patientenrechtsgesetzgebung, S. 73 ff; auch Dänemark arbeitete seit 1985 an diesem Patientenversicherungssystem. Mit 1. Juli 1992 tritt das Lov om patientforsikring, Lov nr. 367 af 6. Juni 1991, in Kraft.

2060 Im Unterschied zum „No-Fault" Modell müßte sich der Geschädigte bei einem Modell der zivilrechtlichen Gefährdungshaftung immer noch trotzdem an den Schädiger direkt wenden, welcher im Regelfall aber versicherungspflichtig sein wird.

2061 Patienten werden bei der Durchsetzung ihrer Ansprüche von Ärzten sogar unterstützt; Weyers, H.-L., Ergänzende Regelungen für das ärztliche Vertrags-(Standes-) und Haftungsrecht; S. A 78.

2062 Das Fehlen der Präventivwirkung bei der Verschuldenshaftung besteht heute bereits ebenso, da Ärzte regelmäßig versichert sind. Man fürchtet so gar nicht die ökonomische Seite der Haftung, sondern die Stigmatisierung, die durch ein Urteil öffentlich wird.

2063 Dies obwohl man sich auch in Deutschland der Mangelhaftigkeit des jetzigen Systems durchaus bewußt ist und erkennt, daß „die Ergebnisse des Systems . . . ge-

Gegen die Einführung einer Gefährdungshaftung, die als Leitidee unter dem Titel einer objektivierten Haftung den neuen no-fault-compensation-Systemen im Medizinbereich zugrundeliegt, spricht nach deutschen Erwägungen, daß es der Patient ist, der das Risiko in das Vertragsverhältnis einbringt und also die Gefährdung nicht vom Arzt ausgeht, sondern von der Krankheit des Patienten. Der Arzt versucht lediglich, das Risiko zu mindern, beherrscht aber keine Gefahrenquelle im Sinne des Gefährdungshaftungsrechts[2064]. Selbst wenn vom Arzt im Rahmen der Behandlung bewußt neue Risiken geschaffen werden, spricht noch immer gegen eine Gefährdungshaftung, daß es unbillig wäre, den handelnden Arzt strenger haften zu lassen als den untätigen. Auch würden sich in der Praxis beinahe unlösbare Abgrenzungsprobleme ergeben[2065].

Diese vernünftigen Erwägungen mindern allerdings nicht das Dilemma, vor das sich Gesetzgeber gestellt sehen, wenn sie der unbefriedigenden Kompensationswirklichkeit Abhilfe schaffen wollen. Schäden, die Patienten vermeintlich oder wirklich widerfahren, aber aufgrund der Adjudikationswirklichkeit nicht kompensiert werden, erzeugen im Medizinbereich tiefergehendes Unbehagen als in anderen Bereichen, in denen Personenschäden nicht abgegolten werden. Dies deshalb, weil der Patient seine Erwartungen in doppelter Weise enttäuscht sieht: Es ist ihm nicht nur die erwartete Heilung ausgeblieben, sondern es ist sein Problem – vermeintlich oder wirklich – noch verschärft worden.

Es mag schon die Idee der Billigkeit gewesen sein, die die neuen Systeme der verschuldensunabhängigen Kompensation motiviert hat, wobei es in Florida die ganz nüchterne Einsicht in die Unterversorgung mit Gynäkologen war, die den Gesetzgeber stimuliert hat, den Haftungsdruck zu mindern. Das sollte Rechtsordnungen aber nicht zum Vorwurf gereichen. Man braucht zur Legitimation solcher Vorgangsweisen gar nicht zur Provokation mit Hilfe der Erklärungsformel 'fiat iustitia pereat mundus' greifen. Politische Erfordernisse – hier die Ab-

---

wiß längst nicht mehr hingenommen (würden), wenn nicht tatsächlich ein großer Teil der Behandlungsschäden vom unspezifischen System sozialer Sicherheit gedeckt werden würde"; Weyers, H.-L., Ergänzende Regelungen für das ärztliche Vertrags-(Standes-) und Haftungsrecht, S. A 91.

2064 Ebda.

2065 Ebda, S. A 92.

wehr sektoral steigenden Patientenunbehagens – zählen durchaus zu den Konstituanten einer Rechtsveränderung. Das ist wohl auch der Leitgedanke, der hinter den erwähnten einschlägigen Direktivenentwürfen für die Haftungsverdichtung im Dienstleistungsbereich der EG steht.

# 7. Disziplinarrecht

## *7.1. Die Klage vor dem Disziplinargericht*

Das eigentliche Dilemma des Disziplinarrechts im Medizinbereich liegt darin, daß es nicht dazu geschaffen wurde, dem einzelnen Individuum Recht oder Genugtuung zu verschaffen. Die niederländische Lehre hat sich mit der Disziplinarrechtsphilosophie eingehend auseinandergesetzt. Der schwedische Gesetzgeber hat Konsequenzen gezogen.

Das Ziel des Disziplinarrechtes ist es, ein hohes Niveau der Berufsausübung zu gewährleisten[2066]. Daher ist die Rolle eines Patienten in einem Disziplinarverfahren nicht die einer klagenden Partei, wie etwa im Zivilrecht, sondern es ist die Position des beschwerdeführenden Patienten vielmehr die eines Zeugen.

Das Disziplinarrecht ist weiters nur auf einzelne Behandelnde, nicht aber auf das Gesamtsystem abgestellt. Klagen, die sich nicht gegen eine bestimmte Person, sondern gegen ein Team von Ärzten oder Behandelnden oder gegen ein Krankenhaus richten, kann man bei einem Disziplinargericht nicht einbringen. Weiters dauern diese Verfahren lang und eine allenfalls erwartete persönliche Satisfaktion wird der Patient nur in seltenen Fällen erreichen, da das Disziplinarrecht nur das Niveau der Berufsausübung gewährleisten muß und gerade nicht dazu dient, dem Patienten persönliche Genugtuung zu verschaffen[2067]. Ein medizinisches Disziplinargericht prüft, ob der beschuldigte Behandelnde durch sein Handeln oder Unterlassen das Vertrauen in den medizinischen Stand untergraben hat, dem Patienten ernsthaften Schaden zugefügt hat oder in seiner Berufsausübung grob unkundig vorgegangen ist[2068].

Weiters unterliegt ein solches internes Verfahren der Amts- oder Gerichtsverschwiegenheit. Ergebnis und Begründung bleiben dem Beschwerdeführer verschlossen. Undeutlich ist auch, welche Kriterien und Normen bei der Entscheidung, eine Beschwerde zu behandeln

---

2066 Aghina, M., Patiëntenrecht, S. 25.

2067 Wielen, Y. van der, Een ombudsman gezondheidszorg, in: Medisch Contact 43 (1984), S. 1377 ff.

2068 Aghina, M., Patiëntenrecht, S. 125.

oder das Verfahren einzustellen, herangezogen werden. Es ist bekannt, daß eine große Anzahl von Klagen als unbegründet ohne weitere Untersuchung abgewiesen werden[2069].

Vor einem Disziplinarsenat kann im Regelfall nur durch den direkt Betroffenen Beschwerde eingelegt werden. Nicht direkt Betroffene können nur mittelbar über das behördliche Aufsichtsrecht Beschwerde führen.

In den Niederlanden gelangt diese Art der Disziplinarrechtsprechung erwiesenermaßen nur wenig zum Einsatz[2070]. Diese Beobachtung dürfte für andere Rechtsordnungen ebenso gelten, wenngleich die Kameralstruktur dieses Bereichs gesicherte Aussagen nicht zuläßt.

In Skandinavien mißt man dennoch dem Disziplinarrecht seit den frühen achtziger Jahren erhöhte Bedeutsamkeit bei, allerdings in einem neuen Kleid, in neuer Besetzung und neuer Verfahrensordnung der Disziplinargerichtsbarkeit. Trotz dieses Systemwandels scheint sich am Grundproblem des Disziplinarrechts nur wenig geändert zu haben: Die Mahnung von Bo *Carlsson* und Åke *Isacsson*[2071], daß erst ein Funktionswandel von der Pönalisierungsfunktion zur Kommunikations- und Selbstreflexionsförderung einen positiven Effekt zu verschaffen vermag, ist nicht zu vernachlässigen.

Freilich wird einem solchen Funktionswandel des Rechts Skepsis entgegenschlagen. Allein, die schwedische Erfahrung zeigt, daß eben die Nützlichkeit des Disziplinarrechts unter traditionellem Blickwinkel nicht minder skeptisch zu betrachten ist. Ein Blick auf das Vorbild aller skandinavischen Disziplinareinrichtungen, das schwedische Gesundheits- und Krankenwesenaufsichtsamt (hälso- och sjukvårdens ansvarsnämnd; HSAN) scheint dennoch einen neuen Trend in der Kontrollfunktion über das Medizinalwesen freilegen zu können und daher zu verlohnen. Vorweg sei jedoch den Nachbildungen kurz Erwähnung getan.

1986 wurde in Dänemark eine Schweden analoge Änderung des Klagesystems im Gesundheitswesen vorgeschlagen[2072] und trotz heftiger

---

2069 Centrale Raad voor Volksgezondheid (Hrsg.), Klachten van patiënten, S. 25; Aghina, M., Patiëntenrecht, S. 125; Wielen, Y. van der, Een ombudsman gezondheidszorg, S. 1381.

2070 Wielen, Y. van der, Een ombudsman gezondheidszorg, S. 1377.

2071 Carlsson, B./Isacsson, Å, Hälsa, kommunikativt handlande och konfliktlösning, S. 294 ff.

2072 Lovforslag nr. L 58, 1986-87.

Oppositionsbedenken akzeptiert[2073]. Auch in Dänemark wurde ein Patientenklageamt (klagenaevn) errichtet, welches aus Juristen, Ärzten sowie aus Repräsentanten der im Gesundheitswesen tätigen Personen zusammengesetzt ist. Dieses Komitee hat über Klagen in bezug auf die fachspezifische Tätigkeit von medizinisch tätigen Personen zu entscheiden, während die oberste Gesundheitsbehörde (Sundhedsstyrelsen) für die Vorbereitung der Fälle zuständig ist. Der öffentlichen Verwaltung stehen bei dienstlichen Vergehen der Verwaltungsangestellten natürlich die üblichen dienstrechtlichen Sanktionsmöglichkeiten ohnedies noch zur Verfügung, die bei schweren Standard- und Sorgfaltsverletzungen gar die Kündigung oder Entlassung nach sich ziehen können.

Mit ganz ähnlichen Kompetenzen ist das finnische und norwegische[2074] Analogon ausgestattet[2075].

Die schwedische Disziplinarbehörde (HSAN) bleibt vom Publikumskonzept her doch das interessanteste und wohl auch noch am ehesten auf produktive Kommunikation hin angelegte Instrument und mithin für uns besonders beobachtenswert.

In einem eigenen Gesetz über die Aufsicht über das Gesundheitswesen (tillsynslagen)[2076] wurde, wie schon zu zeigen war, der Anspruch der Patienten auf umsichtige, mitbestimmte Behandlung in seiner Implikation auf das Personal authentisch interpretiert:

„§ 5 Allgemeine Pflichten. Das Gesundheits- und Krankenwesenpersonal hat sich zu bemühen, dem Patienten eine sachkundige und sorgfältige (omsorgsfull) Pflege zuteil werden zu lassen . . . und dem Patienten Einfühlsamkeit (omtanke) und Respekt zu erweisen“.

Diese Norm einer Neubestimmung der Personalpflichten war das Kompensationsangebot der Politik[2077] für die Nichtformulierung von positiven Patientenrechten. Trotz der späteren, aus der Medizinsoziologie kommenden Kritik[2078], war man in der Gründungsphase von der Funktionstüchtigkeit überzeugt. Sollten die Personalpflichten aber

2073 Lov nr. 397 vom 10. Juni 1987; in Kraft getreten mit 1. 1. 1988.

2074 Dazu ausführlich Viken, O., Klagebehandling i helsesektorn, in: Foyn, S./Lund, A. M./Viken, O., Pasienters rettsstilling, Oslo 1990, S. 129 ff.

2075 Siehe dazu Leenen, H. J. J./Pinet, G./Prims, A. V., Trends in Health Legislation, S. 96 ff.

2076 Lag om tillsyn över hälso- och sjukvårdspersonalen m. fl. SFS 1980:11.

2077 Regeringens proposition 1978/79: 220, Stockholm 1979, S. 43 ff.

2078 Carlsson, B./Isacsson, Å, Hälsa, kommunikativt handlande och konfliktlösning, S. 294 ff.

mehr sein als vage Verhaltensempfehlungen, so bedurfte es besonderer, über das allgemeine Disziplinarrecht des Dienst- und Arbeitsrechts hinausgehender, auf das Medizinalwesen maßgeschneiderter Sonderbestimmungen und einer von den üblich zusammengesetzten Disziplinarsenaten abgehobenen Sonderbehörde mit eigenen Verfahrensbestimmungen.

Dieses Organ prüft, ob im Anwendungsbereich ein Fehler oder ein Versäumnis (fel eller försummelse) passiert ist, bei deren positivem Vorliegen ein Verweis oder eine Verwarnung (erinran eller varning) (§ 12) ausgesprochen werden kann. Man formulierte eine Sanktionsnorm (§ 12), in der die Disziplinarsanktionsvoraussetzungen näher definiert wurden und übertrug den Vollzug (§ 19) einer eigenen Disziplinar- und Aufsichtsbehörde (Hälso- och sjukvårdens ansvarsnämnd). Deren Besetzung kennzeichnet den völlig neuen Ansatz, der herkömmliche Standesdisziplinargrundsätze gänzlich überholt. Dieses für ganz Schweden zuständige, quasi-gerichtsförmig besetzte, von der Regierung für drei Jahre bestellte Organ besteht nämlich aus einem im Richteramt erfahrenen Vorsitzenden und acht Beisitzern sowie der gleichen Anzahl an Stellvertretern, die über besondere Kenntnisse im Gesundheitswesen verfügen müssen. Das Vorschlagsrecht für das Beisitzeramt kommt für zwei Beisitzer den Arbeitgeberorganisationen und für zwei den Arbeitnehmervertretungen zu. Für die restlichen vier Beisitzer gibt es kein Vorschlagsrecht, auffälligerweise auch keines der Patientenvertretungen[2079], sondern diese sind von der Regierung nach dem Gesetzesauftrag (§ 20) nach Gesichtspunkten „der Vertretung des Interesses der Allgemeinheit" auszuwählen. Die Bedeutung, die man dieser Disziplinarbehörde beimißt, sei am Umstand ermessen, daß diese vier „freien" Beisitzer regelmäßig Reichstagsmitglieder sind.

Eine quorum-Regel befreit von Plenarsitzungen; beschlußfähig ist der Senat, wenn wenigstens sechs Beisitzer mit dem Vorsitzenden zusammentreten. Über nicht prozeßleitende und -entscheidende Angelegenheiten kann der Vorsitzende alleine entscheiden. Aufgrund der Beschwerdeflut, die wegen der relativ hohen Bagatell- oder Querulanzquote[2080] amtlicherseits auf jährliche 1500 (!) Fälle prognostiziert wurde[2081], novellierte man mittlerweile[2082], daß der Vorsitzende dann alleine einen Beschluß fassen kann, wenn eine Beschwerde offenkundig

2079 Sahlin, J., Hälso- och sjukvårdslagen, S. 259.

nicht zu einer Disziplinarsanktion führt. Ein solcher Beschluß ist dem nächsten Plenum zur Kenntnis zu bringen.

Trendbeleuchtend scheint aber nicht nur die rechtliche Ausstattung, sondern die institutionelle und ökonomische Bedeckung zu sein, die eine ernsthafte Auseinandersetzung mit den einlangenden Beschwerden erlaubt. 1986 belief sich das Totalbudget auf etwa sechs Millionen SEK (ca. 12 Millionen öS), der Mitarbeiterstab bestand aus zwanzig Angestellten. Der potentiell belangbare Personenkreis aller im gesamten Gesundheitswesen Tätigen beläuft sich allerdings auch auf 400.000 Personen[2083]. Die prognostizierte Jahreszugangsziffer von 1500 Beschwerden scheint die inzwischen schon gesteigerte Ausstattung durchaus zu rechtfertigen.

*Carlsson* und *Isacsson*[2084] beobachten freilich, daß die Verdienstlichkeit solcher Organe ohne Funktions- und Arbeitsweiseänderung fragwürdig bleibt, weil einerseits die Erfolgsquote der Belangungen gering bleibt, was die Beschwerdeführer frustrieren muß und andererseits die Sanktion ihre Disziplinierungsfunktion erst recht verliert. Daher muß in das Verfahren bei solchen Gremien eine Neubestimmung des Verhältnisses und eine Verschiebung von der Kontroll- und Sanierungsperspektive zugunsten einer Lern- und Demokratisierungsperspektive versucht werden. *Carlsson* und *Isacsson* nehmen für ihren Änderungsansatz Anleihe bei der deutschen Rechtssoziologie und *Habermas*. Ein Schritt in diese Richtung wäre schon, den Beschwerdeführer in das Verfahren stärker zu integrieren, im Verfahren vom Inquisitionsprinzip zum Dialogprinzip, kurz zu demokratisch konzipierten Interaktionsmustern zu finden.

Die Idee vom Opfer-Täterausgleich scheint auch im Medizinwesen für probat befunden zu werden. Empfohlen[2085] wird daher die Umbesetzung und Aufstockung zugunsten der Gewinnung einer sozialwissenschaftlicheren Kompetenz, denn die juristische sei ohnedies ausreichend; die daraus entstehenden Mehrkosten würden durch die umwegrentablen Gewinne der Qualitätssteigerung, auch solche aus Vermeidung sozialer Kosten, durchaus kompensiert.

---

2080 Socialutskottetts betänkande 1989: SOU 222. Ändrad beslutsordning för hälso- och sjukvårdens ansvarsnämnd, Stockholm 1989.

2081 Regeringens proposition 1988/89:84, Stockholm 1989.

2082 Lag om ändring i lagen om tillsyn (tillsynslagen), SFS 1989:210, § 21.

2083 Statistik- und Informationsblatt des HSAN, Doc 0609A.

## *7.2. Sonderdisziplinarrechtsentwicklung*

Neben den gesetzlich eingerichteten Disziplinargerichten besteht oftmals, so wie in den Niederlanden, innerhalb der freien Berufsorganisation der Ärzte (Koninklijke Nederlandsche Maatschappij tot bevordering der Geneeskunst, K. N. M. G), in der etwa achtzig Prozent der Ärzte organisiert sind[2086], eine zusätzliche, informelle Standeskontrolle. Eine solche ist eben die in den Niederlanden seit 1903 praeter litem eingerichtete disziplinäre Rechtsprechung. Ähnliche Disziplinargerichte bestehen auch in den freien Organisationen der Apotheker, Zahnärzte und Geburtshelfer[2087]. Der Unterschied zur gesetzlichen Disziplinarrechtsprechung liegt nicht so sehr im Strukturellen als in der Art der Sanktionen. Diese außergesetzlichen Disziplinarkollegien können Verwarnungen aussprechen und in ernsten Fällen die Empfehlung geben, die Klage an die gesetzlich eingerichteten medizinischen Disziplinarkollegien weiterzureichen.

## *7.3. Ethik-Kommissionen*

Ethik-Kommissionen sind keine Disziplinarorgane im eigentlichen Sinne und doch erfüllen sie eine ähnliche Aufgabe wie diese, indem sie eine Art Aufsichts- und Beratungsgremium über durchzuführende Forschungsvorhaben in der Medizin bilden[2088].

Aufgabenbereich und Tätigkeiten der Ethik-Kommissionen bauen im wesentlichen auf den Deklarationen von Helsinki und Tokio auf. Diese Deklarationen kennen in sich kein Denken in Sanktionen, Strafen, Schadenersatzandrohungen und Nichtigkeit, sind aber auch keine lex imperfecta. Trotz dieser formalen Anspruchslosigkeit entfalten die Deklarationen und die Ethik-Kommissionen eine deutliche Dritt- und Bindungswirkung. Werte, die von der forscherischen Neugier tangiert werden, sind nicht nur von dem jeweiligen Forscher selbst für sich zu analysieren, sondern werden von einer, meist überwiegend aus Berufs-

---

2084 Carlsson, B./Isacsson, Å, Hälsa, kommunikativt handlande och konfliktlösning, S. 294 f.

2085 Ebda.

2086 Aghina, M., Patiëntenrecht, S. 128.

2087 Ebda.

2088 Czwalinna, J., Ethik-Kommissionen – Forschungslegitimation durch Verfahren, Frankfurt a. M.-Bern-New York-Paris 1987.

kollegen zusammengesetzten, Jury mitbewertet. Die Forschungsarbeit wird hinsichtlich ihrer Kompatibilität zu moralischen Werten begutachtet und, was bedeutungsvoller ist, förmlich beurteilt. Ein näherer Blick auf diese Ethik-Kommissionen scheint also angezeigt[2089].

Ethik-Kommissionen werden auf Antrag eines Forschers tätig. Die angerufene Kommission gibt über ein Forschungsprojekt ein Gutachten ab, in dem darüber befunden wird, ob ethische und/oder rechtliche Bedenken bestehen. Bestehen solche, so wird in den meisten Fällen eine Empfehlung ausgesprochen und das Problem im Dialog bereinigt. Kommt es zu einer solchen Einigung über eine allfällige Veränderung einer Forschungs- und Versuchsplanung nicht, so ist der Forscher an das Votum der Ethik-Kommission im rechtlichen Sinne nicht gebunden. Allerdings ist diese Erörterung akademischer Natur, denn die Wirksamkeit einer solchen Empfehlung erfolgt via facti. Kaum jemand ist heute in der Lage, und schon gar nicht in den Naturwissenschaften, ohne die Inanspruchnahme von Forschungsförderungs- oder sonstigen öffentlichen Mitteln größer angelegte Forschung zu betreiben. Forschungsförderungsinstitutionen, so auch der Österreichische Fonds zur Förderung der wissenschaftlichen Forschung, junktimieren die Vergabe von Forschungsförderungsmitteln mit einem positiven Gutachten der zuständigen Ethik-Kommission.

Die juristische Frage muß sich daher auf die Zulässigkeit der Verpflichtung zur Anzeige von Forschungsprojekten bei den Ethik-Kommissionen richten. Die deutsche Musterberufsordnung für die deutschen Ärzte der Bundesärztekammer in der Fassung von 1988 sieht vor, eine ausnahmslose Beratungspflicht in die einzelnen, auf Länderebene verbindlich zu machenden Berufsordnungen aufzunehmen. Dort heißt es: „Der Arzt muß sich vor der Durchführung klinischer Versuche am Menschen oder der epidemiologischen Forschung mit personenbezogenen Daten durch eine bei der Ärztekammer oder bei einer medizinischen Fakultät gebildeten Ethik-Kommission über die mit seinem Vorhaben verbundenen berufsethischen und berufsrechtlichen Fragen beraten lassen“[2090].

---

2089 Deutsch, E., Ethik-Kommissionen, S. 429 ff; Schröder, M., Ethik-Kommissionen, Embryonenschutz und In-Vitro-Fertilisation: gültige Regelungen im ärztlichen Standesrecht?, in: Versicherungsrecht 7 (1990), S. 6 ff; Samson, B., Über Sinn und Unsinn von Ethik-Kommissionen, in: Deutsche Medizinische Wochenschrift 1981, S. 667 ff; Eser, A./Koch, H.-G., Zum rechtlichen Wert von Ethik-Kommissionen, in: Deutsche Medizinische Wochenschrift 1982, S. 443 ff.

Zum Kreis dieser begutachtungspflichtigen Vorhaben zählt mittlerweile auch eine In-vitro-Fertilisation mit anschließendem Embryotransfer. Nach den sogenannten In-vitro-Fertilisationsrichtlinien ist eine solche nur im homologen System zulässig. Ausnahmen für nichteheliche Partnerschaften sind nur zulässig nach vorheriger Anrufung der bei der Ärztekammer eingerichteten Kommission. Ungeklärt ist, ob eine von dieser speziellen Kommission für die In-vitro-Fertilisation getroffene Entscheidung für den Betroffenen verbindlich ist oder nicht.

Die vorbereitende Funktion solcher Kommissions„judikatur" ist unübersehbar. Der superveniente Gesetzgeber schreibt doch letztlich nur angewandte Praxis mit Modifikationen fort.

Zum Beobachtungskreis der Ethik-Kommission zählt in der Bundesrepublik jedenfalls die Forschung an menschlichen Embryonen. Darüber sagt die Musterberufsordnung in § 1 Abs 5 folgendes aus: „Die Erzeugung von menschlichen Embryonen zu Forschungszwecken sowie der Gentransfer an Embryonen ist verboten. Grundsätzlich verboten ist auch die Forschung an menschlichen Embryonen. Der Arzt muß sich vor der Durchführung der Forschung mit vitalen und menschlichen Gameten und lebendem embryonalen Gewebe durch eine bei der Ärztekammer oder bei einer medizinischen Fakultät gebildete Ethik-Kommission über die mit seinem Vorhaben verbundenen berufsethischen und berufsrechtlichen Fragen beraten lassen".

Mit einer solch klaren Position steht man allerdings vor der Frage, ob das Berufsrecht dem Faustischen Prinzip Fesseln auferlegen kann. Für die Bundesrepublik ist diese Frage untersucht. *Schröder*[2091] geht der Frage nach Umfang und Grenzen der Befugnis von Ärztekammern, die ärztliche Tätigkeit in den Berufsordnungen zu regeln, mit verfassungsrechtlichen Überlegungen nach, um die Frage zu klären, ob denn die Bindung so gearteter Fragen an den Entscheid einer Ethik-Kommission überhaupt zulässig ist. Dabei kommt *Schröder* im Kern zu einer Abwägungsfrage, nämlich, ob in standesrechtlichen Berufsausübungsregelungen die Interessenkollision zwischen dem Schutz eines Dritten, hier des werdenden Kindes, gegenüber den Dispositionsrechten Dritter, nämlich der potentiellen Eltern, entschieden werden dürfe. Denn Standesrecht greift hier in Interessenlagen ein, die jede für sich verfas-

---

2090 Schröder, M., Ethik-Kommissionen, S. 6 ff.
2091 Ebda.

sungsrechtlichen Schutz genießt. Damit hebt sich aber das Standesrecht in Aufgaben des Gesetzgebers.

Dementsprechend hat die Tatsache, daß im Standesrecht diese Frage über Forschungsbeschränkungen zulasten des Arztes zu lösen ist, Kritik herausgefordert.

*Schröder* kommt zu dem Ergebnis, daß in den Berufsordnungen der Ärztekammern zwar durchaus eine Verpflichtung für Ärzte festgeschrieben werden kann, sich vor der Durchführung von Forschungsvorhaben am Menschen durch eine Ethik-Kommission beraten zu lassen. Die von einem Arzt zu erfüllenden Pflichten zu gewissenhafter Berufsausübung können durchaus satzungsrechtlich näher definiert werden. Von einer derart verankerten Beratungspflicht kann auch die forscherische Tätigkeit mitumfaßt werden. Denn: Eine derartige Konsultationspflicht ist nur eine marginale Beeinträchtigung der Forschungsfreiheit.

Das Grundrecht des Arztes aus Art 5 Abs 3 GG erscheint nicht verletzt. Dort aber, wo die ärztliche Tätigkeit überwiegend im Forschungssektor bleibt und auf die grundgesetzliche Forschungsfreiheit Anspruch erheben kann, was *Schröder* für die Embryonenforschung bejaht, ist ein satzungsrechtliches Verbot mit dem Verfassungsrecht nicht zu vereinbaren. Eine die Berufstätigkeit regelnde Kammer kann nicht die Forschungstätigkeit determinieren. Eine derartige Entscheidung zu treffen, sei dem Gesetzgeber vorzubehalten. Damit dürfte zum Thema der Ethik-Kommissionen und deren Verbindlichkeitswirkung wohl doch der Gesetzgeber gefordert sein.

## 8. Strafrecht

Patientenrechtliche Ansprüche im eigentlichen Sinn zu sichern, ist dem Strafrecht in seiner angestammten Funktion kaum möglich. Im medizinischen Bereich kann, mehr noch als im allgemeingesellschaftlichen Bereich, Strafrecht nur ultima ratio sein[2092]. Beim Strafrecht geht es nicht um die Genugtuung des einzelnen Patienten, sondern um die Bekämpfung von Einbrüchen in die Rechtsordnung im allgemeinen Interesse. Kennzeichnend für das Strafrecht ist, daß es das ganze Gebiet des gesellschaftlichen Lebens überdeckt. Es hat damit auch keine spezifische Funktion innerhalb der Gesundheitsfürsorge[2093]. Das Strafrecht kommt nur zur Anwendung, wenn der Behandelnde schuldhaft im Sinne des jeweiligen Strafrechts den Tod, schweres körperliches Leid oder Verunstaltungen verursacht hat oder einer anderen, mit einer Strafsanktion gedeckten gesetzlichen Bestimmung nicht nachgekommen ist, etwa der Meldung von ansteckenden Krankheiten oder ein Verbot übertreten hat, etwa durch die Verletzung des Berufsgeheimnisses.

Strafrechtliche Schuldsprüche gegen Behandlungspersonal in der Gesundheitsfürsorge sind kaum zu beobachten[2094]. Dies wird jedoch nicht mit dem hohen medizinischen Standard begründet, sondern mit der nur schwer zu erfüllenden Beweislast des Staatsanwaltes[2095]. Für Norwegen hat *Kjønstad* beobachtet, daß in Strafverfahren eher die kleinen Mitläufer als Täter verurteilt würden und die Systemverantwortlichen der strafrechtlichen Verantwortlichkeit sich zu entziehen wüßten[2096].

Lediglich in Amerika hat sich ein Art Sonderstrafrecht zur verstärkten Aufklärung von Patientenmißhandlungen herausgebildet. Dort wird die Rechtsschwelle zur Mittäterschaft im Interesse der Bekämpfung von Gleichgültigkeit und Wegschauen im Anstaltenbereich kurzerhand tiefer gelegt, als sie üblicherweise im Strafrecht konstruiert wird:

---

2092 So auch Lahti, R., Rechtfertigungs- und Entschuldigungsprobleme, S. 1415 ff.

2093 Centrale Raad voor Volksgezondheid (Hrsg.), Klachten van patiënten, S. 15.

2094 Ebda, S. 16; Aghina, M., Patiëntenrecht, S. 123.

2095 Beumer, F. J. A., Patiënt en recht, S. 32.

2096 Kjønstad, A., Helserett, S. 37 ff.

## 9. Sonderstrafrecht: Abuse and Maltreatment Reporting Law

Aus ähnlichen Erfahrungen, wie Österreich sie mit Lainz gemacht hat, haben amerikanische Bundesstaaten aus den Strafrechten gesondert herausgehobene Spezialgesetze erlassen. Prototypisch ist das Patient Abuse Reporting Statute von New York[2097]. Dieses verlangt, daß jeder Vorfall von physischer Mißhandlung, Vernachlässigung und Falschbehandlung von Patienten im Staate New York an das Department of Health berichtet wird. Dieses Gesetz, zuletzt aus 1980, zielt darauf ab, Fälle der Patientenmißhandlung, die ansonsten üblicherweise nicht an die Öffentlichkeit kommen, aufzudecken.

Ein prinzipieller Grund wurde im üblichen Verhältnis von Patient und Personal erblickt: Der Pflegepatient ist grundsätzlich in seinen Wünschen und Bedürfnissen vom Pflegepersonal abhängig. Die Reaktion daraus ist in zweierlei Extrempositionen zu beobachten, in Unterwürfigkeit oder in Auflehnung. Beide Haltungen sind geeignet, Fehlreaktionen auszulösen. Familie und der Pflegepatient selbst fürchten aber dann im Regelfall, sollten sie Beschwerde erheben, Vergeltungsmaßnahmen und deren negative Auswirkungen auf den Patienten. Manche Patienten, die bereits an Senilität leiden, werden sich häufig aber auch gar nicht darüber bewußt, daß sie mißhandelt werden. Der Patient ist oft nicht in der Lage, die Beschwerde einzureichen. Andererseits wurde beobachtet[2098], daß es unter dem Pflegepersonal üblich ist, Vorfälle von Mißhandlungen nicht zu melden. Das Personal fürchtet seinerseits wiederum Vergeltungsmaßnahmen durch die Kollegenschaft.

Gerade dieses Stillschweigen wurde neu und verschärft pönalisiert: Suspension oder Einzug der Lizenz, also Karriereende und zusätzliche Geldstrafen sind das Sanktionsinstrumentar für Schweigen, wenn ein „reasonable cause" den Mißhandlungsverdacht eröffnet oder zumutbarerweise eröffnet haben müßte.

Eine auffällige Zunahme der Anzeigen nach Verabschiedung des Gesetzes verdeutlicht die Richtigkeit der dem Gesetz zugrundeliegenden Annahmen[2099].

---

2097 New York Public Health Law §2803-d (Mc Kinney 1977).

2098 Kuriansky, E. J., Nursing Home Patient Abuse: Realities & Remedies; New York 1981, S. 12 ff.

2099 Ebda, S. 12.

Arkansas bekämpft die Mißhandlung von Entwicklungsgestörten und Altersschwachen noch rigider[2100]. Tatbildmäßig erfaßt wird nicht nur jede physische Injurie, sondern ausdrücklich auch die Gefährdung der mentalen Gesundheit sowie Nachlässigkeiten (negligence) bei der notwendigen Behandlung, Beachtung, Beistand, Bekleidung, „shelter" – man sollte dies hier mit Geborgenheit übersetzen – oder bei medizinischen Dienstleistungen[2101].

South Carolina, Minnesota, u. a., sie alle schützen über „special acts", über Sonderstrafrecht, das ja auch bei uns auf die Schutzbefohlenheit und besondere Gewaltverhältnisse reagiert, besonders schutzbedürftige Patientengruppen mit qualifizierten Tatbildern und Sanktionen[2102]. In Arizona wird nach authentischer Interpretation der Mißhandlungstatbestand auch durch Klapse, durch Lächerlichmachen oder Herabwürdigen, durch abträgliche Bemerkungen oder Beschimpfen eines Klienten erfüllt und eine strafrechtlich (!) relevante Vernachlässigung bedeutet der vorsätzliche Mangel an Aufmerksamkeit beim „toileting", Baden, Essen[2103].

2100 Arkansas Stat. Ann. §59-1301 et seq.
2101 Arkansas Stat. Ann. §59-1302.
2102 South Carolina Penal Code § 43-29-40; Minnesota Stat. § 609.231.
2103 Arizona Rev. Stat. § 35-569.

# V. Ausgewählte, auf Ausgleich und/oder Sicherung gerichtete Strategiemodelle

## 1. Vorbemerkungen

Mehrere, recht unterschiedliche Wege, die Stellung des Patienten zu verbessern, werden im internationalen Raum beschritten. Zum Teil sind sie schon erkennbar geworden. Wohlgemeint sind sie alle. Im Effekt wirken sie aber doch recht unterschiedlich, zum Teil sind sie geradezu iatrogen. Was im Rahmen der Zivilrechtsbestandsaufnahme gezeigt werden sollte, ist die sinkende Funktionstüchtigkeit herkömmlicher Rechtsstrategien, die meinen, mit dem ex post-Ausgleich Gerechtigkeit zu verschaffen. Unter Berufung auf das Evidenzargument sei behauptet, daß im Medizinbereich sensiblere Rechtsinstrumente gebraucht werden als Klage oder gar Strafe. Als ultima ratio bleiben die auf Satisfaktion hin angelegten traditionellen Mechanismen noch tauglich. Zur rechtlich verbindlich gemachten Verbesserung des Rechtsalltags der Patienten bedarf es wohl doch anderer, an der von *Habermas*[2104] vorgegebenen Richtung orientierter, modernerer Rechtsstrategien. Iatrogene Rechtsstrategien sind alle, die das Verhältnis von Patient zu Arzt und Pflegepersonal belasten, Kommunikation stören oder gar zerstören und Integration verhindern, ohne einen erkennbar überwiegenden Nutzen für den Patienten zu bringen. Damit ist schlüssigerweise auch schon die Entscheidung über die Prämissen dessen getroffen, was hier als trendhafte Strategie ausführlicher aufbereitet werden soll. Das Hauptgewicht liegt folglich auf den rechtlich verbindlich gemachten Kommunikations- und Integrationsstrategien, die die streitverhindernde, Rollen klärende und Befriedungsfunktion des Rechts über seine bloß nachträgliche Konfliktbegrenzungs- oder -beendigungsfunktion stellen. Recht, das auf maximale Selbstregelung durch die Betroffenen setzt, die reflexive Funktion stärker hervorkehrt, kommt natürlich auch

2104 Habermas, J., Theorie des kommunikativen Handelns, Bde. 1 und 2, Frankfurt a. M. 1981.

nicht ohne sanktionsbewährte Systeme aus. Aber da gibt es dann eben immer noch neue Zivilrechtsansätze, die den Schadensausgleich des punitiven Charakters entkleiden und die Durchsetzung der Ansprüche des Patienten auf neue, den Ausgleich und nicht die Schuldzuweisung suchende Grundlagen stellen.

Die modernen Pflegestrukturen führen mit steigender Tendenz zur Bedrohung des Personalen. Dies zu beleuchten, war das Ziel des zweiten und dritten Kapitels. Patient im Sinne der Patientenrechte zu sein, heißt, hospitalisiert oder institutionalisiert zu sein oder doch zumindest von Institutionen Leistungen zu erwarten. Das meint in einem, aufgrund geistiger oder körperlicher Gebrechen auf Hilfe angewiesen zu sein. Das macht abhängig. Abhängigkeit wiederum macht verletzlich. Das Ausmaß der Verletzlichkeit wird umso größer, je mehr die Bindung zum angestammten Milieu, zu Verwandten, Freunden abnimmt, was es mit der Länge der Institutionalisierung regelmäßig tut. Im Gefolge dieses Prozesses kommt es zu Vereinsamung und Ohnmachtsgefühlen. Rechtlich institutionaliserter Beistand, so ist die Philosophie in den beobachteten Rechtskulturen, sei vonnöten.

Die jüngeren unter den Patientenrechtsgesetzen zielen alle darauf, über die komplexen Strukturen hinweg, die durch Hypertechnisierung, Apparatisierung und Spezialisierung entstanden sind, Beziehungs- und Kommunikationssysteme zu errichten, Garantien zu verkünden, die den Patienten selbstwertmäßig „aufrüsten“ sollen; das Recht soll bisweilen Kompensationsfunktionen erfüllen.

Traditionelle Rechtsinstrumentarien zielen nicht zuvorderst darauf ab, Unzufriedenheit im vorhinein zu mildern oder zu mindern; sie wirken rekuperatorisch, restitutorisch, ihre Präventivkraft ist gering. In der Tat, man könnte schon argumentieren, daß Recht damit doch ohnedies schon an der Grenze seiner Leistungsfähigkeit angelangt sei und nun nicht auch noch Menschlichkeit, Behaglichkeit und Geborgenheit mitvermitteln versuchen soll.

Die jungen internationalen Erfahrungen zeigen, daß man durch einen anderen Einsatz von Recht, insbesondere auf der organisationsrechtlichen Ebene, sehr wohl weicheres Recht im Vorfeld härteren, traditionellen Rechts, anbieten kann. Hier passieren die wirklichen Fortschritte und Errungenschaften, nämlich über neue Einrichtungen, Ombudsmann-, Complaint- und Repräsentationsprogramme, Kommunikation und Mitbestimmung aktiv zu fördern und die Einhaltung der Patientenrechte direkt und begleitend zu sichern und sie zu einem einmahnbaren Rechtsanspruch zu heben.

Auf der ersten Strategieebene befinden sich also Aktivierungsprogramme und der Ombudsmann. Auf der nächsten gibt es, oftmals im Ombudssystem inbegriffen, aber bei strenger Begrifflichkeit doch ein kompetenzreicheres Instrument, die Patientenanwaltschaft, insbesondere die transatlantischen Ursprungs. Diese ist zwar auch noch ein Vermittlungsorgan, sie ist aber aus dem Verwaltungssystem ausgegliedert, daher auch ganz und gar weisungsfrei und durchaus auch schon zu formalen Verfahrensschritten berechtigt respektive ermächtigbar.

Auf der nächsten Entwicklungsstufe der organisationsrechtlichen patientenrechtlichen Strategien gelangt man, weg von der individuellen Ebene und weg von der Anstaltsebene, auf die politische und damit zu den Patientenräten als neuen, politischen Mitbestimmungsorganen. Es ist in der Tat bemerkenswert, daß im Pflegebereich der meist öffentliche Arbeitgeber und die Arbeitnehmer, organisiert in Personalvertretungen, die Bereichsessentialia abverhandeln und die größte Gruppe, die der betroffenen Destinatare, die Patienten, die Ergebnisse für oder gegen sich zur Kenntnis zu nehmen haben.

Verschiedentlich entwickeln sich daher kollektivrechtlich und sozialpartnerschaftlich aufgebaute Gremien. Diese bilden Beiräte für Regierungen und andere Verantwortlichkeitsorgane. Darin kommt den Patientenorganisationen eine einflußreiche Position zu. Gleichrangig sitzen in diesen Gremien Patientenvertreter neben Vertretern von Ärztekammern, Versicherungen, Gesundheitsbehörden und Gewerkschaften.

## 2. Die Entwicklung von Patientenrechtskodifikationen

In der westlichen Welt entwickeln sich mit steigender Dynamik Patientenrechtskodifikationen. In ihrer Form, ihrer Qualität und Verbindlichkeitsstruktur unterscheiden sie sich stark. Waren die frühen Patientenrechtskodifikationen quasi privater Natur, wie die frühe Patient's Bill of Rights der American Hospital Association, vom Tenor her mehr Programm als Katalog, von ihrem Durchsetzungsgehalt auf Auslobung, Selbstverpflichtung der Anstalten hin angelegt, so entdeckten alsbald Gesetzgeber ein interessantes und die Politik ein attraktives Regelfeld.

Die Patientenrechtskodifikation kennt aber weitere Typenunterschiede.

Es entwickeln sich bisweilen sektorale Patientenrechtskodifikationen für einzelne Patientengruppen nach deren jeweiligem Schutzbedürftigkeitsbild, so etwa nur für Mentalpatienten[2105], nur für Pflegepatienten[2106] oder nur für Kinder[2107] geformt, die das Besondere dem Allgemeinen vorziehen. Darob wird dann das allgemeine Patientenrechtsbedürfnis mitunter vernachlässigt.

Auch eine Kompilation aller zivilrechtlichen patientenrelevanten Normen zu einem eigenen neuen Kapitel über den „Behandlungsvertrag" in einer Zivilrechtskodifikation[2108], wie im niederländischen Modell aufbereitet, kann noch nicht als umfassende Kodifikation angesehen werden.

Die Gesamtkodifikation der Patientenrechte, meist als Rahmenrecht eines Ausführungsgesetzgebers konzipiert, versuchen jüngere Entwürfe sowohl auf nationaler als auch auf internationaler und supranationaler Ebene zu verwirklichen. Ein Trend zur Gesamtkodifikation der Patientenrechte, mit Spezialbestimmungen für besonders schutzbedürftige Gruppen oder in zusätzlichen Sondergesetzen,

---

2105 Etwa im österreichischen Unterbringungsgesetz (BGBl. 155/1990) oder im norwegischen Gesetzesvorschlag Lov om psykisk helsevern uten eget samtykke, NOU 1988:89, Oslo 1989.

2106 Beispielsweise im österreichischen Entwurf eines Pflegeheimgesetzes oder in einzelnen amerikanischen Nursing Home Acts (z. B. Florida Stat. Ann. § 400.022 Florida Nursing Home Residents Rights).

2107 Siehe Dokumententeil, Europäisches Parlament, Entschließung zu einer Charta für Kinder in Krankenhäusern, Dok. A2-25/86.

2108 Siehe oben IV.6.1.

zeichnet sich in Amerika und Europa ab. Der finnische Patientenrechtsentwurf kennt nur den Patienten als allgemeinstes Schutzphänomen und erweitert die Bestimmungen jeweils dort, wo besondere Gruppen von Patienten in einer Krankenanstalt besonderer Schutznormen bedürfen. Die Patientenrechtskodifikation des amerikanischen Bundesstaates von Minnesota beispielsweise entwickelt ebenso generelle Rechte für mehrere Patiententypen und bietet den einzelnen Gruppen dann spezifisch geformte Rechte[2109].

Diesem jüngeren Konzept folgend, wird in der hier eingeschlagenen inneren Ordnung auch ein breiter und allgemeinerer Patientenbegriff, der sich der amerikanischen Klientelisierungsdoktrin annähert, zugrundegelegt. In der Darstellung bestimmter Normen wird aber ersichtlich gemacht, wenn sie nur auf einen sektoralen Patiententypus anwendbar sind.

## *2.1. Soft Law – Open-Ended Law*

Im Medizinbereich war das Tasten nach neuen Rechtsstrukturen und Sicherheits-, wohl auch Qualitätsgarantien, zu allererst eindeutig in Amerika zu verspüren. Auslöser waren die Dynamik des civil rights movements im allgemeinen und die consumerism-Bewegung im besonderen. Es ist nicht besonders beweisbedürftig, daß die verständliche Forderung nach Qualität und bedungener Leistung in einem Gesundheitssystem, in dem das Gros der Patienten selbst und ein Vielfaches von den Gebührensätzen der meisten europäischen, wohlfahrtsstaatlichen Systeme bezahlt, früher aufbricht als bei uns. Aber der Umstand, daß in der allgemeinen Krankenversicherung in einigen europäischen Systemen keine kostendeckenden Beiträge geleistet werden und daher aus dem Staatshaushalt Zuschüsse erforderlich werden, die die Risikogemeinschaft der Krankenversicherten nicht abdeckt, wird, trotzdem dies der Allgemeinheit mehr oder weniger bewußt ist, ihr Anspruchsbewußtsein nicht mehr länger dämpfen. Nicht bei den Patientenrechten wird man folglich noch retardieren können, sondern auf der Deckungsseite wird zu korrigieren sein[2110].

---

2109 Minnesota Stat. Ann. sec. 144.651 (West 1980).

2110 So auch für Österreich Rieder, S., Referat auf der Tagung der Österreichischen Juristenkommission in Weissenbach, 24. 5. 1990 (Mschr. Manuskript); ders., Die Patientenrechte aus der Sicht des Anstalten-Referenten, S. 87 ff.

In Amerika versuchte man eben diesem Bewußtseinswandel systemautonom und der staatlichen Intervention, die sich allerdings sofort an den losgetretenen Prozeß anschloß, mit patientenrechtlichen Garantien zuvorzukommen. Daß dieser Prozeß nicht von vorneherein gleich als die Einräumung von Rechtsansprüchen gemeint war, scheint glaublich. *Ziegenfuss*[2111] zeichnet ein gelungenes Bild des Etablierungsprozesses von Modellen der Konfliktlösung:

1. Ignorieren des Problems als solches. Man meinte die Mode, die Rechte des Patienten zu forcieren, überschlage sich von selbst, wie eine Welle. Die Annahme hat sich schlüssigerweise falsifiziert.

2. Über Klagen bei den Gerichten Klarheit schaffen zu lassen. Das Prozeßmodell taugt aber allenfalls zur Identifikation des Problems, zur Lösung aber keinesfalls. Die auf die erhöhte Prozeßflut folgende Defensivmedizin belegt dies.

3. Die Problemlösung über „advocacies", Patientenanwaltschaften und

4. schließlich über integrierte „complaint-programs", Repräsentationsprogramme, also fortentwickelte Beschwerde- und Verhandlungsverfahren.

## 2.1.1. DIE ERSTE PATIENT'S BILL OF RIGHTS

Für die Entwicklung einer Patient's Bill of Rights auf Initiative der amerikanischen Krankenhäuserdachorganisation AHA (American Hospital Association) waren immer offensichtlicher gewordene Entwicklungen des amerikanischen Gesundheitswesens von wesentlicher Bedeutung[2112].

Zum ersten erkannten die Krankenanstalten selbst, daß eine moderne und zeitgemäße medizinische Behandlung von Patienten in Spitälern durch immer komplexere Beziehungen und Verhältnisse geprägt wird. Je mehr die Medizin in die Lage versetzt wurde, gefährdetes Leben zu erhalten und den Gesundheitszustand mit immer intensiverem Aufwand an technischen Ressourcen wiederherzustellen und je mehr der Wandel des Erkrankungsbildes geänderte Verweildauer und -bedingungen nach sich zog, umso mehr Bedarf entstand an me-

---

2111 Ziegenfuss, J. T., Redefining Patients' Rights Conflicts, S. 2 f.
2112 Hier und im weiteren Countryman, K./Gekas, A., Patient's Bill of Rights, S. 1 f.

dizinischem Personal. Das beharrliche Anwachsen beteiligter Personen (health care teams) im Rahmen der Patientenbehandlung erforderte und erfordert notwendigermaßen bessere und intensivere Formen der Kommunikation mit dem Patienten. Genau da verselbständigt sich aber die Kluft zwischen Anspruch und Wirklichkeit.

Zum zweiten setzte sich bei den Krankenanstalten die Erkenntnis durch, daß informierte Patienten weitaus empfänglichere Patienten sind. Patienten, die über ihre Krankheit und deren Verlauf, über die Vorgangsweise der Behandlung und über die Erfolgsaussichten derselben informiert sind, scheinen in viel geringerem Ausmaß furchtsam und in erhöhtem Ausmaß kooperativer.

Die AHA sah daher insbesondere in den Patientenrechten kein Kampfinstrument, sondern eine Strategie der Bewußtseinsschaffung und Kommunikations- und Kooperationsförderung: Verbesserte und erweiterte Kommunikation und Kooperation zwischen medizinischem Personal und dem Patienten sollten die Furcht und Angst des Patienten abbauen, mögliche Mißverständnisse reduzieren und eine pädagogische Schulung für jegliches Krankenhauspersonal mit sich bringen.

Natürlich war man sich in der American Hospital Association bewußt, daß diese Bill of Rights keineswegs alle Probleme zwischen Spitalpersonal und Patienten zu lösen in der Lage sein würde.

### 2.1.2. DIE INHALTE DER PATIENT'S BILL OF RIGHTS

Die AHA Patient's Bill of Rights stellte zunächst nur einen Versuch dar, die einzelnen Patientenrechte auszuformulieren und zu veröffentlichen, damit sich jeder Patient ein Bild davon machen kann, was er im wesentlichen von Ärzten, medizinischem Personal und dem Hospital im gesamten erwarten kann. Sie stellte aber in den Anfängen keineswegs die Kodifikation von gesetzlichen Rechten des Patienten dar[2113]. Zwar waren die enthaltenen Rechte zum Großteil mit einzelnen gesetzlichen Rechten, wie sie die amerikanische Gesetzgebung und Richterrecht statuierten, deckungsgleich, trotzdem stellten die „privaten“ Patientenrechte der AHA einen Rechtsinformationsvorgang über vorhandene Rechte, moralische und ethische „Lehrsätze“

2113 Ebda, S. 3 ff.

für Hospitäler und Ärzte dar. Die Patient's Bill of Rights ist also kein Rechtsdokument, sondern vielmehr Belehrung und Richtlinie, die zur Klärung beitragen soll, was der Patient von Spitälern erwarten kann. Dabei sollte es aber jedem Hospital freigestellt sein, das AHA Dokument zu adoptieren oder seine eigenen Leitlinien im Sinne der AHA Richtlinie zu formulieren.

Im Detail stellt sich die, den weiteren Prozeß maßgeblich formende AHA Patient's Bill of Rights inhaltlich so dar[2114]:

1. Der Patient hat das Recht auf rücksichtsvolle und respektvolle Pflege.

*Countryman* und *Gekas*[2115] meinen, daß dieser erste Punkt gar keiner weiteren Interpretation bedarf, er erkläre sich aus sich selbst. Wenn dieser Punkt in Spitälern entsprechend befolgt würde, bedürfte es eigentlich der weiteren elf Punkte gar nicht.

2. Der Patient hat das Recht, von seinem Arzt die vollständige und aktuelle Information hinsichtlich Diagnose, Behandlung und Prognose in einer dem Patienten verständlichen Sprache zu erhalten. Soferne es medizinisch nicht ratsam erscheint, dem Patienten diese Information bekanntzugeben, so soll diese Information einer Vertrauensperson des Patienten zugänglich gemacht werden. Der Patient hat das Recht, den Namen des für die Koordination seiner Pflege verantwortlichen Arztes zu wissen.

3. Der Patient hat das Recht, vor Beginn jeglicher Behandlung die notwendigen Informationen vom Arzt zu erhalten, um zu dieser informiert einwilligen zu können. Außer in Notfällen haben die zur informierten Einwilligung notwendigen Informationen – wenn auch nicht notwendigerweise darauf beschränkt – die Art der Behandlungen, die damit verbundenen medizinischen Risiken und die mögliche Dauer von Beeinträchtigungen zu beinhalten. Soferne signifikante medizinische Alternativen für die Pflege oder Behandlung bestehen oder soferne der Patient Auskunft über Informationen hinsichtlich denkbarer medizinischer Alternativen verlangt, hat der Patient ein Recht auf diese Informationen. Der Patient hat ebenso das Recht, den Namen der für die Behandlung verantwortlichen Person zu erfahren.

Die Artikel 2 und 3 umfassen den Bereich der medizinischen Information und des Informed Consent. Manche Patienten sind sich ihrer

---

2114 Ebda, S. 4 ff.
2115 Ebda, S. 4.

Rechte auf Information nicht bewußt. Daher bleiben Patienten oftmals über zu ihrer Behandlung denkbare medizinische Alternativen im unklaren.

Artikel 2 bringt überdies zum Ausdruck, daß der Arzt die entscheidende Quelle jeglicher medizinischen Information ist und impliziert, daß nur nachhaltige und ausreichende Kommunikation Informed Consent gewährleisten kann. Berücksichtigung findet aber auch die Möglichkeit, daß es in verschiedenen Situationen medizinisch nicht oder weniger ratsam ist, dem Patienten ausreichende Informationen zur Verfügung zu stellen. Diese frühe Regelung des therapeutischen Privilegs entschied sich aber schon für eine Substitution, die Informationen zumindest nahestehenden Personen des Patienten zu übermitteln.

4. Der Patient hat das Recht, nach Maßgabe der Rechtslage die Behandlung zu verweigern und das Recht darüber informiert zu werden, welche medizinischen Konsequenzen diese Handlung nach sich zieht.

Das bezieht sich darauf, daß ein zurechnungsfähiger Erwachsener das Recht hat, die Behandlung nach Maßgabe der Rechtslage[2116] zu bestimmen. Da es nicht das Ziel der AHA Patient's Bill of Rights war und sein konnte, gesetzlich ausdrücklich festgelegte oder in der Judikatur konfinierte Rechte des Patienten entweder auszuweiten oder zu beschränken, ging es hier nur darum, die Ergebnisse der Informed Consent-Rechtslage in einer Grundsatzerklärung aktiv zu garantieren.

5. Der Patient hat im Rahmen seiner medizinischen Betreuung das Recht der Rücksichtnahme auf seine Privatsphäre. Diskussionen, Beratungen, Untersuchungen und die Behandlung selbst sind vertraulich und diskret zu führen. Personen, die an der Pflege nicht direkt teilnehmen, bedürfen für ihre Anwesenheit der Erlaubnis des Patienten.

6. Der Patient hat das Recht, daß alle Gespräche und Aufzeichnungen hinsichtlich seiner Pflege vertraulich behandelt werden.

Artikel 5 und 6 zielen auf die Sicherung der Privatsphäre des Patienten. Diese Rechte finden zum Teil bereits Ausdruck in Artikel 1 (rücksichtsvolle und respektvolle Pflege). Betont wird daher ergänzend die materielle und immaterielle privacy.

7. Der Patient hat das Recht, daß seinen Wünschen an Dienstleistungen innerhalb der Möglichkeiten eines Spitals entsprochen wird.

---

2116 Dazu beispielsweise die Living Will Statuten.

Was den Anspruch relativiert, ist der Umstand, daß es der Eigeninterpretation des Spitals obliegt, die Maßgabe der Ressourcen zu definieren. Artikel 7 führt aber immerhin ein, daß eine Krankenanstalt ein begründetes Ersuchen des Patienten nicht grundsätzlich oder unbegründet ablehnen oder verweigern kann. Im konkreten Fall ist ein Ersuchen nach der Natur des Ersuchens, den medizinischen Bedürfnissen des Patienten, der personalen und technischen Ausstattung des Spitals, der Dringlichkeit der Patientenpflege und den relativen Bedürfnissen des Patienten zu beurteilen.

8. Der Patient hat das Recht auf Information über Verbindungen der Krankenanstalt zu anderen Gesundheitseinrichtungen, wenn diese Information für die Pflege relevant erscheint. Der Patient hat auch das Recht auf Information über die namentliche Behandlungskette aller Personen, die ihn behandeln.

9. Der Patient hat das Recht, darüber unterrichtet zu werden, ob die Krankenanstalt Experimente im Rahmen seiner Pflege oder Behandlung auszuführen beabsichtigt. Der Patient hat das Recht, die Teilnahme an diesen Forschungsvorhaben zu verweigern.

Artikel 8 und 9 betreffen sowohl die organisatorischen Beziehungen zwischen der Krankenanstalt und anderen Einrichtungen als auch die Beziehungen des Personals untereinander. Das Recht, über solche Verhältnisse unterrichtet zu werden, ist dann besonders notwendig, wenn etwa die Aufnahme in einer Einrichtung erfolgt, die anschließende Pflege aber in einer anderen. Artikel 9 betrifft den Bereich der Humanexperimente und steht im engen Zusammenhang mit dem in Artikel 4 abgesicherten Informed Consent.

10. Der Patient hat das Recht auf eine vernünftige Kontinuität seiner Pflege. Er hat das Recht, vorweg zu erfahren, wann welcher Arzt wo zur Verfügung steht. Der Patient hat das Recht, daß die Krankenanstalt über eine Stelle verfügt, durch die der Patient von seinem Arzt oder einem von diesem angewiesenen Vertreter, über die nach der Entlassung notwendigen Pflegemaßnahmen informiert wird.

Dieser Artikel spricht zum einen die Kontinuität der Pflege des Patienten und zum anderen die notwendigen Informationen der Patientenpflege nach Entlassung des Patienten an. Grundsätzlich fühlen sich Spitäler nur für die Gesundheitspflege innerhalb des Spitalsbereiches verantwortlich. Obwohl es unmöglich ist, Ärzte auch nach der Entlassung zur Verfügung zu stellen, gehört es trotzdem zur medizinischen Verantwortung, Informationen für die Zeit nach der Entlassung zur Verfügung zu stellen und auch einen formalisierten Entlassungsplanprozeß zu schafffen.

11. Der Patient hat das Recht, eine Erklärung über Spitalskosten zu erhalten und zwar unabhängig von der Art der Bezahlung.

Überträgt man diese Norm auf europäische Strukturen, so wäre die Idee, die dem Recht korrespondierende Pflicht der Kenntnisnahme der entstandenen Kosten mitzukodifzieren, diskutierenswert. Naturgemäß dient sie im amerikanischen System der Kostenkontrolle durch den Patienten selbst.

12. Der Patient hat das Recht, über die patientenrelevanten Verhaltensregeln innerhalb der Krankenanstalt informiert zu werden.

Artikel 12 schließt den Kreis zu den entsprechenden Verantwortlichkeiten des Patienten dem Spital gegenüber.

Dieser private Patientenrechtskodifikationsversuch leitete eine Entwicklung ein, die mittlerweile auf Europa übergegriffen hat und die sich anbetrachts des Umstandes, daß internationale und supranationale Organisationen sich des Bedürfnisses nach Rechtssicherheit in diesem Bereich angenommen haben, sicherlich verstärken wird.

### *Eine Zwischenkritik an der expliziten Formulierung von Patientenrechten*

Gegen diese Art der „Verrechtlichung“ kann man freilich Einwände anbringen; mit besseren oder schlechteren Argumenten. Exemplarisch können diejenigen von *Rozovsky* [2117] herangezogen werden, weil sie prototypisch für so viele, von unerkannten oder ignorierten Prämissen getragene Positionen sind, die bisweilen gar bis in bloße Polemik absinken. Literarische Drohgebärden versuchen letztlich sogar in die Patientenrechtspolitik einzugreifen. Diese schlecht gemachte Kritik hätte schon an früherer Stelle, in der Behandlung der einzelnen Rechte, ersichtlich gemacht werden können. Günstiger erscheint es aber, sie hier aufzubereiten, weil sie im Kontext zur AHA-Bill steht und durch die Anlehnung die Gesamtabwehrhaltung zu den Patientenrechten insgesamt besser dokumentiert. Ratsam erscheint es auch, diese Kritik als Bündel zu präsentieren, weil in der Patientenrechtsdiskussion vermeintlich orginielle Einreden ähnlich als Rundum-

---

2117 Rozovsky, E. L., The Canadian Patient's Book of Rights, Toronto 1980, S. 1 ff.

schlag angelegt werden. Deutlich wird solcherart, daß die mögliche Kritik erkannt, längst schon einer Kosten-Nutzen-Analyse zugeführt und zum Teil sogar schon ausgeschrieben ist. Zugleich kann damit Einblick in eine Querschnittskritik eröffnet werden, der die Emotionalität und Rationalitätsdefizite offenlegt, mit denen gegen die unaufhaltsame Patientenrechtsdynamik angekämpft wird.

Lorne Elkin *Rozovsky*[2118] betrachtet die Patient's Bill of Rights als eine auf Medienwirksamkeit gerichtete Strategie des amerikanischen Krankenhäuserdachverbandes, die den Rechtsbestand nicht verändern könne und die Vollzugsgarantien um nichts verbessere. Die in den siebziger Jahren immer größer werdende Nachrichtenflut und negative Schlagzeilen über amerikanische Krankenhäuser hatten das Image der Anstalten schwer ramponiert. Eine „Verkündung" der Patient's Bill of Rights sollte nun lediglich das angekratzte Image der Spitäler retten. *Rozovsky* leugnet aber dennoch nicht, daß die Patient's Bill of Rights letztlich doch auf die Rechtsordnung mittelfristig rückwirkende Prozesse in Gang setzt: Diese Zusammenstellung der Rechte des Patienten in einer Patient's Bill of Rights ist jedenfalls geeignet, das Bewußtsein des Spitalspersonals hinsichtlich der Rechte des Patienten zu stärken[2119], den Patienten aufzuwerten, „aufzurüsten" und so das Gleichheitsverhältnis zwischen Personal und Patienten zu verbessern. Allerdings dürften die entstandenen erheblichen Mißverständnisse nicht unaufgeklärt bleiben.

Als Dokument einer Art statement of philosophy und eines gestionsphilosophischen Ansatzes zur Patientenpflege sei das AHA-Dokument kaum zu kritisieren. Läßt man die gutgemeinte Intention jedoch einmal außer Ansatz, dann verführe die Betitelung als „Bill of Rights" zur irrigen Auffassung, es handle sich hier um tatsächliche Rechte des Patienten[2120]. Die Qualifikation „Recht" sollte aber grundsätzlich jenen Ansprüchen vorbehalten bleiben, die bei Gericht durchsetzbar sind[2121]. Gerade dies – rechtlich durchsetzbare Ansprüche – seien die in der AHA-Bill genannten Rechte aber nicht.

---

2118 Ebda, S. 2 f.

2119 Siehe auch Kopetzki, Ch., Bestandsaufnahme der Patientenrechte, S. 38 f.

2120 Rozovsky, E. L., The Canadian Patient's Book of Rights, S. 4.

2121 Auch Kopetzki, Ch., Bestandsaufnahme der Patientenrechte, S. 38 f, billigt dem „soft law" (und privaten Patientenrechtskodifikationen) zwar durchaus zu, verhaltenssteuernd zu wirken und als Zielvorgabe rechtspolitischer Auseinandersetzungen zu dienen, unter Patientenrechten lassen sich seiner Meinung nach aber

Was *Rozovsky* in der Kritik allerdings übersieht, ist, daß die Übernahme und Verkündung der Bill durch ein Krankenhaus durchaus zivilrechtlich besehen als Auslobung einer bestimmten Qualität gesehen werden kann, deren Einhaltung als bedungene Eigenschaft der Behandlung oder über die Berufung als Teil der Geschäftsgrundlage sehr wohl eingeklagt werden kann.

Im einzelnen führt *Rozovsky*[2122] zu den jeweiligen Artikeln folgendes aus:

Der erste Artikel der AHA-Bill, der eine rücksichtsvolle und respektvolle Behandlung des Patienten kanonisiere, sei schlechthin unjudiziabel. Es stelle sich die Frage, aus wessen Perspektive „rücksichtsvoll" und „respektvoll" zu interpretieren sei. Aus der Perspektive des Arztes, des Pflegepersonals, des Patienten? Viele Arten der Behandlung sind für sich von vorneherein nicht „respektvoll", einerlei auf welche Art und Weise sie auch immer durchgeführt werden. Oftmals muß eine Behandlung erzwungen werden. Manchmal müssen Patienten zurückgehalten werden, sich selbst zu verletzen (etwa in der Psychiatrie). Letztlich ist eine „rücksichtsvolle" und „respektvolle " Behandlung immer nur der Ausfluß einer Geisteshaltung und diese kann nur durch jahrelange Praxis und Ausbildung angeeignet werden. Ohne diese Geisteshaltung bleibt auch, selbst wenn dies ein Recht des Patienten ist oder wäre, das Recht auf rücksichtsvolle und respektvolle Behandlung im wesentlichen uneffektiv.

*Rozovsky* übersieht in dieser Kritik wiederum, daß europäische Disziplinarbehörden, wie die schon[2123] erwähnte schwedische (HSAN), gerade diese Frage, was einen Mangel an Respekt oder betreuerischer Sorgfalt darstelle, ständig beurteilen müssen und just um diese Frage, trotz ihrer schwierigen Beschreibbarkeit und Abgrenzung menschlichen Verhaltens, im Interesse der Patienten zu bewältigen eingerichtet worden sind.

Das am zweiten Rang in der AHA-Bill angesiedelte Recht, das Recht auf Information, erscheint *Rozovsky* ein wünschenswertes patientenpolitisches Ziel[2124]. Was aber sei es als Recht wert, wenn der Arzt nicht immer erreichbar sei oder auch nicht über die notwendige

---

lediglich verbindliche Rechtsnormen verstehen.

2122 Rozovsky, E. L., The Canadian Patient's Book of Rights, S. 4 ff.

2123 Siehe IV.7.1.

2124 Rozovsky, E. L., The Canadian Patient's Book of Rights, S. 5.

Zeit verfüge, jedem Patienten seinen Besuch abzustatten? Selbst dann, wenn erste Tests vorliegen, der Arzt erste Vermutungen über die Diagnose erstellen kann, allerdings erkenne, daß weitere Tests zur Sicherheit der Diagnose notwendig erscheinen, soll dann der Arzt wirklich schon verpflichtet sein, diese Zwischenergebnisse dem Patienten oder dessen Familie mitzuteilen? Oftmals sei es per se nicht ratsam, dem Patienten alle Informationen über seinen Gesundheitszustand mitzuteilen.

*Rozovskys* Kritik ignoriert auffällig die gesicherten Ergebnisse der Informed Consent Judikatur und baut auf solid paternalistische Prämissen: Es liege eine große Gefahr der Bill of Rights darin, daß medizinisches Personal nach strikten Regeln vorzugehen und zu arbeiten habe, anstatt entsprechend seiner fachmännischen Entscheidung und seiner menschlichen Art zu handeln.

Das Recht des Patienten, die Namen und Aufgabenstellung jedes Einzelnen des ihn betreuenden Personals zu wissen, sei billigenswert. Allerdings werde – und wiederum verfällt *Rozovsky* in den Grundfehler, die manchmal unvermeidlichen Grenzen der Wirklichkeit zum rechtspolitischen Leitargument zu machen –, soferne der entsprechende Arzt oder die Schwester dann ohnedies nicht verfügbar sei, dieses Recht bedeutungslos. Folglich könne auch dieser Informationsanspruch nicht eine Angelegenheit von gesetzlich definierten Rechten und Pflichten sein, sondern ausschließlich eine Frage der Courtoisie[2125].

Die Artikel 3, 4 und 9, die sich auf das Einwilligungsrecht des Patienten beziehen, formulierten ohnedies nichts anderes als Rechte, über die der Patient auch ohne die Bill bereits verfüge. Eigentlich wisse der Patient sehr genau, daß er vom Wohlwollen des Spitals abhängig sei. Er habe gar kein Interesse an schriftlich fixierten Patientenrechten. Patienten wollten sich eigentlich nicht auf Rechte berufen, müßten sie doch befürchten, daß sie dann im Weg der stillen Repressalie schlechter behandelt würden. Das Krankenhaus könne sich über eine unendliche Kette von kleineren oder größeren Mißgeschicklichkeiten revanchieren, etwa durch länger unterlassenen Wechsel der Bettwäsche, durch Servieren kalten Essens, etc. Das Prinzip liege also auf der Hand: Es sei klüger, der Patient richte sich nach der Hand-

2125 Ebda.

habung des Spitals, wenn er wolle, daß es ihm gut gehe (if you want to get better, do it our way).

Artikel 5 und 6, die den Bereich der Privatsphäre (privacy) zu sichern vorgeben, seien hingegen von vernachlässigbarer Bedeutung. Einerseits habe es noch keinen einzigen Prozeß wegen solcher Angelegenheiten gegeben – daß es keinen gangbar formulierten Anspruch gibt und daher auch keine Anspruchsgrundlage und deshalb eben keine Klage, erwägt *Rozovsky* nicht weiter –, andererseits sei es in zahlreichen Fällen geradezu notwendig, die Informationen über den Patienten weiterzugeben (teaching situations, medical audit situations, payment procedures with govermental health insurance plans). Auch hier hält *Rozovsky* sich nicht weiter mit der Überlegung auf, daß auch über die Einwilligung noch ausreichend für Drittzwecke nützliche oder notwendige Information über Patient, Krankheit und Behandlungswissen zu bekommen ist. Es ist noch kein Medizinwesen seit der dynamischen Differenzierung der Informed Consent Doktrin in Forschungs-, Ausbildungs- oder Entwicklungsverzug geraten[2127].

Das wichtigste Patientenrecht scheint *Rozovsky* das Recht auf den „reasonable standard of care" zu sein. Aber selbst dieses lade ein, mißverstanden zu werden. Es erwecke den Eindruck, der Patient habe ein Recht auf bestimmte Dienstleistungen des Spitals. Oftmals stünden die Wünsche des Patienten sogar im Konflikt mit seinem Gesundheitszustand. In diesem Fall könne die Antwort des Spitals nur die Abweisung eines Wunsches des Patienten sein. Das wiederum könne der Patient dann nicht verstehen; folglich sei es ratsam, auch dieses Recht erst gar nicht in Aussicht zu stellen[2128].

Artikel 8, das Recht zu erfahren, welche Personen im einzelnen in die Patientenpflege involviert sind, klinge vom Ansatz her ausgezeichnet. Allerdings sei es doch möglich, daß oftmals bis zu zwanzig Personen an der Pflege beteiligt seien – vom im Regelfall gänzlich anonym bleibenden Radiologen bis zu speziellen Technikern. *Rozovsky* neigt zu recht nutzloser Rhetorik; er will das Gemeinte der Regel nicht verstehen und greift daher zum argumentum ad absurdum: Sei es hier wirklich so hilfreich, jeweils eine aktuelle Liste an den Patienten auszuhändigen? Man denke doch nur an die Mehrkosten für Bürokratie[2129].

---

2126 Ebda, S. 5 f.
2127 Was Rozovsky, E. L., ebda, S. 6, unterstellt.
2128 Ebda, S. 6.
2129 Ebda.

Artikel 11, das Recht auf Aufklärung über die Gestaltung der Spitalsrechnung, habe in wohlfahrtsstaatlichen Systemen kaum Bedeutung, da die Spitalskosten ohnedies nicht vom Patienten geleistet werden. Also bedarf es auch keiner Erklärung[2130].

Auch Artikel 12, welcher das Erfordernis nach speziellen Besuchszeitenregelungen erst weckt, sei skeptisch zu betrachten. In Spitälern bestehe ohnedies meist ein, wenn auch nicht kanonisierter, so doch funktionierender Konsens zwischen Spital und Besuchern; dieser könne durch solche neuen Regeln nur gefährdet werden, es könne zur reformatio in peius kommen[2131].

Aus all diesen Überlegungen leitet *Roszovsky* de lege ferenda für sich daher die folgenden Konsequenzen ab: Durch die Entwicklung und Kodifizierung der Patientenrechte, wie sie in den Vereinigten Staaten vorgenommen wurde, leidet das Verhältnis zwischen Patienten und medizinischem Personal. Die Patient's Bill of Rights der AHA ist kein gesetzliches Dokument, allerdings könne es mitunter bindende vertragliche Wirkung zwischen den Parteien erzeugen. Zusätzlich sind verschiedene amerikanische Staaten dazu übergegangen, ähnliche Patient's Bills of Rights als Muster für gesetzgeberische Aktivitäten heranzuziehen und solche als staatliche Gesetze zu verabschieden. So würden Verpflichtungen geschaffen werden, die, wie *Rozovsky* vermeint schlüssig dargetan zu haben, keine der betroffenen Parteien tatsächlich wünsche. Darüber hinaus verwende die AHA-Bill die Terminologie der Gesetzessprache, obwohl es sich um kein Gesetz handle und bediene sich daher eines unzulässigen Täuschungsmittels. Die AHA-Bill ignoriere fundamentale Prinzipien des Arzt-Patienten-Verhältnisses oder des Spital-Patienten-Verhältnisses. Der Zusammenbruch von Beziehungen sei keine Frage der Rechtsausstattung, sondern vielmehr eine Frage der zwischenmenschlichen Verhaltensweisen und Kommunikationsformen. Passieren solche break downs, so sei auch eine Bill of Rights nicht in der Lage, das Defizit im zwischenmenschlichen Bereich zu korrigieren. Ursachenforschung und die daraus abzuleitende Remedur seien anders anzulegen, als die Patient's Bill of Rights dies tue[2132]:

1. Das wirkliche Problem liege im Mangel an Menschlichkeit, nicht

---

2130 Ebda, S. 7.
2131 Ebda.
2132 Ebda, S. 7 f.

im Mangel an Rechten. Dieses Defizit kann nicht durch eine Satzung geheilt werden.

2. Indem die Rechte des Patienten aufgelistet werden, werde der Eindruck erweckt, es handle sich um einen abgeschlossenen Katalog von Rechten. Das aber wiederum sei eine Irreführung des Patienten und des Spitalspersonals, die die Patientenrechte für auf die in der Liste statuierten Rechte beschränkt hielten und sich auf eine falsche oder unvollständige Rechtslage festgelegt wähnten und andere zustehende Rechte nicht beanspruchten.

3. Eine Bill of Rights bzw. Charta der Patientenrechte sei bedeutungslos, soferne sie vom Patienten nicht durchgesetzt werden kann. Dieser sei aber eben krank und auf Hilfe und mithin das Wohlwollen des Spitalspersonals, nicht auf Rechte angewiesen.

4. Wenn aber der Patient ohnedies nicht in der Lage ist, diese Bill of Rights durchzusetzen, dann brauche er sie auch nicht. Weitaus besser wäre es, eine Auflistung der Personalpflichten dem Patienten gegenüber zu besitzen. Wenn das Spital-Patient-Verhältnis oder das Arzt-Patient-Verhältnis nicht intakt ist, so müßten das Personal und die Ärzte erzogen und ausgebildet werden, nicht der Patient. Es spiele keine Rolle, ob der Patient seine „Rechte“ kenne, solange er sie nur bekomme.

5. Die Gefahr der Patient's Bill of Rights liege weiters darin, daß das Personal sich dieser Rechte so bewußt werde, daß es Dienst nach Vorschrift übe und vergesse, den Patienten auf der Basis von „training, experience and kindness“ zu behandeln.

6. Eine Bill of Rights, die dem Patienten vom Spital ausgehändigt wird, kann vom Gericht als Auslobung gesehen und damit rechtlich beurteilt werden. Wird ein Vertrag gebrochen, so ist ein Schadenersatzanspruch die Folge. Das traditionelle Vertragsrecht biete ohnedies, auch ohne eine Bill of Rights, schon ausreichend Möglichkeit, zu Schadenersatz zu gelangen. Wird aber gegen einen Artikel der Bill of Rights verstoßen und entsteht kein Schaden, dann sei auch eine Klage bei Gericht überflüssig.

Nach *Rozovskys* zum Teil gar krauser juristischer Expertise sollen diese Argumente gegen die Patient's Bill of Rights verdeutlichen, wie wenig das Recht geeignet sei, menschliche Probleme zu lösen. Es galt sie vorzustellen.

## 2.1.3. SPEZIELLE PATIENTENRECHTSDEKLARATIONEN EINZELNER PRIVATER GESUNDHEITSEINRICHTUNGEN

Auf dem Grundkonzept der AHA Patient's Bill of Rights aufbauend, sind die unterschiedlichsten Anpassungen an die Bedingungen verschiedener Krankenhaustypen erfolgt. Ihr Zusammenhang mit der und ihre Befruchtung durch die AHA-Bill sind unübersehbar. Trotz der Ähnlichkeit sei hier wenigstens drei derartigen Mutationen Darstellungsraum geboten, um Einblick in die Multivariabilität der Patientenrechte, die unterschiedlichen Stile und die unterschiedliche Adaptionsbreite zu bieten. Akzeptanzpolitisch interessant ist auch das mögliche Dialoggefüge solcher Dokumente. Beachtenswert ist auch, daß in solchen Dokumenten mitaufgenommen werden kann, was man an Pflichten des Patienten anmahnen zu können vermeint.

*Bolder Community Hospital*

Das folgende Beispiel betrifft das 150 Betten fassende Boulder Community Hospital. Colorado verlangt von Hospitälern, die mehr als 50 Betten fassen, einen Patientenbeschwerdemechanismus, einen Patientenrepräsentanten und ein „statement" der Patientenrechte und -verantwortlichkeiten. Das Boulder Hospital in Colorado hat das folgende Statement[2133] schon lange, bevor es gesetzlich annähernd gleich textiert wurde, formuliert; es darf vermutet werden, daß der supervenierte Gesetzgeber daraus Anleihe genommen hatte:

„Das Boulder Community Hospital präsentiert eine Grundsatzerklärung (policy statement) als Beitrag zu einer effektiven Patientenpflege und zur Zufriedenheit des Patienten. Die Ärzte und das Personal im Spital suchen nach den besten Dienstleistungen für ihre Patienten. Sie haben erkannt, daß dabei die Bemühungen eine effektive Kommunikation mit dem Patienten und seiner Familie beinhalten müssen.

Die Verantwortlichkeiten des Spitals für die Patienten wurden im Selbstbindungsweg in folgendem Textlaut übernommen:

1. Das Spital ist bemüht, jedem Patienten vernünftige und respektvolle persönliche Pflege zukommen zu lassen.

---

2133 Abgedruckt bei Countryman, K./Gekas, A., Patient's Bill of Rights, S. 7.

2. Das Spital vertraut auf jeden Arzt, daß er den Patienten über die Diagnose, die Behandlung und die Prognose in einer Weise, von der angenommen werden kann, daß sie der Patient versteht, informiert.

3. Das Spitaleinweisungsverfahren ist in einer Patientenbroschüre, die der Patient bei der Einweisung erhält, beschrieben.

4. Das Spital wird das Recht des Patienten, diagnostizierte Verfahren und Behandlungen ablehnen zu können, respektieren.

5. Das Spital versucht, die persönliche Privatsphäre des Patienten zu respektieren.

6. Das Spital respektiert das Recht des Patienten, daß alle Gespräche und Aufzeichnungen, die die Patientenpflege betreffen, in der Weise vertraulich behandelt werden sollen, wie es der „medical records policy", die mit den Dienstrechten übereinstimmt, entspricht.

7. Das Spital wird den Wünschen des Patienten nach Spitaldienstleistungen nach Kräften entsprechen.

8. Die Krankenhauspolitik wird dahingehend angelegt, daß die Angestellten Namensschilder tragen, sodaß der Patient die Namen derjenigen Personen kennt, die zu seiner Pflege beitragen.

9. Das Spital wird bei der Erstellung eines Entlassungsplanes assistieren, um somit zur Kontinuität der Pflege beizutragen.

10. Das Spital erklärt sich dafür verantwortlich, auf Anfrage des Patienten Informationen hinsichtlich der Beziehungen dieses Spitals zu anderen Gesundheitseinrichtungen zu geben und, soferne diese die Pflege des Patienten fördern könnten, diese in den Dienst des Patienten zu stellen.

11. Das Spital stellt auf Anfrage des Patienten Informationen hinsichtlich des Bestehens von professionellen Beziehungen zwischen den Angestellten zur Verfügung.

12. Das Spital vertraut darauf, daß jeder Arzt die entsprechenden Informationen hinsichtlich Forschung, Experimenten und Lehrprojekten bezüglich der Pflege des Patienten zur Verfügung stellt.

13. Das Spital wird auf Anfrage einen Überblick und eine Erklärung der Spitalabrechnung, unabhängig von der Art der Bezahlung, bieten.

Das Spital geht dabei davon aus, daß der Patient seinerseits:

1. Informationen über vergangene Krankheiten, Spitalsaufenthalte, medikamentöse Behandlungen und andere Angelegenheiten, die die Gesundheit des Patienten betreffen gibt,

2. mit dem Personal kooperiert und Fragen stellt, soferne Anweisungen und Verfahren nicht verstanden werden,

3. mit anderen Patienten rücksichtsvoll umgeht und die Beschränkung der Lärm- und Rauchentwicklung sowie die Beschränkung der Anzahl der Besucher unterstützt,

4. notwendige Informationen über seine Versicherungen gibt; jedenfalls trägt der Patient die letzte Verantwortung, daß alle Rechnungen bezahlt werden,

5. das Eigentum der anderen und das des Spitals respektiert,

6. die Ärzte, Schwestern und anderes Personal in ihren Bemühungen, den Patienten wieder gesunden zu lassen, indem er ihre Anweisungen befolgt, unterstützt.

Soferne der Patient glaubt, daß eine dieser Verantwortlichkeiten nicht erfüllt wurde oder wird, so soll er jederzeit den Patientenrepräsentanten rufen."

*Mercy Center for Health Care Services*

Ein weiteres, herausragendes Beispiel stellt die Patientenrechtscharta des Mercy Center for Health Care Services, eines Ausbildungshospitals in Aurora, Illinois, dar[2134]. Auch hier wird versucht, die Patientenrechte im Kontext, was der Patient erwarten kann, darzustellen und den Patienten anzuregen, ein aktiver Teilnehmer an seiner Gesundheitspflege zu werden. Zusätzlich wird dabei festgestellt, in welchem Rahmen die Kooperation des Patienten auch Einfluß auf die Kosten nehmen kann.

Das Mercy Center for Health Care Services – „operated in a spirit of human kindness and in the love of God" – erklärt sich daran gebunden, den Menschen der Gemeinde ein Optimum an Gesundheitspflege zu bieten.

„Wir glauben, daß alle Personen, der Patient, seine Familie und all diejenigen, die direkt oder indirekt an der Patientenpflege beteiligt sind, mit Würde und Achtung einem menschlichen Wesen entsprechend zu behandeln sind ... Wir haben Sorge und eine Verpflichtung zur Verbesserung der physischen, psychischen, sozialen und geistigen Bedürfnisse der ganzen Person.

2134 Abgedruckt ebda, S. 9 f.

Mercy Center nimmt seine Rolle als Gesundheitspfleger ernst; daher können Sie als Patient folgendes erwarten[2135]:

– Rücksichtsvolle, respektvolle, vernünftige Kontinuität der Gesundheitspflege und Vertraulichkeit (privacy) hinsichtlich Ihres persönlichen medizinischen Programms;

– den Namen und die Position der Personen, die sie pflegen, zu erfahren. Das Personal wird sich einzeln selbst vorstellen und erläutern, was es für Sie machen wird;

– adäquate Information hinsichtlich der Diagnose, der Behandlung und der Prognose von Ihrem Arzt zu erhalten. Sie sind dann in der Lage, eine aufgeklärte Einwilligung vor dem Beginn jedes einzelnen Verfahrens-, Operations- und/oder Behandlungsschrittes zu geben. Sollten Sie eine Behandlung verweigern wollen, so werden Sie über die möglichen medizinischen Konsequenzen aufgeklärt;

– die bestmögliche medizinische Pflege zu erhalten. In außergewöhnlichen Fällen jedoch, in denen andere Einrichtungen über besondere Erfahrungen verfügen, können Sie zu einer solchen Einrichtung überstellt werden, wenn Sie vorher vollständige Informationen darüber bekommen haben;

– informiert zu werden, mit der Option zu verweigern, wenn Mercy Center darauf abzielt, ein medizinisches Forschungsprogramm, Ihre Behandlung oder Pflege betreffend, durchzuführen;

– eine Erklärung der Rechnung zu erhalten, unabhängig von der Art der Bezahlung.

Mercy Center erwartet die folgenden Verantwortlichkeiten von Ihnen:

– Unterstützen Sie das Personal bei der Bewertung Ihrer Bedürfnisse, indem Sie Informationen über Ihren Gesundheitszustand und die Medizin, die Sie einnehmen, geben;

– folgen Sie den Anweisungen des Behandlungsteams und kooperieren Sie mit den Behandlungsplänen;

– seien Sie sich darüber bewußt, daß zu viele Besucher, laute Konversation, zu lautes Fernsehen und Rauchen andere Patienten stören könnte;

– achten Sie auf das Eigentum des Spitals;

– kooperieren Sie mit dem Mercy Center Personal, indem Sie die entsprechenden Informationen über Ihre finanzielle Situation gewäh-

2135 Ebda.

ren, rasch die Versicherungsformulare und andere zur Bezahlung der Rechnung notwendigen Formulare ausfüllen und zurückgeben und Ihre „accounts" umgehend bezahlen;

– verlassen Sie das Spital, sobald Ihr Arzt angibt, daß Sie entlassen werden sollen. Dies hält Ihre Kosten gering, gewährleistet die beste Nutzung der Spitalseinrichtung und erleichtert es, nationalen und staatlichen Gesetzen gerecht zu werden;

– halten Sie sich an die Informationen, wie sie im Patientenhandbuch dargelegt werden."

*New York Hospital*

Ein weiterer Typus, zugleich das letzte hier aufzuführende Beispiel, kommt vom New York Hospital[2136]. Darin wird der Patient nicht nur über seine Rechte aufgeklärt, sondern aufgefordert, sein Geschick an sich zu ziehen und angeleitet, wie dies am besten zu bewerkstelligen sei.

„I. Das New York Hospital präsentiert die folgende Bill of Rights für Sie und Ihre Familie, um bessere Wege der Kommunikation, ein engeres Patienten-Arzt-Verhältnis und eine effektivere Gesundheitspflege zu erreichen.

Art. I – Ihr Recht, als individuelle Persönlichkeit behandelt zu werden.

Die der individuellen Persönlichkeit innewohnende Würde und ihr Wert steht im New York Hospital an erster Stelle. Hier werden Sie mit Achtung und Rücksicht, zu der alle Personen berechtigt sind, behandelt. Diese Rücksichtnahme bezieht sich auf alle Personen – unabhängig vom finanziellen Status, von der Rasse, vom Glauben, von der Hautfarbe, von der nationalen Herkunft und vom Geschlecht.

Art. II – Ihr Recht, sich hinsichtlich Ihres Gesundheitspflegeprogrammes sicher zu fühlen.

Sie haben das Recht, sich hinsichtlich Ihrer Pflege, der Durchführung Ihrer Behandlung und derjenigen Personen, die Sie während des Aufenthaltes im New York Hospital behandeln, sicher zu fühlen.

Bevor Sie hier die Zustimmung zu einer Behandlung geben, wird Sie Ihr Arzt über Ihre Pflege und die Durchführung Ihrer Behand-

2136 Abgedruckt ebda, S. 10 ff.

lung aufklären und zwar in der Weise, daß Sie dies auch verstehen können. Falls Sie zu krank sind, wird die Information mit Ihren Angehörigen diskutiert.

Wenn Sie das Gefühl haben, daß die Information, die Sie von Ihrem Arzt erhalten, nicht adäquat ist, so stellen Sie die folgenden Fragen hinsichtlich Ihrer Diagnose, Behandlung oder Prognose.

Ihre Diagnose. Fragen Sie den Arzt, der Sie untersucht:

– Was hat meine Untersuchung gezeigt?

– Was sind die Resultate meiner Untersuchungen und Tests?

– Was ist das Problem hinsichtlich meiner Gesundheit?

Ihre Behandlung und Prognose. Fragen Sie den Arzt, der Sie untersucht:

– Welcher Art der Behandlung oder Operation soll ich mich unterziehen?

– Gibt es Alternativen dazu? Was sind die Alternativen dazu?

– Gibt es signifikante medizinische Risiken im Bereich dieser Behandlungen?

– Wer unterzieht mich dieser Behandlung? (Sie haben das Recht, die Namen des Personals, das direkt verantwortlich für Ihre Gesundheitspflege ist, zu erfahren).

– Wie lange wird die Behandlng dauern?

– Wird es schmerzvoll sein? Wird es in irgendeiner Form Nebeneffekte geben?

– Muß ich etwas unterzeichnen? Warum?

– Kann vorhergesagt werden, wie lange die Genesungszeit voraussichtlich dauern wird?

– Was ist das erwartete Ergebnis der Behandlung? (Natürlich kommt in einem Notfall zuerst die Behandlung und die Erklärungen folgen später).

Art. III – Ihr Recht, die Behandlung zu beenden.

Ihr Recht, Ihre eigenen Entscheidungen über den Pflegeplan zu fällen, wird im New York Hospital respektiert.

Sie können entscheiden, weitere Behandlungen nicht durchzuführen. Wenn Sie einen solchen Schritt setzen, fällen Sie Ihre Entscheidung sorgsam und in der Weise, daß Sie die volle Tragweite für Ihre Gesundheit verstehen. Diskutieren Sie Ihre Sorgen, Ängste oder Ziele hinsichtlich der weiteren Behandlung mit Ihrem Arzt und Ihrer Familie.

Soferne das Spitalspersonal das Gefühl hat, daß Ihre Entscheidung, weitere Behandlungen nicht durchzuführen, ernstlich der Möglichkeit, Ihnen adäquate Pflege zukommen zu lassen, zuwiderläuft, so werden Sie ersucht, Ihre Dispositionen anderswo zu treffen.

Jede Entscheidung, die weitere Behandlung abzulehnen oder das Spital zu verlassen, unterliegt den Gesetzen, die Krankheiten betreffen, die die Öffentlichkeit gefährden; zum Beispiel könnte das Verlassen des Spitals, soferne Sie eine ansteckende Krankheit haben, die Gesundheit Dritter ernstlich gefährden.

Art. IV – Das Recht auf Privatsphäre (privacy).

Ihre medizinischen Aufzeichnungen sind privat und vertraulich.

Diese Aufzeichnungen umfassen im New York Hospital folgendes: Fallerörterungen, Beratungen, Untersuchungen, Behandlungen und jegliche Entscheidung, die Sie über Ihren Aufenthalt treffen. Diese Informationen sind in höchstem Maße vertraulich und werden von Ihrem Arzt und dem Spitalspersonal, das mit Ihrer Pflege betraut ist, auch vertraulich behandelt. Wenn Sie das New York Hospital verlassen, bedarf es Ihrer schriftlichen Genehmigung, Informationen an Versicherungen, Ärzte oder Rechtsanwälte, außer es ist dies ausdrücklich durch das Gesetz oder einen "third party payment contract" vorgesehen, weiterzugeben.

Privatheit in der Behandlung ist ebenfalls Ihr Recht und wird in dem Ausmaße respektiert, als dies mit der für Sie adäquaten Pflege vereinbar ist.

Art. V – Ihr Recht, über Ihre geplante Entlassung in Kenntnis gesetzt zu werden.

Sie haben das Recht, an allen zu treffenden Entscheidungen, die die Entlassung aus dem Spital betreffen, zu partizipieren. Dies inkludiert auch die Erstellung von Plänen für Ihre weiterreichende Gesundheitspflege.

Entlassungsordnung. Wenn Sie ein stationärer Patient (inpatient) sind, fragen sie Ihren Arzt:

– An welchem Tag werde ich das Spital verlassen? Zu welcher Zeit?
– Bedarf ich spezieller Anweisungen? Welche sind dergleichen?
– Wer wird sie mir geben?
– Soll ich zu Folgebehandlungen wieder kommen? Wohin? Wann?

Weiterreichende Gesundheitspflege. Das Spital wird alles in seinem Ermessen stehende tun, im Rahmen der Möglichkeiten des Programmes, Ihnen mit weiterreichenden Dienstleistungen zur Verfügung zu stehen und Sie hinsichtlich der weiterreichenden Gesundheitspflege beraten. Soferne Sie überstellt werden sollen, wird Sie das Spital zuerst über die Notwendigkeit für diese, aber auch über die Alternativen zu dieser Überstellung informieren.

Art. VI – Ihr Recht, die Spitalskosten erläutert zu bekommen.

Sie haben das Recht auf eine Erklärung aller Kosten, die für Ihre Pflege entstanden sind.

Das Spital wird Ihnen eine spezifizierte Rechnung zur Verfügung stellen, Sie dabei unterstützen, Versicherungs-, Medicaid- oder Medicareunterlagen auszufüllen und, sofern dies notwendig erscheint, Sie über andere Quellen der finanziellen Unterstützung informieren. Die Leute, die Ihnen dabei helfen werden, sind Registratoren und Sozialarbeiter. Fragen Sie Ihre Krankenschwester, sie wird Ihnen jemanden empfehlen."

## *2.2. Patientenrechtskodifikationen*

### 2.2.1. AMERIKANISCHE MODELLE

In verschiedenen amerikanischen Bundesstaaten wurden die Patientenrechte deshalb bereits kodifiziert[2137], um eine Rahmenkondition für die ansonsten noch schwierigere Durchsetzung der Rechte und Interessen der Patienten zu formulieren.

Zwar bieten die in Streulage auffindbaren Normen bezüglich der Verpflichtungen von Krankenanstalten- und Langzeiteinrichtungen sowie Personalpflichten in Dienst- und Disziplinarrechten eine Vielzahl von verschiedenen Erfordernissen zur Sicherung der Patientenrechte, aber nur wenige dieser Gesetze garantieren auch subjektive Rechte für den betroffenen Patienten in jenen Fällen, in denen Institutionen den gesetzlichen Bestimmungen nicht entsprechen oder einzelne Patientenrechte nicht beachten. Letztlich bleibt Patienten immer nur die klassische zivilrechtliche Klage vor Gericht – allerdings mit all ihren schon erwähnten Unwägbarkeiten.

Amerikanische Bundesstaaten sehen nunmehr in ihren Kodifikationen ausdrückliche gesetzliche Ansprüche der Patienten auf die Einhaltung ihrer Rechte vor[2138]. Im District of Columbia, in Florida und

---

2137 Etwa 22 California Admin. Code §70707; Colorado Rev. Stat. sec. 25-1-121 (1982) oder Minnesota Stat. Ann. §144.651 (West 1980).

Ohio kann auch der Repräsentant oder Ombudsmann im eigenen Wirkungsbereich anstelle des Pflegepatienten Klage einbringen[2139].

New York und West Virginia[2140] gehen überhaupt noch einen Schritt weiter und lassen Klagen in einem weitaus größeren Umfang zu. New York konstruiert einen Klagsanspruch gegen jegliche Rechtsbeeinträchtigung[2141]:

„Any right or benefit created or established for the well-being of the patient by the terms of any contract, by any state statute, code, rule or regulation or by any applicable federal statute, code, or rule or regulation where noncompliance by said facility with such statute, code, rule or regulation has not been expressly authorized by the appropriate governmental authority".

Patientenrechtskodices werden oftmals noch von weiteren Schutzgesetzen flankiert. Als Beispiel hiefür mag Kalifornien dienen, das seinem allgemeinen Patientenrechtskodex noch einen speziellen Nursing Home Protection Act angefügt und das Wirkungszusammenspiel einer interessanten Auswertung unterzogen hat[2142].

Unterschiedliche Kodifikationen seien im folgenden, nach Gesichtspunkten der Judiziabilität geordnet, aufbereitet:

*Patientenrechtskodifikation ohne spezifische Durchsetzungsinstrumentarien – Das Modell Michigan*

Neben den bereits vorhandenen Problemen des hohen Alters, der nachlassenden Gesundheit, ergeben sich für Langzeitpflegepatienten zwei zusätzliche Problembereiche. Die Durchsetzungschance elementarster Rechte, etwa auf Selbstbestimmung, sinkt, während das Risiko, nachlässig behandelt oder gar mißhandelt zu werden, steigt[2143].

---

2138 Z. B. Connecticut Gen. Stat. Ann. §19-622(b) (West. Supp.1981); New York Pub. Health Law §2801-d (McKinney 1977); Missouri Ann. Stat. §198.093.1 (Vernon Supp.1982).

2139 District of Columbia Health Care Facilities Regs. No.74-156 tit. III, §1(d) (1974); Florida Stat. Ann.§400.023 (West Supp. 1981); Ohio Rev. Code Ann. §3721.17(I) (Page 1980).

2140 West Virginia Code §16-5C-15(c) (1979).

2141 N. Y. Pub. Health Law §2801-d.1 (McKinney 1977).

2142 California Legislature Senate Subcommittee on Aging, Hearing, March 7, Modesto 1986.

2143 Opperman, D., Michigan's Bill of Rights for Nursing Home Residents, in: Wayne Law Review 27 (1981), S. 1203 ff.

Zwar wurden in den siebziger Jahren zahlreiche Verbesserungen der Zustände in den Langzeitpflegeanstalten durch nationale, bundesstaatliche und lokale Gesetze erreicht. Aber die individuellen Probleme sind weithin ungelöst geblieben: Mißhandlungen der Patienten, exzessiver Einsatz von Medikamenten, Mängel bei der Betreuung der Patienten, Hygienedefizite gab es nach wie vor[2144]. Die individuelle Durchsetzung versagte. Gerichte sahen sich außerstande, die tatsächlichen Pflichten und Verantwortlichkeiten von Anstalten zu definieren. Beweisprobleme, Prozeßkostenrisken bewirkten dann noch den Verzicht auf den Durchsetzungsversuch.

Daher ging der amerikanische Kongreß daran, auf nationaler Ebene die später noch ausführlicher darzustellenden, mit den Medicare und Medicaid-Programmen junktimierten Patientenrechte zu formen[2145].

Michigan erkannte früh, daß es auf teilstaatlicher Ebene ohne zusätzliche, die Patientenrechte sichernde, spezielle gesetzgeberische Maßnahmen zum Schutz der Patienten dennoch nicht abgehen werde und verkündete daher für Langzeitpflegepatienten eine Nursing Home Resident's Bill of Rights[2146].

Diese bekam einen zusätzlichen, eigenständigen Patientenrechtskatalog. Die Durchsetzungs- und Sanktionsinstrumentarien blieben aber nur jene des allgemeinen Verwaltungsrechts[2147]. Diese Rechte sollten eben Ausdruck der Pflegeanstaltenpolitik Michigans sein. Sie stehen jedem Patienten oder dessen Vertreter zur Verfügung[2148].

Soferne Rechte eines Pflegepatienten verletzt werden, kann dieser eine Untersuchung durch das Gesundheitsministerium begehren[2149]. Innerhalb von 15 Tagen hat das Department dann Untersuchungen zu führen[2150] und festzustellen, ob die Rechte des Pflegepatienten tat-

2144 The Federal-State Effort in Long-Term Care for Older Americans: Nursing Homes and „Alternatives": Hearings Before the Senate Special Committee on Aging, 95th Cong., 2d Sess. 8-25(1978).

2145 42 U. S. C. §1395x(j)(15).

2146 Opperman, D., Michigan's Bill of Rights for Nursing Home Residents, S. 1213 ff.

2147 Michigan Comp. Laws Ann. §333.20201 (1980).

2148 Michigan Comp. Laws Ann. §333.21765 (1980).

2149 Michigan Comp. Laws Ann. §333.21799a(1) (1980).

2150 Michigan Comp. Laws Ann. 333.21799a(4).

sächlich verletzt wurden[2151]. Der Beschwerdeführer ist über die Ergebnisse der Untersuchungen zu informieren; ist er damit nicht einverstanden, so kann er ein hearing erwirken[2152].

Mit diesen Durchsetzungsinstrumentarien vermeinte man in Michigan den folgenden Patientenrechtskatalog ausreichend absichern und dem Vorwurf, nur Programm zu sein, begegnen zu können:

„Der Patient hat ein Recht auf Privatsphäre – im höchstmöglichen Maße – bei der Behandlung und Pflege der persönlichen Bedürfnisse mit Rücksicht, Achtung und Anerkennung der Würde und Individualität[2153].

Der Patient hat das Recht, Privatgespräche und -beratungen mit dem Arzt, Anwalt oder jeder anderen Person seiner eigenen Wahl zu führen und persönliche Post abzusenden und ungeöffnet am selben Tag des Eintreffens in der Institution zu erhalten, es sei denn, daß es medizinisch unvereinbar erscheint und durch den zuständigen Arzt im Krankenbericht dokumentiert wird[2154].

Ein Patient hat das Recht, frei von mentaler und physischer Mißhandlung und frei von physischen oder chemischen Beschränkungen zu sein, es sei denn, es handelt sich um Beschränkungen, die durch den zuständigen Arzt schriftlich für einen bestimmten Zeitraum angeordnet werden oder bei Gefahr in Verzug notwendig erscheinen, um den Patienten zu schützen, sich selbst oder andere zu schädigen“[2155].

Einen gravierenden Mangel im Vergleich zu jüngeren Kodifikationen hat die Michigan's Patient's Bill of Rights aber doch. Sie formuliert keinen Zivilrechtstatbestand. Darunter leidet der Effizienzgehalt. Die Rechte und Pflichten sind daher nur als Richtlinien für die Gesundheitseinrichtungen, deren Personal und Angestellte, Patienten und Pflegeinstitutionenbewohner zu verstehen. In einem angestrengten Verfahren ist der Patient Zeuge, aber nicht Partei[2156].

Die eine Möglichkeit, diese Richtlinien doch im Rahmen einer zivilrechtlichen Klage anzuwenden, wäre, sie im Common Law als bedungene Leistungsstandards mitzuberücksichtigen. Die andere Mög-

2151 Ebda.
2152 Michigan Comp. Laws Ann. §333.21799a (6) und (9) (1980).
2153 Michigan Comp. Laws Ann. §333.20201(2)(d) (1980).
2154 Michigan Comp. Laws Ann. §333.20201(2)(k) (1980).
2155 Michigan Comp. Laws Ann. §333.20201(2)(k) (1980).
2156 Michigan Comp. Laws Ann. §333.20203(1) (1980).

lichkeit wäre noch, sie als Teil der Geschäftsgrundlage anzusehen. Beiden Erwägungen verschließen sich jedoch die Gerichte von Michigan[2157].

*Patientenrechtskodifikation mit beschränkter gerichtlicher Durchsetzbarkeit – Das Modell Massachusetts*

In Massachusetts gibt es eine recht eigenwillige Modalität, die darauf zielt, die auf der Anspruchsgrundlage des Patientenrechtsgesetzes stellbaren Ansprüche quantitativ zu dämpfen. Ein Patient kann bei Verletzung seiner Rechte zwar prinzipiell, aber doch nicht sofort klagen. Er muß sich zuerst an eine Anspruchsprüfungsvorinstanz (Medical Malpractice Tribunal) wenden, welche sich aus einem Richter, einem Anwalt und einem Arzt zusammensetzt. Erst wenn dieses Tribunal zur Ansicht kommt, daß die Ansprüche des Patienten berechtigt erhoben werden, kann eine Klage bei Gericht eingebracht werden. Wird ein Anspruch als unbegründet empfunden, aber vom Werber dennoch eine Klage eingebracht, so wird die Klage abgewiesen, soferne der Kläger nicht eine Kaution in der Höhe von $ 2000 hinterlegt[2158].

Von dieser eigenartigen Norm abgesehen, die wohl die Prozeßlust mäßigen soll, verfügt Massachusetts über eine allgemeine Patient's Bill of Rights[2159]. Neben allen anderen Patienten erfaßt diese Bill auch die Pflegeinstitutionenbewohner und -patienten. Selbstdefiniertes Anliegen dieser Bill war es vor allem, die Patienten in einem sowohl über ihre Rechte im Common Law als auch über ihre verfassungsgesetzlich gewährleisteten Rechte aufzuklären. Gleichzeitig versuchte man aber auch zusätzliche, bis dahin in Massachusetts nicht beachtete Rechte gesetzlich einzurichten.

Vor der Einführung der Patient's Bill of Rights waren aber schon, und zwar unabhängig voneinander, verschiedene Verordnungen ergangen: eine des Gesundheitsministeriums (DPH)[2160] und eine des

2157 Opperman, D., Michigan's Bill of Rights for Nursing Home Residents, S. 1217 ff.

2158 Massachusetts Gen. Laws Ann. ch. 111, §70E (West. Supp).

2159 Massachusetts Gen. Laws Ann. ch. 111, §70E (West 1979).

2160 105 C. M. R. §§150.000-.020.

Justizministeriums von Massachusetts (AG)[2161]. Beide waren um der Sicherheit der Langzeitpflegepatienten willen ergangen[2162].

*Eine Zwischenkritik an der Kodifikationsidee*

Diese Verordnungen regelten schon vorweg drei verschiedene Bereiche: das Verhältnis zwischen Patient und Anstalt, die Rechte des Patienten auf Behandlung und Privatheit und den Zugang des Patienten zu medizinischen Daten. *Silfen*[2163] hält dies einerseits für nicht ausreichend, andererseits auch nicht für gelungen. Die Argumente sind die gleichen, die der Patientenrechtskodifikation ganz allgemein und überall begegnen. So bietet sich an diesem Modell eine gut dokumentierbare Gelegenheit der in der Patientenrechtsdiskussion vorgebrachten Positionen für und gegen eine eigenständige umfassende Patientenrechtskodifikation:

Erstens würden sich die darin eingehenden Rechtsquellen materiell und formell überschneiden. Dies wiederum trüge dazu bei, daß sowohl Patienten als auch Institutionen über die Rechtlage erst recht im unklaren blieben. So könnten beispielsweise bestimmte Rechte vom Patienten nicht unmittelbar in Anspruch genommen werden. Andere Rechte wiederum würden in den Rechtsquellen mehrfach und unterschiedlich nuanciert ausgewiesen[2164]. Während die Patients' Bill of Rights und die Justizministeriumsverordnung (AG) etwa dem Patienten ausgehändigt oder durch Anschlag kundgetan werden müssen, ist dies bei den DPH Verordnungen nicht vorgesehen. Diese statuieren aber auch – im Unterschied zu den beiden anderen Rechtsquellen – keine spezifischen Patientenrechte[2165].

Zweitens seien die Patientenrechte zum Teil sehr vage formuliert, sodaß mitunter sowohl Patienten als auch das Personal von Pflegeinstitutionen nicht in der Lage seien, genau festzustellen, was der Inhalt der Patientenrechte tatsächlich sei[2166].

---

2161 940 C. M. R. §4.00-4.09 (1975).

2162 Dazu Silfen, N. P., Legislative Comment: Nursing Home Patients' Rights in Massachusetts: Current Protection and Recommendations for Improvement, in: American Journal of Law and Medicine 6 (1980), S. 315 ff.

2163 Ebda, S. 316.

2164 Z. B. das Recht auf Zugang zum Krankenbericht.

2165 Silfen, N. P., Nursing Home Patients' Rights, S. 316.

2166 Ebda, S. 316 f.

Drittens seien im Gesetz keine Maßnahmen vorgesehen, wer die Patientenrechte im Interesse derjenigen Personen wahrnimmt, die zwar rechtlich als zurechnungsfähig gelten, an sich aber aufgrund von Senilität tatsächlich nur zum Teil zurechnungsfähig erscheinen und dadurch wohl sogar im erhöhten Maße schutzbedürftig sind[2167].

Und viertens fehle allen drei Rechtsquellen ein adäquater Durchsetzungsmechanismus. Im Rahmen der DPH Verordnungen sind nur staatliche Durchsetzungsmechanismen in Form von Dezertifikationen im Zusammenhang mit Medicaid und Medicare oder Sanktionen im Zusammenhang mit den Lizenzen vorgesehen[2168]. Im Rahmen der AG Verordnungen kann der Patient selbst als interested party oder der Staat die Rechte des Patienten durchsetzen[2169]. Die Patients' Bill of Rights sieht ausschließlich für den Patienten eine Klagsmöglichkeit vor. In bestimmten Fällen ist allerdings zuerst das erwähnte medical malpractice tribunal zu konsultieren[2170].

Die AG Regulations und die DPH Regulations schützen aber wiederum nur Langzeitpflegepatienten. Die Massachusetts Patient's Bill of Rights hingegen wendet sich an alle Typen von Patienten.

Weiters sieht die Patient's Bill of Rights für den Patienten ein Klagerecht vor. Den DPH Regulations, die sich direkt an die Pflegeverwaltung richten, fehlt wesensgemäß diese Option. Insofern ist die Kodifikation den einzelgesetzlichen Instrumenten auch von diesem Aspekt her überlegen.

Freilich ist damit eine petitio principii nicht überwunden, deren Durchsetzung aber eben schon wieder integriertes Ziel der Verkündung und Kodifizierung von Patientenrechten ist. Bevor nämlich Patientenrechte überhaupt durchgesetzt werden können, müssen die Rahmenbedingungen vorhanden sein. Ein Patient wird beispielsweise nicht in der Lage sein, ein in der Bill verkündetes Recht auf Privatheit in Anspruch zu nehmen, wenn es an den Voraussetzungen, in diesem Fall an Räumlichkeiten für Besuchergespräche, fehlt.

Während in der Patients' Bill keine ausdrückliche Verantwortung

---

2167 Ebda, S. 317.

2168 105 C. M. R. §150.000 (1977).

2169 Die AG-Verordnungen wurden im Zusammenhang mit dem Massachusetts Consumer Protection Law Massachusetts Gen. Laws Ann. ch. 93A (West 1972) erlassen.

2170 Massachusetts Gen. Laws Ann. ch. 111, §70E (West 1979); Silfen, N. P., Nursing Home Patients' Rights, S. 317.

zur Durchführung der Patientenrechte statuiert wird, findet sich diese sehr wohl als Verantwortung des Pflegeanstaltenleiters in den AG Regulations[2171]. Damit scheint wiederum das Detailgesetz von höherem praktischen Nutzen für den Patienten.

Aufgrund dieser Bestandsaufnahme der Wirkungen und Nebenwirkungen der Patientenrechte in Massachusetts und den damit gemachten Erfahrungen, schienen folgende Überlegungen und Maßnahmen, die allerdings schon in Richtung sozialer Grundrechte gehen, empfehlenswert. Diese ausführlich wiederzugeben lohnt sich deshalb, weil sie die Widersprüche und „Nebel" in der überall recht ungeordnet geführten Patientenrechtsdiskussion zu lichten vermögen[2172]:

1. Die Patientenrechte in den drei Rechtsquellen Massachusetts sollen zu einer einheitlichen Patients' Bill of Rights, wie sie auch in anderen Staaten bereits üblich waren, zusammengefaßt werden.

2. Eine neue Patients' Bill of Rights soll vor allem eine Verbesserung der Behandlungsrechte mit sich bringen:

2.1. Ein explizites und detailliertes Recht auf den Informed Consent sollte Kernstück einer Bill sein: Zum einen soll gesetzlich zwingend eine ausführliche, möglichst schriftliche Einwilligung vorgesehen sein, zum anderen soll gesetzlich festgelegt werden, daß für unzurechnungsfähige Personen der gesetzliche Vertreter den Informed Consent zu erteilen hat.

2.2. Ein besonderes Recht auf Behandlung für institutionalisierte Patienten ist zu kreieren: Für Bewohner von Pflegeinstitutionen soll nicht nur ein Recht auf die entsprechendste Behandlung festgelegt sein, sondern darüber hinaus ein Recht auf eine Rehabilitationstherapie.

3. Modifikationen hinsichtlich des Rechtes auf Zugang zu medizinischen Daten sind notwendig.

4. Änderungen bei der Formulierung der ausnahmsweisen Beschränkungen von Patientenrechten scheinen angezeigt: Die freie Ausübung der Rechte des Patienten kann nicht mit allgemeinen Hinweisen auf grundsätzliche therapeutische Notwendigkeiten beschränkt werden können, sondern nur für eine bestimmte Dauer und aus einem ganz exakt begründeten Anlaß. Diese Einschränkungen sind in den Krankenberichten einzutragen.

---

2171 940 C. M. R. §§4.00-4.09 (1975).

2172 Silfen, N. P., Nursing Home Patients' Rights, S. 330 ff.

5. Schaffung einer eigenen permanenten Behörde, die die Durchführung der Patientenrechte überwacht.

6. Das Klagerecht sollte ausgedehnt werden. Nicht nur der Patient, sondern auch sein gesetzlicher Vertreter und andere verantwortliche Personen, Patientenanwälte und Ombudsleute sollen über ein Klagerecht verfügen.

7. Auch die Art der Rechtsdurchsetzung sollte erweitert werden, durch die Schaffung von Zivilrechtstatbeständen, die den Durchgriff des Patienten auf Institutionen erlauben (to seek reasonable damage against facilities, fines for violations).

### *Patientenrechtskodifikation mit gerichtlicher Durchsetzung – Die Modelle New York und Ohio*

#### *Das Modell New York*

Anbetrachts der Erfahrungen der Unzulänglichkeit der traditionellen Mittel zur Durchsetzung der Patientenrechte auf nationaler Ebene, haben eine Anzahl amerikanischer Bundesstaaten Durchsetzungsmechanismen in ihre Patientenrechtsgesetze aufgenommen, die über einen Anspruchstatbestand dem Patienten den Weg zum Zivilgericht eröffnen. Besonders bemerkenswert, weil am weitreichendsten, ist das Modell des Staates New York[2173]. Dieses Gesetz räumt dem Patienten ein individuelles Klagerecht gegen eine Institution ein, wenn der Patienten meint, daß ihm ein Schaden aus der Verweigerung eines Rechtes oder Vorteils entstanden ist. Mit Recht oder Vorteil sind alle Ansprüche gemeint, die aufgrund eines Vertrages, nationaler oder bundesstaatlicher Gesetze oder Verordnungen, bestehen (state or federal statute, code, rule or regulation)[2174]. Der Patient kann also sowohl auf Ersatz des materiellen wie des immateriellen Schadens (compensatory and punitive damages) im Ausmaß von wenigstens 25% der von der Sozialversicherung beglichenen Tagessätze (medical reimbursement rate) klagen[2175]. Weiters kann er ein Unterlassungs- oder Feststellungsurteil erwirken oder sich einer Gemeinschaftsklage

---

2173 New York Pub. Health Law §§2800-2813 (McKinney 1977 & Supp. 1980).
2174 New York Pub. Health Law 2801-d.1.
2175 New York Pub. Health Law §2801-d.2.

anderer Pflegepatienten anschließen[2176]. Bemerkenswert ist auch die Vorsicht des Gesetzgebers, indem er einen im vorhinein gegebenen Klagsverzicht für nichtig erklärt hat[2177]. Sicherheitshalber hat der Gesetzgeber noch bedacht und geregelt, daß eine zivilrechtliche Klage auch dann nicht abgewiesen werden kann, wenn ein adminstrativer Rechtsweg noch nicht beschritten oder erschöpft wurde[2178].

Auch andere amerikanische Staaten beschreiten einen ähnlichen Weg. West Virginia etwa verfügt über nahezu dieselben gesetzlichen Regelungen wie New York[2179].

*Das Modell Ohio*

Geriatrien gehört das besondere Augenmerk des amerikanischen Gesetzgebers[2180]. Ohio versuchte dieser Verantwortung gerecht zu werden, indem es eine eigene Bill of Rights[2181] verabschiedete, um die Pflege und die Pflegeansprüche der Langzeitpflegepatienten zu verbessern. Diese Bill of Rights beschreibt dreißig Rechte der Patienten, unter anderem über Sicherheit, Behandlung, Privatheit, bürgerliche Rechte und Freiheiten, Transfer, Entlassung, Beschwerden, die aber den allgemeinen Rechten und Patientenrechten ausdrücklich nur ergänzend oder präzisierend zur Seite treten und kein anderes Recht unterlaufen.

In erster Linie war diese Bill als notwendig erachtet worden, da man sich bewußt geworden war, daß weder die nationalen noch die bundesstaatlichen Gesetze und Verordnungen bisher in der Lage waren, die Bedürfnisse der Langzeitpflegepatienten zu garantieren[2182].

Die nationalen Bestimmungen der Medicare und Medicaid Programme[2183] wurden auch in Ohio als ineffektiv betrachtet, da sie als Sanktion wegen Verletzungen der Gesetze nur den Ausschluß einer Institution von der Beteilung mit Mitteln aus der Sozialversicherung

2176 New York Pub. Health Law §2801-c.
2177 New York Pub. Health Law §2801-d.7.
2178 New York Pub. Health Law §2801-d.4.
2179 West Virginia Code §16-5C-15(c)(1979).
2180 Regan, J. J., When Nursing Home Patients Complain, S. 691 ff.
2181 House Bill Ohio (H. B.) 600.
2182 Philips, N. Mosmeier, H. B. 600: Ohio's Bill of Rights, S. 507 ff.
2183 20 C. F. R. §405.1121(1976); 45 C. F. R. §249.12(1975).

(Medicare und Medicaid) vorsehen. Aufgrund der Wirkungslosigkeit für den einzelnen betroffenen Patienten, aber zugleich wegen der Schärfe dieser einzigen Sanktion, die möglicherweise dazu führt, daß die öffentliche Hand Bettenangebot schaffen und bereitstellen müßte, wurde sie in Ohio kein einziges Mal wegen Verletzungen von Patientenrechten angewendet[2184].

Die bundesstaatlichen Gesetze verfügen ebenfalls über keine ausreichenden Sanktionsmöglichkeiten, wenn Verletzungen der Patientenrechte in Pflegeinstitutionen auftreten. Solche Verletzungen könnten nur insoferne sanktioniert werden, als die Lizenz oder die Zertifikation (vom Medicaid Programm) entzogen werden[2185]. Gerade dies steht aber eben im Widerspruch zur Notwendigkeit, über eine ausreichende Anzahl von Betten in Pflegeinstitutionen zu verfügen.

Der Gesetzgeber von Ohio erarbeitete daher selbst ein eigenes 'Landes'- Pflegepatientenrechtsgesetz, die Ohio's Bill of Rights, das weit über andere vergleichbare Dokumente hinausragt, sich bemüht zeigt, den Patienten massiv auf sich als Mittelpunkt des Systems und auf seine Rechte nachdrücklich und mit einer Reihe von begleitenden Instrumenten aufmerksam zu machen.

*Umfang der Kodifikation*

Die Rechte dieser Bill können in fünf Bereiche gegliedert werden[2186]:

- zivile Rechte,
- das Recht, an der Behandlung zu partizipieren,
- das Recht auf Information,
- das Recht auf Privatheit,
- persönliche Rechte.

Wie fast immer bei Patientenrechtskodifikationen handelt es sich um keine neuen Rechte, sondern um Rechte, die an sich durch die Medicaid oder Medicare Programme schon entwickelt worden waren oder aus anderen traditionellen Bereichen entnommen wurden. Aber

2184 Siehe Ohio Nursing Home Commission, A Program in Crisis, An Interim Report, 112th General Assembly, §III at 16 (June 1978)(unpublished report available from the Ohio General Assembly, Columbus, Ohio).

2185 Ohio Rev. Code Ann. §§3721.01-.99 (Page 1971).

2186 Philips, N. Mosmeier, H. B. 600: Ohio's Bill of Rights, S. 510 f.

gerade weil diese Rechte nicht entsprechend durchzusetzen sind, sah Ohio in der House Bill (H. B.) 600 die Aufgabe, die durch Mißverständnisse, administrative Bequemlichkeit oder Vernachlässigung ins Abseits geratenen Rechte (have been eroded) wieder herzustellen. Diese authentische Begründung des Gesetzgebers von Ohio sollte allen Patientenrechtskritikern mit ihren durchaus auch nicht ganz unverständlichen, letztlich aber doch nicht überzeugenden und keineswegs neuen Argumenten, zu denken geben.

Zwar wurde auch die Ohio Bill kritisiert, sie sei zu vage und unklar, doch war es ein Anliegen dieser Bill, einen möglichst breiten Anwendungsspielraum, auch den, Bewußtsein zu schaffen, zu bieten.

### *Verfahren*

Die Ohio Bill verlangt von den Pflegeanstalten und deren Administratoren ausdrücklich, ihrer Verpflichtung, die Patienten über ihre Rechte zu informieren und ihrer vornehmsten Pflicht, diese Rechte zu schützen, nachzukommen[2187].

Die Verwaltung muß ein Instrumentarium zur jährlichen Überprüfung der Akkordanz von Wirklichkeit und Richtlinien (written policies) hinsichtlich der Anwendbarkeit und Durchführung der Patientenrechte und des Beschwerdeverfahrens schaffen[2188].

Der Administrator ist nach dieser Bill weiters dafür verantwortlich, daß jeder Pflegepatient und jeder Dienstnehmer einer Anstalt eine Kopie der Bill und Aufklärung über die entsprechenden Verfahren zur Sicherung der Rechte, ferner die Adressen und Telephonnummern der verschiedenen staatlichen Stellen, die mit den Patientenrechten befaßt sind, erhält[2189]. Der Administrator ist verpflichtet, Übernahmebestätigungen entweder den Pflegeberichten oder den Dienstnehmerberichten beizulegen. Daneben zeichnen die Leiter auch dafür verantwortlich, daß in jeder Institution sichtbar ausgehängt oder bekanntgemacht wird[2190]:

(1) eine Kopie der Pflegepatientenrechte respektive der Bill,

---

2187 Ohio Rev. Code Ann §§3721.12,.14 (Page Supp. 1979).
2188 §3721.12(A)(1) leg. cit.
2189 §3721.12(A)(3)(Page Supp. 1979) leg. cit.
2190 §3721.12(C) leg. cit.

(2) eine Kopie der Hausordnung und der Beschwerdeverfahren hinsichtlich der Rechte und Verantwortlichkeiten,

(3) ein deutlicher Hinweis, daß eine Kopie der für Patienten einschlägigen bundesstaatlichen, ferner der nationalen Gesetze und Verordnungen zur Einsicht zur üblichen Betriebszeit aufliegt,

(4) eine Liste der Anwaltschaft (residents' rights advocates).

Aber nicht nur persönliche Verpflichtungen werden in der Bill verankert, auch solche, die Institutionen selbst verpflichten, etwa, wenn Institutionen Ausbildungsmöglichkeiten in Sachen Patientenrechten bereitzustellen haben. Oder wenn der Gesetzgeber den Institutionen auferlegt, Nebenleistungen und Qualität zu erbringen, Möglichkeiten zum Aufenthalt im Freien zu schaffen, Beratern, Kontrollkommissionen und Patientenanwälten Zutritt zur Institution zu sichern und bestimmte Verfahren zur Beschwerdeerhebung anzubieten[2191].

*Durchsetzung*

Den Durchsetzungsmöglichkeiten widmete die Ohio Bill einen ganz wesentlichen Bereich, da man erkannte, daß sowohl das schon vorhandene Recht, als auch die Vorschriften für die Medicaid und Medicare Programme letztlich ohne Wirkung geblieben sind.

Die Ohio Bill kennt drei Möglichkeiten der Durchsetzung:

1. über die Grievance Committees im Sinne der Konfliktvermeidung;
2. über verwaltungsrechtliche Verfahren;
3. über Zivilklagen.

*Grievance Committee*

Jede Pflegeinstitution in Ohio ist verpflichtet, ein Grievance Committee zur Entgegennahme von Beschwerden zu errichten[2192].

Soferne diese Kommission eine Verletzung der Ohio's Bill of Rights for Nursing Home Patients H. B. 600 wahrnimmt oder ihr darüber Meldung gemacht wird, muß innerhalb von 10 Tagen eine Lö-

2191 §3721. 14 leg. cit.

2192 §3721.12(A)(2) und §3721.17(A).

sung und allenfalls eine Korrektur zu verzeichnen sein. Andernfalls hat das Grievance Committee die Sache an die Ohio Commission on Aging aufsteigen zu lassen. Diese ist eine staatliche Oberbehörde, die dafür Verantwortung trägt, daß ein staatsweites Programm, Dienstleistungen und Aktivitäten im Interesse älterer Menschen angeboten werden[2193]. Der Commission on Aging stehen politische Mittel zur Verfügung; sie kann aber auch verwaltungsrechtliche oder Disziplinarverfahren auslösen.

*Verwaltungsverfahren*

Die zweite Ebene zur Durchsetzung von Ansprüchen nach der Ohio Bill ist die des Verwaltungsrechts[2194]. Hat ein Beschwerdeführer das Gefühl, daß seine Beschwerde in der Beschwerdekommission nicht ernsthaft und seriös abgehandelt wird, hat er Befürchtungen vor Vergeltungsmaßnahmen oder hält er den Weg über das Grievance Committee für nicht gangbar, so kann der Patient oder sein Vertreter seine Beschwerde auch direkt bei der Commission on Aging einbringen.

Die Commission on Aging setzt ihrerseits für die Behandlung von Individualbeschwerden wiederum den Ombudsmann ein, der bei der Commission on Aging eingerichtet ist und führt durch ihn Nachforschungen durch oder läßt diese Nachforschungen vom Attorney General oder dem Grievance Committee jener Institution, aus der eine Individualbeschwerde kommt, durchführen[2195].

Soferne die Untersuchungen und Nachforschungen ergeben, daß eine spezielle Verletzung der Bestimmungen der Ohio Bill of Rights begangen wurde, so ergeht eine Aufforderung zur Beilegung (order for compliance) innerhalb eines angemessenen Zeitraums und die Androhung einer Geldstrafe für den Fall der Nichterfüllung[2196].

*Zivilrechtliche Klage*

Die dritte Möglichkeit der Durchsetzung von Ansprüchen aus der Ohio Bill of Rights liegt in einer Schadenersatzklage (compensatory

---

2193 §173. 06 leg. cit.
2194 Ohio Rev. Code Ann. §3721.17(B)(Page Supp.1979).
2195 Ohio Rev. Code Ann. §3721.17(C)(Page Supp. 1979).
2196 §3721.17(E) leg. cit.

and punitive damages)[2197], die wiederum nicht nur durch den Patienten selbst, sondern auch durch einen Sponsor, der jeder erwachsene Verwandte, Freund oder gesetzliche Vertreter, der ein Interesse oder Verantwortung am Wohlbefinden des Patienten hat, sein kann, eingebracht werden kann[2198].

### 2.2.2. EUROPÄISCHE MODELLE

*Der WHO-European Section Modellentwurf*

Zumindest für die europäischen Staaten soll ein Mustermodell einer Charter der Patientenrechte entstehen, um in europäischen Staaten die Patientenrechte nicht nur ins gesellschaftliche Bewußtsein zu rükken, sondern den Staaten schon eine Art Mindeststandardmodell vorzugeben:

„The present document is an attempt to formulate a set of patients' rights which reflects the concepts which are evolving and which should be relevant to the context in which health care will be provided in future. It is, therefore, to be seen essentially as a set of guidelines which could be made use of in policy discussions within countries and in the formulation or reformulation, as the case may be, of national policies, laws or official statements on any or all of the issues covered. However, it is hoped that the document will be of direct value to all parties including patient and consumer bodies involved in health care, professional associations of physicians and of other health care providers, and associations of hospitals and other health care establishments"[2199].

Die Beschreibung dieses Mustermodells war schon bei den internationalen Patientenrechtsentwicklungen[2200] vorzunehmen.

*Das finnische Modell*

In Europa hat sich Finnland als erstes Land mit dem Versuch, allgemeine Patientenrechte zu kodifizieren, auseinandergesetzt. An Bün-

2197 §3721.17(I) leg. cit.

2198 §3721.10(D) leg. cit.

2199 WHO-Meeting of the Drafting Committee for a Declaration on the Rights of Patients, Amsterdam, 4-6 July 1989.

digkeit ist dieses Rahmengesetz kaum zu übertreffen. Der parlamentarische Prozeß ist noch nicht abgeschlossen, wenngleich schon angekündigt worden war, daß der Entwurf mit 1. 1. 1991 in Kraft treten sollte. Für Europa ist dies sicherlich die modellhafte Umsetzung. Aus dieser Bedeutsamkeit sei dieser Patientenrechtsgesetzestext hier im Volltext in der letzten Fassung der Regierungsvorlage[2201] wiedergegeben:

Gesetz über die Stellung und Rechte des Patienten

1. Kap.: Allgemeine Bestimmungen

§ 1 Anwendungsbereich

Dieses Gesetz regelt die Rechte und die Stellung des Patienten insoweit, als sie nicht in anderer Weise gesetzlich bestimmt wurden.

§ 2 Definitionen

In diesem Gesetz ist

1) Patient, wer Benutzer gesundheitsfürsorgerischer oder krankenpflegerischer Dienstleistungen oder Destinatar solcher Dienste ist.

2) Gesundheits- und Krankenpflege sind solche Maßnahmen, die der Feststellung des Gesundheitszustandes des Patienten oder zur Wiederherstellung oder Aufrechterhaltung der Gesundheit von fachausgebildeten Personen innerhalb des Gesundheitsfürsorge- und Krankenpflegewesens oder an einer Betriebsstätte der Gesundheitsfürsorge- oder des Krankenpflegewesens vorgenommen werden.

3) Fachpersonal des Gesundheitsfürsorge- und Krankenpflegewesens ist jenes, das seinen Beruf nach einem Berufsrecht ausübt oder das nach einem Spezialgesetz bei der Sozial- und Gesundheitsbehörde registriert ist.

4) (. . .)

5) Der Krankenbericht (journal) sind jene Aufzeichnungen oder technischen Dokumente, die im Zusammenhang mit der Pflege oder Behandlung eines Patienten verwendet, erstellt werden oder einlan-

---

2200 Siehe Kapitel IV.3.

2201 Regeringens proposition till riksdagen med förslag till lag om patienetnes ställning och rättigheter, RP 185/91, Helsinki 1991.

gen und Aufschlüsse über den Gesundheitszustand oder persönliche Auskünfte des Patienten enthalten.

2. Kap.: Patientenrechte

§ 3 Das Recht auf eine gute Gesundheitsfürsorge und Krankenpflege sowie auf sorgfältige Behandlung

Wer in Finnland seinen dauernden Wohnsitz hat, hat ohne Dskriminierung und innerhalb des Rahmes der Ressourcen, die der Gesundheitsfürsorge im betreffenden Fall zur Verfügung stehen, innerhalb der Behandlungsreihe (tidspunkträtt) eine seinem Gesundheitszustand entsprechende Behandlung zu bekommen. Für Personen, die sich vorübergehend in Finnland aufhalten, gilt, was in besonderen Bestimmungen geregelt oder was nach dem Prinzip der Gegenseitigkeit zwischen Staaten vereinbart ist.

(. . .)

Der Patient hat Anspruch auf Pflege und Behandlung von guter Qualität (god kvalitet). Der Patient ist so zu behandeln und zu betreuen, daß seine Menschenwürde, seine persönliche Integrität und seine Überzeugung wie auch sein Privatleben geachtet werden.

Die Muttersprache und die individuellen Bedürfnisse sowie die Kultur des Patienten sind in seiner Behandlung und Betreuung so weit wie möglich zu berücksichtigen.

§ 4 Die Aufnahme des Patienten in die Behandlung

Falls einem Patienten eine seinem Zustand adäquate Behandlung nicht geboten werden kann, so ist er, unabhängig von seinem Gesundheitszustand, auf die Warteliste zu setzen oder anderweitig in eine sachgemäße Behandlung zu überweisen.

Hat der Patient auf die Aufnahme in Behandlung zu warten, so sind ihm der Grund der Verzögerung sowie die voraussichtliche Dauer der Wartezeit mitzuteilen.

Ist der Patient einer Behandlung dringend bedürftig, so ist ihm ärztliche Behandlung zu gewähren oder er ist in (. . .) zu bestimmenden Weise in Behandlung zu nehmen.

§ 5 Das Recht des Patienten auf Information

Der Patient hat das Recht, über seinen Gesundheitszustand sowie über mit seiner Behandlung zusammenhängende Umstände und Wirkungen informiert zu werden, die beim Beschluß über seine Aufnahme in Behandlung von Bedeutung sind. Die Information ist jedoch nicht gegen den Willen des Patienten zu erteilen oder wenn die Erteilung offenkundig eine ernste Gefahr für des Patienten Leben oder Gesundheit mit sich bringt.

Diese Information ist dem Patienten von einem Fachkundigen in solcher Weise darzubringen, daß er in der Lage ist, ihren Inhalt zu verstehen. Beherrscht der Informationsgeber die Sprache des Patienten nicht oder kann der Patient sich auf Grund eines Hör-, Sinnes- oder Sprachdefekts nicht verständlich machen, so ist nach Möglichkeit ein Dolmetsch beizuziehen.

Das Recht des Patienten, die Eintragungen im Krankenbericht zu kontrollieren, wird im Personenregistergesetz (471/87) und in der Personenregisterverordnung (476/87) geregelt.

§ 6 Das Selbstbestimmungsrecht des Patienten

Pflege und Behandlung des Patienten sind im Einverständnis mit ihm durchzuführen. Untersagt der Patient einen bestimmten Eingriff, so ist er nach Möglichkeit und mit seinem Einverständnis in einer anderen medizinisch anerkannten Weise zu behandeln.

Ist ein altersmündiger Patient auf Grund einer mentalen Störung oder einer psychischen Entwicklungsstörung oder aus einem anderen Grund außerstande, selbst über seine Pflege und Behandlung zu entscheiden, so ist sein gesetzlicher Vertreter, ein naher Angehöriger oder ein anderer Nahestehender zu hören, ehe eine Entscheidung darüber getroffen wird, welche Maßnahme am ehesten dem Willen des Patienten entspricht. Ist der Patient wegen Bewußtlosigkeit oder wegen eines anderen damit vergleichbaren Grundes nicht zu einer Willensäußerung imstande, so ist ihm die zur Abwendung der sein Leben oder seine Gesundheit bedrohenden Gefahr nötige Behandlung zu geben. Dem Patienten darf jedoch keine Behandlung widerfahren, wenn es aufgrund einer diese betreffenden früheren Willensäußerung offensichtlich ist, daß er seine Einwilligung zu der Behandlung nicht geben würde.

§ 7 Die Stellung eines minderjährigen Patienten

Die Meinung eines minderjährigen Patienten ist dann einzuholen, wenn dies in Hinblick auf das Alter und die Entwicklung möglich ist.

Die Behandlung eines minderjährigen Patienten ist dann im Einverständnis mit dem Patienten durchzuführen, wenn dieser diskretionsfähig erscheint.

Ist ein minderjähriger Patient nicht fähig über seine Behandlung zu entscheiden, so ist er nach Übereinstimmung mit seinem Vormund oder einem sonstigen berufenen Vertreter zu behandeln.

§ 8 Behandlung bei Gefahr im Verzug

Dem Patienten hat jene Behandlung zuteil zu werden, deren es zur Abwendung einer Gefahr an Leben oder Gesundheit bedarf, auch wenn der Wille des Patienten auf Grund von Bewußtlosigkeit oder aus einem anderen Grund nicht erfragt werden kann. Hat der Patient zu einem früheren Zeitpunkt rechtswirksam seinen erklärten Willen über seine Behandlung zum Ausdruck gebracht, so darf keine Behandlung, die seinem erklärten Willen zuwiderläuft, verabreicht werden.

§ 9 Recht und Pflicht auf Information(sweitergabe)

Der rechtmäßige Vertreter oder ein naher Angehöriger oder eine andere nahestehende Person des Patienten hat in den Fällen von § 6 (2) das Recht, solche Auskünfte über den Gesundheitszustand des Patienten zu erhalten, deren es bedarf, um gehört werden zu können.

Ein minderjähriger Patient, der in Hinblick auf sein Alter und seine Entwicklung fähig ist, über seine Behandlung zu bestimmen, hat das Recht, zu untersagen, daß Auskünfte über seinen Gesundheitszustand und seine Behandlung an den Erziehungsberechtigten oder einen anderen rechtmäßigen Vertreter gegeben werden.

In den Fällen nach § 7 (2) sollen die in § 5 (1) und (2) genannten Informationen an den Erziehungsberechtigten oder den rechtmäßigen Vertreter des minderjährigen Patienten gegeben werden.

Der Erziehungsberechtigte oder ein anderer rechtmäßiger Vertreter eines minderjährigen Patienten hat nicht das Recht, jene Behandlung zu untersagen, deren es bedarf, um eine Gefahr abzuwenden, die das Leben oder die Gesundheit des Patienten bedroht.

3. Kap.: Beschwerde und Patientenobmudsmann

§ 10 Beschwerde

Ein Patient, der mit seiner Pflege oder Behandlung unzufrieden ist, hat das Recht, eine Beschwerde bei dem für die betreffende Gesundheitsfürsorge- oder Krankenpflegeeinheit verantwortlichen Leiter einzubringen. Über die Beschwerde ist innerhalb einer angemessenen Zeit zu entscheiden.

Eine Beschwerdeeinbringung beeinträchtigt nicht den Anspruch des Patienten ein Verfahren bei der Aufsichtsbehörde einzubringen.

Wenn sich bei der Bearbeitung einer Beschwerde herausstellt, daß die Behandlung oder Pflege zu einem Patientenschadenersatz nach dem Patientenschadengesetz (585/86), einer Schadenersatzpflicht nach dem Schadenersatzgesetz (412/74), zu einer Anklage, zu einem Entzug oder einer Einschränkung des Berufsausübungsrechts oder zu einem Disziplinarverfahren nach dem Standesrecht oder zu einem Disziplinarverfahren nach einem anderen Gesetz führen kann, ist der Patient zu informieren, wie ein derartiges Verfahren bei der zuständigen Behörde oder beim zuständigen Organ anhängig gemacht werden kann.

### § 11 Der Patientenombudsmann

Jede Anstalt hat über einen Patientenombudsmann zu verfügen. Es ist auch möglich, einen Patientenombudsmann für mehrere Anstalten gemeinsam einzurichten.

Der Patientenombudsmann ist verantwortlich,

1. Patienten und Anstaltenpersonal bei Fragen in bezug auf das Patientenrechtsgesetz zu beraten;
2. Patienten in Angelegenheiten des Paragraphen 10 (1) und (3) beizustehen;
3. Informationen über die Patientenrechte zu vermitteln und
4. zur Förderung der Patientenrechte beizutragen und tätig zu werden, daß diese durchgesetzt werden.

## 4. Kap.: Der Krankenbericht

### § 12 Führung und Verwahrung des Krankenberichts

Das Fachpersonal innerhalb des Gesundheitsfürsorge- und Krankenpflegewesens und die Betriebseinheiten des Gesundheitsfürsorgeund Krankenpflegewesens haben die Krankenberichte entsprechend den näheren Bestimmungen des Sozial- und Gesundheitsministeriums zu führen und zu verwahren.

§ 13 Geheimhaltungspflichtige Informationen in den Krankenberichten

Informationen in den Krankenberichten sind geheimhaltungspflichtig.

Fachpersonal, das an einer Betriebseinheit im Gesundheitsfürsorge- und Krankenpflegewesen arbeitet oder in deren Auftrag tätig wird, darf nicht ohne schriftliche Zustimmung des Patienten Auskünfte, die aus dem Krankenbericht hervorgehen, an Außenstehende erteilen. Unter Außenstehenden versteht dieses Gesetz Personen, die nicht an einer Betriebseinheit an der Pflege des Patienten teilnehmen. Die Schweigepflicht besteht nach Beendigung des Anstellungsverhältnisses oder nach Beendigung des Durchführungsauftrages fort.

Ohne Einschränkung aus Abs. 2 dürfen erteilt werden:

1) Auskünfte, die aus dem Krankenbericht hervorgehen, an Gerichte, andere Behörden oder Organisationen, die vom Gesetz berechtigt sind, solche Auskünfte zu erhalten,

2) Auskünfte an eine andere Betriebseinheit zum Zweck der Untersuchung und Pflege des Patienten und an anderes Fachpersonal nach mündlich erteilter Zustimmung des Patienten oder einer Zustimmung, die sich anderweitig dokumentiert,

3) Auskünfte über die Person und den Gesundheitszustand des Patienten an nahe Angehörige oder eine andere dem Patienten nahestehende Person, wenn der Patient aufgrund von Bewußtlosigkeit oder einer dieser vergleichbaren Ursache behandelt wird, sofern sich nicht Gründe finden, anzunehmen, daß der Patient dies untersagen würde.

Für die Erteilung von Auskünften aus dem Krankenbericht zugunsten der wissenschaftlichen Forschung gelten die Bestimmungen des Gesetzes über den allgemeinen Datenschutz (85/51), des Gesetzes über das Reichs-Personenregister für die Krankenpflege (56/89) sowie das Personenregistergesetz und die Personenregisterverordnung.

5. Kap.: Sonderbestimmungen

§ 14 Verstoß gegen die Schweigepflicht

Wer gegen die Schweigepflicht nach § 13 (2) verstößt, ist, soferne nicht eine strengere Strafe nach einem anderen Gesetz vorgesehen ist, wegen des Verstoßes gegen die Schweigepflicht nach dem Gesetz über die Stellung des Patienten und seine Rechte zu einer Geldstrafe oder einer Gefängnisstrafe im Höchstausmaß von 6 Monaten zu verurteilen.

Die Anklagebehörde darf die Anklage wegen des Verstoßes gegen die Schweigepflicht nur auf Ermächtigung hin einbringen.

§ 15 Änderungsbegehren

Die Änderung einer Entscheidung über eine Beschwerde (anmärkning) nach § 10 kann nicht durch eine Beschwerde (besvär) begehrt werden.

§ 16 Weitere Bestimmungen

Weitere Bestimmungen über die Anwendung dieses Gesetzes werden bei Bedarf durch Verordnung erlassen.

§ 17 Inkrafttreten des Gesetzes

Das Gesetz tritt mit . . . in Kraft.

Im Vergleich zum Erstentwurf[2202] ist die nunmehrige Regierungsvorlage, offensichtlich aufgrund vehementer Einsprüche im Begutachtungsverfahren[2203], doch in nicht unwesentlichen Punkten zurückgeblieben. Der Verweis[2204] auf einen Gesetzesvorschlag für ein Mentalbehandlungsgesetz (mentalvårdslag)[2205] scheint die schlüssige Begründung dafür zu liefern, daß eine im Erstentwurf vorgesehene Begünstigung der Langzeitpatientenschaft gefallen ist. So war im Erstentwurf eine Mitbestimmung für Langzeitpatienten an der jeweiligen Anstalt vorgesehen:

„§ 11 Patientenrat

Jede Anstalt, die regelmäßig mehr als 10 Langzeitpflegepatienten beherbergt, hat einen Patientenrat einzurichten. Der Patientenrat ist von den Patienten der Anstalt selbst zu wählen.

---

2202 Siehe Dokumententeil.
2203 Regeringens proposition (RP 185/91), Helsinki 1991, S. 11.
2204 Ebda.
2205 Regeringens proposition 201/1989, Helsinki 1989.

Der Patientenrat hat das Recht, der Anstaltsleitung Vorschläge hinsichtlich Behandlung, Hausordnung und ähnlicher Bereiche zu unterbreiten. Diese Vorschläge sind in einem angemessenen Zeitraum zu behandeln. Leitet die Anstaltsleitung aufgrund der Vorschläge keine Maßnahmen ein, hat sie die Gründe der Entscheidung offenzulegen und dem Patientenombudsmann diesbezüglich eine Stellungnahme zu übermitteln.

Aufgabenbereich und Wahl des Patientenrates sind in den jeweiligen Patientenratsrichtlinien durch die Anstalt festzulegen."

Auch der erstmalige Versuch, die verpflichtende Einrichtung von Ethikkomitees zu einem Patientenrecht zu heben und die wissenschaftliche Forschung in die zustimmungspflichtigen Maßnahmen einzubeziehen, sind ohne nähere Begründung nicht fortgeführt worden:

„§ 12 Wissenschaftliche Forschung am Menschen

Die Vorschriften von § 2 Abs. 2-4 sowie der §§ 5-9 dieses Gesetzes über die Rechte des Patienten und die in seiner Behandlung zu befolgenden Grundsätze, sind entsprechend auch dann anzuwenden, wenn in einer Einrichtung der Gesundheitsfürsorge oder Krankenpflege wissenschaftliche Forschung am Menschen betrieben wird.

§ 13 Ethikkomitees

Vor Beginn jeder wissenschaftlichen Forschung am Menschen ist hinsichtlich des Forschungsplans eine Stellungnahme des lokalen Ethikkomitees einzuholen. Vertritt der verantwortliche Arzt einer Anstalt trotz gegenteiliger Meinung des lokalen Ethikkomitees die Ansicht, daß das Forschungsvorhaben trotzdem durchzuführen sei, so ist die Angelegenheit an das nationale Ethikkomitee weiterzuleiten.

Die Ethikkomitees setzen sich aus Repräsentanten der Ärzte, Repräsentanten anderen medizinischen Personals und Repräsentanten der Patienten zusammen.

Das lokale Ethikkomitee ist an der jeweiligen Anstalt tätig und wird durch den Anstaltenträger bestellt. Ein Ethikkomitee kann aber auch für mehrere Anstalten zuständig sein. Das Nationale Ethikkomitee arbeitet mit dem Nationalen Gesundheitsrat zusammen.

Der Aufgabenbereich der Ethikkomitees ist durch ein eigenes Gesetz festzulegen."

Den Erläuternden Bemerkungen läßt sich nicht entnehmen[2206], über welche Mechanismen man diese Verzichte kompensieren möchte.

---

2206 Regeringens proposition (RP 185/91), Helsinki 1991.

## 3. Organisationsaufbauprogramme am Beispiel von Mentalinstitutionen – Das Modell Ziegenfuss

Das Problemfeld der Patientenrechte umfaßt nach *Ziegenfuss* generell drei große Aufgabenbereiche, die einer Lösung harren[2207]:

– Entwicklung von Organisationsprogrammen im Gesundheitswesen (models of health and human services programs), die in der Zukunft besser in der Lage sein werden, Rechtsbedürfnissen der Patienten adäquat zu entsprechen.

– Entwicklung von Assistenzprogrammen für das medizinische Personal, um dessen Verhalten auf die Rechtsbedürfnisse der Patienten abzustimmen.

– Entwicklung von Beschwerdeverfahrensprogrammen, welche es Organisationen ermöglichen, ihre Struktur problemorientiert zu verbessern und zu reformieren.

*Ziegenfuss* versucht daher, zur Lösung des ersten Problemkreises, anhand eines mehrstufigen Forschungsmodelles, die Problematik der Wechselwirkung zwischen Organisationsaufbau und Integration von Patientenrechten auszuleuchten.

### *3.1. Problemdefinitionsanalyse*

Um die Zusammenhänge zwischen Organisation und Patientenrechten herzustellen, müssen folgende vier Themenkreise als sich überlagernd, konkurrenzierend und konfligierend vergegenwärtigt werden[2208]: bereits bestehende und beobachtbare Übergriffe in Institutionen, steigende Forderungen nach und Unterstützung von Patientenrechten, auftauchende Begründungen psychosozialer Art und die sich verändernde Rolle der Psychiatrie. Erst unter ausdrücklicher Berücksichtigung dieser Bereiche kann ein Modell entworfen werden, welches durch ein deutlich wechselseitiges Abhängigkeits- und Begründungsverhältnis von Patientenrechten und organisatorischer Struktur die erkannten Problembereiche überwindet[2209]. Naheliegend ist, daß die Erfüllung patientenrechtlicher Anliegen gleichzeitig einen deutlichen Mehrbedarf an finanziellen Mitteln mit sich bringen wird[2210].

---

2207 Ziegenfuss, J. T., Patients' Rights, S. VII.
2208 Ebda, S. 137 ff.
2209 Ebda.
2210 Ebda, S. 145 ff.

### *3.2. Organisatorischer Entwurf eines patientenrechtsadäquaten Modells*

Ein Entwurf eines neuen Anstaltenorganisationsmodells muß daher die folgende fünf Schritte in der Planung durchlaufen[2211]:

1. Analyse der einzelnen Patientenrechte
2. Generelle Organisationsplanung
3. Modellauswahl und -gestaltung
4. Entwurf der einzelnen Modellteile
5. Test und Auswertung

### *3.3. Die im Organisationsentwurf aufzufangenden Patientenrechte*

Der erste Schritt umfaßt die Bewertung und Beurteilung der einzelnen Patientenrechte beziehungsweise der bereits erörterten Forderungen nach neuen Patientenrechten, um sie zu identifizieren und zu kategorisieren. Für jedes einzelne Recht muß die Organisationsimplikation erfragt werden[2212].

Beispielsweise rief das Michigan Department of Mental Health ein „Office of the Recipient Rights Manual" (1979) ins Leben. Dieses unterteilte die auf verschiedenen Ebenen organisationsmäßig zu verkraftenden Patientenrechte in folgende Kategorien:

1. Mißhandlung
2. Einweisung und Entlassung
3. Zivile Rechte
4. Kommunikation und Besuche
5. Vertrauen und Bekanntgabe
6. Rechte hinsichtlich der Umgebung/Umwelt
7. Bewegungsfreiheit
8. Geld
9. Vernachlässigung
10. Persönliches Eigentum
11. Rechtsschutzsystem
12. Behandlungsrechte

---

2211 Ebda, S. 281 ff.
2212 Ebda, S. 286 ff.

Jede dieser Kategorien enthält wiederum zahlreiche Untergruppen. So enthalten beispielsweise die Behandlungsrechte 17 Untergruppen, die von den Einsichtsrechten in die Krankengeschichten und Behandlungspläne bis hin zum Informed Consent reichen[2213].

Auch andere amerikanische Bundesstaaten haben versucht, eine Bill of Rights für psychisch kranke Patienten auszuarbeiten. Für Pennsylvania wurden sieben Hauptkategorien von Patientenrechten herausgearbeitet[2214]:

1. Das Recht auf Kommunikation
2. Das Recht auf Religionsfreiheit
3. Das Recht auf selbständige Erledigung der persönlichen Angelegenheiten
4. Das Recht auf ein humanes (physisch und psychisch) Milieu
5. Das Recht auf Behandlung
6. Zulässige, beschränkte und verbotene Behandlungsmethoden
7. Beschwerdeverfahren

## *3.4. Generelle Organisationsplanung*

Die umfassende Kategorisierung der Patientenrechte ist eine Grundvoraussetzung für die Überlegungen hinsichtlich organisatorischer Maßnahmen. Diese Patientenrechte müssen anschließend in das System des fünfgliedrigen Organisationsschemas von *Ackoff*[2215] – goals, policies, resources, implementation, control – gebracht und aufeinander abgestimmt werden[2216].

Die Ergebnisse eines Vergleichs der einzelnen Patientenrechte mit dem generellen organisatorischen Schema müssen anschließend in den Kontext der aktuell vorhandenen organisatorischen Modelle gesetzt werden. Hier muß aber erst eine Forschung Platz greifen, die über die Produktivität oder Kontraproduktivität der Patientenrechte Aufschluß gibt. *Ziegenfuss* formuliert eine Kette von patientenrechtsrelevanten Vor- und Nebenfragen, die von einer Begleitforschung beantwortet werden müssen. Dieser Fragenkatalog zeigt zugleich, daß in der jungen Patientenrechtspolitik so manches sich abzeichnende

---

2213 Dazu im einzelnen ebda, S. 287.
2214 Pennsylvania Bulletin, 1975; siehe bei Ziegenfuss, J. T., Patients' Rights, S. 288.
2215 Ackoff, R. L., A Concept of Corporate Planning, New York 1970.
2216 Siehe im einzelnen Ziegenfuss, J. T., Patients' Rights, S. 290 ff.

Dogma auf Vermutungen und Annahmen gestützt ist. Diese Anmerkung soll nicht zur Diskreditierung von Argumentationen und Forderungen gereichen, sondern will lediglich dem Ausweis eines evidenten Forschungsbedarfs beipflichten.

## *3.5. Fragestellungen für zukünftige Forschungsvorhaben*[2217]

*Zielprobleme*[2218]

Behindert oder unterstützt die Sicherung einer bestehenden Anzahl von Patientenrechten allgemeine gesellschaftliche Zielvorstellungen (z. B. Freiheit, Sicherheit, etc.)?

Sind diese Rechte Teil der organisatorischen Ziele auf nationaler, staatlicher und lokaler Ebene? Sind sie auf den verschiedenen Ebenen verschieden als Teil der Serviceziele ausgebildet?

Stellen sich die Rechtsforderungen über die sachlichen Zielvorstellungen? Wo liegen die Integrationsprobleme?

Fordern die Rechte eine Erweiterung der Ziele des Gesundheitswesens? Erhöhen sie die Komplexität des Zielsystems?

Verzögern oder behindern patientenrechtliche Erwägungen die Behandlungsziele?

Ergeben sich für die Beschäftigten der Gesundheitsfürsorgeeinrichtungen durch die Patientenrechte Konflikte hinsichtlich der Behandlungsziele?

Ergibt sich durch das Patientenrecht auf Partizipation eine Steigerung der Effektivität hinsichtlich der Behandlungsziele? Können überhaupt alle Patientengruppen partizipieren?

Ist überhaupt ein adäquates Modell für die individuellen Zielvorstellungen für Patienten vorhanden?

Fördert oder behindert die Anwesenheit von Anwälten die Zielvorstellungen der Patientenrechte? Sind andere professionelle Gruppen genauso gut geeignet, Patientenrechte zu sichern? Gibt es Kostenunterschiede?

Was sind und was sollen die Ziele von Menschenrechtskommissio-

2217 Hier kann nur eine Auswahl wiedergegeben werden, im Detail Ziegenfuß, J. T., Patients' Rights, S. 302.

2218 Ebda, S. 302 f.

nen (Bildung/Anwaltschaft/Kontrolle) sein? Wie verhalten sich die Ziele dieser Beobachtungskommissionen zu den Zielen der Institutionen?

*Richtlinienprobleme*[2219]

Welche Richtlinien wurden durch die Patientenrechtsinitiativen geändert? Gibt es detaillierte Dokumentationen einer Richtlinienänderung auf lokaler, staatlicher und nationaler Ebene?

Wie haben sich einzelne Richtlinien durch Patientenrechte verändert? Beispielsweise hinsichtlich von Einweisung, Entlassung, Kommunikation, Behandlungsverweigerung, Behandlungswahl, etc.

Was ist im einzelnen der Status der patientenrechtsbeinhaltenden Richtlinien auf lokaler, staatlicher und nationaler Ebene? Zum Beispiel:

– Erhöht der eingeschränkte Gebrauch von Abschirmung und Beschränkung die Gewalt gegenüber den Patienten? Von Patienten?

– Verlangsamt Patientenselbstbestimmung das Fällen von Entscheidungen, erhöht aber die Effektivität?

– Erhöht die Behandlungsauswahlmöglichkeit auch die Anzahl der Behandlungsmethoden, die angeboten werden müssen?

Können die Gerichte es aufrechterhalten, sich hinsichtlich der Qualität des Anstaltenmanagements nicht zu äußern? Wie grenzen sich Rechts- und Institutionensysteme gegenseitig ab?

Welche Verfahren sollen für die Erstellung eines Mißstandsberichts angewendet werden?

Wie verhalten sich die einzelnen Anwaltschaftssysteme in den verschiedenen Abteilungen zueinander?

*Ressourcenprobleme*[2220]

Bedarf das Einhalten der Patientenrechte zusätzlichen Personals? In welcher Größenordnung und welche Art von Personal?

Vermindert Rechtsdokumentation die Zeit, die zur Behandlung gebraucht wird?

---

2219 Ebda, S. 303 f.
2220 Ebda, S. 304 ff.

Was sind die Kosten für zusätzliches Personal, was sind die Ausbildungskosten für dieses Personal?

Was ist der Bedarf an zusätzlicher rechtlicher Assistenz?

Bedarf es grundsätzlicher neuer Ausrüstungen für die Einrichtungen?

*Durchführungsprobleme*[2221]

Inkorporieren einzelne Organisationsmodelle die Patientenrechtsüberlegungen?

Wie wird den Patienten Information zur Verfügung gestellt?

Welche Formen der Ausbildung und Trainingsmechanismen werden zur Information der Beschäftigten in Institutionen angewendet?

Welche Verhaltensänderungsmechanismen werden für diese Beschäftigten angewendet?

Welche Modelle sind zur Inkorporation der Patientenrechte brauchbar, in großen Institutionen, in kleineren Systemen und im Rechtssystem?

Verändert der Vollzug von Patientenrechten die hierarchische Struktur der Anstalten?

Ist eine bestimmte Art des Managements, etwa ein demokratisch-partizipatives, besser zur Unterstützung der Patientenrechte geeignet als etwa ein autoritäres System?

Sollen Beschwerdeverfahren zentralisiert oder dezentralisiert werden?

Was erbringen verschiedene Systeme der Anwaltschaft: externe, interne Anwaltschaft, Selbstanwaltschaft, Volksanwaltschaft?

*Auswertungs- und Kontrollprobleme*[2222]

Wie wertet man den Einfluß der Rechte, sowohl auf die Behandlung als auch auf die Behandlungsergebnisse, aus?

Ergibt sich durch die rechtliche Einflußnahme auch eine erhöhte Sicherheit?

---

2221 Ebda, S. 307 ff.
2222 Ebda, S. 309.

Wie kontrolliert man Verletzungen? Welche Mechanismen werden verwendet?

Sollen die Kontrollsysteme mehr verantwortungsorientiert oder mehr an der Organisationsentwicklung orientiert sein oder beides?

## 4. Interne Beschwerdeprogramme (complaint programs) als Organisationsbestandteil

Begrifflich sind diese internen „complaint programs“ am ehesten mit Beschwerdeprogramme wiederzugeben. Das zwingt aber, am Hintergrund europäischer Entwicklungen, zu einer Abgrenzung. Diese amerikanischen Modelle meinen nämlich noch nicht das auch dort bekannte System des Ombudsmanns und erst recht noch nicht das der Anwaltschaft, sondern hochentwickelte Informationsaustauschkonzepte und -organisationen[2223]. Zum Teil sind solche Programme in den Vereinigten Staaten bereits gesetzlich vorgesehen[2224]. Die Art und Weise, wie Beschwerden durch die Beschwerdekommission (grievance committee) gelöst werden, wie das Verfahren zur Wahl der Kommissionsmitglieder und die Tätigkeit der Kommission angelegt werden, bleibt den einzelnen Institutionen zur speziellen Gestaltung in ihren Richtlinien (policies and procedures) zu erarbeiten vorbehalten.

Organisationspsychologen und Konfliktlösungstheoretiker bemühen sich seit geraumer Zeit, neue Wege zur Steigerung von Produktivität und Effektivität in öffentlichen und privaten Organisationen und da wiederum zuvorderst im medzinischen und Anstaltenbereich, zu finden[2225]. James T. *Ziegenfuss*, der wissenschaftlich profundeste Proponent dieser Entwicklungen, ist sich bewußt, daß es auf das Grundproblem unzählige Antworten gibt. Der Ansatz, Effektivität zu steigern und Konflikte von vorneherein zu verhindern, vermittelt in einem die maximale Sicherung der Patientenrechte. Alle entwickelten Vermittlungsprozeduren haben letztlich das Ziel, den Destinatar von Institutionen, im medizinischen Bereich den Patienten also, in seinen Rechten optimal zu schützen und zu befriedigen. *Ziegenfuss*' Arbeiten[2226] gilt daher im weiteren zentrales Augenmerk.

---

2223 Ziegenfuss, J. T., Redefining Patients' Rights Conflicts.

2224 Ohio Rev. Code Ann. §3721.12(A)(2).

2225 Ziegenfuss, J. T., Patient/Client/Employee Complaint Programs, S. VII.

2226 Ziegenfuss, J. T., Patients' Rights and Professional Practice; ders., Patients' Rights and Organizational Models; ders., Patient/Client/Employee Complaint Programs; ders., DRGs and Hospital Impact: An Organizational Systems Analysis, New York 1985; ders., Conflict Between Patients' Rights and Patients' Needs; Ziegenfuss, J. T./Charette, J./Guenin, M., The Patients' Rights Representative Program: Designing Ombudsman Services for Mental Patients, in: Psychia-

Da die Produktivität und die Effektivität ein Anliegen aller Formen von Organisationen darstellen, versucht *Ziegenfuss*' Studie über „patient-client-employee complaint programs" ein allgemeines Modell von Beschwerdeprogrammen, die in den verschiedensten Bereichen, vom öffentlichen Dienst, über Hospitäler bis hinein in private Arbeitsverhältnisse eingesetzt werden können, zu erarbeiten. Ursprünglich nur auf das Problem der Partizipation von Patienten in Hospitälern zielend, erkannte *Ziegenfuss* das Partizipationsproblem als ein allen Organisationsformen immanentes Problem und betrachtete daher Beschwerdeprogramme für Patienten nur als eine spezielle Ausformung einer allgemeinen Notwendigkeit von Beschwerdeprogrammen für die verschiedenen Formen von Organisationen. Von überaus großer Bedeutung sind diese Programme deshalb, da heute solche Beschwerdeprogramme und die Auswertung derselben zu den grundsätzlichen Basisdaten des Managements gehören. Die zunehmende Akzeptanz solcher Programme ist daher aus Gründen erkannter Nützlichkeit überall zu beobachten[2227].

Im allgemeinen verfolgen Beschwerdeprogramme, gleichgültig ob für Patienten, Klienten oder Arbeitnehmer, sieben Ziele[2228]:

1. Organisatorische Probleme auf individueller und genereller Ebene zu identifizieren.
2. Beschwerden auf individueller und genereller Ebene einer Lösungsmöglichkeit zuzuführen.
3. Dem Management Hilfestellung für die als notwendig erkannten Änderungen in einer Organisationsstruktur zu bieten.
4. Das Auftauchen von einzelnen Beschwerden vermindern zu können.
5. Die Zufriedenheit des Personals sowie die der Patienten zu steigern.
6. Die Qualität einer Organisation zu steigern.
7. Die Leistungsfähigkeit und Wirksamkeit einer Organisation zu steigern.

---

tric Quarterly 56 (1984), S. 3 ff; Ziegenfuss, J. T./Perlman, H., Decreasing Medical Malpractice: An Organizational Systems Approach, in: Health Care Management Review 14 (1989), S. 65 ff.

2227 Hier und im weiteren Ziegenfuss, J. T., Patient/Client/Employee Complaint Programs, S. VII-X.

2228 Ebda, S. 6.

Über diesen sieben Zielrichtungen steht insgesamt ein Gesamtziel: Den organisatorischen Entwicklungsprozeß zu unterstützen und fortzusetzen. Um dies zu ermöglichen, orientieren sich Beschwerdeprogramme an drei grundsätzlichen Tätigkeitsbereichen[2229]:

1. Bearbeitung der Beschwerden, was im einzelnen bedeutet, nachzuforschen, zu berichten und zu empfehlen,
2. Bildungsarbeit über die Organisation zu leisten und
3. Beratung hinsichtlich von Problemlösungen anzubieten.

Soferne ein Beschwerdeprogramm in einer Institution eingeführt worden ist, sind die beiden einander gegenüberstehenden Betroffenenseiten zu einer Art vergemeinschafteten Korporation mit einer eigenen corporate culture weiterentwickelt, höherentwickelt. In dieser vertraut man die organisatorische Beratung, die Findung individueller und genereller Problemlösungsmöglichkeiten, gemeinschaftlich beschickten Gremien an.

Die Mittel, die für ein Beschwerdeprogramm benötigt werden, sind keinesfalls sehr aufwendig: erfahrenes Personal, assistierendes Personal, Beschwerdeverfahren und Datenauswertungsverfahren. Trotzdem ist gerade der Etablierungsprozeß nicht einfach.

## *4.1. Programmziele*

Beschwerdeprogramme verfolgen grundsätzlich das Ziel, sowohl individuelle als auch gesamtorganisatorische Probleme zu lösen. Die Leitlinien dabei sind:

(1) auftauchende Probleme zu behandeln (to treat),

(2) bei Entwicklungsproblemen auf Individual- oder Gesamtsystemebene einzuschreiten (to intervene) und

(3) das Auftreten von Problemen zu verhindern (to prevent). Daneben ist es notwendig,

(4) Manager und Klienten oder Konsumenten auszubilden und zu informieren (to educate and train), zum einen, wie sie mit Problemen konstruktiv umgehen können und zum anderen, wie sie diese vermeiden können und

(5) dieses Gesamtprogramm zu managen (an efficient and effective way of managing and resolving)[2230].

---

2229 Ebda.
2230 Ebda, S. 38 f.

Beschwerdeprogramme stellen sich stets als Informationsfluß von unten nach oben dar. Die oberste Leitung wird sich erst aufgrund dieses Informationsflusses der Problemstellungen bewußt und kann erst dann, anhand der vorliegenden Informationen, entsprechende Schritte einleiten. Letztlich ist ein Beschwerdeprogramm als eine Art von „organizational intelligence and learning system"[2231] zu betrachten. Dieses intelligente Lernsystem ermöglicht es einer Organisation, Informationen über die eigenen Struktur- und Verfahrensprobleme aufzubereiten und stellt für die Organisation eine Art von Lernprozeß dar[2232].

Während der eine der eben dargestellten Zwecke von Beschwerdeprogrammen dem Aufbau von Patientenrepräsentationen auf der kollektiven Ebene dient und mithin sehr deutlich organisations- und managementorientiert ist, gibt es ein weiteres Individualziel dieser Beschwerdeprogramme. Hierbei geht es vor allem darum, daß Nutzer oder Partizipanten einer Organisation in fairer und angemessener Weise behandelt werden. Gerade bei entsprechender Größe von Organisationen, etwa Industrien oder Großspitälern, erscheint der einzelne Arbeitnehmer oder der einzelne Patient oder Konsument als eine kleine beziehungsweise unbedeutende Komponente der Gesamtorganisation[2233].

Dieser Zweck von Beschwerdeprogrammen kann ebenfalls in Verhältnis zu den fünf oben bereits umrissenen, generellen Zielen von Beschwerdeprogrammen gebracht werden. Jeder Einzelne soll die Möglichkeit haben, daß

(1) seine Probleme behandelt werden (to treat). Es sollte jemanden geben, der

(2) gegen diese Probleme einschreitet (to intervene) und es sollte auch Personal geben, das sich damit beschäftigt, daß

(3) diese Probleme erst gar nicht auftreten können (to prevent). Gleichzeitig soll der Einzelne aber auch

(4) gebildet und informiert werden (to educate and train), damit er

(5) zur Lösung dieser Probleme beitragen kann (to manage).

---

2231 Dazu auch Rothman, J., Using Research in Organizations, Beverly Hills 1980; Wilensky, H. L., Organizational Intelligence, New York 1967; Emery, F. E./ Trist, E. L., Towards a Social Ecology, London 1973.

2232 Ziegenfuss, J. T., Patient/Client/Employee Complaint Programs, S. 38 f.

2233 Ebda, S. 39.

## *4.2. Die Hauptaufgaben der Programme*

Die Hauptaufgaben der Patientenrepräsentanten wurden durch die American Hospital Association's Society of Patient Representatives[2234] wie folgt definiert:

1. Der Patientenrepräsentant forscht verschiedenen Beschwerden und Anfragen nach, leitet diese dem vorgesehenen Spitalspersonal zu und fungiert als Vermittler zwischen der Administration und den Patienten und ihren Familien.
2. Der Patientenrepräsentant assistiert, indem er Patienten auf die entsprechenden Dienstleistungen hinweist und reagiert selbständig, sofern andere Alternativen nicht vorhanden sind.
3. Der Patientenrepräsentant unterstützt den Aufbau und den Fortbestand tragfähiger Beziehungen zum Anstaltenpersonal, um die Dienstleistungen der Gesundheitsfürsorge zu verbessern.
4. Der Patientenrepräsentant arbeitet als Teil eines Mechanismus, um Patientenbeschwerden, die das Pflegepersonal oder das medizinische Personal betreffen, nachzuforschen.
5. Der Patientenrepräsentant versucht den Grad der Patientenzufriedenheit aufgrund seiner Erfahrungen zu evaluieren.
6. Der Patientenrepräsentant sammelt Daten und Informationen über Probleme, die die Patientenfürsorge betreffen, um Empfehlungen für Änderungen im Spitalswesen zu erwirken.
7. Der Patientenrepräsentant hilft durch Neuorientierung der Arbeitnehmer in Spitälern und fortlaufende Ausbildungsprogramme für diese Arbeitnehmer, den Aufenthalt für den Patienten zu humanisieren.
8. Der Patientenrepräsentant arbeitet für eine höhere Akzeptanz der Anliegen der Patientenrechte beim Personal.
9. Der Patientenrepräsentant nimmt an der Bewertung der Reaktionen auf vorgefallene Unfälle teil; soferne keine geeigneten Reaktionen kommen, kann er rechtliche Schritte unternehmen.
10. Der Patientenrepräsentant nimmt auch am Krisenmangamentprogramm teil.

Anhand dieser zehn thesenhaft formulierten Aufgaben kann man ersehen, daß die Agenda eines Patientenrepräsentanten sowohl Akti-

---

2234 American Hospital Association's Society of Patient Representatives (Hrsg.), Essentials of Patient Representative Programs in Hospitals, Chicago 1978, S. 6 ff.

vitäten zum Vorteil des Patienten als auch des Hospitals mit sich bringen. Während Nachforschung und Beobachtung hinsichtlich von Beschwerden mehr patientenorientiert sind, sind die Bereiche der Sensibilisierung des Personals als auch die Empfehlungen für Programm- und Richtlinienänderungen zum Vorteil des Spitals gedacht.

### *4.3. Die Rolle des Patientenrepräsentanten*

Die Rolle des Patientenrepräsentanten ist verschiedenartig[2235]. Sie ist in Abgrenzung zum Ombudsmann doch eher die einer quasi-gewerkschaftlichen Repräsentanz, die allerdings über eine Verhandlungs- und Verfahrensordnung von einer allzu einseitigen Gestion entlastet wird, um nicht ein arbeitskampfähnliches Klima entstehen zu lassen. Als die ersten Programme entwickelt wurden, war eine Tendenz festzustellen, die den Patientenrepräsentanten primär in die Rolle eines Anstaltenservicedienstes drängte. Erst mit Beginn der siebziger Jahre entwickelte sich die Rolle des Patientenrepräsentanten zu einer Funktion mit mehreren Rollen und erhöhter Verantwortung. Aufgrund der Ausweitung der Verantwortungsbereiche für Patientenrepräsentanten wurde dieser Bereich dann gleich als der raschest wachsende Dienstleistungssektor des Spitals angesehen[2236]. Die neue Rolle umfaßte als Aufgaben dabei eine Art von trouble shooting, Nachforschungen anzustellen, Gespräche zu führen und die Akzeptanz des Repräsentanten als eine Art Anwaltschaft in der Spitalsorganisation zu erreichen.

Allerdings sollte sich vom Gründungskonzept her der Patientenrepräsentant nicht als einseitige Anwaltschaft verstehen. Er sollte ein Repräsentant der gesamten Organisation sein, nicht ein bestellter, alleiniger, blinder Verteidiger der Patientenrechte. Hilfestellung bei Inanspruchnahme von Patientenrechten zu leisten, sollte einen wesentlichen Aufgabenteil, aber nicht die ausschließliche Rolle des Patientenrepräsentanten ausmachen.

In jüngerer Zeit scheint die Aufgabe des Patientenrepräsentanten im Bereich des Risikomanagements eines Hospitals deutlich im Steigen begriffen zu sein. Die Aufgabe, Risiken des Eintritts von Schäden

---

2235 Ziegenfuss, J. T., Patient/Client/Employee Complaint Programs, S. 57 f.

2236 Carman, S. M., Patient Representatives: Fasted Growing Hospital Service, in: Hospital Management Quarterly 1980, S. 471 ff.

an Patienten und deren Konsequenzen wie Schadenersatzklagen zu minimieren, ist von höchster Priorität[2237].

## 4.4. Die Klientenschaft

Der vom Patientenrepräsentanten zu betreuende Kreis setzt sich nicht nur allein aus den Patienten eines Hospitals zusammen, sondern umfaßt zusätzlich auch das medizinische Personal, die Verwaltung und auch die Sachwalter. Trotzdem bleibt natürlich der Patient im Mittelpunkt des Aufgabenbereichs.

Aus der Literatur und den Erfahrungen mit verschiedenen Programmen wird geschätzt, daß 10% der Zeit für Sachwalter, 20% für die Administration, 20% für das medizinische Personal und 50% für die Patienten verwendet werden[2238].

## 4.5. Das Ausführungsorgan: der complaint staff

Um Programme abwickeln zu können, bedarf es einer institutionellen Ausstattung, des complaint staff. *Ziegenfuss* macht für diesen drei Hauptaufgabenbereiche aus, die für alle Beschwerdeprogramme, nicht nur in Spitälern, sondern auch für solche der Verwaltung oder privater Unternehmen, gelten. Diese betreffen im einzelnen das Beschwerdeverfahren, Ausbildung und Information sowie Beratung[2239].

## 4.6. Das Beschwerdeverfahren

Der Zweck eines Beschwerdeverfahrens ist es[2240]

– individuelle oder generelle Probleme der Patienten oder des Personals zu identifizieren;

– Beschwerden nachzuforschen und dabei die situationsbedingten Fakten zu eruieren;

---

2237 Ziegenfuss, J. T., Patient/Client/Employee Complaint Programs, S. 57 ff.
2238 Ebda, S. 59.
2239 Ebda, S. 71.
2240 Ebda, S. 71 f.

– die Ermittlung der Determinanten, warum sich das Problem entwickelt hat und wie es gelöst werden kann;

– die obgenannten Informationen der Beschwerden mit dem Beschwerdeführer, dem Inhalt der Beschwerde und dem entsprechenden Managementpersonal in Zusammenhang zu bringen;

– Lösungsmöglichkeiten für die Probleme zu entwickeln und zu helfen, eine Antwort auf diese Probleme zu finden, somit die individuellen als auch die allgemeinen Probleme in einem zu lösen;

– die Probleme in Evidenz zu behalten, um sich zu vergewissern, daß die gefundenen Lösungen auch tatsächlich wirken.

## *4.7. Ausbildungs- und Informationsaufgabe*

Diese Tätigkeiten sind zum einen in das Beschwerdeverfahren miteingebunden, zum anderen stellen sie einen eigenen Aufgabenbereich dar. Der Unterschied zwischen Information und Ausbildung im Aufgabenbereich besteht darin, daß der Bereich der Information die statistische Aufbereitung von Wissen, Erkenntnissen, Fakten und Daten umfaßt, während der Bereich der Ausbildung die Vermittlung dieses Wissens und der zu ziehenden Schlüsse im Sinne von Trainingsprogrammen und Weiterbildungsprogrammen betrifft.

Zu diesem Zweck umfaßt der Aufgabenbereich des Beschwerdestabes einerseits als Datenzentrale einer Organisation zu fungieren, andererseits als Vermittler dieser Informationen für die Partizipanten einer Organisation zu dienen[2241].

## *4.8. Autorität des Beschwerdeprogrammes*

Die Autorität, mit der ein Beschwerdeprogramm arbeitet, kann mit Hilfe der Autoritätstypen nach Max *Weber*[2242] erklärt werden: legale, traditionelle und charismatische Autorität. *Ziegenfuss* ergänzt diese Einteilung um eine vierte Kategorie: professionelle Autorität. Die Frage der traditionellen Autorität stellt sich bei jungen Institutionen ohnedies kaum, eher schon die der legalen Autorität[2243].

---

2241 Ebda, S. 80 ff.
2242 Legitimate Order and Types of Authority.
2243 Ebda, S. 88 ff.

### 4.8.1. LEGALE AUTORITÄT

Unter legaler Autorität ist eine Form der Autorität zu verstehen, die durch ein System formeller Gesetze, die speziell erlassen wurden, um ein Verhalten zu steuern und bestimmte Ziele zu erreichen, legitimiert wird[2244]. Eine solche Form der Autorität wird durch eine formell-rechtliche Inkorporation des Programmes erreicht.

Der complaint staff soll bei dieser Form der Autorität als Interpret rechtlicher oder quasi-rechtlicher Regeln, die die einzelnen Organisationen betreffen, auftreten. Haben complaint staffs eine gesetzliche Basis, so ist ihre Autorität formell konstituiert[2245].

### 4.8.2. CHARISMATISCHE AUTORITÄT

Die Form der charismatischen Autorität erscheint durch die außergewöhnlichen Charaktereigenschaften eines Leiters und die Natur seiner Mission legitimiert[2246].

Bei dieser Form der Autorität zeigt sich der complaint staff im Sinne von Idealisten; sie gehen nicht davon aus, was eine Organisation ist, sondern was eine Organisation sein könnte. Sie arbeiten somit mehr für ein idealisiertes Modell einer Organisation. Solche Ziele finden sich dann auch des öfteren in Programmen wieder[2247].

### 4.8.3. PROFESSIONELLE AUTORITÄT

Sie beruht auf der Kompetenz von Fachleuten, über Angelegenheiten ihres Berufes zu urteilen oder diese Angelegenheiten zu analysieren. Professionelle Autorität mag in ihrem Bereich unangefochten sein, aber sie ist durchaus begrenzt, soferne sie den Bereich ihrer Kompetenz verläßt[2248].

Für den complaint staff gibt es hiefür eine nur sehr kleine Ausgangs-

---

2244 Theodorson, G. A./Theodorson, A. G., A Modern Dictionary of Sociology, New York 1969, S. 21 f.

2245 Ziegenfuss, J. T., Patient/Client/Employee Complaint Programs, S. 90 f.

2246 Theodorson, G. A./Theodorson, A. G., Sociology, S. 21 f.

2247 Ziegenfuss, J. T., Patient/Client/Employee Complaint Programs, S. 91 ff.

2248 Theodorson, G. A./Theodorson, A. G., Sociology, S. 316.

basis, professionelle Autorität zu entwickeln, da bislang keine Entwicklung hin zu einer Profession der Patientenrepräsentanten zu beobachten ist. Es gibt auch noch keinen bestimmten Standard für erforderliche Expertenkenntnisse, keine Erfordernisse für bestimmte Wissensgebiete, keine Berufsgruppe und auch keine Form der ethischen Leitlinien[2249].

### 4.8.4. AUTORITÄTSKONFLIKTE- UND DEFIZITE

Beschwerdeprogramme werden in Organisationen keineswegs widerspruchslos oder bereitwillig angenommen: Konflikte bauen sich auf hinsichtlich
(1) ihrer Position innerhalb der Organisation,
(2) der sachlichen/fachlichen Zuständigkeit und der
(3) rechtlichen/legalen Zuständigkeit.

Defizite in der organisatorischen Position eines Programmes leiten über zur Frage, ob die Partizipanten einer Organisation auch daran glauben, daß ein bestimmter complaint staff denn auch tatsächlich über die Autorität verfügt, Probleme aufzugreifen und diese Probleme entsprechend zu lösen in der Lage ist. Kann beispielsweise die mangelnde Kommunikation mit der Anstaltenadministration festgestellt werden, so wird ganz im Sinne eines Vertrauensdefizits angezweifelt, daß der complaint staff in der Lage ist, die Beschwerden auch richtig adressieren und Änderungen herbeiführen zu können. Letztlich kann das dazu führen, daß dem complaint staff die notwendige Unterstützung der Partizipanten und Klienten der Organisation verloren geht. Die einzige Möglichkeit, dies zu verhindern, liegt darin, neben der legalen Autorität, mit Hilfe der Form der charismatischen Autorität, das Wahrnehmen von unzureichender Autorität zu verhindern und auch das Verhalten von Partizipanten, das die Effektivität des Programmes bremst, einzuschränken.

Ein zweites Akzeptanzdefizit entsteht oftmals aufgrund fachlicher Grenzen des complaint staff. Meistens wird dem complaint staff die gesamte Organisation zur Betreuung anvertraut. Bei dieser Überforderung passiert es, daß etwa technisches Personal einer Art Aufsicht oder Beobachtung durch Personen unterliegt, die nicht über dasselbe hohe

---

2249 Ziegenfuss, J. T., Patient/Client/Employee Complaint Programs, S. 93 f.

Maß an Wissen in diesem Bereich verfügen, wie das Personal selbst. Der Autoritätsmangel liegt auf der Hand.

Das dritte Akzeptanzdefizit entspringt dem Erkennen der Grenzen des Rechts und der Rechtspraxis[2250].

## *4.9. Die Wirksamkeit von Beschwerdeprogrammen*

In der Weise, in der ein Beschwerdeprogramm über institutionalisierte und instrumentalisierte Möglichkeiten verfügt, tatsächlich in ein Geschehen einzugreifen, zeigt sich auch das Maß seiner Wirksamkeit. Auch diese Vormaterialien des Patientenrechts sollen ausführlich dargestellt werden, weil sie die sich etablierenden kollektivrechtlichen Ansätze und das Konzept des rechtlich verbindlich gemachten und vorstrukturierten kommunikativen Handelns deutlich machen.

Es lassen sich zwei verschiedene Arten der Wirksamkeit unterscheiden: eine formelle und eine informelle. Die erste hängt im wesentlichen vom Verhältnis zur obersten Leitung einer Organisation ab. Mitarbeiter einer Organisation sind stets sorgsam darauf bedacht, welche Informationen nach oben weitergegeben werden. Nicht zuletzt bedeutet ein Steigen der Beschwerdehäufigkeit auch ein Gesamtproblem für die Organisation. Die zweite Form der Wirksamkeit, die informelle, hängt mehr von den individuellen Eigenschaften von Personen des complaint staff ab.

Der Idee nach können Mitglieder des complaint staff sich sechs Formen der Macht oder Fähigkeit bedienen, um ihre Problemlösungen durchzusetzen[2251]:

– „reward power“ meint, daß Organisationseinheiten, gegen die nur wenige Beschwerden eingebracht werden, aufmunternd und anerkennend belohnt werden sollen durch Budgeterhöhung oder Personalaufstockung und ähnliche Maßnahmen zur weiteren Stimulierung der Patientenfreundlichkeit.

– „coercive power“ versteht sich als die Androhung, daß Organisationseinheiten, gegen die sich Beschwerden häufen, mit Sanktionen wie Budgetsenkung oder Personalabbau zu rechnen haben.

– „legitimate power“ bedeutet, daß aufgrund der Stellung und Posi-

2250 Ebda, S. 99 ff.
2251 Ebda, S. 103 ff.

tion, direkt unter der Organisationsführung dem complaint staff legitime Macht in Form exekutiver Kompetenz zukommt.

– „referent power“ hingegen versteht sich als die Wirkkraft des complaint staff über die Präventivkraft der drohenden Berichterstattung an die Organisationsleitung.

– „expert power“ meint die Fähigkeit, aufgrund der gesammelten Erfahrungen und erwiesenen Leistungen des complaint staff, im eigenen Tätigkeitsbereich glaubwürdig Konflikte lösen zu können.

– „personal power“ meint die Autorität aufgrund individueller Charakteristika der Person.

## *4.10. Die Rolle des complaint staff*

Die Rolle des complaint staff in einer Organisation ist vielfältig und hängt mitunter sehr von den entsprechenden Situationen ab. Die Rollen umfassen dabei im wesentlichen jene[2252] des

– Anwalts, der für den Patienten plädiert;

– technischen Spezialisten, der sein Spezialwissen entsprechend einsetzen kann;

– Ausbildners, der lehrt und weiterbildet;

– Mitarbeiters bei der Problemlösung, der die Zusammenarbeit mit anderen sucht, um Lösungen zu finden;

– Alternativenfinders, um Wahlmöglichkeiten zu finden, zu entwerfen und zu statuieren;

– Faktenfinders, der Informationen sucht und entdeckt, um einen Fall tatsächlich erklärbar zu machen;

– Verfahrensspezialisten, der Verfahren, die eine gezielte Lösung erwarten lassen, entwickelt und unterstützt;

– Reflektors, der Informationen weitergibt (an Konsumenten, Arbeitnehmer, etc.), um die Leit- und Richtlinien der Organisation verständlich zu machen.

## *4.11. Eine fünfstufige Programmeinführung zur Supervision*

Nach *Kast* und *Rosenzweig*[2253] bauen sich alle Organisationsformen auf fünf Subsysteme auf. Diese bestehen aus „goals and values“, „techni-

---

2252 Ebda, S. 118 ff.

2253 Kast, F. E./Rosenzweig, J. E., Organization and Management, New York 1979.

cal", „psychosocial", „structural", „managerial" Subsystemen[2254]. Auch die Arbeit von Beschwerdeprogrammen an sich und die notwendigen Supervisionsaufgaben orientieren sich an diesen fünf Subsystemen. *Ziegenfuss* stellt für die Themenbereiche der einzelnen Subsysteme Beispiele vor. So etwa liegt beim Subsystem der Werte und Ziele, die für das Programm statuiert werden, eine nicht adversarielle Orientierung mit einer Betonung auf Organisationsentwicklung vor. Das führt zur Prüfung für die Supervision, ob der complaint staff sich grundsätzlich adversariell oder entwicklungsorientiert verhält. Das technische Subsystem umfaßt die dreigliedrige Beschwerdearbeit: Beschwerdeverfahren, Bildung und Training, Beratung. Im psychosozialen Subsystem handelt es sich um die Aufgabenstellung, Kontakte mit anderen Bereichen der Organisation aufzubauen. Hier stellt sich für die Supervision die Frage, ob diese Kontakte unabhängige Anerkennung oder nur Freundschaft mit sich bringen. Für das strukturelle Subsystem ist die Position des Programmes von entscheidender Bedeutung und auch die Art des Berichterstattungsweges zur Organisationsleitung. Hier stellt sich für die Supervision die Frage, inwieweit sich der complaint staff seiner eigenen Autorität bewußt ist. Das Management-Subsystem umfaßt den Bereich des Supervisionsplanes selbst, die Programmentwicklung für sich und die jährliche Auswertung des anfallenden Datenmaterials. Auch hier hat die Supervision zu kontrollieren, ob bestimmte Standards erreicht werden[2255].

Die Entwicklung eines funktionierenden Supervisionssystem (Supervision System Phasis) erfordert im einzelnen fünf Phasen[2256].

Phase 1: „Diagnosis-Goals/Objectives". Diese Phase umfaßt eine Analyse der Hauptaufgaben, die mit nachfolgender Entwicklung der Zielvorstellungen supervisioniert wird.

Phase 2: „Assessment". Die Zielvorstellungen werden mit dem Wis-

---

2254 Dazu im einzelnen Ziegenfuss, J. T., Patient/Client/Employee Complaint programs, S. 34 ff.

2255 Ebda, S. 133 ff.

2256 Im Sinne eines model of the management by objectives approach; dazu Carroll, S. J./Tosi, H. L., Managment by Objectives: Applications and Research, New York 1973; Raia, R. P., Managing by Objectives, Glenview (Ill.) 1974; Morrissey, G. L., Managing by Objectives and Results, Reading (MA) 1970; Reddin, W. J., Effective Management by Objectives: The 3-D Method of MBO, McGraw-Hill 1971; im weiteren Ziegenfuss, J. T., Patient/Client/Employee Complaint Programs, S. 137 ff.

sen und den Kenntnissen des Supervisors verglichen, um die Stärken und Schwächen festzuhalten.

Phase 3: „Planning". Die Ergebnisse aus Phase 1 und Phase 2 werden dahingehend benützt, um Prioritäten, Zeitpläne, Standards und Durchführungsschritte zu entwickeln.

Phase 4: „Action". In dieser Phase werden die Durchführungsschritte ausgeführt.

Phase 5: „Evaluation". Hier werden sowohl der Erfolg des Supervisionsplanes als auch die Arbeit des complaint staff geprüft.

### 4.11.1. DIAGNOSIS-GOALS/OBJECTIVES SETTING (PHASE 1)

In dieser ersten Phase des Aufbaus des Supervisionssystems werden zuerst die Problembereiche sondiert, um anschließend sowohl Zielvorstellungen und Zweck des Programmes als auch die zu erwartenden Resultate zu erkennen. Dabei finden sich zwei Abschnitte[2257].

Schritt 1: Es müssen zuerst die Hauptaufgaben, die vom Programm im gesamten, aber auch von den einzelnen Ausführenden erwartet werden, definiert werden.

Beispiel: Es wurden Ziele erarbeitet und das complaint staff program beinhaltet folgende fünf Punkte:

1. Für Patienten oder Arbeitnehmer einen Mechanismus bereitzustellen, der es ihnen ermöglicht, Beschwerden über die Organisationsstruktur, -verfahren und Auswirkungen im Verhältnis zu ihren Rechten einzureichen.
2. Empfehlungen für aktuelle Problemlösungen, die dem organisatorischen Wachsen zweckdienlich sind, vorzubereiten.
3. Die Arbeitnehmer, Patienten und die Öffentlichkeit über die Ziele und Richtlinien der Organisation zu informieren.
4. Die Beschwerden der Arbeitnehmer/Patienten der Anzahl und Natur nach zu analysieren.
5. Sicherzustellen, daß neue Richtlinien oder Ziele mit den Rechten der Arbeitnehmer/Patienten in Einklang stehen.

Für jeden Mitarbeiter des complaint staff müssen diese Programmziele auf den jeweiligen Ebenen zur persönlichen Hauptaufgabe werden. Jeder Mitarbeiter des complaint staff muß bestimmte Resultate in jedem der fünf Zielpunkte vorweisen können.

---

2257 Ziegenfuss, J. T., Patient/Client/Employee Complaint Programs, S. 137 ff.

Schritt 2: Nachdem die Hauptaufgaben umrissen wurden, müssen diese für die Programmgestaltung konkretisiert werden. Dazu werden sie kategorisiert und vier möglichen Handlungsschritten zugeordnet: die Aktivitäten stoppen, beibehalten, ausbauen oder abbauen.

Dies könnte beispielsweise wie folgt aussehen, nämlich das Beschwerdeverfahren wie bisher beizubehalten, Empfehlungstätigkeiten auszubauen, Informationsarbeit auszubauen, die Datensammlung wie bisher beizubehalten, Beratungstätigkeit auszubauen.

### 4.11.2. ASSESSMENT (PHASE 2)

In der zweiten Phase erscheint es nun notwendig, nachdem die Zielvorstellungen erklärt sind, zu überprüfen, inwieweit der complaint staff tatsächlich über die Fähigkeiten verfügt, die erkannten Zielaufgaben zu erfüllen[2258].

Schritt 3: Dieser Schritt umfaßt daher die Bestimmung des Umfanges der Kenntnisse und Fähigkeiten der einzelnen Mitglieder des complaint staff im Bereich der einzelnen Hauptaufgaben. So bedarf es etwa spezieller Kenntnisse beim Interviewen der Beschwerdeeinreicher, im Bereich der Nachforschung und für die Erstellung von Berichten und der Sammlung von Daten.

### 4.11.3. PLANNING (PHASE 3)

Die zwei vorgestaffelten Phasen werden in Phase 3 auf einen einheitlichen Plan zusammengefaßt[2259].

Schritt 4: Dieser Schritt erfordert, daß die einzelnen Aufgabenbereiche nach Prioritäten geordnet werden, da es sicherlich nicht möglich ist, in allen Bereichen gleichzeitig zu arbeiten. Daher ist eine Einteilung nach:

2258 Ebda, S. 139 ff.
2259 Ebda, S. 142 ff.

- top priority
- second priority
- third priority

erforderlich.

Schritt 5: Nachdem Prioritäten gesetzt wurden, erscheint es im nächsten Schritt notwendig, Standards hinsichtlich der Quantität und Qualität der Tätigkeiten zu schaffen.

Schritt 6 und 7: Diese beiden Schritte umfassen die Entwicklung des konkreten Plans der Ausführungen, aber auch die konstante Beobachtung der Ausgangslagen, ob beispielsweise aufgrund von Änderungen der Organisation nicht auch Änderungen für das Programm notwendig geworden sind.

Schritt 8: In diesem letzten Schritt dieser Phase wird schließlich der revidierte Plan endgültig festgelegt.

### 4.11.4. ACTION (PHASE 4)

In dieser vierten Phase werden die Programmpunkte des complaint staff und des Supervisionssystems ausgeführt[2260].

Schritt 9: Hierbei werden „objective setting", „assessment" und „planning" dem Zeitplan gemäß ausgeführt.

### 4.11.5. EVALUATION (PHASE 5)

In dieser fünften und letzten Phase wird eine Auswertung und Bewertung vorgenommen[2261]:

Schritt 10: In diesem Schritt wird die periodische und abschließende Übersicht über das Programm vorgenommen. Während für das gesamte Beschwerdeprogramm ein monatlicher oder vierteljährlicher Überblick ausreichend erscheint, bedarf die interpersonelle Supervision einer kleineren Periode, etwa einer wöchentlichen.

---

2260 Ebda, S. 144 f.
2261 Ebda, S. 145 ff.

Schritt 11: Dieser abschließende Schritt betrifft das feed back der vorgenommenen Auswertungen. Dabei ist dieser Schritt nicht gleichzusetzen mit den oben angesprochenen Treffen, sondern betrifft die generelle Nutzung der aufgenommenen Daten zur Prüfung hinsichtlich des Gesamtprogramms und seiner Entwicklung.

## *4.12. Das Informationssystem über ein Beschwerdeprogramm*

Ein Beschwerdeprogramm (complaint program information system) benötigt auch ein entsprechendes Informationssystem. Dabei sollen die folgenden fünf Fragen die Entwicklung eines Informationsprogrammes leiten[2262]:

1. Wer benützt ein solches Informationssystem?
2. Warum brauchen und verwenden die Benützer diese Informationen?
3. Welche Art von Informationen brauchen sie?
4. Wie gebrauchen sie die Informationen?
5. Was ist das erwartete Ergebnis des Informationsgebrauchs?

### 4.12.1. INFORMATIONSBENÜTZER

Die Bestimmung der potentiellen Benützer der Informationen erscheint deshalb wichtig, da diese den Bedürfnissen der Benützer entsprechen müssen. Handelt es sich um Informationen, die zur Fällung von Entscheidungen wertvoll erscheinen, wird das Informationssystem auch entsprechend genützt werden.

Im Spital umfaßt diese Gruppe nach *Ziegenfuss* folgende Personengruppen: Chief of Medical Staff, Director of Nursing, Director of Professional Affairs, Director of Information Systems, Director of Institutional Services, Department Managers, Director of Quality Assurance, Director of Risk Management.

---

2262 Ebda, S. 170 ff.

So wird etwa der Chief of the Medical Staff und der Chairman of the Quality Assurance vor allem an der Natur der Beschwerden interessiert sein. Es liegt in ihrem Interesse zu wissen, ob der Patient mit der Gesundheitsfürsorge im Spital zufrieden ist oder ob spezielle Probleme in einzelnen Bereichen des Spitals auftauchen[2263].

## 4.12.2. INFORMATIONSZWECK

*Ziegenfuss* verweist hier auf vier denkbare Antworten[2264]:

1. Der erste Zweck besteht darin, die Art, die Häufigkeit und die Ursache von Beschwerden zu erkennen.
2. Der zweite Zweck ist darin zu sehen, das Verständnis für das Beschwerdeprogramm zu unterstützen – dies bedeutet, Informationsbezieher über das Beschwerdeprogramm selbst und darüber, was es leisten kann, zu unterrichten.
3. Der dritte Zweck ist es, Daten für das Management (für die Bereiche des „directing, controling, planning and evaluating") sowohl hinsichtlich der Organisation selbst als auch für das Beschwerdeprogramm zur Verfügung zu haben.
4. Der vierte Zweck besteht schließlich darin, Daten für spezifische Einzelentscheidungen zur Verfügung zu stellen.

## 4.12.3. BEREICHE DER INFORMATION

Die Informationen des Beschwerdeprogramms lassen sich in unterschiedliche Daten gliedern:

– Aktivitäten (complaint activities data):

Dieser Bereich beinhaltet Daten hinsichtlich der Anzahl der eingereichten Beschwerden, Anzahl der betreuten Beschwerdeeinreicher, Anzahl der Bildungs- und Informationstätigkeiten, Anzahl der Beratungstätigkeiten für das Management[2265].

---

2263 Ebda, S. 171 ff.
2264 Ebda, S. 173 f.
2265 Ebda, S. 175.

– Charakterisierung der Beschwerdeführer (complainant characteristics data):

Der Informationsbereich betrifft den Überblick über Anzahl, Typen und Verteilung der Beschwerdeführer. Wichtig erscheint dies deshalb, da es durchaus möglich ist, daß der gleichberechtigte Zugang zum Beschwerdeprogramm nicht gewährleistet ist oder es notwendig ist, bestimmte Gruppen mehr oder verstärkt durch das Beschwerdeprogramm anzusprechen[2266].

– Charakteristik der Beschwerden (complaint characteristics data):

Dieser Informationsbereich beschreibt die Art und den Umfang der aktuell eingereichten Beschwerden[2267].

– Kosten (costs and budget data):

Diese Informationen betreffen die Kosten des Beschwerdeprogrammes, vor allem die jährliche Budgetplanung[2268].

– Ergebnisse (outcome data):

Der Informationsbereich umfaßt vor allem Fragen, inwieweit das Programm positive Effekte für die ganze Organisation mit sich bringt und auch, inwieweit das Programm ungewünschte negative Folgen für die Organisation hat[2269].

### 4.12.4. INFORMATIONSGEBRAUCH

Folgende Informationen werden im wesentlichen für zu fällende Entscheidungen benötigt[2270]:

1. Daten hinsichtlich der Aktivitäten werden gebraucht um zu entscheiden, ob das Programm ausgeweitet oder eingeschränkt werden soll.

2. Daten über die Charakteristika von Beschwerdeführern helfen zu beurteilen, welche Gruppen noch mehr Informationen über das Programm benötigen.

3. Charakteristische Daten von Beschwerden werden für Entscheidungen benötigt, welche Bereiche der Organisation mehr Aufmerksamkeit bedürfen.

---

2266 Ebda.

2267 Ebda, S. 176.

2268 Ebda, S. 176 f.

2269 Ebda, S. 177 f.

2270 Ebda, S. 178 ff.

4. Daten hinsichtlich der Kosten und des Budgets werden zur Bestimmung der Effektivität und der Erweiterungsnotwendigkeiten herangezogen.

5. Daten über die Ergebnisse werden zur Beurteilung benötigt, ob das Programm ein Er- oder Mißerfolg ist.

## *4.13. Kosten des Beschwerdeprogrammes*

*Ziegenfuss* rechnet die Kosten eines Beschwerdeprogrammes von den Personal-, Sekretariatskosten bis hin zu den sonstigen anfallenden Sachkosten in Hospitälern auf vier verschiedenen Ebenen: Kosten für ein Einzelprogramm und ein Mehrfachprogramm, die Kosten pro Beschwerdefall und die Kosten pro Patient. Dabei schätzt er die Kosten für ein Programm in einem einzigen Spital in der Größenordnung von $ 60.000, die Kosten für ein Fünfspitälerprogramm in der Größenordnung von $ 300.000-$ 550.000, die Kosten für jeden einzelnen Beschwerdefall zwischen $ 200-$ 260. Eine Rückrechnung der Kosten eines Beschwerdeprogramms pro Patient und Tag im Spital bringt *Ziegenfuss* zum Betrag von $ 0.33[2271].

Ausgehend davon, daß diese Zahlen wohl mehr als Indikator dienen können, muß dabei noch berücksichtigt werden, welche Kosten sich Spitäler aufgrund der Etablierung eines funktionierenden Beschwerdeprogrammes ersparen können, betrachtet man nur die hohen Schadenersatzsummen, die Gerichte in den USA geschädigten Patienten zusprechen[2272]. Zwar lassen sich die Zahlen nicht unmittelbar auf europäische Systeme mit ihren erheblich niedrigeren Schadenersatzbeträgen übertragen. Allein, die Entwicklungen in der Judikatur, hier wiederum leitend die in der Bundesrepublik Deutschland, lassen die Kosten-Nutzen-Relationen zusehends analogisieren.

## *4.14. Auswertung des Beschwerdeprogramms*

Auswertungen von Beschwerdeprogrammen (complaint program evaluation), die der Frage nachgehen, ob Beschwerdeprogramme tatsäch-

---

2271 Ebda, S. 190 ff.
2272 Im einzelnen ebda.

lich erfolgreich in ihrer Arbeitsweise sind, wurden nur selten durchgeführt[2273].

Zweck und Aufgabe einer Auswertung von Beschwerdeprogrammen wäre es, folgende drei Fragen zu beantworten[2274]:

1. Entwickelt das Beschwerdeprogramm annehmbare Strukturen und Verfahren, die es ermöglichen, die gestellten Aufgabenbereiche zu erfüllen?

2. Erreicht das Beschwerdeprogramm die gewünschten Ziele? Wurden die erwarteten Resultate erzielt?

3. Ist das Beschwerdeprogramm für die Partizipanten einer Organisation akzeptabel – für die Arbeitnehmer, für die Patienten, für das Management?

Die Ergebnisse einer Auswertung eines Beschwerdeprogrammes sind sowohl für die Leitung des Beschwerdeprogrammes als auch für die Organisationsleitung von Interesse. Erstere wird über die Stärken und Mängel des Programmes, wie es durch- und ausgeführt wird, inwieweit die Ziele des Programmes erreicht werden, informiert, letztere über den Entwicklungsstand des Programmes und den Stand der erfolgten Problemlösungen.

2273 Danet, B., Toward a Methode to Evaluate the Ombudsman Role, in: Administration and Society 10 (1978).

2274 Ziegenfuss, J. T., Patient/Client/Employee Complaint Programs, S. 211 ff.

# 5. Patientenombudsmann

## *5.1. Zweck und Philosophie*

Ombudsmann-Programme im Gesundheitswesen zielen nach amerikanischer Ansicht, welche sich zwar noch stark an der schwedischen Grundidee orientiert, aber doch auch bereits andere Zwecke in einem mitverfolgt, grundsätzlich in zwei verschiedene Richtungen: Zum einen verfolgen sie die Absicht, das Verhältnis zwischen den Anstalten und ihren Patienten durch Mediationselemente zu humanisieren[2275]. Dabei werden die Patientenrepräsentanten als „bridge builders" zwischen unpersönlichen Hospitälern, Technologie und Ärzten auf der einen Seite und den Patienten auf der anderen Seite verstanden[2276]. Zum anderen werden diese Programme aber auch gleich als Mittel zur „quality assurance"[2277] gesehen, die darauf hinwirken, die Gesundheitsfürsorge in den Spitälern an sich zu verbessern und gleichzeitig damit die entstehenden Kosten aus Haftungen und Gerichtsprozessen zu verringern[2278].

Somit zielen diese Programme sowohl auf eine Verbesserung der Gesundheitsfürsorge für die Patienten als auch auf einen Vorteil für das Spital im gesamten ab: Das bedeutet für den Patientenrepräsentanten also,

(1) auf eine Steigerung des Behandlungsangebotes zu drängen,

(2) bei der Krisenintervention mitzuwirken und

(3) Wege zu finden, Problemvorbeugeaktivitäten zu unterstützen. Zusätzlich soll

(4) zur Bildung und Ausbildung des Patienten und der Anstaltenorganisation beigetragen und auch

(5) der Spitaladministration assistiert werden. Ein weites Aufga-

2275 Hogan, N. S., Humanizing Health Care: Task of the Patient Representative, Oradell (N. J.) 1983; Annas, G. J./Healy, J. M., The Patient Rights Advocate: Redefining the Doctor-Patient Relationship in the Hospital Context, in: Vanderbilt Law Review 27 (1974), S. 258 ff.

2276 Dazu H(ealth) E(ducation) W(elfare) – Report of the Secretary's Commission on Medical Malpractice, Washington, D. C. Health and Human Services Department 1973.

2277 Monk, A./Kaye, L. W./Litwin, H., Resolving Grievances, S. 35 ff.

2278 Ziegenfuss, J. T., Patient/Client/Employee Complaint Programs, S. 54.

benfeld eines Generalisten stellt sich also für den Ombudsmann dieses Typs[2279].

Auch in den Niederlanden sieht man vermittelnde Instanzen wie den Ombudsmann mit einer etwas unspezifischeren Aufgabenstellung. Daß ein großes Bedürfnis an einem geordneten System der Mediation besteht, ist in den Niederlanden schon aus den vielen Initiativen der Praxis erkennbar. Dieses Bedürfnis manifestiert sich sowohl in der intramuralen als auch in der extramuralen Gesundheitsfürsorge. Die Entwicklung der Vermittlung respektive Schlichtung ist in vollem Gange. Es sind viele unterschiedliche Klags- und Beschwerdeschlichtungsinstanzen ins Leben gerufen worden, die sich aber nicht systematisieren lassen. Dadurch wird einerseits zwar Pluralität gefördert und jeder Einrichtung die Möglichkeit gegeben, ein individuelles Klags- oder Beschwerdeprogramm, das den jeweiligen Bedürfnissen und Möglichkeiten angepaßt ist, durchzuführen, es wird aber andererseits die Undeutlichkeit der Befaßbarkeit für den Patienten immer größer. Dies hängt wiederum eng mit den Prinzipien, die man den Vermittlungsinstanzen gedanklich zugrundelegt, zusammen, die sich dann aber doch von der amerikanischen Kalmierungsfunktion deutlich abheben:

– In den Niederlanden geht man davon aus, daß die Einrichtung eines Klags- oder Beschwerdesystems nicht dazu führen darf, daß die bestehenden juristischen Prozeduren (Straf-, Zivil-, Disziplinarrecht) durchkreuzt werden. Einrichtungen der Klags- und Beschwerdeschlichtung sollen nur eine streng komplementäre, präventive Funktion haben. In diesem Zusammenhang wird zwischen „harten Klagen“, die einer Klagsbehandlung vor offiziellen Instanzen bedürfen und „weichen Klagen“, die informell durch Klags- oder Beschwerdeschlichtungsinstanzen gelöst werden können, unterschieden[2280]: „Die richtige Klage am richtigen Ort“, postuliert *Leenen*[2281]. Begründet wird dies mit dem Gedanken des Rechtsschutzes: Es würde geradezu die Rechte des Patienten aushöhlen, würde etwa die zivilrechtliche Verantwortung des Arztes oder die Haftung einer Anstalt durch eine informelle Beschwerdeinstanz beurteilt. Die vorgeschlagenen Systeme der Klags- oder Beschwerdeschlichtung sollen also dort greifen, wo

---

2279 Ebda, S. 54 f.
2280 Aghina, M., Patiëntenrecht, S. 121.
2281 Leenen, H. J. J., Gezondheidsrecht, S. 242.

die bestehenden Institutionen des Rechtsschutzes nicht ausreichen oder wo man überhaupt vorbeugend wirken will.

– Es werden die Einrichtungen der Krankenfürsorge in den Anerkennungsbedingungen formell gezwungen, Klags- oder Beschwerdeschlichtungsinstanzen einzurichten. Diese staatlichen Anerkennungsbedingungen sind damit eine Form indirekter Regelgebung mittels Rahmengesetzgebung. Die einzelnen Einrichtungen können die allgemein formulierten Bedingungen des Gesetzgebers näher konkretisieren, hinter den Mindeststandards jedoch nicht zurückbleiben. Erwogen wird[2282], durch eine gerichtliche Kontrollmöglichkeit den einzelnen Patienten oder Patientenrechtsverbänden ein Instrument an die Hand zu geben, um solche Einrichtungen zu erzwingen und deren Tätigkeit und ihre Bereitschaft, tätig zu werden, einer gerichtlichen Überprüfung zugänglich zu machen.

– Um Transparenz zu schaffen, wurden mehrere Systeme der Klagsvermittlung vorgeschlagen[2283]. Abstrakt formuliert soll ein Klags- und Beschwerdeprogramm folgenden, gesetzlich zu definierenden Anforderungen genügen:

– eine Grundbedingung muß sein, daß Klagen schnell behandelt werden, um individuelles Unbehagen aufzuheben und Mißverständnisse und Konflikte aus dem Weg zu räumen.

– Beide Parteien müssen Vertrauen in die Instanz der Klags- oder Beschwerdeschlichtung haben können. Für den Patienten muß das Gefühl der Machtungleichheit zwischen Patienten und Behandelnden aufgehoben werden. Eine Konstruktion wird so zu wählen sein, daß die Bedingung erfüllt erscheint, daß ein Beschwerdeführer in allen Fällen ein Organ vorfindet, bei dem er Gehör findet und von dem er sich eine objektive Behandlung erwarten darf.

– Eine vertrauensbildende Grundbedingung einer objektiven Behandlung von Klagen oder Beschwerden ist, daß die schlichtende Instanz von der zu betreuenden Einrichtung finanziell und organisatorisch unabhängig ist.

In den Niederlanden ist die Klags- oder Beschwerdeschlichtung primär auf die Lösung der Probleme individueller Kläger gerichtet und nicht auf eine allgemeine Systemkorrektur oder Anstaltsmitbe-

---

2282 Roscam Abbing, H. D. C., Ziekenhuisen en patiëntenrechten, in: Instellingen Management 12 (1985), S. 13.

2283 Centrale Raad voor Volksgezondheid (Hrsg.), Klachten van patiënten, S. 12.

stimmung. Solche Klagsbehandlungsinstitutionen haben also individuell vermittelnde Funktion; ist eine Vermittlung aber nicht möglich, so muß die Klage weitergereicht werden an die Inspektion, den Zivil- oder Strafrichter oder an ein Disziplinargericht[2284].

Eine eigentümlich gespaltene Haltung gegenüber dem Ombudsmannsystem nehmen die skandinavischen Länder ein. Schweden, die Heimat des Ombudmanns, kann dieser Institution in Patientenangelegenheiten nicht mehr viel abgewinnen. Für eine quasi-politische Vermittlung, interventionistische Konfliktbeilegung oder -vermeidung hat jede Anstalt eine Kontaktperson, die regelmäßig aus dem Politikerstand kommt. Dahinter verbirgt sich eine vage Vorstellung von der begleitenden Kontrolle von Anstalten durch die Politik.

Ein ganz junger schwedischer parlamentarisch-oppositioneller Anlauf[2285] auf Schaffung eines Ombudsmannsystems wurde mit dem begründet erscheinenden Hinweis abgelehnt, daß dies entweder zu einer reformatio in peius oder zu einer nutzlosen Doppelgleisigkeit führen müsse: Denn Schweden hat seit den frühen siebziger Jahren ein kraftvolleres Instrument, das schon in die Nähe einer Patientenanwaltschaft im engeren Sinn rückt, das Vertrauensamt (förtroendenämnd), das eingehenderer Betrachtung noch bedarf[2286]. Dieses habe sich bestens bewährt, so wurde argumentiert und nehme im Vorfeld ohnedies die Ombudsmannfunktion wahr[2287]. Man wolle aber in einer Revision des Gesamtsystems der Zwangspsychiatrie der Expertenschaft diesbezügliche Erwägungen zur Überprüfung auftragen.

In Dänemark und insbesondere in Norwegen steht man aber Ombudsmann-Programmen erheblich zuversichtlicher gegenüber[2288]. In Norwegen entwickelte man daher ursprünglich Konzepte zu reformierten Ombudsordnungen weiter und setzte diese in immer neueren Aufgabengebieten ein[2289]. Allerdings wird auch in diesen Ländern die Neigung zum Ombudssystem nicht ganz kritikfrei mitverfolgt[2290].

---

2284 Ebda; Aghina, M., Patiëntenrecht, S. 121 ff.

2285 Motion 1988/89: So505 Gudrun Schyman und Marga Ingvardsson (vpk)(Kommunistische Partei; Anm.

2286 Siehe Kapitel V.6.4.3.

2287 Socialutskottets betänkande 1988/89: SOU 22, Stockholm 1989, S. 6.

2288 Froestad, J., Pasientombudet – en klageordning tilpasset helsetjenesten?, Bergen 1987, S. 1 ff.

2289 Ombudsmann des Parlaments für die Verwaltung (1963); Verbraucher-Ombudsmann und der „Rat für den wirtschaftlichen Markt“ (1972); Ombudsmann für

## *5.2. Geschichte und Konzept des Ombudsmanns*

Unter Beschwerdeprogrammen lassen sich verschiedene Formen derselben verstehen: complaint programs[2291], ombudsmann programs, grievance programs. Trotzdem wird mit dem Begriff des Beschwerdeverfahrens allgemein hauptsächlich nur der Begriff des Ombudsmanns in Verbindung gebracht. Dies auch deshalb, da die Entwicklung von Beschwerdeprogrammen im wesentlichen eng mit der Geschichte des Ombudsmanns in Zusammenhang steht.

Im schwedischen Urmodell, das mittlerweile mit Mutationen von der ganzen Welt kopiert ist, ist der Ombudsmann ein von der Legislative ernannter Beamter, der von der Verwaltung und den Gerichten unabhängig ist und dessen Aufgabenbereich es ist, Beschwerden von Bürgern hinsichtlich administrativer oder politischer Vorgangsweisen des Staates zu behandeln. Der Ombudsmann untersucht und prüft diese Beschwerden in unparteiischer und unbefangener Art und Weise und trägt dazu bei, daß die streitenden Parteien ihren Streit beilegen (Schlichtung). Er ist allerdings nicht in der Lage, gerichtliche oder administrative Urteile oder Entscheidungen aufzuheben. Soferne seine Schlichtungsversuche zu keiner Lösung führen, ist er in der Lage, ungelöste Beschwerden öffentlich bekanntzugeben, offizielle Stellen zu rügen und mitunter entsprechende Vorschläge zur Verbesserung von Mißständen der Legislative zu unterbreiten[2292].

Die Errichtung eines solchen Ombudsmanns geschieht im allgemeinen durch Gesetz[2293]. Wo sie durch einen Vertrag mit der zu betreuenden Anstalt oder deren Rechtsträger begründet wird, gelangt sie in die Nähe eines complaint staff im Sinne der früher erwähnten Beschwerdeprogramme.

Über Ombudssysteme wurden bereits zahlreiche Untersuchungen

---

Gleichberechtigung zwischen Mann und Frau (1978); Ombudsmann für Kinder (1981); erster Patienten-Ombudsmann in der Provinz Nordland (1983).

2290 Froestad, J., Pasientombudet – en klageordning, S. 5 f.

2291 Siehe oben.

2292 Rowat, D. C. (Hrsg.), The Ombudsman: Citizen's Defender, 2. Aufl., London 1968; Hill, L. B., Institutionalization, the Ombudsman and Bureaucracy, in: American Political Science Review 68 (1974), S. 1077 ff; Gellhorn, W., Ombudsmen and Others: Citizens' Protectors, in: Nine Countries, Cambridge (MA), 1967.

2293 Froestad, J., Pasientombudet – en klageordning, S. 2 f.

angestellt, wobei zwei bedeutsame Fakten herausgearbeitet wurden und in die Literatur Eingang gefunden haben. Ersteres betrifft das ausnahmslos harmonische Verhältnis der Ombudsleute zu den Organen der öffentlichen Verwaltung[2294]. Die Verwaltung ist dem Ombudsmann gegenüber in den meisten Fällen positiv eingestellt[2295] und der Ombudsmann genießt dort großes Ansehen und Prestige[2296]. Die Macht des Ombudsmanns beschränkt sich größtenteils darauf, zu den von ihm zur Behandlung ausgewählten Fällen Stellung zu nehmen. Trotzdem wird grundsätzlich angenommen, daß derjenige, gegen den sich eine Beschwerde richtet, den Ausspruch des Ombudsmanns akzeptiert.

Vielfach kommt es schon kurz nachdem ein Ombudsmann sich einer Sache annimmt, zu einer Abänderung des administrativen Entscheides oder der gehandhabten und beeinspruchten Praxis, und zwar sogar oftmals schon bevor eine Untersuchung durchgeführt worden ist[2297]. Dies alles beweist, daß der Ombudsmann einen großen Grad von Legitimität und Autorität im Verhältnis zur Verwaltung erreicht hat, was Jan *Froestad* anbetrachts der schwachen formellen Machtgrundlage der Ombudsmannordnung überraschend erscheint[2298].

Die Existenz des Ombudsmanns hat auch eine psychologische Wirkung auf die Beamten. Oft genügt schon die Tatsache, daß es einen Ombudsmann gibt, Beamte antizipativ genauer und sorgfältiger arbeiten zu lassen. Mehrere Studien weisen darauf hin, daß der Ombudsmann besonders von der städtischen Bevölkerung angenommen wird[2299].

Neben der klassischen ursprünglichen Form des Ombudsmanns[2300] entwickelten sich – vor allem in den USA – weitere Formen und Ausprägungen: exekutive und hybride Ombudsleute[2301].

---

2294 Thune, S., The Norwegian Ombudsman for Civil and Military Affairs, in: The Annals of the American Academy of Political and Social Science 377 (1968), S. 41 ff; Ascher, C. S., The Grievance Man or Ombudsmania, in: Public Administration Review, 27 (1967), S. 174 ff; Hill, L. B. Institutionalization, the Ombudsman, and Bureaucracy, S. 1077 ff.

2295 Weeks, K. M., Public Servants in the New Zealand Ombudsman System, in: Public Administration Review 1969, S. 175 ff.

2296 Hill, L. B., International Transfer of the Ombudsman, in: Merritt, R. (Hrsg.), Communication in International Politics, Chicago 1972, S. 307 ff.

2297 Ascher, C. S., The Grievance Man or Ombudsmania, S. 175 ff.

2298 Froestad, J., Pasientombudet – en klageordning, S. 3.

2299 Hill, L. B., Complaining to the Ombudsman as an Urban Phenomenon. An

Der exekutive Ombudsmann[2302] wird durch die oberste Verwaltungsbehörde eines Staates ernannt und mit entsprechenden Machtbefugnissen ausgestattet. Zwar erfüllt er seine Aufgaben zur Lösung von Beschwerden der Bürger ähnlich dem klassischen Ombudsmann, im Unterschied zu diesem kann sich aber der exekutive Ombudsmann der Assistenz der obersten Verwaltungsbehörde zur Erzielung der gewünschten Resultate bedienen. Gleichzeitig ist dadurch auch schon die Schwäche des exekutiven Ombudsmannmodells aufgezeigt. Anders als der klassische Ombudsmann, der seine Tätigkeit unabhängig, überparteilich und unparteiisch durchführt, ist der exekutive Ombudsmann teilweise befangen und steht einer Verwaltung strukturell näher[2303].

In zahlreichen Gebieten haben sich sogenannte hybride Ombudsmannmodelle[2304] entwickelt, die sich meistens einem speziellen Aufgabenbereich – etwa Gefangenen oder psychisch kranken Patienten – widmen, dabei aber nicht ausschließlich klassische Aufgaben des Ombudsmanns ausführen, sondern deutlich einen Schritt in Richtung Rechtsvertretung gehen. Darin liegt schon die Übergangsform zur Patientenanwaltschaft. Als Beispiel eines besonders komlexen Modells eines hybriden Ombudsmanns kann ein Modell, das in den frühen siebziger Jahren in New Jersey gegründet wurde, dienen[2305]. Es wurde ein eigenes Department in der Verwaltung geschaffen, welches mit einem Ombudsmann, Anwälten für verschiedene Gruppen und freiwilligen Vermittlern und Beratern besetzt wurde. Der Ombudsmann ist dabei eigentlich eine zentrale Anlaufstelle für Disziplinarbeschwerden und leitet eingereichte Beschwerden an die betreffenden Organe weiter. Die schwerwiegendsten Beschwerden prüft er selbst[2306]. Die Prüferkenntnisse werden anschließend an den „public advocate“ übermittelt. Dieser wiederum ist in der Lage, die Beschwerden ent-

---

Analysis of the New Zealand Ombudsman's Clients, in: (New Zealand) Urban Affairs Quarterly 8 (1972), S. 123 ff.

2300 Schweden 1809; Finnland 1919; Dänemark 1955; Norwegen 1962.

2301 Regan, J. J., When Nursing Home Patients Complain, S. 696 ff; Monk, A./Kaye, L. W./Litwin, H., Resolving Grievances, S. 17 ff.

2302 Wyner, A. (Hrsg.), Executive Ombudsmen in the United States, Berkely 1973.

2303 Regan, J. J., When Nursing Home Patients Complain, S. 696 ff.

2304 Monk, A./Kaye, L. W./Litwin, H., Resolving Grievances, S. 19 ff.

2305 New Jersey Stat. Ann. §§52:27E-1 to –47 (West Cum. Supp. 1975-76).

2306 Ebda, §52:27E-36.

sprechenden unabhängigen Stellen (divisions of public interest) weiterzuleiten, die den Beschwerdeführer sowohl im administrativen als auch bei gerichtlichen Verfahren vertreten können[2307].

Historische Studien[2308] des Ombudsmannkonzeptes verdeutlichen, daß der ursprüngliche Aufgabenbereich mehr in der öffentlichen Verwaltung als in der Privatwirtschaft vorzufinden war. Allerdings wurde schon bald erkannt, daß dieses Konzept verallgemeinerungsfähig ist:

„Alle Industriestaaten sind mit dem grundsätzlichen Konflikt, der zwischen den gesellschaftlichen Anforderungen einerseits und den individuellen Wünschen und Bedürfnissen der Menschen andererseits, besteht, konfrontiert: mit der Notwendigkeit genereller Regeln und Verfahren der Administration und den Besonderheiten jedes einzelnen Falles. Totalitäre Regierungsformen lösen das Problem, indem sie sich bemühen, Menschen, die dem Staat im Wege stehen, zu unterdrücken (. . .) in demokratischen Gesellschaften bedarf es hingegen der unaufhörlichen Schlichtungsmöglichkeit für das gegenseitige Verhältnis zwischen den Individuen einerseits und der Gesellschaft andererseits“[2309].

Ausgehend von dieser Überlegung, kann die Notwendigkeit eines Ombudsmanns als ein Typus des Problemlösers in jeder Form der Organisation beobachtet werden. Alle verschiedenen Formen der Organisation leiden an einem gleichgelagerten Problem[2310]: an der Differenz zwischen den Wünschen und Bedürfnissen der Organisation im gesamten und den Wünschen und Bedürfnissen der einzelnen Personen, der Arbeitnehmer, der Nutznießer, der Betroffenen, der Konsumenten. Oftmals ist dabei die Organisation versucht, über die Bedürfnisse der einzelnen Menschen im Interesse des Gesamtinteresses hinwegzugehen, ob dies nun die öffentliche Verwaltung, das Hospital oder ein privates Unternehmen ist. Ein Ombudsmannprogramm soll genau hier als Mechanismus der Schlichtung im Interesse der Rechte des einzelnen Menschens handeln. Letztlich zeigt diese Form der

---

2307 Ebda, §§52:27E-17, –18, –29, –38(e).

2308 Dazu Gellhorn, W., Ombudsmen and Others; Reuss, H. S./Anderson, S. V., The Ombudsman: Tribune of the People, in: Annals of the American Acedemy of Political and Social Science 363 (1966), S. 44 ff; Fox, R., The Ombudsman: A Process Model for Humanizing Accountability, in: Administration in Social Work 5 (1981), S. 50 ff.

2309 Reuss, H. S./Anderson, S. V., The Ombudsman, S. 46.

2310 Ziegenfuss, J. T., Patient/Client/Employee Complaint Programs, S. 3 ff.

Schlichtung zum Schutz des Einzelnen Parallelen im kleinen zu dem, was der gesamtgesellschaftliche Entwurf des Schutzes des Einzelnen vor der Gesellschaft durch Grund- und Freiheitsrechte in Verfassungen, in Konventionen zum Schutz der Menschenrechte oder in Bills of Rights darstellt[2311].

War die Institution des allgemeinen, öffentlichen Ombudsmanns, wie sie der spät erst eingerichteten österreichischen Volksanwaltschaft entspricht, schon längst bekannt, so entwickelte man schon in den sechziger Jahren im Bereich der Gesundheitsfürsorge eigene Patientenvertretungsprogramme (patient representative programs), um dort über einen spezifischen Ombudsmann eine ähnliche Schutzfunktion für den einzelnen Patienten aufzubauen. Repräsentanten der Patienten überließ man dabei die Behandlung aller Formen von Beschwerden, sowohl administrative Beschwerden als auch Beschwerden über die Patientenpflege und -betreuung, bis hin zu generellen Beschwerden über den Spitalsaufenthalt.

Ombudsmannprogramme haben sich in den beiden letzten Jahrzehnten im Gesundheitswesen überaus rasch entwickelt[2312]. Wobei die Annahme, „daß die Politik bei der Errichtung von Ombudschaften auf ständig neuen Gebieten diese als Problemlöser einsetzte, ohne Kenntnis über deren praktische Funktion zu haben" als Indiz dafür erscheint, daß man schlicht politisch erwünschte Aktivität entfalten wollte[2313].

Dafür wiederum gab es triftige Anlässe: Das basisdemokratisch sich organisierende Unbehagen darüber, daß die Patienten in den einzelnen medizinischen Fachbereichen, in den neuen Technologien, im unüberschaubar gewordenen Gesundheitsfürsorgewesen sich förmlich verloren fühlten, war politisch unüberhörbar geworden. Humanisierung des Gesundheitsfürsorgewesens durch die Sensibilisierung der psychologischen Aspekte der Fürsorge war sicherlich eine der Intentionen der Programme, allerdings finden sich daneben noch zahlreiche andere Aspekte. Die American Hospital Association's Society of Patient Representatives[2314] ortete 1978 schon mehrere Aspekte:

---

2311 Brandt, I., The Bill of Rights: Its Origin and Meaning, Indianapolis 1965.

2312 Ziegenfuss, J. T., Patient/Client/Employee Complaint Programs, S. 52 ff.

2313 Froestad, J., Pasientombudet – en klageordning, S. 2.

2314 American Hospital Association's Society of Patient Representatives (Hrsg.), Essentials of Patient Representative Programs in Hospitals, Chicago 1978, S. 1.

– die Öffentlichkeit wurde sich zusehends der ungelösten Probleme im Gesundheitswesen, der unterschiedlichen Fachmeinungen und der Grenzen des Wissens an sich bewußt.

– Erhöhte Konsumentenerwartungen haben auch größere Erwartungen an das Gesundheitswesen mit sich gebracht.

– Die Intimität des Arzt-Patienten-Verhältnisses wurde durch zunehmende Technologisierung und medizinische Spezialisierung verdrängt.

– Die Anzahl der in der Gesundheitsfürsorge für den Patienten tätigen Fachkräfte und die damit einhergehende Anonymisierung ist deutlich gestiegen.

– Verdichtete Regelungsbestimmungen im Gesundheitswesen haben ihre Auswirkung auf die Komplexisierung der Durchführung der Gesundheitsfürsorge entfaltet.

– Die Verschiebung, daß ursprünglich Hospitäler wohltätige, gemeinnützige Einrichtungen waren, sich aber zu Wirtschaftsbetrieben oder zu von der öffentlichen Hand getragenen Einrichtungen wandelten, hat viele Hospitäler anfällig für Gerichtsklagen gemacht.

Schon 1972 wurden daher im amerikanischen Gesundheitsministerium[2315] sieben Demonstrationsprojekte für Ombudsleute in Langzeitpflegeanstalten gestartet. Diese Demonstrationsprojekte variierten in ihrer Ausführung, sie reichten von einem fast traditionellen, gesetzlich eingerichteten Ombudsmann in Massachussetts, bis hin zur Errichtung von staatlichen oder lokalen Vereinigungen, welche durch vorwiegend „trained senior citizen volonteers“ ausgeführt wurden[2316].

Ziel dieser Projekte war es, folgende Punkte zu untersuchen:

(1) die traditionelle Rolle eines Ombudsmanns als Überprüfer individueller Beschwerden und als Vermittler zwischen den Parteien, um eine Lösung des Problems herbeizuführen;

(2) die Effektivität eines Ombudsmanns bei der Behandlung der die meisten Pflegepatienten betreffenden Probleme;

(3) die signifikanten Probleme des Pflegeinstitutionenwesens;

(4) die verschiedenen Arten der Problemdefinition und -lösung;

(5) die Möglichkeiten der organisatorischen Variablen (z. B. Ein-

2315 US-Department of Health, Education, and Welfare (HEW).

2316 Forman, A., The Nursing Home Ombudsman Demonstration Program, in: Health Services Reports 89 (1974), S. 128 ff.

richtung innerhalb der staatlichen Verwaltung oder auf Freiwilligkeit basierend etc.);

(6) die Personalvariablen (Fragen der Ausbildung etc.);

(7) die Wirkungsweise in verschiedenen geographischen und politischen Einheiten.

Anfang 1975 wurden Berichte über die diversen Erfahrungen mit verschieden angelegten Ombudsmannmodellen in den einzelnen Staaten an das Department of Health, Education and Welfare zurückgeleitet. Obwohl das Department niemals einen Gesamtbericht über die Ergebnisse und Auswertungen der Projekte veröffentlicht hatte, konnten den einzelnen staatlichen Berichten einige Erkenntnisse entnommen werden. *Regan*[2317] faßt diese wie folgt zusammen:

Grundsätzlich war zu beobachten, daß die Tätigkeiten der Ombudsleute die traditionellen Aufgaben der Streitschlichtung und Bürokratieverbesserung wahrnahmen. Dabei verstanden die Ombudsleute ihre Rolle zum Großteil im Sinne einer Anwaltschaft für die alten Menschen im Verhältnis zu Verwaltung und Gesetzgebung. Diese Auffassung steht der klassischen Ausprägung eines Ombudsmanns insoferne nicht entgegen, als die Ombudsleute nur zur Vereinfachung der bürokratischen Strukturen und zur Streitbeilegung beitrugen. Manche Ombudsleute kamen aber während ihrer Tätigkeit zu der Erkenntnis, daß es notwendig sei, wesentlich deutlicher richtige Anwaltschaftsdienste zu leisten, da ein Großteil der staatlich zuständigen Behörden die Interessen der alten Menschen nicht genügend vertrat. So erarbeiteten verschiedene Ombudsleute auch Vorschläge für Verbesserungen der gesetzlichen und rechtlichen Situation in Zusammenhang mit dem Pflegeinstitutionenwesen: Der Wisconsin Ombudsmann beispielsweise spielte eine wesentliche Rolle bei der Erarbeitung eines neuen Pflegeinstitutionengesetzes, erarbeitete einen Plan für Pflegeinstitutionenalternativen, verbesserte die Inspektionsarbeit in den Pflegeinstitutionen und machte verschiedene Empfehlungen zur Aus- und Weiterbildung des Personals dieser Einrichtungen. In Pennsylvania wiederum deckte der Ombudsmann zahlreiche Mißhandlungen in den Pflegeinstitutionen auf und assistierte bei der Erarbeitung neuer gesetzlicher Bestimmungen[2318].

Diese Erfahrungen mit den Demonstrationsprojekten zeigten je-

---

2317 Regan, J. J., When Nursing Home Patients Complain, S. 700 ff.

2318 Ebda.

denfalls, daß die von einem Ombudsmann wahrzunehmenden Aufgaben einer wesentlichen finanziellen Unterstützung und eines hohen Personalaufwandes bedürfen, soferne die Aufgaben entsprechend effektiv durch- und ausgeführt werden sollen. Deutlich machten diese Projekte allerdings auch, daß es einer absolut neuen gesetzlichen Regelung zur Sicherheit der Langzeitpatienten und der Sicherung der Pflegequalität in Langzeitpflegeanstalten bedurfte. Die Anstalten selbst, die staatlich zuständigen Behörden und die gesetzlichen Regelungen, bildeten zusammen ein ineffektives und ungeeignetes Netz, das nicht in der Lage war, Mißhandlungen und Gefährdungen der Anstaltenbewohner zu verhindern. Für zukünftige Wege schien es daher unbedingt notwendig, Patientenbeschwerden und rechtliche Instrumente besser aufeinander abzustimmen. Ob dabei ein Ombudsmannmodell der richtige Weg ist, erschien fragwürdig, eine Art Anwaltschaft mit einseitigerem Auftrag, für die Langzeitpatienten tätig zu werden, dahingegen zweckdienlicher zu sein[2319].

*Monk*, *Kaye* und *Litwin*[2320] aber beurteilten die Erfahrungen, welche man mit diesen Programmen machte, überaus positiv, die Rolle des Ombudsmanns wurde von ihnen durchaus als die eines fähigen, aktiven Anwalts, der sich für die Rechte der älteren Menschen einsetzt, angesehen. Nur die Verwendung von freiwilligen Mitarbeitern wurde weniger enthusiastisch aufgenommen, da sie stets von neuem einer ausreichenden und ausführlichen Ausbildung bedürften.

Trotz der Probleme, die während der Demonstrationsprojekte deutlich zu Tage traten – Rechtsstellung, Aufgabenbereiche, Sanktionsmöglichkeiten, organisatorische Eingliederung –, setzte das Department on Aging die Entwicklung geeigneter Ombudsmannmodelle fort und stellte bescheidene finanzielle Unterstützung für diejenigen Staaten in Aussicht, die ein Ombudsmannprogramm einführen. Die Administration on Aging (AOA) vergab unter Auflage der Einhaltung der Direktiven der Older Americans Act Amendments 1975 jährliche Subventionen an amerikanische Staaten, um sog. „ombudsmann development specialists" einzusetzen und generell die Bildung von freiwilligen Gruppen, als dem neuen wesentlichen Bestandteil im Problemlösungsprozeß für Beschwerden von Patienten in Pflegeinstitutionen, zu fördern[2321].

---

2319 Ebda, S. 702.

2320 Monk, A./Kayer, L. W./Litwin, H., Resolving Grievances, S. 7.

Im Jahre 1978 wurde der Older Americans Act erneut modifiziert. Die Zusätze zum Akt folgten aber nur teilweise den Erfahrungen, die man aus den Ombudsmann-Demonstrationsprojekten gewonnen hatte. Vielmehr sollte nun die Verantwortung zur Errichtung von Ombudsmannprogrammen in Langzeiteinrichtungen den State Agencies on Aging übertragen werden. Solche Programme können daher nunmehr durch den Staat selbst oder durch Verträge zwischen einem Staat und einzelnen privaten, gemeinützigen Organisationen errichtet werden. Section 307(a)(12) des Older Americans Act gibt dabei den Rahmen vor und umschreibt die Aufgaben von Ombudsmannprogrammen wie folgt:

„. . .

– investigate and resolve complaints made by or on behalf of older individuals who are residents of long term care facilities relating to administrative action which may adversely affect the health, safety, welfare, and rights of such residents;

– monitor the development and implementation of Federal, State, and local laws, regulations, and policies with respect to long-term care facilities in that state;

– provide information as appropriate to public agencies regarding the problems of older individuals residing in long-term care facilities;

– provide for training volunteers and promote the development of citizen organizations to participate in the ombudsmann program; and

– carry out such other activities as the Commissioner deems appropriate . . ."

Zur Erfüllung der gesetzlich determinierten Aufgaben von Ombudsmannprogrammen müssen aber gleichzeitig auch geeignete Verfahrensschritte geschaffen werden, die es dem Ombudsmann ermöglichen, entsprechenden Zugang zu den Langzeitpflegeeinrichtungen einerseits und zu den Krankenberichten der Pflegepatienten andererseits zu haben. Weiters müssen Richtlinien festgehalten werden, die die Vertraulichkeit solcher Berichte schützen und sicherstellen, daß die Identität eines Beschwerdeführers nicht bekanntgegeben wird, ohne daß nicht ein schriftliches Einverständnis des Betroffenen oder ein Gerichtsauftrag vorliegt. Weiters verlangen die Amendments zum Older Americans Act, daß ein staatsweites, einheitliches Berichtssy-

---

2321 Delany, C. A./Davies, K. A., Nursing Home Ombudsman Project Final Report: The Pennsylvania Experiance, Harrisburg 1979.

stem erarbeitet wird, welches es grundsätzlich ermöglicht, Daten im Zusammenhang mit den Beschwerden von Langzeitpflegepatienten zu sammeln und zu analysieren, um dadurch die vorliegenden Probleme zu identifizieren und zu lösen. Diese Daten sind schließlich derjenigen Behörde, die für die Lizenz- und Zertifikationsvergabe zuständig ist und dem Commissioner of the Administration on Aging in regelmäßigen Zeitabschnitten zu übergeben[2322].

Insgesamt stellen sich die Ombudsmannprogramme in Amerika als Produkt der siebziger und achtziger Jahre dar[2323], Jahrzehnte, in welchen die amerikanische Gesellschaft, nach der Klagewelle Ende der sechziger und Anfang der siebziger Jahre, einen besonderen Sinn für kommunikationsfördernde Patientenrechte entwickelt hat. Allerdings müssen diese Bestrebungen auch als Teil einer viel breiteren Bewegung betrachtet werden. Als Folge der allgemeinen öffentlichen Sorge wurden an sich zahlreiche Versuche unternommen, durch strengere Kontrollen und Richtlinien für Langzeitpflegeanstalten höhere Standards in der Langzeitpflege zu schaffen. Dies beinhaltete insbesondere den Versuch[2324],

- auf einheitliche gesetzliche Normierungen für alle Langzeitpflegeeinrichtungen gemeinsam hinzuwirken;
- durch Subventionen bzw. eine adäquate Kostendeckungsformel Anreize zu schaffen;
- sog. professional standards review organisations (PSRO) zur Qualitätskontrolle der Gesundheitsfürsorge zu institutionalisieren.

Diesen Versuchen war aber nur geringer Erfolg beschieden. Der erste Versuch, nämlich durch Formulierung bestimmter Standards und Rahmenbedingungen, eine qualitativ hochwertige Gesundheitsfürsorge zu schaffen[2325], scheiterte an der mangelhaften Durchsetzungskraft der gesetzlichen Bestimmungen, weil die gesetzlich vorgesehenen verwaltungs- oder strafrechtlichen Sanktionsmaßnahmen kaum tatsächlich zur Anwendung gelangten[2326]. Der zweite Versuch, der auf

2322 Ebda.

2323 Ziegenfuss verweist darauf, daß in den neunziger Jahren bereits eine andere Aufgabe vordergründig wird: die Ausrichtung der Organisationsstruktur auf die Patientenrechte; dazu Ziegenfuss, J. T., Redefining Patients' Rights Conflicts, S. 1 ff.

2324 Regan, J. J., When Nursing Home Patients Complain, S. 695.

2325 Donabedian, A., Evaluating the Quality of Medical Care, S. 176 ff.

2326 Regan, J. J., Quality Assurance Systems in Nursing Homes, S. 53.

die Prämisse baute, daß eine adäquate Gesundheitsfürsorge letztlich nur eine Frage von ausreichenden finanziellen Mitteln ist, ließ bereits kurz- und mittelfristig erkennen, daß höhere finanzielle Subventionen und Unterstützungen letztlich ausschließlich eine Kostenexplosion auf der Anbieterseite der Gesundheitsfürsorge bewirken, aber kaum eine Qualitätssteigerung[2327]. Der dritte Versuch, die Gesundheitsfürsorge durch Eigen- und Selbstkontrolle kontinuierlich zu verbessern, scheiterte nach *Gosfield* bislang erwartungsgemäß aufgrund der Parteilichkeit und des grundsätzlichen Unwillens der Medizin- und Pflegeberufsgruppen, Maßnahmen gegen die eigene Kollegenschaft zu setzen[2328]. Trotz dieser Skepsis ist auf die Selbst- und Eigenkontrolle anhand des norwegischen Modells noch einmal zurückzukommen[2329].

*Barney*[2330] bemerkte, daß eben durch einfache Regelungsmechanismen alleine nicht dafür gesorgt werden kann, daß für die Gruppe der behinderten und hilflosen Menschen in Langzeitpflegeinstitutionen ausreichend Schutz gewährleistet wird. Bis nicht externer Druck erzeugt wird, werden Pflegeinstitutionen die Qualität der Pflege zugunsten von Gewinnabsichten und Kostenminimierung in den Hintergrund treten lassen. *Barney* sieht diesen notwendigen Druck von außen durch die Anwesenheit von freiwilligen Anwaltschaftsmitarbeitern, von Verwandten und von Freunden, die regelmäßig Besuche in den Institutionen abstatten, gegeben[2331]. Erst deren Anwesenheit zeugt davon, daß „. . . someone out there really cares“[2332].

Da aber, wie *Moss* und *Halamandaris*[2333] errechneten, 60% der amerikanischen Pflegepatienten gar keinen Besuch von Familie und Freunden erhalten, obliegt dieser externe Druck ganz besonders dem Ombudsmann. Während eingeladene Besucher der Pflegeanstalt im allgemeinen kein Problem mit dem Zugang zu Anstalt und Patienten haben, da jeder Patient das Recht hat, sich mit Menschen seiner Wahl

---

2327 Wildavsky, A., Speaking Truth to Power, S. 288 f.
2328 Gosfield, A., The Law and the Health Consumer, S. 16.
2329 Siehe Kapitel V.13.3.
2330 Barney, J., Community Presence, S. 265 ff.
2331 Siehe auch Gottesman, L. E./Bourestom, N. C., Why Nursing Homes Do What They Do, in: The Gerontologist 14 (1976), S. 501 ff.
2332 Barney, J., Community Presence, S. 265.

zu treffen[2334], können bei Ombudsleuten durchaus wesentliche Probleme beim Zutritt zu Anstalt und Patient auftreten. Insbesonders gilt das bei Patienten, die aufgrund mentaler oder schwerer physischer Erkrankung gar nicht fähig sind, mitzuteilen, welche Besucher sie sehen wollen oder wenn Patienten gar nicht wissen, daß es einen Ombudsmann gibt oder sie sich nicht bewußt sind, daß sie einen Anspruch haben, mit diesem in Kontakt zu treten.

Aus diesem Grunde verlangen in den Vereinigten Staaten die Amendments zum Older Americans Act von den einzelnen Bundesstaaten, daß sie sicherstellen müssen, daß der Ombudsmann von Amts wegen Zugang zu den Langzeitpflegeeinrichtungen haben und suchen soll[2335].

Die Gesetzgebung des District of Columbia kann hierbei als Trendmodell angesehen werden. Section 3 der Health Care Facilities Regulation öffnet den Kreis der zur Kontrolle Eingeladenen am weitesten[2336]:

(a) Die Gesundheitseinrichtung hat Mitgliedern der Selbsthilfevereine und Repräsentanten der Rechtsserviceeinrichtungen, deren Anliegen es ist, unentgeltlich Assistenz für Pflegepatienten zu leisten, umfassenden und freien Zugang zur Gesundheitseinrichtung zu gestatten, um:

(1) Besuche, Gespräche und persönliche, soziale und rechtliche Dienste für alle Patienten ermöglichen zu können.

(2) Patienten über ihre Rechte und Ansprüche zu informieren, indem Informationsmaterial (educational material) verteilt wird und Diskussionen in Gruppen und mit Einzelnen angeboten werden.

(3) Patienten bei der Durchsetzung ihrer gesetzlichen Rechte hinsichtlich aller Arten von Ansprüchen als auch in allen anderen Bereichen, in welchen die Patienten benachteiligt werden, zu assistieren. Diese Tätigkeit kann sowohl durch individuelle Betreuung als auch auf Gruppenbasis durchgeführt werden und soll auch „organizational activity, as well as counseling and litigation“ umfassen.

(4) Alle Bereiche der Gesundheitseinrichtung zu inspizieren, mit

---

2333 Moss, F. E./Halamandaris, V. J., Too Old, Too Sick, Too Bad, Germantown (Md.) 1979.

2334 Es gibt allerdings medizinisch indizierte Einschränkungen der Besuchsrechte.

2335 42 U. S. C. §3027(a)(12)(Supp. III 1979).

2336 Dazu National Senior Citizens Law Center (Hrsg.), Nursing Home Law, S. 51 f.

Ausnahme jener Lebensbereiche eines Patienten, hinsichtlich derer dieser Einwände macht. Diese Ermächtigung beinhaltet aber nicht das Recht, die Buchhaltung der Einrichtung ohne Zustimmung des Administrator, noch das Recht, die Krankenberichte der Patienten ohne deren Zustimmung einzusehen.

(5) Sich in allen anderen Formen an der Unterstützung, Beratung und Repräsentation der Patienten, um ihnen die Inanspruchnahme ihrer Rechte zu ermöglichen, zu beteiligen[2337].

Um die Verwirklichung im Alltag auch tatsächlich gewährleisten zu können, wurde über die verwaltungsrechtliche Sanktion hinaus ein Zivilrechtstatbestand geschaffen (enforcement provision):

(a) Jede Person oder ihr Repräsentant, die aufgrund einer Verletzung dieser Bestimmungen geschädigt wird, hat

1. einen Klagsanspruch (civil cause of action) gegen diejenige Person, die diese Regelungen verletzt hat und ist

2. berechtigt (entitled), von dieser Person Ersatz für materiellen und immateriellen Schaden (actual damages and punitive damages) sowie

(3) für die Anwaltskosten und Gerichtskosten zu fordern[2338].

Ombudsleuten ist darüber hinaus und in Ergänzung zum Zugangsrecht in Anstalten, wiederum den Amendments zum Older Americans Act entsprechend[2339], auch Zugang zu den Krankenberichten der Patienten sowie Einsicht in alle anderen Aufzeichnungen, die die Pflegepatienten betreffen, zu gewähren. Gleichzeitig sind die staatlichen Ombudsmannprogramme aber verpflichtet, entsprechenden Schutz der Vertraulichkeit der Aufzeichnungen sicherzustellen.

## *5.3. Ombudsmann-Programme und Ombudsmann-Modelle*

### 5.3.1. AMERIKANISCHE MODELLE

Jeder amerikanische Bundesstaat ist aus dem Older Americans Act verpflichtet, ein Langzeitpflegeombudsmann-Programm einzurichten, wobei die Aufgabenminima solcher Programme vorgegeben[2340] und zur

2337 Health Care Facilities Regulation No.74-15, tit. III, §3 (June 14, 1974).
2338 Ebda, tit. III, § 1(d).
2339 42 U. S. C. §3027(a)(12)(Supp. III 1979).
2340 42 U. S. C. §3027(a)(12)(A)(i)-(v)(Supp. II 1979).

Ein- und Weiterführung der Programme finanzielle Mittel in Aussicht gestellt werden. Diese angebotsorientierte Politik der Rahmengesetzgebung hat in der Praxis Vielfalt und recht unterschiedliche einzelstaatliche Programme erzeugt. Jeder einzelne amerikanische Bundesstaat hat seine eigene Form der Organisation, Programmgestaltung, der Ausgestaltung einzelner Rechte und Pflichten für Ombudsleute. Generell unterscheiden sich diese Ombudsmannprogramme in der Weise, wo und wie die Institution des Ombudsmanns organisatorisch eingerichtet worden ist, ob etwa hauptsächlich freiwillige oder bezahlte Mitarbeiter das Programm aus- und durchführen; ferner unterscheiden sie sich in der Ausformung der einzelnen Rechte auf Zugang zu Pflegeinstitutionen, in der Verbindung mit anderen Sozialprogrammen und im Umfang der Aktivitäten. Auch finden sich im einzelnen bedeutsame Unterschiede hinsichtlich der Funktion und der Rolle des Ombudsmanns in den verschiedenen Programmen in Hinblick auf die Lizenzvergabe respektive den Lizenzentzug, auf die Stellung in Patientenmißhandlungsverfahren und in Hinblick auf die Organisation zwischenmenschlicher Kontakte[2341].

Um sicherzustellen, daß die einzelnen staatlichen Ombudsmannprogramme tatsächlich durchgeführt werden können, obliegt es den Staaten, Verfahren zu schaffen, die den Zugang des Ombudsmanns zu den Pflegeanstalten und auch zu den Aufzeichnungen der Pflegeanstalt gewährleisten[2342] sowie ein einheitliches Berichtssystem zu schaffen, welches die Sammlung und Analyse von Daten der eintreffenden Beschwerden ermöglicht[2343].

*Monk*, *Kaye* und *Litwin* untersuchten in den Jahren 1979 bis 1981 die verschiedenen amerikanischen Ombudsmannprogramme[2344]:

In fast der Hälfte der amerikanischen Bundesstaaten wurde das Ombudsmannprogramm auf der Anstaltenebene angesiedelt, in ungefähr einem Drittel der Staaten wurde es auf ministerieller Ebene[2345] integriert. Nur in einem Zehntel der Staaten befindet sich das Ombudsmann-Programm direkt im Zuständigkeits- und Organisationsbereich

2341 Monk, A./Kaye, L. W./Litwin, H., Resolving Grievances, S. 77 ff

2342 42 U. S. C. §3027(a)(12)(B) (Supp. III 1979).

2343 Ebda, §3027(a)(12)(C).

2344 Monk, A./Kaye, L. W./Litwin, H., Resolving Grievances, S. 77 ff.

2345 In den jeweiligen Departments für Human Resources, Health and Social Services, Economic Security oder Public Welfare.

des Gouverneurs. In nur zwei Staaten wurde das Programm für einen Pflegeinstitutionenombudsmann durch einen Vertrag mit Privaten oder Selbsthilfeorganisationen (volontary organizations) beim Präsidium des Gouverneurs eingerichtet.

Im Fall des einen Drittels der Ombudsmannprogramme, welche bei den jeweils sachzuständigen Ministerien eingerichtet sind, wird die Objektivität, Unabhängigkeit und Unparteilichkeit des Ombudsmanns in Frage gestellt, da der Ombudsmann gleichzeitig auch mit anderen Fragen der Pflegeanstaltenführung, wie der Standardüberwachung, einem allfälligen Lizenzentzug, Kooperationen und Defizitabdeckung zu tun hat (licencing, reimbursement arrangements etc.). Würden Dauerverstöße kritisiert, müßte dieselbe Behörde, aus der der Ombusmann kommt, eine allfällige Schließung androhen oder gar anordnen. Damit fiele aber das Betreuungsproblem organisatorisch und ökonomisch in den Obsorgebereich eben derselben Behörde, von der man aber annehmnen kann oder muß, daß sie sich diese Kosten oder Belastungen ersparen will. Also ist zu befürchten, daß der Ombudsmann versucht sein kann, mit Kritik und Offenlegung zurückhaltend zu sein[2346].

Während ungefähr ein Drittel der Ombudsmannprogramme eine starke Zentralisierung aufweist, finden sich in den restlichen zwei Dritteln dieser Programme durchaus verschiedene Formen der dezentralen und regionalen Betreuung[2347].

Nahezu alle Bundesstaaten verfügen mittlerweile über einen bezahlten „ombudsmann development specialist", einen Programmexperten, wie ihn die Older Americans Act Amendments von 1978 verlangen. Der Status des Büros der einzelnen Ombudsmanneinrichtungen variiert auf regionaler Ebene. So arbeiten beispielsweise in Montana, wo das Ombudsmannprogramm vertraglich in eine Rechtsberatungsstelle (Montana Legal Service Association) eingerich tet ist, zwölf Teilzeit-„paralegals" als regionale Ombudsleute. In Indiana, dessen Programm eine Ombudsmannzentralstelle vorsieht, hat sich eine Mischform entwickelt; sieben regional organisierte und hauptberuflich beschäftigte Ombudsleute arbeiten mit fünfzig freiwilligen Mitarbeitern zusammen. Florida hingegen wiederum kennt nur freiwillige Ombudsleute[2348].

Die einzelnen Ombudsmannprogramme variieren aber auch in an-

---

2346 Monk, A./Kaye, L. W./Litwin, H., Resolving Grievances, S. 78 f.
2347 Ebda, S. 79.
2348 Ebda.

deren Bereichen. Während einige Programme relativ autonom als Patientenschutzeinrichtungen konzipiert wurden, sind andere Programme in größere Sozialombudsmannprogramme eingebettet. In Arkansas, Montana, Minnesota und Massachusetts wurden größere Organisationen geschaffen, die sowohl Pflegeinstitutionen-Ombudsmannprogramme als auch andere Assistenz- und Service-Programme anbieten. Washington D. C. hat das Ombudsmannprogramm als Bestandteil eines allgemeinen Langzeitpflegesystems angelegt, Arizona hat es in ein „legal advisory network" eingearbeitet[2349].

Beim Vergleich all dieser Programme in den Vereinigten Staaten ergeben sich vier richtungweisende Hauptaufgaben der Ombudsmannprogramme:

1. Schutzfunktion gegen Mißhandlung von Patienten;
2. Mitwirkung bei Lizenzvergabe und -entzug;
3. Dynamisierung der Patientenrechte;
4. Förderung zwischenmenschlicher Beziehungen.

*Massachusetts-Modell*

Massachusetts begann sein Ombudsmannprogramm im Rahmen der ganz frühen Demonstrationsprojekte. Es repräsentiert ein Programm, welches als Teil eines umfassenderen Gesamtanwaltschaftsprogrammes angelegt ist und mithin gesamthaft sowohl ältere Menschen im Zivilleben als auch in den Langzeitpflegeeinrichtungen betreut[2350]. Dieses Ombudsmannprogram operiert deklarierterweise innerhalb der Vorgaben der unionsstaatlichen Rahmengesetzgebung und der Amendements-Richtlinien über eine eigene Ausführungsnorm (Act by the Massachusetts Office of Elder Affairs):

Mit Stand von 1987[2351] gibt es 27 Ombudsleute auf regionaler Basis, verteilt über das ganze Staatsgebiet von Massachusetts und zusätzlich 280 freiwillige Mitarbeiter, die unter der Aufsicht eines lokalen Ombudsmanns arbeiten. Das Programm wird von einem gesamtstaatlichen Langzeitpflegeombudsmann (State Long-Term Care Ombudsmann)

---

2349 Ebda, S. 81.
2350 Ebda, S. 92.
2351 Hier und im weiteren Ontario Ministry of Attorney General (Hrsg.), You've Got a Friend, S. 88 ff.

administriert und dieser berichtet auch an das „Secretary of the Department of Elder Affairs". Dieses Sekretariat ist bei der Regierung eingerichtet und berichtet selbst wiederum direkt an den Gouverneur.

Das State (Central) Office besteht aus 7 Mitarbeitern. Es ist dafür verantwortlich, die 27 lokalen Ombudsleute auszuwählen und bietet zusätzlich ein Ausbildungsprogramm für die 280 freiwilligen lokalen Ombudsleute. Bevor ein lokaler Ombudsmann überhaupt in einer Anwaltschaftsfunktion tätig werden kann, bedarf es zuallererst einer Zulassung durch das zentrale Ombudsmannbüro. Dieses überwacht die Tätigkeiten der Regionalbüros und erstellt Gesamtberichte über die einzelnen Beschwerden und Problemkreise, die ihr durch die lokalen Ombudsmannbüros übermittelt werden. Eine weitere wichtige Funktion des zentralen Ombudsmannbüros ist die Errichtung eines landesweiten Berichtssystems, welches der Sammlung von Daten und Analysen dient, die Beschwerden, Probleme und Bedingungen in Langzeitpflegeeinrichtungen betreffen. Diese Gesamtberichte sollen letztendlich dazu verwendet werden, bei Fürsorgeinstitutionen und durchaus auch bei der Regierung, Änderungs- und Verbesserungsvorschläge einzubringen[2352].

Jedem dieser 27 regionalen Ombudsmannbüros steht ein bezahlter Direktor vor. Dieser leitet auch im einzelnen die Dienste für die Insassen von Langzeitpflegeeinrichtungen in seiner Region, indem er freiwillige lokale Ombudsleute auswählt, rekrutiert und ausbildet. Diese nunmehr 280 freiwilligen Mitarbeiter bedürfen, wie schon erwähnt, einer staatlichen Zulassung. Besitzen sie eine solche, ist es ihnen gestattet, die jeweils zugewiesenen Pflegeinstitutionen einmal pro Woche aufzusuchen und jeden einzelnen Insassen einer Einrichtung zumindest einmal im Monat zu besuchen. Diese freiwilligen Ombudsleute verrichten ihre Tätigkeit ohne Bezahlung[2353].

Aus Erfahrung konnte festgestellt werden, daß ein freiwilliger Ombudsmann durchschnittlich eine Zeitspanne von zwei Monaten an Besuchen braucht, um das notwendige Vertrauen der Patienten einer Pflegeeinrichtung aufbauen zu können.

Werden an den Ombudsmann Beschwerden herangetragen, so befragt der Ombudsmann einen Insassen nach dessen eigener Meinung, nimmt dann Anweisungen entgegen, ob die vorgebrachte Beschwerde

---

2352 Ebda, S. 88 f.
2353 Ebda, S. 89.

anonym weitergeleitet werden soll oder nicht und trifft sich auch mit der Leitung der Pflegeeinrichtung. Der Ombudsmann handelt allerdings nur auf Ermächtigung des Patienten.

Falls die Leitung einer Pflegeinstitution nicht bereit ist, eine Lösung zur Zufriedenheit der Patienten herbeizuführen, so berichtet der Ombudsmann an den lokalen Direktor. Wenn auch dieser keine Möglichkeit findet, mit der Leitung eine zufriedenstellende Lösung zu finden, wird ein Bericht an die Zentralstelle weitergeleitet, die dann auf politischer Ebene tätig wird[2354].

Deutlich zu sehen ist hier, daß es einer erhöhten Öffentlichkeitsarbeit bedarf, um eine von vorneherein notwendige Anzahl an freiwilligen Mitarbeitern zu gewinnen, da ein durchschnittlicher jährlicher Ausfall von 30% an freiwilligen Mitarbeitern zu bemerken ist. Weiters scheint es für eine gut funktionierende und effektive Ombudsarbeit absolut notwendig zu sein, daß Ombudsleute durch sichtbare Anwesenheit in den einzelnen Institutionen für die bedürftigen Menschen erreichbar sind.

Über die Tätigkeit eines Ombudsmannbüros gibt es kaum eine Kontrolle, was als Mangel empfunden wird. Zwar besteht ein Beirat aus betroffenen Konsumenten, es zeigt sich aber, daß dieser Beirat nur geringen Einfluß hat. Auf der anderen Seite ermächtigt und verpflichtet das Ombudsmannprogramm aber Selbsthilfevereine, die in der Lage sind, Beistandsdienste auszuführen, in das Gesamtprogramm einzubinden. Die Ombudszentralstelle kann gemeinnützige Organisationen anerkennen. Nach dieser Anerkennung müssen sich solche Organisationen auch nach den Standards und Richtlinien des Central Office orientieren und sowohl diesem als auch den einzelnen lokalen Direktoren Bericht legen. Soferne Mitglieder solcher Gruppierungen ein Ausbildungsprogramm des Central Office mitabsolviert haben, verfügen sie ebenfalls über das Recht, Einsicht in Krankenberichte von Pflegepatienten zu nehmen. Freilich dürfen sie dies wiederum nur mit der Zustimmung der Betroffenen. Sie üben im wesentlichen dieselbe Funktion wie die freiwilligen Ombudsleute aus.

Die Gesetzgebung von Massachusetts sieht auch Regelungen vor, die es ermöglichen, ein lokales Ombudsmannprogramm zu beenden. Soferne ein lokales Programm seine Verpflichtungen nicht erfüllt, ist das „Department of Elder Affairs“ dazu ermächtigt, eine notwendige Frist

2354 Ebda, S. 90.

zu setzen, um Korrekturen des Programms vorzunehmen, aber auch das Programm nötigenfalls sofort zu stoppen, soferne Leben, Gesundheit oder die Sicherheit von Patienten oder Angestellten einer Langzeitpflegeeinrichtung gefährdet sind[2355].

Eine der Hauptaufgaben des Ombudsmannprogramms von Massachussetts liegt eigentlich in einer ganzheitlichen Betreuung. Diese Aufgabe wird vor allem durch das Central Office, welches sein eigenes Personal beschäftigt und auch Gesetzesvorschläge ausarbeitet, wahrgenommen. In den letzten Jahren hat dieses Central Office drei Bills ausgearbeitet, zwei davon wurden durch die staatliche Gesetzgebung in Kraft gesetzt (Medicaid discrimination, nurses' aides training, low wages paid to nurses' aides).

Das derzeitige jährliche Budget dieses Massachusetts-Ombudsmannprogramms liegt bei 1 Mio. Dollar. Das Office wird aus Bundesmitteln finanziert. Allerdings wurde bereits angekündigt, daß unbedingt weiteres bezahltes Personal notwendig ist, um der Aufgabe, die freiwilligen Mitarbeiter auszubilden, nachkommen zu können[2356].

*Connecticut-Modell*

Der Ombudsmann für Pflegeinstitutionen im amerikanischen Bundesstaat Connecticut ist ein Projekt des „Department of Aging" aus dem Jahre 1977. Es werden durch den „Commissioner on Aging" ein staatlicher Ombudsmann und 5 regionale Ombudsleute ernannt. Der staatliche Ombudsmann wiederum ernennt auf lokaler Ebene freiwillige Mitarbeiter, welche nach einer neunzig Tage währenden Probezeit unentgeltlich am Ombudsmannprogramm mitwirken[2357].

Das Gesetz sieht für den staatlichen Ombudsmann folgende Tätigkeiten vor[2358]:

– Erarbeiten eines Programmes und von Verfahrensrichtlinien zur Behandlung der Beschwerden von Patienten, Familien, Angestellten von Pflegeeinrichtungen und der Öffentlichkeit;

---

2355 Ebda, S. 91 f.
2356 Ebda, S. 90 f.
2357 Monk, A./Kaye, L. W./Litwin, H., Resolving Grievances, S. 85 ff.
2358 Ebda.

– schon bestehende Richtlinien ausweiten;

– Zusammenarbeit mit anderen einschlägigen Organisationen, um die anfallenden Beschwerden und Probleme lösen zu können;

– ausreichende Informationen an solche Organisationen zur Verfügung stellen;

– Datenmaterial sammeln und analysieren, um Empfehlungen an die Gesundheitspolitik und Programmänderungen durchführen zu können;

– Identifizierung und Dokumentierung der Probleme von Patienten in Pflegeinstitutionen, Veranstaltung von Diskussionen und Kommunikationsmöglichkeiten mit Gruppen oder Einrichtungen, die bei der Lösung solcher Probleme behilflich sein können;

– Öffentlichkeitsarbeit und Publizität des Ombudsmannprogrammes gewährleisten;

– Gesetzesvorschläge zur Empfehlung an das Parlament ausarbeiten.

Die Anzahl der freiwilligen Ombudsleute richtet sich in Connecticut nach der zu betreuenden Anzahl von Patienten. Zumindest ein Betreuer soll pro 100 Patienten (!) zur Verfügung stehen. Das bedeutet, daß für manche Anstalten durchaus auch nur ein Ombudsmann genügt, handelt es sich aber um größere Anstalten, so stehen gleich mehrere Ombudsleute zur Verfügung.

In erster Linie ist es die Aufgabe des freiwilligen Ombudsmanns, neben den bereits für den staatlichen Ombudsmann formulierten Aufgabenbereichen, folgende zusätzlichen Verantwortlichkeiten auf sich zu nehmen[2359]:

1. Patienten, soferne es notwendig ist, bei der Durchsetzung privater rechtlicher Schritte zu unterstützen;

2. zu sichern, daß die Patients' Bill of Rights in den Pflegeeinrichtungen verkündet wird und die Rechte eingehalten werden;

3. Hilfestellung für Patienten sowohl hinsichtlich administrativer Aspekte bei einer Überstellung und Entlassung zu leisten als auch hinsichtlich des Managements ihrer finanziellen Angelegenheiten.

Höchste Priorität hat bei diesen Ombudsleuten die Aufgabe, zu versuchen, die speziellen Probleme in Pflegeanstalten zu erforschen und einer Lösung zuzuführen. Finden sich Probleme, welche nur in

---

2359 Ebda, S. 86.

Zusammenarbeit mit anderen Institutionen gelöst werden können, so wird der regionale Ombudsmann informiert. Trotzdem wird in erster Linie darauf Wert gelegt, daß zuallererst ein Konsens der beteiligten Parteien zur Problemlösung erzielt wird; nur falls dies unmöglich erscheint, wird das Problem von den freiwilligen Ombudsleuten an den regionalen Ombudsmann weitergeleitet.

Besonders interessant ist, daß sowohl die bezahlten als auch die ehrenamtlich tätigen Ombudsleute über das gesetzliche Recht verfügen, einerseits Zugang zu den Pflegeeinrichtungen zu haben, anderseits Einblick in alle „relevanten öffentlichen Aufzeichnungen" nehmen zu können. Das Recht, Einsicht in Krankenberichte einzelner Insassen zu erhalten, ist natürlich auch hier nur gewahrt, wenn der Patient zustimmt. Verweigert eine Gesundheitseinrichtung diese gesetzlich gewährleisteten Rechte, sind Sanktionen vorgesehen[2360].

Die Gesetzgebung von Connecticut verpflichtet des weiteren bestimmte Personen, nämlich die Administration und die übrigen Beschäftigten der Pflegeeinrichtungen, Sozialarbeiter, Krankenschwestern und Ärzte, dem Ombudsmann zu berichten, soferne sie einen Verdacht über Mißhandlung oder Vernachlässigung von Insassen hegen. Weiters bietet das Gesetz von Connecticut Schutz vor Klage gegen den und vor Haftung des Beschwerdeführers, einerlei ob es Patienten oder Beschäftigte einer Pflegeeinrichtung sind[2361].

Insgesamt repräsentiert das Ombudsmannprogramm von Connecticut ein gesetzlich determiniertes, regional strukturiertes Programm, welches auf lokaler Ebene auf Konsens bedachte Ombudsmanndienste ausführt und im wesentlichen durch freiwillige Ombudsleute getragen wird.

## 5.3.2. NIEDERLÄNDISCHES MODELL

Die Niederländer versuchen sich an Modellen, die von der Intention her Ombudsmannprogrammen noch sehr ähnlich sind, aber in

2360 Ebda, S. 86 f.
2361 Ebda.

Organisation, Aufgaben und Befugnissen bereits ein deutliches Nahverhältnis zu Patientenanwaltschaften und Patientenräten aufweisen. Die Grenzen sind schon fließend.

*Patienten-Kontaktpersonen*

In seinem Gutachten über die Schlichtung von Patientenklagen schlug der Zentrale Rat für Volksgesundheit[2362] ein Modell für eine Klags- oder Beschwerdeschlichtung vor. Der Schwerpunkt dieses Modells liegt dabei auf der Unabhängigkeit derjenigen, die mit der Schlichtung beschäftigt sind. Die Unabhängigkeit sah der Rat als eine unabdingbare Mindestausstattung an, um das Gefühl der Machtungleichheit beim Beschwerdeführer zu kompensieren[2363]. Diese Unabhängigkeit sollte durch Patienten-Kontaktpersonen erreicht werden, die im Dienst von regional eingerichteten Stiftungen stehen und dadurch weder finanziell noch organisatorisch von den einzelnen Einrichtungen abhängig sind[2364].

*Aufgabenbereich der Patienten-Kontaktpersonen*

Nach den Vorstellungen des Rates erscheint die Patienten-Kontaktperson als eine dem Ombudsmann ähnliche Institution, an die sich die Patienten mit Fragen, Problemen, Klagen und Beschwerden, die sowohl die intra- als auch extramurale Gesundheitsfürsorge betreffen, wenden können.

Die Patienten-Kontaktperson hat eine reine Vermittlungsfunktion. Auch wenn sie dem Patienten helfen kann, seine Beschwerde

---

2362 Centrale Raad voor Volksgezondheid (Hrsg.), Klachten van patiënten, S. 37 ff; auch Ginneken, P. P. J. N. van, Patiënt meer rechten geven, S. 250 ff.

2363 Centrale Raad voor Volksgezondheid (Hrsg.), Klachten van patiënten, S. 37.

2364 Siehe dazu auch den bereits seit fünfzehn Jahren vorliegenden Gesetzesvorschlag über das „demokratische Funktionieren von öffentlichen Einrichtungen" (Wet op het democratisch functioneren van instellingen), der in seinem Konzept auf Anstaltenebene einzurichtende Stellen zur unabhängigen Behandlung von Klagen und/oder Beschwerden der Patienten vorsieht. Als geeignete, nicht bürokratische Form werden zu diesem Zweck Patienten-Kontaktpersonen und als mögliche Prüfungs- und „Berufungsinstanz" jeweils externe Kommissionen betrachtet; dazu Vroom-Kastelein, W. R., Democratisering in de gezondheidszorg.

präzis zu formulieren, so soll sie doch in erster Linie versuchen, dem Patienten zu helfen, mit dem Behandlungspersonal in Kontakt zu treten und zu bleiben. Man blieb beim Konzept der Brückenfunktion.

Ist die Patienten-Kontaktperson der Meinung, daß die Klage eigentlich in einem anderen formellen Rahmen, bei Gericht oder in einem Disziplinarsenat, behandelt werden muß, dann wird sie die Klage nach Beratung mit dem Kläger an eine zuständige Institution weiterleiten und dort den Patienten sogar vertreten[2365]. Das könnte etwa der Fall sein, wenn der Patient als Kläger der Meinung ist, daß ihm Schaden zugefügt wurde.

Die Patienten-Kontaktperson hat weiters dafür Sorge zu tragen, daß periodisch Bericht erstattet wird, um auf diese Weise strukturelle Unzulänglichkeiten des Systems aufzuzeigen. Aufgabenbereich und Befugnisse dieser Patienten-Kontaktpersonen müssen öffentlich bekannt gemacht werden.

### *Die interne Beratungskommission*

Der Patienten-Kontaktperson soll in jeder Anstalt eine interne Beratungskommission, eine clearing-Stelle (Interne Commissie van Advies) als Anlaufstelle zur Verfügung stehen. Dies wird nicht nur für intramurale Einrichtungen wie Krankenhäuser, Pflegeinstitutionen und psychiatrische Einrichtungen vorgeschlagen, sondern auch für extramurale Einrichtungen wie Rot-Kreuz-Einrichtungen, regionale Einrichtungen für die ambulante Gesundheitsfürsorge und große Gesundheitszentren[2366].

Die Beratungskommission soll aus den verschiedenen Berufsgruppen, die in der Einrichtung tätig sind, zusammengestellt sein, jedoch sollten auch anstaltsfremde Personen miteinbezogen werden, darunter auf jeden Fall ein Vertreter von Patienteninteressen. Die interne Beratungskommission hilft der Patienten-Kontaktperson, auf deren Ersuchen, bei der Lösung des Beschwerdeproblems. Diese Prozedur soll der Vermittlung und Schlichtung von „weichen" Klagen und Beschwerden dienen, soll sich also nur auf relationelle und

2365 Ginneken, P. P. J. N. van, Patiënt meer rechten geven, S. 252.
2366 Centrale Raad voor Volksgezondheid (Hrsg.), Klachten van patiënten, S. 40.

organisatorische Aspekte beschränken, aber keinesfalls zivilrechtliche Ansprüche verdecken.

*Die Stiftung Patienten-Kontaktpersonen*

Der Zentrale Rat für Volksgesundheit plädierte nachdrücklich für die Unabhängigkeit der Patienten-Kontaktpersonen. Nach seiner Ansicht sollte vor allem verhindert werden, daß die Patienten-Kontaktpersonen in ein Nahe- oder gar Dienstverhältnis zur betreuten oder kontrollierten Einrichtung geraten[2367]. Die Objektivität und Unabhängigkeit müsse organisatorisch gewährleistet sein. Der Rat kam deswegen zur Konklusion, eine eigens dafür ins Leben zu rufende Stiftung vorzuschlagen.

Eine derartige Stiftung sollte regional für jede Provinz eingerichtet werden. In den Vorständen der Stiftungen sollten folgende Institutionen und Verbände vertreten sein:
- Einrichtungen der Gesundheitsfürsorge,
- Organisationen der Behandelnden,
- Konsumenten- und Patientenrechtsverbände,
- Sozialversicherungsträger,
- Gemeinden und Landtage der Provinzen.

Gegen dieses Modell wurde der Einwand erhoben, daß die Patientenkontaktperson, dem Ombudsmann ähnlich, aber von schwachem Status, farblos und ineffizient sei[2368]. Ein Klags- oder Beschwerdeschlichtungsprogramm für „weiche Klagen" mag für allgemeine Krankenhäuser genügen, für psychiatrische Anstalten müsse jedoch eine Instanz mit rechtlich verbindlichen Beschlüssen für die Behandlung „harter Klagen" eingerichtet werden[2369].

*Modell einer dreistufigen Klags- oder Beschwerdeschlichtung*

H. D. C. *Roscam Abbing*, als Mitglied des Nationalen Krankenhausrates im Rang besonderer Expertise, schlug aus Rationalitätsüberlegungen ein dreistufiges Beschwerdeprogramm vor[2370].

---

2367 Ebda, S. 42.
2368 Ginneken, P. P. J. N. van, Patiënten meer rechten geven, S. 253.
2369 Ebda.
2370 Centrale voor Volksgezondheid (Hrsg.), Klachten van patiënten, bijlage B, S. 7.

Stufe 1: Patienten-Vertrauensperson

Die Aufgabe dieser Patienten-Vertrauensperson sollte es sein, in einem sich anbahnenden Konfliktfall vermittelnd zwischen Patient und Behandelnden zu treten und kleine Probleme und Mißverständnisse auszuräumen. Klagen oder Beschwerden jedoch, die in einem anderen, formellen Rahmen zu behandeln wären, sollen von der Patienten-Vertrauensperson auf Aufforderung an jene Institutionen weitergeleitet werden.

Stufe 2: Die „Kommission-Patientensorgen"

Probleme, die nicht durch die Patienten-Vertrauensperson gelöst werden können sowie Klagen ernster Art, sollten an eine Kommission-Patientensorgen weitergeleitet werden. Diese Kommission sollte aus einem Vertreter des Pflegepersonals, einem Arzt und einem Vertreter einer anderen Disziplin des Krankenhauspersonals zusammengestellt sein. Der Vorsitzende sollte ein externer Jurist sein[2371]. *Roscam Abbing* bevorzugt interne Kommissionen, die die interne Krankenhausorganisation gut kennen und deshalb für eine schnellere Behandlung sorgen[2372].

Stufe 3: Die externe Schlichtungsstelle

In den Niederlanden bestehen insgesamt sechs von Ministerien offiziell anerkannte Schlichtungsstellen, so etwa auf dem Gebiet des Tourismus, des Reinigungsgewerbes, des Wohnungseinrichtungssektors. Diese Kommissionen behandeln Klagen der Konsumenten über mangelhaft gelieferte Güter oder erbrachte Dienstleistungen und sind paritätisch mit Vertretern der Unternehmerorganisationen und der Konsumentenvertretungen besetzt. Die Beschlüsse dieser Kommissionen sind rechtlich verbindlich und können Schadenersatz oder Vertragserfüllung zusprechen sowie „alle anderen nur denkbaren Beschlüsse fassen, die die Kommission für redlich und billig erachtet, um einen Streit zu beenden"[2373].

Nach dem Vorschlag *Roscam Abbings*[2374] sollte dieses System der

---

2371 Ebda, S. 7 f.
2372 Ebda, S. 8.
2373 Ebda
2374 Ebda.

Schlichtungsstellen auf das Gesundheitssystem ausgedehnt werden. Diese Kommission sollte zumindest aus einem Vertreter der Ärzteschaft, einem Vertreter des Pflegepersonals, einem Vertreter einer anderen Disziplin des Behandlungsteams, einem Mitglied aus dem Verwaltungsrat der Krankenhäuser und einem Vertreter einer Konsumentenorganisation oder einer Patientenrechtsorganisation bestehen. Die Kommission sollte unter der Leitung eines unabhängigen Juristen stehen. In jeder Provinz sollte eine solche externe Schlichtungsstelle eingerichtet werden und damit für mehrere Krankenhäuser zuständig sein.

Alle Klagen sollten registriert und mit einem schriftlichen Bericht an den Patienten und den betroffenen Behandelnden abgeschlossen werden. Die Registrierung der Klagen sollte dazu dienen, zumindest jedes halbe Jahr den Verwaltungsräten der Krankenhäuser Berichte zu liefern.

## 5.3.3. NORWEGISCHES MODELL - NORDLAND-MODELL

In Norwegen entwickelte sich erst im Laufe der 70er Jahre ein Bewußtwerdungsprozeß der Patienten um ihre Rechte. 1980 wurde erstmals die Einführung eines Ombudmanns auf Reichsebene diskutiert[2375]. Man scheint mittlerweile bei einem Rechtskonzept für ein Reichs-Patientenombudsmanngesetz angelangt zu sein[2376].

Ein regionales Konzept ist erprobt[2377]. In der Provinz Nordland beschloß der Landtag (fylkesting) 1983 dann zum ersten Mal in Norwegen einen Patientenombudsmann einzurichten[2378].

Die neue Einrichtung sollte zunächst auf die Dauer von zwei Jahren beschränkt sein. Gleichzeitig wurde verfügt, einen Zentralausschuß zu bilden und diesem eine Kontaktperson je Krankenhaus zur Seite zu stellen. Gesamtstaatliche Vorgaben wie in Amerika gab

---

2375 Odelsetingets proposition 1979/80:1, S. 216.

2376 Molven, O., Pasientombudsordningen – et bidrag til rettssikkerhet og kvalitet i helsevesenet?, in: Lov og Rett 1991, S. 195 ff; siehe auch Molven, O./Vetvik, E., Saksbehandling i kommunal forvaltning, Oslo 1986.

2377 Zu regionalen Ombudsinstanzen siehe Froestad, J., Lokale pasientklageordninger. Erfaring med lokale pasientrepresentanter i amerikansk helsetjeneste, Bergen 1986.

2378 Benson, I., Raport om pasientombudsordningen, S. 1 ff.

es keine, vielmehr wurde die Idee eines Patientenombudsmanns in Nordland ganz eigenständig kreiert. Ola *Viken*[2379] reiht diesen Ombudsmann zusammen mit der mittlerweile in Oslo gegründeten Parallelinstitution in die Ombudsgruppe regional tätig werdender Ombudsleute ein, der ein reiner Institutionenombudsmann gegenübersteht, der dem amerikanischen internal ombudsmann gleicht und nur an einer und für eine bestimmte Anstalt wirkt. Von gleich schwacher Position werden sie allesamt eingestuft[2380]. Gut dokumentiert ist das Modell der Provinz Nordland über den Bericht des ersten Ombudsmanns, Inger *Benson*[2381]. Als einem der präzisen Berichte in struktureller wie in genetischer Hinsicht, der auch Fehlversuche ausleuchtet, gebührt ihm besonderes Augenmerk.

*Kompetenzlage*

Das den Patientenombudsmann tragende Organ von Nordland, eine Art Gemeindeverbandsparlament einer Provinz, was für unsere Strukturen einem Land und als dessen politischem Willensbildungsorgan dem Landtag am nächsten käme (fylkeskommune), hat dem Patientenombudsmann eine möglichst unabhängige Stellung eingeräumt.

Demnach ist der Patientenombudsmann eine eigenständige Einrichtung mit einem eigenen Budget. Darin liegt ein rechtsstruktureller Vorteil, aber ein ökonomischer Nachteil, weil durch die finanzielle Beschränkung Aktivitätsgrenzen gesetzt sind. Der Ombudsmann hat seine Räumlichkeiten sowohl außerhalb der Verwaltungsgebäude als auch in den Krankenhäusern. Zur Abwicklung der administrativen Angelegenheiten wurde ein Halbtagssekretariat beigestellt. Diese Ausstattung für eine ganze Provinz wirkt freilich dünn.

Als Orientierungshilfe wurde dem Ombudsmann ein Zentralausschuß, der aus drei Politikern, einem Repräsentanten einer Invalidenorganisation und einem Vertreter des Landessanitätsrates zusammengesetzt ist, beigegeben. Dieser Ausschuß ist ein ratgebendes

---

2379 Viken, O., Klagebehandling i helsesektorn, S. 124.

2380 Ebda.

2381 Benson, I., Rapport om pasientombudsordningen, S. 4 ff. und 89 ff; siehe auch Trasti, H./Hoel, S., Prøveordning med pasientombud i Nordland Fylke, in: Tidsskrift for Den Norske Laegeforening 1985, S. 1167 ff.

Organ, er ist weder mit Entscheidungs- noch mit Weisungsbefugnis ausgestattet. Zusätzlich wurden dem Zentralausschuß wiederum Kontaktpersonen aus den einzelnen Krankenhäusern zur Seite gestellt. Diese wurden von den politischen Vertretern des Ausschusses ausgewählt und sind Mitglieder der Krankenhausleitung. Ihre Aufgabe ist allerdings noch immer nicht eindeutig definiert. Trotz der Informellität hat die Kooperation funktioniert.

Der Patientenombudsmann hat durch seine rechtliche Ausgliederung und unabhängige, weisungsfreie Stellung eine einigermaßen eigenständige Position. Organisations- und dienstrechtlich wählte man aber auch in Norwegen die Eingliederung in den Beamtenstatus. Man kommt um diese, im Vergleich zu amerikanischen Konstruktionen beeinflußbarkeitsverdächtige, Konstruktion in Europa offensichtlich nicht herum. Nur so scheint es möglich, als Verwaltungsorgan von allen in der Landesverwaltung tätigen Personen diejenigen Auskünfte zu erhalten, die zur Ausübung des Amtes notwendig sind, soweit dies nicht durch Gesetz ausgeschlossen ist. Den Ombudsmann treffen über die Eingliederung in die Beamtenschaft alle Verschwiegenheitspflichten, so wie sie die Auskunftgebenden selbst auch treffen. Die Krankenhäuser sind verpflichtet, ihre Infrastruktur zur Verfügung zu stellen. Diese Instruktionen wurden von den Sozial- und Gesundheitsbehörden anerkannt und verpflichten daher auch alle Krankenhausangestellten über das Weisungsrecht des Arbeitgebers[2382].

### *Der Zentralausschuß*

Interessant ist die Konstruktion eines offenen Verfahrens zur Feststellung der Aufgaben und Pflichten. Der Gesetzgeber entwickelte bewußt keine Detailrichtlinien. Der Patientenombudsmann sollte selbst sein Programm, anhand der zu machenden Erfahrungen, zusammen mit dem als Beirat konzipierten Zentralausschuß, entwikkeln, was sich auch als vernünftig erwiesen hat. Als eine der ersten vertrauensbildenden Maßnahmen wurde dieser Zentralausschuß in Patientenombudsrat umbenannt.

Die Einrichtung des Patientenombudsrates, also eines zweiten

2382 Raport om pasientombudsordningen.

Organs, wurde als hilfreich empfunden, da der Patientenombudsmann sich selbst über ein Mitwirkungs- und in einem Rechtfertigungsorgan gegen eine Kritikkampagne schützen kann. Andernfalls hätte sich der Ombudsmann genötigt gesehen, einen intensiveren Kontakt zum Gesundheits- und Sozialamt pflegen zu müssen, um sich politisch irgendwie abzusichern. Auf diese Art wäre aber das Risiko gestiegen, daß der Patientenombudsmann mehr dem Amtssystem zugerechnet wird[2383].

Die Besetzungs- und Umbesetzungspolitik im Patientenombudsrat wurde aber als problematisch betrachtet: Man wollte die Mehrheit der Politiker im Ausschuß brechen. Der Patientenombudsrat sah es aber nicht als Vorteil an, daß nur die Verbraucher im Rat repräsentiert würden; deshalb sollten Politiker weiterhin in irgendeiner Form Einfluß nehmen können, zumal das Zusammenspiel mit dem Gesundheitssystem und den Kontaktpersonen weiterhin aufrechterhalten werden mußte[2384]. Diese waren vom Konzept her Mitglieder der Leitung der Krankenanstalten und sind Kontaktpersonen zum Verbraucherrat. Die praktische Zusammenarbeit zwischen dem Patientenombudsrat und den Kontaktpersonen gestaltete sich schwierig. Es zeigte sich, daß die Kontakpersonen im Grunde die Vertrauensleute des Ombudsmanns sein sollten[2385].

Der Patientenombudsmann ist selbst für die Kundmachung der erst festzustellenden und im Wandel befindlichen Aufgaben und seiner ihn bindenden und ermächtigenden Rechtsgrundlage zuständig[2386]. Dieser Verpflichtung kam der Ombudsmann durch verschiedene Veranstaltungen in allen Krankenhäusern seines Zuständigkeitsbereiches nach. Außerdem wurde Informationsmaterial an alle Mediatoren wie Kammern, Vereine, Selbsthilfeorganisationen zur weiteren Verbreitung abgegebenen; Konferenzen und Tagungen wurden abgehalten. Im Rundfunk wurde auf die Tätigkeit des Ombudmanns hingewiesen. Den Krankenanstalten wurden Broschüren über die Patientenombudsverordnung zugestellt, die in den Aufenthaltsräumen aufgelegt bzw. verteilt wurden. Durch diese Art der Kundmachung und durch die in den verschiedenen Krankenanstal-

---

2383 Ebda, S. 89.
2384 Ebda.
2385 Ebda, S. 90.
2386 § 9 der Instruktionen.

ten abgehaltenen Amtstage sollte ein möglichst großer Personenkreis angesprochen werden[2387].

*Beschwerdethemen*

Die gängigen Beschwerdegründe sind vielfältig, lassen jedoch gewisse Konzentrationen erkennen[2388]: Geklagt wurde über Fehlbehandlung, Fehlindikation, mangelhafte Behandlung, mangelhafte Information, Vornahme unnötiger Eingriffe, Nichteinholung der Einwilligung zum Eingriff, Arroganz von Seiten des Pflegepersonals, Verweigerung der Einsicht in die Krankengeschichte, Mängel bei der Einweisung, Nichtbeantwortung von Anfragen, fehlende Kommunikation, Vertrauensverlust gegenüber den Ärzten, aus Kostengründen verweigerte Behandlung, Nichterreichbarkeit ärztlicher Hilfe während des Krankenhausaufenthaltes, mangelnde Obsorge, fehlendes Verständnis für die spezielle Situation des Patienten sowie über die Unerträglichkeit der Behandlungswarteschlangen. In einzelnen Fällen wurde die Beschwerde dann aber, möglicherweise aus Angst vor Unannehmlichkeiten, wieder zurückgezogen. Es kam aber auch vor, daß ein Patient sein Rechtsproblem selbst in die Hand nehmen wollte und den Patientenombudsmann lediglich sicherheitshalber verständigt hatte.

*Die Widerstände*

Im allgemeinen wird der Ombudsmann positiv an- und aufgenommen; naturgemäß besser bei den Patienten als beim Personal. Vereinzelt blieben daher manche Anfragen und Recherchen des Ombudmanns auch unerledigt. Verweigerte das Krankenhaus eine Äußerung, beauftragte der Ombudsmann einen Gutachter. Aber auch dies erwies sich bisweilen als wenig zielführend. Aus falschem Korpsgeist des medizinischen Personals wurde mitunter eine Mitwirkung an der Aufklärung von Problemen verweigert. Gerechtfertigt wurde diese Weigerung mit der an sich nicht unrichtigen Ein-

2387 Ebda, S. 4 f.
2388 Ebda, S. 5 f, S. 13 ff.

rede der Zuständigkeit der ordentlichen Gerichte, die sich ihrer eigenen akkreditierten Sachverständigen und Gutachter bedienen mögen. Im Retourweg empfahl man dem Ombudsmann, er möge sich seiner Tätigkeit enthalten oder seine Klienten auf den ordentlichen Rechtsweg verweisen.

Auch der Mangel an fachlicher Kompetenz des Ombudsmanns sowie seine Unsachlichkeit bis hin zur Naivität wird mitunter unverblümt eingewandt[2389]. Eine der gängigen Reaktionen von Anstalten ist auch, den Ombudsmann schlicht zu negieren und Patienten, trotz deutlicher Aktualität des Themas der Patientenrechte und des Ombudmans, an diesem vorbei, kühl auf den gleich als wenig aussichtsreich dargestellten Rechtsweg zu verweisen[2390].

2389 Ebda, S. 19.
2390 Ebda, S. 21.

## 6. Patientenanwaltschaft

Der Begriff der Anwaltschaft (advocacy)[2391] wurde in den letzten Jahrzehnten in Nordamerika überaus populär und findet sich in verschiedensten Fach- und Sachbereichen wieder. Er ist, wie schon zu Eingang der Deskription der Entwicklung des Ombudssystems erwähnt, nur schwer von letzterem abzugrenzen[2392]. Dennoch meint der Begriff der Patientenanwaltschaft mehr, insbesondere sich im Bereich der adversariellen Kompetenz und der legitimierten Autodynamik vom erfolglos bleibenden Vermittler in die Rolle des Klägers und Rechtsvertreters des Patienten zu versetzen.

Spätestens in den siebziger Jahren fand die Bezeichnung auch im Bereich des Sozial- und Gesundheitswesens Verwendung und ist auf zunehmendes Interesse in der Öffentlichkeit gestoßen. Dieses steigende Interesse an einer Anwaltschaft wurde zum einen durch die zunehmende Flut immer komplexer werdender Strukturen in Recht und Verwaltung und zum anderen durch das deutliche Anwachsen von „human service programs“ mitgetragen. Nicht zuletzt kann aber auch kein Zweifel darüber herrschen, daß ein verstärktes gesellschaftliches Bewußtsein hinsichtlich der Menschenrechte im allgemeinen, dem Interesse am neuen Konzept einer Anwaltschaft im besonderen förderlich war.

Die Art des Patientenanwalts und des Ombudsmanns, Probleme des Patienten zu lösen, gleicht sich zumindest in den Anfangsschritten. Auch die Patientenanwaltschaft soll zuallererst informelle Wege der Streitschlichtung beschreiten. Da der Patientenanwaltschaft insgesamt weiterreichende rechtliche Schritte zur Verfügung stehen, ist sie mitunter von vorneherein erfolgreicher als der Ombudsmann. Können aber Probleme in dieser Art und Weise im Schlichtungsweg keiner Lösung zugeführt werden, dann kann die Patientenanwaltschaft etwa die staatliche Behörde, die für die Vergabe von Lizenzen zuständig ist, veranlassen, Inspektionen in den entsprechenden Pflegeeinrichtungen durchzuführen. Sollte sich auch dies als nicht wirkungsvoll erweisen, kann ein Patientenanwalt auch das äußerste zur Verfügung stehende Mittel zur Anwendung bringen: einen gerichtlichen Prozeß einleiten. Anders als dem Ombudsmann,

---

2391 Ontario Ministry of Attorney General (Hrsg.), You've got a friend, S. 39 ff.
2392 Annas, G. J., Rights of Patients, S. 258 ff.

stehen dem Patientenanwalt, neben kooperativen Formen der Problemlösung, also auch adversarielle Lösungsmöglichkeiten zur Verfügung[2393].

Anders als der Ombudsmann, welcher unparteiisch Lösungen von Problemen herbeiführt, vertritt der Patientenanwalt vom Konzept her von vorneherein die Interessen des Patienten[2394], wenngleich er natürlich nicht willfährig jeden Auftrag des sich beschwert erachtenden Patienten erfüllen muß[2395].

Des Patientenanwalts primäre Pflicht und Verantwortung ist, den Patienten in seinen Rechten zu schützen und ihn über diese entsprechend aufzuklären. Der Patientenanwalt handelt nicht auf Eigeninitiative, sondern nur mit Zustimmung und auf Anweisung des Patienten[2396], der seine Interessen aufgrund seines Gesundheitszustandes nicht wahrnehmen kann[2397].

Die Legalanwaltschaften stehen grundsätzlich in einem Konkurrenzverhältnis zur freien Anwaltschaft. In der Praxis zeigt sich jedoch, daß freie, niedergelassene Rechtsanwälte an den meisten Patientenquerelen aus ökonomischen Gründen gar nicht interessiert sind. Langwierige Mühen zur Klärung des Sachverhalts, zeitraubende Schlichtungs- und Beilegungsversuche, Kostenbedeckung meist nur über Verfahrenshilfe und derlei unproportionale Engagements bei ungewissem Ausgang, lassen die Standesvertretungen bei der Etablierung solch neuer Legalanwaltschaften moderat agieren[2398]. Darüber hinaus bedienen sich diese bei juristisch komplizierteren Fällen dann ohnedies erst wieder der Rechtsanwaltschaft. Arzthaftungsprozesse werden von den Legalanwaltschaften überhaupt nicht betrieben; das Vertretungsmonopol der freien Anwaltschaft wird folglich kaum beeinträchtigt.

Österreich arbeitet zügig am Aufbau und Ausbau von allgemeinen Patientenanwaltschaften, neben denen nach dem Unterbringungsgesetz. Die Nachbildung und daher auch zugleich die vom Verfassungsdienst[2399] monierte Kollision und/oder Konkurrenz mit

2393 Regan, J. J., When Nursing Home Patients Complain, S. 708.
2394 Annas, G. J., Rights of Patients, S. 259.
2395 Annas, G. J./Healey, J. M., The Patient Rights Advocate, S. 258.
2396 Ebda.
2397 Regan, J. J., When Nursing Home Patients Complain, S. 708.
2398 Ontario Ministry of Attorney General (Hrsg.), You've got a friend, S. 41 f.
2399 Republik Österreich, Bundeskanzleramt, Verfassungsdienst, 29. 9. 1989.

der Tätigkeit der Volksanwaltschaft, lassen sie im internationalen Vergleich doch eher als Patientenombudsmann erscheinen. Der Diskurs zwischen Landesgesetzgebern wie in Kärnten und dem Verfassungsdienst läßt aber erkennen, daß man eine Kompetenzanreicherung zugunsten der Patientenanwaltschaft beabsichtigt hat.

## *6.1. Struktur und Funktion von Patientenanwaltschaften*

### 6.1.1. GESETZLICHE UND SOZIALE ANWALTSCHAFT

Grundsätzlich versteht man unter advocacy ein „Plädieren an Stelle von", unter einem advocate jemanden, „der für einen anderen spricht, für einen anderen plädiert"[2400]. Die etablierteste Form der Anwaltschaft ist die des Rechtsanwaltes. Daneben findet sich allerdings noch eine andere Form, die nicht in diesem Sinne rechtlich verankert ist und als soziale Anwaltschaft bezeichnet wird.

Die soziale Anwaltschaft erfüllt zwar auch vielerlei Aufgaben, wie sie eine gesetzliche Anwaltschaft vorsieht und trägt durchaus gleichartige Verantwortung: die Notwendigkeit, Rechtssituationen richtig einzuschätzen, Klienten bestmöglichst zu beraten und zu unterstützen, alle Kenntnisse für den Klienten in der Form einzusetzen, daß die Wünsche des Klienten auch erfüllt werden können. Der wesentliche Unterschied dabei ist aber, daß soziale Anwaltschaft nicht über den ansonsten üblichen gerichtlichen Weg ausgeübt wird, sondern auf alternative Formen der Konfliktlösung zielt[2401].

### 6.1.2. INDIVIDUELLE UND SEKTORALE ANWALTSCHAFT

Individuelle Anwaltschaft umfaßt eine Anwaltschaft, die sich um den einzelnen Menschen, wenn auch zu einer bestimmten gesellschaftlichen Gruppe von Menschen zugehörig, annimmt und versucht, diesem Einzelnen bei seinen speziellen Problemen und An-

---

2400 Definition nach dem Concise Oxford Dictionary; siehe zur ethymologischen Erörterung Ontario Ministry of Attorney General (Hrsg.), You've Got a Friend, S. 40.

2401 Ebda, S. 40 f.

liegen zu helfen und ihn zu unterstützen. Bei diesem Typus der Anwaltschaft ist der Klient durchaus ein direkter Beteiligter im Problemlösungsprozeß, indem er nämlich seine Probleme erläutert und ausführt und mit anwaltschaftlicher Unterstützung zu verschiedenen Lösungsmöglichkeiten findet.

Die sektorale Anwaltschaft bemüht sich im Gegensatz dazu, gesamtgesellschaftliche und gesamtrechtliche Änderungen zur Unterstützung und Sicherung bestimmter gesellschaftlicher Gruppen zu erwirken. Es wird also nicht so sehr auf den einzelnen Menschen abgestellt, sondern nach einer gesellschaftlichen Lösung für anfallende Probleme einer gesellschaftlichen Gruppe gesucht. Selten ist die eine oder andere Form dieser Anwaltschaften alleine anzutreffen. Die meisten Legalanwaltschaften, deren primäre Aufgabe eine individuelle Anwaltschaft darstellt, nehmen durchaus auch die Funktionen einer sektoralen Anwaltschaft wahr[2402].

### 6.1.3. INFORMELLE UND FORMELLE ANWALTSCHAFT

Informelle Anwaltschaft stellt einen Typus des Eintretens für einen anderen dar, welche auf freiwilliger Basis und ohne einen besonderen internen oder externen Organisationsgrad funktioniert, beispielsweise, wenn Familienangehörige, Freunde, Nachbarn und andere Freiwillige, Kontrollfunktionen ausüben, was im Medizinwesen durchaus als dem Patienten in höchstem Maße hilfreich anerkannt wird. Maßen sie sich dabei eine Expertenrolle an oder geben gar unbegründet Rechtssachverständigkeit vor, so kann das beim Eintritt eines aus unsachgemäßem Rat erwachsenden Schadens oder entgangenen Gewinns freilich nicht nur zivilrechtliche Folgen haben, sondern auch als Winkeladvokatur geahndet werden. Obwohl solche informellen Anwaltschaftsfunktionen durch Selbsthilfegruppen, Vereine, Patientenorganisationen in immer effizienterem und gesellschaftlich bedeutenderen Maße erfüllt werden, schlägt dieses sich neu etablierende System doch eher in den Bereich der sozialen Dienste ein, mit denen man den Bereich der Patientenrechte nicht vermischen sollte; sie bleiben daher hier außer Betracht.

Formelle Anwaltschaft umfaßt im Gegensatz dazu ein Anwalt-

---

2402 Ebda, S. 42 f.

schaftsprogramm, welches bestimmte Ziele, ein Maß an Organisiertheit, eine Vertretung nach außen und hat über finanzielle Unterstützung verfügt.

Eine Mischform dieser beiden Arten von Anwaltschaften stellen jene Tätigkeiten dar, welche von Personen in Sozial- und Gesundheitseinrichtungen, deren primäre beruflichen Aufgaben nicht Tätigkeiten im Bereich der Anwaltschaft darstellen, aufgrund einer mehr moralischen Verpflichtung heraus, flankierend nebenbei wahrgenommen werden[2403].

## *6.2. Leitgrundsätze einer Patientenlegalanwaltschaft*

Die in Kanada entwickelten[2404] Leitgrundsätze für Legalanwaltschaften lassen nur im Falle des Vorliegens aller Grundsätze zusammen zu, von einer Anwaltschaft zu sprechen. Was dahinter zurückbleibt, ist immer noch ein taugliches Instrument der Befriedung des Medizinsektors, Ombudsmann, complaint-program, Beschwerdestelle. Nur Anwaltschaft zu sein, kann eine solche Einrichtung nicht für sich in Anspruch nehmen.

– Die Anwaltschaft muß sich am Klienten orientieren:

Eines der Grundprinzipien der Anwaltschaft zeigt sich in der Stellung des Klienten in seinem Verhältnis zum Anwalt: Die Schritte, die ein Anwalt tätigt, müssen vom Klienten gesteuert werden und der Anwalt unterstützt dabei den Klienten auf freiwilliger und konsensualer Basis. Dies soll natürlich nicht bedeuten, daß ein Anwalt seine Fachkenntnisse unter die Wünsche eines Klienten unterordnet, sondern, daß er sie für seinen Klienten bestmöglich einsetzt. Die Obligation, Instruktionen durch seinen Klienten entgegennehmen zu müssen, bedeutet nicht, daß der Anwalt blind und unüberlegt den Wünschen des Klienten folgt, auch nicht, daß er Illegales oder Unmögliches vollbringen muß.

– Die Anwaltschaft muß unabhängig sein:

Ein anderes Grundprinzip der Anwaltschaft drückt sich in der notwendigen Unabhängigkeit der Anwaltschaft aus. Soll ein Anwalt tatsächlich Probleme und Konflikte lösen, so muß er administrativ

2403 Ebda, S. 43.
2404 Ebda, S. 44 ff.

und haushaltsrechtlich so unabhängig wie möglich sein. Sind Patientenanwälte nur einfache Angestellte einer Krankenanstalt oder deren Rechtsträgers, die sich mitunter gerne mit der Selbsternennung eines solchen internen Patientenanwalts schmücken, so kommt der Anwalt lediglich in eine Konfliktsituation, soferne er die Interessen eines Klienten eben gegen genau diese Institution, deren Angestellter er als Anwalt ist, unterstützen soll. Eine durch Arbeits- oder Dienstrecht oder gar auch nur durch eine ungünstige Optik handlungsbeschränkte Anwaltschaft, kann nicht als den Grundsätzen der Patientenanwaltschaft kompatibel erachtet werden.

– Die Anwaltschaft muß jederzeit erreichbar sein, ihr muß die Anstalt jederzeit zugänglich sein:

Ein drittes Grundprinzip der Anwaltschaft liegt in der jederzeitigen Zugänglichkeit und Erreichbarkeit der Anwaltschaft für die institutionalisierten Patienten. Von entscheidender Bedeutung ist hierbei, daß ein Anwalt freien Zugang zu den jeweiligen Institutionen erhält und dort selbständige Recherchen zum Schutze seiner Klienten unternehmen kann. Auch bedarf es der besonderen Vertraulichkeit im Verhältnis zwischen dem Klienten und dem Anwalt.

– Die Anwaltschaft darf weder aggressiv noch passiv ausgeübt werden:

Das Konzept der Anwaltschaft ist seiner Natur nach nur subsidiär adversativ konstruiert. Hatten hilfsbedürftige Menschen bisher nur die Möglichkeit, ihre Rechte und Ansprüche ausschließlich im Prozeßwege vor Gericht durchzusetzen, will die Anwaltschaft diesen Effekt der Polarisierung gerade zunächst einmal vermeiden. Die Anwaltschaft muß vielmehr versuchen, Kooperation zu erzielen und, anstatt einer Opposition, zunächst eine Zusammenarbeit aller beteiligter Parteien anstreben. Je mehr die Anliegen einer solchen Anwaltschaft Verständnis und Akzeptanz finden, umso weniger bedarf es der gerichtlichen Lösung von Konflikten. Natürlich wird dabei nicht aus den Augen verloren, daß auch die Form der gesetzlich verankerten Anwaltschaft mit ihrer adversativen Konzeption notwendig ist, allerdings sollte der gerichtliche Weg eben erst den allerletzten Schritt gegen außergewöhnliche Mißstände im System bilden.

## 6.3. Organisatorische Stellung der Anwaltschaft

Für die organisatorische Plazierung einer Patientenanwaltschaft bieten sich, wie sich in der Praxis zeigt, an sich zahlreiche Möglichkeiten, die allerdings ganz und gar nicht als gleichwertig erachtet werden können[2405]. Sie kann

- innerhalb einer schon bestehenden Behörde oder
- als eigenständige neue Behörde innerhalb der Verwaltung eingerichtet werden. Es scheint auch möglich, sie
- in eine bestehende Organisation, Anwaltskanzlei, legal services, public defender's office, einzugliedern oder als eine
- eigene Körperschaft einzurichten.

Die erste Möglichkeit erscheint insoferne die ungeeignetste, als sich bei einer Behörde, die ohnedies bereits mit der Durchsetzung der gesetzlichen Bestimmungen im Bereich des Gesundheitswesens betraut ist, neben Kompetenzschwierigkeiten auch Auffassungsunterschiede in den Richtlinien ergeben müssen. Entweder es paßt sich die Anwaltschaft in die geübte Gestion ein, dann wird sie zu einem wertlosen, nur der Beschwichtigung dienen könnenden Alibiinstrument oder sie geht auf Kollisionskurs, der zu weiteren Konflikten mit Reibungsverlusten ohne Gewinn für die Patientenschaft führen muß[2406].

Die zweite Möglichkeit scheint nicht minder problematisch, da sich ähnliche Problemfelder wie beim exekutiven Ombudsmann ergeben könnten. Weisungs- und Aufsichtspflicht innerhalb der Verwaltung können den Handlungsspielraum der Patientenanwaltschaft entscheidend einengen. Mag dies vielleicht für die Funktion eines Ombudsmanns noch tolerierbar sein, für anwaltschaftliche Dienste im engeren Sinne scheint dies kaum akzeptierbar[2407].

Die dritte und vierte Möglichkeit geht davon aus, daß eine unabhängige und unpolitische Vertretung der Interessen der Patienten am geeignetsten ist. Bei der dritten Möglichkeit scheint zwar positiv, daß fachspezifisches Wissen in ausreichendem Maße gesichert scheint, allerdings stellt sich dann die Frage, inwieweit Rechtsfälle aus dem Patientenrecht mit anderen, mitunter weitaus lukrativeren

2405 Regan, J. J., When Nursing Home Patients Complain, S. 708 ff.
2406 Ebda, S. 709.
2407 Ebda.

Fällen konkurrieren können. Am zweckdienlichsten scheint daher die vierte oben genannte Möglichkeit, nämlich die Schaffung einer selbständigen öffentlichen Körperschaft[2408]. Dies ist, wie zu zeigen war, konsequenterweise der Weg, den die Niederlande tastend einschlagen.

Zur Sicherstellung eines Kontrollverhältnisses zwischen Patientenanwalt und Institutionen ist es unbedingt notwendig, daß Patientenanwälte die einzelnen Einrichtungen regelmäßig aufsuchen. Es bedarf also, handelt es sich bei der Zuständigkeit einer Patientenanwaltschaft um ein größeres Gebiet, auch dezentraler Einrichtungen der Anwaltschaft. Eine zusätzliche Kommunikationsquelle zwischen Patienten und Patientenanwaltschaft können die einzelnen an Anstalten eingerichteten Patientenvertretungen (residents councils) bilden. Daneben können diese Patientenräte auf Anstaltsebene aber auch die Aufgabe übernehmen, als Außenstelle der Anwaltschaft tätig zu werden und Beschwerden von Patienten in Institutionen an die Patientenanwaltschaft weiterzuleiten. Es ist absolut erforderlich, daß der Patientenanwalt die Möglichkeit hat, jederzeit und unangesagt Zutritt zu den verschiedenen Institutionen zu erhalten und Patienten über seinen Aufgabenbereich zu informieren. *Regan*[2409] hält es für erforderlich, daß der Patientenanwalt Zugang zu allen medizinischen Aufzeichnungen einer Einrichtung erhält, an Falldiskussionen von Patienten in Institutionen teilnimmt, Mitglied von Innenrevisionseinrichtungen und der lokalen oder regionalen Professional Standards Review Organisations, die die Qualität der Pflege einer Einrichtung und der einzelnen Ärzte überwacht, ist. Der Patientenanwalt soll ebenso über eine Einsichtsmöglichkeit in die Berichte der behördlichen Inspektionen von Institutionen verfügen.

## *6.4. Einzelne Modelle formaler Anwaltschaften*

Die Anwaltschaftmodelle sind so vielfältig wie die Ombudsmannmodelle. Ein Blick nach Kanada erschließt uns ein formelles, im Aufbaustadium befindliches Modell einer Anwaltschaft für Mental-

---

2408 Ebda.
2409 Ebda, S. 710.

patienten, das naturgemäß anders ausfallen muß als das Konzept einer Anwaltschaft für somatische Anstalten. Von Interesse ist dieses insbesondere in Hinblick auf die im Gesetz zwar ausreichend definierten Funktionen, aber was die Praxis anlangt, doch offenen Entwicklungen der Legalanwaltschaft im österreichischen Unterbringungsgesetz[2410]. Zugleich soll ein Einblick geboten werden in die Vernetzung von Spezialanwaltschaften sowie in die grundsätzliche Möglichkeit, solche Patientenanwälte aus dem Individualvertretungsbereich in die Systemkontrolle zu heben.

### 6.4.1. KANADISCHE SPEZIALANWALTSCHAFTEN

*Psychiatric Patient Advocate Office (PPAO)*

Das PPAO wurde im Jahre 1982 vom Gesundheitsministerium für Ontario eingerichtet. Derzeit gibt es in diesem Programm 12 Anwälte mit jeweils einem Büro in den 10 psychatrischen Provinzanstalten Ontarios. Dabei sind alle Anwälte von der jeweiligen Anstaltenadministration unabhängig und berichten an einen Regionalkoordinator (Provincial Coordinator), welcher wiederum direkt an den Gesundheitsminister berichtet. Dieses Programm wird zusätzlich von einem Kuratorium (Advisory Committee) unterstützt, welches sich sowohl aus Repräsentanten der Gesundheitsfürsorge als auch aus Vertretern der Patienten sowie auch Laienanwälten und gesetzlichen Anwälten zusammensetzt. Dieses Kuratorium berät den Regionalkoordinator, berichtet ebenfalls an den Minister und den für das gesamte Programm eigens eingesetzten Beauftragten (Deputy on the progress of the program) und macht Empfehlungen hinsichtlich erwünschter Änderungen und Modifikationen des ursprünglichen Konzeptes[2411].

Die grundsätzlichen Aufgaben der Patientenanwälte sind in erster Linie, Bedürfnissen und Wünschen der Patienten nachzuforschen, Erkundigungen einzuziehen und Beschwerden nachzugehen und ferner für den Patienten Verbindungen zu den zuständigen Stellen herzustellen. Zusätzlich kann ein Patientenanwalt Empfehlungen an

---

2410 BGBl. 155/1990.
2411 Ontario Ministry of Attorney General (Hrsg.), You've got a Friend, S. 58.

das Gesundheitsministerium aussprechen, um insgesamt die Qualität der Gesundheitsfürsorge zu verbessern. Die speziellen Ziele sind wie folgt formuliert:

- Die gesetzlichen Rechte und den Grundrechtsschutz der psychiatrierten Patienten in allen psychiatrischen Anstalten zu verbessern;
- den Patienten, die Familie, die Spitalsbelegschaft und die Öffentlichkeit über diese Rechte zu informieren;
- bei der Lösung von Beschwerden der Patienten diesen zu assistieren und zu helfen, indem eine Palette von Lösungsvorschlägen durch Gespräche mit dem Patienten erarbeitet wird;
- angeblichen Vorfällen nachzuforschen;
- Patienten, soferne notwendig, weiterzuhelfen, wenn ein Bedarf an anderen Hilfseinrichtungen wie einem Rechtanwalt oder an der Meinung eines anderen Arztes besteht.

In diesem Sinne soll das Programm zwei primäre Aufgaben erfüllen: individuelle Fallarbeit und sektorale Anwaltschaft.

In den ersten vier Jahren wurden durch dieses Programm ungefähr 12.000 Patienten in psychiatrischen Anstalten betreut. Circa 30.000 Probleme fielen dabei in verschiedensten Bereichen der Rechts-, Sozial- und Therapiefragen an. Dabei wurde die Patientenanwaltschaft durchschnittlich von 20% aller Patienten um Hilfe gebeten. Dabei war ein deutlicher Anstieg der konkreten rechtlichen Probleme festzustellen, während therapeutische Anfragen dagegen lediglich um 20%, soziale Fragen um ungefähr 30%[2412] anstiegen.

*Advocacy Resource Centre for the Handicapped (ARCH)*

Das ARCH ist von der Definition seiner Klientel ebenfalls nicht genuin eine Patientenanwaltschaft, obwohl auch hier die Grenzen fließen. Es wurde 1979 gegründet und stellt eine Anlaufstelle für behinderte Personen dar. ARCH ist eine nicht auf Gewinn gerichtete Organisation, welche von einem Board of Directors geleitet wird und 35 Organisationen repräsentiert.

Ihre Ziele stellen sich wie folgt dar[2413]:

---

2412 Ebda, S. 59 f.
2413 Ebda, S. 62.

– Eine direkte rechtliche Hilfestellung anzubieten, um Klienten, die nicht adäquat versorgt werden, in ihrem Anspruch Nachdruck zu verleihen;

– verstärkt die rechtliche Bildung hinsichtlich der Rechte der Behinderten zu betreiben;

– Untersuchungen zu führen, um die Rechte und Ansprüche von Behinderten auszubauen;

– darauf hinzuarbeiten, rechtliche Vorteile für Behinderte zu erwirken.

*Modellfortentwicklungen in Kanada*

Dic kanadischen Erfahrungen mit einer Vielzahl von verschiedenen Teil- und Spezialanwaltschaften für jeweils ganz spezifische Klienten- bzw. Patientengruppen ließen verschiedene Konzeptionen umfassender Anwaltschaftsmodelle, die jeweils auf den Erfahrungen der bereits bestehenden Modelle aufbauen, entstehen.

*Konzept: Anwaltschaft Ontario*

Bereits 1986 entwarf eine kanadische Konsumentenorganisation – Concerned Friends of Ontario Citizens in Care Facilities – ein Modell eines umfassenden Anwaltschaftsystems für die Provinz Ontario[2414].

Als zentrales Anliegen wurde die Integration aller bereits bestehenden Anwaltschaftsprogramme in ein Gesamtprogramm, die Schaffung eines gesetzlich normierten Mandats dieser Anwaltschaft und ausdrückliche gesetzliche Ermächtigungen für die Anwaltschaft hinsichtlich der Rechte auf Zugang zu Einrichtungen und Klienten und Einsichtsrechte in die Krankenunterlagen betrachtet.

Das Modell der Anwaltschaft Ontario wurde organisatorisch mit einer Zentralstelle auf Provinzebene[2415] mit fünf Regionalbüros konzipiert, wobei die tatsächliche Leitung des Anwaltschaftsprogramms

---

2414 Ebda, S. 99 ff.

2415 Diese Zentralstelle gliedert sich in vier Abteilungen: regionale Beratung; Öffentlichkeitsarbeit; Rechtsfragen; Forschung und Evaluierung.

durch ein 23-köpfiges Vorstandsdirektorium erfolgen soll. Dieses Vorstandsdirektorium hätte nach dem Konzept der Konsumentenorganisation zumindest zu 60% aus Repräsentanten von Patientenorganisationen zu bestehen. Um Konflikte innerhalb der Anwaltschaft vorweg zu vermeiden, wurde erst gar kein Anstaltenrepräsentant als Mitglied des Vorstandsdirektoriums vorgesehen.

Die Zentralstelle umfaßt in diesem Modell die folgenden koordinierenden und beratenden Aufgabenbereiche[2416]:

- Verteilung der finanziellen Mittel auf die fünf untergeordneten Regionalbüros;
- Informations- und Beratungsfunktion für die Regionalbüros;
- Maßnahmen im Bereich einer ganzheitlichen Anwaltschaft;
- Bewertung der einzelnen regionalen Anwaltschaften;
- Entwicklung von Informations- und Ausbildungsprogrammen für freiwillige und hauptberufliche Anwälte.

Die tatsächlichen und unmittelbaren Anwaltschaftsdienste für institutionalisierte, aber auch nicht-institutionalisierte Patienten werden durch die fünf Regionalbüros, die in ihren Tätigkeiten der Zentralstelle verantwortlich sind, ausgeführt. Die Aufgaben lassen sich im einzelnen ebenso bündig zusammenfassen[2417]:

- Effektive Nutzung der finanziellen Mittel im Interesse der Klienten;
- direkte Assistenz und Beratung von Klienten bei gleichzeitiger Förderung der self-advocacy;
- Aktivitäten zur Steigerung des öffentlichen Bewußtseins hinsichtlich der Rechte der Klienten;
- Identifikation von Schwerpunkten und Trends auf lokaler Ebene;
- nachfrageorientierte Erweiterung der Anwaltschaftsdienste;
- stetige Koordinierung der Tätigkeiten mit den von der Zentralstelle ausgegebenen Standards für Anwaltschaftsdienste;
- Förderung der Entwicklungen neu entstehender Anwaltschaftsinitiativen auf lokaler Ebene.

Die Finanzierung dieser Anwaltschaft hätte durch jährliche staatliche Subventionen zu erfolgen und müßte direkt dem Vorstandsdirektorium zur Verfügung stehen. Das Vorstandsdirektorium ist im

---

2416 Ebda, S. 100.
2417 Ebda, S. 101 f.

Gegenzug der Regierung insofern verantwortlich, als es dem entsprechenden Ministerium über seine Tätigkeiten berichtspflichtig ist.

Insgesamt wurde das Konzept des Modells in Ontario begrüßt. Als problematisch wurde aber die relativ aufwendige bürokratische Struktur mit einer großen Anzahl von Abteilungen und Überwachungsaufgaben gesehen. Man befürchtet, daß mangelnde Flexibilität aufgrund des großen zentralen Gremiums auf Provinzebene die Effektivität des Programms gefährde[2418].

*Konzept: das geteilte Anwaltschaftsmodell*

Auf Initiative des Justizministers in Ontario wurde ein Anwaltschaftsmodell entworfen, welches sich auf die bereits bestehenden Erfahrungen von Anwaltschaften in dieser Provinz stützte[2419].

Bereits die Bezeichnung dieses Modell – „Shared Advocacy Model“ – läßt die Konzeption und die Prinzipien dieses Modells erkennen[2420]:

– Eine Anwaltschaft kann nicht ausschließlich durch einzelne bzw. spezielle Institutionen aus- und durchgeführt werden, sondern sie bedarf einer möglichst breiten öffentlichen Unterstützung.

– Eine Anwaltschaft bedarf der Kooperation und nicht der Konfrontation zwischen allen Teilnehmern im Gesundheits- und Sozialbereich.

– Eine Anwaltschaft benötigt einen team approach zwischen freiwilligen und hauptberuflichen Mitarbeitern.

Konzeptionell ist das geteilte Anwaltschaftsmodell ein evolutionäres, in drei Phasen langsam wachsendes Modell[2421]:

In der ersten Phase und somit Aufbauphase soll die Errichtung einer Anwaltschaftskommission (Advocacy Commission) auf Provinzebene gesetzlich verankert werden. Diese für das Anwaltschaftsprogramm zentrale Institution ist der Träger nachgeordneter Einrichtungen, erfüllt die Rolle eines politischen Organs der Patientenrepräsentation und soll für die Weiterentwicklung und Umsetzung des Gesamtprogramms Sorge tragen.

---

2418 Ebda, S. 125 f.
2419 Ebda, S. 104 ff.
2420 Ebda, S. 106.
2421 Ebda, S. 105.

In der zweiten Phase werden sieben Regionalbüros, jeweils aus Vorstandsdirektorium und verschiedenen Anwaltschaftskoordinatoren bestehend, eingerichtet. Letzteren obliegt es, Lokalprogramme, die sich an den jeweils tatsächlich vorfindbaren Bedürfnissen von Klienten orientieren, aufzubauen. Die Lokalprogramme sind dann hauptverantwortlich, daß auf Lokalebene die entsprechenden Anwaltschaftsdienste den bedürftigen Personen in der notwendigen Weise zur Verfügung stehen.

In der dritten und letzten Phase dieses evolutionären Modells hat schließlich die tatsächliche Umsetzung der erarbeiteten Programme auf den drei Ebenen, Provinz-, Regional- und Lokalebene, zu geschehen.

Finanziert wird das geteilte Anwaltschaftsmodell ausschließlich durch die Regierung. Die Anwaltschaft hat regelmäßig einen Tätigkeitsbericht zu erstatten.

Im einzelnen sehen die Einrichtungen der Anwaltschaft folgendermaßen aus:

*Die Anwaltschaftskommission*[2422]

Diese Kommission besteht aus 7 Mitgliedern. Um die Unabhängigkeit des Programmes sicherzustellen, werden die Mitglieder der Kommission für eine Dauer von nicht mehr als fünf Jahren ernannt und können ohne trifftigen Grund ihres Amtes nicht mehr enthoben werden. Die Mitglieder müssen Provinzbürger sein und Qualifikationen im Bereich des Gesundheitswesens bzw. Engagement für Klienten der Anwaltschaft nachweisen können. Die Kommission tritt zumindest einmal im Monat zusammen.

Die Kommission trägt die Gesamtverantwortung für das Anwaltschaftsprogramm in der Provinz und ist für folgende Arbeitsbereiche zuständig:

- Bestellung eines hauptberuflichen Geschäftsführers,
- Finanzierung der Regionalbüros und Lokalprogramme,
- Entwicklung von Richtlinien für die Regionalbüros und Lokalprogramme,
- Entwicklung von Ausbildungsprogrammen für die freiwilligen Mitarbeiter und Anwälte der Lokalprogramme,

2422 Ebda, S. 107 f.

– Überwachung der Regionalbüros und Lokalprogramme,
– Schaffung einheitlicher, provinzweiter Berichterstattungssysteme zur Sammlung und Analyse von Daten und Beschwerden,
– Informationsweitergabe hinsichtlich erkannter Probleme und Bedürfnisse der Klienten an Gesundheitsfürsorgeeinrichtungen und die Regierung,
– allgemeine Öffentlichkeitsarbeit.

*Regionalbüros*[2423]

Sieben Regionalbüros, die jeweils unter der Führung eines Vorstandsdirektoriums stehen, setzen die von der Anwaltschaftkommission ausgegebenen Richtlinien auf der Regionalebene um. Das Vorstandsdirektorium jedes Regionalbüros veranschlagt das jährlich benötigte Budget für die zu leistenden Anwaltschaftsdienste, welche sich an den Richtlinien der Kommission zu orientieren haben und muß der Kommission vierteljährlich über die Aktivitäten des jeweiligen Regionalbüros und der zu betreuenden Programme auf Lokalebene berichten.

Die Regionalbüros sollen insgesamt nicht mehr als 25 Mitglieder umfassen und sich in erster Linie aus Patienten/Konsumenten (primary or secondary consumers of advocacy services) zusammensetzen. Die Mitgliederversammlung wählt das oben schon erwähnte Vorstandsdirektorium.

Der Aufgabenbereich der Regionalbüros gliedert sich wie folgt:
– Aufbau und Durchführung von Anwaltschaftsdiensten für institutionalisierte und nicht-institutionalisierte Klienten;
– Orientierung an den Richtlinien der Kommission;
– Bestellung eines Geschäftführers;
– Vergabe der von der Kommission genehmigten und bereitgestellten Budgetmittel an die Lokalprogramme;
– Koordination der Tätigkeiten des Regionalbüros mit den verschiedenen Lokalprogrammen;
– periodische Berichterstattung über die Aktivitäten des Regionalbüros und der Lokalprogramme an die Kommission;
– Übermittlung von Daten und Empfehlungen an die Kommis-

2423 Ebda, S. 110 ff.

sion. Zur effektiven Umsetzung der Aufgaben der Regionalbüros stehen in diesen jeweils drei Anwaltschaftskoordinatoren zur Verfügung: der durch das Vorstandsdirektorium eingesetzte Geschäftsführer und zwei Anwälte, jeweils spezialisiert auf institutionalisierte und nicht-institutionalisierte Klientengruppen.

Die Anwaltschaftskoordinatoren haben neben der grundsätzlichen Aufgabe der Unterstützung bei Sachwalterschaftsangelegenheiten die folgenden Agenda auszuführen:

- Unterstützung der Lokalprogramme bei Entwicklung von Lokalprogrammen und deren Anwaltschaftsdiensten;
- Lokalprogrammen bei Gewährung von finanziellen Mitteln zu assistieren;
- Kontrolle hinsichtlich der Effektivität von Lokalprogrammen;
- Aufnahme und Ausbildung freiwilliger und ehrenamtlicher Mitarbeiter;
- Einrichtung einer 24 Stunden per Tag Betreuung der Klienten;
- Anweisung der einzelnen Anwälte, die Pflegeanstalten regelmäßig und jeden einzelnen Klienten zumindest einmal im Monat zu besuchen;
- Hilfestellung für Mitarbeiter;
- Öffentlichkeitsarbeit;
- Aufzeichnungen über eingehende Beschwerden und anfallende Probleme, unternommene Tätigkeiten, Ergebnisse, Antworten und Empfehlungen zu führen;
- Sicherheit zu schaffen, daß alle freiwilligen und ehrenamtlichen Mitarbeiter und Anwälte der Lokalprogramme sich den Richtlinien der Kommission entsprechend verhalten;
- den Aufbau weiterer lokaler Gruppen zu fördern.

Eine effektive und gut funktionierende Anwaltschaft kann – so die kanadischen Erfahrungen – nicht alleine mit hauptberuflichen Mitarbeitern auskommen. Die in der Praxis bereits bestehenden freiwilligen Anwaltschaftsprogramme sollen daher in das Modell der geteilten Anwaltschaft integriert werden. Alle freiwilligen und ehrenamtlichen Mitarbeiter bedürfen aber einer Genehmigung der Regionalbüros, welche im einzelnen dann Zutrittsrechte zu Anstalten und Einsichtsrechte in die Krankenunterlagen der Klienten sicherstellen.

Freiwillige und ehrenamtliche Mitarbeiter, die über möglichst einschlägige (Selbst-) Erfahrungen im Tätigkeitsbereich der Anwaltschaft verfügen sollen, haben einen weitgefächerten Aufgabenbereich zu erfüllen:

- Regelmäßig sowohl die institutionalisierten als auch die nicht-institutionalisierten Klienten zu besuchen;
- Beschwerden entgegennehmen, nachzuforschen und Lösungen zu finden;
- erkannte Problemstellungen, entgegengenommene Beschwerden und Lösungsversuche an das Regionalbüro zu berichten;
- Öffentlichkeitsarbeit zu leisten.

*Lokalprogramme*[2424]

Der tatsächliche unmittelbare Erfolg des gesamten Anwaltschaftsmodells hängt vom Aufbau, von der Effizienz und Effektivität der Lokalprogramme ab. Die Regionalbüros unterstützen den Aufbau und assistieren bei der Ausgestaltung der lokalen Programme, deren Anwaltschaftsdienste sich nach den unmittelbaren Bedürfnissen auf lokaler Ebene auszurichten haben; gleichzeitig unterliegen die lokalen Programme der Aufsicht der Regionalbüros.

## 6.4.2. AMERIKANISCHES MODELL

Während die kanadischen Modelle für Europa hinsichtlich ihrer Überlegungen über Aufbau und Organisation einer Anwaltschaft von Interesse sind, lassen sich aus amerikanischen Modellen wesentliche Aspekte der rechtlichen Gestaltung von Befugnissen und Ermächtigungen der Anwaltschaftsprogramme erkennen:

Im Jahre 1986 wurde im Zusammenhang mit der Kodifikation der Patientenrechte von Mentalpatienten[2425] ein Rahmengesetz – Protection and Advocacy for Mentally Ill Individuals Act[2426] – für

2424 Ebda, S. 117 ff.

2425 Mental Health Systems Act of 1980, 42 U. S. C. A. § 9501 ff, P. L. 96-398, 94 Stat. 1564 (1980).

2426 Protection and Advocacy for Mentally Ill Individuals, 42 U. S. C. A. §§ 10227 ff, P. L. 99-319, 100 Stat. 478 (1986); Protection and Advocacy for Mentally Ill Individuals Amendments Act of 1988, P. L. 100-509.

Anwaltschaften vom amerikanischen Kongreß verabschiedet. Bereits die Präambel zu diesem Gesetz bringt Absicht und Zielrichtung der Programme deutlich zum Ausdruck:

„§ 10801. Congressional findings and statement of purpose

(a) The Congress finds that

(1) mentally ill individuals are vulnerable to abuse and serious injury;

(2) mentally ill individuals are subject to neglect, including lack of treatment, adequate nutrition, clothing, health care, and adequate discharge planning; and

(3) State systems for monitoring compliance with respect to the rights of mentally ill individuals vary widely and are frequently inadequate".

Um daher die Rechte von Mentalpatienten besser zu sichern, wird den einzelnen amerikanischen Bundesstaaten finanzielle Unterstützung zum Aufbau von Anwaltschaften mit der Aufgabe

„(A) protect and advocate the rights of such individuals through activities to ensure the enforcement of the Constitution and Federal and State statutes; and

(B) investigate incidents of abuse and neglect of mentally ill individuals if the incidents are reported to the system or if there is probable cause to believe that the incedents occurred"[2427]

gewährt.

Diese völlig unabhängigen Anwaltschaften[2428] werden im Detail zu folgendem ermächtigt:

– Vorfälle von Mißhandlungen und Vernachlässigungen von Mentalpatienten zu untersuchen, soferne diese Vorfälle an die Anwaltschaft berichtet werden oder die begründete Annahme besteht, daß solche Vorfälle sich ereignet haben;

– administrative, rechtliche oder andere entsprechende Schritte zur Sicherung des Schutzes der Rechte von Mentalpatienten einzuleiten;

– administrative, rechtliche oder andere entsprechende Schritte

2427 42 U. S. C. A. §§10801 (b).

2428 „... be independent of any agency in the State which provides treatment or services (other than advocacy services) to mentally ill individuals"; 42 U. S. C. A. §§ 10805 (a)(2).

für Personen, welche Mentalpatienten waren und Bürger des betreffenden Bundesstaates sind, einzuleiten[2429];

– die Anwaltschaft hat Zugang zu den Gesundheitseinrichtungen[2430].

Die Anwaltschaft hat Einsichtsrechte und Zugang zu den Daten:

– jeder Person, die als Klient (oder deren gesetzlicher Vertreter: legal guardian, conservator or other legal representative) die Anwaltschaft dazu ermächtigt;

– jeder Person, die aufgrund ihres physischen oder mentalen Zustandes nicht in der Lage ist, die Anwaltschaft zu autorisieren oder über keinen gesetzlichen Vertreter verfügt oder aufgrund einer bei der Anwaltschaft – im Interesse einer bestimmten Person – eingereichten Beschwerde oder wenn ein begründeter Verdacht der Mißhandlung oder Vernachlässigung einer bestimmten Person besteht[2431].

Organisatorisch ist der Anwaltschaft ein Beratungsorgan (advisory council) beizustellen. Dieses Beratungsorgan berät die Anwaltschaft über Strategien und Prioritäten, die in erster Linie zum Schutz der Rechte der Mentalpatienten notwendig erscheinen. Zusammenzusetzen hat es sich aus Rechtsanwälten, Ärzten, Personen aus der Öffentlichkeit, die über entsprechendes Wissen über Mentalkrankheiten verfügen, Anstaltenrepräsentanten, (ehemalige) Patienten und deren Familienangehörigen. Zumindest die Hälfte des Organs hat aus (ehemaligen) Patienten und deren Familienangehörigen zu bestehen[2432].

Die Anwaltschaft hat einen Jahresbericht über ihre Aktivitäten zu verfassen und bestimmten Behörden zu übermitteln[2433].

Vor allem hat die Anwaltschaft ein Beschwerdeverfahren einzurichten, welches es ermöglicht, daß Klienten oder zukünftige Klienten vollen Zugang zu den Diensten der Anwaltschaft haben[2434].

Was eine Anwaltschaft tatsächlich zu einer solchen macht, ist, daß die Anwaltschaft dazu ermächtigt wird, sogar rechtliche Schritte

---

2429 42 U. S. C. A. § 10805 (a)(1).
2430 Ebda, § 10805 (a)(3).
2431 Ebda, § 10805 (a)(4)
2432 Ebda, § 10805 (a)(6).
2433 Ebda, § 10805 (a)(7).
2434 Ebda, § 10805 (a)(9).

einzuleiten: „If (...) any matter with respect to such individual will not be resolved within a reasonable time, the system, agency, or organization may pursue alternative remedies, including the initiation of a legal action“[2435].

### 6.4.3. SCHWEDISCHES MODELL: VERTRAUENSAMT (FÖRTROENDENÄMND)[2436]

Die Debatte der späten siebziger Jahre über die Unzulänglichkeiten im Gesundheits- und Anstaltenwesen führte in Schweden zu Überlegungen nach einer Doppelstrategie. Einmal sollten die Schlichtungsinstrumente stärker betont werden, zum anderen aber sollten dann, wenn Verfehlungen schon passiert sind, die Disziplinarinstrumente geschärft werden. Für den Sanktionsbereich wurde eine Aufsichtsbehörde (Hälso- och sjukvårdens ansvarsnämnd, HSAN)[2437], für den Präventivbereich, den Vermittlungs- und allenfalls, funktional gesehen, den patientenanwaltschaftlichen Bereich, ein eigenes, schon von der Terminologie her auf Kooperation eingestimmtes, Vertrauensamt (förtroendenämnd), vorgeschlagen.

Vom Konzept her sollten es die obersten Anstaltenbehörden sein, die selbst die Vertrauensämter einrichten; allerdings sollten sie von den Anstalten weg auf die Landtagsebene verlagert werden. Im Gesetzgebungsprozeß wurde dann die Forderung nach strikter Unabhängigkeit von den zu kontrollierenden Einrichtungen durchgesetzt. Die Gründe, die zugleich die Abgrenzung gegen den kompetenzloseren Patientenombudsmann in einem mitliefern, liegen im Bedarf der Patientenschaft nach einer starken und formal authorisierten Vertretung. Damit rückte das Konzept immer mehr in die Nähe der Anwaltschaftsidee[2438]. Daher sollte es nicht den Anstaltenbehörden überlassen bleiben, ob sie eine Beschwerdestelle einrichten oder nicht, sondern es sollten die Länder durch einen gesetzlichen Rahmenauftrag verpflichtet sein, solche Vertrauensämter

---

2435 Ebda, § 10807 (a).

2436 Im weiteren Förtroendenämnder inom hälso- och sjukvården. Rapport av en särskild arbetsgrupp, DsS 1984:16, Stockholm 1984.

2437 Siehe oben Disziplinarrecht IV.7.1.

2438 SOU 1979/80:16, Stockholm 1980.

zu schaffen. Man war der Meinung, daß dieses Instrument ohnedies nicht verschlägt, daß die Gesundheitsbehörden zusätzliche kompetenzschwächere, mehr auf Vermittlung hin gerichtete und vorgelagerte Ombudssysteme einrichten.

In typisch schwedischer Manier nicht gleich eine Dauerlösung, deren Effizienz man im vorhinein schlecht abschätzen konnte, zu schaffen, wurde der gesetzliche Auftrag für eine fünfjährige Versuchsphase erteilt. Sollte sich dann herausstellen, daß ein weicheres Vermittlungssystem den Patienteninteressen gleich gut Rechnung trüge, so könnte man dann hinter den einstweiligen Annahmen und darauf fußenden Vorgaben zurückbleiben.

Auf der Grundlage dieses Konzeptes wurde 1980 ein Gesetz über die Vertrauensämter[2439] verabschiedet.

Die Tätigkeit und die Effizienz dieser Vertrauensämter beleuchtet am eingehendsten die vom Gründungsgesetzgeber schon vorgesehene Evaluation im Sunset review-Stil nach der geplanten fünfjährigen Probetätigkeit[2440]:

Der Betrieb von zum damaligen Zeitpunkt insgesamt 30 eingerichteten Vertrauensämtern wurde als hochgradig nützlich und die Patienteninteressen fördernd erachtet[2441]. Der Aufgabenbereich erstreckt sich von der reinen Vermittlungstätigkeit bis hin zur Verhandlung sowie der Vertretung von Patienten bei der Patientenversicherung. Selbst die „Konkurrenz"behörden wie das Disziplinargericht HSAN, die oberste Gesundheitsbehörde (socialstyrelsen) und selbst die Personalvertretungen des medizinischen Pflegepersonals schlossen sich dieser Auffassung von der Nützlichkeit des Vertrauensamtes an. Wenngleich vereinzelt vorgetragen wurde, daß völlig freie und außerhalb aller Ämter angesiedelte Patientenombudssysteme von Nutzen sein könnten, fand man die Amtsform, die eine deutlichere Autorität verleiht, insgesamt für die Tätigkeit der Vertrauensämter geeigneter. Positiv empfunden wurde auch die organisatorische und funktionale Anbindung an den Landtag (landsting). Gerade der Charakter eines politischen Amts schien dem als ebenso politisches Problem empfundenen Verhältnis zwischen Pa-

2439 SFS 1980:12 Lag om förtroendenämnder.
2440 Siehe dazu den oben erwähnten Bericht Förtroendenämnder inom hälso- och sjukvården. Rapport av en särskild arbetsgrupp, DsS 1984:16, Stockholm 1984.
2441 Ebda, S. 25 ff.

tient und Personal am ehesten zu entsprechen. Indem das Vertrauensamt im qualitativen Rang einer sektoralen Anwaltschaft für die Patienten steht, kommt diesem auch die Rolle als Vermittler zwischen den unterschiedlichen Interessengruppen im Pflegebereich zu. Die Kombination der Vertretung von Individual- und Gruppeninteressen schien gelungen zu sein.

War der Versuchsbetrieb zunächst auf ganz bestimmte Anstaltentypen begrenzt, so schien der Gewinn aus der Tätigkeit der Vertrauensämter die Ausdehnung des Obsorgebereiches auf das gesamte Gesundheitswesens bis hin zum Pflegebereich und sogar zum zahnärztlichen Bereich zu rechtfertigen.

Ebenfalls bewährt habe sich, so wurde befunden, die eigenständige gesetzliche Grundlage, die dann ja auch mit der Obsorgebereichserweiterung durch das neue Gesetz fortgeführt wurde. Daß die Vermittlungs- und Schlichtungstätigkeit der Vertrauensämter eindeutig positiv bewertet wurde, zeigt sich daran, daß der Disziplinarbehörde HSAN sogar die Möglichkeit eingeräumt wurde, bei ihr einlangende Disziplinarbeschwerden, die eindeutig auf einen Mangel an Kontakt zwischen Personal und Patient zurückzuführen sind, zum Versuch der Konfliktbeilegung an das zuständige Vertrauensamt abzutreten.

Die Vertrauensämter selbst reklamierten für sich eine interne Aufgabenerweiterung[2442]. So sollte

- die Arbeitsverteilung unter den Vertrauensämtern so ausgeglichen werden, daß eine schnelle und unbürokratische Erledigung gefördert wird;
- die Verantwortung für prinzipielle Fragen der Präventivarbeit den Vertrauensämtern übertragen werden;
- die Patientenbeschwerden soweit wie möglich von den Vertrauensämtern geschlichtet werden;
- den Ämtern bei der Implementation der gewonnenen Erkenntnisse in die Politik eine stärkere Stellung zugestanden werden;
- den Vertrauensämtern die Fortbildung für den Gesundheitssektor übertragen werden;
- eine stärkere Kooperation und gemeinsame Ausbildung von Beamten der Vertrauensämter und des Gesundheits- und Krankenwesenpersonals aufgetragen werden;

2442 Ebda, S. 42.

– bei den Vertrauensämtern Verfahren für die Verhandlung zwischen lokalen Patienten- und Personalvertretungen entwickelt werden.

Im Gesetzestext, der, entsprechend der jüngeren schwedischen Tradition, einer Rahmengesetzgebung mit minimalem Detailregelungsstreben Rechnung trägt, wurde die Funktion jedoch nur ganz allgemein definiert (§ 2): „Innerhalb eines Landesgesundheitswesens hat es ein oder mehrere Vertrauensämter zu geben, deren Aufgabe es ist, die Kontakte zwischen den Patienten und dem Gesundheits- und Krankenwesenpersonal zu fördern sowie den Patienten alle Unterstützung anzubieten, die den Umständen nach erforderlich ist".

Das Gesetz wurde auf unbestimmte Zeit verlängert[2443].

---

2443 SFS 1986:245.

# 7. Patientenrat

Eine mehr die Gruppenrechte als die Individualrechte fördernde Entwicklung bringt es mit sich, daß Patienten sich organisieren. Geht es um Mitspracherechte auf betrieblicher, anstaltsbezogener Ebene, so ist das politische Ziel und die Absicht, die Patientenrechtsentwicklung insgesamt zu beeinflussen und zu steuern, noch nicht so deutlich wie bei jenen Organisationen, die über Anstalten hinweg auf lokaler, regionaler oder staatlicher Ebene tätig werden. Wie aber schon bei der Vernetzung der Anwaltschaftssysteme zu erkennen war, entwickeln sich Stufenmodelle.

## *7.1. Patientenräte auf Anstaltsebene*

Marshall B. *Kapp*[2444] sieht die Selbstrepräsentation durch Patienten als die effektivste Form der Mitbestimmung. Gebricht es aber an einer solchen, was in Langzeitpflegeeinrichtungen bisweilen der Fall sein kann, dann können Angehörige in Patientenrepäsentationen eintreten[2445]. Solche Organe, Patientenräte, resident's councils, dienen der Sicherung der Alltagsqualität an Institutionen[2446]. Auch in Europa setzt sich diese Erkenntnis durch[2447]. Dabei ist die Ausgestaltung eines solchen Patientenrates sehr variabel. In einer bestimmten Weise stellt es eine Art der Selbstverwaltung (self-governance) dar.

Dieser Selbstverwaltungsrat (council) wählt sich seine eigenen Repräsentanten, erarbeitet sich eigene Satzungen und arbeitet unabhängig von Pflegeinstitutionenleitung und -personal, kooperiert aber mit diesen.

Besonders zwei Aspekte der anstaltenbezogenen Patientenräte sind von Bedeutung: Zum einen erleichtert es Pflegepatienten Beschwerden zu äußern, weil sich die Beschwerde durch die Gruppe

2444 Kapp, M. B., Preventing Malpractice in Long-Term Care, New York 1987, S. 50.

2445 In den Vereinigten Staaten kennt man daher auch reine family councils, welche sich aus Freunden und Verwandten der Langzeitpatienten zusammensetzen; dazu National Senior Citizens Law Center (Hrsg.), Nursing Home Law, S. 38 f.

2446 Devitt, M./Checkoway, B., Participation in Nursing Home Resident Councils: Promise and Practice, in: The Gereontologist 49 (1982), S. 22 ff.

2447 Finnish Bill of Rights, Section 11 Council of Patients.

hindurch als allgemeineres Anliegen darstellt und das Risiko von Repressalien gering ist. Diese quasi-politische Mitbestimmung kann so weit gehen, daß Treffen mit offiziellen Vertretern von Behörden veranstaltet werden und durch diese Form der Mitsprache auch indirekt auf Gesetzgebung, behördliches Handeln und Unterstützung Einfluß genommen werden kann. Zum anderen erleichtern diese Räte oftmals die Alltäglichkeiten einer Pflegeanstalt, etwa die koordinierte und konsentierte Lösung von Problemen der Ernährung, Wäscherei bis hin zu Bereichen, die die Pflegeeinrichtungssozialisation betreffen.

In den amerikanischen Bundesstaaten Colorado, Illinois, Iowa und Oklahoma wurde in den einschlägigen Gesetzen festgehalten, daß alle Pflegeanstalten solche Patientenräte einzurichten haben[2448], in Georgia empfiehlt dies das Gesetz zumindest[2449]. Im Erstentwurf zum finnischen Patientenrechtsgesetz ließ man Struktur und Verfahren für den Patientenrat offen. Dies entspricht vielleicht sogar der Idee der Selbstbestimmung und des reflexiven Rechts, daß die Betroffenen über dessen Zusammensetzung erst befinden. Man wollte sich aber nicht damit begnügen, so wie Österreich sich dazu anschickt, einen Patientenrat nur als Heimrat in einem eigenen Pflegeheimgesetz nur für Pflegeanstalten zu kreieren. Vielmehr hatte man im Erstentwurf vorgesehen[2450], daß an jeder Anstalt, die mehr als zehn Langzeitpflegepatienten beherbergt, eine Form eines Patientenrates einzurichten ist. Von diesem Anspruch ist man in der Regierungsvorlage[2451] aber doch auch wieder abgegangen.

In Colorado setzen sich die anstaltenbezogenen Patientenräte in Langzeitpflegeanstalten zumindest aus fünf von und durch die Pflegepatienten ausgewählten Mitgliedern zusammen. Jeder Patientenrat hat sich zumindest einmal im Monat mit der Anstaltenleitung und den Personalvertretern zu treffen, um entsprechende Empfehlungen des Patientenrates an die Leitung der Einrichtung weiterzu-

---

2448 Colorado Rev. Stat. §25-1-120(4) (Supp. 1980); Illinois Rev. Stat. ch. 111 1/2, §4152-203 (Smith-Hurd 1981-82); Okla. Stat. Ann. tit.63, §1-1922 (West Supp.1981).

2449 Georgia Code Ann. §88-1920 B(e))(1981).

2450 § 11, Text im Dokumententeil.

2451 Hallituksen esitys Eduskunnalle laiksi potilaan asemasta ja oikeuksista; Regeringens proposition till Riksdagen med förslag till lag om patientens ställning och rättigheter, RP 1985/91, Helsinki 1991.

reichen[2452]. Der Patientenrat kann aber auch Beschwerden, die bei ihm eingebracht werden, an die ebenso an jeder Anstalt einzurichtende Beschwerdestelle (grievance committee) im Interesse des Beschwerdeführers weiterleiten[2453].

In Illinois und Oklahoma sind in textgleichen Gesetzen die Aufgaben des anstaltenbezogenen Patientenrates explizit umschrieben[2454]. Der Patientenrat soll

- Informationen entgegennehmen und weiterverteilen;
- Verbesserungsvorschläge an die Anstaltenleitung richten;
- sowohl Probleme identifizieren als auch entsprechende Lösungsvorschläge erarbeiten.

Der Patientenrat hat dabei ganz allgemein die von der Anstalt getroffenen Maßnahmen zum Schutz der Rechte der Patienten hinsichtlich ihrer Effektivität zu beobachten und zu prüfen und auch in diesem Bereich zu kontinuierlichen Verbesserungen beizutragen[2455].

Der Gesetzgeber von Georgia, der die Patientenräte auf Anstaltenebene zwar nicht zwingend vorschreibt, bestimmt zumindest, daß die Anstalten die Bildung von anstaltenbezogenen Patientenräten zu fördern haben, indem die Anstalten jedenfalls Räumlichkeiten zur Verfügung stellen und nötigenfalls auch entsprechende Hilfestellung und Assistenz für Patienten, die zur Teilnahme an den Versammlungen des Patientenrates der Hilfe bedürfen, anbieten[2456].

Ähnliche Entwicklungen hin zu Klienten(patienten)räten zeichnen sich in den Niederlanden ab[2457]:

Bereits seit fünfzehn Jahren liegt ein Gesetzesvorschlag über das „demokratische Funktionieren von öffentlichen Einrichtungen“ (Wet op het democratisch functioneren van instellingen) vor, der jedoch ob seiner Paritätenregelung so umstritten ist, daß eine parlamentarische Behandlung immer wieder hinausgezögert wird. Der Gesetzesvorschlag soll ein weites Feld abdecken: Allgemeine Kran-

---

2452 Colorado Rev. Stat. §25-1-120(4)(Supp.1980).
2453 Ebda, § 25-1-120(3)und(4).
2454 Illinois Rev. Stat. ch.111 1/2, §4152-203(d) (Smith-Hurd 1981-82); Oklahoma Stat. Ann. tit.63, §1-1922 E (West Supp.1981).
2455 Illinois Rev. Stat. ch. 111 1/2, §4152-203(d)(Smith-Hurd 1981-82); Oklahoma Stat. Ann. tit. 63, §1-1922 E(West Supp.1981).
2456 Georgia Code Ann. §88-1920B(e)(1981).
2457 Gesetzesvorschlag Demokratische Gesundheitsfürsorge (Wet op het democratisch functioneren van instellingen).

kenhäuser, Altersheime, psychiatrische Anstalten, Krisenzentren, Frauenhäuser, regionale Einrichtungen für die ambulante psychische Gesundheitsfürsorge, Gesundheitszentren, aber auch Bibliotheken, Theater, etc. Kurzum, alle öffentlichen Einrichtungen, die staatliche Subventionen erhalten, sollen in den Regelungsbereich des Demokratiesierungsvorschlages fallen[2458]. Auf Grund dieser umfangreichen Regelungsabsicht kann eine solche Norm nur ein Rahmengesetz sein, das durch Ausführungsgesetze oder Verordnungen je nach Anwendungsbereich detailliert werden soll.

Der Gesetzesvorschlag unterteilt sich in folgende Hauptstücke:

1) Klienten- oder Konsumentenrat
2) Zusammensetzung des Vorstandes
3) Klags- oder Beschwerdeschlichtung

Nur die beiden ersteren Punkte sind hier von Bedeutung:

Jede Einrichtung der Gesundheitsfürsorge soll einen sogenannten Klientenrat (cliëntenraad) einrichten. Dieser Rat hat die Interessen der Patienten zu vertreten, ein Beratungs- und in einigen Fällen ein Mitspracherecht.

In Einrichtungen, in denen die Patienten im allgemeinen länger als drei Monate (long-term-care) verbleiben, werden die Mitglieder des Klientenrates von den Patienten selbst gewählt. In Einrichtungen, in denen die Aufenthaltsdauer kürzer ist, wird kooptiert, es „benennen die Mitglieder des Klientenrates selbst ihre Mitglieder“[2459].

In den Niederlanden hat man sich der in der Patientenrechtsdiskussion immer neu aufbrechenden Frage, wer repräsentieren soll, wo doch des Patienten Streben auf das ehestmögliche Verlassen einer Anstalt gerichtet ist, gestellt.

Es wurden in Analogie zum Betriebsrätegesetz Repräsentativitätskriterien für die Patientenvertreter vorgeschlagen[2460]: Das Gesetz sollte jeder Einrichtung die Verpflichtung auferlegen, einen repräsentativen Klienten- oder Konsumentenrat einzurichten. Im Fall von allgemeinen Krankenhäusern, die nicht unter den Sondertatbestand der Langzeitpflege und damit unter die Urwahl fallen, sind lokale Patientenrechtsverbände dazu berufen, die Klientenratsmitglieder zu entsenden, in psychiatrischen Anstalten wären darüber hinaus Eltern oder Angehö-

---

2458 Vroom-Kastelein, W. R., Democratisering in de gezondheidszorg, S. 575 ff.
2459 Ebda, S. 575.
2460 Ebda, S. 577.

rige als entsendbar zu erklären. Diese Kriterien sollen so gestaltet sein, daß durch die Eröffnung des Rechtsweges im Verwaltungsverfahren jeder Angehörige oder Patientenrechtsverband die gerichtliche Überprüfung der Zusammensetzung des Klientenrates auf seine Repräsentativität hin erzwingen kann[2461].

Die Mitwirkungsrechte des Klientenrates zielen auch auf die Bestellung der Leitung einer Anstalt. So soll der Vorstand einer Einrichtung nach dem Gesetzesvorschlag aufgrund von gemeinsam gereihten Vorschlägen des Klientenrates, des Betriebsrates und des medizinischen Personals erfolgen.

Mittlerweile überlegt man auch, ein direktes Vertretungsrecht der Patientenvertreter und des Betriebsrates im Vorstand einer Einrichtung in Form einer kollegialen Verwaltungsspitze zu etablieren[2462]. Zumindest ein Patientenvertreter im Rang eines Geschäftsleitungsmitglieds wird als realisierbare Konstruktion angesehen.

## *7.2. Patientenräte auf lokaler/regionaler/staatlicher Ebene*

Neben den anstaltenbezogenen und für jede einzelne Anstalt zu gründenden Patientenräten (single nursing home resident councils) gibt es darüber hinaus auch regional tätig werdende Patientenräte (area nursing home resident councils). Sie setzen sich aus den an Anstalten eingerichteten Patientenräten respektive Vertretern dieser zusammen. Ihre Aufgabe deckt sich noch mit denen der unteren Ebene im Rahmen der informationsgerichteten Aktivitäten. Darüber hinaus sind sie aber schon Lobbys, haben Funktionen bei parlamentarischen patientenrechtsrelevanten Aktivitäten (hearings) und verhandeln in ganz politischer Manier mit anderen Gruppen und auch mit diesen gemeinsam mit der regionalen Gesundheitspolitik. Beispielsweise hat das Nursing Home Residents' Advisory Council in Minnesota über 10.500 Mitglieder in über 700 verschiedenen Pflegeinstitutionen in Minnesota. Es veranstaltet zahlreiche Workshops und arbeitet in Richtung der Verbesserung der Partizipation der Pflegepatienten an Entscheidungen der Regierung und verfügt auch über zahlreiche Repräsentanten in staatlichen Langzeitpflegeeinrichtungenkomitees. Daß solcherart ein politischer

2461 Ebda.
2462 Ebda, S. 577 ff.

Faktor für die Patientenrechtsdynamik entstanden ist, liegt auf der Hand[2463].

Das Modell Florida, das trotz seiner selbstgewählten Bezeichnung Ombudsmann-Programm bei weitem mehr als eine solche Repräsentation im Gesundheitssystem, eben eine politische, darstellt, scheint prototypisch für die Zusammensetzung und Charakteristik von regionalen und überregionalen Patientenräten zu sein[2464].

Aufgrund der Tatsache, daß sowohl die zuständigen Behörden als auch das Gesundheitswesen insgesamt nicht in der Lage waren, die Rechte der Langzeitpatienten in Florida umfassend zu schützen, entschloß sich der Gesetzgeber von Florida im Jahre 1975, unter Stützung auf die Inhalte des Older Americans Act, ein staatsweites (statewide ombudsmann committee) Ombudsmann-Komitee beim Präsidium des Gouverneurs und weitere elf Bezirksombudsmannkomitees (district ombudsmann committee) einzurichten. Später wurde die Programmverantwortung an das Gesundheitsministerium übertragen[2465] und zusätzlich noch festgehalten, daß das Ombudsmannprogramm in enger Zusammenarbeit mit dem Human Rights Advocacy Committee[2466] seine Aufgaben verfolgen soll[2467].

Bereits 1977 wurden, nach zwei Jahren Erfahrung mit dem Programm, erste Änderungen der gesetzlichen Vorschriften durchgeführt. Die Anzahl der Mitglieder des State Ombudsmann Committee und der District Ombudsmann Committees wurde aufgestockt. 1978 wurde das Programm insoweit noch ergänzt, als ein Mitglied des District Ombudsmann Committee in Zukunft, auch ohne Ankündigung, jederzeit Zugang zu jeder Pflegeeinrichtung, um Nachforschungen aufgrund erhobener Beschwerden anstellen zu können, bekommen sollte[2468]. 1980 wurden erneut Änderungen vorgenommen. Die Anzahl der Mitglieder wurde aus der Überlegung, den Kreis der zu observierenden Einrichtungen zu erweitern, erneut angehoben.

2463 National Senior Citizens Law Center (Hrsg.), Nursing Home Law, S. 39.

2464 Staff of the House of Representatives Committee on Regulatory Reform (Hrsg.), A Review of the State and District Nursing Home and Long-Term Care Facility Ombudsman Committees, Florida 1983.

*Ziele*

Die offenkundig gewollt politischen Zielsetzungen dieser Patientenräte sind in der von diesem State Ombudsman Committee selbst formulierten Charta definiert[2469]. Sie sollen

– eine zusätzliche Alternative zu den derzeitigen Methoden der Korrektur der Mängel in Anstalten bieten;

– sichern, daß die persönlichen und gesundheitlichen Bedürfnisse der Pflegepatienten befriedigt werden;

– sichern, daß die Entwicklung in Pflegeinstitutionen und Langzeitpflegeeinrichtungen der Würde und der Unabhängigkeit der Bewohner förderlich ist; und

– Beschwerden gegen Pflege- und Langzeitpflegeeinrichtungen sammeln, nachforschen und Lösungen fördern.

Ein weiteres Ziel dieses Kollektivsystems ist es, die einzelnen Anwaltschaftsdienste für die Pflegepatienten zu koordinieren. Hierfür [2470] wurde festgelegt, daß die Räte mit den regionalen Menschenrechtsanwaltschaften, die ihrerseits den Individualschutz übernehmen, eng kooperieren müssen. Fällt den Menschenrechtsanwaltschaften der Individualschutz zu, so sollen die Räte den Strukturverlauf beobachten, die Einrichtungen katalogisieren, deren Klientenzahl beobachten, die Altersstruktur feststellen und die Charakteristika der Klienten oder die Dienste, deren sie in diesen Einrichtungen bedürfen, identifizieren.

Nach Auswertung dieser Informationen ist dann zu entscheiden, welcher der Kooperationspartner, ein regionaler Patientenrat oder eine Menschenrechtsanwaltschaft, besser geeignet ist, eine Einrichtung zu kontrollieren. Die Aufgabenteilung spiegelt die Abgrenzung von politischer und adversarieller Zuständigkeit deutlich wieder. Einrichtungen mit hoher Fragilitätsstruktur der Klientel werden von den advocacies überwacht, Einrichtungen mit minderer Patientenproblemstruktur werden vom Patientenrat observiert.

---

2465 Executive Order 1975-48a.

2466 Chapter 1975-48, Laws of Florida.

2467 Ebda, S. 20 ff.

2468 Florida Stat. Ann. § 400.307.

2469 Staff of the House of Representatives Committee on Regulatory Reform (Hrsg.), State and District Nursing Home and Long-Term Care Facility Ombudsman Committees, S. 29 ff.

2470 Florida Stat. Ann. §400.304(9).

*Organisation*

Die allgemeinen Pflichten des State Ombudsman Committee[2471] dokumentieren einmal mehr die Gesamtobsorge für den Patientenrechtsbereich und hiemit die Einbindung in das politische System.

Es ist ein Organisationsnetz über das gesamte Staatsgebiet aufzubauen, um Dienstleistungen als Appellationsinstanz (appellate body) anbieten zu können, die Beschwerden, die auf lokaler oder Distriktsebene keiner Lösung zugeführt werden konnten, weiter verhandelbar zu halten. Ferner sollen konsensfähige Verfahren zur Entdeckung, Nachforschung und Ermittlung von Fällen der Mißhandlung und Vernachlässigung in Pflege- oder Langzeitpflegeeinrichtungen entwickelt werden sowie Verfahren zum Aufdecken und Anbringen von Beschwerden, die von oder im Interesse von Bewohnern von Pflegeanstalten oder Langzeitpflegeeinrichtungen eingebracht werden.

Auch die Unterstützung und Koordination von staatsweiter, lokaler und freiwilliger organisatorischer Assistenz zum Zwecke der Verbesserung der Pflege und Behandlung in Anstalten oder Langzeitpflegeeinrichtungen zählt zu den Hauptaufgaben der committees.

*Zusammensetzung*

Das State Ombudsmann Committee besteht aus 12 Mitgliedern. Die Parität läßt wiederum die sektorale Partizipationsstruktur erkennen. Der Rat setzt sich zusammen aus[2472]:

– einem Arzt, der in seiner Praxis auch ältere Patienten behandelt,
– einer Diplomkrankenschwester,
– einem Anstaltenadministrator,
– einem lizenzierten Pharmazeuten,
– einem Diätetiker,
– zwei Repräsentatanten aus der Patientenschaft einer Langzeitpflegeeinrichtung,
– einem Repräsentanten aus der Klientel einer adult congregate living facility,

2471 Florida Stat. Ann. §400.304; siehe dazu Staff of the House of Representatives Committee on Regulatory Reform (Hrsg.), State and District Nursing Home and Long-Term Care Facility Ombudsman Committees, S. 32 ff.

2472 Florida Stat. Ann. § 400.304(3).

– einem Repräsentanten aus der Klientel eines adult foster home,
– einem Eigentümer(vertreter) oder Leiter einer adult congregate living facility,
– einem Rechtsanwalt,
– einem Sozialarbeiter.

Die Nominierung der Mitglieder ist ebenfalls gesetzlich geregelt; ihre Bestellung besorgt der Gouverneur. Dieser läßt sich bei der Bestellung von verschiedenen Berufsorganisationen beraten. Die Mitglieder sind für zwei Jahre in ihrem Amt. Sie können nochmals für dieselbe Aufgabe eingesetzt werden. Im Falle der Vakanz wird eine Funktion vom Gouverneur übernommen.

Was die Entwicklung als solche beleuchtet, ist die Dignität, die diesen neuen befriedenden Instrumenten beigemessen wird. Während die State and District Ombudsman Committee Charter den Räten das Recht zur politischen Wirkung, zur Resolution und Gesetzesinitiative ausdrücklich zuweist[2473], garantiert sie den Mitgliedern ebenso ausdrücklich die Freiheit vor jeglicher politischen Einflußnahme[2474].

*Distriktsebene*

Die Organisation der regionalen Räte ist fast ident mit der der überregionalen[2475]. Die Aufgaben der District Ombudsmann Committees[2476] sind ähnlich jenen des Gremiums auf der Staatsebene. Allerdings kommt ihnen eine stärkere Kontrollkompetenz vor Ort zu. Sie fungieren vor Ort

– als Schlichtungseinrichtung (third party mechanism) zum Schutz der Gesundheit, Sicherheit, des Wohlbefindens, der Grund- und Menschenrechte der Bewohner einer Pflege- oder Langzeitpflegeeinrichtung;
– als Organ zur Aufdeckung von Mißhandlungen und Vernachlässigungen von Pflegepatienten oder Langzeitpflegepatienten;
– als Anlaufstelle für Beschwerdeführer;

2473 Art. V.
2474 Art. IV.
2475 Staff of the House of Representatives Committee on Regulatory Reform (Hrsg.), State and District Nursing Home and Long-Term Care Facility Ombudsman Committees, S. 34 ff.
2476 Florida Stat. Ann. § 400.307.

– als Prüf- und Kontrollorgan für die Gewährung von und Effektivität der Patientenrechte und die Einhaltung aller bestehenden Gesetze oder Verordnungen.

Die Zusammensetzung ist analog dem Gremium auf staatlicher Ebene[2477].

*Organisation*[2478]

Die Wahl des für ein Jahr tätigen Vorsitzenden geschieht durch die Mitglieder, die bereits im zweiten Jahr Mitglieder des Committees sind. Allerdings kommt das passive Wahlrecht einem Eigentümer(vertreter), Administrator, Leiter oder Angestellten einer Pflege- oder einer Langzeitpflegeeinrichtung nicht zu.

Der Rat muß sich auf Antrag des chairman zusammenfinden, mindestens jedoch einmal im Vierteljahr. Daneben gibt es noch die Möglichkeit, daß der Gouverneur eine Versammlung einberuft. Eine Versammlung muß auch dann stattfinden, wenn eine Petition vorliegt, die zumindest von der einfachen Mehrheit der Mitglieder getragen wird. Entsprechend der Ombudsman Committee Charter bedarf es für Beschlüsse eines Quorums der einfachen Mehrheit der Mitglieder.

Die Mitglieder arbeiten unentgeltlich, erhalten aber Spesenersatz.

*Das Sanktionsinstrumentar der Committees*[2479]

Übermittelt das District Ombudsmann Committee die Beschwerde an das State Ombudsmann Committee, so übernimmt dieses auch die Verantwortung darüber. Wenn die belangte Institution keine Verbesserungen, Änderung oder Unterlassung vornimmt, kann das State Committee:

(a) die Beschwerde, die Empfehlungen des Committee und die Reaktionen der Einrichtung veröffentlichen; jedoch darf keinesfalls der Name der betroffenen Person, die in das Beschwerdeverfahren involviert ist, öffentlich bekannt gegeben werden;

---

2477 Es umfaßt allerdings mindestens 15 Mitglieder; Florida Stat. Ann. §400.307(4).
2478 Florida Stat. Ann. §400.304(5).
2479 Florida Stat. Ann. §400.317(2).SSUN

(b) eine Serie von amtlichen Kontrollen dem zuständigen Department auftragen, um die Korrektur und die Nichtwiederkehr der Zustände, die der Beschwerde gegen eine Einrichtung Anstoß gaben, sicherzustellen;

(c) dem Department Empfehlungen zur Veränderung der gesetzlichen Regelung zur Inspektion und Lizenzvergabe an Pflege- und Langzeiteinrichtungen geben;

(d) eine Sachverhaltsdarstellung beim Staatsanwalt (attorney for prosecution) einbringen, soferne der Verdacht besteht, daß die Pflege- oder Langzeitpflegeeinrichtung oder deren Dienstnehmer ein strafrechtliches Delikt begangen haben;

(e) dem Department empfehlen, daß eine Pflegeinstitution nicht länger die Vergütungen von Medicaid erhalten solle;

(f) der zuständigen Gesundheitsbehörde auftragen, ein Verfahren zum Widerruf der Lizenz einzuleiten[2480].

## *7.3. Andere Patienten- und Konsumentenbeiräte*

Die Beteiligung der Öffentlichkeit in der Langzeitpflege wird ebenfalls immer mehr Gegenstand der gesetzlichen Regelung. In Erscheinung treten kann diese Beteiligung auf staatlicher bzw. regionaler Ebene oder direkt auf anstaltenbezogener Ebene[2481].

Das Gesetz in Illinois sieht vor, daß die oberste Gesundheitsbehörde einen Beirat für Langzeitpflegeeinrichtungen einzurichten hat. Dieser berät sowohl die Behörde als auch die Anstaltenpatientenräte[2482].

Die Gesundheitsbehörde ist verpflichtet, sich jedenfalls mit dem Beirat in Belangen der Politik für eine effektivere Verwaltung nach dem nationalen Nursing Home Reform Act und in der Entwicklung und Sicherung von Minimumstandards zu beraten[2483]. Ähnliche Gesetze gibt es auch in Minnesota[2484] und Washington[2485].

In North Carolina muß in jedem Distrikt, in dem wenigstens eine Pflegeeinrichtung existiert, ein lokaler Beirat (community advisory

---

2480 Florida Stat. Ann. §400.317(2).
2481 National Senior Citizens Law Center (Hrsg.), Nursing Home Law, S. 39 f.
2482 Illinois Rev. Stat. ch. 111 1/2, §4152-204 (Smith-Hurd 1981-82).
2483 Ebda, 4152-204(c).
2484 Minnesota Stat. Ann. §144A.17 (West Supp. 1982).
2485 Washington Rev. Code Ann. §18. 51. 100,.110 (1961).

committee) eingesetzt werden[2486]. Der Zweck dieser lokalen Beiräte besteht darin, die gesetzgeberische Idee der Nursing Home Patients' Bill of Rights in den Anstalten zu implementieren und „to promote community involvement and cooperation with the nursing homes and an integration of these homes into a system of care for the elderly"[2487]. Die Beiratsmitglieder, die durch die regionalen Behörden (county commissioners) ernannt werden, haben wiederum klassische Informations-, Kontroll- und Schlichtungskompetenzen[2488].

In Europa steckt diese Entwicklung noch in den Anfängen[2489]:

Hier wird unter Partizipation des Konsumenten die legislative Unterstützung eines Mechanismus, der in der Lage ist, den direkten Einfluß des Konsumenten auf die Administration des Gesundheitswesens zu gewährleisten, verstanden. Dieser direkte Einfluß kann auf verschiedene Weise geschehen: Partizipation in Verwaltungs- oder Beratungseinrichtungen im Gesundheitswesen, public hearings, Befragungen der Konsumenten. Ansätze finden sich zumindest in Griechenland und Schweden.

In Griechenland ermöglicht ein Gesetz zur Reorganisation des Gesundheitswesens[2490], daß Konsumenten in regionalen Gesundheitsbeiräten repräsentiert werden. In Schweden ist die derzeitige Partizipation der Patienten und Konsumenten weiter entwickelt als im übrigen Europa, sie vermag aber im Vergleich zu Florida auch nicht zu beeindrucken. Beachtenswert ist hingegen ein Gesetzesvorschlag, der eine weitgehende Demokratisierung und eine gänzliche Neugewichtung der Patientenstellung mit sich bringen müßte. Es ist dies das Modell einer „Aktiven Volksbeteiligung"[2491] in der öffentlichen Landes- und Kommunalverwaltung.

---

2486 North Carolina Gen. Stat. §130-9.5(b) (Cum. Supp. 1981).
2487 Ebda, § 130-9. 5.
2488 Ebda, § 130-9.5(b).
2489 Leenen, H. J. J./Pinet, G./Prims, A. V., Trends in Health Legislation, S. 172 ff.
2490 Aus 1982; zit. ebda, S. 173.
2491 Aktivt folkstyre, Regeringens Proposition 1986/87:91, Stockholm 1987; siehe auch Lokalt folkstyre genom brukarmedverkan. Exempel och erfarenheter. Betänkande från 1983 års demokratiberedningen, SOU 1984:84, Stockholm 1984.

# 8. Gutachter- und Schlichtungsstellen

## *8.1. Konzept der Gutachter- und Schlichtungsstellen*

Während die Anzahl der Arzthaftungsprozesse vor den deutschen Gerichten kontinuierlich steigt, nehmen die Erfolsquoten für die Patienten ebenso kontinuierlich ab. *Laufs*[2492] vermutet, daß insbesondere die fachkundiger gewordene und sich an der Judikatur orientierende Arbeit der Haftpflichtversicherer sowie das Wirken der bei den Ärztekammern eingerichteten Gutachterkommissionen und Schlichtungsstellen dazu beitragen. Letztere wurden vor dem Hintergrund der amerikanischen Welle der Kunstfehlerprozesse an allen deutschen Landesärztekammern eingerichtet. Es ist dies eine Entwicklung, die sich im übrigen auch in Österreich fortsetzt. Die Praxis[2493] dieser Schlichtungsstellen ist von steigender Bedeutung für die Arzthaftungspraxis: Wurden in Deutschland die Anfang des letzten Jahrzehnts bereits geltend gemachten Arzthaftpflichtansprüche auf insgesamt 6000 geschätzt, hatten die Gutachter- und Schlichtungsstellen alleine im Jahre 1986 bereits mehr als 4600 Fälle, bei steigender Tendenz, vorliegen[2494]. Neben der Wiederherstellung des Rechtsfriedens zwischen den individuell beteiligten Personen, sollen die Gutachter- und Schlichtungsstellen darüber hinaus einer kollektiven Befriedung der beteiligten Gruppen dienen[2495]. Ob sie diese Aufgabe tatsächlich bewältigen können, ist fraglich. Aufgrund mangelnder Transparenz und Öffentlichkeit bei ihrer Tätigkeit stehen die Gutachter- und Schlichtungsstellen von Seiten der Patientenschaft unter dem Verdacht[2496], daß

---

2492 Laufs, A., Arztrecht 1989/90, S. 1505.

2493 Seehafer, W., Der Arzthaftungsprozeß in der Praxis – Eine Untersuchung von Arzt (Krankenhaus) Haftungsprozessen in der Stadt Bremen, in: Medizinrecht 1989, S. 123 ff; ders., Der Arzthaftungsprozeß in der Praxis, Berlin-Heidelberg-New York 1991; zur Verfahrensstruktur siehe Eidmann, D./Roethe, T., Zur Logik gesellschaftlicher Konfliktregelung am Beispiel professionalisierten juristischen Handelns und von Schlichtungsverfahren (= ZERP-DP 3/91), Bremen 1991.

2494 Davon wurden 4000 Fälle bearbeitet und 2500 sachlich beschieden; dazu Deutsch, E./Matthies K. H., Arzthaftungsrecht, S. 100.

2495 Laufs, A., Arztrecht, S. 174 f.

2496 Dazu auch Steinmetz, F. (Hrsg.), Krank in Hamburg, S. 32 f.

– Ansprüche von Patienten, die erkennbarerweise mit Sicherheit auch vor Gericht durchdringen würden, auch bei den Schlichtungsstellen relativ gute Chancen zur positiven Erledigung bei allerdings niedrigeren Entschädigungen haben;

währenddessen

– Ansprüche von Patienten, deren Anerkennung auch vor Gericht Unsicherheitsfaktoren aufweisen, zumindest nur zum Teil akzeptiert werden, jedenfalls aber „billig“ abgegolten werden, daß aber

– Ansprüche von Patienten, die vor Gericht wegen erkennbar schwieriger Nachweisbarkeit der Rechtswidrigkeit und des Verschuldens keine Aussicht auf Erfolg haben, ab- oder zurückgewiesen werden.

Wissenschaftlich zu beweisen ist dieser vage Verdacht vorerst nicht, allerdings auch nicht das Gegenteil. Die wissenschaftliche Evaluierung der Effizienz und Effektivität der Gutachter- und Schlichtungsstellen steht erst am Anfang. In Deutschland finden sich erste Ansätze dazu[2497]. In Österreich steht das noch aus. Trotzdem seien zumindest die deutschen Erkenntnisse skizziert:

Die Zielrichtung der Gutachter- und Schlichtungsstellen ist relativ eindeutig. Zivilprozesse sind kostenintensiv, Rechtswidrigkeit und Schuld der Ärzte sind schwer nachweisbar und der Ausgang des Gerichtsverfahrens ist ungewiß. Gutachter- und Schlichtungsstellen sollen daher Haftpflichtstreitigkeiten zwischen Ärzten und Patienten außergerichtlich beilegen und sowohl den Patienten als auch den Arzt in seinen Interessen schützen: den Patienten bei der Realisierung berechtigter Ansprüche, den Arzt durch Zurückweisung ungerechtfertigter Ansprüche der Patienten.

Die deutschen und österreichischen Gutachterkommissionen bzw. Schlichtungsstellen lassen, obwohl sie im Detail unterschiedlich ausgestaltet sind, gemeinsame organisatorische und strukturelle Grundkonzepte erkennen.

Die Kommissionen setzen sich meist aus Juristen und Ärzten[2498] bzw. in Österreich zum Teil auch aus Vertretern der Spitalerhalter[2519] zusammen, die jeweils von den Landesärztekammern bestellt werden.

---

2497 Deutsch, E./Matthies, K.-H., Arzthaftungsrecht, S. 100 ff.

2498 Beispielsweise § 4 der Verfahrensordnung der Schlichtungsstelle für Arzthaftpflichtfragen der norddeutschen Ärztekammern; § 4 der Satzung der Gutachterkommission für Fragen ärztlicher Haftpflicht bei der Ärztekammer des Saarlandes.

Organisierte Repräsentanten der Patienten finden sich in diesen Gremien keine, bisweilen ist der Ombudmann akkreditiert. Erstmals versucht man in Österreich in Kärnten, auf die Initiative der Patientenanwältin Doris *Lakomy* hin, eine autonome und von der räumlichen und organisatorischen Verquickung mit einer Standesvertretung freie Schlichtungsstelle[2500] zu etablieren.

Die Gutachterkommissionen bzw. Schlichtungsstellen werden auf formlosen Antrag hin tätig, wobei der Antragsgegner in Deutschland ausdrücklich sein Einverständnis erklären muß[2501]. Es dürfen keine der folgenden Verfahrenshindernisse entgegenstehen[2502]:
- fünfjährige Ausschlußfrist vom Zeitpunkt des Behandlungsfehlers an;
- rechtskräftiges Gerichtsurteil oder Rechtsanhängigkeit;
- örtliche Unzuständigkeit;
- sachliche Unzuständigkeit.

Stehen einem Antrag keine Hinderungsgründe entgegen, werden durch die Gutachter- bzw. Schlichtungsstelle der Sachverhalt ermittelt, Krankenunterlagen sowie Stellungnahmen der Beteiligten eingeholt[2503] und möglicherweise sogar Untersuchungen des Patienten durchgeführt. Das darauf begründete Gutachten enthält in der Regel neben den medizinischen Fakten auch eine rechtliche Würdigung. Während in Deutschland meist nicht das Haftungsausmaß erfaßt wird[2504], entscheidet in Österreich die Schlichtungsstelle durchaus, ob und in welcher Höhe dem Patienten eine Entschädigung gebührt[2505].

Das Verfahren, das ganz grundsätzlich auf Freiwilligkeit beruht, hat

2499 Schiedsstelle der Ärztekammer für Tirol.

2500 Geschäftsordnung der Schlichtungsstelle des Landes Kärnten, der Ärztekammer für Kärnten und der Kärntner Kammer für Arbeiter und Angestellte für Streitfälle aus Behandlungsverträgen, Zl.: 14-SV-4280/91; Sitz und Geschäftsstelle der Schlichtungsstelle ist das Büro der Patientenanwältin des Landes Kärnten, 9020 Klagenfurt, St. Veiter Straße 47.

2501 Z. B. § 2 (2) der Schlichtungsstelle für Haftpflichtstreitigkeiten bei der Bayerischen Landesärztekammer.

2502 Deutsch, E./Matthies K. H., Arzthaftungsrecht, S. 102 f.

2503 Dabei sind in Österreich neben dem Patienten, dem Arzt, auch die Vertreter des Versicherungsunternehmens, bei welchem der Arzt berufshaftpflichtverichert ist, beteiligt; vgl. Schiedsstelle der Ärztekammer für Tirol.

2504 Deutsch, E./Matthies K. H., Arzthaftungsrecht, S. 104.

2505 Schiedsstelle der Ärztekammer für Tirol.

keine rechtliche Bindungswirkung. Der ordentliche Rechtsweg bleibt offen und die Verjährung gehemmt, solange das Schiedsverfahren betrieben wird[2506]. Im Falle eines Vergleichs wird regelmäßig ein Rechtswegverzicht abverlangt. Die Kosten des Verfahrens tragen jeweils die Ärztekammern.

## *8.2. Bewertung der Gutachter- und Schlichtungsstellen*

Die bei den Gutachter- und Schlichtungsstellen eingebrachten Anträge steigen im allgemeinen kontinuierlich[2507]. In Österreich gehen sie zum Teil aber sogar zurück[2508].

Die von den Gutachter- und Schlichtungsstellen ausgegebenen Schiedssprüche, die eine Haftung bejahten, bewegen sich in Deutschland insgesamt bei 30%. Der Prozentsatz variiert aber von Schlichtungsstelle zu Schlichtungsstelle, die Bandbreite reicht von 20% bis 34%[2509]. In Österreich liegt die Erfolgsquote wesentlich niedriger[2510]: Während die Schlichtungsstelle der Ärztekammer Wien in etwa einem Drittel der Fälle einen Ersatzanspruch des Patienten gerechtfertigt sieht, sprach die Schlichtungsstelle der Ärztekammer für Steiermark von den bisher 246 Anträgen[2511] lediglich in 16 Fällen Ersatzbeträge für Schmerzensgeld und Barauslagenersatz zu. Die Schlichtungsstelle der Ärztekammer für Tirol erledigte von den bisher ca. 200 eingebrachten Anträgen[2512] 32 positiv für den Patienten.

Für die Beobachtung einer Entwicklung von Nachteil ist, daß sich weder in Deutschland noch in Österreich die Zahlen der festgestellten Behandlungs- und Aufklärungsfehler durch die Gutachter- und Schlichtungsstellen in ein Verhältnis zu den Zahlen der gerichtlich festgestellten Behandlungs- und Aufklärungsfälle bringen lassen, da über letztere kein verläßliches Zahlenmaterial vorliegt.

---

2506 § 852 Abs. 202 BGB.

2507 Deutsch, E./Matthies K. H., Arzthaftungsrecht, S. 105.

2508 Schlichtungsstelle der Ärztekammer für Steiermark; 1988: 154 Fälle, 1989: 63 Fälle, 1990: 29 Fälle.

2509 Deutsch, E./Matthies K. H., Arzthaftungsrecht, S. 105.

2510 Die Daten wurden freundlicherweise von den Ärztekammern Wien, Steiermark und Tirol zur Verfügung gestellt.

2511 Davon sind 23 Fälle noch anhängig.

2512 Ca. 140 sind noch anhängig.

Die Quote, der von den Gutachter- und Schlichtungsstellen zurückzuweisenden Beschwerden, ist in Deutschland relativ hoch[2513], sie lag 1982 noch bei 56% und sank mäßig auf mittlerweile 40%[2514]. *Deutsch* und *Matthies*[2515] vermeinen, daß der Hauptgrund dafür darin liegen mag, daß Patienten die Schiedsstellen grundsätzlich als kostenfreie Beschwerdeinstanzen betrachten: „Man ist bereits zufrieden, wenn man einen Adressaten findet, bei dem man seinen Unmut über ärztliches Verhalten zum Ausdruck bringen kann“[2516].

Wollen die Gutachter- und Schlichtungsstellen, die sich in ihrem Selbstverständnis als institutionalisierte Zusammenarbeit zwischen Ärzten und Juristen betrachten, die bestehenden Streitigkeiten zwischen Ärzten und Patienten beilegen, so müssen sie aber neben den medizinischen Überlegungen auch Prüfungen des rechtlichen Umfeldes der Fälle durchführen. Probleme, die insbesondere auch aus den ordentlichen Zivilprozessen leidlich bekannt sind, vermögen allerdings auch die Gutachter- und Schlichtungsstellen nicht zu lösen, wie etwa[2517]:

- den Nachweis der Pflichtverletzung bei Verletzungen der Aufklärungspflicht[2518];
- den objektiven Nachweis von Behandlungsfehlern, wenn beispielsweise wesentliche Daten fehlen.

Im Gegenteil, während die ordentlichen Gerichte zum Teil Anscheinsbeweise und Beweiserleichterungen anerkennen, werden diese bei Schlichtungs- und Gutachterstellen kaum angewandt. *Deutsch* und *Matthies*[2519] beobachten für Deutschland, daß auf der Suche nach den Behandlungsfehlern juristische Fagen dann einfach ausgeklammert werden.

Wissenschaftliche Evaluierungen über die tatsächliche Entlastung der Justiz und über die Akzeptanz der Bescheide der Gutachter- und Schlichtungsstellen bei den betroffenen Parteien liegen derzeit noch nicht vor[2520].

---

2513 Deutsch, E./Matthies K. H., Arzthaftungsrecht, S. 107 f.
2514 Wobei etwa in München immer noch ein Prozentsatz von 70% herrscht.
2515 Deutsch, E./Matthies, K.-H., Arzthaftungsrecht, S. 108.
2516 Ebda.
2517 Ebda, S. 111 ff.
2518 Dieser ist ein Urkunden- oder Zeugenbeweis.
2519 Arzthaftungsrecht, S. 115.
2520 Ebda, S. 122 ff.

## 9. Patienten- und Pharmaversicherungen

Länder wie Neuseeland, Schweden, Finnland, Norwegen, Florida und Virginia haben sich über das System von Kritik weckenden Schlichtungsstellen hinausentwickelt und von Standesinteressen klar abgeschichtete Kompensationsverfahren aufgebaut. England und Ohio stehen im Verfahren zur Schaffung einer verschuldensunabhängigen Kompensation im Medizinbereich. Allerjüngst hat Dänemark[2521] nun ein Gesetz über die Einrichtung einer Patientenversicherung[2522] zum 1. Juli 1992 verabschiedet. Damit scheint sich dieses neue System unmerklich in den EG-Bereich hineinzuschieben.

Daß der Gesetzgeber am Aufbau solcher neuer Verfahren mitgewirkt hat, hat gewiß zu deren Legitimität und Autorität kräftig beigetragen.

### *9.1. Abgehen vom zivilrechtlichen Verschuldensprinzip*

Die jüngeren patientenrechtlichen Innovationen zielen eher auf Ausgleich als auf die Strenge des Rechts, die im Medizinbereich zu einer sozial schiefen Rechtswirklichkeit geführt hat und weder Arzt noch Patient zu befriedigen vermag. Dies gilt ganz besonders für den Bereich der Arzt- und Anstaltenhaftung. Die Konsensfähigkeit dieser Aussage scheint die in Mitteleuropa sich durchsetzende, stille Entwicklung von Schlichtungsstellen zu belegen, denen eben ein gewisses Rechtsstaatlichkeitsdefizit anhaftet, was mehr als ein bloßer Schönheitsfehler ist.

Es sind aber keineswegs nur gerechtigkeitsorientierte Überlegungen, die zum Systemumbruch im Kompensationsbereich drängen. Ohne daß man exakte Daten über Pannen im Medizinbereich positiv definieren könnte, setzt sich doch diese Erkenntnis, daß die Patientenschadenquote um ein Vielfaches höher liegt, als sie derzeit in der Anzahl der erhobenen Ansprüche sichtbar wird. Die kalifornische Ärztegesellschaft (CMA) ermittelte[2523] eine Zahl von 4-5% be- oder

2521 Siehe dazu Steen Loiborg, Patientforsikring på plads om et år, in: Journal for sundhetsvaesenet 3, Aug. 1991, S. 22 f.

2522 Lov om patientforsikring, Lov nr. 367 af 6. Juni 1991.

2523 California Medical Association (Hrsg.), Medical Insurance Feasibility Study, San Francisco 1977.

geschädigter Patienten. Olav *Molven*[2524] geht davon aus, daß in norwegischen Krankenhäusern jährlich 30.000 Patienten im Zuge einer Behandlung einen Schaden erleiden. Den Anteil derer, die sterben oder einen bleibenden Schaden erleiden, ermittelt er mit 5.000 bis 6.000 pro Jahr. Anbetrachts dieser Zahlen ist mit einem dramatischen Anstieg der zu stellenden Ansprüche zu rechnen. Dies wiederum muß zwingenderweise, wenn über eine streitige Austragung kein Befriedungsangebot erfolgt, zu einem tiefgreifenden Konflikt zwischen der Patientenschaft und dem Gesundheitswesen führen. Es scheint, daß Gesetzgeber, nicht zuletzt aus politischer Klugheit, dem konfliktvermeidenden System der verschuldensunabhängigen Kompensation den Vorzug geben.

Um dem Dilemma einer allseits unbefriedigenden Rechtswirklichkeit, die mangels Greifbarkeit des Medizinsystems der Gesundheitspolitik angelastet wird, zu entgehen, entwickeln sich in mehreren Staaten Patienten- und Pharmaschadendirektversicherungen, die mehr oder minder ambitioniert versuchen, Gerechtigkeitsdefizite der Medizinprozesse[2525] auszumerzen. Dieses faktische Gerechtigkeitsdefizit resultiert aus dem in allen Haftungsrechten etablierten Verschuldensprinzip. Unter dem Oberkapitel „Ende des Streits" hat Albert A. *Ehrenzweig*[2526] vor Jahrzehnten schon diesem Verschuldensprinzip angelastet, „Gerichtsverhandlungen zu Glücksspielen zu pervertieren".

Außerdem ist zu beobachten, daß sich auf Grund des Prozeßkostenrisikos solch unwägbare Prozesse nur mehr zwei gesellschaftliche Gruppen leisten: sehr Vermögende und jene, die Verfahrenshilfe in Anspruch nehmen können.

Daher haben die skandinavischen Staaten[2527] in Fortentwicklung

---

2524 Molven, O., Pasientskader, S. 210.

2525 Siehe auch Brunsvig, J., Culpanormen for leger, in: Jussens Venner 1983, S. 304 ff.

2526 Ehrenzweig, A. A., Psychoanalytische Rechtswissenschaft, Berlin 1973, S. 317.

2527 Zum Gesamtsystem ganz grundlegend der „Gründungsvater" Oldertz, C., Trygghets- patient och läkemedelsförsäkringarna. En jämförelseöversikt, in: Nordisk Forsikringstidsskrift 3/1987, S. 222 ff; ders., Patient – och läkemedelsförsikringarna, in: Tidsskrift utgiven av Juridiska Föreningen i Finnland 1981, S. 378 ff; ders., Patient- och pharmaförsäkringen, Typoskript Stockholm 1988 (für dessen freundliche Überlassung ich den Kollegen Birgitta Sundemann und Carl Espersson herzlichst danken möchte); ders., Compensation for personal indes neuseeländischen Modells das Verschuldensprinzip im Medizinbereich und Arzthaftungswesen erübrigt, indem sie angebotsorientiert Patienten- und Pharmaschadenversicherungen flächendeckend eingeführt haben. Es bleibt dem geschädigten Patienten unbenommen, den Zivilrechtsweg zu beschreiten. Faktisch findet aber der traditionelle Arzthaftungsprozeß bei Zivilgerichten nicht mehr statt. Alle Stellungnahmen vermelden die besten Erfahrungen. Mittlerweile rezipieren einzelne amerikanische Bundesstaaten – Florida, Virgina; Ohio prüft es auf parlamentarischer Ebene – diese Modelle aus der Erkenntnis, daß die Prozeßattitüde in der Folgewirkung eine Defensivmedizin bewirkt und diese wiederum das Behandlungssystem zum Erliegen zu bringen droht.

Zwei Grundkonzepte mit jeweils mehreren Abweichungen stehen gegeneinander. Dem staatlichen Risikoabdeckungssystem, wie es Neuseeland grundgelegt hat, schließt sich das norwegische an. Die in der Schweiz und in Südtirol diskutierten Notfondssysteme tendieren möglicherweise auch zu einer staatlichen Lösung; aber ebenso wie bei den amerikanischen Entwicklungen läßt sich auch bei diesen Diskussionsprozessen noch kein endgültiges Ergebnis prognostizieren. Dagegen steht das privatversicherungswirtschaftliche System, etwa Schwedens und das jüngere Finnlands, das Raimo *Lahti* hinsichtlich seines Werdeganges und seiner Logik präzis aufbereitet hat[2528]. Allerdings hat Finnland die Rechts- und Verfahrensgrundlage gesetzlich geregelt, während Schweden ein rein vertragliches Modell zwischen einem Konsortium aller Versicherer und dem gesamten Gesundheitswesen und dem Anstaltensektor gewählt hat. Die Vorzüge und Nachteile der jeweiligen Varianten werden innerhalb der skandinavischen Länder engagiert diskutiert. Eine endgültige Evaluation be-

---

juries – the Swedish patient and pharma insurance, in: Mann, Ronald D./Harvard, John (Hrsg.), No Fault Compensation in Medicine, London/New York 1989, S. 13 ff; jüngst im Überblick Foyn, S., Pasientforsikring og objektivisert erstatningsansvar ved patientskader, in: Foyn, S./Lund, A. M./Viken, O., Pasienters rettsstilling, Oslo 1990, S. 161 ff; ferner Kjønstad, A., Trygd og erstatning ved personskade, 2. Aufl., Oslo 1983; Patient- og laegemiddelforsikring (Rapport fra den af indenrigsministeriet nedsatte arbejdsgruppe vedrörende en dansk patient- og laegemedelforsikring), Kopenhagen 1986; Hedman, A., Ansvar och ersättning vid medicinsk verksamhet, Skriftserien Bd. 2 Juridiska Fakulteten i Stockholm, Stockholm 1984; Eyben, B. von, Kompensation for personskade, Bd. 1, Kopenhagen 1983.

2528 Lahti, R., Nationale Patientenrechtsgesetzgebung, S. 81 ff.

dürfte gründlicher Rechtsvergleiche und wohl auch der Ökonomievergleiche sowie des Versuchs von Folgeszenarien. Eine von den Anwenderländern (bewußt?) nicht unternommene und sicherlich aufwendige Vergleichsforschung der „Judikatur“ dieser völlig neuen Entscheidungssysteme, auch hinsichtlich der Konzentrationen von Ansprüchen in Relation zu den Versicherungstatbeständen, steht aus. Erst auf der Grundlage solcher Forschungen ließe sich eine Evaluation vornehmen.

Allerdings reicht der bloße Verweis darauf, daß einzelne Staaten und Länder solche patientenrechtlichen Systemveränderungen schon vollzogen hätten, wohl auch noch nicht hin, um die Rationalität solcher Neuerungen zu legitimieren. Schlichte gesellschaftliche Opportunität könnte der Grund für solche sein. Damit wäre aber dem Politiker in einer demokratisch verfaßten Gesellschaft immerhin schon ein gewichtiger Handlungsgrund geliefert. Der Jurist, der nach tiefergehender vernünftiger Begründung fragt, wird sich damit nicht begnügen.

Es gibt aber möglicherweise noch einen weiteren Grund, sich den neuen Systemen zumindest an einem Strukturbeispiel zu nähern. Die Europäische Gemeinschaft hat nämlich einen Direktivenentwurf zur Änderung des Haftungsrechts von Dienstleistungsbetrieben vorgelegt, der auch für den gesamten Medizinbereich Geltung haben sollte. Unter Protest der, insbesondere deutschen, Ärzteschaft wurde dieser Entwurf zunächst zurückgezogen, obwohl er eigentlich für den Medizinbereich nur festgeschrieben hätte, was in vielen EG-Mitgliedsländern ohnedies schon prozessuale Rechtswirklichkeit ist, nämlich die Beweislastumkehr, mit der sich zumindest im Medizinbereich evidenterweise leben läßt. Wenngleich in der Wissenschaft Spekulation unzulässig ist, so darf nach aller empirischen Erfahrung doch davon ausgegangen werden, daß dieser Entwurf letztlich in der einen oder anderen Form wieder vorgelegt werden wird. Diese Anmerkung steht mit unserem Thema deshalb in einem interessanten Zusammenhang, weil man sich bei einer Wiedervorlage eines früheren Entwurfsstadiums erinnern könnte.

In einem der Vorentwürfe wurde nämlich jenen Ländern die Herausnahme des Medizinsektors aus dem Wirkungsbereich der Direktive eingeräumt, die für diesen Sektor einen „Ausgleichsfonds“ eingerichtet haben. Diese Formulierung deutet doch stark auf die Kenntnis und Anlehnung an die neuen Kompensationssysteme hin.

Es empfiehlt sich daher, mit der ganz grundsätzlichen Kritik für und gegen die neuen Systeme, wie sie oben[2529] schon angerissen wurde, fortzufahren.

Gegen die sich neu etablierenden Patientenschadenersatzsysteme argumentiert mit Verve Dorothea *Wunsch*[2530]. Sie hält zunächst einmal fest, daß die herkömmlichen Regeln des Haftpflichtrechts für Behandlungsschäden einerseits Vorschriften des Rechts der unerlaubten Handlung und andererseits des Vertragsrechts in Verbindung mit den Grundsätzen der Schadenersatzpflicht bei positiver Forderungsverletzung verbinden[2531]. Wird der ökonomische Ausgleich im Zuge eines Strafverfahrens angestrengt, so trägt, anders als im Zivilprozeß, die Kosten für den Nachweis des Behandlungsfehlers, somit am spürbarsten wohl die für die Gutachter, der Staat. Neben dieser für den Patienten günstigen finanziellen Seite kann – muß aber nicht – der erfolgreiche Ausgang des Strafprozesses Präjudizwirkung auf den Zivilprozeß haben[2532].

Der Regelfall dürfte und darf dieser Weg zum Schadenersatz nicht sein. Daß dies so bleiben soll, wird auch niemand ernsthaft in Frage stellen. Das Strafrecht soll in allen gesellschaftlichen Bereichen ultima ratio der Kompensationsbedürfnisse bleiben. Für den Bereich des Patientenrechts, der auf Kommunikation deutlicher als jeder andere angewiesen ist, zählt diese Einsicht zu den gesicherten Standpunkten der Kriminologie[2533].

Komplizierter und aufwendiger wird die Durchsetzung vermeintlicher oder wirklicher Ansprüche von Patienten im Zivilrechtsweg. Ein Patientenschaden liegt dann vor, wenn ein zurechenbares schuldhaftes ärztliches oder ein Fehlverhalten des sonstigen Behandlungspersonals vorliegt, das für den eingetretenen Schaden ursächlich war.

Kausalität und Zurechenbarkeit nachzuweisen, das ist auch bei *Wunsch* anerkannt, ist aber faktisch nicht einfach: „Geschädigte Patienten und auch Rechtsanwälte kritisieren seit vielen Jahren, daß der Nachweis schuldhafter Verursachung eines Behandlungsschadens we-

---

2529 Siehe Kapitel IV.6.2.

2530 Wunsch, D., Ablösung der Verschuldenshaftung im Arzt-Patienten-Verhältnis? Karlsruhe 1987.

2531 Ebda, S. 2.

2532 Ebda, S. 10.

2533 Lahti, R., Rechtfertigungs- und Entschuldigungsprobleme im Bereich medizinischer Tätigkeit, S. 1415 ff.

gen der Undurchschaubarkeit medizinischer Sachverhalte meist auf unüberwindliche Schwierigkeiten stoße“[2534].

Diese allgemein schwierige Situation des Patienten, sein Klagsbegehren zu untermauern, versucht die Rechtsprechung zu mindern. Instrumentarium hiezu sind etwa Beweiserleichterungen durch den Anscheinsbeweis und die Umkehr der Beweislast. Letztere war für die ältere Rechtsprechung[2535] eine echte Beweislastumkehr, jüngere Urteile des BGH nehmen aber eine modifiziertere Haltung ein[2536]. Demnach führt ein feststehender grober Behandlungsfehler nicht zwingend zur Umkehr der Beweislast, es wird weiter auch der Grad der Wahrscheinlichkeit der Kausalität des ärztlichen Fehlers geprüft. *Wunsch* kritisiert daran, daß die Grundsätze der Beweislastverteilung bei Vorliegen eines groben Behandlungsfehlers nicht im Sinne einer Beweislastsonderregel verstanden werden[2537]. Zu einer Beweislastumkehr zugunsten des Patienten kann auch die Beweiserschwerung bzw. Vereitelung durch den Arzt/Krankenhausträger, insbesondere im Falle der mangelhaften Dokumentation, führen. Wird die Unzulänglichkeit der Unterlagen behauptet, liegt die Beweisführung über deren Vollständigkeit und Korrektheit beim Arzt bzw. Krankenhausträger.

Hans-Leo *Weyers* Gutachten zum 52. Deutschen Juristentag[2538] ist auf diese Problematik schon sehr ausführlich eingegangen. Aus seinen Erkenntnissen wurde bislang aber noch wenig Nutzen gezogen. Erst jetzt beginnt auch in Deutschland, Österreich, der Schweiz ein politischer Umdenkprozeß im Gefolge der allgemeinen Patientenrechtsdiskussion.

Immer massiver wird aber die Kritik am geltenden Arzthaftungsrecht; es wird dieses in der heutigen Konstruktion und Wirkweise in der Tat nicht aufrechtzuerhalten sein. Wie oben erwähnt[2539], sorgt auch ein Direktivenentwurf der EG für Bewegung. Daß in Mitteleuropa die Kritik bislang noch nicht spektakulär und mithin politisch verkraftbar blieb, liegt daran, da ist *Weyers*[2540] zuzustimmen, daß die

---

2534 Wunsch, D., Ablösung der Verschuldenshaftung, S. 3.
2535 Etwa BGH, in: Versicherungsrundschau 1968, S. 849.
2536 Siehe etwa in: Neue Juristische Wochenschrift 1981, S. 2513; 1983, S. 333.
2537 Wunsch, D., Ablösung der Verschuldenshaftung, S. 20.
2538 Weyers, H.-L., Ergänzende Regelungen für das ärztliche Vertrags-(Standes-) und Haftungsrecht?
2539 Siehe oben und Kapitel IV.6.2.
2540 Ebda, S. A 91.

Hauptlast allfälliger Behandlungsschäden ohnedies vom allgemeinen, unspezifischen System sozialer Sicherheit weitgehend kompensiert wird. Daß dieses letztlich aber doch als nicht befriedigend und ausreichend empfunden wird, dafür spricht, trotz konstant bleibend geringer Erfolgschancen, die Steigerungsrate der angestrebten Arzthaftungsprozesse.

Dabei kommt die Kritik gar nicht nur von Seite der Patientenschaft, sondern auch von der Ärzteschaft. Diese weist darauf hin, daß ohne Reform die Entwicklung in Analogie zur amerikanischen medical malpractice crisis und zur defensive medicine zu befürchten sei. Denn: Für die Verschuldenshaftung ist in allen Zivilrechtssystemen der Anknüpfungspunkt die erforderliche Sorgfalt. Eine allfällige Verurteilung stellt also immer auf die Verletzung dieser Sorgfaltspflicht ab. Auf den potentiellen Vorwurf unterlassener diagnostischer Maßnahmen reagiert die Ärzteschaft häufig mit einem Übersteigern dieser Maßnahmen. Das führt, so fürchtet man, insbesondere im hochprofessionellen Stockholmer Krankenanstaltenplanungs- und Rationalisierungsinstitut (Sjukvårdens planerings- och rationaliserings institut), zu einer Verteuerung der ohnehin an den Grenzen der Finanzierbarkeit angelangten Gesundheitssysteme[2541].

Auf den Vorwurf des Behandlungsfehlers kann sich die Ärzteschaft freilich antizipativ nicht einstellen. Hans-Leo *Weyers*[2542] hält fest, daß hier nur noch das, was in Amerika als die Verschwörung des Schweigens medizinischer Gutachter zugunsten ihrer ärztlichen Kollegen ausgemacht ist, haftungsdämpfend wirken könnte. Wer die im Vergleich zur amerikanischen oder im neuen System in Skandinavien zwar immer noch stark retardierte, insgesamt aber doch qualitativ und der Schadenersatzhöhe nach steigende Zuerkennungspraxis in Deutschland oder in Österreich beobachtet, versteht die Verunsicherung der Ärzteschaft.

Auf Seite derer, denen diese Dynamik zu schwach ist, meint man den Ausweg im Übergang von der Verschuldenshaftung zur Gefähr-

2541 Sjukvårdens planerings- och rationaliserings institut (SPRI) (Hrsg.), Med rätt mått mätt? Reflektioner kring hälso- och sjukvårdens produktivitet och effektivitet, Spri rapport 1988:238, Stockholm 1988; Sjukvårdens planerings- och rationaliserings institut (SPRI) (Hrsg.), Kvalitetssäkring – Att mäta, värdera och utveckla sjukvårdens kvalitet, Spri rapport 1987:230, Stockholm 1987.

2542 Ebda, S. A 90.

dungshaftung finden zu müssen. Sepp *Rieder*[2543] tendiert zwar deutlich zu einer dem Produkthaftpflichtrecht analogen Regelung, will aber dann dennoch wiederum am Verschuldensbeweis festhalten[2544]. Dies wird allerdings in die Sackgasse zurückführen.

Diese Haftungsform wird mittels Einzelgesetz für besondere Gefahren, die sich aus dem Betrieb einer technischen Anlage ergeben[2545] und für gefährliche, wenn auch sozial adäquat angesehene Tätigkeiten[2546] angeordnet. Die Gefährdungshaftung ist vom Verschulden völlig unabhängig. Einzustehen hat bei der Gefährdungshaftung derjenige, der den Nutzen aus der Anlage oder einer Aktivität zieht.

Diese Haftungsform auf das Arzt(Behandler)-Patient-Verhältnis auszudehnen, hat aber schwere Tücken. Vordergründig ließe sich argumentieren, daß diese für vermeintlich oder wirklich geschädigte Patienten mit Sicherheit günstigere Ausgangslage begehrenssteigernd wirken würde. Dem dahinter liegenden Vorwurf müßte man aber entgegentreten, da für berechtigte Ansprüche dieser Effekt nur gewollt sein kann und korrekt sein muß. Potentielle Gerechtigkeitsdefizite dürfen nicht mit dem Prozeßlawinen- und Gerichtsbelastungsargument überlagert werden.

Schwerer wiegen da schon die grundsätzlicheren Argumente.

Das Risiko, das der Geschäftsgrundlage vorangeht, wird ja nicht vom Arzt gesetzt, sondern durch die tatsächliche Krankheitsursache. Der Arzt versucht lediglich das Risiko zu mindern, „beherrscht ... aber keine Gefahrenquelle im Sinne des Gefährdungshaftungsrechts“[2547].

Aber selbst dann, wenn vom Arzt durch oder bei der Behandlung bewußt neue Risken geschaffen werden, so spricht das noch keineswegs für eine Akkreditierung der Gefährdungshaftung. Denn dann würde der (be)handelnde, also tätige Arzt strengerer Haftung unter-

2543 Rieder, S., Die Patientenrechte aus der Sicht des Anstalten-Referenten, S. 87; ders., Referat auf der Tagung der Österreichischen Juristenkommission in Weissenbach, 24. 5. 1990; ders., Referat Forum Alpbach 19./20. 8. 1990.

2544 Rieder, S., Rundfunkinterview, September 1990.

2545 Deutsches Straßenverkehrsgesetz (StVG), österr. Eisenbahn- und Kraftfahrzeughaftpflichtgesetz (EKHG); vgl. aber auch das deutsche und österreichische Atomhaftpflichtgesetz.

2546 § 84 deutsches Arzneimittelgesetz (AMG).

2547 Weyers, H.-L., Ergänzende Regelungen für das ärztliche Vertrags-(Standes-) und Haftungsrecht?, S. A 91.

stellt als der säumige. Dies wäre ein durch und durch unbilliges Ergebnis[2548]. Schließlich nützt das rechtlich als „gefährlich" zu qualifizierende des ärztlichen Tuns in erster Linie dem Patienten.

Dorothea *Wunsch* führt darüber hinaus[2549] als Argument gegen die ärztliche Gefährdungshaftung an, daß das Handeln des Arztes unter dem Schutz der Verfassung stehe. Da der Arzt für den Haftungsfall versichert sei, würde eine Gefährdungshaftung zu einer erheblichen Steigerung der Prämien und über deren Überwälzung dann wiederum zur Kostenexpansion im Gesundheitswesen führen. Schlüssig ist dieses Argument freilich deswegen nicht, weil gerade das jetzt auch geschieht, nur eben von der Beitragshöhe her bescheidener ausfällt.

Auch im Beweisrecht sieht *Wunsch* keinen Vorteil hinsichtlich der Gefährdungshaftung, da die Kausalität immer noch für den Patienten beweispflichtig bleibt[2550]. Anzumerken ist auch hier, daß dies eben nur für die Gefährdungshaftung gilt, nicht aber für die skandinavischen Prinzipien, denen nach nur festzustellen ist, ob ein Schaden eingetreten ist, nicht aber durch wen und warum.

Es läßt sich also gegen den bloßen Wechsel von Verschuldens- auf Gefährdungshaftung im Einklang mit Dorothea *Wunsch* festhalten, „daß die Einbeziehung des ärztlichen Behandlungsfehlers in den Schutzbereich eines neu zu schaffenden Gefährdungshaftungstatbestandes zum einen mit den Grundgedanken der Gefährdungshaftung nicht zu vereinbaren ist, zum anderen aber auch keine einschneidenden Verbesserungen beim Ausgleich von Behandlungsschäden verspricht"[2551].

Die evidenten Schwierigkeiten aus dem traditionellen Arzthaftungsrecht, das in fast allen Ländern der Welt dem Verschuldensprinzip folgt, legt die Suche nach Entwicklungen nahe, in denen das de facto ungelöste Schadenersatzproblem einfacher, verfahrensmäßig billiger und für Arzt und Patient angepaßter gelöst wird.

Das scheinen eben jene, eingangs erwähnten Modelle zu sein, die die bisherige Art der Arzthaftung durch ein Versicherungssystem ablösen respektive ergänzen, mehr oder weniger deutlich vom Verschuldensprinzip abrücken und zur Kenntnis nehmen, daß damit die Zahl

---

2548 Ebda, S. A 92; ebenso Wunsch, D., Ablösung der Verschuldenshaftung, S. 92.
2549 Wunsch, D., Ablösung der Verschuldenshaftung, S. 95.
2550 Ebda, S. 98.
2551 Ebda, S. 99.

derer, die Kompensation erhalten, sich approximativ verzehnfacht. Steen *Loiborg*[2552] vermeldet, daß der dänische Gesetzgeber davon ausgeht, daß den bisher zweihundert Berechtigten mit der Einführung des neuen Systems zweitausend Anspruchsberechtigte gegenüberstehen werden und daß die Schätzungen für das Gesamtaufkommen der Kompensation bis zu 350 Mio. öS in Kauf nehmen.

Aus der kleinen Zahl der sich im Grundprinzip ähnelnden Modelle sei das von Schweden als Muster für diese neue Rechtsentwicklung herausgegriffen. Es ist, im Gegensatz zum neuseeländischen und norwegischen[2553] System von para-staatlichen Sozialversicherungen abgekoppelt, es ist nicht, wie das finnische, dänische und norwegische auf gesetzlicher Grundlage eingerichtet, liegt also noch am nächsten den Schlichtungsstellen und hat doch eine statutarische, veröffentlichte Verfahrensgrundlage und die Legitimität über eine von der Regierung bestellte Schiedskommission. Da es letztlich allen neueren tastenden Modellen zu Grunde liegt, eignet es sich am besten dazu, die Grundstrukturen und -ideen sichtbar werden zu lassen.

## *9.2. Die schwedische Patienten- und Pharmaversicherung*[2554]

Die im weiteren angebotene Beschreibung verzichtet auf Details, wie auf den Einzelbeleg. Eine sorgfältige wissenschaftliche Bearbeitung, insbesondere über die leitenden Grundsätze, hat Sten *Foyn*[2555] für Norwegen vorgelegt. Eine vergleichende Bearbeitung der Modelle steht aus. Daher gilt es, sich auch hier mit einer überblicksmäßigen Beschreibung der Entwicklung zu begnügen.

### 9.2.1. RECHTSGRUNDLAGEN UND SYSTEMAUFRISS

Die Patientenversicherung[2556] und die Pharmaversicherung[2557] sind beide ihrem Typus nach Haftpflichtversicherungen in der Konstruk-

2552 Loiborg, S., Patientforsikring, S. 22.

2553 Zum norwegischen Modell und den ersten Erfahrungen siehe Strøm Bull, K., Midlertidig ordning med pasientskadeerstatning. Erfaringer etter ett år, in: Lov og Rett 1990, S. 243 ff.

2554 Im weiteren alle obzit. Literatur von Carl Oldertz und unten ausgewiesenen Dokumente.

tion einer Direktversicherung, die nahezu alle Risken, die im gesamten schwedischen Gesundheitswesen und in der schwedischen Pharmaindustrie auftreten können, abdecken. Beide Versicherungen beruhen auf einer freiwillig übernommenen Verpflichtung des Gesundheitswesens und der Pharmaindustrie. Die Versicherungen dienen zur Deckung von Schadenersatzansprüchen, die durch medizinische Kunst- und Sorgfaltsfehler oder schädigende Medikamente entstehen. Darüber hinaus sehen die Versicherungen einen erhöhten und verbesserten Schutz derjenigen Personen, die einen Schaden als Patient erleiden, vor. Die Leistungen treten neben andere von den übrigen standardmäßigen Haftpflicht- und Sozialversicherungen. Auch wird durch die Inanspruchnahme der beiden Versicherungen, da sie auf einem freiwilligen Übereinkommen beruhen, keinesfalls der Anspruch auf Ersatz durch Dritte konsumiert; der Weg einer traditionellen zivilrechtlichen Schadenersatzklage vor Gericht steht einer geschädigten Person trotzdem jederzeit offen. Dorothea *Wunsch*[2558] geht in ihrer Kritik des schwedischen Systems von einer gegenteiligen Annahme aus. Dazu könnte eine Textpassage über den Ausschluß des Zivilrechtswegs[2559] gegen eine ablehnende Entscheidung des Entscheidungskollegiums, „Patientenschadenamt" (patientskadenämnd), verleiten. Es mag auch der Passus in § 10 des Versicherungsvertrages diese Meinung bedingen, der besagt, daß dann, wenn die Patientenversicherung in Anspruch genommen wurde, diese in das Recht des Beschädigten auf Schadenersatz eintritt. Zumindest von der Praxis her wurde das bislang aber nicht als Zession verstanden. Diese Formulierung des Anspruchsübergangs dient wohl eher der grundsätzlichen Option, die gehabten Ausgaben im Regreßweg beim Schädiger

---

2555 Foyn, S., Pasientforsikring og objektivisert erstatningsansvar ved patientskader, in: Foyn, S./Lund, A. M./Viken, O., Pasienters rettsstilling, Oslo 1990, S. 161 ff.

2556 Jüngste Fassung des Vertrages zwischen dem Versichererkonsortium (Konsortiet för patientförsäkring) und den für das Gesundheitswesen Verantwortlichen (sjukvårdshuvudmän): Patientförsäkring vid behandlingsskada. Ersättningsbestämmelser från och med 1989-04-01.

2557 Jüngste Fassung des Vertrages zwischen dem Versichererkonsortium (Konsortiet för läkemedelsförsäkring) und den für das Gesundheitswesen Verantworlichen (sjukvårdshuvudmän): Åtagande att utge ersättning för läkemedelsskada. Ersättningsbestämmelser från och med 1988-01-01.

2558 Wunsch, D., Ablösung der Verschuldenshaftung, S. 101 f.

2559 § 13 des Versicherungsvertrages sieht ein Schiedsgericht hiefür vor.

geltend machen zu können. Ob sich daraus ein Anrechnungs- respektive Rückleistungsanspruch im Falle der Zuerkennung eines etwaigen höheren Schadenersatzbetrages im Zivilrechtsweg ableiten läßt, wäre gesondert zu prüfen. Für unseren Zweck der Darstellung von Entwicklungen kann auf diese Prüfung hier aber verzichtet werden.

Damit unterscheidet sich dieses schwedische System von anderen, insbesondere dem gerne zum Vergleich herangezogenen System des außergerichtlichen Ausgleichs im Wege ärztlicher Schlichtungsstellen. Denn dort wird mit der Annahme eines Vergleichs allemal ein Rechtswegverzicht junktimiert.

Die Patientenversicherung setzt, von einigen Ausnahmen abgesehen, voraus, daß ein Schaden durch eine Handlung oder Unterlassung, für die das Gesundheitswesen verantwortlich ist, verursacht wurde und durch eine andere Behandlung der Krankheit vermieden hätte werden können. Die Pharmaversicherung stellt den Anspruch auf Schadenersatz darauf ab, ob zum einen ein Medikament einen Schaden verursacht hat und zum anderen, ob es unter Berücksichtigung der Natur der behandelten Krankheit und der Unvorhersehbarkeit und Ernsthaftigkeit des Schadens angemessen erscheint, Schadenersatz zu leisten. Das Element der Billigkeit tritt bei der Pharmaversicherung deutlicher zutage als bei der Patientenschadenversicherung.

Die wichtigsten Errungenschaften und Gemeinsamkeiten der Patienten- und Pharmaversicherung lassen sich für einen ersten Überblick folgenderweise zusammenfassen:

– Der Schadenersatz wird analog den Bestimmungen des zivilrechtlichen Schadenersatzrechtes bewertet (Ersatz des reellen und ideellen Schadens);

– der Kausalitätsbeweis wird weitgehend erübrigt;

– wer Schaden erlitten hat, wird es eher vorziehen, den Anspruch auf Schadenersatz bei der Versicherung geltend zu machen als eine mit bekannt geringer Erfolgsquote beschiedene Klage auf Schadenersatz bei Gericht einzubringen;

– es ist nicht notwendig, Verschulden analog dem Schadenersatzrecht nachzuweisen;

– es werden Administrationskosten eingespart, da einheitliche Standards der Schadenshöhe (vor allem beim ideellen Schaden) vorweg festgesetzt werden können;

– es ist möglich, die Prämien der Versicherungen in der Weise festzusetzen, daß die unterschiedlichen Schadensrisiken nicht besonders berücksichtigt werden müssen;

– Bagatellschäden unter einer Wertigkeit von 700.- skr (ca. 1400.- öS/200.- DM) werden nicht geprüft.

– die Bearbeitung durch eine Abwicklungsstelle führt zu einer gleichförmigen Erledigung. Eine auseinanderlaufende Judikatur entwickelt sich erst gar nicht.

Besonders bemerkenswert bleibt, wie schon erwähnt, die Tatsache, daß dieses schwedische System ohne die Gesetzgebung auskommt. Auf freiwilliger Basis ist der Konsum an Medikamenten oder Dienstleistungen des Gesundheitswesen durch Versicherungen geschützt. Jeder von einer schwedischen Gesundheitseinrichtung betreute Patient kann von diesem Versicherungssystem Gebrauch machen.

## 9.2.2. DER ENTWICKLUNGSHINTERGRUND

Allgemein kann dieses schwedische Versicherungssystem als neuer Trend, in Abkehr zu den tradierten Prinzipien des Schadenersatzrechtes, die auf Verschulden (Fahrlässigkeit/Vorsatz) abstellen, gesehen werden. Es verfolgt eine mehr auf die Bedürfnisse einer geschädigten Person als auf die prozessuale Sicherung vor unbilliger Inanspruchnahme gerichtete Politik. *Ehrenzweig*[2560] hätte die Argumente geliefert haben können: Eine rasche, relativ klar abgegrenzte Leistung an einen Geschädigten, wurde den durchaus nicht geringgeschätzten Gerechtigkeitsmaßstäben des Zivilrechts, die in Summe aber eben doch erkennbar zu gesellschaftlichem Unfrieden geführt hatten und diesen noch verstärkt hätten, vorgezogen.

In den frühen siebziger Jahren, als sich das schwedische Parlament mit einer Verschärfung der Schadenersatzrechtsgrundsätze beschäftigte, wurde der Vorschlag eingebracht, statt eines Umbaues der zivilrechtlichen Haftung, hin zu einer stärkeren Akzentuierung der Gefährdungshaftung, eine Direkt-Kollektivversicherung, sowohl

2560 Ehrenzweig, A. A., Psychoanalytische Rechtswissenschaft, S. 295 ff.

für Behandlungsschäden als auch für Arzneimittelschäden, einzurichten. Diese Versicherung sollte in der Lage sein, effektiveren und vorteilhafteren Schutz geschädigter Personen zu ermöglichen.

*Die Patientenversicherung*

Die Patientenversicherung ist in Schweden seit dem 1. Jänner 1975 in Geltung. Vorher unterlagen Fälle, in welchen Schäden durch das Gesundheitswesen verursacht wurden, ausschließlich dem zivilrechtlichen Schadenersatzrecht. Der Befriedigungs- wie der Befriedungseffekt war gering. Durchschnittlich wurde pro Jahr nur in 10 Fällen ein Schadenersatz durch das Gericht zugesprochen.

Als die neue Patientenversicherung, die anfangs nur die medizinische Pflege der Spitäler abdeckte, aber schrittweise auf alle anderen Bereiche des Gesundheitswesens ausgedehnt wurde, eingeführt wurde, verzichtete man darauf, sie gesetzlich zu verankern. Dabei standen einige Überlegungen im Vordergrund. Vor allem die Tatsache, daß es sich hier um ein völlig neues System handeln sollte, von dem nicht eindeutig vorhersehbar war, wie es sich in der Praxis tatsächlich bewähren würde, ließ es zweckmäßiger erscheinen, die Versicherung auf freiwilliger Basis zu gestalten, um letztlich auch sicherzustellen, mögliche Fehleinschätzungen umgehend korrigieren zu können. Auch wurde man von der Überzeugung geleitet, daß auf dieser Basis die Verantwortung hinsichtlich der Effektivität der Versicherung durch die beteiligten Parteien mit erhöhtem Interesse getragen wird. Diese beiden Faktoren, die Möglichkeit der raschen Korrekturmaßnahmen und eine hohe Effektivität der Versicherung, versprach man sich von einer gesetzlichen Verankerung gerade nicht.

Ursprünglich erfaßte die Versicherung nur die Institutionen der öffentlichen Gesundheitspflege. Es gelang aber bald, die Versicherung auch auf den privaten Gesundheitssektor, der allerdings, an mitteleuropäischen Verhältnissen des Gesundheitswesens gemessen, minimal ist, auszudehnen und somit eine umfassende Versicherung zu schaffen. Auf kollektivvertraglicher Basis gewährt sie Ansprüche aus einem Vertrag zugunsten Dritter. Getragen wird das System von einem Konsortium aller im Krankenversicherungsbereich tätigen privatwirtschaftlichen Versicherungsunternehmen. Dieses ist mit eigenständiger Rechtspersönlichkeit ausgestattet und firmiert als „Patientenversicherung" (Patientförsäkring) respektive „Arzneimittelversicherung" (Läkemedelförsäkring). Die Schadensabwicklung wird jedoch binnenorganisiert von zwei Unternehmen gemacht. Zum zusätzlichen Schutz der geschädigten Personen wurde durch die Versicherungen ein quasi-gerichtsförmig entscheidendes Kollegium, ein sogenanntes „Patientenschadenamt" (patientskadenämnd), das, obwohl auch die schwedische Begrifflichkeit „nämnd" (Amt) darauf hindeutet, keine Behörde und kein Gericht im formellen Sinn ist, eingerichtet, das jede vermeintlich oder wirklich geschädigte Person nach eigenem Ermessen und ohne damit verbundenes Kostenrisiko in Anspruch nehmen kann. Den quasi-amtlichen Charakter erhält diese Kommission durch die Bestellung durch die Regierung. Entsprechend der Typologisierung der amerikanischen Vergleichseinrichtungen von *Weyers*[2561] liegt dieses Organ als Patient Claim Panel zwischen den Physician Screening Panels und den Medical-legal Screening Panels, das selbst nicht arbiter ist, sondern als gemischt besetzter Sachverständigenrat agiert.

Das Verfahren vor dem Patientenschadenamt endet mit einer Stellungnahme mit faktischer Bindungswirkung, derzufolge die Patientenversicherung zu einer Zuerkennung oder Ablehnung gelangt. Eine unzureichende Zuerkennung oder Ablehnung kann an ein einzusetzendes Schiedsgericht, das nach den gesetzlichen Bestimmungen über Schiedsgerichte[2562] arbeitet, herangetragen werden. Dieses recht bündige Verfahrenskonzept schien und scheint ungebrochen weitaus zweckmäßiger und ergiebiger zu sein als die Beschreitung des Zivilrechtsweges.

Ein weiterer wichtiger positiver Aspekt in diesem System muß herausgestrichen werden. Man hat hier die Möglichkeiten, über eine Versicherung neue Richtlinien zur Schadensabgeltung in einem überaus sensiblen Bereich zu schaffen, ohne die Rigidität des Schadenersatzrechtes insgesamt in Frage zu stellen, welches Vereinfachungen für

---

2561 Weyers, H.-L., Ergänzende Regelungen für das ärztliche Vertrags-(Standes-) und Haftungsrecht?, S. A 73.

2562 Lag om Skiljemän SFS 1929:145.

Sonderlagen nicht gestattet, ohne das Verschuldenshaftungsmodell als solches zu gefährden. Als Anspruchsvoraussetzungen aus dem Versicherungskollektivvertrag (§ 4) gelten daher, daß

1. der Geschädigte nachweisbar zumindest für 30 Tage krank war oder
2. mehr als 10 Tage im Spital war oder
3. ihm eine dauernde Körperbehinderung zugefügt wurde oder
4. er verstorben ist.

*Die Pharmaversicherung*

Die pharmazeutische Versicherung hat zum Teil denselben Hintergrund wie die Patientenversicherung. Medikamente können unerwartet und unvorhersehbar Schäden bewirken. Für den Fall, daß ein Patient, der ein bestimmtes Medikament gegen eine relativ harmlose Krankheit einnimmt und dadurch einen ernsthaften Schaden erleidet, fand man es in der Diskussionsphase vom Konsumentenschutzstandpunkt aus nicht akzeptabel, kein entsprechendes Instrument zum Schadenersatz zur Verfügung zu haben.

Aufgrund mehrerer problematischer Anlaßfälle in Schweden entstand für den schwedischen Gesetzgeber immer mehr Druck, ein neues System für Opfer von Medikamenten ins Leben zu rufen. Aber auch die Medikamentenhersteller selbst zeigten reges Interesse für neue Überlegungen im Bereich der Haftung. Allerdings war man sich auch hier im klaren, daß das herkömmliche Schadenersatzrecht nicht problemlösend wirke. Bald setzte sich die Meinung durch, daß man ein zur Patientenversicherung analoges Instrument bräuchte. Vor allem sah man einen engen Zusammenhang der beiden Bereiche. Ein Patient, der durch Medikamente zu Schaden kommt, soll bei seinem Anspruch auf Schadenersatz nicht wesentlich anders behandelt werden als ein Patient, der beispielsweise durch eine Operation geschädigt wird.

Am 1. Juli 1978 wurde somit auch eine Pharmaversicherung auf freiwilliger Basis in Schweden eingeführt.

## 9.2.3. PRINZIPIEN DER PATIENTEN- UND PHARMAVERSICHERUNG

Das grundsätzliche Anliegen dieser Versicherungen ist es, in einer anderen, vor allem zielführenderen Weise als es das traditionelle Schadenersatzrecht ermöglicht, Ansprüche von geschädigten Patienten rasch und effektiv abzuwickeln.

Die Versicherungen stellen auf ein vereinfachtes Anspruchsermittlungsverfahren ab. Dazu ist es notwendig, in konkreter Weise festzulegen, welche Schadensarten durch die Versicherung gedeckt werden und welche nicht. Vermeiden wollte man eine abstrakte Umschreibung, wann ein Schaden vorliege, wie dies in Gesetzen zu geschehen pflegt, etwa, daß er durch eine unerwartete, unerwünschte oder unglückliche Komplikation entstanden sein müsse. Das führt bisweilen zu einer Kasuistik, die den Statutentext in ein merkwürdiges Licht bringt. Der finnische Gesetzestext ist dem schwedischen Vertragstext zweifellos überlegen.

Die Patientenversicherung stellt vielmehr darauf ab, ob ein Arzt oder sonstiges akkreditiertes Behandlungspersonal oder ein Spital selbst für eine Entscheidung oder Handlung die Verantwortung trägt, unabhängig davon, ob Verschulden vorliegt. Der zentrale Prüfpunkt für das Vorliegen eines Schadens ist daher nicht die Frage nach der Zurechenbarkeit, sondern die nach der Vermeidbarkeit oder Unvermeidbarkeit.

Schäden, die durch die Versicherung abzugelten sind, ohne daß ein Verschulden nachzuweisen ist, betreffen vor allem diejenigen Fälle, in welchen der Schaden vielleicht hätte vermieden werden können

1. soferne, unter objektiven Gesichtspunkten, eine andere, durchaus gleichwertige, aber weniger riskante Behandlungsmethode zur Verfügung gestanden hätte und deshalb gewählt werden hätte können oder sollen. Damit ist man geschickt von der im traditionellen Schadenersatzrecht zu prüfenden Frage, ob der eingeschlagene Behandlungsweg mit den erprobten wissenschaftlich ausgewiesenen Methoden und mit der erforderlichen Sorgfalt kompatibel ist, weggekommen. Denn gerade an dieser Frage scheitern die meisten Schadenersatzbegehren;

2. soferne ein Schaden durch eine Behandlung entstanden ist, die zum gegebenen Zeitpunkt zwar medizinisch durchaus gerechtfertigt

erschien, von der sich nach Abschluß der Behandlung aber zeigt, daß sie doch unnotwendig und somit unbegründet war;

3. soferne es, ex post betrachtet, weil bei der gewählten Behandlungsmethode bereits Komplikationen aufgetreten sind, möglich gewesen wäre, um gerade diese Komplikation zu vermeiden, die Behandlung in einer anderen Weise, aber mit derselben Effektivität durchzuführen;

4. soferne es möglich gewesen wäre, die richtige Diagnose zu erstellen, wenn ein Spezialist die Krankheit behandelt hätte.

Behandlungsfolgen fallen damit außerhalb diese erweiterten Haftung. Damit sind kurz gefaßt solche „Schäden“ gemeint, die üblicherweise, unbeherrschbarerweise oder vorhersehbarerweise als Behandlungsfolgen gehäuft oder regelmäßig einzutreten pflegen oder doch zumindest eintreten können, näherhin

– Schäden, die in Verbindung mit allgemein anerkannten Behandlungsmethoden entstehen und auch durch eine andere Durchführung der Behandlung nicht vermieden werden können;

– Schäden, die durch unvermeidbare Verzögerungen bei Diagnose und Behandlung entstehen;

– Schäden, die durch unzureichende Ressourcen im Gesundheitswesen entstehen.

Die immer aktueller werdende Organisationsschadensdiskussion ist in Schweden vorläufig also zugunsten der immanenten Schranken des Gesundheitssystems entschieden.

Trotz des Haftungsausschlusses für Behandlungsfolgen wird aber aus dem Grundsatz, daß in Fällen, in denen die Verursachung zweifelhaft sei, die Annahme einer Schädigung gerechtfertigt sei, Kompensation geboten.

Wird etwa ein Schaden durch eine Infektion hervorgerufen, so kann oftmals nicht festgestellt werden, ob die Infektion durch einen anderen Patienten bei der Behandlung hervorgerufen wurde oder ob die Infektion durch eigene Bakterien des Patienten ausgelöst worden ist. In solchen Grenzfällen entschied man sich, die Kompensation zu tragen und die Frage der Vermeidbarkeit nicht zu stellen.

Für die Pharmaversicherung wurde eine etwas andere Form der Determinierung der unter die Versicherung fallenden Schäden gewählt. Medikamente haben grundsätzlich Nebeneffekte. Obwohl die Hauptwirkung des Medikaments für die meisten Patienten positiv ist, können wenige Patienten durch negative Wirkungen des Medikaments Schäden erleiden. Dies muß wohl in Kauf genommen werden, wenn die positiven Wirkungen die negativen bei weitem überwiegen. Man kann nicht von mangelhaften Medikamenten sprechen, wenn nur in wenigen Einzelfällen Schäden, die bezogen auf den eigentlichen Wirkungszweck als unvermeidbar angesehen werden dürfen, auftreten. Daher kann aber kaum ein möglicher Schaden durch die Behandlung, die im Regelfall sicher und effektiv ist, vorhergesehen, erwartet oder prognostiziert werden.

Ein Spezialproblem für sich stellt die Neuentwicklung von Medikamenten dar. Selbst nach ausgiebigen wissenschaftlichen Testversuchen kann, nachdem das Medikament in den Warenverkehr gebracht wurde, nicht abgeschätzt werden, ob ein Medikament früher oder später Schäden verursacht.

Solche Überlegungen zeigen, daß für die Haftung der Versicherung für seltene und unerwartete Schäden nicht dieselbe Methode wie bei der Patientenversicherung gewählt werden kann. Der mögliche Schaden kann nicht in einen vernünftigen Zusammenhang mit dem Verhalten des Erzeugers oder eines das Medikament verschreibenden Arztes gebracht werden. Der Schaden kann aber auch nicht vermieden werden, indem die Medikamentenbehandlung in einer anderen Art und Weise ausgeführt wird.

Dies bedeutet, daß es notwendig erscheint, Schadenersatzansprüche danach zu hinterfragen, ob billige Gründe für eine Entschädigung vorliegen. Die Frage, die damit im Zusammenhang steht, ist, ob ein Patient das Risiko eines Schadens selbst zu tragen hat oder nicht. Daher gilt es, immer aus dem Einzelfall heraus summarisch zu beantworten, ob die Risiken der Nebeneffekte bekannt waren und wie die Ernsthaftigkeit der eigentlichen Krankheit, der allgemeine Gesundheitszustand des Patienten und das Ausmaß des erlittenen Schadens beschaffen sind. Anders, als das herkömmliche Schadenersatzrecht, stellt die Pharmaversicherung, wie auch die Patientenversicherung, nicht darauf ab, ob jemand fahrlässig gehandelt hat, geht also nicht den konkreten Umständen, die zum Schaden geführt haben nach, sondern stützt die Bewertung auf jene objektiven und feststellbaren Tatsachen, die nach Eintritt des Schadens noch vorliegen. Es wird darauf verzichtet, ein Verschulden einer anderen Person in der Kette von Handlungen, die zu dem eingetretenen Schaden geführt haben, nachzuweisen. Es erlaubt sich durchaus, von einer Schadenswahrscheinlichkeitsprüfung zu reden.

## 9.2.4. DIE VERSICHERUNGSBEDINGUNGEN

*Patientenversicherung*

Die Patientenversicherung setzt voraus, daß der zu kompensierende Schaden während der Behandlung oder der Gesundheitsfürsorge aufgetreten ist. Unter dem Behandlungsschaden wird nur ein physischer Schaden verstanden, Gesundheitsfürsorge meint die Gesundheitspflege im Zusammenhang mit medizinischer Betreuung. Wenngleich nur physische Schäden kompensiert werden, so wird auch für einen mentalen Schaden als Folgeschaden Schadenersatz gewährt. Grundsätzlich hat ein direkter Zusammenhang zwischen dem eingetretenen Schaden und der medizinischen Pflege, die durch das Gesundheitswesen ausgeführt wird, zu bestehen. Die Dienste des Gesundheitswesens wiederum müssen durch Ärzte und Schwestern oder anderes medizinisches Personal, das im Gesundheitswesen beschäftigt ist, ausgeführt werden. Tendenziell wird aber der Kreis derer, durch die Schaden zugefügt werden kann, erweitert.

Die Behandlungsschäden, die durch die Versicherung gedeckt werden, lassen sich hinsichtlich der Art der Verursachung und des Eintritts in fünf Kategorien unterscheiden:

1. Eigentliche Behandlungsschäden:
Ein Behandlungsschaden ist zu ersetzen, soferne der Schaden vermieden werden hätte können, indem die Behandlungsmethode in einer anderen Weise, aber mit derselben Effektivität, angewendet werden hätte können.

2. Schäden als Folge eines Eingriffs zu Zwecken der Diagnose:
Ein Schaden, der durch einen medizinischen Eingriff entsteht, der lediglich dazu dient, eine Erkrankung festzustellen, ist dann zu kompensieren, wenn sich nachträglich ergibt, daß die Gefährlichkeit der diagnostizierten Krankheit zum an sich gerechtfertigten Risiko des Diagnoseeingriffs in Mißverhältnis stand.

3. Schäden als Folge einer unkorrekten Diagnose:
Wenn durch eine unkorrekte Diagnose ein Schaden entstanden ist, der durch eine korrekte Diagnose hätte vermieden werden können, dann ist der entstandene Schaden zu ersetzen.

4. Unfallschäden:
Unfallschäden werden dann ersetzt, wenn der entstandene Schaden auf eine Handlung zurückzuführen ist, die dem Spitalspersonal zu-

rechenbar ist oder wenn er in Folge eines Mangels der medizinischen Ausrüstung entstand.

5. Infektionsschäden:

Diese werden kompensiert, wenn sie nicht mit hoher Wahrscheinlichkeit durch den Patienten selbst ausgelöst wurden.

Einige im Sinne der Definitionen des Vertragsstatuts an sich als solche zu bezeichnende Schäden werden aber durch die Versicherung grundsätzlich ausgeschlossen. Hier sind besonders jene Schäden angesprochen, die bei Maßnahmen entstehen, die getroffen werden, um eine unmittelbare Lebensgefahr vom Patienten abzuwenden.

Ein Schadenersatzanspruch muß von der geschädigten Person innerhalb von drei Jahren nach Erkennen des Schadens, der durch eine Behandlung verursacht wurde, angemeldet werden. Die objektive Frist von 10 Jahren ab tatsächlichem Schadenseintritt darf nicht überschritten werden.

*Die Pharmaversicherung*

Der schwedischen Gesetzgebung folgend wird ein Medikament als Pharmapräparat betrachtet, das innerlich oder äußerlich zum Zwecke der Vorbeugung, Erkennung, Erleichterung oder Heilung einer Krankheit oder der Symptome der Krankheit angewendet wird. Die Versicherung deckt Schäden, die durch ein von der Gesetzesdefinition erfaßtes Medikament verursacht werden. Naturheilmittel zählen nicht zu diesen Medikamenten. Wie bei der Patientenversicherung werden auch in der Pharmaversicherung nur physische Schäden einbezogen. Weiters bleiben jene Fälle unberücksichtigt, in welchen bestimmte Medikamente nicht den gewünschten Erfolg bringen und dadurch Schaden entsteht.

Da es oftmals schwierig ist, einen klaren Zusammenhang zwischen einem Schaden und einem Medikament herzustellen, wurden entsprechende Richtlinien entwickelt. Schadenerstaz wird dann geleistet, wenn mit „hoher Wahrscheinlichkeit" anzunehmen ist, daß das Medikament den Schaden verursacht hat. In der Praxis führt diese für Pharmageschädigte günstige Beweisregel dazu, daß im individuellen Fall der Nachweis eines statistischen Zusammenhangs genügt. Die Kausalität wird jedenfalls dann angenommen, wenn die Untersuchungen des individuellen Falls ergeben, daß keine anderen Faktoren diesen Schaden verursacht haben können. Aber auch der zeitliche Zusammenhang findet Berücksichtigung. Tritt ein Schaden nach relativ kurzer Zeit nach Verwendung eines Medikamentes ein, so gilt das als schwerwiegender Indikator für die Kausalität. Das Auftreten von Folgen erst nach längerem, würde gegen die Kausalität sprechen. Die Abgeltungsentscheidung folgt aber nicht einem Indikator, sondern einem Mischindikatorensystem. Für die Zuerkennung gibt es einen relativ weiten Ermessensspielraum.

Wenn schließlich keine anderen Ausschlußgründe einer Schadensvergütung entgegenstehen, ist zu entscheiden, ob der Ersatz des Schadens vernünftig erscheint oder nicht. Naturgemäß ergibt sich in diesem Ermessensbereich eine sehr kasuistische, stark an Billigkeitserwägungen orientierte „Spruchpraxis". Berücksichtigung für die Frage des Schadenersatzes finden folgende Komponenten:

- die Natur und Schwere der Krankheit, die behandelt wird;
- der generelle Gesundheitszustand der geschädigten Person;
- die Ernsthaftigkeit des Schadens;
- die Möglichkeit der Mediziner, die Wirkungen des Medikamentes vorherzusehen.

Dies bedeutet, daß bei der Bewertung, ob ein entstandener Schaden durch die Versicherung gedeckt wird, nicht kanonisierbare Faktoren in der Entscheidung abgewogen werden:

– Da Medikamente grundsätzlich Nebeneffekte haben, ist es einsichtig, daß das Risiko dieser Nebeneffekte durch den Patienten in Kauf genommen werden muß. Daher verbleiben bestimmte Risiken inkompensabel. Welches Risiko dann durch den Patienten tatsächlich in Kauf genommen werden muß, hängt von der Schwere der Krankheit ab. Eine ernsthafte Erkrankung bedeutet auch die Übernahme eines höheren Risikos, während eine leichte Erkrankung die Übernahme eines weniger großen Risikos erfordert.

– Weiters ist darauf Rücksicht zu nehmen, in welchem Ausmaß es einem Mediziner, der ein Medikament verschreibt, möglich ist, die Nebeneffekte eines Medikaments abzuschätzen und die entsprechenden Auswirkungen auf die Krankheit und den Gesundheitszustand des Patienten vorherzusehen.

– Das Risiko, das ein Patient zu tragen hat, hängt auch von seinem eigenen Gesundheitszustand ab. Ein Medikament kann bei einem schwerkranken Patienten einen schwereren Schaden anrichten als bei einem nur leicht erkrankten Patienten. Der Schadenersatzanspruch steht also in einem direkten Verhältnis zur Schwere der Krankheit.

– Tritt ein bisher unbekannter schädigender Nebeneffekt auf, so wird wiederum ein Anspruch auf Schadenersatz in höherem Maße zugestanden werden als bei bereits bekannten Nebeneffekten. Bekannte Nebeneffekte, über die der Patient ja informiert wird, so wird angenommen, nimmt der Patient eben in Kauf.

Im Unterschied zum deutschen Arzneimittelgesetz oder zu den Produkthaftungsrichtlinien der EG verdeutlichen die obgenannten Erörterungen, daß die schwedische Pharmaversicherung nicht darauf abstellt, ob entsprechende Warnungen (etwa am Verpackungstext) für das Medikament ausgesprochen wurden oder ob bei der Medikation Fehler oder Versäumnisse gemacht wurden. Die schwedische Pharmaversicherung stellt ausschließlich darauf ab, ob es im gegebenen Schadensfall angemessen und billig erscheint, den Schaden zu ersetzen.

Die Pharmaversicherung hat allerdings Haftungslimits:

– 3 Millionen SEK für jede geschädigte Person,

– 150 Millionen SEK für Schäden in einem Kalenderjahr,

– 100 Millionen SEK für Serienschäden, die durch eine bestimmte Substanz in einem Medikament hervorgerufen werden, unabhängig vom Kalenderjahr.

Die geschädigte Person hat im Falle einer Zuerkennung eine Verzichtserklärung abzugeben, keine anderen potentiell haftenden Personen zu belangen. Dies geschieht, indem die geschädigte Person ihr Recht auf Schadenersatz an die Versicherung abtritt.

Der Schadenersatzanspruch an die Versicherung muß innerhalb von drei Jahren ab Kenntnis des Schadens gestellt werden. Andere zeitliche Beschränkungen bestehen nicht.

### 9.2.5. DAS VERFAHREN

Soferne eine geschädigte Person mit der Entscheidung der Versicherung auf der ersten Ebene, sozusagen der bürokratischen Ebene, nicht einverstanden ist, kann die geschädigte Person das Patientenschadenamt (patientskadenämnd) oder das Arzneimittelschadenamt (läkemedelskadenämnd) anrufen. Ein Rechtsmittelverfahren im eigentlichen Sinne ist dies jedoch nicht. Denn die Erstentscheidung ist keine im juristischen Sinne, da dem Anspruchswerber lediglich mitgeteilt wird, daß ihm kein oder ein ihm eben nicht ausreichend erscheinender Schadenersatz angeboten wird.

Das Patientschadenamt besteht aus sechs Mitgliedern, das Arzneimittelschadenamt aus acht. Den offiziösen Charakter dieser Kommission streicht der Bestellungsmodus heraus. In beiden Fällen wird der Vorsitzende und der medizinische Experte durch die Regierung ernannt. Zwei weitere Mitglieder des Arzneimittelschadenamtes, die die Patienten repräsentieren sollen, werden ebenfalls von der Regierung ernannt. Im Patientenschadenamt vertritt die Interessen des Patienten ein ebenfalls von der Regierung bestelltes Mitglied. Weiters werden im Arzneimittelamt ein Mitglied, das die Spitäler, zwei, die die Pharmaindustrie vertreten, ernannt. Beim Patientenschadenamt werden zwei Repräsentanten der Hospitäler ernannt. Auch das Konsortium der Versicherer entsendet jeweils einen Vertreter in die Kommissionen.

Wenn eine geschädigte Person die Empfehlung einer der Kommissionen und damit die nachfolgende, daran orientierte Ablehnung des Anspruchs oder eine nicht ausreichend erscheinende Anerkennung bekämpfen will, kann ein Schiedsverfahren[2563] eingeleitet werden. Die Kosten des Verfahrens trägt die Versicherung.

### 9.2.6. SCHADENERSATZ

In beiden Versicherungssystemen wird der Schadenersatz nach den generellen Prinzipien des Schadenersatzrechtes erstattet. Dies bedeutet, daß dabei Einkommensentgang, die Kosten der medizinischen Behandlung, Schmerzensgeld und Renten bezahlt werden. In Todesfällen sind sowohl die Bestattungskosten als auch Unterhaltszahlungen zu leisten. Die Höhe der Entschädigung für ideelle Schäden richtet sich nach den oberstgerichtlich entwickelten Maßstäben für Personenschäden.

### 9.2.7. ERFAHRUNGEN MIT DEN VERSICHERUNGEN

*Patientenversicherung*

Für das gesamte Versicherungsjahr 1988 betrugen die Prämien der Patientenversicherung für Hospitäler ungefähr 100 Millionen SEK.

---

2563 § 13 Patientenversicherungsvertrag; § 14 Arzneimittelversicherungsvertrag.

Die Höhe der Prämien korrespondiert mit der Höhe der ausgezahlten Entschädigungen plus den Ausgaben für den Verwaltungsaufwand. Der Aufkommensanteil, der für den Verwaltungsaufwand verbraucht wird, beträgt etwa 18 Millionen SEK. Der Abwicklungsaufwand von mehr als einem Sechstel der Gesamtkosten wirkt allerdings beachtlich. Gemessen an den Anwalts- und Verfahrenskosten im herkömmlichen Zivilprozeß erscheint der Anteil von 18% dann aber doch wieder eher gering.

Bis zum 31. Juli 1988 wurden insgesamt 59.718 (!) Fälle bei der Versicherung angemeldet. 24.133 Fälle haben keine Entschädigung zugesprochen bekommen oder waren noch in Untersuchung. Von den übrigen 35.588 Fällen haben bereits 28.966 (!) Fälle eine Entschädigung zugesprochen erhalten, 6.619 Fälle wurden noch nicht vollständig untersucht. Die jährliche Anzahl der gemeldeten Schäden stieg kontinuierlich, aber die Zuwachskurve verflacht. Die Anzahl der gemeldeten Schadensfälle des Jahres 1988 beträgt 4.000, 1989 5.000.

Die Gesamtkosten der anerkannten Schadenersätze betrugen von 1975 bis zum 1. Juli 1988 ungefähr 553 Millionen SEK. Die Kosten der anerkannten Schadenersätze aus den Jahren 1975 und 1976 betrugen 40 Millionen SEK. Die Jahresdurchschnittsziffer ist dynamisch im Steigen, die Zuwachsratenkurve beginnt allerdings zu verflachen, was als Hinweis ausgelegt wird, daß die Nachziehverfahren erledigt sind und die Anfangsbegehrlichkeit überwunden ist.

Ungefähr 65% der ausbezahlten Entschädigungen beziehen sich auf ideelle Schäden, etwa Schmerzensgeld, 14% auf Einkommensverluste, 13% auf Spital- und Arztfolgekosten und 2% auf Kosten im Zusammenhang mit Todesfällen.

Die Durchschnittskosten eines anerkannten Entschädigungsanspruches belaufen sich auf etwa 36.000 SEK, sind aber im Steigen begriffen.

*Pharmaversicherung*

1988 betrugen die Prämien für die Pharmaversicherung ungefähr 17,7 Millionen SEK. Ein Teil dieser Prämien wurde dazu verwendet, Schadenersätze aus entstandenen Schäden, die durch bekannte Nebeneffekte hervorgerufen wurden, auszubezahlen. Dieser beträgt 3.170 Millionen SEK. Der andere Teil betrifft die Entschädigung von Schäden, die durch unbekannte Nebeneffekte entstanden. Ihr Anteil liegt bei 14,5 Millionen SEK. Das Prämienaufkommen wird durch einen Verband, dem alle schwedischen Arzneimittelerzeuger und -importeure als Mitglieder angehören, bezahlt. Die anteilige Binnenverteilung der Prämien richtet sich nach der Umsatzhöhe der einzelnen Unternehmen.

Im Zeitraum vom 1. Juli 1979 bis Ende Juli 1988 wurden 2.308 Fälle verzeichnet. Von diesen wurden 778 Fälle (34%) entschädigt, 1242 (55%) nicht entschädigt und 288 Fälle (12%) waren noch nicht entschieden.

Die gesamten Kosten für gemeldete Schäden werden bis 1. Juli 1988 zusammen auf 70 Millionen SEK geschätzt. Die durchschnittlichen Kosten für den einzelnen Fall betrugen geschätzte 50.000 SEK.

Seit der Einführung der Versicherung (1. Juli 1978) wurde in Schweden nur mehr ein einziger Fall vor Gericht gebracht. Dieser ist noch nicht abgeschlossen.

# 10. Lizenzen- und Zertifikationssysteme

## 10.1. Überregionale Gesundheits- und Sozialprogramme

Nationale Patientenrechtsregelungen hängen in den Vollzugschancen ganz wesentlich von dem Einfluß ab, den die Systemträger, insbesondere die großen Finanzierungsträger, die Krankenkassen, ausüben. Darin bleiben aber gerade diese öffentlichen oder semi-öffentlichen Institutionen auffallend zurückhaltend. Sie fürchten, was aus ihrer Sicht verständlich ist, daß die Sicherheitsförderung und Qualitätssicherung ihnen zusätzliche Kosten bescheren könnte. Dennoch ist in den prinzipiellen Möglichkeiten dieser Institutionen ein interessanter Ansatz zu sehen, der bei zunehmender Privatisierung von Pflegeeinrichtungen auch in Europa Bedeutung bekommen könnte.

In Amerika ist der patientenrechtliche Standard in Pflegeeinrichtungen maßgeblich von der Partizipation am Medicare oder Medicaid Programm (third party payment), also einer Quasi-Sozialversicherung abhängig. Soferne Pflegeinstitutionen von diesen öffentlichen Finanzierungsprogrammen (Medicaid, Medicare) Leistungen beanspruchen wollen, haben sie sich dem Gebot der Förderung der Patientenrechte zu unterwerfen[2564]. Diese Bedingungen auferlegen den Anstalten soziale Dienste anzubieten respektive zu fördern und folgenden Patientenrechtskatalog[2565] mitzutragen und dem Patienten zu garantieren:

(1) to be informed of the services available in the facility and the related charges;

(2) to be informed by a physician of his medical condition;

(3) to participate in preparing his plan of medical care;

(4) to refuse to participate in experimental research;

(5) to be transfered or discharged only under certain situations;

(6) to voice grievances and recommend changes in nursing home policies;

(7) to manage his own finances;

(8) to be free of mental and physical abuse and chemical and physical restraints;

---

2564 National Senior Citizens Law Center (Hrsg.), Nursing Home Law, S. 16 ff.

2565 42 C. F. R. §405.1121(k)(1)-(14); auch 42 C. F. R. §442.311.

(9) to have his personal and medical records remain confidential and restrict their release;

(10) to be treated with dignity and privacy in treatment;

(11) to not perform non-therapeutic services for the facility;

(12) to communicate privately with guests;

(13) to parcipitate in social, religious and communicative groups of his choice;

(14) to have private visits with one's spouse and share a room if both are living in the same facility.

Auf den ersten Blick ist diese Patient's Bill of Rights für Anstalten, die von Medicaid und Medicare Programmen finanziert werden wollen, sehr eindrucksvoll, tatsächlich trägt die Normierung der Patientenrechte aber nicht der Ambition des Programms entsprechend zur Verbesserung der Lebensumstände der Pflegepatienten bei. Die Kritik knüpft sich an die Vollzugsmängel.

Zum einen können diese speziellen Patientenrechte eben nur solchen Pflegeeinrichtungen zur Beachtung auferlegt werden, die an den nationalen (Medicaid/Medicare) Finanzierungsprogrammen teilnehmen. Damit ist der Kreis von vorneherein schon reduziert, besser selektiert. Zum anderen fehlt es an der Durchsetzungsmöglichkeit für den Patienten. Schließlich ist als einzige Sanktion die Dezertifikation einer Pflegeeinrichtung und die Auslagerung der betroffenen Pflegepatienten an andere Anstalten vorgesehen. Dies ist aber wiederum von der Konstruktion her eine wenig zweckmäßige Sanktion, da sie kaum und nur in besonders schwerwiegenden Fällen zur Anwendung kommt. In der Praxis stellt sich daher das Problem, daß trotz zugesicherter Patientenrechte und einer vorgesehenen Sanktion zahlreiche Pflegeinstitutionen die Vorschriften der nationalen Gesetzgebung ignorieren. Zwar haben geschädigte Pflegepatienten versucht, aus diesen ihrer Anstalt auferlegten Garantien individuelle Ansprüche abzuleiten und sie im Klagsweg durchzusetzen, aber es hat sich weder eine einheitliche noch eine für den Patienten günstige Judikatur entwikkelt. Das Anspruchsverhältnis besteht nämlich nur zwischen den Finanzierungsprogrammen und den Anstalten. Einen mittelbaren Anspruch aus einem Vertrag zugunsten Dritter hat man nicht erkannt[2566].

---

2566 Hoffman, A./Schreier, K., A Private Right of Action under Missouri's Omnibus Nursing Home Act, in: Saint Louis University Law Review 661, 24 (1981), S. 661 ff.

Diese Erkenntnisse führten in Amerika daher zu bundesstaatlichen Patientenrechtskodifikationen[2567].

### 10.1.1. BESICHTIGUNG UND BESTÄTIGUNG

Pflegeinstitutionen, die an den Medicare und/oder Medicaid Programmen partizipieren, müssen die oben erwähnten patientenrechtssichernden Bedingungen erfüllen. Um kontrollieren zu können, ob die Pflegeinstitutionen die Bestimmungen der Programme tatsächlich erfüllen, wurden regelmäßige Inspektionen abgehalten. Bis 1981 war es erforderlich, daß zumindest einmal im Jahr eine Visitation durchgeführt wird[2568]. Dann hat der amerikanische Kongreß diese Bestimmungen geändert und auf die jährliche Kontrolle verzichtet[2569]. Zweck dieser Änderung war es, die beschränkten Ressourcen in erster Linie für die problematischsten (worst) Pflegeeinrichtungen zu verwenden[2570].

Inspektionsteams verschiedener staatlicher Kontrollorgane, die für das Secretary of Health and Human Services (HHS) arbeiten, führen die Überprüfungen durch. Bemängelte Institutionen haben einen Korrekturplan zu entwickeln, anhand dessen die Kontrollorgane beobachten können, ob Reformen durchgeführt werden, widrigenfalls eben der Lizenzentzug droht.

Das Besichtigungs- und Zulassungsverfahren begegnet aber steigender Kritik. Einer der Vorwürfe ist, daß diese Verfahren mehr Augenmerk auf den Bau der Einrichtung und die schriftliche Verkündung der aufgetragenen Patientenrechte und Leitlinien richten als auf die materielle Pflege. Die konstatierte Übereinstimmung mit den Bestimmungen erscheine daher mehr als „paper compliance". Denn von den 541 Punkten der Besichtigungs- und Zulassungsprüfpunkte beziehen sich nur ganze 20 Punkte direkt auf die Pflege der Patienten einer solchen Einrichtung[2571].

---

2567 Siehe oben Kapitel V. 2.

2568 42 C. F. R. §405.1908, §442.110(a)(1980).

2569 Omnibus Budget Reconciliation Act of 1981, Pub. L. No. 97-35, §2153, 95 Stat.357,802.

2570 National Senior Citizens Law Center (Hrsg.), Nursing Home Law, S. 16.

2571 Butler, A., Nursing Home Quality of Care Enforcement, Part II – State Agency Enforcement Remedies, in: Clearinghouse Review (14) 1980, S. 665 ff.

### 10.1.2. ZWECKMÄSZIGKEITSKONTROLLE (UTILISATION CONTROL)

Sowohl das Medicare als auch das Medicaid Programm verlangen Untersuchungen und Auswertungen hinsichtlich der Qualität der Pflege in Pflegeeinrichtungen und der entsprechenden Verwendung der Programmgelder. Hiefür werden verschiedene Mechanismen der Zweckmäßigkeitskontrolle verwendet, um sowohl die Qualität als auch die Effizienz der Pflege zu bewerten[2572].

Kommissionen, die die Kontrollberichte erstellen, können aus Ärzten der Einrichtungen selbst oder aber durch eine Gruppe von Ärzten außerhalb der Einrichtung zusammengesetzt werden. Letztere Gruppe wird von den lokalen Ärztevereinigungen und Repräsentanten der Langzeitpflegeeinrichtungen beschickt[2573]. Diese Kommissionen untersuchen im Stil von fact-finding-missions im wesentlichen die Effektivität, Angemessenheit und die Kosteneffizienz der Pflege und ob der stationäre Aufenthalt von Patienten weiterhin notwendig erscheint.

### 10.1.3. BEWERTUNG DER MEDIZINISCHEN PFLEGE

Es wird aber auch eine Bewertung der Qualität und Adäquanz der medizinischen Pflege durchgeführt (medical care evaluation)[2574]. Dadurch soll die Möglichkeit eröffnet werden, entsprechende und notwendige Änderungen begleitend anzubringen[2575]. Die Untersuchungen müssen auf einer repräsentativen Basis durchgeführt werden und analysieren Bereiche wie Einweisungen, Dauer des Aufenthalts, ausgeführte Dienstleistungen. Es muß zumindest eine Studie jeweils in Arbeit sein; eine Studie muß jährlich abgeschlossen werden[2576].

Die Regelungen des Medicaid Programmes sehen vor, daß jeder einzelne Bundesstaat Berichte von unabhängigen Prüfeinrichtungen zum Stand des Pflegepatientenwesens erstellen läßt. Diese indepen-

---

2572 National Senior Citizens Law Center (Hrsg.), Nursing Home Law, S. 17 ff.
2573 42 C. F. R. §405.1137(b)(1) und §456.306(c).
2574 42 C. F. R. §§405.1137; 456.341-.345.
2575 42 C. F. R. §456.341 (b)(2).
2576 42 C. F. R. §§405.1137 (c); 456.345); National Senior Citizens Law Center (Hrsg.), Nursing Home Law, S. 17.

dent professional reviews[2577] bauen ebenfalls auf dem Beobachtungsmaterial der regelmäßig durchgeführten Inspektionen[2578] auf. Die Inspektion umfaßt dabei auch die Führung der Krankenberichte der Pflegepatienten. Soferne der Krankenbericht unvollständig scheint, ist der persönliche Kontakt und die persönliche Beobachtung des betroffenen Pflegepatienten zu suchen[2579].

### 10.1.4. PROFESSIONAL STANDARDS REVIEW ORGANIZATIONS (PSRO)

Das PSRO System ist ein peer review-Mechanismus, den der Kongreß geschaffen hatte, um der Verantwortung für umfassende und fortschreitende Prüfung der Dienstleistungen, die im Rahmen der Medicaid und Medicare Programme ausgeführt werden, Rechnung zu tragen[2580]. Der Zweck dieser Organisationen besteht darin, die effektive, effiziente und ökonomische Durchführung von Gesundheitsdienstleistungen zu sichern[2581]. PSROs müssen untersuchen und gewährleisten, daß Zahlungen im Rahmen der Medicaid und Medicare Programme nur dann getätigt werden, wenn medizinische Dienstleistungen tatsächlich notwendig sind und dann auch eine entsprechende Qualität der Pflege umfassen[2582].

## *10.2. Regionale Bestimmungen*

Um am Medicaid Finanzierungsprogramm partizipieren zu können, muß jeder partizipationswillige Bundesstaat ein Verfahren zur Feststellung der Einhaltung von Mindeststandardrichtlinien für die Vergabe von Berufsausübungsberechtigungen für Verwalter von Pflegeinstitutionen entwickeln. Dieses Verfahren der Lizenzvergabe muß jedenfalls die Bereiche der Bedingungen für die Erteilung und der Auf-

2577 42 U. S. C. §1396a(a)(26) (1976); 42 U. S. C. §1396a(a)(31).

2578 42 C. F. R. §456.606 (1980).

2579 42 C. F. R. §456.608; National Senior Citizens Law Center (Hrsg.), Nursing Home Law, S. 17 f.

2580 42 U. S. C. §1320c (1976), Titel XIB des Social Security Act.

2581 42 U. S. C. §1320c-1 (1976); 42 C. F. R. §463.2 (1980).

2582 National Senior Citizens Law Center (Hrsg.), Nursing Home Law, S. 18 f.

lagen sowie die Normierung der Suspendierung und des Widerrufs der Lizenz umfassen. Da dieses Verfahren eine Voraussetzung für die einzelnen Staaten ist, um am Medicaid Programm teilzunehmen, bedürfen also alle Verwalter innerhalb eines Bundesstaates einer Lizenz, unabhängig davon, ob die entsprechende Pflegeinstitution selbst am Medicaid Programm teilnimmt[2583].Die meisten Normen von einzelnen Staaten sehen die Möglichkeit vor, die Überprüfung dieser Voraussetzungen den Gerichten zu übertragen und diesen die Untersagung der Ausübung des nicht lizenzierten Betriebs von Pflegeinstitutionen als Sanktionsinstrumentar anzutragen. Das New Yorker Recht[2584], das von West Virginia[2585], das von Texas[2586], um nur einige zu nennen, sehen die Ausübungsuntersagung (injunction actions) für Einrichtungen vor, die gegen die gesetzlichen Betriebsvoraussetzungen (licencing laws) verstoßen.

Wisconsin gestattet injunction actions hingegen erst bei wiederholten Verletzungen von Normen, die die Gesundheit, die Sicherheit oder das Wohlergehen der Pflegepatienten betreffen[2587]. In Texas bestimmt das Gesetz, daß die Lizenzbehörde über das Gericht ein zeitlich befristetes Betriebsverbot (restraining order) erwirken kann, bis die Faktoren der Verletzungen des Standards und der Bedrohung der Gesundheit und Sicherheit der Pflegepatienten beseitigt sind[2588]. Weil diese Anordnungen ähnlich wie die einstweilige Verfügung und auch ähnlich rasch wirken, werden sie für ein probates Mittel der Patientenrechtssicherung erachtet[2589].

---

2583 Ebda, S. 20.
2584 New York Pub. Health Law §2801-c (McKinney 1977).
2585 West Virginia Code § 16-5C-15(b) (1979).
2586 Texas Health & Safety Code Ann. tit.71, §4422c.11(b) (Vernon Supp. 1981-82).
2587 Wisconsin Stat. Ann. §50.03(7) (West Supp. 1981-82).
2588 Texas Health & Safety Code Ann. § tit.71, 4442c.11(a) (Vernon Supp. 1981-82).
2609 National Senior Citizens Law Center (Hrsg.), Nursing Home Law, S. 27 f.

## 11. Inspektionssysteme

### *11.1. Inspektionspraxis*

Bis 1981 mußten die Gesundheitsbehörden jede Pflegeanstalt im Staate New York zumindest zwei Mal im Jahr inspizieren, wobei eine Inspektion ohne Ankündigung zu geschehen hatte. Diese unangekündigten Inspektionen ermöglichten unmittelbare Beobachtungen über die Zustände in den Pflegeanstalten[2590]. Allerdings wurden die Erfolge der unangekündigten Inspektionen teilweise in Zweifel gezogen werden, da sie jedes Jahr etwa zur gleichen Zeit durchgeführt wurden und somit an sich indirekt doch angekündigt oder zumindest erwartet wurden[2591]. 1981 reduzierte der Gesetzgeber die durchzuführenden Inspektionen auf eine Inspektion pro Jahr. Begründet wurde dies mit Kostensenkung. Das neue Statut verlangt aber, daß die eine Inspektion jedenfalls unangekündigt und umfassend anzulegen ist. Weitere Inspektionen haben zu folgen, wenn festgestellt werden muß, daß eine Pflegeeinrichtung nicht den gesetzlichen Vorschriften entspricht. Dieser neuen Gesetzgebung folgend, entwarf das Department of Health ein neues Prüfungsprogramm (survey program), welches nunmehr vorsieht, daß eine Einrichtung selbst in Form eines Berichts notwendige Informationen an das Department of Health übermittelt. Aus der Pflicht zur Überprüfung der Berichte ergibt sich indirekt wiederum eine Pflicht zur Inspektion vor Ort. Ungewiß ist mithin aber der Zeitpunkt der Inspektion, was dem Gebot entspricht, daß der Inspektionszeitplan streng geheim und vertraulich zu bleiben hat[2592].

### *11.2. Strafmaßnahmen*

Ein Belangungssystem ist in zahlreichen amerikanischen Bundesstaaten gesetzlich verankert[2593]. Dieses System, welches ebenfalls dazu

2590 Kuriansky, E. J., Nursing Home Patient Abuse, S. 21.
2591 Ebda, S. 21 f.
2592 Ebda, S. 22.
2593 Etwa Arizona Rev. Stat. Ann. §36-431.01 (West Supp. 1981-82); California Health & Safety Code §§1423-30 (1979).

dient, Einrichtungen zur Normeinhaltung zu führen, sieht die Androhung respektive Verhängung von Verwaltungsstrafen vor (administrative imposition of civil monetary penalties). Stellt ein Inspektionsteam Verletzungen der gesetzlichen Vorschriften fest, so stellt es eine citation oder einen order of non-compliance aus, in der die abzustellenden Mängel in der Institution aufgelistet werden, der Behebungsauftrag mit Fristsetzung erteilt und die Strafandrohung präzisiert wird[2594].

In den einzelnen staatlichen Rechtsordnungen[2595] werden die verschiedenen Verletzungen der Gesetze in bis zu vier Kategorien, je nach deren Schweregrad, unterteilt. Für Gefährdungen der Pflegepatienten werden die höchsten Strafsätze von bis zu $ 5.000 pro Tag angedroht[2596]. Das Gesetz von Illinois wiederum geht einen ganz anderen Weg. Die Strafen werden nicht in Kategorien nach der Schwere der Verletzung von Gesetzen eingeteilt, sondern die Höhe der Strafen richtet sich nach der Anzahl der Pflegepatienten[2597].

Berichtenswert erscheint auch noch eine zusätzlich zu den Sanktionen in Gang gesetzte Konsequenz in Kalifornien, Connecticut und Iowa: Dort werden die Belangungen monatlich oder jährlich in Berichten zusammengefaßt und der Öffentlichkeit zugänglich gemacht[2598].

2594 National Senior Citizens Law Center (Hrsg.), Nursing Home Law, S. 25 ff.
2595 Ebda, S. 25 f.
2596 Siehe etwa California Health & Safety Code §1424(a) (1979).
2597 Illinois Rev. Stat. ch. 111 1/2 §4153-305(1).
2598 Etwa California Health & Safety Code § 1435 (1979).

## 12. Indirekte Maßnahmen

Indirekte Maßnahmen zielen stark auf die Beeinflussung von privaten Einrichtungen, denen auf politischem oder verwaltungsrechtlichem Weg nicht oder nur schwer patientenrechtliche Loyalität abgerungen werden kann. Für europäische Verhältnisse haben solche Normen naturgemäß weniger Bedeutung. Dennoch sollen sie nicht unerwähnt bleiben, weil sie doch Denkmuster der Rechtsentwicklung im Gesundheitssektor freilegen.

### *12.1. Aufnahmesperre für belangte Krankenanstalten*

Dieser indirekte Mechanismus der Durchsetzung stellt darauf ab, daß Anstalten, die wegen Nichteinhaltung der Patientenrechtsgarantien belangt wurden und die auferlegten Korrekturmaßnahmen nicht oder noch nicht vorgenommen haben, keine weiteren Patienten, die über das Medicaid Programm finanziert werden, mehr aufnehmen dürfen respektive zugewiesen bekommen dürfen[2599].

Hinter dieser Begleitsanktion steckt finanzieller Druck, der auf eine Pflegeinstitution ausgeübt wird. Der Nachteil dieses Mechanismus ist aber, daß dies den Pflegepatienten, die sich in dieser Einrichtung befinden, keinen Nutzen bringt. Weiters steht zu befürchten, daß in Gegenden, in denen Pflegebetten nur in geringem Maße vorhanden sind, private Patienten nicht abgehalten werden können, die mangelhaften Bedingungen trotzdem auf sich zu nehmen. Darüber hinaus sind Medicaid-Plätze an sich schon nicht ausreichend vorhanden.

Die Verlagerung der Patientenstruktur in einer belangten Anstalt hin zur stärkeren Belegung mit privaten Patienten soll eine von der Behörde vorgenommene monatliche Veröffentlichung von Listen jener belangten Einrichtungen, die sich einem hearing nicht stellen oder in einem solchen keine Reformansätze erkennen lassen, verhindern[2600].

### *12.2. Bewertung der Anstalten (rating)*

Ein weiterer Weg des indirekten Durchsetzungsmechanismus ist die Beurteilung der Pflegeinstitutionen und der Pflege, die sie ihren Pfle-

---

2599 National Senior Citizens Law Center (Hrsg.), Nursing Home Law, S. 28.

gepatienten zukommen lassen. Der entscheidende Punkt ist auch hier die Veröffentlichung der Ranglisten[2601].

Der West Virginia Code gibt einen Evaluationsparameter vor, der zur Bewertung der Qualität in der Gesundheitspflege herangezogen werden soll[2602]. Das staatliche Kontrollamt ist verpflichtet, Objektivierungsrichtlinien für Minimumstandards für Kategorien hinsichtlich der Tätigkeiten und Dienstleistungen an Einrichtungen (adminstrative policies, minimum number of qualifications of personal, safety requirements, protective and personal services) zu verlautbaren[2603]. Aus der sich daraus ergebenden Punkteanzahl ist dann jede Institution innerhalb dreier möglicher Klassifikationskategorien einzuordnen. Eine Einstufung in Klasse I würde bedeuten, daß die Einrichtung mit ihrem derzeitigen Standard eine permanente Gefahr für die Gesundheit, die Sicherheit und das Wohlergehen der Patienten bedeutet. Klasse II vereint die grenzbedenklichen Anstalten und in Klasse III fänden sich dann die mängelfreien Institutionen wieder.

Auch die Gesetze von Arizona[2604] und Florida[2605] sehen ähnliche Regelungen vor.

## *12.3. Berichte von Mängeln und Gesetzesverletzungen an Standesgremien*

Sind in belangten Institutionen einzelne Personen (professional and licensed individuals) als eindeutig verantwortlich für die Mißstände ausgemacht, so ist dies in mehreren Staaten den Lizenz- und Standesorganisationen mitzuteilen[2606]. Naturgemäß kann der Gesetzgeber[2607] diesen Selbstverwaltungsorganisationen keine weiteren Sanktionsaufträge erteilen.

---

2600 Wisconsin Stat. Ann. §50.04(d) (West Supp 1981-82).
2601 National Senior Citizens Law Center (Hrsg.), Nursing Home Law, S. 29 f.
2602 West Virginia Code Ann. §16-5C-5(e) (1976).
2603 West Virginia Code Ann. §16-5C-5(b)(1)-(9).
2604 Im einzelnen: Arizona Rev. Stat. Ann. §36-425.02 (West Supp. 1981-82).
2605 Florida Stat. Ann. §400.23(3) (West. Supp. 1981-82).
2606 National Senior Citizens Law Center (Hrsg.), Nursing Home Law, S. 30.
2607 Etwa Massachusetts Gen. Laws. Ann. ch. 111, §72F-L (West. Supp.).

## 13. Überwachungs- und Zwangsverwaltungssysteme

Als erste Stufe, um zur Verbesserung der Qualität der Pflege in Anstalten beizutragen, bedarf es der Schaffung entsprechender rechtlicher Mittel. Die zweite Stufe bedeutet, Wege zu finden, die sichern, daß diese rechtlichen Mittel korrekt und genau ausgeführt werden. Dabei hat sich das Bedürfnis nach flexiblen und verschiedenen Formen der Sanktionen für Pflegeeinrichtungen, die den Standards widersprechen, vor allem in der amerikanischen einzelstaatlichen Gesetzgebung niedergeschlagen[2608].

Zu unterscheiden sind direkte Formen der Durchsetzung von den indirekten. Erstere umfassen jene Rechtsinstrumentarien, die unmittelbar zur Verfügung stehen, soferne eine Pflegeeinrichtung nicht den vorgeschriebenen Standards entspricht, nämlich, wie oben erwähnt, Lizenzentzug und Schließung. Die indirekten Formen der Durchsetzung bauen auf Anreizsysteme und Zuschußsysteme auf. Zählten die amerikanischen Medicare und Medicaid Auflagen zu den indirekten Systemen, so sind im folgenden die direkten, nicht an weitere Bedingungen geknüpften Rechts- und Kontrollinstrumente darzustellen.

### *13.1. Begleitende Kontrolle – monitoring*

Zahlreiche amerikanische Bundesstaaten sehen in ihren Gesetzen vor, daß die Gesundheitsbehörde einen Repräsentanten, einen monitor, als Beobachter, Berater und Kontrolleur in beanstandete Einrichtungen entsenden kann[2609].

Der Gebrauch dieses administrativen Instruments, das man offensichtlich nicht als eine Einschränkung der Eigentumsrechtsgarantien empfindet, setzt keine Entscheidung eines Gerichtes voraus. In Illinois[2610], Missouri[2611], Oklahoma[2612] und Wisconsin[2613] kann ein monitor dann in einer Einrichtung eingesetzt werden, wenn zumindest

---

2608 National Senior Citizens Law Center (Hrsg.), Nursing Home Law, S. 21 ff.

2609 Z. B. Illinois Rev. Stat. ch. 111 1/2, §4153-501 to –502 Smith-Hurt 1981-82 oder Michigan Comp. Laws Ann. §333.21786 (1980).

2610 Illinois Rev. Stat. ch. 111 1/2, §4153-501-.502 (Smith-Hurd 1981-82).

2611 Missouri Ann. Stat. §198.103 (Vernon. Supp. 1982).

2612 Oklahoma Stat. Ann. tit.63, §1-1931 (West Supp. 1981).

2613 Wisconsin Stat. Ann. §50.05(3) (West Supp. 1981-82).

auch eine Zwangsverwaltung[2614] auf gerichtliche Anordnung hin erwogen werden kann. Im Gegensatz dazu sieht das Gesetz in Michigan die Einsetzung eines monitors erst dann vor, wenn eine Einrichtung aufgrund der „state's emergency closing power" geschlossen wird oder wenn eine Weiterführung adäquater Patientenpflege nicht mehr möglich erscheint[2615]; damit gerät der monitor in die Nähe eines Masseverwalters oder Liquidationsbegleiters.

Die Aufgaben eines solchen Kontrollorgans sehen in Illinois, Missouri, Oklahoma und Wisconsin folgendermaßen aus:

- die Tätigkeiten der Einrichtung überwachen,
- dem Anstaltenleiter darin zu assistieren, wie eine Übereinstimmung mit den Gesetzen bestmöglich zu erzielen ist,
- der zuständigen Lizenzbehörde zu berichten.

In Michigan[2616] wird der monitor hingegen mehr zu einem Patientenanwalt, denn dort gehört es zu seinen Pflichten,

- die Entlassung und den Transfer der Patienten in andere Einrichtungen zu beantragen und abzuwickeln,
- die Rechte der Bewohner zu sichern
- und die Entlassung mit jedem einzelnen Patienten, seinem nächsten Angehörigen oder gesetzlichen Vertreter zu behandeln.

In Oregon[2617] werden monitors dann eingesetzt, wenn die Gesundheitsbehörde Hinweise auf Mißhandlungen von Patienten erhält. Der monitor wird ohne Ankündigung entsandt und beobachtet die Aktivitäten der Einrichtung und berichtet schließlich an das zuständige Gesundheitsministerium. Diese monitors erfüllen auch hier eine Patientenanwaltsfunktion, haben jedenfalls Zugang zu den Einrichtungen und dürfen auch Einblick in alle Aufzeichnungen nehmen[2618]. In der Zeit des Beobachtens, die den Zeitraum von 10 Tagen nicht überschreiten darf, sind sie aber auch verpflichtet zu assistieren, indem sie entsprechende Ratschläge erteilen, wie es am besten möglich ist, den gesetzlichen Anforderungen an die Einrichtung gerecht zu werden. Schließlich müssen Kontrollore am Ende ihrer Mission einen Bericht verfassen, der darüber Aufschluß zu geben hat, ob die Probleme ge-

---

2614 Siehe Kapitel V.13.2.
2615 Michigan Comp. Laws Ann. §333.21786 (1980).
2616 Michigan Comp. Laws Ann. §333.21786 (1980).
2617 Oregon SB 901, §13 (1979), amending Oregon Rev. Stat. ch. 770.
2618 Ebda.

löst wurden und keine weiteren Schritte der Behörde mehr notwendig erscheinen oder ob die Lösung der Probleme[2619] innerhalb der nächsten drei Monate ohne weitere Gefahrenmomente für die Patienten[2620] zu erwarten ist oder ob etwa die Probleme immer noch vorhanden und weitere Maßnahmen erforderlich sind.

## *13.2. Zwangsverwaltung*

### 13.2.1. ZWECK DER ZWANGSVERWALTUNG

Im Kontext des Gesundheitswesens bedeutet das nordamerikanische receivership eine Art Zwangsverwaltung, im Ergebnis die temporäre Übernahme einer Anstalt durch staatliche Behörden mit dem Zweck, sie den gebotenen Standards der Lizenzerteilung (licencing und/oder certification) anzupassen. Die Vorteile dieses receivership bestehen darin, daß es zum einen direkt die Wiederherstellung des erwartbaren Standards durchführen kann, was durch Lizenzentzug und ähnlich prohibitive Sanktionen nicht erreicht wird und zum andern im Vergleich zu den Verfahren des Lizenzentzugs als unkompliziertes und rasches Eingriffsmittel eingesetzt werden kann. Soferne Einrichtungen unter die Verwaltungsaufsicht des Staates gestellt werden, wird nur ein Krisenmanagement entfaltet, der Betrieb aber vom Eigentümer fortgeführt. Die betroffene Institution kann, wenn nötig unter staatlicher Mitwirkung, später an einen neuen Eigentümer übergeben werden[2621].

Viele amerikanische Bundesstaaten haben das receivership des Common Law rezipiert und gesondert kodifiziert. Stellvertretend und illustrativ erscheint das Gesetz von Texas[2622]:

„(2) . . . by a credito to subject any property or fund to this claim; . . . or any party whose right to or interest in the property or fund . . . is probable, and where it is shown that the property or fund is in danger of being lost, removed or materially injured. . . .

(4) In all other cases where receivers have heretofore been appointed by the usages of the court of equity".

---

2619 Ebda.
2620 Ebda.
2621 National Senior Citizens Law Center (Hrsg.), Nursing Home Law, S. 21 ff.
2622 Texas Rev. Civ. Stat. Ann. art. 2293 (Vernon 1971).

Ursprünglich waren die einzelnen Staaten bei der Ausstattung des Zwangsverwalters mit Rechten sehr zurückhaltend. Zu tief empfand man den Eingriff in die freiheitliche Ordnung. In Anbetracht der verhängnisvollen, auch von der steigenden Nachfrage mit allen ihren Konsequenzen her prekären Entwicklungen auf diesem Sektor, verstärkt aber die jüngere Gesetzgebung das Zwangsverwaltungsrecht[2623]. War man früher schneller mit der Schließung zur Hand, so versucht man nun den Unterbringungsangebotsstand durch begleitende Hilfestellung zu halten. Neuerdings zielt man auch stärker darauf, die Zwangsverwaltung nicht als einen finalen Schritt anzusehen, sondern rasch und schrittweise zu Rückzugsvarianten des receiverships zu finden. Die neueren Gesetze von Connecticut[2624], Florida[2625], Illinois[2626], Kansas[2627], Michigan[2628], Minnesota[2629], Missouri[2630], Oklahoma[2631] und Wisconsin[2632] berücksichtigen dies schon.

## 13.2.2. DIE ZWANGSVERWALTUNGSENTSCHEIDUNG

In New Jersey kann das Gesundheitsministerium oder jede andere staatliche Behörde, die in dieser Sache ein Interesse verfolgt sowie jeder Patient in einer Anstalt oder sein gesetzlicher Vertreter, ein Urteil zur Bestellung eines Zwangsverwalters erwirken[2633]. Alle Staaten verlangen jedenfalls aber ein gerichtliches Verfahren. Connecticut, Illinois, Missouri, Oklahoma und Wisconsin sehen darüber hinaus auch eine einstweilige, amtswegige Verfügung zur Bestellung eines Zwangsverwalters vor, wenn Gefahr im Verzug ist. Minnesota[2634] und New York[2635] stellen die Sanktion der Zwangverwaltung deutlich in den Zu-

---

2623 National Senior Citizens Law Center (Hrsg.), Nursing Home Law, S. 22 ff.
2624 Connecticut Gen. Stat. Ann. §19-621a, 621i (West Supp. 1981).
2625 Florida Stat. Ann. § 4-00.126 (West. Supp. 1981).
2626 Illinois Rev. Stat. ch. 111 1/2, §§4153-501.-517.
2627 Kansas Stat. Ann. §§ 39-954,–.963).
2628 Michigan Comp. Laws Ann §333.21751(1980).
2629 Minnesota Stat. Ann. §§144A.14,.15 (West Supp. 1982).
2630 Missouri Rev. Stat. §§ 198.099, 198.105-.136 (Vernon Supp. 1982).
2631 Oklahoma Stat. Ann. tit. 63, §§ 1-1933-1938 (West Supp 1981).
2632 Wisconsin Stat. Ann. §50.05 (West Supp. 1981-82).
2633 New Jersey Stat. Ann. §26:24-38 (West Supp.1981-82).
2634 Minnesota Stat. Ann. §§144A.14,.15 (West Supp. 1982).
2635 New York Public Health Law §§2810 (Mc Kinney 1977).

sammenhang mit der staatlichen Lizenzerteilungskompetenz. In New York kann eine Zwangsverwaltung nur dann verfügt werden, wenn zugleich der Lizenzentzug ausgesprochen wurde und alle Berufungsmöglichkeiten erschöpft sind.

In Connecticut, Illinois, Oklahoma und Wisconsin kann hingegen wiederum die erkennbare Intention eine Einrichtung zu schließen, ohne aber Vorsorge für die Unterbringung der Pflegepatienten getroffen zu haben, zu einem Verfahren zur Zwangsverwaltung führen.

### 13.2.3. DIE ZWANGSVERWALTUNGSBEHÖRDEN

Als Zwangsverwaltungsbehörde kommt in Frage:

– das jeweilige Gesundheitsministerium (New York, Minnesota, Kansas),

– der Direktor des Ministeriums für soziale Angelegenheiten (Department of Social Services) oder eine von diesem bestellte Person oder Behörde (or another state agency or a person designated by the director of the department of public health (Michigan, Missouri)),

– eine verantwortungsvolle Person, jedoch nicht der Eigentümer, Lizenzinhaber oder Verwalter einer Institution (New Jersey, Illinois),

– jede verantwortungsvolle Person, jedoch kein Staatsangestellter und keine Person, die finanzielle Interessen an der Einrichtung hat (Connecticut).

Die receivership-laws berechtigen und verpflichten dazu, die zwangsverwaltete Einrichtung zu führen und die Gesundheit und Sicherheit der Pflegepatienten zu schützen und zu fördern. Die Machtbefugnisse des Zwangsverwalters sehen vor, daß die Einrichtung entweder bis zum Transfer aller Patienten in andere Einrichtungen oder bis anderweitig Vorsorge für die Patientensicherheit getroffen wurde, fortgeführt wird.

### 13.2.4. DAUER UND BEENDIGUNG DER ZWANGSVERWALTUNG

Einige Staaten sehen eine zeitliche Befristung für eine Zwangsverwaltungsanordnung vor, die im einzelnen variiert: 90 Tage (Wisconsin), 180 Tage (Oklahoma), 18 Monate (Minnesota, New York) und 24

Monate (Kansas). In Connecticut, Florida, Illinois, Missouri und New Jersey gibt es keine zeitliche Begrenzung. Generell endet die Zwangsverwaltung mit Ablauf der Frist oder wenn alle Patienten verlegt worden sind oder die Mißstände, die die Zwangsverwaltung indizierten, behoben sind oder wenn eine neue Lizenz erteilt wurde.

## 13.2.5. PROBLEME DER ZWANGSVERWALTUNG

Obwohl die Zwangsverwaltung ein wichtiger Bestandteil der verschiedenen Mechanismen zur Durchsetzung und Garantie der Qualität der Gesundheitsfürsorge ist, bringt sie auch einige praktische Probleme mit sich. Diese können allerdings durch entsprechende Vorkehrungen im Gesetz zumindest zum Teil gelöst werden[2636].

Eines dieser Probleme liegt in der Verfügbarkeit kompetenter Zwangsverwalter. Das Gericht bedarf einer Liste der verfügbaren Zwangsverwalter, die zum einen die erforderlichen Fähigkeiten und zum anderen auch den entsprechenden Willen haben. Zusätzlich muß ein solcher Zwangsverwalter innerhalb kurzer Zeit in der Lage sein, seine Tätigkeit aufzunehmen und zwar durchaus auch für längere Zeit. In Amerika schlägt man als möglichen Rechtsträger potentieller Zwangsverwalter eine gemeinnützige Pflegeinstitutionenorganisation vor.

Ein weiteres Problem stellen die finanziellen Schwierigkeiten dar, die den Zwangsverwalter erwarten werden, wenn er seine Tätigkeit in einer mangelhaften Einrichtung aufnimmt. Gerade in solchen Institutionen, in welchen er eingesetzt wird, herrschen ja regelmäßig finanzielle Probleme. Auch verlieren solche Einrichtungen die Medicaidunterstützungen; nach der decertification gibt es nur mehr Überbrükkungsunterstützungen für 30 Tage. Aber selbst, wenn es dem Zwangsverwalter gelingt, den Entzug der Konzession abzuwenden und die Medicaidmittel zu behalten, bedarf er der zusätzlichen finanziellen Unterstützung, um die Einrichtung auf den gesetzlich definierten Standard zu bringen. Hiefür sind wohl zusätzliche öffentliche Mittel notwendig[2637].

Ein drittes Problem stellt nach Beendigung der Zwangsverwaltung

---

2636 National Senior Citizens Law Center (Hrsg.), Nursing Home Law, S. 24.
2637 Etwa Florida Stat. Ann. §400.063 (West Supp. 1981).

die Weiterführung oder Wiederaufnahme der Kontrolle über den Eigentümer dar. Es ist nämlich zu befürchten, daß der ursprüngliche Eigentümer dieselben Zustände, die eine Zwangsverwaltung notwendig werden ließen, erneut verursacht.

Das einschlägige Gesetz von Massachusetts bezieht sich genau auf dieses Problem. Nach Beendigung der Zwangsverwaltung bekommt der Eigentümer der Einrichtung eine zweite Chance. Führt er seine Einrichtung auch ein zweites Mal in eine Zwangsverwaltung, so wird diese Einrichtung nach Beendigung der zweiten Zwangsverwaltung entweder durch einen vom Gericht oder der Behörde akzeptierten Käufer übernommen oder die Einrichtung muß geschlossen werden[2638].

## *13.3. Selbstkontrolle – Das norwegische Modell*[2639]

Die jüngste in verbindlicher Form geplante Verhaltensrichtlinie zu einer Qualitätsverbesserung ist das norwegische Modell eines Verordnungsentwurfs über die Selbstkontrolle und die diesbezügliche Aufsichtsorganisation[2640]. Selbstkontrolle und damit einhergehend ein internes Kontrollsystem werden als Antwort auf die Kritik gegen die Verrechtlichung durch regulatorisches Recht und gegen Fremdkontrolle als neueste Patientenrechtsstrategie propagiert.

Was man im kontinentalen Bereich gemeiniglich als die Verpflichtung zur Führung eines Pflegejournals bezeichnen würde, kommt in diesem norwegischen Verordnungsentwurf in einen bei weitem anspruchsvolleren Gesamtzusammenhang. Dem Personal wird nämlich nicht nur zugemutet, daß es die Pflege als solche an einem Pflegeplan und an Standardkriterien orientiert, sondern daß es aktiv in der Förderung und Aufklärung über die Patientenrechte, Schadenersatzinstitutionen und Beschwerdeeinrichtungen dynamisch tätig wird.

Bestechend wirkt in der Tat, daß mit einem Mindestmaß an Disziplinarelementen das Auslangen zu finden versucht wird. Es scheint, daß in Norwegen die Programme der Rechtssoziologie nach Refle-

---

2638 Massachusetts Gen. Laws Ann. ch. 111 §72R.

2639 Dazu Molven, O., Pasientskader.

2640 Utkast til forskrift om egen kontroll og organisering av statlig tilsyn i helsevesenet, vorgelegt vom Helsedirektoratet, Mai 1991.

xion Früchte tragen; unter Kontrolle versteht man nämlich in diesem Zusammenhang mehr eine integrierte Beobachtung, interne Schadensmeldung und -erhebung[2641], controling im amerikanischen Sinn. Daß man die Rechtsverbindlichkeitsform wählt, hat seinen Grund in der Entschlossenheit des Gesetzgebers, die Selbstreflexion vom Verbindlichkeitsniveau der Berufsethik auf das des Berufs- und Standesrechts zu heben. Daher schlägt dieser neue Ansatz in unseren Beobachtungsrahmen ein und soll daher ausführlicher erläutert sein.

Diese Verordnung der obersten Gesundheitsbehörde (Helsedirektoratet) findet auf sämtliche Gesundheitsberufsgruppen Anwendung, wobei allerdings, ganz nach kontinentalem Grundmuster, Dienstleistungen, die nicht von Krankenanstalten- und Krankenversicherungsrecht, sondern vom Sozialrecht erfaßt sind, ausgenommen werden (§ 1). Verantwortlich für die Selbstkontrolle ist jeder aus dem Gesundheitspersonal zunächst für sich selbst. Die für den jeweiligen Berufszweig Verantwortlichen haben aber dafür zu sorgen und zu sehen, daß jeder Einzelverpflichtete seiner Selbstverpflichtung nachkommt (§ 2). Die Legaldefinition (§ 3) für die Selbstkontrolle besagt, daß jede Dienstleistung so anzulegen ist, daß sie in Übereinstimmung mit den allgemein gültigen fachlichen Normen sowie mit allen speziellen Regeln und Richtlinien erbracht wird und daß darüber eine Dokumentation erstellt wird.

Diese Dokumentation, die jeder Einzelne für sich zu führen hat, lehnt sich an die Prinzipien des ärztlichen Krankenjournals an und hat über folgende Maßnahmen respektive Pflegedienstleistungen Auskunft zu geben (§ 4):

a) mit Hilfe welcher Routinestrategien überwacht wird, daß der Einzelne sich an die Qualitätsvorgaben hält,

b) mit Hilfe welcher Routinen die fachliche Weiterbildung kontrolliert wird sowie wer dafür verantwortlich ist, daß diese auch geübt wird,

c) mit Hilfe welcher Verfahren das jeweilige Gesundheitspersonal über das jeweils geltende Berufsrecht informiert wurde,

---

2641 Molven, O., Intern skademelding og skadeutvalgsarbeid. Intensjoner og praksis ved somatiske sykehus, in: Tijdsskrift for Den Norske Laegeforening 1991, S. 3090 ff.

d) mit Hilfe welcher Verfahren sichergestellt wird, daß die Anordnungen der Aufsichtsbehörde den Betroffenen zur Kenntnis gebracht werden sowie

e) und f) mit Hilfe welcher Verfahren Delegationsverhältnisse und Weiterbildung garantiert werden,

g) mit Hilfe welcher Routinen interne und externe Mängelberichtssysteme funktionieren,

h) und i) wie die berufliche Verschwiegenheitspflicht gesichert wird und

j) mit Hilfe welcher Verfahren die Patientenrechte gefördert werden.

Die Feststellung von Mängeln (§ 6) hat von jedem, dem sie bekannt werden, schriftlich zu erfolgen und dem für seinen Betriebsbereich unmittelbar Verantwortlichen zur Kenntnis gebracht zu werden. Daraufhin ist ein Zeitplan zu erstellen, innerhalb dessen die Beseitigung der Mängel unter Aufsicht der Gesundheitsbehörde zu bewerkstelligen ist. Dabei kommt es zu einer Aufsichtsbalance zwischen der obersten Gesundheitsbehörde und der obersten Landessanitätsbehörde.

Die Erläuternden Bemerkungen lassen erkennen, daß man sich des organisatorischen Aufwandes bewußt ist, daß man aber der Selbstbeobachtung vor einer nicht minder aufwandsintensiven Fremdbeobachtung versuchsweise den Vorzug geben möchte. Daher wird erläutert, daß man weniger an langatmige Berichtsformulare denkt als vielmehr an eine Art Buchführung über besondere Vorkommnisse. Daher wird ausdrücklich festgehalten, daß die Anforderung an die Dokumentation nicht im voraus reguliert werden soll, sondern daß jeder für sich eine ihm ausreichend erscheinende Dokumentation führen möge. Daß diese schriftlich sein soll, wird aber nahegelegt. Erst für den Fall, daß die Praxis zeigen sollte, daß diese Form der Selbstbeobachtung nicht befriedigt, soll über das Aufsichtsrecht eine weitere rechtliche Definition nachgeliefert werden.

Welche die aufzeichnungspflichtigen Ereignisse sind, deutet der Verordnungsgeber nur an: etwa die Erprobung neuer Methoden, das Auftreten von Komplikationen, Unklarheiten hinsichtlich der Verantwortlichkeiten, Beobachtung von Pflegequalitätsdefiziten. Die Abklärung der damit in Zusammenhang stehenden Probleme soll durch diese neue Verordnung primär im internen Bereich erfolgen und nur in Zweifelsfällen soll die Klärung der Frage an die Oberbehörde herangetragen werden. Dennoch kann, falls dies in Hinblick auf den beobachteten Mangel oder die Defizite für erforderlich gehalten wird, ein externer Bericht von jedermann abgegeben werden. Interessant ist dabei, daß der Dienstweg nicht mehr eingehalten werden muß. Zwar kommt als Empfänger des externen Berichts die Landessanitätsbehörde zu allernächst in Betracht, es wird aber ebenso schon das nationale Institut für Krankenhausforschung als eine der möglichen Anlaufstellen anempfohlen. Ursachenforschung und planmäßige Qualitätsverbesserung sind mithin auf die Ebene der Patientenrechte aufgerückt.

## 14. Mißstandsberichtssysteme

Nicht nur in Österreich (Lainz) und in Norwegen (Reitgjerdet) gab es das Problem von Patientenmißhandlung und -tötung oder schwerer Unfälle. In anderen Staaten versucht man durch begleitende, integrierte Berichtssysteme möglichst rasch an Fehlerursachen oder Fehlhaltungen heranzukommen.

### *14.1. Die schwedische Lex Maria*

An einem schwedischen Krankenhaus[2642] geschah 1936 durch eine Verwechslung eines Anästhetikums mit einem Desinfektionsmittel ein tödlicher Unfall, für den keine individuelle Verantwortlichkeit ermittelt werden konnte[2643].

Zur Erhebung solcher Ereignisse formte und novellierte[2644] der Gesetzgeber einen begleitenden Investigationsplan, der bei der Gesundheitsbehörde geführt wird und in den jede Abweichung von der Regularität, Unfälle, ungeklärte Krankheiten innerhalb einer Anstalt, statistisch auffällige Häufungen von unerklärlichen Symptomen und Phänomenen, aufgenommen werden. Was an auch geringfügig erscheinenden Abweichungen von der Normalität der Behörde zu melden ist, wird ganz eng definiert: „alle ernsten Schäden oder Krankheiten, die nicht innerhalb des Rahmens des Vorhersehbaren liegen oder einem normalen Risiko entsprechen“[2645].

Insbesondere aus den Motiven zum Gesetz[2646] geht deutlich hervor, daß das Personal jede verdächtige oder nicht natürlich erklär-

---

2642 Maria Sjukhus in Stockholm.

2643 Siehe dazu Sahlin, J., Hälso- och sjukvårdslagen, S. 204 f; Text ebda S. 457 ff und auch bei Wilow, K., Författningshandbok för personal inom hälso- och sjukvården, S. 73 ff.

2644 Die Rahmenbestimmung ist in § 19 Hälso- och sjukvårdslagen niedergelegt, in der die Gesundheitsbehörden zur Erlassung von Ausführungsbestimmungen ermächtigt werden. Geschehen ist dies zuletzt 1982 in Socialstyrelsens föreskrifter (SOSFS 1982:79) om landstingskommunernas anmäldningsskyldighet i fråga om vissa skador och sjukdomar som inträffat i hälso- och sjukvården; letzte Fassung SOSFS 1988:16.

2645 SOSFS 1988:16.

2646 Regeringens Proposition 1981/82:97, Stockholm 1982, S. 91 f.

bare Erscheinung zur Anmeldung zu bringen hat[2647]. Das gilt für den gängigen Fall des unbeobachtet gebliebenen Sturzes älterer Patienten mit der üblichen Folge des Oberschenkelhalsbruches genauso, wie für den unbeobachteten Sturz aus dem Bett mit den üblichen Folgeverletzungen. Man will Erkenntnis daraus ziehen, ob an einer Anstalt, in abweichender Weise vom statistischen Durchschnittswert, Unfälle passieren.

Versucht man die Wirksamkeit solcher bei Behörden sorgsam und mit moderner Datentechnik geführten Register auf Serienverbrechen hin zu bewerten, so scheint doch eine Früherkennung sehr wahrscheinlich. Wenn, bezogen auf den Krankheitszustand der Todeseintritt an einer einzigen Abteilung einer Anstalt mehrmals als auffallend früh gemeldet würde, würde bei automatisierter Datenverwaltung die statistische Größe sehr früh ganz automatisch und trotz menschlichen Nicht-Wahrnehmen-Wollens unbestechlich sichtbar.

## *14.2. Amerikanische Konzepte eines Abuse Reporting Law*

### 14.2.1. MISZSTÄNDEKATALOG

Aus demselben Grundanlaß der Beobachtung von schweren Mißständen wurde 1978 im amerikanischen Bundesstaat New York ein sogenanntes Medicaid Fraud Control Unit[2648] eingesetzt, welches Vorfälle der Patientenmißhandlung und -vernachlässigung in Anstalten, die im Rahmen des Medicaid Programmes operieren, untersuchen sollte. Das im Deputy Attorney General's Office angesiedelte Patient Abuse Program konzentrierte sich dabei in erster Linie auf die Schwerpunkte der Patientenpflege und -behandlung und stellte zu diesem Zweck Nachforschungen und Untersuchungen hinsichtlich vermuteter Fälle der Bedrohung, Vernachlässigung und

2647 Siehe auch Hälso- och sjukvårdspersonalens åligganden i anslutningen till förordningen SFS 1982:772.

2648 42 U. S. C. §1396b(q)(4)); das Unit setzte sich 1981 aus zwei Anwälten (attorneys) und sechs Untersuchungsbeamten (investigators), darunter auch zwei Krankenschwestern, zusammen; zusätzlich arbeiteten in jedem der sechs Regionalbüros des Deputy Attorney General zumindest ein weiterer Anwalt und jeweils ein Untersuchungsbeamter mit.

leichtsinniger Gefährdung von Patienten in der Langzeitpflege an[2649].

Eine Überprüfung der auftretenden Fälle von Patientenmißhandlung von 1975–1980 ergab schließlich Mißhandlungskonzentrationen[2650]:

- Tod der Patienten unter ungewöhnlichen Umständen oder Umständen, die einen Mangel an Pflege voraussetzen;
- körperliche Bedrohungen, auch Fälle der sexuellen Mißhandlung beinhaltend;
- rohe Behandlung;
- unerklärbare physische Verletzungen;
- Einrichtungszustände oder Vernachlässigungen durch das Personal, welche die Gesundheit und die Sicherheit der Patienten gefährden;
- Verschlechterungen des Patientenzustandes aufgrund sorgloser und leichtsinniger Behandlung.

Die Beschwerden wurden zum Teil von Opfern selbst, aber durchaus auch von Freunden oder Verwandten der Betroffenen, von öffentlichen Beamten, vereinzelt sogar vom Pflegepersonal beim Unit eingebracht.

Die auf Grund der Bewußtseinsbildungsprozesse, daß es gänzlich falsch verstandene Kollegialität sei, wahrgenommene Delikte von Kollegen zu dulden und zu verschweigen, zu untersuchende Anzahl der Beschwerden durch das Patient Abuse Unit stieg kontinuierlich: von 143 Fällen im Jahr 1976 auf über 300 Fälle im Jahr 1980. Die größte Kategorie der Beschwerden bildete dabei die Kategorie der Patientenvernachlässigung (26%) und betraf die Fälle der inadäquaten Pflege des Patienten[2651]. Gefolgt wird diese Kategorie von jener der körperlichen Bedrohungen (24%), welche Fälle des „slapping, kicking, pinching or hitting“ des Patienten bis hin zur sexuellen

---

2649 Kuriansky, E. J., Nursing Home Patient Abuse, S. 1 f.

2650 Ebda, S. 6 ff.

2651 Der Standard adäquater Pflege bleibt oftmals inhaltlich in den gesetzlichen Normen unbestimmt: z. B. – „the medical staff of a public or voluntary nursing home shall be SUFFICENT to meet the needs of the patients“ – 10 New York CRR §416.1(f)(1) und 10 New York CRR §731.1(f)(1)); – „the operator shall have SATISFACTORY arrangements for: (1) identifying the patients' personal and social problems and needs which interfere with the use of medical care services or with recovery or rehabilitation“ – 10 New York CRR §416.8(a).

Mißhandlung betraf. 11% gehörten zur Gruppe der unerklärbaren physischen Verletzungen der Patienten und 9% der Fälle betrafen rohe Behandlungsmethoden[2652].

Mit der Verabschiedung des Patient Abuse Reporting Law im Bundesstaat New York wurde ein weiteres Ansteigen der Beschwerden verzeichnet. Dabei wurden die Fälle verlorengegangener Patienten, der missing or wandering patients, die im Jahr 1977 gar 13% der untersuchten Fälle ausmachten und Fälle der verbalen Mißhandlung, immerhin 6% der Fälle im Jahre 1978, zum Gegenstand einer Anzeige, eben des beabsichtigten reportings. Ebenfalls angezeigt wurden bei der zuständigen Gesundheitsbehörde eine Serie von Fällen von Verletzungen der Pflegeanstaltengesetze im Dienstleistungsbereich. Die Beschwerdepunkte bezogen sich auf verdorbenes Essen, schmutzige Wäsche, Hygienemängel[2653].

In immerhin 37% (!) aller untersuchten Fälle wurden dann in den Erhebungen ausfindig gemachte Personen beschuldigt, die Gesundheit und Sicherheit der Patienten gefährdet zu haben. Der Großteil der beschuldigten Personen waren jeweils Hilfskrankenpfleger/innen und Krankenpfleger/innen. Bei den körperlichen Bedrohungen waren 62% der Beschuldigten Hilfskrankenpfleger/innen, 26% Krankenpfleger/innen, bei den Fällen der unerklärbaren physischen Verletzungen waren dies 79% Hilfskrankenpfleger/innen und 16% Krankenpfleger/innen. Bei der rohen Behandlung des Patienten waren es wiederum 66% Hilfskrankenpfleger/innen und 19% Krankenpfleger/innen[2654].

Die meisten Fälle vor dem Patient Abuse Unit ziehen allerdings keine Verurteilungen nach sich. Oftmals läßt sich der Sachverhalt nicht eindeutig beweisen, ein Vorfall läßt sich nicht eindeutig einer Person zuordnen oder es entspricht eine Verletzung nicht dem Tatbild des Strafgesetzbuches. Und selbst wenn die Mißhandlung und auch der Mißhandler eindeutig feststellbar sind, mangelt es oft am Beweis der kriminellen Intention des Beschuldigten[2655].

Bis Dezember 1980 leitete das Unit aufgrund dieser Erfahrung nur mehr in acht Fällen ein gerichtliches Verfahren ein. Drei ange-

---

2652 Kuriansky, E. J., Nursing Home Patient Abuse, S. 8.
2653 Ebda.
2654 Ebda, S. 7 f.
2655 Ebda, S. 9.

klagte Personen wurden dabei verurteilt, drei freigesprochen, zwei Klagen wurden durch das Gericht abgewiesen. Ein Problem bei den Gerichtsverhandlungen, wie in jenen der eben genannten Fälle des Freispruchs, schien zu sein, daß die Länge der Prozesse oft einen negativen Einfluß auf die Kognitionsfähigkeit alter oder kranker Menschen nimmt. Manchmal sind sie nicht mehr in der Lage, den Beschuldigten zu identifizieren oder nicht mehr in der Lage, notwendige Zeitangaben zu machen oder ihr Glaubwürdigkeitsbild schwindet.

Zwischen 1978 und 1980 wurden durch den Deputy Attorney General neun Fälle von registrierten Krankenschwestern und elf von lizenzierten praktischen Krankenschwestern an das Department of Education weitergeleitet. In fünf dieser Fälle hat das Department disziplinäre Maßnahmen ergriffen[2656].

## 14.2.2. PATIENT ABUSE REPORTING STATUTES

Den Gesetzen voraus ging die Erkenntnis, daß Patientenmißhandlungen regelmäßig im Dunkeln bleiben. Ein fundamentaler Grund wurde in der Autoritätsstruktur des üblichen Patienten-Pflegepersonal-Verhältnisses erblickt, demzufolge der Patient in seinen Wünschen und Bedürfnissen vom Pflegepersonal stark abhängig ist. Sowohl die Familie, die ihren Angehörigen daheim entweder nicht pflegen kann oder nicht will als auch der Pflegepatient selbst fürchten, so sie Beschwerde erheben, Vergeltungsmaßnahmen und deren negative Auswirkungen. Je nach Demenzstadium werden Patienten sich häufig gar nicht bewußt, daß sie mißhandelt werden. Der Patient ist oft auch gar nicht in der Lage, die Beschwerde einzureichen. Auf der anderen Seite war eben zu beobachten, daß es auch unter dem Pflegepersonal nicht üblich war, effektive Vorfälle von Mißhandlungen zu melden. Das Personal fürchtete wiederum interne Vergeltungsmaßnahmen durch die Kollegen[2657]. Das hat sich mit der Verabschiedung des Patient Abuse Reporting Statute langsam, aber spürbar geändert.

### *Legislative Intention*

Patient Abuse Reporting Statutes verlangen, daß jeder Vorfall von physischer Mißhandlung, Vernachlässigung und Fehlbehandlung

2656 Ebda, S. 11.

von Patienten, von wem auch immer er wahrgenommen wird, bei Strafandrohung zur Anzeige zu bringen ist. Deutlich kommt dies in den legislativen Intentionen in der Präambel des Gesetzes von Minnesota zum Ausdruck[2658]:

„Public Policy. The legislature declares that the policy of this state is to protect adults who, because of physical or mental disability or dependency on institutional services, are particularly vulnerable to abuse and neglect; to provide safe institutional or residential services or living environments for vulnerable adults who have been abused or neglected; and to assist persons charged with the care of vulnerable adults to provide safe environments.

In addition, it is the policy of this state to require the reporting of suspected abuse or neglect of vulnerable adults, to provide for the voluntary reporting of abuse or neglect of vulnerable adults, to require the investigation of the reports, and to provide protective and counseling services in appropriate cases."

*Begriffsbestimmungen*

In Minnesota wird als gefährdete (vulnerable) Person im Sinne des Patient Abuse Reporting Statute[2659] jede Person über 18 Jahre bezeichnet, die

(1) Patient in einer Einrichtung ist,

(2) von oder in einer als Kranken- oder Pflegeanstalt lizenzierten Einrichtung stationär Dienste erhält,

(3) die Dienste von Heimkrankenpflegeorganisationen in Anspruch nimmt oder

---

2657 Ebda, S. 12 f.

2658 Minnesota Stat. Ann. 626.557(1) (West Supp. 1981); dazu die legislative Intention des Gesetzgebers anderer Bundesstaaten: In New York gelangte der Gesetzgeber zu der Überzeugung, daß Pflegepatienten besonders mißhandlungsgefährdet und unfähig sind, sich davor zu schützen und daher die Rechtsordnung besondere Schutzangebote und ein verschärftes Sanktionarium bereitzustellen hat – New York Pub. Health Code §2803-d.1 (McKinney 1977); siehe auch Oregon SB 901 §2 (1979), ergänzt Oregon Rev. Stat. Ch. 770 und Washington Rev. Code Ann. §70.124.010(1) (Supp.1981).

2659 Minnesota Stat. Ann. §626.557 Subd.2(b)(1),(2),(3),(4).

(4) die, unabhängig vom Aufenthalt oder der Art der erhaltenen Dienste, aufgrund einer Beeinträchtigung der mentalen oder physischen Funktionen oder des seelischen Zustandes ohne Assistenz nicht in der Lage ist, selbst eine Mißhandlung oder Vernachlässigung anzuzeigen.

Das ist natürlich das weitreichendste Schutzangebot, weil es die Frage der Institutionalisierung außer acht läßt und auch familiäre Pflegepersonen in den mit Sondersanktionen bedrohten Kreis miteinbezieht. Unter den Begriff des Pflegers (caretaker) reiht das Gesetz nämlich über Institutionspersonal hinaus jede individuelle Person ein, die die Verantwortung für die Pflege einer gefährdeten Person, auch aufgrund einer familiären Beziehung, übernommen hat, ebenso wie all jene Personen, die die Verantwortung im ganzen oder zum Teil für die Pflege der verletzlichen Person freiwillig oder durch Vertrag übernommen haben[2660].

Als Mißhandlung definiert das Gesetz jedes nicht-therapeutische Verhalten, welches Schmerz oder Schaden erzeugt oder entsprechend erwarten läßt, Schmerz oder Schaden zu erzeugen oder jedes wiederholte Verhalten, von dem angenommen werden kann, daß es mentalen und seelischen Schmerz hervorzurufen in der Lage ist[2661].

Darüber hinaus ist auch jeder sexuelle Kontakt zwischen dem Pflegepersonal einer Einrichtung und den Patienten oder den Klienten als Mißhandlung zu verstehen[2662]. Auch die ungesetzliche Verwendung einer gefährdeten Person oder deren Eigentum zum Vorteil einer anderen Person oder der Bruch des Vertrauensverhältnisses aufgrund der Verwendung einer verletzlichen Person oder deren Eigentum entgegen dem Sinn des gesetzlichen Vertrauensverhältnisses, besonders dann, aber nicht darauf beschränkt, wenn eine Person sich Geld, Eigentum oder Dienste von einer vulnerable person durch den Gebrauch von Einfluß, Schikanen, Zwang, Täuschung oder Betrug verschafft, ist als Mißhandlung anzusehen[2663].

In Illinois definiert sich der Begriff Vernachlässigung (neglect) als das Versäumnis einer Einrichtung, adäquate medizinische oder persönliche Pflege oder Erhaltung anzubieten, welche in einer physi-

2660 Minnesota Stat. Ann. §626.557 Subd.2 (3).
2661 Minnesota Stat. Ann. §626.557 Subd.2 (d)(2).
2662 Minnesota Stat. Ann. §626.557 Subd.2 (d)(3).
2663 Minnesota Stat. Ann. §626.557 Subd.2 (d)(4).

schen oder mentalen Schädigung des Pflegepatienetn oder in der Verschlechterung der physischen oder mentalen Kondition desselben endet[2664].

Berichtenswert ist auch der zugrundegelegte Vernachlässigungsbegriff, weil er belegt, wie die Vorenthaltung scheinbar selbstverständlicher, aber recht alltäglicher, auch nicht weiter besonders bedingenswerter Leistungen und Servicedienste der Mißhandlung zurechenbar wird. Unter Vernachlässigung versteht das Gesetz, eine verletzliche Person nicht mit Nahrung, Kleidung, shelter, was man mit Geborgenheit übersetzen müßte, Gesundheitspflege oder Supervision zu versorgen[2665].

*Die Anzeigenpflicht*

In New York[2666] wird verlangt, daß eine Anzeige dann zu erfolgen hat, wenn begründeter Verdacht besteht, daß ein Fall von physischer Mißhandlung, Vernachlässigung oder Falschbehandlung (mistreatment) vorliegt. Von einem begründeten Verdacht ist dann zu sprechen, wenn, unter Berücksichtigung der vorliegenden Umstände, eine vernünftige Person annehmen kann, daß eine Mißhandlung vorliegt. Damit wird der malevolenten Denunziation begrifflich vorgebeugt.

Unter Anzeige versteht man in Minnesota eine Benachrichtigung, die bei der lokalen Wohlfahrtsbehörde, bei der Polizei oder der Lizenzbehörde einlangt[2667]. Folgende Personen sind gesetzlich verpflichtet, Anzeige zu erstatten:

Jeder professional[2668], der Leiter einer Anstalt, lizenziertes Personal, unabhängig davon, ob es in der betreffenden Einrichtung angestellt ist oder nicht. Damit ist der Kreis praktisch auf den gesamten

---

2664 Illinois Rev. Stat. ch. 111 1/2, §41151-117 (Smith-Hurd Supp.1981-82).

2665 Minnesota Stat. Ann. §626.557 Subd.2 (e)(1); siehe auch Minnesota Stat. Ann. §626.557 Subd.2(e)(2) und §626.557 Subd.2(e)(3).

2666 New York Public Health Law §2803-d.

2667 Minnesota Stat. Ann. §626.557 Subd.2(f).

2668 In New York waren bis 1977 nur licensed professionals in skilled nursing and health related facilities von der Benachrichtigungspflicht betroffen, ab 1980 wurde auch dort der Personenkreis auf jegliches residential health care facility personel erweitert.

Personalstand des Gesundheitswesens ausgedehnt: Ärzte, registrierte Krankenschwestern, lizenzierte praktische Krankenschwestern, Sozialarbeiter, Administratoren, Hilfskrankenschwestern, Krankenpfleger, Hausbesorger sowie jeder, der mit der Pflege einer mißhandlungsgefährdeten Person oder mit der allgemeinen Patientenrechtsdurchsetzung betraut ist oder bei Gesundheits-, Aufsichts- oder Verfolgungsbehörden tätig ist[2669].

In New York wurde sogar ausdrücklich ein Memorandum der Zusammenarbeit verabschiedet. Zwischen dem Department of Health und dem Deputy Attorney General's Office wurde ein Memorandum of Understanding geschlossen. Das Department of Health, das durch seinen Department's Patient Advocate tätig wird, muß jede Beschwerde nach Section 2803-d an den Deputy Attorney General übermitteln, der dieser dann verpflichtend nachzugehen hat[2670]. Allerdings wird jede Beschwerde, die dem Deputy Attorney General übermittelt wird, auch zusätzlich noch durch den Patient Advocate im eigenen Kompetenzbereich recherchiert. Zwar wird dadurch eine Beschwerde durch zwei Behörden untersucht, aber es untersucht doch jede dieser Behörden einen anderen Aspekt: das Department of Health die administrative Relevanz, der Deputy Attorney General die strafrechtliche[2671].

Die auffällige Zunahme der Beschwerden nach Verabschiedung des Gesetzes in New York belegt die Richtigkeit der Annahmen des Gesetzgebers und verdeutlicht die oft bezweifelte Effizienz des Gesetzes: Innerhalb der ersten zwei Jahre nach Inkrafttreten des Gesetzes wurden 293 Beschwerden über Patientenmißhandlung erstattet. 126 davon wurden durch Freunde und Verwandte des betroffenen Patienten eingereicht, nur 10 Beschwerden durch die Patienten selbst, vom Pflegepersonal nur 22, der Rest kam durch andere Untersuchungen zu Tage. Nach Inkrafttreten des Memorandum of Understandig stieg die Anzahl der zu untersuchenden Beschwerden beim Büro des Deputy Attorney General kräftig. Mittlerweile sind im Jahresschnitt 400 (!) Mißhandlungsbeschwerden zu prüfen[2672].

---

2669 Siehe dazu im Detail Minnesota Stat. Ann. §626.557 Subd.2 (g)(3) und (4).

2670 Kuriansky, E. J., Nursing Home Patient Abuse, S. 14.

2671 Executive Law Section 63(3); Kuriansky, E. J., Nursing Home Patient Abuse, S. 15.

2672 Ebda, S. 15 f.

### *Die Sanktion für Anzeigeunterlassung*

Wird eine Anzeige von einem aus dem oben beschriebenen, gesetzlich qualifiziert verpflichteten Personenkreis unterlassen, so sind im Staat New York hohe wirksame Strafen vorgesehen, die an die ökonomische Existenzfähigkeit herangehen: Suspension oder Widerruf der Berufsausübungslizenz. Seit 1980 können zusätzlich auch Geldstrafen verhängt werden.

Personen, die gesetzlich besonders zur Anzeige verpflichtet sind, haben ihre Anzeige unmittelbar mündlich per Telephon oder auf andere unverzügliche Weise einzubringen. Gleichzeitig sind diese Personen verpflichtet, unmittelbar danach eine schriftliche Fassung der Benachrichtigung zu übermitteln[2673].

Erweisen sich Anzeigen auf falsche Tatsachen oder Beobachtungen gestützt, so sind alle Aufzeichnungen, die während der Untersuchungen gemacht wurden, zu vernichten. Allerdings müssen sie zuerst dem vermeintlichen Mißhandler zur Einsichtnahme zur Verfügung gestellt werden. Auf dessen, binnen dreißig Tagen abzugebenden, Wunsch hin, können die Aufzeichnungen weiter als vertraulich aufbewahrt werden[2674]. Nach Ablauf von sieben Jahren sind jedoch alle Aufzeichnungen über Untersuchungen aufgrund einer Anzeige, auch über jene, die sich als begründet herausgestellt haben, zu vernichten[2675].

### *Untersuchungen und Maßnahmen*

Wenn es zum Schutz der gefährdeten Person notwendig erscheint, hat das lokale Sozialamt unmittelbar Schritte im Interesse dieser Person oder zur Unterstützung der Familie, des Opfers oder anderer mitbetroffener Personen zu setzen, etwa[2676]

– ein Unterlassungsurteil oder einen gerichtlichen Beschluß zur Entfernung oder Suspendierung des Täters aus der Einrichtung zu erwirken;

2673 Minnesota Stat. Ann. §626.557 Subd.4.
2674 Minnesota Stat. Ann. §626.557 Subd.4(a).
2675 Minnesota Stat. Ann. §626.557 Subd.4(b).
2676 Minnesota Stat. Ann. §626.557 Subd.10.(c)(1-4).

- die Bestellung eines guardian oder conservator zu betreiben;
- die Abberufung eines säumigen guardian zu beantragen;
- Anzeige beim öffentlichen Ankläger (prosecuting attorney) einzubringen.

*Mißhandlungspräventionsplan*

Patientenrechtspolitisch gehaltvoller ist jedoch der Präventivauftrag des Gesetzgebers.

Das Gesetz sieht nämlich für alle unter diese Gesetze fallenden Einrichtungen verpflichtend vor, einen Präventionsplan (abuse prevention plan) zu erstellen. Ganz ähnlich der schwedischen Lex Maria[2677], hat jede Anstalt einen Statistikplan zu erstellen, der autodynamisch Häufungen bestimmter Symptome, Verletzungsbilder, Todesursachen, Todesraten sichtbar macht. Unabhängig von dieser schon durch das Abweichen von einer statistischen Linie sichtbar werdenden oder doch zumindest zu Verdacht gemahnenden Signale möglicher Fehlentwicklungen, muß noch zusätzlich für jeden vulnerable-adult Patienten ein individueller Präventionsplan entworfen werden, dessen Details allerdings im Gesetz freibleiben[2678].

Subdivision 15 des Minnesota Statutes sieht darüber hinaus vor, daß ein internes Berichtsystem entwickelt wird. Dieses schriftliche Verfahren soll Sorge dafür tragen, daß jeder Fall der Mißhandlung oder Vernachlässigung unmittelbar an eine Person, die durch dieses Gesetz zur Anzeige verpflichtet ist, berichtet wird[2679].

Vergeltungsmaßnahmen werden sanktioniert[2680]. Eine Institution oder eine Person, die zu Vergeltungsmaßnahmen aufgrund der Erstattung einer Anzeige greift, kann auf Schadenersatz (actual damage) geklagt werden und eine Strafe bis zu $ 1000 erhalten[2681]. Dem Vorwurf, vage geblieben zu sein, hat sich der Gesetzgeber von vorneherein entzogen, indem er die Tatbestände der Repressalie gleich definierte.

---

2677 Siehe oben.
2678 Minnesota Stat. Ann. §626.557 Subd. 14.
2679 Minnesota Stat. Ann. §626.557 Subd. 15.
2680 Minnesota Stat. Ann. §626.557 Subd. 17 (a).
2681 Minnesota Stat. Ann. §626.557 Subd. 17 (b).

Das Gesetz[2682] geht davon aus, daß, wenn eine der folgenden Handlungen innerhalb von 90 Tagen, nachdem ein Bediensteter einer Anstalt eine Anzeige eingebracht hat, unternommen wird, auf jeden Fall eine Vergeltungsmaßnahme vorliegt:

- Entlassung oder Transfer aus der Einrichtung;
- Entlassung oder Beendigung der Beschäftigung;
- Aussetzung oder Reduktion von Remunerationen;
- Beschränkung oder Verbot des Zuganges zur Einrichtung oder den Bewohnern;
- Beschränkung anderer wohlerworbener Rechte.

Die letzte Bestimmung des Gesetzes sieht noch weitere Strafbestimmungen vor. Jeder Obsorge- oder Pflegeverpflichtete (caretaker, operator), Angestellte oder freiwillige Arbeiter, der vorsätzlich verletzliche Personen mißhandelt oder vernachlässigt oder es wissentlich gestattet, daß Zustände herrschen, die Mißhandlungen oder Vernachlässigungen verursachen, macht sich eines schweren Vergehens im Sinne des Strafrechts schuldig[2683].

*Entwicklungspolitische Konsequenzen dieser Statuten*

Mißhandlungsberichtssgesetze (Patient Abuse Reporting Statutes) wie in New York und Minnesota wurden mit dem Ziel und Zweck eingerichtet, daß Mitteilungen über Fälle der Patientenmißhandlung an die entsprechenden Stellen übermittelt werden. Allerdings haben Beobachtungen der Effekte in den ersten drei Jahren nach Verabschiedung dieses Gesetzes gezeigt, daß es zwar nur langsam greift, aber eben doch wirkt, wie die Kurve des Ansteigens der Anzeigen erweist. Trotzdem empfand man diese gesetzgeberische Maßnahme nur als einen ersten Schritt; man meinte, ohne eine zusätzliche Sicherung im Strafrecht zum Schutz der alten und schwachen Menschen nicht auskommen zu können[2684].

Die häufigsten Probleme bei der Verfolgung von Fällen der Mißhandlung ergeben sich dadurch, daß verschiedene Patienten mental nicht in der Lage sind, bei den anzustellenden Nachforschungen

---

2682 Minnesota Stat. Ann. §626.557 Subd. 17 (c).
2683 Minnesota Stat. Ann. §626.557 Subd. 19.
2684 Kuriansky, E. J., Nursing Home Patient Abuse, S. 33.

und Untersuchungen zu assistieren. Andere Patienten und auch deren Familien, befürchten trotz des strengen Verbots von Repressalien dennoch unterschwellige Vergeltungsmaßnahmen und kooperieren daher nur zaghaft. In wieder anderen Fällen fehlt es an notwendigen Zeugen der Vorfälle. Aber selbst wenn ein Patient in der Lage ist, die Vorfälle exakt zu bezeugen, muß oftmals festgestellt werden, daß der Schutz im Strafrecht sich nicht auf solche Fälle erstreckt[2685].

Das Strafgesetzbuch erfordert im allgemeinen eine physische Verletzung zur strafrechtlichen Verfolgung. Eine physische Verletzung wiederum wird als „Beeinträchtigung des körperlichen Zustandes oder wesentliche Schmerzen" umschrieben[2686]. Die amerikanischen Gerichte anerkennen zwar, daß Schmerz subjektiv empfunden wird, allerdings gibt es trotzdem eine objektive Schmerzdefiniton. Aufgrund dieser anerkennt das Gericht eine physische Verletzung als strafrechtlichen Tatbestand (petty slaps, shoves, kicks) nur, wenn sie in Feindseligkeit, Niederträchtigkeit und ähnlichen Motiven wurzelt[2687]. Die in Anstalten wirksamen Leidzufügungen liegen zumeist jedoch auf einer vorgelagerten Ebene der Routine und Überforderung.

Die meisten Fälle des Übergriffs, die man eher als Vorfälle gemeinhin einstufen würde, fallen daher eher unter den strafrechtlichen Begriff der Belästigung oder Schikane (harassment)[2688].

Bei der Belästigung bedarf es also keiner physischen Verletzung. Sie fällt allerdings auch nicht unter den Begriff des Verbrechens (crime), sondern unter den des Vergehens (violation). Die Sanktionen reichen von „unconditional discharge" bis zu maximal 15 Tagen Haft. Es erfolgt keine Eintragung ins Strafregister.

Grob fahrlässige Gefährdung eines Patienten liegt dann vor, wenn der Handelnde um die Abweichung vom Pflegestandard weiß, die damit verbundenen Gefährdungsrisken aber bewußt in Kauf

---

2685 Ebda, S. 34.

2686 New York Penal Law §10.00(9).

2687 Vgl. den Fall Matter of Philip A., 49 N. Y. 2d 198 (1980), in: Kuriansky, E. J., Nursing Home Patient Abuse, S. 35.

2688 Ebda; „A person is guilty of harassment, when, with intent to harass, annoy or alarm another person: (1) He strikes, shoves, kicks or otherwise subjects him to physical contact, or (!) attempts or (!) threatens to do the same; New York Penal Law §240. 24.

nimmt. Eine Abweichung vom normalen Standard der Pflege wird am Durchschnittsverhalten des reasonable man gemessen. Da aber in den derzeit geltenden Gesetzen keine ausdrückliche Definition der Pflichten des Personals getroffen ist, ist auch hier die Verfolgung und Subsumption praktisch bedeutungslos. Mittlerweile hat sich die auch in Europa längst bekannte Einsicht breitgemacht, daß das Strafrecht, zumindest das traditionelle, ohne spezifische Sondertatbestände nur wenig beizutragen vermag, die Patientenrechte effektiv zu fördern oder auch nur zu schützen.

### *Patientenrechtspolitik im Strafrecht*

Einzelne amerikanische Bundesstaaten, die sich den Auswirkungen dieser Einsicht verschließen, gehen aber, um einen schärferen Zugriff speziell für Fälle von Patientenmißhandlung sicherzustellen, in ihrer Strafrechtsgesetzgebung einige Schritte weiter.

In Arkansas verabschiedete der Gesetzgeber im Jahre 1977 eine Strafrechtsnovelle zur Sanktionierung des sich mit der Überalterung, in Kombination mit der Institutionalisierung, ausbreitenden Phänomens der Erwachsenenmißhandlung (adult abuse)[2689]. Der Gesetzgeber begründete seine Intention dabei folgendermaßen[2690]:

„Das Parlament erkennt, daß es der verbesserten Möglichkeiten (rehabilitative and ameliorative services) zur Aufdeckung und Bestrafung von Mißhandlung, Falschbehandlung und Ausbeutung von Erwachsenen, die nicht dazu fähig sind, sich selbst zu beschützen, bedarf. Solche Mißhandlung, Falschbehandlung und Ausbeutung stellt jede absichtliche oder fahrlässige Handlung dar, welche in Vernachlässigung, Falschernährung, sexueller Mißhandlung, physischer Verletzung, erheblicher Gefährdung der mentalen Gesundheit, ungerechtfertigter und mißbräuchlicher Nutzung eines Erwachsenen zum eigenen Vorteil und Nachlässigkeiten bei der notwendigen Behandlung, Beachtung, Beistand, Bekleidung, Geborgenheit (shelter) oder medizinischen Dienstleistungen mündet".

Das Statut unterteilt drei Stufen des strafrechtlichen Delikts der Patientenmißhandlung. Die schwerste Art der Patientenmißhand-

---

2689 Arkansas Stat. Ann. §59-1301 et seq.
2690 Arkansas Stat. Ann. §59-1302.

lung begeht, „wer bewußt oder schuldhaft fahrlässig einem Erwachsenen notwendige Nahrung, Kleidung, Schutz oder medizinische Behandlung entzieht oder diese Entziehung zuläßt oder wer wissend oder schuldhaft fahrlässig zuläßt, daß die physische oder mentale Gesundheit eines Erwachsenen erheblich gefährdet wird und dabei eine Körperverletzung, bleibende Körperbehinderungen oder bleibende Verunstaltungen für den Erwachsenen verursacht werden"[2691].

Arkansas, Minnesota und South Carolina haben ähnliche, dem Schutz von Pflegepatienten dienen wollende Strafrechtsbestimmungen geschaffen. Die Strafen, die in South Carolina[2692] vorgesehen sind, reichen von bis zu $ 5.000 Geldstrafen bis hin zu fünfjährigen Gefängnisstrafen.

Während die eben genannten Gesetze aber den Begriff der Mißhandlung undefiniert lassen, äußert sich der Gesetzgeber von Arizona dazu ganz explizit[2713]:

„A. Mißbräuchliche, mißhandelnde Behandlung oder Vernachlässigung einer geistig zurückgebliebenen Person ist gesetzlich verboten. Für den Bereich dieser Sektion bedeutet:

1. Mißhandlung:

(a) Physische Mißhandlung durch Zufügung von Schmerz oder Verletzung eines Klienten. Insbesondere ist darunter Schlagen, Stoßen, Kneifen, Klapse, Haarereißen oder Formen der sexuellen Mißhandlung zu verstehen.

(b) Seelische Mißhandlung, insbesondere durch das Lächerlichmachen oder Herabwürdigen eines Klienten, durch abträgliche Bemerkungen oder Beschimpfen eines Klienten.

(c) Behandlungsmißbrauch durch Verwendung von Techniken (aversive stimuli technique), die noch nicht als Bestandteil des individuellen Behandlungsplans bestätigt wurden und die auch nicht den gesetzlichen Bestimmungen der Sub-Section B des §36-561 zu entnehmen sind.

2. Vernachlässigung bedeutet:

(a) Vorsätzlicher Mangel an Aufmerksamkeit hinsichtlich der physischen Bedürfnisse des Klienten wie toileting, Baden, Essen und Sicherheit.

---

2691 Arkansas Stat. Ann. §59-1303(1).
2692 South Carolina Code §43-29-40.
2693 Arizona Rev. Stat. §35-569.

(b) Vorsätzliches Versäumnis, die Gesundheitsprobleme des Klienten oder Veränderungen im Gesundheitszustand an das Behandlungspersonal zu melden.

(c) Schlafen während des Dienstes.

(d) Vorsätzliches Versäumnis, den vorgeschriebenen Behandlungsplan für den Klienten auszuführen.

B. Eine Person, die entgegen dieser gesetzlichen Bestimmungen handelt, macht sich eines Vergehens der Klasse 2 schuldig."

Ob solche detaillierten Strafrechtssondertatbestände zu schaffen, den europäischen Gegenstücken der Formulierung allgemeiner Tatbestände wie der Vernachlässigung der Verpflichtung zur „Fürsorge oder Obhut (...) einer wegen Gebrechlichkeit, Krankheit oder Schwachsinns" wehrlosen Person[2694] überlegen ist, wird zu beobachten sein.

2694 § 92 (öst) StGB; siehe auch §§ 82, 93, 212 (öst) StGB.

# 15. Korporatistische Strategien – Niederlande

Patientenrecht entwickelt sich, wie des öfteren schon deutlich sichtbar geworden ist, verstärkt auf kollektiver, verbändepolitischer, quasi-kollektivvertraglicher Ebene. Die Niederlande agieren hier geradezu modellhaft, sowohl zwischen den Verbänden und Interessenorgansiationen als auch auf der Ebene des nationalen Gesamtsystems:

## *15.1. Der Mustervertrag: Ein quasi-kollektivvertragliches Patientenrechtsmodell*[2695]

Zwischen einer repräsentativen, aber ohne Pflichtmitgliedschaft ausgestatteten Ärzteorganisation und einem Hauptverband von Patientenvereinen wurde ein Mustervertrag entworfen, dessen sich niederländische Behandler und Patienten bedienen können und, was die Rechtswirklichkeit anbelangt, vermutlich auch bedienen werden. Dabei steht die rechtstheoretische Frage gar nicht einmal im Vordergrund. Denn eine Verbindlichkeitswirkung ist bei nicht-kollektivvertragsfähigen Selbstverwaltungskörpern ohnedies ausgeschlossen. Damit erledigt sich in einem die Frage der Drittwirkung.

Was diesen Mustervertrag so leitmodellhaft erscheinen läßt, ist die Abstimmung der konfligierenden Interessen. Auch die Art der Darstellung ist auf leichte Faßlichkeit und durch die Interpretation der integrierten ratio contractus auf Kommunikation und nicht auf die Betonung losgelöster individueller Rechtsstandpunkte hin angelegt.

Es hätte sich durchaus gefügt, diesen Mustervertrag innerhalb des Zivilrechts auszuwerten. Aber letztlich ist nicht nur das organisatorische Zusammenspiel von zwischenärztlichen Pflichten zugun-

2695 Vereinbart zwischen der Patienten/Konsumenten Plattform (Landelijke Patiënten Platform – LPCP) und der Königlichen Niederländischen Gesellschaft zur Förderung der Heilkunde (Koninklijke Nederlandsche Maatschappij tot bevordering der Geneeskunst – KNMG); KNMG/LPCP (Hrsg.), Modellregeling Arts – Patiënt, Utrecht 1990.

sten der Stellung des Patienten dargestellt, sondern es werden sogar Serviceempfehlungen abgegeben. Es scheint sich also mehr als zu rechtfertigen, dieses Dokument hier geschlossen als ein Strategiemodell im Originaltext[2696] wiederzugeben:

*Definitionen*

Artikel 1

Für die Anwendung des in dieser Regelung Bestimmten, versteht sich unter

a. Arzt: Derjenige, der befugt ist, die Genesungs-, Heil- und Geburtskunde auszuüben;

b. Patient: Derjenige, der sich wegen vorbeugender, versorgender oder anderer medizinischer Hilfe und Rat an einen Arzt wendet;

c. Vertrauensperson: Derjenige, der vom Patient bestimmt wird, dessen Interessen wahrzunehmen und als dessen ermächtigter Vertreter aufzutreten.

d. Vertrag: Der Vertrag über eine Hilfeleistung, ohne daß ein Arbeits- oder Dienstverhältnis vorliegt, bei dem sich die eine Partei, der Arzt, verpflichtet, der anderen Partei, dem Patienten, gegen Entgelt medizinische Hilfe und Rat zu leisten.

*Zustandekommen des Vertrages*

Artikel 2

Der Patient hat, unter Berücksichtigung gesetzlicher und organisatorischer Beschränkungen, das Recht auf freie Arztwahl.

Artikel 3

1. Der Arzt hat, unter Berücksichtigung des Art. 2, mit einem Patienten, der den Wunsch erkennen hat lassen, medizinische Hilfe

---

2696 Formblatt, ohne Ort, ohne Jahr; Privatübersetzung Philip de Goederen.

und/oder Rat empfangen zu wollen, einen darauf gerichteten Vertrag einzugehen.

2. Wenn die Einwilligung in den Vertrag vom Arzt redlicherweise nicht verlangt werden kann, hat der Arzt einem Patienten, der ein Ersuchen i. S. d. ersten Absatzes an ihn richtet, die Gründe seiner Weigerung mitzuteilen und, wenn möglich, dem Patienten behilflich zu sein, andere Möglichkeiten der Hilfeleistung zu finden.

3. Der Arzt darf die Behandlung eines Patienten auf Grund dessen Gesundheitszustandes in keinem Fall verweigern.

*Inhalt des Vertrages*

Artikel 4

1. Der Arzt hat den Patienten, auf Anfrage auch schriftlich, auf deutliche Weise zu informieren, über die Art, den Umfang und den Zweck der Untersuchung oder der Behandlung, die er für notwendig erachtet, über die zu erwartenden Folgen und Risken für die Gesundheit des Patienten, über andere Möglichkeiten der Untersuchung und Behandlung, die in Frage kommen, sowie über den Stand und die Prognosen seiner Gesundheit, soweit es die Untersuchung oder die Behandlung betrifft.

2. Der Arzt hat den Patienten zugleich so weit wie möglich über die Vorgangsweise bei der Untersuchung und/oder der Behandlung zu informieren, um so mehr als auch andere Personen als der Arzt hinzugezogen werden.

3. Der Patient kann eine oder mehrere Person(en) nennen, die der Arzt zu informieren hat oder an welche Person(en) der Arzt nur näher bestimmte Informationen weitergeben darf, falls diese in irgendeiner Weise Interessen des Patienten vertreten.

Artikel 5

1. Für die Ausführung einer Untersuchung oder die Durchführung einer Behandlung ist zur Erfüllung des in Art. 3 Abs. 1 genannten Vertrages die Zustimmung des Patienten notwendig (Informed Consent).

2. Auf Ersuchen einer der Parteien kann auch schriftlich festgelegt werden, wofür und auf welche Weise der Patient seine Zustimmung erteilt hat.

3. Das in Abs. 1 und 2 Bestimmte findet keine Anwendung,

a. wenn der Patient nicht in der Lage ist, seine Zustimmung zu erteilen und das Interesse des Patienten es verlangt, daß unverzüglich mit der Tätigkeit begonnen wird.

b. wenn dies durch andere Gesetze bestimmt wird.

Artikel 6

Der Arzt darf die Zustimmung i. S. des Art. 5 Abs. 1 nur dann unterstellen, wenn die Handlung oder die Folgen der Handlung von nicht invasiver Art sind.

Artikel 7

Wenn vereinbart wurde, daß medizinische Handlungen durch eine bestimmte Person verrichtet werden, muß diese Person die Handlungen, die zur Ausführung eines Behandlungsvertrages notwendig sind, selbst ausführen, es sei denn, daß aus dem Vertrag sich ergibt, daß der Arzt diese Handlungen auch von anderen ausführen lassen kann, was die Haftung des Arztes nicht berührt.

Artikel 8

Der Arzt hat nicht weiter in die Privatsphäre des Patienten zu dringen als für sein medizinisches Handeln notwendig ist.

Artikel 9

1. Der Patient hat nach bestem Wissen dem Arzt jene Informationen zu geben und nach Möglichkeit jene Mitwirkung zu geben, die der Arzt braucht, um den in Art. 3 Abs. 1 genannten Behandlungsvertrag auszuführen.

2. Ist der Patient nicht bereit, bestimmten Ratschlägen des Arztes zu folgen, hat er das mit dem Arzt zu besprechen oder ihm wenigstens mitzuteilen.

Artikel 10

Der Arzt verpflichtet sich, dem Patienten notwendige medizinische Hilfe und Ratschläge in jener Qualität zu leisten, die den Bedingungen seines Berufes entsprechen und seines individuellen Sachverstandes nach von ihm erwartet werden dürfen.

Artikel 11

Der Arzt hat dafür Sorge zu tragen, sofern das in seiner Verantwortlichkeit liegt, sich wirksamer und tauglicher Materialien und Mittel zu bedienen.

Artikel 12

Sind mehrere Ärzte zur Untersuchung oder zur Behandlung des Patienten beigezogen, hat, wenn möglich nach gemeinsamer Überlegung mit dem Patienten, ein Arzt zur Kontaktperson bestimmt zu werden.

Artikel 13

Auf Ersuchen des Patienten hat der Arzt im Rahmen der aktuellen Fragen über die Befunde und den Gesundheitszustand zu berichten und dies auf Anfrage schriftlich zu bestätigen.

Artikel 14

Arzt und Patient haben in gemeinsamer Überlegung zu versuchen, die Kosten, die mit der Untersuchung und der Behandlung verbunden sind, einzugrenzen.

*Ergänzende Bestimmungen*

Artikel 15

Der Patient kann nach vollkommen eigener Wahl einen Vertreter bestellen.

Artikel 16

1. Ist der Patient nicht (oder nur zum Teil) in der Lage, seine In-

teressen selbst zu vertreten, können seine (gesetzlichen) Vertreter und/oder seine Familienmitglieder und/oder ihm Nahestehende seine Interessen vertreten. Bei Meinungsverschiedenheiten zwischen Arzt und (einem der) in diesem Absatz genannten Vertreter, entscheidet schließlich der Arzt, unter Berücksichtigung der Interessen des Patienten.

2. Nach dem Tod eines Patienten handelt der Arzt im Sinne des Verstorbenen.

*Minderjährige*

Artikel 17

Der Arzt hat dem minderjährigen Patienten, der in der Lage ist, seine Interessen gebührend wahrzunehmen, die Rechte und Pflichten eines Volljährigen zuzuerkennen.

Artikel 18

Ist der gesetzliche Vertreter eines minderjährigen Patienten nicht zu einer gebührlichen Wahrnehmung dessen Interessen fähig, wenn es etwa die Zustimmung zu einer Untersuchung oder Behandlung betrifft, zu der der Arzt rät, um einen geistigen oder körperlichen Schaden des minderjährigen Patienten zu verhindern, hat der Arzt, wenn möglich, mit allen ihm gebotenen Mitteln eine Lösung zu finden und sei es letztendlich durch das Erzwingen einer richterlichen Entscheidung.

*Privacy und Krankenunterlagen*

Artikel 19

Der Arzt hat die Pflicht, über jedes Geheimnis zu schweigen, von dem er weiß oder redlicherweise vermuten muß, daß er es aufgrund seines Berufes zu bewahren hat.

Artikel 20

Der Arzt hat nach seinem Können für den Schutz der persönlichen Lebenssphäre des Patienten zu sorgen. Der Arzt hat weiters so weit wie möglich dafür Sorge zu tragen, daß die privacy in räumlicher und akustischer Hinsicht in Untersuchungs- und Behandlungssituationen gewahrt ist.

Artikel 21

1. Der Arzt hat Aufzeichnungen über die Daten, die die Gesundheit des Patienten betreffen und der diesbezüglich ausgeführten Tätigkeiten, wenn diese für eine sorgfältige Hilfeleistung notwendig sind, zu führen und registriert diese Tatsachen sorgfältig in einem Dossier.

2. Der Arzt hat das Dossier und den Datenbestand so zu verwalten und zu bewahren, daß die Geheimhaltung und der Schutz der persönlichen Lebenssphäre gewährleistet sind. Selbst bei der Einsicht in Daten eines zentralen Registers hat der Arzt nach bestem Vermögen dafür zu sorgen, daß die Geheimhaltung und der Schutz der persönlichen Lebensphäre gewährleistet sind.

3. Der Patient hat ein Recht auf Information über die Art der ihn betreffenden Daten, die registriert werden.

Artikel 22

Unter Berücksichtigung der Judikatur hat der Patient und/oder derjenige, der über eine ausdrückliche und bestimmte Zustimmung des Patienten verfügt, ein Recht auf Einsicht in die Unterlagen, auf Abschrift und Korrektur innerhalb eines angemessenen Zeitraums.

Artikel 23

1. Auf Ersuchen des Patienten hat der Arzt bei der Einsicht in die Unterlagen die notwendige Information zu geben.

2. Der Arzt hat dem Patienten vorzuschlagen, ihm bei der Einsicht in seine Unterlagen die notwendigen Informationen zu geben, wenn er redlicherweise annehmen muß, daß die Einsicht für den Patienten mit Problemen verbunden ist.

Artikel 24

1. Der Patient hat darüber in Kenntnis gesetzt zu werden, was an Informationen über ihn weitergeleitet wurde und wird.

2. Für die Einsicht oder die Weitergabe von Informationen an je-

den, der an der Behandlung nicht beteiligt ist, bedarf der Arzt der ausdrücklichen und bestimmten Zustimmung des Patienten, es sei denn, daß eine gesetzliche Bestimmung die Weitergabe von Informationen bestimmt.

3. Wenn ein wichtiges Interesse des Patienten es erfordert, erfüllt der Arzt ein Ersuchen i. S. d. Abs. 1 in einer anderen als einer schriftlichen Form, die dem Interesse angepaßt ist.

Artikel 25

1. Der Arzt bewahrt die Aufzeichnungen und andere Unterlagen, die Daten über die Gesundheit des Patienten und die sich darauf beziehenden Tätigkeiten enthalten, mindestens zehn Jahre, gerechnet ab dem Zeitpunkt ihres Entstehens, auf.

2. Innerhalb eines Jahres nach Ablauf der in Abs. 1 genannten Frist oder wenn der Patient innerhalb der Frist darum ersucht, ein Jahr nach diesem Ersuchen, vernichtet der Arzt die Unterlagen i. S. d. Absatz 1.

3. Die Vernichtung kann unterbleiben, wenn schwerwiegende Interessen des Patienten, des Arztes, eines Dritten oder der Volksgesundheit dies notwendig machen und wenn darüber zwischen Patient und Arzt Übereinstimmung herrscht.

Artikel 26

1. Die Bereitstellung von Daten aus prüfungsrelevanten, qualitativen, wissenschaftlichen, didaktischen, administrativen oder statistischen Gründen muß so weit wie möglich anonymisiert erfolgen.

2. Unter Berücksichtigung der einschlägigen gesetzlichen Bestimmungen hat die Datenweitergabe an Dritte aus einem oder mehreren der obgenannten Gründe im Prinzip nur anonymisiert und nur insoweit zu erfolgen, als die Daten relevant sind.

*Die Führung der Praxis*

Artikel 27

1. Der Arzt hat dafür Sorge zu tragen, daß seine Erreichbarkeit gewährleistet ist.

2. Einer Bitte, den Patienten sofort zu untersuchen, hat der Arzt,

sofern dies einigermaßen möglich ist, Folge zu leisten, es sei denn, daß er redlicherweise annehmen kann, daß die ihm zur Verfügung stehenden Tatsachen ausreichend sind, um aufgrund derer einen sorgfältigen Ratschlag zu geben.

Artikel 28

Um die Kontinuität der Behandlung und eine gute und einfache Erreichbarkeit zu gewährleisten, hat der Arzt vorgenommene Änderungen der Praxiszeiten und/oder Änderungen der Praxisführung und der Dienstleistungen so früh und deutlich wie möglich bekannt zu machen.

Artikel 29

Von der Beendigung und Übergabe seiner Praxis hat der Arzt seine Patienten so früh wie möglich zu informieren, um diesen ausreichend Gelegenheit zu geben, sich ihrer freien Arztwahl zu besinnen.

Artikel 30

Zugleich mit der in Artikel 29 genannten Bekanntmachung hat der Arzt dem Patienten mitzuteilen, daß dessen medizinische Unterlagen dem Nachfolger bzw. dem durch den Patienten gewählten Arzt übergeben werden, es sei denn, daß sich der Patient frühzeitig dagegen ausspricht.

Artikel 31

Der Arzt hat auf Ersuchen des Patienten die Pflicht, seine Unterlagen frühzeitig dessen Nachfolger bzw. dem durch den Patienten gewählten Arzt zu übergeben.

*Vertretung*

Artikel 32

1. Ist der Arzt selbst nicht erreichbar, hat er medizinische Hilfe und Rat auf adäquate Weise einem dazu befugten und sachverständigen Vertreter zu übertragen.

2. Die zum Zwecke der Stellvertretung vorzunehmende Übertragung muß für den Stellvertreter deutlich erkennbar sein und mit Sorgfalt erfolgen. Der Arzt hat den Stellvertreter vor allem auf die Daten jener Patienten aufmerksam zu machen, die während der Vertretungsdauer möglicherweise medizinischer Hilfe bedürfen.

Artikel 33

Der Arzt hat dafür Sorge zu tragen, daß die Vertretung und die Dauer derselben wie auch die Nennung des Namens des Vertreters, dessen Adresse und Telephonnummer und wie/wo dieser erreichbar ist, bekannt gemacht werden.

Artikel 34

Der Vertreter ist für die dem Patienten gewährte Hilfe und den erteilten Rat verantwortlich.

*Überweisung*

Artikel 35

Der Arzt bedarf für die Überweisung sowie für die eventuell sich daraus ergebende Übertragung einer darauf gerichteten Zustimmung des Patienten.

Artikel 36

1. Wenn der Patient den Arzt darum bittet, ihn zwecks Konsultierung zu einem anderen Arzt zu überweisen, hat der Arzt dem zu entsprechen, es sei denn, daß der Arzt dagegen schwere, dem Patienten mitgeteilte Bedenken hat.

2. Unter Berücksichtigung des in Art 9 Abs 2 Bestimmten hat der Patient zu allen Zeiten das Recht, sich selbständig mit einem anderen Hilfeleistenden zu beraten.

Artikel 37

Der Arzt hat den Patienten so gut wie möglich über die Organisation der Praxis oder der Einrichtung sowie über den Hilfeleistenden an der respektive an die der Patient überwiesen wird, zu informieren.

*Honorarnoten*

Artikel 38

Der Arzt hat sich an die landesüblichen Tarife zu halten. Er hat seine Honorarnoten deutlich zu spezifizieren und auf Ersuchen genauer zu begründen.

Artikel 39

Der Patient hat für die fristgemäße Bezahlung der durch die Behandlung angewachsenen Kosten zu sorgen respektive die notwendigen Schritte einzuleiten, damit diese in seinem Namen von seiner Krankenversicherung bezahlt werden.

*Beendigung des Vertrages*

Artikel 40

Der Vertrag kann jederzeit in beiderseitigem, guten Einvernehmen beendigt werden.

Artikel 41

1. Der Vertrag endet von Rechts wegen beim Tod des Arztes oder des Patienten.

2. Endet der Vertrag durch den Tod des Arztes, sind diejenigen, in dessen Dienst oder diejenigen, die mit dem Arzt in einem rechtlichen Verhältnis tätig waren, verpflichtet, auch weiterhin medizinische Hilfe und Rat zu erteilen, bis der Patient redlicherweise einen Vertrag mit einem anderen Arzt schließen kann.

Artikel 42

Wenn der Vertrag sich ausschließlich auf eine bestimmte Behandlung bezieht, endet dieser von Rechts wegen mit Beendigung der Behandlung.

Artikel 43

1. Wenn der Patient auf eine Fortsetzung des Vertrages keinen Wert legt oder diesen nicht mehr für notwendig erachtet, kann er ihn einseitig beenden.

2. Der Patient setzt den Arzt darüber in Kenntnis.

3. Wenn der Patient gegen den Rat des Arztes den Vertrag beendet, hat der Patient auf Ersuchen des Arztes eine Erklärung zu unterschreiben, in der dieser bestätigt, daß er gegen den Rat des Arztes und auf eigenes Risiko die Untersuchung oder die Behandlung abbricht.

Artikel 44

Der Arzt kann den Vertrag einseitig nur unter Nennung der Argumente beenden, die begründen, warum vom Arzt zumutbarerweise nicht erwartet werden kann, daß er den Vertrag fortsetzt. Hat er sich zu diesem Schritt entschlossen, hat er so lange medizinische Hilfe und Rat zu gewähren, bis der Patient redlicherweise einen Vertrag mit einem anderen Arzt hätte schließen können.

Artikel 45

Diese Modellregelung soll nach einer Frist von mindestens drei Jahren und höchstens vier Jahren nach Inkrafttreten anhand der diesbezüglichen Judikatur evaluiert werden. Ab dem Zeitpunkt, an dem das Gesetz über den Medizinischen Behandlungsvertrag in Kraft tritt, werden sich die Parteien aufs neue über diese Modellregelung beraten.

*Streitbeilegung*

Diese Regelung entbehrt eines notwendigen Schlußstückes: eine adäquate Regelung der Klagsvermittlung. Eine solche Regelung sollte innerhalb kürzester Zeit zustande kommen.

## *15.2. Systempartizipation: Nationale Patientenräte und -beiräte*[2697]

Wie hoch entwickelt und differenziert das niederländische Beirätesystem ist, läßt sich auch an der Beirätestruktur der Gesundheitsfürsorge ablesen. Insgesamt fünf (!) Beiräte beraten Regierung und Parlament in Gesundheitsfragen:

---

2697 Siehe dazu Janssen, R. T. J. M./Kocken, P. L./Made, J. H. van der, Externe Adviesorganen in de gezondheidszorg – Het grijze circuit belicht, Lochem 1987.

der Nationale Rat für die Volksgesundheit (Nationale Raad voor de Volksgezondheid),

das Kollegium für Krankenhausleistungen (College voor Ziekenhuisvoorzieningen),

der Gesundheitsrat (Gezondheidsraad),

der Krankenkassenrat (Ziekenfondsrat),

der Zentrale Rat für Tarife der Gesundheitsfürsorge (Centrale Raad voor Tarieven Gezondheidszorg).

Diese fünf Gutachterorgane sind jeweils sogenannte „externe" Gutachterorgane, das heißt, daß in diesen Organen über fünfzig Prozent nicht-amtliche Mitglieder Sitz und Stimme haben, also keine Beamten sind und von den zu beratenden Ministerien unabhängig sind. Sie sind allesamt nationale Beratungsorgane, Reichsorgane, beraten also nur auf rein nationaler Ebene; sie sind gesetzlich eingerichtet und arbeiten permanent.

Alle fünf Gutachterorgane erstatten Gutachten an die Ministerien oder an das Parlament. Der Krankenkassenrat und der Zentrale Rat für Tarife der Gesundheitsfürsorge sind darüber hinaus mit Verwaltungsaufgaben betraut: Der Krankenkassenrat verwaltet die Fonds der Krankenkassen und der Zentrale Rat für Tarife der Gesundheitsfürsorge genehmigt Tarife und stellt per Verordnung Richtlinien auf. Nur der Nationale Rat für die Volksgesundheit hat keine Verwaltungsaufgaben delegiert bekommen, sondern dient ausschließlich der Konzeptarbeit.

Für die Dynamik der Patientenrechtsentwicklung in den Niederlanden maßgeblich ist das politische Zusammenspiel und Ineinandergreifen der Teilfunktionen. Hier kann nur auf die für die Patientenrechte ausschlaggebenderen eingegangen werden.

### 15.2.1. DER NATIONALE RAT FÜR DIE VOLKSGESUNDHEIT[2698]

Der Aufgabenbereich des Nationalen Rates für die Volksgesundheit (Nationale Raad voor de Volksgezondheid – NRV), der 1982 ge-

2698 Kasdorp, J. P., De Nationale Raad voor de Volksgezondheid in perspektief, in: Janssen, R. T. J. M./Kocken, P. L./Made, J. H. van der, Externe Adviesorganen in de gezondheidszorg – Het grijze circuit belicht, Lochem 1987, S. 93 ff.

setzlich eingerichtet wurde und Nachfolger des sogenannten „Zentralen Rates für die Volksgesundheit" war (dieser bestand seit 1958), findet sich im Gesundheitsgesetz definiert. Artikel 3 führt aus:

„Es ist Aufgabe des Nationalen Rates:

a) auf Ersuchen oder aus eigener Erwägung heraus Gutachten, die sich auf die Struktur, die Ausführung, die Qualität und die Zweckmäßigkeit der Gesundheitsfürsorge, der Ausführung von Gesetzen, die die Gesundheitsfürsorge betreffen sowie über alle anderen Angelegenheiten, die für die Volksgesundheit von Interesse sind, zu erstatten;

b) durch gemeinsame Überlegung und Beratung die Zusammenarbeit zwischen öffentlichen Körperschaften und privaten Rechtspersonen und Einrichtungen, die selbst oder deren Mitglieder auf dem Gebiet der Volksgesundheit tätig sind, zu fördern".

Der NRV ist also einerseits ein Beratungsorgan, andererseits ist er eine ideale Plattform für gemeinsame Überlegungen, Beratungen und den Abtausch gegenseitiger Forderungen.

Das Beratungsfeld des NRV ist sehr weit gesteckt und ähnelt in weiten Bereichen den Beratungsfeldern des Gesundheitsrates. Der Gesundheitsrat ist jedoch ein Sachverständigenorgan und berät aus wissenschaftlicher Sicht, während der NRV ein Interessenorgan ist und über Gesundheitspolitik im weitesten Sinn berät.

Der NRV hat 45 Mitglieder, die in drei Kurien aufgeteilt sind: Die „Berufsausübenden" haben 15 Sitze, Einrichtungen und Institutionen teilen sich weitere 15 Sitze und die letzte Kurie ist die der „übrigen" Organisationen mit ebenfalls 15 Sitzen. Da die Paritäten für weitere rechtspolitische Überlegungen interessant sein könnten, seien sie hier ausführlich wiedergegeben:

Der Block der „Berufsausübenden" setzt sich folgendermaßen zusammen:

| | |
|---|---|
| Berufsvereinigung der Ärzte | 6 Mitglieder |
| Berufsvereinigung der Pharmazeuten | 2 Mitglieder |
| Berufsvereinigung der Zahnärzte | 2 Mitglieder |
| Berufsvereinigung des Pflegepersonals | 2 Mitglieder |
| Gewerkschaft | 1 Mitglied |
| Berufsvereinigungen der Physiotherapeuten | 1 Mitglied |
| Dachverband der Berufsvereinigungen in der Gesundheitsfürsorge | 1 Mitglied |

Der zweite Block, jener der Einrichtungen und Institutionen, besteht aus:

| | |
|---|---|
| Krankenhausrat | 7 Mitglieder |
| Rotes Kreuz | 4 Mitglieder |
| Volksgesundheitsorganisationen | 2 Mitglieder |
| Vereinigung für Mentalpatienten | 1 Mitglied |

Der dritte Block, der der „übrigen Organisationen", setzt sich wie folgt zusammen:

| | |
|---|---|
| Konsumenten-Patienten-Organisation | 3 Mitglieder |
| Arbeitgeberverbände | 1 Mitglied |
| Arbeitnehmerverbände | 2 Mitglieder |
| Krankenkassen (insgesamt) | 4 Mitglieder |
| Dachverband der Gesundheitsfürsorge | 2 Mitglieder |
| Gemeindeverband | 2 Mitglieder |

Zusätzlich hat der NRV noch eine Anzahl beratender qua-qualitate-Mitglieder. Diese sind:

- der Generaldirektor der Volksgesundheit,
- der Chefinspektor der Staatsaufsicht über die Volksgesundheit,
- der Generaldirektor des Institutes für Volksgesundheit und Umweltschutz,
- die Vorsitzenden des Gesundheitsrates, des Krankenkassenrates und des Kollegiums für Krankenhausleistungen,
- drei Personen aus dem Bereich der Sozialarbeit,
- ein Vertreter des Niederländischen Zentrums für Geistige Volksgesundheit,
- und ein Vertreter des medizinischen Dienstes der Arbeitsinspektion.

Die Patientenrechtsorganisationen sind nur im NRV vertreten, nicht in den vier anderen Gutachterorganen. Beachtenswert ist auch die Vertretung der Sozialarbeiter.

Intern ist der NRV in vier Abteilungen organisiert: intramurale Gesundheitsfürsorge, extramurale Gesundheitsfürsorge, geistige Gesundheitsfürsorge und Fragen der Berufsausübungen. Darüber hinaus gibt es mehrere permanente Kommissionen, die für die diversen Sachthemen wie Verpflegung, finanziell-ökonomische Angelegenheiten, Gesundheitsinformation und -erziehung, Informationsverschaffung und Automatisierung zuständig sind, sowie eine spezielle Kommission für Gesetzgebung und Rechtsfragen.

Diese interne Organisation bietet viele Vorteile: Es gibt breiten Raum für gemeinsame Beratungen, auch unabhängig von der Gutachtenerstattung, das breite Feld der Gesundheitsfürsorge wird permanent beobachtet und Entwicklungen werden, wiederum auch durch Gutachten, ständig durch Sachverständige und Interessenorganisationen kommentiert.

### 15.2.2. DAS KOLLEGIUM FÜR KRANKENHAUSLEISTUNGEN

Das Kollegium für Krankenhausleistungen wurde 1971 durch das Gesetz über die Krankenhausleistungen (Wet Ziekenhuisvoorzieningen) eingerichtet. Sein unmittelbarer Vorläufer war die bereits 1947 gegründete Krankenhauskommission (Ziekenhuiscommissie), die die Neuordnung des öffentlichen Krankenhaussektors maßgeblich durch ihre Gutachten beeinflußte[2699].

Das Kollegium ist folgendermaßen zusammengesetzt:

| | |
|---|---|
| Nationaler Krankenhausrat | 9 Mitglieder |
| Krankenkassen | 5 Mitglieder |
| Private Krankenkassen | 2 Mitglieder |
| Berufsorganisation der Ärzte (KNMG) | 2 Mitglieder |
| Vertreter der Provinzen | 2 Mitglieder |
| Vertreter der Gemeinden | 1 Mitglied |
| Unabhängige Sachverständige | 1 Mitglied |

Der Aufgabenbereich des Kollegiums besteht vor allem in der Gutachtenserstattung über Zweckmäßigkeit von Krankenhausleistungen und -einrichtungen: Eine Provinz, die ein Krankenhaus zu bauen plant, muß die Bau- und Organisationspläne beim Kollegium für Krankenhauseinrichtungen einreichen, das aufgrund der Planung ein Genehmigungsverfahren, die sogenannte Bauplanbeurteilung, durchführt. Folgende Kriterien werden herangezogen:

1. Der Bau muß zweckmäßig sein.

---

2699 Vor dem Zweiten Weltkrieg waren die meisten Krankenhäuser in den Niederlanden in privatem, vor allem kirchlichen Besitz.

2. Der Bau muß die notwendigen Einrichtungen umfassen.

3. Der Bau darf nicht zu Kosten führen, die höher sind, als es im allgemeinen Interesse zu verantworten wäre.

Das Gutachten des Kollegiums dient dem Gesundheitsminister als Entscheidungsgrundlage.

### 15.2.3. DER GESUNDHEITSRAT[2700]

Der Gesundheitsrat ist ein ständiges und externes Gutachterorgan der Regierung und zugleich eines der traditionsreichsten und angesehensten Gutachterorgane der Niederlande überhaupt: Er wurde 1901 eingerichtet. Nach dem Gesundheitsgesetz 1956 (Gezondheidswet) hat der Gesundheitsrat „Unsere Minister über den wissenschaftlichen Stand hinsichtlich Fragen auf dem Gebiet der Volksgesundheit" zu informieren (Art. 22).

Der Gesundheitsrat ist ein reines Gutachterorgan, das heißt, er nimmt im Gegensatz zu den anderen vier Organen keine Verwaltungsaufgaben wahr. Der Gesundheitsrat ist weiters ein rein wissenschaftliches, sachverständiges Gutachterorgan. Während etwa im NRV wissenschaftliche Argumente gegen politische, soziale und wirtschaftliche Argumente abgewogen werden müssen, berät der Gesundheitsrat aus rein wissenschaftlicher Sicht. Seine Gutachten müssen im Parlament gegen andere Argumente abgewogen werden. Seine Mitglieder werden persönlich ernannt und vertreten nur sich selbst respektive ihren anerkannten Sachverstand.

Der Gesundheitsrat hat ca. 170 (!) ehrenamtliche Mitglieder; er wird aus dem nationalen Budget finanziert; allerdings erhalten die Mitglieder nur einen Spesenersatz. Darüber hinaus können weitere beratende Mitglieder ad hoc für die Gutachtensvorbereitung in den einzelnen Kommissionen bestellt werden. Es gibt ca. 65 Kommissionen, in denen stets etwa 600 Sachverständige Gutachten vorbereiten. Die einzelnen Kommissionen, die die eigentliche Gutachtenstätigkeit vollbringen, sind autonom, ihre Gutachten werden ohne weitere Abstimmung an den Gutachtensadressaten weitergelei-

---

2700 Rigter, H. G. M., De Gezondheidsrad, in: Janssen, R. T. J. M./Kocken, P. L./ Made, J. H. van der, Externe Adviesorganen in de gezondheiszorg – Het grijze circuit belicht, Lochem 1987, S. 139 ff.

tet, der Vorsitzende des Gesundheitsrates kann die Gutachten nicht beeinflussen, höchstens Anmerkungen einbringen.

Der Aufgabenbereich des Rates umfaßt also wissenschaftliche Gutachtenerstattung auf dem gesamten Gebiet der Gesundheitsfürsorge und -vorsorge: Der Rat erstattet regelmäßig Gutachten über die Zweckmäßigkeit und die Sicherheit von Leistungen, also von Apparaten, Arzneimitteln, diagnostischen Techniken, präventiven Mitteln (etwa Impfungen), chirurgischen Techniken.

## 16. Nationale Ethik-Räte

Am Rande des Patientenrechts, aber doch als eine neue qualitative Entwicklung im Medizinsektor, die ihre Auswirkungen auf die Patientenschaft noch erweisen könnte und daher hier zu beobachten ist, liegen die neuen nationalen Ethik-Räte. Damit sind nicht die allenthalben, an allen Forschungs- und Behandlungsanstalten akkreditierten und aus der Helsinki-Deklaration (II) abgeleiteten Ethik-Kommissionen[2701] gemeint. Vielmehr sind die für den gesamten, der modernen Forschung zugewandten, medizinischen Entwicklungsbereich auf nationaler Ebene eingesetzten, hoch reputierten Ethik-Räte als nationale Prüf- und Förderinstanzen für neue ethische Maßstäbe berufen worden. Sie sollen maßgeblich an der Fortentwicklung der allgemeingesellschaftlichen Ethik, aber insbesondere an der im Medizinrecht zu integrierenden, voraus- und mitwirken, indem sie den ethischen Konsens, der dann aus Rechtsakzeptanzgründen in die Gesetzgebung einfließen soll, ja diese bedingen und binden soll, erforschen, stimulieren und an den Gesetzgeber melden.

Auch hier ist es Skandinavien, das bislang für seinen Rechtsrealismus bekannt war, das nach neuen Wegen der Wertgewinnung im Recht sucht. Die in Skandinavien jüngst und wohl auch unter dem Eindruck der amerikanischen Ethikwelle stehende umfassend geführte Ethikdiskussion hat dazu geführt, daß in den nordischen Ländern ganz neue, den Gesetzgeber mit relativ hohem Verbindlichkeitsgrad beratende Gremien zur Wahrung und Förderung der Ethik entstanden sind. Als das aktivste Modell wirkt das dänische, das exemplarisch näher ausgewertet werden soll.

### *Der dänische Ethische Rat (Det Etiske Råd)*

Dieser Ethik-Rat wurde 1987 und, was zunächst paradox wirkt, mit Gesetz[2702] eingerichtet. Er ist dazu berufen, das Gesundheitswesen und die biologisch-medizinische Forschung in ihrer Gesamtauswir-

---

2701 Siehe zu diesen Kapitel IV.7.3.

2702 Lov nr.353 af 3.juni 1987 om oprettelse af et etisk råd og regulering af visse biomedicinske forsøg.

kung auf den Menschen zu überwachen. Dabei berät der Rat die Behörden des Gesundheitswesens und die Ethik-Kommissionen, wie sie in der Helsinki-Deklaration in der Fassung von Tokio 1985 vorgesehen sind.

Als Wertprämisse wurde dem Rat nur eine einzige, dafür aber umso bedeutsamere vorgegeben. Im Gesetzestext ist der Rat ausdrücklich angewiesen, in seiner Arbeit auf der Voraussetzung aufzubauen, „daß menschliches Leben seinen Anfang im Befruchtungszeitpunkt nimmt" (§ 1).

Blickt man auf die sich daraus ergebenden Detailaufgabenstellungen (§§ 4 ff), so kann man sie in zwei Hauptgruppen teilen. Einmal soll der Ethische Rat zu bio-medizinischen und ethischen Fragen Stellung nehmen. Der Rat hat ein Initiativantragsrecht und kann und soll daher ganz autonom mit Vorschlägen zum Schutz des befruchteten menschlichen Eis, zum Schutz von Erbanlagen und zum Schutz des Embryos hervortreten. Dieses autonome Vorschlags- und Begutachtungsrecht erstreckt sich auch auf Regeln hinsichtlich der genetischen Versuche an befruchteten menschlichen Eizellen. Stellungnahmen des Rates sollen nicht nur einen Überblick über den jeweiligen Forschungsstand bieten, sondern auch eine Bewertung der vermutlichen künftigen Forschungsentwicklung. Ebenso zählt es zu den Aufgaben des Ethischen Rates, eine Bewertung der ethischen Probleme, die die Forschungsentwicklung mit sich bringen kann, zu versuchen. Und schließlich soll sich der Ethische Rat auch über die rechtliche Regelung und über Sanktionen von Übertretungen der von ihm vorgeschlagenen Regeln äußern.

Der dänische Gesetzgeber setzt dazu noch einen eigentümlich radikalen Schnitt. Solange eine auf einer so umfassenden Stellungnahme des Ethischen Rates aufgebaute Gesetzgebung noch nicht in Kraft getreten ist, kann nicht mehr praeter legem experimentiert werden, sondern ist jeder Versuch am befruchteten menschlichen Ei untersagt. Ferner soll sich der Ethische Rat über die Zulässigkeit von neuen diagnostischen Techniken in Hinblick auf ererbte Defekte und Krankheiten äußern. Und schließlich ist der Ethische Rat dazu berufen, sich über die Ausgestaltung von Normen bezüglich des Einfrierens von menschlichen Gameten und des befruchteten Eis zu äußern.

Der Rat hat 17 Mitglieder (§ 2). Davon werden 9 vom Parlament und 8 vom Gesundheitsminister entsandt. Die Bestellung geschieht mit Rücksicht auf öffentlich dokumentiertes Engagement in ethischen, kulturellen oder gesellschaftlichen Fragen. Interessant in diesem Zusammenhang zu vermerken ist eine Bestimmung, daß die vom Gesundheitsminister zu bestellende Gruppe in gleicher Anzahl mit Frauen und Männern zu beschicken ist. Für einen Teil dieser Gruppe kommt dem Wissenschaftlichen Forschungsrat der Ärzte, dem Zentralen Wissenschafts-Ethik-Komitee ein Vorschlagsrecht zu. Die zweite Gruppe von 9 Mitgliedern bestellt ein von den dort repräsentierten politischen Parteien nach ihrem Kräfteverhältnis proportional besetzter Ausschuß des Parlaments (folketing). Den Vorsitzenden ernennt der Gesundheitsminister auf Vorschlag des vorerwähnten parlamentarischen Ausschusses. Die Mitglieder werden für die Dauer von 3 Jahren bestellt. Eine einmalige Wiederbestellung ist zulässig. Der Rat gibt sich seine eigene Verfahrensordnung, die Mitglieder arbeiten unentgeltlich. Zur Besorgung der nötigen Aufgaben steht dem Rat ein eigenes Sekretariat zur Verfügung. Dieses besteht zur Zeit aus einem Geschäftsführer und vier weiteren hauptberuflichen Mitarbeitern.

Über die vom Gesetzgeber konkretisierten Aufgaben hinaus kann der Ethische Rat einschlägige Themen nach eigener Wahl aufgreifen. Seine Empfehlungen kann er an die Wissenschafts-Ethik-Kommissionen adressieren. Er kann aber auch überall dort – und das ist der Anknüpfungspunkt für die Patientenrechte –, wo neue Behandlungsmethoden, neue diagnostische Techniken und neue medizinische Technologien im Spiel sind, allgemein-ethische Beurteilungen an die Gesundheitsbehörden adressieren. Schließlich ist der Ethische Rat ein Beratungsorgan öffentlicher Behörden in allen ethischen Belangen hinsichtlich der Registrierung, Weitergabe und Auswertung von Daten über Erbkrankheiten und Eigenschaften einzelner Personen oder Personengruppen.

Interessant und von politisch weitreichender Bedeutung scheint die im Gesetz dem Ethischen Rat auferlegte Aufgabe der Außenwirkung. Über seine Begutachtungs- und Vorschlagsfunktionen hinaus hat der Ethische Rat nämlich die Aufgabe, die Öffentlichkeit über alle im Medizinbereich ethik-relevanten Entwicklungen zu informieren und er hat von sich aus auftauchende ethische Probleme zu einem Gegenstand der öffentlichen Debatte zu machen (§ 9). Dabei ist der Rat ausdrücklich aufgefordert, mit den ihm eingeräumten Mitteln eine ganze Reihe von Maßnahmen zu ergreifen:

Er kann hearings abhalten, er kann unabhängige Arbeitsgruppen zu bestimmten Themen einsetzen und er kann sich besonders Sachkundiger bedienen. Über seine Arbeit hat der Ethische Rat einmal jährlich der Regierung und dem Parlament zu berichten.

In diesem Gesetz über die Errichtung des Ethischen Rates wurde bis zur rasch vorzulegenden Empfehlung des Rates an den Gesetzgeber und bis zu dessen darauf aufbauenden weiteren Maßnahmen ein interimistischer Genforschungsstop verhängt. Daneben wurden vorläufig folgende Versuche untersagt (§ 11):

1. Versuche, die sich zum Ziel setzen, die Herstellung von erbmäßig identischen menschlichen Individuen möglich zu machen,

2. Versuche, die sich zum Ziel setzen, eine Herstellung von menschlichen Individuen möglich zu machen und bei denen eine Verschmelzung von genetisch unterschiedlichen Erbanlagen oder Teilen von Erbanlagen, die in der Gebärmutter angesiedelt werden (Präembryonen), unternommen wird,

3. Versuche, die zum Ziel haben, die Erzeugung von lebenden menschlichen Individuen möglich zu machen, die Hybridprodukte sind, mit einer Erbmasse, die in die Bestandteile von anderen Arten aufgenommen wird.

Mit dieser rechtlichen Ausstattung hat der Ethische Rat mit hoher Ambition und großem Erfolg[2703] drei Arbeitsgruppen eingesetzt: eine bezüglich der In-vitro-Fertilisations- und Inseminisationstechniken, eine bezüglich pränataler Diagnostik, pränatalen screenings sowie eine Arbeitsgruppe für den Bereich des Versuchs der Chirurgie und sonstiger Behandlung am Embryo sowie der Gentherapie.

Von Bedeutung für die Rechtsentwicklung, insbesondere für das Rechtsverständnis und die Rechtsakzeptanz, ist die dem Rat verpflichtend auferlegte Öffentlichkeitsarbeit. Der Rat selber hat sich dahingehend interpretiert, daß er kein Organ für rasche Reaktion auf aktuelle Vorfälle, das in der Tagespresse präsent sein soll, sein will. Vielmehr drängt das Thema auf eine umsichtige Bearbeitung und die langfristige Aufbereitung einer Akzeptanz und Akzeptanzgrundlage.

Daher hat man sich mehrere Selbstbindungen auferlegt. Erstens wollte man nicht einbahnig die Standpunkte des Rates oktroyieren,

---

2703 Hier und im weiteren Det Etiske Råds 2. år. Beretning 1989, Kopenhagen 1990 sowie Det Etiske Råds 3. år. Årsberetning 1990, Kopenhagen 1991.

sondern Initiativen in Gang bringen, die Volksauffassungen zutage fördern, um damit eventuell neue Debattenblickwinkel zu erschließen. Dann wollte man auf lokale Initiativen setzen, um autonome Denkprozesse in Gang zu bringen. Ferner sollte die öffentliche Debatte so stimuliert werden, daß sie zwar keine Gräben aufreißt, aber sich doch ein engagierter Dialog mit gegensätzlichen Blickwinkeln entwickelt.

Ein Bericht über die Öffentlichkeitsaktivitäten im ersten Arbeitsjahr und die publizierten Forschungsergebnisse ist beachtlich[2704]. Zählt man die im Bericht erwähnten Ausgabenpositionen für Aktivitäten, Mittel für Informationsschriften, für Plakatwettbewerbe, für die Produktion von Videos, für Dichterlesungen und für sonstige hochprofessionelle öffentlichkeitswirksame Maßnahmen überschlägig zusammen, so errechnet sich ein Öffentlichkeitsarbeitsbudget von 4 Millionen Schilling.

Ein Blick auf die durchwegs für die Öffentlichkeit konzipierte Publikationstätigkeit[2705] zeigt, daß ausschließlich brisante und in der ganzen westlichen Welt aktuelle Probleme bearbeitet werden: die Behandlung, Diagnose und der Versuch am Embryo[2706], Fragen des Lebensschutzes[2707] und des Zeitpunktes des Beginns menschlichen Lebens[2708], die künstliche Fortpflanzungshilfe[2709], Fragen des Sterbens[2710] und des Todeszeitpunktes[2711]. Um all diese Fragen der heranwachsenden Generation zu vermitteln, sind alle diese ohnedies

---

2704 Ebda, S. 31 ff.

2705 Det Etiske Råd (Hrsg.), De Etiske Valg. Bøger fra Det Etiske Råd, Kopenhagen 1991.

2706 Rehof, L. A., Behandling af og forsøg på fostre. Terminologi, beskyttelsesbehov og reguleringsforslag, Kopenhagen 1989; Det Etiske Råd (The Danish Council of Ethics) (Hrsg.), Protection of human gametes, fertilized ova, embryos and fetuses. A Report, Kopenhagen 1989; Det Etiske Råd (The Danish Council of Ethics) (Hrsg.), Fetal Diagnosis and Ethics. A Report, Kopenhagen 1991; Det Etiske Råd (Hrsg.), Fosterdiagnostik og etik, Kopenhagen 1990.

2707 Sunesen, S., Fostre og børn. Retlig beskyttelse, Kopenhagen 1990; Andreassen Rix, B./Rasmussen, N., Kortlaegningen af menneskets arvemasse. Teknik og juridiske konsekvenser, Kopenhagen 1990.

2708 Det Etiske Råd (Hrsg.), Beskyttelse af menneskelige kønsceller, befrugtede aeg, fosteranlaeg og fostre. En redegørelse, Kopenhagen 1989; Det Etiske Råd (Hrsg.), Livets begyndelse. Opponentindlaeg på Det Etiske Råds møde i Århus, Kopenhagen 1989; Det Etiske Råd (Hrsg.), Når livet begynder. De ti praemierede noveller fra novellekonkurrence, Kopenhagen 1990.

2709 Trier Mørch, D., Barnet uden navn, Kopenhagen 1990; Det Etiske Råd (Hrsg.), Ønskebarn, Kopenhagen 1989.

schon für die Allgemeinheit aufbereiteten Themen in einer nochmaligen Überarbeitung in einen an alle Schulen verteilten „Ethikkoffer" eingeflossen.

Mittlerweile gerät die Arbeit des Ethischen Rates von den Grenzfragen von Leben und Tod stärker hin zu den Alltagsfragen des Patientenrechts. Dabei wird der Ansatz der Harmonisierung von Ethik und Recht[2712] verfolgt. Kommunikation und Information über die ethischen Grundsätze hinter dem Patientenrecht bestimmen die Themen[2713]. So versucht einer der Arbeitsschwerpunkte den überall rechtsstreitbeladenen Themenkreis von Aufklärung und Einwilligung, über Lernprozesse unter Einsatz moderner Vermittlungsstrategien zu entschärfen[2714]. Aus dem Ethischen Rat heraus versucht man über Pädagogik und Didaktik dahingehend zu wirken, daß Patientenrecht nicht als Mittel zur Zementierung von Rollen eingesetzt wird, sondern man versucht den Umgang auf der Basis der von den Patientenrechten geklärten Positionen zu veranschaulichen. Man vermittelt den Sinn, die Plausibilität, die Lebbarkeit von patientenrechtlichen Normen, die, wenn sie nur von ihrer juristischen Textierung her und ohne Benevolenz für das Ausgangsproblem gesehen werden, ganz häufig Defensiv- und Protesthaltungen auslösen. Daher versucht der dänische Ethische Rat die Integration der beiden betroffenen Seiten desselben Regelkreises, indem er sowohl dem Behandlungspersonal als auch den Patienten den in den Patientenrechten integrierten ethischen Gehalt, das Ausgleichs- und

2710 Det Etiske Råd (Hrsg.), Se døden i øjnene, Kopenhagen 1989; Det Etiske Råd (Hrsg.), Dit liv og din død. Digte, Kopenhagen 1989; Det Etiske Råd (Hrsg.) (Video und gleichnamige Broschüre), Blomstens ansigt. En film om den moderne død, Kopenhagen 1990.

2711 Det Etiske Råd (Hrsg.), Dødskriteriet. En redegørelse, Kopenhagen 1989; Andersen, B., Så laenge der er liv ... Et oplaeg til debat om hjernedødskriteriet, Kopenhagen 1989.

2712 Flex, K., Prioritering og etik i sundhedsvaesenet. Et arbejdspapir, Kopenhagen 1990.

2713 Becker Jensen, L., På patientens praemisser. En brugsbog om skriftlig patientinformation, Kopenhagen 1991.

2714 Det Etiske Råd (Hrsg.), Projektbeskrivelse til Det Etiske Råds projekt om information og samtykke, in: Det Etiske Råds Årsberetning 1990, Kopenhagen 1991, S. 66 ff; Det Etiske Råd (Hrsg.), Video: Kommunikation på afdelingen, Kopenhagen 1991.

Gerechtigkeitsstreben zu vermitteln trachtet und beide Gruppen in die Mitentwicklung der Rechts- und Rechtswirklichkeitsveränderung einbindet. Zugleich versucht er mit großem Aufwand auch auf pädagogischer Ebene die Rechtsnormen mit Handlungsanleitungen als lebbar zu lehren.

---

Dieser letzte Ausblick auf eine der jüngsten Entwicklungen in den Patientenrechten, eben auf die Arbeit eines rechtsvorbereitenden nationalen Ethik-Organs, sollte zeigen, daß Lernprozesse – langsam, zaghaft, tastend, aber eben doch – stattfinden. Die ganz und gar nicht unbegründete Skepsis, daß sich die Fortentwicklung des Rechtsbetriebs „... von allen grundsätzlicheren Herausforderungen, denen unser Rechtssystem, unsere Rechtswissenschaft und unsere Rechtsdogmatik ausgesetzt sind, nahezu unberührt gezeigt hat ...“[2715], scheint sich am Beispiel der Patientenrechtsentwicklungen in kleinen Schritten als entkräftbar zu erweisen.

2715 Wiethölter, R., Materialisierungen und Prozeduralisierungen von Recht, in: Brüggemeier, G./Joerges, Ch. (Hrsg.), Workshop zu Konzepten des post-interventionistischen Rechts (= Bd. 4 Materialien des Zentrums für Europäische Rechtspolitik (ZERP)), Bremen 1984, S. 53.

# Textanhang

Die Auswahl der patientenrechtsrelevanten Texte erhebt keinen Anspruch auf Vollständigkeit, sondern will vielmehr punktuell der Möglichkeit zu Einblick oder Anleihe, insbesondere für Gesetzgeber, dienen. Dokumente, in denen nur einzelne Passagen patientenrechtsrelevant sind, sind nur in diesen Auszügen wiedergegeben. Einzelne Volltexte wurden aus Gründen der Exemplifikation schon in den entsprechenden Sachgebieten angeboten.

Aus dem Holländischen ins Deutsche gebrachte Texte sind private Übersetzungen[2716]. Gruppiert sind die Texte nach folgenden Sachkriterien:

2716 Für die Übersetzung aus dem Holländischen sei Herrn Dr. Philip de Goederen herzlichst gedankt.

## I. Internationale Dokumente

WHO – Constitution of the World Health Organization (1946) – Auszug

UN – Die Allgemeine Erklärung der Menschenrechte (1948) – Auszug

EMRK – Europäische Konvention zum Schutze der Menschenrechte und Grundfreiheiten (1950) – Auszug

Europäische Sozialcharta (1961) – Auszug

UN – Internationaler Pakt über wirtschaftliche, soziale und kulturelle Rechte (I) (1966) – Auszug

UN – Internationaler Pakt über bürgerliche und politische Rechte (II) (1966)– Auszug

UN – Declaration on the Rights of Mentally Retarded Persons (1971)

UN – Declaration on the Rights of Disabled Persons (1975)

EuR – Resolution on the rights of the sick and dying (1976)

EuR – Recommendation on the rights of the sick and dying (1976)

EuR – Recommendation Concerning the Patient as an Active Participant in his own Treatment (1980)

EuR – Recommendation on Regulations for Automated Medical Data Banks (1981)

EuR – Recommendation Concerning the Legal Protection of Persons Suffering from Mental Disorder Placed as Involutary Patients (1983)

EuR – (Draft) Recommendation on Legal Duties of Doctors Vis-A-Vis Their Patients (1985)

EG – Entschließung zu einer Europäischen Charta für die Rechte des Kranken (1984)

EG – Entschließung zu einer Europäischen Charta für Kinder in Krankenhäusern (1986)

WHO – (Draft) Declaration on the Rights of Patients (1989)

EuR – Recommendation Concerning Medical Research on Human Beings (1990)

## II. Nationale Dokumente

US – Older Americans Act (1965)

US – Comprehensive Older Americans Act Amendments (1978)

US – SNF Patients' Rights – Conditions of Participation (1974)

Ohio Rights of residents of a home (1978)

California Hospital Patients' Bill of Rights (1979)

Colorado Rights of Patients (1980)

US – Mental Health Systems Act – Bill of Rights (1980)

Minnesota Patients and Residents of Health Care Facilities Bill of Rights (1981)

(Draft) Finnish Bill on the rights of patients (1989)

New York – Abuse Reporting Law (1977)

Minnesota – Reporting of Maltreatment of Vulnerable Adults Law (1980)

Florida – State and District Long-Term Care Ombudsman Committees Act (1981)

Alabama – Long-Term Residential Health Care Recipient Ombudsman Act (1985)

Wiener Patientenanwaltschaft

Niederlande – Muster-Euthanasie-Erklärung (1982)

Niederlande – Gesetzesentwurf über die rechtliche Verankerung von Sorgfaltskriterien bei der Anwendung der Euthanasie (1987)

Niederlande – Gesetzesentwurf: Über den medizinischen Behandlungsvertrag (Patientenrechtsgesetz) (1990)

US – (Draft) Uniform Rights of the Terminally Ill Act (1989)

Erklärung zur Euthanasie der Römisch-Katholischen Kongregation für die Glaubenslehre (1980)

## III. Dokumente für/von Anstaltenträgern/ Anstaltenorganisationen

AHA – American Hospital Association – a Patient's Bill of Rights (1973)

EG – Krankenhausausschuß – Charta des Krankenhauspatienten (1979)

JCAH – Joint Commission on Accreditation of Hospitals – Rights and Responsibilities of Patients (1985)

## IV. Dokumente von Patientenorganisationen

ICEA – The Pregnant Patient's Bill of Rights (1984)

„Kind im Krankenhaus“ Konferenz – Charta für Kinder im Krankenhaus (1988)

## V. Dokumente, die sich an die Heil- und Pflegeberufe wenden

ICN – Code for Nurses – Ethical Concepts Applied to Nursing (1973)

Declaration of Tokyo (1975)

The Canadian Medical Association Code of Ethics (1982)

UN – Principles of Medical Ethics (1982)

Quebec Code of Ethics – Code of Ethics of Physicians (1984)

# I. INTERNATIONALE DOKUMENTE

## WHO – Constitution of the World Health Organization (1946)[2717]

The States Parties to this Constitution declare, in conformity with the Charter of the United Nations, that the following principles are basic to the happiness, harmonious relations and security of all peoples:

Health is a state of complete physical, mental and social well-being and not merely the absence of disease or infirmity.

The enjoyment of the highest attainable standard of health is one of the fundamental rights of every human being without distinction of race, religion, political belief, economic or social condition.

The health of all peoples is fundamental to the attainment of peace and security and is dependent upon the fullest co-operation of individuals and States.

The achievement of any State in the promotion and protection of health is of value to all.

Unequal development in different countries in the promotion of health and control of disease, especially communicable disease, is a common danger.

Healthy development of the child is of basic importance; the ability to live harmoniously in a changing total environment is essential to such development.

The extension to all peoples of the benefits of medical, psychological and related knowledge is essential to the fullest attainment of health.

Informed opinion and active co-operation on the part of the public are of the utmost importance in the improvement of the health of the people.

Governments have a resposibility for the health of their peoples which can be fulfilled only by the provision of adequate health and social measures.

Accepting these principles, and for the purpose of co-operation among themselves and with others to promote and protect the health of all peoples, the Contracting Parties agree to the present Constitution and hereby establish the World Health Organization as a specialized agency within the terms of Article 57 of the Charter of the United Nations.

Chapter I
OBJECTIVE

Art. 1. The objective of the World Health Organization (hereinafter called the Organization) shall be the attainment by all peoples of the highest possible level of health.

---

2717 Signed at New York on 22. July 1946 and entered into force on 7. April 1948; basic documents WHO 32st ed., Geneva 1981.

# UN – Die Allgemeine Erklärung der Menschenrechte (1948)[2718]

Art.3 (Recht auf Leben und Freiheit) Jeder Mensch hat das Recht auf Leben, Freiheit und Sicherheit der Person.

Art.5 (Verbot der Folter) Niemand darf der Folter oder grausamer, unmenschlicher oder erniedrigender Behandlung oder Strafe unterworfen werden.

Art.9 (Schutz vor Verhaftung und Ausweisung) Niemand darf willkürlich festgenommen, in Haft gehalten oder des Landes verwiesen werden.

Art.12 (Freiheitsspähre des einzelnen) Niemand darf willkürlichen Eingriffen in sein Privatleben, seine Familie, sein Heim oder seinen Briefwechsel, noch Angriffen auf seine Ehre und seinen Beruf ausgesetzt werden. Jeder Mensch hat Anspruch auf rechtlichen Schutz gegen derartige Eingriffe oder Anschläge.

Art.18 (Gewissens- und Religionsfreiheit) Jeder Mensch hat Anspruch auf Gedanken-, Gewissens- und Religionsfreiheit; dieses Recht umfaßt die Freiheit, seine Religion oder seine Überzeugung zu wechseln, sowie die Freiheit, seine Religion oder seine Überzeugung, allein oder in Gemeinschaft mit anderen, in der Öffentlichkeit oder privat, durch Lehre, Ausübung, Gottesdienst und Vollziehung von Riten zu bekunden.

Art.22 (Soziale Sicherheit) Jeder Mensch hat als Mitglied der Gesellschaft Recht auf soziale Sicherheit; er hat Anspruch darauf, durch innerstaatliche Maßnahmen und internationale Zusammenarbeit, unter Berücksichtigung der Organisation und der Hilfsmittel jedes Staates, in den Genuß der für seine Würde und die freie Entwicklung seiner Persönlichkeit unentbehrlichen wirtschaftlichen, sozialen und kulturellen Rechte zu gelangen.

Art.25 (Soziale Betreuung)

1. Jeder Mensch hat Anspruch auf eine Lebenshaltung, die seine und seiner Familie Gesundheit und Wohlbefinden einschließlich Nahrung, Kleidung, Wohnung, ärztlicher Betreuung und der notwendigen Leistungen der sozialen Fürsorge gewährleistet; er hat das Recht auf Sicherheit im Falle von Arbeitslosigkeit, Krankheit, Invalidität, Verwittwung, Alter oder von anderweitigem Verlust seiner Unterhaltsmittel durch verschiedene Umstände.

2. Mutter und Kind haben Anspruch auf besondere Hilfe und Unterstützung. Alle Kinder, eheliche und uneheliche, genießen den gleichen sozialen Schutz.

---

2718 Res. der GV der VN 217 (III), 10. 12. 1948.

# EMRK – Konvention zum Schutze der Menschenrechte und Grundfreiheiten (1950)[2719]

Art.2(1) Das Recht jedes Menschen auf das Leben wird gesetzlich geschützt. Abgesehen von der Vollstreckung eines Todesurteils, das von einem Gericht im Falle eines durch Gesetz mit der Todesstrafe bedrohten Verbrechens ausgesprochen worden ist, darf eine absichtliche Tötung nicht vorgenommen werden.

Art.3 Niemand darf der Folter oder unmenschlicher oder erniedrigender Strafe oder Behandlung unterworfen werden.

Art.5(1) Jedermann hat ein Recht auf Freiheit und Sicherheit. Die Freiheit darf einem Menschen nur in den folgenden Fällen und nur auf die gesetzlich vorgeschriebene Weise entzogen werden:

a) wenn er rechtmäßig nach Verurteilung durch ein zuständiges Gericht in Haft gehalten wird;

b) wenn er rechtmäßig festgenommen worden ist oder in Haft gehalten wird wegen Nichtbefolgung eines rechtmäßigen Gerichtsbeschlusses oder zur Erzwingung der Erfüllung einer durch das Gesetz vorgeschriebenen Verpflichtung;

c) wenn er rechtmäßig festgenommen worden ist oder in Haft gehalten wird zum Zwecke seiner Vorführung vor die zuständige Gerichtsbehörde, sofern hinreichender Verdacht dafür besteht, daß der Betreffende eine strafbare Handlung begangen hat, oder begründeter Anlaß zu der Annahme besteht, daß es notwendig ist, den Betroffenen an der Begehung einer strafbaren Handlung oder an der Flucht nach Begehung einer solchen zu hindern;

d) wenn es sich um die rechtmäßige Haft eines Minderjährigen handelt, die zum Zwecke überwachter Erziehung angeordnet ist, oder um die rechtmäßige Haft eines solchen, die zum Zwecke seiner Vorführung vor die zuständige Behörde verhängt ist;

e) wenn er sich in rechtmäßiger Haft befindet, weil er eine Gefahrenquelle für die Ausbreitung ansteckender Krankheiten bildet, oder weil er geisteskrank, Alkoholiker, rauschgiftsüchtig oder Landstreicher ist;

f) wenn er rechtmäßig festgenommen worden ist oder in Haft gehalten wird, um ihn daran zu hindern, unberechtigt in das Staatsgebiet einzudringen oder weil er von einem gegen ihn schwebenden Ausweisungs- oder Auslieferungsverfahren betroffen ist.

(2) Jeder Festgenommene muß in möglichst kurzer Frist und in einer ihm verständlichen Sprache über die Gründe seiner Festnahme und über die gegen ihn erhobenen Beschuldigungen unterrichtet werden.

---

2719 4. 11. 1950; (österr.) BGBl. 210/1958 und (österr.) BGBl. 59/1964.

(3) Jeder nach der Vorschrift des Abs. 1 c dieses Artikels festgenommene oder in Haft gehaltene Person muß unverzüglich einem Richter oder einem anderen, gesetzlichen, zur Ausübung richterlicher Funktionen ermächtigten Beamten vorgeführt werden. Er hat Anspruch auf Aburteilung innerhalb einer angemessenen Frist oder auf Haftentlassung während des Verfahrens. Die Freilassung kann von Leistung einer Sicherheit für das Erscheinen vor Gericht abhängig gemacht werden.

(4) Jedermann, dem seine Freiheit durch Festnahme oder Haft entzogen wird, hat das Recht, ein Verfahren zu beantragen, in dem von einem Gericht ehetunlich über die Rechtmäßigkeit der Haft entschieden wird und im Falle der Widerrechtlichkeit seine Entlassung angeordnet wird.

(5) Jeder, der entgegen den Bestimmungen dieses Artikels von der Festnahme oder Haft betroffen worden ist, hat Anspruch auf Schadensersatz.

Art.8(1) Jedermann hat Anspruch auf Achtung seines Privat- und Familienlebens, seiner Wohnung und seines Briefverkehrs.

(2) Der Eingriff einer öffentlichen Behörde in die Ausübung dieses Rechts ist nur statthaft, insoweit dieser Eingriff gesetzlich vorgesehen ist und eine Maßnahme darstellt, die in einer demokratischen Gesellschaft für die nationale Sicherheit, die öffentliche Ruhe und Ordnung, das wirtschaftliche Wohl des Landes, die Verteidigung der Ordnung und zur Verhinderung von strafbaren Handlungen, zum Schutz von Gesundheit und der Moral oder zum Schutz der Rechte und Freiheiten anderer notwendig ist.

Art.9(1) Jedermann hat Anspruch auf Gedanken-, Gewissens- und Religionsfreiheit; dieses Recht umfaßt die Freiheit des einzelnen zum Wechsel der Religion oder der Weltanschauung sowie die Freiheit, seine Religion oder Weltanschauung einzeln oder in Gemeinschaft mit anderen öffentlich oder privat, durch Gottesdienst, Unterricht, Andachten und Beachtung religiöser Gebräuche auszuüben.

(2) Die Religions- und Bekenntnisfreiheit darf nicht Gegenstand anderer als vom Gesetz vorgesehener Beschränkungen sein, die in einer demokratischen Gesellschaft notwendige Maßnahmen im Interesse der öffentlichen Sicherheit, der öffentlichen Ordnung, Gesundheit und Moral oder für den Schutz der Rechte und Freiheiten anderer sind.

# Europäische Sozialcharta (1961)[2720]

I (11) Jedermann hat das Recht, alle Mittel in Anspruch zu nehmen, die es ihm ermöglichen, sich des besten Gesundheitszustandes zu erfreuen, den er erreichen kann.

2720 18. 10. 1961; (österr.) BGBl. 1969/416.

## UN – Internationaler Pakt über wirtschaftliche, soziale und kulturelle Rechte (I) (1966)[2721]

Art. 12(1) Die Vertragsstaaten anerkennen das Recht eines jeden auf das für ihn erreichbare Höchstmaß an körperlicher und geistiger Gesundheit.

2721 19. 12. 1966; (österr.) BGBl. 1978/590.

# UN – Internationaler Pakt über bürgerliche und politische Rechte (II) (1966)[2722]

Art.6(1) Jeder Mensch hat ein angeborenes Recht auf Leben. Dieses Recht ist gesetzlich zu schützen. Niemand darf willkürlich seines Lebens beraubt werden.

Art.7 Niemand darf der Folter oder grausamer, unmenschlicher oder erniedrigender Behandlung oder Strafe unterworfen werden. Insbesondere darf niemand ohne seine freiwillige Zustimmung medizinischen oder wissenschaftlichen Versuchen unterworfen werden.

Art.9(1) Jedermann hat ein Recht auf persönliche Freiheit und Sicherheit. Niemand darf willkürlich festgenommen oder in Haft gehalten werden. Niemandem darf seine Freiheit entzogen werden, es sei denn aus gesetzlich bestimmten Gründen und unter Beachtung des im Gesetz vorgeschriebenen Verfahrens.

Art.17(1) Niemand darf willkürlich oder rechtswidrig Eingriffen in sein Privatleben, seine Familie, seine Wohnung und seinen Schriftverkehr, oder rechtswidrigen Beeinträchtigungen seiner Ehre und seines Rufes ausgesetzt werden.

Art.17(2) Jedermann hat Anspruch auf rechtlichen Schutz gegen solche Eingriffe oder Beeinträchtigungen.

Art.18(1) Jedermann hat das Recht auf Gedanken-, Gewissens- und Religionsfreiheit. Dieses Recht umfaßt die Freiheit, eine Religion oder eine Weltanschauung eigener Wahl zu haben oder anzunehmen, und die Freiheit, seine Religion oder Weltanschauung allein oder in Gemeinschaft mit anderen, öffentlich oder privat, durch Gottesdienst, Beachtung religiöser Bräuche, Ausübung und Unterricht zu bekunden.

---

2722 19. 12. 1966; (österr.) BGBl. 1978/590.

# UN – Declaration on the Rights of Mentally Retarded Persons (1971)[2723]

The General Assembly,

Mindful of the pledge of the States Members of the United Nations under the Charter to take joint and separate action in co-operation with the Organization to promote higher standards of living, full employment and conditions of economic and social progress and development,

Reaffirming faith in human rights and fundamental freedoms and in the principles of peace, of the dignity and worth of the human person and of social justice proclaimed in the Charter,

Recalling the principles of the Universal Declaration of Human Rights, the International Covenants on Human Rights, the Declaration of the Rights of the Child and the standards already set for social progress in the constitutions, conventions, recommendations and resolutions of the International Labour Organisation, the United Nations Educational, Scientific and Cultural Organization, the World Health Organization, the United Nations Children's Fund and other organizations concerned,

Emphasizing that the Declaration on Social Progress and Development has proclaimed the necessity of protecting the rights and assuring the welfare and rehabilitation of the physically and mentally disadvantaged,

Bearing in mind the necessity of assisting mentally retarded persons to develop their abilities in various fields of activities and of promoting their integration as far as possible in normal life,

Aware that certain countries, at their present stage of development, can devote only limited efforts to this end,

Proclaims this Declaration on the Rights of Mentally Retarded Persons and calls for national and international action to ensure that it will be used as a common basis and frame of reference for the protection of these rights:

1. The mentally retarded person has, to the maximum degree of feasibility, the same rights as other human beings.

2. The mentally retarded person has a right to proper medical care and physical therapy and to such education, training, rehabilitation and guidance as will enable him to develop his ability and maximum potential.

3. The mentally retarded person has a right to economic security and to a decent standard of living. He has a right to perform productive work or to engage in any other meaningful occupation to the fullest possible extent of his capabilities.

4. Whenever possible, the mentally retarded person should live with his

---

2723 2856 (XXVI). Declaration on the Rights of Mentally Retarded Persons . . ..

own family or with foster parents and participate in different forms of community life. The family with which he lives should receive assistance. If care in an institution becomes necessary is should be provided in surroundings and other circumstances as close as possible to those of normal life.

5. The mentally retarded person has a right to a qualified guardian when this required to protect his personal well-being interests.

6. The mentally retarded person has a right to protection from exploitation, abuse and degrading treatment. If prosecuted for any offence, he shall have a right to due process of law with full recognition being given to his degree of mental responsibility.

7. Whenever mentally retarded persons are unable, because of the severity of their handicap, to exercise all their rights, the procedure used for that restriction or denial of rights must contain proper legal safeguards against every form of abuse. This procedure must be based on an evaluation of the social capability of the mentally retarded person by qualified experts and must be subject to periodic review and to the right of appeal to higher authorities.

# UN – Declaration on the Rights of Disabled Persons (1975)[2724]

The General Assembly,

Mindful of the pledge made by Member States, under the Charter of the United Nations, to take joint and separate action in co-operation with the Organization to promote higher standards of living, full employment and conditions of economic and social progress and development,

Reaffirming its faith in human rights and fundamental freedoms and in the principles of peace, of the dignity and worth of the human person and of social justice proclaimed in the Charter,

Recalling the principles of the Universal Declaration of Human Rights,[2725] the International Covenants on Human Rights,[2726] the Declaration of the Rights of the Child[2727] and the Declaration on the Rights of Mentally Retarded Persons,[2728] as well as the standards already set for social progress in the constitutions, conventions, recommendations and resolution of the International Labour Organisation, the United Nations Educational, Scientific and Cultural Organization, the World Health Organization, the United Nations Children's Fund and other organizations concerned,

Recalling also Economic and Social Council resolution 1921 (LVIII) of May 6, 1975 on the prevention of disability and the rehabilitation of disabled persons,

Emphasizing that the Declaration on Social Progress and Development[2729] has proclaimed the necessity of protecting the rights and assuring the welfare and rehabilitation of the physically and mentally disadvantaged,

Bearing in mind the necessity of preventing physical and mental disabilities and of assisting disabled persons to develop their abilities in the most varied fields of activities and of promoting their integration as far as possible in normal life,

Aware that certain countries, at their present stage of development can devote only limited efforts to this end,

Proclaims this Declaration on the Rights of Disabled Persons and calls for national and international action to ensure that it will be used as a common basis and frame of reference for the protection of these rights:

1. The term „disabled person" means any person unable to ensure by him-

---

2724 3447 (XXX); General Assembly-Thirtieth Session, 2433rd plenary meeting 1975.
2725 Resolution 217 A (III).
2726 Resolution 2200 A (XXI), annex.
2727 Resolution 1386 (XIV).
2728 Resolution 2856 (XXVI).
2729 Resolution 2542 (XXIV).

self or herself, wholly or partly, the necessities of a normal individual and/or social life, as a result of a deficiency, either congenital or not, in his or her physical or mental capabilities.

2. Disabled persons shall enjoy all the rights set forth in this Declaration. These rights shall be granted to all disabled persons without any exception whatsoever and without distinction or discrimination on the basis of race, colour, sex, language, religion, political or other opinions, national or social origin, state of wealth, birth or any other situation applying either to the disabled person himself or herself or to his or her family.

3. Disabled persons have the inherent right to respect for their human dignity. Disabled persons, whatever the origin, nature and seriousness of their handicaps and disabilities, have the same fundamental rights as their fellow-citizens of the same age, which implies first and foremost the right to enjoy a decent life, as normal and full as possible.

4. Disabled persons have the same civil and political rights as other human beings; paragraph 7 of the Declaration on the Rights of Mentally Retarded Persons applies to any possible limitation or suppression of those rights for mentally disabled persons.

5. Disabled persons are entitled to the measures designed to enable them to become as self-reliant as possible.

6. Disabled persons have the right to medical, psychological and functional treatment, including prosthetic and orthetic appliances, to medical and social rehabilitation, education, vocational training and rehabilitation, aid, counselling, placement services and other services which will enable them to develop their capabilities and skills to the maximum and will hasten the process of their social integration or reintegration.

7. Disabled persons have the right to economic and social security and to a decent level of living. They have the right, according to their capabilities, to secure and retain employment or to engage in a useful, productive and remunerative occupation and to join trade unions.

8. Disabled persons are entitled to have their special needs taken into consideration at all stages of economic and social planning.

9. Disabled persons have the right to live with their families or with foster parents and to participate in all social, creative or recreational activities. No disabled person shall be subjected, as far as his or her residence is concerned, to differential treatment other than that required by his or her condition or by the improvement which he or she may derive therefrom. If the stay of a disabled person in a specialized establishment is indispensable, the environment and living conditions therein shall be as close as possible to those of the normal life of a person of his or her age.

10. Disabled persons shall be protected against all exploitation, all regulations and all treatment of a discriminatory, abusive or degrading nature.

11. Disabled persons shall be able to avail themselves of qualified legal aid when such aid proves indispensable for the protection of their person and property. If judicial proceedings are instituted against them, the legal procedure applied shall take their physical and mental condition fully into account.

12. Organizations of disabled persons may be usefully consulted in all matters regarding the rights of disabled persons.

13. Disabled persons, their families and communities shall be fully informed, by all appropriate means, of the rights contained in this Declaration.

# EuR – Resolution on the rights of the sick and dying (1976)[2730]

The Assembly

1. Believing, for reasons set out in its Recommendation 779 (1976) on the rights of the sick, and explained in the report of its Committee on Social and Health Questions (Doc. 3699), that the true interests of the sick are not always best served by a zealous application of the most modern techniques for prolonging life;

2. Convinced that what dying patients most want is to die in peace and dignity, if possible with the comfort and support of their family and friends;

3. Concerned that unnecessary anguish may be caused by uncertainty over the most appropriate criteria for the determination of death;

4. Insisting that no other interests may be considered in establishing the moment of death than those of the dying person;

5. Invites the responsible bodies in the medical profession in the member states to examine critically the criteria upon which decisions are currently based with respect to the initiation of reanimation procedures and the placing of patients into long-term care requiring artificial means of sustaining life;

6. Invites the European Office of the World Health Organisation to examine the criteria for the determination of death existing in the various European countries, in the light of current medical knowledge and techniques, and to make proposals for their harmonisation in a way which will be universally applicable not only in hospitals, but in general medical practice.

---

2730 Parliamentary Assembly of the Council of Europe, Resolution 613 (1976); adopted on 29 January 1976.

# EuR – Recommendation on the rights of the sick and dying (1976)[2731]

The Assembly

1. Considering that the rapid and continuing progress of medical science creates problems, and may even pose certain threats, with respect to the fundamental human rights and the integrity of sick people;

2. Noting the tendency for improved medical technology to lead to an increasingly technical – sometimes less humane – treatment of patients;

3. Observing that sick persons may find it difficult to defend their own interests, especially when undergoing treatment in large hospitals;

4. Considering that recently it has become generally agreed that doctors should in the first place respect the will of the sick person with respect to the treatment he or she has to undergo;

5. Being of the opinion that the right to personal dignity and integrity, to information and proper care, should be clearly defined and granted to every person;

6. Convinced that the duty of the medical professions is to serve mankind, to protect health, to treat sickness and injury, and to relieve suffering, with respect for human life and the human person, and convinced that the prolongation of life should not in itself constitute the exclusive aim of medical practice, which must be concerned equally with the relief of suffering;

7. Considering that the doctor must make every effort to alleviate suffering and that he has no right, even in cases which appear to him to be desperate, intentionally to hasten the natural course of death;

8. Emphasizing that the prolongation of life by artificial means depends to a large extent on factors such as the availability of efficient equipment, and that doctors working in hospitals where the technical equipment permits a particularly long prolongation of life are often in a delicate position as far as the continuation of the treatment is concerned, especially in cases where all cerebral functions of a person have irreversibly ceased;

9. Insisting that doctors shall act in accordance with science and approved medical experience, and that no doctor or other member of the medical profession may be compelled to act contrary to the dictates of his own conscience in relation to the right of the sick not to suffer unduly.

10. Recommends that the Committee of Ministers invites the governments of the member states:

I. e. to take all necessary action, particularly with respect to the training of

---

2731 Parliamentary Assembly of the Council of Europe, Recommendation 779 (1976); adopted on 29 January 1976.

medical personnel and the organisation of medical services, to ensure that all sick persons, whether in hospital or in their own homes, receive relief of their suffering as effective as the current state of medical knowledge permits;

b. to impress upon doctors that the sick have a right to full information, if they request it, on their illness and the proposed treatment, and to take action to see that special information is given when entering hospital as regards the routine, procedures and medical equipment of the institution;

c. to ensure that all persons have the opportunity to prepare themselves psychologically to face the fact of death, and to provide the necessary assistance to this end both through the treating personnel – doctors, nurses and aids – who should be given the basic training to enable them to discuss these problems with persons approaching the end of life, and through psychiatrists, clergymen or specialised social workers attached to hospitals;

II. to establish national commissions of enquiry, composed of representatives of all levels of the medical profession, lawyers, moral theologians, psychologists and sociologists, to establish ethical rules for the treatment of persons approaching the end of life, and so prolong life, thereby considering inter alia the situation which may confront members of the medical profession, such as legal sanctions, whether civil or penal, when they have refrained from effecting artificial measures to prolong the death process in the case of positive measures whose primary intention was to relieve suffering of such patients and which could have a subsidiary effect on the process of dying, and to examine the question of written declarations made by legally competent persons, authorizing doctors to abstain from life-prolonging measures, in particular in the case of irreversible cessation of brain function;

III. to establish, if no comparable organisations already exist, national commissions to consider complaints against medical personnel for errors or negligence in the practice of their profession, and this without prejudice to the jurisdiction of the ordinary courts;

IV. to inform the Council of Europe of their analytical findings and conclusions for the purpose of harmonising criteria regarding the rights of the sick and dying and the legal and technical means of guaranteeing their application.

# EuR – Recommendation Concerning the Patient as an Active Participant in his own Treatment (1980)[2732]

The Committee of Ministers, under the terms of Article 15.b of the Statute of the Council of Europe.

1. Considering that the aim of the Council of Europe is to achieve a greater unity between its members and that this aim may be pursued, inter alia, by the adoption of a common approach in the public health an social welfare fields;

2. Considering the growing concern over the costs of health care services in the member states of the Council of Europe;

3. Considering the self-help capacities of patients as an important contribution to health protection and rehabilitation;

4. Considering that a shift from the patient's compliance to co-operation between the patient and health care workers is essential;

5. Considering the risks of certain technological developments in medicine;

6. Considering that in spite of greater technical expertise in medicine, recent rates in morbidity and mortality have not substantially decreased;

7. Considering that it is difficult to draw a demarcation line between prevention and the beginning of treatment;

8. Considering that attitudinal change from passive dependency to active participation in health protection and rehabilitation is to be encouraged in individual patients and the population as a whole;

9. Having regard to the growing movement of patient associations and their ability to participate in the health care system;

10. Considering that the increasing development of patient associations and their actions can be seen as a positive movement of people working for self-determination in health care;

11. Recognizing that certain factors can inhibit, limit or on the other hand, promote the active participation of the patient in his own treatment;

12. Considering that active participation of patients in treatment and health maintenance is not necessarily enhanced by an increase in the volume of and accessibility to professional care;

13. Recognizing the failure of certain health programmes due to such factors as over professionalisation, medicalisation of society and over-protection of certain categories of patients;

14. Recognizing that the transition from active participation of patients in curative care into active participation of patients in preventive health care is progressiv;

---

2732 Council of Europe – Committee of Ministers – Recommendation No. R (80) 4; adopted on 30 April 1980 at the 318th meeting of the Ministers' Deputies.

15. Recognizing that active participation is related to self-care education, directed to the following goals:

– increasing competence for basic self-care;

– better understanding of the possibilities and the limits of professional health care;

– better participation in decision-making with regard to treatment;

16. Recognizing the key position of the general practitioner in preventing the inappropriate and inadequate use of specialised health services;

17. Recognizing that appropriate instruction of patients can encourage participation of patients and equally increase satisfactory utilisation of public services at relatively low cost;

18. Recognizing that the stimulation of active participation of patients depends on the understanding of the expectations of patients by health care providers;

19. Recognizing that anxiety, caused in some people for instance by general screening procedures, may increase the need for professional care and encourage passive dependence instead of active participation of patients;

20. Recognizing that the conscious choice of self-care should not be interpreted as a rejection of professional care.

Recommends the governments of member states:

I. to implement programmes to stimulate the active participation of patients in treatment, prevention as well as maintenance, promotion and recovery of their health and that of others;

II. to take into account the following recommendations when planning such programmes;

A. Health policy

1. In accordance with the policy of the World Health Organisation, it is recommended to set new priorities especially in research in organisation and in structures, so as to give primary health care precedence over investment in hospital medicine.

2. In this respect, a larger share of financial resources should be allocated to health care programmes which encourage patient participation.

3. The change from compliance to co-operation has to be stimulated according to two models; the relationship between the patient and the professional has to be a reciprocal one based on partnership both in the highly technically developed countries and others; in addition, in the latter, the infrastructural organisation has to be emphasized in order to develop health education and awareness and a dynamic approach to the active participation of people in health protection and of patients in their treatment.

B. Health education and information

1. Permanent and systematic health education programmes should be set up to encourage the active participation of people in health protection. A responsible use of the mass media should be seen as an important means to modify peoples' attitudes to health services and make them change from a passive attitude to participation.

2. Health education and information should be provided for the population as a whole but emphasis should be given to specific categories of the population where beneficial effects of group work and support groups are emphasized and the knowledge gained from the experience of patients as to their own illness is used for fellow sufferers. Information must be given in an accessible language easily assimilated by each category of the population and adapted to different age groups, avoiding the use of fear as a motivating factor. It is necessary to inform both patients and the medical corps on treatment costs.

C. Patient associations

1. Recognized patient associations should be encouraged and stimulated at national, regional and local levels, and measures to support these financially or in kind should be examined.

2. Patient organisations should be given the opportunity to influence health policy at different levels, and to have access to planners and architects concerning facilities for the disabled, the chronically ill and other patients with special housing and service needs. In this respect self-help and mutual care of the members of patient associations should be seen as important contributions to achieving participation of patients in their own treatment.

3. Support should be given to health associations.

D. Prevention and primary health care

1. The following measures are recommended;

– education of young people should include preventive and psychological aspects of health care;

– self-examination (when proved effective in the diagnostic and therapeutic phase);

– self-care and self-cure in the case of minor diseases and first aid.

In respect primary health care should be fostered as it is easier for the patient to become an active co-operating partner in general practice treatment.

2. Home care, given not only by professionals but also by non-professionals in the family and neighbourhood, should be promoted, especially for the increasing number of elderly, chronically ill and handicapped people.

E. Research

1. Extension of research in the field of primary care and self-care with all its problems is crucial in terms of future development. There is at the moment little research into primary medical practice. Resources are urgently needed for the promotion of field research (medical-sociological, practice-epidemiological, medical-psychological, behavioural sciences) aimed at improving primary care.

2. Research should be stimulated-especially with regard to primary care-to create instruments to measure the influence of patients' participation on the effects of treatment.

F. Professional education and training

1. Health policies and practices whereby professionals will come to perceive it as their responsibility to encourage the active participation of the patient in his own treatment should be promoted.

2. Innovations should be promoted at the training stage to enable professionals to be receptive to patients' needs and to facilitate the patients' co-operation in their own treatment.

3. Training curricula for students and all professionals which are geared to society's need for improvement of primary health care should envisage the earliest possible contact with practice in primary care and the psycho-social problems of the patients involved. Subsequent and vocational training should be integrated and related to practice, not only with hospital patients, but also with patients of general practitioners. This should include appropriate training in prevention, prophylaxis, early diagnosis and health education. This will prepare them for future co-operation in health care teams.

4. Training programs for medical, nursing and paramedical staff should include information on all patient associations to encourage them to inform their own patients of relevant associations.

5. Additional training for all team members in information techniques, educational non-directive communication techniques and health education should be encouraged.

# EuR – Recommendation on Regulations for Automated Medical Data Banks (1981)[2733]

The Committee of Ministers, under the terms of Article 15.b of the Statutes of the Council of Europe,

Considering that the aim of the Council of Europe is to achieve a greater unity between its members;

Aware of the increasing use of computers for medical care, medical research, hospital management and public health records;

Convinced that it is desirable to ensure the confidentiality, security amd ethical use of personal information contained in those records;

Recalling the general principles on data protection in the private and public sectors as set out in its Resolutions (73) 22 and (74) 29 and the guarantees on the protection of health data of a personal nature provided by the Convention for the protection of Individuals with regard to Automatic Proccssing of Personal Data;

Observing also that in several member states, guarantees are provided with the same purpose under existing or draft legislation on data protection and on medical and professional secrecy;

Considering that it is desirable to provide the persons responsible for medical data banks with further regard as to the best way in which these principles can be implemented with regard to their specific type of computerised records,

Recommends of the governments of member states:

a. to take steps in order to ensure that every automated medical data bank set up in their territory will be subject to regulations which reflect the principles laid down in the appendix to this recommendation;

b. to bring this recommendation to the notice of all services, authorities and institutions, both public and private, which operate automated data banks;

c. to promote awareness and information about the protection of medical data among members of the medical profession and data processing specialists and encourage close co-operation in the matter between these two professional groups;

Instructs the Secretary General of the Council of Europe to bring the contents of this recommendation to the notice of the governments of Australia, Canada, Finland, Japan, the United States of America and Yugoslavia as well as the Director General of the World Health Organisation.

---

2733 Council of Europe – Committee of Ministers – Recommendation No. R (81) 1; adopted on 23 January 1981, at the 328th meeting of the Ministers' Deputies.

Principles Applying to Automates Medical Data Banks

1. Scope and purpose of the regulations

1.1 The following principles apply to automated data banks set up for purposes of medical care, public health, management of medical or public health services or medical research, in which are stored medical data and, as the case may be, related social or administrative data pertaining to indentified or indentifiable individuals (automated medical data banks).

1.2 Every automated medical data bank should be subject to its own specific regulation, in conformity with the laws of the state in whose territory it is established.

The regulations of medical data banks used for purposes of public health, management of medical and health services, or for the advancement of medical science should have due regard to the pre-eminence of individual rights and freedoms.

1.3 The regulations should be sufficiently specific to provide ready answers to those questions likely to arise in the operation of the particular medical data bank.

1.4 Where a medical data bank combines several sets of medical records or sub-systems of medical data, each of these elements may require separate supplementary regulations relating to its special features.

1.5 The requirements and obligations following from this recommendation are to be taken duly into account not only with regard to medical data banks which are operational, but also those which are in the development phase.

2. Public notes of automated medical data banks

2.1 Plans for the establishment of automated medical data banks as well as plans for the fundamental modification of existing banks should be brought to the notice of the public in advance.

2.2 When an automated medical data bank becomes operational a public notice thereof should be given, relating at the very least to the following features:

a. the name of the medical data bank;

b. references to the instrument pursuant to which the medical data bank has been established.

c. a summary of the data bank's regulations and an indication of how the complete regulations can be obtained or consulted.

3. Minimum contents of the data bank's regulations

3.1 The data bank's regulations should at least contain provisions on:

a. its specific purpose(s);

b. the categories of information recorded;

c. the body or person for whom the data bank is operated and who is competent to decide which categories of data should be processed;

d. the person(s) in charge of its day-to-day running;

e. the categories of persons who are entitled to cause data to be placed in storage, modified and erased („originators of the data").

f. the person or body:

– to whom certain decisions must be submitted for approval;

– who supervises the use of the data bank;

– to whom appeal may be made in the event of dispute;

g. the categories of persons who have access to the data bank in the course of their work and the categories of data which are entiteled to have access;

h. the disclosure of information to third parties,

i. the disclosure of information to the individuals concerned („data subjects");

j. the long-term conservation of data;

k. the procedure concerning requests for the use if data for purposes other than those for which they have been collected;

l. the security of data and installations;

m. whether and on which conditions linking with other data banks is permitted.

4. Recording of data

4.1 The person or body responsible for establishing and/or managing a medical data bank should ensure that:

a. data are collected by lawful and fair means;

b. no data are collected other than those which are relevant and appropriate to the declared purpose(s);

c. so far as is practicable the accuracy of the data is verified; and

d. the contents of the record are kept up to date as appropriate.

4.2 In order to ensure on the one hand selective access to the information in conformity with paragraph 5. 2. and on the other hand the security of the data, the record must as a general rule be so designed as to enable the seperation of:

a. identifiers and data relating to the identity of persons;

b. administrative data;

c. medical data;

d. social data.

A distinction between objective and subjective data is to be made with regard to the data mentioned under c and d above.

Where, however, it is unnecessary or impossible to achieve such seperations, other measures must be taken in order to protect the privacy of individuals and confidentiality of the information.

4.3 A person from which medical information is collected should be informed of its use(s).

5. Access to and use of Information

5.1 As a general rule access to the information may be given only to medical staff, and as far as national law or practice permits, to other health care staff, each person having access to those data which he needs for his specific duties.

5.2 When a person mentioned in the previous paragraph ceases to exercise his functions, he may no longer store, modify, erase or gain access to the data, save by special agreement with the person or body mentioned in paragraph 3. 1. f.

5.3 A person referred to in paragraph 5.1 who has access to data in the course of his work may not use such data for a purpose different from that for which he originally had access to those data, unless:

a. he puts the information in such a form that the data subject cannot be identified, or

b. such different use has been authorised by the person or body referred to in paragraph 3. 1. f., or

c. such different use is imposed by a provision of law,

it being understood that national law or practice may impose an additional obligation to obtain the consent of the data subject (or, should he be deceased, of his family) or his physician.

5.4 Without the data subject's expressed and informed consent, the existence and content of his medical record may not be communicated to persons or bodies outside the fields of medical care, public health or medical research, unless such a communication is permitted by the rules on medical professional secrecy.

5.5 Linking or bringing together information on the same individual contained in different medical data banks is permitted for purpose of medical care, public health or medical research, provided it is in accordance with the specific regulations.

6. The data subject and his medical record

6.1 Measures should be taken to enable every person to know of the existence and content of the information about him held in a medical data bank.

This information shall, if the national law so provides, be communicated to the data subject through the intermediary of his physician.

No exception to this principle shall be allowed unless it is prescribed by law or regulation and concerns:

a. data banks which are used for statistics or scientific research purposes and when there is obviously no risk of an infringement of the privacy of the data subject.

b. information the knowledge of which might cause serious harm to the data subject.

6.2 The data subject may ask for amendment of erroneous data concerning him and, in case of refusal, he may appeal to the person or body referred to in paragraph 3. 1. f.

When the information is amended, it may nevertheless be provided that a record will be kept of the erroneous data so far as knowledge of the error may be relevant to further medical treatment or useful for research purposes.

7. Long-term conservation of data

7.1 As a general rule, data relateable to an individual should be kept on record only during a period reasonably useful for reaching their main purpose(s).

7.2 Where, in the interest of public health, medical science, or for historical or statistical purposes it proves desirable to converse medical data that have no longer any immediate use, technical provision is to be made for their correct conservation and safekeeping.

8. Professional obligations

In addition to members of the health care staff, the data processing personnel and any other persons participating in the design, operation, use or maintenance of a medical data bank, must respect the confidential nature of the information and ensure the correct use of the medical data bank.

9. Extended protection

None of the principles on this appendix shall be interpreted as limiting the possibility for a member state to introduce legal provisions granting a wider measure of protection to the persons to whom medical data refer.

# EuR – Recommendation Concerning the Legal Protection of Persons Suffering from Mental Disorder Placed as Involutary Patients (1983)[2734]

The Committee of Ministers, under the terms of Article 15.b of the Statute of the Council of Europe;

Considering that the aim of the Council of Europe is to achieve a greater unity between its members, in particular through harmonising the laws on matters of common interest;

Having regard to the Convention for the protection of Human Rights and Fundamental Freedoms and to its application by the organs established under that convention;

Having regard to Recommandation 818 (1977) of the Consultative Assembly of the Council of Europe on the situation of the mentally ill;

Considering that common action at European level will promote the desired better protection of persons suffering from mental disorder.

Recommends that the governments of the member states should adapt their laws to the rules annexed to this recommendation or adopt in accordance with those rules when introducing new legislation.

Rules

Article 1

1. These rules concern the involuntary placement of persons suffering from mental disorder. Placement decided pursuant to criminal proceedings is not covered by these rules; however, Rules 5, 9, 10 and 11 apply to such a placement.

2. Involuntary placement (hereinafter referred to as „placement") means the admission and detention for treatment of a person suffering from mental disorder (hereinafter referred to as „patient") in a hospital, other medical establishment or appropriate place (hereinafter referred to as „establishment"), the placement not being at his own request.

3. The admission of a patient to an establishment for treatment at his own request does not fall within the field of application or these rules. However, these rules apply to cases where a patient who has originally been admitted at his own request is to be detained in an establishment in spite of his wish to be discharged.

Article 2

Psychiatrists and other doctors, in determining whether a person is suffering from a mental disorder and requires placement, should do so in accordance

2734 Council of Europe – Committee of Ministers – Recommendation No. R. 2 (83); adopted on 22 February 1983 at the 356th meeting of the Ministers' Deputies.

with medical science. Difficulty in adapting to moral, social, political or other values, in itself, should not be considered a mental disorder.

Article 3

In the absence of any other means of giving the appropriate treatment:

a. a patient may be placed on an establishment only when, by reason of his mental disorder, he represents a serious danger to himself or to other persons;

b. states may, however, provide that a patient may also be placed when, because of the serious nature of his mental disorder, the absence of a placement would lead to a deterioration of his disorder or prevent the appropriate treatment being given to him.

Article 4

1. A decision for placement should be taken by a judicial or any other appropriate authority prescribed by the law. In an emergancy, a patinet may be admitted and retained at once in an establishment on the decision of a doctor who should thereupon immediately inform the complete judicial or other authority which should make its decision. Any decision of the competent judicial or other authority mentioned in this paragraph should be taken on medical advice and under a simple and speedy procedure.

2. Where a decision for placement is taken by a non-judicial body or person, that body or person should be different from that which originally requested or recommended placement. The patient should immediately be informed of his rights and should have the right of appeal to a court which should decide under a simple and speedy procedure. Moreover, a person whose duty is to assist the patient to decide whether to appeal should be designated by an appropriate authority, without prejudice to the right of appeal of any other interested person.

3. When the decision is taken by a judicial authority or when an appeal is made before a judicial authority against the decision of placement by an administrative body, the patient should be informed of his rights and should have the effective opportunity to be heard personally by a judge except where the judge, having regard to the patient's state of health, decides to hear him through sole form of representation. He should be informed of his right to appeal against the decision ordering or confirming the placement and, if requests it or the judge considers that it would be appropriate, have the benefit of the assistance of a counsel or of another person.

4. The judicial decisions referred to in paragraph 3 should be open to appeal.

Article 5

1. A patient put under placement has a right to be treated under the same ethical and scientific conditions as any other sick person and under comparable

environmental conditions. In particular, he has the right to receive appropriate treatment and care.

2. A treatment which is not yet generally recognised by medical science or presents a serious risk of causing permanent brain damage or adversely altering the personality of the patient may be given only if the doctor considers it indispensable and if the patient, after being informed, has given his express consent. If the patient is not capable of understanding the nature of the treatment, the doctor should submit the matter for decision to an appropriate independent authority prescribed by law which should consult the patient's legal representative, if any.

3. Clinical trials of products and therapies not having a psychiatric therapeutic purpose on persons suffering from mental disorder, subject to placement, should be forbidden. Clinical trials having a psychiatric therapeutic purpose are a matter of national legal provisions.

Article 6

The restrictions on personal freedom of the patient should be limited to those which are necessary because of his state of health and for the success of the treatment; however, the right of a patient:

a. to communicate with any appropriate authority, the person mentioned in Article 4 and a lawyer, and

b. to send any letter unopened, should not be restricted.

Article 7

A patient should not be transferred from one establishment to another unless his therapeutical interest and, as far as possible, his wishes are taken into account.

Article 8

1. A placement should be for a limited period or, at least, the necessity for placement should be examined at regular intervals. The patient can request that the necessity for placement should be considered by a judicial authority at reasonable intervals. The rules in Article 4, paragraph 3, apply

2. The placement may be terminated at any moment on the decision:

a. of a doctor, or

b. of a competent authority, acting on his own initiative or at the request of the patient or any other interested person.

3. The termination of the placement does not necessarily imply the end of treatment which may continue on a voluntary basis.

Article 9

1. The placement, by itself, cannot constitute, by operation of law, a reason for the restriction of the legal capacity of the patient.

2. However, the authority deciding a placement should see, if necessary, that adequate measures are taken in order to protect the material interests of the patient.

Article 10

In all circumstances, the patient's dignity should be respected and adequate measures to protect his health taken.

Article 11

These rules do not limit the possibility for a member state to adopt provisions granting a wider measure of legal protection to persons suffering from mental disorder subject to placement.

# EuR – (Draft) Recommendation on Legal Duties of Doctors Vis-A-Vis Their Patients (1985)[2735]

The Committee of Ministers, under the terms of Article 15(b) of the Statute of the Council of Europe,

Considering that the aim of the Council of Europe is to achieve a greater unity between its members by common action, in particular through harmonising legislations on matters of common interest;

Having regard to Recommendation 799 (1976) of the Consultative Assembly of the Council of Europe on the rights of the sick and the dying;

Keeping in mind the Recommendations of the Committee of Ministers of the Council of Europe No. 4, No. R (81) 1 and No. R (83) 2 respectively concerning the patient as an active participant of his own treatment, on regulations for automated medical data banks, on legal protection of persons suffering from mental disorder placed as involuntary patients;

Having regard to the London Declaration of 1949 (as amended in Sydney in 1968) on the International Code of Medical Ethics which concerns duties of doctors to the sick as well as the Lisbon Declaration of 1981 on the Rights of Patients, each text adopted by the General Assembly of the World Medical Association;

Convinced that harmonised legal rules in the field of duties of doctors vis-á-vis their patients are in the interest of both, patients and doctors,

Recommends:

To the government of the Member States of the Council of Europe to take the necessary measures to ensure that their national requirements relating to the duties of doctors vis-á-vis their patients conform to the Rules appended to this Recommendation and that there is provision within their legal systems for the effective enforcement of those duties.

Appendix to the Recommendation Rules

Article 1

For the purpose of this instrument the expression:

a) „medical intervention“ means all kinds of treatment, intervention or examination having preventive, diagnostic, therapeutic or rehabilitative aims which is administered by a doctor or under his responsibility;

b) „patient“ means any person who undergoes a medical intervention;

---

2735 Council of Europe – Committee of Ministers – Draft Recommendation No. R 85 (3); (not adopted).

c) „legal representative" means the person entitled by law to exercise rights on behalf of a legally incapacitated person.

Article 2

1. All medical interventions must be administered in a way which respects the dignity, privacy, philosophical convictions and religious beliefs of the patient.

2. The doctor must abstain from discriminating against a patient on the grounds of sex, race, colour, religion, political opinions, national or social origin, or association with a national minority.

Article 3

1. A doctor must not refuse an urgent medical intervention which he is capable of administering and which is necessary for saving the life of the patient or preventing serious deterioration in his health.

2. In case other than those provided for in paragraph 1 a doctor is not obliged to administer a medical intervention which is contrary to his conscience.

Article 4

Having regard to the state of medical art and science, the doctor, in the light of facilities available in the circumstances, must choose the medical intervention most appropriate for the patient and which will not create undue risks.

Article 5

1. No medical intervention may be administered without the free and informed consent of the patient.

2. In case of minor medical interventions, the consent of the patient may be presumed from his seeking the professional services of the doctor. For all interventions presenting a risk for the patient or affecting his intimacy, his express and specific consent is required. However, the consent given to a medical intervention implies the acceptance of all other interventions necessary for and connected with its administration unless these interventions present a serious risk.

3. Where the patient, due to his condition of health, is unable to express his consent or when, because of the urgency of taking a decision, appropriate information cannot be given in order to obtain consent, the medical intervention may be administered without the consent of the patient if it is an urgent intervention necessary for saving the life of the patient or preventing serious deterioration in his health.

Article 6

1. The consent of the patient's legal representative shall be required where the patient is:

a) a minor, or

b) a legally incapacitated person for a reason other than age, who is not capable of understanding.

2. Where a minor is capable of understanding, his opinion shall be asked and taken into account as far as possible. His consent may be sufficient if this is justified by the kind and seriousness of the intervention. States may fix an age, under the age of full legal capacity, as from which the patient may express a valid consent.

3. Where the patient is a legally incapacitated person for a reason other than age and is capable of understanding, his consent shall be sufficient.

4. Where the patient's legal representative refuses to give consent and if the intervention is necessary for saving the life of the patient or preventing serious deterioriation in his health, it must be possible to refer the question to an appropriate authority which will decide.

5. The medical intervention may be carried out without the consent of the legal representative where, due to the urgent nature of an intervention necessary for saving the life of the patient or preventing serious deterioration in his health, it is not possible to obtain this consent.

Article 7

The doctor must give to that person whose consent or opinion is required, sufficient information to enable him to give his consent in full awareness of the facts. The information must be understandable and adapted to the capacity for understanding and the psychological state of the patient or the person who receives the information. This covers, in particular, seriousness of the illness, the eventual advantages and the risks of the proposed medical intervention, possible alternative medical interventions if appropriate and the possible consequences of not effecting the intervention.

Article 8

If the patient, either independently of the necessity of giving his consent or as a supplement to the information mentioned in Article 7, asks for full information on his health, the doctor must give him, in an appropriate manner, such information as he possesses, unless this might cause serious harm to the patient.

Article 9

Each State may indicate which doctor must give the information referred to in Articles 7 and 8.

Article 10

1. Where public health is threatened, medical examinations, isolation measures and compulsory treatment measures, if the law allows them, can be car-

ried out without the consent of the patient in accordance with the procedure prescribed by the law.

2. Medical examinations necessary for the investigation of a criminal offence and medical examinations ordered by a court to establish evidence can be carried out without the consent of the patient, when the law so provides.

Article 11

1. The doctor must, vis-á-vis third persons, keep secret all information concerning the patient and his state of health as well as other information concerning private matters he might learn in exercise of his profession. He must continue to keep secret such information even after the death of a patient unless national law provides otherwise. However the doctor may, unless prohibited national law, disclose any information relating to the patient which the patient has authorised him to reveal.

2. National law may provide for exceptions to medical secrecy, in particular in the interest of justice, repression of criminal acts, protection of children, prophylaxis of contagious diseases as well as in the case of occupational and industrial injuries and application of social security and public assistance schemes.

3. If the doctor decides not to give the patient full information on his health he may, when the patient's interest justifies it, inform the person that the patient may have indicated, or, in the absence of any such indication, the person he considers the most appropriate among those who are closest to the patient.

4. Where there are other doctors or health care staff bound by professional secrecy and involved in the care of the patient, the doctor may give them such information as is necessary to enable them to carry out their duties towards the patient.

Article 12

The Rules of this Recommendation shall not affect the special provisions contained in Recommendation No. R (83) 2 of the Committee of Ministers which concern the legal protection of persons suffering from mental disorder placed as involuntary patients.

# EG – Entschließung zu einer Europäischen Charta für die Rechte des Kranken (1984)[2736]

Das Europäische Parlament,

– in Kenntnis des von Frau Krouwel-Vlam und anderen im Namen der Sozialistischen Fraktion eingereichten Entschließungsantrags (Dok. 1-715/80),

– in Kenntnis des von Frau Squaricalupi eingereichten Entschließungsantrags (Dok. 1-815/80),

– in Kenntnis des Berichtes des Ausschusses für Umweltfragen, Volksgesundheit und Verbraucherschutz und der Stellungnahme des Rechtsausschusses (Dok. 1.970/83).

A. in der Erwägung, daß das Recht auf eine optimale medizinische Behandlung ein in der gesamten Gemeinschaft anerkanntes Grundrecht ist,

B. in der Erwartung, daß die Organisationen, die die Kranken, die Ärzte und die verschiedenen öffentlichen wie privaten Krankenhauseinrichtungen vertreten, ihre Bemühungen im Hinblick auf eine bessere Information der Patienten gesteigert haben, daß diese Information jedoch immer noch zu wünschen übrig läßt,

C. in der Erwägung, daß weitere Bemühungen um eine Verbesserung der Beziehungen zwischen Patienten, medizinischem Personal und Krankenhäusern auf jeden Fall wünschenswert sind,

D. in der Erwägung, daß bereits Erhebliches im Hinblick auf die Feststellung der Rechte des Kranken geleistet wurden, daß es jedoch mit der Mündigkeit des Patienten noch immer nicht zum Besten steht,

E. in der Erwägung, daß bei der Ausarbeitung einer Charta für die Rechte des Kranken der allgemeinere Rahmen der Lebens- und Arbeitsbedingungen und der öffentlichen Gesundheit berücksichtigt werden muß,

1. hält eine Definition der Rechte des Patienten auf europäischer Ebene für unbedingt notwendig und empfiehlt in die Überlegungen auch den vom Krankenhausausschuß der EWG erarbeiteten Entwurf der Charta für den Krankenhauspatienten und die Aktivitäten einzubeziehen, die bereits im Rahmen des Europarates stattgefunden haben, insbesondere den diesbezüglichen Bericht von Herrn Voogd;

2. fordert die Kommission auf, so bald wie möglich einen Vorschlag für eine europäische Charta der Rechte des Kranken vorzulegen und dabei die Gesundheitsregelungen zu berücksichtigen, die der Rat bereits gebilligt hat, u. a. im Hinblick auf pharmazeutische Produkte und die spezifischen Richtlinien für die freie Niederlassung von Ärzten und Angehörigen paramedizinischer Berufe;

---

2736 Amtsblatt der Europäischen Gemeinschaften; C 46/104; 20. 2. 1984.

3. unterstreicht, daß eine solche Charta die folgenden Rechte berücksichtigen sollte:

a) das Recht auf die zur Verfügung stehende Behandlung und Betreuung, die auf das Wesen der Krankheit zugeschnitten sind,

b) das Recht auf rechtzeitige Behandlung,

c) das Recht auf eine ausreichende soziale Sicherung, die es gestattet, das unter Buchstabe a) genannte Recht wahrzunehmen,

d) das Recht auf freie Wahl des behandelnden Arztes sowie der betreuenden Institution,

e) das Recht auf Aufnahme in ein Krankenhaus innerhalb eines vertretbaren Umkreises,

f) das Recht, auf Information über Diagnose, Therapie und Prognose, das Recht des Patienten auf Einsicht in seinen ärztlichen Befund sowie das Recht auf Selbstbestimmung, d. h. Zustimmung oder Ablehnung in Fragen der Behandlung,

g) das Recht auf ärztliche Geheimhaltung, das nur bei Vorlage schwerwiegender Gründe eingeschränkt werden kann, wobei diese Gründe unter Wahrung der Unversehrtheit der Person genau festgelegt werden müssen,

h) das Recht des Patienten, die Schweigepflicht in bezug auf seine eigenen Gesundheitsdaten ganz oder teilweise aufzuheben,

i) das Beschwerderecht auf der Grundlage des Kriteriums „Beeinträchtigung der Interessen des Patienten“,

j) das Recht auf einen Prozeß,

k) die Rechte und Pflichten der behandelnden Ärzte,

l) das Recht des Patienten, sich durch unabhängige Vereinigungen und Gremien vertreten zu lassen,

m) die Rechtslage des Patienten in den Institutionen der Gesundheitsfürsorge,

n) das Recht auf die Achtung des Privatlebens, der religiösen und weltanschaulichen Überzeugung,

o) das Recht auf einen würdigen Tod.

4. ist der Meinung, daß es unter bestimmten, klar festgelegten Umständen notwendig werden kann, die Rechte des Kranken dann einzuschränken, wenn diese Rechte die Volksgesundheit gefährden sollten;

5. ist der Auffassung, daß die speziellen Probleme in Verbindung mit den Rechten der Geisteskranken und der Kinder nicht in diesem Zusammenhang behandelt werden sollten, sondern im Rahmen einer eigenen Charta;

6. beauftragt seinen Präsidenten, diese Entschließung der Kommission und dem Rat zu übermitteln.

# EG – Entschließung zu einer Europäischen Charta für Kinder in Krankenhäusern (1986)[2737]

Das Europäische Parlament.

– in Kenntnis des Entschließungsantrages von Herrn Collins (Dok.2-256/84),

– in Kenntnis von Ziffer 5 seiner Entschließung vom 19. Januar 1984 zu einer Europäischen Charta der Rechte des Patienten, in der es heißt, daß die Rechte kranker Kinder Gegenstand einer entsprechenden Charta werden sollen (ABl. Nr. C 46 vom 20. 2. 1984, S. 104),

– in Kenntnis des Berichtes des Ausschusses für Umweltfragen, Volksgesundheit und Verbraucherschutz und der Stellungnahmen des Ausschusses für Recht und Bürgerrechte sowie des Ausschusses für Jugend, Kultur, Bildung, Information und Sport (Dok. A2-25/86).

A. unter Hervorhebung der Bedeutung der „Erwägungen" in dieser Charta und insbesondere der Erwägungen A und E, in denen es um die Gemeinschaftsdimensionen des Problems geht.

1. bekräftigt, daß das Recht auf optimale ärztliche Betreuung vor allem für Kinder, die noch das ganze Leben vor sich haben, ein Grundrecht darstellt;

2. äußert seine Besorgnis darüber, daß von der Kürzung der Haushaltsmittel in vielen Mitgliedstaaten vor allem der Bereich der öffentlichen Gesundheit betroffen ist, was sich unweigerlich auf die medizinische Versorgung der Bevölkerung und somit auch auf die Kinder auswirkt;

3. fordert die Kommission auf, möglichst bald den Vorschlag für eine Europäische Charta der Rechte des Patienten sowie für eine Europäische Charta für Kinder in Krankenhäusern vorzulegen, damit dem Jahr der Jugend konkrete Bedeutung gegeben wird;

4. fordert, daß die Charta der Kinder in Krankenhäusern folgende Rechte umfaßt:

a) Recht des Kindes darauf, nur dann in ein Krankenhaus eingeliefert zu werden, wenn die erforderliche Pflege nicht ebensogut zu Hause oder ambulant erfolgen kann, sowie darauf, daß im Falle einer doch erforderlichen Einlieferung die Pflege entsprechend koordiniert wird, um den Krankenhausaufenthalt so rasch wie möglich zu organisieren und so kurz wie möglich zu halten.

b) Recht des Kindes auf Behandlung in einer Tagesklinik, ohne daß dadurch zusätzliche Kosten für die Eltern entstehen.

c) das Recht, möglichst während des Krankenhausaufenthaltes die Eltern oder eine diese vertretende Person nicht als passiven Beobachter, sondern als

2737 13. Mai 1986; Dok. A2-25/86.

aktiv am Krankenhausleben Beteiligte um sich zu haben, ohne daß dies zu Mehrkosten führt; die Wahrnehmung dieses Rechtes darf jedoch die bestmögliche Durchführung der Behandlung, der das Kind unterzogen werden muß, nicht beeinträchtigen oder behindern.

d) Recht des Kindes auf eine seinem Alter, seiner geistigen Entwicklung und seinem emotionalen und psychischen Zustand angepaßte Information über die gesamte medizinische Behandlung, die ihm zuteil wird, sowie über deren positive Aussichten.

e) Recht des Kindes auf individuelle Betreuung und Aufnahme, wobei für Pflege und Aufnahme möglichst weitgehend dieselben Pflegepersonen und Helfer einzusetzen sind.

f) Recht, sich über die Eltern (deren Stellvertreter) einer Verwendung als Forschungsobjekt zu widersetzten und jede Behandlung oder Untersuchung abzulehnen, wenn damit hauptsächlich ein Ausbildungs- oder Informationszweck und weniger ein therapeutischer Zweck verfolgt wird.

g) Recht der Eltern oder ihres Stellvertreters auf vollständige Information über die Krankheit und das Wohlergehen des Kindes, sofern dies nicht gegen das Grundrecht des Kindes auf Intimsphäre verstößt.

h) Recht der Eltern oder ihres Stellvertreters, daß vor der Behandlung des Kindes ihre Zustimmung eingeholt wird.

i) Recht der Eltern oder ihres Stellvertreters auf angemessene Aufnahme und sozialpsychologische Anleitung durch einschlägig geschultes Personal.

j) Recht auf Verweigerung pharmakologischer oder therapeutischer Experimente; allein die Eltern oder ihre Stellvertreter, die über die Risken und Vorteile solcher Behandlungen angemessen informiert werden müssen, sollen ihre Zustimmung dazu gegen können, wobei ihnen das Recht auf Widerruf einzuräumen ist.

k) Recht der Kinder, die im Krankenhaus therapeutischen Experimenten unterzogen werden, durch die Erklärung des Weltärztekongresses (World Medical Assembly) von Helsinki und ihre Folgeerklärungen geschützt zu werden.

l) das Recht, vor unnötigen medizinischen Behandlungen sowie vermeidbaren psychischen und physischen Leiden bewahrt zu werden.

m) das Recht (und die Möglichkeit), zu ihren Eltern oder deren Stellvertreter Kontakt aufzunehmen, wenn sie in Not sind.

n) Recht auf Behandlung mit Takt, Höflichkeit und Verständnis, sowie auf Unantastbarkeit der Intimsphäre.

o) Recht auf Versorgung während des Krankenhausaufenthalts durch eigens dafür ausgewähltes Personal, das die physischen und psychischen Bedürfnisse der Kinder der verschiedenen Altersgruppen kennt.

p) Recht auf Unterbringung im Krankenhaus zusammen mit anderen Kindern, wobei die Verlegung auf Erwachsenenstationen möglichst zu vermeiden ist.

q) Recht auf Unterbringung in einer Umgebung, die entsprechend den Erfordernissen der Pflege, der Erziehung und des Spiels möbliert und ausgestattet ist und den geltenden Sicherheitsnormen entspricht.

r) Recht auf schulische Weiterbildung auch während des Krankenhausaufenthaltes durch Lehrkräfte und Lehrmaterial, das von den Schulbehörden zur Verfügung gestellt wird, insbesondere im Falle eines längeren Krankenhausaufenthaltes, sofern diese Aktivität sein Wohlbefinden nicht beeinträchtigt und/oder die laufenden Behandlungen nicht behindert.

s) Recht auf altersgemäßes Spielzeug, Bücher und audiovisuelle Lehrmittel während des Krankenhausaufenthaltes.

t) Recht auf die Möglichkeit des Unterrichts, auch in Fällen von nur teilweise stationärer Behandlung (Tagesklinik), oder während der Genesung zu Hause.

u) Recht des Kindes auf die erforderliche Behandlung – auch durch richterliche Verfügung –, falls die Eltern oder ihre Stellvertreter diese aus religiösen Gründen, kultureller Rückständigkeit, aufgrund von Vorurteilen ablehnen oder nicht in der Lage sind, angesichts des Notfalles die geeigneten Schritte zu unternehmen.

v) Recht des Kindes auf die gebotene finanzielle und moralische sowie sozialpsychologische Unterstützung, wenn es sich Untersuchungen und/oder Therapien unterziehen muß, die im Ausland vorgenommen werden müssen.

w) Recht der Eltern oder ihrer Stellvertreter, die Anwendung dieser Charta zu verlangen, wenn das Kind Behandlungen oder Untersuchungen in Ländern außerhalb der Europäischen Gemeinschaft benötigt.

5. fordert außerdem die Kommission auf, vorzuschlagen, daß in den nationalen Statistiken über das Gesundheitswesen und die Einweisung in Krankenhäuser die Daten nach Altersgruppen vereinheitlicht werden, damit sie miteinander verglichen werden können.

6. würdigt den Beitrag, den die Freiwilligen-Organisationen bei der Verwirklichung vieler der obengenannten Rechte und bei der Einführung von Sonderaufgaben bei der Betreuung der kleinen Patienten leisten können.

7. beauftragt seinen Präsidenten, diese Entschließung der Kommission, dem Rat, dem Europarat, der UNICEF und der Weltgesundheitsorganisation zu übermitteln.

# WHO – (Draft) Declaration on the Rights of Patients (1989)[2738]

(. . .)

1.2 Objectives

Against that background, the draft Declaration can be seen in its content to be a document which seeks:

– to reaffirm fundamental human rights, and in particular, to protect the dignity and integrity of the human person, and to promote the respect of the patient as a person;

– to offer for the consideration of Member States a set of common basic principles about rights of patients which might be used when framing or reviewing patient care policies;

– to promote and sustain beneficial relationships between patient and health care providers, thereby encouraging a more active form of patient participation;

– to strengthen existing and new opportunities for dialogue between patients' organisations, health care providers, health administration and wider societal interests;

– to focus national, regional and international attention on envolving needs in patients' rights and to foster closer international cooperation in this field.

1.3 Conceptual Foundations

In the preparation of the draft Declaration, the following intergovermental declarations and analogus statements, which together offer a framework and a set of basic concepts for patients' rights, have been taken into account:

– The Universal Declaration of Human Rights (1948)

– The International Covenant on Civil and Political Rights (1966)

– The International Covenant on Economic, Social and Cultural Rights (1966)

– The European Convention on Human Rights and Fundamental Freedoms (1950)

– The European Social Chart (1961)

– The targets in support of the European Regional Strategy for Health for All

2. The Application of Human Rights and Values in Health Care

2.1 Everyone has the right to respect of their person as a human being.

2.2 Everyone has the right to self-determination.

---

2738 World Health Organization – Regional Office for Europe; Meeting of the Drafting Committee for a Declaration on the Rights of Patients; Amsterdam, 4-6 July 1989.

2.3 Everyone has the right to physical and medical integrity and to the security of their person.
2.4 Everyone has the right to respect for their privacy.
2.5 Everyone has the right to have their moral values, and religious and philosophical beliefs respected.
2.6 Everyone has the right to protection of health as afforded by appropriate health care, and to the opportunity to pursue their own highest attainable level of health.

3. Information

3.1 Information about health services and how to best use them is to be made available to the public in order to benefit all those concerned.
3.2 Patients have the right to be fully informed about their health status including the medical facts about their condition; the proposed medical procedures each with its potential risks and benefits including possible alternatives to the proposed procedures; the diagnosis, prognosis and progress of treatment.
3.3 Information may only be withheld from patients exceptionally when there is good reason to believe that this information would cause them serious harm.
3.4 Information must be communicated to the patient in a way appropriate to the latter's capacity of understanding, minimising the use of unfamiliar technical terminology. It must, in any event, be sufficiently complete that the patient is fully informed as proposed above. Translating and interpreting must be available if the patient does not speak the common language.
3.5 Patients have the right not to be informed on their explicit request.
3.6 Patients have the right to choose who, if any one, should be informed on their behalf.
3.7 Patients should be enabled to obtain a second opinion.
3.8 When admitted to a hospital or other establishment, patients should be informed of the identity and professional status of the providers taking care of them and any rules and routines which would bear on their stay.
3.9 Patients should be able to request and be given a summary of their diagnosis, treatment and care on discharge from hospital or other establishment.

4. Consent

4.1 A prerequisite of any medical intervention is the informed consent of the patient.
4.2 A patient has the right to refuse or to stop a medical intervention. The significance of refusing such an intervention has always to be carefully explained to the patient.

4.3 When a patient is unable to express his will and a medical intervention is urgently needed, the consent of the patient may be presumed, unless it is obvious from any previous declared expression of will that consent would be refused in the situation.
4.4 When the consent of a legal representative is required, and the proposed intervention is urgently needed, the intervention may be made if it is not possible to obtain, in time, the representative's consent.
4.5 When the consent of a legal representative is required, patients, minor or adult, must nevertheless be involved in the decision making to the maximum extent which their capacity allows.
4.6 If a legal representative refuses to give consent and the physician or other provider is of the opinion that the intervention is in the interest of the patient, then the decision must be referred to a court or some other form of arbitration.
4.7 In all other situations where the patient is unable to give informed consent, and there is no legal representative appointed, then appropriate measures should be taken to provide for substitute decision making, taking into account according to what is known and to the greatest extent possible, the presumed wishes of the patient.
4.8 All substances of the human body unless kept specifically and with the patient's knowledge for later use in the course of diagnosis, treatment and care shall be destroyed unless the patient gives explicit consent to the contrary. The patient has the right to ask for the destruction of such substances at any time.
4.9 The informed consent of the patient is needed for participation in clinical teaching.
4.10 Explicit, informed consent is a prerequisite for participation in scientific experimentation. All protocols relating to experimentation must be submitted to proper ethical review procedures. Experimentation should not be carried out on those who are unable to express their will, unless the consent of a legal representative has been obtained and the experiment would likely be to the benefit or in the interest of the patient.

5. Confidentiality and Privacy

5.1 All information about a patient's health status, medical condition, diagnosis, prognosis and treatment and all other information of a personal kind, must be kept confidential.
5.2 Any disclosure of confidential information can only be made if the patient gives explicit consent or if the law expressly provides so. Disclosures may also be made by a health care provider in particular circumstances where there is an overriding duty to a third party.
5.3 All identifiable patient data such as that identified above, must be pro-

tected. The protection of the data must be appropriate to the manner of its storage.
5.4 Similarly, individual patient information contained in human substances when stored must be likewise protected.
5.5 Patients have the right of access to their medical file and technical records and any other files and records pertaining to their diagnosis, treatment and care and to receive a copy of their own medical file and records or parts thereof. Such access to files and records comprises all data and information kept regarding the patient other than personal notes made by a provider not intended for any communication to other parties, any data relating to third parties.
5.6 Patients have the right to require the correction, completion, clarification and/or up-dating of personal and medical data concerning them which are inaccurate, incomplete, ambiguous or outdated, or not relevant to the purposes of diagnosis, treatment and care.
5.7 In health care, there can be no intrusion into a patient's private and family life unless and only if it can be justified as necessary to the patient's diagnosis, treatment and care.
5.8 Medical interventions can only be carried out when there is a proper respect shown for the privacy of the individual. This means that a given intervention can only be carried out in the presence of those persons who are necessary for the intervention unless the patient explicitly consents otherwise.
5.9 Health care establishments must ensure that the physical facilities available offer territorial privacy to the patient particularly when health care providers are offering personal care to the patient or carrying out examinations and treatment.

6. Care and Treatment

6.1 Every person has the right to receive such health care as is appropriate to their health needs. Financial or other such barriers should not prevent access to necessary care nor should there be any unreasonable disruption in the continuity of supply of health care.
6.2 Appropriate health care should be available and accessible to all equally without discrimination and according to the financial, human and material resources which can be made available in a given society.
6.3 Patients have the right to a quality of care which is marked both by high technical standards and by the human quality of the relationship established between patients and the health care providers.
6.4 Patients have the right to continuity of care in respect to cooperation between all physicians and other health care providers and/or establishments which may be involved in their diagnosis, treatment and care.
6.5 In any circumstances where a choice must be made by providers between

potential patients for a particular treatment all such patients are entitled to a fair selection procedure for that treatment. That choice must be based solely on medical criteria and made without discrimination.

6.6 Patients have the right to choose their own physician or other care provider and health care establishment whenever possible. They further have the right to change provider and/or to be transferred to another institution, provided that it is compatible with the health care system.

6.7 When there are no longer medical grounds for the continued stay of a patient in a health care establishment, that patient can be transferred to another establishment only after a full explanation of the need for this transfer has been given and the other health care establishment accepted by the patient.

6.8 Patients have the right to a dignity in their diagnosis, treatment and care which is in accord with their cultures and values.

6.9 Patients have the right to such opportunities as they may wish to enjoy affective support from family, relatives and friends during the course of the care and treatment.

6.10 Patients have the right to relief of their suffering according to the current state of knowledge.

6.11 Patients have the right to humane terminal care and to die in dignity.

7. Application

7.1 Everyone has the rights and freedoms set forth in this Declaration. This implies that appropriate means are created or established which enable these rights and freedoms to be exercised.

7.2 The enjoyment of the rights and freedoms set forth in this Declaration shall be secured without discrimination.

7.3 In the exercise of rights and freedoms patients shall be subjected only to such limitations as are in accordance with a procedure prescribed by law in order to, prevent the spreading of infectious diseases, detain persons of unsound mind, or to make decisions on behalf of an incompetent patient. It may also be acknowledged that the full exercise of these rights and freedoms may, in some situations and in some respects, be constrained by the actual level of resources then available in a given health care system/society.

7.4 Patients must have access to such information that will enable them to exercise those rights and freedoms and likewise, to be able to participate in the processes of diagnosis, treatment and care. Where a patient feels that their rights have not been respected that patient should be enabled to lodge a complaint. In addition to recourse to the courts, there should be mechanisms at institutional and other levels to faciliate the process of lodging complaints. These mechanisms would ensure that information relating to the process was available to patients and that some independent person was available and accessible to them to be consulted regarding the most appropriate course of action to take. It should further ensure that, where necessary, assistance and advocacy on behalf of the patient would be made available. There should be an independent body with the task of adjudicating patient's complaints in circumstances where it has not been possible to give the patient satisfaction or to conclude a more informal form of consiliation. As a part of the process of establishing mechanisms for the handling of complaints, all health care establishments should include in the rules of that establishment the procedures for receiving and processing complaints and theses should be drawn to the attention of all patients.

## 8. Definitions

For the purpose of this Declaration:

„Discrimination" means any distinction, exclusion or preference made on the basis of other than medical criteria impairing equal treatment and equality of access to health care.

„Health care" includes medical intervention, nursing and allied services by health care providers and health care establishments.

„Health care" means physicians, nurses, dentists and other health providers professionals.

„Medical invention" includes all kinds of examinations, treatment or other intervention acts, having preventive, diagnostic, therapeutic or rehabilitative aims, which are administered by a physician or by other health care providers.

„Health care" includes all kinds of health care facilities, such as establishments, hospitals, nursing homes, establishments for disabled persons.

„Patients" means users of health care services, whether ill or not.

„Care" means care of individual persons in health and in sickness.

„Terminal care" means care given to the patient at the stage where it is no longer possible to improve the prognosis of their illness/condition with available treatment methods; as well as care at the approach of death.

# EuR-Recommendation Concerning Medical Research on Human Beings (1990)[2739]

The Committe of Ministers, under the terms of Article 15.b of the Statute of the Council of Europe,

Considering that the aim of the Council of Europe is to achieve a greater unity between its members, in particular by the adoption of minimum common rules on matters of common interest;

Having regard to the Convention for the Protection of Human Rights and Fundamental Freedoms, in particular its Articles 2.1, 3 and 8; to Article 7 of the United Nations International Covenant on Civil and Political Rights; to the European Convention for the Prevention of Torture and Inhuman or Degrading Treatment or Punishment; to Recommendation 874 (1979) of the Parliamentary Assembly of the Council of Europe on a European Charter on the Rights of the Child; to Recommendation No. R (839 2 of the Committee of Ministers concerning the legal protection of persons suffering from mental disorder placed as involuntary patients, and to the Declaration of Helsinki, adopted at the 18th World Medical Assembly (1964) and amended by the 29th Assembly in Tokyo (1975), the 35th assembly in Venice (1983) and the 41st Assembly in Hong Kong (1989), concerning recommendations guiding physicians in biomedical research involving human subjects;

Being aware of the fact that the advancement of medical science and practice is dependent on knowledge and discovery which necessitate, as a last resort, experimentation on human beings;

Being convinced that medical research should never be carried out contrary to human dignity;

Considering the paramount concern to the protection or the person undergoing medical research.

Considering that particular protection should be given to certain groups of persons;

Considering that every person has the right to accept or refuse to undergo medical research and that no one should be forced to undergo it;

Considering that medical research on human beings should take into account ethical principles, and should also be subject to legal provisions;

Realizing that in member states existing legal provisions are either divergent or insufficient in this field;

Noting the wish and the need to harmonise legislation,

---

2739 Council of Europe – Committee of Ministers – Recommendation No. R (90) 3; adopted on 6 February 1990 at the 433rd meeting of the Ministers' Deputies.

Recommends the governments of member states:

a. to adopt legislation in conformity with the principles appended to this recommendation, or to take any other measures in order to ensure their implementation;

b. to ensure that the provisions so adopted are brought to the knowledge of all persons concerned.

Principles concerning medical research on human beings

Scope and definition

For the purpose of application of these principles, medical research means any trial and experimentation carried out to human beings, the purpose of which or one of the purposes of which is to increase medical knowledge.

Principle 1

Any medical research must be carried out within the framework of a scientific plan and in accordance with the following principles.

Principle 2

1. In medical research the interests and well-being of the person undergoing medical research must always prevail over the interests of science and society.

2. The risk incurred by a person undergoing medical research must be kept to a minimum. The risks should not be disproportionate to the benefits to that person or the importance of the aims persued by the research.

Principle 3

1. No medical research may be carried out without the informed, free, express and specific consent of the person undergoing it. Such consent may be freely withdrawn at any phase of the research and the person undergoing the research should be informed, before being included in it, of his right to withdraw the consent.

2. The person who is to undergo medical research should be given information on the purpose of the research and the methodology of the experimentation. He should also be informed of the foreseeable risks and inconveniences to him of the proposed research. This information should be sufficiently clear and suitably adapted to enable consent to be given or refused in full knowledge of the relevant facts.

3. The provision of this principle should apply also to a legal representative and to a legally incapacitated person having the capacity of understanding, in the situations described in Principles 4 and 5.

Principle 4

A legally incapacitated person may only undergo medical research where authorized by Principle 5 and if his legal representative, or any authority or an individual authorized or designated under his national law, consents. If the legally incapacitated person is capable of understanding, his consent is also requiered and no research may be undertaken if he does not give his consent.

Principle 5

1. A legally incapacitated person may not undergo medical research unless it is expected to produce a direct and significant benefit to his health.

2. However, by way of exception, national law authorize research involving a legally incapacitated person which is not of direct benefit to his health when the person offers no objection, provided that the research is to the benefit of persons in the same category and that the same scientific results cannot be obtained by research on persons who do not belong to this category.

Principle 6

Pregnant or nursing women may not undergo medical research where their health and/or that of the child would not benefit directly unless this research is aimed at benefiting other women and children who are in the same position and the same scientific results cannot be obtained by research on women who are pregnant or nursing.

Principle 7

Persons deprived of liberty may not undergo medical research unless it is expected to produce a direct and significant benefit to their health.

Principle 8

In an emergency situation, notwithstanding Principle 3, where a patient is unable to give a prior consent, medical research can be carried out only when the following conditions are fulfilled:

– the research must have been planned to be carried out in the emergency in question;

– the systematic research plan must have been approved by an ethics committee;

– the research must be intended for the direct health benefit of the patient.

Principle 9

Any information of a personal nature obtained during medical research should be treated as confidential.

Principle 10

Medical research may not be carried out unless satisfactory evidence as to its safety for the person undergoing research is furnished.

Principle 11

Medical research that is not in accordance with scientific criteria in its design and cannot answer the question posed is unacceptable even if the way it is to be carried out poses no risk to the person undergoing research.

Principle 12

1. Medical research must be carried out under the responsibility of a doctor or a person who exercises full clinical responsibility and who possesses appropriate knowledge and qualifications to meet any clinical contingency.

2. The responsible doctor or other person referred to in the preceding paragraph should enjoy full professional independence and should have the power to stop the research at any time.

Principle 13

1. Potential subjects of medical research should not be offered any inducement which compromises free consent. Persons undergoing medical research should not gain any financial benefit. However, expenses and any financial loss may be refunded and in appropriate case a modest allowance may be given for any inconvenience inherent in the medical research.

2. If the person undergoing research is legally incapacitated, his legal representatives should not receive any form of remuneration whatever, except for the refund of their expenses.

Principle 14

1. Persons undergoing medical research and/or their dependants should be compensated for injury and loss caused by the medical research.

2. Where there is no existing system providing compensation for the person concerned, states should ensure that sufficient guarantees for such compensation are provided.

3. Terms and conditions which exclude or limit, in advance, compensation to the victim should be considered to be null and void.

Principle 15

All proposed medical research plans should be the subject of an ethical examination by an independent and mulitidisciplinary committee.

Principle 16

Any medical research which is :

- unplanned, or
- contrary to any of the preceding principles, or
- in any other way contrary to ethics or law, or
- not in accordance with scientific methods in its design and cannot answer the question posed should be prohibited, or if it has already begun, stopped or revised, even if it poses no risk to the person(s) undergoing research.

# II. Nationale Dokumente

## US – Older Americans Act (1965)[2740]

Title I – Declaration of objectives: definitions

Declaration of objectives for older Americans

Sec. 101. The Congress hereby finds and declares that, in keeping with the traditional American concept of the inherent dignity of the individual in our democratic society, the older people of our Nation are entitled to, and it is the joint and several duty and responsibility of the governments of the United States and of the several States and their political subdivisions to assist our older people to secure equal opportunity to the full and free enjoyment of the following objectives:

(1) An adequate income in retirement in accordance with the American standard of living.

(2) The best possible physical and mental health which science can make available and without regard to economic status.

(3) Suitable housing, independently selected, designed and located with reference to special needs and available at costs which older citizens can afford.

(4) Full restorative services for those who require institutional care.

(5) Opportunity for employment with no discriminatory personnel practices because of age.

(6) Retirement in health, honor, dignity – after years of contribution to the economy.

(7) Pursuit of meaningful activity within the widest range of civil, cultural, and recreational opportunities.

(8) Efficient community services which provide social assistance in a coordinated manner and which are readily available when needed.

(9) Immediate benefit from proven research knowledge which can sustain and improve health and happiness.

(10) Freedom, independence, and the free exercise of individual initiative in planning and managing their own lives.

(. . .)

---

2740 (P. L. 89-73) July 14, 1965.

# US – Comprehensive Older Americans Act Amendments (1978)[2741]

Sec.307(a)

(. . .)

(12) provide assurances that the State agency will-

(A) establish and operate, either directly or by contract or other arrangement with any public agency or other appropriate private nonprofit organization which is not responsible for licensing or certifying long-term care services in the State or which is not an association (or an affiliate of such an association) of long-term care facilities (including any other residential facility for older individuals), a long-term care ombudsman program which will-

(i) investigate and resolve complaints made by or on behalf of older individuals who are residents of longterm care facilities relating to administrative action which may adversely affect the health, safety, welfare, and rights of such residents;

(ii) monitor the development and implementation of Federal, State, and local laws, regulations, and policies with respect to long-term care facilities in that State;

(iii) provide information as appropriate to public agencies regarding the problems of older individuals residing in long-term care facilities;

(iv) provide for training volunteers and promote the development of citizen organizations to participate in the ombudsman program; and

(v) carry out such other activities as the Commissioner deems appropriate;

Record access and disclosure

(B) establish procedures for appropriate access by the ombudsman to long-term care facilities and patients' records, including procedures to protect the confidentiality of such records and ensure that the identity of any complainant or resident will not be disclosed without the written consent of such complainant or resident, or upon court order;

Reporting system

(C) establish a statewide uniform reporting system to collect and analyze data relating to complaints and conditions in long-term care facilities for the purpose of identifying and resolving significant problems, with provision for submission of such data to the agency of the State responsible for licensing or certifiying long-term care facilities in the State and to the Commissioner on a regular basis; and

---

2741 (P. L. 95-478 (H. R. 12255), October 18, 1978.

(D) establish procedures to assure that any file maintained by the ombudsman program shall be disclosed only at the discretion of the ombudsman having authority over the disposition of such files, except that the identity of any complainant or resident of a long-term care facility shall not be disclosed by such ombudsman unless-

(i) such complainant or resident, or his legal representative, conments in writing to such disclosure; or

(ii) such disclosure is required by court order;

(. . .)

# US – SNF Patients' Rights – Conditions of Participation (1974)[2742]

2. Patients' Rights

(. . .)

(k) Standard: Patients' rights. The governing body of the facility establishes written policies regarding the rights and responsibilities of patients and, through the administrator, is responsible for developement of, and adherence to, procedures implementing such policies. These policies and procedures are made available to patients, to any guardians, next of kin, sponsoring agency (ies), or representative payees selected pursuant to section 205(j) of the Social Security Act, and Subpart Q of 20 CFR Part 404, and to the public. The staff of the facility is trained and involved in the implementation of these policies and procedures. These patients' rights policies and procedures ensure that, at least, each patient admitted to the facility:

(1) Is fully informed, as evidenced by the patient's written acknowledgement, prior to or at the time of admission and during stay, of these rights and of all rules and regulations governing patient conduct and responsibilities;

(2) Is fully informed, prior to or at the time of admission and during stay, of services available in the facility, and of related charges including any charges for service not covered under titles XVIII or XIX of the Social Security Act, or not covered by the facility's basic per diem rate;

(3) Is fully informed by a physician, of his medical condition unless medically contraindicated (as documented, by a physician, in his medical record), and as afforded the opportunity to participate in the planning of his medical treatment and to refuse to participate in experimental research;

(4) Is transferred or discharged only for medical reasons, or for his welfare or that of other patients, or for nonpayment of his stay (except as prohibited by titles XVIII or XIX of the Social Security Act), and is given reasonable advance notice to ensure orderly transfer or discharge, and such actions are documented in his medical record;

(5) Is encouraged and assisted, throughout his period of stay, to exercise his right as a patient and as a citizen, and to this end may voice grievance and recommend changes in policies and services to facility staff and/or to outside representatives of his choice, free from restraint, interference, coercion, discrimination, or reprisal;

(6) May manage his or her personal financial affairs, may designate another person to manage them, or may authorise the facility, in writing, to hold, safeguard, and account for his or her personal funds in accordance with para-

---

2742 (42 CFR 405.1120 – 405.1137 (1974).

graph (m) of this section. In the event that the Social Security Administration has determined that a Title II or Title XVI (SSI) benefit to which the patient is entitled should be paid through a representative payee, the provision in 20 CFR 404.1601 through 404.1610 (for OA-SDI benefits) and 20 CFR 416.601 through 416.690 (for SSI benefits) apply;

(7) Is free from mental and physical abuse, and free from chemical and (except in emergencies) physical restraints except as authorised in writing by a physician for a specified and limited period of time, or when necessary to protect the patient from injury to himself or to others;

(8) Is assured confidential treatment of his personal and medical records, and may approve or refuse their release to any individual outside the facility, except, in case of his transfer to an other health care institution, or as required by law or third party payment contract;

(9) Is treated with consideration, respect, and full recognition of his dignity and individuality, including privacy in treatment and in care for his personal needs;

(10) Is not required to perform services for the facility that are not included for therapeutic purposes in his plan of care;

(11) May associate and communicate privately with persons of his choice, and send and receive his personal mail unopened, unless medically contraindicated (as documented by his physician in his medical record);

(12) May meet with, and participate in activities of, social, religious, and community groups at his discretion, unless medically contraindicated (as documented by his physician in his medical record);

(13) May retain and use his personal clothing and possessions as space permits, unless to do so would infringe upon rights of other patients, and unless medically contraindicated (as documented by his physician in his medical record); and

(14) If married, is assured privacy for visits by his/her spouse; if both are inpatients in the facility, they are permitted to share a room, unless medically contraindicated (as documented by the attending physician in the medical record).

All rights and responsibilities specified in paragraphs (k)(1) through (4) of this section – as they pertain to (i) a patient adjudicated incompetent in accordance with State Law, (ii) a patient who is found, by his physician, to be medically incapable of understanding these rights, or (iii) a patient who exhibits a communication barrier – devolve to such agency(ies), or representative payee (except when the pursuant to section 205 (j) of the Social Security Act and Subpart Q of 20 CFR Part 404.

## Ohio – Rights of residents of a home (1978)[2743]

(A) The rights of residents of a home shall include, but are not limited to, the following:

(1) The right to a safe and clean living environment pursuant to titles XVIII and XIX of the „Social Security Act." 49 Stat. 620 (1935), 42 U. S. C. 301, as amended, and applicable state laws and regulations prescribed by the public health council;

(2) The right to be treated at all times with courtesy and respect, and full recognition of dignity and individuality;

(3) Upon admission and thereafter, the right to adequate and appropriate medical treatment and nursing care and to other services that comprise necessary and appropriate care consistent with the program for which the resident contracted, without regard to considerations such as race, colour, religion, national origin, age, or source of payment for care;

(4) The right to have all reasonable requests and inquiries responded to promptly;

(5) The right to have clothes and bed sheets changed as the need arises, to ensure the resident's comfort or sanitation;

(6) The right to obtain from the home, upon request, the name and any speciality of any physician or other person responsible for the resident's care or for the coordination of care;

(7) The right, upon request, to be assigned, within the capacity of the home to make the assignment, to the staff physician of the resident's choice, and the right, in accordance with the rules and written policies and procedures of the home, to select as the attending physician a physician who is not on the staff of the home. If the cost of a pysician's services is to be met under a federally supported program, the physician shall meet the federal laws and regulations governing such services.

(8) The right, in accordance with the rules of the home, to communicate with the physician in planning the resident's treatment or care and to obtain from the attending physician complete and current information concerning medical condition, prognosis, and treatment plan, in terms the resident can reasonably be expected to understand; the right of access to all information in his medical record; and the right to give or withhold informed consent for treatment after the consequences of that choice have been carefully explained, when the attending physician finds that it is not medically advisable to give the information to the resident, the information shall be made available to the resident's attorney or to the sponsor on the resident's behalf, if the sponsor has a legal interest or is authorized by the resident to receive the information.

---

2743 Ohio Rev. Code Ann. sec.3721. 13.

The home is not liable for a violation of this division if the violation is found to be the result of an act or omission on the part of a physician selected by the resident who is not otherwise affiliated with the home.

(9) The right to withhold payment for physician visitation if the physician did not visit the resident;

(10) The right to confidential treatment of personal and medical records, and the right to approve or refuse the release of these records to any individual outside the home, except in case of transfer to another home, hospital, or health care system, as required by law or rule, or as required by a third-party payment contract;

(11) The right to privacy during medical examination or treatment and in the care of personal or bodily needs;

(12) The right to refuse, without jeopardizing access to appropriate medical care, to serve as a medical research subject;

(13) The right to be free from physical or chemical restraints or prolonged isolation except to the minimum extent necessary to protect the resident from injury to himself, others, or to property and except as authorized in writing by the attending physician for a specified and limited period of time and documented in the resident's medical record. Prior to authorizing the use of a physical or chemical restraint on any resident, the attending physician shall make a personal examiniation of the resident and an individualized determination of the need to use the restraint on that resident.

Physical or chemical restraints or isolation may be used in an emergency situation without authorization of the attending physician only to protect the resident from injury to himself or others. Use of the physical or chemical restraints or isolation shall not be continued for more than twelve hours after the onset of the emergency without personal examination and authorization by the attending physician. The attending physician or a staff physician may authorize continued use of physical or chemical restraints for a period not to exceed thirty days, and at the end of this period and any subsequent period may extend the authorization for an additional period of not more than thirty days. The use of physicial or chemical restraints shall not be continued without a personal examination of the resident and the written authorization of the attending physician stating the reasons for continuing the restraint.

If physical or chemical restraints are used under this division, the home shall ensure that the restrained resident receives a proper diet. In no event shall physical or chemical restraints or isolation be used for punishment, incentive, or convenience.

(14) The right to the pharmacist of the resident's choice and the right to receive pharmaceutical supplies and services at reasonable prices not exceeding applicable and normally accepted prices for comparably packaged pharmaceutical supplies and services within the community;

(15) The right to exercise all civil rights, unless the resident has been adjudicated incompetent pursuant to chapter 2111. of the revised code and has not been restored to legal capacity, as well as the right to the cooperation of the home's administrator in making arrangements for the exercise of the right to vote;

(16) The right to consume a reasonable amount of alcoholic beverages at his own expense, unless not medically advisable as documented in his medical record by the attending physician or unless contradictory to written admission policies;

(17) The right to use tobacco at his own expense under the home's safety rules and under applicable laws and rules of the state, unless not medically advisable as documented in his medical record by the attending physician or unless contradictory to written admission policies;

(18) The right to retire and rise in accordance with his reasonable requests, if he does not disturb others or the posted meal schedules and upon the home's request remains in a supervised area, unless not medically advisable as documented by the attending physician;

(19) The right to observe religious obligations and participate in religious activities; the right to maintain individual and cultural identity; and the right to meet with and participate in activities of social and community groups at the resident's or the group's initiative, unless not medically advisable as documented in his medical record by the attending physician;

(20) The right upon reasonable request to private and unrestricted communications with his family, social worker, and any other person, unless not medically advisable as documented in his medical record by the attending physician, except that communications with public officials or with his attorney or physician shall not be restricted. Private and unrestricted communications shall include, but are not limited to, the right to:

(a) Receive, send, and mail sealed, unopened correspondence;

(b) Reasonable access to a telephone for private communications;

(c) Private visits at any reasonable hour.

(21) The right to assured privacy for visits by the spouse, or if both are residents of the same home, the right to share a room within the capacity of the home, unless not medically advisable as documented in his medical record by the attending physician;

(22) The right upon reasonable request to have room doors closed and to have them not opened without knocking, except in the case of an emergency or unless not medically advisable as documented in his medical record by the attending physician;

(23) The right to retain and use personal clothing and a reasonable amount of possessions, in a reasonably secure manner, unless to do so would infringe

on the rights of other residents or would not be medically advisable as documented in his medical record by the attending physician;

(24) The right to be fully informed, prior to or at the time of admission and during his stay, in writing, of the basic rate charged by the home, of services available in the home, and of any additional charges related to such services, including charges for services not covered under Titles XVIII and XIX of the „Social Security Act,“ 49 Stat. 620 (1935), 42 U. S. C. 301, as amended. The basic rate shall not be changed unless thirty days notice is given to the resident or, if the resident is unable to understand this information, to his sponsor.

(25) The right of the resident and person paying for the care to examine and receive a bill at least monthly for the resident's care from the home that itemizes charges not included in the basic rates;

(26) The right to manage his personal financial affairs, or, should the home accept written delegation of this responsibility, to receive upon written request at least a quarterly accounting statement of financial transactions made on his behalf. The statement shall include:

(a) A complete record of all funds, personal property, or possessions of a resident from any source whatsoever, that have been deposited for safekeeping with the home for use by the resident or his sponsor;

(b) A listing of all deposits and withdrawals transacted, which shall be substantiated by receipts which shall be available for inspection and copying by the resident or sponsor.

(27) The right of the resident to be allowed unrestricted access to his property on deposit at reasonable hours, unless requests for access to property on deposit are so persistent, continuous, and unreasonable that they constitute a nuisance;

(28) The right not to be transferred or discharged from the home except for medical reasons, for his welfare or another resident's, for nonpayment of charges due the home, if the home's license is revoked under section 3721.03 of the revised code, if the home is being closed pursuant to section 5155.31 of the revised code, or if he is a recipient of medical assistance under section 5101.51 of the revised code in a home whose certification is terminated or denied under title XVIII or XIX of the „social security act,“ 49 stat.620 (19435), 42 U. S. C. 301, as amended.

(29) The right to voice grievances and recommend, changes in policies and services to the home's staff, to employees of the Department of Health, or to other persons not associated with the operation of the home, of the residents's choice, free from restraint, interference, coercion, discrimination, or reprisal. This right includes access to a resident's rights advocate, and the right to be a member of, to be active in, and to associate with persons who are

active in organizations of relatives and friends of nursing home residents and other organizations engaged in assisting residents.

(30) The right to have any significant change in his health status reported to his sponsor. As soon as such a change is known to the home's staff, the home shall make a reasonsable effort to notify the sponsor within twelve hours.

(B) A sponsor may act on a resident's behalf to assure that the home does not deny the resident's rights under sections 3721.10 to 3721.17 of the revised code.

(C) Any attempted waiver of the rights listed in division (A) of this section is void.

# California Hospital Patients' Rights (1979)[2744]

Patients' Rights

This hospital and its medical staff have adopted the following Patients' Rights in the belief and with the expectation that understanding and observation of the rights will result in more effective patient care and in promotion of the confidence and trust which must exist between the patient, the physician, and the Hospital. It is recognized that the patient and the physician must have a personal relationship in order for the patient to receive proper and effective medical care and that the patient's stay in this Hospital adds a new dimension to this relationship. It is also recognized that the Hospital has responsibilities and duties of its own to the patient. With due regard and respect for these factors, this Hospital and its medical staff present and support the following Patients' Rights:

1. The right to exercise these rights without regard to sex or cultural, economic, educational, or religious background or the source of payment for his (or her) care.

2. The right to considerate and respectful care.

3. The right to knowledge of the name of the physician who has primary responsibility for coordinating his (or her) care and the names and professional relationships of other physicians who will see him (or her).

4. The right to receive information from his (or her) physician about his (or her) illness, course of treatment, and prospects for recovery in terms that he (or she) can understand.

5. The right to receive as much information about any proposed treatment or procedure as he (or she) may need in order to give informed consent or to refuse this course of treatment. Except in emergencies, this information shall include a description of the procedure or treatment, the medically significant risks involved in this treatment, alternate courses of treatment or nontreatment and the risks involved in each, and the name of the person who will carry out the procedure or treatment.

6. The right to participate actively in decisions regarding his (or her) medical care. To the extent permitted by law, this includes the right to refuse treatment.

7. The right to full consideration of privacy concerning his (or her) medical care program. Case discussion, consultation, examination, and treatment are confidential and should be conducted discreetly. The patient has the right to be advised as to the reason for the presence of any individual.

8. The right to condfidential treatment of all communications and records

---

2744 22 California Admin. Code §70707.

pertaining to his (or her) care and his (or her) stay in the hospital. His (or her) written permission shall be obtained before his (or her) medical records can be made available to anyone not directly concerned with his (or her) care.

9. The right of reasonable responses to any reasonable requests he (or she) may make for service.

10. The right to leave the hospital even against the advice of his (or her) physicians.

11. The right to reasonable continuity of care and to know in advance the time and location of appointment as well as the physician providing the care.

12. The right to be advised if the hospital physician or personal physician proposes to engage in or perform human experimentation affecting his (or her) care or treatment. The patient has the right to refuse to participate in such research projects.

13. The right to be informed by his (or her) physician or a delegate of his (or her) physician of his (or her) continuing health care requirements following his (or her) discharge from the hospital.

14. The right to examine and receive an explanation of his (or her) bill regardless of the source of payment.

15. The right to know which hospital rules and policies apply to his (or her) conduct as a patient.

16. The right to have all patients' rights apply to the person who may have legal responsibility to make decisions regarding medical care on behalf of the patient.

# Colorado Rights of Patients (1980)[2745]

25-1-120. Nursing and intermediate care facilities – rights of patients.

(1) The department shall require all skilled nursing facilities and intermediate care facilities to adopt and make public a statement of the rights and responsibilities of the patients in accordance with the provisions of said statement. The statement shall ensure each patient the following:

(a) the right to civil and religious liberties, including knowledge of available choices and the right to independet personal decisions, which will not be infringed upon, and the right to encouragement and assistance from the staff of the facility in the fullest possible exercise of these rights;

(b) The right to have private and unrestricted communications with any person of his choice;

(c) The right to present grievances on behalf of himself or others to the facility's staff or administrator, to governmental officials, or to any other person, without fear of reprisal, and to join with other patients or individuals within or outside of the facility to work for improvements in patient care;

(d) The right to be fully informed, in writing, prior to or at the time of admission and during his stay, of services available in the facility and of related charges, including charges for services not covered under medicare or medicaid or not covered by the basic per diem rate;

(f) The right to be adequately informed of his medical condition and proposed treatment, unless otherwise indicated by his physician, and to participate in the planning of all medical treatment, including the right to refuse medication and treatment, unless otherwise indicated by his physician, and to know the consequences of such actions;

(g) The right to receive adequate and appropriate health care consistens with established and recognized practice standards within the community and with skilled and intermediate nursing care facility rules and regulations as promulgated by the department;

(h) The right to have privacy in treatment and in caring for personal needs, confidentiality in the treatment of personal and medical records, and security in storing and using personal possessions;

(i) The right to be treated courteously, fairly and with the fullest measure of dignity and to receive a written statement of the services provided by the facility, including those required to be offered on an as-needed basis;

(j) The right to be free from mental and physical abuse and from physical and chemical restraints, except those restraints initiated through the judgment of the professional staff for a specified and limited period of time or on the written authorization of a physician;

---

2745 Rev. Statutes § 25-1-120 (Supp 1980).

(k) The right to be transferred or discharged only for medical reasons or his welfare, or that of other patients, or for nonpayment for his stay and the right to be given reasonable advance notice of any transfer or discharge, except in the case of an emergency as determined by the professional staff;

(l) The right to devolution of his rights and responsibilities upon a sponsor or guardian who shall see that he is provided with adequate, appropriate, and respectful medical treatment and care and all rights which he is capable of exercising should he be determined to be incompetent pursuant to law and not be restored to legal capacity;

(m) The right to freedom of choice in selecting a health care facility;

(n) The right to copies of the facility's rules and regulations and an explanation of his responsability to obey all reasonable rules and regulations of the facility and to respect the personal rights and private property of the other patients.

(2) Each skilled nursing facility or intermediate care facility shall provide a copy of the statement required by subsection (1) of this section to each patient or his guardian at or before the patient's admission to a facility and to each staff member of a facility. Each such facility shall prepare a written plan and provide appropriate staff training to implement the provisions of this section.

(3) Each skilled nursing facility or intermediate care facility shall prepare a written plan and provide appropriate facilities to ensure that the rights guaranteed by subsection (1) of this section are enforced by a grievance procedure which contains the following procedures and rights:

(a) A resident of any facility, the resident's advisory council, or the sibling, child, spouse, or parent of any resident may formally complain in the manner described in this subsection (3) about any conditions, treatment, or violations of his rights by the facility or its staff or about any treatment, conditions, or violations of the rights of any other resident, regardless of the consent of the victim of the alleged improper treatment, condition, or violation of rights by the facility or its staff.

(b) Each facility shall designate one full-time staff member, referred to in this subsection (3) as the „designee", to receive all grievances when they are first made.

(c) Each facility shall establish a grievance committee consisting of the chief administrator of the facility or his designee, a resident selected by the resident population of the facility, and a third person to be agreed upon by the administrator and the resident representative.

(d) If anyone designated in paragraph (a) of this subsection (3) wishes to complain about treatment, conditions, or violations of rights, he shall write or cause to be written his grievance or shall state it orally to the designee no later than fourteen days after the occurrence giving rise to the grievance. The designee shall confer with persons involved in the occurence and with any other fitnesses and, no later than three days after the grievance, give a written explanation of finding and proposed remedies, if any, to the complainant and to the aggrieved party, if someone other than the complainant. Where appropriate because of the mental or physical condition of the complainant or the aggrieved party, the written explanation shall be accompanied by an oral explanation.

(e) If the complainant or aggrieved party is dissatisfied with the finding and remedies or the implementation thereof, he may then make the same grievance orally or in writing, with any additional comments or information, to the grievance committee no later than ten days after the receipt of the explanation from the designee. Said committee shall confer with persons involved in the occurrence and with any other witnesses and, no later than ten days after the appeal from the designee, give a written explanation of its findings and proposed remedies, if any, to the complainant and to the aggrieved party, if someone other than the complainant. Where appropriate because of the mental or physical condition of the complainant or the aggrieved party, the written explanation shall be accompanied by an oral explanation.

(4) Each skilled nursing facility or intermediate care facility shall also establish a residents' advisory council which shall consist of not less than five members selected by and from the resident population of the facility. The council shall meet at least once a month with the administrator of the facility and a representative of the staff to make recommendations concerning policies of the facility. The council may also present grievances to the grievance committee on behalf of a resident.

(5) If a complainant or aggrieved party is dissatisfied with the finding and remedies of the grievance committee or implementation thereof, except for grievances against a physician or his prescribed treatment, he may file the same grievance in writing with the executive director of the department. The department shall investigate the facts and circumstances of the grievance and make findings of fact, conclusions, and recommendations, copies of which shall be transmitted to the copmplainant and the nursing home administrator. If the complainant or the nursing home administrator is aggrieved by the finding and the recommendations of the department, the aggrieved party may request a hearing to be conducted by the department pursuant to section 24-4-105, C. R. S. 1973. The board shall adopt rules and regulations to carry out the intent of this section.

(6) Implementation of this section shall be pursuant to section 26-4-110 (5), C. R. S. 1983.

(7) Nothing in this section shall apply to any nursing institution conducted by or for the adherents of any well-recognized church or religious denomination for the purpose of providing facilities for the care and treatment of the

sick who depend exclusively upon spiritual means through prayer for healing in the practice of the religion of such church or denomination.

(8) A patient who is eligible to receive medicaid benefits pursuant to article 4 of title 26, C. R. S. 1973, and who qualifies for skilled or intermediate nursing care shall have the right to select any skilled or intermediate nursing care facility certified by the department of health under Title XIX of the social security act as a provider of medicaid services and licensed by the department pursuant to article 3 of this title where space is available, and the department of social services shall reimburse the selected facility for services pursuant to section 26-4-110 (5), C. R. S. 1973, unless such nursing care facility shall have been notified by the department of social services at the time of or prior to action on its application for certficate of public necessity that it may not qualify as a provider of medicaid services.

Source: L.75, p.873, § 1; L. 76, p.640, § 1.

25-1-121. Patient grievance mechanism and institution's obligations to the patient.(1) As used in this section „institution" means every hospital or related facility or institution having in excess of fifty beds and required to be licensed under part I of article 3 of this title or required to be certified pursuant to section 25-1-107 (1) (I) (II), except skilled nursing facilities and intermediate care facilities which are subject to the provisions of section 25-1-120.

(2) The department shall require every institution to submit to the department a plan for a patient grievance mechanism and a policy statement with respect to the obligations of the institution to patients using the facilities of such institution. The plan and policy statement must meet with the approval of the department prior to certification of compliance or issuance or renewal of a license.

(3) A patient grievance mechanism plan shall include, but not be limited to:

(a) A provision for a patient representative to serve as a liaison between the patient and the institution;

(b) A description of the qualifications of the patient representative;

(c) An outline of the job description of the patient representative;

(d) A description of the amount of decision-making authority given to the patient representative;

(e) A method by which each patient will be made aware of the patient representative program and how the representative of the program may be contacted.

(4) The policy statement with respect to the obligations of the institution to patients using facilities of such an institution shall be posted conspicuously in a public place on its premises and made available to each patient upon admission. Such policy statement shall include, but need not be limited to, a clarification of a physician's duty to provide informed consent, admission

procedures, staff identification, privacy, medical records, billing procedures, and the obligation of the physician to provide information regarding research, experimental, or educational projects relating to the patient's own case. Nothing in this section shall apply to any nursing institution conducted by or for the adherents of any well-recognized church or religious denomination for the purpose of providing facilities for the care and treatment of the sick who depend exclusively upon spiritual means through prayer for healing in the practice of the religion of such church or denomination.

Source: L.76, p. 650, § 2.

# US – Mental Health Systems Act – Bill of Rights (1980)[2746]

It is the sense of the Congress that each state should review and revise, if necessary, its laws to ensure that mental health patients receive the protection and services they require; and in making such review and revision should take on account the recommendations of the President's Commission on Mental health and the following:

(1)

A person admitted to a program or facility for the purpose of receiving mental health services should be accorded the following:

(A) The right to appropriate treatment and related services in a setting and under conditions that-

(i) are the most supportive of such person's personal liberty; and

(ii) restrict such liberty only to the extent necessary consistent with such person's treatment needs, applicable requirements of law, and applicable judicial orders.

(B) The right to an individualized, written treatment or service plan (such plan to be developed promptly after admission of such person), the right to treatment based on such plan, the right to periodic review and reassessment of treatment and related service needs, and the right to appropriate revision of such plan, including any revision necessary to provide a description of mental health services that may be needed after such person is discharged from such program or facility.

(C) The right to ongoing participation, in a manner appropriate to such person's capabilities, in the planning of mental health services to be provided such person (including the right to participate in the development and periodic revision of the plan described in subparagraph

(a) and, in connection with such participation, the right to be provided with a reasonable explanation, in terms and language, appropriate to such person's condition and ability to understand, of-

(i) such person's general and physical examination, such person's general physical condition;

(ii) the objectives of treatment;

(iii) the nature and significant possible adverse efects of recommended treatments;

(iv) the reasons why a particular treatment is considered appropriate,

(v) the reasons why access to certain visitors may not be appropriate, and

(vi) any appropriate and available alternative treatments, service, and types of providers of mental health services.

---

2746 (42 U. S. C. A. §9501 et seq.; P. L. 96-398, 94 Stat.1584 (1980)).

(D) The right not to receive a mode or course of treatment, established pursuant to the treatment plan, in the absence of such person's informed, voluntary, written consent to such mode or course of treatment, except treatment-

(i) during an emergency situation if such is pursuant to or documented contemporaneously by the written order of a responsible mental health professional; or

(ii) as permitted under applicable law in the case of a person comitted by a court to a treatment program or facility.

(E) The right not to participate in experimentation in the absence of such person's informed, voluntary, written consent, the right to appropriate protections in connection with such participation, including the right to a reasonable explanation of the procedure to be followed, the benefits to be expected, the relative advantages of alternative treatments, and the potential discomforts and risks, and the right and opportunity to revoke such consent.

(F) The right to freedom from restraint or seclusion, other than as a mode or course of treatment or restraint or seclusion during an emergency situation if such restraint or seclusion is pursuant to or documented contemporaneously by the written order of a responsible mental health professional.

(G) The right to a humane treatment environment that affords reasonable protection from harm and appropriate privacy to such person with regard to personal needs.

(H) The right to confidentiality of such person's records.

(I) The right to access, upon request, to such person's mental health care records, except such person may be refused access to-

(i) information in such records provided by a third party under assurance that such information shall remain confidential; and

(ii) specific material in such records if the health professional responsible for the mental health services concerned has made a determination in writing that such access would be detrimental to such person's health, except that such material may be made available to a similarly licensed health professional selected by such person and such health professional may, in the exercise of professional judgment, provide such person with access to any or all parts of such material or otherwise disclose the information contained in such material to such person.

(J) The right, in the case of a person admitted on a residential or impatient care basis, to converse with others privately, to have convenient and reasonable access to the telephone and mails, and to see visitors during regularly scheduled hours, except that, if a mental health professional treating such person determines that denial of access to a particular visitor is necessary for treatment purposes, such mental health professional may, for a specific, limited, and reasonable period of time, deny such access if such mental health professional has ordered such denial in writing and such order has been incorporated in the treatment plan for such person. An order denying such access should include the reasons for such denial.

(K) The right to be informed promptly at the time of admission and periodically thereafter, in language and terms appropriate to such person's condition and ability to understand, of the rights described in this section.

(L) The right to assert grievances with respect to infringement of the rights described in this section, including the right to have such grievances considered in a fair, timely, and impartial grievance procedures provided for or by the program or facility.

(M) Notwithstanding subparagraph (J), the right of access to (including the opportunities and facilities for private communication with) any available-

(i) rights protection service within the program or facility;

(ii) rights protection service within the State mental health system designed to be available to such person; and

(iii) qualified advocate; for the purpose of receiving assistance to understand, exercise, and protect the rights described in this section and in other provisions of law.

(N) The right to exercise the rights described in this section without reprisal, including reprisal in the form of denial of any appropriate, available treatment.

(O) The right to referral as appropriate to other providers of mental health services upon discharge.

(2)

(A) The rights described in this section should be in addition to and not in derogation of any other statutory or constitutional rights.

(B) The rights to confidentiality of and access to records as provided as subparagraphs (H) and (I) of paragraph (1) should remain . . .. . . to records pertaining to a person after such person's discharge from a program or facility.

(3)

(A) No otherwise eligible person should be denied admission to a program or facility for mental health services as a reprisal for the externe of the rights described in this section.

(B) Nothing in this section should-

(i) obligate an individual mental health or health professional to administer treatment contrary to such professional's . . .. judgment;

(ii) prevent any program or facility from discharging any person for whom the provision of appropriate treatment, consistent with the clinical judgment of the mental health professional . . .. responsible for such person's treatment, is or has become impossible as a result of such person's refusal to consent to such treatment;

(iii) require a program of facility to admit any person who, . . . admitted on prior occasions to such program or facility, has repeatedly frustrated the purposes of such admissions by . . .holding consent to proposed treatment; or

(iv) obligate a program or facility to provide treatment services as any person who is admitted to such program or facility . . . for diagnostic or evaluative purposes.

(C) In order to assist a person admitted to a program or facility in the exercise or protection of such person's rights, such person's . . . or legal representatives should have reasonable access to-

(i) such person;

(ii) the areas of the program or facility where such person has received treatment, resided, or had access; and

(iii) pursuant to the written authorization of such person, the records and information pertaining to such person's diagnosis, treatment, and related services described in paragraph (1)(I).

(D) Each program and facility should post a notice listing and describing, in language and terms appropriate to the ability of the persons to whom such notice is addressed to understand, the rights described in this section of all persons admitted to such program or facility each such notice should conform to the format and content for such . . . and should be posted in all appropriate locations.

(4)

(A) In the case of a person adjudicated by a court of competent jurisdiction as being incompetent to exercise the right to consent to treatment or experimentation described in subparagraph (D) or (E) of paragraph (1), or the right to confidentiality of access to records described in subparagraph (H) or (1) of such paragraph, or to provide authorization as described in paragraph (3)(C)(iii), such right may be exercised or such authorization may be provided by the individual appointed by such court as such person's guardian or representative for the purpose of exercising such right or such authorization.

(B) In the case of a person who lacks capacity to exercise the right to consent to treatment or experimentation under subparagraph (D) or (E) of paragraph (1), or the right to confidentiality of access to records described in subparagraph (H) or (I) of such paragraph, or to provide authorization as described in paragraph (3)(C)(iii), because such person has not attained an age considered sufficiently advanced under State law to permit the exercise of such right or such authorization may be provided on behalf of such person by a parent or legal guardian of such person.

(C) Notwithstanding subparagraphs (A) and (B), in the case of a person admitted to a program or facility for the purpose of receiving mental health services, no individual employed by or receiving any remuneration from such program or facility should act as such person's guardian or representative.

(Oct. 7, 1980, P. L. 96-398, Title V, § 501.94 Stat. 1598.)

# Minnesota Patients and Residents of Health Care Facilities Bill of Rights (1981)[2747]

Minnesota Statutes 144.651-144.652 Patients and residents of health care facilities; bill of rights. It is the intent of the legislature and the purpose of this section to promote the interests and well being of the patients and residents of health care facilities. No health care facility may require a patient or resident to waive these rights as a condition of admission to the facility. Any guardian or conservator of a patient or resident or, in the absence of a guardian or conservator, an interested person, may seek enforcement of these rights on behalf of a patient or resident. It is the intent of this section that every patient's civil and religious liberties, including the right to independent personal decisions and knowledge of available choices, shall not be infringed and that the facility shall encourage and assist in the fullest possible exercise of these rights.

For the purpose of this section, „patient" means a person who is admitted to an acute care inpatient facility for a continuous period longer than 24 hours, for the purpose of diagnosis or treatment bearing on the physical or mental health of that person. „Resident" means a person who is admitted to a non-acute care facility including extended care facilities, nursing homes, and board and care homes for care required because of prolonged mental or physical illness or disability, recovery from injury or disease, or advancing age. It is declared to be the public policy of this state that the interests of each patient and resident be protected by a declaration of a patient's bill of rights which shall include but not be limited to the rights specified in this section.

1. Information about rights.

Patients and residents shall, at admission, be told that there are legal rights for their protection during their stay at the facility and that these are described in an accompanying written statement of the applicable rights and responsibilities set forth in this section. Reasonable arrangements shall be made for those with communication impairments and those who speak a language other than English. Current facility policies, inspection findings of state and local health authorities, and further explanation of the written statement of rights shall be available to patients, residents, their guardians or their chosen representatives upon reasonable request to the administrator or other designated staff person.

---

2747 Minnesota Stat. Ann. 144.651 – 144.652.

2. Courteous treatment.

Patients and residents have the right to be treated with courtesy and respect for their individuality by employees of or persons providing service in a health care facility.

3. Appropriate health care.

Patients and residents shall have the right to appropriate medical and personal care based on individual needs. Appropriate care for residents means care designed to enable residents to achieve their highest level of physical and mental functioning. This right is limited where the service is not reimbursable by public or private resources.

4. Physician's identity

Patients and residents shall have or be given, in writing, the name, business address, telephone number, and specialty, if any, of the physician responsible for coordination of their care. In cases where it is medically inadvisable, as documented by the attending physician in a patient's or resident's care record, the information shall be given to the patient's or resident's guardian or other person designated by the patient or resident as his or her representative.

5. Relationship with other health services.

Patients and residents who receive services from an outside provider are entitled, upon request, to be told the identity of the provider. Residents shall be informed, in writing, of any health care services which are provided to those residents by individuals, corporations, or organizations other than their facility. Information shall include the name of the outside provider, the address, and a description of the service which may be rendered. In cases where it is medically inadvisable, as documented by the attending physician in a patient's or resident's care record, the information shall be given to the patient's or resident's guardian or other person designated by the patient or resident as his or her representative.

6. Information about treatment

Patients and residents shall be given by their physicians complete and current information concerning their diagnosis, treatment, alternatives, risks, and prognosis as required by the physician's legal duty to disclose. This information shall be in terms and language the patients or residents can reasonably be expected to understand. Patients and residents may be accompanied by a family member or other chosen representative. This information shall include the likely medical or major psychological results of the treatment and its alternatives. In cases where it is medically inadvisable, as documented by the attending physician in a patient's or resident's medical record, the information shall be given to the patient's or resident's guardian or other person designated by the patient or resident as his or her representative. Individuals have the right to refuse this information.

7. Participation in planning treatment

Patients and residents shall have the right to participate in the planning of their health care. This right includes the opportunity to discuss treatment and alternatives with individual caregivers, the opportunity to request and participate in formal care conferences, and the right to include a family member or other chosen representative. In the event that the patient or resident cannot be present, a family member or other representative chosen by the patient or resident may be included in such conferences.

8. Continuity of care.

Patients and residents shall have the right to be cared for with reasonable regularity and continuity of staff assignment as far as facility policy allows.

9. Right to refuse care.

Competent patients and residents shall have the right to refuse treatment based on the information required in number 6. Residents who refuse treatment, medication, or dietary restrictions shall be informed of the likely medical or major psychological results of the refusal, with documentation in the individuals medical record. In cases where a patient or resident is incapable of understanding the circumstances but has not been adjudicated incompetent, or when legal requirements limit the right to refuse treatment, the conditions and circumstances shall be fully documented by the attending physician in the patient's or resident's medical record.

10. Experimental research.

Written, informed consent must be obtained prior to a patient's or resident's participation in experimental research. Patients and residents have the right to refuse participation. Both consent and refusal shall be documented in the individual care record.

11. Freedom from abuse.

Patients and residents shall be free from mental and physical abuse as defined in the Vulnerable Adults Protection Act. „Abuse" means any act which constitutes assault, sexual exploitation, or criminal sexual conduct as described in section 626.557, subdivision 2d, or the intentional and nontherapeutic infliction of physical pain or injury, or any persistent course of conduct intended to produce mental or emotional distress. Every patient and resident shall also be free from nontherapeutic chemical and physical restraints, except in fully documented emergencies, or as authorized in writing after examination by a patient's or resident's physician for a specified and limited period of time, and only when necessary to protect the resident from self-injury or injury to others.

12. Treatment privacy.

Patients and residents shall have the right to respectfulness and privacy as it relates to their medical and personal care program. Case discussion, consultation, examination, and treatment are confidential and shall be conducted discreetly. Privacy shall be respected during toileting, bathing, and other activities of personal hygiene, except as needed for patient or resident safety or assistance.

13. Confidentiality of records.

Patients and residents shall be assured confidential treatment of their personal and medical records, and may approve or refuse their release to any individual outside the facility. Residents shall be notified when personal records are requested by any individual outside the facility and may select someone to accompany them when the records or information are the subject of a personal interview. Copies of records and written information from the records shall be made available in accordance with this subdivision and section 144.335. This right does not apply to complaint investigations and inspections by the department of health, where required by third party payment contracts, or where otherwise provided by law.

14. Disclosure of services available.

Patients and residents shall be informed, prior to or at the time of admission and during their stay, of services which are included in the facility's basic per diem or daily room rate and that other services are available at additional charges. Facilities shall make every effort to assist patients and residents in obtaining information regarding whether the medicare or medical assistance program will pay for any or all of the aforehandmentioned services.

15. Responsive service.

Patients and residents shall have the right to a prompt and reasonable response to their questions and requests.

16. Personal privacy.

Patients and residents shall have the right to every consideration of their privacy, individuality, and cultural identity as related to their social, religious, and psychological well-being. Facility staff shall respect the privacy of a resident's room by knocking on the door and seeking consent before entering, expcept in an emergency or where clearly inadvisable.

17. Grievances.

Patients and residents shall be encouraged and assisted, throughout their stay in a facility, to understand and exercise their rights as patients, residents, and citizens. Patients and residents may voice grievances and recommend changes in policies and services to facility staff and others of their choice, free from restraint, interference, coercion, discrimination, or reprisal, including threat of discharge. Notice of the facility's grievance procedure, as well as adresses and telephone numbers for the office of health facility complaints and the area nursing home ombudsman pursuant to the Older Americans Act, section 307(a)(12) shall be posted in a conspiucous place.

18. Communication privacy.

Patients and residents may associate and communicate privately with persons of their choice and enter and, except as provided by the Minnesota Commitment Act, leave the facility as they choose. Patients and residents shall have access, at their expense, to writing instruments, stationery, and postage. Personal mail shall be sent without interference and received unopened unless medically or programmatically contraindicated and documented by the physician in the medical record. There shall be access to a telephone where patients and residents can make and receive calls as well as speak privately. Facilities which are unable to provide a private area shall make reasonable arrangements to accomodate the privacy of patients' or residents' calls. This right is limited where medically inadvisable, as documented by the attending physician in a patient's or resident's care record. Where programmatically limited by a facility abuse prevention plan pursuant to section 626.557, subdivision 14, clause 2, this right shall also be limited accordingly.

19. Personal property.

Patients and residents may retain and use their personal clothing and possessions as space permits, unless to do so would infringe upon rights of other patients or residents, and unless medically or programmatically contraindicated for documented medical, safety, or programmatic reasons. The facility must either maintain a central locked depository or provide individual locked storage areas in which residents may store their valuables for safekeeping. The facility may, but is not required to, provide compensation for or replacement of lost or stolen items.

20. Service for the facility.

Patients and residents shall not perform labor or services for the facility unless those activities are include for therapeutic purposes and appropriated goal-related in their individual medical record.

21. Choice of supplier.

A resident may purchase or rent goods or services not included in the per diem rate from a supplier of his or her choice unless otherwise provided by law. The supplier shall ensure that these purchases are sufficient to meet the medical or treatment needs of the resident.

22. Financial affairs.

Competent residents may manage their personal financial affairs, or shall be given at least a quarterly accounting of financial transactions on their behalf if they delegate this responsibility in accordance with the laws of Minnesota to the facility for any period of time.

23. Right to associate.

Residents may meet with visitors and participate in acitvities of commercial, religious, political, as defined in section 203B.11 and community groups without interference at their discretion if the activities do not infringe on the right of other residents or are not programmatically contraindicated. This includes the right to join with other individuals within and outside the facility to work for improvement in long term care.

24. Advisory councils.

Residents and their families shall have the right to organize, maintain, and participate in resident advisory and family councils. Each facility shall provide assistance and space for meetings. Council meetings shall be afforded privacy, with staff or visitors attending only upon the council's invitation. A staff person shall be designated the responsiblity of providing this assistance and responding to written requests which result from council meetings. Resident and family councils shall be encouraged to make recommendations regarding facility policies.

25. Married residents.

Residents, if married, shall be assured privacy for visits by their spouses, and if both spouses are residents of the facility, they shall be permitted to share a room, unless medically contraindicated and documented by their physicians in the medical records.

26. Transfers and discharges.

Residents shall not be arbitrarily transferred or discharged. Residents must be notified, in writing, of the proposed discharge or transfer and its justification no later than 30 days before discharge from the facility and seven days before the transfer to another room within the facility. This notice shall include the resident's right to contest the proposed action, with the address and telephone number of the area nursing home ombudsman pursuant to the Older Americans Act, section 307(a)(12). The resident, informed of this right, may choose to relocate before the notice period ends. The notice period may be shortened in situations outside the facilit's control, such as a determination by utilization review, the accommodation of newly-admitted residents, a change in the resident's medical or treatment program, the resident's own or another resident's welfare, or nonpayment for stay unless prohibited by the public program or programs paying for the resident's care, as documented in the medical record. Facilities shall make a reasonable effort to accommodate new residents without disrupting room assignments.

144.652 Bill of rights notice to patient or resident; violation. Subdivision 1. Distribution; posting

This section requires all licensed health care facilities to post the bill of rights conspicuously in a public place within the facility. Copies of the law must also be given to the patient or resident and the patient or resident's guardian or conservator upon admittance to the facility.

Facilities which provide services only to patients may delete the sections of the bill of rights which apply only to residents from the copies posted or distributed to patients. These sections include rights 20 to 16, and those portions of other rights that apply only to residents. All copies of the bill of rights which delete these sections must contain a notation that residents have additional rights under the law.

The statement of the bill of rights must include the address and phone number of the board of medical examiners and/or the name and phone number of the person within the facility to whom inquiries about the medical care received may be directed. The notice shall include a brief statement describing how to file a complaint with the Office of Health Facility Complaints concerning a violation of these rights or any other state statute or rule. The notice must also include the address and phone number of the Office of Health Facility Complaints.

Subd.2. Correction order; emergencies

A substantial violation of the rights of any patient or resident as defined in the law, shall be grounds for issuance of a correction. The issuance or nonissuance of a correction order shall not preclude, diminish, enlarge, or otherwise alter private action by or on behalf of patient or resident to enforce any unreasonable violation of his rights. Compliance with the provisions of the bill of rights shall not be required whenever emergency conditions, as documented by the attending physician in a patient's medical record or a resident's care record, indicate immediate medical treatment, including immediate medical treatment, including but not limited to surgical procedures, is necessary and it is impossible or impractical to comply with the provisions of the bill of rights because delay would endanger the patient's or resident's life, health or safety.

# (Draft) Finnish Bill on the rights of patients (1989)[2748]

Act on the Rights of Patients
in accordance with the decision of Parliament it is enacted that:

Section 1

Application

This act covers patients' rights insofar as otherwise is not separately enacted in law.

By patients are herein meant consumers of health care services. Section 12, however, shall also apply to scientific research involving persons other than patients.

By care is herein meant the care of individual persons in health and in sickness. The statements concerning physicians in Sections 3, 9 and 13 of the Act shall, in dental care, correspondingly apply to dentists.

Section 2

Patients' rights to proper care and treatment

Patients are entitled to the care required by their state of health within the limits of the resources available to the health services at the time.

Patients shall receive care in accordance with generally accepted scientific methods and medical practice.

Care of patients and conduct towards them shall be so provided as to ensure for their dignity, for their personal integrity and personal convictions, and for their privacy.

Consideration shall be given to the individual needs of patients in their care and treatment. Care and treatment of patients shall be provided with due regard to their mother tongue.

Section 3

Admission to care and termination of care

Patients shall be dealt with equitably when decisions are made concerning admission to care, concerning care and concerning termination of care.

Decisions concerning admission to and termination of care shall be made by a physician.

Efforts should be made to ensure the continuity of the care of the patients.

---

2748 Text; unofficial translation: Council of Europe, Committee of experts on legal problems in the medical field (CJ/SP-ME).

Section 4

Patients' access to care

If patients cannot be admitted to care, they shall be instructed to wait for admission to care, or shall be dispatched for care elsewhere, in accordance with their state of health.

When patients have to wait for care, they shall be told the reason for the delay and the estimated duration of the delay.

If patients are in need of urgent care, they shall be given medical assistance or shall be admitted to care as is separately enacted thereon.

Section 5

Patients' right to be informed

Patients are entitled to receive information about their state of health and about circumstances associated with their care that are of importance when decisions are made concerning their care.

Such information shall preferably be given in a manner that ensures that the patients shall be able to understand its content. If, owing to the unconsciousness of a patient or to any other comparable reason, the information cannot be given to the patient, it can be given to a near relative or other close person unless the patient has forbidden such a procedure.

Patients are entitled to received information about their medical files and about any other comparable document or technical record associated with their cases.

Patients shall not have the right, however, to obtain such information if it is obvious that serious risk would ensue to the life or the health of the patient from the divulging of such information.

Section 6

Patients' right to self-determination

Decisions concerning the care of the patient shall be made in mutual understanding with the patient. In the event that the patient refuses treatment, the patient shall be treated in another medically acceptable manner insofar as this is possible.

If, due to unconsciousness or other comparable reason, the patient is unable to express his or her will, the patient shall be given the treatment necessary to ward off the hazard directly imperilling his or her life or health.

Patients must not be given such treatment, however, if it is obvious that they would refuse it from a previously declared expression of will concerning it.

Section 7

Position of legally incapacitated patients

If, due to mental illness, mental deficiency or disturbed mental functions, patients are unable to decide competently about their care, they shall be treated in understanding with their guardians or with their specifically appointed trustees.

If a minor patient is under 12 years of age and if he or she is not otherwise competent to decide about care on account of his or her age or level of development or of the nature of the care, such a patient shall be given care in understanding with the patient's guardian.

A guardian or trustee is not entitled to refuse care indispensable to warding off a risk imperilling the life or health of a patient.

If a legally incapacitated patient is able effectively to decide about his or her care, that patient shall have the right, if there exist weighty reasons, to forbid the divulging of pertinent information to the guardian or trustee.

Section 8

Confidentiality

Information about the patient's state of health, illness or family circumstances, and other comparable information, must not be divulged to outsiders without permission.

Section 9

Objection

Patients unsatisfied with their care or treatment are entitled to enter an objection with the physician in charge of the health care unit.

Such patients shall be given advice concerning the making of objections.

The person against whom the objection is made shall be given an opportunity of being heard. The objection shall be dealt with within a reasonable period of time, and a response to it shall be made.

This provision does not limit the right of patients to enter complaints about their care or treatment with the authority in charge of the health services.

Section 10

Commissioner (ombudsman) of patients

A health service unit shall have a commissioner of patients. There may be one commissioner of patients jointly for several health service units.

The responsibility of the commissioner of patients is

1. to advise patients and health service personnel on questions associated with the application of the present Act
2. to assist patients in the matter covered by Section 9
3. to impart information about the rights of patients, and
4. to act otherwise for the promotion of patients' rights.

Section 11

Council of patients

At a health service unit that regularly has more than 10 patients under long-term care, a council of patients may be established. The council of patients shall be elected by the patients at the health service unit.

The council of patients is entitled to make proposals to the health service unit regarding the treatment, the discipline to be complied with at the unit, and similar matters. Such proposals shall be dealt with within a reasonable period of time. If it is held that such a proposal does not give rise to any measure, the grounds for such a decision must be given and a statement to the effect made to the commissioner or patients.

Detailed provisions on the election of the council of patients and on its functioning are given in the council of patients' regulations of the health service unit.

Section 12

Scientific reasearch on human beings

The provisions of Subsections 2-4, Section 2, and of Sections 5-9 of this Act, on the rights of patients and the principles to be observed in the care of patients, shall be applied equally when scientific research of human beings is being performed at a health service unit.

Section 13

Ethical committees

Prior to the commencement of scientific research on human beings, the opinion of the local ethical committee shall be obtained in respect of the research plan. If the physician in charge of the health service unit, contrary to the opinion of the committee, holds that the research may be commenced, the matter shall be referred to the National Ethical Committee for definitive decision.

Physicians, other health service personnel and patients shall be represented on the ethical committees.

The local ethical committee functions at the respective health service unit and is appointed by the maintainer of the unit. There may be one local ethical committee jointly for several health service units. The National Ethical Committee functions in connection with the National Board of Health.

Provisions shall be made by statute concerning the ethical committees and their responsibilities.

Section 14

Statute issuing authorisation

Closer provisions about the application of this Act shall be issued when necessary by statute.

Section 15

Coming into force

This Act shall come into force on

## New York – Abuse Reporting Law (1977)[2749]

Reporting abuses of persons receiving care or services in residential health care facilities

Legislative Findings:

The legislature finds that patients of nursing homes and facilities providing health related services have special problems in reporting abuse and in protecting themselves from it. It is the intention of the legislature to encourage the staff of nursing homes and facilities providing health related services to report instances of abuse in order to protect the physical health and phsical safety of persons residing in those facilities.

1. The following persons are required to report in accordance with this section when they have reasonable cause to believe that a person receiving care or services in a residential health care facility has been physically abused, mistreated or neglected by other than a person receiving care or services in the facility: any operator or employee of such facility, any person who, or employee of any corporation, partnership, organization or other entity which, is under contract to provide patient care services in such facility, and any nursing home administrator, physician, medical examiner, coroner, physician's associate, specialist's assistant, osteopath, chiropractor, physical therapist, occupational therapist, registered professional nurse, licensed practical nurse, dentist, podiatrist, opometrist, pharmacist, psychologist, certified social worker, speech pathologist and audiologist.

2. In addition to those persons required to report suspected physical abuse, mistreatment or neglect of persons receiving care or services in residential health care facilities, any other person may make such a report if he or she has reasonable cause to believe that a person receiving care or services has been physically abused, mistreated or neglected in the facility.

3. Reports of suspected physical abuse, mistreatment or neglect made pursuant to this section shall be made immediately by telephone and in writing within forty-eight hours to the department. Written reports shall be made on forms supplied by the commissioner and shall include the following information: the identity of the person making the report and where he can be found; the name and address of the residential health care facility; the names of the operator and administrator of the facility, if known; the name of the subject of the alleged physical abuse, mistreatment or neglect, if known; the nature and extent of the the physical abuse, mistreatment or neglect; the date, time and specific location of the occurence; the names of next of kin or sponsors of the subject of the alleged physical abuse, mistreatment or neglect, if known; and

2749 New York Public Health Code §2803-d, 1977.

any other information which the person making the report believes would be helpful to further the purposes of this section. Such written reports shall be admissible in evidence, consistent with the provisions of paragraph (f) of subdivision six of this section, in any actions or proceedings relating to physical abuse, mistreatment or neglect of persons receiving care or services in residential health care facilities. Written reports made other than on forms supplied by the commissioner which contain the information required herein shall be treated as if made on such forms.

4. Any person who in good faith makes a report pursuant to this section shall have immunity from any liability, civil or criminal, for having made such a report. For the purpose of any proceeding, civil or criminal, the good faith of any person required to report instances of physical abuse, mistreatment or neglect of persons receiving care or services in residential health care facilities shall be presumed.

5. Notwithstanding the provisions of section two hundred thirty of this chapter, any licensed person who commits an act of physical abuse, mistreatment or neglect of a person receiving care or services in a residential health care facility and any licensed person required by this section to report an instance of suspected physical abuse, mistreatment or neglect of a person receiving care or services in a residential health care facility who fails to do so shall be guilty of unprofessional conduct in the practice of his or her profession.

6. (a) Upon receipt of a report made pursuant to this section, the commissioner shall cause an investigation to be made of the allegations contained in the report. Notification of the receipt of a report shall be made immediately by the department to the appropriate district attorney if a prior request in writing has been made to the department by the district attorney. Prior to the completion of the investigation by the department, every reasonable effort shall be made to notify, personally or by certified mail, any person under investigation for having committed an act of physical abuse, mistreatment or neglect. The commissioner shall make a written determination, based on the findings of the investigation, of whether or not sufficient credible evidence exists to sustain the allegations contained in the report or would support a conclusion that a person not named in such report has committed an act of physical abuse, neglect or mistreatment. A copy of such written determination, together with a notice of the right to a hearing as provided in this subdivision, shall be sent by registered or certified mail to each person who the commissioner has determined has committed an act of physical abuse, neglect or mistreatment. A letter shall be sent to any other person alleged in such report to have committed such an act stating that a determination has been made that there is not sufficient evidence to sustain the allegations relating to such

person. A copy of each such determination and letter shall be sent to the facility in which the alleged incident occurred.

(b) The commissioner may make a written determination, based on the findings of the investigation, that sufficient credible evidence exists to support a conclusion that a person required by this section to report suspected physical abuse, mistreatment or neglect had reasonable cause to believe that such an incident occured and failed to report such incident. A copy of such written determination, together with a notice of the right to a hearing as provided in this subdivision, shall be sent by registered or certified mail to each person who the commissioner has determined has failed to report as required by this section.

(c) All information relating to any allegation which the commissioner has determined would not be sustained shall be expunged forthwith. Whenever information is expunged, the commissioner shall notify any official notified pursuant to paragraph (a) of this subdivision that the information has been expunged.

(d) At any time within thirty days of the receipt of a copy of a determination made pursuant to this section, a person named in such determination as having committed an act of physical abuse, neglect or mistreatment, or as having failed to report such an incident; may request in writing that the commissioner amend or expunge the record of such report, to the extent such report applies to such person, or such written determination. If the commissioner does not comply with such request within thirty days, such person shall have the right to a fair hearing to determine whether the record of the report or the written determination should be amended or expunged on the grounds that the record is inaccurate or the determination is not supported by the evidence. The burden of proof in such hearing shall be on the department. Whenever information is expunged, the commissioner shall notify any official notified pursuant to paragraph (c) of this subdivision that the information has been expunged.

(e) Except as hereinafter provided, any report, record of the investigation of such report and all other information related to such report shall be confidential and shall be exempt from disclosure under article six of the public officers law.

(f) Information relating to a report made pursuant to this section shall be disclosed under any of the following conditions:

(i) pursuant to article six of the public officers law after expungement or amendment, if any, is made in accordance with a hearing conducted pursuant to this section, or at least forty-five days after a written determination is made by the commissioner concerning such report, whichever is later; provided, however, that the identity named, except a person whom the commissioner has determined committed an act of physical abuse, neglect or mistreatment, shall not be disclosed unless such person authorizes such disclosure;

(ii) as may be required by the penal law or any lawful order or warrant issued pursuant to the criminal procedure law; or

(iii) to a person who has requested a hearing pursuant to this section, information relating to the determination upon which the hearing is to be conducted; provided, however, that the identity of the person who made the report or any other person who provided information in an investigation of the report shall not be disclosed unless such person authorizes such disclosure.

(g) Where appropriate, the commissioner shall report instance of physical abuse, mistreatment or neglect or the failure to report as required by this section, to the appropriate committee on professional conduct for the professions enumerated in subdivision one of this section when a determination has been made after the commissioner has provided an opportunity to be heard.

7. In addition to any other penalties prescribed by law, any person who commits an act of physical abuse, neglect or mistreatment, or who fails to report such an acts as provided in this section, shall be deemed to have violated this section and shall be liable for a penalty pursuant to section twelve of this chapter after an opprtunity to be heard pursuant to this section.

8. No residential health care facility or officer or employee thereof shall discharge or in any manner discriminate or retaliate against any person in any residential health care facility or any relative, or sponsor thereof, or against any employee of the facility, or against any other person because such person, relative, legal representative, sponsor or employee has made, or is about to make, a report pursuant to this section, or has testified, or is about to testify, in any proceeding relating to physical abuse, mistreatment or neglect of a person receiving care or services in a residential health care facility. The supreme court may grant injunctive relief to any person subject to such retaliation or discrimination. Any violation of this subdivision shall be punishable pursuant to section twelve of this chapter.

9. No later than March 15th of every year the commissioner shall prepare and transmit to the governor and the legislature a report on the incidents of physical abuse, mistreatment and neglect of persons receiving care or services in residential health care facilities. Not information concerning any indivdual or facility shall be disclosed in a report made pursuant to this subdivsion, or in any other report, except information which would be available pursuant to article six of the public officers law as provided in this section. Nothing in this section shall be construed to prohibit the maintenance or disclosure of, or require the expungement of, statistical data which would not reveal the identity of any person or facility.

10. An investigation shall be made of each indicent reported pursuant to

this section, but only the provisions of paragraphs (e) and (f) of subdivision six, and subdivisions two, four, eight and nine shall apply to physical abuse by persons receiving care or services in residential health care facilities.

11. The commissioner shall adopt rules and regulations necessary to implement this section.

(Added L.1977, c.900, § 2; amended L.1980, c.340, § 1; L.1980, c.622, §§ 1,2.)

# Minnesota – Reporting of Maltreatment of Vulnerable Adults Law (1980)[2750]

Subdivision 1. Public policy. The legislature declares that the public policy of this state is to protect adults who, because of physical or mental disability of dependency on institutional services, are particularly vulnerable to abuse or neglect; to provide safe institutional or residential services or living environments for vulnerable adults who have been abused or neglected; and to assist persons charged with the care of vulnerable adults to provide safe environments.

In addition, it is the policy of this state to require the reporting of suspected abuse or neglect of vulnerable adults to provide for the voluntary reporting of abuse or neglect of vulnerable adults, to require the investigation of the reports, and to provide protective and counseling services in appropriate cases.

Subd. 2. Definitions. As used in this section, the following terms have the meanings given them unless the specific context indicates otherwise.

(a) „Facility“ means a hospital or other entity required to be licensed pursuant to section 144.50 to 144.58; a nursing home required to be licensed to serve adults pursuant to section 144. A.02; an agency day care facility or residential facility required to be licensed to serve adults pursuant to sections 245.781 to 24.812; or a home health agency certified for participation in titles XVIII or XIX of the Social Security Act, United States Code, title 42 sections 1395 et seq.

(b) „Vulnerable adult“ means any person 18 years of age or older:

(1) who is a resident or inpatient of a facility;

(2) who receives services at or from a facility required to be licensed to serve adults pursuant to sections 245.781 to 245.812, except a person receiving outpatient services for treatment of chemical dependency or mental illness;

(3) who receives services from a home health agency certified for participation under titles XVIII or XIX of the Social Security Act. United States Code, title 42 sections 1395 et seq. and 1396 et seq.; or

(4) who, regardless of residence or type of service received, is unable or unlikely to report abuse or neglect without assistance because of impairment of mental of physical function or emotional status.

(c) „Caretaker“ means an individual or facility who has responsibility for the care of a vulnerable adult as a result of a family relationship, or who has assumed responsibility for all or a portion of the care of a vulnerable adult voluntarily, by contract, or by agreement.

---

2750 Minnesota Statutes Ann. §626.557 et seq.

(d) „Abuse“ means:

(1) any act which constitutes a violation under sections 609.221 to 609.223, 609.23 to 609.235, 609.322, 609.342, 609.343, 609.344 or 609.345;

(2) nontherapeutic conduct which produces or could reasonably be expected to produce pain or injury and is not accidental, or any repeated conduct which produces or could reasonably be expected to produce mental or emotional distress.

(3) any sexual contact between a facility staff person and a resident or client of that facility; or

(4) the illegal use of a vulnerable adults person or property for another persons profit or advantage, or the breach of a fiduciary relationship through the use of a person or a person's property for any purpose not in the proper and lawful execution of a trust, including but not limited to situations where a person obtains money, property, or services from a vulnerable adult through the use of undue influence, harassment, duress.

(2) the commissioner of human services, for facilities required by sections 245.781 to 245.813 to be licensed;

(3) any licensing board which regulates persons pursuant to section 214.01, subdivision 2; and

(4) any agency responsible for credentialing human services occupations.

Subd. 3. Persons mandated to report. A professional or the professinal's delegate who is engaged in the care of vulnerable adults, education, social services, law enforcement, or any of the regulated occupations referenced in subdivision 2, clause (3) and (4), or an employee of a rehabilitation facility certified by the commissioner of jobs and training for vocational rehabilitation, or an employee of or person providing services in a facility who has knowledge of the abuse or neglect of a vulnerable adult, has reasonable cause to believe that a vulnerable adult has sustained a physical injury which is not reasonably explained by the history of injuries provided by the caretaker or caretakers of the vulnerable adult shall immediately report the information to the local police department, county sheriff, local welfare agency, or appropriate licensing or certifying agency. The police department or the county sheriff, upon receiving a report, shall immediately notify the local welfare agency. The local welfare agency, upon receiving a report, shall immediately notify the local police department or the county sheriff and the appropriate licensing agency or agencies.

A person not required to report under the provisions of this subdivision may voluntarily report as described above. Medical examiners or coroners shall notify the police department or county sheriff and the local welfare department in instances in which they believe that a vulnerable adult has died as a result of abuse or neglect.

Nothing in this subdivision shall be construed to require the reporting or transmittal of information regarding an incident of abuse or neglect or suspected abuse or neglect if the incident has been reported or transmitted to the appropriate person or entity.

Subd. 3a. Report not required. (a) Where federal law specifically prohibits a person from disclosing patient identifying information in connection with a report of suspected abuse or neglect under Laws 1983, chapter 273, section 3, that person need not make a required report unless the vulnerable adult, or the vulnerable adult's guardian, conservator, or legal representative, has consented to disclosure in a manner which conforms to federal requirements. Facilities whose patients or residents are covered by such a federal law shall seek consent to the disclosure of suspected abuse or neglect from each patient or resident, or a guardian, conservator, or legal representative, upon the patient's or resident's admission to the facility. Persons who are prohibited by federal law from reporting an incident of suspected abuse or neglect shall promptly seek consent to make a report.

(b) Except as defined in subdivision 2, paragraph (d), clause (1), verbal or physical aggression occurring between patients, residents, or clients of a facility, or self-abusive behavior of these persons does not constitute „abuse“ for the purposes of subdivision 3 unless it causes serious harm. The operator of the facility or a designee shall record incidents of aggression and self-abusive behavior in a manner that facilitates periodic review by licensing agencies and county and local welfare agencies.

(c) Nothing in this section shall be construed to require a report of abuse, as defined in subdivision 2, paragraph (d), clause (4), solely on the basis of the transfer of money or property by gift or as compensation for services rendered.

Subd. 4. Report. A person required to report under subdivision 3 shall make an oral report immediately by telephone or otherwise. A person required to report under subdivision 3 shall also make a report as soon as possible in writing to the appropriate police department, the county sheriff, local welfare agency, or appropriate licensing agency. The written report shall be of sufficient content to identify the vulnerable adult, the caretaker, the nature and extent of the suspected abuse or neglect, any evidence of previous abuse or neglect, name and address of the reporter, and any other information that the reporter believes might be helpful in investigating the suspected abuse or neglect. Written reports received by a police department or a county sheriff shall be forwarded immediately to the local welfare agency. The police department or the county sheriff may keep copies of reports received by them. Copies of written reports received by a local welfare department shall be forwarded immediately to the local police department or the county sheriff and the appropriate licensing agency or agencies.

Subd. 5. Immunity from liability. (a) A person making a voluntary or mandated report under subdivision 3 or participating in an investigation under this section is immune from any civil or criminal liability that otherwise might result from the person's actions, if the person is acting in good faith.

(b) A person employed by a local welfare agency or a state licensing agency who is conducting or supervising an investigation or enforcing the law in compliance with subdivision 10, 11, or 12 or any related rule or provision of law is immune from any civil or criminal liability that might otherwise result from the person's actions, if the person is acting in good faith and exercising due care.

Subd. 6. Immunity from liability. A person, including a person voluntarily making reports and a person required to make reports under subdivision 3, participating in good faith in making a report pursuant to this section shall have immunity from any civil liability that otherwise might result from making report.

Subd. 6. Falsified reports. A person who intentionally makes a false report under the provisions of this section shall be liable in a civil suit for any actual damages suffered by the person or persons so reported and for any punitive damages set by the court or jury.

Subd. 7. Failure to report. (a) A person required to report by this section who intentionally fails to report is guilty of a misdemeanor.

(. . .)

Subd. 9. Mandatory reporting to a medical examiner or coroner. A person required to report under the provisions of subdivision 3 who has resonable cause to believe that a vulnerable adult has died as a direct or indirect result of abuse or neglect shall report that information to the appropriate medical examiner or coroner in addition to the local welfare agency police department, or county sheriff or appropriate licensing agency or agencies. The medical examiner or coroner shall complete an investigation as soon as feasible an report the findings to the police department or county sheriff, the local welfare agency and, if applicable, each licensing agency.

Subd. 10. Duties of local welfare agency upon a receipt of a report. (a) The local welfare agency shall immediately investigate and offer emergency and continuing protective social services for purposes of preventing further abuse or neglect and for safeguarding and enhancing the welfare of the abused or neglected vulnerable adult. Local welfare agencies may enter facilities and inspect and copy records as part of investigations. In cases of suspected sexual abuse the local welfare agency shall immediately arrange for and make available to the victim appropriate medical examination and treatment. The investigation shall not be limited to the written records of the facility but shall include every other available source of information. When necessary in order to protect the vulnerable adult from further harm, the local welfare agency shall seek authority to remove the vulnerable adult from the situation in which the neglect or abuse occurred. The local welfare agency shall also investigate to determine whether the conditions which resulted in the reported abuse or neglect place other vulnerable adults in jeopardy of being abused or neglected and offer protective social services that care called for by its determination. In performing any of these duties, the local welfare agency shall maintain appropriate records.

(b) If the report indicates, or if the local welfare agency finds that the suspected abuse or neglect occurred at a facility, or while the vulnerable adult was or should have been under the care of or receiving services from a facility, or that the suspected abuse or under the care of or receiving services from a facility, or that the suspected abuse or neglect involved a person licensed by a licensing agency to provide care or services, the local welfare agency shall immediately notify each appropriate licensing agency and provide each licensing agency with a copy of the report and of its investigative findings.

(c) When necessary in order to protect a vulnerable adult from serious harm the local agency shall immediately intervene on behalf of that adult to help the family, victim or other interested person by seeking any of the follwings.

(1) a restraining order or a court order for removal of the perpetrator from the residence of the vulnerable adult pursuant to section 518B.01;

(2) the appointment of a guardian or conservator pursuant to sections 525.539 to 525.6198, or guardianship or conservatorship pursuant to chapter 252A;

(3) replacement of an abusive or neglectful guardian or conservator and appointment of a suitable person as guardian or conservator, pursuant to sections 525.539 to 525.6199. or

(4) a referral to the prosecuting attorney for possible criminal prosecution of the perpetrator under chapter 609.

The expenses of legal intervention must be paid by the county in the case of indigent persons, under section 525.703 and chapter 563.

In preceedings under sections 525.539 to 525.6198, if a suitable relative or other person is not available to petition for guardianship or conservatorship, a county employee shall present the petition with representation by the county attorney. The county shall contract with or arrange for a suitable person or nonprofit organization to provide ongoing guardianship services. If the county presents evidence to the probate court that it has made a diligent effort and no other suitable person can be found, a county employee may serve as guardian or conservator. The county shall not retaliate against the employee for any action taken on behalf of the ward or conservatee even if the action is adverse to the county's interest. Any person retaliated against in violation of this subdivision shall have a cause of action against the county and shall be entitled to reasonable attorney fees and costs of the action if the action is upheld by the court.

Subd. 10a. Notification of neglect or abuse in a facility. (a) When a report is received that alleges neglect, physical abuse, or sexual abuse of a vulnerable adult while in the care of a facility required to be licensed under section 144. A.02 or sections 245.781 to 245.812, the local welfare agency investigating the report shall notify the guardian or conservator of the person of a vulnerable adult under guardianship or conservatorship of the person who is alleged to have been abused or neglected. The local welfare agency shall notify the person, if any, designated to be notified in case of an emergency by a vulnerable adult not under guardianship or conservatorship of the person who is alleged to have been abused or neglected, unless consent is denied by the vulnerable adult. The notice shall contain the following information: the name of the facility; the fact that a report of alleged abuse or neglect of a vulnerable adult in the facility has been received; the nature of the alleged abuse or neglect; that the agency is conducting an investigation; any protective or corrective measures being taken pending the outcome of the investigation; and that a written memorandum will be provided when the investigation is completed.

(b) In a case of allged neglect, physical abuse, or sexual abuse of a vulnerable adult while in the care of a facility required to be licensed under sections 245.781 to 245.812, the local welfare agency may also provide the information in paragraph (a) to the guardian or conservator of the person of any other vulnerable adult in the facility who is under guardianship or conservatorship of the person, to any other vulnerable adult in the facility who is not under guardianship or conservatorship of the person, unless consent is denied by the vulnerable adult, if the investigative agency knows or has reason to believe the alleged neglect, physical abuse, or sexual abuse has occurred.

(c) When the investigation required under subdivision 10 is completed, the local welfare agency shall provide a written memorandum containing the following information to every guardian or conservator of the person or other person notified by the agency of the investigation under paragraph (a) or (b): the name of the facility investigated; the nature of the alleged neglect, physical abuse, or sexual abuse; the investigator's name; a summary of the investigative findings; a statement of whether the report was found to be substantiated, inconclusive, or false; and the protective or corrective measures that are being or will be taken. The memorandum shall be written in a manner that protects the identy of the reporter and the alleged victim and shall not contain the name or, to the extent possible, reveal the identity of the alleged perpetrator or of those interviewed during the investigation.

(d) In a case of neglect, physical abuse, or sexual abuse of a vulnerable adult while in the care of a facility required to be licensed under sections

245.781 to 245.812, the local welfare agency may also provide the written memorandum to the guardian or conservator of the person of any other vulnerable adult in the facility who is under guardianship or conservatorship of the person, to any other vulnerable adult in the facility who is not under guardianship or conservatorship of the person, and to the person, if any designated to be notified in case of an emergency by any other vulnerable adult in the facility who is not under guardianship or conservatorship of the person, unless consent is denied by the vulnerable adult, if the report is substantiated or if the investigation is inconclusive and the report is a second or subsequent report of neglect, physical abuse, or sexual abuse of a vulnerable adult while in the care of the facility.

(e) In determining whether to exercise the discretionary authority granted under paragraphs (b) and (d), the local welfare agency shall consider the seriousness and extent of the alleged neglect, physical abuse, or sexual abuse and the impact of notification on the resident of the facility. The facility shall be notified when-ever this discretion is exercised.

(f) Where federal law specifically prohibits the disclosure of patient identifying information, the local welfare agency shall not provide any notice under paragraph (a) or (b) or any memorandum under paragraph (c) or (d) unless the vulnerable adult has consented to disclosure in a manner which conforms to federal requirements.

Subd. 11. Duties of licensing agencies upon receipt of report. Whenever a licensing agency receives a report, or otherwise has information indicating that a vulnerable adult may have been abused or neglected at a facility it has licensed or that a person it has licensed or credentialed to provide care or services may be involved in the abuse or neglect of a vulnerable adult, or that such a facility or person has failed to comply with the requirements of this section, it shall immediately investigate. Subject to the provisions of chapter 13, the licensing agency shall have the right to enter facilities and inspect and copy records as part of investigations. The investigation shall not be limited to the written records of the facility, but shall include every other available source of information. The licensing agency shall issue orders and take actions with respect to the license of the facility or person that are designed to prevent further abuse or neglect of vulnerable adults.

Subd. 11a. Duties of prosecuting authorities. Upon receipt of a report from a social service or licensing agency, the prosecuting authority shall immediately investigate, prosecute when warranted, and transmit its findings and disposition to the refering agency.

Subd. 12. Records. (a) Each licensing agency shall maintain summary records of report of alleged abuse or neglect and alleged violations of the requirements of the section with respect to facilities or persons licensed or credentialed by that agency. As standing section 13.46, subdivision 3, the investigation memorandum shall be accessible to the public pursuant to section 13.03 and a copy shall be provided to any public agency which referred the matter to the licensing agency for investigation. It shall contain a complete review of the agency's investigation, including but not limited to the name of any facility investigated; a statement of the nature of the alleged abuse or neglect or other violation of the requirements of this section; perment information obtained from medical or other records reviewed; the investigator's name a summary of the investigation's findings; a statement of whether the report was found to be substantiated, inconclusive, or false; and a statement of any action taken by the agency. The investigation memorandum shall be written in a manner which protects the identity of the reporter and of the vulnerable adult and may not contain the name or, to the extent possible, the identity of the alleged perpetrator or of those interviewed during the investigation. During the licensing agency's investigation, all data collected pursuant to this section shall be classified as investigative data pursuant to section 13. 39. After the licensing agency's investigation is complete, the data on individuals collected and maintained shall be private data on individuals. All data collected pursuant to this section shall be made available to prosecuting authorities and law enforcement officials, local welfare agencies, and licensing agencies investigating the alleged abuse or neglect. Notwithstanding any law to the contrary, the name of the reporter shall be discolsed only upon a finding by the court that the report was false and made in bad faith.

(b) Notwithstanding the provisions of section 138.163.

(1) all data maintained by licensing agencies, treatment facilities, or other public agencies which relate to reports which, upon investigation, are found to be false may be destroyed two years after the finding was made;

(2) all data maintained by licensing agencies, treatment facilities, or other public agencies which relate to reports which, upon investigation, are found to be inconclusive may be destroyed four years after the finding was made;

(3) all data maintained by licensing agencies, treatment, facilities, or other public agencies which relate to reports which, upon investigation, are found to be substantiated may be destroyed seven years after the finding was made.

Subd. 12a. Repealed by Laws 1983, c. 273, § 8.

Subd. 13. Coordination. (a) Any police department or county sheriff, upon receiving a report shall notify the local welfare agency pursuant to subdivision 3. A local welfare agency or licensing agency which receives a report pursuant to that subdivision shall immediately notify the appropriate law enforcement, local welfare, and licensing agencies.

Subd. 14. Abuse prevention plans. (a) Each facility, except home health agencies, shall establish and enforce an ongoing written abuse prevention plan. The plan shall contain an assessment of the physical plant, its environment, and its population identifying factors which may encourage or permit abuse, and a statement of specific measures to be taken to minimize the risk of abuse. The plan shall comply with any rules governing the plan promulgated by the licensing agency.

(b) Each facility shall develop an individual abuse prevention plan for each vulnerable adult residing there. Facilities designated in subdivision 2, clause (bX2) or clause (bX3) shall develop plans for any vulnerable adults receiving services from them. The plan shall contain an individualized assessment of the person's susceptibility to abuse, and a statement of the specific measures to be taken to minimize the risk of abuse to that person. For the purposes of this clause, the term „abuse“ includes self-abuse.

Subd. 15. Internal reporting of abuse and neglect. Each facility shall establish and enforce an ongoing written procedure in compliance with the licensing agencies rules for insuring that all cases of suspected abuse or neglect are reported promptly to a person required by this section to report abuse and neglect and are promptly investigated.

Subd. 16. Enforcement. (a) A facility that has not complied with this section within 60 days of the effective date of passage of emergency rules is ineligible for renewal of its license. A person required by subdivision 3 to report and who is licensed or credentialed to practice an occupation by a licensing agency who willfully fails to comply with this section shall be disciplined after a hearing by the appropriate licensing agency.

(b) Licensing agencies shall as soon as possible promulgate rules necessary to implement the requirements of subdivisions 11, 12, 13, 14, 15 and 16 clause a. Agencies may promulgate temporary rules pursuant to sections 14.29 to 14. 36.

(c) The commissioner of human service shall promulgate rules as necessary to implement the requirements of subdivision 10.

Subd. 17. Retaliation prohibited. (a) A facility or person shall not retaliate against any person who reports in good faith suspected abuse or neglect pursuant to this section.

(. . .)

(b) Any facility or person which retaliates against any person because of a report of suspect abuse or neglect is liable to that person for actual damages and, in addition, a penalty up to $ 1,000.

(c) There shall be a rebuttable presumption that any adverse action, as defined below within 90 days of a report, is retaliatory. For purposes of this clause, the term „adverse action“ refers to action taken by a facility or person involved in a report against the person making the report or the person with respect to whom the report was made because of the report, and includes, but is not limited to:

(1) Discharge or transfer from the facility;

(2) Discharge from or termination of employment;

(3) Demotion or reduction in remuneration for services;
(4) Restriction or prohibition of access to the facility or its residents; or
(5) Any restriction of rights set forth in section 144.651.

Subd. 18. Outreach. The commissioner of public welfare shall establish an aggressive program to educate those required to report, as well as the general public, about the requirements of this section using a variety of media.

Subd. 19. Penalty. Any caretaker, as defined in subdivision 2, or operator or employee thereof, or volunteer worker thereat, who intentionally abuses or neglects a vulnerable adult, or being a caretaker, knowingly permits conditions to exist which result in the abuse or neglect of a vulnerable adult, is guilty of a gross misdemeanor.

# Florida – State and District Long-Term Care Ombudsman Committees Act (1981)[2751]

400.301 Legislative intent.–

(1) The Legislature finds and declares that conditions in nursing homes in Florida are such that the personal and health care needs of the residents are not assured either by regulation of the Department of Health and Rehabilitative Services or the good faith of the nursing home industry. Furthermore, there is no formal mechanism whereby a nursing home resident or his representative may make a complaint against a nursing home facility or its employees. The Legislature declares further that concerned citizens are more effective advocates of the rights of others than government agencies.

It is the intent of the Legislature, therefore, to provide an alternative to the present method of correcting nursing home deficiencies, by establishing, at the state and district levels, voluntary citizen ombudsman councils which are not subject to interference by any executive agency and which shall undertake to discover, and determine the presence of abuse or neglect in nursing home facilities and to receive, investigate, and resolve complaints against nursing home facilities.

To ensure that the effectiveness and efficiency of such investigations are not impeded by advance notice or delay, the Legislature intends that ombudsman councils shall not be required to obtain warrants in order to enter into or to conduct administrative inspections of nursing home facilities. It is the intent of the Legislature that the invironment in nursing home facilities should be conducive to the dignity and independence of residents and that investigations by ombudsman councils should further the enforcement of laws and regulations that safeguard the health, safety, and welfare of residents.

(2) The Legislature further finds that procedures of discovering and investigating the presence of abuse or neglect and for receiving and investigating complaints through the mechanism of the state and district ombudsman councils should be extended to include complaints relating to adult congregate living facilities and adult foster homes. These facilities shall hereinafter be referred to as „long-term care facilities."

400.304 Establishment of a State Nursing Home and Long-Term Care Facility Ombudsman Council; duties; membership.–

(1) There is created a State Nursing Home and Long-Term Care Facility Ombudsman Council which shall be located for administrative purposes in the Comisssion on Aging.

(2) In order to ensure that the ombudsman program has the objectivity and independence required to qualify it for funding under the federal Older

2751 Florida Statutes sec.400.304-400.307.

Americans Act, the State Unit on Aging of the Department of Health and Rehabilitative Services shall contract with the Comission on Aging for the operation of the State Long-Term Care Ombudsman to carry out the long-term care ombudsman program and advise the state and district councils.

The contract shall be limited to provisions which assure compliance with and carry out the intent of the Older Americans Act. The State Unit on Aging shall:

(a) In accordance with guidelines formulated by the state council, provide the funds necessary to match the federal allocation;

(b) Receive and disburse state and federal funds by contract with the Comission on Aging for purposes that the state council has formulated in accordance with the Older Americans Act.

(c) Act as liaison between the federal program representatives, the staffs of the state and district councils, and members of the state and district councils.

(d) Submit annually to the Legislature a report of the status of the contract with the Commission on Aging, including a statement regarding any problems in the contractual arrangement; an assessement of the success of the ombudsman program during the preceding year; the degree of compliance by the program with the Older Americans Act; and an assessement of the level of cooperation between the Department of Health and Rehabilitative Services and the ombudsman program regarding shared responsibilities, including, but not limited to, access to records and actions taken on behalf of residents of long-term care facilities. The report shall be submitted in conjunction with the report submitted by the state ombudsman council required by this section. The first report shall be submitted to the legislature on or before March 1, 1990.

(3) The state ombudsman council:

(a) Shall help establish and coordinate the district ombudsman councils throughout the state.

(b) Shall serve as an appelate body in receiving from the district ombudsman councils complaints not resolved at the district level. The state ombudsman council may enter any nursing home or long-term care facility involved in an appeal, pursuant to the conditions specified in s. 400.307(3). Members associated with a nursing home or long-term care facility under investigation by a council shall not participate in the investigation or in an appeal.

(c) Shall develop procedures to discover, investigate, and determine the existence of abuse or neglect in any nursing home or long-term care facility. Investigations may consist, in part, of one or more onsite administrative inspections.

(d) Shall develop procedures for eliciting, receiving, responding to, and resolving complaints made by, and on behalf of, nursing home and long-term care facility residents.

(e) Shall elicit and coordinate state, local, and voluntary organizational assistance for the purpose of improving the care received by residents of a nursing home or long-term care facility.

(f) Shall prepare an annual report to the President of the Senate, the Speaker of the House, and the Governor containing an appraisal of the problems of nursing home and long-term care facility residents and recommendations for improving nursing and long-term care facility treatment, and an analysis of the success of the ombudsman program during the preceding year which address, at a minimum, the relationship between the ombudsman program, the Commission on Aging, and the Department of Health and Rehabilitative Services and an assessment of how sucessfully the ombudsman program has carried out its responsibilities und the Older Americans Act. The annual report shall be submitted on before March 1 of each year.

(g) Shall appoint an executive director who shall serve at the pleasure of the council and shall perform the duties delegated to him by the council. The executive director, with the consent of the council and as authorized and funded by the Older Americans Act, shall employ such personnel, including staff for the district councils, as are necessary to perform adequately the functions of the council. Staff for each district council shall be selected in consultation with, and must meet the approval of, that district council.

(h) May contract for services necessary to carry out its activities.

(i) May apply for, receive, and accept grants, gifts, or other payments, including, but not limited to, real property, personal property, and services from a governmental entity or other public or private entity or person, and make arrangements as to the use of such grants, gifts, or payments.

(4) In performing the duties specified in state and federal law, the ombudsman councils shall be independent of the Department of Health and Rehabilitation Services. However, the department and the councils shall cooperate fully in the discharge of their responsibilities for identifying and correcting deficiencies in nursing homes and other long-term care facilities.

(5) The state ombudsman council shall be composed of 12 members appointed by the governor. The council shall solicit nominations from appropriate professional organizations, consumer groups representing older or disabled persons and long-term care advocacy groups, and shall submit a list of nominees to the governor for consideration.

(a) The council shall include the following:

1. one medical or osteopathic physician whose practice includes or has included a substantial number of geriatric patients and who may have limited practice in a long-term care facility;

2. one registered nurse who has geriatric experience, if possible;

3. one nursing home administrator;
4. one owner or operator of an adult congregate living facility;
5. one licensed pharmacist;
6. one registered dietitian;
7. two nursing home residents or representative consumer advocates for nursing home residents;
8. one adult congregate living facility resident or representative consumer advocate for adult congregate living facility residents;
9. one adult foster home resident or representative consumer advocate for adult foster home residents;
10. one attorney; and
11. one professional social worker.

Each of the four representatives who are long-term care facilities residents or consumer advocates shall be chosen from a list of at least four persons recommended by the council.

(b) In no case may the medical director of a nursing home or a long-term care facility or an employee of the Department of Health and Rehabilitative Services serve as a member or as an ex officio member of the council. Except for the nursing home administrator, the adult congregate living facility owner or operator, medical or osteopathic physician, licensed pharmacist, registered dietitian, and registered nurse, each member of the state ombudsman council shall certify to having no association with a nursing home or long-term care facility for reward or profit.

(6) (a) All members shall be appointed to serve for 3-year terms. A member may not serve more than two consecutive terms. Any vacancy which occurs shall be filled by the governor. If an appointment is not made within 60 days after a vacancy occurs, or within 60 days after the governor receives a list of recommendations from the council, whichever is later, the vacancy shall be filled by a majority vote of the council. The term of any member missing three consecutive regular meetings without cause shall be declared vacant.

(b) In order to stagger the terms of office so that a third of the council members are in the first year of their respective terms, while a third are in the second year, and a third are in the third year:

1. When the terms of four members expire November 1, 1989, the governor shall appoint their replacements to 3-year terms ending November 1, 1992;
2. When the terms of eight members expire November 1, 1990, the governor shall appoint replacements for four of those members to 1-year terms ending November 1, 1991, and shall appoint replacements for four of those members to 3-year terms ending November 1, 1993; and
3. After the terms referred to in subparagraphs 1. and 2. have expired, the govenor shall appoint all members to 3-year terms.

(7) The state ombudsman council shall elect a chairman for a term of 1 year

from members who have served at least 1 year. A person who is an owner, administrator, operator, or employee of a nursing home or long-term care facility, as defined in s. 400.301(2), may not be elected as chairman of the council. The chairman shall select a vice chairman from among the members. The vice chairman shall preside over the council in the absence of the chairman.

(8) The state ombudsman council shall meet upon the call of the chairman, at least quarterly or more frequently as needed.

(9) (a) Members shall receive no compensation but shall be reimbursed for per diem and travel expenses as provided for in s. 112.061.

(b) The Commission on Aging shall make a separate and distinct request for an appropriation for all expenses for the state and district councils. Such request may be combined into a specific appropriation for Commission on Aging expenses or included in a specific appropriation with other expenses in the governor's recommended budget or in the appropriations acts.

(10) The state ombudsman council is authorized to call upon appropriate agencies of state government for such professional assistance as may be needed in the discharge of its duties, including assistance from any adult protective service programs of the department as provided for under s. 409.026 and as ss. 415.101-415.113.

(11) The state ombudsman council shall enter into a cooperative agreement with the statewide and district human rights advocacy committees, as defined in s. 20.19(7) and (8), for the purpose of coordinating advocacy services provided to residents of nursing home and long-term care facilities.

400.307 District nursing home and long-term care facility ombudsman councils; duties; membership.–

(1) There shall be at least one nursing home and long-term care facility ombudsman council in each of the districts of the department, which shall function under the direction of the state ombudsman council.

(2) The duties of the district ombudsman council are:

(a) To serve as a third-party mechanism for protecting the health, safety, welfare, and civil and human rights of residents of a nursing home or long-term care facility.

(b) To discover, investigate, and determine the existence of abuse or neglect in any nursing home or long-term care facility and to use the procedures provided for in ss. 415.101-415.113 when applicable. Investigations may consist, in part, of one or more onsite administrative inspections.

(c) To elicit, receive, respond to, and resolve complaints made by, or on behalf of, nursing home or long-term care facility residents.

(d) To review, for their effect on the rights of nursing home or long-term care facility residents, all existing or proposed rules and regulations relating to nursing homes or long-term care facilities.

(e) To review personal property and money accounts of Medicaid residents pursuant to an investigation to obtain information regarding a specific complaint or problem.

(3) In order to carry out the duties specified in subsection (2), the district ombudsman council is authorized, pursuant to ss. 400.19(1) and 400.434, to enter any nursing home or long-term care facility without notice of first obtaining a warrant, subject to the provisions of s. 400.314(5).

(4) Each district ombudsman council shall be composed of no less than 15 members and no more than 20 members from the district, to include the following: one medical or osteopathic physician whose practice includes or has included a substantial number of geriatric patients and who may have a limited practice in a long-term care facility; one registered nurse who has geriatric experience, if possible; one nursing home administrator; the owner or operator of an adult congregate living facility; one licensed pharmacist; one registered dietitian; at least five nursing home residents or representative consumer advocates for nursing home residents; at least two long-term care facility residents or representative consumer advocates for long-term care facility residents; one attorney; and one professional social worker. In no case shall the medical director of a nursing home or long-term care facility or an employee of the Department of Health and Rehabilitative Services serve as a member or as an ex officio member of a council. Except for the nursing home administrator, adult congregate living facility owner or osteopathic physicians, licensed pharmacists, registered dietitian, and registered nurses, each member of the council shall certify to having no association with a nursing home or long-term care facility for reward or profit. Any member who has an affiliation with a nursing home, adult congregate living facility or adult foster home shall not participate in any investigation or inspection of any facility with which they have such affiliation.

(5) All members shall be appointed to serve 3-year terms. A member may not serve more than two consecutive terms. Upon expiration of a term and in case of any other vacancy, the council shall appoint a replacement by majority vote of the council, subject to the approval of the governor. If no action is taken by the governor to approve or disapprove the replacement of a member within 30 days after the council has notified the governor of the appointment, the appointment of the replacement shall be considered approved. The term of any member missing three consecutive regular meetings without cause shall be declared vacant.

(6) The district ombudsman council shall elect a chairman for a term of 1 year from members who have served at least 1 year. In no case shall a person who is an owner, administrator, operator, or employee of a nursing home or long-term care facility, as defined in s. 400.301(2), be elected as chairman of the council. The chairman shall select a vice chairman from among the members of the council. The vice chairman shall preside over the council in the absence of the chairman.

(7) The district ombudsman council shall meet upon the call of the chairman, at least once a month or frequently as needed to handle emergency situations.

(8) A member of a district ombudsman council shall receive no compensation but shall be reimbursed for travel expenses both within and outside the county of residence in accordance with the provisions of s. 112.061.

(9) The district ombudsman councils are authorized to call upon appropriate agencies of state government for such professional assistance as may be needed in the discharge of their duties. All state agencies shall cooperate with the district ombudsman councils in providing requested information and agency representatives at council meetings.

400.311 Procedures for receiving complaints.–

(1) The State Ombudsman Council shall establish state and district procedures for receiving complaints against a nursing home or long-term care facility or its employees.

(2) These procedures shall be posted in full view in every nursing home or long-term care facility. Every resident or representative of a resident shall receive, upon admission to a nursing home or long-term care facility, a printed copy of the procedures of the state and the district ombudsman councils.

400.314 Investigations by state and district nursing home and long-term care facility ombudsman councils.–

(1) A district ombudsman council shall investigate any complaint of a resident or resident's representative based on an action by an administrator or employee of a nursing home or long-term care facilities which might be:

(a) Contrary to law.

(b) Unreasonable, unfair, oppressive, or unnecessarily dicriminatory, even though in accordance with law.

(c) Based on a mistake of fact.

(d) Based on improper or irrelevant grounds.

(e) Unaccompanied by an adequate statement of reasons.

(f) Performed in an inefficient manner.

(g) Otherwise errorneous.

(2) In an investigation, both the state and district ombudsman councils have the authority to hold hearings.

(3) Subsequent of an appeal from a district ombudsman council, the state ombudsman council may investigate any nursing home or long-term care facility.

(4) In addition to any specific investigation made pursuant to a complaint, the district ombudsman council shall conduct, at least annually, an investigation, which shall consist, in part, of an onsite administrative inspection, of each nursing home or long-term care facility within its jurisdiction.

(5) Any onsite administrative inspection conducted by an ombudsman council shall be subject to the following:

(a) All inspections shall be at times and for durations necesssary to produce the information required to carry out the duties of the council.

(b) No advance notice of an inspection shall be provided to any nursing home or long-term care facility, except that notice of follow-up inspections on specific poblems may be provided.

(c) Inspections shall be conducted in a manner which will impose no unreasonable burden on nursing homes or long-term care facilities, consistent with the underlying purposes of this part. Unnecessary duplication of efforts among council members of the council shall be reduced to the extent possible.

(d) Any ombudsman council member physically present for the inspection shall identify himself and the statutory authority for his inspection of the facility.

(e) Inspections shall not unreasonably interfere with the programs and activities of clients within the facility. Ombudsman council members shall respect the rights of residents.

(f) All inspections shall be limited to compliance with parts I and II of this chapter and 42 U. S. C. s. 1396 (a) et seq. and any rules or regulations promulgated to such laws.

(g) No ombudsman council member shall enter a single-family residential unit within a long-term care facility without the permission of the resident or the representative of the resident.

(h) Any inspection resulting from a specific complaint made to an ombudsman council concerning a facility shall be conducted within a reasonable time after the complaint is made.

(6) An inspection may not be accomplished by forcible entry. Refusal of a nursing home or long-term care facility to allow entry of any ombudsman council member constitutes a violation of part I and II of this chapter.

400.317 Procedures for resolving a complaint.–

(1) Any complaint, including any problem indentified by an ombudsman council as a result of an investigation, deemed valid and requiring remedial action by the district ombudsman council shall be identified and brought to the attention of the nursing home or long-term care facility administrator in writing. Upon receipt of such document, the administrator, in concurrence with the district ombudsman council chairman, shall establish target dates for taking appropriate remedial action. If, by the target date, the remedial action is not completed or forthcomming, the district ombudsman may:

(a) Extend the target date if the council has reason to believe such action would faciliate the resolution of the complaint.

(b) Make public the complaint, the council's recommendations, and the response of the nursing home or long-term care facility; how-ever, in no case shall the names of individuals involved in the complaint be disclosed.

(c) Refer the complaint to the state ombudsman council.

(2) Upon referral from the district ombudsman council, the ombudsman shall assume the responsibility for the disposition of the complaint: If a nursing home or long-term care facility fails to take action on a complaint found valid by the state ombudsman council, the state council may:

(a) Make public the complaint, the recommendations of the council, and the response of the nursing home or long-term care facility; however, in no case shall the names of the individuals involved in the complaint be disclosed.

(b) Recommended to the department a series of facility reviews pursuant to s. 400.19(4) to assure correction and non-recurrence of conditions that give rise to complaints against nursing home facility.

(c) Recommend to the department changes in rules and regulations for inspecting and licensing or certifying nursing home or long-term care facilities.

(d) Refer the complaint to the state attorney for prosecution if there is reason to believe the nursing home or long-term care facility of its employee is guilty of criminal act.

(e) Recommend to the department that the nursing home no longer receive payments under the State Medical Assistance Program (Medicaid).

(f) Recommend that the Department of Health and Rehabilitative Services initiate procedures for revocation of license in accordance with chapter 120.

400.321 Confidentiality.–

(1) All matters before the state or a district ombudsman council concerning abuse or denial or rights of an individual client of a nursing home or long-term care facility shall be confidential and exempt from the provisions of chapter 119. All other matters before the council shall be open to the public and subject to chapter 119.

(2) Members of any state of district ombudsman council shall not be required to testify in any court with respect to matters held in any court with respect to 400.414 except as may be necessary to enforce the provisions of this act.

400.324 Immunity.–

Any person making a complaint pursuant to this act who does so in good faith shall be immune from any liability, civil or criminal, that otherwise might be incurred or imposed.

400.327 Penalty.–

Anyone knowingly or willfully taking action against a person making a complaint under this act is guilty of a misdemeanor of the second degree, punishable as provided in s. 775.083.

400.434 (ACLF) Right of entry and inspection.–

Any duly designated officer or employee of the department, the state or local fire marshal, or a member of the state or district nursing home and long-term care facility ombudsman council shall have the right to enter unannounced upon into the premises of any facility licensed pursuant to this party in order to determine the state of compliance with the provision of this part and of rules or standards in force pursuant thereto. The right of entry and inspection shall also extend to any premises which the department had reason to believe are being operated or maintained as a facility without a license; but no such entry or inspection of any premises shall be made without the permission of the owner or person in charge thereof, unless a warrant is first obtained from the circuit court authorizing such entry. Any application for a license or renewal thereof made pursuant to this party shall constitute permission for, and complete acquiescence in, any entry or inspection of the premises for which the license is sought, in order to facilitate verification of the information submitted on or in connection with the application; to discover, investigate, and determine the existence of abuse or neglect; or to elicit, receive, respond to, and resolve complaints.

400.19 (Nursing Home) Right of entry and inspection.–

The department and any duly designated officer or employee thereof or a member of the State Nursing Home and Long-Term Care Facility Ombudsman Council or the district nursing home and long-term care facility ombudsman council shall have the right to enter upon and into the premises of any facility licensed pursuant to this part at any reasonable time in order to determine the state of compliance with the provisions of this part and rules in force pursuant thereto. The right of entry and inspection shall also extend to any premises which the department has reason to believe is being operated or maintained as a facility without a license, but no such entry or inspection of any premises shall be made without the permission of the owner or person in charge thereof, unless a warrant is first obtained from the circuit court authorizing same. Any application for a facility licensed or renewal thereof, made pursuant to this part, shall constitute permission for and complete acquiescence in any entry or inspection of the premises for which the license is sought in order to faciliate verification of the information submitted on or in connection with the application; to discover, investigate, and determine the existence of abuse and neglect; or to elicit, receive, respond to, and resolve complaints.

# Alabama – Long-Term Residential Health Care Recipient Ombudsman Act (1985)[2752]

For the purposes of this chapter, the following words shall have the meanings ascribed to them by this section:

(1) Administrator. Any person charged with the general administration or supervision of a health care, domiciliary or residential facility without regard to whether such person has an ownership interest in such facility or to whether such person's functions and duties are shared with one or more other persons.

(2) Commission. The Alabama Commission on Aging.

(3) Community ombudsman. A person selected by an area agency on aging who is then trained and certified as such by the commission pursuant to section 22-5A-4.

(4) Health care facility. Any skilled nursing facility, intermediate care facility, domiciliary, boarding home facility or hospital now or hereafter subject to regulation or licensure by the bureau of licensure and certification of the state department of health or a county department of health which provides any generally accepted facet of long-term residential health care or treats any recipient of long-term residential health care.

(5) Long-term residential health care. Those health care service rendered to an individual who is a resident in-patient of a health care facility for any period which is expected to exceed 90 days.

(6) Ombudsman. The state ombudsman or any community ombudsman.

(7) Recipient. Any person receiving long-term residential health care treatment in any health care facility in all its aspects including, but not limited to, admission, retention, confinement, commitment, length of stay, transfer, discharge, physical examination, issuing or filling a prescription for a controlled pharmaceutical substance, dispensing drugs or medication, counseling and/or treatment, and any instances directly related.

(8) State ombudsman. The state long-term residential health care recipient ombudsman, currently known as the nursing home ombudsman of the Alabama commission on aging. The state ombudsman shall be appointed by the commission and shall report to the executive director of the commission.

The state ombudsman and the commission are hereby authorized to investigate complaints concerning health care, domiciliary and residential care facilities. The state ombudsman shall promote the well-being and quality of life of long-term residential health care recipients and encourage

2752 Code of Alabama §22-5A-1 – §22-5A-7 (1988).

the development of community ombudsman activities at the local level. After appropriate training and approval by the commission, community ombudsmen shall be certified by the commission and shall have the powers and responsibilities set forth in sections 22-5A-4 and 22-5A-6, subject to the procedures established by the state ombudsman pursuant to section 22-5A-5. The state ombudsman shall submit to the commission an annual written report documenting the kinds of complaints and problems reported so that the commission can make recommendations concerning needed policy, regulatory, and legislative changes.

(a) Each area agency on aging funded by the commission shall select at least one community ombudsman in each planning and service area established according to regulations issued pursuant to the Older Americans Act of 1965, as amended. The community ombudsman shall be an employee or contractual employee of the area agency on aging and shall certify to having no association with any health care facility or provider for reward or profit.

(b) The duties of each community ombudsman shall be as follows

(1) To receive, investigate, respond to, and attempt informally to resolve complaints made by or on behalf of recipients;

(2) To report immediately instances of fraud, abuse, neglect, or exploitation to the department of pensions and security for investigation and follow-up pursuant to chapter 9 of Title 38, the Adult Protective Services Act of 1976, and article 1 of chapter 16 of Title 26, the Child Abuse and Neglect Prevention Act;

(3) To serve as a third-party mechanism for protecting the health, safety, welfare, and human rights of recipients;

(4) To report immediately any complaint that cannot be resolved informally to the state ombudsman for appropriate action under section 22-5A-6;

(5) To collect data about the number and kinds of complaints handled; and

(6) To report regularly to the state ombudsman about the data collected and activities of the community ombudsman program.

(c) A description of the operation of its community ombudsman program shall be included by each area agency on aging in its area plan, which is subject to the approval of the commission.

(d) Each area agency on aging shall immediately notify the commission of the selection of, and request the certification of, prospective community ombudsmen.

(e) The state ombudsman shall arrange for the training of all prospective community ombudsmen selected by area agencies on aging. Such training shall include instructions in at least the following subjects as they relate to health care:

(1) The responsibilities, duties and authority of community ombudsmen;

(2) The laws and regulations governing the receipt, investigation, and resolution of complaints;

(3) The role of local, state and federal agencies that regulate health care facilities;

(4) The different kinds of health care facilities in Alabama and the services provided in each setting;

(5) The special needs of the elderly and of the physically and mentally handicapped;

(6) The role of the family, the sponsor, the legal representative, the physician, the church and other public and private agencies, and the community;

(7) How to work with health providers, medical professionals and staff;

(8) The laws and regulations governing medicare, medicaid, social security, supplemental security income, and the Veterans Administration; and

(9) The licensure requirements for administrators of hospitals, nursing homes, home health care agencies, etc., including familiarity with the actual information required to obtain the various licenses.

(f) Persons selected by area agencies on aging who shall have satisfactorily completed the training arranged by the state ombudsman shall be certified as community ombudsmen by the commission. The certification can be terminated at any time by the Alabama Commission on Aging or appropriate area agency on aging:

(1) When the community ombudsman is no longer employed by the Alabama commission on aging or area agency on aging;

(2) For cause.

(g) Each area's agency on aging advisory council shall appoint a subcommittee to advise it in the operation of its community ombudsman program. The number and qualifications of members of the advisory subcommittee shall be determined by the area agency on aging but shall contain adequate representation from the various types of health facilities covered under the area agency community ombudsman plan.

The state ombudsman shall establish written procedures for receiving complaints involving long-term residential health care facilities and their employees. The commission on aging shall provide to health care, domiciliary and residential facilities written information on the ombudsman program to be distributed to recipients at the time of admission, or rendering of care and/or treatment at a facility.

(a) A community ombudsman's access to any health care facility shall be limited to standard operating hours unless prior arrangements with the operator of the facility has been made. If the complaint involves more than one provider or alleges to involve more than one provider, the ombudsman shall investigate all providers.

(b) Any complaint requiring remedial action and deemed valid by the ombudsman shall be identified and brought to the attention of the administrator or provider involved and followed up in writing within a reasonable time. Upon receipt of such document, the administrator or provider, in coordination with the ombudsman, shall establish a course of appropriate remedial action. If the remedial action is not forthcoming within a reasonable time, the ombudsman must refer the case to the state ombudsman who may take any one or more of the following actions:

(1) Allow more time if the state ombudsman has reason to believe such action would facilitate resolution of the complaint;

(2) Refer a complaint regarding a nursing home, hospital or domiciliary in writing to the bureau of licensure and certification.

(3) Refer a complaint regarding a boarding house to the appropriate agency and request that appropriate action be initiated.

(4) Refer any and all complaints arising out of or in any way related to the provision of any medical or surgical service or medical care and treatment to a recipient by a physician licensed to practice medicine in Alabama, in whatever setting the said complaint should arise, to the state board of medical examiners only.

(c) The commission on aging, the state ombudsman and the affected community ombudsman shall be kept advised and shall be notified in writing by the state agency of the resolution of any complaint that has been referred to the state agency by the state ombudsman.

(d) Any ombudsman shall respect the right to privacy of all involved parties when engaged in resolving complaints. Any requests to review information concerning the medical condition of a recipient or any health care facility records of a recipient must be accompanied by a current valid duly executed authorization and release which has been signed by the recipient or by one legally authorized to act on behalf of the recipient. Requests for copies of any medical records must be accompanied by a current valid duly executed authorization and release which has been signed by the recipient or by one legally authorized to act on behalf of the recipient. Any physician providing medical information and/or copies of medical records and any health care facility providing copies of health care facility medical records shall be entitled to the payment of a reasonable charge for the preparation and/or reproduction of the records. Information concerning any aspect of a complaint resolution proceeding shall be kept confidential and shall not be disclosed by an ombudsman to any person not directly involved in the particular complaint, except in strict accordance with the provisions of this chapter. Such disclosure shall result in the ombudsman's dismissal.

Any person or agency who in good faith participates in the making of a report or provides information or evidence in direct accordance with the procedures for resolving complaints under the provisions of this chapter shall, in so doing, be immune from any liability, civil or criminal, that might otherwise be incurred or imposed. Notwithstanding the foregoing, this immunity shall not apply if an ombudsman communicates any information concerning a complaint to any party not involved in such complaint.

# Wiener Patientenanwaltschaftsgesetz (Entwurf)[2753]

Gesetzentwurf

Gesetz über die Wiener Patientenanwaltschaft

Der Wiener Landtag hat beschlossen:

§ 1. Zur Wahrung und Sicherung der Rechte und Interessen der Patienten in allen Bereichen des Gesundheitswesens in Wien ist beim Amt der Landesregierung eine Wiener Patientenanwaltschaft einzurichten.

## Aufgaben

§ 2. Die Wiener Patientenanwaltschaft hat folgende Aufgaben:
1. Behandlung von Beschwerden von Patienten oder deren Angehörigen,
2. Aufklärung von Mängeln oder Mißständen,
3. Erteilung von Auskünften,
4. Prüfung von Anregungen,
5. Abgabe von Empfehlungen.

## Prüfmöglichkeiten

§ 3. (1) Wird die Wiener Patientenanwaltschaft mit Angelegenheiten des Gesundheitswesens in Wien im Rahmen der Landes- oder Gemeindeverwaltung befaßt (Krankenanstalten, Pflegeheime, Rettung und Krankenbeförderung, Angebote und Dienste der Stadt Wien im Gesundheitsbereich etc.), haben sie die zuständigen Landes- und Gemeindeorgane bei Erfüllung ihrer Aufgaben zu unterstützen.

Die Rechtsträger der Einrichtungen sind verpflichtet, der Wiener Patientenanwaltschaft auf Verlangen Berichte oder Stellungnahmen zu übermitteln, Akteneinsicht zu gewähren oder Auskünfte zu erteilen. In diesen Angelegenheiten sind gesetzliche Verschwiegenheitspflichten gegenüber der Wiener Patientenanwaltschaft nicht wirksam.

(2) Wird die Wiener Patientenanwaltschaft mit einer Angelegenheit des Gesundheitswesens in Wien im Rahmen der Bundesverwaltung befaßt (freipraktizierende Ärzte, Apotheken, Dentisten etc.), sind die betroffenen Personen bzw. Einrichtungen einzuladen, zu den konkreten Vorbringen Stel-

---

2753 Regierungsvorlage Dezember 1991.

lung zu nehmen. Die Wiener Patientenanwaltschaft hat erforderlichenfalls mit internen Informations- und Beschwerdestellen, bei den freien Berufen auch mit den gesetzlichen beruflichen Vertretungen zusammenzuarbeiten.

Wiener Patientenanwalt (Patientenanwältin)

§ 4. Zur Leitung der Wiener Patientenanwaltschaft ist ein Wiener Patientenanwalt oder eine Wiener Patientenanwältin zu bestellen.

Die Bestellung erfolgt nach öffentlicher Ausschreibung durch die Landesregierung für jeweils fünf Jahre.

Weisungsfreiheit und Verschwiegenheitspflicht

§ 5. (1) (Verfassungsbestimmung) Die Wiener Patientenanwaltschaft ist in Ausübung ihrer Tätigkeit unabhängig und weisungsfrei. Die Bediensteten der Wiener Patientenanwaltschaft sind nur an die Weisungen des Wiener Patientenanwalts (der Wiener Patientenanwältin) gebunden.

(2) Die Wiener Patientenanwaltschaft unterliegt der Amtsverschwiegenheit.

Tätigkeitsbericht

§ 6. Die Wiener Patientenanwaltschaft hat einen jährlichen Tätigkeitsbericht an die Landesregierung zu erstatten, welche diesen dem Landtag vorzulegen hat.

Personal- und Sacherfordernisse

§ 7. Für die Bereitstellung der personellen und sachlichen Erfordernisse hat das Amt der Landesregierung zu sorgen.

Abgabenfreiheit

§ 8. Im Tätigkeitsbereich der Wiener Patientenanwaltschaft sind keine Landesverwaltungsabgaben zu entrichten.

Schlußbestimmungen

§ 9. (1) Dieses Gesetz tritt mit 1. Juli 1992 in Kraft.

(2) Vorbereitungen für die erste Bestellung eines Wiener Patientenanwalts (einer Wiener Patientenanwältin) können nach Kundmachung dieses Gesetzes getroffen werden.

Der Landeshauptmann: Der Landesdirektor:

# Niederlande – Muster-Euthanasie-Erklärung (1982)[2754]

Erklärung 1

Erklärung, die als Beweismittel für den behandelnden Arzt dient, daß er ausreichend sorgfältig gehandelt hat, bevor er den Wunsch seines noch ansprechbaren Patienten auf seinen Tod erfüllt hat. Wenn möglich soll diese Erklärung durch einen Zeugen bestätigt werden (Erklärung B)

---

A. Ich, der Unterzeichnete, (Name und Vorname)

geboren am:

erkläre, daß ich durch meinen Arzt (Name des Arztes)

über meine Situation informiert wurde und diese ist wie folgt:

1) Diagnose:

2) Aussichten bei einer Behandlung:

Aussichten bei Nicht-Behandlung:

– Ich erkläre, diese Gegebenheiten abgewogen zu haben.

– Ich erkläre, von nun an jede lebensverlängernde Maßnahme zu verweigern und ich will, daß man mich sterben läßt unter fortgesetzter schmerzstillender Behandlung und Pflege bis zu meinem Tod.

– Ich ersuche den behandelnden Arzt mich sterben zu lassen („mij te doen sterven") oder mir selbst die Möglichkeit zu geben (Information, Mittel, etc.), mein Leben selbst zu beenden, sobald ich erneut darum bitte.

(Diesen Absatz streichen und den durchgestrichenen Absatz mit einer Unterschrift versehen, wenn dies nicht gewünscht wird).

Diese Erklärung wurde von mir freiwillig abgelegt und unterschrieben

(Unterschrift) (Datum)

---

B. Ich, als Zeuge, (Name, Adresse, Geburtsdatum)

erkläre, daß die obenstehende Erklärung durch .... (Name desjenigen,

---

2754 „Euthanasie Verklaring" erarbeitet von der Niederländischen Notariatskammer (Koninklijke Notariële Broederschap) und der Niederländischen Ärztekammer (Koninklijke Nederlandse Maatschappij voor Geneeskunst), abgedruckt in: Centrale Raad voor Volksgezondheid (Hrsg.), Advies inzake Euthanasie, Anhang, Zoetermeer 1982.

der die Erklärung unter A. abgegeben hat) in meiner Anwesenheit und in der Anwesenheit des behandelnden Arztes ... (Name) abgelegt und unterschrieben wurde. Nach meinem besten Wissen hat ... (Name desjenigen, der die Erklärung unter A. abgegeben hat) seine/ihre Erklärung freiwillig abgelegt und ist sich seiner/ihrer Situation und der Folgen seiner/ihrer Erklärung voll bewußt.

(Datum) (Unterschrift)

1) und 2) siehe Information auf der Rückseite dieses Formulars.

Information

1) Diagnose:

Es ist vorgesehen, daß eine nicht nur in medizinischen Fachtermini abgefaßte Diagnose abgegeben wird, sondern eine Umschreibung, die für den Patienten auch verständlich ist.

2) Aussichten:

Es müssen nicht nur die Voraussichten über die Lebensdauer angegeben werden, sondern auch soweit wie möglich der körperliche und geistige Zustand, der zu erwarten ist.

Erklärung 2

Erklärung über mein Lebensende für den Fall, daß ich nicht mehr in der Lage sein sollte, meinen Willen bezüglich meines Weiterlebens oder Sterbens auszudrücken.

---

Ich, der Unterzeichnende, (Name und Vorname)
geboren am:
Adresse:

erkläre an alle, die mit dem letzten Stadium meines Lebens befaßt sind, das folgende:

I. Wann immer ich durch Krankheit, Unfall oder durch welchen anderen Umstand auch immer in einen körperlichen und/oder geistigen Zustand gelange,

– in dem ich andauernd und schwer körperlich und/oder geistig leide und unter den gegebenen Umständen mir nicht anders zu helfen ist, als mich andauernd schwer zu betäuben, oder

– in dem ich nach dem Urteil meiner Ärzte wahrscheinlich andauernd ganz oder beinahe ganz bewußtlos bleiben werde,

A. verweigere ich jede lebensverlängernde Behandlung; und/oder

B. wünsche ich eine lebensverkürzende Behandlung, wenn die Einstellung der lebensverlängernden Behandlung nicht, oder nicht innnerhalb einer gewissen Zeit, zu einem guten Tod führt.

Ich habe die unter A. und B. genannten Möglichkeiten gelesen und wähle folgende Möglichkeit, die ich hier eigenhändig aufschreibe:

C.

Natürlich erwarte ich, daß eine schmerzstillende und ähnliche Behandlung und die pflegende Versorgung bis an mein Lebensende erfolgt. Wenn der Arzt nicht über die notwendigen Mittel verfügt oder davon keinen Gebrauch machen will oder kann, ersuche ich ihn, meine Behandlung einem Arzt zu überlassen, der in der Lage und bereit ist, meinen letzten Wunsch zu erfüllen. Wenn der Arzt auch diesem Ersuchen nicht folgen kann oder will, ersuche ich ihn, einem mir Nahestehenden zu ermöglichen, die Behandlung einem anderen Arzt zu übertragen.

II. Ich bestimme, daß das unter I. Erklärte erst dann in Kraft gesetzt wird, wenn ich nach aller Wahrscheinlichkeit, aus welchen Gründen auch immer, andauernd nicht mehr in der Lage sein werde, meinen Willen bezüglich meines Weiterlebens oder Sterbens zu äußern.

III. (Raum für persönliche Anmerkungen)

Eine von mir unterzeichnete Kopie dieser Erklärung wird hinterlegt bei meinem Hausarzt: (Name) (Adresse)

und bei: (Name) (Adresse)

(Datum) (Unterschrift)

Information

I.-B: „Innerhalb einer gewissen Zeit": wenn gewünscht kann hier angegeben werden, innerhalb welcher Zeit er/sie das Leben beenden will.

. .. .. .. .. (angegeben in Tagen, Wochen oder Monaten)

I.-C: Wer nur A. wählt schreibt also: „Ich verweigere jede lebensverlängernde Behandlung".

Wer auch B. wählt, schreibt den Wortlaut von A. SSUNund B. ab und kann darüberhinaus oben angeben, was er unter „innerhalb einer gewissen Zeit" versteht. Füllt man bezüglich der „gewissen Zeit" nichts ein, dann überläßt man diese Bestimmung seinem Arzt.

III.: Beispiele von möglichen persönlichen Wünschen:

– Ich möchte gerne, daß . . .. . . bei meinem Sterben anwesend ist

– Ich will das Sterbesakrament empfangen

– Nach meinem Tod dürfen meine Organe für eine Transplantation verwendet werden.

– Wenn ich andauernd schwer geistig behindert bleibe und diese Diagnose durch einen Spezialisten bestätigt wurde, will ich dies unter I. C niedergeschrieben haben.

# Niederlande – Gesetzesentwurf über die rechtliche Verankerung von Sorgfaltskriterien bei der Anwendung der Euthanasie (1987)[2755]

Regeln, die sich auf die Behandlung durch einen Mediziner beziehen, der sich auf einen Notstand bei Lebensbeendigung auf ausdrücklichen und ernsthaften Wunsch eines Patient beruft.

Wir, Beatrix, durch die Gnade Gottes Königin der Niederlande, Prinzessin von Oranje-Nassau, etc. etc. etc,

Allen jenen, die dies sehen, lesen oder hören, Salut! wird kundgetan:

Also wurden Wir von der Überlegung geleitet, daß es wünschenswert sei, Regeln, die sich auf die Behandlung durch einen Mediziner beziehen, der sich auf einen Notstand bei Lebensbeendigung auf ausdrücklichen und ernsthaften Wunsch eines Patient beruft, aufzustellen.

So haben Wir, nach Anhörung des Staatsrates und nach gemeinsamer Überlegung mit den General-Staaten für gut befunden und Uns darauf verständigt, und befinden und verstehen Wir nunmehr auf Grund dessen:

Artikel I

Das Strafgesetzbuch wird wie folgt geändert:

Artikel 293 lautet:

Derjenige, der das Leben eines anderen auf sein ausdrückliches und ernsthaftes Verlangen hin beendet, wird mit einer Gefängnisstrafe bis höchstens vier Jahren und sechs Monaten oder mit einer Geldstrafe der vierten Kategorie bestraft."

Artikel II

Das Gesetz über die Ausübung der Medizin („Wet regelnde de uitoefening der geneeskunst" – Stb. 1865, 60) wird wie folgt geändert:

Nach Artikel 6 werden zwei neue Artikel eingefügt, die lauten:

Artikel 6 a

Für die Anwendung des im XIX Titel des Strafgesetzbuches wird unter Lebensberaubung respektive Lebensbeendigung durch einen Mediziner („geneeskundige") nicht verstanden:

a. Das Nicht-Einstellen, respektive das Einstellen einer Behandlung auf ausdrücklichen Wunsch und ernsthaften Wunsch eines Patienten.

---

2755 Nota van wijzging – Parlamentsdrucksache 20383, Nr. 7, 1987.

b. Das Nicht-Einstellen, respektive das Einstellen einer Behandlung in jenen Fällen, in denen eine solche Behandlung nach herrschender medizinischer Einsicht sinnlos erscheint.

c. Das Verrichten einer medizinischen Handlung oder die Verabreichung eines Arzneimittels, das notwendig und seiner Art nach direkt wenn auch unter anderem darauf gerichtet ist, schweres Leiden eines Patienten zu erleichtern, selbst wenn es als hinzukommende Wirkung einer solchen Verrichtung oder einer solchen Verabreichung eine Beschleunigung des Sterbens bedeutet.

Artikel 6 b

1. Unbeschadet seiner strafrechtlichen Verantwortung hat der Mediziner, der auf das ausdrückliche und ernste Verlangen eines Patienten auf Lebensbeendigung eingeht, dabei die Kriterien einer sorgfältigen medizinischen Handlung in acht zu nehmen.

2. Als Kriterien einer sorgfältigen medizinischen Handlung im Sinn des ersten Artikels können angenommen werden:

a) der Behandelnde hat den Patienten über die Situation, in der sich dieser befindet, über den zu erwartenden Verlauf und die eventuell bestehenden Möglichkeiten diesen Verlauf zu beeinflussen und im besonderen über die Behandlungsmöglichkeiten, die zu einer Erleichterung seines Leidens führen können, informiert;

b) der Behandelnde hat geprüft, ob und inwieweit beim Patienten der Wunsch besteht, seine nächste persönliche Umgebung in die Beschlußfassung miteinzubeziehen;

c) der Behandelnde ist mit dem Patienten und dessen nächster persönlicher Umgebung, es sei denn, daß sich der Patient gegen eine Beratung mit diesen ausspricht, zur Überzeugung gekommen, daß der Patient seinen Willen zur Lebensbeendigung freiwillig und nach sorgfältiger Abwägung getroffen hat;

d) wenn der Patient nicht mehr in der Lage ist, seinen Willen zu äußern, er jedoch, bevor er in diesen Zustand gelangte, eine schriftliche Erklärung, die ein Ersuchen auf Lebensbeendigung enthält, abgegeben hat, kann diese Erklärung, wenn diese nicht älter als fünf Jahre ist, als Ausdruck des Willens anerkannt werden, wenn der Behandelnde der Überzeugung ist, daß diese Erklärung nach sorgfältiger Abwägung und freiwillig abgegeben wurde;

e) der Behandelnde hat sich mit einem oder mehreren Medizinern beraten, mit denen er nicht verwandt ist und von denen angenommen werden kann, daß sie ein unabhängiges Urteil abgeben können;

f) der Behandelnde notiert den tatsächlich Gang der Dinge in einem schriftlichen Bericht in dem zumindest festgehalten sind:

1. die Tatsachen und Umstände, die unter a. bis einschließlich c. genannt werden;

2. wenn von einer Beratung mit der nächsten persönlichen Umgebung des Patienten bezüglich dem Ersuchen auf Lebensbeendigung und der Hilfeleistung abgesehen wurde, die Gründe dafür;

3. die Namen und Ansichten der anderen Mediziner, mit denen sich der Behandelnde beraten hat.

# Niederlande – Gesetzesentwurf (Art 1653 ff Burgerlijk Wetboek): Über den medizinischen Behandlungsvertrag (Patientenrechtsgesetz) (1989)

Abänderung des Bürgerlichen Gesetzbuches und anderer Gesetze im Hinblick auf die Aufnahme von Bestimmungen bezüglich des Vertrages zur Verrichtung von Handlungen auf dem Gebiet der Medizin.

Wir, Beatrix, durch die Gnade Gottes Königin der Niederlande, Prinzessin von Oranje-Nassau, etc. etc. etc,

Allen jenen, die dies sehen, lesen oder hören, Salut! wird kundgetan:

Also wurden Wir von der Überlegung geleitet, daß es wünschenswert sei, die Rechtsposition des Patienten zu verstärken und dazu in das Bürgerliche Gesetzbuch einige Bestimmungen aufzunehmen bezüglich des Vertrages zur Verrichtung von Handlungen auf dem Gebiet der Medizin.

So haben Wir, nach Anhörung des Staatsrates und nach gemeinsamer Überlegung mit den General-Staaten für gut befunden und Uns darauf verständigt, und befinden und verstehen Wir nunmehr auf Grund dessen:

Artikel I

Der siebente Titel A des vierten Buches des Bürgerlichen Gesetzbuches wird abgeändert wie folgt:

Nach Artikel 1652 wird ein neuer Abschnitt eingefügt, der lautet:

Siebenter Abschnitt

Der Vertrag über die medizinische Behandlung („geneeskundige“).

Artikel 1653

1. Der Vertrag über die medizinische Behandlung – in diesem Abschnitt in der Folge Behandlungsvertrag genannt – ist ein Vertrag, bei dem eine natürliche Person oder eine juristische Person, der Behandelnde („hulpverlener“), sich in der Ausübung eines Berufes oder eines Betriebes zum Verrichten von Handlungen auf dem Gebiet der Medizin verpflichtet.

2. Handlungen im Sinn des ersten Absatzes sind:

a) alle Verrichtungen – einschließlich der Untersuchung und der Beratung – die sich direkt auf eine Person, den Patienten, beziehen und darauf gerichtet sind, diesen von einer Krankheit zu heilen, ihn vor dem Entstehen einer Krankheit zu behüten, dessen Gesundheitszustand zu beurteilen oder diesem geburtshilflich beizustehen.

b) andere als die in a) genannten Handlungen, die sich direkt auf einen Patienten beziehen, wenn diese Handlungen durch einen Arzt oder einen Zahnarzt in dessen Eigenschaft verrichtet werden.

3. Zu den Handlungen im Sinne des ersten Absatzes zählt auch das Pflegen und Versorgen des Patienten und im übrigen die direkte Befriedigung der Bedürfnisse des Patienten in materieller Hinsicht, wenn dies durch Handlungen verrichtet werden kann.

4. Unter Handlungen im Sinn des ersten Absatzes verstehen sich jedoch nicht Handlungen auf dem Gebiet der Pharmazie, im Sinn des Medikamentenversorgungsgesetzes („Wet op Geneesmiddelenvoorziening – Stb. 1958.408"), wenn diese durch einen niedergelassenen Apotheker im Sinn jenes Gesetzes verrichtet werden.

5. Der Vertrag, bei dem sich eine Person in einem Arbeitsverhältnis zu Handlungen im Sinn des zweiten Absatzes verpflichtet, ist kein Behandlungsvertrag im Sinn des ersten Absatzes.

Artikel 1653 a

1. Ein Minderjähriger, der das Alter von sechzehn Jahren erreicht hat, ist fähig, auch ohne Zustimmung seiner gesetzlichen Vertreter einen Behandlungsvertrag zu seinen Gunsten abzuschließen.

2. Ein Minderjähriger, der aufgrund des ersten Absatzes einen Behandlungsvertrag abgeschlossen hat, haftet für die aus diesem Vertrag entstehenden Verpflichtungen unbeschadet der Verpflichtung seiner Eltern zur Deckung der Kosten zur Versorgung und Erziehung.

Artikel 1653 b

1. Der Behandelnde hat den Patienten auf eine verständliche Weise, auf Wunsch auch schriftlich, zu informieren über die Art und den Zweck der Untersuchung oder der Behandlung, die er für notwendig erachtet, über die für die Gesundheit des Patienten zu erwartenden Folgen oder Risken, über andere Methoden der Untersuchung oder Behandlung, die in Frage kommen, wie auch über den Stand und die Voraussichten dessen Gesundheit, insoweit dies die Untersuchung oder die Behandlung betrifft.

2. Der Behandelnde darf den Patienten betreffende Informationen nur dann zurückhalten, wenn diese für den Patienten einen ernsthaften erkennbaren Nachteil bedeuten würden. Wenn es im Interesse des Patienten liegt, darf der Behandelnde die diesbezüglichen Informationen an einen anderen als an den Patienten selbst weitergeben. Der Patient muß sofort informiert werden, wenn der Nachteil nicht mehr zu fürchten ist.

Artikel 1653 c

Wenn der Patient erkennen hat lassen, daß er keine Informationen erhalten will, hat der Behandelnde die Information des Patienten zu unterlassen, ausgenommen jene Art von Informationen, die notwendigerweise an den Patienten weitergegeben werden müssen.

Artikel 1653 d

1. Für Verrichtungen zur Ausführung eines Behandlungsvertrages ist stets die Zustimmung des Patienten notwendig.

2. Wenn der minderjährige Patient das Alter von sechzehn Jahren noch nicht erreicht hat und Artikel 1653 q keine Anwendung findet, ist neben der Zustimmung des Patienten zur Verrichtung auch die Zustimmung dessen gesetzlichen Vertreters notwendig. Die Verrichtung kann jedoch auch ohne Zustimmung ausgeführt werden, wenn dies im Interesse des Patienten augenscheinlich als notwendig erachtet werden muß.

3. Die Zustimmung des Patienten zur Verrichtung, respektive die Zustimmung dessen gesetzlichen Vertreters, wenn diese neben der Zustimmung des Patienten oder anstelle dieser notwendig ist, darf für Verrichtungen, die nicht eingreifender Natur sind, unterstellt werden.

4. Das in Absatz eins und zwei Bestimmte findet keine Anwendung

a) wenn der Patient, respektive dessen gesetzlicher Vertreter nicht in der Lage ist, seine Zustimmung zu erteilen und das Interesse des Patienten es verlangt, daß unverzüglich mit der Verrichtung begonnen wird.

b. wenn dies durch andere Gesetze bestimmt wird.

Artikel 1653 e

Der Behandelnde hat auf Ersuchen des Patienten schriftlich festzuhalten, für welche Verrichtungen dieser eine Zustimmung erteilt hat.

Artikel 1653 f

Der Patient hat nach bestem Wissen dem Behandelnden jene Informationen mitzuteilen, die dieser zur Ausführung des Vertrages bedarf.

Artikel 1653 g

Der Behandelnde hat bei seinen Tätigkeiten die Sorgfalt eines guten Behandelnden zu beachten.

Artikel 1653 h

Wenn vereinbart wurde, daß Handlungen im Sinn des Artikel 1653 durch eine bestimmte Person verrichtet werden, muß diese die Verrichtungen, die zur Ausführung eines Behandlungsvertrages notwendig sind, selbst ausführen, es sei denn, daß die Person diese Handlungen von anderen ausführen lassen kann, was die Haftung des Behandelnden nicht berührt.

Artikel 1653 i

1. Der Behandelnde hat Aufzeichnungen zu führen über die Gegebenheiten, die sich auf den Gesundheitszustand des Patienten und auf die

diesbezüglich ausgeführten Verrichtungen beziehen, so weit dies für eine gute Behandlung erforderlich ist.

2. Der Behandelnde hat auf Anfrage eine vom Patienten abgegebene Erklärung, die sich auf diese Aufzeichnungen beziehen, beizufügen.

Artikel 1653 j

1. Der Behandelnde hat die Aufzeichnungen und andere Unterlagen, die sich auf die Gesundheit des Patienten und auf die diesbezüglich ausgeführten Verrichtungen beziehen, mindestens zehn Jahre, gerechnet ab dem Zeitpunkt des Entstehens, zu bewahren.

2. Innerhalb eines Jahres nach Ablauf der in Absatz 1 genannten Frist, oder, wenn der Patient während dieser Frist darum schriftlich ersucht, innerhalb eines Jahres nach diesem Ersuchen, vernichtet der Behandelnde die Unterlagen im Sinn des ersten Absatzes.

3. Diese Vernichtung kann unterbleiben, wenn im Falle eines schwerwiegenden Interesses des Patienten, des Behandelnden, eines Dritten oder der Volksgesundheit dies notwendig ist und wenn darüber zwischen dem Patienten und dem Behandelnden Übereinstimmung besteht.

Artikel 1653 k

Der Behandelnde hat dem Patienten auf Anfrage so bald wie möglich Einsicht in eine Abschrift der Unterlagen im Sinn des Artikel 1653 j zu verschaffen, es sei denn daß dies der persönliche Lebenssphäre eines Dritten schaden würde. Der Behandelnde kann für die Einsichtnahme in die Abschrift die Kosten in Rechnung stellen.

Artikel 1653 l

1. Unbeschadet des in Artikel 1653 b, zweiter Absatz, zweiter Satz Bestimmten hat der Behandelnde an andere als dem Patienten keine Informationen über den Patienten weiterzugeben und hat diesen keine Einsicht in die Unterlagen oder in Abschriften dieser im Sinne des Artikel 1653 j zu verschaffen, außer mit der Zustimmung des Patienten. Es sei denn, daß diese Erstreckung der persönliche Lebenssphäre eines Dritten schaden würde.

2. Unter anderen als dem Patient selbst verstehen sich nicht diejenigen, die berufshalber an der Ausführung des Behandlungsvertrages notwendigerweise beteiligt sind und derjenige, der als Stellvetreter des Behandelnden auftritt.

3. Der Behandelnde kann jedoch Informationen über den Patienten und eine Einsicht in die Unterlagen oder eine Abschrift derselben an dessen gesetzlichen Vertreter erstrecken, es sei denn, daß der Patient, der minder-

jährig ist und der das Alter von zwölf Jahren erreicht hat, dagegen Bedenken äußert und dieser in der Lage erachtet wird, seine diesbezüglichen Interessen gebührend wahrzunehmen. Hinsichtlich dieser Erstreckung gilt Absatz eins, zweiter Satz sinngemäß.

Artikel 1653 m

In Abweichung des in Artikel 1653 l Bestimmten, kann der Behandelnde ohne Zustimmung des Patienten zugunsten wissenschaftlicher oder statistischer Untersuchungen auf dem Gebiet der Volksgesundheit an einen Dritten auf Anfrage Informationen über den Patienten oder eine Einsicht in die Unterlagen im Sinn des Artikel 1653 j erstrecken, wenn:

a) die Einholung der Zustimmung redlicherweise nicht möglich ist,

b) die Untersuchung dem allgemeinen Interesse dient,

c) die Untersuchung ohne die diesbezüglichen Unterlagen nicht durchgeführt werden kann, und

d) die persönliche Lebenssphäre des Patienten dadurch nicht unverhältnismäßig geschädigt wird.

Artikel 1653 n

1. Der Behandelnde hat Verrichtungen im Rahmen des Behandlungsvertrages außerhalb der Wahrnehmung von anderen als dem Patienten durchzuführen, es sei denn, daß der Patient zugestimmt hat, daß die Verrichtungen von anderen wahrgenommen werden können.

2. Unter anderen als dem Patienten verstehen sich nicht diejenigen, die berufshalber an der Ausführung des Behandlungsvertrages notwendigerweise beteiligt sind.

3. Dem gesetzlichen Vertreter des Patienten kann durch den Patienten jedoch ermöglicht werden die Verrichtungen wahrzunehmen, es sei denn, daß der Patient, der minderjährig ist und der das Alter von zwölf Jahren erreicht hat, dagegen Bedenken äußert und dieser in der Lage erachtet wird, seine diesbezüglichen Interessen gebührend wahrzunehmen.

Artikel 1653 o

Der Behandelnde kann, außer aus wichtigen Gründen, den Behandlungsvertrag nicht kündigen.

Artikel 1653 p

1. Der Patient oder derjenige, der zugunsten des Patienten den Behandlungsvertrag geschlossen hat, ist dem Behandelnden ein Entgelt schuldig, es sei denn, daß dieser aufgrund anderer Gesetze für seine Tätigkeiten ein Entgelt erhält.

2. Ist ein Entgelt schuldig, doch die Höhe dessen durch die Parteien nicht bestimmt worden, so ist der üblicherweise berechnete Lohn oder, in Ermangelung eines solchen, ein redlicher Lohn schuldig.

3. Der Patient oder derjenige, der zugunsten des Patienten den Behandlungsvertrag geschlossen hat, muß dem Behandelnden die Unkosten, die mit der Ausführung des Behandlungsvertrages verbunden sind, soweit ersetzen, als diese nicht im schuldigen Entgelt enthalten sind.

Artikel 1653 q

1. Die in diesem Abschnitt für oder gegen den Patienten zuerkannten Befugnisse werden durch oder gegen dessen gesetzlichen Vertreter durchgesetzt:

a) wenn der Patient das Alter von zwölf Jahren noch nicht erreicht hat;

b) wenn der Patient minderjährig ist und das Alter von zwölf Jahren erreicht hat und dieser nicht in der Lage erachtet wird, seine diesbezüglichen Interessen gebührend wahrzunehmen.

c) wenn der Patient unter Kuratel steht, es sei denn, daß dieser in der Lage erachtet wird, seine diesbezüglichen Interessen gebührend wahrzunehmen.

2. Wenn ein volljähriger Patient nicht in der Lage erachtet werden kann, seine diesbezüglichen Interessen gebührend wahrzunehmen, können die in diesem Abschnitt für oder gegen den Patienten zuerkannten Befugnisse, wenn dieser keinen gesetzlichen Vertreter hat, nur durch oder gegen jene Person durchgesetzt werden, die zuvor vom Patienten ermächtigt wurde an seiner Stelle aufzutreten, oder, wenn eine solche Person fehlt, durch oder gegen den Ehepartner oder einen anderen Lebensgefährten, oder, wenn auch eine solche Person fehlt durch oder gegen eine Person, die in einem anderen Sinne in enger Beziehung zum Patienten steht, durchgesetzt werden.

Artikel 1653 r

1. Soweit zur Ausführung eines Behandlungsvertrages, der mit einem Behandelnden, der in einem Krankenhaus tätig ist, abgeschlossen wurde, Verrichtungen in einem Krankenhaus stattfinden, haftet das Krankenhaus für jede Unzulänglichkeit mit, als wäre es selbst Partei des Vertrages.

2. Unter einem Krankenhaus im Sinn des ersten Absatzes versteht sich unter Anwendung des Krankenfondgesetzes („Ziekenfondswet – Stb 1964, 392“) oder des Allgemeinen Gesetzes über besondere Krankenkosten („Wet Bijzondere Ziektekosten – Stb 1967, 655“) ein Krankenhaus, eine Pflegeanstalt oder eine psychiatrische Anstalt, eine anerkannte oder angewiesene Einrichtung oder Abteilung derselben, und ein Akademisches Krankenhaus.

Artikel 1653 s

Die Haftung des Behandelnden, oder, im Falle des Artikel 1653 r, des Krankenhauses kann nicht beschränkt oder ausgeschlossen werden.

Artikel 1653 t

1. Derjenige, der anders als durch den Behandlungsvertrag in Ausübung seines Berufes oder Betriebes hinsichtlich des Patienten Handlungen im Sinn des Artikel 1653 verrichtet, haftet, als wäre er selbst Partei eines Behandlungsvertrages; Dieser Abschnitt gilt sinngemäß.

2. In Abweichung des ersten Absatzes ist dieser Abschnitt nicht auf Handlungen im Sinn des Artikel 1653 anzuwenden, wenn sich dieser auf eine Person bezieht, die durch Artikel 13, 37b oder 38c unter Anwendung einer freiheitsbeschränkenden Maßnahme im Sinne des Artikel 77 h des Strafgesetzbuches in einer gerichtlichen Einrichtung zur Verfügung gestellten Personen gepflegt wird.

Artikel 1653 u

Von den Bestimmungen dieses Abschnittes kann durch die Parteien nicht abgewichen werden.

# US – (Draft) Uniform Rights of the Terminally Ill Act (1989)[2756]

The following text is subject to revision by the Style Committee of the National Conference of Commissioners on Uniform State Laws. Upon completion, final copies of the Act with style changes and complete Prefatory Note and Comments can be obtained for a nominal charge from the Headquarters Office of the National Conference of Commissioners on Uniform State Laws: 676 North St. Clair Street, Suite 1700, Chicago, IL 60611, 312/915-0195.

Uniform Rights of the Terminally Ill Act (1989)

Section 1. Definitions. As used in this (Act), unless the context otherwise requires:

(1) „Attending physician" means the physician who has primary responsibility for the treatment and care of the patient.

(2) „Declaration" means a writing executed in accordance with the requirements of Section 2(a).

(3) „Health-care provider" means a person who is licensed, certified, or otherwise authorized by the law of this State to administer health care in the ordinary course of business or practice of a profession.

(4) „Life-sustaining treatment" means any medical procedure or intervention that, when administered to a qualified patient, will serve only to prolong the process of dying.

(5) „Person" means an individual, corporation, business trust, estate, trust, partnership, association, joint venture, government, governmental subdivision or agency, or any other legal or commercial entity.

(6) „Physician" means an individual (licensed to practice medicine in this State).

(7) „Qualified patient" means a patient (18) or more years of age who has executed a declaration and who has been determined by the attending physician to be in a terminal condition.

(8) „State" means a state, territory, or possession of the United States, the District of Columbia, or the Commonwealth of Puerto Rico.

(9) „Terminal condition" means an incurable and irreversible condition that, without the administration of life-sustaining treatment, will, in the opinion of the attending physician, result in death within a relatively short time.

---

2756 Drafted by the national conference of commissioners on uniform state laws and by it approved and recommended for enactment in all the US-states at its annual conference meeting in its ninety-eighth year in Kauai, Hawaii july 28 – august 4, 1989.

Section 2. Declaration Relating to Use of Life-Sustaining Treatment.

(a) An individual of sound mind and (18) or more years of age may execute at any time a declaration governing the withholding or withdrawal of life-sustaining treatment. The declarant may designate another individual of sound mind and (18) or more years of age to make decisions governing the withholding or withdrawal of life-sustaining treatment. The declaration must be signed by the declarant, or another at the declarant's direction, and witnessed by two individuals.

(b) A declaration directing a physician to withhold or withdraw life-sustaining treatment may, but need not, be in the following form:

Declaration

If I should have an incurable and irreversible condition that,

without the administration of life-sustaining treatment, will, in the opinion of my attending physician, cause my death within a relatively short time, and I am no longer able to make decisions regarding my medical treatment, I direct my attending physician, pursuant to the Uniform Rights of the Terminally Ill Act of this State, to withhold or withdraw treatment that only prolongs the process of dying and is not necessary to my comfort or to alleviate pain.

Signed this ____________ day of ____________, ________.

Signature ______________________________

Address ______________________________

The declarant voluntarily signed this writing in my presence.

Witness ______________________________

Address ______________________________

Witness ______________________________

Address ______________________________

(c) A declaration that designates another individual to make decisions to withhold or withdraw life-sustaining treatment may, but need not, be in the following form:

Declaration

If I should have an incurable and irreversible condition that,

without the administration of my attending physician, will cause my death within a relatively short time, and I am no longer able to make decisions regarding my medical treatment, I appoint ______________ or, if he or she is not reasonably available or is unwilling to serve, ______________, to make decisions on my behalf regarding withholding or withdrawal of treatment that only prolongs the process of dying and is not necessary to my comfort or to alleviate pain, pursuant to the Uniform Rights of the Terminally Ill Act of this State.

(If the individual(s) I have so appointed is not reasonably available or is unwilling to serve, I direct my attending physician, pursuant to the Uniform Rights of the Terminally Ill Act of this State, to withhold or withdraw treatment that only prolongs the process of dying and is not necessary to my comfort or to alleviate pain.) The bracketed language should be stricken if not desired by a declarant.

Signed this ______________ day of ______________, __________.

Signature ________________________________

Address ________________________________

The declarant voluntarily signed this writing in my presence.

Witness ________________________________

Address ________________________________

Witness ________________________________

Address ________________________________

Name and address of designees.

Name ________________________________

Address ________________________________

(d) The designation of (i) a judicially appointed (guardian) or (ii) an attorney-in-fact (pursuant to the Uniform Durable Power of Attorney Act or the Model Health-Care Consent Act), who is authorized to make decisions regarding the withholding or withdrawal of life-sustaining treatment, constitutes for purposes of this (Act) a declaration designating another under Section 2(a).

(e) A physician or other health-care provider who is furnished a copy of the declaration shall make it a part of the declarant's medical record and, if unwilling to comply with the declaration, promptly so advise the declarant and the designee, if any.

Section 3. When declaration becomes operative.

A declaration becomes operative when (i) it is communicated to the attending physician and (ii) the declarant is determined by the attending physician to be in a terminal condition and no longer able to make decisions regarding administration of life-sustaining treatment. When the declaration becomes operative, the attending physician and other health-care providers shall act in accordance with its provisions and with the instructions of a designee under Section 2(a) or comply with the transfer provisions of Section 8.

Section 4. Revocation of declaration.

(a) A declaration may be revoked at any time and in any manner by the declarant, without regard to the declarant's mental or physical condition. A revocation is effective upon communication to the attending physician or other health-care provider by the declarant or a witness to the revocation.

(b) The attending physician or other health-care provider shall make the revocation a part of the declarant's medical record.

Section 5. Recording determination of terminal condition and declaration. Upon determining that the declarant is in a terminal condition, the attending physician who knows of a declaration shall record the determination and the terms of the declaration in the declarant's medical record.

Section 6. Treatment of qualified patients.

(a) A qualified patient may make decisions regarding life-sustaining treatment as long as the patient is able to do so.

(b) This (Act) does not affect the responsibility of the attending physician or other health-care provider to provide treatment, including nutrition and hydration, for a patient's comfort care or alleviation of pain.

(c) The declaration of a qualified patient known to the attending physician to be pregnant must not be given effect as long as it is probable that the fetus will develop to the point of live birth with continued application of life-sustaining treatment.

Section 7. Consent by others to withdrawal of treatment.

(a) Life-sustaining treatment may be withheld or withdrawn from an individual who:

(i) has been determined by the attending physician to be in a terminal condition and no longer able to make decisions regarding administration of life-sustaining treatment; and

(ii) has no effective declaration; if written consent to the withholding or withdrawal of the treatment, witnessed by two individuals, is given to the attending physician. The consent may be given by the following individuals, in order of priority:

(1) The spouse of the individual;

(2) An adult child of the individual or, if there is more than one adult child, a majority of the adult children who are reasonably available for consultation;

(3) The parents of the individual;

(4) An adult sibling of the individual or, if there is more than one adult sibling, a majority of the adult siblings who are reasonably available for consultation; or

(5) The nearest other adult relative of the individual by blood or adoption who is reasonably avaliable for consultation.

(b) If any class entitled to act is not reasonably available and competent to serve, or declines to make a decision, the next class is authorized to act, but an equal division in a class does not permit the next class to act.

(c) Decisions to grant or withhold consent must be made in good faith. A consent is not valid if it conflicts with the expressed intention of the individual.

(d) A decision of the attending physician acting in good faith that a consent is valid or invalid is conclusive.

(e) Life-sustaining treatment may not be withheld or withdrawn under this section from an individual known to the attending physician to be pregnant as long as it is probable that the fetus will develop to the point of live birth with continued application of life-sustaining treatment.

Section 8. Transfer of patients. An attending physician or other health-care provider who is unwilling to comply with this (Act) shall as promptly as practicable take all reasonable steps to transfer care of the declarant to another physician or health-care provider.

Section 9. Immunities.

(a) In the absence of knowledge of the revocation of a declaration, a person is not subject to civil of criminal liability, or discipline for unprofessional conduct, for carrying out the declaration or the instructions of a designee under Section 2(a) pursuant to the requirements of this (Act).

(b) A physician or other health-care provider, whose actions under this (Act) are in accord with reasonable medical standards, is not subject to criminal or civil liability, or discipline for unprofessional conduct, with respect to those actions.

(c) A physician or other health-care provider, whose decisions about the validity of consent under Section 7 are made in good faith, is not subject to criminal or civil liability, or discipline for unprofessional conduct, with respect to those decisions.

(d) A designee under Section 2(a) or a person authorized to consent under Section 7, whose decisions are made in good faith pursuant to this (Act), is not subject to criminal or civil liability, or discipline for unprofessional conduct, with respect to those decisions.

Section 10. Penalties.

(a) A physician or other health-care provider who willfully fails to transfer in accordance with Section 8 is guilty of (a class ________ misdemanor).

(b) A physician who willfully fails to record the determination of terminal condition in accordance with Section 5 is guilty of (a class ______________ misdemeanor).

(c) An individual who willfully conceals, cancels, defaces, or obliterates the declaration of another without the declarant's consent or who falsifies or forges a revocation of the declaration of another is guilty of (a class ______________ misdemeanor).

(d) An individual who falsifies or forges the declaration of another, or willfully conceals or withholds personal knowledge of a revocation as provided in Section 4, is guilty of (a class ______________ misdemeanor).

(e) A person who requires or prohibits the execution of a declaration as a condition for being insured for, or receiving, health-care services is guilty of (a class ______________ misdemeanor).

(f) A person who coerces or fraudulently induces another to execute a declaration under this (Act) is guilty of (a class ______________ misdemeanor).

(g) The sanctions provided in this section do not displace any sanction applicable under other law.

Section 11. Miscellaneous provisions.

(a) Death resulting from the withholding or withdrawal of life-sustaining treatment in accordance with this (Act) does not constitute, for any purpose, a suicide or homicide.

(b) The making of a declaration pursuant to Section 2 does not affect in any manner the sale, procurement, or issuance of any policy of life insurance or annuity, nor does it affect, impair, or modify the terms of an existing policy of life insurance or annuity. A policy of life insurance or annuity is not legally impaired or invalidated in any manner by the withholding or withdrawal of life-sustaining treatment from an insured qualified patient, notwithstanding any term to the contrary.

(c) A person may not prohibit or require the execution of a declaration as a condition for being insured for, or receiving, health-care services.

(d) This (Act) creates no presumption concerning the intention of an individual who has revoked or has not executed a declaration with respect to the use, withholding, or withdrawal of life-sustaining treatment in the event of a terminal condition.

(e) This (Act) does not affect the right of a patient to make decisions regarding use of life-sustaining treatment, so long as the patient is able to do so, or impair or supersede any right or responsibility that a person has to effect the withholding or withdrawal of medical care.

(f) This (Act) does not require any physician or other health-care provider to take any action contrary to reasonable medical standards.

(g) This (Act) does not condone, authorize, or approve mercy-killing or euthanasia.

Section 12. When health-care provider may presume validity of declaration. In the absence of knowledge to the contrary, a physician or other health-care provider may presume that a declaration complies with this (Act) and is valid.

Section 13. Recognition of declaration executed in another state. A declaration executed in another state in compliance with the law of that state or of this State is validly executed for purposes of this (Act).

Section 14. Effect of previous declaration. An instrument executed before the effective date of this (Act) which substantially complies with Section 2(a) must be given effect pursuant to the provisions of this (Act).

Section 15. Uniformity of construction and application. This (Act) shall be applied and construed to effectuate its general purpose to make uniform the law with respect to the subject of this (Act) among states enacting it.

Section 16. Short title. This (Act) may be cited as the Uniform Rights of the Terminally Ill Act (1989).

Section 17. Severability. If any provision of this (Act) or its application to any person or circumstance is held invalid, the invalidity does not affect other provisions or applications of this (Act) which can be given effect without the invalid provision or application, and to this end the provisions of this (Act) are severable.

Section 18. Effective date. This (Act) takes effect on ____________.

Section 19. Repeal. The following acts and parts of acts are repealed:
(1)
(2)
(3)

# Erklärung zur Euthanasie der Römisch-Katholischen Kongregation für die Glaubenslehre (1980)[2757]

Einleitung:

Die Rechte und Werte der menschlichen Person sind von großer Bedeutung bei den Fragen, die von den Menschen unserer Tage diskutiert werden. Das III. Vatikaner Konzil hat, was dieses Thema angeht, die überragende Würde der menschlichen Person, besonders ihr Recht auf Leben, feierlich bekräftigt. Deshalb hat das gleiche Konzil auch die Anschläge gegen das Leben, zu denen „jede Art Mord, Völkermord, Abtreibung, Euthanasie und auch der freiwillige Selbstmord" gehören, angeprangert (Pastoralkonstitution Gaudium ex Spes, Nr. 27).

Vor einiger Zeit hat die Kongregation für die Glaubenslehre allen Gläubigen die Lehre der katholischen Kirche zum Schwangerschaftsabbruch in Erinnerung gerufen. Nun hält es die gleiche Kongregation für angebracht, die Lehre der Kirche zur Euthanasie darzulegen.

Die letzten Päpste haben bereits die Grundsätze dieser Lehre herausgestellt, welche ihr volles Gewicht behalten; doch haben die Fortschritte der Medizin bewirkt, daß in den letzten Jahren in der Frage der Euthanasie neue Aspekte sichtbar wurden. Diese machen es erforderlich, daß die betreffenden ethischen Normen noch mehr verdeutlicht werden.

In der heutigen Gesellschaft, in der sogar die grundlegenden Werte des menschlichen Lebens oft in Frage gestellt werden, wirken sich die Veränderungen im Bereich der Zivilisation auch auf die Bewertung von Tod und Schmerz aus. Es ist ferner zu beachten, daß die Fähigkeit der ärztlichen Kunst, zu heilen und das Leben unter bestimmten Bedingungen zu verlängern, zugenommen hat, wobei sich natürlich zuweilen einige moralische Fragen ergeben. Menschen, die sich in einer solchen Lage befinden, fragen sich besorgt nach dem Sinn eines extrem hohen Alters und des Todes. Es versteht sich, daß sie in der Folge auch die Frage stellen, ob sie das Recht haben , sich selber oder ihren Angehörigen einen „Gnädigen Tode" zu verschaffen, der die Leiden abkürzen könnte und nach ihrer Ansicht der Würde des Menschen besser entspreche.

Mehrere Bischofskonferenzen haben der Kongregation für die Glaubenslehre hierzu einige Fragen vorgelegt. Die Kongregation hat zu den verschiedenen Aspekten der Euthanasie das Urteil von Fachleuten eingeholt und möchte nun mit dieser Erklärung auf die Anfragen der Bischöfe antworten, damit diese leichter die ihnen anvertrauten Gläubigen richtig unterweisen und den Regierungsstellen zu dieser schwerwiegenden Frage

---

2757 Deutsche Bischofskonferenz (Hrsg.), Erklärung der Kongregation für die Glaubenslehre zur Euthanasie, Rom-Vatikanstadt 1980.

Gesichtspunkte zur Reflexion anbieten können. Die in diesem Dokument vorgelegten Überlegungen richten sich vor allem an jene, die an Christus glauben und auf ihn ihre Hoffnung setzen; denn aus Christi Leben, Tod und Auferstehung haben das Leben und besonders der Tod der Christen eine neue Bedeutung gewonnen, wie der hl. Paulus sagt: „Leben wir, so leben wir dem Herrn, sterben wir, so sterben wir dem Herrn. Ob wir leben oder ob wir sterben, wir gehören dem Herrn.“(Röm 14,8; vgl. Phil 1,20)). Was aber die Gläubigen anderer Religionen betrifft, werden die meisten von ihnen sicher darin mit uns übereinstimmen, daß der Glaube an Gott, den Schöpfer und den Herrn des Lebens, und an seine Vorsehung – sofern sie diesen teilen – jeder menschlichen Person eine erhabene Würde verleiht und deren Achtung schützt.

Es ist zu hoffen, daß diese Erklärung bei allen Menschen guten Willens Zustimmung finden kann; denn auch wenn sie unterschiedliche philosophische Lehren und Ideologien vertreten, so haben sie doch ein waches Bewußtsein von den Rechten der menschlichen Person. Gerade diese Rechte sind ja auch im Verlauf der letzten Jahre in Erklärungen internationaler Gremien oft proklamiert worden. Da es sich hier um fundamentale Rechte handelt, die jeder menschlichen Person zukommen, darf man sich keineswegs auf Argumente aus dem politischen Pluralismus oder der Religionsfreiheit berufen, um die universale Geltung dieser Rechte zu leugnen.

## Wert des menschlichen Lebens

Das menschliche Leben ist die Grundlage aller Güter und zugleich die notwendige Quelle und Vorbereitung für alle menschliche Tätigkeit sowie auch für jegliches gesellschaftliche Zusammensein. Während die meisten Menschen das menschliche Leben als etwas Heiliges betrachten und zugeben, daß niemand darüber nach Willkür verfügen darf, so vermögen die an Christus Glaubenden in ihm noch etwas Höheres zu erkennen, nämlich das Geschenk der Liebe Gottes, das sie bewahren und fruchtbar machen müssen. Aus dieser letzteren Übung ergibt sich Folgendes:

1. Niemand kann das Lebens eines unschuldigen Menschen angreifen, ohne damit der Liebe Gottes zu ihm zu widersprechen und so ein fundamentales unverlierbares und unveräußerliches Recht zu verletzten, ohne also ein äußerst schweres Verbrechen zu begehen.

2. Jeder Mensch muß sein Leben nach dem Ratschluß Gottes führen. Es ist ihm als ein Gut anvertraut, das schon hier auf Erden Frucht bringen soll, dessen volle und endgültige Vollendung jedoch erst im ewigen Leben zu erwarten ist.

3. Der Freitod oder Selbstmord ist daher ebenso wie der Mord nicht zu rechtfertigen; denn ein solches Tun des Menschen bedeutet die Zurückweisung der Oberherrschaft Gottes und seiner liebenden Vorsehung. Selbstmord ist ferner oft die Verweigerung der Selbstliebe, die Verleugnung des Naturinstinktes zum Leben, eine Flucht vor den Pflichten der Gerechtigkeit und der Liebe, die den

Nächsten, den verschiedenen Gemeinschaften oder auch der ganzen menschlichen Gesellschaft geschuldet werden – wenn auch zuweilen, wie alle wissen, seelische Verfassungen zugrunde liegen, welche die Schuldhaftigkeit mindern oder auch ganz aufheben können.

Vom Selbstmord muß jedoch jenes Lebensopfer deutlich unterschieden werden, das jemand aus einem übergeordneten Grund – wie Gottes Ehre, das Heil der Seelen oder der Dienst an den Brüdern – bringt, indem er sein Leben hingibt oder der äußersten Gefahr aussetzt.

## II. Euthanasie

Um die Frage der Euthanasie richtig zu behandeln, muß zunächst die Bedeutung der verwendeten Begriffe genau erklärt werden.

Etymologisch bezeichnete Euthanasie in der Antike den sanften Tod, ohne übermäßige Schmerzen. Heute denkt man nicht mehr an diese ursprüngliche Bedeutung des Ausdrucks, sondern vielmehr an einen ärztlichen Eingriff, durch den die Schmerzen der Krankheit oder des Todeskampfes vermindert werden, wobei zuweilen die Gefahr besteht, das Leben vorzeitig zu beenden. Schließlich wird das Wort in einem noch engeren Sinn verstanden, und zwar: töten aus Barmherzigkeit, in der Absicht, extreme Schmerzen endgültig zu beenden oder um Kindern mit Geburtsfehlern, unheilbar Kranken oder Geisteskranken eine Verlängerung ihres harten Lebens zu ersparen, das vielleicht noch etliche Jahre dauern würde und den Familien und der Gesellschaft eine allzu schwer Last aufbürden könnte.

Es muß klar sein, in welchem Sinn der Ausdruck in diesem Dokument verwendet wird.

Unter Euthanasie wird hier eine Handlung oder Unterlassung verstanden, die ihrer Natur nach oder aus bewußter Absicht den Tod herbeiführt, um so jeden Schmerz zu beenden. Euthanasie wird also auf der Ebene der Intention wie auch der angewandten Methoden betrachtet.

Es muß erneut mit Nachdruck erklärt werden, daß nichts und niemand je das Recht verleihen kann, ein menschliches Lebewesen unschuldig zu töten, mag es sich um eine Fötus oder eine Embryo, ein Kind, einen Erwachsenen oder Greis, einen unheilbar Kranken oder Sterbenden handeln. Es ist auch niemandem erlaubt, diese todbringende Handlung für sich oder einen anderen zu erbitten, für den er Verantwortung trägt, ja man darf nicht einmal einer solchen Handlung zustimmen, weder explizit noch implizit. Es kann ferner keine Autorität sie rechtmäßig anordnen oder zulassen. Denn es geht dabei um die Verletzung eines göttlichen Gesetzes, um eine Beleidigung der Würde der menschlichen Person, um ein Verbrechen, um einen Anschlag gegen das Menschengeschlecht.

Es kann vorkommen, daß wegen langanhaltender und fast unerträglicher Schmerzen, aus psychischen oder anderen Gründen jemand meint, er dürfe berechtigterweise den Tod für sich selbst erbitten oder ihn anderen zufügen. Obwohl in solchen Fällen die Schuld des Menschen vermindert sein oder gänzlich fehlen kann, so ändert doch der Irrtum im Urteil, dem das Gewissen vielleicht guten Glaubens unterliegt, nicht die Natur dieses todbringenden Aktes, der in sich selbst immer abzulehnen ist. Man darf auch die flehentlichen Bitten von Schwerkranken, die für sich zuweilen den Tod verlangen, nicht als wirklichen Willen zur Euthanasie verstehen; denn fast immer handelt es sich um angstvolles Rufen nach Hilfe und Liebe. Über die Bemühungen der Ärzte hinaus hat der Kranke Liebe nötig, warme, menschliche und übernatürliche Zuneigung, die alle Nahestehenden, Eltern und Kinder, Ärzte und Pflegepersonen ihm schenken können und sollen.

## III. Die Bedeutung des Schmerzes für den Christen und die Verwendung schmerzstillender Mittel

Der Tod tritt nicht immer unter allerschwersten Umständen, nach kaum erträglichen Schmerzen ein. Wir dürfen nicht nur an extreme Fälle denken. Zahlreiche übereinstimmende Zeugnisse lassen vermuten, daß die Natur selber Vorsorge getroffen hat, um jene im Tod zu vollziehenden Trennungen zu erleichtern, die, würden sie dem Menschen bei voller Gesundheit zugemutet, ungewöhnlich schmerzlich wären. So kommt es, daß die lange Dauer einer Krankheit, fortgeschrittenes Alter, Einsamkeit und Verlassenheit jene psychologischen Voraussetzungen schaffen, die die Annahme des Todes erleichtern.

Dennoch ist zuzugeben, daß der Tod ein Ereignis ist, das natürlicherweise das Herz des Menschen mit Angst erfüllt, zumal wenn ihm oft schwere und langdauernde Schmerzen voraufgehen oder ihn begleiten.

Der körperliche Schmerz gehört gewiß unvermeidlich zur Verfassung des Menschen; vom biologischen Standpunkt aus ist er ein Warnzeichen, dessen Nutzen außer Zweifel steht. Da er aber auch das psychische Leben des Menschen berührt, übersteigt seine Belastung oft den biologischen Nutzen, ja sie kann derart zunnehmen, daß die Beseitigung des Schmerzes um jeden Preis wünschenswert erscheint.

Nach christlicher Lehre erhält der Schmerz jedoch, zumal in der Sterbestunde, eine besondere Bedeutung in Heilsplan Gottes. Er gibt Anteil
Leiden Christi und verbindet mit dem erlösenden Opfer, das Christus im Gehorsam gegen den Willen des Vaters dargebracht hat. Es darf deshalb nicht verwundern, wenn einzelne Christen schmerzstillende Mittel nur mäßig anwenden wollen, um wenigsten einen Teil ihrer Schmerzen freiwillig auf sich zu nehmen und sich so bewußt mit den Schmerzen des gekreuzigten Christus vereinigen zu können (vgl. Mt 27,34). Doch widerspricht es der Klugheit, eine heroische Haltung als allgemeine Norm zu fordern. Menschliche und christliche Klugheit rät im Gegenteil bei den meisten Kranken, solche Medikamente anzuwenden, welche den Schmerz

lindern oder beseitigen können, auch wenn sich dadurch als Nebenwirkungen Schläfrigkeit und vermindertes Bewußtsein einstellen.

Bei denen aber, die sich selbst nicht mehr auszudrücken vermögen, darf man mit Recht voraussetzen, daß diese schmerzstillenden Mittel haben möchten und wünschen, sie nach dem Rat der Ärzte zu erhalten.

Die intensive Anwendung schmerzstillender Mittel ist aber nicht problemlos; denn man muß, um ihre Wirksamkeit zu gewährleisten, wegen des Phänomens der Gewöhnung im allgemeinen immer größere Dosen verabreichen. Es ist hilfreich, an eine Erklärung von Papst Pius XII. zu erinnern, die weiterhin voll gültig bleibt. Einer Gruppe von Ärzten, die ihm die Frage vorgelegt hatten: „Kann es nach der Lehre der Religion und den Normen der Moral dem Arzt und dem Kranken erlaubt sein, mit Hilfe narkotischer Medikamente Schmerz und Bewußtsein auszuschalten (...) (auch beim Herannahen des Todes und wenn vorauszusehen ist, daß die Anwendung dieser Mittel das Leben abkürzt)?" antwortete der Papst: „Wenn andere Mittel fehlen und dadurch den gegebenen Umständen die Erfüllung der übrigen religiösen und moralischen Pflichten in keiner Weise verhindert wird, ist es erlaubt." In diesem Fall ist es klar, daß der Tod keineswegs gewollt oder gesucht wird, auch wenn man aus einem vernünftigen Grund die Todesgefahr in Kauf nimmt; man beabsichtigt nur, die Schmerzen wirksam zu lindern, und verwendet dazu jene schmerzstillenden Mittel, die der ärztlichen Kunst zur Verfügung stehen. Doch verdienen die schmerzstillenden Mittel, bei denen die Kranken das Bewußtsein verlieren, eine besondere Überlegung. Denn es liegt viel daran, daß die Menschen nicht nur ihren moralischen Verpflichtungen und den Aufgaben gegenüber ihren Verwandten nachkommen, sondern sich vor allem auch in vollem Bewußtsein auf die Begegnung mit Christus richtig vorbereiten können. Pius XII. mahnt deshalb: „Es ist nicht recht, den Sterbenden ohne schwerwiegenden Grund des Bewußtseins zu berauben."

## IV. Das richtige Maß in der Verwendung therapeutischer Mittel

Es ist in unserer Zeit sehr wichtig, gerade in der Todesstunde die Würde der menschlichen Person und die christliche Bedeutung des Lebens zu wahren und sich vor einer gewissen „Technisierung" zu hüten, die der Gefahr des Mißbrauchs ausgesetzt ist. So spricht man heute ja auch vom „Recht auf den Tod", versteht darunter aber nicht das Recht eines Menschen, sich durch eigene oder fremde Hand nach Gutdünken den Tod zu geben, sondern das Recht, in ruhiger Verfassung mit menschlicher und christlicher Würde sterben zu können. Unter diesem Gesichtspunkt kann die Anwendung therapeutischer Mittel zuweilen manche Frage aufwerfen. In vielen Fällen kann die Situation derart verwickelt sein, daß sich Zweifel ergeben, wie hier die Grundsätze der Sittenlehre anzuwenden sind. Die betreffenden Entscheidungen stehen dem Gewissen des Kranken oder seiner rechtmäßigen Vertreter wie auch der Ärzte zu; dabei sind sowohl die Gebote der Moral wie auch die vielfältigen Aspekte des konkreten Falles vor Augen zu halten.

Jeder ist verpflicht, für seine Gesundheit zu sorgen und sicherzustellen, daß ihm geholfen wird. Jene aber, denen die Sorge für die Kranken anvertraut ist, müssen ihren Dienst mit aller Sorgfalt verrichten und die Therapien anwenden, die nötig oder nützlich scheinen.

Muß man unter allen Umständen alle verfügbaren Mittel anwenden? Bis vor kurzem antworteten die Moraltheologen, die Anwendung „außerordentlicher“ Mittel könne man keinesfalls verpflichtend vorschreiben. Diese Antwort, die als Grundsatz weiter gilt, erscheint heute vielleicht weniger einsichtig, sei es wegen der Unbestimmtheit des Ausdrucks oder wegen der schnellen Fortschritte in der Heilkunst. Daher ziehen es manche vor, von „verhältnismäßigen“ und „unverhältnismäßigen“ Mitteln zu sprechen. Auf jeden Fall kann eine richtige Abwägung der Mittel nur gelingen, wenn die Art der Therapie, der Grad ihrer Schwierigkeiten und Gefahren, der benötigte Aufwand sowie die Möglichkeiten ihrer Anwendung mit den Resultaten verglichen werden, die man unter Berücksichtigung des Zustandes des Kranken sowie seiner körperlichen und seelischen Kräfte erwarten kann.

Damit diese allgemeinen Grundsätze leichter angewendet werden können, dürften die folgenden Klarstellungen hilfreich sein:

– Sind andere Heilmittel nicht verfügbar, darf man mit Zustimmung des Kranken Mittel anwenden, die der neueste medizinische Fortschritt zur Verfügung gestellt hat, auch wenn sie noch nicht genügend im Experiment erprobt und nicht ungefährlich sind. Der Kranke, der darauf eingeht, kann dadurch sogar ein Beispiel der Hochherzigkeit zum Wohl der Menschheit geben.

– Ebenso darf man die Anwendung dieser Mittel abbrechen, wenn das Ergebnis die auf sie gesetzte Hoffnung nicht rechtfertigt. Bei dieser Entscheidung sind aber der berechtigte Wunsch des Kranken und seiner Angehörigen sowie das Urteil kompetenter Fachärzte zu berücksichtigen. Diese können mehr als andere eine vernünftige Abwägung vornehmen, ob dem Einsatz an Instrumenten und Personal die erwarteten Erfolge entsprechen und ob die angewandte Therapie dem Kranken nicht Schmerzen oder Beschwerden bringt, die in keinem Verhältnis stehen zu den Vorteilen, die sie ihm verschaffen kann.

– Es ist immer erlaubt, sich mit den Mitteln zu begnügen, welche die Medizin allgemein zur Verfügung stellt. Niemand kann daher verpflichtet werden, eine Therapie anzuwenden, die zwar schon im Gebrauch, aber noch mit Risiken versehen oder zu aufwendig ist. Ein Verzicht darauf darf nicht mit Selbstmord gleichgesetzt werden: es handelt sich vielmehr um ein schlichtes Hinnehmen menschlicher Gegebenheiten; oder man möchte einen aufwendigen Einsatz medizinischer Technik vermeiden, dem kein entsprechender zu erhoffender Nutzen gegenübersteht; oder man wünscht, der Familie beziehungsweise der Gemeinschaft keine allzu große Belastung aufzuerlegen.

– Wenn der Tod näher kommt und durch keine Therapie mehr verhindert werden kann, darf man sich im Gewissen entschließen, auf weitere Heilversuche zu verzichten, die nur eine schwache oder schmerzvolle Verlängerung des Lebens bewirken könnten, ohne daß man jedoch die normalen Hilfen unterläßt, die man in solchen Fällen einem Kranken schuldet. Dann liegt kein Grund vor, daß der Arzt Bedenken haben müßte, als habe er einem Gefährdeten die Hilfe verweigert.

## Schluß

Die in dieser Erklärung enthaltenen Normen sind bestimmt vom aufrichtigen Bemühen, dem Menschen nach dem Plan des Schöpfers zu helfen. Wenn einerseits das Leben als Geschenk Gottes anzusehen ist, so ist andererseits der Tod unausweichlich. Darum müssen wir ihn im vollen Bewußtsein unserer Verantwortung und mit aller Würde annehmen können, ohne die Todesstunde in irgendeiner Weise zu beschleunigen. Der Tod beendet zwar den irdischen Lebenslauf, er eröffnet aber zugleich den Zugang zum unsterblichen Leben. Daher müssen sich alle Menschen schon im Licht menschlicher Werte auf dieses Ereignis innerlich richtig vorbereiten, ganz besonders aber die Christen im Licht ihres Glaubens. Was diejenigen betrifft, die im öffentlichen Gesundheitswesen arbeiten, so werden sie nichts unterlassen, um ihr ganzes fachliches Können in den Dienst der Kranken und Sterbenden zu stellen. Sie sollen aber bedenken, daß diese noch einen anderen Trost viel notwendiger brauchen, nämlich uneingeschränkte Güte und liebende Anteilnahme. Ein solcher Dienst, den Menschen geschenkt, wird zugleich Christus dem Herrn erwiesen, der gesagt hat: „Was ihr für einen meiner geringsten Brüder getan habt, das habt ihr mir getan“ (Mt 25,40).

Diese Erklärung, welche in der ordentlichen Versammlung dieser Kongregation verabschiedet wurde, hat Papst Johannes Paul II. in der dem unterzeichneten Kardinalpräfekten gewährten Audienz gebilligt und ihre Veröffentlichung angeordnet.

# III. Dokumente für/von Anstaltenträgern/ Anstaltenorganisationen

## AHA – American Hospital Association – a Patient's Bill of Rights (1973)[2758]

The American Hospital Association Board of Trustees' Committee on Health Care for the Disadvantaged, which has been a consistent advocate on behalf of consumers of health care services, developed the Statement on a Patient's Bill of Rights, which was approved by the AHA House of Delegates February 6, 1973.

The American Hospital Association presents a Patient's Bill of Rights with the expectation that observance of these rights will contribute to more effective patient care and greater satisfaction for the patient, his physician, and the hospital organization. Further, the Association presents these rights in the expectation that they will be supported by the hospital on behalf of its patients, as an integral part of the healing process. It is recognized that a personal relationship between the physician and the patient is essential for the provision of proper medical care. The traditional physician-patient relationship takes on a new dimension when care is rendered within an organizational structure. Legal precedent has established that the institution itself also has a responsibility to the patient. It is in recognition of these factors that these rights are affirmed.

1. The patient has the right to considerate and respectful care.

2. The patient has the right to obtain from his physician complete current information concerning his diagnosis, treatment, and prognosis in terms the patient can be reasonably expected to understand. When it is not medically advisable to give such information to the patient, the information should be made available to an appropriate person in his behalf. He has the right to know, by name, the physician responsible for coordinating his care.

3. The patient has the right to receive from his physician information necessary to give informed consent prior to the start of any procedure and/or treatment. Except in emergencies, such information for informed consent should include but not necessarily be limited to the specific procedure and/or treatment, the medically significant risks involved, and the probable duration of

---

2758 Approved by the AHA House of Delegates, February 6, 1973.

incapacitation. Where medically significant alternatives for care or treatment exist, or when the patient requests information concerning medical alternatives, the patient has the right to such information. The patient also has the right to know the name of the person responsible for the procedures and/or treatment.

4. The patient has the right to refuse treatment to the extent permitted by law and to be informed of the medical consequences of his action.

5. The patient has the right to every consideration of his privacy concerning his own medical care program. Case discussion, consultation, examination, and treatment are confidential and should be conducted discreetly. Those not directly involved in his care must have the permission of the patient to be present.

6. The patient has the right to expect that all communications and records pertaining to his care should be treated as confidential.

7. The patient has the right to expect that within its capacity a hospital must make reasonable response to the request of a patient for services. The hospital must provide evaluation, service, and/or referral as indicated by the urgency of the case. When medically permissible, a patient may be transferred to another facility only after he has received complete information and explanation concerning the needs for and alternatives to such a transfer. The institution to which the patient is to be transferred must first have accepted the patient for transfer.

8. The patient has the right to obtain information as to any relationship of his hospital to other health care and educational institutions insofar as his care is concerned. The patient has the right to obtain information as to the existence of any professional relationships among individuals, by name, who are treating him.

9. The patient has the right to be advised if the hospital proposes to engage in or perform human experimentation affecting his care or treatment. The patient has the right to refuse to participate in such research projects.

10. The patient has the right to expect reasonable continuity of care. He has the right to know in advance what appointment times and physicians are available and where. The patient has the right to expect that the hospital will provide a mechanism whereby he is informed by his physician or a delegate of the physician of the patient's continuing health care requirements following discharge.

11. The patient has the right to examine and receive an explanation of his bill regardless of source of payment.

12. The patient has the right to know what hospital rules and regulations apply to his conduct as a patient.

No catalog on rights can guarantee for the patient the kind of treatment he has a right to expect. A hospital has many functions to perform, including the prevention and treatment of disease, the education of both health professionals and patients, and the conduct of clinical research. All these activities must be conducted with an overriding concern for the patient, and, above all, the recognition of his dignity as a human being. Success in achieving this recognition assures success in the defense of the rights of the patient.

# EG-Krankenhausausschuß – Charta des Krankenhauspatienten (1979)[2759]

Präambel

1. In der Überzeugung, daß der Krankenhauspatient grundlegende Rechte in bezug auf den vom Krankenhaus geleisteten Dienst hat und daß diese Rechte mit der Konzeption einer humanen Krankenversorgung eng verbunden sind, hat der Ausschuß der Krankenhäuser der EWG auf seiner 18. Vollversammlung im Mai 1977 in Kopenhagen beschlossen, diese Rechte näher zu untersuchen. Aus dieser Untersuchung ergab sich die Formulierung einer Charta des Krankenhauspatienten, die auf der 10. Vollversammlung im Mai 1979 in Luxemburg beschlossen wurde.

Bei der Formulierung seines Standpunktes hat der Ausschuß die folgenden Artikel berücksichtigt:

– Art. 25 der Allgemeinen Erklärung der Menschenrechte (1948),

– Art. 11 und 13 der Europäischen Sozialcharta (1961),

– Art. 12.1 der Internationalen UNO-Konvention über wirtschaftliche, soziale und kulturelle Rechte (1966),

– Resolution 23.41 der Weltgesundheitsorganisation (1970).

2. Die Charta ist speziell für den Krankenhauspatienten erarbeitet worden. Dies bedeutet nicht, daß andere Patienten im Gesundheitswesen unberücksichtigt bleiben sollen; aber der Ausschuß der Krankenhäuser EWG möchte innerhalb seines Bereiches bleiben, indem er die Rechte des Patienten in der Krankenhaussituation formuliert. Der Ausschuß hofft, daß mit dieser Charta des Krankenhauspatienten ein Beitrag zur Entwicklung einer Charta der Patientenrechte im weiteren Rahmen geleistet wird.

3. Nach Auffassung des Ausschusses ist das Krankenhaus keine absolute Lösung für alle gesundheitlichen Probleme. Der Ausschuß ist der Ansicht, daß jeder Mensch ein fundamentales Recht hat, Zugang zu einem organisierten und strukturierten Gesundheitswesen zu finden, in dem das Krankenhaus zusammen mit anderen Dienstleistungsträgern seine eigene Rolle erfüllt.

4. Die Charta des Krankenhauspatienten ist eine Darstellung der individuellen Grundrechte jedes Menschen im Krankenhaus. Sie enthält z. B. das Selbstbestimmungsrecht, das Recht auf Information, auf Respektierung der Privatsphäre, auf Freiheit der Religion und Weltanschauung.

5. Eine Darstellung der Rechte des Krankenhauspatienten reicht jedoch als solche noch nicht aus. In allen Krankenhäusern sollten Bedingungen dafür

2759 Charta des Krankenhauspatienten angenommen von der in Luxemburg vom 6.–9. Mai 1979 tagenden Vollversammlung des Ausschusses der Krankenhäuser der Europäischen Wirtschaftsgemeinschaft, nach Anhörung des vom Unterausschuß „Krankenhaus-Verwaltung" dargelegten Berichtes.

geschaffen werden, daß diese Rechte respektiert werden und darüber hinaus dem Patienten bewußt gemacht wird, daß er seine Rechte auch geltend machen kann. Die Notwendigkeit, diese Bedingungen zu schaffen, sollte bei der Organisation der Krankenversorgung, der Planung der Mittel für die Krankenversorgung und der Einstellung der Mitarbeiter ihren Niederschlag finden.

6. Es wird darauf hingewiesen, daß die in der Charta dargestellten Rechte Hand in Hand gehen auch mit Verpflichtungen von seiten des Krankenhauspatienten. Diese Verpflichtungen umfassen ein stets angemessenes Verhalten, Rücksichtnahme auf und Respektierung der Rechte der Mitpatienten und Zusammenarbeit mit dem Personal und der Betriebsleitung des Krankenhauses.

7. Die Charta wendet sich, unter Anerkennung der Gesetzgebung jedes Landes an alle Krankenhauspatienten. Einige Patienten (z. B. psychisch kranke Patienten) bedürfen einer besonderen Gewährleistung ihrer Rechte. Dennoch zielt die vorliegende Charta darauf ab, eine Gesamtdarstellung der Grundrechte aller Krankenhauspatienten zu geben.

Die Rechte des Krankenhauspatienten

1. Der Patient hat das Recht, Zugang zu den Leistungen des Krankenhauses zu erhalten, die der Art seiner Krankheit oder seines Zustandes angemessen sind.

2. Der Krankenhauspatient hat das Recht auf eine rücksichtsvolle Betreuung unter Respektierung seiner menschlichen Würde. Diese Betreuung umfaßt nicht nur medizinische, pflegerische und verwandte Dienstleistungen, sondern auch angemessene Beratung, Unterbringung, Amtshilfe und technische Hilfe.

3. Der Krankenhauspatient hat das Recht, der Durchführung jeglicher Diagnose- oder Behandlungsverfahren zuzustimmen oder sie zu verweigern. In den Fällen, in denen der Patient (gemäß den gesetzlichen Bestimmungen oder den gegebenen Umständen) nicht oder nur teilweise fähig ist, dieses Recht auszuüben, soll es in dem Maße, wie der Patient dazu selbst nicht in der Lage ist, in seinem Namen von seinem Vertreter oder einer vom Gesetz bestimmten Person ausgeübt werden.

4. Der Krankenhauspatient hat das Recht auf die Informationen,die entsprechend seiner Lage für ihn von Bedeutung sind. Bei der Weitergabe dieser Informationen an den Patienten sollten dessen höhere Interessen Vorrang haben. Unter Berücksichtigung dessen muß die erteilte Information dem Patienten erlauben, eine genaue Einsicht in alle Aspekte seiner medizinischen und sonstigen Lage zu gewinnen und ihn auf der Grundlage dieser Informationen befähigen, seine eigenen Entscheidungen zu treffen oder sich an den Entscheidungen zu beteiligen, die Auswirkungen auf sein Befinden haben.

5. Der Krankenhauspatient oder sein Vertreter (im Sinne von Nr. 3) hat das Recht, vollständig über die mit der Anwendung noch unerprobter Diagnose- und Behandlungsmethoden verbundenen Risiken im voraus informiert zu werden. Die Zustimmung zu der Durchführung solcher Verfahren muß ausdrücklich gegeben werden und muß jederzeit widerrufbar sein. Bei der Beteiligung des Patienten an Lehre und Forschung im Krankenhaus ist es notwendig, den Patienten völlig frei entscheiden zu lassen, ob er seine Zustimmung dazu geben will oder nicht und wann er daran teilnehmen oder seine Zustimmung widerrufen will.

6. Der Krankenhauspatient hat innerhalb der Möglichkeiten der Umgebung, in der er untergebracht ist, das Recht auf den Schutz seiner Privatsphäre. Die Vertraulichkeit der Informationen und Aufzeichnungen persönlicher, vor allem medizinischer Art, muß gewährleistet werden.

7. Der Krankenhauspatient hat das Recht auf Respektierung und Anerkennung seiner religiösen und weltanschaulichen Überzeugungen.

8. Der Krankenhauspatient hat das Recht, sich zu beschweren, seine Beschwerde überprüfen zu lassen und über das Ergebnis informiert zu werden.

# JCAH – Joint Commission on Accreditation of Hospitals – Rights and Responsibilities of Patients (1985)[2760]

The basic rights of human beings for independence of expression, decision, and action, and concern for personal dignity and human relationships are always of great importance. During sickness, however, their presence or absence becomes a vital, deciding factor in survival and recovery. Thus it becomes a prime responsibility for hospitals to endeavor to assure that these rights are preserved for their patients. In providing care, hospitals have the right to expect behavior on the part of patients and their relatives and friends, which, considering the nature of their illness, is reasonable and responsible.

This statement does not presume to be all-inclusive. It is intended to convey JCAH's concern about the relationship between hospitals and patients and to emphasize the need for the observance of the rights and responsibilities of patients.

The following basic rights and responsibilities of patients are considered reasonably applicable to all hospitals.

## Patients' Rights

### Access to Care

Individual shall be accorded impartial access to treatment or accommodations that are available or medically indicated, regardless of race, creed, sex, national origin, or sources of payment for care.

### Respect and Dignity

The patient has the right to considerate, respectful care at all times and under all circumstances, with recognition of his personal dignity.

### Privacy and Confidentiality

The patient has the right within the law, to personal and informational privacy, as manifested by the following rights:

To refuse to talk with or see anyone not officially connected with the hospital, including visitors, or persons officially connected with the hospital but not directly involved in his care. To wear appropriate personal clothing and religious or other symbolic items, as long as they do not interfere with diagnostic procedures or treatment.

To be interviewed and examined in surroundings designed to assure reason-

2760 Abgedruckt in: JCAH (Hrsg.), Accreditation Manual for Long-Term Care Facilities, Chichago 1986, S. 65 ff.

able visual and auditory privacy. This includes the right to have a person of one's sex present during certain parts of a physical examination, treatment, or procedure performed by a health professional of the opposite sex; and the right not to remain disrobed any longer than it is required for accomplishing the medical purpose for which the patient was asked to disrobe.

To expect all communications and other records pertaining to his care, including the source of payment for treatment, to be treated as confidential.

To request a transfer to another room if another patient or visitors in that room are unreasonably disturbing him by smoking or other actions.

To be placed in protective privacy when considered necessary for the personal safety.

### Personal Safety

The patient has the right to expect reasonable safety insofar as the hospital practices and invironment are concerned.

### Identity

The patient has the right to know the identity and professional status of individuals providing service to him and to know which physician or other practitioner is primarily responsible for his care.

This includes the patient's right to know of the existence of any professional relationship among individuals who are treating him, as well as the relationship to any other health care or educational institutions involved in his care. Participation by patients in clinical training programs or in the gathering of data for research purposes should be voluntary.

### Information

The patient has the right to obtain, from the practitioner responsible for coordinating his care, complete and current information concerning his diagnosis (to the degree known), treatment, and any known prognosis. This information should be communicated in terms the patient can reasonably be expected to understand. When it is not medically advisable to give such information to the patient, the information should be made available to a legally authorized individual.

### Communication

The patient has the right of access to people outside the hospital by means of visitors, and by verbal and written communication. When the patient does not speak or understand the predominant language of the community, he should have access to an interpreter. This is particularly true where language barriers are a continuing problem.

## Consent

The patient has the right to reasonably informed participation in decisions involving his health care. To the degree possible, this should be based on a clear, concise explanation of his condition and of all proposed technical procedures, including the possibilities of any risk of mortality or serious side effects, problems related to recuperation, and probability of success.

The patient should not be subjected to any procedure without his voluntary, competent, and understanding consent, or that of his legally authorized representative. Where medically significant alternatives for care or treatment exist, the patient shall be so informed.

The patient has the right to know who is responsible for authorizing and performing the procedures or treatment.

The patient shall be informed if the hospital proposes to engage in or perform human experimentation or other research/education projects affecting his care or treatment, and the patient has the right to refuse to participate in such research projects.

## Consultation

The patient, at his own request and expense, has the right to consult with a specialist.

## Refusal of Treatment

The patient may refuse treatment to the extent permitted by law. When refusal of treatment by the patient or his legally authorized representative prevents the provision of appropriate care in accordance with professional standards, the relationship with the patient may be terminated upon reasonable notice.

## Transfer and Continuity of Care

A patient may not be transferred to another facility unless he has received a complete explanation of the need for the transfer and the alternatives to such a transfer, unless the transfer is acceptable for the other facility. The patient has the right to be informed by the practitioner responsible for his care, or his delegate, of any continuing health care requirements following discharge from the hospital.

## Hospital Charges

Regardless of the source of payment for his care, the patient has the right to request and receive an itemized and detailed explanation of his total bill for services rendered in the hospital. The patient has the right to timely notice prior to termination of his eligibility for reimbursement by any third-party payer for the cost of his care.

Hospital Rules and Regulations

The patient should be informed of the hospital rules and regulations applicable to his conduct as a patient. Patients are entitled to information about the hospital's mechanism for the initiation, review, and resolution of patient complaints.

Patient Responsibilities

Provision of Information

A patient has the responsibility to provide, to the best of his knowledge, accurate and complete information about present complaints, past illnesses, hospitalizations, medications, and other matters relating to his health. He has the responsibility to report unexpected changes in his condition to the responsible practitioner.

A patient is responsible for making it known whether he clearly comprehends a contemplated course of action and what is expected of him.

Complicances with Instructions

A patient is responsible for the following treatment plan recommended by the practitioner primarly responsible for his care. This may include following the instruction of nurses and allied health personnel as they carry out the coordinated plan of care and implement the responsible practitioner's orders, and as they enforce the applicable hospital rules and regulations. The patient is responsible for keeping appointments and, when he is unable to do so for any reason, for notyfing the responsible practitioner or the hospital.

Refusal of Treatment

The patient is responsible for his actions if he refuses treatment or does not follow the practitioner's instructions.

Hospital Charges

The patient is responsible for assuring that the financial obligations of his health care are fulfilled as promptly as possible.

Hospital Rules and Regulations

The patient is responsible for following hospital rules and regulations affecting patient care and conduct.

Respect and Consideration

The patient is responsible for being considerate of the rights of other patients and hospital personnel, and for assisting the control of noise, smoking, and the number of visitors. The patient is responsible for being respectful of the property of other persons and of the hospital.

# IV. Dokumente von Patientenorganisationen

## ICEA – The Pregnant Patient's Bill of Rights (1984)[2761]

American parents are becoming increasingly aware that well-intentioned health professionals do not always have scientific data to support common American obstetrical practices and that many of these practices are carried out primarily because they are part of medical and hospital tradition. In the last fourty years many artificial practices have been introduced which have changed childbirth from a physiological event to a very complicated medical procedure in which all kinds of drugs are used and procedures carried out, sometimes unnecessarily, and many of them potentially damaging for the baby and even for the mother. A growing body of research makes it alarmingly clear that every aspect of traditional American hospital care during labor and delivery must now be questioned as to its possible effect on the future well-being of both the obstetric patient and her unborn child.

One in every 35 children born in the United States today will eventually be diagnosed as retarded; in 75% of these cases there is no familial or genetic prediposing factor. One in every 10 to 17 children has been found to have some form of brain dysfunction or learning disability requiring special treatment. Such statistics are not confined to the lower socioeconomic group but cut across all segments of American society.

New concerns are being raised by childbearing women because no one knows what degree of oxygen depletion, head compression, or traction by forceps the unborn or newborn infant can tolerate before that child sustains permanent brain damage or dysfunction. The recent findings regarding the cancer-related drug diethylstilbestrol have alerted the public to the fact that neither the approval of a drug by the U. S Food and Drug Administration nor the fact that a drug is prescribed by a physician serves as a guarantee that a drug or medication is safe for the mother or her unborn child. In fact, the American Academy of Pediatrics' Committee on drugs has recently stated that there is no drug, whether prescription or over-the-counter remedy, which has been proven safe for the unborn child.

The Pregnant Patient has the right to participate in decisions involving her well-being and that of her unborn child, unless there is a clearcut medical

2761 The Pregnant Patient's Bill of Rights/The Pregnant Patient's Responsibilites – International Childbirth Education Association (ICEA), Minneapolis (Minn.).

emergency that prevents her participation. In addition to the rights set forth in the American Hospital Association's „Patient's Bill of Rights" (which has also been adopted by the New York City Department of Health) the Pregnant Patient, because she represents TWO patients rather than one, should be recognized as having the additional rights listed below.

1. The Pregnant Patient has the right, prior to the administration of any drug or procedure, to be informed by the health professional caring for her of any potential direct or indirect effects, risks or hazards to herself or her unborn or newborn infant which may result from the use of a drug or procedure prescribed for or administered to her during pregnancy, labor, birth or lactation.

2. The Pregnant Patient has the right, prior to the proposed therapy, to be informed, not only of the benefits, risks and hazards of the proposed therapy, such as available childbirth education classes which could help to prepare the Pregnant Patient physically and mentally to cope with this discomfort or stress of pregnancy and the experience of childbirth, thereby reducing or eliminating her need for drugs and obstetric intervention. She should be offered such information early in her pregnancy in order that she may make a reasoned decision.

3. The Pregnant Patient has the right, prior to the administration of any drug, to be informed by the health professional who is prescribing the drug to her that any drug which she receives during pregnancy, labor and birth, no matter how or when the drug is taken or administered, may adversely affect her unborn baby, directly or indirectly, and that there is no drug or chemical which has been proven safe for the unborn child.

4. The Pregnagnt Patient has the right, if Caesarean birth is anticipated, to be informed prior to the administration of any drug, and preferably prior to her hospitalization, that minimizing her and, in turn, her baby's intake of nonessential preoperative medicine will benefit her baby.

5. The Pregnant Patient has the right, prior to the administration of a drug or procedure, to be informed of the areas of uncertainty if there is NO properly controlled follow-up research which has established the safety of the drug or procedure with regard to its direct and/or indirect effects on the physiological, mental and neurological development of the child exposed, via the mother, to the drug or procedure during pregnancy, labor, birth or lactation – (this would apply to virtually all drugs and the vast majority of obstetric procedures).

6. The Pregnant Patient has the right, prior to the administration of any drug, to be informed of the brand name and generic name of the drug in order that she may advise the health professional of any past adverse reaction to the drug.

7. The Pregnant Patient has the right to determine for herself, without pressure from her attendant, whether she will accept the risks inherent in the proposed therapy or refuse a drug or procedure.

8. The Pregnant Patient has the right to know the name and qualifications of the individual administering a medication or procedure to her during labor or birth.

9. The Pregnant Patient has the right to be informed, prior to the administration of any procedure, whether that procedure is being administered to her for her or her baby's benefit (medically indicated) or as an elective procedure (for convenience, teaching purposes or research).

10. The Pregnant Patient has the right to be accompanied during the stress of labor and birth by someone she cares for, and to whom she looks for emotional comfort and encouragement.

11. The Pregnant Patient has the right after appropriate medical consultation to choose a position for labor and for birth which is least stressful to her baby and to herself.

12. The Obstetric Patient has the right to have her baby cared for at her bedside if her baby is normal, and to feed her baby according to her baby's needs rather than according to the hospital regimen.

13. The Obstetric Patient has the right to be informed in writing of the name of the person who actually delivered her baby and the professional qualifications of that person. This information should also be on the birth certificate.

14. The Obstetric Patient has the right to be informed if there is any known or indicated aspect of her or her baby's care or condition which may cause her or her baby later difficulty or problems.

15. The Obstetric Patient has the right to have her and her baby's hospital medical records complete, accurate and legible and to have their records, including Nurses' Notes, retained by the hospital until the child has reached at least the age of majority, or, alternatively, to have the records offered to her before they are destroyed.

16. The Obstetric Patient, both during and after her hospital stay, has the right to have access to her complete hospital medical records, including Nurses' Notes, and to receive a copy upon payment of a reasonable fee and without incurring the expence of retaining an attorney.

It is the obstetric patient and her baby, not the health professional, who must sustain any trauma or injury resulting from the use of a drug or obstetric procedure. The observation of the rights listed above will not only permit the obstetric patient to participate in the decisions involving her and her baby's health care, but will help to protect the health professional and the hospital against legitation arising from resentment or misunderstanding on the part of the mother.

The pregnant patient's responsibilities

In addition to understanding her rights the Pregnant Patient should also understand that she too has certain responsibilities. The Pregnant Patient's responsibilities include the following:

1. The Pregnant Patient is responsible for learning about the physical and psychological process of labor, birth and postpartum recovery. The better informed the expectant parents are the better they will be able to participate in decisions concerning the planning of their care.

2. The Pregnant Person is responsible for learning what comprises good prenatal and intranatal care and for making an effort to obtain the best care possible.

3. Expectant parents are responsible for knowing about those hospital policies and regulations which will affect their birth and postpartum experience.

4. The Pregnant Patient is responsible for arranging for a companion or support person (husband, mother, sister, friend, etc.) who will share in her plans for birth and who will accompany her during her labor and birth experience.

5. The Pregnant Patient is responsible for making her preferences known clearly to the health professionals involved in her case in a courteous and cooperative manner and for making mutually agreed-upon arrangements regarding maternity care alternatives with her physician and hospital in advance of labor.

6. Expectant parents are responsible for listening to their chosen physician or midwife with an open mind, just as they expect him or her to listen openly to them.

7. Once they have agreed to a course of health care, expectant parents are responsible, to do the best of their ability, for seeing that the program is carried out in consultation with others with whom they have made the agreement.

8. The Pregnant Patient is responsible for obtaining information in advance regarding the approximate cost of her obstetric and hospital care.

9. The Pregnant Patient who intends to change her physician or hospital is responsible for notifying all concerned, well in advance of the birth if possible, and for informing both of her reasons for changing.

10. In all their interactions with medical and nursing personnel, the expectant parents should behave towards those caring for them with the same respect and consideration they themselves would like.

11. During the mother's hospital stay the mother is responsible for learning about her and her baby's continuing care after discharge from the hospital.

12. After birth, the parents should put into writing constructive comments and feelings of satisfaction and/or dissatisfaction with the care (nursing, medical and personal) they received. Good service to families in the future will be faciliated by those parents who take the time and responsibility to write letters expressing their feelings about the maternity care they received. All the previous statements assume a normal birth and postmartum experience. Expectant parents should realize that, if complications develop in their case, there will be an increased need to trust the expertise of the physician and hospital staff they have chosen. However, if problems occur, the childbearing women still retains her responsibility for making informed decisions about her care or treatment and that of her baby. If she is incapable of assuming that responsibility because of her physical condition, her previously authorized companion or support person should assume responsibility for making informed decisions on her behalf.

# „Kind im Krankenhaus“ Konferenz – Charta für Kinder im Krankenhaus (1988)[2762]

Das Recht auf bestmögliche medizinische Behandlung ist ein fundamentales Recht, besonders für Kinder. (UNESCO)

Das bedeutet:

1. Kinder sollen nur dann in ein Krankenhaus aufgenommen werden, wenn die medizinische Betreuung, die sie benötigen, nicht ebensogut zu Hause oder in einer Tagesklinik erfolgen kann.

2. Kinder im Krankenhaus haben das Recht, ihre Eltern oder eine andere Bezugsperson jederzeit bei sich zu haben.

3. Bei der Aufnahme eines Kindes ins Krankenhaus soll allen Eltern die Mitaufnahme angeboten werden, und ihnen soll geholfen und sie sollen ermutigt werden zu bleiben. Eltern sollen daraus keine zusätzlichen Kosten oder Einkommenseinbußen entstehen.

Um an der Pflege ihres Kindes teilnehmen zu können, sollen Eltern über die Grundpflege und den Stationsalltag informiert werden. Ihre aktive Teilnahme daran soll unterstützt werden.

4. Kinder und Eltern haben das Recht, in angemessener Art ihrem Alter und ihrem Verständnis entsprechend informiert zu werden. Es sollen Maßnahmen ergriffen werden, um körperlichen und seelischen Streß zu mildern.

5. Eltern und Kinder haben das Recht, in allen Entscheidungen, die ihre Gesundheitsfürsorge betreffen, einbezogen zu werden.

Jedes Kind soll vor unnötigen medizinischen Behandlungen und Untersuchungen geschützt werden.

6. Kinder sollen gemeinsam mit Kindern betreut werden, die von ihrer Entwicklung her ähnliche Bedürfnisse haben. Kinder sollen nicht in Erwachsenenstationen aufgenommen werden.

Es soll keine Altersbegrenzung für Besucher von Kindern im Krankenhaus geben.

7. Kinder haben das Recht auf eine Umgebung, die ihrem Alter und ihrem Zustand entspricht und die ihnen umfangreiche Möglichkeiten zum Spielen, zur Erholung und Schulbildung gibt.

Die Umgebung soll für Kinder geplant, möbliert und mit Personal ausgestattet sein, das den Bedürfnissen von Kindern entspricht.

---

2762 1. Europäische Kind im Krankenhaus-Konferenz, Teilnehmende Länder und ihre Initiativen: Belgien – Kind en Ziekenhuis, BR Deutschland – AKIK, Dänemark – NOBAB, Finnland – NOBAB, Frankreich – APACHE, Großbritannien – NAWCH. Island – NOBAB, Italien – ABIO, Niederlande – Kind en Ziekenhuis, Norwegen – NOBAB, Schweden – NOBAB, Schweiz – Kind und Krankenhaus; Leiden (NL), Mai 1988.

8. Kinder sollen von Personal betreut werden, das durch Ausbildung und Einfühlungsvermögen befähigt ist, auf die körperlichen, seelischen und entwicklungsbedingten Bedürfnisse von Kindern und ihren Familien einzugehen.

9. Die Kontinuität in der Pflege kranker Kinder soll durch ein Team sichergestellt sein.

10. Kinder sollen mit Takt und Verständnis behandelt werden, und ihre Intimsphäre soll jederzeit respektiert werden.

# V. Dokumente, die sich an die Heil- und Pflegeberufe wenden

## ICN – Code for Nurses – Ethical Concepts Applied to Nursing (1973)[2763]

The fundamental responsibility of the nurse is fourfold: to promote health, to prevent illness, to restore health and to alleviate suffering.

The need for nursing is universal. Inherent in nursing is respect for life, dignity and rights of man. It is unrestricted by considerations of nationality, race, creed, colour, age, sex, politics or social status.

Nurses render health services to the individual, the family and the community and coordinate their services with those of related groups.

### Nurses and people

The nurse's primary responsibility is to those people who require nursing care.

The nurse, in providing care, promotes an environment in which the values, customs and spiritual beliefs of the individual are respected.

The nurse holds in confidence personal information and uses judgement in sharing this information.

### Nurses and practice

The nurse carries personal responsibility for nursing practice and for maintaining competence by continual learning.

The nurse maintains the highest standards of nursing care possible within the reality of a specific situation.

The nurse uses judgement in relation to individual competence when accepting and delegating responsibilities.

The nurse when acting in a professional capacity should at all times maintain standards of personal conduct which reflect credit upon the profession.

### Nurses and society

The nurse shares with other citizens the responsibility for initiating and supporting action to meet the health and social needs of the public.

---

2763 Adopted by the International Council of Nurses (ICN) Council of National Representatives, Mexico City in May 1973.

Nurses and co-workers

The nurse sustains a cooperative relationship with co-workers in nursing and other fields.

The nurse takes appropriate action to safeguard the individual when his care is endangered by a co-worker or any other person.

Nurses and the profession

The nurse plays the major role in determining and implementing desirable standards of nursing practice and nursing education.

The nurse is active in developing a core of professional knowledge. The nurse, acting through the professional organization, participates in establishing and maintaining equitable social and economic working conditions in nursing.

# Declaration of Tokyo (1975)[2764]

Human Experimentation

Recommendations guiding Medical Doctors in Biomedical Research involving Human Subjects

(Otherwise called Revised Declaration of Helsinki 1975)

Introduction

It is the mission of the medical doctor to safeguard the health of the people. His or her knowledge and conscience are dedicated to the fulfilment of this mission.

The Declaration of Geneva of the World Medical Association binds the doctor with the words: „The health of my patient will be my first consideration“, and the International Code of Medical Ethics declares that „Any act or advice which could weaken physical or mental resistance of a human being may be used only in his interest.“

The purpose of biomedical research involving human subjects must be to improve diagnostic, therapeutic and prophylactic procedures and the understanding of the aetiology and pathogenesis of disease.

In current medical practice most diagnostic, therapeutic or prophylactic procedures involve hazards. This applies a fortiori to biomedical research.

Medical progress is based on research which ultimately must rest in part on experimentation involving human subjects.

In the field of biomedical research a fundamental distinction must be recognised between medical research in which the aim is essentially diagnostic or therapeutic for a patient, and the medical research, the essential object of which is purely scientific and without direct diagnostic or therapeutic value to the person subjected to the research.

Special caution must be exercised in the conduct of research which may affect the environment, and the welfare of animals used for research must be respected.

Because it is essential that the results of laboratory experiments be applied to human beings to further scientific knowledge and to help suffering humanity, the World Medical Association has prepared the following recommendations as a guide to every doctor in biomedical resarch involving human subjects. They should be kept under review in the future. It must be stressed that the standards as drafted are only a guide to physicians all over the world.

2764 Adopted by the 18th World Medical Association, Helsinki, Finland, 1964, and as revised by the 29th World Medical Association, Tokyo, Japan, October 1975.

Doctors are not relieved from criminal, civil and ethical responsibilities under the laws of their own countries.

I. Basic principles

1. Biomedical research involving human subjects must conform to generally accepted scientific principles and should be based on adequately performed laboratory and animal experimentation and on a thorough knowledge of the scientific literature.

2. The design and performance of each experimental procedure involving human subjects should be clearly formulated in an experimental protocol which should be transmitted to a specially appointed independent committee for consideration, comments and guidance.

3. Biomedical research involving human subjects should be conducted only by scientifically qualified persons and under the supervision of a clinically competent medically qualified person and never rest on the subject of the research, even though the subject has given his or her consent.

4. Biomedical research involving human subjects cannot legitimately be carried out unless the importance of the objective is in proportion to the inherent risk to the subject.

5. Every biomedical research project involving human subjects should be preceded by careful assessment of predictable risks in comparison to foreseeable benefits to the subject or to others. Concern for the interests of the subject must always prevail over the interests of science and society.

6. The right of the research subject to safeguard his or her integrity must always be respected. Every precaution should be taken to respect the privacy of the subject and to minimise the impact of the study on the subject's physical and mental integrity and the personality of the subject.

7. Doctors should abstain from engaging in research projects involving human subjects unless they are satisfied that the hazards involved are believed to be predictable. Doctors should cease any investigation if the hazards are found to outweigh the potential benefits.

8. In publication of the results of his or her research, the doctor is obliged to preserve the accuracy of the results. Reports of experimentation not in accordance with the principles laid down in this Declaration should not be accepted for publication.

9. In any research on human beings, each potential subject must be adequately informed of the aims, methods, anticipated benefits and potential hazards of the study and abstain from participation in the study and that he or she is free to withdraw his or her consent to participation at any time. The doctor should then obtain the subject's freely given informed consent, preferably in writing.

10. When obtaining informed consent for the research project the doctor

should be particularly cautious if the subject is in a dependent relationship to him or her or may consent under duress. In that case the informed consent should be obtained by a doctor who is not engaged in the investigation and who is completely independent of this official relationship.

11. In case of legal incompetence, informed consent should be obtained from the legal guardian in accordance with national legislation. Where physical or mental incapacity makes it impossible to obtain informed consent or when the subject is a minor, permission from the responsible relative replaces that of the subject in accordance with national legislation.

12. The research protocol should always contain a statement of the ethical considerations involved and should indicate that the principles enunciated in the present Declaration are complied with.

II. Medical research combined with professional care (Clinical research)

1. In the treatment of the sick person, the doctor must be free to use a new diagnostic and therapeutic measure, if in his or her judgement it offers hope of saving life, reestablishing health, or alleviating suffering.

2. The potential benefits, hazards and discomfort of a new method should be weighed against the advantages of the best current diagnostic and therapeutic methods.

3. In any medical study, every patient – including those of a control group, if any – should be assured of the best proven diagnostic and therapeutic method.

4. The refusal of the patient to participate in a study must never interfere with the doctor-patient relationship.

5. If the doctor considers it essential not to obtain informed consent, the specific reasons for this proposal should be stated in the experimental protocol for transmission to the independent committee (I,2).

6. The doctor can combine medical research with professional care, the objective being the acquisition of new medical knowledge, only to the extent that medical research is justified by its potential diagnostic or therapeutic value for the patient.

III. Non-therapeutic biomedical research involving human subjects (Non-clinical biomedical research)

1. In the purely scientific application of medical research carried out on a human being, it is the duty of the doctor to remain the protector of the life and health of that person on whom biomedical research is being carried out.

2. The subjects should be volunteers – either healthy persons or patients for whom the experimental design is not related to the patient's illness.

3. The investigator or the investigating team should discontinue the

research if in his/her or their judgement it may, if continued, be harmful to the individual.

4. In research on man, the interest of science and society should never take precedence over considerations related to the well-being of the subject.

# The Canadian Medical Association Code of Ethics (1982)

Principles of Ethical Behaviour for all physicians, including those who may not be engaged directly in clinical practice.

I Consider first the well-being of the patient.
II Honour your profession and its traditions.
III Recognize your limitations and the special skills of others in the prevention and treatment of disease.
IV Protect the patient's secrets.
V Teach and be taught.
VI Remember that integrity and professional ability should be your best advertisment.
VII Be responsible in setting a value on your services.

## Guide to the Ethical Behaviour of Physicians

A physician should be aware of the traditional standards established by his forbears and act within the general principles which have governed their conduct.

The Oath of Hippocrates represented the desire of the members of that day to establish for themselves standards of conduct in living and in the practice of their art. Since then the principles established have been retained as our basic guidelines for ethical living with the profession of medicine.

The International Code of Ethics and the Declaration of Geneva (1948), developed and approved by The World Medical Association, have modernized the ancient codes. They have been endorsed by each member organization, including The Canadian Medical Association, as a general guide having worldwide application.

The Canadian Medical Association accepts the responsibility of delineating the standard of ethical behaviour expected of Canadian physicians.

An interpretation of these principles is developed in the following pages, as a guide for individual physicians and provincial authorities.

## Responsibilities to the Patient

An Ethical Physician:

### Standard of care

1. will practise the art and science of medicine to the best of his ability;
2. will continue his education to improve his standard of medical care;

Respect for patient

3. will ensure that his conduct in the practice of his profession is above reproach, and that he will take neither physical, emotional nor financial advantage of his patient;

Patient's rights

4. will recognize his limitations and, when indicated, recommend to the patient that additional opinions and services be obtained;
5. will recognize that the patient has the right to accept or reject any physician and any medical care recommended to him. The patient, having chosen his physician, has the right to request of that physician opinions from other physicians of the patient's choice;
6. will keep in confidence information derived from his patient, or from a colleague, regarding a patient and divulge it only with the permission of the patient except when the law requires him to do so;
7. when acting on behalf of a third party will assure himself that the patient understands the physician's legal responsibility to the third party before proceeding with the examination;
8. will recommend only those diagnostic procedures which he believes necessary to assist him in the care of the patient, and therapy which he believes necessary for the well-being of the patient. He will recognize his responsibility in advising the patient of his findings and recommendations;
9. will on the patient's request, assist him by supplying the information required to enable the patient to receive any benefits to which the patient may be entitled;
10. will be considerate of the anxiety of the patient's next-of-kin and cooperate with him in the patient's interest;

Choice of patient

11. will recognize that he has a responsibility to render medical service to any person regardless of colour, religion of political belief;
12. shall, except in an emergency, have the right to refuse to accept a patient;
13. will render all assistance in his power to any patient, where an urgent need for medical care exists;
14. will, when the patient is unable to give consent and an agent is unavailable to give consent, render such therapy as he believes to be in the patient's interest;

Continuity of care

15. will ensure the availability of medical care to his patients in his absence; will, when he has accepted professional responsibility for an acutely-ill

patient, continue to provide his services until they are no longer required, or until he has arranged for the services of antoher suitable physician; may, in any other situation, withdraw from his responsibility for the care of any patient provided that he gives the patient adequate notice of his intention.

Personal morality

16. when his morality of religious conscience alone prevents him from recommending some form of therapy, he will so acquaint the patient.

Clinical research

17. will, before initating any clinical research involving human beings, ensure that such clinical research is appraised scientifically and ethically and approved by a responsible committee and is sufficiently planned and supervised that the individuals are unlikely to suffer any harm. He will ascertain that the previous research and the purpose of the experiment justify this additional method of investigation. Before proceeding he will obtain the consent of those individuals or their agents, and will do so only after explaining the purpose of the clinical research and any possible health hazard which he can foresee;

The dying patient

18. will allow death to occur with dignity and comfort when death of the body appears to be inevitable;
19. may support the body when clinical death of the brain has occurred, but need not prolong life by unusual or heroic means;

Transplantation

20. may, when death of the brain has occurred, support cellular life in the body when some parts of the body might be used to prolong or improve the health of others;
21. will recognize his responsibility to a donor of organs to be transplanted and will give to the donor or his relatives full disclosure of his intent and the purpose of the procedure; in the case of a living donor, he will also explain the risks of the procedure;
22. will refrain from determining the time of death of the donor patient when he will be a participant in the performance of the transplant procedure or when his association with any proposed recipient might influence his judgement;
23. who determined the time of death of the donor may, subsequent to the transplant procedure, treat the recipient;

Fees to patients

24. in determining his fee to the patient, will consider his personal service and the patient's ability to pay and will be prepared to discuss his fee with his patient.

Responsibilities to the profession

An Ethical Physician:

Personal conduct

25. will recognize that the profession demands of him integrity and dedication to its search for truth and its service to mankind;
26. will recognize that self discipline of the profession is a privilege and that he has responsibility to merit the retention of this privilege;
27. will conduct himself beyond reproach and will report to the appropriate body of his peers conduct by a confrère which he considers unbecoming to the profession;
28. will conduct himself in such a manner as to merit the respect of the public for members of the medical profession;
29. will avoid impugning the reputations of his confrères;

Contracts

30. will, when aligning himself in practice with other physicians, insist that they maintain the standards enunciated in this Code of Ethics and the Guide to the Ethical Behaviour of Physicians;
31. will only enter into a contract, regarding his professional services, which allows fees derived from physicians' services to be controlled by the physicians rendering the service;
32. will enter into a contract with an organization only if it will allow him to maintain his professional integrity;
33. will only offer to a confrère a contract which has terms and conditions equitable to both parties;

Reporting medical research

34. will first communciate to his confrères, through recognized scientific channels, the results of any medical research, in order that those confrères may establish an opinion of its merits, before he or they present it to the public;

Addressing the public

35. will recognize his responsibility to give the generally-held opinions of the profession when interpreting scientific knowledge to the public and in pre-

senting any personal opinion which is contrary to the generally-held opinion of the profession, he will indicate he is doing so, and will avoid any attempt to enhance his own professional reputation;

Advertising

36. will build a professional reputation based upon his ability and integrity, and will only advertise professional services or make professional accouncements according to local custom.
37. will avoid advocacy of any product when he is identified as a member of the medical profession;
38. will avoid the use of secret remedies;

Consultation

39. will request the opinion of an appropriate confrère acceptable to the patient when diagnosis or treatment is difficult or obscure, or when the patient requests it. Having requested the opinion of a confrère, he will make available all relevant information and indicate clearly whether he wishes his confrère to assume the continuing care of the patient during this illness;
40. will, when his opinion has been requested by a confrère, report in detail his findings and recommendations to the attending physician and may outline his opinion to the patient. He will continue with the care of the patient only at the specific request of the attending physician and with the consent of the patient;

Patient care

41. will co-operate with those individuals who, in the opinion of the physician, may assist in the care of that patient;
42. will make available to a confrère, on the request of the patient, a report of his findings and treatment of that patient;
43. will provide medical services to a confrère and his dependent family without fee, unless specifically requested to render an account;
44. will provide only minor or emergency services to himself or his immediate family and these without payment;

Financial arrangements

45. will avoid any personal profit motive in ordering drugs, appliances or diagnostic procedures from any facility in which he has a financial interest;
46. will refuse to accept any commission or payment, direct or indirect, for any service rendered to his patient by other persons excepting only by his employees and professional colleagues with whom he has a formal partnership or similar agreement.

Responsibilities to society

An ethical physician who acts under the principles of this Guide to the Ethical Behaviour for Physicians will find that he has fulfilled many of his responsibilities to society.

An Ethical Physician:

47. will strive to improve the standards of medical services in the community. He will accept his share of the profession's responsibility to society in matters relating to the health and safety of the public, health education, and legislation affecting the health or well-being of the community.
48. when a witness, will recognize his responsibility to assist the court in arriving at a just decision;
49. will, in the interest of providing good and adequate medical care support the opportunity of his confrères to obtain hospital privileges in his community appropriate to their personal and professional qualifications.

## UN – Principles of Medical Ethics (1982)[2765]

The General Assembly,

Recalling its resolution 31/85 of December 13, 1976, in which it invited the World Health Organization to prepare a draft code of medical ethics relevant to the protection of persons subjected to any form of detention or imprisonment against torture and other cruel, inhuman or degrading treatment or punishment.

Expressing once again its appreciation to the Executive Board of the World Health Organization which, at its sixtythird session, in January 1979, decided to endorse the principles set forth in a report entitled „Development of codes of medical ethics“ containing in an annex, a draft body of principles prepared by the Council for International Organizations of Medical Sciences and entitled „Principles of medical ethics relevant to the role of health personnel in the protection of persons against torture and other cruel, inhuman or degrading treatment or punishment“.

Bearing in mind Economic and Social Council resolution 1981/27 of May 6, 1981, in which the Council recommended that the General Assembly should take measures to finalize the draft Principles of Medical Ethics at its thirty-sixth session.

Recalling its resolution 36 & 61 of November 25, 1981, in which it decided to consider the draft Principles of Medical Ethics at its thirty-seventh session with a view to adopting them.

Alarmed that not infrequently members of the medical profession or other health personnel are engaged in activities which are difficult to reconcile with medical ethics.

Recognizing that throughout the world significant medical activities are increasingly being performed by health personnel not licensed or trained as physicians, such as physician-assistants, paramedics, physical therapists and nurse practitioners.

Recalling with appreciation the Declaration of Tokyo of the World Medical Association, containing the Guidelines for Medical Doctors concerning Torture and Other Cruel, Inhuman or Degrading Treatment or Punishment in relation to Detention and Imprisonment, adopted by the twenty-ninth World Medical Assembly, held at Tokyo in October 1975.

Noting that in accordance with the Declaration of Tokyo measures should be taken by states and by professional associations and other bodies, as appropriate, against any attempt to subject health personnel or members of

---

2765 111th plenary meeting, December 18, 1982; Doc. 37/194.

their families to threats or reprisals resulting from a refusal by such personnel to condone the use of torture or other forms of cruel, inhuman or degrading treatment.

Reaffirming the Declaration on the Protection of All Persons from Being Subjected to Torture and Other Cruel, Inhuman or Degrading Treatment or Punishment, unanimously adopted by the General Assembly in its resolution 3452 (XXX) of December 9, 1975, in which it declared any act of torture or other cruel, inhuman or degrading treatment of punishment an offence to human dignity, a denial of the purposes of the Charter of the United Nations and a violation of the Universal Declaration of Human Rights.

Recalling that, in accordance with article 7 of the Declaration adopted in resolution 3452 (XXX), each State shall ensure that the commission of all acts of torture, as defined in article 1 of the Declaration, or participation in complicity, in incitement to or attempt to commit torture are offences under its criminal law.

Convinced that under no circumstances should a person be punished for carrying out medical activities compatible with medical ethics, regardless of the person benefiting therefrom or be compelled to perform acts or to carry out work in contravention of medical ethics, but that, at the same time, contravention of medical ethics for which health personnel, particularly physicians, can be held responsible should entail accountability,

Desirous of setting further standards in this field which ought to be implemented by health personnel, particularly physicians, and by Government officials,

1. Adopts the Principles of Medical Ethics relevant to the role of health personnel, particularly physicians in the protection of prisoners and detainees against torture and other cruel, inhuman or degrading treatment or punishment, set forth in the annex to the present resolution;

2. Calls upon all Governments to give the Principles of Medical Ethics, together with the present resolution, the widest possible distribution, in particular among medical and paramedical associations and institutions of detention or imprisonment, in an official language of the State;

3. Invites all relevant intergovernmental organizations, in particular the World Health Organization, and non-governmental organizations concerned to bring the Principles of Medical Ethics to the attention of the widest possible group of individuals, especially those active in the medical and paramedical field.

## Annex

Principles of Medical Ethics relevant to the role of health personnel, particularly physicians, in the protection of prisoners and detainees against torture and other cruel, inhuman or degrading treatment or punishment.

Principle 1

Health personnel, particularly physicians, charged with the medical care of prisoners and detainees have a duty to provide them with protection of their physical and mental health and treatment of disease of the same quality and standard as is afforded to those who are not imprisoned or detained.

Principle 2

It is a gross contravention of medical ethics, as well as an offence under applicable international instruments, for health personnel, particularly physicians, to engage, actively or passively, in acts which constitute participation in, complicity in, incitement to or attempts to commit torture or other cruel, inhuman or degrading treatment or punishment.

Principle 3

It is a contravention of medical ethics for health personnel, particularly physicians, to be involved in any professional relation-ship with prisoners or detainees the purpose of which is not solely to evaluate, protect or improve their physical and mental health.

Principle 4

It is a contravention of medical ethics for health personnel, particularly physicians:

(a) To apply their knowledge and skills in order to assist in the interrogation of prisoners and detainees in a manner that may adversely affect the physical or mental health or condition of such prisoners or detainees and which is not in accordance with the relevant international instruments.

(b) To certify, or to participate in the certification of the fitness of prisoners or detainees for any form of treatment or punishment that may adversely affect their physical or mental health and which is not in accordance with the relevant international instruments or to participate in any way in the infliction of any such treatment or punishment which is not in accordance with the relevant international instruments.

Principle 5

It is a contravention of medical ethics for health personnel, particularly physicians, to participate in any procedure for restraining a prisoner or detainee unless such a procedure is determined in accordance with purely medical criteria as being necessary for the protection of the physical or mental health or the safety of his guardians, and presents no hazard to his physical or mental health.

Principle 6

There may be no derogation from the foregoing principles on any ground whatsoever, including public emergency.

# Quebec Code of Ethics – Code of Ethics of Physicians (1984)[2766]

Chapter 1
General provisions

1.01. In this Regulation, unless the context indicates otherwise, the following words mean:

(a) „Corporation“: the Corporation professionnelle des médecins du Québec;

(b) „physician“; whoever is entered on the roll of the Corporation.

1.02. The Interpretation Act (R.S.Q., c. 1-16) shall apply to this Regulation.

Chapter II
Acts derogatory to the honour and dignity of the profession

Division I
Interpretation

2.01.01. The violation of any section of this Chapter is an act derogatory to the honour and dignity of the profession.

Division II
Duties and responsibility to the public

2.02.01. The physician's paramount duty, in the performance of his medical functions, is to protect the health and well-being of the persons he takes care of, both individually and collectively.

2.02.02. A physician must promote the improvement of the quality and availability of professional services in the field in which he practises.

2.02.03. A physician must promote measures of education and information in the field in which he practises.

2.02.04. The physician in expressing medical opinions through any public informatin media, must:

(a) avoid publicity for himself or for an establishment, clinic or medical office;

(b) never issue a false testimonial for a method or a remedy;

(c) inform the public of the medical opinions generally accepted on the subject;

(d) avoid any uncalled for publicity favoring medication or method of treatment.

---

2766 Medical Art (R. S. Q., c. M-9) Professional Code (R. S. Q., c. C-26, s.87).

2.02.05. A physician who practises his profession under a name other than his own, where the law so allows, must enter his name on his stationery, on signs inside his office and in telephone directories, in accordance with the Regulation respecting advertising by physicians (c. M-9, r. 14).

Division III
Duties and responsibility to the patient

§1. General provisions

2.03.01. The physician must practise his profession in a manner which respects the life, dignity and liberty of each individual.

2.03.02. The physician must not, by any means, either directly or indirectly, interfere with the patient's freedom of choice of a physician.

2.03.03. A physician must at all times acknowledge the patient's right to consult a colleague, a member of another professional corporation or any other competent person.

2.03.04. The physician must respect the patient's right to have his prescriptions for medication, a prosthesis, an orthesis, or treatments filled at the place and by the person of his choice. He must, should the occasion arise, issue a prescription with such purpose in mind.

2.03.05. A physician may not refuse to treat a patient because of the patient's code of morals, political convicitions or language; he may, however, if he deems it to be in the medical interest of the patient, send the latter to a physician conversant with the patient's language.

2.03.06. The physician must, where his moral or religious convictions prevent him from prescribing or dispensing a treatment that may be appropriate, acquaint his patient with these factors; he must also advise him of the possible consequences of not receiving such treatment.

2.03.07. A physician must not interfere in the personal affairs of his patient in matters that are not within medical competence so as not to unduly restrict his patient's autonomy.

2.03.08. In the practice of his profession, the physician's physical, mental and emotional behaviour towards a patient must be beyond reproach.

2.03.09. A physician must seek to establish a relationship of mutual trust between the patient and himself and refrain from practising his profession in an impersonal manner.

2.03.10. Before terminating a patient's treatment, the physician must ensure that the patient can continue to receive the required care and contribute thereto to the extent necessary.

2.03.11. The physician must collaborate with his patient, his patient's relatives or any other person, in the legitimate interest of that patient.

2.03.12. The physician who wishes to refer his patient to another physician must assume responsibility for his patient until the new physician takes responsibility for the latter.

2.03.13. A physician must refrain from guaranteeing, directly or indirectly, expressly or implicitly, the cure of a disease.

§2. Practice of medicine

2.03.14. A physician must practise his profession in accordance with scientific principles.

2.03.15. A physician must practise his profession in accordance with the highest current standards; to that end he must improve and keep his knowledge up to date.

2.03.16. In practising his profession, a physician must take into account the extent of his capacities and knowledge as well as their limits and the means at his disposal; whenever necessary he should enter into consultation or refer his patient elsewhere.

2.03.17. A physician must avoid omissions, procedures or acts which are unsuitable or contrary to current medical science.

2.03.18. A physician must make his diagnosis with the greatest care, using the most appropriate scientific methods, and, if necessary, consulting knowledgeable sources.

2.03.19. A physician must refrain from using, outside a recognized scientific milieu, any means of diagnosis or treatment insufficiently tested.

2.03.20. The physician must refrain from practising his profession under circumstances or while being in a state that could impair the quality of his services or compromise the dignity of the profession.

2.03.21. A physician must only provide care or give a prescription for medication or treatment when medically necessary.

2.03.22. A physician who undertakes research on human beings must follow a method which is scientific and justified by the nature and purpose of his research.

2.03.23. A physician must refuse to collaborate or participate in any medical act not in the patient's interest.

2.03.24. A physician must not remain alone with his patient when he uses a method of examination or treatment which entails a loss of awareness or consciousness. He must keep a person with him who can provide the required assistance.

2.03.25. A physician must not lower the physical or mental restistance of a patient except where necessary or of use for therapeutic or prophylactic reasons.

2.03.26. A physician must not extract teeth, except in an emergency.

2.03.27. A physician must act in such a way that where a patient's death appears to him to be inevitable, it takes place with dignity. He must ensure that the patient obtains appropriate relief.

2.03.28. Except in an emergency, a physician must, before undertaking an investigation, treatment or research, obtain informed consent from the patient or his representative or any persons whose consent may be required by the law.

2.03.29. A physician must ensure that the patient or his representative or the persons whose consent may be required by law, receive suitable explanations on the nature, purpose and possible consequences of the investigation, treatment or research which the physician prepares to make.

2.03.30. Except for valid reason the physician shall not conceal a fatal or grave prognosis from a patient who requests that it be revealed to him.

2.03.31. The medical assessor or medical expert who examines a patient must:

(a) acquaint that patient with the purpose of his work;

(b) avoid requesting from that patient or giving him information or interpretations which are not pertinent to his work;

(c) refrain, without just cause, from any work or gesture that could lessen the confidence of the patient in his physician;

(d) communicate his report to the person or agency that requested the medical assessment or expertise.

2.03.32. An industrial physician or a medical assessor must communicate directly to the attending physician of the patient he is examining, with the latter's authorization, any information which he deems important for treatment.

2.03.33. A physician may not, directly or indirectly, cause or perform an abortion, except within the limits permitted by law.

2.03.34. Subject to an Act or a regulation to the contrary, a physician may not:

(a) take as associate, employee or assistant for the purpose of practising medicine, a person who is not a physician;

(b) confer upon a person who is not a physician, the responsibility of performing acts belonging to the practice of medicine;

(c) keep as associate, employee or assistant, a person who is not a physician where he is aware that such person performs acts belonging to the practice of medicine;

(d) collaborate with a person who illegally practises medicine.

2.03.35. A physician, in the practice of his profession, must not consult a charlatan, bonesetter or empiric, nor provide him with information or collaborate in any way whatsoever with him.

2.03.36. A physician must refrain from prescribing, selling or giving, or permitting the obtainment of, without sufficient medical reason, psychotropic substances including alcohol or any other substance producing effects analogous to those with psychotropic substances, including alcohol, produce.

2.03.37. A physician must refrain from using or stating that he uses secret medicines or treatments, and from promoting the diffusion thereof.

§3. Integrity

2.03.38. A physician must be loyal, honest and attentive to his patient.

2.03.39. A physician must not, directly or indirectly, deceive his patient or the public, either when acting alone or with others. He must, in particular, avoid any misrepresentation of his level of competence.

2.03.40. A physician must refrain from issuing to any person and for any reason whatsoever a false certificate of ill health or documents containing false information.

2.03.41. A physician must refrain from attempting to seek or obtain undue profit from the prescription of medication, examinations, treatment or apparatus.

2.03.42. A physician must refrain from granting, in the practice of his profession, any commission or rebate to any person whatsoever.

2.03.43. The physician must, in the practice of his profession, refrain from accepting any commission, rebate or unwarranted material benefit.

2.03.44. A physician must refrain from obtaining for a patient or helping him to obtain an unwarranted material benefit.

2.03.45. A physician must refrain from paying any form of rebate to patient.

§4. Availability and diligence

2.03.46. The physician must display reasonable availability and diligence with respect to his patient.

2.03.47. If a physician has reason to believe that a patient manifests a condition leading to grave consequences in default of immediate medical attention, he should give him aid and supply the best possible care.

§5. Liability

2.03.48. A physician may not request that a patient or any other person exempt him from liability resulting from professional error or from medical examinations, treatment, or surgery that he has ordered.

§6. Independence and impartiality

2.03.49. A physician must safeguard his professional independence at all times and avoid any situation in which he would be in conflict of interest, in particular when the interests in question are such that he might tend to favour certain of them over those of his patient or where his integrity and loyalty towards the latter might be affected.

2.03.50. A physician must ignore any intervention by a third party which could influence the performance of his professional duties to the detriment of his patient.

2.03.51. A physician who takes part in a graft or an organ transplant must not participate in the determination or confirmation of death of the patient from whom the organ is to be removed.

2.03.52. Except in an emergency or in cases which are manifestly not serious, the physician must refrain from treating himself or his spouse or children.

2.03.53. A physician shall assume alone, or together with the physicians with whom he practises, the running of his office and the practice of his profession; he may not accept any arrangement in which the running of his office or the practice of his profession is not entirely in his own hands or in those of the physicians with whom he practises, subject to the regulations made by an establishment within the meaning of the Act respecting health services and social services (R.S.Q.,c. S-5).

2.03.54. A physician must ignore any interference which does not respect his professional independence.

2.03.55. A physician must not hold shares himself, or through a third person, in a company which manufactures or markets pharmaceutical products and which is within his power to control.

2.03.56. A physician may not be party to an agreement in which his professional fees for a given period of time shall enter into the consideration of the rental he pays for his office.

2.03.57. A physician may not charge another professional working in the field of health a rental in the calculation of which the amount of the fees or accounts, or the turnover of such professional enters into consideration.

2.03.58. A physician may not solicit clientele.

2.03.59. A physician may not use or allow that his name be used for commercial purposes.

2.03.60. The physician must refrain from making a business of selling drugs.

§7. Determination and payment of fees

2.03.61. The physician must ask for and accept just and reasonable fees for services not covered by the Health Insurance Act (R.S.Q.,c. A-29).

2.03.62. A physician must provide his patient with any explanation necessary for understanding his account and the terms and conditions of payment for services not covered by the Health Insurance Act.

2.03.63. A physician who appoints another person or agency to collect his fees must ensure that the latter will proceed with tact and moderation.

2.03.64. A physician must not sell or transfer his accounts for professional fees, except to another physician, or unless the patient agrees thereto.

2.03.65. A physician must refrain from unduly sharing his fees with anyone.

2.03.66. A physician must refrain from claiming fees for professional services not performed.

2.03.67. A physician must refrain from claiming fees from a patient for professional services, the cost of which is assumed by the health insurance plan.

2.03. 68. The physician must refrain from demanding in advance for complete payment for his services.

Division IV
Duties and obligations towards the profession

§1. General provisions

2.04. 01. A physician must refrain from immoderately using psycho-tropic substances, including alcohol, or any other substance producing effects analogous to those produced by psychotropic substances, including alcohol.

§2. Relations with colleagues

2.04. 02. A physician must provide the consulting physician with all the information the latter deems useful.

2.04. 03. The consulting physician must promptly provide the attending physician in writing with the results of his consultation and the recommendations he considers appropriate.

2.04. 04. Except in an emergency, the consulting physician or expert must only become the attending physician of a patient upon the latter's request or following his authorization.

2.04. 05. A physician who ensures the care of a patient during the absence of his attending physician must supply to the latter upon his return any information useful to continue treatment.

2.04. 06. A physician must be loyal and honest with his colleagues and his profession and he must not abuse a collegue's good faith or be guilty of breach of trust or disloyal practices towards him. He must not, in particular, accept merit for the work performed by a colleague.

2.04. 07. In an emergency, a physician must assist his colleague in the practice of his profession when the latter so requests.

2.04. 08. A physician who attends a patient in an emergency must be considered as the attending physician up to the arrival of the patients regular physician. He must withdraw as soon as the latter is able to assume responsibility.

2.04. 09. A physician must, when he refers a patient to another physician, provide the latter with any information obtained which may help in the patient's treatment.

2.04. 10. Each of the physicians practising together is required to ensure that any physician who leaves the group receives, upon request, a copy of the medical records of the patients who have consulted him.

§3. Relations with the Corporation

2.04. 11. A physician must promptly reply in writing to any corresspondence from the syndic, assistant syndic, investigator, a member or an expert of the professional inspection committee of the Corporation.

2.04. 12. A physician must, as promptly as possible, following a request from the secretary of the Corporation, communicate to the latter the information required for preparing the roll.

2.04. 13. The physician must inform the Corporation of any candidate for the practice of medicine whom he has reason to believe unfit for the profession as well as of any physician practising his profession incompetently, dishonestly or in contravention of the Medical Code of Ethics.

2.04. 14. A physician must refrain from accepting or offering money, or any other consideration for contributing to or having contributed to any decision whatsoever adopted by the Bureau of the Corporation or by one of its bodies or officers.

§4. Contribution to the advancement of the profession

2.04. 15. A physician must, as far as he is able, contribute to the development of his profession by sharing his knowledge and experience with his colleagues and students and by participation in courses and continuing training periods.

Chapter III
Professional secrecy

3.01. A physician must not disclose the inform obtained in the practice of his profession; he must, in particular, refrain from indiscreet conversations concerning his patients or the services rendered them, or from revealing that a person called upon his services, unless the nature of the case so demands.

3.02. A physician must take reasonable means with respect to his employees and the personnel about him so that professional secrecy is maintained.

3.03. A physician may not use confidential information to the prejudice of a patient.

3.04. The physician may, however, reveal facts which have come to his personal attention, where the patient or the law so authorizes him or if there should be a just and imperative motive related to the health of the patient or the welfare of others.

3.05. Unless there is good reason for doing so, a physician may not reveal a serious or fatal prognosis to a patient's family if the patient forbids him from so doing.

Chapter IV
Access to records and information

4.01. At the patient's request, the physician must supply to the physician, employer, establishment or insurer indicated by the patient, the necessary information from the patient's medical record in his possession, or which he has in his safekeeping.

4.02. Except when it is prejudicial to the patient's health, the physician must respect the patient's right to information in the records which concern him and to obtain a copy of such records.

4.03. The physician must supply a patient or anyone designated by the patient, on demand, all information which would allow him to obtain a benefit to which he might be entitled.

# Literaturverzeichnis

Aarseth, T. siehe Jacobsen, K. D.

Abdellah, F./Levine, E., Better Patient Care Through Nursing Research, 2. Aufl., New York 1979

Ackoff, R. L., A Concept of Corporate Planning, New York 1970

Adams, C., Zum Thema „Der alte Mensch als Patient", in: Kielholz, P./ Adams, C. (Hrsg.), Der alte Mensch als Patient, Köln 1986, S. 11 ff

Aderad, L. siehe Paterson, J. G.

Advisory Committee on Substitute Decision Making for Mentally Incapable Persons (Hrsg.), Final Report of the Advisory Committee on Substitute Decision Making for Mentally Incapable Persons, Ontario 1987

Aghina, M., Patiëntenrecht, en kwestie van gewicht, Amsterdam 1978 (zit: Patiëntenrecht)

Aghina, M., Inzagerecht anders bezien, in: Medisch Contact 7 (1980), S. 213 ff

Aigner, G./Emberger, H./Fössl-Emberger, K. (Hrsg.), Die Haftung des Arztes. Justiz- und Verwaltungsstrafrecht, Wien 1991

Albers, D. A./Pasewark, R. A., Involuntary Hospitalization: Surrender at the Courthouse, in: American Journal of Community Psychology 2 (1974), S. 287 ff

American Hospital Association's Society of Patient Representatives (Hrsg.), Essentials of Patient Representative Programs in Hospitals, Chicago 1978

Amgwerd, R. siehe Meerwein, F.

Anbäcken, O., Patientmedverkan och organisationsstruktur (= Linköping Studies in Management and Economics, Bd. 11), Linköping 1985, S. 3 ff (zit: Patientmedverkan och organisationsstruktur)

Anbäcken, O., Visiting Four Health Institutes – a Japanese Studytrip, in: The Journal of Health Administration Education 3 (1985), S. 354 ff

Andersen, B., Så laenge der er liv ... Et oplaeg til debat om hjernedødskriteriet, København 1989

Andersen, D., Etiske normer contra regulering gennem retsregler, in: Pedersen, O. Bøjstrup (Hrsg.), Patienten og samfundet – etiske normer eller retlig regulering, Dansk Sygehus Institut, København 1987, S. 79 ff

Andersen, D., Information og samtykke ved risikobetonede behandlinger og forsøg, in: Pedersen, O. Bøjstrup (Hrsg.), Patienten og samfundet – etiske normer eller retlig regulering, Dansk Sykehus Institut, København 1987, S. 50 ff (zit: Information og samtykke ved risikobetonede behandlinger og forsøg)

Andersen, R. N., Ligevaerdighed, in: Fokus på sygeplejen 85 (1985), S. 15 ff

Anderson, S. V., Developing the Ombudsman Role in Health Care Services, in: Public Affairs Report 1(3) (1974), S. 1 ff

Anderson, S. V. siehe Reuss, H. S.

Andersson, I. S., Vårdtyngd, vårdkvalitet och vårdorganisation – vårdens villkor vid minskade resurser, Lund 1988

Andreassen Rix, B./Rasmussen, N., Kortlaegningen af menneskets arvemasse. Teknik og juridiske konsekvenser, København 1990

Andrews, M. P./Withey S., Social Indicators of Well-Being, New York 1976

Annas, G. J., The Hospital: A Human Rights Wasteland, in: Civil Liberties Review 1 (1974), S. 9 ff (zit: The Hospital)

Annas, G. J., Judging Medicine, Clifton (N. J.) 1988 (zit: Judging Medicine)

Annas, G. J., The Rights of the Patients. The Basic ACLU Guide to Patient Rights, 2. erw. Aufl., Carbondale-Edwardsville 1989 (zit: The Rights of the Patients)

Annas, G. J./Healy, J. M., The Patient Rights Advocate: Redefining the Doctor-Patient Relationship in the Hospital Context, in: Vanderbilt Law Review 27 (1974), S. 258 ff (zit: The Patient Rights Advocate)

Annas, G. J./Glantz, L. H./Katz, B. F., Informed Consent to Human Experimentation, Cambridge (Mass.) 1977 (zit: Informed Consent to Human Experimentation)

Annas, G. J./Glantz, L. H./Katz, B. F., The Rights of Doctors, Nurses and other Allied Health Professionals, Cambridge (Mass.) 1981

Ansvaret för äldreomsorgen. Rapport från äldredelegationen, Departementserier 1989:27, Stockholm 1989

Appelbaum, P. S./Roth, L. H., Patients Who Refuse Treatment in Medical Hospitals, in: Journal of the American Medical Association 250 (1983), S. 1296 ff

Appelbaum, P. S./Lidz, C. W./Meisel, A., Informed Consent. Legal Theory and Clinical Practice, New York-Oxford 1987 (zit: Informed Consent)

Ascher, C. S., The Grievance Man or Ombudsmania, in: Public Administration Review, 27 (1967), S. 174 ff (zit: The Grievance Man or Ombudsmania)

Auer, A./Menzel, H./Eser, A., Zwischen Heilauftrag und Sterbehilfe, Köln 1977

Axelsen, T., Det tause sykehuset, Oslo 1981

Baden, E., „Wirtschaftliche Aufklärungspflichten" in der Medizin. Tendenzwende in der Rechtsprechung zu Hinweis- und Beratungspflichten im Kostenbereich, in: Neue Juristische Wochenschrift 1988, S. 148 ff

Badura, B., Argumente für eine konsumentenzentrierte Gesundheitspolitik, in: Lundt, S. (Hrsg.), Rebellion gegen das Valiumzeitalter, Berlin 1981, S. 21 ff

Barney, J., Community Presence as a Key to Quality of Life in Nursing Homes, in: American Journal of Public Health 64 (1972), S. 265 ff (zit: Community Presence)

Bazelon, D., The Right to Treatment: The Courts Role, in: Hospital and Community Psychiatry 20 (1969), S. 129 ff

Beauchamp, T. L., Antwort auf Rachels zum Thema Euthanasie, in: Sass, H. M. (Hrsg.), Medizin und Ethik, Stuttgart 1989, S. 265 ff

Beauchamp, T. L./McCullough, L. B., Medical Ethics. The Moral Responsibilities of Physicians, Englewood Cliffs 1984

Beauchamp, T. L./Childress, J. F., Principles of Biomedical Ethics, 3. Aufl., New York-Oxford 1989

Beauchamp, T. L. siehe Faden, R. R.

Becker, H. S., The Nature of Profession (= 61. Yearbook of the National Society for the Study of Education, Part II), Chicago 1962, S. 1 ff

Becker, M. H., Understanding Patient Compliance: The Contributions of Attitudes and other Psychosocial Factors, in: Cohen, S. J. (Hrsg.), New Directions in Patient Compliance, Lexington 1979, S. 1 ff

Becker Jensen, L., På patientens praemisser. En brugsbog om skritflig patientinformation, København 1991

Beecher, H. K., Ethics and Clinical Research, in: New England Journal of Medicine 274 (1966), S. 1354 ff

Beeumen, G. van, De belangenbeharting van patiënten in de Nederlandse residentiele gezondheidszorg, in: Vlaams Tijdschrift voor Gezondheidsrecht 6 (1986), S. 289 ff (zit: Patiënten in de Nederlandse residentiele gezondheidszorg)

Beis, E. B., Mental Health and the Law, Rockville (Maryland) 1984 (zit: Mental Health and the Law

Bell, A./Schmidt, M./Miller, F., Public Guardianship and the Elderly: Findings From a National Study, in: The Gerontologist 122 (1981), S. 199 ff

Belsky, M. S./Gross, L., How to Choose and Use Your Doctor, New York 1975

Bengtsson, B., Stakestånd vid myndighetsutövning, Bde. 1 und 2, Stockholm 1976-1978

Benson, I., Rapport om patientombudsordningen i Nordland, Bodø 1986 (zit: Rapport om patientombudsordningen)

Berber, F., Völkerrecht, Dokumentensammlung, Bd. I, Friedensrecht, München 1967

Berger, E., et al., Systemanalyse des Gesundheitswesens in Österreich, Wien 1978

Bergkamp, L., Het recht op euthanasie en de arts met gewetensbezwaren, in: Medisch Contact 29 (1985), S. 1197 ff

Bernat, E., Zivilrechtliche Fragen um die künstliche Humanreproduktion, in: Bernat, E. (Hrsg.), Lebensbeginn durch Menschenhand. Probleme künstlicher Befruchtungstechnologien aus medizinischer, ethischer und juristischer Sicht, Graz 1985, S. 125 ff

Bernat, E., Gentechnologie in der wissenschaftlichen Forschung: Eine rechtspolitische Herausforderung, in: Versicherungs-Rundschau 1989, S. 33 ff

Bernat, E., Rezension zu Eser, A./Lutterotti, M. von/Sporken, P. (Hrsg.), Lexikon Medizin - Ethik - Recht, in: Geschichte und Gegenwart Heft 4, 1991, S. 330 f

Bernat, E. (Hrsg.), Fortpflanzungsmedizin. Wertung und Gesetzgebung, Wien 1991

Beumer, F. J. A., Patiënt en recht, Deventer 1981 (zit: Patiënt en recht)

Blaney, P. H., Implications of the Medical Model and its Alternatives, in: American Journal of Psychiatry 132 (1975), S. 911 ff

Blomberg, G. siehe Petterson, O.

Bodenburg, R., Entzerrung der ärztlichen Aufklärungspflicht: Grundaufklärung und Einschätzungsprärogative, in: Neue Juristische Wochenschrift 1981, S. 601 ff

Bologh, R. W., Grounding the Alienation of Self and Body, in: Sociology of Health and Illness 3(2) (1981), S. 188 ff

Bomann-Larsen, P./Froestad, J./Jensen, T. Øvind, Pasienterfaringer under opphold på somatisk sykehus (= Publikasjon nr. 10 fra forskningsprosjektet: Brukerperspektiv på forvaltningen, Institutt for Administrasjon og Organisasjonsvitenkap), Bergen 1985

Borst-Eilers, E., Euthanasia in the Netherlands, in: British Medical Journal 295 (1987), S. 1564 ff (zit: Euthanasia)

Bourestom, N. C. siehe Gottesman, L. E.

Braake, A. M. siehe Markenstein, L. F.

Brandeis, L. D. siehe Warren, S. D.

Brandt, I., The Bill of Rights: Its Origin and Meaning, Indianapolis 1965

Brazier, M., Medicine, Patients and the Law, Harmondsworth 1987

Brody, D. S., The Patients' Role in Clinical Decision-Making, in: Annals of Internal Medicine 93 (1980), S. 719 ff (zit: The Patients' Role)

Brouwer de Koning, K./Hageman-Smit, J., Gedwongen opneming, in: Tijdschrift voor Gezondheidsrecht 5 (1986), S. 225 ff

Brunsvig, J., Culpanormen for leger, in: Jussens Venner 1983, S. 304 ff

Burkart, M., Das Recht, in Würde zu sterben – ein Menschenrecht, Zürich 1983

Burt, R., Taking Care of Strangers: The Rule of Law in Doctor-Patient Relations, New York 1979

Butler, A., Nursing Home Quality of Care Enforcement, Part II – State Agency Enforcement Remedies, in: Clearinghouse Review (14) 1980, S. 665 ff

Bydlinski, F., Rechtsgesinnung als Aufgabe, in: Canaris, C.-W./Diederichsen, U. (Hrsg.), Festschrift für Karl Larenz, München 1983, S. 1 ff (zit: Rechtsgesinnung)

Bydlinski, F., Fundamentale Rechtsgrundsätze. Zur rechtsethischen Verfassung der Sozietät, Wien-New York 1988 (zit: Fundamentale Rechtsgrundsätze)

Bydlinski, F., Lebensschutz und rechtsethische Begründungen, in: Juristische Blätter 1991, S. 477 ff (zit: Lebensschutz)

Bydlinski, F./Mayer-Maly, Th. (Hrsg.), Rechtsethik und Rechtspraxis, Innsbruck-Wien 1990

Bydlinski, F./Mayer-Maly, Th./Pichler, J. W. (Hrsg.), Renaissance der Idee der Kodifikation: Das Neue Niederländische Bürgerliche Gesetzbuch 1992 (= Schriften zur Rechtspolitik, Bd. 5), Wien-Köln-Weimar 1991 (zit: Renaissance der Idee der Kodifikation)

California Medical Association (Hrsg.), Medical Insurance Feasibility Study, San Francisco 1977

Carlsson, B./Isacsson, Å., Hälsa, kommunikativt handlande och konfliktlösning. En studie av patientens ställning och av Hälso- och sjukvårdens ansvarsnämnd (= Scandinavian Studies in the Sociology of Law, Bd. 2), Lund 1989 (zit: Hälsa, kommunikativt handlande och konfliktlösning)

Carman, S. M., Patient Representatives: Fasted Growing Hospital Service, in: Hospital Management Quarterly 1980, S. 471 ff

Carnerie, F., Crisis and Informed Consent: Analysis of a Law-Medicine Malocclusion, in: American Journal of Law and Medicine 12 (1987), S. 50 ff (zit: Crisis and Informed Consent)

Carroll, S. J./Tosi, H. L., Managment by Objectives: Applications and Research, New York 1973

Cartwright, A., Human Relations and Hospital Care, London 1964

Cassileth, B. R., et al., Information and Participation Preferences Among Cancer Patients, in: Annals of Internal Medicine 92 (1980), S. 832 ff

Cassileth, B. R., et al., Informed Consent – Why Are its Goals Imperfectly Realized?, in: New England Medical Journal 302 (1980), S. 896 ff

Castonguay, C., Reorganisation of Health and Social Services in Quebec, in: Canadian Journal of Public Health 62 (1971), S. 192 ff

Centrale Raad voor Volksgezondheid (Hrsg.), Deeladvies juridische relatie tussen patiënt en arts, het recht van de patiënt op informatie en het toestemmingsvereiste, Zoetermeer 1980

Centrale Raad voor Volksgezondheid (Hrsg.), Deeladvies inzake bescherming van privacy van de patiënt, Zoetermeer 1981 (zit: Bescherming van privacy van de patiënt)

Centrale Raad voor Volksgezondheid (Hrsg.), Deeladvies inzake bemiddeling bij klachten van patiënten, Zoetermeer 1982 (zit: Klachten van patiënten)

Centrale Raad voor Volksgezondheid (Hrsg.), Advies inzake Euthanasie, Zoetermeer 1982 (zit: Euthanasie)

Centrale Raad voor Volksgezondheid (Hrsg.), Advies inzake voorontwerp van wet betreffende de geneeskundige behandelingsovereenkomst, Zoetermeer 1987

Charette, J. siehe Ziegenfuss, J. T.

Charles, G. siehe Strull, W. M.

Checkoway, B. siehe Devitt, M.

Childress, J. F. siehe Beauchamp, T. L.

Christoffersen, S. A., Klinisk forskning og etikk, in: Iversen, I./Iversen, T. (Hrsg.), Klinisk forskning i etisk og juridisk lys, Oslo 1987, S. 11 ff

Condie, C. J., Comparison of the Living Will Statutes of the Fifty States, in: Journal of Contemporary Law 1988, S. 105 ff (zit: Living Will Statutes)

Congressional Budget Office (Hrsg.), Long-Term Care for the Elderly and Disabled, Washington 1977

Connelly, K./Cohen, P. K./Walsh, P., Periodic Medical Review: Assessing the Quality and Appropriateness of Care in Skilled Nursing Facilities, in: New England Journal of Medicine 296 (1977), S. 578 ff

Cohen, P. K., siehe Connelly, K.

Countryman, K. M./Gekas, A. B., Development and Implementation of a Patient's Bill of Rights in Hospitals, Chicago 1980 (zit: Patient's Bill of Rights)

Culver, C. M./Gert, B., Philosophy in Medicine. Conceptual and Ethical Issues in Medicine and Psychiatry, New York-Oxford 1982

Culver, C. M. siehe Gert, B.

Czwalinna, J., Ethik-Kommissionen – Forschungslegitimation durch Verfahren, Frankfurt am Main-Bern-New York-Paris 1987

Danet, B., Toward a Methode to Evaluate the Ombudsman Role, in: Administration and Society 10 (1978), S. 363 ff

Danish Council of Ethics (Hrsg.), Protection of Human Gametes, Fertilized Ova, Embryos and Fetuses (= 2. Annual Report 1989), Copenhagen 1990 (siehe unter Det Etiske Rad)

Davies, K. A. siehe Delany, C. A.

Davis, F. siehe Howard, J.

Davis, M. Z., The Organizational, Interactional, and Care Oriented Conditions for Patient Participation in Continuity of Care: A Framework for Staff Intervention, in: Social Science and Medicine 14A (1980), S. 44 ff

Decoster, C., Het medisch beroepsgeheim in en rondom het ziekenhuis, in: Vlaams Tijdschrift voor Gezondheidsrecht 5 (1987), S. 1 ff

Delany, C. A./Davies, K. A., Nursing Home Ombudsman Project Final Report: The Pennsylvania Experiance, Harrisburg 1979

Det Etiske Råd (The Danish Council of Ethics) (Hrsg.), Protection of human gametes, fertilized ova, embryos and fetuses. A Report, Copenhagen 1989

Det Etiske Råd (Hrsg.), Beskyttelse af menneskelige kønsceller, befrugtede aeg, fosteranlaeg og fostre. En redegørelse, København 1989

Det Etiske Råd (Hrsg.), Dødskriteriet. En redegørelse, København 1989

Det Etiske Råd (Hrsg.), Ønskebarn, København 1989

Det Etiske Råd (Hrsg.), Livets begyndelse. Opponentindlaeg på Det Etiske Råds møde i Århus, København 1989

Det Etiske Råd (Hrsg.), Se døden i øjnene, København 1989

Det Etiske Råd (Hrsg.), Dit liv og din død. Digte, København 1989

Det Etiske Råd (Hrsg.), Fosterdiagnostik og etik, København 1990

Det Etiske Råds 2. år. Beretning 1989, København 1990

Det Etiske Råd (Hrsg.), Når livet begynder. De ti praemierede noveller fra novellekonkurrence, København 1990

Det Etiske Råd (Hrsg.) (Video und gleichnamige Broschüre), Blomstens ansigt. En film om den moderne død, København 1990

Det Etiske Råd (Hrsg.), Projektbeskrivelse til Det Etiske Råds projekt om information og samtykke, in: Det Etiske Råds Årsberetning 1990, København 1991, S. 66 ff

Det Etiske Råd (Hrsg.), Video: Kommunikation på afdelingen, København 1991

Det Etiske Råd (Hrsg.), Det Etiske Råds 3. år. Årsberetning 1990, København 1991

Det Etiske Råd (Hrsg.), De Etiske Valg. Bøger fra Det Etiske Råd, København 1991

Det Etiske Råd (The Danish Council of Ethics) (Hrsg.), Fetal Diagnosis and Ethics. A Report, Copenhagen 1991

Deutsch, E., Medizin und Forschung vor Gericht, Karlsruhe 1978

Deutsch, E., Der Zeitpunkt der ärztlichen Aufklärung und die antizipierte Einwilligung des Patienten, in: Neue Juristische Wochenschrift 1979, S. 1905 ff (zit: Der Zeitpunkt der ärztlichen Aufklärung)

Deutsch, E., Das therapeutische Privileg des Arztes: Nichtaufklärung zugunsten der Patienten, in: Neue Juristische Wochenschrift 1980, S. 1305 ff (zit: Das therapeutische Privileg)

Deutsch, E., Eine Gesetzeslücke. Der Vertrag des Patienten mit dem Arzt. Ergänzungen des BGB erforderlich, in: Niedersächsisches Ärzteblatt 1981, S. 161 ff (zit: Eine Gesetzeslücke)

Deutsch, E., Neuere internationale Entwicklungen des Arztrechts und der Arzthaftung, in: Versicherungsrecht 29 (1982), S. 713 ff

Deutsch, E., Neue Aufklärungsprobleme im Arztrecht, in: Neue Juristische Wochenschrift 1982, S. 2585 ff (zit: Neue Aufklärungsprobleme)

Deutsch, E., Haftungsfreistellung von Arzt und Klinik und Verzicht auf Aufklärung durch Unterschrift des Patienten, in: Neue Juristische Wochenschrift 1983, S. 1351 ff

Deutsch, E., Ethische und rechtliche Voraussetzungen der klinischen Prüfung, in: Breddin, H. K./Deutsch, E./Ellermann, R./Jesdinsky, H. J. (Hrsg.), Rechtliche und ethische Probleme bei klinischen Untersuchungen am Menschen, Berlin-Heidelberg-New York-London-Paris-Tokyo 1987, S. 10 ff (zit: Ethische und rechtliche Voraussetzungen der klinischen Prüfung)

Deutsch, E., Kommentar zur Entscheidung des LG Hamburg, Urt. v. 10. 2. 1989 –3 O 364/86 (nicht rechtskräftig) hinsichtlich keiner Mitteilung über Möglichkeit einer HIV-Infektion, in: Neue Juristische Wochenschrift 24 (1989), S. 1551 ff

Deutsch, E., Die rechtlichen Grundlagen und die Funktionen der Ethik-Kommissionen, in: Versicherungsrecht 1989, S. 429 ff (zit: Ethik-Kommissionen)

Deutsch, E./Geiger, M., Medizinischer Behandlungsvertrag. Empfiehlt sich eine besondere Regelung der zivilrechtlichen Beziehung zwischen dem Patienten und dem Arzt im BGB?, in: Bundesminister d. Justiz (Hrsg.), Gutachten und Vorschläge zur Überarbeitung des Schuldrechts, Bd. II, 1981

Deutsch, E./Matthies, K.-H., Arzthaftungsrecht. Grundlagen, Rechtsprechung, Gutachter- und Schlichtungsstellen, 3. Aufl., Köln 1988 (zit: Arzthaftungsrecht)

Deutsche Bischofskonferenz (Hrsg.), Erklärung der Kongregation für die Glaubenslehre zur Euthanasie, Rom-Vatikanstadt 1980

Devitt, M./Checkoway, B., Participation in Nursing Home Resident Councils: Promise and Practice, in: The Gereontologist 49 (1982), S. 22 ff

Dierkens, R., Beroepsgeheim en Recht, in: Vlaams Tidschrift voor Gezondheidsrecht (4) 1987, 261 ff

DiMatteo, M. R./DiNicola, D. D., Achieving Patient Compliance: The Psychology of the Medical Practitioner's Role, New York 1982

DiNicola, D. D., siehe DiMatteo, M. R.

Dittrich, F., Der Pflegeberuf im Spannungsfeld zwischen Verantwortung und Unterordnung, in: Österreichische Krankenpflegezeitung, 34 (1981), S. 146 ff

Dölle, W., Probleme der Patientenaufklärung an konkreten Studienbeispielen Enteritis-regionalis-(Crohn-) Studien, in: Breddin, H. K./Deutsch, E./ Ellermann, R./Jesdinsky, H. J. (Hrsg.), Rechtliche und ethische Probleme bei klinischen Untersuchungen am Menschen, Berlin-Heidelberg-New York-London-Paris-Tokyo 1987, S. 61 ff

Donabedian, A., Evaluating the Quality of Medical Care, in: Milbank Memorial Fund Quarterly 44 (1977), S. 176 ff

Donabedian, A., Explorations in Quality Assessment and Monitoring: The Definitions of Quality and Approaches to Its Assessment (1); The Criteria and Standards of Quality (2), Ann Arbor 1980/1982

Dood, M. J./Mood, D. W., Chemotherapy: Helping Patients to Know the Drugs They Are Receiving and Their Side Effects, in: Cancer Nursing 311 (1981), S. 311 ff

Douglas, D. S./Feinberg, D./Jacobson, R./Stock, A. B., For the Elderly: Legal Rights (and Wrongs) within the Health Care System, in: Harvard Civil Rights - Civil Liberties Law Review 20 (1985), S. 425 ff (zit: For the Elderly)

Dürig, G. siehe Maunz, T.

Duizend, R. van, siehe Sales, B.

Earl, D. L., Personal Choice and Living Will Act, in: Utah Law Review 95 (1986), S. 219 ff

Eberbach, W., Rechtsprobleme der HTLV-III-Infektion (AIDS). Straf- und zivilrechtliche Aspekte gefährlicher ansteckender Krankheiten, Berlin-Heidelberg-New York-Tokio 1986 (zit: Rechtsprobleme der HTLV-III-Infektion)

Eidmann, D./Roethe, T., Zur Logik gesellschaftlicher Konfliktregelung am Beispiel professionalisierten juristischen Handelns und von Schlichtungsverfahren (= ZERP-DP 3/91), Bremen 1991

Ehlers, A. P. F., Die ärztliche Aufklärung vor medizinischen Eingriffen, Köln-Berlin-Bonn-München 1987

Ehrenzweig, A. A., Psychoanalytische Rechtswissenschaft, Berlin 1973

Elliott, P., The Sociology of Profession, London 1972

Emberger, H. siehe Aigner, G.

Emery, F. E./Trist, E. L., Towards a Social Ecology, London 1973

Endriß, R. siehe Malek, K.

Engström, B., Information to the patient. An attemt to satisfy the patient's need for information, Umeå 1986

Ennis, B. J./Siegel, L., The Rights of Mental Patients: The Basic American Civil Liberties Union Guide to a Mental Patients' Rights, New York 1973

Ensinck, J. W. siehe Schultz, A. L.

Eser, A., „Neues Recht des Sterbens? Einige grundsätzliche Betrachtungen", in: Eser, A. (Hrsg.), Suizid und Euthanasie, Stuttgart 1976, S. 392 ff

Eser, A., Die Rolle des Rechts im Verhältnis von Arzt und Patient, in: Kaufmann, F.-X. (Hrsg.), Ärztliches Handeln zwischen Paragraphen und Vertrauen, Düsseldorf 1984, S. 112 ff (zit: Die Rolle des Rechts)

Eser, A./Koch, H.-G., Zum rechtlichen Wert von Ethik-Kommissionen, in: Deutsche Medizinische Wochenschrift 1982, S. 443 ff

Eser, A./Lutterotti, M. von/Sporken, P. (Hrsg.), Lexikon Medizin – Ethik – Recht, Freiburg/Brsg.-Basel-Wien 1989 (zit: Lexikon Medizin – Ethik – Recht)

Eser, A./Koch, H.-G./Wiesenbart, T. (Hrsg.), Regelungen der Fortpflanzungsmedizin und Humangenetik, Bd. 1, Frankfurt/M.-New York 1990

Eser, A./Koch, H.-G. (Hrsg.), Materialien zur Sterbehilfe. Eine internationale Dokumentation, Freiburg/Brsg. 1991

Eser, A. (Hrsg.), Suizid und Euthanasie als human- und sozialwissenschaftliches Problem, Stuttgart 1976

Eser, A. siehe Auer, A.

Eskeland, S., Den psykiatriske pasient og loven. En innføring i Lov om psykisk helsevern, Oslo 1983 (zit: Pasient og loven)

Eskeland, S., Trenger vi en lov om pasientrettigheter, Prøveforelesning over selvvalgt emne for den juridiske doktorgrad, (mschr. Manuskript) Oslo 1988 (zit: Trenger vi en lov om pasientrettigheter)

Eskeland, S., Utredning om ny lov om pasientrettigheter. Noen hovedpunkter, Vortrag anläßlich der: Konferanse om etikk og prioriteringer i helsevesenet, (mschr. Manuskript) Oslo 1990

Ettl, H., Der Patient als Mittelpunkt der Patientenrechte, in: Enquete Patientenrechte, Kammer für Arbeiter und Angestellte, Wien 1991, S. 7 ff (zit: Der Patient als Mittelpunkt)

Everitt, A./Grunewald, K., Att klaga på omsorger. Rättsfall enligt omsorgslagen, Stockholm 1988

Eyben, B. von, Erstatning for skader ved deltagelse i biomedicinske forsøg, Forskningssekretariatet, København 1984

Eyben, B. von, Kompensation for Personskade, Bd. 1, København 1983

Fachvereinigung der Verwaltungsleiter deutscher Krankenanstalten (Hrsg.),

Menschen im Krankenhaus. Repräsentative Umfragen über Meinungen und Erfahrungen von Patienten und Besuchern durch drei Jahrzehnte, Mülheim/Ruhr 1988 (zit: Menschen im Krankenhaus)

Faden, R. R., Disclosure Standards and Informed Consent, in: Journal of Health Policy & Law 6 (1981), S. 255 ff

Faden, R. R./Beauchamp, T. L., Decisionmaking and Informed Consent: A Study of the Impact of Disclosed Information, in: Social Indicators Research 7 (1980), S. 314 ff

Faden, R. R./Beauchamp, T. L./King, N., History and Theory of Informed Consent, Oxford 1986 (zit: Informed Consent)

Fagot, A., En oversikt over de viktigste konvensjoner om medisinsk etikk, Oslo 1984

Falkum, E./Nilsson, E. G., Pasienthenvendelser og – klager som grunnlag for laering og kvalitetssikring i helsevesenet, Oslo 1991

Faro, L. M. C. siehe Hermans, H. E. G. M.

Fastenroth, J., Arzthaftpflichtprozeß und Beweislastverteilung, Frankfurt-Bonn-New York-Paris 1990

Feinberg, D. siehe Douglas, D. S.

Fiebig, U., Freiheit für Patient und Arzt. Das Selbstbestimmungsrecht des Patienten als Postulat der Menschenwürde, Stuttgart 1985 (zit: Freiheit für Patient und Arzt)

Fields, S., Patients Rights II. Lawyer Test the Limits, in: Innovations 1 (1974), S. 16 f.

Fifer, W. R. siehe Orlikoff, J. E.

Finansdepartementet (Hrsg.), Hur man mäter sjukvård – exempel på kvalitets- och effektivitetsmätningar, Departemtentserier (Ds) 1989:4, Stockholm 1989

Fischer, G., Einwilligung und Aufklärung bei klinischen Therapiestudien, in: Breddin, H. K./Deutsch, E./Ellermann, R./Jesdinsky, H. J. (Hrsg.), Rechtliche und ethische Probleme bei klinischen Untersuchungen am Menschen, Berlin-Heidelberg-New York-London-Paris-Tokyo 1987, S. 42 ff (zit: Einwilligung und Aufklärung)

Fisher, S., Doctor Talk/Patient Talk: How Treatment Decisions Are Negotiated in Doctor-Patient Communication, in: Fisher, S./Todd, A. (Hrsg.), The Social Organization of Doctor-Patient Communication, New York 1983, S. 135 ff

Flaster, D., Malpractice. A Guide to the Legal Rights of Patients and Doctors, New York 1983

Flex, K., Prioritering og etik i sundhedsvaesenet. Et arbejdspapir, København 1990

Forman, A., The Nursing Home Ombudsman Demonstration Program, in: Health Services Reports 89 (1974), S. 128 ff

Forster, K. (Hrsg.), Offene Fragen zwischen Ärzten und Juristen. Studien und Berichte der Katholischen Akademie in Bayern, Würzburg 1963

Forster, R., Patientenrechte in der Psychiatrie (= Forschungsbericht Nr.4. 2. 14 des Ludwig-Boltzmann-Instituts für Medizinsoziologie), Wien 1989

Forster, R., Zwischen Selbstbestimmung und Expertenherrschaft: Advokatorische Unterstützung für psychiatrische Patienten, in: Störfaktor 9 (1989), S. 78 ff

Förtroendenämnder inom hälso- och sjukvården. Rapport av en särskild arbeitsgrupp, DsS 1984:16, Stockholm 1984

Fössl-Emberger, K. siehe Aigner, G.

Fox, R. C., Training for Uncertainty, in: Merton, R. K./Reader, G./Kendall, P. L. (Hrsg.), The Student Physician, Cambridge (MA) 1957, S. 207 ff

Fox, R. C., Ethical and Existential Developments in Contemporaneous American Medicine: Their Implications for Culture and Society, in: The Milbank Memorial Fund Quarterly/Health and Society 52 (1974), S. 445 ff

Fox, R., The Ombudsman: A Process Model for Humanizing Accountability, in: Administration in Social Work 5 (1981), S. 50 ff

Foyn, S., Pasientforsikring og objektivisert erstatningsansvar ved patientskader, in: Foyn, S./Lund, A. M./Viken, O., Pasienters rettsstilling, Oslo 1990, S. 161 ff

Frank, K., Anti-Psychiatry Bibliography and Resource Guide, Vancouver 1974

Frank, W.-M., Dein Recht als Patient, München 1988 (zit: Dein Recht als Patient)

Frenkel, F., De strafrechtelijke infrastructuur van hulp bij zelfdoding, in: Nederlands Juristenblad 28 (1982), S. 807 ff

Friedson, E., Patient's Views of Medical Practice, New York 1961

Friedson, E., The Profession of Medicine, New York 1970 (zit: The Profession of Medicine)

Friedson, E., Professional Dominance, New York 1970

Fröberg, U. H., Journalen i vården. En handbok om den nya lagstiftningen, Stockholm 1988

Froestad, J., Pasientproblemer og rettigheter – hva bør gjørcs for å styrke pasientenes stilling, Brukerperspektiv på forvaltningen (= Publikasjon nr. 13, Institutt for offentlig administrasjon og organisasjonskunnskap) Bergen 1985 (zit: Pasientproblemer og rettigheter)

Froestad, J., Skriftlig informasjon til pasientene om deres rettigheter under deres sykehusopphold. Evaluering av et forsøksprosjekt. Brukerperspektiv på forvaltningen (= Publikasjon nr. 17, Institutt for offentlig administrasjon og organisasjonskunnskap), Bergen 1986 (zit: Skriftlig informasjon)

Froestad, J., Pasientinformasjon og pasientrettigheter – personalets syn, Brukerperspektiv på forvaltningen (= Publikasjon nr. 18, Institutt for offentlig administrasjon og organisasjonskunnskap), Bergen 1986 (zit: Pasientinformasjon, pasientrettigheter, brukerperspektiv)

Froestad, J., Lokale pasientklageordninger. Erfaring med lokale pasientrepresentanter i amerikansk helsetjeneste, Bergen 1986

Froestad, J., Pasientombudet – en klageordning tilpasset helsetjenesten? Bergen 1987 (zit: Pasientobmudet – en klageordning)

Froestad, J. siehe Bomann-Larsen, P.

Froestad, J. siehe Jensen, T. Øivind

Gaertner, H. J./Heimann, H., Patientenaufklärung als „Störvariable", in: Breddin, H. K./Deutsch, E./Ellermann, R./Jesdinsky, H. J. (Hrsg.), Rechtliche und ethische Probleme bei klinischen Untersuchungen am Menschen, Berlin-Heidelberg-New York-London-Paris-Tokyo 1987, S. 90 ff

Geiger, M. siehe Deutsch, E.

Geiger, Th., Über Moral und Recht, Berlin 1979

Geisler, L., Arzt und Patient im Gespräch. Wirklichkeit und Wege, Frankfurt am Main 1987 (zit: Arzt und Patient im Gespräch)

Gekas, A. B. siehe Countryman, K. M.

Gelfand, G., Living Will Statutes: The First Decade, in: Wisconsin Law Review 1987, S. 741 ff (zit: Living Will Statutes)

Gellhorn, W., Ombudsmen and Others: Citizens' Protectors in Nine Countries, Cambridge (MA) 1967 (zit: Ombudsmen and Others)

Gerle, B./Lundin, G./Sandblom, P., The Patient with Inoperable Cancer from Psychiatric and Social Standpoint, in: Cancer 13 (1960), S. 1206 ff

Gert, B./Culver, C. M., Paternalistic Behaviour, in: Philosophy and Public Affairs 6 (1976), S. 44 ff

Gert, B. siehe Culver, C. M.

Gevers, J. K. M., De rechtspositie van psychiatrische patiënten, Deventer 1979 (zit: De rechtspositie van psychiatrische patiënten)

Gevers, J. K. M., De rechter en het medisch handelen, Deventer 1984 (zit: De rechter en het medisch handelen)

Gevers, J. K. M./Jong, M. de/Matser, J., De opvang van klachten van patiënten over de gezondheidszorg, in: Tijdschrift voor Sociale Geneeskunde 56 (1978), S. 309 ff

Giesen, D., Arzthaftungsrecht im Umbruch II. Die ärztliche Aufklärungspflicht in der Rechtsprechung seit 1974, in: Juristenzeitung 1982, S. 391 ff

Giesen, D., „Zwischen Patientenwohl und Patientenwille“, in: Juristenzeitung 1982, S. 282 ff (zit: „Zwischen Patientenwohl und Patientenwille“)

Giesen, D., International Medical Malpractice Law, Tübingen-Dordrecht-Boston-London 1988 (zit: Malpractice Law)

Giesen, D., Biotechnologie, Verantwortung und Achtung vor dem menschlichen Leben, in: Staat, Kirche, Wissenschaft in einer pluralistischen Gesellschaft. Festschrift für Paul Mikat, Berlin 1989, S. 55 ff

Giesen, D., Ethische und rechtliche Probleme am Ende des Lebens, in: Juristenzeitung 1990, S. 929 ff (zit: Probleme am Ende des Lebens)

Giesen, D., Arzthaftungsrecht. Die zivilrechtliche Haftung aus medizinrechtlicher Behandlung in der Bundesrepublik Deutschland, in Österreich und der Schweiz, 3. Aufl., Tübingen 1990 (zit: Arzthaftungsrecht)

Gillon, R., Acts and Ommissions. Killing and Letting Die, in: Britisch Medical Journal 1986, S. 126 f.

Ginneken, P. P. J. N. van, Centrale Raad wil werking van grondrechten. Een heilloos leerstuk, in: Tijdschrift voor Gezondheidsrecht 5 (1983), S. 245 ff (zit: Centrale Raad)

Ginneken, P. P. J. N. van, Centrale Raad wil patiënt meer rechten geven, in: Tijdschrift voor Gezondheidsrecht 3 (1985), S. 250 ff (zit: Patiënt meer rechten geven)

Glantz, G. J. siehe Annas, G. J.

Godbout, J., Is Consumer Control Possible in Health Care Services? The Quebec Case, in: International Journal of Health Services 11 (1981), S. 151 ff

Goffman, I., Asylums: Essays on the Social Situations of Mental Patients and Other Inmates, Garden City (N. Y.) 1961

Gonzenbach, P. siehe Meerwein, F.

Gosfield, A., PSRO's: The Law and the Health Consumer, Cambridge (Mass.) 1975 (zit: The Law and the Health Consumer)

Gottesman, L. E./Bourestom, N. C., Why Nursing Homes Do What They Do, in: The Gerontologist 14 (1976), S. 501 ff

Graaf, F. de/Haas, M. J. O. M., Horizontale werking van grondrechten. Een heilloos leerstuk, in: Nederlands Juristenblad 1984, S. 1353 ff

Graver, H. P., Den juristskapte virkelighet, Oslo 1986

Greeley, H. P. siehe Orlikoff, J. E.

Greenfield, R. E., The Recent Amendments to the Texas Natural Death Act: Implications for Health Care Providers, in: St. Mary's Law Journal 17 (1986), S. 1001 ff (zit: Texas Natural Death Act)

Greve, V./Larsen, B. U./Lindegård, P., Kommentert straffelov, København 1982

Grønlie, M./Sørheim, S./Siem, H., Klagebehandling ved kontor for pasienthjelp, Norsk Pasientforening, Oslo 1988 (zit: Norsk Pasientforening)

Gross, J., Haftung für medizinische Behandlung im Privatrecht und im öffentlichen Recht der Schweiz, Bern 1987 (zit: Haftung für medizinische Behandlung)

Gross, L. siehe Belsky, M. S.

Groß, R., Medizinische Probleme der Selbstbestimmung des Patienten, in: Doerr, W./Jacob, W./Laufs, A. (Hrsg.), Recht und Ethik in der Medizin, Berlin-Heidelberg-New York 1982, S. 41 ff

Grotensohn, C., Was erwarten Familien im Kinderkrankenhaus, in: Die Schwester/Der Pfleger 12 (1989), S. 968 ff

Grunewald, K. siehe Everitt, A.

Guenin, M. siehe Ziegenfuss, J. T.

Guido, J. siehe Stanley, B.

Gutwirth, L. siehe Makiesky Barrow, S.

Haas, M. J. O. M. siehe Graaf, F. de

Habermas, J., Theorie des kommunikativen Handelns, Bde. 1 und 2, Frankfurt am Main 1981

Hackethal, J., Humanes Sterben. Mitleidstötung als Patientenrecht und Arztpflicht. Wissenschaftliche Untersuchung, Erfahrungen und Gedanken eines chirurgischen Patientenarztes, München 1988

Hageman-Smit, J. siehe Brouwer de Koning, K.

Hagstrøm, V., Offentligrettslig erstatningsansvar. Studier i spesiell og alminnelig erstatningsrett, Oslo 1987

Hagstrøm, V., Aids som juridisik problem, Oslo 1988

Halamandaris, V. J. siehe Moss, F. E.

Hallagan, J. B., Natural Death Acts and Right to Die Legislation, in: Medical Trial Technique Quarterly 1986, S. 301 ff

Halter, H., Ihr Recht als Patient. Grundsatzurteile, Fallbeispiele, Rechtswege, Selbsthilfegruppen, Düsseldorf 1987

Hanack, E.-W., Strafrecht, Sterbehilfe und Nichtverhinderung fremder Selbsttötung, in: Medizinrecht 1987, S. 96 ff

Hansen, N. A., Etiske normer contra regulering gennem retsregler, in: Pedersen, O. Bøjstrup (Hrsg.), Patienten og samfundet – etiske normer eller retlig regulering, Dansk Sygehus Institut, København 1987, S. 82 ff

Hart, D./Köck, W., Zum Stand der Verbraucherrechtsentwicklung, in: Zeitschrift für Rechtspolitik 1991, S.61 ff

Hart, D./Reich, N., Integration und Recht des Arzneimittelmarktes in der EG. Eine Untersuchung zum Produkt- und Marktrecht der Gemeinschaft und ausgewählter Mitgliedstaaten (= Schriftenreihe des Zentrums für Europäische Rechtspolitik (ZERP), Bd. 13), Baden-Baden 1990

Haug, M., The Erosion of Professional Authority: A Cross-Culturell Inquiry in the Case of the Physician, in: The Milbank Memorial Fund Quarterly/ Health and Society 1976, S. 83 ff

Haug, M./Lavin, B., Practitioner or Patient, Who's in Charge?, in: Journal of Health and Social Behavior 22 (1981), S. 214 ff

Haug, M./Lavin, B., Consumerism in Medicine. Challenging Physician Authority, Beverly Hills-London-New Delhi 1983 (zit: Consumerism in Medicine)

Haug, A. O. siehe Thune, G. H.

Hayes-Bautista, D. E., Modifying the Treatment: Patient Compliance, Patient Control, and Medical Care, in: Social Science and Medicine 10 (1976), S. 233 ff

Hazewinkel-Suringa, D., De doolhof van het beroepsgeheim, 1959

H(ealth) E(ducation) W(elfare) – Report of the Secretary's Commission on Medical Malpractice, Washington D. C. Health and Human Services Department 1973

Healy, J. M. siehe Annas, G. J.

Hedman, A., Ansvar och ersättning vid medicinsk verksamhet, Skriftserien Bd. 2 Juridiska Fakulteten i Stockholm, Stockholm 1984

Heerma van Voos, A., Suicide volgens schema, in: Tijdschrift voor Gezondheidsrecht 2 (1981), S. 58 ff

Heidenborg, I. E., How the Basic Human Needs of Patients Are Met. Analysis, Testing and Application of Maslows Motivation Theory for Patient Care, Uppsala 1981

Heimann, H. siehe Gaertner, H. J.

Helsedirektoratet (Hrsg.), Sikring av kvalitet i helsetjenesten, Oslo 1991

Henry, J., Culture against Man, New York 1963

Herdegen, M., Gewissensfreiheit und Normativität des positiven Rechts, Berlin-New York 1989

Herfarth, C. siehe Schlag, P.

Hermans, H. E. G. M./Faro, L. M. C., Het voorontwerp van wet op de patiëntenrechten, in: Sociaal Recht 6 (1987), S. 199 ff (zit: Patiëntenrechten)

Herzog, R. siehe Maunz, T.

Hepworth, P. H., Community Multi-Service Centres, Ottawa 1976

Heuval, W. J. A. van de, The Role of the Consumer in Health Care Policy, in: Social Science and Medicine 14 (1980), S. 209 ff

Hill, L. B., International Transfer of the Ombudsman, in: Merritt, R. (Hrsg.), Communication in International Politics, Chicago 1972, S. 307 ff

Hill, L. B., Complaining to the Ombudsman as an Urban Phenomenon. An Analysis of the New Zealand Ombudsman's Clients, in: New Zealand Urban Affairs Quarterly 8 (1972), S. 123 ff

Hill, L. B., Institutionalization, the Ombudsman and Bureaucracy, in: American Political Science Review 68 (1974), S. 1077 ff (zit: Institutionalization, the Ombudsman and Bureaucracy)

Hippel, E. von, AIDS als rechtspolitische Herausforderung, in: Zeitschrift für Rechtspolitik 4 (1987), S. 123 ff

Hirsch, E. E., Rechtssoziologie für Juristen, Berlin 1984

Hoel, S. siehe Trasti, H.

Hollender, M. H. siehe Szasz, T. S.

Hoerster, N., Forum: Ein Lebensrecht für die menschliche Leibesfrucht?, in: Juristische Schulung 1989, S. 172 ff

Hoerster, N., Abtreibungsverbot – Religiöse Voraussetzungen und rechtspolitische Konsequenzen, in: Juristische Schulung 1991, S. 190 ff

Hoerster, N., Zur Bedeutung des Prinzips der Menschenwürde, in: Juristische Schulung 1983, S. 93 ff

Hofer, M., Patientenbezogene Krankenhausorganisation, Berlin 1987

Hoffman, A./Schreier, K., A Private Right of Action under Missouri's Omnibus Nursing Home Act, in: Saint Louis University Law Review 661, 24 (1981), S. 661 ff

Hogan, N. S., Humanizing Health Care: Task of the Patient Representative, Oradell (N. J.) 1983

Howard, J./Davis, F./Pope, C./Ruzek, S., Humanizing Health Care: The Implication of Technology, Centralization, and Self-Care, in: Medical Care 15 (1977), S. 327 ff

Hubben, J., De rechtspositie van de psychiatrische patiënt, in: Nederlands Juristenblad 21 (1980), S. 475 ff

Hubinek, M./Voogd, H., Parliamentary Assembly of the Council of Europe, Report on the Rights of the Sick and Dying, Doc. 3699, 26. January 1976 (zit: Report on the Rights)

Hummer, W. siehe Neuhold, H.

Hunter, S., A Plan for a New York State Nursing Home Patient Ombudsman Program, New York 1977

Hyden, H., Ram eller lag? (= Ds C 1984:12), Stockholm 1984

Hyden, H., Reflexiv rätt och reglering, in: Reflexiv rätt, København 1988, S. 22 ff

Illich, I., Limits to Medicine, Medical Nemesis: The Expropriation of Health, London 1977

Indenrigsministerie (Hrsg.), Patient- og laegemiddelforsikring (Rapport fra den af indenrigsministeriet nedsatte arbejdsgruppe vedrörende en dansk patient- og laegemedelforsikring), København 1986

Ingelfinger, F. J., Informed (but Uneducated) Consent, in: New England Journal of Medicine 287 (1977), S. 465 ff (zit: Informed (but Uneducated) Consent)

Inglehart, R., Kultureller Umbruch, Frankfurt-New York 1990

Institute of Medicine (Hrsg.), Improving the Quality of Care in Nursing Homes, Washington D. C. 1986 (zit: Improving the Quality)

Irniger, W., Probleme im Umgang mit betagten Patienten in der täglichen Praxis, in: Kielholz, P./Adams, C. (Hrsg.), Der alte Mensch als Patient, Köln 1986, S. 31 ff

Irwin, M. J., A Sociological Evaluation of the Development of Sociology of Law, New York 1986

Isacsson, Å. siehe Carlsson, B.

Iversen, I., Juridiske aspekter ved randomiserte studier, in: Iversen, I./ Iversen, T. (Hrsg.), Klinisk forskning i etisk og juridisk lys, Oslo 1987, S. 79 ff

Jacobsen, K. D./Jensen, T. Øivind/Aarseth, T., Fordelingspolitikkens forvaltning, in: Sosiologi i dag 3 (1982), S. 29 ff

Jacobson, R. siehe Douglas D. S.

Jensen, T. Øivind, Hvem eier pasientenes problem?, Brukerperspektiv på forvaltningen (= Publikasjon nr. 13, Institutt for offentlig administrasjon og organisasjonskunnskap), Bergen 1985 (zit: Pasientenes problem? Brukerperspektiv)

Jensen, T. Øivind/Froestad, J., Klientinnflytelse i hjelseapparatet, in: Sosialt Forum Sosialt Arbeid 7/8 (1984), S. 107 ff (zit: Klientinnflytelse i hjelseapparatet)

Jensen, T. Øvind, siehe Bomann-Larsen, P.

Jensen, T. Øivind, siehe Jacobsen, K. D.

Johnson, J. siehe Zahn, M.

Johnson, T. G., Doctor! What You Should Know about Health Care Before You Call a Physician, New York 1975

Jonas, H., Technik, Medizin und Ethik – Zur Praxis des Prinzips Verantwortung, 2. Aufl., Frankfurt 1987

Jones, J. M., Toward an Ohio Natural Death Act: The Need for Living Will Legislation, in: Ohio State Law Journal 46 (1985), S. 1019 ff

Jong, M. de, siehe Gevers, J. K. M.

Juchli, L./Lutterotti, M. von (Hrsg.), Was kranke Menschen brauchen, Freiburg i. Br. 1987

Kabnick, L. D. siehe Meisel, A.

Kamisar, A., Some Non-Religious Views Against Proposed „Mercy Killing" Legislation, in: Minnesota Law Review 42 (1958), S. 969 ff

Kapp, M. B., Preventing Malpractice in Long-Term Care, New York 1987

Kasdorp, J. P., De Nationale Raad voor de Volksgezondheid in perspektief, in: Janssen, R. T. J. M./Kocken, P. L./Made, J. H. van der, Externe Adviesorganen in de gezondheidszorg – Het grijze circuit belicht, Lochem 1987, S. 93 ff

Kast, F. E./Rosenzweig, J. E., Organization and Management, New York 1979 (zit: Organization and Management)

Katz, B. F. siehe Annas, G. J.

Katz, J., Experimentation with Human Beings, New York 1972

Katz, J., Informed Consent – A Fairy Tale? Law's Vision, in: University of Pittsburgh Law Review 39 (1977), S. 137 ff (zit: Informed Consent – A Fairy Tale?)

Katz, J., The Silent World of Doctor and Patient, New York 1984 (zit: The Silent World)

Katz, R. L., Informed Consent – Is It Bad Medicine?, in: Western Journal of Medicine 126 (1977), S. 426 ff

Kaufmann, F.-X., Was heißt Verrechtlichung und wo wird sie zum Problem?, in: Kaufmann, F.-X. (Hrsg.), Ärztliches Handeln zwischen Paragraphen und Vertrauen, Düsseldorf 1984, S. 9 ff (zit: Was heißt Verrechtlichung)

Kaye, L. W. siehe Monk, A.

Kayser-Jones, J. S., Old, Alone and Neglected: Care of the Aged in Scotland and the United States, Berkeley 1981

Kern, B.-R./Laufs, A., Die ärztliche Aufklärungspflicht. Unter besonderer Berücksichtigung der richterlichen Spruchpraxis, Berlin-Heidelberg-New York 1983 (zit: Die ärztliche Aufklärungspflicht)

Khandwalla, P. N., The Design of Organizations, New York 1977

Kilian, W., Rechtsfragen der medizinischen Forschung mit Patientendaten. Datenschutz und Forschungsfreiheit im Konflikt (= Beiträge zur juristischen Informatik, Bd. 9), Darmstadt 1983 (zit: Rechtsfragen)

Kjønstad, A., Patienters rättigheter, in: Det 29. nordiske Juristmøtet, Stockholm 1981, S. 142 ff (zit: Patienters rättigheter)

Kjønstad, A., Trygd og erstatning ved personskade, 2. Aufl., Oslo 1983

Kjønstad, A., Rett og rettferdighet ved fordeling av helsetjenester, i Samfunn, Rett, Rettferdighet, in: Festskrift til Torstein Eckhoffs 70-årsdag, Oslo 1986, S. 417 ff

Kjønstad, A., Helserett, 2. Aufl., Oslo 1987 (zit: Helserett)

Kjønstad, A., Oversikt over trygderetten, Oslo 1989

Kjønstad, A., Rett til helsehjelp og sosiale tjenester – saerlig hjemmesykepleie og hjemmehjelp, Oslo 1990

Kjønstad, A., Patientenrechte. Referat gehalten beim Forum Alpbach am 19. August 1990 (im Druck) (zit: Patientenrechte)

Klaus, A., Ärztliche Schweigepflicht. Ihr Inhalt und ihre Grenzen, Wien 1991 (zit: Ärztliche Schweigepflicht)

Klecatsky, H. R., Was muß eine wissenschaftliche Rechtspolitik leisten?, in: Pichler, J. W. (Hrsg.), Was kann eine wissenschaftliche Rechtspolitik leisten? (= Schriften zur Rechtspolitik, Bd. 1), Wien-Köln-Weimar 1991, S. 21 ff

Klugman, E., Toward an Uniform Right to Medical Records: A Proposal for a Model Patient Access and Information Practices Statutes, in: UCLA Law Review 30 (1983), S. 1349 ff (zit: Patient Access)

Knotterus, B., Gewetensvragen van artsen, in: Medisch Contact (15) 1983, S. 429 ff

Koch, H.-G. siehe Eser, A.

Köck, W. siehe Hart, D.

Koninklijke Nederlandsche Maatschappij tot bevordering der Geneeskunst (KNMG)/Landelijke Patiënten Platform (LPCP) (Hrsg.), Modellregeling Arts – Patiënt, Utrecht 1990

Konner, M., Becomming a Doctor, New York 1988

Kopetzki, Ch., Die zwangsweise Anhaltung in Österreich aus verfassungsrechtlicher Sicht, in: Recht und Psychiatrie 1986, S. 88 ff

Kopetzki, Ch., Die Regierungsvorlage zum Bundesgesetz über die Rechtsfürsorge für psychisch Kranke in Krankenanstalten – eine systematische Analyse, in: Verein für Sachwalterschaft. Nachrichten aus dem Rechtsreferat, Rundbrief Nr.4/5, Wien 1989, S. 193 ff

Kopetzki, Ch., Turnusärzte und Famulanten, Wien 1990

Kopetzki, Ch., Bestandsaufnahme der Patientenrechte in Österreich, in: Österreichische Juristenkommission, Kritik und Fortschritt im Rechtsstaat (17. Tagung der ÖJK vom 24.– 27. Mai 1990 in Weißenbach am Attersee), Wien 1991, S. 34 ff (zit: Bestandsaufnahme der Patientenrechte)

Kraft, A. M., On the Medical Model, Grand Rounds Presentation, Albany 1979

Kroon, J., Het wetsontwerp BOPZ; bedenkingen vanuit de praktijk, in: Maandblad voor Geestelijke Volksgezondheid 8 (1983), S. 791 ff

Krückl, K., Der Anspruch des Patienten auf Einsicht in seine Krankengeschichte, in: Österreichische Juristenzeitung 11 (1983), S. 281 ff (zit: Der Anspruch des Patienten auf Einsicht in seine Krankengeschichte)

Kuhlendahl, H., Die ärztliche Aufklärungspflicht oder der Kalte Krieg zwischen Juristen und Ärzten, in: Deutsches Ärzteblatt 75 (1984-1986), S. 2003 ff

Kuhlmann, G.-J., Übertragung einer Arztpraxis und ärztliche Schweigepflicht, in: Juristenzeitung 1974, S. 670 ff

Kuitert, H., Een gewenste dood, Ten Have 1981

Kuriansky, E. J., Nursing Home Patient Abuse: Realities & Remedies, New York 1981 (zit: Nursing Home Patient Abuse)

Kux, K., Patientenrechtler unterwegs, in: Österreichische Ärzte Zeitung 4 (1990), S. 43 f.

Lahti, R., General Report. Criminal Law and Modern Bio-Medical Techniques, in: Revue Internationale de Droit Penal 1987, S. 603 ff

Lahti, R., Rechtfertigungs- und Entschuldigungsprobleme im Bereich medizinischer Tätigkeit, in: Eser, A./Fletcher, G. P. (Hrsg.), Rechtfertigung und Entschuldigung. Rechtsvergleichende Perspektiven, Bd. 2, Freiburg i. Br. 1988, S. 1415 ff (zit: Rechtfertigungs- und Entschuldigungsprobleme)

Lahti, R., Politische Implikationen und Probleme einer Nationalen Patientenrechtsgesetzgebung: Erfahrungen in Finnland, in: Pichler, J. W. (Hrsg.), Einführung in die Patientenrechtspolitik (= Schriften zur Rechtspolitik, Bd. 3), Wien-Köln 1990, S. 73 ff (zit: Nationale Patientenrechtsgesetzgebung)

Lalonde, M., A New Perspective on the Health of Canadians, Ottawa 1974

Lamb, H. R., Securing Patients' Rights – Responsibly, in: Hospital and Community Psychiatry 32 (1981), S. 393 ff

Landstingsförbundet (Hrsg.), Den nya Hälso- och sjukvårdslagen, Stockholm 1982

Lansing, P., The Conflict of Patient Privacy and the Freedom of Information Act, in: Journal of Health Politics, Policy and Law 9 (1984), S. 316 ff

Larsen, B. U. siehe Greve, V.

Larsons, M. S., The Rise of Professionalism, Berkeley-Los Angeles 1977

Later, G., Het wetsontwerp BOPZ, in: Nederlands Juristenblad 17 (1984), S. 511 ff

Laufs, A., Die Entwicklung des Arztrechts 1982/83, in: Neue Juristische Wochenschrift 17 (1983), S. 1345 ff (zit: Arztrecht 1982/83)

Laufs, A., Arztrecht (= Schriftenreihe der Neuen Juristischen Wochenschrift, Heft 29), 4. Aufl., München 1988 (zit: Arztrecht)

Laufs, A., Die Entwicklung des Arztrechts 1988/89, in: Neue Juristische Wochenschrift 23 (1989), S. 1523 ff (zit: Arztrecht 1988/89)

Laufs, A., Die Entwicklung des Arztrechts 1989/90, in: Neue Juristische Wochenschrift 24 (1990), S. 1507 ff (zit: Arztrecht 1989/90)

Laufs, A., Die Entwicklung des Arztrechts 1990/91, in: Neue Juristische Wochenschrift 25 (1991), S. 1516 ff (zit: Arztrecht 1990/91)

Laufs, R./Laufs, A., Aids und Arztrecht, in: Neue Juristische Wochenschrift 21 (1987), S. 2257 ff (zit: Aids und Arztrecht)

Laufs, A. siehe Kern, B.-R.

Laufs, A., siehe Laufs, R.

Lauridsen, P. Stuer, Etiske normer contra regulering gennem retsregler, in: Pedersen, O. Bøjstrup (Hrsg.), Patienten og samfundet – etiske normer eller retlig regulering (Dansk Sygehus Institut) København 1987, S. 77 ff (zit: Etiske normer contra regulering)

Lavin, B. siehe Haug, M.

Leaf, P., Wyatt v. Stickney; Assessing the Impact in Alabama, in: Hospital and Community Psychiatry 28 (1977), S. 351 ff

Leenen, H. J. J., Sociale grondrechten en gezondheidszorg, Hilversum 1966 (zit: Sociale grondrechten en gezondheidszorg)

Leenen, H. J. J., Rechten van mensen in de gezondheidszorg, Alphen a.-d. Rijn-Brussel 1978 (zit: Rechten in de gezondheidszorg)

Leenen, H. J. J., De nieuwe grondwet en de gezondheidszorg, in: Tijdschrift voor Gezondheidsrecht 2 (1982), S. 53 ff (zit: grondwet en de gezondheidszorg)

Leenen, H. J. J., Euthanasie en de hulp bij zelfdoding, in: Nederlands Juristen Blad (4) 1982, S. 103 ff

Leenen, H. J. J., Patients' Rights in Europe, in: Health Policy 8 (1987), S. 34 ff (zit: Patients' Rights)

Leenen, H. J. J., Wetsontwerp over rechten van de patiënt, in: Nederlands Juristenblad 43 (1987), S. 1382 ff (zit: Rechten van de patiënt)

Leenen, H. J. J., Handboek Gezondheidsrecht, 2. Aufl., Amsterdam 1988 (zit: Gezondheidsrecht)

Leenen, H. J. J./Pinet, G./Prims, A. V., Trends in Health Legislation in Europe, Regional Office for Europe of the World Health Organization, Paris-New York 1986 (zit: Trends in Health Legislation)

Legemaate, J., De Krankzinnigenwet anno 1986, in: Maandblad voor Geestelijke Volksgezondheid 3 (1986), S. 255 ff

Levin, A., Talk Back to Your Doctor: How to Demand and Recognize High Quality Care, Garden City 1975

Levine, E. siehe Abdellah, F.

Liebert, S., Informed Consent: An Imperative Impossibility, in: American Surgeon 48 (1982), S. 225 ff

Lidz, C. W./Meisel, A., Informed Consent and the Structure of Medical Care, in: President's Commission for the Study of Ethical Problems in Medicine and Biomedical and Behavioral Research, Making Health Care Decisions: The Ethical and Legal Implications of Informed Consent in the Patient-Practioner Relationship, Vol. 2, Appendices, Washington D. C. 1982, S. 211 ff (zit: Structure of Medical Care)

Lidz, C. W./Meisel, A., et al., Barriers to Informed Consent, in: Annals of Internal Medicine 99 (1983), S. 539 ff

Lidz, C. W./Meisel, A./Zerubavel, E., et al., Informed Consent: A Study of Decisionmaking in Psychiatry, New York 1984 (zit: Informed Consent)

Lidz, C. W./Meisel, A./Munetz, M., Chronic Disease: The Sick Role and Informed Consent, in: Culture, Medicine and Psychiatry 9 (1985), S. 1 ff

Lidz, C. W. siehe Appelbaum, P. S.

Lidz, C. W. siehe Roth, L. H.

Lilie, H., Ärztliche Dokumentation und Informationsrechte des Patienten. Eine arztrechtliche Studie zum deutschen und amerikanischen Recht (= Recht und Medizin, Bd. 5,), Frankfurt-Bern-Cirencester 1980 (zit: Ärztliche Dokumentation)

Lindegård, B., Patientjournalen i datasamhället, Göteborg 1985

Lindegård, P. siehe Greve, V.

Liv, K./Mossey, J., The Role of Payment Sources in Differentiating Nursing Home Residents, Services and Payments, in: Health Care Financing Review 1980, S. 51 ff

Linzbach, M., Informed Consent. Die Aufklärungspflicht des Arztes im amerikanischen und im deutschen Recht (= Recht und Medizin, Bd. 3), Frankfurt am Main 1980

Litwin, H. siehe Monk, A.

Lo, B. siehe Strull, W. M.

Löchen, Y., Sociologens dilemma. Vetenskaplig distans eller samhällsförändring, Stockholm 1972 (zit: Sociologens dilemma)

Lødrup, P., Legers informasjonsplikt og pasientens samtykke, in: Iversen, I./ Iversen, T. (Hrsg.), Klinisk forskning i etisk og juridisk lys, Oslo 1987, S. 23 ff (zit: Informasjonsplikt og pasientens symtykke)

Loiborg, S., Patientforsikring på plads om et år, in: Journal for sundhetsvaesenet 3, Aug. 1991, S. 22 f (zit: Patientforsikring)

Lorber, J., Good Patients and Problem Patients: Conformity and Deviance in a General Hospital, in: Journal of Health & Social Behavior 16 (1975), S. 213 ff

Ludwig Boltzmann-Institut für Medizinsoziologie (Hrsg.), WHO-Modellprojekt „Gesundheit und Krankenhaus“ in Zusammenarbeit mit dem Ludwig Boltzmann-Institut für Medizinsoziologie und der Krankenanstalt der Stadt Wien, Rudolfsstiftung, Öffentliche Projektpräsentation, Gesundes Krankenhaus, Bde 1 und 2, Wien 1990

Lund, C. C., The Doctor, the Patient, and the Truth, in: Tennessee Law Review 1946, S. 344 ff

Lundin, G. siehe Gerle, B.

Lutteroti, M. von, siehe Eser, A.

Lutterotti, M. von, siehe Juchli, L.

MacStravic, A., The Patient as Partner: A Competitive Strategy in Health Care Marketing, in: Health & Hospital Services Administration 33 (1988), S. 15 ff

Madsen, U. V., Laegeetik og laegelig behandling af voksne, psykisk udviklingshaemmede personer, in: Ugeskrift for Laeger 148 (1986), S. 2717 ff (zit: Laegeetik)

Maher, G. siehe McLean, S. A. M.

Makiesky Barrow, S./Gutwirth, L., Community Treatment as the Least Restrictive Alternative: Costs and Benefits, in: Bloom, B. L./Asher, S. J., Psychiatric Patient Rights and Patient Advocacy. Issues and Evidence, Boulder 1982, S. 196 ff

Malek, K./Endriß, R., Patientenrechte. Ein Ratgeber für den Umgang mit Arzt und Krankenhaus, Freiburg i. B. 1984 (zit: Patientenrechte)

Mancuse, J. C., Mental Illness as Ceremony Violation. Report presented at the Community Imperative Conference, Washington D. C. 1978

Markenstein, L. F./Braake, A. M., De patiënt en zijn medische gegevens. Een analyse van jurisprudentie, Maastricht 1985 (zit: De patiënt en zijn medische gegevens)

Marks, J. H. (Hrsg.), Advocacy in Health Care. The Power of a Silent Constituency, Clifton (N. J.) 1986

Masen, J. K./McCall Smith, R. A., Law and Medical Ethics, 2. Aufl., London 1987

Matscher, F., Das Verfahren vor den Organen der EMRK, in: Europäische Grundrechte Zeitschrift 1982, S. 489 ff

Matscher, F. (Hrsg.), Die Durchsetzung wirtschaftlicher und sozialer Grundrechte (= Schriften des Österreichischen Instituts für Menschenrechte, Bd. 3), Kehl-Straßburg 1991

Matser, J. siehe Gevers, J. K. M.

Matthies, K.-H. siehe Deutsch, E.

Maunz, T./Dürig, G./Herzog, R./Scholz, R., Kommentar zum Grundgesetz, Loseblattausgabe in 3 Bänden

Mayer-Maly, Th., Resümee, in: Bydlinski, F./Mayer-Maly, Th./Pichler, J. W. (Hrsg.), Renaissance der Idee der Kodifikation: Das Neue Niederländische Bürgerliche Gesetzbuch (= Schriften zur Rechtspolitik, Bd. 5), Wien-Köln-Weimar 1991, S. 153 ff

Mayer-Maly, Th. siehe Bydlinski, F.

McCall Smith, R. A. siehe Masen, J. K.

McCullough, L. B. siehe Beauchamp, T. L.

McFaul, T., Biomedical Issues for the Future, in: Fowles, J. (Hrsg.), Handbook of Futures Research, Westport 1978, S. 653 ff

McGarry, A. L., The Holy Legal War Against State Hospital Psychiatry, in: New England Journal of Medicine 294 (1976), S. 318 ff

McKeown, Th., The Role of Medicine: Dream, Mirage, or Nemesis? London 1979 (zit: The Role of Medicine)

McLean, S. A. M., A Patient's Right to Know, Aldershot 1989 (zit: A Patient's Right to Know)

McLean, S. A. M./Maher, G., Medicine, Morals and the Law, Aldershot 1983

McPheeters, H. L., Implementing Standards to Assure the Rights of Mental Patients. Proceedings of a Symposium Atlanta, Georgia, June 1-3, 1977, Rockville (Maryland) 1977 (zit: Implementing Standards)

Meer, C. van der, Informed Consent – Een praktische benadering, in: Medisch Contact 43 (1984), S. 1386 ff (zit: Informed Consent)

Meerwein, F./Amgwerd, R./Gonzenbach, P., Wahrhaftigkeit am Krankenbett – auch bei Tumorpatienten?, in: Die Medizinische Welt 30 (1979), S. 397 ff

Meijler, F., Verificatie van euthanasie en/of hulp bij zelfdoding, in: Centrale Raad voor Volksgezondheid (Hrsg.), Advies inzake euthanasie, bijlage 5, S. 2 ff

Meisel, A./Kabnick, L. D., Informed Consent to Medical Treatment: An Analysis of Recent Legislation, in: University of Pittsburgh Law Review 41 (1980), S. 407 ff

Meisel, A./Roth, L. H., Toward an Informed Discussion of Informed Consent: A Review and Critique of the Empirical Studies, in: Arizona Law Review 25 (1983), S. 265 ff

Meisel, A. siehe Appelbaum, P. S.

Meisel, A. siehe Lidz, C. W.

Meisel, A. siehe Roth, L. H.

Menzel, H. siehe Auer, A.

Mijn, W. B. van der, Het voorontwerp van en patiëntenwet, in: Medisch Contact, 12 (1987), S. 369 ff

Miller, F. siehe Bell, A.

Miller, J. L., Informed Consent I-IV, in: Journal of the American Medical Association 18 (1980), S. 2100 ff; 20 (1980), S. 2347 ff; 22 (1980), S. 2556 ff; 23 (1980), S. 2661 ff

Millis, J. S, Wisdom? Health? Can Society Guarantee Them?, in: Gorovitz, S., et al., Moral Problems in Medicine, Englewood Cliffs (N. J.) 1976, S. 486 ff

Milner, N., The Symbols and Meanings of Advocacy, in: International Journal of Law and Psychiatry 8 (1986), S. 1 ff

Molven, O., Pasientskader ved somatiske sykehus. Reglene om melding i et kvalitetssikrings-, pasientinformasjons- og rettssikerhetsperspektiv (= Diakonhjemmets høgskolesenter, Forskningsrapport nr.35), Oslo 1991 (zit: Pasientskader)

Molven, O., Billighetserstatning. Sykehusskadede pasienters muligheter til å oppnå det, in: Ditdsskrift for den Norske Laegeforening 1991, S. 992 ff

Molven, O., Intern skademelding og skadeutvalgsarbeid. Intensjoner og praksis ved somatiske sykehus, in: Tijdsskrift for Den Norske Laegeforening 1991, S. 3090 ff

Molven, O., Pasientombudsordningen – et bidrag til rettssikkerhet og kvalitet i helsevesenet?, in: Lov og Rett 1991, S. 195 ff

Molven, O./Vetvik, E., Saksbehandling i kommunal forvaltning, Oslo 1986

Monk, A./Kaye, L. W./Litwin, H., Resolving Grievances in the Nursing Home. A Study of the Ombudsman Program, New York 1984 (zit: Resolving Grievances)

Mood, D. W. siehe Dood, M. J.

Morrissey, G. L., Managing by Objectives and Results, Reading (Mass.) 1970

Moskop, J. C., The Nature and Limits of the Physician's Authority, in: Staum, M. S./Larsen, D. E. (Hrsg.), Doctors, Patients, and Society: Power and Authority in Medical Care, Waterloo (Ontario) 1981, S. 29 ff

Moss, F. E./Halamandaris, V. J., Too Old, Too Sick, Too Bad, Germantown (Md.) 1979

Mossey, J. siehe Liv, K.

Munetz, M. siehe Lidz, C. W.

Murphy, R. W., A New Form of Medical Malpractice?: Missouris „Living Will" Statute, in: Journal of the Missouri Bar 1986, S. 17 ff

National Center for Health Statistics, U. S. Dept. of Health, Education and Welfare (Hrsg.), Pub. No. (PHS) 79-1974, The National Nursing Home Survey: 1977 Summary of The United States 29, Washington D. C. 1979 (zit: The National Nursing Home Survey)

National Senior Citizens Law Center (Hrsg.), Nursing Home Law. A Legal Services Practice Manual, Washington 1982 (zit: Nursing Home Law)

National Society of Patient Representatives of the American Hospital Association (Hrsg.), Patient Representation in Contemporary Health Care, Chicago 1985 (zit: Patient Representation in Contemporary Health Care)

Neuhold, H./Hummer, W./Schreuer, Ch., Österreichisches Handbuch des Völkerrechts, Bde 1 und 2, 2. Aufl., Wien 1991 (zit: Handbuch)

Nilsson, E. G. siehe Falkum, E.

NOU (Norges offentlige utredninger) 1987:23, Retningslinjer for prioriteringer innen norsk helsetjeneste, „Lønning-utvalget", Oslo 1987

NOU (Norges offentlige utredninger) 1987:25, Sykehustjenester i Norge, Organisering og finansiering, Oslo 1987

NOU (Norges offentlige utredninger) 1988:89, Lov om psykisk helsevern uten eget samtykke, Oslo 1988 (zit: Lov om psykisk helsevern)

Novack, D. H., et al., Changes in Physicians' Attitudes Toward Telling the Cancer Patient, in: Journal of the American Medical Association 241 (1979), S. 897 ff (zit: Changes in Physicians' Attitudes)

Nys, H., De toestemming van de patiënt, in: Vlaams Tijdschrift voor Gezondheidsrecht 6 (1984), 251 ff

O'Brian, D. M., Privacy, Law and Public Policy, New York 1979

Odelsestingproposition 1-1979/80, Oslo 1980

Office of Long-Term Care, Public Health Service, U. S. Dept. of Health, Education, and Welfare (Hrsg.), Pub. No. 76-50021, Long-term Care Facility Improvment Study: Introductory Report 13, Washington D. C. 1975

Öhlinger, Th., Das Menschenrecht auf Gesundheit in verfassungsrechtlicher Sicht, in: Gesundheit durch Forschung 2 (1990), S. 10 ff

Öhlinger, Th., Ein Menschenrecht auf Gesundheit? Sinn und Funktion eines sozialen Grundrechtes, in: Martinek, O. (Hrsg.) Arbeit, Recht und Gesellschaft. Festschrift Walter Schwarz zum 65. Geburtstag, Wien 1991, S. 767 ff (zit: Menschenrecht auf Gesundheit)

Oldertz, C., Patient – och läkemedelsförsikringarna, in: Tidsskrift utgiven av Juridiska Föreningen i Finnland 1981, S. 378 ff

Oldertz, C., Trygghets- patient och läkemedelsförsäkringarna. En jämförelseöversikt, in: Nordisk Forsikringstidsskrift 3/1987, S. 222 ff

Oldertz, C., Compensation for personal injuries – the Swedish patient and pharma insurance, in: Mann, Ronald D./Harvard, John (Hrsg.), No fault compensation in medicine, London-New York 1989, S. 13 ff

Ontario Ministry of the Attorney General (Hrsg.), You've Got a Friend. Report of the Review of Advocacy for Vulnerable Adults, Ontario 1987 (zit: You've Got a Friend)

Ontario Ministry of Health (Hrsg.), Advocacy in Psychiatric Hospitals. Evaluation of the Psychiatric Patient Advocate Office, Ontario 1987 (zit: Advocacy in Psychiatric Hospitals)

Opperman, D., Michigan's Bill of Rights for Nursing Home Residents, in: Wayne Law Review 27 (1981), S. 1203 ff (zit: Michigan's Bill of Rights for Nursing Home Residents)

Organization for Economic Cooperation and Development (OECD) (Hrsg.), New Directions in Education for Changing Health Care Systems, Paris 1975

Orlikoff, J. E./Fifer, W. R./Greeley, H. P., Malpractice Prevention and Liability Control for Hospitals, Chicago 1981

Osmond, H., God and the Doctor, in: New England Journal of Medicine (10) 1980, S. 555 ff

Östman, L., Vad styr sjukvården? Om patientenroll och patienträtt i den nya hälso -och sjukvården, Stockholm 1983

Otto, H., Recht auf den eigenen Tod? Strafrecht im Spannungsverhältnis zwischen Lebenserhaltungspflicht und Selbstbestimmung, DJT 1986 (zit: Recht auf den eigenen Tod?)

Ouchi, W. G., Teori „Z“, Hur väst ska möta den japanska utmaningen, Södertälje 1982

Pardee, G. P. siehe Schultz, A. L.

Parsons, T., The Social System, New York 1951

Parsons, T., Definitions of Health and Illness in the Light of American Values and Social Structure, in: Jaco, E. G. (Hrsg.), Patients, Physicians and Illness, New York 1958, S. 107 ff

Parsons, T., The Sick Role and the Role of the Physician Reconsidered, in: Milbank Memorial Fund Quarterly/Health and Society 53 (1975), S. 257 ff

Pasewark, R. A. siehe Albers, D. A.

Paterson, J. G./Aderad, L., Humanistic Nursing, New York 1976

Patienters rättigheter, Det 29. nordiske Juristmøtet, Stockholm 1981

Pedersen, O. Bøjstrup, Information og samtykke i sundhedsvaesenet - en oversikt, in: Pedersen, O. Bøjstrup (Hrsg.), Patienten og samfundet - etiske normer eller retlig regulcring, (Dansk Sygehus Institut) København 1987, S. 2 ff (zit: Information og samtykke)

Pedersen, O. Bøjstrup, Loven, laegen og patienterne. Retsreglers betydning for forholdet mellem patient og laege, in: Dansk Sygehus Institut information 2 (1987), København 1987, S. 10 ff (zit: Loven, laegen og patienterne)

Pellegrino, E./Thomasma, D. C., For the Patient's Good. The Restoration of Beneficence in Health Care, New York-Oxford 1988

Perlman, H. siehe Ziegenfuss, J. T.

Peter, J., Das Recht auf Einsicht in Krankenunterlagen, Köln 1989

Peters, T. J./Waterman, R. H., På jakt efter mästerskapet. Vågen till det framgångsrika företaget, Södertalje 1983

Petterson, O./Westholm, A./Blomberg, G., Medborgarnas makt, Stockholm 1989

Peyrot, M. F., Problem Ownership: The Micro-Political Organization of Remedial Enterprise Association, (Unpublished) Paper, University of California 1982

Philips, N. Mosmeier, H. B. 600: Ohio's Bill of Rights for Nursing Home Patients, in: University of Dayton Law Review 5 (1980), S. 507 ff (zit: H. B. 600: Ohio's Bill of Rights)

Pichler, J. W., Ansätze zu einer neuen Juristenausbildung, in: Pichler, J. W./ Mayer-Maly, Th. (Hrsg.), Wohnen und Recht (= Recht und Wirklichkeit, Bd. 1), Salzburg 1983, S. 9 ff

Pichler, J. W., Einführung in die Patientenrechtspolitik, in: Pichler, J. W. (Hrsg.), Einführung in die Patientenrechtspolitik (= Schriften zur Rechtspolitik, Bd. 3), Wien-Köln 1990, S. 7 ff (zit: Patientenrechtspolitik)

Pichler, J. W., Autonomie oder Fremdbestimmung, in: Enquete Patientenrechte, Kammer für Arbeiter und Angestellte, Wien 1991, S. 9 ff

Pichler, J. W., Der Wertewandel im Vorfeld der Patientenrechte, in: Schmölz, F. M./Weingartner, P. (Hrsg.), Werte in den Wissenschaften, Innsbruck-Wien 1991, S. 165 ff (zit: Wertewandel)

Pichler, J. W., Patientenrechte, in: Gesellschaft und Politik, 2/1991, S. 39 ff (zit: Patientenrechte)

Pichler, J. W. siehe Bydlinski, F.

Pinet, G. siehe Leenen, H. J. J.

Pope, C. siehe Howard, J.

Posch, W., Das Recht der künstlichen Humanreproduktion im Wandel, in: Bernat, E. (Hrsg.), Lebensbeginn durch Menschenhand, Graz 1985, S. 203 ff

Powell, D. siehe Sales, B.

Pratt, L. V., Reshaping the Consumer's Posture in Health Care, in: Gallagher, E. B. (Hrsg.), The Doctor-Patient Relationship in the Changing Health Scene, U. S. Department of Health, Education and Welfare (NIH), Washington D. C. 1978, S. 197 ff (zit: Reshaping the Consumer's Posture)

President's Commission for the Study of Ethical Problems in Medicine and Biomedical and Behavioral Research (Hrsg.), Making Health Care Decisions, Government Printing Office, Washington D. C. 1982

Pribersky, A., Das Gespräch mit dem Patienten als Aufgabe des Arztes, in:

Strotzka, H./Wimmer, H. (Hrsg.), Arzt-Patient Kommunikation im Krankenhaus (= Schriften zur Medizinsoziologie, Bd. 2), Wien 1986, S. 37 ff

Prims, A. V. siehe Leenen, H. J. J.

Quvarnström, U./Riis, U./Svensson, P. G., Omvårdnad, Utbildning, Upplysning, Linköping 1980

Rachels, J., Active and Passive Euthanasia, in: New England Journal of Medicine 2 (1975), S. 78 ff

Rachels, J., Aktive und Passive Sterbehilfe, in: Sass, H.-M. (Hrsg.), Medizin und Ethik, Stuttgart 1989, S. 254 ff

Raia, R. P., Managing by Objectives, Glenview (Ill.) 1974

Raschauer, B., Sozialstaat und Gesundheitswesen aus verfassungsrechtlicher Sicht, in: Österreichische Krankenanstalten Zeitung 3 (1986), S. 157 ff (zit: Sozialstaat und Gesundheitswesen aus verfassungsrechtlicher Sicht)

Rasmussen, N. siehe Andreassen Rix, B.

Rasmussen, Ö., Domstolskontroll med tvangsinnleggelser, in: Lov og Rett, Oslo 1980, S. 460 ff

Rauschecker, H., Patientenaufklärung im Rahmen der BMFT-Multizentrale „Behandlung des kleinen Mammakarzinoms“, in: Breddin, H. K./ Deutsch, E./Ellermann, R./Jesdinsky, H. J. (Hrsg.), Rechtliche und ethische Probleme bei klinischen Untersuchungen am Menschen, Berlin-Heidelberg-New York-London-Paris-Tokyo 1987, S. 96 ff

Reddin, W. J., Effective Management by Objectives: The 3-D Method of MBO, McGraw-Hill 1971

Reeder, L. G., Patient-Client as Consumer: Some Observations on the Changing Professional-Client Relationsship, in: Turner, G. P./Mapa, J. (Hrsg.), Humanizing Hospital Care, Toronto 1979, S. 135 ff (zit: Patient-Client as Consumer)

Regan, J. J., Quality Assurance Systems in Nursing Homes, in: Journal of Urban Law 53 (1975), S. 53 ff (zit: Quality Assurance Systems in Nursing Homes)

Regan, J. J., When Nursing Home Patients Complain: The Ombudsman or the Patient Advocate, in: Georgetown Law Journal 65 (1977), S. 691 ff (zit: When Nursing Home Patients Complain)

Regeringens proposition 1978/79:220 om samhällets tillsyn över hälso- och sjukvårdspersonalen m. fl., Stockholm 1979 (zit: Regeringens proposition 1978/79:220)

Regeringens proposition 1981/82:97, Hälso- och sjukvårdslag, m. m., Stockholm 1982 (zit: Regeringens proposition 1981/82:97)

Regeringens proposition 1984/85:181, Stockholm 1985

Regeringens proposition 1986/87:91, Aktivt folkstyre i kommuner och landsting, Stockholm 1987

Regeringens proposition 1987/88:176, Äldreomsorgen inför 90-talet, Stockholm 1988

Regeringens proposition 1988/89:84, Stockholm 1989

Regeringens proposition till Riksdagen med förslag till lag om patientens ställning och rättigheter (= Hallituksen esitys Eduskunnalle laiksi potilaan asemasta ja oikeuksista), RP 185/91, Helsinki 1991

Rehof, L. A., Behandling af og forsøg på fostre. Terminologi, beskyttelsesbehov og reguleringsforslag, København 1989

Reich, N. siehe Hart, D.

Reiser, S. J., Medicine and the Reign of Technology, Cambridge 1978

Reitgjerdet-Granskningskommisjonens rapport, Oslo 1980

Reuss, H. S./Anderson, S. V., The Ombudsman: Tribune of the People, in: Annals of the American Acedemy of Political and Social Science 363 (1966), S. 44 ff (zit: The Ombudsman)

Rhoden, N. K., Litigating Life and Death, in: Harvard Law Review 102 (1988), S. 375 ff

Rieder, S., Die Patientenrechte aus der Sicht des Anstalten-Referenten, in: Pichler, J. W. (Hrsg.), Einführung in die Patientenrechtspolitik (= Schriften zur Rechtspolitik, Bd. 3), Wien-Köln 1990, S. 87 ff (zit: Die Patientenrechte aus der Sicht des Anstalten-Referenten)

Rieder, S., Recht und Wirklichkeit im österreichischen Gesundheitswesen, in: Österreichische Juristenkommission, Kritik und Fortschritt im Rechtsstaat (17. Tagung der ÖJK vom 24.– 27. Mai 1990 in Weißenbach am Attersee), Wien 1991, S. 17 ff (zit: Recht und Wirklichkeit im österreichischen Gesundheitswesen)

Rigter, H. G. M., De Gezondheidsrad, in: Janssen, R. T. J. M./Kocken, P. L./Made, J. H. van der, Externe Adviesorganen in de gezondheidszorg – Het grijze circuit belicht, Lochem 1987, S. 139 ff

Riis, U. siehe Quvarnström, U.

Romanoff, V. siehe Slavinsky, A. T.

Roscam Abbing, H. D. C., International Organizations in Europe and the Right to Health Care, Amsterdam 1979 (zit: International Organizations in Europe)

Roscam Abbing, H. D. C., Psychiatrie tussen regulering en zelfordening, Vereniging voor Psychiatrie, Amsterdam 1986

Roscam Abbing, H. D. C., Privacybescherming, medische (persoons) gegevens en wetenschapelijk onderzoek, Rijksuniversiteit Limburg, Vakgroep Gezondheidsrecht – Onderzoeksrapporten 9, Limburg 1988 (zit: Privacybescherming)

Roscam Abbing, H. D. C., Enkele kantekeningen bij de conclusie van de regering inzake het recht op onaantastbarkeit van het menselijk lichaam, in: Tijdschrift voor Gezondheidsrecht 3 (1979), S. 118 ff

Roscam Abbing, H. D. C., AIDS en de rechten van de patiënt, in: Tijdschrift voor Sociale Gezondheidszorg 1985, S. 945 ff (zit: AIDS en de rechten van de patiënt)

Roscam Abbing, H. D. C., Euthanasie en de hulp bij zelfdoding, in: Nederlands Tijdschrift voor Geneeskunde 48 (1985), S. 2294 ff

Roscam Abbing, H. D. C., Ziekenhuisen en patiëntenrechten, in: Instellingen Management 12 (1985), S. 13 ff

Rosenzweig, J. E. siehe Kast, F. E.

Rossel, P., Medicinsk Etik, København 1969

Rossmanith, S., Vom Monolog zum Dialog. Ausgewählte Aspekte der Arzt-Patient-Beziehung, in: Ringel, E./Rossmanith, S. (Hrsg.), Die Arzt-Patient-Beziehung. Ausgewählte Aspekte, Wien-München-Bern 1989, S. 11 ff

Roethe, T. siehe Eidmann, D.

Roth, J. A., Professionalism: The Sociologist's Decoy, in: Sociology of Work and Occupations 1(1974), S. 6 ff

Roth, L. H./Meisel, A./Lidz, C. W., Tests of Competency to Consent to Treatment, in: American Journal of Psychiatry 134 (1977), S. 279 ff (zit: Tests of Competency)

Roth, L. H. siehe Appelbaum, P. S.

Roth, L. H. siehe Meisel, A.

Rothman, J., Using Research in Organizations, Beverly Hills 1980

Rotter, H., Die Würde des Lebens. Fragen medizinischer Ethik, Innsbruck-Wien 1987

Rowat, D. C. (Hrsg.), The Ombudsman: Citizen's Defender, 2. Aufl., London 1968

Rozovsky, L. E., Canadian Hospital Law, Ottawa 1979

Rozovsky, L. E., The Canadian Patient's Book of Rights, Toronto 1980 (zit: The Canadian Patient's Book of Rights)

Ruark, J. E., et al., Initiating and Withdrawing Life Support. Principles and Practice in Adult Medicine, in: New England Journal of Medicine 318/1 (1988), S. 25 ff

Ruzek, S.siehe Howard, J.

Ryffel, H., Bedingende Faktoren der Effektivität des Rechts, in: Jahrbuch für Rechtssoziologie und Rechtstheorie 3 (1972), S. 273 ff;

Rygård, J., Nogle erfaringer vedrørende patientinformation, in: Ugeskrift for laeger, v.139, 5 (1977), S. 301 ff

Sahlin, J., Hälso- och sjukvårdslagen, 2. Aufl., Stockholm 1986 (zit: Hälso- och sjukvårdslagen)

Sales, B./Powell, D./Duizend, R. van et al. (Hrsg.), Disabled Persons and the Law. State Legislative Issues, New York-London 1982

Samson, B., Über Sinn und Unsinn von Ethik-Kommissionen, in: Deutsche Medizinische Wochenschrift 1981, S. 667 ff

Sandblom, P. siehe Gerle, B.

Sanders-Woudstra, J. et al., Beslissingsmogelijkheden van kindern, in: Medisch Contact 47 (1984), S. 1511 ff

Sanner, M., Hjärndöd. Psykologiska aspekter. Samtal med vårdpersonal, anhöriga och allmänhet, SOU 1984:81, Stockholm 1984

Schick, P. J., Der ärztliche Behandlungsfehler in strafrechtlicher Sicht, in: Schick, P. J./Dirnhofer, R./Holzer, W./Posch, W./Proske, M. (Hrsg.), Die Haftung des Arztes in zivil- und strafrechtlicher Sicht unter Einschluß des Arzneimittelrechts, Graz 1983, S. 37 ff

Schick, P. J., Der Entwurf eines Fortpflanzungshilfegesetzes (FHG). Eine kritische Wertungsanalyse, in: Bernat, E. (Hrsg.), Fortpflanzungsmedizin. Wertung und Gesetzgebung, Wien 1991, S. 13 ff

Schiffner, K., Möglichkeiten psychosozialen Handelns in der ärztlichen Praxis, in: Deutsches Ärzteblatt 1978, S. 579 ff (zit: Möglichkeiten psychosozialen Handelns)

Schipperges, H., Arzt und Patient in der Welt von morgen. Konturen einer modernen Medizin in Bewegung, Heidelberg 1983 (zit: Arzt und Patient)

Schlag, P./Herfarth, C., Probleme der Patientenaufklärung bei Studienprotokollen im Rahmen der operativen Therapie von Magen- und Dickdarmkrebs, in: Breddin, H. K./Deutsch, E./Ellermann, R./Jesdinsky, H. J. (Hrsg.), Rechtliche und ethische Probleme bei klinischen Untersuchungen am Menschen, Berlin-Heidelberg-New York-London-Paris-Tokyo 1987, S. 53 ff

Schlenker, R. siehe Zahn, M.

Schmeling-Kludas, Ch., Die Arzt-Patient-Beziehung im Stationsalltag, Weinheim-Basel-Cambridge-New York 1988

Schmidt, M. siehe Bell, A.

Schmolling, P., Civil Rights for Mental Patients: The Road to Neglect, in: Hospital and Community Psychiatry 26 (1975), S. 168 ff

Scholz, R. siehe Maunz, T.

Schöne, K., Menschenfalle Krankenhaus, Wien 1989 (zit: Menschenfalle Krankenhaus)

Schreiber, H.-L. siehe Wachsmuth, W.

Schreier, K. siehe Hoffman, A.

Schreuer, Ch. siehe Neuhold, H.

Schröder, M., Ethik-Kommissionen, Embryonenschutz und In-Vitro-Fertilisation: gültige Regelungen im ärztlichen Standesrecht?, in: Versicherungsrecht 7 (1990), S. 6 ff (zit: Ethik-Kommissionen)

Schut, G. H. A., Euthanasie. Een burgerrechtelijke benadering, in: Themis 4 (1979), S. 349 ff (zit: Euthanasie)

Schultz, A. L./Pardee, G. P./Ensinck, J. W., Are Research Subjects Really Informed?, in: Western Journal for Medicine 123 (1975), S. 76 ff

Shultz, M. M., From Informed Consent to Patient Choice: A New Protected Interest, in: Yale Law Journal 95 (1985), S. 219 ff

Seehafer, W., Der Arzthaftungsprozeß in der Praxis, Berlin-Heidelberg-New York 1991

Seehafer, W., Der Arzthaftungsprozeß in der Praxis – Eine Untersuchung von Arzt (Krankenhaus) Haftungsprozessen in der Stadt Bremen, in: Medizinrecht 1989, S. 123 ff

Seidl, E./Walter, I., Der Patient und das Krankenhaus. Studien über Rechte, Information und Schlaf der Kranken, Wien-München-Bern 1984 (zit: Der Patient und das Krankenhaus)

Selbmann, H. K., Medizinische Anforderungen an die Patientenaufklärung bei Therapiestudien, in: Breddin, H. K./Deutsch, E./Ellermann, R./Jesdinsky, H. J. (Hrsg.), Rechtliche und ethische Probleme bei klinischen Untersuchungen am Menschen, Berlin-Heidelberg-New York-London-Paris-Tokyo 1987, S. 21 ff

Selmer, K., Lov om personvern, in: Iversen, I./Iversen, T. (Hrsg.), Klinisk forskning i etisk og juridisk lys, Oslo 1987, S. 39 ff

Shortell, D. siehe Stanley, B.

Siegel, B., Love, Medicine, and Miracles, New York 1986

Siegel, L. siehe Ennis, B. J.

Siem, H. siehe Grønlie, M.

Silfen, N. P., Legislative Comment: Nursing Home Patients' Rights in Massachusetts: Current Protection and Recommendations for Improvement, in: American Journal of Law and Medicine 6 (1980), S. 315 ff (zit: Nursing Home Patients' Rights)

S(jukvårdens) P(lanerings-och) R(ationaliserings) I(nstitut) (Hrsg.), Bo bra på sjukhem. Förbättring av befintliga långvårdsbyggnader, Spri-rapport 266, Stockholm 1989

Skegg, P. D. G., Law, Ethics, and Medicine. Studies in Medical Law, Oxford 1984 (zit: Law, Ethics, and Medicine)

Skinner, B. F., About Behaviorism, New York 1974

Skovgaard, H., Offentlige myndigheders erstatningsansvar, København 1983
Slavinsky, A. T./Romanoff, V., Consumer Participation, in: Journal of Nursing Adminstration 2 (1972), S. 14 ff
Smith, E., Medical Malpractice. How to Find Out If You Are the Victim of Malpractice and How to Assert Your Legitimate Rights, New York 1982
Sneider, I., Patient Power – How to Have a Say During Your Hospital Stay, White Hall 1980
Socialdepartement (Hrsg.), Vissa ansvarsfråogor i hälso- och sjukvård. Betänkande av utredningen för översyn av vissa ansvarsfrågor inom hälso- och sjukvården, DsS 1984:12, Stockholm 1984
Socialstyrelsen (Hrsg.), Omsorg om barn pa 08 sjukhus, Socialstyrelsen redovisar 1982:1, Stockholm 1982
Socialstyrelsen (Hrsg.), Hälsa för alla i Norden år 2000, Socialstyrelsen rapport. NHV 1983:1, Stockholm 1983
Socialstyrelsen (Hrsg.), Att bo på institution, Socialstyrelsen redovisar 1987:12, Stockholm 1987 (zit: Att bo på institution)
Socialstyrelsen (Hrsg.), Att vara patient inom långvåorden, Stockholm 1988
Socialstyrelsen (Hrsg.), Vård i livets slutskede – Underlag till vårdprogram, SoS-rapport 1989:2, Stockholm 1989
Socialministeriets bekendtgørelse nr. 568 af 21. 12. 1979 om magtanvendelse m. v. i institutioner for voksne med vidtgående fysiske eller psykiske handicap, København 1979
Society for the Right to Die (Hrsg.), The Physician and the Hopelessly Ill Patient: Legal, Medical and Ethical Guidelines, New York 1985
Sørheim, S. siehe Grønlie, M.
Sohl, P., Informeret samtykke II: Juridiske aspekter, in: Ugeskrift for laeger v.145, 43 (1983), S. 3361 ff
SOU (Statens offentliga utredningar) 1978:26, Hälso- och sjukvårdspersonalen. Ansvarsfrågor. Samverkan personal – patienter, Stockholm, 1978,
SOU (Statens offentliga utredningar) 1979:59, Huvudbetänkande I livets slutskede, Stockholm 1979
SOU (Statens offentliga utredningar) 1979:78, Mål och medel för hälso- och sjukvården, Stockholm 1979
SOU (Statens offentliga utredningar) 1984:39, Hälso- och sjukvård inför 90-talet, Huvudrapport, Stockholm 1984
SOU (Statens offentliga utredningar) 1984:46, Primärvårdens uppgifter i det förebyggande arbetet. Underlagsstudie, Stockholm 1984
SOU (Statens offentliga utredningar) 1984:48, Länssjukvården – möjligheter till förändring. Underlaggsstudie. Hälso- och sjukvård inför 90-talet (HS 90), Stockholm 1984
SOU (Statens offentliga utredningar) 1984:50, Personal för framtidens hälso-

och sjukvård. En rapport från HS-90:s projekt om personal- och untbildningsplanering, Stockholm 1984

SOU (Statens offentliga utredningar) 1984:84, Lokalt folkstyre genom brukarmedverkan. Exempel och erfarenheter. Betänkande från 1983 års demokratiberedning, Stockholm 1984

SOU (Statens offentliga utredningar) 1985:3, Leva som äldre. Tolv intervjuer med forskare, författare, politiker m. fl., Stockholm 1985

SOU (Statens offentliga utredningar) 1985:28, Aktivt folkstyre i kommuner och landsting, Stockholm 1985

SOU (Statens offentliga utredningar) 1988/89:22, Socialutskottets betänkande, Stockholm 1989

SOU (Statens offentliga utredningar) 1989:60, Huvudbetänkande från alternativmedicinkommitén, Stockholm 1989 (zit: Huvudbetänkande från alternativmedicinkommitén)

SOU (Statens offentliga utredningar) 1989:222 Socialutskottetts betänkande – Ändrad beslutsordning för hälso- och sjukvårdens ansvarsnämnd, Stockholm 1989

Spalding, J., A Consumer Perspective on Quality Care: The Residents' Point of View. Analysis of Residents' Discussions. National Citizens' Coalition for Nursing Home Reform, Washington D. C. 1985

Speiser, H., Einflüsse auf die Rechtsposition des Patienten, in: Österreichische Juristenzeitung 1988, S. 744 ff (zit: Rechtsposition des Patienten)

Sporken, P. siehe Eser, A.

SPRI (Sjukvårdens planerings- och rationaliserings institut) (Hrsg.), Patientjournallagen, Spri rapport 201, Stockholm 1986

SPRI (Sjukvårdens planerings- och rationaliserings institut) (Hrsg.), Kvalitetssäkring – Att mäta, värdera och utveckla sjukvårdens kvalitet, Spri rapport 1987:230, Stockholm 1987

SPRI (Sjukvårdens planerings- och rationaliserings institut) (Hrsg.), Med rätt mått mätt? Reflektioner kring hälso- och sjukvårdens produktivitet och effektivitet, Spri rapport 1988:238, Stockholm 1988

Staatscommissie Koopmans (Hrsg.), Eindrapport Privacy en personenregistratie, 's Gravenhage 1976

Staff of the House of Representatives Committee on Regulatory Reform (Hrsg.), A Review of the State and District Nursing Home and Long-Term Care Facility Ombudsman Committees, Tallahassee 1983

Stanley, B./Guido, J./Stanley, M./Shortell, D., The Elderly Patient and Informed Consent: Empirical Findings, in: Journal of American Medical Association 252 (1984) S. 1302 ff

Stanley, M. siehe Stanley, B.

Statens handikappsråd (Hrsg.), (Informationsfalter), Så här arbetar statens handikappsråd, Stockholm 1984

Steinmetz, F. (Hrsg.), Krank in Hamburg. Ein Ratgeber für Patienten in Hamburgs Krankenhäusern, Hamburg 1984 (zit: Krank in Hamburg)

Sternberg-Lieben, D., Strafbarkeit des Arztes bei Verstoß gegen ein Patiententestament, in: Neue Juristische Wochenschrift 1985, S. 2734 ff.

Stock, A. B. siehe Douglas, D. S.

Stoeckle, J. (Hrsg.), Encounters Between Patients and Doctors, Cambridge (Mass.) 1987

Stoeckle, J. siehe Waitzkin, H. B.

Stortingsmelding nr. 41, Norwegen 1987-88, Oslo 1988

Stortingsmelding nr. 47, Norwegen 1987-88, Oslo 1988

Stone, G. C., Patient Compliance and the Role of Expert, in: Journal of Social Issues 35 (1979), S. 34 ff

Storch, J., Patients' Rights. Ethical and Legal Issues in the Health Care and Nursing, Canada 1982 (zit: Patients' Rights)

Strasser, M., Mill and the Right to Remain Uninformed, in: Journal of Medicine and Philosphy 1986, S. 265 ff

Straus, R., Hospital Organizations from the Viewpoint of Patient-Centered Goals, in: Georgopoulos, B. S. (Hrsg.), Organization Research on Health Institutions, Ann Arbor 1972, S. 203 ff

Strijards, G., Het nieuwste wetsvoorstel inzake de euthanasie, in: Tijdschrift voor Gezondheidsrecht (3) 1988, S. 138 ff (zit: Wetsvoorstel inzake de euthanasie)

Strotzka, H./Wimmer, H. (Hrsg.), Arzt-Patient Kommunikation im Krankenhaus (= Schriften zur Medizinsoziologie, Bd. 2), Wien 1986

Strøm Bull, K., Midlertidig ordning med pasientskadeerstatning. Erfaringer etter ett år, in: Lov og Rett 1990, S. 234 ff

Strull, W. M./Lo, B./Charles, G., Do Patients Want to Participate in Medical Decisionmaking?, in: Journal of American Medical Association 252 (1984), S. 2990 ff

Stürmer, M. W., Sterbehilfe, München 1989

Stürner, R., Die Unverfügbarkeit ungeborenen menschlichen Lebens und die menschliche Selbstbestimmung, in: Juristenzeitung 1990, S. 709 ff

Subcommittee on Long-Term Care of the Senate Special Committee on Aging (Hrsg.), Nursing Home Care in the United States: Failure in Public Policy, Introductory Report, S. Rep. No. 93-1420 22, Washington D. C. 1974

Subcommittee on Long-Term Care of the Senate Special Committee on

Aging (Hrsg.), Nursing Home Care in the United States: Failure in Public Policy: The Role of Nursing Homes in Caring for Discharged Mental Patients and the Birth of a For-Profit Boarding Home Industry, supporting paper No. 7, Washington D. C. 1976

Sunesen, S., Fostre og børn. Retlig beskyttelse, København 1990

Sundhedsstyrelsen (Hrsg.), Redegørelse om laegers pligt til å informere deres patienter og disses samtykke til indgreb og behandlinger, København 1981

Sundhedsstyrelsen. Laegers pligt til at informere deres patienter og disses samtykke til indgreb og behandling, in: Ugeskrift for Laeger 144 (1982), S. 733 ff

Svalander, P. A., Att förnya sjukvårdens organisation, Stockholm 1979

Svensson, P. G. siehe Quvarnström, U.

Szasz, T. S./Hollender, M. H., A Contribution to the Philosophy of Medicine: The Basic Models of the Doctor-Patient Relationship, in: American Medical Association Archives of Internal Medicine 97 (1956), S. 585 ff

Taupitz, J., Der Heilpraktiker aus der Sicht des Haftungsrechts: „Arzt", „Mini-Arzt" oder „Laie"?, in: Neue Juristische Wochenschrift 44 (1991), S. 1505 ff

Taupitz, J., Wem gebührt der Schatz im menschlichen Körper? – Zur Beteiligung des Patienten an der kommerziellen Nutzung seiner Körpersubstanzen, in: Archiv für die civilistische Praxis 191 (1991), S. 201 ff

Teubner, G., Recht als autopoietisches System, Frankfurt/M. 1989

Theodorson, A. G. siehe Theodorson, G. A.

Theodorson, G. A./Theodorson, A. G., A Modern Dictionary of Sociology, New York 1969 (zit: Sociology)

Thomas, B., Proposed Criteria for Long-Term Care Quality and Cost Control Systems, New Hampshire 1975

Thomasma, D. C. siehe Pellegrino, E.

Thune, G. H./Haug, A. O., Perspektiv på pasientenes rettslige stilling i Norge, Norsk Pasientforening, Oslo 1988 (zit: Perspektiv på pasientenes stilling)

Thune, S., The Norwegian Ombudsman for Civil and Military Affairs, in: The Annals of the American Academy of Political and Social Science 377 (1968), S. 41 ff

Tilld' Aulnois de Bourouill, H. A. H. van, Euthanasie in veelvoud; recente ontwikkelingen, in: Intermediar 45 (1978), S. 25 ff

Toffler, A., The Third Wave, Auckland 1980

Tosi, H. L. siehe Carroll, S. J.

Trasti, H./Hoel, S., Prøveordning med pasientombud i Nordland Fylke, in: Tijdsskrift for Den Norske Laegeforening 1985, S. 1167 ff

Treffert, D. A., The Practical Limits of Patients' Rights, in: Psychiatric Annals 5 (1975), S. 158 ff

Trier Mørch, D., Barnet uden navn, København 1990
Trist, E. L. siehe Emery, F. E.
Trojan, A., Demokratisierung des Gesundheitswesens durch Mitwirkung Betroffener, in: Lundt, S. (Hrsg.), Rebellion gegen das Valiumzeitalter, Berlin 1981, S. 219 ff

Unsworth, C., The Politics of Mental Health Legislation, Oxford 1987
U. S. Department of Health, Education and Welfare (Hrsg.), Final Report of the Tuskegee Syphilis Study Ad Hoc Advisory Panal, Washington D. C. 1973
Vanderveeren, C., De ontwikkeling van het recht op privacy in de USA, in: Tijdschrift voor Bestuurswetenschappen en Publiekrecht 3 (1984), S. 169 ff
Veatch, R. M., A Theory of Medical Ethics, New York 1981 (zit: A Theory of Medical Ethics)
Veatch, R. M., The Patient as Partner. A Theory of Human-Experimentation Ethics, Indianapolis 1987 (zit: The Patient as Partner)
Veatch, R. M., Death, Dying, and the Biological Revolution. Our Last Quest for Responsibility, New Haven-London 1989
Veatch, R. M., Experimental Pregnancy: The Ethical Complexities of Experimentation with Oral Contraceptives, in: Hastings Center Report 1 (1972), S. 17 ff
Veatch, R. M., Generalization of Expertise, in: Hastings Center Studies 1(2) (1973), S. 29 ff (zit: Generalization of Expertise)
Verburg, J., Het beroepsgeheim, Amsterdam 1985
Vetvik, E. siehe Molven, O.
Viken, O., Klagebehandling i helsesektorn, in: Foyn, S./Lund, A. M./Viken, O., Pasienters rettsstilling, Oslo 1990, S. 124 ff (zit: Klagebehandling i helsesektorn)
Vladeck, B. C., Unloving Care: The Nursing Home Tragedy, New York 1980 (zit. Unloving Care)
Völkl-Torggler, S., Die Rechtsnatur des ärztlichen Behandlungsvertrages, in: Juristische Blätter 1984, S. 72 ff (zit: Die Rechtsnatur des ärztlichen Behandlungsvertrages)
Voelkner, P., Patientenaufklärung in Therapiestudien aus der Sicht des Patienten, in: Breddin, H. K./Deutsch, E./Ellermann, R./Jesdinsky, H. J. (Hrsg.), Rechtliche und ethische Probleme bei klinischen Untersuchungen am Menschen, Berlin-Heidelberg-New York-London-Paris-Tokyo 1987, S. 32 ff (zit: Patientenaufklärung)
Voogd, H. siehe Hubinek, M.
Voorts-Niemann, H., Euthanasie en de arts. 293 en 294 WvS, in: Ars Aequi 10 (1982), S. 563 ff
Vroom-Kastelein, W. R., Democratisering in de gezondheidszorg, in:

Medisch Contact 19 (1985), S. 1377 ff (zit: Democratisering in de gezondheidszorg)

Wachsmuth, W./Schreiber, H.-L., Die Stufenaufklärung – ein ärztlich und rechtlich verfehltes Modell, in: Der Chirurg 1982, S. 594 ff

Waitzkin, H. B./Stoeckle, J., Information Control and the Micro-Politics of Health Care: Summary of an Ongoing Research Project, in: Social Science and Medicine 10 (1976), S. 263 ff

Walch, M. B. siehe Yura, H.

Wallwork, E., Attitudes in Medical Ethics, Pittsburgh 1979

Walsh, P. siehe Connelly, K.

Walter, I. siehe Seidl, E.

Warberg, L., Individets fysiske og psykiske vern på sosiale institutioner og anstalter, in: Jussens Venner 16 (1981), S. 382 ff

Warren, S. D./Brandeis, L. D., The Right to Privacy, in: Harvard Law Review 1980, S. 480 ff.

Wassermann, R., „Das Recht auf den eigenen Tod", in: Deutsche Richterzeitung 1986, S. 291 ff.

Waterman, R. H. siehe Peters, T. J.

Weber, M., Legitimate Order and Types of Authority, in: Parsons, T./Shils, E./Naegele, D. (Hrsg.), Theories in Society, Bd. 1, New York 1961, S. 212 ff (zit: Legitimate Order and Types of Authority)

Weber-Steinhaus, D., Ärztliche Berufshaftung als Sonderdeliktsrecht (= Medizin in Recht und Ethik, Bd. 21), Stuttgart 1990 (zit: Ärztliche Berufshaftung)

Weeks, K. M., Public Servants in the New Zealand Ombudsman System, in: Public Administration Review 1969, S. 175 ff

Weile, L., Sygeplejerskens rolle mellem patienten og laegen, in: Pedersen, O. Bøjstrup (Hrsg.), Patienten og samfundet – etiske normer eller retlig regulering, Dansk Sygehus Institut, København 1987, S. 71 ff (zit: Sygeplejerskens rolle)

Weinberger, O., Gesetzgebung und Motivation, in: Tammelo, I./Mock, E. (Hrsg.), Rechtstheorie und Gesetzgebung, Festschrift für Robert Weimar, Frankfurt am Main-Bern-New York 1986, S. 117 ff

Weissauer, W., Erwiderung zur Veröffentlichung von W. Wachsmuth u. H. L. Schreiber: Die Stufenaufklärung – ein ärztlich und rechtlich verfehltes Modell, in: Der Chirurg 1982, S. 597 ff

Wersch, P. J. M. van, Het recht van de patiënt (en zijn bijstandverlener) op inzage van de hem betreffende medische gegevens, in: Tijdschrift voor Gezondheidsrecht 1984, S. 174 ff (zit: Het recht van de patiënt)

Westerhäll, L., Socialrättsliga uppsatser (= Acta Societatis Juridicae Lundensis, Bd. 83), Lund 1986

Westermann, H.-P., Zivilrechtliche Verantwortlichkeit bei ärztlicher Teamarbeit, in: Neue Juristische Wochenschrift 1974, S. 577 ff

Westholm, A. siehe Petterson, O.

Westin, A., Privacy and Freedom, New York 1967

Westin, A., Medical Records: Should Patients Have Access? in: Hastings Center Report 1977, S. 23 ff (zit: Medical Records)

Weyers, H.-L., Empfiehlt es sich, im Interesse der Patienten und Ärzte ergänzende Regelungen für das ärztliche Vertrags- (Standes-) und Haftungsrecht einzuführen?, Gutachten zum 52. Deutschen Juristentag, Wiesbaden 1978 (zit: Ergänzende Regelungen für das ärztliche Vertrags- (Standes-) und Haftungsrecht)

Widmer, M., Stress, Stressbewältigung und Arbeitszufriedenheit beim Krankenpflegepersonal (= Schriftenreihe des SKI, Bd. 40), Aarau 1988

Wielen, Y. van der, Een ombudsman gezondheidszorg, in: Medisch Contact 43 (1984), S. 1377 ff (zit: Een ombudsman gezondheidszorg)

Wiesenbart, T. siehe Eser, A.

Wiethölter, R., Materialisierungen und Prozeduralisierungen von Recht, in: Brüggemeier, G./Joerges, Ch. (Hrsg.), Workshop zu Konzepten des postinterventionistischen Rechts (= Bd. 4 Materialien des Zentrums für Europäische Rechtspolitik (ZERP)), Bremen 1984, S. 25 ff

Wildavsky, A., Speaking Truth to Power: The Art and Craft of Policy Analysis, Boston 1979 (zit: Speaking Truth to Power)

Wilensky, H. L., Organizational Intelligence, New York 1967

Wilow, K., Författningshandbok för personal inom hälso- och sjkvården, Stockholm 1989 (zit: Författningshandbok för personal inom hälso- och sjkvården)

Wils, J.-P., Euthanasie. Eine sozial-ethische Reflexion, in: Wils, J.-P./Mieth, D. (Hrsg.), Ethik ohne Chance. Erkundungen im technologischen Zeitalter, Tübingen 1991, S. 247 ff

Wimmer, H., Die Bedeutung psychosozialer Betreuung von Patienten. Notwendigkeiten, Möglichkeiten, Folgen, in: Strotzka, H./Wimmer, H. (Hrsg.), Arzt-Patient Kommunikation im Krankenhaus (= Schriften zur Medizinsoziologie, Bd. 2), Wien 1986, S. 5 ff (zit: Die Bedeutung psychosozialer Betreuung von Patienten)

Wimmer, H., Das Gespräch mit dem Patienten. Über den Einfluß von Gesprächen auf die Beziehung zwischen Arzt und Patient und den Erfolg der ärztlichen Tätigkeit, in: Ringel, E./Rossmanith, S. (Hrsg.), Die Arzt-Patient-Beziehung. Ausgewählte Aspekte, Wien-München-Bern 1989, S. 50 ff

Wimmer, H. siehe Strotzka, H.

Windfeld, U., Hvordan har De det lige nu?, in: Fokus på sygeplejen 1986, S. 56 ff

Wiseman, A., Ärzte-Ängste, Innsbruck 1989

Withey, S. siehe Andrews, M. P.

Wodak, R., „Und warum kommen sie denn?" Soziolinguistische Überlegungen zur Kommunikation zwischen Arzt und Patient, in: Ringel, E./ Rossmanith, S. (Hrsg.), Die Arzt-Patient-Beziehung. Ausgewählte Aspekte, Wien-München-Bern 1989, S. 33 ff

Wood, W. S., Behavior Modification and Civil Rights, in: Krapfl, J. E./ Vargas, E. A. (Hrsg.), Behaviorism and Ethics, Kalamazoo (Mich.) 1977, S. 385 ff

Wunsch, D., Ablösung der Verschuldenshaftung im Arzt-Patienten-Verhältnis? Karlsruhe 1987 (zit: Ablösung der Verschuldenshaftung)

Wyner, A. (Hrsg.), Executive Ombudsmen in the United States, Berkely 1973

Wyss, D., Der Kranke als Partner. Lehrbuch der anthropologisch-integrativen Psychotherapie, Bde. 1 und 2, Göttingen 1982

Yura, H./Walch, M. B., The Nursing Process: Assessing, Planning, Implementing, Evaluation, New York 1978

Zahn, M./Schlenker, R./Johnson, J., An Analysis of Long-Term Care Payment Systems (Study Paper 2, Center for Health Services Research, University of Colorado Health Sciences Center), Denver 1984

Zerubavel, E. siehe Lidz, C. W.

Ziegenfuss, J. T., Patients Rights & Organizational Models: Sozio-Technical Systems Research on Mental Health Programs, Washington D. C. 1983 (zit: Patients Rights & Organizational Models)

Ziegenfuss, J. T., Patients' Rights and Professional Practice, New York 1983 (zit: Patients' Rights and Professional Practice)

Ziegenfuss, J. T., DRGs and Hospital Impact: An Organizational Systems Analysis, New York 1985

Ziegenfuss, J. T., Patient/Client/Employee Complaint Programs. An Organizational Systems Model, Springfield 1985 (zit: Patient/Client/Employee Complaint Programs)

Ziegenfuss, J. T., Patients Rights Raises Questions for Psychiatry, Psychology and Law, in: International Journal of Social Psychiatry 1981, S. 37 ff (zit: Patients Rights)

Ziegenfuss, J. T., Conflict Between Patients' Rights and Patients' Needs: An Organizational Systems Problem, in: Hospital Community Psychology 11 (1986), S. 1086 ff (zit: Conflict Between Patients' Rights and Patients' Needs)

Ziegenfuss, J. T., Redefining Patients' Rights Conflicts as Organizational Systems Design Problems, mschr. Manus. für Forum Alpach 1990 (zit: Redefining Patients' Rights Conflicts)

Ziegenfuss, J. T./Charette, J./Guenin, M., The Patients' Rights Representative Program: Designing Ombudsman Services for Mental Patients, in: Psychiatric Quarterly 56 (1984), S. 3 ff

Ziegenfuss, J. T./Perlman, H., Decreasing Medical Malpractice: An Organizational Systems Approach, in: Health Care Management Review 14 (1989), S. 65 ff

Zola, I. K., The Concept of Trouble and Sources of Medical Assistance, in: Social Science and Medicine 6 (1972), S. 373 ff

Zola, I. K., Structural Constraints in the Doctor-Patient Relationship, in: Eisenberg, L./Kleinmann, A. (Hrsg.), The Relevance of Social Science For Medicine, Dordrecht 1981, S. 241 ff